VOX

DICCIONARIO
ESENCIAL
ITALIANO

ITALIANO - SPAGNOLO
ESPAÑOL - ITALIANO

DICCIONARIO
ESENCIAL
ITALIANO

ITALIANO - SPAGNOLO
ESPAÑOL - ITALIANO

Diseño cubierta: Carlos A. Medina (Tres-Sdd)

© BIBLOGRAF, S.A.
Calabria, 108
08015 BARCELONA
e-mail: vox@vox.es
www.vox.es

Tercera edición
Reimpresión: noviembre de 1999

Impreso en España - Printed in Spain

ISBN: 84-8332-090-8
Depósito legal: B. 43.509-1999

Impreso por LITOGRAFÍA ROSÉS, S.A.
Progrés, 54-60, Políg. Ind. La Post
08850 Gavà (Barcelona)

Índice

Págs.

Prólogo VII
Prefazione VIII
Abreviaturas usadas en este diccionario XIII
Signos de la AFI empleados en la transcripción fonética   XIII
Resumen de la gramática italiana XIX
Dizionario italiano-spagnolo 1

Abbreviazioni usate in questo dizionario III
Simboli fonetici dell'AFI che ricorrono nella transcrizio-
ne fonetica V
Riassunto di grammatica spagnola IX
Diccionario español-italiano 1

Prólogo

El *Diccionario esencial italiano-español/español-italiano* que tiene Vd. en sus manos intenta ser una obra práctica para los estudiantes de ambos idiomas.

Una lengua tan próxima a la nuestra y al mismo tiempo tan lejana como el italiano, nos invita a una reflexión acerca de dos lenguas emparentadas por una raíz común, el latín.

Con el paso del tiempo las dos lenguas se han ido diferenciando y las palabras, al tener el mismo origen, conservan alguna relación semántica, pero han tomado significados diferentes. La gran cantidad de palabras comunes a ambas lenguas puede ser la causa de errores de interpretación.

Con la consulta de este diccionario pretendemos que el estudiante pueda clarificar las diferencias que existen entre las dos lenguas y resuelva las dudas que se le planteen.

En este diccionario el usuario encontrará en cada artículo la transcripción fonética AFI, las diferentes acepciones que puede tomar una palabra, indicaciones entre corchetes para facilitar la traducción correcta, frases y locuciones y la conjugación de los verbos irregulares. Además incluye resúmenes gramaticales de cada lengua.

Con estas características, todas ellas comunes al resto de los diccionarios VOX, esperamos que nuestro diccionario merezca su confianza y le sea útil en sus estudios.

El Editor

Prefazione

Questo *Diccionario esencial italiano-español/español-italiano* pretende essere un'opera pratica per chi studia entrambe le lingue.

Una lingua tanto vicina alla nostra ed allo stesso tempo tanto lontana come l'italiano, ci invita a riflettere su due lingue accomunate da un'unica radice, il latino.

Col passare del tempo le due lingue si sono gradualmente differenziate e le parole, dal momento che hanno la stessa origine, conservano qualche relazione semantica, ma hanno assunto però significati differenti. La grande quantità di vocaboli comuni ad entrambe le lingue può essere causa di errori di interpretazione.

Ci auguriamo che lo studente, consultando questo dizionario, possa chiarire le differenze che esistono tra le due lingue e risolvere i dubbi che gli si possano presentare.

In questo dizionario l'utente troverà a fianco di ciascun lemma la trascrizione fonematica AFI, le differenti accezioni che può assumere una parola, indicazioni tra parentesi per facilitare la corretta traduzione, frasi e locuzioni e la coniugazione dei verbi irregolari. Troverà infine un riassunto grammaticale delle due lingue.

Con tali caratteristiche, tutte nella linea dei dizionari VOX, speriamo che il nostro dizionario possa meritare la vostra fiducia e possa essere utile per i vostri studi.

L'Editore

ITALIANO-SPAGNOLO

Observaciones

1) Cuando una palabra tiene varias acepciones, éstas van numeradas. Los sentidos propios delante de los figurados.
2) Los modismos, locuciones, etc., que se relacionan con una determinada acepción van colocados inmediatamente después de ella.
3) Las indicaciones entre corchetes dan las aclaraciones necesarias para la elección de la traducción correcta.
4) Se indica el género de las palabras que lo tienen diferente en el idioma de entrada.
5) Se dan las conjugaciones de los verbos irregulares modelo y se hace un envío de los demás al verbo modelo correspondiente.

Abreviaturas usadas en este diccionario

a.	adjetivo	espec.	especialmente
adv.	adverbio	*ext.*	extensión
AER.	Aeronáutica		
AGR.	Agricultura	*f.*	sustantivo femenino
amb.	ambiguo	fam.	familiar
ANAT.	Anatomía	FARM.	Farmacología
ARQ.	Arquitectura	FERR.	Ferrocarril
ASTR.	Astronomía	fig.	figurado
AUTO.	Automóvil;	FIL.	Filosofía
	automovilismo	FILOL.	Filología
aux.	auxiliar	FÍS.	Física
		FOT.	Fotografía
BANC.	Banca	fut.	futuro
BIOL.	Biología		
BOT.	Botánica	GEOGR.	Geografía
BUR.	Burocracia	GEOL.	Geología
		GEOM.	Geometría
CINEM.	Cinematografía	GER.	Gerundio
COC.	Cocina	GRAM.	Gramática
COM.	Comercial		
conj.	conjunción		
CONJUG.	Conjugación	HERÁL.	Heráldica
CONS.	Construcción	histór.	histórico
def.	defectivo	*i.*	verbo intransitivo
DEP.	Deporte	ICT.	Ictiología
DER.	Derecho	imp.	imperfecto
dial.	dialectal	IMP.	Imprenta
dim.	diminutivo	IMPER.	Imperativo
		impers.	impersonal
ECL.	Eclesiástico	IND.	Indicativo
ECON.	Economía	ingl.	inglés
EL.	Electricidad	*inter.*	interjección
ELECT.	Electrónica	*interrog.*	interrogativo
ENTOM.	Entomología	*inv.*	invariable

JUR.	Jurídico	*pr.*	pronominal
		pref.	prefijo
lit.	literario	*prep.*	preposición
LIT.	Literatura	pres.	presente
LITUR.	Liturgia	pret.	pretérito
loc.	locución	pret. ind.	pretérito indefinido
loc. adv.	locución adverbial	*pron.*	pronombre
m.	sustantivo masculino	QUÍM.	Química
MAR.	Marina		
MAT.	Matemáticas	r.	regular
MEC.	Mecánica	rec.	recíproco
MED.	Medicina	reg.	regional
MIL.	Militar	REL.	Religión
MIN.	Mineralogía		
MÚS.	Música	s.	sustantivo masculino y femenino
ORNIT.	Ornitología	*sing.*	singular
		SUBJ.	Subjuntivo
PART.	Participio		
PART. P.	Participio pasado	TÉCN.	Técnica
part. pres.	participio presente	TEOL.	Teología
pers.	personal	TEX.	Industria textil
PINT.	Pintura	*t.*	verbo transitivo
pl.	plural		
POL.	Política	v.	véase
pop.	popular	vulg.	vulgar
POT.	Potencial		
p. p.	participio pasado	ZOOL.	Zoología

Signos de la AFI empleados en la transcripción fonética de las palabras italianas

Vocales

[i]	como en español en *vida, tigre.*
[e]	como en español en *queso, cabeza.*
[ɛ]	como en español en *guerra, dejar.*
[a]	como en español en *calle, rebaño.*
[ɔ]	como en español en *roca, manojo.*
[o]	como en español en *moda, coche.*
[u]	como en español en *aguja, disgusto.*

Semiconsonantes

[j]	como en español en *labio, radio.*
[w]	como en español en *luego, huevo.*

Consonantes

[p]	como en español en *puerta, capa.* Oclusiva bilabial sorda.
[t]	como en español en *todo, tienda.* Oclusiva linguodental sorda.
[k]	como en español en *copa, queso.* Oclusiva linguovelar sorda.
[b]	como en español en *barco, vela.* Oclusiva bilabial sonora.
[d]	como en español en *dar, domingo.* Oclusiva linguodental sonora.
[g]	como en español en *guerra, gato.* Oclusiva linguovelar sonora.
[f]	como en español en *fuerza, fuego.* Fricativa labiodental sorda.

[s]	como en español en *saber*, *silencio*. Fricativa linguoalveolar sorda.
[ʃ]	sin equivalencia en español. Fricativa palatoalveolar sorda. Parecida a la pronunciación de *chico* si se alarga la consonante y se redondean los labios.
[v]	sin equivalencia en español. Fricativa labiodental sonora. Al pronunciarla los incisivos superiores tocan el labio inferior y hay vibración de las cuerdas vocales. Es la pronunciación del inglés en *vestige* o del francés en *vie*.
[z]	como en español en *mismo*, *asno*. Fricativa linguoalveolar sonora.
[ts]	sin equivalencia en español. Africada alveolar sorda. Se logra pronunciando conjuntamente una *t* y una *s*.
[tʃ]	como en español en *chico*, *chocolate*.
[dz]	sin equivalencia en español. Africada alveolar sonora. Se logra pronunciando conjuntamente una *d* y una *s* sonora.
[dʒ]	sin equivalencia exacta en español. Africada palatoalveolar sonora. Sonido semejante al de la *y* española en *cónyuge*, *yugo*.
[l]	como en español en *labio*, *cola*. Lateral linguoalveolar sonora.
[ʎ]	como en español en *llave*, *lluvia*. Lateral linguopalatal sonora.
[m]	como en español en *madre*, *lima*. Nasal bilabial sonora.
[n]	como en español en *noche*, *nuez*. Nasal linguoalveolar sonora.
[ɲ]	como en español en *pequeño*, *año*. Nasal linguopalatal sonora.
[r]	como en español en *caro*, *caricia*. Vibrante simple.
[rr]	como en español en *robar*, *carro*. Vibrante múltiple.
[']	indica el acento tónico.
[*]	indica la reduplicación sintáctica. Colocado a continuación de una palabra terminada en vocal indica que, cuando esta palabra vaya seguida de otra que empiece por consonante simple, será necesario pronunciar como doble dicha consonante. Precediendo a una palabra, indica que la consonante inicial deberá ser pronunciada como doble cuando vaya precedida de una palabra terminada en vocal.

Otros símbolos

[ae]	vocal anterior abierta. Para palabras inglesas como *jazz*.
[œ]	vocal anterior labiada semiabierta. Para palabras francesas como en *blagueur*.
[ə]	es la *e* neutra. Para palabras inglesas como en *killer* y francesas como en *premier*.
[y]	vocal cerrada, labializada y con articulación palatal. Como en francés en *bureau*.
[ŋ]	como en español en *cuenca*, *ángulo*. Nasal linguovelar sonora. Para palabras inglesas.
[ʒ]	sin equivalencia en español. Fricativa palatoalveolar sonora. Para palabras francesas.

RESUMEN DE GRAMÁTICA ITALIANA

Resumen de Gramática Italiana

Acento

En italiano, el acento gráfico se indica en los siguientes casos:
1. En las palabras agudas con más de una sílaba. Ej.: *verità, capacità, andrò*.
2. En los monosílabos con un diptongo creciente. Ej.: *ciò, già, può*. No se acentúan en cambio los monosílabos con un diptongo decreciente. Ej.: *noi, voi, dai*.
3. En algunos monosílabos en los que surgen dos significados diferentes según vayan acentuados o no. Ej.:

dà = forma del verbo *dare*   *da* = preposición
è = forma del verbo *essere*   *e* = conjunción
là = adverbio de lugar   *la* = artículo

Artículo

	sing.		pl.	
	m.	f.	m.	f.
Artículo definido	il, lo	la	i, gli	le
Artículo indefinido	un, uno	una	carece	

Uso:

1. *Lo* y su correspondiente plural *gli* se emplean:
   a. Delante de las palabras que empiezan por vocal. En este caso *lo* se elide siempre, mientras que *gli* puede hacerlo sólo con las palabras que empiezan por *i*. Ej.: *l'asino, l'uovo, l'uccello; gli uomini, gli amici, gli italiani* o *gl'italiani*.
   b. Delante de los nombres que empiezan con *s* seguida de consonante, *z* y *gn*. Ej.: *lo straniero, gli stranieri, lo zaino, gli zaini, lo gnomo, gli gnomi*. Delante de las palabras que empiezan por *pn, ps* y *x* se usan *il* o *lo* e *i* o *gli*.
   c. Excepción: la palabra *dei* (plural de *dio*) lleva el artículo *gli* en vez del *i* que le correspondería.

2. Se emplea el indefinido *uno* delante de las palabras que empiezan por *s* seguida de consonante, por *z*, por *gn* y frecuentemente delante de las que empiezan por *pn, ps* y *x*.

3. El indefinido *una* se elide de las palabras que empiezan por vocal. Ej.: *un'auto, un'aiuola.*

4. Para traducir al italiano el indefinido plural español, es preciso emplear los partitivos *dei, degli* o *delle.* Ej.: *dei cavalli, degli amici, delle scarpe.*

Artículos contractos (Preposizioni articolate)

El artículo definido se contrae con las preposiciones *a, di, da, in* y *su* formando los siguientes artículos contractos:

	Singular			Plural		
	masculino		femenino	masculino		femenino
	il	**lo**	**la**	**i**	**gli**	**le**
a a	*al* al	*allo* al	*alla* a la	*ai* a los	*agli* a los	*alle* a las
di de	*del* del	*dello* del	*della* de la	*dei* de los	*degli* de los	*delle* de las
da de, por	*dal* del	*dallo* del	*dalla* de la	*dai* de los	*dagli* de los	*dalle* de las
in en	*nel* en el	*nello* en el	*nella* en la	*nei* en los	*negli* en los	*nelle* en las
su sobre	*sui* sobre el	*sullo* sobre el	*sulla* sobre la	*sui* sobre los	*sugli* sobre los	*sulle* sobre las

Sustantivo. Género y número

1. Formación del femenino:

a. Los nombres terminados en *o* forman generalmente el femenino cambiándolo por *a*: *gatto, gatta; servo, serva; cugino, cugina.*

b. Los terminados en -*tore* toman el sufijo -*trice.* Ej.: *imperatore, imperatrice; attore, attrice.* Hay que tener en cuenta, sin embargo, algunas excepciones: *dottore, dottoressa; pastore, pastora.*

c. Muchos nombres de profesión o de títulos de nobleza forman el femenino mediante el sufijo *essa.* Ej.: *professore, professoressa; principe, principessa.*

d. Un pequeño grupo de nombres forma el femenino añadiendo al masculino el sufijo -*ina.* Ej.: *eroe, eroina; zar, zarina.*

e. Hay nombres que para la formación del femenino toman un radical diferente. Ej.: *fratello, sorella; padre, madre.*

2. Formación del plural:

El plural de los sustantivos se forma en general del modo siguiente:

a. Los sustantivos terminados en *a*, cambian la vocal final por *i*, si son masculinos, o por *e*, si son femeninos.

b. Los sustantivos terminados en *e*, masculinos o femeninos, cambian la vocal final por *i*.

c. Los sustantivos terminados en *o*, masculinos o femeninos, cambian la vocal final por *i*.

d. Los sustantivos, masculinos o femeninos, terminados en *i*, *u*, consonante o cualquier vocal tónica no varían al plural.

Ejemplos:

		Sing.	Pl.
a.-m.		*il dramma*	*i drammi*
	f.	*la partenza*	*le partenze*
b.-m.		*il giornale*	*i giornali*
	f.	*la notte*	*le notti*
c.-m.		*il giorno*	*i gorni*
	f.	*la mano*	*le mani*
d.-m.		*il brindisi*	*i brindisi*
		lo zebù	*gli zebù*
		il bar	*i bar*
	f.	*la città*	*le città*

3. Plural de los nombres compuestos:

En general forman el plural como si se tratara de palabras simples. Ej.: *francobollo, francobolli, grattacapo, grattacapi.*

Sin embargo existen muchas excepciones a esta regla:

1. Las palabras compuestas de sustantivo y adjetivo forman el plural con la transformación al plural de los dos elementos. Ej.: *acqua-forte, acque-forti; pelle-rossa, pelli-rosse.*

2. Las palabras compuestas de dos sustantivos de diferente género transforman en plural sólo la primera parte del compuesto. Ej.: *capo-banda, capi-banda; pesce-spada, pesci-spada.*

3. Los compuestos masculinos formados con un verbo o adverbio seguido de un nombre femenino son invariables. Ej.: *il portavoce, i portavoce, il dopo-scuola, i dopo-scuola.* Sin embargo los compuestos con la palabra *mano* siguen la regla general: *asciugamano-asciugamani, battimano, battimani.*

4. Son invariables las palabras compuestas de verbo + verbo, verbo + nombre plural *(portalettere)*, verbo + adverbio *(posapiano)*.

5. Quedan sin embargo algunos nombres que no siguen ninguna de las reglas expuestas: *mezzaluna, mezzelune; mezzanotte, mezzenotti; palcoscenico, palcoscenici; banconota, banconote; pomodoro, pomodori (o pomidoro); capodanno, capodanni.*

Complemento directo y complemento indirecto

En italiano el complemento directo *(complemento oggetto)* nunca va precedido de la preposición *a*:

Vedo i miei amici, il salumiere affetta il prosciutto.

El complemento indirecto es introducido mediante la preposición *a*, que frecuentemente irá unida al artículo del complemento: *Scrivo una lettera a mia madre, la penicillina è utile agli ammalati.*

Adjetivo. Formación del femenino y el plural

El femenino de los adjetivos calificativos se forma sustituyendo la vocal *o* de la

terminación masculina por una *a*. Ej.: *italiano, italiana*. Si el adjetivo masculino termina en *e*, permanece invariable al femenino. Ej.: *un uomo gentile, una donna gentile.*
El plural de los adjetivos se forma de modo análogo al plural de los sustantivos.

Adjetivo posesivo

	un poseedor				varios poseedores			
	singular		plural		singular		plural	
	m.	f.	m.	f.	m.	f.	m.	f.
1.ª persona	mio	mia	miei	mie	nostro	nostra	nostri	nostre
2.ª persona	tuo	tua	tuoi	tue	vostro	vostra	vostri	vostre
3.ª persona	suo	sua	suoi	sue	loro		loro	

En italiano el posesivo va siempre precedido del artículo, excepto cuando se refiere a nombres de parentesco al singular. Ej.: *la mia casa, tuo fratello, i tuoi fratelli.*

Adjetivos numerales

1. Cardinales

0	zero	50	cinquanta
1	uno	54	cinquantaquattro
2	due		
3	tre	60	sessanta
4	quattro	65	sessantacinque
5	cinque		
6	sei	70	settanta
7	sette	76	settantasei
8	otto		
9	nove	80	ottanta
10	dieci	87	ottantasette
11	undici		
12	dodici	90	novanta
13	tredici	98	novantotto
14	quattordici		
15	quindici	100	cento
16	sedici	101	cento uno
17	diciassette		
18	diciotto	200	duecento
19	diciannove	211	duecento undici
20	venti		
21	ventuno	300	trecento
		322	trecento ventidue
30	trenta		
32	trentadue	400	quattrocento
		433	quattrocento trentatrè
40	quaranta	500	cinquecento
43	quarantatrè	544	cinquecento quarantaquattro

600	seicento	900	novecento
655	seicentocinquantacinque	988	novecentottantotto
700	settecento	1.000	mille
766	settecentosessantasei	2.000	duemila
		10.000	diecimila
800	ottocento	100.000	centomila
877	ottocentosettantasette	1.000.000	un milione

Nota.— Son todos invariables excepto *uno* que tiene el femenino *una* y *mille* y sus compuestos que tienen el plural *mila*.

2. Ordinales

il (la) primo(a)
— secondo(a)
— terzo(a)
— quarto(a)
— quinto(a)
— sesto(a)
— settimo(a)

— ottavo(a)
— nono(a)
— decimo(a)
— undicesimo o undecimo
— dodicesimo o duodecimo
— tredicesimo ecc.
— ventesimo o vigesimo

Nota.— En italiano se usan para los nombres de papas, reyes, siglos. Ej.: *Luigi quattordicesimo, Leone dodicesimo, secolo ventesimo.*

Pronombres personales

sujeto		complemento directo				complemento indirecto			
		átono		tónico		átono		tónico	
esp.	it.	esp.	it.	esp.	it.	esp.	it.	esp.	it.
yo	io	me	mi	a mí	me	me	mi	a mí	a me
tú	tu	te	ti	a ti	te	te	ti	a ti	a te
él	egli	le lo	lo	a él	lui	le (se)	gli	a él	a lui
ella	ella	la	la	a ella	lei	le (se)	le	a ella	a lei
nosotros	noi	nos	ci	a nosotros	noi	nos	ci	a nosotros	a noi
vosotros	voi	os	vi	a vosotros	voi	os	vi	a vosotros	a voi
								a ellos	ad essi (a loro)
ellos	essi	los	li	a ellos	loro	les (se)	loro		
ellas	esse	las	le	a ellas	loro	les (se)	loro	a ellas	ad esse (a loro)

Formas de cortesía

— *Lei* y su plural *loro* que corresponden al español *usted* y *ustedes*. *Lei* concuerda con la tercera persona singular femenina y *loro* con la tercera persona plural.

Uso de las formas tónicas

— Las formas tónicas del pronombre personal se emplean raramente y sirven para dar más énfasis o para explicar más claramente el significado de una frase. Se usan sobretodo cuando en la frase no se expresa el verbo. Ej.: *A chi piace viaggiare? A me.*

Uso de las formas átonas

— Generalmente preceden al verbo. Ej.: *Mi dà un bicchiere d'acqua, per favore?* Pero si el verbo está en imperativo, gerundio o infinitivo le siguen uniéndose a él. Ej.: *Datemi un bicchiere d'acqua, per favore!*

Verbos

1. Conjugación regular

— Los verbos italianos se dividen en tres conjugaciones: los verbos en *-are*, los en *-ere* y los en *-ire*. Se conjugan según el siguiente cuadro:

Primera	Segunda	Tercera
Am-are	Tem-ere	Sent-ire

Indicativo

Presente

io amo	io temo	io sento
tu ami	tu temi	tu senti
egli ama	egli teme	egli sente
noi amiamo	noi temiamo	noi sentiamo
voi amate	voi temete	voi sentite
essi amano	essi temono	essi sentono

Pretérito perfecto

ho amato	ho temuto	ho sentito
hai amato	hai temuto	hai sentito
ha amato	ha temuto	ha sentito
abbiamo amato	abbiamo temuto	abbiamo sentito
avete amato	avete temuto	avete sentito
hanno amato	hanno temuto	hanno sentito

Imperfecto

amavo	temevo	sentivo
amavi	temevi	sentivi
amava	temeva	sentiva
amavamo	temevamo	sentivamo
amavate	temevate	sentivate
amavano	temevano	sentivano

Pretérito pluscuamperfecto

avevo amato	avevo temuto	avevo sentito
avevi amato	avevi temuto	avevi sentito
aveva amato	aveva temuto	aveva sentito
avevamo amato	avevamo temuto	avevamo sentito
avevate amato	avevate temuto	avevate sentito
avevano amato	avevano temuto	avevano sentito

Pretérito indefinido

amai	temei	sentii
amasti	temesti	sentisti
amò	teme	sentí
amammo	tememmo	sentimmo
amaste	temeste	sentiste
amarono	temerono	sentirono

Pretérito anterior

ebbi amato	ebbi temuto	ebbi sentito
avesti amato	avesti temuto	avesti sentito
ebbe amato	ebbe temuto	ebbe sentito
avemmo amato	avemmo temuto	avemmo sentito
aveste amato	ebbero temuto	aveste sentito
ebbero amato		ebbero sentito

Futuro simple

amerò	temerò	sentirò
amerai	temerai	sentirai
amerà	temerà	sentirà
ameremo	temeremo	sentiremo
amerete	temerete	sentirete
ameranno	temeranno	sentiranno

Futuro perfecto

avrò amato	avrò temuto	avrò sentito
avrai amato	avrai temuto	avrai sentito
avrà amato	avrà temuto	avrà sentito
avremo amato	avremo temuto	avremo sentito
avrete amato	avrete temuto	avrete sentito
avranno amato	avranno temuto	avranno sentito

Subjuntivo

Presente

ami	tema	senta
ami	tema	senta
ami	tema	senta
amiamo	temiamo	sentiamo
amiate	temiate	sentiate
amino	temano	sentano

Pretérito perfecto

abbia amato	abbia temuto	abbia sentito
abbia amato	abbia temuto	abbia sentito
abbia amato	abbia temuto	abbia sentito
abbiamo amato	abbiamo temuto	abbiamo sentito
abbiate amato	abbiate temuto	abbiate sentito
abbiano amato	abbiano temuto	abbiano sentito

Imperfecto

amassi	temessi	sentissi
amassi	tèmessi	sentissi
amasse	temesse	sentisse
amassimo	temessimo	sentissimo
amaste	temeste	sentiste
amassero	temessero	sentissero

Pluscuamperfecto

avessi amato	avessi temuto	avessi sentito
avessi amato	avessi temuto	avessi sentito
avesse amato	avesse temuto	avesse sentito
avessimo amato	avessimo temuto	avessimo sentito
aveste amato	aveste temuto	aveste sentito
avessero amato	avessero temuto	avessero sentito

Condicional

Presente

amerei	temerei	sentirei
ameresti	temeresti	sentiresti
amerebbe	temerebbe	sentirebbe
ameremmo	temeremmo	sentiremmo
amereste	temereste	sentireste
amerebbero	temerebbero	sentirebbero

Perfecto

avrei amato	avrei temuto	avrei sentito
avresti amato	avresti temuto	avresti sentito
avrebbe amato	avrebbe temuto	avrebbe sentito
avremmo amato	avremmo temuto	avremmo sentito
avreste amato	avreste temuto	avreste sentito
avrebbero amato	avrebbero temuto	avrebbero sentito

Imperativo

Presente

ama	temi	senti
ami	tema	senta
amiamo	temiamo	sentiamo
amate	temete	sentite
amino	temano	sentano

Futuro

amerai	temerai	sentirai
amerà	temerà	sentirà
ameremo	temeremo	sentiremo
amerete	temerete	sentirete
ameranno	temeranno	sentiranno

Infinitivo

Presente

amare	temere	sentire

	Pasado	
avere amato	avere temuto	avere sentito

Participio

Presente

amante	temente	sentente (también: *senziente*)

Pasado

amato	temuto	sentito

Gerundio

Presente

amando	temendo	sentendo

Pasado

avendo amato	avendo temuto	avendo sentito

2. Verbos auxiliares

ESSERE

Indicativo

Presente

- io sono
- tu sei
- egli è
- noi siamo
- vol siete
- essi sono

Pretérito perfecto

- io sono stato
- tu sei stato
- egli è stato
- noi siamo stati
- voi siete stati
- essi sono stati

Imperfecto

- io ero
- tu eri
- egli era
- noi eravamo
- voi eravate
- essi erano

Pretérito pluscuamperfecto

- io ero stato
- tu eri stato
- egli era stato
- noi eravamo stati
- voi eravate stati
- essi erano stati

Pretérito indefinido

- io fui
- tu fosti
- egli fu
- noi fummo
- voi foste
- essi furono

Pretérito anterior

- io fui stato
- tu fosti stato
- egli fu stato
- noi fummo stati
- voi foste stati
- essi furono stati

Futuro simple

io sarò
tu sarai
egli sarà
noi saremo
voi sarete
essi saranno

Futuro perfecto

io sarò stato
tu sarai stato
egli sarà stato
noi saremo stati
voi sarete stati
essi saranno stati

Subjuntivo

Presente

io sia
tu sia
egli sia
noi siamo
voi siate
essi siano

Pretérito perfecto

io sia stato
tu sia stato
egli sia stato
noi siamo stati
voi siate stati
essi siano stati

Imperfecto

io fossi
tu fossi
egli fosse
noi fossimo
voi foste
ess fossero

Pretérito pluscuamperfecto

io fossi stato
tu fossi stato
egli fosse stato
noi fossimo stati
voi foste stati
essi fossero stati

Condicional

Presente

io sarei
tu saresti
egli sarebbe
noi saremmo
voi sareste
essi sarebbero

Perfecto

io sarei stato
tu saresti stato
egli sarebbe stato
noi saremmo stati
voi sareste stati
essi sarebbero stati

Imperativo

Presente

....
sii
sia
siamo
siate
siano

Futuro

....
sarai
sarà
saremo
sarete
saranno

Infinitivo

Presente

essere

Pasado

essere stato

Participio

Presente
(carece)

Pasado
stato

Gerundio

Presente
essendo

Pasado
essendo stato

AVERE

Indicativo

Presente
io ho
tu hai
egli ha
noi abbiamo
voi avete
essi hanno

Pretérito perfecto
io ho avuto
tu hai avuto
egli ha avuto
noi abbiamo avuto
voi avete avuto
essi hanno avuto

Imperfecto
io avevo
tu avevi
egli aveva
noi avevamo
voi avevate
essi avevano

Pretérito pluscuamperfecto
io avevo avuto
tu avevi avuto
egli aveva avuto
noi avevamo avuto
voi avevate avuto
essi avevano avuto

Pretérito indefinido
io ebbi
tu avesti
egli ebbe
noi avemmo
voi aveste
essi ebbero

Pretérito anterior
io ebbi avuto
tu avesti avuto
egli ebbe avuto
noi avemmo avuto
voi aveste avuto
essi ebbero avuto

Futuro simple
io avrò
tu avrai
egli avrà
noi avremo
voi avrete
essi avranno

Futuro perfecto
io avrò avuto
tu avrai avuto
egli avrà avuto
noi avremo avuto
voi avrete avuto
essi avranno avuto

Subjuntivo

Presente
io abbia
tu abbia
egli abbia
noi abbiamo
voi abbiate
essi abbiano

Pretérito perfecto
io abbia avuto
tu abbia avuto
egli abbia avuto
noi abbiamo avuto
voi abbiate avuto
essi abbiano avuto

Imperfecto	*Pretérito pluscuamperfecto*
io avessi	io avessi avuto
tu avessi	tu avessi avuto
egli avesse	egli avesse avuto
noi avessimo	noi avessimo avuto
voi aveste	voi aveste avuto
essi avessero	essi avessero avuto

Condicional

Presente	*Perfecto*
io avrei	io avrei avuto
tu avresti	tu avresti avuto
egli avrebbe	egli avrebbe avuto
noi avremmo	noi avremmo avuto
voi avreste	voi avreste avuto
essi avrebbero	essi avrebbero avuto

Imperativo

Presente	*Futuro*
....	....
abbi	avrai
abbia	avrà
abbiamo	avremo
abbiate	avrete
abbiano	avranno

Infinitivo

Presente	*Pasado*
avere	avere avuto

Participio

Presente	*Pasado*
avente	avuto

3. Uso del auxiliar

Para la formación de los tiempos compuestos el italiano utiliza el verbo *avere* para los verbos transitivos y para los intransitivos empleados como transitivos. Ej.: *Ho mangiato, ho cantato.* Pero también: *Ho corso un grosso pericolo, ho salito le scale.* Los verbos intransitivos no siguen una regla general. Algunos toman como auxiliar el verbo *avere* mientras que otros toman el *essere.* Además algunos pueden emplear indistintamente *avere* o *essere,* de modo que se puede decir: *ho sci-volato* y *sono scivolato.* En el diccionario se indica cada vez que se trata de un verbo intransitivo, el auxiliar que es preciso emplear.

4. Conjugación de los verbos irregulares

En el diccionario se da la conjugación de las formas irregulares de todos los verbos tomados como modelo y se hace un envío de los demás a dichos verbos modelo.

Preposiciones

1. Preposiciones propias

Son las palabras que tienen únicamente valor de preposiciones: *a, di, da, in, su, per, con, tra* y *fra.* Las cinco primeras forman los artículos contractos *(preposizioni articolate)* ya vistos al tratar del artículo.

2. Principales valores de las preposiciones

El uso correcto de las preposiciones sólo puede aprenderse bien con la lectura asidua de textos italianos. Damos a continuación sus principales valores:

Lugar

a   *Sto a tavola* (estoy en la mesa); *sto a Milano* (estoy en Milán); *vado a Parigi* (voy a París); *la Francia è al nord della Spagna* (Francia está al norte de España).

in   *Vive in Sicilia* (vive en Sicilia); *lavora in casa* (trabaja en casa); *mi reco in ufficio* (voy a la oficina).

per   *Lo prese per la mano* (le cogió la mano); *passeggiamo per strada* (paseamos por la calle).

da   *Verremo da voi domani* (mañana vendremos a vuestra casa); *il treno è partito da Milano alle nove* (el tren ha salido de Milán a las nueve).

Tiempo

a   *Verrò alle sei* (vendré a las seis); *è arrivato a notte inoltrata* (ha llegado a altas horas de la noche).

di   *Questa città di notte è deserta* (esta ciudad de noche queda desierta); *queste mele maturano d'autunno* (estas manzanas maduran en otoño); *si alza di buon mattino* (se levanta temprano).

da   *Vive qui da due anni* (hace dos años que vive aquí); *è ammalato da due mesi* (hace dos meses que está enfermo).

in   *Siamo nel 1980* (estamos en 1980); *ha fatto questo lavoro in due giorni* (ha hecho este trabajo en dos días).

per   *Siamo invitati per domani* (estamos invitados para mañana); *ha parlato per un'ora* (ha hablado durante una hora).

Modo

di   *Era vestita di bianco* (iba vestida de blanco).

in   *Cantava in falsetto* (cantaba en falsete); *è sottolineato in rosso* (está subrayado en rojo).

con   *Parla con difficoltà* (habla con dificultad).

a   *Cammina a piccoli passi* (anda a pequeños pasos).

Finalidad

a   *È destinato a arrivare lontano* (está destinado a llegar lejos).

da   *Carta da lettere* (papel de carta); *camera da letto* (dormitorio).

in   *Ragazza chiesta in sposa* (muchacha pedida por esposa).

per   *Lavora per la famiglia* (trabaja para la familia); *per scherzo* (en broma).

Propiedad

di   *La casa di mio padre* (la casa de mi padre).

Materia

a   *Stampato a lettere d'oro* (impreso con letras de oro).

di   *Scarpe di cuoio* (zapatos de cuero).

in   *Scultura in legno* (escultura de madera).

Causa

per   *Contento per il molto danaro che guadagna* (contento por la gran cantidad de dinero que gana); *malato per i troppi eccessi* (enfermo a causa de sus excesos).

Instrumento

con   *Gli uccelli volano con le ali* (los pájaros vuelan con las alas).

Unión y compañía

con   *È partito con suo padre* (se ha ido con su padre); *spaghetti col sugo* (espaguetis con salsa).

Origen

di   *È di Roma* (es de Roma); *roccia di origine vulcanica* (roca de origen volcánico).

Medio

di   *Vive di rendita* (vive de renta).

con   *Arriverà col treno* (llegará en tren); *prendere con le pinze* (coger con pinzas).

per   *Spedire per posta* (mandar por correo).

A

a [a] *f.* primera letra del alfabeto italiano.

a [a] *prep.* (en muchos casos delante de vocal, *ad*) a: *andare ~ Roma,* ir a Roma. 2 en: *stare ~ Roma,* estar en Roma. 3 hasta: *~ domani!,* ¡hasta mañana!

abate [abáte] *m.* abad.

abbacchio [abbákkjo] *m.* cordero, lechal.

abbagliante [abbaʎʎánte] *a.* deslumbrante. ‖ *fari abbaglianti,* luces largas.

abbagliare [abbaʎʎáre] *t.* deslumbrar.

abbaglio [abbáʎʎo] *m.* deslumbramiento. 2 fig. equivocación *f.*

abbaiare [abbajáre] *i.* ladrar.

abbaino [abbaino] *m.* claraboya *f.*

abbandonare [abbandonáre] *t.* abandonar, desamparar.

abbandono [abbandóno] *m.* abandono, desamparo.

abbassamento [abbassaménto] *m.* disminución *f.,* descenso, depresión *f.*

abbassare [abbassáre] *t.* bajar. 2 disminuir, rebajar. 3 fig. humillar, abatir. 4 *pr.* agacharse. 5 fig. rebajarse, doblegarse.

abbasso [abbásso] *adv.* abajo.

abbastanza [abbastántsa] *adv.* bastante.

abbattere [abbáttere] *t.* abatir, derribar. 2 *pr.* fig. desalentarse.

abbattimento [abbattiménto] *m.* derribo, demolición *f.* 2 fig. desaliento.

abbazia [abbatsia] *f.* abadía.

abbecedario [abbetʃedárjo] *m.* abecedario, silabario.

abbellimento [abbelliménto] *m.* ornamentación *f.,* embellecimiento.

abbellire [abbellire] *t.-pr.* embellecer.

abbeverare [abbeveráre] *t.* abrevar.

abbeveratoio [abbeveratójo] *m.* abrevadero.

abbici [abbitʃi*] *m.* abecé.

abbiente [abbjénte] *a.* acomodado.

abbigliamento [abbiʎʎaménto] *m.* vestuario.

abbigliare [abbiʎʎáre] *t.-pr.* vestir, adornar.

abbinare [abbináre] *t.* emparejar.

abbindolare [abbindoláre] *t.* engatusar, engañar.

abbisognare [abbizoɲɲáre] *i.* necesitar. ¶ CONJUG. r. aux. *avere.*

abboccamento [abbokkaménto] *m.* abocamiento.

abboccare [abbokkáre] *t.* abocar.

abbonamento [abbonaménto] *m.* abono, suscripción *f.* ‖ *~ postale,* franqueo concertado. 2 tarjeta *f.* de abono.

abbonare [abbonáre] *t.* abonar. 2 *pr.* abonarse, suscribirse.

abbonato, -ta [abbonáto, -ta] *s.* abonado, suscriptor.

abbondante [abbondánte] *a.* abundante.

abbondanza [abbondántsa] *f.* abundancia.

abbondare [abbondáre] *i.* abundar. ¶ CONJUG. r. aux. *avere* o *essere.*

abbordaggio [abbordáddʒo] *m.* abordaje.

abbordare [abbordáre] *f.* abordar.

abbottonare [abbottonáre] *t.-pr.* abrochar, abotonar.

abbottonatura [abbottonatúra] *f.* abrochamiento *m.*

abbozzare [abbottsáre] *t.* esbozar, bosquejar.

abbozzo [abbóttso] *m.* esbozo, bosquejo.

abbracciare [abbrattʃáre] *t.* abrazar. 2 fig. abarcar.

abbraccio [abbráttʃo] *m.* abrazo.

abbreviare [abbrevjáre] *t.* abreviar.

abbreviatura [abbrevjatúra] *f.* abreviatura.

abbreviazione [abbrevjattsióne] *f.* abreviación.

abbrivo [abbrivo] *m.* arranque. ‖ *prendere l'~,* arrancar, empezar a moverse.

abbronzare [abbrondzáre] *t.* broncear. 2 *i.-pr.* ponerse moreno.

abbronzato, -ta [abbrondzáto, -ta] *a.* moreno, bronceado.

abbronzatura [abbrondzatúra] *f.* bronceado *m.*

abbrustolire [abbrustolíre] *t.* tostar. 2 sobreasar.

abbrutimento [abbrutiménto] *m.* embrutecimiento.

abbrutire [abbrutíre] *t.* embrutecer. 2 *i.-pr.* embrutecerse.

abdicare [abdikáre] *i.* abdicar. ¶ CONJUG. r. aux. *avere.*

abdicazione [abdikattsjóne] *f.* abdicación.

aberrazione [aberrattsjóne] *f.* aberración.

abete [abéte] *m.* abeto.

abietto, -ta [abjétto, -ta] *a.* abyecto.

abiezione [abjettsjóne] *f.* abyección.

abile [ábile] *a.* hábil, diestro.

abilità [abilitá*] *f.* habilidad, maña.

abilitare [abilitáre] *t.* habilitar, capacitar.

abisso [abísso] *m.* abismo.

abitante [abitánte] *m.* habitante, vecino.

abitare [abitáre] *i.-t.* vivir, habitar. ¶ CONJUG. r. aux. *avere* [t.-i.].

abitato [abitáto] *m.* población *f.,* poblado.

abitatore, -trice [abitatóre, -tritʃe] *a.-s.* vecino, morador, habitante.

abitazione [abitattsjóne] *f.* vivienda, habitación.

abito [ábito] *m.* traje, vestido. 2 hábito.

abituale [abituále] *a.* habitual.

abituare [abituáre] *t.-pr.* acostumbrar, habituar.

abitudinario, -ria [abitudinárjo, -rja] *a.* rutinario.

abitudine [abitúdine] *f.* costumbre.

abiura [abjúra] *f.* abjuración.

abiurare [abjuráre] *t.* abjurar.

ablativo [ablatívo] *a.-s.* ablativo.

abluzione [abluttsjóne] *f.* ablución.

abnegazione [abnegattsjóne] *f.* abnegación.

abolire [abolíre] *t.* abolir.

abolizione [abolittsjóne] *f.* abolición.

abominare [abomináre] *t.* abominar.

abominazione [abominattsjóne] *f.* abominación.

abominevole [abominévole] *a.* abominable.

aborigeno, -na [aboridʒeno, -na] *a.-m.* aborigen.

aborrimento [aborriménto] *m.* aborrecimiento.

aborrire [aborríre] *t.* aborrecer.

abortire [abortíre] *i.* abortar. ¶ CONJUG. r. aux. *avere.*

abrasione [abrazjóne] *f.* abrasión.

abrogare [abrogáre] *t.* abrogar.

abrogazione [abrogattsjóne] *f.* abrogación.

abside [ábside] *f.* ábside.

abulia [abulía] *f.* abulia.

abulico, -ca [abúliko, -ka] *a.* abúlico.

abusare [abuzáre] *i.* abusar. ¶ CONJUG. r. aux. *avere.*

abusivo, -va [abusívo, -va] *a.* abusivo.

abuso [abúzo] *m.* abuso.

acacia [akátʃa] *f.* acacia.

acanto [akánto] *m.* acanto.

acca [ákka] *f.* hache, nombre de la letra *h.* ‖ *non capire un'~,* no entender ni jota.

accademia [akkadémja] *f.* academia.

accademico, -ca [akkadémiko, -ka] *a.-m.* académico.

accadere [akkadére] *impers.* suceder, pasar, ocurrir. ¶ CONJUG. como *cadere.*

accalappiacani [akkalappjakáni] *m.* perrero.

accalappiare [akkalappjáre] *t.* coger con lazo. 2 fig. embaucar.

accalcarsi [akkalkársi] *pr.* apiñarse.

accaldarsi [akkaldársi] *pr.* acalorarse.

accalorare [akkaloráre] *t.-pr.* acalorar, excitar.

accampamento [akkampaménto] *m.* acampamento. 2 campamento.

accampare [akkampáre] *t.* acampar. 2 fig. alegar: *~ pretesti,* alegar pretextos.

accanimento [akkaniménto] *m.* encarnizamiento, saña *f.,* ensañamiento.

accanirsi [akkanírsi] *pr.* encarnizarse, ensañarse.

accanito, -ta [akkaníto, -ta] *a.* encarnizado.

accanto [akkánto] *prep.* junto a, al lado de. 2 *adv.* cerca, al lado.

accantonamento [akkantonaménto] *m.* acantonamiento.

accantonare [akkantonáre] *t.* dejar de lado. 2 MIL. acantonar.

accaparramento [akkaparraménto] *m.* acaparamiento.

accapigliarsi [akkapiʎʎársi] *pr.* tirarse de los pelos.

accappatoio [akkappatójo] *m.* albornoz, toalla *f.* de baño.

accapponare [akkapponáre] *t.* capar (un gallo). ‖ *accapponarsi [a qualcuno] la pelle,* ponérsele a uno la piel de gallina.

accarezzare [akkarettsáre] *t.* acariciar.

accartocciare [akkartottʃáre] *t.* enrollar, envolver.

accasciamento [akkaʃʃaménto] *m.* abatimiento, desaliento.

accasciarsi [akkaʃʃársi] *pr.* abatirse, desalentarse, desanimarse.

accatastare [akkatastáre] *t.* apilar, amontonar.

accattare [akkattáre] *t.* pedir limosna, mendigar.

accattonaggio [akkattonádʒo] *m.* mendicidad *f.*

accattone [akkattóne] *m.* pordiosero, mendigo.

accavallare [akkavalláre] *t.-pr.* encaballar. ‖ ~ **le gambe,** cruzar las piernas.

accecare [attʃekáre] *t.* cegar. 2 fig. obcecar.

accedere [attʃédere] *i.* acercarse, entrar. 2 acceder. ¶ CONJUG. r. aux. *essere* (sig. 1), *avere* (sig. 2).

acceleramento [attʃeleraménto] *m.* aceleración *f.*, aceleramiento.

accelerare [attʃeleráre] *t.* acelerar.

accelerato, -ta [attʃeleráto,-ta] *a.* acelerado. 2 *m.* FERR. tren correo, tren ómnibus.

acceleratore [attʃeleratóre] *m.* acelerador.

accelerazione [attʃelerattsjóne] *f.* aceleración.

accendere [attʃéndere] *t.pr-.* encender. ¶ CONJUG. IND. pret. ind.: *accesi, accese; accesero.* ‖ PART.: *acceso.*

accendino [attʃendino] *m.* mechero, encendedor.

accendisigari [attʃendisigari] *m.* encendedor, mechero.

accennare [attʃennáre] *i.* hacer señas, dar a entender. 2 aludir. 3 *t.* indicar, señalar. ¶ CONJUG. r. aux. *avere* (t.-i.).

accenno [attʃénno] *m.* seña *f.* 2 alusión *f.*

accensione [attʃensjóne] *f.* encendido *m.*

accentare [attʃentáre] *t.* GRAM. acentuar.

accento [attʃénto] *m.* acento.

accentramento [attʃentraménto] *m.* concentración *f.* 2 centralización *f.*

accentrare [attʃentráre] *t.* concentrar. 2 centralizar.

accentratore, -trice [attʃentratóre, -tritʃe] *a.-s.* centralizador.

accentuare [attʃentuáre] *t.* acentuar, pronunciar con énfasis.

accentuazione [attʃentuattsjóne] *f.* acentuación.

accerchiamento [attʃerkjaménto] *m.* cerco.

accerchiare [attʃerkjáre] *t.* cercar, rodear.

accertamento [attʃertaménto] *m.* comprobación *f.*, averiguación *f.*

accertare [attʃertáre] *t.* asegurar. 2 averiguar, comprobar. 3 *pr.* cerciorarse.

acceso, -sa [attʃéso, -sa] *a.* encendido. 2 vivo.

accessibile [attʃessíbile] *a.* accesible.

accessione [attʃessjóne] *f.* accesión.

accesso [attʃésso] *m.* acceso, paso. 2 MED. acceso.

accessorio, -ria [attʃessórjo, -rja] *a.-m.* accesorio.

accetta [attʃétta] *f.* hacha.

accettare [attʃettáre] *t.* aceptar.

accettazione [attʃettattsjóne] *f.* aceptación. 2 COM. letra [de cambio] aceptada.

accezione [attʃettsjóne] *f.* acepción.

acchiappare [akkjappáre] *t.* coger, atrapar.

acchiudere [akkjúdere] *t.* incluir, encerrar. 2 adjuntar.

acciacco [attʃákko] *m.* achaque.

acciaccoso, -sa [attʃakkóso, -sa] *a.* achacoso.

acciaieria [attʃajeria] *f.* fábrica de acero.

acciaio [attʃájo] *m.* acero.

accidentale [attʃidentále] *a.* accidental.

accidentato, -ta [attʃidentáto, -ta] *a.* accidentado. 2 desigual [terreno]. 3 MED. paralítico.

accidente [attʃidènte] *m.* accidente, percance.

accidenti! [attʃidénti] *inter.* ¡caray!

accidia [attʃidja] *f.* pereza.

accidioso, -sa [attʃidjoso, -sa] *a.* perezoso.

accigliarsi [attʃiʎʎársi] *pr.* fruncir el ceño o las cejas.

accigliato, -ta [attiʃiʎʎáto, -ta] *a.* ceñudo.

accingersi [attʃindʒersi] *pr.* disponerse, prepararse. ¶ CONJUG. como *cingere.*

acciocché [attʃokkè*] *conj.* a fin de que, para que.

accipicchia! [attʃipikkja] *inter.* ¡caray!

accipigliare [attʃipiʎʎáre] *t.-pr.* fruncir el cejo, enojarse.

acciuffare [attʃuffáre] *t.* atrapar. 2 *rec.* tirarse de los pelos.

acciuga [attʃúga] *f.* anchoa.

acclamare [akklamáre] *t.* aclamar.

acclamazione [akklamattsjóne] *f.* aclamación.

acclimare [akklimáre], **acclimatare** [akklimatáre] *t.-pr.* aclimatar.

acclimazione [akklimattsjóne], **acclimatazione** [akklimatattsjóne] *f.* aclimatación.

accludere [akklúdere] *t.* incluir, adjuntar. ¶ CONJUG. como *concludere*.

accoccolarsi [akkokkolársi] *pr.* acurrucarse.

accodarsi [akkodársi] *pr.* ir a la zaga.

accoglienza [akkoʎʎéntsa] *f.* acogida.

accogliere [akkóʎʎere] *f.* acoger. ¶ CONJUG. como *cogliere*.

accoglimento [akkoʎʎiménto] *m.* acogida *f.*, recibimiento.

accolito [akkólito] *m.* acólito.

accollare [akkolláre] *f.* cargar. 2 *pr.* cargar con, asumir.

accollato, -ta [akkolláto, -ta] *a.* cerrado por el cuello [vestido].

accoltellare [akkoltelláre] *t.* acuchillar.

accomandita [akkomándita] *f.* comandita.

accomiatare [akkomjatáre] *t.-pr.* despedir.

accomodamento [akkomodaménto] *m.* arreglo, ajuste.

accomodare [akkomodáre] *t.* arreglar, ajustar. 2 acomodar. 3 *pr.* sentarse. ‖ *s'accomodi*, siéntese, pase.

accompagnamento [akkompaɲɲaménto] *m.* acompañamiento.

accompagnare [akkompaɲɲáre] *t.* acompañar.

accompagnatore, -trice [akkompaɲɲatóre, -tritʃe] *s.* acompañante.

accomunare [akkomunáre] *t.* poner en común, juntar. 2 *pr.* acomunarse.

acconciare [akkontʃáre] *t.-pr.* adornar, ataviar. 2 componer, arreglar. 3 peinar. 4 aderezar, sazonar.

acconciatura [akkontʃatúra] *f.* peinado *m.* 2 atavío *m.*

accondiscendere [akkondiʃʃéndere] *i.* condescender. ¶ CONJUG. como *scendere* (aux. *avere*).

acconsentire [akkonsentíre] *i.* consentir. ¶ CONJUG. r. aux. *avere*.

accontentare [akkontentáre] *t.* contentar. 2 *i.-pr.* contentarse. ‖ *accontentarsi di poco*, contentarse con poco.

acconto [akkónto] *m.* anticipo.

accoppiamento [akkoppjaménto] *m.* acoplamiento.

accoppiare [akkoppjáre] *t.-pr.* acoplar, aparear.

accoramento [akkoraménto] *m.* congoja *f.*, pesar.

accorare [akkoráre] *t.-pr.* afligir, apesadumbrar, acongojar.

accorciamento [akkortʃaménto] *m.* acortamiento, abreviación *f.*

accorciare [akkortʃáre] *t.-pr.* acortar.

accorciatoia [akkorʃatója] *f.* V. **scorciatoia**.

accordare [akkordáre] *t.* otorgar. 2 poner de acuerdo. 3 MÚS. afinar. 4 GRAM. hacer concordar. 5 *pr.* ponerse de acuerdo, concertarse, concordar.

accordatore, -trice [akkordatóre, -tritʃe] *s.* afinador.

accordo [akkórdo] *m.* acuerdo, convenio. 2 MÚS. acorde.

accorgersi [akkórdʒersi] *pr.* darse cuenta, notar, advertir. ¶ CONJUG. IND. pret. ind.: *mi accorsi, si accorse; si accorsero*. ‖ PART.: *accorto*.

accorgimento [akkordʒiménto] *m.* sagacidad *f.*

accorrere [akkórrere] *i.* acudir. ¶ CONJUG. como *correre* (aux. *essere*).

accortezza [akkortéttsa] *f.* sagacidad, astucia.

accorto, -ta [akkórto, -ta] *a.* sagaz, avisado.

accostamento [akkostaménto] *m.* acercamiento.

accostare [akkostáre] *t.-pr.* acercar, arrimar. 2 *t.* entornar [puertas, ventanas, etc.].

accovacciarsi [akkovattʃársi] *pr.* acurrucarse, agazaparse.

accozzaglia [akkottáʎʎa] *f.* tropel *m.*

accozzare [akkottsáre] *t.-pr.* amontonar.

accreditare [akkreditáre] *t.* acreditar.

accrescere [akkréʃʃere] *f.* aumentar, acrecentar. ¶ CONJUG. como *crescere*.

accrescimento [akkreʃʃiménto] *m.* crecimiento, aumento.

accrescitivo, -va [akkreʃʃitivo, -va] *a.* aumentativo.

accudire [akkudíre] *i.* atender (a). ¶ CONJUG. r. aux. *avere*.

accumulare [akkumuláre] *t.* acumular.

accumulatore [akkumulatóre] *m.* acumulador.

accumulazione [akkumulattsjóne] *f.* acumulación.

accuratezza [akkuratéttsa] *f.* esmero *m.*

accurato, -ta [akkuráto, -ta] *a.* cuidadoso, esmerado.

accusa [akkúza] *f.* acusación.

accusare [akkuzáre] *t.-pr.* acusar.

accusativo, -va [akkuzativo, -va] *a.-m.* acusativo.

accusato, -ta [akkuzàto, -ta] s. acusado, imputado.

accusatore, -trice [akkuzatóte, -tritʃe] a.-s. acusador.

accusatorio, -ria [akkuzatòrjo, -rīa] a. acusatorio.

acerbo, -ba [atʃèrbo, -ba] a. verde, acerbo.

acerrimo, -ma [atʃèrrimo, -ma] a. acérrimo.

acetamide [atʃetamide] f. acetamida.

acetato, -ta [atʃetàto, -ta] a. avinagrado. 2 m. QUÍM. acetato.

acetilene [atʃetilène] m. acetileno.

aceto [atʃèto] m. vinagre.

acetone [atʃetóne] m. acetona f.

acetoso, -sa [atʃetóso, -sa] a. acetoso, avinagrado.

acidità [atʃidità*] f. acidez.

acido, -da [àtʃido, -da] a. ácido, agrio. 2 m. ácido.

acino [àtʃino] m. grano.

acne [àkne] f. acné.

acqua [àkkwa] f. agua.

acquaforte [akkwafòrte] f. aguafuerte.

acquaio [akkwàjo] m. fregadero.

acquamarina [akkwamarina] f. aguamarina.

acquaragia [akkwaràdʒa] f. aguarrás m.

acquario [akkwàrjo] m. acuario.

acquatico, ca [akkwàtiko, -ka] a. acuático.

acquavite [akkwavìte] f. aguardiente m.

acquazzone [akkwattsóne] m. chubasco, chaparrón, aguacero.

acquedotto [akkwedòtto] m. acueducto.

acqueo, -quea [àkkweo, -kwa] a. acuoso.

acquerello [akkwerèllo] m. acuarela f.

acquiescente [akkwjeʃʃènte] a. aquiescente.

acquiescenza [akkwjeʃʃèntsa] f. aquiescencia.

acquietare [akkwjetàre] t.-pr. calmar, apaciguar, sosegar.

acquirente [akkwirènte] a.-m. adquisidor, adquirente.

acquisire [akkwizìre] t. adquirir.

acquisitivo, -va [akkwizitìvo, -va] a. adquisitivo.

acquisizione [akkwizittsjóne] f. adquisición.

acquistare [akkwistàre] t. adquirir, comprar.

acquisto [akkwìsto] m. adquisición f., compra f.

acquitrino [akkwitrino] m. aguazal.

acquitrinoso, -sa [akkwitrinóso, -sa] a. pantanoso.

acquolina [akkwolìna] f. llovizna. ‖ venire l'~ in bocca, hacerse la boca agua.

acquoso, -sa [akkwóso, -sa] a. acuoso.

acre [àkre] a. agrio, áspero.

acrimonia [akrimònja] f. acrimonia, acritud.

acrobata [akròbata] s. acróbata.

acrobatico, -ca [akrobàtiko, -ka] a. acrobático.

acrobazia [akrobattsia] f. acrobacia.

acropoli [akròpoli] f. acrópolis.

acrostico, -ca [akròstiko, -ka] a.-m. acróstico.

acuire [akwire] t. aguzar, agudizar. 2 agravar.

aculeo [akùleo] m. aguijón.

acume [akùme] m. agudeza f., sutileza f.

acuminare [akuminàre] t. aguzar.

acuminato, -ta [akuminàto, -ta] a. puntiagudo.

acustico, -ca [akùstiko, -ka] a. acústico. 2 f. acústica.

acutezza [akutèttsa] f. agudeza, perspicacia.

acuto, -ta [akùto, -ta] a. agudo. 2 sutil, perspicaz.

ad [ad] prep. V. a.

adagiare [adadʒàre] t. poner con cuidado. 2 pr. ponerse cómodo.

adagio [adàdʒo] adv. despacio. ‖ ~ ~, poco a poco, lentamente. 2 m. MÚS. adagio.

adattamento [adattamènto] m. adaptación f.

adattare [adattàre] t.-pr. adaptar. 2 pr. conformarse.

adatto, -ta [adàtto, -ta] a. apto, idóneo.

addebitare [addebitàre] t. cargar en cuenta, adeudar. 2 culpar, imputar.

addensamento [addensamènto] m. condensación f.

addensare [addensàre] t.-pr. espesar, condensar. 2 pr. apiñarse.

addentare [addentàre] t. morder. 2 coger [con tenazas, etc.]

addentrarsi [addentràrsi] pr. internarse, penetrar.

addestramento [addestramènto] m. adiestramiento.

addestrare [addestràre] t.-pr. adiestrar.

addetto, -ta [addètto, -ta] m. agregado, encargado.

addiaccio [addjàttʃo] *m.* redil. ‖ *all'~,* al raso.

addietro [addjètro] *adv.* atrás.

addio [addìo] *inter.-m.* adiós.

addirittura [addirittúra] *adv.* hasta, nada más.

addirsi [addirsi] *pr.* ser apropiado, estar bien, corresponder.

additare [additáre] *t.* señalizar.

addizionale [additsjonále] *a.* adicional.

addizionare [addittsjonáre] *t.* adicionar, sumar.

addizione [additsjòne] *f.* adición, suma.

addobbare [addobbáre] *t.* adornar. 2 adobar.

addobbo [addòbbo] *m.* adorno. 2 adobo.

addolcire [addolcire] *t.* endulzar. 2 fig. suavizar, ablandar.

addolorare [addoloráre] *t.-pr.* afligir, apenar.

addome [addòme] *m.* abdomen.

addomesticare [addomestikáre] *t.* domesticar, domar.

addominale [addominále] *a.* abdominal.

addormentare [addormentáre] *t.* adormecer, hacer dormir. 2 *pr.* adormecerse, dormirse.

addossare [addossáre] *t.* cargar. 2 adosar, arrimar. 3 achacar, imputar. 4 *pr.* cargar con, asumir.

addosso [addòsso] *adv.* encima, sobre. 2 junto a.

addurre [addúrre] *t.* aducir. ¶ CONJUG. como *condurre.*

adeguamento [adegwamènto] *m.* adecuación *f.*

adeguare [adegwáre] *t.* adecuar. 2 *pr.* adaptarse, conformarse.

adeguato, -ta [adegwàto, -ta] *a.* adecuado, proporcionado.

adempimento [adempimènto] *m.* cumplimiento.

adempire [adempíre] *t.* llevar a cabo. 2 cumplir con. 3 satisfacer. 4 *pr.* cumplirse, realizarse.

adepto [adèpto] *m.* adepto.

aderente [aderènte] *a.* adherente.

aderenza [aderèntsa] *f.* adherencia.

aderire [aderíre] *i.* adherir. ¶ CONJUG. r. aux. *avere.*

adescamento [adeskamènto] *m.* halago, lisonja *f.*

adescare [adeskáre] *t.* halagar, seducir, engatusar.

adesione [adezjòne] *f.* adhesión.

adesivo, -va [adezivo, -va] *a.-m.* adhesivo.

adesso [adèsso] *adv.* ahora.

adiacente [adjatʃènte] *a.* adyacente.

adiacenza [adjatʃèntsa] *f.* adyacencia. 2 *pl.* cercanías, alrededores *m.*

adibire [adibíre] *t.* usar. 2 destinar, adaptar.

adipe [ádipe] *m.* adiposidad *f.*

adiposo, -sa [adipóso, -sa] *a.* adiposo.

adirarsi [adirársi] *pr.* irritarse.

adito [ádito] *m.* acceso, paso.

adocchiare [adokkjáre] *t.* poner los ojos en, mirar con codicia. 2 divisar.

adolescente [adolesʃènte] *a.-s.* adolescente.

adolescenza [adolesʃèntsa] *f.* adolescencia.

adombrare [adombráre] *t.* sombrear. 2 fig. ocultar. 3 bosquejar.

adone [adòne] *m.* adonis.

adoperare [adoperáre] *t.* usar, utilizar, emplear. 2 *pr.* ingeniarse.

adorare [adoráre] *t.* adorar.

adoratore, -trice [adoratòre, -tritʃe] *a.-s.* adorador. 2 admirador.

adorazione [adorattsjòne] *f.* adoración.

adornare [adornáre] *t.-pr.* adornar, engalanar.

adottare [adottáre] *t.* adoptar.

adottivo, -va [adottivo, -va] *a.* adoptivo.

adozione [adottsjòne] *f.* adopción.

adulare [aduláre] *t.* adular.

adulatore, -trice [adulatòre, -tritʃe] *a.-s.* adulador.

adulazione [adulattsjòne] *f.* adulación.

adulterare [adulteráre] *t.* adulterar.

adulterino, -na [adulterino, -na] *a.* adulterino.

adulterio [adultèrjo] *m.* adulterio.

adultero, -ra [adúltero, -ra] *a.-s.* adúltero.

adunanza [adunántsa] *f.* reunión, asamblea. ‖ *tenere una ~,* celebrar una reunión. ‖ *sala delle adunanze,* sala de sesiones.

adunare [adunáre] *t.-r.* reunir, juntar.

adunco, -ca [adúŋko, -ka] *a.* adunco, retorcido en forma de gancho.

aerazione [aerattsjòne] *f.* ventilación.

aereo, -rea [aèreo, -rea] *a.* aéreo. 2 *m.* avión.

aerocinematografia [aerotʃinematografia] *f.* aerocinematografía.

aerodinamico, -ca [aerodinàmiko, -ka] *a.* aerodinámico. 2 *f.* aerodinámica.

aerodromo [aeròdromo] *m.* aeródromo.

aerofotografia [aerofotografìa] *f.* aerofotografía.

aeronauta [aeronàuta] *s.* aeronauta.

aeronautico, -ca [aeronàutiko, -ka] *a.* aeronáutico. 2 *f.* aeronáutica.

aeronave [aeronàve] *f.* aeronave.

aeroplano [aeroplàno] *m.* aeroplano, avión.

aeroporto [aeropòrto] *m.* aeropuerto.

aerostato [aeròstato] *m.* aeróstato.

afa [àfa] *f.* bochorno *m.*

affabile [affàbile] *a.* afable.

affabilità [affabilità*] *f.* afabilidad.

affaccendarsi [affattʃendàrsi] *pr.* atarearse, afanarse, llevar trajín.

affaccendato, -ta [affattsendàto, -ta] *a.* atareado.

affacciare [affattʃàre] *t.-pr.* asomar.

affamato, -ta [affamàto, -ta] *a.* hambriento.

affannare [affannàre] *t.* inquietar, preocupar. 2 *pr.* afanarse. 3 desvivirse.

affanno [affànno] *m.* fatiga *f.*, jadeo, afán.

affannoso, -sa [affannóso, -sa] *a.* afanoso, jadeante.

affare [affàre] *m.* negocio, asunto. ‖ *uomo d'affari*, hombre de negocios. ‖ *Ministero degli Affari Esteri*, Ministerio de Asuntos Exteriores.

affarista [affarìsta] *s.* especulador, traficante.

affarone [affaróne] *m.* buen negocio.

affascinante [affaʃʃinànte] *a.* fascinante, encantador.

affascinare [affaʃʃinàre] *t.* fascinar, encantar.

affaticare [affatikàre] *t.-pr.* fatigar, cansar.

affatto [affàtto] *adv.* en absoluto. ‖ *niente ~*, de ninguna manera.

affermare [affermàre] *t.* afirmar. 2 *pr.* afirmarse, consolidarse.

affermativo, -va [affermativo, -va] *a.* afirmativo.

affermazione [affermattsjóne] *f.* afirmación.

afferrare [afferràre] *t.* aferrar, agarrar. 2 fig. captar [una explicación, etc.]. ‖ *~ l'occasione*, aprovechar la ocasión. 3 *pr.* asirse, agarrarse.

affettare [affettàre] *t.* rebanar, cortar en rebanadas o lonchas. 2 afectar, aparentar.

affettato, -ta [affettàto, -ta] *a.* afectado, amanerado. 2 cortado en rebanadas o lonjas. 3 *m.* embutidos *pl.*

affettazione [affettattsjóne] *f.* afectación.

affettivo, -va [affettivo, -va] *a.* afectivo.

affetto, -ta [affètto, -ta] *a.* afecto, afectado. 2 enfermo. 3 *m.* afecto, cariño.

affettuosità [affettuosità*] *f.* afectuosidad.

affettuoso, -sa [affettuóso, -sa] *a.* afectuoso, cariñoso.

affezionare [affettsjonàre] *t.-pr.* aficionar, encariñar.

affiancare [affjankàre] *t.* flanquear.

affiatarsi [affjatàrsi] *pr.* avenirse, congeniar.

affiatato, -ta [affiatàto, -ta] *a.* bien avenido.

affibbiare [affibbjàre] *t.* abrochar. 2 pegar, dar [un bofetón, etc.]. 3 encajar [un billete falso, etc.].

affidare [affidàre] *t.-pr.* confiar.

affievolire [affjevolìre] *t.-pr.* debilitar, aflojar.

affiggere [affiddʒere] *t.* fijar, pegar [carteles, etc.]. ¶ CONJUG. IND. pret. ind.: *affissi, affisse; affissero*. ‖ PART.: *affisso*.

affilare [affilàre] *t.* afilar, aguzar. 2 *pr.* afilarse.

affiliare [affiljàre] *t.-pr.* afiliar.

affiliazione [affiljattsjóne] *f.* afiliación.

affinare [affinàre] *t.* afinar. 2 refinar, purificar.

affinchè [affinkè*] *conj.* a fin de que, para que.

affine [affìne] *a.-s.* afín.

affinità [affinità*] *f.* afinidad.

affiorare [affjoràre] *i.* aflorar. ¶ CONJUG. r. aux. *essere*.

affissione [affissjóne] *f.* [el] fijar carteles. ‖ *divieto d'~*, prohibido fijar carteles.

affisso [affìsso] *m.* cartel, anuncio. 2 GRAM. afijo.

affittacamere [affittakàmere] *s.* persona que alquila habitación.

affittare [affittàre] *t.* alquilar, arrendar.

affitto [affìtto] *m.* alquiler, arriendo.

affittuario [affittuàrjo] *m.* arrendatario.

affliggere [affliddʒere] *t.-pr.* afligir, apenar. ¶ CONJUG. IND. pret. ind.: *afflissi, afflisse; afflissero*. ‖ PART.: *afflitto*.

afflittivo, -va [afflittivo, -va] *a.* aflictivo.

afflitto, -ta [afflìtto, -ta] *a.* afligido, apenado.

afflizione [afflittsjóne] *f.* aflicción.

afflosciare [affloʃʃàre] *i.-t.* aflojar. ¶ CONJUG. r. aux. *avere* [t.], *essere* [i.].

affluente [affluènte] *a.-m.* afluente.

affluenza [affluéntsa] *f.* afluencia, concurrencia.

affluire [affluíre] *i.* afluir. ¶ CONJUG. r. aux. *essere*.

afflusso [afflússo] *m.* aflujo. 2 afluencia *f.*

affogare [affogáre] *t.* ahogar. 2 *i.* ahogarse. ¶ CONJUG. r. aux. *avere* [t.] *essere* [i.].

affollamento [affollaménto] *m.* afluencia *f.* [de gente], gentío.

affollare [affolláre] *t.* llenar [de gente]. 2 fig. abrumar. 3 *pr.* agolparse.

affondamento [affondaménto] *m.* hundimiento.

affossare [affossáre] *t.* ahondar, excavar. 2 *pr.* hundirse.

affondare [affondáre] *t.* hundir. 2 *i.-pr.* hundirse.

affrancare [affraŋkáre] *t.* franquear.

affrancatrice [affrankatritʃe] *f.* franqueadora.

affrancatura [affraŋkatúra] *f.* franqueo *m.*

affranto, -ta [affránto, -ta] *a.* abatido, deshecho.

affrescare [affreskáre] *t.* pintar al fresco.

affresco [affrèsko] *m.* PINT. fresco.

affrettare [affrettáre] *t.-pr.* apresurar. 2 *pr.* darse prisa.

affrontare [affrontáre] *t.* afrontar. 2 *pr.* enfrentarse, confrontarse.

affronto [affrónto] *m.* afrenta *f.*

affumicare [affumikáre] *t.* ahumar.

affusolato, -ta [affusoláto, -ta] *a.* ahusado.

afonia [afonia] *f.* afonía.

afono, -na [áfono, -na] *a.* afónico. 2 afono.

afoso, -sa [afóso, -sa] *a.* bochornoso.

afrodisiaco, -ca [afrodiziako, -ka] *a.-m.* afrodisíaco.

afta [áfta] *f.* afta.

agata [ágata] *f.* ágata.

agenda [adʒènda] *f.* agenda.

agente [adʒènte] *m.* agente.

agenzia [adʒentsia] *f.* agencia.

agevolare [adʒevoláre] *t.* facilitar.

agevolazione [adʒevolattsjóne] *f.* facilitación.

agevole [adʒèvole] *a.* fácil, cómodo.

agganciare [aggantʃáre] *t.* enganchar.

aggeggio [addʒéddʒo] *m.* trasto, cacharro.

aggettivo, -va [addʒettivo, -va] *a.-m.* adjetivo.

agghiacciante [aggjattʃánte] *a.* terrorífico.

agghiacciare [aggjattʃáre] *t.-pr.* helar, congelar. 2 *pr.* fig. horrorizarse.

agghindare [aggindáre] *t.-pr.* ataviar.

aggio [áddʒo] *m.* COM. agio.

aggiornamento [addʒornaménto] *m.* puesta *f.* al día.

aggiornare [addʒornáre] *t.* poner al día.

aggiudicare [addʒudikáre] *t.* adjudicar.

aggiudicazione [addʒudikattsjóne] *f.* adjudicación.

aggiungere [addʒúndʒere] *t.* añadir, agregar. ¶ CONJUG. como *giungere*.

aggiunto, -ta [addʒúnto, -ta] *a.-m.* adjunto. 2 *f.* añadidura.

aggiustamento [addʒustaménto] *m.* ajuste, arreglo.

aggiustare [addʒustáre] *t.* reparar, arreglar, ajustar.

agglomerare [agglomeráre] *t.-pr.* aglomerar.

agglomerato, -ta [agglomeráto, -ta] *a.-m.* aglomerado.

agglomerazione [agglomerattsjóne] *f.* aglomeración.

agglutinare [agglutináre] *t.-pr.* aglutinar.

aggrappare [aggrappáre] *t.-pr.* agarrar, aferrar.

aggravamento [aggravaménto] *m.* agravamiento, empeoramiento.

aggravante [aggravánte] *a.-f.* agravante.

aggravare [aggraváre] *t.* agravar. 2 gravar. 3 *pr.* empeorar, ponerse grave.

aggravio [aggrávjo] *m.* gravamen, carga *f.*, impuesto. 2 agravio.

aggraziato, -ta [aggrattsjáto, -ta] *a.* agraciado.

aggredire [aggredíre] *t.* agredir, acometer.

aggregare [aggregáre] *t.-pr.* agregar.

aggregazione [aggregattsjóne] *f.* agregación.

aggressione [aggressjóne] *f.* agresión.

aggressivo, -va [aggressivo, -va] *a.* agresivo.

aggressore [aggressóre] *a.-m.* agresor.

aggrinzare [aggrintsáre] *t.-pr.* arrugar.

aggrovigliare [aggroviʎʎáre] *t.-pr.* enmarañar, enredar.

aggruppare [aggruppáre] *t.-pr.* agrupar.

agguantare [aggwantáre] *t.* agarrar, aferrar.

agguato [aggwáto] *m.* acecho, emboscada *f.*

agguerrire [aggwerríre] *t.-pr.* aguerrir, adiestrar.

agiatamente [adʒataménte] *adv.* holgadamente, cómodamente, con desahogo.

agiatezza [adʒatèttsa] *f.* comodidad, bienestar *m.*

agiato, -ta [adʒáto, -ta] *a.* acomodado, holgado.

agile [ádʒile] *a.* ágil.

agilità [adʒilitá*] *f.* agilidad.

agio [ádʒo] *m.* bienestar, comodidad *f.*, desahogo. ‖ *a mio, a suo ~,* a mis, a sus anchas.

agiografia [adʒografía] *f.* hagiografía.

agire [adʒire] *i.* actuar, obrar. 2 comportarse. ¶ CONJUG. r. aux. *avere.*

agitare [adʒitáre] *t.-pr.* agitar.

agitatore, -trice [adʒitatòre, -tritʃe] *s.* agitador.

agitazione [adʒitattsjóne] *f.* agitación.

aglio [áʎʎo] *m.* ajo.

agnello [aɲɲéllo] *m.* cordero.

agnellotto [aɲɲellótto] *m.* [espec. *pl.*] pasta del género de los ravioles.

agnosticismo [aɲɲostitʃizmo] *m.* agnosticismo.

agnostico, -ca [aɲɲòstiko, -ka] *a.* agnóstico.

ago [ágo] *m.* aguja *f.*

agonia [agonía] *f.* agonía.

agonistico, -ca [agonistiko, -ka] *a.* deportivo.

agonizzante [agoniddzánte] *a.* agonizante.

agonizzare [agoniddzáre] *i.* agonizar. ¶ CONJUG. r. aux. *avere.*

agostiniano, -na [agostinjáno, -a] *a.* agustiniano. 2 *a.-s.* agustino.

agosto [agósto] *m.* agosto.

agrario, -ria [agrárjo, -rja] *a.* agrario. 2 *m.* terrateniente. 3 *f.* agronomía.

agreste [agrèste] *a.* agreste.

agricolo, -la [agrikolo, -la] *a.* agrícola.

agricoltore [agrikoltóre] *m.* agricultor, campesino.

agricoltura [agrikoltúra] *f.* agricultura.

agrifoglio [agrifɔ́ʎʎo] *m.* acebo.

agro, -gra [ágro, -gra] *a.* agrio, acre.

agro [ágro] *m.* campo.

agrodolce [agrodòltʃe] *a.* agridulce.

agronomia [agronomía] *f.* agronomía.

agronomo [agrɔ́nomo] *m.* agrónomo.

agrumi [agrúmi] *m. pl.* agrios.

aguzzare [aguttsáre] *t.* aguzar.

aguzzino [aguddzino] *m.* negrero, esbirro.

aguzzo, -za [agúttso, -tsa] *a.* puntiagudo.

ah! [a] *inter.* ¡ah!

ahi! [ái] *inter.* ¡ay!

ahimè [aimé*] *inter.* ¡ay de mí!

ai [ái] *prep. y art.* (*a+i*) a los.

airone [airóne] *m.* ORNIT. garza *f.* real

aitante [aitánte] *a.* gallardo, robusto.

aiuola [ajwɔ́la] *f.* parterre *m.*

aiutante [ajutánte] *a.-s.* ayudante.

aiutare [ajutáre] *t.* ayudar.

aiuto [ajúto] *m.* ayuda *f.* 2 *inter.* ¡socorro!, ¡auxilio!

aizzare [aittsáre] *t.* azuzar. 2 incitar.

al [al] *prep. y ar.* (*a+il*) al.

ala [ála] *f.* ala.

alabarda [alabárda] *f.* alabarda.

alabardiere [alabardjère] *m.* alabardero.

alabastro [alabástro] *m.* alabastro.

alacre [álakre] *a.* pronto, solícito.

alacrità [alakritá*] *f.* alacridad.

alambicco [alambikko] *m.* alambique.

alato, -ta [aláto, -ta] *a.* alado.

alba [álba] *f.* alba, amanecer *m.*, madrugada.

albanese [albanèse] *a.-s.* albanés.

albeggiare [albeddʒáre] *i.* alborear, amanecer. ¶ CONJUG. r. aux. *essere.*

alberare [alberáre] *t.* poblar de árboles.

alberato, -ta [alberáto, -ta] *a.* arbolado.

albereto [alberèto] *m.* arboleda *f.*

albergare [albergáre] *t.* albergar, hospedar. 2 *i.* hospedarse. ¶ CONJUG. r. aux. *avere.*

albergo [albèrgo] *m.* hotel.

albero [álbero] *m.* árbol. 2 MAR. mástil.

albicocca [albikɔ́kka] *f.* albaricoque *m.*

albicocco [albikókko] *m.* albaricoquero.

albino, -na [albino, -na] *a.-m.* albino.

albo [álbo] *m.* álbum. 2 registro [libro].

albore [albɔ́re] *m.* albor.

album [álbum] *m.* álbum.

albume [albúme] *m.* clara *f.* [del huevo].

albumina [albumina] *f.* albúmina.

alcalino, -na [alkalino, -na] *a.* alcalino.

alcaloide [alkalɔ́ide] *m.* alcaloide.

alce [áltʃe] *m.* ZOOL. anta. 2 ante.

alchimia [alkimja] *f.* alquimia.

alchimista [alkimista] *s.* alquimista.

alcolimetria [alkolimetría] *f.* alcoholimetría.

alcolimetro [alkolimetro] *m.* alcoholímetro.

alcoltest [alkoltèst] *m.* alcoholtest.

alcolizzato, -ta [alkoliddzáto, -ta] *a.-m.* alcoholizado.

alcool [álkool] *m.* alcohol.

alcoolico, -ca [alkoɔ́liko, -ka] *a.* alcohólico.

alcoolismo [alkolizmo] *m.* alcoholismo.

alcova [alkɔ́va] *f.* alcoba.

alcuno, -na [alkúno, -na] *a.* algún. 2 *pron.* alguno, alguien.

aldilà [aldilá*] *m.* el más allá.

aleatorio, -ria [aleatòrjo, -rja] *a.* aleatorio.

alessandrino, -na [alessandrino, -na] *a.-s.* alejandrino.

aletta [alétta] *f.* aleta.

alfabetico, -ca [alfabétiko, -ka] *a.* alfabético.

alfabeto [alfabèto] *m.* alfabeto.

alfiere [alfjère] *m.* alfil [en el ajedrez]. 2 alférez, abanderado.

alfine [alfine] *adv.* al fin, finalmente.

alga [álga] *f.* alga.

algebra [áldʒebra] *f.* álgebra.

algebrico, -ca [aldʒèbriko, -ka] *a.* algebraico.

aliante [aljánte] *m.* planeador.

alibi [álibi] *m.* coartada *f.*

alice [alitʃe] *f.* anchoa.

alienare [aljenáre] *t.* enajenar. 2 *pr.* alejarse. 3 enemistarse con, enajenarse de.

alienato, -ta [aljenáto, -ta] *a.-s.* alienado, loco.

alienazione [aljenattsjóne] *f.* enajenación. 2 alienación.

alieno, -na [aljèno, -na] *a.* ajeno.

alimentare [alimentáre] *t.-pr.* alimentar. 2 *a.* alimenticio.

alimentazione [alimentattsjóne] *f.* alimentación.

alimento [alimènto] *m.* alimento.

aliquota [alikwota] *a.-f.* alícuota.

alisei [alizéi] *a.-s. pl.* alisios.

alito [álito] *m.* aliento. 2 hálito, soplo.

alla [álla] *prep.* y *art.* (**a+la**) a la.

allacciamento [allattʃamènto] *m.* conexión *f.*, enlace. 2 empalme.

allacciare [allattʃáre] *t.-pr.* enlazar, unir. 2 atar. 3 abrochar.

allacciatura [allattʃatúra] *f.* ligadura.

allagamento [allagamènto] *m.* inundación *f.*, anegamiento.

allagare [allagáre] *t.* inundar, anegar.

allampanato, -ta [allampanáto, -ta] *a.* seco, flaco, enjuto.

allargamento [allargamènto] *m.* ensanchamiento, ensanche.

allargare [allargáre] *t.-pr.* ensanchar. 2 ampliar, extender.

allarmante [allarmánte] *a.* alarmante.

allarmare [allarmáre] *t.* alarmar.

allarme [allárme] *m.* alarma *f.*

allattamento [allattamènto] *m.* lactancia *f.*

allattare [allattáre] *t.* criar, dar de mamar, amamantar.

alle [álle] *prep.* y *art.* (**a+le**) a las.

alleanza [alleántsa] *f.* alianza.

allearsi [alleársi] *pr.* aliarse.

alleato, -ta [alleáto, -ta] *a.-m.* aliado.

allegare [allegáre] *t.* alegar, aducir. 2 adjuntar.

allegato, -ta [allegáto, -ta] *a.-m.* adjunto.

alleggerimento [alleddʒerimènto] *m.* aligeramiento. 2 alivio.

alleggerire [alleddʒerire] *t.-pr.* aligerar. 2 fig. aliviar.

allegoria [allegoría] *f.* alegoría.

allegorico, -ca [allegòriko, -ka] *a.* alegórico.

allegria [allegría] *f.* alegría.

allegro, -gra [allègro, -gra] *a.* alegre.

alleluia [allelúja] *m.* aleluya.

allenamento [allenamènto] *m.* entrenamiento.

allenare [allenáre] *t.-pr.* entrenar.

allenatore, -trice [allenatóre, -tritʃe] *s.* entrenador.

allentare [allentáre] *t.* aflojar. 2 disminuir [intensidad y velocidad]. 3 MÚS. retardar.

allestimento [allestimènto] *m.* preparación *f.*, aparejamiento.

allestire [allestire] *f.* aprestar, poner a punto, preparar, aparejar.

allettamento [allettamènto] *m.* aliciente, atractivo.

allettare [allettáre] *t.* halagar, seducir.

allevamento [allevamènto] *m.* crianza *f.*, cría *f.*

allevare [alleváre] *t.* criar. 2 fig. educar.

allevatore, -trice [allevatóre, -tritʃe] *s.* ganadero.

alleviare [allevjáre] *t.* aliviar.

allibire [allibire] *i.* quedarse pasmado. ¶ CONJUG. r. aux. *essere.*

allietare [alljetáre] *t.-pr.* alegrar.

allievo, -va [alljèvo, -va] *s.* alumno.

alligatore [alligatóre] *m.* aligator.

allineamento [allineamènto] *m.* alineación *f.*

allineare [allineáre] *t.-pr.* alinear.

allo [állo] *prep.* y *art.* (**a+lo**) al.

allocuzione [allokuttsjóne] *f.* alocución.

allodola [allòdola] *f.* alondra.

alloggiare [alloddʒáre] *t.-pr.* hospedar. 2 *i.* alojarse. ¶ CONJUG. r. aux. *avere* [t.-i.].

alloggio [allòddʒo] *m.* alojamiento, vivienda *f.*

alloglotto, -ta [alloglòtto, -ta] *a.-s.* aloglotto.

allontanamento [allontanamènto] *m.* alejamiento.

allontanare [allontanáre] *t.-pr.* alejar.

allora [allóra] *adv.* entonces.

allorché [allorkè*] *conj.* cuando, en cuanto.

alloro [allóro] *m.* laurel.

allucinare [allutʃináre] *t.* alucinar.

allucinazione [allutʃinattsjòne] *f.* alucinación.

alludere [allúdere] *i.* aludir. ¶ CONJUG. como **deludere**.

alluminio [alluminjo] *m.* aluminio.

allunaggio [allunáddʒo] *m.* alunizaje.

allunare [allunáre] *i.* alunizar. ¶ CONJUG. r. **essere**.

allungamento [allungamènto] *m.* alargamiento, prolongación *f.*

allungare [allungáre] *t.-pr.* alargar, prolongar.

allusione [alluzjòne] *f.* alusión.

allusivo, -va [alluzívo, -va] *a.* alusivo.

alluvione [alluvjòne] *m.* aluvión, inundación *f.*

almanacco [almanákko] *m.* almanaque.

almeno [almèno] *adv.* al menos, por lo menos.

alone [alòne] *m.* halo, aureola *f.*

alpestre [alpèstɾe] *a.* alpestre.

alpinismo [alpinízmo] *m.* alpinismo.

alpinista [alpinísta] *s.* alpinista.

alpino, -na [alpíno, -na] *a.* alpino.

alquanto [alkwánto] *a.* un poco de. 2 *adv.* algo, un poco.

altalena [altalèna] *f.* columpio *m.*

altare [altáre] *m.* altar.

alterare [alteráre] *t.-pr.* alterar.

alterazione [alteɾattsjòne] *f.* alteración.

altercare [alterkáre] *i.* altercar, reñir. ¶ CONJUG. r. aux. **avere**.

alterco [altérko] *m.* altercado.

alterigia [alterídʒa] *f.* altivez.

alternare [alternáre] *t.-pr.* alternar.

alternativo, -va [alternatívo, -va] *a.* alternativo. 2 *f.* alternativa.

alterno, -na [altèrno, -na] *a.* alterno.

altero, -ra [altèro, -ra] *a.* altivo, altanero.

altezza [altèttsa] *f.* altura, altitud. 2 alteza.

altezzoso, -sa [altettsóso, -sa] *a.* altanero.

altisonante [altisonánte] *a.* altisonante.

altitudine [altitúdine] *f.* altitud.

alto, -ta [álto, -ta] *a.* alto.

altolocato, -ta [altolokáto, -ta] *a.* bien situado, de alta alcurnia.

altoparlante [altoparlánte] *m.* altavoz.

altopiano [altopjáno] *m.* altiplanicie *f.*, meseta *f.*

altresì [altresí*] *adv.* también, del mismo modo. 2 DER. otrosí, ítem.

altrettanto [altrettánto] *a.* otro tanto. 2 *adv.* igualmente.

altri [áltri] *pron.* otro.

altrimenti [altrimènti] *adv.* de otra manera. ‖ *non si può fare ~,* no hay otra posibilidad. 2 si no, de lo contrario. ‖ *devi lavorare, ~ perderai il posto,* has de trabajar, si no, perderás el empleo.

altro, -tra [áltro, -tra] *a.* otro. ‖ *noi altri, voi altri,* nosotros, vosotros. 2 *pron.* otro. 3 *pl.* **gli altri,** los demás. 4 [en *m. sing.*] otra cosa, más. ‖ *non voglio ~,* no quiero más, no quiero otra cosa. ‖‖ *tutt'~,* de ninguna manera. ‖ *~ che!,* ¡ya lo creo! ‖ *se non ~,* a lo menos. ‖ *per ~,* por lo demás, del resto. ‖ *senz'~,* sin duda, sin falta.

altrove [altróve] *adv.* en otro lugar.

altrui [altrúi] *a.-pron.* ajeno, de otro, de otros.

altruismo [altruizmo] *m.* altruismo.

altruista [altruista] *a.-s.* altruista.

alunno, -na [alúnno, -na] *s.* alumno.

alveare [alveáre] *m.* colmena *f.*

alveo [álveo] *m.* cauce.

alveolare [alveoláre] *a.* alveolar.

alveolo [alvèolo] *m.* alvéolo.

alzare [altsáre] *t.-pr.* levantar, alzar. ‖ *~ le spalle,* encogerse de hombros.

alzata [altsáta] *f.* levantamiento *m.*, subida. 2 elevación.

amabile [amábile] *a.* amable.

amabilità [amabilitá*] *f.* amabilidad.

amaca [amáka] *f.* hamaca.

amalgama [amálgama] *f.* amalgama.

amalgamare [amalgamáre] *t.* amalgamar.

amante [amánte] *a.* amante, aficionado. 2 *s.* amante, querido.

amare [amáre] *t.* amar, querer.

amareggiare [amareddʒáre] *t.* amargar. 2 *pr.* afligirse.

amarena [amarèna] *f.* guinda.

amaretto [amarètto] *m.* amarguillo, almendrado.

amarezza [amarèttsa] *f.* amargura. 2 amargor *m.*

amaro, -ra [amáro, -ra] *a.* amargo.

amato, -ta [amáto, -ta] *a.-s.* amado, querido.

amatore, -trice [amatóre, -tritʃe] *s.* aficionado, amante.

amatorio, -ria [amatòrjo, -rja] *a.* amatorio, amoroso.

amazzone [amáddzone] *f.* amazona.

ambasciata [ambaʃʃáta] *f.* embajada.

ambasciatore, -trice [ambaʃʃatóre, -triʃe] *s.* embajador.

ambedue [ambedúe] *a.-pron.* ambos.

ambiente [ambjênte] *m.* ambiente.

ambiguità [ambigwitá*] *f.* ambigüedad.

ambiguo, -gua [ambigwo, -gwa] *a.* ambiguo.

ambire [ambire] *t.* ambicionar. 2 *i.* aspirar. ¶ CONJUG. r. aux. *avere* [t.-i.].

ambito [ámbito] *m.* ámbito.

ambivalente [ambivalénte] *a.* ambivalente.

ambizione [ambittsjóne] *f.* ambición.

ambizioso, -sa [ambittsjóso, -sa] *a.* ambicioso.

ambo [ámbo] *a.-pron.* ambos.

ambra [ámbra] *f.* ámbar *m.*

ambrosia [ambrɔzja] *f.* ambrosía.

ambulante [ambulánte] *a.* ambulante.

ambulanza [ambulántsa] *f.* ambulancia.

ambulatorio [ambulatɔrjo] *m.* ambulatorio, dispensario.

amen [ámen] *m.* amén.

amenità [amenitá*] *f.* amenidad.

ameno, -na [amêno, -na] *a.* ameno.

americano, -na [amerikáno, -na] *a.-s.* americano.

ametista [ametista] *f.* amatista.

amfetamina [amfetamína] *f.* anfetamina.

amianto [amjánto] *m.* amianto.

amichevole [amichévole] *a.* amistoso.

amichevolmente [amikevolménte] *adv.* amigablemente, amistosamente.

amicizia [amitʃíttsja] *f.* amistad.

amico, -ca [amíko, -ka] *a.-s.* amigo.

amido [ámido] *m.* almidón.

ammaccare [ammakkáre] *t.* abollar.

ammaccatura [ammakkatúra] *f.* abolladura.

ammaestramento [ammaestramènto] *m.* amaestramiento.

ammaestrare [ammaestráre] *t.* amaestrar.

ammainare [ammaináre] *t.* MAR. amainar, arriar. 2 fig. desistir.

ammalarsi [ammalársi] *pr.* enfermar.

ammalato, -ta [ammaláto, -ta] *a.-s.* enfermo.

ammaliare [ammaljáre] *t.* hechizar, embrujar, seducir.

ammanettare [ammanettáre] *t.* esposar, poner las esposas.

ammanierare [ammanjeráre] *t.* amanerar.

ammansire [ammansíre] *t.-pr.* amansar.

ammantare [ammantáre] *t.-pr.* cubrir.

ammaraggio [ammaráddʒo] *m.* amerizaje.

ammarare [ammaráre] *i.* amerizar.

ammassare [ammassáre] *t.* amontonar.

ammasso [ammásso] *m.* acopio. 2 montón.

ammattire [ammattíre] *i.* enloquecer.

ammattonare [ammattonáre] *t.* enladrillar, embaldosar.

ammazzare [ammattsáre] *t.-pr.* matar.

ammenda [ammênda] *f.* enmienda. 2 multa.

ammesso, -sa [ammésso, -sa] *a.-s.* admitido, aprobado. 2 *conj.* ~ *che,* supuesto que, suponiendo que.

ammettere [amméttere] *t.* admitir. ¶ CONJUG. como *mettere.*

ammezzare [ammeddzáre] *t.* hacer a medias. 2 partir por la mitad.

ammezzato [ammeddzáto] *m.* entresuelo.

ammiccare [ammikkáre] *i.* guiñar. ¶ CONJUG. r. aux. *avere.*

ammicco [ammíkko] *m.* guiño.

amministrare [amministráre] *t.* administrar.

amministrativo, -va [amministrativo, -va] *a.* administrativo.

amministratore, -trice [amministratóre, -tritʃe] *s.* administrador.

amministrazione [amministrattsjóne] *f.* administración.

ammirabile [ammirábile] *a.* admirable.

ammiragliato [ammiraʎʎáto] *m.* almirantazgo.

ammiraglio [ammiráʎʎo] *m.* almirante.

ammirare [ammiráre] *t.* admirar.

ammirativo, -va [ammirativo, -va] *a.* admirativo.

ammiratore, -trice [ammiratóre, -tritʃe] *s.* admirador.

ammirazione [ammirattsjóne] *f.* admiración.

ammirevole [ammirévole] *a.* admirable.

ammissibile [ammissíbile] *a.* admisible.

ammissione [ammissjóne] *f.* admisión. 2 ingreso *m.* ‖ *esame d'~,* examen de ingreso.

ammobiliare [ammobiljáre] *t.* amueblar.

ammodernare [ammodernáre] *t.* modernizar.

ammodo [ammɔdo] *a.* de bien. 2 *adv.* cuidadosamente.

ammogliare [ammoʎʎáre] *t.* casar [dar por esposa]. 2 *pr.* casarse [con una mujer].

ammogliato [ammoʎʎáto] *a.-m.* casado.

ammollare [ammolláre] *t.* remojar, ablandar. 2 aflojar. 3 encajar.

ammollire [ammollíre] *t.-pr.* mullir, ablandar. 2 *pr.* fig. relajarse.

ammollo [ammóllo] *m.* remojo.

ammoniaca [ammoníaka] *f.* amoníaco *m.*

ammonimento [ammonimènto] *m.* advertencia *f.* 2 amonestación *f.*

ammonire [ammoníre] *t.* amonestar. 2 reprender.

ammonizione [ammonittsjóne] *f.* admonición, advertencia. 2 amonestación.

ammontare [ammontáre] *t.* amontonar. 2 *i.* sumar, ascender. ¶ CONJUG. r. aux. *avere* [t.], *essere* [i.]. 3 *m.* importe.

ammorbidire [ammorbidíre] *t.* ablandar, mullir.

ammortamento [ammortamènto] *m.* amortización *f.*

ammortare [ammortáre] *t.* amortizar.

ammortire [ammortíre] *t.* amortiguar.

ammortizzamento [ammortiddzamènto] *m.* amortización *f.*

ammortizzare [ammortiddzáre] *t.* amortizar.

ammortizzatore [ammortiddzatóre] *m.* amortiguador.

ammucchiare [ammukkjáre] *t.-pr.* amontonar.

ammuffire [ammuffíre] *i.* enmohecerse, florecerse. ¶ CONJUG. r. aux. *essere*.

ammutinamento [ammutinamènto] *m.* amotinamiento, motín.

ammutinare [ammutináre] *t.-pr.* amotinar.

ammutolire [ammutolíre] *i.* enmudecer. ¶ CONJUG. r. aux. *essere*.

amnesia [amnezía] *f.* amnesia.

amnistia [amnistía] *f.* amnistía.

amnistiare [amnistjáre] *t.* amnistiar.

amo [ámo] *m.* anzuelo.

amore [amóre] *m.* amor.

amorevole [amorévole] *a.* amoroso, cariñoso.

amorfo, -fa [amórfo, -fa] *a.* amorfo.

amoroso, -sa [amoróso, -sa] *a.* amoroso, cariñoso. 2 *m.* TEAT. galán.

amovibile [amovíbile] *a.* amovible.

ampere [ampère] *m.* amperio, ampère.

ampiezza [ampjèttsa] *f.* amplitud. 2 holgura.

ampio, -pia [ámpjo, -pja] *a.* ancho, amplio. 2 holgado.

amplesso [amplèsso] *m.* abrazo.

ampliamento [ampliamènto] *m.* ampliación *f.*

ampliare [ampliáre] *t.* ampliar.

amplificare [amplifikáre] *t.* amplificar.

amplificatore, -trice [amplifikatóre, -tritʃe] *m.* amplificador. ‖ ~ *video*, amplificador de vídeo.

amplificazione [amplifikattsjóne] *f.* amplificación.

ampolla [ampólla] *f.* ampolla, redoma.

ampollina [ampollína] *f.* vinagrera. 2 *pl.* vinajeras.

ampollosità [ampollosità*] *f.* ampulosidad.

ampolloso, -sa [ampollóso, -sa] *a.* ampuloso.

amputare [amputáre] *t.* amputar.

amputazione [amputattsjóne] *f.* amputación.

amuleto [amulèto] *m.* amuleto.

anabattista [anabattista] *a.-s.* anabaptista.

anabbagliante [anabbaʎʎánte] *a.-m.* que no produce deslumbramiento.

anacoluto [anakolúto] *m.* anacoluto.

anacoreta [anakorèta] *s.* anacoreta.

anacronismo [anakronizmo] *m.* anacronismo.

anacronistico, -ca [anakronistiko, -ka] *a.* anacrónico.

anagrafe [anágrafe] *f.* registro *m.* de la población.

anagramma [anagrámma] *m.* anagrama.

analfabeta [analfabèta] *a.-s.* analfabeto.

analfabetismo [analfabetizmo] *m.* analfabetismo.

analgesico, -ca [analdʒèziko, -ka] *a.* analgésico.

analisi [análizi] *f.* análisis *m.*

analista [analista] *s.* analista. ‖ ~ *di sistemi*, analista de sistemas.

analitico, -ca [analitiko, -ka] *a.* analítico.

analizzare [analiddzáre] *t.* analizar.

analizzatore [analiddzatóre] *m.* analizador.

analogia [analodʒía] *f.* analogía.

analogo, -ga [análogo, -ga] *a.* análogo.

ananas [ánanas] *m.* piña *f.*

anarchia [anarkía] *f.* anarquía.

anarchico, -ca [anárkiko, -ka] *a.* anárquico. 2 *s.* anarquista.

anarchismo [anarkizmo] *m.* anarquismo.

anatema [anatèma] *m.* anatema.

anatomia [anatomia] *f.* anatomía.

anatomico, -ca [anatɔmiko, -ka] *a.* anatómico.

anatra [ánatra] *f.* pato *m.,* ánade *m.-f.*

anatroccolo [anatrɔkkolo] *m.* anadón.

anca [áŋka] *f.* cadera, anca.

anche [áŋke] *conj.* también. 2 incluso, hasta, aun. ‖ ~ *se,* aunque.

ancheggiare [ankeddʒáre] *i.* contonearse. ¶ CONJUG. r. aux. *avere.*

anchilosato, -ta [aŋkilozáto, -ta] *a.* anquilosado.

ancora [ankóra] *adv.* todavía, aún.

ancora [áŋkora] *f.* ancla, áncora.

ancoraggio [ankoráddʒo] *m.* ancladero. 2 anclaje.

ancorare [aŋkoráre] *t.* anclar. 2 *pr.* fondear.

andamento [andaménto] *m.* andadura *f.* 2 marcha *f.,* desarrollo.

andante [andánte] *a.* corriente, ordinario. 2 suelto, llano. 3 *m.* MÚS. andante.

andare [andáre] *i.* ir. ‖ ~ *via, andarsene,* marcharse, irse. ¶ CONJUG. (aux. *essere*) IND. pres.: *vado, vai, va; vanno.* ‖ *fut.* imp.: *andrò, andrai,* etc. ‖ SUBJ. pres.: *vada, vada, vada; vadano.* ‖ POT.: *andrei, andresti,* etc. ‖ IMPER.: *vai (va')* o *va, vada; vadano.*

andata [andáta] *f.* ida. ‖ ~ *e ritorno,* ida y vuelta.

andatura [andatúra] *f.* andadura, andar *m.*

andirivieni [andirivjèni] *m.* vaivén.

aneddotico, -ca [aneddɔtiko, -ka] *a.* anecdótico.

aneddoto [anèddoto] *m.* anécdota *f.*

anelare [aneláre] *i.* anhelar. ¶ CONJUG. r. aux. *avere.*

anello [anèllo] *m.* anillo, sortija *f.*

anemia [anemia] *f.* anemia.

anemico, -ca [anèmiko, -ka] *a.* anémico.

anestesia [anestezia] *f.* anestesia.

anestesista [anestezista] *s.* anestesista.

anestetico, -ca [anestètiko, -ka] *a.* anestético.

anfibio [anfibjo] *a.-m.* anfibio.

anfiteatro [anfiteátro] *m.* anfiteatro.

anfitrione [anfitrióne] *m.* anfitrión.

anfora [ánfora] *f.* ánfora, cántaro *m.*

angelico, -ca [andʒèliko, -ka] *a.* angelical.

angelo [ándʒelo] *m.* ángel.

angheria [aŋgeria] *f.* extorsión, abuso *m.*

angina [andʒina] *f.* angina. ‖ ~ *pectoris,* angina de pecho.

anglicanesimo [anglikanèzimo] *m.* anglicanismo.

anglicano, -na [aŋglikáno, -na] *a.-s.* anglicano.

anglicismo [anglitʃizmo] *m.* anglicismo.

anglosassone [anglosássone] *a.-s.* anglosajón.

angolare [angoláre] *a.* angular.

angolo [áŋgolo] *m.* GEOM. ángulo. 2 esquina *f.* 3 rincón.

angoloso, -sa [aŋgolóso, -sa] *a.* anguloso.

angoscia [aŋgɔʃʃa] *f.* angustia, congoja.

angosciare [angoʃʃáre] *t.-pr.* angustiar, acongojar.

angoscioso, -sa [aŋgoʃʃóso, -sa] *a.* angustioso, congojoso.

anguilla [aŋgwilla] *f.* anguila.

anguria [angúria] *f.* sandía.

angustia [aŋgústja] *f.* estrechez, angostura.

angusto, -ta [aŋgústo, -ta] *a.* angosto. 2 fig. mezquino.

anice [ánitʃe] *m.* anís.

anidride [anidride] *f.* anhídrido *m.*

anima [ánima] *f.* alma, ánima [lit.]. ‖ *la buon'*~ *di mio padre,* mi padre, que en paz descanse.

animale [animále] *a.-m.* animal.

animalesco, -ca [animalèsko, -ka] *a.* animal, bestial.

animare [animáre] *t.-pr.* animar.

animatore, -trice [animatóre, -tritʃe] *a.-s.* animador.

animazione [animattsjóne] *f.* animación.

animo [ánimo] *m.* ánimo.

animosità [animosità*] *f.* animosidad.

anisetta [anizètta] *f.* anís *m.*

annacquare [annakkwáre] *t.* aguar.

annaffiamento [annaffjaménto] *m.* riego.

annaffiare [annaffjáre] *t.* regar.

annaffiata [annaffjáta] *f.* riego *m.* 2 rociada.

annaffiatoio [annaffjatójo] *m.* regadera *f.*

annaffiatura [annaffjatúra] *f.* riego *m.*

annaspare [annaspáre] *t.* devanar. 2 *i.* gesticular. 3 andar a tientas. ¶ CONJUG. r. aux. *avere.*

annata [annáta] *f.* año *m.,* añada. 2 anualidad.

annebbiare [annebbjáre] *t.-pr.* nublar, anublar. 2 fig. ofuscar.

annegamento [annegaménto] *m.* anegamiento.

annegare [annegáre] *t.-pr.* ahogar, anegar.

annerire [annerìre] *t.* ennegrecer. 2 *i.-pr.* ennegrecerse.

annessione [annessjóne] *f.* anexión.

annesso, -sa [annèsso, -sa] *a.-m.* anexo, anejo.

annettere [annèttere] *t.* anexar, anexionar. ¶ CONJUG. IND. pret. ind.: *annessi* o *annettei; annesse* o *annettè; annesssero* o *annetterono.* ‖ PART.: *annesso.*

annichilamento [annikilamènto], **annichilimento** [annikilimènto] *m.* aniquilación *f.,* aniquilamiento.

annichilare [annikilàre], **annichilire** [annikilìre] *t.* aniquilar.

annientamento [annjentamènto] *m.* anonadamiento, aniquilación *f.*

annientare [annjentàre] *t.-pr.* anonadar, aniquilar.

anniversario [anniversàrjo] *m.* aniversario.

anno [ànno] *m.* año. ‖ *capo d'~,* día de año nuevo.

annodare [annodàre] *t.pr.* anudar. 2 trabar.

annoiare [annojàre] *t.-pr.* aburrir.

annotare [annotàre] *t.* anotar, apuntar.

annotazione [annotattsjóne] *f.* anotación, nota, apunte *m.*

annottare [annottàre] *i.* anochecer. ¶ CONJUG. r. aux. *essere.*

annoverare [annoveràre] *t.* contar, poner entre. ‖ *fu annoverato tra gli eroi,* fue contado entre los héroes.

annuale [annuàle] *a.* anual.

annuario [annuàrjo] *m.* anuario.

annuire [annuìre] *i.* consentir, asentir. ¶ CONJUG. r. aux. *avere.*

annullamento [annullamènto] *m.* anulación *f.*

annullare [annullàre] *t.* anular.

annunciare [annuntʃàre] *t.* V. **annunziare**.

annunciazione [annuntʃattsjóne] *f.* anunciación.

annuncio [annúntʃo] *m.* V. **annunzio**.

annunziare [annuntsjàre] *t.* anunciar.

annunzio [annúntsjo] *m.* anuncio, aviso.

annuo, -nua [ànnuo, -nua] *a.* anual, anuo.

annusare [annusàre] *t.* husmear, olfatear. 2 oler.

annuvolare [annuvolàre] *t.-pr.* nublar.

ano [àno] *m.* ano.

anodino, -na [anòdino, -na] *a.* anodino.

anomalia [anomalìa] *f.* anomalía.

anomalo, -la [anòmalo, -la] *a.* anómalo.

anonimo, -ma [anònimo, -ma] *a.-s.* anónimo.

anormale [anormàle] *a.* anormal.

anormalità [anormalità*] *f.* anormalidad.

ansa [ànsa] *f.* asa. 2 recodo *m.* [de río].

ansare [ansàre] *i.* jadear. ¶ CONJUG. r. aux. *avere.*

ansia [ànsia] *f.* ansia. *essere in ~,* estar preocupado.

ansietà [ansjetà*] *f.* ansiedad.

ansimare [ansimàre] *i.* jadear.

ansioso, -sa [ansjóso, -sa] *a.* ansioso.

antagonismo [antogonizmo] *m.* antagonismo.

antagonista [antagonista] *s.* antagonista.

antagonistico, -ca [antagonistiko, -ka] *a.* antagónico.

antartico, -ca [antàrtiko, -ka] *a.* antártico.

antecedente [antetʃedènte] *a.-m.* antecedente.

antecedenza [antetʃedèntsa] *f.* antecedencia, precedencia, anterioridad.

antefatto [antefàtto] *m.* antecedente.

antenato [antenàto] *m.* antepasado.

antenna [antènna] *f.* antena.

anteporre [antepórre] *t.-pr.* anteponer. ¶ CONJUG. como *porre.*

anteprima [anteprima] *f.* CINEM. preestreno *m.*

anteriore [anterjóre] *a.* anterior. 2 delantero.

anteriorità [anterjorità*] *f.* anterioridad.

antesignano [antesiɲɲàno] *m.* fig. precursor.

antiabortista [antiabortista] *a.-s.* antiabortista.

antiatomico, -ca [antiatòmiko, -ka] *a.* antiatómico.

antibiotico, -ca [antibiòtiko, -ka] *a.-m.* antibiótico.

anticaglia [antikàʎʎa] *f.* antigualla.

anticamera [antikàmera] *f.* antesala, antecámara. 2 recibidor *m.*

anticarie [antikàrje] *m.-a.* anticarie *f.*

anticarro [antikàrro] *a.* MIL. antitanque.

anticellulite [antitʃellulìte] *a.* anticelulitis.

antichità [antikità*] *f.* antigüedad.

anticiclone [antitʃiklóne] *m.* anticiclón.

anticipare [antitʃipàre] *t.* anticipar, adelantar.

anticipazione [antitʃipattsjóne] *f.* anticipación.

anticipo [antitʃipo] *m.* anticipación *f.* 2 adelanto, anticipo.

antico, -ca [antíko, -ka] *a.* antiguo.

anticongelante [antikondʒelánte] *m.-a.* anticongelante.

antidiluviano, -na [antidiluvjáno, -na] *a.* antediluviano.

antidoto [antídoto] *m.* antídoto.

antifona [antífona] *f.* antífona.

antifonario [antifonárjo] *m.* antifonal, antifonario.

antifurto [antifúrto] *a.-m.* antirrobo.

antigas [antigás] *a.* antigás.

antilope [antílope] *m.* antílope.

antipasto [antipásto] *m.* entremés.

antipatia [antipatía] *f.* antipatía.

antipatico, -ca [antipátiko, -ka] *a.* antipático.

antipode [antípode] *m.* antípoda.

antiquariato [antikwarjáto] *m.* anticuariado.

antiquario [antikwárjo] *m.* anticuario.

antiquato, -ta [antikwáto, -ta] *a.* anticuado.

antisemita [antisemíta] *a.-s.* antisemita.

antisettico, -ca [antiséttiko, -ka] *a.-m.* antiséptico.

antispasmodico, -ca [antispazmódiko] *a.-m.* antiespasmódico.

antitesi [antítezi] *f.* antítesis.

antitetico, -ca [antitétiko, -ka] *a.* antitético.

antologia [antolodʒía] *f.* antología.

antologico, -ca [antolódʒiko, -ka] *a.* antológico.

antonomasia [antonomázja] *f.* antonomasia.

antracite [antratʃíte] *f.* antracita.

antro [ántro] *m.* antro.

antropofago, -fa [antropófago, -ga] *s.* antropófago.

antropologia [antropolodʒía] *f.* antropología.

antropologico, -ca [antropolódʒiko, -ka] *a.* antropológico.

antropologo [antropólogo] *m.* antropólogo.

antropomorfismo [antropomorfízmo] *m.* antropomorfismo.

anulare [anuláre] *a.-m.* anular.

anzi [ántsi] *conj.* al contrario. 2 es más, mejor dicho.

anzianità [antsjanitá*] *f.* ancianidad. 2 antigüedad [en el trabajo].

anziano, -na [antsjáno, -na] *a.-s.* anciano.

anzichè [antsiké*] *conj.* antes que.

anzitutto [ansitútto] *adv.* en primer lugar, antes que nada.

aorta [aórta] *f.* aorta.

apatia [apatía] *f.* apatía.

apatico, -ca [apátiko, -ka] *a.* apático.

ape [ápe] *f.* abeja.

aperitivo [aperitívo] *m.* aperitivo.

aperto, -ta [apérto, -ta] *a.* abierto. ‖ *all'~,* al aire libre.

apertura [apertúra] *f.* abertura [acto de abrir, inauguración]. 2 apertura [efecto de abrir o abrirse].

apice [ápitʃe] *m.* ápice.

apicoltore [apikoltóre], **apicultore**, **-trice** [apikultóre, -tritʃe] *s.* apicultor.

apicoltura, apicultura [apikoltúra, apikultúra] *f.* apicultura.

apocalisse [apokalísse] *f.* apocalipsis *m.*

apocalittico, -ca [apokalíttiko, -ka] *a.* apocalíptico.

apocope [apókope] *f.* apócope.

apocrifo, -fa [apókrifo, -fa] *a.* apócrifo.

apodittico, -ca [apodíttiko, -ka] *a.* apodíctico.

apogeo [apodʒéo] *m.* apogeo.

apologetico, -ca [apolodʒétiko, -ka] *a.* apologético. 2 *f.* apologética.

apologia [apolodʒía] *f.* apología.

apoplessia [apoplessía] *f.* apoplejía.

apoplettico, -ca [apopléttiko, -ka] *a.* apoplético.

apostasia [apostasía] *f.* apostasía. ‖ *far ~,* apostatar.

apostata [apóstata] *s.* apóstata.

apostolato [apostoláto] *m.* apostolado.

apostolico, -ca [apostóliko, -ka] *a.* apostólico.

apostolo [apóstolo] *m.* apóstol.

apostrofare [apostrofáre] *t.* apostrofar.

apostrofo [apóstrofo] *m.* apóstrofo.

apotema [apotéma] *m.* apotema.

apoteosi [apoteózi] *f.* apoteosis.

appagamento [appagaménto] *m.* satisfacción *f.*

appagare [appagáre] *t.* satisfacer.

appaiare [appajáre] *t.-pr.* aparear, emparejar.

appaltare [appaltáre] *t.* arrendar.

appaltatore, -trice [appaltatóre, -tritʃe.] *s.* arrendatario.

appalto [appálto] *m.* arrendamiento, arriendo. 2 concesión *f.*

appannaggio [appannádd ʒo] *m.* asignación *f.*

appannare [appannáre] *t.-pr.* empañar.

apparato [apparáto] *m.* aparato.

apparecchiare [apparekkjàre] *t.-pr.* preparar, disponer. 2 *t.* poner la mesa.
apparecchio [apparèkkjo] *m.* aparato.
apparentarsi [apparentársi] *pr.* emparentar.
apparente [apparènte] *a.* aparente.
apparenza [apparèntsa] *f.* apariencia.
apparire [apparìre] *i.* aparecer. ¶ CONJUG. (aux. *essere*) IND. pres.: *appaio (apparisco), appari (apparisci), appare (apparisce), appaiamo (appariamo), apparite, appaiono (appariscono).* | pret. ind.: *apparvi (apparsi o apparii), apparisti, apparve (apparse o appari), apparimmo, appariste, apparvero (apparsero o apparirono).* || SUBJ. pres.: *appaia (apparisca), appaia (apparisca), appaia (apparisca), appaiamo (appariamo), appaiate (appariate), appaiano (appariscano).* || IMPER. pres.: *appari (apparisci), appaia (apparisca), appaiamo, apparite, appaiano (appariscano).* || PART.: *apparso.*
appariscente [appariʃʃènte] *a.* vistoso, llamativo, chillón [ref. a color, etc.].
apparizione [apparittsjòne] *f.* aparición.
appartamento [appartamènto] *m.* piso, apartamento.
appartare [appartàre] *t.-pr.* apartar.
appartenente [appartenènte] *a.* perteneciente.
appartenenza [appartenèntsa] *f.* pertenencia.
appartenere [appartenère] *i.* pertenecer. ¶ CONJUG. como *tenere*. (aux. *essere* o *avere*).
appassionamento [appassjonamènto] *m.* apasionamiento.
appassionare [appassjonàre] *t.-pr.* apasionar.
appassionato, -ta [appassjonàto, -ta] *a.* apasionado.
appassire [appassìre] *t.* marchitar. 2 *i.-pr.* marchitarse.
appassito, -ta [appassìto, -ta] *a.* marchito, mustio.
appellante [appellànte] *a.-s.* apelante.
appellare [appellàre] *t.-i.-pr.* apelar. ¶ CONJUG. r. aux. *essere.*
appello [appèllo] *m.* apelación *f.* || *fare l'~,* pasar lista.
appena [appèna] *adv.* apenas. 2 precisamente. || *è ~ arrivato,* acaba de llegar.
appendere [appèndere] *t.* colgar. ¶ CONJUG. IND. pret. ind.: *appesi, appese; appesero.* || PART.: *appeso.*

appendice [appenditʃe] *f.* apéndice.
appendicite [appenditʃite] *f.* apendicitis.
appenninico, -ca [appenniniko, -ka] *a.* de los Apeninos.
appestare [appestàre] *t.* apestar.
appetito [appetìto] *m.* apetito.
appetitoso, -sa [appetitóso, -sa] *a.* apetitoso.
appezzamento [appettsamènto] *m.* parcela *f.*
appianare [appjanàre] *t.* allanar.
appiattarsi [appjattàrsi] *pr.* esconderse.
appiccare [appikkàre] *t.* colgar, prender. || *~ fuoco,* prender fuego.
appiccicare [appittʃikàre] *t.* pegar. 2 encajar. 3 *pr.* pegarse.
appiccicaticcio, -cia [appittʃikatittʃo, -tʃa] *a.* pegajoso, pringoso.
appiedare [appjedàre] *t.* apear.
appigliarsi [appiʎʎàrsi] *pr.* agarrarse.
appiglio [appiʎʎo] *m.* agarradero. 2 fig. pretexto.
appioppare [appjoppàre] *t.* encajar.
appisolarsi [appizolàrsi] *pr.* adormilarse.
applaudire [applaudìre] *t.* aplaudir.
applauso [applàuzo] *m.* aplauso.
applicare [applikàre] *t.-pr.* aplicar.
applicazione [applikattsjòne] *f.* aplicación.
applique [applìk] *f.* aplique.
appoggiare [appoddʒàre] *t.-pr.* apoyar.
appoggio [appòddʒo] *m.* apoyo.
appollaiarsi [appollajàrsi] *pr.* acurrucarse.
apporre [appòrre] *t.* poner [junto, después, sobre, etc.].
apportare [apportàre] *t.* aportar.
apporto [appòrto] *m.* aportación *f.*
appositamente [appozitamènte] *adv.* expresamente.
apposta [appòsta] *adv.* expresamente, adrede.
appostarsi [appostàrsi] *pr.* apostarse.
apprendere [apprèndere] *t.* aprender. ¶ CONJUG. como *prendere.*
apprendista [apprendìsta] *s.* aprendiz.
apprendistato [apprendistàto] *m.* aprendizaje.
apprensione [apprensjòne] *f.* aprensión.
apprensivo, -va [apprensìvo, -va] *a.* aprensivo.
appresso [apprèsso] *adv.* detrás. || *il giorno ~,* el día siguiente. 2 *prep.* junto a, cerca de.
apprezzamento [apprettsamènto] *m.* apreciación *f.*
apprezzare [apprettsàre] *t.* apreciar.

approccio [approttʃo] m. MIL. aproche. 2 acercamiento. 3 pl. primeros contactos.

approdare [approdáre] i. arribar. 2 servir de. ¶ CONJUG. r. aux. **essere** o **avere**.

approdo [appródo] m. arribo. 2 atracadero.

approfittare [approfittáre] i. aprovechar. ¶ CONJUG. r. aux. **avere**.

approfondimento [approfondimènto] m. ahondamiento.

approfondire [approfondire] t. profundizar.

appropriare [appropriáre] t.-pr. apropiar.

appropriato, -ta [appropriáto, -ta] a. apropiado.

appropriazione [appropriattsjóne] f. apropiación.

approssimare [approssimáre] t. aproximar. 2 pr. acercarse.

approssimativamente [approssimativaménte] adv. aproximadamente.

approssimativo, -va [approssimativo, -va] a. aproximado, aproximativo.

approssimazione [approssimattsjóne] f. aproximación.

approvare [approváre] t. aprobar.

approvazione [approvattsjóne] f. aprobación.

approvvigionamento [approvvidʒonaménto] m. abastecimiento.

approvvigionare [approvvidʒonáre] f. abastecer, aprovisionar.

appuntamento [appuntaménto] m. cita f.

appuntare [appuntáre] t. apuntar.

appunto [appúnto] m. apunte, anotación f. 2 adv. precisamente.

aprile [aprile] m. abril.

aprire [aprire] t. abrir. ¶ CONJUG. IND. pret. ind. (además de las formas regulares, más usadas): **apersi, aperse; apersero.** ‖ PART.: **aperto.**

apriscatole [apriskátole] m. abrelatas.

aquila [ákwila] f. águila.

aquilino, -na [akwilino, -na] a. aguileño.

aquilone [akwilóne] m. aquilón. 2 cometa f.

ara [ára] f. ara.

arabesco [arabèsko] m. arabesco.

arabo, -ba [árabo, -ba] a.-s. árabe.

aragonese [aragonèse] a.-s. aragonés.

aragosta [aragósta] f. langosta.

araldico, -ca [aráldiko, -ka] a. heráldico. 2 f. heráldica.

aranceto [arantʃéto] m. naranjal.

arancia [arántʃa] f. naranja.

aranciata [arantʃáta] f. naranjada.

arancio [arántʃo] m. naranjo.

arancione [arantʃóne] a. anaranjado.

arare [aráre] t. arar.

aratore, -trice [aratóre, -tritʃe] a.-s. arador.

aratro [arátro] m. arado.

aratura [aratúra] f. aradura.

arazzo [aráttso] m. tapiz.

arbitraggio [arbitráddʃo] m. arbitraje.

arbitrare [arbitráre] t. arbitrar.

arbitrarietà [arbitrarjetá*] f. arbitrariedad.

arbitrario, -ria [arbitrárjo, -rja] a. arbitrario.

arbitrio [arbitrjo] m. albedrío, arbitrio.

arbitro [árbitro] m. árbitro.

arboscello [arboʃʃéllo] m. arbusto.

arbusto [arbústo] m. arbusto.

arca [árka] f. arca.

arcaico, -ca [arkáiko, -ka] a. arcaico.

arcaismo [arkaízmo] m. arcaísmo.

arcangelo [arkándʒelo] m. arcángel.

arcata [arkáta] f. arcada.

arcano, -na [arkáno, -na] a.-m. arcano.

archeologia [arkeolodʒia] f. arqueología.

archeologico, -ca [arkeolódʒiko, -ka] a. arqueológico.

archeologo [arkeòlogo] m. arqueólogo.

archetto [arkètto] m. MÚS. arco.

archibugio [arkibúdʒo] m. arcabuz.

architetto [arkitétto] m. arquitecto.

architettonico, -ca [arkitettóniko, -ka] a. arquitectónico.

architettura [arkitettúra] f. arquitectura.

architrave [arkitráve] m. arquitrabe.

archiviare [arkivjáre] t. archivar.

archivio [arkivjo] m. archivo.

archivista [arkivista] s. archivero, archivista.

arcidiacono [artʃidiákono] m. archidiácono, arcediano.

arcidiocesi [artʃidiòtʃezi] f. archidiócesis.

arciduca, -chessa [artʃidúka, -kèssa] s. archiduque.

arcigno, -gna [artʃiɲɲo, -ɲa] a. ceñudo.

arcipelago [artʃipèlago] m. archipiélago.

arciprete [artʃiprète] m. arcipreste.

arcivescovato [artʃiveskováto] m. arzobispado.

arcivescovo [artʃivèskovo] m. arzobispo.

arco [árko] m. arco.

arcobaleno [arkobalèno] m. arco iris.

arcuare [arkuáre] t. arquear.

ardente [ardènte] a. ardiente.

ardere [árdere] *i.* arder. ¶ CONJUG. (aux. *essere*) IND. pret. ind.: *arsi, arse; arsero.* ‖ PART.: *arso.*

ardesia [ardèzja] *f.* pizarra.

ardimento [ardimènto] *m.* osadía *f.*

ardire [ardíre] *i.* osar, atreverse. ¶ CONJUG. r. aux. *avere.*

ardito, -ta [ardíto, -ta] *a.* audaz, atrevido, osado.

ardore [ardóre] *m.* ardor.

arduo, -a [árduo, -a] *a.* arduo.

area [área] *f.* área.

arena [arèna] *f.* arena.

arenare [arenáre] *i.-pr.* encallar. ¶ CONJUG. r. aux. *essere.*

arenoso, -sa [arenóso, -sa] *a.* arenoso.

argentare [ardʒentáre] *t.* platear, argentar.

argenteria [ardʒenterla] *f.* vajilla de plata.

argentino, -na [ardʒentíno, -na] *a.-s.* argentino.

argento [ardʒènto] *m.* plata *f.*

argilla [ardʒílla] *f.* arcilla.

argilloso, -sa [ardʒillóso, -sa] *a.* arcilloso.

arginamento [ardʒinaménto] *m.* encauzamiento.

arginare [ardʒináre] *t.* encauzar, poner muros de contención. 2 fig. contener.

argine [árdʒine] *m.* muro de contención, dique.

argomentare [argomentáre] *t.-i.* argumentar, argüir. ¶ CONJUG. r. aux. *avere* [t.-i.].

argomentazione [argomentattsjóne] *f.* argumentación.

argomento [argomènto] *m.* argumento.

arguire [arguíre] *t.* argüir.

arguto, -ta [argúto, -ta] *a.* agudo. 2 gracioso, chistoso.

arguzia [argúttsja] *f.* agudeza, sutileza.

aria [árja] *f.* aire *m.* ‖ *darsi arie,* presumir.

arianesimo [arjanèsimo] *m.* arrianismo.

ariano, -na [arjáno, -na] *a.-s.* arriano.

aridità [aridità*] *f.* aridez.

arido, -da [árido, -da] *a.* árido.

arieggiare [arjeddʒáre] *t.* airear, ventilar.

ariete [arjète] *m.* carnero. 2 ASTR. aries. 3 HIST. ariete.

aringa [aringa] *f.* arenque *m.*

aristocratico, -ca [aristokràtiko, -ka] *a.* aristocrático. 2 *s.* aristócrata.

aristocrazia [aristokrattsla] *f.* aristocracia.

aritmetico, -ca [aritmètiko, -ka] *a.* aritmético. 2 *f.* aritmética.

arlecchino [arlekkino] *m.* arlequín.

arma [árma] *f.* arma [blanca, de fuego, etc.]. 2 arma [cuerpo de milicia].

armadio [armàdjo] *m.* armario. ‖ ~ *a muro,* armario empotrado.

armaiolo [armajòlo] *m.* armero.

armamento [armamènto] *m.* armamento.

armare [armáre] *t.-pr.* armar.

armata [armáta] *f.* armada.

armatore [armatóre] *m.* armador.

armatura [armatúra] *f.* armadura. 2 armazón *m.*

armeno, -na [armèno, -na] *a.-s.* armenio.

armeria [armerla] *f.* armería.

armistizio [armistittsjo] *m.* armisticio.

armonia [armonía] *f.* armonía.

armonico, -ca [armóniko, -ka] *a.* armónico. 2 *f.* armónica.

armonio [armónjo] *m.* armonio.

armonioso, -sa [armonjòso, -sa] *a.* armonioso.

armonizzare [armoniddzáre] *t.-i.* armonizar. ¶ CONJUG. r. aux. *avere* [t.-i.].

arnese [arnèse] *m.* utensilio. 2 arnés. 3 fig. trasto. 4 *pl.* enseres.

arnia [árnja] *f.* colmena.

aroma [aròma] *m.* aroma.

aromatico, -ca [aromátiko, -ka] *a.* aromático.

arpa [árpa] *f.* arpa.

arpeggiare [arpeddʒáre] *i.* tocar el arpa. 2 rasguear. ¶ CONJUG. r. aux. *avere.*

arpeggio [arpéddʒo] *m.* arpegio.

arpia [arpía] *f.* arpía.

arpione [arpjóne] *m.* arpón.

arrabbiarsi [arrabbjársi] *pr.* enfadarse, enojarse.

arrabbiatura [arrabjatúra] *f.* enfadado *m.*

arrampicarsi [arrampikársi] *pr.* trepar.

arrampicata [arrampikáta] *f.* cuesta [arriba].

arrangiamento [arrandʒamènto] *m.* arreglo.

arrangiarsi [arrandʒársi] *pr.* arreglarse. 2 arreglárselas.

arrecare [arrekáre] *t.* acarrear.

arredamento [arredamènto] *m.* decoración *f.,* acción *f.* de amueblar una casa.

arredare [arredáre] *t.* decorar, amueblar.

arrembaggio [arrembáddʒo] *m.* abordaje.

arrendersi [arrèndersi] *pr.* rendirse. ¶ CONJUG. como *rendere.*

arrendevole [arrendèvole] *a.* flexible, dócil.

arrestare [arrestáre] *t.* detener, parar. 2 arrestar. 3 pararse.

arresto [arrésto] *m.* arresto. 2 parada *f.*
‖ *battuta d'~,* compás de espera.
arretrato, -ta [arretráto, -ta] *a.* atrasado.
2 *m. pl.* atrasos.
arricchimento [arrikkiménto] *m.* enriquecimiento.
arricchire [arrikkíre] *t.-pr.* enriquecer.
arricciare [arritʃáre] *t.-pr.* rizar.
arricciatura [arrittʃatúra] *f.* rizado *m.*
arringa [arrínga] *f.* arenga.
arringare [arringáre] *t.* arengar.
arrischiare [arriskjáre] *t.-pr.* arriesgar.
arrivare [arriváre] *i.* llegar. ¶ CONJUG. r.
aux. *essere.*
arrivederci [arrivedèrtʃi] *interj.* ¡hasta la
vista!
arrivista [arrivísta] *s.* arribista.
arrivo [arrívo] *m.* llegada *f.*
arrogante [arrogánte] *a.* arrogante.
arroganza [arrogántsa] *f.* arrogancia.
arrogarsi [arrogársi] *pr.* arrogarse.
arrossamento [arrossaménto] *m.* enrojecimiento.
arrossare [arrossáre] *t.* enrojecer 2 *i.-pr.*
enrojecer, ruborizarse.
arrossimento [arrossiménto] *m.* enrojecimiento.
arrossire [arrossíre] *i.* enrojecer, ruborizarse, sonrojarse. ¶ CONJUG. r. aux. *essere.*
arrostire [arrostíre] *t.* asar.
arrosto [arròsto] *a.-m.* asado.
arrotare [arrotáre] *t.* afilar. ‖ *~ i denti,* rechinar los dientes.
arrotino [arrotíno] *m.* afilador.
arrotolare [arrotoláre] *t.* enrollar.
arrotondare [arrotondáre] *t.* redondear.
arroventare [arroventáre] *t.* encandecer,
poner al rojo vivo.
arroventato, -ta [arroventáto, -ta] *a.* al
rojo (vivo).
arruffare [arruffáre] *t.-pr.* enmarañar, desordenar. 2 descabellar.
arrugginire [arruddʒiníre] *i.-pr.* enmohecer, oxidarse. ¶ CONJUG. r. aux. *essere.*
arruolamento [arrwolaménto] *m.* reclutamiento.
arruolare [arrwoláre] *t.* reclutar. 2 MAR.
enrolar.
arsenale [arsenále] *m.* arsenal, atarazana *f.*
arsenico [arsèniko] *m.* arsénico.
arsura [arsúra] *f.* quemazón. 2 sequedad.
3 sed ardiente.
arte [árte] *f.* arte.
artefice [artèfitʃe] *m.* artífice.

arteria [artèrja] *f.* arteria.
arteriografia [arterjografía] *f.* arteriografía.
arteriosclerosi [arterjoskleròzi] *f.* arteriosclerosis.
artico, -ca [ártiko, -ka] *a.* ártico.
articolare [artikoláre] *t.-r.* articular.
articolato, -ta [artikoláto, -ta] *a.* articulado. 2 GRAM. *preposizione articolata,*
artículo contracto.
articolazione [artikolattsjóne] *f.* articulación.
articolo [artíkolo] *m.* artículo.
artificiale [artifitʃále] *a.* artificial.
artificio [artifítʃo] *m.* artificio. ‖ *fuochi
d'~,* fuegos artificiales.
artificioso, -sa [artifitʃóso, -sa] *a.* artificioso.
artigianato [artidʒanáto] *m.* artesanía *f.*
artigiano, -na [artidʒáno, -na] *s.* artesano.
artigliere [artiʎʎère] *m.* artillero.
artiglieria [artiʎʎería] *f.* artillería.
artiglio [artíʎʎo] *m.* garra *f.,* zarpa *f.*
artista [artísta] *s.* artista.
artistico, -ca [artístiko, -ka] *a.* artístico.
arto [árto] *m.* miembro [brazo, pierna,
etc.]. 2 *pl.* extremidades *f.-pl.*
artrite [artríte] *f.* artritis.
artritico, -ca [artrítiko, -ka] *a.* artrítico.
arzillo, -lla [ardzíllo, -lla] *a.* avispado, vivaz.
ascella [aʃʃélla] *f.* sobaco *m.*
ascendente [aʃʃendènte] *a.* ascendente. 2
m. ascendiente.
ascendenza [aʃʃendèntsa] *f.* ascendencia.
ascendere [aʃʃéndere] *i.* ascender. ¶ CONJUG. como *scendere* (aux. *essere*).
ascensione [aʃʃensjóne] *f.* ascensión.
ascensore [aʃʃensóre] *m.* ascensor.
ascesa [aʃʃésa] *f.* subida. 2 ascenso *m.*
ascesso [aʃʃèsso] *m.* absceso.
asceta [aʃʃèta] *s.* asceta.
ascetico, -ca [aʃʃètiko, -ka] *a.* ascético. 2
f. ascética.
ascetismo [aʃʃetizmo] *m.* ascetismo.
ascia [áʃʃa] *f.* hacha.
ascissa [aʃʃíssa] *f.* MAT. abscisa.
asciugamano [aʃʃugamáno] *m.* toalla *f.*
asciugare [aʃʃugáre] *t.-pr.* secar, enjugar.
asciuttezza [aʃʃuttéttsa] *f.* sequedad.
asciutto, -ta [aʃʃútto, -ta] *a.* seco.
ascoltare [askoltáre] *t.* escuchar.
ascoltatore, -trice [askoltatóre, -tritʃe]
s. oyente.

ascolto [askòlto] *m.* escucha *f.* [acción de escuchar]. ‖ *stare in ~,* estar a la escucha. ‖ *dare ~,* escuchar, prestar atención, hacer caso.

asettico, -ca [asèttiko, -ka] *a.* aséptico.

asfaltare [asfaltàre] *t.* asfaltar.

asfalto [asfàlto] *m.* asfalto.

asfissia [asfissia] *f.* asfixia.

asfissiante [asfissjànte] *a.* asfixiante.

asfissiare [asfissjàre] *t.-pr.* asfixiar.

asiatico, -ca [azjàtiko, -ka] *a.-s.* asiático.

asilo [azilo] *m.* asilo, refugio. 2 guardería *f.* infantil.

asimmetria [asimmetria] *f.* asimetría.

asimmetrico, -ca [asimmètriko, -ka] *a.* asimétrico.

asino [àsino] *m.* asno, burro.

asma [àzma] *f.* asma.

asmatico, -ca [azmàtiko, -ka] *a.* asmático.

asola [àzola] *f.* ojal *m.*

asparago [aspàrago] *m.* espárrago.

aspergere [aspèrdʒere] *t.* rociar. 2 ECL. asperjar. ‖ CONJUG. IND. pret. ind.: *aspersi, asperse; aspersero.* ‖ PART.: *asperso.*

aspersione [aspersjòne] *f.* aspersión.

aspersorio [aspersòrjo] *m.* ECL. aspersorio.

aspettare [aspettàre] *t.* esperar, aguardar.

aspettativa [aspettativa] *f.* expectativa, expectación. 2 excedencia [de un empleo].

aspettazione [aspettattsjòne] *f.* expectación.

aspetto [aspètto] *m.* espera *f.* 2 aspecto, semblante, cara *f.*

aspirante [aspirànte] *a.-s.* aspirante.

aspirapolvere [aspirapòlvere] *m.* aspiradora *f.*

aspirare [aspiràre] *t.-i.* aspirar. ‖ CONJUG. r. aux. *avere* [t.-i.].

aspirazione [aspirattsjòne] *f.* aspiración.

aspirina [aspirina] *f.* aspirina.

asportare [asportàre] *t.* llevar de un sitio a otro. 2 MED. extirpar.

asportazione [asportattsjòne] *f.* extirpación.

asprezza [asprèttsa] *f.* aspereza.

aspro, -pra [àspro, -pra] *a.* áspero. 2 acerbo. 3 desabrido.

assaggiare [assaddʒàre] *t.* probar, catar.

assaggio [assàddʒo] *m.* degustación *f.,* catadura *f.*

assai [assài] *adv.* bastante, asaz. 2 muy, mucho.

assalire [assalire] *t.* asaltar, acometer. ‖ CONJUG. como *salire.*

assalitore, -trice [assalitòre, -tritʃe] *a.-s.* agresor.

assaltare [assaltàre] *t.* asaltar.

assalto [assàlto] *m.* asalto, acometida *f.*

assaporare [assaporàre] *t.* saborear.

assassinare [assassinàre] *t.* asesinar.

assassinio [assassinjo] *m.* asesinato.

assassino, -na [assassino, -na] *s.* asesino.

asse [àsse] *m.* tabla *f.* 2 eje.

assecondare [assekondàre] *t.* secundar.

assediare [assedjàre] *t.* asediar.

assedio [assèdjo] *m.* asedio.

assegnamento [asseɲɲamènto] *m.* asignación *f.* ‖ *fare ~ su qualcuno,* confiar en alguien.

assegnare [asseɲɲàre] *t.* asignar. 2 señalar. 3 otorgar.

assegnazione [asseɲɲattsjòne] *m.* asignación *f.*

assegno [assèɲɲo] *m.* cheque. ‖ *contro ~,* contra reembolso.

assemblea [assemblèa] *f.* asamblea.

assembramento [assembramènto] *m.* reunión *f.,* concentración *f.*

assennatezza [assennatèttsa] *f.* sensatez.

assennato, -ta [assennàto, -ta] *a.* sensato.

assenso [assènso] *m.* asentimiento, asenso, consentimiento.

assentarsi [assentàrsi] *pr.* ausentarse.

assente [assènte] *a.-s.* ausente.

assenteismo [assenteizmo] *m.* absentismo.

assentire [assentire] *i.* asentir. ‖ CONJUG. aux. *avere.*

assenza [assèntsa] *f.* ausencia.

asserire [asserire] *t.* afirmar, aseverar.

asserragliare [asserraʎʎàre] *t.* atrancar. 2 *pr.* atrincherarse.

asserto [assèrto] *m.* aserto, aserción *f.*

assertore, -trice [assertòre, -tritʃe] *s.* defensor, sostenedor.

asservire [asservire] *t.* someter.

asserzione [assertsjòne] *f.* aserción.

assessorato [assessoràto] *m.* asesoría *f.*

assessore [assessòre] *m.* asesor.

assestamento [assestamènto] *m.* ajuste.

assestare [assestàre] *t.* ajustar. 2 asestar.

assetato, -ta [assetàto, -ta] *a.* sediento.

assetto [assètto] *m.* disposición *f.* ‖ *in ~ di guerra,* en pie de guerra.

assicurare [assikuràre] *t.-pr.* asegurar.

assicuratore, -trice [assikuratòre, -tritʃe] *a.-s.* asegurador.

assicurazione [assikurattsjòne] *f.* garantía. 2 seguro *m.*

assideramento [assideraménto] *m.* aterimiento.

assiderarsi [assiderársi] *pr.* aterirse.

assiduità [assiduità*] *f.* asiduidad.

assiduo, -dua [assìduo, -dua] *a.* asiduo.

assieme [assjéme] *adv.* juntos. 2 *prep.* con.

assillare [assilláre] *t.* atosigar, importunar.

assillo [assìllo] *m.* apremio. 2 atosigamiento. 3 preocupación *f.*

assimilare [assimiláre] *t.* asimilar.

assimilazione [assimilattsjóne] *f.* asimilación.

assioma [assjòma] *m.* axioma.

assiomatico, -ca [assjomàtiko, -ka] *a.* axiomático.

assiro, -ra [assiro, -ra] *a.-s.* asirio.

assise [assìze] *f.* *corte d'~,* juzgado de instrucción.

assistente [assisténte] *a.-s.* asistente. 2 ayudante, adjunto.

assistenza [assisténtsa] *f.* asistencia.

assitenziale [assistentsjále] *a.* de ayuda, de beneficencia.

assistere [assìstere] *i.-t.* asistir. ¶ CONJUG. como *esistere* (aux. *avere* [i.-t.]).

asso [ásso] *m.* as. ‖ *lasciare in ~,* dejar plantado.

associare [assotʃáre] *t.-pr.* asociar.

associato, -ta [assotʃáto, -ta] *a.-s.* asociado.

associazione [assotʃattsjóne] *f.* asociación.

assoggettare [assoddʒettáre] *t.-pr.* someter.

assodare [assodáre] *t.* consolidar.

assolutamente [assolutaménte] *adv.* absolutamente.

assolutismo [assolutizmo] *m.* absolutismo.

assoluto, -ta [assolúto, -ta] *a.* absoluto.

assoluzione [assoluttsjóne] *f.* absolución.

assolvere [assòlvere] *t.* absolver. ¶ CONJUG. como *risolvere.*

assomigliare [assomiʎʎáre] *i.-pr.* parecerse, asemejarse. ¶ CONJUG. r. aux. *essere* o *avere.*

assonanza [assonántsa] *f.* asonancia.

assonnato, -ta [assonnáto, -ta] *a.* soñoliento.

assopirsi [assopirsi] *pr.* amodorrarse.

assorbente [assorbénte] *a.* absorbente. ‖ *carta ~,* papel secante.

assorbimento [assorbiménto] *m.* absorción *f.*

assorbire [assorbire] *t.* absorber.

assordamento [assordaménto] *m.* ensordecimiento.

assordante [assordánte] *a.* ensordecedor.

assordare [assordáre] *t.* ensordecer. 2 aturdir [con ruido].

assordire [assordire] *t.-i.* ensordecer. ¶ CONJUG. r. aux. *avere* [t.], *essere* [i.].

assortimento [assortiménto] *m.* surtido.

assortire [assortire] *t.* surtir. 2 disponer de variedad.

assortito, -ta [assortito, -ta] *a.* surtido.

assorto, -ta [assòrto, -ta] *a.* absorto.

assottigliare [assottiʎʎáre] *t.-pr.* afilar, aguzar. 2 adelgazar. 3 disminuir.

assuefare [assuefáre] *t.-pr.* acostumbrar. ¶ CONJUG. como *fare.*

assuefazione [assuefattsjóne] *f.* habituación.

assumere [assúmere] *t.* asumir. 2 contratar, admitir [para un cargo o trabajo]. 3 elevar [a una dignidad]. ¶ CONJUG. IND. pret. ind.: *assunsi, assunse; assunsero.* ‖ PART.: *assunto.*

assunto [assúnto] *m.* asunto, tarea *f.*

assunzione [assuntsjóne] *f.* asunción. 2 admisión, contratación.

assurdità [assurdità*] *f.* absurdo *m.,* absurdidad.

assurdo, -da [assúrdo, -da] *a.-m.* absurdo.

asta [ásta] *f.* asta. 2 subasta. ‖ *vendita all'~,* venta en pública subasta.

astante [astánte] *a.-m.* asistente, presente.

astemio, -mia [astèmjo, -mia] *a.-s.* abstemio.

astenersi [astenèrsi] *pr.* abstenerse. ¶ CONJUG. como *tenere.*

astensione [astensjóne] *f.* abstención.

asterisco [asterisko] *m.* asterisco.

astinenza [astinéntsa] *f.* abstinencia.

astio [ástjo] *m.* odio, rencor.

astioso, -sa [astjòso, -sa] *a.* rencoroso.

astracan [ástrakan, astrakán] *m.* astracán.

astrale [astrále] *a.* astral.

astrarre [astrárre] *t.* abstraer. 2 *i.* hacer abstracción. ¶ CONJUG. como *trarre* (aux. *avere* [t.-i.]).

astratto, -ta [astrátto, -ta] *a.* abstracto.

astrazione [astratsjóne] *f.* abstracción.

astringente [astrindʒénte] *a.-m.* astringente.

astringere [astrindʒere] *t.* astringir. ¶ CONJUG. como *stringere.*

astro [ástro] *m.* astro.

astrologia [astrolodʒia] *f.* astrología.

astrologo [astrólogo] *m.* astrólogo.

astronomia [astronomìa] *f.* astronomía.
astronomo [astrònomo] *m.* astrónomo.
astruso, -sa [astrúzo, -za] *a.* abstruso.
astuccio [astúttʃo] *m.* estuche.
astuto, -ta [astúto, -ta] *a.* astuto.
astuzia [astúttsja] *f.* astucia.
ateismo [ateizmo] *m.* ateísmo.
ateneo [atenèo] *m.* ateneo.
ateo, -a [àteo, -a] *s.* ateo.
atlante [atlànte] *m.* atlas.
atlantico, -ca [atlàntiko, -ka] *a.* atlántico.
atleta [atlèta] *s.* atleta.
atletico, -ca [atkètiko, -ka] *a.* atlético. 2 *f.* atlética.
atmostera [atmosfèra] *f.* atmósfera.
atmosferico, -ca [atmosfèriko, -ka] *a.* atmosférico.
atomico, -ca [atòmiko, -ka] *a.* atómico.
atomo [àtomo] *m.* átomo.
atonia [atonìa] *f.* atonía.
atono, -na [àtono, -na] *a.* átono.
atrio [àtrjo] *m.* atrio.
atroce [atròtʃe] *a.* atroz.
atrocità [atrotʃità*] *f.* atrocidad.
atrofia [atrofìa] *f.* atrofia.
atrofizzarsi [atrofiddzàrsi] *pr.* atrofiarse.
attaccamento [attakkaménto] *m.* apego.
attaccapanni [attakkapànni] *m.* percha *f.*
attaccare [attakkàre] *t.* pegar [encolar]. 2 unir, juntar. 3 colgar. 4 contagiar. 5 atacàr. 6 *pr.* pegarse, adherirse. / fig. apegarse.
attaccaticcio, -cia [attakkatittʃo, -tʃa] *a.* pegajoso. 2 fig. pegadizo.
attaccante [attakkànte] *m.* DEP. delantero.
attaccato, -ta [attakkàto, -ta] *a.* pegado. 2 fig. apegado, aficionado.
attaccatura [attakkatùra] *f.* juntura.
attacchino [attakkìno] *m.* fijador de carteles.
attacco [attàkko] *m.* ataque. 2 DEP. delantera *f.*
attanagliare [attanaʎʎàre] *t.* atenazar.
attecchimento [attekkiménto] *m.* arraigo.
attecchire [attekkìre] *i.* arraigar, prender. ¶ CONJUG. r. aux. *avere.*
atteggiamento [atteddʒaménto] *m.* actitud *f.*, postura *f.*, comportamiento.
atteggiarsi [atteddʒàrsi] *pr.* dárselas de.
attempato, -ta [attempàto, -ta] *a.* entrado en años.
attendarsi [attendàrsi] *pr.* acampar.
attendente [attendènte] *m.* MIL. asistente, ordenanza.

attendere [attèndere] *t.* esperar, aguardar. 2 *i.* atender. ¶ CONJUG. como *tendere* (aux. *avere* [t.-i.]).
attendibile [attendibile] *a.* fidedigno. ‖ *da fonte ~*, de fuente autorizada.
attenersi [attenèrsi] *pr.* atenerse. ¶ CONJUG. como *tenere.*
attentare [attentàre] *t.* atentar.
attentato [attentàto] *m.* atentado.
attento, -ta [attènto, -ta] *a.* atento. 2 *inter.* ¡cuidado! 3 MIL. *attenti!*, ¡firmes! ‖ *mettersi sull'attenti*, ponerse firmes, cuadrarse.
attenuante [attenuànte] *a.-f.* atenuante.
attenuare [attenuàre] *t.* atenuar.
attenuazione [attenuattsjóne] *f.* atenuación.
attenzione [attentsjóne] *f.* atención. 2 *inter.* ¡cuidado!
atterraggio [atterràddʒo] *m.* aterrizaje.
atterrare [atterràre] *t.* derribar, aterrar. 2 *i.* aterrizar. ¶ CONJUG. r. aux. *avere* [t.-i.].
atterrire [atterrìre] *t.-pr.* aterrorizar.
attesa [attèsa] *f.* espera.
attestare [attestàre] *t.* atestiguar. 2 DER. atestar.
attestato [attestàto] *m.* atestado.
attestazione [attestattsjóne] *f.* atestación.
attico, -ca [àttiko, -ka] *a.-m.* ático.
attiguo, -gua [attiguo, -gua] *a.* contiguo.
attillato, -ta [attillàto, -ta] *a.* ceñido, ajustado.
attimo [àttimo] *m.* instante, momento.
attinente [attinènte] *a.* referente, relativo.
attingere [attindʒere] *t.* alcanzar. 2 sacar [agua]. ¶ CONJUG. como *tingere.*
attirare [attiràre] *t.* atraer. 2 *pr.* ganarse.
attitudine [attitúdine] *f.* aptitud. 2 actitud.
attivare [attivàre] *t.* activar.
attivista [attivista] *s.* activista.
attività [attività*] *f.* actividad.
attivo, -va [attivo, -va] *a.* activo.
attizzare [attittsàre] *t.* atizar.
attizzatoio [attittsatòjo] *m.* atizador.
atto [àtto] *m.* acto. ‖ *mettere in ~*, poner en práctica. 2 acta *f.* ‖ *atti notarili*, actas notariales.
atto, -ta [àtto, -ta] *a.* apto.
attonito, -ta [attònito, -ta] *a.* atónito.
attorcigliare [attortʃiʎʎàre] *t.-pr.* retorcer.
attore, -trice [attòre, -tritʃe] *s.* actor.
attorniare [attornjàre] *t.* rodear, cercar.
attorno [attòrno] *adv.* en torno, alrededor.

attraente [attraénte] *a.* atractivo, atrayente.

attrarre [attrárre] *t.* atraer. ¶ CONJUG. como *trarre*.

attrattiva [attrattiva] *f.* atractivo *m.*

attraversare [attraversáre] *t.* atravesar, cruzar.

attraverso [attravèrso] *adv.* de través. 2 *prep.* a través de.

attrazione [attrattsjóne] *f.* atracción.

attrezzare [attrettsáre] *t.* aparejar, pertrechar, equipar.

attrezzatura [attrettsatúra] *f.* aparejos *m.-pl.*

attrezzista [attrettsista] *s.* tramoyista.

attrezzo [attrèttso] *m.* instrumento, utensilio, apero. 2 *pl.* enseres, herramientas *f.-pl.* ‖ *carro attrezzi,* grúa.

attribuire [attribuíre] *t.-pr.* atribuir.

attributo [attribúto] *m.* atributo.

attribuzione [attributtsjóne] *f.* atribución.

attristare [attristáre] *t.-pr.* entristecer.

attrito [attrito] *m.* roce, rozamiento.

attuale [attuále] *a.* actual.

attualità [attualità*] *f.* actualidad.

attuare [attuáre] *t.* actuar, realizar.

attuazione [attuattsjóne] *f.* actuación, realización.

attutire [attutire] *t.* amortiguar.

audace [audátʃe] *a.* audaz.

audacia [audátʃa] *f.* audacia, osadía.

auditorio [auditòrjo] *m.* auditorio.

audizione [audittsjóne] *f.* audición.

auge [áudʒe] *m.* auge.

augurare [auguráre] *t.* augurar. 2 desear. 3 *pr.* esperar.

augurio [augúrjo] *m.* augurio. 2 deseo. 3 *pl.* felicitaciones *f.-pl.* 4 *inter.* ¡enhorabuena!

augusto, -ta [augústo, -ta] *a.* augusto.

aula [áula] *f.* aula.

aumentare [aumentáre] *t.-i.* aumentar. ¶ CONJUG. r. aux. *essere.*

aumento [auménto] *m.* aumento.

aura [áura] *f.* aura.

aureo, -a [áureo, -a] *a.* áureo.

aureola [auròla] *f.* aureola.

auricolare [aurikoláre] *a.* auricular.

auriga [auriga] *m.* auriga.

aurora [auròra] *f.* aurora.

auscultare [auskultáre] *t.* auscultar.

ausiliare [auziljáre] *a.* auxiliar.

ausiliario, -ria [auziljàrio, -ria] *a.* auxiliar.

ausilio [auziljo] *m.* auxilio.

auspicio [auspitʃo] *m.* auspicio.

austerità [austerità*] *f.* austeridad.

austero, -ra [austèro, -ra] *a.* austero.

australe [austràle] *a.* austral.

australiano, -na [australjáno, -na] *a.-s.* australiano.

austriaco, -ca [austriako, -ka] *a.-s.* austríaco.

autarchia [autarkía] *f.* autarquía.

autarchico, -ca [autàrkiko, -ka] *a.* autárquico.

autenticare [autentikáre] *t.* autenticar.

autenticazione [autentikattsjóne] *f.* autenticación.

autenticità [autentiʃità*] *f.* autenticidad.

autentico, -ca [autèntiko, -ka] *a.* auténtico.

autista [autista] *m.* chófer.

autoambulanza [autoambulántsa] *f.* ambulancia.

autobiografia [autobiografía] *f.* autobiografía.

autobiografico, -ca [autobiogràfiko, -ka] *a.* autobiográfico.

autoblinda [autoblinda] *f.* coche *m.* blindado.

autobus [áutobus] *m.* autobús.

autocarro [autokárro] *m.* camión.

autocisterna [autotʃistèrna] *f.* camión *m.* cisterna.

autoctono, -na [autóktono, -na] *a.* autóctono.

autodafè [autodafè*] *m.* auto de fe.

autodidatta [autodidátta] *s.* autodidacta.

autografo, -fa [autógrafo, -fa] *a.-m.* autógrafo.

automa [autòma] *m.* autómata.

automatico, -ca [automátiko, -ka] *a.* automático.

automatismo [automatizmo] *m.* automatismo.

automezzo [automèddzo] *m.* automóvil. 2 vehículo.

automobile [automòbile] *f.* automóvil *m.;* coche *m.*

automobilismo [automobilizmo] *m.* automovilismo.

automobilista [automobilista] *s.* automovilista.

automobilistico, -ca [automobilistiko, -ka] *a.* automovilístico.

autonomia [autonomia] *f.* autonomía.

autonomo, -ma [autónomo, -ma] *a.* autónomo.

autopsia [autopsia] *f.* autopsia.

autore, -trice [autòre, -tritʃe] *s.* autor.

autorevole [autorévole] *a.* autorizado, competente.

autorevolezza [autorevoléttsa] *f.* autoridad.

autorevolmente [autorevolménte] *adv.* con autoridad.

autorimessa [autoriméssa] *f.* garaje *m.*

autorità [autoritá*] *f.* autoridad.

autoritario, -ria [autoritárjo, -rja] *a.* autoritario.

autoritratto [autoritrátto] *m.* autorretrato.

autorizzare [autoriddzáre] *t.* autorizar.

autorizzazione [autoriddzattsjóne] *f.* autorización.

autostrada [autostráda] *f.* autopista.

autosuggestione [autosuddʒestjóne] *f.* autosugestión.

autunnale [autunnále] *a.* otoñal.

autunno [autúnno] *m.* otoño.

avallare [avalláre] *t.* avalar.

avallo [avállo] *m.* aval.

avambraccio [avambráttʃo] *m.* antebrazo.

avamposto [avampósto] *m.* avanzada *f.*

avanguardia [avangwárdja] *f.* vanguardia.

avanti [avánti] *adv.* adelante. 2 *prep.* antes de: ~ **Cristo,** antes de Cristo. 3 *m.* DEP. delantero.

avanzamento [avantsaménto] *m.* adelantamiento, adelanto, avance.

avanzare [avantsáre] *t.* adelantar. 2 presentar. 3 *i.* avanzar, adelantar. 4 sobrar. ¶ CONJUG. r. aux. *avere* [t.] *essere* [i.].

avanzata [avantsáta] *f.* avance *m.*

avanzo [avántso] *m.* resto, sobra *f.* ‖ *d'~,* de sobra.

avaria [avaria] *f.* avería.

avariarsi [avarjársi] *pr.* averiarse.

avarizia [avaríttsja] *f.* avaricia.

avaro, -ra [aváro, -ra] *a.* avaro.

avemaria [avemarIa] *f.* avemaría.

avena [avèna] *f.* avena.

avere [avére] *t.* tener. 2 *aux.* haber. 3 *m.* haber.

aviatore [avjatóre] *m.* aviador.

aviazione [avjattsjóne] *f.* aviación.

avicoltore, -trice [avikoltóre, -tritʃe] *s.* avicultor.

avicoltura [avikoltúra] *f.* avicultura.

avidità [avidità*] *f.* avidez.

avido, -da [ávido, -da] *a.* ávido.

avocare [avokáre] *t.* avocar.

avorio [avòrjo] *m.* marfil.

avvampare [avvampáre] *i.-pr.* inflamar. ¶ CONJUG. r. aux. *essere.*

avvantaggiare [avvantaddʒáre] *t.* aventajar, mejorar. 2 *pr.* adelantar.

avvedersi [avvedérsi] *pr.* percatarse, darse cuenta. ¶ CONJUG. como *vedere.*

avvedutezza [avvedutéttsa] *f.* perspicacia, sagacidad.

avveduto, -ta [avvedúto, -ta] *a.* perspicaz, avisado.

avvelenamento [avvelenaménto] *m.* envenenamiento.

avvelenare [avvelenáre] *t.-pr.* envenenar.

avvenente [avvenénte] *a.* atractivo, encantador.

avvenenza [avvenéntsa] *f.* encanto *m.,* atractivo *m.*

avvenimento [avveniménto] *m.* acontecimiento, suceso.

avvenire [avveníre] *i.* pasar, suceder. ¶ CONJUG. como *venire* (aux. *essere*). 2 *m.* porvenir.

avventare [avventáre] *t.* lanzar. 2 *pr.* abalanzarse.

avventatezza [avventatéttsa] *f.* precipitación, ligereza.

avventato, -ta [avventáto, -ta] *a.* irreflexivo, precipitado.

avventizio, -zia [avventittsjo, -tsja] *a.* advenedizo, adventicio. 2 *a.-m.* interino.

avvento [avvénto] *m.* advenimiento. 2 ECL. adviento.

avventura [avventúra] *f.* aventura.

avventurare [avventuráre] *t. pr.* aventurar.

avventuriero [avventurjéro] *m.* aventurero.

avventuroso, -sa [avventuróso, -sa] *a.* azaroso.

avverarsi [avverársi] *pr.* cumplirse, realizarse.

avverbiale [avverbjále] *a.* adverbial.

avverbio [avvèrbjo] *m.* adverbio.

avversare [avversáre] *t.* oponerse, contrariar.

avversario, -ria [avversárjo, -rja] *a.-m.* adversario.

avversativo, -va [avversativo, -va] *a.* adversativo.

avversione [avversjóne] *f.* aversión, inquina.

avversità [avversità*] *f.* adversidad.

avverso, -sa [avvèrso, -sa] *a.* adverso.

avvertenza [avvertèntsa] *f.* advertencia.

avvertimento [avvertiménto] *m.* advertencia *f.*

avvertire [avvertíre] *t.* advertir. 2 notar.

avvezzare [avvettsáre] *t.* acostumbrar.

avvezzo, -za [avvéttso, -tsa] *a.* acostumbrado.

avviamento [avviaménto] *m.* guía *f.*, indicación *f.* 2 encauzamiento. 3 arranque [del motor].

avviare [avviáre] *t.-pr.* encaminar, dirigir, encauzar. 2 *t.* poner en marcha [el motor].

avvicendamento [avvitʃendaménto] *m.* alternación *f.*, turno.

avvicendare [avvitʃendáre] *t.* alternar. 2 *pr.* sucederse.

avvicinamento [avvitʃinaménto] *m.* acercamiento.

avvicinare [avvitʃináre] *t.-pr.* acercar, aproximar. 2 arrimar.

avvilimento [avviliménto] *m.* abatimiento *f.*, humillación *f.* 2 envilecimiento.

avvilire [avvilíre] *t.-pr.* humillar, abatir. 2 envilecer.

avvincente [avvintʃénte] *a.* cautivador.

avvincere [avvintʃere] *t.* atar. 2 cautivar. ¶ CONJUG. como *vincere*.

avvisare [avvizáre] *t.* avisar.

avviso [avvízo] *m.* aviso. 2 opinión *f.* ‖ *stare sull'~*, estar alerta.

avvistare [avvistáre] *t.* avistar.

avvitare [avvitáre] *t.* atornillar.

avvizzire [avvittsíre] *t.* marchitarse. ¶ CONJUG. r. aux. *essere*.

avvocato, -tessa [avvokáto, -téssa] *s.* abogado.

avvocatura [avvokatúra] *t.* abogacía.

avvolgere [avvóldʒere] *t.* envolver, arrollar, enrollar. ¶ CONJUG. como *volgere*.

avvoltoio [avvoltójo] *m.* buitre.

azalea [addzaléa] *f.* azalea.

azienda [addzjénda] *f.* empresa. 2 administración.

azimut [áddzimut] *m.* ASTR. acimut.

azionare [attsjonáre] *t.* accionar.

azione [attsjóne] *f.* acción.

azionista [attsjonísta] *s.* accionista.

azoto [addzóto] *m.* nitrógeno.

azteco, -ca [atstéko, -ka] *a.-s.* azteca.

azzannare [attsannáre] *t.* adentellar.

azzardare [addzardáre] *t.-pr.* arriesgar.

azzardo [addzárdo] *m.* riesgo. 2 azar.

azzeccare [attsekkáre] *t.* acertar, atinar.

azzuffarsi [attsuffársi] *pr.* pelearse.

azzurro, -ra [addzúrro, -rra] *a.* azul.

B

b [bi] *f.* segunda letra del alfabeto italiano.
babbeo [babbèo] *a.-m.* bobo, papanatas.
babbo [bàbbo] *m.* papá, padre.
babbuccia [babbúttʃa] *f.* babucha.
babbuino [babbuino] *m.* ZOOL. babuino, mono. 2 *fig.* bobo, tonto.
babele [babèle] *f.* babel, confusión.
babordo [babòrdo] *m.* MAR. babor.
bacato, -ta [bakáto, -ta] *a.* agusanado, apolillado. 2 *fig.* carcomido.
bacca [bàkka] *f.* baya.
baccalà [bakkalà°] *m.* bacalao.
baccanale [bakkanále] *m.* bacanal *f.*
baccano [bakkáno] *m.* alboroto, griterío.
baccante [bakkánte] *f.* bacante.
bacchetta [bakkètta] *f.* vara, varita. 2 baqueta. 3 MÚS. batuta.
bacheca [bakèka] *f.* vitrina.
bachicoltura [bakikoltúra] *f.* sericultura.
baciamano [batʃamáno] *m.* besamanos.
baciare [batʃáre] *t.* besar.
bacillo [batʃíllo] *m.* bacilo.
bacinella [batʃinèlla] *f.* bacía.
bacino [batʃíno] *m.* bacía *f.* 2 ANAT. pelvis. 3 GEOGR. cuenca *f.*
bacio [bátʃo] *m.* beso.
baco [báko] *m.* gusano.
bada (tenere a) [tenère a báda] *loc.* vigilar, entretener.
badare [badáre] *i.* tener cuidado. 2 *t.* vigilar. ¶ CONJUG. r. aux. *avere* [i.-t.].
badessa [badèssa] *f.* abadesa.
badia [badia] *f.* abadía.
badile [badíle] *m.* pala.
baffi [báffi] *m. pl. (sing.* baffo) bigote. ‖ *ridere sotto i ~,* reír por lo bajo. ‖ *leccarsi i ~,* chuparse los dedos. ‖ *da leccarsi i ~,* exquisito.
baffuto [baffúto] *a.* bigotudo.
bagagliaio [bagaʎʎájo] *m.* portaequipajes. 2 consigna *f.*
bagaglio [bagáʎʎo] *m.* equipaje. 2 bagaje.
bagattella [bagattèlla] *f.* bagatela.
bagliore [baʎʎóre] *m.* resplandor.
bagnante [baɲɲánte] *s.* bañista.

bagnare [baɲɲáre] *t.-pr.* mojar. 2 bañar.
bagnata [baɲɲáta] *f.* mojadura, remojón *m.*
bagno [báɲɲo] *m.* baño. ‖ *fare il ~,* bañarse. ‖ *costume da ~,* bañador.
bagnomaria [baɲɲomaria] *m.* baño María.
bagordo [bagórdo] *m.* juerga *f.*
baia [bája] *f.* bahía.
baionetta [bajonètta] *f.* bayoneta.
balaustrata [balaustráta] *f.* balaustrada.
balbettare [balbettáre] *i.-t.* balbucear, tartamudear. ¶ CONJUG. r. *avere* [i.-t.].
balbettio [balbettio] *m.* balbuceo.
balbuzie [balbúttsje] *f.* balbucencia, tartamudez.
balbuziente [balbuttsjènte] *a.-s.* balbuciente, tartamudo.
balcanico, -ca [balkániko, -ka] *a.-s.* balcánico.
balconata [balkonáta] *f.* balconaje *m.* 2 TEAT. galería, general.
balcone [balkóne] *m.* balcón, galería *f.*
baldacchino [baldakkino] *m.* baldaquín, dosel, palio.
baldanza [baldántsa] *f.* atrevimiento *m.*
baldanzoso, -sa [baldantsóso, -sa] *a.* atrevido.
baldoria [baldòria] *f.* juerga *f.*
balena [balèna] *f.* ballena.
balenare [balenáre] *i.* relampaguear. 2 *fig.* ocurrirse: *mi balena un'idea,* se me ocurre una idea. ¶ CONJUG. r. aux. *essere.*
baleno [baléno] *m.* relámpago. ‖ *in un ~,* en un santiamén.
balestra [balèstra] *f.* ballesta.
balestrare [balestráre] *t.* arrojar.
balia [bália] *f.* nodriza, ama de leche.
balìa [balia] *f.* poder. ‖ *essere in ~,* estar a merced, en poder.
balistico, -ca [balistiko, -ka] *a.* balístico. 2 *f.* balística.
balla [bálla] *f.* fardo *m.,* baja. 2 *fig.* trola.
ballabile [ballábile] *a.-m.* bailable.

ballare [balláre] *i.* bailar. ¶ CONJUG. r. aux. avere.

ballata [balláta] *f.* balada.

ballatoio [ballatòjo] *m.* galería *f.*

ballerino, -na [ballerino, -na] *s.* bailarín.

balletto [ballétto] *m.* ballet.

ballo [bállo] *m.* baile.

ballottaggio [ballottáddʒo] *m.* segunda votación *f.*

balneare [balneáre] *a.* balneario.

balneoterapia [balneoterapía] *f.* balneoterapia.

balordo, -da [balórdo, -da] *a.* necio, tonto.

balsamico, -ca [balsámiko, -ka] *a.* balsámico.

balsamo [bálsamo] *m.* bálsamo.

baltico, -ca [báltiko, -ka] *a.* báltico.

baluardo [baluárdo] *m.* baluarte.

balza [báltsa] *f.* barranco *m.* 2 orla, franja.

balzano, -na [baltsáno, -na] *a.* fig. estrafalario, extravagante.

balzare [baltsáre] *i.* saltar, brincar. ¶ CONJUG. r. aux. **essere** y **avere**.

balzo [báltso] *m.* salto, brinco, bote. || **cogliere la palla al ~,** coger la ocasión.

bambagia [bambádʒa] *f.* algodón *m.* || **tenere nella ~,** tratar con miramiento.

bambinaia [bambinája] *f.* niñera.

bambinata [bambináta] *f.* chiquillada, niñería.

bambino, -na [bambino, -na] *s.* niño, nene.

bamboccio [bambòttʃo] *m.* niño rollizo, gordinflón. 2 bamboche.

bambola [bámbola] *f.* muñeca.

bamboleggiare [bamboleddʒáre] *i.* hacer chiquilladas. 2 coquetear. ¶ CONJUG. r. aux. **avere**.

bambolotto [bambolòtto] *m.* muñeco.

bambù [bambú*] *m.* bambú.

banana [banána] *f.* plátano *m.*

banano [banáno] *m.* plátano [árbol].

banca [bánka] *f.* banca. 2 banco *m.*

bancarella [bankarélla] *f.* tenderete *m.*

bancario, -ria [bankárjo, -ria] *a.* bancario.

bancarotta [bankarótta] *f.* bancarrota.

banchettare [bankettáre] *i.* banquetear. ¶ CONJUG. r. aux. **avere**.

banchetto [bankétto] *m.* banquete.

banchiere [bankjére] *m.* banquero.

banchina [bankina] *f.* FERR. andén *m.* 2 MAR. muelle *m.*

banco [bánko] *m.* banco. 2 banca *f.*

banconota [bankonòta] *f.* billete *m.* de banco.

banda [bánda] *f.* parte, lado *m.* 2 banda.

bandiera [bandjèra] *f.* bandera.

bandire [bandire] *t.* pregonar. 2 desterrar, expulsar.

banditismo [banditizmo] *m.* bandidaje, bandolerismo.

bandito [bandito] *m.* bandido.

bando [bándo] *m.* bando, edicto. 2 proscripción *f.,* destierro. || **mettere al ~,** arrinconar, alejar.

bandoliera [bandoljèra] *f.* bandolera.

bandolo [bándolo] *m.* cabo de la madeja.

bar [bar] *m.* bar.

bara [bára] *f.* ataúd *m.*

baracca [barákka] *f.* barraca.

baraonda [baraónda] *f.* barahúnda.

barare [baráre] *i.* trampear, hacer trampas [en el juego de cartas]. ¶ CONJUG. r. aux. **avere**.

baratro [báratro] *m.* abismo.

barattare [barattáre] *t.* trocar, cambiar.

baratto [barátto] *m.* trueque, cambio.

barattolo [baráttolo] *m.* tarro, bote.

barba [bárba] *f.* barba. || **in ~ a,** a despecho de. || **alla ~ di,** a expensas de. 2 fam. lata, aburrimiento *m.*: **che ~!,** ¡qué lata!

barbabietola [barbabjètola] *f.* remolacha.

barbagianni [barbadʒánni] *m.* mochuelo. 2 fig. tonto.

barbarie [barbárje] *f.* barbarie.

barbarismo [barbarizmo] *m.* barbarismo.

barbaro, -ra [bárbaro, -ra] *a.-m.* bárbaro.

barbato, -ta [barbáto, -ta] *a.* barbudo.

barbiere [barbjére] *m.* barbero, peluquero.

barbiturico, -ca [barbitúriko, -ka] *a.-m.* barbitúrico.

barbuto, -ta [barbúto, -ta] *a.* barbudo.

barca [bárka] *f.* barca.

barcamenarsi [barkamenársi] *pr.* desenvolverse, contemporizar.

barcellonese [bartʃellonèse] *a.-s.* barcelonés.

barcollare [barkolláre] *i.* tambalear, bambolear. ¶ CONJUG. r. aux. **avere**.

bardare [bardáre] *t.* enjaezar.

bardatura [bardatúra] *f.* arreos *m.-pl.*

barella [barèlla] *f.* camilla.

baricentro [baritʃèntro] *m.* centro de gravedad.

barile [barile] *m.* barril.

bario [bárjo] *m.* QUÍM. bario.

barista [barista] *m.* barman.

baritono [baritono] *a.-m.* barítono.

beato

barlume [barlúme] *m.* vislumbre, barrunto.

baro [báro] *m.* tramposo, fullero.

barocco, -ca [baɔ́kko, -ka] *a.-m.* barroco.

barometro [barɔ́metro] *m.* barómetro.

barone, -nessa [baróne, -nèssa] *s.* barón.

barricare [barrikáre] *t.* hacer barricadas, atrincherar. 2 *pr.* atrincherarse.

barricata [barrikáta] *f.* barricada.

barriera [barrjèra] *f.* barrera.

barrire [barríre] *i.* bramar [el elefante]. ¶ CONJUG. r. aux. *avere*.

barrito [barríto] *m.* bramido [del elefante].

baruffa [barúffa] *f.* pelea.

barzelletta [bardzellétta] *f.* chiste *m.*

basalto [basálto] *m.* basalto.

basamento [bazamènto] *m.* basamento.

basare [bazáre] *t.-pr.* basar.

basco, -ca [básko, -ka] *a.-s.* vasco. 2 *m.* boina *f.*

base [báze] *f.* base.

basetta [bazètta] *f.* patilla.

basico, -ca [báziko, -ka] *a.* QUÍM. básico.

basilare [baziláre] *a.* basilar. 2 básico.

basilica [bazílika] *f.* basílica.

basilico [bazíliko] *m.* albahaca *f.*

bassezza [bassèttsa] *f.* bajeza, mezquindad, vileza.

basso, -sa [bàsso, -sa] *a.-m.* bajo. ‖ *messa bassa,* misa rezada. ‖ *a voce bassa,* en voz baja. ‖ *in ~,* abajo.

bassofondo [bassofóndo] *m.* bajío, bajo. 2 *pl.* bajos fondos [de la sociedad, de la ciudad].

bassorilievo [bassoriljèvo] *m.* bajorrelieve.

bassotto [bassɔ́tto] *m.* perro pachón.

bastante [bastánte] *a.* suficiente.

bastardo, -da [bastárdo, -da] *a.-s.* bastardo.

bastare [bastáre] *i.* bastar. ‖ *basta!,* ¡basta! ¶ CONJUG. r. aux. *essere*.

bastimento [bastimènto] *m.* bastimento.

bastione [bastjóne] *m.* bastión.

bastonare [bastonáre] *t.* apalear, dar de palos.

bastonata [bastonáta] *f.* bastonazo *m.*

bastonatura [bastonatúra] *f.* paliza.

bastone [bastóne] *m.* bastón, palo. 2 *pl.* bastos [en el juego de cartas].

batacchio [batákkjo] *m.* badajo.

batigrafia [batigrafía] *f.* batigrafía.

batiscafo [batiskáfo] *m.* batiscafo.

batista [batísta] *f.* batista.

battaglia [battáʎʎa] *f.* batalla.

battagliare [battaʎʎáre] *i.* batallar. ¶ CONJUG. r. aux. *avere*.

battagliero, -ra [battaʎʎèro, -ra] *a.* batallador, belicoso.

battaglione [battaʎʎóne] *m.* batallón.

battello [battèllo] *m.* barco.

battente [battènte] *m.* batiente, hoja *f.* [de puerta]. 2 aldaba *f.*

battere [bàttere] *t.* pegar, golpear. 2 batir. ‖ *~ le ciglia,* pestañear. ‖ *in un ~ d'occhio,* en un abrir y cerrar de ojos. ‖ *~ le mani,* aplaudir. ‖ *~ il tempo,* marcar el compás. 3 *i.* latir. 4 llamar [a la puerta]. 5 chocar. 6 *pr.* batirse, luchar. ¶ CONJUG. r. aux. *avere* [t.-i.].

batteria [batteria] *f.* batería.

batterio [battèrio] *m.* bacteria *f.*

batteriologia [batterjolodʒía] *f.* bacteriología.

battesimale [battezimále] *a.* bautismal.

battesimo [battèzimo] *m.* bautismo [sacramento]. 2 bautizo [ceremonia].

battezzare [batteddzáre] *t.* bautizar.

battibecco [battibèkko] *m.* altercado.

batticuore [battikwòre] *m.* palpitación *f.* 2 susto.

battimano [battimáno] *m.* aplauso.

battistero [battistèro] *m.* baptisterio.

battito [bàttito] *m.* latido, pulsación *f.*

battuta [battúta] *f.* golpe *m.* 2 paliza. 3 MÚS. compás *m.* 4 TEAT. parte del diálogo, lo que, alternativamente, dice cada actor. 5 batida [de caza].

baule [baúle] *m.* baúl.

bava [báva] *f.* baba. ‖ *avere la ~ alla bocca, far la ~,* estar encolerizado.

bavaglino [bavaʎʎíno] *m.* babero.

bavaglio [bav>ʎʎo] *m.* mordaza *f.*

bavarese [bavarèse] *a.-s.* bávaro.

bavero [bávero] *m.* cuello [de los vestidos].

bavoso, -sa [bavóso, -sa] *a.* baboso.

bazar [baddzár] *m.* bazar.

bazza [báddza] *f.* baza.

bazzecola [baddzèkola] *f.* bagatela, friolera.

bearsi [beársi] *pr.* extasiarse.

beatificare [beatifikáre] *t.* beatificar.

beatificazione [beatifikattsjóne] *f.* beatificación.

beatitudine [beatitúdine] *f.* beatitud. 2 bienaventuranza. 3 felicidad.

beato, -ta [beàto, -ta] *a.* feliz. 2 *a.-s.* beato.

beccare

beccare [bekkåre] *t.* picar [coger las aves la comida]. 2 picotear. 3 fig. coger, pillar. 4 *pr.* reñir, pelearse.

beccata [bekkåta] *f.* picotazo *m.*

beccheggiare [bekkeddʒåre] *i.* MAR.-AER. cabecear. ¶ CONJUG. r. aux. *avere.*

beccheggio [bekkèddʒo] *m.* MAR.-AER. cabeceo.

becchime [bekkíme] *m.* cebo [para las aves].

becchino [bekkíno] *m.* sepulturero, enterrador.

becco [bèkko] *m.* pico [de las aves].

beduino, -na [beduíno, -na] *a.-s.* beduino.

befana [befåna] *f.* fam. epifanía, día de Reyes. 2 bruja que lleva los regalos de Reyes a los niños. 3 bruja. 4 regalos *m.-pl.* del día de Reyes.

beffa [bèffa] *f.* mofa. || *far ~,* mofarse, hacer mofa.

beffarsi [beffårsi] *pr.* mofarse.

bega [bèga] *f.* lío *m.,* disputa.

beghina [begína] *f.* beguina, beata.

begonia [begònja] *f.* begonia.

beh! (o be'!) [bɛ] *inter.* ¡bueno!

bel [bɛl] *a.* apócope de *bello.*

belare [belåre] *i.* balar. ¶ CONJUG. r. aux. *avere.*

belato [belåto] *m.* balido.

belga [bèlga] *a.-s.* belga.

belladonna [belladònna] *f.* belladona.

belletto [bellètto] *m.* colorete.

bellezza [bellèttsa] *f.* belleza, hermosura. 2 maravilla, encanto *m.* 3 fig. (indicando cantidad, espacio de tiempo) friolera. || *è costato la ~ di mille lire,* costó la friolera de mil liras. || *durare la ~ di dieci anni,* durar diez años enteros.

bellico, -ca [bèlliko, -ka] *a.* bélico.

bellicoso, -sa [bellikóso, -sa] *a.* belicoso.

belligerante [bellidʒerånte] *a.-s.* beligerante.

bellimbusto [bellimbústo] *m.* petimetre.

bello, -la [bèllo, -la] *a.* bonito, hermoso, bello, guapo. 2 bueno: *bel tempo,* buen tiempo. || *il ~ è che,* lo bueno es que. 3 (con valor pleonástico o intensivo) *un bel giorno...,* un (buen) día. || *un bel nulla,* nada (en absoluto).

belva [bèlva] *f.* fiera.

belvedere [belvedére] *m.* mirador, belvedere.

bemolle [bemòlle] *m.* bemol.

benché [benké*] *conj.* aunque, a pesar de que.

benda [bènda] *f.* venda.

bendaggio [bendåddʒo] *m.* vendaje.

bendare [bendåre] *f.* vendar.

bendatura [bendatúra] *f.* vendaje *m.*

bene [bène] *m.* bien. || *va ~,* bueno, está bien. 2 *adv* bien. || *voler ~,* amar, querer.

benedettino, -na [benedettíno, -na] *a.-s.* benedictino.

benedetto, -ta [benedètto, -ta] *a.* bendito. 2 *part. pas.* bendecido.

benedire [benedíre] *t.* bendecir. ¶ CONJUG. como *dire,* excepto IND. imp.: *benedicevo* (pop. *benedivo*). | *pret.* ind.: *benedissi* (pop. *benedii*). || IMPER.: *benedici.*

benedizione [benedittsjòne] *f.* bendición.

benefattore, -trice [benefattóre, -tritʃe] *s.* bienhechor.

beneficenza [benefitʃèntsa] *f.* beneficencia.

beneficiare [benefitʃåre] *t.* beneficiar. 2 *i.* beneficiarse. ¶ CONJUG. r. aux. *avere* [t.-i.].

beneficiario, -ria [benefitʃårjo, -rja] *a.-s.* beneficiario.

beneficio [benefítʃo] *m.* beneficio.

benefico, -ca [benèfiko, -ka] *a.* benéfico.

benemerenza [benemerèntsa] *f.* merecimiento *m.*

benemerito, -ta [benemèrito, -ta] *a.-m.* benemérito.

beneplacito [beneplåtʃito] *m.* beneplácito.

benessere [benèssere] *m.* bienestar.

benestante [benestånte] *a.* acomodado.

benestare [beneståre] *m.* visto bueno.

benevolenza [benevolèntsa] *f.* benevolencia.

benevolo, -la [benèvolo, -la] *a.* benévolo.

bengala [bengåla] *m.* bengala.

bengali [bengåli] *a.-s.* bengalí.

beniamino [benjamíno] *m.* benjamín.

benignità [beniɲɲitå*] *f.* benignidad.

benigno, -na [beníɲɲo, -na] *a.* benigno.

benino [benino] *adv.* bastante bien, pasablemente bien.

beninteso [benintèso] *adv.* por supuesto, desde luego. 2 *conj.* ~ *che,* bien entendido que.

benparlante [bemparlånte] *s.* purista, castizo.

benpensante [bempensånte] *a.-s.* sensato. 2 conservador, moderado, conformista.

benportante [bemportánte] *a.* vigoroso, en buena salud.

benservito [benservíto] *m.* certificado de buen servicio. ‖ *dare il ~,* despedir.

bensì [bensí*] *conj.* sino.

bentornato, -ta [bentornáto, -ta] *a.* bienvenido. 2 *m.* bienvenida.

benvenuto, -ta [benvenúto, -ta] *a.* bienvenido. 2 *m.* bienvenida *f.*

benvolere [benvolére] *t.* bienquerer.

benzina [bendzína] *f.* gasolina.

beone [beóne] *m.* bebedor, borracho.

bere [bére] *t.* beber. ¶ CONJUG. IND. pres.: *bevo, bevi,* etc. ‖ imp.: *bevevo, bevevi,* etc. ‖ pret. ind.: *bevvi* o *bevetti, bevesti, bevve* o *bevette; bevemmo, beveste, bevvero* o *bevettero.* ‖ fut. imp.: *berrò, berrai,* etc. ‖ SUBJ. pres.: *beva, beva,* etc. ‖ imp.: *bevessi, bevessi,* etc. ‖ POT.: *berrei, berresti,* etc. ‖ IMPER.: *bevi, beva; beviamo, bevete, bevano.* ‖ PART.: *bevuto.* ‖ GER.: *bevendo.*

bergamotto [bergamótto] *m.* bergamoto.

berlina [berlína] *f.* berlina.

bernoccolo [bernókkolo] *m.* chichón. 2 fig. aptitud *f.,* disposición *f.* natural.

berretto [berrétto] *m.* gorro, gorra *f.*

bersagliere [bersaʎʎére] *m.* bersagliero. ‖ *alla bersagliera,* con desenvoltura.

bersaglio [bersáʎʎo] *m.* blanco. ‖ *tiro al ~,* tiro al blanco.

bestemmia [bestémmja] *f.* blasfemia.

bestemmiare [bestemmjáre] *t.* blasfemar.

bestemmiatore, -trice [bestemmjatòre, -tritʃe] *a.-s.* blasfemador.

bestia [bèstja] *f.* bestia. ‖ *andare in ~,* encolerizarse.

bestiale [bestjále] *a.* bestial, brutal.

bestialità [bestjalitá*] *f.* bestialidad.

bestiame [bestjáme] *m.* ganado.

bestiola [bestjóla] *f.* bicho *m.*

bettola [béttola] *f.* tasca, taberna.

betulla [betúlla] *f.* abedul *m.*

bevanda [bevánda] *f.* bebida.

bevitore, -trice [bevitòre, -tritʃe] *s.* bebedor.

bevuta [bevúta] *f.* bebida, trago *m.*

bi [bi] *f.* nombre de la letra *b.*

biada [bjáda] *f.* pienso *m.*

biancheria [bjankería] *f.* lencería, ropa blanca.

bianco, -ca [bjánko, -ka] *a.-m.* blanco. ‖ *di punto in ~,* de improviso, de repente. ‖ *mangiare in ~,* comer sin salsas.

biascicare [bjaʃʃikáre] *t.* masticar. 2 mascullar.

biasimare [bjazimáre] *t.* reprochar, vituperar, censurar.

biasimevole [bjazimèvole] *a.* reprochable, censurable.

biasimo [bjázimo] *m.* reproche, censura *f.,* vituperio.

bibbia [bíbbja] *f.* biblia.

biberon [biberón] *m.* biberón.

bibita [bíbita] *f.* bebida.

biblico, -ca [bíbliko, -ka] *a.* bíblico.

bibliografia [bibljografía] *f.* bibliografía.

bibliografico, -ca [bibljográfiko, -ka] *a.* bibliográfico.

biblioteca [bibljotéka] *f.* biblioteca.

bibliotecario, -ria [bibljotekárjo, -rja] *s.* bibliotecario.

bicameralismo [bikameralizmo] *m.* bicameralismo.

bicarbonato [bikarbonáto] *m.* bicarbonato.

bicchiere [bikkjère] *m.* vaso, copa *f.*

bicchierino [bikkjeríno] *m.* copita *f.*

bicicletta [bitʃiklétta] *f.* bicicleta.

bicipite [bitʃípite] *m.* bíceps.

bicolore [bikolóre] *a.* bicolor.

bidello [bidèllo] *m.* bedel.

bidonare [bidonáre] *t.* fam. estafar, engañar.

bidone [bidóne] *m.* bidón. 2 fam. **estafa** *f.*

bieco, -ca [bjéko, -ka] *a.* torvo, siniestro.

biella [bjèlla] *f.* biela.

biennale [biennále] *a.-f.* bienal.

biennio [biènnjo] *m.* bienio.

bietola [bjètola] *f.* acelga, bledo *m.*

biforcarsi [biforkársi] *pr.* bifurcarse.

biforcazione [biforkattsjòne] *f.* bifurcación.

biforcuto, -ta [biforkúto, -ta] *a.* bifurcado.

bigamia [bigamía] *f.* bigamia.

bigamo [bígamo] *m.* bígamo.

bighellonare [bigellonáre] *i.* callejear. ¶ CONJUG. r. aux. *avere.*

bighellone [bigellóne] *m.* callejero.

bigiotteria [bidʒotteria] *f.* bisutería.

bigliettaio [biʎʎettájo] *m.* cobrador. 2 taquillero.

biglietteria [biʎʎetteria] *f.* taquilla.

biglietto [biʎʎètto] *m.* billete. 2 entrada *f.* [para un espectáculo]. 3 tarjeta *f.*

bigodino [bigodíno] *m.* rulo.

bigotto, -ta [bigòtto, -ta] *a.-s.* beato [despectivo].

bilancia [bilántʃa] f. balanza. 2 báscula. 3 ASTR. libra.

bilanciare [bilantʃáre] t. pesar. 2 sopesar. 3 balancear. 4 pr. balancearse, oscilar.

bilancio [bilántʃo] m. balance.

bilaterale [bilaterále] a. bilateral.

bile [bile] f. bilis.

biliardo [biljárdo] m. billar.

biliare [biljáre] a. biliar.

bilico [biliko] m. equilibrio. || *in ~*, en vilo.

bilingue [bilingwe] a. bilingüe.

bilioso, -sa [biljóso, -sa] a. bilioso.

bimbo, -ba [bimbo, -ba] s. nene, niño.

bimestrale [bimestrále] a. bimestral.

bimestre [biméstre] m. bimestre.

bimotore [bimotóre] a.-m. bimotor.

binario, -ria [binárjo, -rja] a. binario. 2 m.-pl. raíles.

binocolo [binókolo] m. binóculo, prismáticos pl., gemelos pl.

binomio [binòmjo] m. binomio.

biochimica [biokimika] f. bioquímica.

bioelettricità [bioletttritʃità*] a. bioelectricidad.

bioelettrico, -ca [bioeléttriko, -ka] a. bioeléctrico.

biofisico, -ca [biofisiko, -ka] a.-s. biofísico.

biografia [biografia] f. biografía.

biografico, -ca [biográfiko, -ka] a. biográfico.

biografo [biógrafo] m. biógrafo.

bioingegneria [bioindʒeɲɲeria] f. bioingeniería.

biologia [biolodʒia] f. biología.

biologico, -ca [biolòdʒiko, -ka] a. biológico.

biologo [biólogo] m. biólogo.

biomassa [biomássa] f. biomasa.

biondo, -da [bjóndo, -da] a.-m. rubio.

biotina [biotina] f. biotina.

bipartitismo [bipartitizmo] m. bipartidismo.

bipolarismo [bipolarizmo] m. bipolarismo.

bipolarità [bipolarità*] f. bipolaridad.

bipolarizzazione [bipolariddʒatsjóne] f. bipolarización.

birba [birba] f. granuja m.

birbante [birbánte] m. pillo, golfo.

birbonata [birbonáta] f. bribonada.

birbone [birbóne] m. bribón.

birichinata [birikináta] f. travesura.

birichino [birikino] m. travieso.

birillo [birillo] m. bolo.

biro [biro] f. bolígrafo m.

birra [birra] f. cerveza.

birreria [birreria] f. cervecería.

bis [bis, biz] inter. bis. 2 m. repetición f. || *fare il ~*, repetir.

bisaccia [bizáttʃa] f. alforja.

bisbetico, -ca [bizbétiko, -ka] a.-s. caprichoso, irascible. || *la bisbetica domata*, la fierecilla domada.

bisbigliare [bizbiʎʎáre] t. bisbisar, cuchichear.

bisbiglio [bizbiʎʎio] m. murmullo, cuchicheo.

bisca [biska] f. garito m., casa de juego.

biscazziere [biskattsjère] m. garitero.

biscia [biʃʃa] f. culebra.

biscotto [biskòtto] m. galleta f., bizcocho.

biscroma [biskròma] f. MÚS. fusa [nota].

bisettrice [bisettritʃe] f. bisectriz.

bisillabo, -ba [bisillabo, -ba] a. bisílabo.

bislacco, -ca [bizlákko, -ka] a. raro, extravagante.

bisnonno, -na [biznònno, -na] s. bisabuelo.

bisognare [bizoɲɲáre] i. ser necesario, ser preciso, ser menester, hacer falta. ¶ CONJUG. r. defectiva, se usa sólo en las 3.as personas sing. y pl.

bisogno [bizòɲɲo] m. necesidad f. || *aver ~*, necesitar.

bisognoso, -sa [bizoɲɲóso, -sa] a.-s. necesitado.

bisonte [bizónte] m. bisonte.

bistecca [bistékka] f. bistec m.

bisticciare [bistittʃáre] i.-pr. reñir, pelear. ¶ CONJUG. r. aux. *avere*.

bisticcio [bistittʃo] m. altercado, disputa f., riña f.

bisturi [bisturi] m. bisturí.

bitume [bitúme] m. betún.

bivaccare [bivakkáre] i. vivaquear. ¶ CONJUG. r. aux. *avere*.

bivacco [bivákko] m. vivac.

bivio [bivjo] m. bifurcación f.

bizantino, -na [biddzantino, -na] a.-m. bizantino.

bizza [biddza] f. berrinche m., rabieta.

bizzarria [biddzarria] f. extravagancia, rareza.

bizzarro, -ra [biddzárro, -ra] a. extravagante, raro.

bizzeffe (a) [a biddzèffe] loc. a montones.

bizzoso, -sa [biddzóso, -sa] a. colérico.

blandire [blandíre] t. suavizar. 2 halagar.

blando, -da [blándo, -da] a. blando, afable.

blasone [blazóne] m. blasón.

blatta [blátta] *f.* cucaracha.

blindato, -ta [blindáto, -ta] *a.* blindado, acorazado.

bloccare [blokkáre] *t.* bloquear.

blocco [blókko] *m.* bloqueo. 2 bloque. 3 bloc [de hojas de papel].

blu [blu] *a.-m.* azul [marino].

boa [bóa] *m.* boa. 2 *f.* MAR. boya.

boato [boáto] *m.* estruendo.

bobina [bobina] *f.* bobina.

bocca [bókka] *f.* boca. || *a ~*, de palabra.

boccaccia [bokkáttʃa] *f.* mueca. 2 mal sabor *m.* de boca.

boccale [bokkále] *m.* bocal, jarro.

boccata [bokkáta] *f.* bocanada.

boccetta [bottʃétta] *f.* frasco *m.* pequeño.

boccheggiante [bokkeddʒánte] *a.* jadeante.

boccheggiare [bokkeddʒáre] *i.* jadear. ¶ CONJUG. r. aux. *avere*.

bocchino [bokkíno] *m.* boquilla *f.*

boccia [bóttʃa] *f.* frasco *m.* 2 bola. || *gioco delle bocce,* petanca, juego de bolas.

bocciare [bottʃáre] *t.* rechazar [un proyecto, una ley, etc.]. 2 suspender [en los exámenes].

bocciatura [bottʃatúra] *f.* suspenso *m.,* calabaza.

boccio [bóttʃo], **bocciolo** [bóttʃɔlo] *m.* capullo, botón [de las flores].

boccone [bokkóne] *m.* bocado.

bocconi [bokkóni] *adv.* bóčà àbàjò.

boia [bója] *m.* verdugo.

boicottaggio [boikottáddʒo] *m.* boicot.

boicottare [boikottáre] *t.* boicotear.

bolero [boléro] *m.* bolero.

bolide [bólide] *m.* bólido.

boliviano, -na [bolivjáno, -na] *a.-s.* boliviano.

bolla [bólla] *f.* burbuja. 2 ampolla. 3 ECL. bula.

bollare [bolláre] *t.* sellar, timbrar. 2 fig. marcar.

bollente [bollénte] *a.* hirviente.

bolletta [bollétta] *f.* recibo *m.*

bollettino [bollettíno] *m.* boletín. 2 parte.

bollire [bollíre] *i.* hervir, bullir. 2 *t.* cocer. ¶ CONJUG. r. aux. *avere* [i.-t.].

bollito, -ta [bollíto, -ta] *a.* hervido. 2 *m.* carne *f.* cocida.

bollitura [bollitúra] *f.* hervor *m.*

bollo [bóllo] *m.* sello, timbre. || *carta da ~,* papel sellado. || *marca da ~,* póliza.

bollore [bollóre] *m.* hervor.

bolscevismo [bolʃʃevizmo] *m.* bolchevismo.

bomba [bómba] *f.* bomba.

bombardamento [bombardaménto] *m.* bombardeo.

bombardare [bombardáre] *t.* bombardear.

bombola [bómbola] *f.* bombona.

bomboniera [bombonjèra] *f.* bombonera.

bonaccia [bonáttʃa] *f.* bonanza.

bonaccione, -na [bonattʃóne, -na] *a.-s.* bonachón.

bonarietà [bonarietá*] *f.* bondad, afabilidad.

bonario, -ria [bonárjo, -rja] *a.* afable, bondadoso.

bonifica [bonifíka] *f.* saneamiento.

bonificare [bonifikáre] *t.* sanear.

bonomia [bonomía] *f.* bondad.

bontà [bontá*] *f.* bondad.

bonzo [bóndzo] *m.* bonzo.

borbottare [borbottáre] *i.* refunfuñar. 2 *t.* barbotar, mascullar. ¶ CONJUG. r. aux. *avere.*

borbottio [borbottío] *m.* murmullo. 2 refunfuño.

bordello [bordéllo] *m.* burdel. 2 fig. confusión *f.,* algazara *f.*

bordo [bórdo] *m.* MAR. bordo. 2 borde, orilla *f.*

boreale [boreále] *a.* boreal.

borgata [borgáta] *f.* suburbio *m.*

borghese [borgéʒe] *a. s.* burgués. 2 paisano, civil. || *in ~,* de paisano.

borghesia [borgezía] *f.* burguesía.

borgo [bórgo] *m.* aldea *f.*

borgomastro [borgomástro] *m.* burgomaestre.

boria [bórja] *f.* jactancia, altivez.

borico, -ca [bóriko, -ka] *a.* bórico.

borioso, -sa [borjóso, -sa] *a.* jactancioso, altivo.

borraccia [borráttʃa] *f.* cantimplora.

borsa [bórsa] *f.* bolsa. 2 bolso *m.* [de señora]. || *~ di studio,* beca.

borsaiolo [borsajólo] *m.* carterista, ratero.

borseggiare [borseddʒáre] *t.* robar [de los bolsillos o carteras], ratear.

borseggio [borséddʒo] *m.* ratería *f.*

borsellino [borsellíno] *m.* monedero.

borsetta [borsétta] *f.* bolso *m.*

borsista [borsísta] *s.* becario. 2 ECON. bolsista.

boscaiolo [boskajólo] *m.* leñador. 2 guardabosque.

boschereccio, -cia [boskeréttʃo, -tʃa] *a.* del bosque, silvestre.

boschivo

boschivo, -va [boskìvo, -va] *a.* boscoso, selvoso.
bosco [bósko] *m.* bosque.
boscoso, -sa [boskóso, -sa] *a.* boscoso, selvoso.
botanico, -ca [botániko, -ka] *a.-s.* botánico. 2 *f.* botánica.
botola [bótola] *f.* escotilla, trampa.
botta [bótta] *f.* golpe *m.*
botte [bótte] *m.* tonel.
bottega [bottéga] *f.* tienda. 2 taller *m.*
bottegaio, -ia [bottegájo, -ja] *s.* tendero.
botteghino [bottegíno] *m.* taquilla *f.*
bottiglia [bottíʎʎa] *f.* botella.
bottiglieria [bottiʎʎería] *f.* bodega [tienda de vinos y licores].
bottino [bottíno] *m.* botín.
bottone [bottóne] *m.* botón.
bovino, -na [bovíno, -na] *a.* bovino, vacuno.
bozza [bóttsa] *f.* boceto *m.* 2 *pl.* TIP. pruebas.
bozzetto [bottsétto] *m.* boceto, bosquejo.
bozzolo [bóttsolo] *m.* capullo [de larvas].
braccare [brakkáre] *t.* acorralar.
braccetto (a) [a brattʃétto] *loc.* del brazo.
bracciale [brattʃále] *m.* brazal.
braccialetto [brattʃalétto] *m.* brazalete, pulsera *f.*
bracciante [brattʃánte] *m.* peón, jornalero.
bracciata [brattʃáta] *f.* brazada.
braccio [bráttʃo] *m.* brazo.
bracciolo [brattʃólo] *m.* brazo [de silla, etc.].
brace [brátʃe] *f.* brasa, ascua.
braciere [bratʃère] *m.* brasero.
braciola [bratʃóla] *f.* chuleta.
bramare [bramáre] *t.* codiciar.
bramosia [bramosía] *f.* codicia.
bramoso, -sa [bramóso, -sa] *a.* codicioso.
branca [bránka] *f.* zarpa. 2 rama. 3 tramo *m.* [de escalera].
branchia [bránkja] *f.* agalla.
branco [bránko] *m.* manada *f.*
brancolare [brankoláre] *i.* andar a tientas. ¶ CONJUG. r. aux. *avere.*
branda [bránda] *f.* catre *m.*
brandello [brandèllo] *m.* jirón, harapo.
brano [bráno] *m.* trozo, pedazo. 2 fragmento [literario o musical].
brasiliano, -na [braziljáno, -na] *a.-s.* brasileño.
bravata [braváta] *f.* bravata, valentonada.

bravo, -va [brávo, -va] *a.* hábil, experto. 2 bueno, honrado. 3 valiente, bravo. 4 *inter.* ¡bravo!
bravura [bravúra] *f.* habilidad, destreza.
breccia [bréttʃa] *f.* brecha.
brefotrofio [brefotrófjo] *m.* inclusa *f.*
bretelle [bretèlle] *f. pl.* tirantes *m.*
breve [brève] *a.* breve, corto.
brevettare [brevettáre] *t.* patentar.
brevetto [brevètto] *m.* patente *f.*
breviario [brevjárjo] *m.* breviario.
brevità [brevità*] *f.* brevedad.
brezza [bréddza] *f.* brisa.
bricconata [brikkonáta] *f.* bribonada.
briccone, -na [brikkóne, -na] *a.-s.* bribón, pillo.
briciola [brítʃola] *f.* miga.
briciolo [brítʃolo] *m.* pizca *f.,* brizna *f.*
bricolage [brikoláʒ] *m.* bricolaje.
briefing [bri:fiŋ] *m.* sesión *f.* informativa.
brigadiere [brigadjère] *m.* brigada.
brigantaggio [brigantáddʒo] *m.* bandidaje.
brigante [brigánte] *m.* bandido.
brigare [brigáre] *i.* bregar. ¶ CONJUG. r. aux. *avere.*
brigata [brigáta] *f.* pandilla. 2 brigada.
briglia [bríʎʎa] *f.* brida, rienda.
brillante [brillánte] *a.-m.* brillante.
brillantina [brillantína] *f.* brillantina.
brillare [brilláre] *i.* brillar. 2 *t.* hacer estallar. ¶ CONJUG. r. aux. *avere* [i.-t.].
brillo, -la [brillo, -la] *a.* achispado.
brina [brina] *f.* escarcha.
brinare [brináre] *i.* escarchar. ¶ CONJUG. r. aux. *essere,* pop. también *avere.*
brindare [brindáre] *i.* brindar. ¶ CONJUG. r. aux. *avere.*
brindisi [bríndizi] *m.* brindis.
brio [brío] *m.* brío.
brioso, -sa [brióso, -sa] *a.* brioso.
briscola [brískola] *f.* brisca.
britannico, -ca [británniko, -ka] *a.-s.* británico.
brivido [brívido] *m.* escalofrío, estremecimiento.
brizzolato, -ta [brittsoláto, -ta] *a.* entrecano.
brocca [brókka] *f.* jarra, jarro *m.*
broccato [brokkáto] *m.* brocado.
brodo [bródo] *m.* caldo. ‖ *pasta in ~,* sopa de pasta.
brodoso, -sa [brodóso, -sa] *a.* caldoso.
broglio [bróʎʎo] *m.* fraude.
bromo [brómo] *m.* bromo.
bromuro [bromúro] *m.* bromuro.

bronchiale [bronkjále] *a.* bronquial.

bronchite [bronkíte] *f.* bronquitis.

broncio [brónt∫o] *m* ceño. ‖ *avere il ∼,* estar de morros.

bronco [brónko] *m* MED. bronquio. 2 ramo seco.

broncopolmonite [bronkopolmoníte] *f.* bronconeumonía.

brontolare [brontoláre] *i.* refunfuñar, gruñir. ¶ CONJUG. r. aux. *avere.*

brontolone, -na [brontolóne, -na] *a.-s.* gruñón.

bronzo [bróndzo] *m* bronce.

bruciapelo (a) [a brut∫apélo] *loc.* a quemarropa.

bruciare [brut∫áre] *t.-i.-pron.* quemar. ¶ CONJUG. r. aux. *avere* [t.] *essere* [i.].

bruciatura [brut∫atúra] *f.* quemadura.

bruciore [brut∫óre] *m.* escozor, ardor.

bruco [brúko] *m* oruga *f.*

brughiera [brugjèra] *f.* brezal *m.*

brulicare [brulikáre] *i.* hormiguear, bullir. ¶ CONJUG. r. aux. *avere.*

brulichio [brulikío] *m* hormigueo.

brullo, -la [brúllo] *a.* yermo.

brunire [brunire] *t.* bruñir.

bruno, -na [brúno, -na] *a.* bruno. 2 moreno.

brusco, -ca [brúsko, -ka] *a.* brusco.

brusio [bruzío] *m* rumor.

brutale [brutále] *a.* brutal.

brutalità [brutalitá*] *f.* brutalidad.

bruto, -ta [brúto, -ta] *a.-m.* bruto.

bruttezza [bruttéttsa] *f.* fealdad.

brutto, -ta [brútto, -ta] *a.* feo. 2 malo. ‖ *brutta copia,* borrador. ‖ *vedersela brutta,* vérselas y deseárselas. ‖ *fare brutta figura,* quedar en ridículo.

bruttura [bruttúra] *f.* porquería.

buca [búka] *f.* bache *m.,* socavón *m.,* hoyo *m.* ‖ *∼ delle lettere,* buzón *m.*

bucare [bukáre] *t.* agujerear, pinchar. 2 *pr.* pincharse.

bucato, -ta [bukáto, -ta] *a.* agujereado, pinchado. ‖ *avere le mani bucate,* ser un manirroto. 2 *m.* colada *f.*

buccia [búttʃa] *f.* piel, cáscara, corteza.

bucherellare [bukerelláre] *t.* agujerear [con muchos y pequeños agujeros].

buco [búko] *m.* agujero.

buddismo [buddízmo] *m.* budismo.

buddista [buddísta] *a.-s.* budista.

budello [budèllo] *m.* intestino, tripa *f.*

bue [bùe] *m.* buey.

bufalo [búfalo] *m.* búfalo.

bufera [bufèra] *f.* tormenta.

buffet [byfè] *m.* cafetería *f.,* cantina *f.* (en las estaciones).

buffo, -fa [búffo, -fa] *a.* bufo, cómico.

buffonata [buffonáta] *f.* bufonada.

buffone [buffóne] *m.* bufón, payaso.

bugia [budʒía] *f.* palmatoria. 2 mentira, embuste *m.*

bugiardo, -da [budʒárdo, -da] *a.* mentiroso, embustero.

bugigattolo [budʒigáttolo] *m.* cuchitril.

buio, -ia [bújo, -ja] *a.* oscuro. 2 *m.* oscuridad *f.* ‖ *al ∼, nel ∼,* a oscuras.

bulbo [búlbo] *m.* bulbo.

bulgaro, -ra [búlgaro, -ra] *a.-s.* búlgaro.

bullo, -lla [búllo, -lla] *a.-m.* chulo.

bullone [bullóne] *m.* tornillo, perno.

buono, -na [bwòno, -na] *a.* bueno. ‖ *alla buona,* sin cumplidos. ‖ *Buon Natale!,* ¡Felices Navidades! 2 *m.* bueno. ‖ *un poco di ∼,* un granuja. 3 bono.

burattinaio [burattinájo] *m.* titiritero.

burattino [burattíno] *m.* títere.

burbero, -ra [búrbero, -ra] *a.* huraño.

burino, -na [burino, -na] *s.* paleto.

burla [búrla] *f.* burla, mofa, chanza.

burlare [burláre] *t.* burlar. 2 *pr.* burlarse, mofarse.

burlesco, -ca [burlésko, -ka] *a.* burlesco.

burlone, -na [burlóne, -na] *a.* burlón.

burocrate [buròkrate] *s.* burócrata.

burocratico, -ca [burokrátiko, -ka] *a.* burocrático.

burocrazia [burokrattsía] *f.* burocracia.

burrasca [burrásca] *f.* borrasca.

burrascoso, -sa [burraskóso, -sa] *a.* borrascoso.

burro [búrro] *m.* mantequilla *f.,* manteca *f.*

burrone [burróne] *m.* barranco, despeñadero.

buscare [buskáre] *t.* buscar intensamente, conseguir. ‖ *buscarle* (fam.), recibir una paliza.

bussa [bússa] *f.* golpe *m.,* paliza.

bussare [bussáre] *i.* golpear. 2 llamar [a la puerta]. ¶ CONJUG. r. aux. *avere.*

bussola [bússola] *f.* brújula.

bussolotto [bussolòtto] *m.* cubilete.

busta [bústa] *f.* sobre *m.* ‖ *∼ di plastica,* bolsa de plástico.

busto [bústo] *m.* busto. 2 corsé.

buttare [buttáre] *t.* arrojar, echar, tirar. ‖ *∼ giù,* derribar, echar por los suelos. 2 *pr.* echarse, tumbarse. 3 tirarse.

C

c [tʃi*] *f.* tercera letra del alfabeto italiano.
cabina [kabina] *f.* MAR. camarote *m.* 2 cabina.
cablogramma [kablográmma] *m.* cablegrama.
cabotaggio [kabotáddʒo] *m.* cabotaje.
cacao [kakáo] *m.* cacao.
cacare [kakáre] *i.* cagar. ¶ CONJUG. r. aux. *avere.*
cacca [kákka] *f.* caca.
caccia [káttʃa] *f.* caza.
cacciagione [kattʃadʒóne] *f.* caza [piezas cobradas en una cacería].
cacciare [kattʃáre] *t.* cazar. 2 echar. 3 *pr.* meterse.
cacciatora [kattʃatóra] *f.* cazadora. ‖ *alla ~*, a la manera de los cazadores.
cacciatore, -trice [kattʃatóre, -tritʃe] *s.* cazador.
cacciatorpediniere [kattʃatorpedinjére] *m.* cazatorpedero.
cacciavite [kattʃavite] *m.* destornillador.
cachi [káki] *a.* caqui. 2 *m.* BOT. caqui.
cacio [kátʃo] *m.* queso.
cacofonia [kakofonía] *f.* cacofonía.
cacofonico, -ca [kakofóniko, -ka] *a.* cacofónico.
cacto [kákto], **cactus** [káktus] *m.* cacto, cactus.
cadavere [kadávere] *m.* cadáver.
cadaverico, -ca [kadavériko, -ka] *a.* cadavérico.
cadente [kadénte] *a.* cadente. ‖ *stella ~*, estrella fugaz. 2 fig. decrépito.
cadenza [kadéntsa] *f.* cadencia.
cadenzato, -ta [kadentsáto, -ta] *a.* cadencioso. 2 acompasado.
cadere [kadére] *i.* caer. ¶ CONJUG. (aux. *essere*) IND. pret. ind.: *caddi, cadde; caddero.* | fut. imp.: *cadrò, cadrai*, etc. ‖ POT.: *cadrei, cadresti*, etc.
cadetto, -ta [kadétto, -ta] *a.* de segundo grado o categoría. 2 *m.* cadete.
caducità [kadutʃitá*] *f.* caducidad.
caduco, -ca [kadúko, -ka] *a.* caduco.

caduta [kadúta] *f.* caída.
caduto, -ta [kadúto, -ta] *a.-m.* caído.
caffè [kaffè*] *m.* café.
caffeina [kaffeína] *f.* cafeína.
caffellatte [kaffellátte] *m.* café con leche.
caffetano [kaffetáno] *m.* caftán.
caffettiera [kaffettjéra] *f.* cafetera.
cafone [kafóne] *m.* campesino. 2 fig. cateto, palurdo.
cagionare [kadʒonáre] *t.* causar, ocasionar.
cagione [kadʒóne] *f.* causa, motivo *m.*
cagionevole [kadʒonévole] *a.* enfermizo.
cagliare [kaʎʎáre] *i.* cuajar, cuajarse. ¶ CONJUG. r. aux. *essere.*
caglio [káʎʎo] *m.* cuajo.
cagna [káɲɲa] *f.* perra.
cagnesco [kaɲɲésko] *a.* hostil, amenazador. ‖ *guardare in ~*, mirar de reojo.
cala [kála] *f.* cala [de un buque].
calabrone [kalabróne] *m.* abejorro.
calamaio [kalamájo] *m.* tintero.
calamaro [kalamáro] *m.* calamar.
calamita [kalamíta] *f.* imán *m.*
calamità [kalamitá*] *f.* calamidad.
calamitare [kalamitáre] *t.* imantar.
calamitoso, -sa [kalamitóso, -sa] *a.* calamitoso.
calante [kalánte] *a.* menguante.
calare [kaláre] *t.* bajar, dejar caer poco a poco. 2 calar. 3 *i.* bajar. 4 disminuir, menguar. 5 *pr.* deslizarse. ¶ CONJUG. r. aux. *avere* [t.], *essere* [i.].
calca [kálka] *f.* gentío *m.*, muchedumbre.
calcagno [kalkáɲɲo] *m.* talón.
calcare [kalkáre] *t.* pisar, pisotear. 2 apretar. 3 calcar.
calcareo, -a [kalkáreo, -a] *a.* calcáreo.
calce [káltʃe] *f.* cal. 2 *m.* parte inferior. ‖ *in ~*, al pie de la página.
calcestruzzo [kaltʃestrúttso] *m.* hormigón.
calciare [kaltʃáre] *i.* cocear. 2 *t.* DEP. chutar, tirar. ¶ CONJUG. r. aux. *avere* [i.-t.].

calciatore, -trice [kaltʃatòre, -tritʃe] s. futbolista.
calcificazione [kaltʃifikattsjóne] f. calcificación.
calcificare [kaltʃifikáre] t. calcificar.
calcina [kaltʃína] f. argamasa.
calcinare [kaltʃináre] t. calcinar.
calcio [káltʃo] m. calcio. 2 coz f., patada f. 3 DEP. fútbol. 4 chut, saque. ‖ ~ **di rigore,** penalty. ‖ ~ **d'angolo,** saque de esquina. 5 culata f.
calcistico, -ca [kaltʃistiko, -ka] a. futbolístico.
calco [kálko] m. calco.
calcolare [kalkólare] t. calcular.
calcolatore, -trice [kalkolatòre, -tritʃe] a.-s. calculador. 2 f. calculadora, computadora [máquina].
calcolo [kálkolo] m. cálculo.
calcomania [kalkomanía] f. calcomanía.
caldaia [kaldája] f. caldera.
caldamente [kaldamènte] adv. encarecidamente.
caldarrosta [kaldarròsta] f. castaña asada.
caldeggiare [kaldeddʒáre] t. fomentar, apoyar, favorecer.
calderaio [kalderájo] m. calderero.
caldo, -da [káldo, -da] a. caliente. 2 caluroso, cálido. 3 m. calor.
caleidoscopio [kaleidoskòpjo] m. calidoscopio.
calendario [kalendárjo] m. calendario.
calibrare [kalibráre] t. calibrar.
calibro [kálibro] m. calibre. 2 MEC. calibrador.
calice [kálitʃe] m. cáliz.
califfato [kaliffáto] m. califato.
califfo [kaliffo] m. califa.
caligine [kalidʒine] f. calina, niebla.
calligrafia [kalligrafía] f. caligrafía.
callista [kallista] s. callista.
callo [kállo] m. callo. ‖ **fare il ~,** acostumbrarse, encallecer.
calma [kálma] f. calma.
calmante [kalmánte] a.-m. calmante.
calmare [kalmáre] t.-pr. calmar.
calmiere [kalmjère] m. precio oficial.
calmo, -ma [kálmo, -ma] a. tranquilo, calmoso, quieto.
calo [kálo] m. decrecimiento, merma f.
calore [kalòre] m. calor.
caloria [kaloría] f. caloría.
calorifero, -ra [kalorifero, -ra] a.-m. calorífero.
caloroso, -sa [kaloróso, -sa] a. caluroso.

calotta [kalòtta] f. casquete m. 2 caja y tapa del reloj. 3 ARQ. cúpula.
calpestare [kalpestáre] t. pisar, pisotear.
calpestio [kalpestío] m. pisoteo.
calunnia [kalúnnja] f. calumnia.
calunniare [kalunnjáre] t. calumniar.
calunniatore, -trice [kalunnjatòre, -tritʃe] a.-s. calumniador.
calunnioso, -sa [kalunnjóso, -sa] a. calumnioso.
calvario [kalvárjo] m. calvario.
calvinismo [kalvinizmo] m. calvinismo.
calvinista [kalvinista] a.-s. calvinista.
calvizie [kalvittsje] f. calvicie.
calvo, -va [kálvo, -va] a. calvo.
calza [káltsa] f. media. ‖ ~ **da uomo,** calcetín. 2 calceta. ‖ **far la ~,** hacer calceta.
calzante [kaltsánte] a. ajustado. 2 fig. adecuado, apropiado.
calzare [kaltsáre] t. calzar. 2 ponerse, llevar puesto [guantes, etc.]. 3 i. estar [o ir] justo, ajustado. 4 ser [o estar] apropiado, adecuado. ¶ CONJUG. r. aux. **avere** [t.-i. (en acepción 3)], **essere** (en acepción 4).
calzatura [kaltsatúra] f. calzado m. 2 pl. zapatos m.-pl.
calzaturificio [kalsaturifitʃo] m. fábrica f. de calzado, zapatería f.
calzino [kaltsino] m. calcetín.
calzolaio [kaltsolájo] m. zapatero remendón.
calzoleria [kaltsoleria] f. zapatería.
calzoni [kaltsóni] m. pl. pantalón (y pl.), calzones.
camaleonte [kamaleònte] m. camaleón.
cambiale [kambjále] f. letra de cambio.
cambiare [kambjáre] t.-i.-pr. cambiar. ¶ CONJUG. r. aux. **avere** [t.], **essere** [i.].
cambiavalute [kambjavalúte] m. cambio.
cambio [kámbjo] m. cambio.
camelia [kamélja] f. camelia.
camera [kámera] f. cámara. 2 cuarto m., habitación, pieza.
camerata [kameráta] f. dormitorio m. 2 grupo m., sección. 3 s. camarada.
cameratismo [kameratizmo] m. compañerismo.
cameriere, -ra [kamerjère, -ra] s. camarero.
camerino [kamerino] m. camarín.
camice [kámitʃe] m. bata f.
camiceria [kamitʃeria] f. camisería.
camicetta [kamitʃètta] f. blusa.
camicia [kamitʃa] f. camisa. ‖ **uova in ~,** huevos escalfados. ‖ **sudare sette camicie,** sudar la gota gorda.

camiciaio, -ia [kamitʃájo, -ja] s. camisero.

caminetto [kaminétto] m. chimenea f., hogar.

camino [kamíno] m. chimenea f.

camion [kámjon] m. camión.

camioncino [kamjontʃíno] m. camioneta f.

camionetta [kamjonétta] f. camioneta.

cammello [kamméllo] m. camello.

cammeo [kamméo] m. camafeo.

camminare [kammináre] i. caminar, andar. ¶ CONJUG. r. aux. avere.

camminata [kamminɑ́ta] f. caminata.

cammino [kammíno] m. camino.

camomilla [kamomílla] f. manzanilla.

camorra [kamórra] f. pandilla, camarilla.

camorrista [kamorrísta] s. el que forma parte de una camarilla o de una pandilla.

camoscio [kamóʃʃo] m. gamuza f.

campagna [kampáɲɲa] f. campo m., campiña. 2 campaña.

campagnolo, -la [kampaɲɲólo, -la] a. campesino, campestre. 2 s. campesino.

campana [kampána] f. campana.

campanaccio [kampanáttʃo] m. cencerro.

campanaro [kampanáro] m. campanero.

campanella [kampanélla] f. campanilla.

campanello [kampanéllo] m. timbre.

campanile [kampaníle] m. campanario.

campanilismo [kampanilízmo] m. política de campanario.

campare [kampáre] i. ir tirando. ¶ CONJUG. r. aux. essere.

campeggiare [kampeddʒáre] i. campear, acampar. 2 dominar, sobresalir. ¶ CONJUG. r. aux. avere.

campeggiatore, -trice [kampeddʒatóre, -tritʃe] s. acampador, campista.

campeggio [kampéddʒo] m. camping, campismo. 2 campamento, acampada f.

campestre [kampéstre] a. campestre.

campionario, -ria [kampjonárjo, -rja] a. de muestras: fiera ~, feria de muestras. 2 m. muestrario.

campionato [kampjonáto] m. campeonato.

campione, -nessa [kampjóne, -néssa] s. campeón. 2 m. muestra f.

campo [kámpo] m. campo.

camposanto [kamposánto] m. camposanto.

camuffamento [kamuffaménto] m. camuflaje.

camuffare [kamuffáre] t.-pr. camuflar.

canaglia [kanáʎʎa] f. canalla m.

canagliata [kanaʎʎáta] f. canallada.

canale [kanále] m. canal.

canalizzare [kanaliddzáre] t. canalizar.

canalizzazione [kanaliddzattsjóne] f. canalización.

canapa [kánapa] f. cáñamo m.

canarino [kanaríno] m. canario. 2 infusión f. de corteza de limón.

canario, -ria [kanárjo, -rja] a.-s. canario, de las islas Canarias.

canasta [kanásta] f. canasta [juego de cartas].

cancellare [kantʃelláre] t. borrar, tachar. 2 fig. cancelar.

cancellata [kantʃelláta] f. verja, reja.

cancellatura [kantʃellatúra] f. borradura, tachadura.

cancellazione [kantʃellatsjóne] f. cancelación, anulación.

cancelleria [kantʃelleria] f. cancillería.

cancelliere [kantʃelljère] m. canciller.

cancello [kantʃéllo] m. verja f.

canceroso, -sa [kantʃeróso, -sa] a. canceroso.

cancrena [kankréna] f. gangrena.

cancrenoso, -sa [kankrenóso, -sa] a. gangrenoso.

cancro [kánkro] m. cáncer.

candeggiare [kandeddʒáre] t. blanquear.

candeggina [kandeddʒína] f. lejía.

candeggio [kandéddʒo] m. blanqueo.

candela [kandéla] f. candela, vela. 2 MEC. bujía.

candelabro [kandelábro] m. candelabro.

candeliere [kandeljère] m. candelero.

candelora [kandelóra] f. candelaria.

candelotto [kandelótto] m. candela gorda y corta. ∥ ~ di ghiaccio, carámbano.

candidato, -ta [kandidáto, -ta] s. candidato.

candidatura [kandidatúra] f. candidatura.

candido, -da [kándido, -da] a. cándido, candoroso.

candire [kandíre] t. confitar, garapiñar.

candito, -ta [kandíto, -ta] a. confitado. ∥ zucchero ~, azúcar candi.

candore [kandóre] m. candor.

cane [káne] m. perro. ∥ vita da cani, vida perra. 2 MEC. gatillo.

canestro [kanéstro] m. canasto, cesto.

canfora [kánfora] f. alcanfor m.

cangiante [kandʒánte] a. cambiante.

canguro [kangúro] m. canguro.

canicola [kanikola] f. canícula.

canicolare [kanikoláre] a. canicular.

canile [kaníle] m. perrera f.

canino, -na [kaníno, -na] *a.* canino, perruno.

canizie [kaníttsje] *f.* canicie. 2 canas *f.-pl.*

canna [kànna] *f.* caña. 2 caño *m.,* tubo *m.* 3 cañón *m.* [de las armas de fuego].

cannella [kannélla] *f.* canela.

cannello [kannéllo] *m.* canuto, canutillo.

cannellone [kannellòne] *m.* canelón.

canneto [kannéto] *m.* cañaveral, cañizal.

cannibale [kannìbale] *s.* caníbal.

cannibalismo [kannibalìzmo] *m.* canibalismo.

cannocchiale [kannokkjàle] *m.* anteojo, catalejo.

cannonata [kannonàta] *f.* cañonazo *m.* 2 fig. maravilla, cosa excepcional.

cannone [kannóne] *m.* cañón. 2 tubo grande.

cannoneggiare [kannoneddʒàre] *t.* cañonear.

cannoniere, -ra [kannonjère, -ra] *m.* fig. DEP. goleador. 2 *f.* cañonero *m.*

cannuccia [kannùttʃa] *f.* dim. de *canna,* paja [para sorber bebidas].

canoa [kanòa] *f.* canoa.

canone [kànone] *m.* canon. 2 mensualidad *f.* [de dinero pagado].

canonico, -ca [kanòniko, -ka] *a.* canónico. 2 *m.* canónigo. 3 *f.* casa parroquial.

canonizzare [kanoniddzàre] *t.* canonizar.

canonizzazione [kanoniddzattsjòne] *f.* canonización.

canoro, -ra [kanòro, -ra] *a.* canoro.

canottaggio [kanottàddʒo] *m.* DEP. remo.

canottiera [kanottjèra] *f.* camiseta.

canotto [kanòtto] *m.* canoa *f.,* bote.

canovaccio [kanovàttʃo] *m.* trapo. 2 cañamazo. 3 bosquejo, esbozo, trama *f.*

cantante [kantànte] *a.-s.* cantante.

cantare [kantàre] *i.-t.* cantar. ¶ CONJUG. r. aux. *avere* [i.-t.].

cantastorie [kantastòrje] *s.* coplero. 2 charlatán.

cantata [kantàta] *f.* cantata.

canterellare [kanterellàre], **canticchiare** [kantikkjàre] *t.-i.* canturrear. ¶ CONJUG. r. aux. *avere* [i.-t.].

cantico [kàntiko] *m.* cántico, cantar. ∥ ~ *dei cantici,* cantar de los cantares.

cantiere [kantjère] *m.* MAR. astillero. 2 obra *f.* [edificio en construcción].

cantilena [kantiléna] *f.* cantinela.

cantina [kantina] *f.* sótano *m.* 2 cantina, bodega.

cantiniere, -ra [kantinjère, -ra] *s.* bodeguero.

canto [kànto] *m.* MÚS. canto. ‥ rincón, esquina *f.* 3 parte *f.,* lado. ∥ *dal* ~ *mio,* por mi parte. ∥ *da* ~, aparte.

cantonale [kantonále] *a.* cantonal.

cantonata [kantonàta] *f.* esquina. 2 fig. equivocación.

cantone [kantóne] *m.* esquina *f.* 2 cantón.

cantoniera [kantonjèra] *a.* *casa* ~, casa del peón caminero o del guardavía.

cantoniere [kantonjère] *m.* peón caminero. 2 guardavía.

cantore, -ra [kantóre, -ra] *a.-s.* cantor.

canuto, -ta [kanúto, -ta] *a.* cano, canoso.

canzonare [kantsonàre] *t.* tomar el pelo, burlarse de, mofarse de. ∥ *tutti lo* ~, todos se burlan de él.

canzonatorio, -ria [kantsonatòrjo, -rja] *a.* burlón.

canzonatura [kantsonatúra] *f.* tomadura de pelo, burla.

canzone [kantsóne] *f.* canción.

canzonetta [kantsonètta] *f.* canción [ligera o popular].

canzoniere [kantsonjère] *m.* cancionero.

canzonettista [kantsonettista] *s.* cantante de café-concierto.

caos [kàos] *m.* caos.

caotico, -ca [kaòtiko, -ka] *a.* caótico.

capace [kapàtʃe] *a.* capaz. 2 hábil. 3 inteligente.

capacità [kapatʃità°] *f.* cabida. 2 capacidad.

capacitare [kapatʃitáre] *t.-pr.* convencer, persuadir.

capanna [kapànna] *f.* cabaña, choza.

capannello [kapannéllo] *m.* corro, corrillo.

capanno [kapànno] *m.* choza *f.* 2 caseta *f.* [en los baños]. 3 glorieta *f.*

capannone [kapannòne] *m.* cobertizo. 2 nave *f.* [de fábrica o almacén].

caparbietà [kaparbjetà°] *f.* terquedad, testarudez.

caparbio, -bia [kapàrbjo, -bja] *a.* terco, testarudo.

caparra [kapàrra] *f.* señal. 2 fianza, garantía.

capata [kapàta] *f.* cabezazo *m.*

capatina [kapatina] *f.* dim. de *capata,* escapada [corta visita].

capeggiare [kapeddʒàre] *t.* capitanear, acaudillar, guiar.

capello [kapéllo] *m.* cabello, pelo. ∥ *un* ~, un pelo. ∥ *a* ~, exactamente, al pelo. ∥ *averne fin sopra i capelli,* estar [de algo] hasta la coronilla. || *prendersi per i capelli,* tirarse de los pelos.

capelluto, -ta [kapellúto, -ta] *a.* cabelludo.

capestro [kapéstro] *m.* cabestro. 2 soga *f.*

capezzale [kapettsále] *m.* cabezal, cabecera *f.*

capezzolo [kapéttsolo] *m.* pezón.

capienza [kapjéntsa] *f.* cabida.

capigliatura [kapiʎʎatúra] *f.* cabellera, melena.

capillare [kapilláre] *a.-m.* capilar.

capillarità [kapillarità*] *f.* capilaridad.

capire [kapíre] *t.* entender, comprender. || ~ *a volo,* coger al vuelo. || *si capisce,* ciertamente, naturalmente.

capitale [kapitále] *a.-s.* capital.

capitalismo [kapitalizmo] *m.* capitalismo.

capitalista [kapitalísta] *s.* capitalista.

capitalistico, -ca [kapitalístiko, -ka] *a.* capitalístico.

capitalizzare [kapitaliddzáre] *t.* capitalizar.

capitanare [kapitanáre] *t.* capitanear.

capitanato [kapitanáto] *m.* capitanía *f.*

capitaneria [kapitaneria] *f.* MAR. capitanía.

capitano, -na [kapitáno, -na] *s.* capitán.

capitare [kapitáre] *i.* llegar [casualmente, ocasionalmente], venir a la mano, presentarse [la ocasión, etc.]. 2 acontecer, suceder. ¶ CONJUG. r. aux. *essere.*

capitello [kapitéllo] *m.* capitel.

capitolare [kapitoláre] *i.* capitular. ¶ CONJUG. r. aux. *avere.* 2 *a.* capitular.

capitolazione [kapitolattsjóne] *f.* capitulación.

capitolo [kapitolo] *m.* capítulo. 2 ECL. cabildo.

capitombolare [kapitomboláre] *i.* caer de cabeza, dar volteretas. ¶ CONJUG. r. aux. *essere.*

capitombolo [kapitómbolo] *m.* vuelco, voltereta *f.*

capo [kápo] *m.* cabeza *f.* 2 jefe, caudillo. 3 extremo, cabo. || *punto e a ~,* punto y aparte. || *da ~,* desde el principio, de nuevo. || *venire a ~ di,* llevar a cabo, 4 pieza *f.* || ~ *di biancheria,* pieza de lencería. 5 GEOG. cabo.

capobanda [kapobánda] *m.* director de una banda musical. 2 cabecilla.

capoccia [kapóttʃa] *m.* cacique.

capoclasse [kapoklásse] *s.* delegado de clase.

capodanno [kapodánno] *m.* día de año nuevo.

capocuoco [kapokwóko] *m.* cocinero mayor.

capofabbrica [kapofábbrika] *m.* capataz.

capofamiglia [kapofamíʎʎa] *s.* cabeza de familia.

capofila [kapofila] *s.* primero de una fila. 2 fig. adalid.

capofitto (a) [a kapofitto] *loc. adv.* de cabeza.

capogiro [kapodʒiro] *m.* vértigo, vahído.

capogruppo [kapogrúppo] *s.* jefe de grupo.

capolavoro [kapolavóro] *m.* obra *f.* maestra.

capolinea [kapolinea] *m.* origen (y final) de línea [de autobús, etc.].

capoluogo [kapolwógo] *m.* capital *f.* de provincia o comarca.

capomastro [kapomástro] *m.* maestro de obras, capataz.

caporale [kaporále] *m.* MIL. cabo.

caporione, -na [kaporjóne, -na] *s.* cabecilla.

caposaldo [kaposáldo] *m.* punto de referencia o de apoyo. 2 fig. base *f.,* fundamento.

caposcuola [kaposkwóla] *s.* creador de una corriente o tendencia artística o científica.

caposezione [kaposettsjóne] *m.* jefe de sección.

caposquadra [kaposkwádra] *m.* jefe de escuadra. 2 capataz, mayoral.

capostazione [kapostattsjóne] *m.* jefe de estación.

capostipite [kapostipite] *m.* fundador de un linaje. 2 FILOL. arquetipo.

capotavola [kapotávola] *m.* quien preside la mesa.

capotreno [kapotréno] *m.* jefe del tren.

capotribù [kapotribù*] *m.* jefe de tribu.

capoufficio [kapouffitʃo] *m.* jefe de oficina.

capoverso [kapovérso] *m.* párrafo.

capovolgere [kapovóldʒere] *t.-pr.* volcar, poner al revés, poner cabeza abajo. ¶ CONJUG. como *volgere.*

cappa [káppa] *f.* capa. 2 campana de la chimenea.

cappella [kappélla] *f.* capilla.

cappellaio, -ia [kappellájo, -ja] *s.* sombrerero.

cappellano [kappelláno] *m.* capellán.

cappelliera [kappelljéra] *f.* sombrerera.

cappellino [kappellíno] *m.* sombrero de señora.

cappello [kappéllo] *m.* sombrero.

cappero [káppero] *m.* alcaparra *f.* ‖ *capperi!*, ¡caramba!

cappio [káppjo] *m.* lazo. ‖ ~ *scorsoio*, nudo corredizo.

cappone [kappóne] *m.* capón.

cappotto [kappótto] *m.* abrigo, gabán, sobretodo. 2 capote.

cappuccino [kapputtʃíno] *m.* capuchino. 2 café con leche [con espuma].

cappuccio [kappúttʃo] *m.* capucha *f.*, capucho.

capra [kápra] *f.* cabra.

capraio [kaprájo] *m.* cabrero.

capretto [kaprétto] *m.* chivo, cabrito. 2 cabritilla *f.* [piel].

capriccio [kaprittʃo] *m.* capricho, antojo.

capriccioso, -sa [kaprittʃóso, -sa] *a.* caprichoso, antojadizo.

capricorno [kaprikórno] *m.* capricornio.

caprifoglio [kaprifɔ́ʎʎo] *m.* madreselva *f.*

capriola [kaprjɔ́la] *f.* cabriola, voltereta.

capriolo [kaprjɔ́lo] *m.* corzo.

capro [kápro] *m.* macho cabrío, chivo.

caprone [kapróne] *m.* macho cabrío, cabrón.

capsula [kápsula] *f.* cápsula.

captare [kaptáre] *t.* captar.

captazione [kaptattsjóne] *f.* captación.

capzioso, -sa [kaptsjóso, -sa] *a.* capcioso.

carabina [karabína] *f.* carabina.

carabiniere [karabinjère] *m.* carabinero.

caraffa [karáffa] *f.* garrafa.

caramella [karamélla] *f.* caramelo *m.*

carato [karáto] *m.* quilate.

carattere [karáttere] *m.* carácter.

caratteristico, -ca [karatterístiko, -ka] *a.* característico. 2 *f.* característica.

caratterizzare [karatteriddzáre] *t.* caracterizar.

caravella [karavélla] *f.* carabela.

carbonaio, -ia [karbonájo, -ja] *s.* carbonero. 2 *f.* carbonera.

carbonato [karbonáto] *m.* carbonato.

carbonchio [karbónkjo] *m.* carbunclo.

carboncino [karbontʃíno] *m.* lápiz de carbón.

carbone [karbóne] *m.* carbón. ‖ ~ *fossile*, hulla, carbón de piedra.

carbonio [karbɔ́njo] *m.* carbono.

carbonizzare [karboniddzáre] *t.-r.* carbonizar.

carbonizzazione [karboniddzattsjóne] *f.* carbonización.

carburante [karburánte] *m.* carburante.

carburare [karburáre] *t.* carburar.

carburatore [karburatóre] *m.* carburador.

carburazione [karburattsjóne] *f.* carburación.

carburo [karbúro] *m.* carburo.

carcassa [karkássa] *f.* esqueleto *m.* 2 armazón. 3 casco *m.* [de un buque]. 4 *fig.* trasto *m.*, cacharro *m.*

carcerare [kartʃeráre] *t.* encarcelar.

carcerario, -ria [kartʃerárjo, -rja] *a.* carcelario, carcelero.

carcere [kátʃere] *m.* cárcel *f.*

carceriere [kartʃerjère] *m.* carcelero.

carciofo [kartʃɔ́fo] *m.* alcachofa *f.*

cardare [kardáre] *t.* cardar.

cardatore, -trice [kardatóre, -tritʃe] *s.* cardador.

cardatura [kardatúra] *f.* cardadura.

cardellino [kardellíno] *m.* jilguero.

cardiaco, -ca [kardíako, -ka] *a.* cardíaco.

cardinale [kardinále] *a.* cardinal. 2 *m.* ECL. cardenal.

cardinalizio, -zia [kardinalíttsjo, -tsja] *a.* cardenalicio.

cardine [kárdine] *m.* gozne, pernio. 2 *fig.* fundamento.

cardiochirurgia [kardjokirurdʒía] *f.* cardiocirugía.

cardiocircolatorio, -ria [kardjotʃirkolatórjo, -rja] *a.* cardiocirculatorio.

cardiografia [kardjografía] *f.* cardiografía.

cardiogramma [kardjográmma] *m.* cardiograma.

cardiologo [kardjɔ́logo] *m.* cardiólogo.

cardo [kárdo] *m.* cardo.

carenaggio [karenáddʒo] *m.* carena *f.*

carenare [karenáre] *t.* carenar.

carenza [karéntsa] *f.* carencia.

carestia [karestía] *f.* carestía.

carezza [karéttsa] *f.* caricia.

carezzamento [karettsaménto] *m.* caricia *f.*

carezzare [karettsáre] *t.* acariciar.

carezzevole [karettsévole] *a.* acariciador, caricioso.

cariare [karjáre] *t.-pr.* cariar.

cariatide [karjátide] *f.* cariátide.

carica [kárika] *f.* cargo *m.* ‖ *in* ~, en funciones. 2 carga [eléctrica, etc.; militar, etc.]. 3 cuerda [del reloj].

caricare [karikáre] *t.-pr.* cargar. 2 dar cuerda [al reloj].

caricatore [karikatóre] *m.* cargador.

caricatura [karikatúra] *f.* caricatura.

caricaturista [karikaturísta] s. caricaturista.

carico, -ca [káriko, -ka] a. cargado. 2 fig. lleno.

carico [káriko] m. carga f., cargamento. 2 cargo.

carie [kárje] f. caries.

carino, -na [karíno, -na] a. bonito, mono, gracioso.

carità [karità*] f. caridad. ‖ per ~!, ¡por Dios!

caritatevole [karitatévole] a. caritativo.

carlinga [karlínga] f. carlinga.

carlista [karlísta] a.-s. carlista.

carmelitano, -na [karmelitáno, -na] a.-s. carmelita.

carnagione [karnadʒóne] f. tez, cutis m.

carnale [karnále] a. carnal.

carne [kárne] f. carne. ‖ essere ~ e unghia, ser uña y carne.

carnefice [karnéfitʃe] m. verdugo.

carneficina [karnefitʃína] f. matanza, carnicería.

carnevale [karnevále] m. carnaval.

carnivoro, -ra [karnívoro, -ra] a. carnívoro.

carnoso, -sa [karnóso, -sa] a. carnoso.

caro, -ra [káro, -ra] a. querido, amado. 2 caro.

carogna [karóɲɲa] f. carroña.

carosello [karozéllo] m. carrusel. 2 tiovivo.

carota [karóta] f. zanahoria.

carotide [karótide] f. carótida.

carovana [karována] f. caravana.

carovita [karovíta] m. alto coste de la vida.

carpa [kárpa] f. carpa.

carponi [karpóni] adv. a gatas.

carreggiabile [karreddʒábile] a. transitable [para vehículos], carretero.

carreggiata [karreddʒáta] f. calzada.

carrello [karréllo] m. carrito, carretón, carretilla f. 2 carro [de la máquina de escribir]. 3 AER. tren de aterrizaje.

carretta [karrétta] f. carreta.

carrettiere [karrettjére] m. carretero.

carretto [karrétto] m. carreta f., carrito.

carriera [karrjéra] f. carrera.

carriola [karrjóla] f. carretilla.

carro [kárro] m. carro. ‖ ~ armato, tanque.

carrozza [karróttsa] f. coche m., carruaje m. 2 FERR. vagón m. 3 carroza.

carrozzella [karróttsélla] f. cochecito m. 2 silla de ruedas. 3 carretela.

carrozzeria [karrottsería] f. carrocería.

carrozzina [karrottsína] f. cochecito m.

carrucola [karrúkola] f. garrucha, polea.

carta [kárta] f. papel m. 2 documento m. ‖ ~ d'identità, carnet m. de identidad. 3 carta [lista de comidas]. 4 mapa m. 5 naipe m.

cartaginese [kartadʒinése] a.-s. cartaginés.

cartamoneta [kartamonéta] f. papel m. moneda, billete de banco.

cartapecora [kartapékora] f. pergamino m.

cartapesta [kartapésta] f. cartón m. piedra.

cartastraccia [kartastráttʃa] f. papel m. de estraza.

carteggio [kartéddʒo] m. carteo, correspondencia f. epistolar.

cartella [kartélla] f. cuartilla. 2 carpeta. 3 cartera.

cartellistico, -ca [kartellístiko, -ka] a. cartelístico.

cartello [kartéllo] m. cartel. 2 letrero.

cartellone [kartellóne] m. cartel. 2 cartelera f.

cartiera [kartjéra] f. papelera [fábrica].

cartilagine [kartiládʒine] f. cartílago m.

cartina [kartína] f. papelillo m.

cartoccio [kartóttʃo] m. cucurucho.

cartoleria [kartolería] f. papelería.

cartolina [kartolína] f. postal.

cartoncino [kartontʃíno] m. cartulina f.

cartone [kartóne] m. cartón.

cartuccia [kartúttʃa] f. cartucho m.

cartucciera [kartuttʃéra] f. cartuchera.

casa [kása] f. casa. ‖ ~ comunale, alcaldía.

casacca [kazákka] f. casaca.

casale [kasále] m. caserío.

casalingo, -ga [kasalíngo, -ga] a. casero. ‖ di professione: casalinga, profesión: sus labores.

casato [kasáto] m. abolengo, linaje.

cascame [kaskáme] m. desperdicio.

cascante [kaskánte] a. flojo, lacio.

cascare [kaskáre] i. fam. caer. ¶ CONJUG. r. aux. essere.

cascata [kaskáta] f. fam. caída. 2 cascada.

cascina [kaʃʃína] f. granja.

casco [kásko] m. casco.

caseggiato [keseddʒáto] m. manzana f. de casas.

caseificio [kazeifitʃo] m. quesería.

casella [kasélla] f. casilla. ‖ ~ postale, apartado de correos.

casellante [kasellánte] m. guardagujas.

casello [kasέllo] *m.* casilla *f.*

casereccio, -cia [kaserέttʃo, -tʃa] *a.* casero.

caserma [kazέrma] *f.* cuartel *m., caserna.

casino [kasino] *m.* casino.

casistica [kazistika] *f.* casuística.

caso [kázo] *m.* caso. 2 casualidad *f.* ‖ *per* ~, por casualidad. ‖ *venire al* ~, venir a cuento.

casotto [kasɔ́tto] *m.* caseta *f.*

cassa [kássa] *f.* caja.

cassaforte [kassafɔ́rte] *f.* caja de caudales, caja fuerte.

cassapanca [kassapánka] *f.* arquibanco *m.*

cassazione [kassattsjóne] *f.* casación. ‖ *corte di* ~, tribunal supremo, de casación.

casseruola [kasserwɔ́la] *f.* cacerola, cazuela.

cassetta [kassέtta] *f.* caja, cajita. ‖ ~ *delle lettere*, buzón. ‖ *pane in* ~, pan de molde.

cassetto [kassέtto] *m.* cajón.

cassettone [kassettóne] *m.* cómoda *f.*

cassiere, -ra [kassjére, -ra] *s.* cajero.

cassone [kassóne] *m.* cajón, arca *f.*

casta [kásta] *f.* casta.

castagna [kastáɲɲa] *f.* castaña.

castagneto [kastaɲɲéto] *m.* castañeda *f.*

castagno [kastáɲɲo] *m.* castaño.

castano, -na [kastáno, -na] *a.* castaño [color].

castellano, -na [kastelláno, -na] *a.* castellano.

castello [kastέllo] *m.* castillo.

castigare [kastigáre] *t.* castigar.

castigliano, -na [kastiʎʎáno, -na] *a.-s.* castellano.

castigo [kastigo] *m.* castigo.

castità [kastitá*] *f.* castidad.

casto, -ta [kásto, -ta] *a.* casto.

castoro [kastɔ́ro] *m.* castor.

castrare [kastráre] *t.* castrar, capar.

castrazione [kastrattsjóne] *f.* castración.

casuale [kazuále] *a.* casual.

casualità [kazualitá*] *f.* casualidad.

casupola [kasúpola] *f.* cuchitril *m.*

cataclisma [kataklizma] *m.* cataclismo.

catacomba [katakómba] *f.* catacumba.

catafascio (a) [katafáʃʃo] *loc. adv.* en desorden. ‖ *andare* ~, arruinarse, desmoronarse.

catalano, -na [kataláno, -na] *a.-s.* catalán.

catalessi [katalέssi] *f.* catalepsia.

catalisi [katálizi] *f.* catálisis.

catalitico, -ca [katalitiko, -ka] *a.* catalítico.

catalizzatore, -trice [kataliddʒatóre, -tritʃe] *a.-m.* catalizador.

catalogare [katalogáre] *t.* catalogar.

catalogo [katálogo] *m.* catálogo.

catapecchia [katapέkkja] *f.* barraca, chabola.

cataplasma [kataplázma] *m.* cataplasma.

catapulta [katapúlta] *f.* catapulta.

catarro [katárro] *m.* catarro.

catarsi [katársi] *f.* catarsis.

catasta [katásta] *f.* montón *m.*

catasto [katásto] *m.* catastro.

catastrofe [katástrofe] *f.* catástrofe.

catastrofico, -ca [katastrɔ́fiko, -ka] *a.* catastrófico.

catechesi [katekέzi] *f.* catequesis.

catechismo [katekizmo] *m.* catecismo.

catechista [katekista] *s.* catequista.

catechizzare [katekiddʒáre] *t.* catequizar.

catecumeno [katekúmeno] *m.* catecúmeno.

categoria [kategoria] *f.* categoría.

categorico, -ca [kategɔ́riko, -ka] *a.* categórico.

catena [katéna] *f.* cadena. 2 GEOGR. cordillera.

catenaccio [katenáttʃo] *m.* cerrojo.

cateratta [katerátta] *f.* catarata.

caterva [katέrva] *f.* caterva.

catetere [katέtere] *m.* catéter.

cateto [katέto] *m.* GEOM. cateto.

catinella [katinέlla] *f.* palangana, jofaina. ‖ *piovere a catinelle*, llover a cántaros.

catino [katino] *m.* barreño.

catorcio [katɔ́rtʃo] *m.* fig. fam. trasto.

catrame [katráme] *m.* alquitrán.

cattedra [káttedra] *f.* cátedra.

cattedrale [kattedrále] *f.* catedral.

cattedratico, -ca [katedráttiko, -ka] *a.* de cátedra. 2 *m.* catedrático.

cattiveria [kattivέrja] *f.* maldad.

cattività [kattivitá*] *f.* cautividad, cautiverio *m.*

cattivo, -va [kattivo, -va] *a.* malo.

cattolicesimo [kattolitʃέzimo] *m.* catolicismo.

cattolicità [kattolitʃitá*] *f.* catolicidad.

cattolico, -ca [kattɔ́liko, -ka] *a.-s.* católico.

cattura [kattúra] *f.* captura.

catturare [katturáre] *t.* capturar.

caucciù [kauttʃú*] *m.* caucho.

causa [káuza] *f.* causa.

causale [kauzále] *a.* causal.

causalità [kauzalitá*] *f.* causalidad.

causare [kauzáre] *t.* causar, ocasionar.

caustico, -ca [káustiko, -ka] *a.* cáustico.

cautela [kautéla] *f.* cautela.

cautelare [kauteláre] *t.-pr.* DER. proteger. 2 cautelar.

cauto, -ta [káuto, -ta] *a.* cauto, cauteloso.

cauzione [kauttsjóne] *f.* caución, fianza.

cava [káva] *f.* cantera.

cavalcare [kavalkáre] *t.-i.* cabalgar, montar. ¶ CONJUG. r. aux. *avere* [t.-i.].

cavalcata [kavalkáta] *f.* cabalgata.

cavalcatura [kavalkatúra] *f.* cabalgadura.

cavalcavia [kavalkavia] *f.* paso *m.* elevado.

cavalcioni (a) [kavaltʃóni] *loc. adv.* a horcajadas.

cavaliere [kavaljére] *m.* jinete. 2 caballero.

cavalla [kaválla] *f.* yegua.

cavalleresco, -ca [kavallerésko, -ka] *a.* caballeresco. 2 fig. caballeroso.

cavalleria [kavalleria] *f.* caballería. 2 fig. caballerosidad.

cavalletta [kavallétta] *f.* saltamontes *m.*

cavalletto [kavallétto] *m.* caballete.

cavallo [kavállo] *m.* caballo.

cavare [kaváre] *t.-pr.* sacar, quitar. ‖ *cavarsela,* salirse de [un accidente, una dificultad, etc.].

cavatappi [kavatáppi] *m.* sacacorchos.

caverna [kavèrna] *f.* caverna, cueva.

cavernoso, -sa [kavernóso, -sa] *a.* cavernoso.

cavezza [kavèttsa] *f.* ronzal *m.*

caviale [kavjále] *m.* caviar.

caviglia [kaviʎʎa] *f.* tobillo *m.*

cavità [kavitá*] *f.* cavidad.

cavo [kávo] *m.* cable. 2 concavidad *f.,* hueco.

cavo, -va [kávo, -va] *a.* hueco.

cavolfiore [kavolfjóre] *m.* coliflor.

cavolo [kávolo] *m.* col. ‖ *cavoli!,* ¡caracoles! ‖ *un ~,* un comino.

cazzotto [kattsótto] *m.* fam. puñetazo.

cazzuola [kattswóla] *f.* paleta [del albañil].

ce [tʃe] (V. **ci** que toma la forma *ce* delante de *lo, la, le, li* y *ne*) *pron.* nos. 2 *pron. adv.* (sin traducción en castellano: *ce ne sarebbe ancora da dire,* habría todavía mucho por decir [sobre tal argumento]; *ce l'ho trovato,* lo encontré [allí].

cece [tʃétʃe] *m.* garbanzo.

cecità [tʃetʃitá*] *f.* ceguera.

ceco, -ca [tʃéko, -ka] *a.-s.* checo.

cecoslovacco, -ca [tʃekozlovákko, -ka] *a.-s.* checoeslovaco, checoslovaco.

cedere [tʃédere] *t.* ceder. 2 *i.* ceder, cejar. ¶ CONJUG. r. aux. *avere* [t.-i.].

cedimento [tʃedimènto] *m.* hundimiento.

cedola [tʃédola] *f.* talón *m.,* cédula.

cedro [tʃédro] *m.* cedro. 2 cidro.

cefalometria [tʃefalometria] *f.* cefalometría.

ceffone [tʃeffóne] *m.* bofetón.

celare [tʃeláre] *t.* esconder, ocultar, celar.

celebrare [tʃelebráre] *t.* celebrar.

celebrazione [tʃelebrattsjóne] *f.* celebración.

celebre [tʃélebre] *a.* célebre.

celebrità [tʃelebritá*] *f.* celebridad.

celere [tʃélere] *a.* veloz, rápido. 2 *f.* policía motorizada.

celerità [tʃeleritá*] *f.* celeridad, rapidez.

celeste [tʃelèste] *a.* celeste. 2 *m.* azul *m.* celeste.

celestiale [tʃelestjále] *a.* celestial.

celia [tʃélja] *f.* broma. ‖ *per ~,* en broma.

celibato [tʃelibáto] *m.* celibato, soltería.

celibe [tʃélibe] *a.-m.* célibe.

cella [tʃélla] *f.* celda.

cellula [tʃéllula] *f.* célula.

cellulare [tʃelluláre] *a.* celular.

cellulite [tʃellulite] *f.* celulitis.

celluloide [tʃellulòide] *f.* celuloide *m.*

cellulosa [tʃellulòsa] *f.* celulosa.

celta [tʃélta] *s.* celta.

celtico, -ca [tʃéltiko, -ka] *a.* céltico.

cementare [tʃementáre] *t.* unir con cemento. 2 fig. cimentar. 3 METAL. cementar.

cementazione [tʃementattsjóne] *f.* cementación.

cemento [tʃemènto] *m.* cemento. ‖ *~ armato,* hormigón armado.

cena [tʃéna] *f.* cena.

cenare [tʃenáre] *i.* cenar. ¶ CONJUG. r. aux. *essere.*

cencio [tʃèntʃo] *m.* andrajo, harapo.

cencioso, -sa [tʃentʃóso, -sa] *a.* andrajoso, harapiento.

cenere [tʃènere] *f.* ceniza.

cenerentola [tʃenerèntola] *f.* cenicienta.

cenno [tʃénno] *m.* seña, ademán *m.*

cenobio [tʃenòbjo] *m.* cenobio.

cenobita [tʃenobita] *s.* cenobita.

cenobitico, -ca [tʃenobitiko, -ka] *a.* cenobítico.

censimento [tʃensimènto] *m.* censo, empadronamiento.

censire [tʃensire] *t.* empadronar.

censore [tʃensóre] *m.* censor.

censura [tʃensúra] *f.* censura.

censurare [tʃensuráre] *t.* censurar.

centenario, -ria [tʃentenàrjo, -rja] *a.-m.* centenario.

centennale [tʃentennále] *a.* centenario.

centenne [tʃentènne] *s.* centenario.

centennio [tʃentènnjo] *m.* un centenar de años.

centesimale [tʃentezimále] *a.* centesimal.

centesimo, -ma [tʃentèzimo, -ma] *a.-m.* centésimo. 2 *m.* céntimo.

centigrado [tʃentigrado] *m.* centígrado.

centigrammo [tʃentigrámmo] *m.* centigramo.

centimetro [tʃentimetro] *m.* centímetro.

centina [tʃèntina] *f.* cimbra.

centinaio [tʃentinàjo] *m.* centenar, centena *f.*

cento [tʃènto] *a.* ciento, cien.

centomila [tʃentomila] *a.* cien mil.

centrale [tʃentrále] *a.* central, céntrico. 2 *f.* central.

centralino [tʃentralino] *m.* centralita *f.*

centralismo [tʃentralizmo] *m.* centralismo.

centralizzare [tʃentraliddzáre] *t.* centralizar.

centralizzazione [tʃentraliddzattsjóne] *f.* centralización.

centrare [tʃentráre] *t.* dar en el centro, acertar. 2 centrar.

centrattacco [tʃentrattákko], **centravanti** [tʃentravánti] *m.* DEP. delantero centro.

centrifugare [tʃentrifugáre] *t.* centrifugar.

centrifugo, -ga [tʃentrifugo, -ga] *a.* centrífugo. 2 *f.* centrifugadora.

centripeto, -ta [tʃentripeto, -ta] *a.* centrípeto.

centrista [tʃentrista] *a.-s.* centrista [en política].

centro [tʃèntro] *m.* centro.

centrotavola [tʃentrotávola] *m.* centro [de la mesa].

centuplicare [tʃentuplikáre] *t.* centuplicar.

centuplo [tʃèntuplo] *a.-m.* céntuplo.

centurione [tʃenturjóne] *m.* centurión.

ceppo [tʃèppo] *m.* tronco, cepa *f.*

cera [tʃèra] *f.* cera. 2 cara, aspecto *m.* ‖ **fare buona ~**, tener buen aspecto.

ceralacca [tʃeralákka] *f.* lacre *m.*

ceramica [tʃerámika] *f.* cerámica.

ceramista [tʃeramista] *s.* ceramista.

cerato, -ta [tʃeráto, -ta] *a.* encerado. ‖ **tela cerata,** hule.

cerca [tʃèrka] *f.* busca. ‖ **in ~ di,** en busca de.

cercare [tʃerkàre] *t.* buscar. 2 *i.* procurar, tratar de. ¶ CONJUG. r. aux. *avere* [t.-i.].

cerchia [tʃèrkja] *f.* cerca. 2 círculo *m.,* grupo *m.* [de amigos, etc.].

cerchietto [tʃerkjètto] *m.* diadema [adorno para el cabello].

cerchio [tʃèrkjo] *m.* círculo. 2 aro.

cereale [tʃereále] *a.-m.* cereal.

cerebrale [tʃerebràle] *a.* cerebral.

cereo, -a [tʃèreo, -a] *a.* de cera. 2 fig. pálido.

cerimonia [tʃerimònja] *f.* ceremonia. 2 cumplido *m.*

cerimoniale [tʃerimonjále] *a.-m.* ceremonial.

cerimonioso, -sa [tʃerimonjóso, -sa] *a.* ceremonioso.

cerino [tʃerino] *m.* cerilla *f.*

cerniera [tʃernjèra] *f.* charnela. ‖ **~ lampo,** cremallera.

cero [tʃèro] *m.* cirio.

cerotto [tʃeròtto] *m.* esparadrapo.

certamente [tʃertamènte] *adv.* ciertamente, desde luego.

certezza [tʃertèttsa] *f.* certeza, certidumbre.

certificare [tʃertifikáre] *t.* certificar.

certificato [tʃertifikáto] *m.* certificado, certificación *f.*

certo, -ta [tʃèrto, -ta] *a.* cierto. 2 *adv.* ciertamente, desde luego.

certosa [tʃertóza] *f.* cartuja.

certosino, -na [tʃertozino, -na] *a.-s.* cartujo.

certuni, -ne [tʃertúni, -ne] *pron.-a.-s.* algunos.

cervello [tʃervèllo] *m.* cerebro. 2 seso. ‖ **lambiccarsi, struggersi il ~,** devanarse los sesos.

cervellotico, -ca [tʃervellòtiko, -ka] *a.* estrambótico, estrafalario.

cervicale [tʃervikále] *a.* cervical.

cervice [tʃervitʃe] *f.* cerviz.

cervo [tʃèrvo] *m.* ciervo. ‖ **~ volante** (fig.), cometa *f.*

cesareo, -a [tʃezáreo, -a] *a.* cesáreo. ‖ **taglio ~,** cesárea *f.*

cesellare [tʃezellàre] *t.* cincelar.

cesellatura [tʃezellatúra] *f.* cincelado *m.*

cesello [tʃezèllo] *m.* cincel.

cesoie [tʃezòje] *f. pl.* tijeras grandes [de podar, etc.].

cespo [tʃèspo] *m.* césped.

cespuglio [tʃespúʎʎo] *m.* mata *f.*

cessare [tʃessàre] *i.* cesar, dejar de, parar. 2 *t.* dejar, suspender. ¶ CONJUG. r. aux. *essere* [i.], *avere* [t.].

cessazione [tʃessattsjòne] *f.* cesación.

cessione [tʃessjòne] *f.* cesión.

cesso [tʃèsso] *m.* fam. retrete.

cesta [tʃèsta] *f.* cesta, canasta.

cestino [tʃestìno] *m.* cesta *f.* pequeña. ‖ ~ *da viaggio,* bolsa *f.* de viaje [con comida].

cesto [tʃèsto] *m.* cesto, cesta *f.* 2 papelera *f.*

cetaceo [tʃetàtʃeo] *m.* cetáceo.

ceto [tʃèto] *m.* clase *f.,* rango.

cetra [tʃètra] *f.* cítara.

cetriolo [tʃetriòlo] *m.* pepino.

che [ke*] *pron. rel.-conj.* que. 2 *pron.-a. interr. y excl.* qué. ‖ ~ *dici?,* ¿qué dices?; ~ *bello!,* ¡qué bonito! 3 *inter.* ¡qué! ‖ *ma ~!,* ¡pues qué!, ¡qué va!

chè [ke*] *conj.* caus. y *fin.* porque. 2 *conj. interr.* ¿por qué?

checché [kekké*] *pron.* cualquier cosa. ‖ ~ *tu dica,* digas lo que digas, digas lo que quieras.

checchessia [kekkessìa] *pron.* cualquier cosa, lo que sea [en frases negativas]: *non posso accettare ~,* no puedo aceptar nada.

cherubino [kerubìno] *m.* querubín.

chetichella (alla) [ketikèlla] *loc. adv.* a hurtadillas, a escondidas.

chi [ki*] *pron.* quien. 2 *interr.* ¿quién?

chiacchiera [kjàkkjera] *f.* charla. 2 habladuría, chismorreo *m.*

chiacchierare [kjakkjeràre] *i.* charlar, parlotear. 2 chismear. ¶ CONJUG. r. aux. *avere.*

chiacchierata [kjakkjeràta] *f.* charla.

chiacchierone, -na [kjakkjeròne, -na] *a.* hablador, parlanchín.

chiamare [kjamàre] *t.-pr.* llamar. 2 citar.

chiamata [kjamàta] *f.* llamada.

chiaramente [kjaramènte] *adv.* absolutamente.

chiarezza [kjaréttsa] *f.* claridad.

chiarificare [kjarifikàre] *t.* clarificar.

chiarificazione [kjarifikatssjòne] *f.* clarificación, aclaración.

chiarimento [kjarimènto] *m.* esclarecimiento, aclaración *f.,* clarificación *f.*

chiarire [kjarìre] *t.* aclarar, esclarecer, clarificar.

chiaro, -ra [kjàro, -ra] *a.-adv.* claro. 2 *f.* fam. clara [del huevo].

chiarore [kjaròre] *m.* claror, resplandor.

chiaroscuro [kjaroskúro] *m.* claroscuro.

chiaroveggente [kjaroveddʒènte] *a.-s.* clarividente.

chiaroveggenza [kjaroveddʒèntsa] *f.* clarividencia.

chiasso [kjàsso] *m.* alboroto, bullicio, ruido.

chiassoso, -sa [kjassòso, -sa] *a.* ruidoso, bullicioso. 2 chillón [color, forma].

chiave [kjàve] *f.* llave. 2 clave.

chiavistello [kjavistèllo] *m.* pestillo, cerrojo.

chiazza [kjàttsa] *f.* mancha.

chicchessia [kikkessìa] *pron.* cualquiera, quienquiera que sea.

chicchirichì [kikkirikì*] *m.* quiquiriquí.

chicco [kikko] *m.* grano.

chiedere [kjèdere] *t.* pedir. 2 preguntar. ‖ ~ *di qualcuno,* preguntar por alguien. ¶ CONJUG. IND. pret. ind.: *chiesi, chiese; chiesero.* ‖ PART.: *chiesto.*

chierica [kjèrika] *f.* ECL. tonsura, coronilla.

chierichetto [kjerikètto] *m.* monaguillo.

chierico [kjèriko] *m.* clérigo.

chiesa [kjèza] *f.* iglesia.

chiglia [kìʎʎa] *f.* quilla.

chilo [kìlo] *m.* quilo [jugo gástrico]. ‖ *fare il ~,* dormir la siesta. 2 kilo, quilo [peso].

chilogrammo [kilogràmmo] *m.* kilogramo, quilogramo.

chilometraggio [kilometràddʒo] *m.* kilometraje, quilometraje.

chilometrico, -ca [kilomètriko, -ka] *a.* kilométrico, quilométrico.

chilometro [kilòmetro] *a.* kilómetro, quilómetro.

chilowatt [kìlovat] *m.* kilovatio.

chimera [kimèra] *f.* quimera.

chimico, -ca [kìmiko, -ka] *a.-s.* químico. 2 *f.* química.

chimono [kimòno] *m.* quimono.

china [kìna] *f.* pendiente, cuesta. ‖ *essere su una brutta ~,* ir por muy mal camino. 2 quina. 3 tinta china.

chinare [kinàre] *t.-pr.* inclinar, bajar. ‖ ~ *il capo,* bajar la cabeza.

chinato, -ta [kinàto, -ta] *a.* quinado [con quina].

chincaglieria [kinkaʎʎerìa] *f.* quincallería. 2 *pl.* quincalla *f.-sing.*

chinina [kinìna] *f.* quinina.

chino, -na [kíno, -na] *a.* inclinado. ‖ *a capo ~,* cabizbajo.

chioccia [kjòttʃa] *f.* clueca.

chiocciola [kjòttʃola] *f.* caracol *m.* ‖ *scala a ~,* escalera de caracol.

chiodo [kjòdo] *m.* clavo. 2 fig. idea *f.* fija. 3 fig. fam. deuda *f.* ‖ *piantare (levare) un ~,* contraer (saldar) una deuda.

chioma [kjòma] *f.* cabellera. 2 copa [de árbol].

chiosa [kjòsa] *f.* glosa.

chiosare [kjozáre] *t.* glosar.

chiosco [kjòsko] *m.* quiosco.

chiostro [kjòstro] *m.* claustro.

chiotto, -ta [kjòtto, -ta] *a.* quieto, callado. ‖ *starsene ~,* estarse quieto, callar.

chiromante [kiromànte] *s.* quiromántico.

chiromantico, -ca [kiromàntiko, -ka] *a.* quiromántico.

chiromanzia [kiromantsía] *f.* quiromancia.

chirurgia [kirurdʒía] *f.* cirugía. ‖ *~ plastica,* cirugía plástica.

chirurgico, -ca [kirúrdʒiko, -ka] *a.* quirúrgico.

chirurgo [kirúrgo] *m.* cirujano.

chissà [kissà*] *conj.* quién sabe, quizá, quizás.

chitarra [kitárra] *f.* guitarra.

chitarrista [kitarrísta] *d.* guitarrista.

chiudere [kjúdere] *t.-i.* cerrar 2 *t.* encerrar. 3 *pr.* cerrarse, encerrarse. ¶ CONJUG. (aux. *avere* [t.-i.]) IND. pret. ind.: *chiusi, chiuse, chiusero.* ‖ PART.: *chiuso.*

chiunque [kiúnkwe] *pron.* quienquiera, cualquiera.

chiuso, -sa [kjúso, -sa] *a.* cerrado. 2 *f.* dique *m.,* presa. 3 conclusión [de discurso, texto, etc.].

chiusura [kjusúra] *f.* cierre *m.*

ci [tʃi] *f.* nombre de la letra *c.* 2 *pron.* (toma la forma de *ce* delante de *lo, la, le, li* y *ne*) nos. ‖ *~ danno,* nos dan; *~ diano,* dennos; *dateci,* dadnos. 2 *adv.* (sin traducción en castellano). ‖ *~ sto bene,* estoy bien [ahí]; *c'è,* hay; *~ sono,* hay *(pl.).*

ciabatta [tʃabàtta] *f.* zapatilla, chancleta.

ciabattino [tʃabattino] *m.* zapatero remendón.

cialda [tʃàlda] *f.* barquillo.

cialtrone, -na [tʃaltróne, -na] *s.* granuja. 2 vago.

ciambella [tʃambèlla] *f.* rosquilla.

ciambellano [tʃambellàno] *m.* chambelán.

ciancia [tʃàntʃa] *f.* chisme *m.,* charla.

cianciare [tʃantʃàre] *i.* charlar. ¶ CONJUG. r. aux. *avere.*

cianfrusaglia [tʃanfruzàʎʎa] *f.* baratija, trasto *m.*

cianuro [tʃanúro] *m.* cianuro.

ciao! [tʃào.] *inter.* ¡adiós!, ¡hola!

ciarla [tʃàrla] *f.* charla. 2 chisme *m.*

ciarlare [tʃarláre] *i.* charlar. 2 chismear. ¶ CONJUG. r. aux. *avere.*

ciarlataneria [tʃarlataneria] *f.* charlatanería.

ciarlatano [tʃarlatàno] *m.* charlatán. 2 embaucador.

ciarpame [tʃarpàme] *m.* conjunto de trastos viejos.

ciascun [tʃaskún] *a.* apóc. de *ciascuno.*

ciascuno, -na [tʃaskúno, -na] *a.* cada. 2 *pron.* cada uno, cada cual.

cibare [tʃibàre] *t.-pr.* alimentar, nutrir. 2 *t.* cebar.

cibo [tʃíbo] *m.* alimento, comida *f.* 2 cebo.

cicala [tʃikála] *f.* cigarra, chicharra.

cicatrice [tʃikatritʃe] *f.* cicatriz.

cicatrizzare [tʃikatriddzáre] *t.-i.-pr.* cicatrizar. ¶ CONJUG. r. aux. *avere* [t.-i.].

cicatrizzazione [tʃikatriddzatsjóne] *f.* cicatrización.

cicca [tʃikka] *f.* colilla.

cicerone [tʃitʃeróne] *m.* cicerone, guía.

ciclamino [tʃiklamino] *m.* ciclamino.

ciclico, -ca [tʃikliko, -ka] *a.* cíclico.

ciclismo [tʃiklismò] *m.* ciclismo.

ciclista [tʃiklista] *s.* ciclista.

ciclistico, -ca [tʃiklìstiko, -ka] *a.* ciclístico.

ciclo [tʃiklo] *m.* ciclo.

ciclomotore [tʃiklomotòre] *m.* ciclomotor.

ciclone [tʃiklóne] *m.* ciclón.

ciclope [tʃiklópe] *m.* cíclope.

ciclopico, -ca [tʃiklòpiko, -ka] *a.* ciclópeo.

ciclostile [tʃiklostile] *m.* ciclostilo.

cicogna [tʃikóɲɲa] *f.* cigüeña.

cicoria [tʃikória] *f.* achicoria. 2 *~ belga,* endivia.

cicuta [tʃikúta] *f.* cicuta.

cieco, -ca [tʃèko, -ka] *a.-s.* ciego. ‖ *vicolo ~,* callejón sin salida.

cielo [tʃèlo] *m.* cielo. ‖ *santo ~!,* ¡cielos!

cifra [tʃifra] *f.* cifra. 2 iniciales *f.-pl.*

cifrare [tʃifràre] *t.* cifrar.

ciglio [tʃíʎʎo] *m.* pestaña *f.* ‖ *batter ~,* pestañear. ‖ *in un batter di ~,* en un abrir y cerrar de ojos.

cigno [tʃíɲɲo] *m.* cisne.

cigolare [tʃigolåre] *i.* chirriar, rechinar. ¶ CONJUG. r. aux. *avere.*

cigolio [tʃigolío] *m.* chirrido.

cilicio [tʃilitʃo] *m.* cilicio.

ciliegia [tʃiljèdʒa] *f.* cereza.

ciliegio [tʃiljèdʒo] *m.* cerezo.

cilindrata [tʃilindråta] *f.* cilindrada.

cilindrico, -ca [tʃilíndriko, -ka] *a.* cilíndrico.

cilindro [tʃilindro] *m.* cilindro.

cima [tʃima] *f.* cima, cumbre. ‖ *da ~ a fondo,* de cabo a rabo.

cimelio [tʃimèljo] *m.* trofeo.

cimice [tʃimitʃe] *m.* chinche *f.*

ciminiera [tʃiminjèra] *f.* chimenea.

cimitero [tʃimitèro] *m.* cementerio.

cineasta [tʃineåsta] *s.* cineasta.

cinegetico, -ca [tʃinedʒètiko, -ka] *a.* cinegético. ‖ *f.* cinegética.

cinema [tʃínema] *m.* cine. ‖ *~ d'essai,* cine de arte y ensayo.

cinematografia [tʃinematografía] *f.* cinematografía.

cinematografico, -ca [tʃinematogråfiko, -ka] *a.* cinematográfico.

cinematografo [tʃinematógrafo] *m.* cinematógrafo.

cinese [tʃinèse] *a.-s.* chino.

cinetico, -ca [tʃinètiko, -ka] *a.* cinético. 2 *f.* cinética.

cingere [tʃíndʒere] *t.-pr.* ceñir. ¶ CONJUG. IND. pret. ind.: **cinsi, cinse; cinsero.** ‖ PART.: **cinto.**

cinghia [tʃíngja] *f.* correa, cinturón *m.*

cinghiale [tʃingjåle] *m.* jabalí.

cinguettare [tʃingwettåre] *i.* gorjear. ¶ CONJUG. r. aux. *avere.*

cinguettio [tʃingwettío] *m.* gorjeo.

cinico, -ca [tʃíniko, -ka] *a.* cínico.

cinismo [tʃinismo] *m.* cinismo.

cinquanta [tʃinkwånta] *a.-m.* cincuenta.

cinquantenario [tʃinkwantenårjo] *m.* cincuentenario.

cinquantenne [tʃinkwantènne] *s.* cincuentenario, cincuentón.

cinquantesimo, -ma [tʃinkwantèzimo, -ma] *a.* quincuagésimo, cincuenteno. 2 *m.* quincuagésimo.

cinquantina [tʃinkwantina] *f.* cincuentena.

cinque [tʃínkwe] *a.-m.* cinco.

cinquecentesimo, -ma [tʃinkwetʃentèzimo, -ma] *a.* quincentésimo.

cinquecento [tʃinkwetʃènto] *a.-m.* quinientos. ‖ *il ~,* el siglo dieciséis.

cinto, -ta [tʃinto] p. p. de *cingere.* 2 *m.* cinto, cintura *f.* 3 *f.* cercado *m.*

cintola [tʃintola] *f.* cintura.

cintura [tʃintúra] *f.* cintura. 2 cinturón *m.*

cinturino [tʃinturino] *m.* ~ *dell'orologio,* correa, cadena, del reloj.

ciò [tʃɔ*] *pron.* esto, eso, aquello. ‖ *~ che,* lo que.

ciocca [tʃɔkka] *f.* mechón *m.*

cioccolata [tʃokkolåta] *f.* chocolate *m.* [desleído].

cioccolatino [tʃokkolatino] *m.* bombón, chocolatín.

cioccolato [tʃokkolåto] *m.* chocolate.

cioè [tʃoè*] *adv.* esto es, es decir, o sea.

ciondolare [tʃondolåre] *i.* bambolear. 2 fig. tambalear. ¶ CONJUG. r. aux. *avere.*

ciondolo [tʃóndolo] *m.* colgante, dije.

ciotola [tʃótola] *f.* bol *m.,* cuenco *m.*

ciottolo [tʃòttolo] *m.* guijarro.

ciottoloso, -sa [tʃottolóso, -sa] *a.* guijarroso.

cipiglio [tʃipíʎʎo] *m.* ceño.

cipolla [tʃipólla] *f.* cebolla.

cippo [tʃíppo] *m.* cipo.

cipresso [tʃiprèsso] *m.* ciprés.

cipria [tʃíprja] *f.* polvo *m.* [cosmético].

cipriota [tʃipriòta] *a.-s.* chipriota.

circa [tʃírka] *prep.* en cuanto a, respecto a. 2 *adv.* casi, aproximadamente, unos: ~ *trecento persone,* unas trescientas personas.

circo [tʃírko] *m.* circo.

circolare [tʃirkolåre] *i.* circular. ¶ CONJUG. r. aux. *avere* y *essere.* 2 *a.-f.* circular.

circolatorio, -ria [tʃirkolatòrjo, -rja] *a.* circulatorio.

circolazione [tʃirkolattsjóne] *f.* circulación.

circolo [tʃírkolo] *m.* círculo. 2 grupo, peña.

circoncidere [tʃirkontʃídere] *t.* circuncidar. ¶ CONJUG. como *decidere.*

circoncisione [tʃirkontʃizjóne] *f.* circuncisión.

circondare [tʃirkondåre] *t.* circundar, rodear, cercar.

circondario [tʃirkondårjo] *m.* distrito, circunscripción *f.*

circonferenza [tʃirkonferèntsa] *f.* circunferencia.

circonflesso, -sa [tʃirkonflèsso, -sa] *a.* circunflejo.

circonlocuzione [tʃirkonlokuttsjóne] *f.* circunlocución, circunloquio *m.*

circonvallazione [tʃirkonvallattsjóne] *f.* circunvalación.

circoscrivere [tʃirkoskrívere] *t.* circunscribir. ¶ CONJUG. como *scrivere*.

circoscrizione [tʃirkoskrittsjóne] *f.* circunscripción, distrito *m.*

circospetto, -ta [tʃirkospètto, -ta] *a.* circunspecto.

circospezione [tʃirkospettsjóne] *f.* circunspección.

circostante [tʃirkostánte] *a.-m-pl.* circunstante.

circostanza [tʃirkostántsa] *f.* circunstancia.

circostanziato, -ta [tʃirkostantsjáto, -ta] *a.* circunstanciado, detallado.

circuire [tʃirkuíre] *t.* circuir, rodear. 2 fig. engatusar.

circuito [tʃirkuíto] *m.* circuito.

circumnavigazione [tʃirkumnavigattsjóne] *f.* circunnavegación.

cirro [tʃirro] *m.* cirro.

cirrosi [tʃirrózi] *f.* cirrosis.

cisterna [tʃistèrna] *f.* cisterna.

cisti [tʃísti] *f.* quiste *m.*

cistifellea [tʃistifèllea] *f.* vesícula biliar.

citare [tʃitáre] *t.* DER. citar, demandar. 2 mencionar, citar.

citazione [tʃitattsjóne] *f.* DER. citación. 2 LIT. cita.

citofono [tʃitófono] *m.* portero automático.

città [tʃittà*] *f.* ciudad, población.

cittadinanza [tʃittadinántsa] *f.* ciudadanos *m.-pl.*, población. 2 ciudadanía.

cittadino, -na [tʃittadíno, -na.] *s.* ciudadano. 2 *f.* ciudad pequeña.

ciuccio [tʃúttʃo] *m.* chupete.

ciuco [tʃúko] *m.* borrico.

ciuffo [tʃúffo] *m.* mechón. 2 penacho.

ciurma [tʃúrma], **ciurmaglia** [tʃurmáʎʎa] *f.* chusma.

civetta [tʃivètta] *f.* lechuza. 2 fig. coqueta.

civettare [tʃivettáre] *i.* coquetear. ¶ CONJUG. r. aux. *avere*.

civetteria [tʃivetteria] *f.* coquetería.

civettone [tʃivettóne] *m.* coquetón.

civettuolo, la [tʃivettwólo, -la] *a.* coquetón.

civico, -ca [tʃíviko, -ka] *a.* cívico.

civile [tʃivíle] *a.* civil. 2 civilizado.

civilizzare [tʃiviliddzáre] *t.* civilizar.

civilizzatore, -trice [tʃiviliddzatóre, -tritʃe.] *a.-s.* civilizador.

civilizzazione [tʃiviliddzattsjóne] *f.* civilización.

civiltà [tʃiviltà*] *f.* civilización.

civismo [tʃivízmo] *m.* civismo.

clamore [klamóre] *m.* clamor.

clamoroso, -sa [klamoróso, -sa] *a.* clamoroso, ruidoso.

clandestinità [klandestinità*] *f.* clandestinidad.

clandestino, -na [klandestíno, -na] *a.* clandestino.

claque [klak] *f.* claque.

clarinetto [klarinètto] *m.* clarinete.

clarissa [klaríssa] *f.* clarisa.

classe [klàsse] *f.* clase, aula. 2 curso *m.* 3 estilo *m.*, clase.

classicismo [klassitʃízmo] *m.* clasicismo.

classico, -ca [klàssiko, -ka] *a.* clásico.

classifica [klassífika] *f.* clasificación (en concursos y campeonatos).

classificare [klassifikáre] *t.* clasificar.

classificatore [klassifikatóre] *m.* clasificador.

classificazione [klassifikattsjóne] *f.* clasificación.

classismo [klassízmo] *m.* clasismo.

claudicare [klaudikáre] *i.* claudicar, cojear. ¶ CONJUG. r. aux. *avere*.

clausola [klàuzola] *f.* cláusula.

clausura [klauzúra] *f.* clausura.

clavicembalo [klavitʃèmbalo] *m.* clavicémbalo.

clavicola [klavíkola] *f.* clavícula.

clavicordo [klavikòrdo] *m.* clavicordio.

clemente [klemènte] *a.* clemente. 2 benigno [clima].

clemenza [klemèntsa] *f.* clemencia. 2 apacibilidad [del clima].

cleptomane [kleptòmane] *a.-s.* cleptómano.

cleptomania [kleptomania] *f.* cleptomanía.

clericale [klerikále] *a.* clerical.

clericalismo [klerikalízmo] *m.* clericalismo.

clero [klèro] *m.* clero.

clichè [kliʃè*] *m.* clisé.

cliente [kliènte] *s.* cliente.

clientela [klientèla] *f.* clientela.

clima [klíma] *m.* clima.

climaterio [klimatèrjo] *m.* climaterio.

climatico, -ca [klimàtiko, -ka] *a.* climático.

climatizzare [klimatiddzáre] *t.* climatizar.

climatologico, -ca [klimatolòdʒiko, -ka] *a.* climatológico.

clinico, -ca [klíniko, -ka] *a.* clínico. 2 *f.* clínica.

cloaca [kloáka] *f.* cloaca.

clorato [kloráto] *m.* clorato.

cloridrico, -ca [kloridriko, -ka] *a.* clorhídrico.

cloro [klɔ́ro] *m.* cloro.

clorofilla [klorofílla] *f.* clorofila.

cloroformio [klorofɔ́rmio] *m.* cloroformo.

cloruro [klorúro] *m.* cloruro.

coabitare [koabitáre] *i.* cohabitar, convivir. ¶ CONJUG. r. aux. *avere*.

coabitazione [koabitattsjóne] *f.* cohabitación.

coadiutore, -trice [koadjutóre, -tritʃe] *s.* coadjutor.

coadiuvare [koadjuváre] *t.* coadyuvar.

coagulare [koaguláre] *t.-pr.* coagular.

coagulazione [koagulattsjóne] *f.* coagulación.

coagulo [koágulo] *m.* coágulo.

coalizione [koalittsjóne] *f.* coalición.

coartare [koartáre] *t.* coartar.

coazione [koattsjóne] *f.* coacción.

cobalto [kobálto] *m.* cobalto.

cobra [kɔ́bra] *f.* cobra.

cocaina [kokaína] *f.* cocaína.

cocchiere [kokkjɛ́re] *m.* cochero.

coccige [kɔ́ttʃidʒe] *m.* cóccix.

coccinella [kottʃinélla] *f.* mariquita.

cocciniglia [kottʃiníʎʎa] *f.* cochinilla.

coccio [kɔ́ttʃo] *m.* vaso de arcilla. 2 *pl.* añicos.

cocciutaggine [kottʃutáddʒine] *f.* testarudez, terquedad.

cocciuto, -ta [kottʃúto, -ta] *a.* testarudo, terco.

cocco [kɔ́kko] *m.* coco.

coccodè [kokkodɛ́*] *inter.-m.* cacareo.

coccodrillo [kokkodrillo] *m.* cocodrilo.

coccolare [kokkoláre] *t.* mimar. 2 *pr.* regodearse.

cocente [kotʃɛ́nte] *a.* ardiente, abrasador. 2 fig. punzante.

cocomero [kokómero] *m.* sandía *f.*

cocuzzolo [kokúttsolo] *m.* coronilla *f.* 2 cima *f.*

coda [kóda] *f.* cola, rabo *m.* ‖ ~ *dell'occhio*, rabillo del ojo. ‖ *non avere nè capo nè coda,* no tener ni pies ni cabeza.

codardo, -da [kodárdo, -da] *a.-s.* cobarde.

codazzo [kodáttso] *m.* séquito.

codesto, -ta [kodésto, -ta] *a.-pron.* ese.

codice [kɔ́ditʃe] *m.* códice. ‖ ~ *a barre,* código de barras. 2 DER. código. 3 clave *f.*

codificare [kodifikáre] *t.* codificar.

codificazione [kodifikattsjóne] *f.* codificación.

codino [kodíno] *m.* coleta *f.,* rabillo.

coeditare [koeditáre] *t.* coeditar.

coeditore [koeditóre] *s.* coeditor.

coefficiente [koeffitʃɛ́nte] *m.* coeficiente.

coercitivo, -va [koertʃitivo, -va] *a.* coercitivo.

coercizione [koertʃittsjóne] *f.* coerción.

coerente [koerɛ́nte] *a.* coherente.

coerenza [koerɛ́ntsa] *f.* coherencia.

coesione [koezjóne] *f.* cohesión.

coesistenza [koezistɛ́ntsa] *f.* coexistencia.

coesistere [koezistere] *i.* coexistir. ¶ CONJUG. como *esistere* (aux. *essere*).

coetaneo, -a [koetáneo, -a] *a.-m.* coetáneo.

cofano [kɔ́fano] *m.* cofre. 2 AUTOM. capó.

cogliere [kɔ́ʎʎere] *t.* coger, tomar. ¶ CONJUG. IND. pres.: *colgo; colgono.* | pret. ind.: *colsi, colse; colsero.* ‖ SUBJ. pres.: *colga, colga, colga; colgano.* ‖ IMPER.: *colga; colgano.* ‖ PART.: *colto*.

coglione [koʎʎóne] *m.* cojón. 2 fig. vulg. estúpido.

cognac [koɲɲák] *m.* coñac.

cognato, -ta [koɲɲáto, -ta] *s.* cuñado.

cognome [koɲɲóme] *m.* apellido.

coincidenza [kointʃidɛ́ntsa] *f.* coincidencia. 2 enlace *m.* empalme *m.* ‖ *avere* ~ *[i treni],* enlazar.

coincidere [kointʃídere] *i.* coincidir. ¶ CONJUG. como *incidere* (aux. *avere*).

coinvolgere [koinvóldʒere] *t.* implicar. ¶ CONJUG. como *volgere*.

colà [kolá*] *adv.* allá.

colabrodo [kolabrɔ́do] *m.* colador, coladero.

colare [koláre] *t.* colar. 2 *i.* gotear. ‖ ~ *a picco, a fondo,* hundirse, ir a pique. ¶ CONJUG. r. aux. *essere*.

colazione [kolattsjóne] *f.* desayuno *m.* 2 almuerzo *m.,* comida.

colei [kolɛ́i] *pron. f.* V. **colui**.

coleottero [koleɔ́ttero] *m.* coleóptero.

colera [kolɛ́ra] *m.* cólera [enfermedad].

colerico, -ca [kolɛ́riko, -ka] *a.* colérico [de enfermedad].

coleroso, -sa [kolerόso, -sa] *a.-s.* colérico [relativo a la enfermedad].

colibrì [kolibrí*] *m.* colibrí.

colica [kólika] *f.* cólica.

colino [kolíno] *m.* colador.

colite [kolíte] *f.* colitis.

colla [kólla] *f.* cola.

collaborare [kollaboráre] *i.* colaborar. ¶ CONJUG. r. aux. *avere.*

collaboratore, -trice [kollaboratóre, -tritʃe] *s.* colaborador.

collaborazione [kollaborattsjóne] *f.* colaboración.

collana [kollána] *f.* collar *m.* 2 colección [de libros].

collare [kolláre] *m.* collar.

collasso [kollásso] *m.* colapso.

collaterale [kollateràle] *a.* colateral.

collaudare [kollaudáre] *t.* probar [un coche, un camión].

collaudo [kolláudo] *m.* prueba *f.,* examen pericial.

colle [kólle] *m.* cerro.

collega [kollèga] *s.* colega.

collegamento [kollegaménto] *m.* enlace, conexión *f.* 2 ELECT. empalme.

collegare [kollegáre] *t.* enlazar, unir. 2 conectar. 3 relacionar. 4 *pr.* unirse, aliarse. 5 ponerse en comunicación.

collegiale [kolledʒále] *a.-s.* colegial.

collegialità [kolledʒalità*] *f.* colegialidad.

collegio [kollèdʒo] *m.* colegio.

collera [kóllera] *f.* cólera, furor *m.*

collerico, -ca [kollèriko, -ka] *a.* colérico, furioso.

colletta [kollètta] *f.* colecta.

collettivismo [kollettivízmo] *m.* colectivismo.

collettività [kollettività*] *f.* colectividad.

collettivo, -va [kollettivo, -va] *a.* colectivo.

colletto [kollètto] *m.* cuello [de vestido], alzacuello.

collettore, -trice [kollettóre, -tritʃe] *a.-m.* colector.

collezionare [kollettsjonáre] *t.* coleccionar.

collezione [kollettsjóne] *f.* colección.

collezionista [kollettsjonista] *s.* coleccionista.

collimare [kollimáre] *i.* coincidir, concordar. ¶ CONJUG. r. aux. *avere.*

collina [kollina] *f.* colina, loma.

collirio [kollirjo] *m.* colirio.

collisione [kollizjóne] *f.* colisión, choque *m.*

collo [kóllo] *m.* cuello. 2 bulto.

collocamento [kollokaménto] *m.* colocación *f.*

collocare [kollokáre] *t.-pr.* colocar. ‖ ~ *a riposo,* jubilar.

collocazione [kollokattsjóne] *f.* colocación.

colloquio [kollókwjo] *m.* coloquio.

collottola [kollòttola] *f.* cogote *m.,* pescuezo *m.*

colluttazione [kolluttattsjóne] *f.* riña, pelea.

colmare [kolmáre] *t.* colmar.

colmo, -ma [kólmo, -ma] *a.* colmo, repleto. 2 *m.* colmo.

colomba [kolómba] *f.* paloma.

colombaia [kolombája] *f.* palomar *m.*

colombiano, -na [kolombjáno, -na] *a.-s.* colombiano.

colombo [kolómbo] *m.* palomo.

colonia [kolònja] *f.* colonia.

coloniale [kolonjále] *a.* colonial. 2 *m.-pl.* ultramarinos.

colonialismo [kolonjalizmo] *m.* colonialismo.

colonizzare [koloniddzáre] *t.* colonizar.

colonizzatore, -trice [koloniddzatóre, -tritʃe] *a.-s.* colonizador.

colonizzazione [koloniddzattsjóne] *f.* colonización.

colonna [kolónna] *f.* columna.

colonnato [kolonnáto] *m.* columnata *f.*

colonnello [kolonnèllo] *m.* coronel.

colono [kolòno] *m.* colono.

colorante [koloránte] *a.-m.* colorante.

colorare [koloráre] *t.* colorear.

colorazione [kolorattsjóne] *f.* coloración.

colore [kolóre] *m.* color.

colorito, -ta [kolorito, -ta] *a.-m.* colorido.

coloro [kolóro] *pron. pl.* V. **colui.**

colossale [kolossále] *a.* colosal.

colosseo [kolossèo] *m.* coliseo.

colosso [kolòsso] *m.* coloso.

colpa [kólpa] *f.* culpa.

colpevole [kolpévole] *a.* culpable.

colpevolezza [kolpevolèttsa] *f.* culpabilidad.

colpire [kolpíre] *t.* golpear, pegar. 2 fig. impresionar, chocar.

colpo [kólpo] *m.* golpe. 2 tiro. ‖ *far ~,* causar impresión.

coltellata [koltelláta] *f.* cuchillada.

coltello [koltèllo] *m.* cuchillo. 2 navaja *f.*

coltivare [koltiváre] *t.* cultivar.

coltivatore, -trice [koltivatóre, -tritʃe] *a.-m.* cultivador.

coltivazione [koltivattsjóne] *f.* cultivo *m.*

colto, -ta [kólto, -ta] *a.* culto.

coltre [kóltre] *f.* cobertor *m.*

coltura [koltúra] *f.* cultivo *m.* 2 cría.

colui [kolúi] *pron.* (*f. colei, pl. coloro*) ~ *che,* aquel que, el que.

coma [kɔ̀ma] *m.* MED. coma.

comandamento [komandamènto] *m.* orden, mandato. 2 ECL. mandamiento.

comandante [komandànte] *m.* comandante. ‖ *ufficio del ~,* comandancia.

comandare [komandáre] *i.* mandar. 2 *t.* ordenar, dar órdenes. ¶ CONJUG. r. aux. *avere* [t.-i.].

comando [komándo] *m.* orden *f.* 2 mando, gobierno. 3 comandancia *f.* 4 comando.

comatoso, -sa [komatóso, -sa] *a.* comatoso.

combaciare [kombatʃáre] *i.-pr.* encajar, compaginarse. ¶ CONJUG. r. aux. *avere.*

combattente [kombattènte]. *a.-s.* combatiente.

combattere [kombáttere] *i.* combatir, luchar. 2 *t.* combatir. ¶ CONJUG. r. aux. *avere* [t.-i.].

combattimento [kombattimènto] *m.* combate, pelea *f.*

combattività [kombattivitá*] *f.* combatividad.

combattivo, -va [kombattivo, -va] *a.* combativo, batallador.

combinare [kombináre] *t.* combinar. 2 concertar, tramar, hacer, realizar. ‖ *~ un buon affare,* realizar un buen negocio. ‖ *Cosa state combinando?,* ¿qué estáis tramando? ‖ *~ un pasticcio, un guaio,* hacer un desaguisado. 3 *i.-pr.* combinarse, concordar. ¶ CONJUG. r. aux. *avere* [t.-i.].

combinazione [kombinattsjóne] *f.* combinación. 2 casualidad. ‖ *che ~,* ¡qué casualidad! ‖ *per ~,* por casualidad.

combustibile [kombustibile] *a.-m.* combustible.

combustione [kombustjóne] *f.* combustión.

come [kɔ̀me] *adv.-conj.-m.* como, cómo. ‖ *~ me, te,* como yo, tú. 2 qué. ‖ *~ è bello!,* ¡qué bonito! ‖ *~ mai?,* ¿cómo es eso? ‖ *e ~!,* ¿cómo no?, ¡no faltaba más!

cometa [komèta] *f.* cometa *m.*

comicità [komitʃitá*] *f.* comicidad.

comico, -ca [kɔ̀miko, -ka] *a.-m.* cómico.

comignolo [komiɲnolo] *m.* ARQ. cumbrera *f.,* caballete. 2 chimenea.

cominciare [komintʃáre] *t.-i.* comenzar, empezar. ¶ CONJUG. r. aux. *avere* [t.-i. se-

guido de complemento o adverbio], *essere* [i. solo].

comitato [komitáto] *m.* comité, junta *f.*

comitiva [komitiva] *f.* comitiva.

comizio [komittsjo] *m.* comicio.

comma [kɔ̀mma] *m.* inciso.

commedia [kommɛ̀dja] *f.* comedia.

commediante [kommedjànte] *s.* comediante.

commediografo [kommedjɔ̀grafo] *m.* comediógrafo.

commemorare [kommemoráre] *t.* conmemorar.

commemorativo, -va [kommemorativo, -va] *a.* commemorativo.

commemorazione [kommemorattsjóne] *f.* conmemoración.

commendatizio, -zia [kommendatittsjo, -tsja] *a.* de recomendación. ‖ *lettera ~,* carta de recomendación.

commendatore [kommendatóre] *m.* comendador.

commensale [kommensále] *s.* comensal.

commensurabile [kommensuràbile] *a.* conmensurable.

commentare [kommentáre] *t.* comentar.

commentario [kommentárjo] *m.* comentario.

commentatore, -trice [kommentatóre, -tritʃe] *s.* comentador.

commento [kommènto] *m.* comentario.

commerciale [kommertʃále] *a.* comercial, mercantil.

commercializzare [kommertʃaliddzáre] *t.* comercializar.

commerciante [kommertʃànte] *s.* comerciante.

commerciare [kommertʃáre] *i.* comerciar. ¶ CONJUG. r. aux. *avere.*

commercio [kommɛ̀rtʃo] *m.* comercio.

commesso, -sa [kommèsso, -sa] *s.* dependiente, empleado.

commessura [kommessúra] *f.* juntura.

commestibile [kommestibile] *a.-m.* comestible.

commettere [kommèttere] *t.* cometer. 2 COM. encargar. 3 ensamblar. ¶ CONJUG. como *mettere.*

commiato [kommjáto] *m.* despedida *f.*

commilitone [kommilitóne] *m.* conmilitón, compañero de armas.

comminare [komminàre] *t.* conminar.

comminazione [komminattsjóne] *f.* conminación.

commiserare [kommizeráre] *t.* compadecer, sentir conmiseración por.

commiserazione [kommizerattsjóne] *f.* conmiseración.

commissariato [kommissarjáto] *m.* comisaría *f.,* comisariado.

commissario, -ria [kommissárjo, -rja] *s.* comisario.

commissionare [kommissjonáre] *t.* comisionar.

commissionario, -ria [kommissjonárjo, -rja] *s.* comisionista.

commissione [kommissjóne] *f.* comisión. 2 recado *m.,* encargo *m.* 3 pedido *m.*

committente [kommittènte] *s.* quien encarga.

commovente [kommovènte] *a.* conmovedor, enternecedor.

commozione [kommottsjóne] *f.* conmoción, emoción.

commuovere [kommwòvere] *t.-pr.* conmover, enternecer, impresionar. ¶ CONJUG. como *muovere.*

commutare [kommutáre] *t.* conmutar.

commutativo, -va [kommutatívo, -va] *a.* conmutativo.

commutatore [kommutatóre] *m.* conmutador.

commutazione [kommutattsjóne] *f.* conmutación.

comò [komò*] *m.* cómoda *f.*

comodare [komodáre] *i.* convenir, acomodar. ¶ CONJUG. r. aux. *essere.*

comodino [komodino] *m.* mesa *f.,* mesita *f.* de noche.

comodità [komodità*] *f.* comodidad.

comodo, -da [kòmodo, -da] *a.* cómodo. 2 *m.* comodidad *f.,* bienestar. || *far ~,* convenir, ir bien, ser útil. || *fare il suo ~,* hacer lo que place a uno.

compaesano, -na [kompaezáno, na] *s.* paisano.

compaginare [kompadʒináre] *t.* compaginar.

compagine [kompádʒine] *f.* trabazón. 2 conjunto *m.*

compagnia [kompaɲɲía] *f.* compañía.

compagno, -gna [kompáɲɲo, -ɲa] *s.* compañero.

comparabile [kompárábile] *a.* comparable.

comparare [kompáráre] *t.* comparar.

comparativo, -va [komparatívo, -va] *a.* comparativo.

comparazione [komparattsjóne] *f.* comparación.

compare [kompáre] *m.* compadre.

comparire [kompáríre] *i.* aparecer. 2 DER. comparecer. ¶ CONJUG. como *apparire* (aux. *essere*).

comparizione [komparittsjóne] *f.* DER. comparecencia, comparición.

comparsa [kompársa] *f.* aparición. 2 TEAT. comparsa *s.*

compartecipe [kompartètʃipe] *a.* copartícipe.

compartimento [kompartimènto] *m.* compartimento. 2 circunscripción *f.*

compassato, -ta [kompassáto, -ta] *a.* acompasado, mesurado.

compassione [kompassjóne] *f.* compasión, lástima. || *far ~,* dar lástima.

compassionevole [kompassjonévole] *a.* compasivo. 2 lastimoso.

compasso [kompásso] *m.* compás.

compatibile [kompatíbile] *a.* compatible.

compatibilità [kompatibilità*] *f.* compatibilidad.

compatire [kompatíre] *t.* compadecer.

compatriota [kompatrjòta] *s.* compatriota.

compattezza [kompattèttsa] *f.* cualidad de compacto.

compatto, -ta [kompátto, -ta] *a.* compacto, apretado.

compendiare [kompendjáre] *t.* compendiar.

compendio [kompèndjo] *m.* compendio, sumario.

compenetrare [kompenetráre] *t.* penetrar, invadir. 2 *pr.* compenetrarse.

compenetrazione [kompenetrattsjóne] *f.* compenetración.

compensare [kompensáre] *t.* compensar.

compensazione [kompensattsjóne] *f.* compensación.

compenso [kompènso] *m.* compensación *f.* 2 recompensa *f.,* retribución *f.* || *in ~,* en desquite, en recompensa.

compera [kómpera] *f.* compra.

comperare [komperáre] *t.* comprar.

competente [kompetènte] *a.* competente. 2 capaz.

competenza [kompetèntsa] *f.* competencia.

competere [kompètere] *i.* competir. 2 competer. ¶ CONJUG.: carece de tiempos compuestos.

competitore, -trice [kompetitóre, -tritʃe] *s.* competidor, contrincante.

competizione [kompetittsjóne] *f.* competición.

compiacente [kompjatʃénte] *a.* complaciente.

compiacenza [kompjatʃéntsa] *f.* complacencia. 2 amabilidad.

compiacere [kompjatʃére] *i.-pr.-t.* complacer. ¶ CONJUG. como *piacere* (aux. *avere* [t.-i.]).

compiacimento [kompjatʃiménto] *m.* satisfacción *f.,* complacencia *f.*

compiangere [kompjándʒere] *t.* compadecer. 2 llorar, deplorar. ¶ CONJUG. como *piangere*.

compianto, -ta [kompjánto, -ta] *a.* llorado [referido a difunto]. 2 *m.* sentimiento, pesar, dolor.

compiere [kómpjere] *t.* cumplir. 2 concluir, terminar.

compilare [kompiláre] *t.* compilar.

compilatore, -trice [kompilatóre, -tritʃe] *s.* compilador.

compilazione [kompilattsjóne] *f.* compilación.

compimento [kompiménto] *m.* cumplimiento. 2 remate, conclusión *f.* ‖ *portare a ~,* llevar a cabo.

compire [kompíre] *t.* V. **compiere**.

compitare [kompitáre] *t.* deletrear.

compitezza [kompitéttsa] *f.* cortesía.

compito [kómpito] *m.* tarea *f.,* deber. ‖ *fare i compiti,* hacer los deberes.

compito, -ta [kompíto, -ta] *a.* cumplido, cortés.

compiuto, -ta [kompjúto, -ta] *a.* cumplido, acabado. ‖ *fatto ~,* hecho consumado.

compleanno [kompleánno] *m.* cumpleaños.

complementare [komplementáre] *a.* complementario.

complemento [kompleménto] *m.* complemento.

complementarità [komplementaritá*] *f.* complementariedad.

complessione [komplessjóne] *f.* complexión.

complessità [komplessitá*] *f.* complejidad.

complessivamente [komplessivaménte] *adv.* en conjunto, en total, globalmente.

complessivo, -va [komplessivo, -va] *a.* global, total.

complesso, -sa [komplèsso, -sa] *a.* complejo. 2 *m.* complejo. 2 MÚS. conjunto.

completamente [kompletaménte] *adv.* completamente.

completare [kompletáre] *t.* completar.

completo, -ta [kompléto, -ta] *a.* completo.

complicare [komplikáre] *t.-pr.* complicar.

complicazione [komplikattsjóne] *f.* complicación.

complice [kómplitʃe] *a.-s.* cómplice.

complicità [komplitʃitá*] *f.* complicidad.

complimentare [komplimentáre] *t.* cumplimentar.

complimento [kompliménto] *m.* cumplimiento. 2 cumplido. 3 *pl.* felicidades *f.-pl.*

complimentoso, -sa [komplimentóso, -sa] *a.* ceremonioso, obsequioso, que hace cumplidos.

complottare [komplottáre] *i.* conspirar. ¶ CONJUG. r. aux. *avere*.

componente [komponénte] *a.-s.* componente.

componimento [komponiménto] *m.* composición *f.,* arreglo. 2 LIT. composición *f.*

comporre [kompórre] *t.-pr.* componer. ¶ CONJUG. como *porre*.

comportamento [komportaménto] *m.* comportamiento.

comportare [komportáre] *t.* comportar. 2 *pr.* comportarse, portarse.

composito, -ta [kompózito, -ta] *a.* compuesto.

compositore, -trice [kompozitóre, -tritʃe] *s.* compositor.

composizione [kompozittsjóne] *f.* composición.

compostezza [kompostéttsa] *f.* compostura.

composto, -ta [kompósto, -ta] *a.-m.* compuesto.

compra [kómpra] *f.* compra.

comprare [kompráre] *t.* comprar.

compratore, -trice [kompratóre, -tritʃe] *s.* comprador.

compravendita [kompravéndita] *f.* compraventa.

comprendere [kompréndere] *t.* comprender. 2 incluir. ¶ CONJUG. como *prendere*.

comprensibile [komprensibile] *a.* comprensible.

comprensione [komprensjóne] *f.* comprensión.

comprensivo, -va [komprensivo, -va] *a.* comprensivo.

comprensorio [komprensórjo] *m.* circunscripción *f.*

compreso, -sa [kompréso, -sa] a. comprendido. 2 incluido. ‖ **servizio ~,** servicio incluido.
compressa [kompréssa] f. compresa. 2 comprimido m.
compressione [kompressjóne] f. compresión.
compressore [kompressóre] a.-m. compresor.
comprimere [komprímere] t. comprimir. ¶ CONJUG. IND. pret. ind.: *compressi, compresse; compressero.* ‖ PART.: *compresso.*
compromesso, -sa [kompromésso, -sa] a. comprometido. 2 m. compromiso, arreglo.
compromettente [kompromettènte] a. comprometedor.
compromettere [kompromèttere] t.-pr. comprometer. ¶ CONJUG. como *mettere.*
comproprietario, -ria [komproprjetàrjo, -rja] s. copropietario.
comprovare [komprovàre] t. comprobar.
comprovazione [komprovattsjóne] f. comprobación.
compunto, -ta [kompúnto, -ta] a. compungido, contrito.
compunzione [kompuntsjóne] f. compunción.
computare [komputàre] t. computar.
computazionale [komputatsjonále] a. computacional.
computer [kampjú:ta] m. ordenador.
computerizzabile [komputeriddzábile] a. computerizable.
computisteria [komputisteria] f. contabilidad, contaduría.
computo [kómputo] m. cómputo, computación f.
comunale [komunále] a. municipal.
comune [komúne] a. común. 2 m. municipio.
comunicabilità [komunikabilità*] f. comunicabilidad.
comunicando, -da [komunikàndo, -da] a.-s. comulgante.
comunicante [komunikánte] a. comunicante. 2 ECL. comulgante.
comunicare [komunikáre] t.-i. comunicar. 2 t. ECL. dar la comunión. 3 pr. ECL. comulgar. ¶ CONJUG. r. aux. *avere* [t.-i.].
comunicativo, -va [komunikativo, -va] a. comunicativo. 2 f. facilidad de expresión.
comunicato [komunikáto] m. comunicado.

comunicazione [komunikattsjóne] f. comunicación.
comunione [komunjóne] f. comunión.
comunismo [komunízmo] m. comunismo.
comunista [komunista] a.-s. comunista.
comunità [komunità*] f. comunidad.
comunitario, -ria [komunitàrjo, -rja] a. comunitario.
comunque [komúnkwe] adv. de todos modos.
con [kon] prep. con.
conca [kónka] f. cuenca.
concatenamento [konkatenaménto] m. concatenación f.
concatenare [konkatenáre] t.-pr. concatenar, concadenar.
concatenazione [konkatenattsjóne] f. concatenación.
concavità [konkavità*] f. concavidad.
concavo, -va [kónkavo, -va] a. cóncavo.
concedere [kontʃédere] t. conceder, otorgar. ¶ CONJUG. IND. pret. ind.: *concessi, concesse; concessero.* ‖ PART.: *concesso.*
concentramento [kontʃentraménto] m. concentración f.
concentrare [kontʃentráre] t.-pr. concentrar.
concentrazione [kontʃentrattsjóne] f. concentración.
concentrico, -ca [kontʃèntriko, -ka] a. concéntrico.
concepimento [kontʃepiménto] m. concepción f.
concepire [kontʃepire] t. concebir.
concernente [kontʃernènte] a. concerciente, referente, relativo.
concernere [kontʃèrnere] t. concernir. ¶ CONJUG. no tiene *part. pas.*
concertare [kontʃertáre] t.-pr. concertar.
concertista [kontʃertista] s. concertista.
concerto [kontʃèrto] m. concierto.
concessionario, -ria [kontʃessjonàrjo, -rja] a.-s. concesionario.
concessione [kontʃessjóne] f. concesión.
concessivo, -va [kontʃessivo, -va] a. concesivo.
concetto [kontʃètto] m. concepto.
concettoso, -sa [kontʃettóso, -sa] a. conceptuoso.
concettualismo [kontʃettualizmo] m. conceptualismo.
concezione [kontʃettsjóne] f. concepción.
conchiglia [konkiʎʎa] f. concha.
concia [kóntʃa] f. curtido m.

conciare [kontʃáre] *t.* curtir. 2 fig. maltratar, dejar maltrecho. 3 *pr.* arreglarse, vestirse, con mal gusto.

conciatore [kontʃatóre] *m.* curtidor.

conciatura [kontʃatúra] *f.* curtido *m.*

conciliabile [kontʃiljábile] *a.* conciliable.

conciliabolo [kontʃiljábolo] *m.* conciliábulo.

conciliante [kontʃiljánte] *a.* conciliador.

conciliare [kontʃiljáre] *t.-pr.* conciliar. 2 *a.* conciliar.

conciliatore, -trice [kontʃiljatóre, -tritʃe] *a.-s.* conciliador.

conciliazione [kontʃiljattsjóne] *f.* conciliación.

concilio [kontʃiljo] *m.* concilio.

concimaia [kontʃimája] *f.* estercolero *m.*

concimare [kontʃimáre] *t.* AGR. abonar.

concime [kontʃime] *m.* AGR. abono.

concisione [kontʃizjóne] *f.* concisión.

conciso, -sa [kontʃizo, -za] *a.* conciso.

concistoriale [kontʃistorjále] *a.* consistorial.

concistoro [kontʃistóro] *m.* consistorio.

concitare [kontʃitáre] *t.* concitar.

concittadino, -na [kontʃittadino, -na] *t.* conciudadano.

conclave [konkláve] *m.* cónclave.

concludente [konkludénte] *a.* concluyente.

concludere [konklúdere] *t.-i.* concluir. 2 *t.* llevar a término, realizar, cerrar: ~ *un patto,* cerrar un trato. ¶ CONJUG. (aux. *avere* [t.-i.]) IND. pret. ind.: *conclusi, concluse; conclusero.* ‖ PART.: *concluso.*

conclusione [konkluzjóne] *f.* conclusión.

conclusivo, -va [konkluzivo, -va] *a.* conclusivo.

concomitante [konkomitánte] *a.* concomitante.

concomitanza [konkomitántsa] *f.* concomitancia.

concordanza [konkordántsa] *f.* concordancia.

concordare [konkordáre] *t.* concordar.

concordato [konkordáto] *m.* concordato.

concorde [konkórde] *a.* concorde, conforme.

concordia [konkórdja] *f.* concordia.

concorrente [konkorrènte] *a.* concurrente, participante. 2 *m.* competidor.

concorrenza [konkorrèntsa] *f.* competencia, competición. 2 cantidad: *sino alla ~ di,* hasta la cantidad de.

concorrere [konkòrrere] *i.* concurrir. 2 colaborar, participar. ¶ CONJUG. como *correre* (aux. *avere*).

concorso [konkórso] *m.* concurso, concurrencia *f.* 2 oposiciones *f.-pl.* ‖ *fare un ~,* presentarse a oposiciones.

concretare [konkretáre] *t.* concretar.

concretezza [konkretèttsa] *f.* cualidad de concreto.

concreto, -ta [konkrèto, -ta] *a.* concreto.

concubinario, -ria [konkubinárjo, -rja] *a.-s.* concubinario.

concubinato [konkubináto] *m.* concubinato.

conculcare [konkulkáre] *t.* conculcar.

concupiscenza [konkupiʃʃèntsa] *f.* concupiscencia.

condanna [kondánna] *f.* condena.

condannare [kondannáre] *t.* condenar.

condannato, -ta [kondannáto, -ta] *a.-s.* condenado.

condensamento [kondensaménto] *m.* condensación *f.*

condensare [kondensáre] *t.-pr.* condensar.

condensazione [kondensattsjóne] *f.* condensación.

condensatore [kondensatóre] *m.* condensador.

condimento [kondiménto] *m.* condimento, condimentación *f.,* aliño.

condire [kondire] *t.* condimentar, sazonar, aliñar, aderezar.

condiscendenza [kondiʃʃendèntsa] *f.* condescendencia.

condiscepolo, -la [kondiʃʃépolo, -la] *s.* condiscípulo.

condividere [kondividere] *t.* compartir. ¶ CONJUG. como *dividere.*

condizionale [kondittsjonále] *a.* condicional.

condizionamento [kondittsjonaménto] *m.* condicionamiento.

condizionare [kondittsjonáre] *t.* condicionar. 2 acondicionar. ‖ *aria condizionata,* aire acondicionado.

condizione [kondittsjóne] *f.* condición.

condoglianza [kondoʎʎántsa] *f.* condolencia. 2 *pl.* pésame *m.* ‖ *far le ~,* dar el pésame.

condominio [kondominjo] *m.* condominio.

condonare [kondonáre] *t.* condonar, perdonar.

condotta [kondòtta] *f.* conducta, comportamiento *m.,* proceder *m.*

condotto, -ta [kondótto, -ta] *part. pas.* de *condurre.* 2 *m.* conducto. 3 cañería.

conducente [kondutʃènte] *m.* conductor.

condurre [kondúrre] *t.* conducir, guiar. 2 llevar. 3 *i.* DEP. ir delante [en una carrera, en la clasificación]. 4 *pr.* conducirse, comportarse. ¶ CONJUG. (aux. *avere* [t.-i.]) IND. pres.: *conduco, conduci,* etc. | imp.: *conducevo, conducevi,* etc. | pret. ind.: *condussi, conducesti, condusse; conducemmo, conduceste, condussero.* | fut. imp.: *condurrò, condurrai,* etc. ‖ SUBJ. pres.: *conduca, conduca,* etc. | imp.: *conducessi, conducessi,* etc. ‖ POT.: *condurrei, condurresti,* etc. ‖ IMPER.: *conduci, conduca; conduciamo, conducete, conducano.* ‖ PART.: *condotto.* ‖ GER.: *conducendo.*

conduttore, -trice [konduttóre, -tritʃe] *a.-s.* conductor.

conduttura [konduttúra] *f.* cañería, tubería. 2 conducción.

confabulare [konfabulàre] *i.* confabular. ¶ CONJUG. r. aux. *avere.*

confabulazione [konfabulattsjóne] *f.* confabulación.

confacente [konfatʃènte] *a.* conforme.

confarsi [konfàrsi] *pr.* corresponder.

confederarsi [konfederàrsi] *pr.* confederarse.

confederato, -ta [konfederàto, -ta] *a. m.* confederado.

confederazione [konfederattsjóne] *f.* confederación.

conferenza [konferèntsa] *f.* conferencia. ‖ ~ *stampa,* rueda de prensa.

conferenziere, -ra [konferentsjère, -ra] *s.* conferenciante.

conferimento [konferimènto] *m.* otorgamiento.

conferire [konferire] *t.* conferir, otorgar, conceder.

conferma [konfèrma] *f.* confirmación [de un hecho, de una declaración].

confermare [konfermàre] *t.* confirmar.

confermazione [konfermattsjóne] *f.* confirmación. 2 ECL. confirmación.

confessare [konfessàre] *t.-pr.* confesar.

confessionale [konfessjonàle] *m.* ECL. confesionario.

confessione [konfessjóne] *f.* confesión.

confesso, -sa [konfèsso, -sa] *a.* confeso.

confessore [konfessóre] *m.* ECL. confesor.

confetteria [konfetteria] *f.* confitería.

confetto [konfètto] *m.* confite, peladilla *f.*

confettura [konfettúra] *f.* confitura.

confezionare [konfettsjonàre] *t.* confeccionar.

confezione [konfettsjóne] *f.* confección.

conficcare [konfikkàre] *t.-pr.* clavar, hincar.

confidare [konfidàre] *t.-i.-pr.* confiar. ¶ CONJUG. r. aux. *avere* [t.-i.].

confidente [konfidènte] *a.-s.* confidente.

confidenza [konfidèntsa] *f.* confianza. 2 confidencia.

confidenziale [konfidentsjàle] *a.* confidencial.

configurare [konfiguràre] *t.-pr.* configurar.

configurazione [konfigurattsjóne] *f.* configuración.

confinante [konfinànte] *a.* colindante, lindante.

confinare [konfinàre] *i.* confinar, lindar. 2 *t.* confinar, desterrar. 3 *pr.* confinarse. ¶ CONJUG. r. aux. *avere* [t.-i.].

confine [konfine] *m.* confín, linde, límite.

confino [konfino] *m.* confinamiento, destierro.

confisca [konfiska] *f.* confiscación.

confiscare [konfiskàre] *t.* confiscar.

conflagrazione [konflagrattsjóne] *f.* conflagración.

conflitto [konflitto] *m.* conflicto.

confluenza [konfluèntsa] *f.* confluencia.

confluire [konfluíre] *i.* confluir. ¶ CONJUG. r. aux. *essere* y *avere.*

confondere [konfóndere] *t.-pr.* confundir. ¶ CONJUG. como *fondere.*

conformare [konformàre] *t.* conformar. 2 *pr.* conformarse, adaptarse. 3 resignarse.

conformazione [konformattsjóne] *f.* conformación.

conforme [kofórme] *a.* conforme.

conformista [konformista] *s.* conformista.

conformità [konformità*] *s.* conformidad.

confortante [konfortànte] *a.* confortante, confortador.

confortare [konfortàre] *t.* confortar.

confortevole [konfortèvole] *a.* confortador. 2 confortable.

conforto [konfórto] *m.* consuelo, alivio.

confraternita [konfratèrnita] *f.* cofradía, hermandad.

confrontare [konfrontàre] *t.* confrontar.

confronto [konfrónto] *m.* confrontación *f.,* comparación *f.* ‖ *mettere a* ~, carear. ‖ *nei miei (tuoi, suoi...) confronti,* respecto a mí (a ti, a él), para conmigo (contigo, con él...).

confusione [konfuzjóne] *f.* confusión, barullo *m.*

confuso, -sa [konfúzo, -za] *a.* confuso.

confutare [konfutáre] *t.* confutar, refutar.

confutazione [konfutattsjóne] *f.* confutación, refutación.

congedare [kondʒedáre] *t.* despedir. 2 MIL. licenciar. 3 MED. dar de alta. 4 *pr.* despedirse.

congedo [kondʒèdo] *m.* despedida *f.* ‖ *prendere ~,* despedirse. 2 MIL. licenciamiento. ‖ *ufficiali in ~,* oficiales en situación de reserva. 3 BUR. permiso.

congegnare [kondʒeɲɲáre] *t.* ensamblar, montar. 2 fig. maquinar.

congegno [kondʒèɲɲo] *m.* mecanismo, aparato.

congelamento [kondʒelaménto] *m.* congelamiento, congelación *f.*

congelare [kondʒeláre] *t.-pr.* congelar. 2 *t.* POL. bloquear.

congelatore [kondʒelatóre] *m.* congelador.

congenere [kondʒènere] *a.* congénere.

congenito, -ta [kondʒènito, -ta] *a.* congénito.

congestionare [kondʒestjonáre] *t.-pr.* congestionar.

congestione [kondʒestjóne] *f.* congestión.

congettura [kondʒettúra] *f.* conjetura.

congetturare [kondʒetturáre] *t.* conjeturar.

congiungere [kondʒúndʒere] *t.-pr.* unir, juntar, enlazar. ¶ CONJUG. como *giungere.*

congiuntivite [kondʒuntivíte] *f.* conjuntivitis.

congiuntivo, -va [kondʒuntivo, -va] *a.* conjuntivo. 2 *a.-m.* GRAM. subjuntivo.

congiunto, -ta [kondʒúnto, -ta] *part. pas.* de *congiungere.* 2 *m.* pariente.

congiuntura [kondʒuntúra] *f.* coyuntura.

congiunzione [kondʒuntsjóne] *f.* conjunción, unión, empalme *m.*

congiura [kondʒúra] *f.* conjura, conjuración.

congiurare [kondʒuráre] *i.* conjurar. ¶ CONJUG. r. aux. *avere.*

congiurato, -ta [kondʒuráto, -ta] *a.-m.* conjurado.

conglomerare [konglomeráre] *t.-pr.* conglomerar.

conglomerato [konglomeráto] *m.* conglomerado.

conglomerazione [konglomerattsjóne] *f.* conglomeración.

congratularsi [kongratulársi] *pr.* congratular, felicitar, dar la enhorabuena. ‖ *mi congratulo con lei,* le felicito, le doy mi enhorabuena.

congratulazione [kongratulattsjóne] *f.* felicitación, enhorabuena. 2 congratulación.

congrega [kongrèga] *f.* congregación. 2 camarilla.

congregare [kongregáre] *t.-pr.* congregar.

congregazione [kongregattsjóne] *f.* congregación.

congressista [kongressista] *s.* congresista.

congresso [kongrèsso] *m.* congreso.

congressuale [kongressuále] *a.* perteneciente, relativo a un congreso. ‖ *deliberazioni congressuali,* deliberaciones del congreso.

congruente [kongruènte] *a.* congruente.

congruenza [kongruèntsa] *f.* congruencia.

congruo, -a [kòngruo, -a] *a.* congruo. 2 *f.* congrua.

conguaglio [kongwàʎʎo] *m.* balance, compensación de cuentas.

coniare [konjáre] *t.* acuñar.

conico, -ca [kòniko, -ka] *a.* cónico.

conifere [konifere] *f.-pl.* BOT. coníferas.

conigliera [koniʎʎèra] *f.* conejera.

coniglio, -glia [koniʎʎo, -ʎa] *s.* conejo.

conio [kònjo] *m.* acuñación *f.* 2 cuño, troquel. 3 cuña *f.*

coniugale [konjugále] *a.* conyugal.

coniugare [konjugáre] *t.* conjugar.

coniugato, -ta [konjugáto, -ta] *s.* casado.

coniugazione [konjugattsjóne] *f.* conjugación.

coniuge [kònjudʒe] *m.* cónyuge.

connaturale [konnaturále] *a.* connatural.

connazionale [konnattsjonále] *a.-s.* connacional.

connessione [konnessjóne] *f.* conexión.

connesso, -sa [konnèsso, -sa] *a.* conexo.

connettere [konnèttere] *t.* poner en conexión, en contacto, unir. 2 coordinar [ideas, etc.]. ¶ CONJUG. como *annettere.*

connivenza [konnivèntsa] *f.* connivencia.

connotare [konnotáre] *t.* FILOS. connotar.

connotato [konnotáto] *m.* seña *f.,* rasgo. 2 *pl.* señas personales *f.-pl.*

connubio [konnúbjo] *m.* connubio.

cono [kóno] *m.* cono.

conoscente [konoʃʃénte] *s.* conocido.

conoscenza [konoʃʃéntsa] *f.* conocimiento *m.* 2 *pl.* amistades, relaciones.

conoscere [konóʃʃere] *t.* conocer. ¶ CONJUG. IND. pret. ind.: *conobbi, conobbe; conobbero*. ‖ PART.: *conosciuto*.

conoscitore, -trice [konoʃʃitóre, -tritʃe] *s.* conocedor, entendido.

conosciuto, -ta [konoʃʃúto, -ta] *a.* conocido.

conquista [konkwista] *f.* conquista.

conquistare [konkwistáre] *t.-pr.* conquistar.

conquistatore, -trice [konkwistatóre, -tritʃe] *a.-s.* conquistador.

consacrare [konsakráre] *t.-pr.* consagrar.

consacrazione [konsakrattsjóne] *f.* consagración.

consanguineità [konsangwineità*] *f.* consanguinidad.

consanguineo, -a [konsangwineo, -a] *a.-s.* consanguíneo.

consapevole [konsapévole] *a.* consciente, responsable.

consapevolezza [konsapevoléttsa] *f.* conciencia, conocimiento *f.*

conscio, -scia [kónʃo, -ʃa] *a.* consciente.

consecutivo, -va [konsekutivo, -va] *a.* consecutivo.

consegna [konséɲɲa] *f.* entrega. 2 consigna, depósito *m.* 3 MIL. consigna.

conseguente [konsegwénte] *a.* consecuente, consiguiente.

conseguenza [konsegwéntsa] *f.* consecuencia. ‖ *di ~, per ~*, por consiguiente, en consecuencia.

conseguimento [konsegwiménto] *m.* consecución *f.*

conseguire [konsegwire] *t.* conseguir. 2 *i.* seguirse, resultar. ¶ CONJUG. r. aux. *avere* [t.], *essere* [i.].

consenso [konsénso] *m.* consentimiento, consenso.

consensuale [konsensuále] *a.* consensual.

consentire [konsentire] *i.-t.* consentir. ¶ CONJUG. r. aux. *avere* [t.-i.].

consenziente [konsentsjénte] *a.* conforme, concorde.

conserva [konsèrva] *f.* conserva.

conservare [konserváre] *t.* conservar, guardar. 2 *pr.* conservarse, mantenerse.

conservatore, -trice [konservatóre, -tritʃe] *a.-s.* conservador.

conservatorio [konservatòrjo] *m.* conservatorio.

conservazione [konservattsjóne] *f.* conservación.

considerare [konsideráre] *t.* considerar.

considerato, -ta [konsideráto, -ta] *a.* considerado.

considerazione [konsiderattsjóne] *f.* consideración.

considerevole [konsiderèvole] *a.* considerable.

consigliabile [konsiʎʎábile] *a.* aconsejable.

consigliare [konsiʎʎáre] *t.* aconsejar.

consigliere [konsiʎʎère] *m.* consejero. ‖ *~ comunale*, concejal. 2 consiliario.

consiglio [konsiʎʎo] *m.* consejo.

consistente [konsisténte] *a.* consistente, que consiste. 2 consistente, sólido.

consistenza [konsisténtsa] *f.* consistencia.

consistere [konsistere] *i.* consistir. ¶ CONJUG. como *esistere* (aux. *essere*).

consocio [konsòtʃo] *m.* consocio.

consolante [konsolánte] *a.* consolador.

consolare [konsoláre] *t.-pr.* consolar.

consolare [konsoláre] *a.* consular.

consolato [konsoláto] *m.* consulado.

consolatore, -trice [konsolatóre, -tritʃe] *a.-s.* consolador.

consolazione [konsolatsjóne] *f.* consuelo *m.* 2 consolación.

console [kónsole] *m.* cónsul.

consolidamento [konsolidaménto] *m* consolidación *f.*

consolidare [konsolidáre] *t.* consolidar.

consommè [konsomè*] *m.* consomé.

consonante [konsonánte] *a.-f.* consonante.

consonanza [konsonántsa] *f.* consonancia.

consono, -na [kónsono, -na] *a.* cónsone.

consorte [konsòrte] *s.* consorte.

consorzio [konsòrtsjo] *m.* consorcio, asociación *f.*

constare [konstáre] *i.* constar, estar compuesto de. ¶ CONJUG. r. aux.: *essere*.

constatare [konstatáre] *t.* constatar, comprobar.

constatazione [konstatattsjóne] *f.* constatación, comprobación.

consueto, -ta [konsuèto, -ta] *a.* acostumbrado, habitual. ‖ *di ~*, habitualmente, de costumbre.

consuetudinario, -ria [konsuetudinárjo, -rja] *a.* consuetudinario.

consuetudine [konsuetúdine] *f.* costumbre.

consulente [konsulénte] *a.-s.* consultor.

consulenza [konsuléntsa] *f.* consulta.

consulta [konsúlta] *f.* consulta.

consultare [konsultáre] *t.* consultar.

consultazione [konsultattsjóne] *f.* consulta.

consultivo, -va [konsultivo, -va] *a.* consultivo.

consulto [konsúlto] *m.* consulta *f.*

consultorio [konsultórjo] *m.* consultorio.

consumare [konsumáre] *t.* consumir, gastar. 2 consumir [comida o bebida]. 3 *pr.* consumirse. 4 *t.* consumar.

consumatore [konsumatóre] *m.* consumidor.

consumazione [konsumattsjóne] *f.* consumición. 2 consumación.

consumo [konsúmo] *m.* consumo.

consuntivo [konsuntivo] *m.* ECON. balance de ganancias y pérdidas.

consunto, -ta [konsúnto, -ta] *a.* consumido. 2 gastado.

consuocero, -ra [konswótʃero, -ra] *s.* consuegro.

contabile [kontábile] *m.* contable.

contabilità [kontabilità*] *f.* contabilidad, contaduría.

contachilometri [kontakilómetri] *m.* cuentakilómetros.

contadino, -na [kontadino, -na] *s.* campesino.

contagiare [kontadʒáre] *t.-pr.* contagiar.

contagio [kontádʒo] *m.* contagio.

contagioso, -sa [kontadʒóso, -sa] *a.* contagioso.

contagocce [kontagóttʃe] *m.* cuentagotas.

contaminare [kontamináre] *t.* contaminar.

contaminazione [kontaminattsjóne] *f.* contaminación.

contante [kontánte] *a.* contante. 2 *m.* dinero suelto. ‖ *in contanti,* al contado.

contare [kontáre] *t.-i.* contar. ‖ ~ *su,* contar con. ¶ CONJUG. r. aux. *avere* [t.-i.].

contatore [kontatóre] *m.* contador.

contatto [kontátto] *m.* contacto.

conte [kónte] *m.* conde.

contea [kontéa] *f.* condado *m.*

conteggio [kontéddʒo] *m.* recuento, cálculo, cuenta *f.*

contegno [kontéɲɲo] *m.* comportamiento, conducta *f.*

contemperare [kontemperáre] *t.* contemperar, atemperar.

contemplare [kontempláre] *t.* contemplar. 2 considerar.

contemplativo, -va [kontemplativo, -va] *a.* contemplativo.

contemplazione [kontemplattsjóne] *f.* contemplación.

contempo (nel) [kontémpo] *loc. adv.* al mismo tiempo.

contemporaneo, -a [kontemporáneo, -a] *a.* contemporáneo.

contendente [kontendénte] *a.-s.* contendiente, competidor.

contendere [konténdere] *i.* contender. 2 *pr.* disputarse. ¶ CONJUG. como *tendere* (aux. *avere*).

contenere [konténere] *t.-pr.* contener. ¶ CONJUG. como *tenere.*

contentare [kontentáre] *t.-pr.* contentar.

contentezza [kontentéttsa] *f.* contento *m.,* alegría.

contento, -ta [konténto, -ta] *a.* contento, satisfecho, alegre.

contenuto [kontenúto] *m.* contenido.

contenzioso, -sa [kontentsjóso, -sa] *a.* contencioso.

contesa [kontésa] *f.* contienda.

contessa [kontéssa] *f.* condesa.

contestare [kontestáre] *t.* constestar, impugnar.

contestatore, -trice [kontestatóre, -tritʃe] *a.-s.* contestatario.

contestazione [kontestattsjóne] *f.* contestación.

contesto [kontésto] *m.* contexto.

contiguo, -gua [kontiguo, -gua] *a.* contiguo.

continentale [kontinentále] *a.* continental.

continente [kontinénte] *a.* continente. 2 *m.* GEOGR. continente.

continenza [kontinéntsa] *f.* continencia.

contingente [kontindʒénte] *a.-m.* contingente.

continuare [kontinuáre] *t.-i.* continuar, seguir. ‖ ~ *a parlare,* seguir hablando. ¶ CONJUG. r. aux. *avere* [t.-i. referido a persona], *essere* o *avere* [referido a cosa].

continuatore, -trice [kontinuatóre, -tritʃe] *s.* continuador.

continuazione [kontinuattsjóne] *f.* continuación.

continuità [kontinuità*] *f.* continuidad.

continuo, -a [kontinuo, -a] *a.* continuo, seguido.

conto [kònto] *m.* cuenta *f.*

contorcere [kontòrtʃere] *t.* retorcer, torcer. 2 *pr.* contorcerse. ¶ CONJUG. como *torcere*.

contornare [kontornáre] *t.* contornear, rodear.

contorno [kontórno] *m.* contorno, perfil. 2 guarnición *f.* [referido a comida].

contorsione [kontorsjóne] *f.* contorsión.

contrabbandiere, -ra [kontrabbandjère, -ra] *a.-s.* contrabandista.

contrabbando [kontrabbándo] *m.* contrabando.

contrabbasso [kontrabbásso] *m.* contrabajo.

contraccambiare [kontrakkambjáre] *t.* corresponder.

contraccambio [kontrakkámbjo] *m.* contracambio.

contraccolpo [kontrakkólpo] *m.* rebote. 2 fig. repercusión *f.*

contraccettivo, -va [kontrattʃettivo, -va] *a.-m.* anticonceptivo.

contraddire [kontraddíre] *t.-i.* contradecir. 2 llevar la contraria. 3 *pr.* contradecirse. ¶ CONJUG. como *dire* (aux. *avere* [t.-i.]).

contraddistinguere [kontraddistingwere] *t.* marcar, señalar, distinguir [con una señal].

contraddittorio, ria [kontraddittòrjo, -rja] *a.* contradictorio.

contraddizione [kontradditsjóne] *f.* contradicción.

contraente [kontraènte] *a.-s.* contrayente. 2 contratante.

contraereo, -a [kontraèreo, -a] *a.* antiaéreo.

contraffare [kontraffáre] *t.* contrahacer, remedar. 2 falsificar. 3 *t.-pr.* desfigurar. ¶ CONJUG. como *fare*.

contraffatto, -ta [kontraffátto, -ta] *a.* contrahecho.

contraffazione [kontraffattsjóne] *f.* falsificación, desfiguración.

contrafforte [kontraffòrte] *m.* contrafuerte.

contralto [kontrálto] *m.* contralto.

contrammiraglio [kontrammiráʎʎo] *m.* contraalmirante.

contrappesare [kontrappesáre] *t.* contrapesar.

contrappeso [kontrappèso] *m.* contrapeso.

contrapporre [kontrappórre] *t.-pr.* contraponerse.

contrapposizione [kontrappozittsjóne] *f.* contraposición.

contrappunto [kontrappúnto] *m.* contrapunto.

contrariare [kontrarjáre] *t.* contrariar.

contrarietà [kontrarjetá*] *f.* contrariedad.

contrario, -ria [kontrárjo, -rja] *a.* contrario. 2 *m.* lo contrario.

contrarre [kontrárre] *t.-pr.* contraer. ¶ CONJUG. como *trarre*.

contrassegnare [kontrasseɲɲáre] *t.* marcar, señalar, contramarcar.

contrassegno [kontrasèɲɲo] *m.* distintivo, contraseña *f.*, contramarca *f.*

contrastare [kontrastáre] *t.-i.* contrastar, contrarrestar. ¶ CONJUG. r. aux. *avere* [t.-i.].

contrasto [kontrásto] *m.* contraste.

contrattacco [kontrattákko] *m.* contraataque.

contrattare [kontrattáre] *t.* contratar.

contrattazione [kontrattattsjóne] *f.* contratación.

contrattempo [kontrattèmpo] *m.* contratiempo, percance.

contratto, -ta [kontrátto, -ta] *a.* contracto. 2 *m.* contrato.

contrattuale [kontrattuále] *a.* contractual.

contravvenire [kontravveníre] *t.* contravenir. ¶ CONJUG. como *venire*.

contravventore, -trice [kontravventóre, -tritʃe] *s.* contraventor.

contravvenzione [kontravventsjóne] *f.* contravención.

contrazione [kontrattsjóne] *f.* contracción.

contribuente [kontribuènte] *a.-s.* contribuyente.

contribuire [kontribuíre] *i.* contribuir. ¶ CONJUG. r. aux. *avere*.

contributo [kontribúto] *m.* contribución *f.*

contribuzione [kontributtsjóne] *f.* contribución.

contristare [kontristáre] *t.-pr.* contristar, afligir.

contrito, -ta [kontrito, -ta] *a.* contrito.

contrizione [kontrittsjóne] *f.* contrición.

contro [kòntro] *prep.* contra. ‖ *per ~,* al contrario, en cambio. 2 *m.* contra: *il pro e il ~,* el pro y el contra.

controbattere [kontrobáttere] *t.* fig. rebatir.

controbilanciare [kontrobilantʃáre] *t.* contrapesar.

controcorrente [kontrokorrɛnte] *f. adv.* contracorriente.

controcultura [kontrokultúra] *f.* contracultura.

controffensiva [kontroffensiva] *f.* contraofensiva.

controfigura [kontrofigúra] *f.* doble *m.*

controfirma [kontrofirma] *f.* refrendo *m.*

controfirmare [kontrofirmáre] *t.* refrendar.

controindicazione [kontroindikattsjóne] *f.* contraindicación.

controllare [kontrolláre] *t.* controlar, revisar.

controllo [kontrɔ́llo] *m.* control, revisión *f.*

controllore [kontrollóre] *m.* revisor.

controluce [kontrolútʃe] *f.* contraluz. 2 *adv.* a contraluz.

contropartita [kontropartita] *f.* contrapartida.

controproducente [kontroprodutʃɛnte] *a.* contraproducente.

contrordine [kontrɔ́rdine] *f.* contraorden.

controriforma [kontrorifɔ́rma] *f.* contrarreforma.

controrivoluzione [kontrorivoluttsjóne] *f.* contrarrevolución.

controsenso [kontrosɛnso] *m.* contrasentido.

controversia [kontrovɛrsja] *f.* controversia.

controverso, -sa [kontrovɛrso, -sa] *a.* controvertido, discutido.

contumace [kontumátʃe] *a.* contumaz, rebelde.

contumacia [kontumátʃa] *f.* contumacia, rebeldía.

contundente [kontundɛnte] *a.* contundente.

conturbare [konturbáre] *t.-pr.* conturbar.

contusione [kontuzjóne] *f.* contusión.

contuso, -sa [kontúzo, -za] *a.* contuso.

convalescente [konvaleʃʃɛnte] *a.* convaleciente.

convalescenza [konvaleʃʃɛntsa] *f.* convalecencia. ‖ *entrare in ~,* convalecer.

convalidamento [konvalidamɛnto] *m.* convalidación *f.*

convalidare [konvalidáre] *t.* convalidar, revalidar.

convalidazione [konvalidattsjóne] *f.* convalidación, reválida.

convegno [konvéɲɲo] *m.* reunión *f.,* congreso. 2 cita *f.*

convenevole [konvenévole] *a.* conveniente. 2 *m.-pl.* cumplidos.

conveniente [konvenjɛnte] *a.* conveniente.

convenienza [konvenjɛntsa] *f.* conveniencia.

convenire [konvenire] *i.* concurrir, confluir. 2 convenir, estar de acuerdo. 3 convenir, ser necesario. 4 *pr.* avenirse. ¶ CONJUG. como *venire* (aux. *essere,* excepto *avere* en significado 2).

convento [konvɛnto] *m.* convento.

convenuto, -ta [konvenúto, -ta] *part. pas.* de *convenire.* 2 *a.-m.* convenido. 3 participante [a una reunión].

convenzionale [konventsjonále] *a.* convencional.

convenzionalismo [konventsjonalizmo] *m.* convencionalismo.

convenzione [konventsjóne] *f.* convención.

convergente [konverdʒɛnte] *a.* convergente.

convergenza [konverdʒɛntsa] *f.* convergencia.

convergere [konvɛrdʒere] *i.* converger, convergir. ¶ CONJUG. (aux. *essere*) IND. pret. ind. (junto a las formas regulares: *convergei, convergesti,* etc.): *conversi, converse; conversero*. ‖ PART. (raro): *converso.*

conversare [konversáre] *i.* conversar. ¶ CONJUG. r. aux. *avere.*

conversazione [konversattsjóne] *f.* conversación.

conversione [konversjóne] *f.* conversión.

converso, -sa [konvɛrso, -sa] *a.-s.* converso.

convertibile [konvertibile] *a.* convertible.

convertire [konvertíre] *t.-pr.* convertir. ¶ CONJUG. IND. pres.: *converto.* | pret. ind.: *convertii* o *conversi*. ‖ PART.: *convertito,* (lit.) *converso.*

convertito, -ta [konvertito, -ta] *a.-s.* convertido, converso.

convessità [konvessità*] *f.* convexidad.

convesso, -sa [konvɛsso, -sa] *a.* convexo.

convincente [konvintʃɛnte] *a.* convincente.

convincere [konvintʃere] *t.-pr.* convencer. ¶ CONJUG. como *vincere.*

convincimento [konvintʃimɛnto] *m.* convencimiento.

convinto, -ta [konvinto, -ta] *part. pas.* de *convincere.* 2 *a.* convicto.

convinzione [konvintsjóne] *a.* convicción.

convitto [konvítto] *m.* convicto, internado.

convivenza [konvivéntsa] *f.* convivencia.

convivere [konvívere] *i.* convivir. ¶ CONJUG. como *vivere* (aux. *essere* y *avere*).

convocare [konvokáre] *t.* convocar.

convocazione [konvokattsjóne] *f.* convocación, convocatoria.

convogliare [konvoʎʎáre] *t.* convoyar.

convoglio [konvóʎʎo] *m.* convoy.

convolare [konvoláre] *i.* en la loc.: ~ *a nozze,* casarse.

convulsione [konvulsjóne] *f.* convulsión.

convulso, -sa [konvúlso, -sa] *a.* convulso.

cooperare [kooperáre] *i.* cooperar. ¶ CONJUG. r. aux. *avere.*

cooperativo, -va [kooperativo, -va] *a.* cooperativo. 2 *f.* cooperativa.

cooperatore, -trice [kooperatóre, -tritʃe] *a.-s.* cooperador.

cooperazione [kooperattsjóne] *f.* cooperación.

coordinamento [koordinaménto] *m.* coordinamiento, coordinación *f.*

coordinare [koordináre] *t.* coordinar.

coordinata [koordináta] *f.* coordenada.

coordinatore, -trice [koordinatóre, -tritʃe] *a.-s.* coordinador.

coordinazione [koordinattsjóne] *f.* coordinación.

coperchio [kopérkjo] *m.* tapa *f.,* tapadera *f.*

coperta [kopérta] *f.* manta, cubierta. 2 MAR. cubierta.

coperto, -ta [kopérto, -ta] *a.* cubierto. 2 abrigado. 3 *m.* cubierto.

copertone [kopertóne] *m.* lona *f.* 2 cubierta *f.* [de neumático].

copertura [kopertúra] *f.* cobertura. 2 cubierta.

copia [kópja] *f.* copia, ejemplar *m.*

copiare [kopjáre] *t.* copiar.

copiativo, -va [kopjativo, -va] *a.* de copia, para copiar: *inchiostro* ~, tinta de copia.

copione [kopjóne] *m.* guión [radiofónico, de teatro, etc.].

copioso, -sa [kopjóso, -sa] *a.* copioso.

copista [kopísta] *s.* copista.

coppa [kóppa] *f.* copa.

coppia [kóppja] *f.* pareja.

copricapo [koprikápo] *m.* sombrero [en general].

coprifuoco [koprifwóko] *m.* queda *f.* ‖ *segnale di* ~, toque de queda.

copriletto [koprilétto] *m.* cubrecama, colcha *f.*

coprire [kopríre] *t.-pr.* cubrir, tapar. 2 fig. encubrir. ¶ CONJUG. como *aprire.*

copto, -ta [kópto, -ta] *a.-s.* copto.

copula [kópula] *f.* cópula.

copulativo, -va [kopulativo, -va] *a.* copulativo.

coraggio [koráddʒo] *m.* valor, ánimo, coraje. ‖ *farsi* ~, animarse.

coraggioso [koraddʒóso] *a.* valiente, valeroso.

corale [korále] *a.* coral.

corallino, -na [korallíno, -na] *a.* coralino.

corallo [korállo] *m.* coral.

corazza [koráttsa] *f.* coraza.

corazzata [korattsáta] *f.* acorazado *m.*

corazziere [korattsjère] *m.* coracero.

corbelleria [korbelleria] *f.* pop. disparate.

corda [kórda] *f.* cuerda. 2 soga.

cordame [kordáme] *m.* cordaje.

cordiale [kordjále] *a.-m.* cordial.

cordialità [kordjalità*] *f.* cordialidad.

cordigliera [kordiʎʎéra] *f.* cordillera.

cordoglio [kordóʎʎo] *m.* pesar, duelo, aflicción *f.* 2 pésame.

cordone [kordóne] *m.* cordón.

coreano, -na [koreáno, -na] *a.-s.* coreano.

coreografia [koreografía] *f.* coreografía.

coreografo, -fa [koreógrafo, -fa] *s.* coreógrafo.

coriaceo, -a [korjátʃeo, -a] *a.* coriáceo.

coriandolo [korjándolo] *m.* confeti.

coricare [korikáre] *t.-pr.* acostar.

corna [kórna] *f.-pl.* de *corno.*

cornacchia [kornákkja] *f.* corneja.

cornamusa [kornamúza] *f.* cornamusa, gaita.

cornata [kornáta] *f.* cornada.

corneo, -a [kórneo, -a] *a.* córneo. 2 *f.* córnea.

cornetta [kornétta] *f.-m.* corneta.

cornetto [kornétto] *m.* croissant.

cornice [kornítʃe] *m.* marco. 2 ARQ. cornisa *f.*

cornicione [kornitʃóne] *m.* cornisa *f.*

corno [kórno] *m.* cuerno. 2 *pl. f.* **corna,** cuando se refiere a los cuernos de animal; *pl. m.* **corni,** cuando significa cuernos musicales, ángulos, etc.

cornuto, -ta [kornúto, -ta] *a.* cornudo.

coro [kòro] *m.* coro.

corolla [koròlla] *f.* corola.

corollario [korollárjo] *m.* corolario.

corona [koróna] *f.* corona.

coronamento [koronaménto] *m.* coronamiento, coronación *f.*

coronare [koronáre] *t.* coronar.

corpetto [korpétto] *m.* corpiño. 2 chaleco.

corporativo, -va [korporatívo, -va] *a.* corporativo.

corporatura [korporatúra] *f.* complexión, talle *m.*

corporazione [korporattsjóne] *f.* corporación, gremio *m.*

corporeo, -a [korpóreo, -a] *a.* corpóreo, corporal.

corpulento, -ta [korpulénto, -ta] *a.* corpulento.

corpulenza [korpuléntsa] *f.* corpulencia.

corredare [korredáre] *t.* proveer, equipar, amueblar.

corredo [korrédo] *m.* ajuar. 2 mueblaje, utensilios *m.-pl.* 3 fig. bagaje.

correggere [korréddʒere] *t.* corregir. ¶ CONJUG. como *reggere.*

correlativo, -va [korrelatívo, -va] *a.* correlativo.

correlazione [korrelattsjóne] *f.* correlación.

correligionario, -ria [korrelidʒonárjo, -rja] *a.-s.* correligionario.

corrente [korrénte] *a.-f.* corriente.

correntista [korrentista] *s.* cuentacorrentista.

correre [kórrere] *i.* correr. 2 *t.* correr, recorrer. ¶ CONJUG. (aux. *avere* y *essere* IND. pret. ind.: *corsi, corse; corsero.* ‖ PART.: *corso.*

correttezza [korrettéttsa] *f.* corrección. 2 formalidad, urbanidad.

correttivo, -va [korrettívo, -va] *a.-m.* correctivo.

corretto, -ta [korrétto, -ta] *a.* correcto.

correttore, -trice [korrettóre, -tritʃe] *s.* corrector.

correzionale [korrettsjonále] *a.-m.* correccional.

correzione [korrettsjóne] *f.* corrección.

corrida [korrída] *f.* corrida.

corridoio [korridójo] *m.* pasillo, corredor.

corridore, -trice [korridóre, -tritʃe] *a.-s.* corredor.

corriera [korrjéra] *f.* autocar *m.,* coche *m.* de línea.

corriere [korrjére] *m.* correo.

corrispettivo, -va [korrispettívo, -va] *a.* respectivo. 2 *m.* retribución *f.,* compensación *f.*

corrispondente [korrispondénte] *a.* correspondiente. 2 *s.* corresponsal.

corrispondenza [korrispondéntsa] *f.* correspondencia. 2 enlace *m.*

corrispondere [korrispóndere] *i.* corresponder. ¶ CONJUG. como *rispondere* (aux. *avere*). 2 *t.* pagar.

corroborare [korroboráre] *t.* corroborar.

corroborazione [korroborattsjóne] *f.* corroboración.

corrodere [korródere] *t.* corroer. ¶ CONJUG. como *rodere.*

corrompere [korrómpere] *t.-pr.* corromper. ¶ CONJUG. como *rompere.*

corrosione [korrozjóne] *f.* corrosión.

corrosivo, -va [korrozívo, -va] *a.* corrosivo.

corrotto, -ta [korrótto, -ta] *a.* corrompido, corrupto.

corrucciato, -ta [korruttʃáto, -ta] *a.* enojado.

corrugare [korrugáre] *t.-pr.* fruncir, arrugar.

corruttibile [korruttíbile] *a.* corruptible.

corruttore, -trice [korruttóre, -tritʃe] *a.-s.* corruptor.

corruzione [korruttsjóne] *f.* corrupción.

corsa [kórsa] *f.* carrera.

corsaro, -ra [korsáro, -ra] *a.-m.* corsario.

corsetteria [korsetteria] *f.* corsetería.

corsetto [korsétto] *m.* corsé.

corsia [korsia] *f.* pasillo *m.* 2 carril *m.* [de carretera].

corsivo, -va [korsívo, -va] *a.* cursivo. ‖ *scrivere in ~,* escribir en cursiva.

corso [kórso] *m.* curso. 2 avenida *f.,* paseo.

corso, -sa [kórso, -sa] *a.-s.* corso [de Córcega].

corte [kórte] *f.* corte. 2 DER. tribunal *m.*

corteccia [kortéttʃa] *f.* corteza.

corteggiamento [korteddzaménto] *m.* cortejo.

corteggiare [korteddʒáre] *t.* cortejar, galantear.

corteggiatore, -trice [korteddʒatóre, -tritʃe] *s.* cortejador.

corteo [kortéo] *m.* cortejo.

cortese [kortéze] *a.* cortés.

cortesia [kortezia] *f.* cortesía. ‖ *per ~,* por favor.

cortigiano, -na [kortidʒáno, -na] *a.-s.* cortesano. 2 fig. adulador.

cortile [kortile] *m.* patio. 2 corral.

cortina [kortina] *f.* cortina.

corto, -ta [kórto, -ta] *a.* corto, breve.

cortometraggio [kortometráddʒo] *m.* cortometraje.

corvino, -na [korvíno, -na] *a.* corvino.

corvo [kórvo] *m.* cuervo.

cosa [kósa] *f.* cosa. 2 qué. ‖ ~ *fai?.* ¿qué haces? ‖ *qualche* ~, algo.

cosacco, -ca [kozákko, -ka] *a.-s.* cosaco.

coscia [kóʃʃa] *f.* muslo *m.*

cosciente [koʃʃènte] *a.* consciente.

coscienza [koʃʃèntsa] *f.* conciencia.

coscienzoso, -sa [koʃʃentsjóso, -sa] *a.* concienzudo, escrupuloso.

coscritto [koskrítto] *m.* quinto, recluta.

così [kosi*] *adv.* así. 2 tan, tanto.

cosicchè [kosikkè*] *conj.* así que, de modo que.

cosiddetto, -ta [kosiddétto, -ta] *a.* denominado, así llamado.

cosmetico, -ca [kozmétiko, -ka] *a.-m.* cosmético. 2 *f.* cosmética.

cosmico, -ca [kósmiko, -ka] *a.* cósmico.

cosmo [kózmo] *m.* cosmos.

cosmogonia [kozmogonía] *f.* cosmogonía.

cosmografia [kozmografía] *f.* cosmografía.

cosmologia [kozmolodʒía] *f.* cosmología.

cosmonauta [kozmonáuta] *s.* cosmonauta.

cosmopolita [kozmopolíta] *a.-s.* cosmopolita.

cospargere [kospárdʒere] *t.* esparcir, deramar. ¶ CONJUG. como *spargere.*

cospetto [kospètto] *m.* presencia *f.*

cospicuo, -a [kospíkuo, -a] *a.* conspicuo.

cospirare [kospiráre] *i.* conspirar. ¶ CONJUG. r. aux. *avere.*

cospiratore, -trice [kospiratóre, -tritʃe] *s.* conspirador.

cospirazione [kospirattsjóne] *f.* conspiración.

costa [kósta] *f.* costilla. 2 lomo *m.* [de libro, de cuchillo]. 3 costa. 4 cuestas.

costante [kostánte] *a.-f.* constante.

costanza [kostántsa] *f.* constancia.

costare [kostáre] *i.* costar. ¶ CONJUG. r. aux. *essere.*

costaricense [kostaritʃènse] *a.-s.* costarriqueño.

costato [kostáto] *m.* costado.

costeggiare [kosteddʒáre] *t.* MAR. costear.

costei [kostèi] *pron.* (*f.* de *costui*) ésa.

costellare [kostelláre] *t.* cubrir.

costellazione [kostellatsjóne] *f.* constelación.

costernare [kosternáre] *t.-pr.* consternar.

costernazione [kosternattsjóne] *f.* consternación.

costiera [kostjèra] *f.* costa. 2 cuesta.

costipare [kostipáre] *t.-pr.* constipar.

costipazione [kostipattsjóne] *f.* constipación. 2 constipado *m.*

costituente [kostituènte] *a.-s.* constituyente.

costituire [kostituíre] *t.* constituir.

costitutivo, -va [kostitutívo, -va] *a.* constitutivo.

costituzionale [kostituttsjonále] *a.* constitucional.

costituzione [kostituttsjóne] *f.* constitución.

costo [kósto] *m.* coste. ‖ *a* ~ *di*, a costa de. ‖ *ad ogni* ~, a toda costa. ‖ *a nessun* ~, de ninguna manera, a ningún precio.

costola [kóstola] *f.* costilla. 2 lomo *m.* [de cuchillo, libro].

costoletta [kostolètta] *f.* chuleta.

costoro [kostóro] *pron.* (*pl.* de *costui* y *costei*) ésos, ésas.

costoso, -sa [kostóso, -sa] *a.* costoso.

costretto, -to [kostrètto, -ta] *part. pas.* de *costringere.* 2 *a.* obligado, forzado, constreñido.

costringere [kostrindʒere] *t.* constreñir, obligar. ¶ CONJUG. como *stringere.*

costrizione [kostrittsjóne] *f.* constricción, obligación.

costruire [kostruíre] *t.* construir.

costruttivo, -va [kostruttívo, -va] *a.* constructivo.

costruttore, -trice [kostruttóre, -tritʃe] *s.* constructor.

costruzione [kostruttsjóne] *f.* construcción.

costui [kostúi] *pron.* ése.

costume [kostúme] *m.* costumbre *f.* hábito. 2 traje [típico, de época]. ‖ ~ *da bagno,* bañador.

cotogna [kotóɲɲa] *f.* membrillo *m.* [fruto].

cotognata [kotoɲɲáta] *f.* (carne de) membrillo *m.*

cotogno [kotóɲɲo] *m.* membrillo [arbusto].

cotoletta [kotolètta] *f.* chuleta.

cotonare [kotonáre] *t.* crepar.

cotone [kotóne] *m.* algodón.

cotonificio [kotonifítʃo] *m.* hilandería *f.* de algodón.

cotonina [kotonína] *f.* cretona.

cotta [kòtta] *f.* chifladura. ‖ *prendere una* ~, enamorarse. 2 borrachera. ‖ *prendere una* ~, emborracharse. 3 ECL. sobrepelliz *m.,* roquete *m.*

cottimo [kòttimo] *m.* destajo.

cotto, -ta [kòtto] *part. pas.* de *cuocere:* cocido. 2 fig. borracho. 3 chiflado.

cottura [kottúra] *f.* cocción.

covacciolo [kovàttʃolo] *m.* covacha *f.*

covare [kováre] *t.* empollar, incubar. 2 fig. guardar celosamente, anidar. ‖ ~ *le lenzuola,* quedarse por pereza en la cama. 3 *i.* anidar, mantenerse escondido. ‖ *qui gatta ci cova,* aquí hay gato encerrado. ¶ CONJUG. r. aux. *avere* [t.-i.].

covata [ková ta] *f.* pollada, nidada.

covile [kovile], **covo** [kòvo] *m.* cubil, guarida *f.,* madriguera *f.*

covone [kovóne] *m.* gavilla *f.*

cozza [kòttsa] *f.* mejillón *m.*

cozzare [kottsáre] *i.* chocar. ¶ CONJUG. r. aux. *avere.*

cozzo [kòttso] *m.* choque, encontronazo.

crac [krak] *m.* crac.

crampo [kràmpo] *m.* calambre.

cranio [kràŋjo] *m.* cráneo.

crapula [kràpula] *f.* crápula *m.*

crasso, -sa [kràsso, -sa] *a.* craso.

cratere [kratère] *m.* cráter.

crauti [kràuti] *m.-pl.* coles *f.-pl.* fermentadas.

cravatta [kravàtta] *f.* corbata.

cravattino [kravattino] *m.* corbatín.

creanza [kreàntsa] *f.* crianza, educación, modales *m.-pl.*

creare [kreáre] *t.* crear.

creativo, -va [kreativo, -va] *a.* creativo.

creato, -ta [kreàto, -ta] *a.* creado. 2 *m.* creación *f.,* universo.

creatore, -trice [kreatóre, -tritʃe] *a.-s.* creador.

creatura [kreatúra] *f.* criatura.

creazione [kreattsjóne] *f.* creación.

credente [kredènte] *a.-s.* creyente.

credenza [kredèntsa] *f.* creencia. 2 crédito *m.* 3 aparador *m.* 4 ECL. credencia.

credenziale [kredentsjále] *a.-f.* credencial.

credere [krèdere] *t.* creer [tener fe]. 2 opinar, pensar, estimar, creer. ‖ ~ *di sì, di no,* creer que sí, que no. ¶ CONJUG. IND. pret. ind.: *credei* o *credetti, credesti.*

credibile [kredíbile] *a.* creíble.

credibilità [kredibilità*] *f.* credibilidad.

creditizio, -zia [kreditittsjo, -tsja] *a.* crediticio.

credito [krèdito] *m.* crédito.

creditore, -trice [kreditóre, -tritʃe] *s.* acreedor.

credo [krèdo] *m.* credo.

credulità [kredulità*] *f.* credulidad.

credulo, -la [krèdulo, -la] *a.* crédulo.

credulone, -na [kredulóne, -na] *a.-s.* bobalicón, papanatas.

crema [krèma] *f.* crema. 2 nata.

cremare [kremáre] *t.* incinerar.

crematorio, -ria [krematòrjo, -rja] *a.-m.* crematorio.

cremlinologia [kremlinoldʒia] *f.* cremlinología.

cremoso, -sa [kremóso, -sa] *a.* cremoso.

creolo, -la [krèolo, -la] *a.-s.* criollo.

crepa [krèpa] *f.* grieta.

crepaccio [krepàttʃo] *m.* grieta *f.,* hendidura *f.*

crepacuore [krepakuòre] *m.* congoja *f.* aflicción *f.* [grande].

crepapelle (a) [krepapèlle] *loc. adv.* a más no poder, hasta reventar.

crepare [krepáre] *i.-pr.* henderse, agrietarse. 2 reventar. 3 fig. morir. ¶ CONJUG. r. aux. *essere.*

crepitare [krepitáre] *t.* crepitar. ¶ CONJUG. r. aux. *avere.*

crepitio [krepitio] *m.* crepitación *f.*

crepuscolare [krepuskoláre] *a.* crepuscular.

crepuscolo [krepúskolo] *m.* crepúsculo.

crescendo [kreʃʃèndo] *m.* crescendo.

crescente [kreʃʃènte] *a.* creciente.

crescenza [kreʃʃèntsa] *f.* crecimiento *m.*

crescere [krèʃʃere] *t.* acrecentar, subir. 2 criar. 3 *i.* crecer. ¶ CONJUG. (aux. *essere* [i.], *avere* [t.]) IND. pret. ind.: *crebbi, crebbe; crebbero.* ‖ PART.: *cresciuto.*

crescita [krèʃʃita] *f.* crecimiento *m.,* crecida.

cresima [krèzima] *f.* ECL. confirmación.

cresimare [krezimáre] *t.* ECL. confirmar.

crespo, -pa [krèspo, -pa] *a.* crespo, encrespado.

cresta [krèsta] *f.* cresta.

creta [krèta] *f.* creta, arcilla.

cretaceo, -a [kretàtʃeo, -a] *a.* cretáceo, arcilloso.

cretese [kretèse] *a.-s.* cretense.

cretino, -na [kretino, -na] *a.* cretino.

cricca [krikka] *f.* camarilla.

cricco [krikko] *m.* cric, gato.

criminale [kriminále] *a.-m.* criminal.

criminalità [kriminalità*] *f.* criminalidad.

crimine [krimine] *m.* crimen.

criminoso, -sa [kriminóso, -sa] *a.* criminoso.

crine [krine] *m.* crin *f.*

criniera [krinjéra] *f.* crines *f.-pl.* 2 melena.

crinolina [krinolina] *f.* miriñaque *f.*

cripta [krípta] *f.* cripta.

crisalide [krizálide] *f.* crisálida.

crisantemo [krizantémo] *m.* crisantemo.

crisi [krízi] *f.* crisis.

crisma [krízma] *m.* crisma *amb.* ‖ **con tutti i crismi,** en regla.

cristalleria [kristalleria] *f.* cristalería.

cristallino, -na [kristallino, -na] *a.* cristalino.

cristallizzare [kristalliddzáre] *i.-pr.-t.* cristalizar. ¶ CONJUG. r. aux. *essere* [i.], *avere* [t.].

cristallizzazione [kristalliddzattsjóne] *f.* cristalización.

cristallo [kristállo] *m.* cristal.

cristianesimo [kristjanézimo] *m.* cristianismo.

cristianità [kristjanitá*] *f.* cristianidad.

cristiano, -na [kristjáno, -na] *a.-s.* cristiano.

criterio [kritèrjo] *m.* criterio.

criticare [kritikáre] *t.* criticar.

criticismo [krititʃizmo] *m.* criticismo.

critico, -ca [krítiko, -ka] *a.-m.* crítico. 2 *f.* crítica.

criticone, -na [kritikóne, na] *a.* criticón.

crittogame [krittógame] *f.-pl.* criptógamas.

crivellare [krivelláre] *t.* acribillar. 2 cribar.

crivello [krivèllo] *m.* criba *f.*

croccante [krokkánte] *a.* crujiente. 2 *m.* crocante.

crocchetta [krokkètta] *f.* croqueta.

crocchia [krókkja] *f.* moño *m.*

crocchio [krókkjo] *m.* corro, corrillo.

croce [krótʃe] *f.* cruz.

crocevia [krotʃevia] *f.* encrucijada.

crociato, -ta [krotʃáto, -ta] *m.* cruzado. 2 *f.* cruzada.

crocicchio [krotʃikkjo] *m.* encrucijada *f.*

crociera [krotʃèra] *f.* crucero *m.*

crocifiggere [krotʃifiddʒere] *t.* crucificar. ¶ CONJUG. como **figgere.** ‖ PART.: **crocifisso.**

crocifissione [krotʃifissjóne] *f.* crucifixión.

crocifisso, -sa [krotʃifisso, -sa] *part. pas.* de **crocifiggere.** 2 *a.* crucificado. 3 *m.* crucifijo.

crogiolare [krodʒoláre] *t.* cocer a fuego lento. 2 *pr.* calentarse. 3 fig. deleitarse.

crogiolo [krodʒólo] *m.* crisol.

crollare [krolláre] *t.* sacudir. 2 *i.* derrumbarse, desplomarse, caer. ¶ CONJUG. r. aux. *avere* [t.], *essere* [i.].

crollo [króllo] *m.* derrumbamiento, hundimiento, desplome.

croma [króma] *f.* MÚS. corchea.

cromare [kromáre] *t.* cromar.

cromatico, -ca [kromátiko, -ka] *a.* cromático.

cromatismo [kromatizmo] *m.* cromatismo.

cromo [krómo] *m.* cromo.

cromosoma [kromosóma] *m.* cromosoma.

cronaca [krónaka] *f.* crónica. 2 reportaje *m.* ‖ **fatti di ~,** sucesos.

cronico, -ca [króniko, -ka] *a.* crónico.

cronista [kronista] *s.* cronista.

cronologia [kronolodʒia] *f.* cronología.

cronologico, -ca [kronolódʒiko, -ka] *a.* cronológico.

cronometrare [kronometráre] *t.* cronometrar.

cronometrico, -ca [kronométriko, -ka] *a.* cronométrico.

cronometrista [kronometrista] *s.* cronometrador.

cronometro [kronòmetro] *m.* cronómetro.

crosta [krósta] *f.* costra. 2 corteza [del pan].

crostaceo [krostátʃeo] *a.-m.* crustáceo.

crostino [krostino] *m.* tostada *f.*

cruccio [krúttʃo] *m.* disgusto, pesar.

cruciale [krutʃále] *a.* crucial.

cruciverba [krutʃivérba] *m.* crucigrama.

crudele [krudéle] *a.* cruel.

crudeltà [krudeltá*] *f.* crueldad.

crudezza [krudèttsa] *f.* crudeza.

crudo, -da [krúdo, -da] *a.* crudo.

cruento, -ta [kruènto, -ta] *a.* cruento.

cruna [krúna] *f.* ojo *m.* [de aguja].

crusca [krúsca] *f.* salvado *m.*

cubano, -na [kubáno, -na] *a.-s.* cubano.

cubatura [kubatúra] *f.* cubicación *f.* ‖ **fare la ~,** cubicar.

cubico, -ca [kúbiko, -ka] *a.* cúbico.

cubismo [kubizmo] *m.* cubismo.

cubitale [kubitále] *a.* cubital.

cubo [kúbo] *m.* MAT. cubo.

cuccagna [kukkáɲɲa] *f.* jauja. 2 dicha. ‖ **albero della ~,** cucaña. 3 buena vida.

cuccetta [kuttʃètta] *f.* litera [de tren, nave, etc.].

cucchiaiata [kukkjajáta] *f.* cucharada.

cucchiaino [kukkjaino] *m.* cucharilla *f.* 2 cucharadita *f.*

cucchiaio [kukkjájo] *m.* cuchara *f.*

cucchiaione [kukkjajóne] *m.* cucharón.

cuccia [kúttʃa] *f.* perrera, cubil *m.*

cucciolo [kúttʃolo] *m.* cachorro.

cucina [kutʃína] *f.* cocina.

cucinare [kutʃináre] *t.* cocinar, guisar.

cucire [kutʃíre] *t.* coser. ¶ CONJUG. IND. pres.: *cucio; cuciono*. ‖ SUBJ. pres.: *cucia, cucia, cucia; cuciano*. ‖ IMPER.: *cucia; cuciano*.

cucito, -ta [kutʃíto, -ta] *a.* cosido. 2 *m.* costura *f.*

cucitrice [kutʃitríʃe] *f.* costurera.

cucitura [kutʃitúra] *f.* costura.

cucú [kukú*] *m.* cuclillo. 2 cucú [canto]. ‖ *orologio a ~,* reloj de cucú.

cuculo [kukúlo] *m.* cuclillo.

cuffia [kúffja] *f.* cofia, toca. 2 auriculares *m.-pl.* [de tocadiscos, etc.].

cugino, -na [kudʒíno, -na] *s.* primo.

cui [kúi] *pron.* (con las *prep. di, a, in,* etc.) que, quien. ‖ *la persona con ~ ha parlato,* la persona con quien he hablado. ‖ *il, la, i, le ~,* cuyo, cuya, cuyos, cuyas.

culinario, -ria [kulinárjo, -rja] *a.* culinario.

culla [kúlla] *f.* cuna.

cullare [kulláre] *t.* mecer.

culminante [kulminánte] *a.* culminante.

culminare [kulmináre] *i.* culminar. ¶ CONJUG. r. aux. *essere*.

culmine [kúlmine] *m.* cumbre *f.,* vértice. 2 fig. ápice.

culo [kúlo] *m.* culo.

culto [kúlto] *m.* culto.

cultura [kultúra] *f.* cultura.

culturale [kulturále] *a.* cultural.

culturismo [kulturizmo] *m.* culturismo.

culturista [kulturísta] *s.* culturista.

cumulo [kúmulo] *m.* cúmulo.

cuneo [kúneo] *m.* cuña *f.* 2 MIL. cúneo.

cunetta [kunétta] *f.* cuneta.

cunicolo [kuníkolo] *m.* galería *f.* subterránea.

cuocere [kwɔ́tʃere] *t.-i.-pr.* cocer. ¶ CONJUG. (aux. *avere* [t.], *essere* [i.] IND. pres.: *cuocio, cuociono.* | pret. ind.: *cossi, cos-*

se; cossero. ‖ SUBJ. pres.: *cuocia, cuocia, cuocia; cuociano.* ‖ IMPER.: *cuocia; cuociano.* ‖ PART.: *cotto* (o *cociuto,* en el sentido de *rincresciuto*). En toda la conjugación la *o* tónica pasa a *uo.*

cuoco, -ca [kwɔ́ko, -ka] *s.* cocinero.

cuoio [kwɔ́jo] *m.* cuero (en el sentido de piel humana, *pl. f.: cuoia*). ‖ *tirare le cuoia,* morir.

cuore [kuwɔ́re] *m.* corazón.

cupidigia [kupidídʒa] *f.* codicia, avidez.

cupo, -a [kúpo, -pa] *a.* profundo. 2 sombrío, lóbrego. 3 oscuro [color, sonido, etc.]. 4 fig. taciturno. 5 denso.

cupola [kúpola] *f.* cúpula.

cura [kúra] *f.* cuidado *m.,* diligencia. ‖ *a ~ di,* a cargo de. 2 MED. cura.

curabile [kurábile] *a.* curable.

curante [kuránte] *a. medico ~,* médico de cabecera.

curare [kuráre] *t.* cuidar. 2 MED. curar.

curato, -ta [kuráto, -ta] *a.* cuidado. 2 *m.* ECL. cura, párroco.

curia [kúrja] *f.* curia.

curiosare [kurjosáre] *i.* curiosear. ¶ CONJUG. r. aux. *avere.*

curiosità [kurjositá*] *f.* curiosidad.

curioso, -sa [kurjóso, -sa] *a.* curioso.

curva [kúrva] *f.* curva.

curvare [kurváre] *t.* curvar, encorvar. 2 *i.* torcer. 2 *pr.* inclinarse. ¶ CONJUG. r. aux. *avere* [t.-i.].

curvatura [kurvatúra] *f.* curvatura.

curvilineo, -a [kurvilineo, -a] *a.* curvilíneo.

curvo, -va [kúrvo, -va] *a.* curvo, encorvado.

cuscinetto [kuʃʃinétto] *m.* MEC. cojinete.

cuscino [kuʃʃíno] *m.* almohada *f.,* cojín.

cuspide [kúspide] *f.* cúspide.

custode [kustɔ́de] *s.* guardia, guardián. ‖ *angelo ~,* ángel de la guarda.

custodia [kustɔ́dja] *f.* custodia. 2 estuche *m.*

custodire [kustodire] *t.* custodiar, guardar.

cutaneo, -a [kutáneo, -a] *a.* cutáneo.

cute [kúte] *f.* cutis *m.,* piel.

D

d [di] *f.* cuarta letra del alfabeto italiano.
da [da*] *prep.* de, desde. ‖ - *due mesi,* desde (hace) dos meses. 2 por [en la voz pasiva]. ‖ *fatto ~ me,* hecho por mí. 3 por. ‖ *passerò dalla stazione,* pasaré por la estación. 4 a. ‖ *vieni ~ me,* ven a mi casa. 5 en, en casa de. ‖ *dal macellaio,* en la carnicería. 6 para. ‖ *macchine ~ noleggio,* coches para alquilar. 7 que. ‖ *aver ~ fare,* tener que hacer.
dabbene [dabbène] *a.* honrado. ‖ *uomo ~,* hombre de bien.
daccapo [dakkápo] *adv.* de nuevo, desde el principio.
dacchè [dakkè*] *conj.* desde que.
dado [dádo] *m.* dado.
daffare [daffàre] *m.* quehacer, faena *f.*
dagli [dáʎʎi] *prep.* y *art.* (*da+gli*) de los.
dai [dài] *prep.* y *art.* (*da+i*) de los.
daino [dáino] *m.* gamo.
dal [dal] *prep.* y *art.* (*da+il*) del.
dalia [dálja] *f.* dalia.
dalla [dálla] *prep.* y *art.* (*da+la*) de la.
dalle [dálle] *prep.* y *art.* (*da+le*) de las.
dallo [dállo] *prep.* y *art.* (*da+lo*) del.
dalmata [dálmata] *a.-s.* dálmata.
daltonico, -ca [daltóniko, -ka] *a.* daltoniano.
daltonismo [daltonizmo] *m.* daltonismo.
daltronde [daltrónde] *adv.* por otra parte.
dama [dáma] *f.* dama. 2 *pl.* damas [juego].
damasceno, -na [damaʃʃéno, -na] *a.-s.* damasceno.
damaschinare [damaskináre] *t.* damasquinar.
damaschino, -na [damaskino, -na] *a.-m.* damasquino.
damasco [damásko] *m.* damasco.
damigella [damidʒélla] *f.* damisela.
damigiana [damidʒána] *f.* damajuana, garrafa.
danaro [danáro] *m.* V. **denaro.**
danaroso, -sa [danaróso, -sa] *a.* adinerado.
danese [danèse] *a.-s.* danés.

dannare [dannáre] *t.-pr.* condenar.
dannato, -ta [dannáto, -ta] *a.-m.* condenado.
dannazione [dannattsjóne] *f.* condenación.
danneggiare [danneddʒáre] *t.* perjudicar, dañar.
danno [dánno] *m.* daño, perjuicio.
dannoso, -sa [dannóso, -sa] *a.* perjudicial, dañino.
dantesco, -ca [dantèsko, -ka] *a.* dantesco.
danza [dántsa] *f.* danza.
danzare [dantsáre] *i.* danzar. ¶ CONJUG. r. aux. **avere.**
dappertutto [dappertútto] *adv.* por todas partes, en todas partes.
dappocaggine [dappokáddʒine] *f.* cortedad, ineptitud.
dappoco [dappòko] *a.* inepto, corto.
dapprima [dapprima] *adv.* primero, en un primer momento.
dardo [dàrdo] *m.* dardo.
dare [dáre] *t.-pr.* dar. ‖ *~ del tu,* tutear. ‖ *~ del lei,* tratar de usted. ¶ CONJUG. IND. pres.: *dai; danno.* | pret. ind.: *diedi* o *detti, desti, diede* o *dette; demmo, deste, diedero* o *dettero.* | fut. imp.: *darò, darai,* etc. ‖ SUBJ. pres.: *dia, dia, dia; diano.* | imp.: *dessi, dessi,* etc. ‖ POT.: *darei, daresti,* etc. ‖ IMPER.: *dai (da')* o *dà, dia; diano.*
dare [dáre] *m.* COM. debe.
darsena [dársena] *f.* dársena.
darvinismo [darvinizmo] *m.* darvinismo.
data [dáta] *f.* fecha.
datare [datáre] *t.* fechar, datar. 2 *i.* datar. ¶ CONJUG. r. aux. **avere** [t.-i.].
datazione [datattsjóne] *f.* datación.
dativo [dativo] *m.* dativo.
dato, -ta [dáto, -ta] *part. pas.* de **dare.** 2 *m.* dato.
datore, -trice [datóre, -tritʃe] *s.* el que da. ‖ *~ di lavoro,* patrono.
dattero [dáttero] *m.* dátil.

dattilografare [dattilografáre] t. mecanografiar.

dattilografia [dattilografía] f. mecanografía.

dattilografo, -fa [dattilógrafo, -fa] s. mecanógrafo.

dattiloscritto [dattiloskritto] m. texto mecanografiado, texto a máquina.

davanti [davánti] adv. delante. 2 prep. ~ a, delante, ante.

davanzale [davantsále] m. alféizar.

davvero [davvéro] adv. de veras, verdaderamente.

dazio [dáttsjo] m. impuesto, arancel, derecho [de importación o exportación, etc.].

dea [déa] f. diosa.

debellare [debelláre] t. derrotar, aniquilar.

debilitare [debilitáre] t.-pr. debilitar.

debilitazione [debilitattsjóne] f. debilitación.

debito, -ta [débito, -ta] a. debido. 2 m. deuda.

debitore, -trice [debitóre, -tritʃe] s. deudor.

debole [débole] a. débil. 2 m. debilidad. ‖ **avere un ~ per qualcuno,** sentir debilidad por alguien.

debolezza [deboléttsa] f. debilidad.

debuttante [debuttánte] s. principiante.

debuttare [debuttáre] i. debutar. ¶ CONJUG. r. aux. **avere.**

debutto [debútto] m. debut.

decade [dékade] f. década.

decadente [dekadénte] a. decadente.

decadenza [dekadéntsa] f. decadencia.

decadere [dekadére] i. decaer. ¶ CONJUG. r. aux. **avere.**

decadimento [dekadiménto] m. decaimiento.

decalcomania [dekalkomanía] f. calcamanía.

decalogo [dekálogo] m. decálogo.

decano, -na [dekáno, -na] s. decano.

decantare [dekantáre] t. decantar.

decapitare [dekapitáre] t. decapitar.

decapitazione [dekapitattsjóne] f. decapitación.

decappottabile [dekappottábile] a. descapotable.

decappottare [dekappottáre] t. descapotar.

decedere [detʃédere] i. fallecer. ¶ CONJUG. r. aux. **essere.**

decennale [detʃennále] a. decenal.

decennio [detʃénnjo] m. decenio.

decente [detʃénte] a. decente.

decentralizzare [detʃentraliddzáre] t. descentralizar.

decentralizzazione [detʃentraliddzattsjóne] f. descentralización.

decentramento [detʃentraménto] m. descentralización f.

decentrare [detʃentráre] t. descentrar. 2 descentralizar.

decenza [detʃéntsa] f. decencia.

decesso [detʃésso] m. fallecimiento.

decidere [detʃídere] t.-i.-pr. decidir. ¶ CONJUG. (aux. **avere** [t.-i.]) IND. pret. ind.: **decisi, decise; decisero.** ‖ PART.: **deciso.**

decifrare [detʃifráre] t. descifrar.

decimale [detʃimále] a. decimal.

decimare [detʃimáre] t. diezmar.

decimetro [detʃímetro] m. decímetro.

decimo, -ma [détʃimo, -ma] a.-m. décimo. 2 f. décima. 3 diezmo.

decisione [detʃizjóne] f. decisión.

decisivo, -va [detʃizivo, -va] a. decisivo.

deciso, -sa [detʃízo, -za] a. decidido.

declamare [deklamáre] t. declamar.

declamazione [deklamattsjóne] f. declamación.

declassare [deklassáre] t. rebajar de categoría.

declinare [deklináre] i.-t. declinar. ¶ CONJUG. r. aux. **avere.**

declinazione [deklinattsjóne] f. declinación.

declino [deklino] m. decadencia f., ocaso.

declivio [deklivjo] m. declive.

decollare [dekolláre] i. despegar. ¶ CONJUG. r. aux. **avere.**

decollo [dekóllo] m. despegue.

decolonizzare [dekoloniddzáre] t. descolonizar.

decolorante [dekoloránte] a.-m. decolorante.

decolorare [dekoloráre] t. decolorar.

decomporre [dekompórre] t.-pr. descomponer. ¶ CONJUG. como **porre.**

decomposizione [dekompozittsjóne] f. descomposición.

decomposto, -ta [dekompósto, -ta] a. descompuesto.

decongestionare [dekondʒestjonáre] t. descongestionar.

decorare [dekoráre] t. decorar. 2 condecorar.

decorativo, -va [dekorativo, -va] a. decorativo.

decoratore [dekoratóre] m. decorador.

decorazione [dekorattsjóne] *f.* decoración, decorado *m.* 2 condecoración.

decoro [dekóro] *m.* decoro.

decoroso, -sa [dekoróso, -a] *a.* decoroso.

decorrenza [dekorrèntsa] *f.* transcurso *m.* ‖ **con ~ da,** a partir de.

decorrere [dekòrrere] *i.* transcurrir. 2 comenzar a tener valor o efecto una cosa: *l'obbligo di pagamento decorre da domani,* la obligación de pagar entra en vigor a partir de mañana. ‖ **a ~ da,** a partir de. ¶ CONJUG. como *correre* (aux. *essere*).

decorso [dekòrso] *m.* decurso, transcurso. 2 proceso, desarrollo.

decotto [dekòtto] *m.* decocción *f.*

decrepito, -ta [dekrèpito, -ta] *a.* decrépito.

decrepitudine [dekrepitúdine] *f.* decrepitud.

decrescente [dekreʃʃènte] *a.* decreciente.

decrescere [dekrèʃʃere] *i.* decrecer, menguar. ¶ CONJUG. como *crescere* (aux. *essere*).

decretare [dekretáre] *t.* decretar.

decreto [dekrèto] *m.* decreto.

dedica [dèdika] *f.* dedicatoria.

dedicare [dedikáre] *t.-pr.* dedicar.

dedicazione [dedikattsjóne] *f.* dedicación, consagración.

dedito, -ta [dèdito, -ta] *a.* entregado, dado, consagrado.

dedizione [dedittsjóne] *f.* entrega, abnegación.

dedurre [dedúrre] *t.* deducir. ¶ CONJUG. como *condurre.*

deduttivo, -va [deduttivo, -va] *a.* deductivo.

deduzione [deduttsjóne] *f.* deducción.

defecare [defekáre] *i.* defecar. ¶ CONJUG. r. aux. *avere.*

defecazione [defekattsjóne] *f.* defecación.

defenestrare [defenestráre] *t.* echar por la ventana. 2 destituir, derrocar.

deferente [deferènte] *a.* deferente.

deferenza [deferèntsa] *f.* deferencia.

deferire [deferíre] *t.* deferir. ¶ CONJUG. IND. pres.: *deferisco, deferisci.*

defezionare [defettsjonáre] *t.* desertar.

defezione [defettsjóne] *f.* defección.

deficiente [defitʃènte] *a.* deficiente. 2 imbécil, idiota.

deficienza [defitʃèntsa] *f.* deficiencia.

deficit [dèfitʃit] *m.* déficit.

deficitario, -ria [defitʃitàrjo, -rja] *a.* deficitario.

definire [definíre] *t.* definir.

definitivo, -va [definitivo, -va] *a.* definitivo.

definizione [definittsjóne] *f.* definición.

deflagrare [deflagráre] *i.* deflagrar. 2 fig. estallar. ¶ CONJUG. r. aux. *avere.*

deflagrazione [deflagrattsjóne] *f.* deflagración.

deflazione [deflattsjóne] *f.* ECON., GEOGR. deflación.

deflorare [defloráre] *t.* desflorar.

deflusso [deflússo] *m.* deflujo.

deformare [deformáre] *t.* deformar.

deformazione [deformattsjóne] *f.* deformación.

deforme [defòrme] *a.* deforme.

deformità [deformità*] *f.* deformidad.

defraudare [defraudáre] *t.* defraudar.

defunto, -ta [defúnto, -ta] *a.-s.* difunto.

degassificazione [degassifikatsjóne] *f.* desgasificación.

degenerare [dedʒeneráre] *i.* degenerar. ¶ CONJUG. r. aux. *avere.*

degenerato, -ta [dedʒeneráto, -ta] *a.-s.* degenerado.

degenerazione [dedʒenerattsjóne] *f.* degeneración.

degenere [dedʒènere] *a.* degenerado.

degente [dedʒènte] *a.-s.* enfermo, hospitalizado.

degenza [dedʒèntsa] *f.* estancia en el hospital, tiempo pasado en cama.

deglutire [deglutíre] *t.* deglutir, engullir. ¶ CONJUG. IND. pres.: *deglutisco, deglutisci.*

degnarsi [deɲɲàrsi] *pron.* dignarse.

degnazione [deɲɲattsjóne] *f.* condescendencia.

degno, -na [dèɲɲo, -ɲa] *a.* digno.

degradante [degradánte] *a.* degradante.

degradare [degradáre] *t.* degradar.

degradazione [degradattsjóne] *f.* degradación.

degustare [degustáre] *t.* degustar, catar.

dei [dèi] *m.-pl.* dioses.

deicida [deitʃída] *a.-s.* deicida.

delatore, -trice [delatóre, -tritʃe] *s.* delator.

delazione [delattsjóne] *f.* delación.

delega [dèlega] *f.* poderes *m.-pl.*

delegare [delegáre] *t.* delegar.

delegato, -ta [delegáto, -ta] *a.-s.* delegado.

delegazione [delegattsjóne] *f.* delegación.

deleterio, -ria [deletérjo, -rja] *a.* deletéreo.

delfino [delfíno] *m.* delfín.

delibera [delíbera] *f.* deliberación.

deliberare [deliberáre] *t.-i.* deliberar. ¶ CONJUG. r. aux. *avere* [t.-i.].

deliberato, -ta [deliberáto, -ta] *a.* deliberado.

deliberazione [deliberattsjóne] *f.* deliberación.

delicatezza [delikatéttsa] *f.* delicadeza.

delicato, -ta [delikáto, -ta] *a.* delicado.

delimitare [delimitáre] *t.* delimitar.

delimitazione [delimitattsjóne] *f.* delimitación.

delineare [delineáre] *t.* delinear.

delinquente [delinkwénte] *s.* delincuente.

delinquenza [delinkwéntsa] *f.* delincuencia.

delinquere [delínkwere] *i.* delinquir, cometer un delito. ¶ CONJUG. (aux. *avere*; poco usado en tiempos compuestos) PART.: *delinquito* (en desuso).

delirante [deliránte] *a.* delirante.

delirare [deliráre] *i.* delirar. ¶ CONJUG. r. aux. *avere*.

delirio [delírjo] *m.* delirio.

delitto [delítto] *m.* delito, crimen.

delittuoso, -sa [delittuóso, -sa] *a.* delictivo.

delizia [delíttsja] *f.* delicia, deleite *m.*

deliziare [delittsjáre] *t.-pr.* deleitar.

delizioso, -sa [delittsjóso, -sa] *a.* delicioso [comida], deleitoso.

della [délla] *prep. y art. (de+la)* de la.

delle [délle] *prep. y art. (de+le)* de las.

dello [déllo] *prep. y art. (de+lo)* del.

delta [délta] *m.* delta.

deltaplano [deltapláno] *m.* deltaplano.

deltaplanista [deltaplanísta] *s.* deltaplanista.

delucidare [delutʃidáre] *t.* aclarar, dilucidar.

delucidazione [delutʃidattsjóne] *f.* aclaración.

deludere [delúdere] *t.* desilusionar, decepcionar. ¶ CONJUG. IND. pret. ind.: *delusi, deluse; delusero.* ‖ PART.: *deluso.*

delusione [deluzjóne] *f.* desilusión, decepción.

deluso, -sa [delúzo, -za] *a.* desilusionado, decepcionado.

demagogia [demagodʒía] *f.* demagogia.

demagogico, -ca [demagódʒiko, -ka] *a.* demagógico.

demagogo [demagógo] *m.* demagogo.

demarcazione [demarkattsjóne] *f.* demarcación.

demente [demἐnte] *a.-s.* demente.

demenza [deméntsa] *f.* demencia.

demenziale [dementsjále] *a.* demencial.

demerito [demérito] *m.* demérito.

demiurgo [demjúrgo] *m.* demiurgo.

democratico, -ca [demokrátiko, -ka] *a.* democrático. 2 *a.-s.* demócrata.

democratizzare [demokratiddzáre] *t.* democratizar.

democratizzazione [demokratiddzattsjóne] *f.* democratización.

democrazia [demokrattsía] *f.* democracia.

demografia [demografía] *f.* demografía.

demografico, -ca [demográfiko, -ka] *a.* demográfico.

demolire [demolíre] *t.* demoler.

demolitore, -trice [demolitóre, -tritʃe] *a.-s.* demoledor.

demolizione [demolittsjóne] *a.* demolición.

demone [dἐmone] *m.* MITOL. demonio, espíritu.

demoniaco, -ca [demoníako, -ka] *a.* demoníaco.

demonio [demónjo] *m.* demonio.

demoralizzare [demoraliddzáre] *t.-pr.* desmoralizar, desanimar.

demoralizzazione [demoraliddzattsjóne] *f.* desmoralización.

demotivare [demotiváre] *i.* desmotivar.

denaro [denáro] *m.* dinero.

denaturato, -ta [denaturáto, -ta] *a.* desnaturalizado.

denigrare [denigráre] *t.* denigrar.

denominare [denomináre] *t.* denominar.

denominatore [denominatóre] *m.* denominador.

denominazione [denominattsjóne] *f.* denominación.

denotare [denotáre] *t.* denotar.

densità [densitá*] *f.* densidad.

denso, -sa [dἐnso, -sa] *a.* denso, espeso.

dentale [dentále] *a.* dental.

dentatura [dentatúra] *f.* dentadura.

dentata [dentáta] *f.* dentellada.

dente [dἐnte] *m.* diente. ‖ *mal di denti*, dolor de muelas.

dentellato, -ta [dentelláto, -ta] *a.* dentellado.

dentiera [dentjéra] *f.* dentadura postiza.

dentifricio [dentifritʃo] *m.* dentífrico.
dentista [dentista] *s.* dentista.
dentizione [dentittsjóne] *f.* dentición.
dentro [déntro] *adv.* dentro, adentro. 2 *prep.* dentro de.
denuclearizzare [denukleariddzáre] *t.* desnuclearizar.
denuclearizzazione [denukleariddzátsjóne] *f.* desnuclearización.
denudare [denudáre] *t.-pr.* desnudar.
denunzia [denúntsja] *f.* denuncia.
denunziare [denuntsjáre] *t.* denunciar.
denutrito, -ta [denutrito, -ta] *a.* desnutrido.
denutrizione [denutrittsjóne] *f.* desnutrición.
deodorante [deodoránte] *a.-m.* desodorante.
depauperare [depauperáre] *t.* depauperar.
depauperazione [depauperattsjóne] *f.* depauperación.
deperimento [deperimènto] *m.* desmejoramiento.
deperire [deperire] *i.* desmejorar. ¶ CONJUG. r. aux. *essere*.
depilare [depiláre] *t.* depilar.
depilatorio, -ria [depilatòrjo, -rja] *a.* depilatorio.
depilazione [depilattsjóne] *f.* depilación.
deplorare [deploráre] *t* deplorar.
deplorevole [deplorévole] *a.* deplorable.
deporre [depòrre] *t.* deponer. ¶ CONJUG. como *porre*.
deportare [deportáre] *t.* deportar.
deportato, -ta [deportáto, -ta] *a.-m.* deportado.
deportazione [deportattsjóne] *f.* deportación.
depositare [depozitáre] *t.* depositar.
depositario, -ria [depozitárjo, -rja] *s.* depositario.
deposito [depòzito] *m.* depósito.
deposizione [depozittsjóne] *f.* deposición. 2 ECL. descendimiento *m.*
depravare [depraváre] *t.* depravar.
depravato, -ta [depraváto, -ta] *a.* depravado.
depravazione [depravattsjóne] *f.* depravación.
depredare [depredáre] *t.* depredar.
depredazione [depredattsjóne] *f.* depredación.
depressione [depressjóne] *f.* depresión.
depressivo, -va [deppressivo, -va] *a.* depresivo.

depresso, -sa [deprèsso, -sa] *part. pas.* de *deprimere*. 2 *a.* deprimido. 3 atrasado [social o económicamente]: *zone depresse,* zonas atrasadas.
deprimente [depriménte] *a.* deprimente, desmoralizador.
deprimere [deprimere] *t.* deprimir. ¶ CONJUG. como *comprimere*.
depurare [depuráre] *t.* depurar.
depurazione [depurattsjóne] *f.* depuración.
deputato, -tessa [deputáto, -tèssa] *s.* diputado.
deputazione [deputattsjóne] *f.* diputación. 2 comisión [conjunto de personas].
deragliamento [deraʎʎaménto] *m.* descarrilamiento.
deragliare [deraʎʎáre] *i.* descarrilar. ¶ CONJUG. r. aux. *essere* y *avere*.
derelitto, -ta [derelitto, -ta] *a.-s.* desamparado.
deridere [deridere] *t.* escarnecer, reírse de. ¶ CONJUG. como *ridere*.
derisione [derizjóne] *f.* escarnio *m.*
derisorio, -ria [derizòrjo, -rja] *a.* irrisorio.
deriva [deriva] *f.* deriva.
derivare [deriváre] *t.-i.* derivar. ¶ CONJUG. r. aux. *essere* [i.], *avere* [t.].
derivato, -ta [deriváto, -ta] *a.-m.* derivado.
derivazione [derivattsjóne] *f.* derivación.
dermatologia [dermatolodʒia] *f.* dermatología.
deroga [dèroga] *f.* derogación.
derogare [derogáre] *t.* derogar.
derrata [derráta] *f.* mercancía.
derubare [derubáre] *t.* robar [a una persona], despojar.
desalinizzare [desaliniddzáre] *t.* desalinizar.
desalinizzazione [desaliniddzatsjóne] *f.* desalinización.
descrittivo, -va [deskrittivo, -va] *a.* descriptivo.
descrivere [deskrivere] *t.* describir. ¶ CONJUG. como *scrivere*.
descrizione [deskrittsjóne] *f.* descripción.
deserto, -ta [dezèrto, -ta] *a.-m.* desierto.
desiderabile [desideràbile] *a.* deseable.
desiderare [desideráre] *t.* desear.
desiderio [desidèrjo] *m.* deseo.
desideroso, -sa [desideróso, -sa] *a.* deseoso.
designare [desiɲɲáre] *t.* designar.
designazione [desiɲɲattsjóne] *f.* designación.

desinenza [desinéntsa] *f.* desinencia.
desistere [desistere] *i.* desistir. ¶ CONJUG. como **esistere** (aux. **avere**).
desolante [dezolánte] *s.* desolador.
desolare [dezoláre] *t.* desolar.
desolazione [dezolattsjóne] *f.* desolación.
despota [dèspota] *s.* déspota.
destare [destáre] *t.* despertar. 2 fig. excitar, estimular, suscitar.
destinare [destináre] *t.* destinar.
destinatario [destinatárjo] *m.* destinatario.
destinazione [destinattsjóne] *f.* destinación. 2 destino *m.*
destino [destino] *m.* destino, hado.
destituire [destituíre] *t.* destituir.
destituzione [destituttsjóne] *f.* destitución.
destreggiare [destreddʒáre] *i.-pr.* obrar con maña, ingeniarse. ¶ CONJUG. r. aux. **avere**.
destrezza [destréttsa] *f.* destreza, maña.
destro, -tra [dèstro, -tra] *a.* derecho. 2 fig. diestro. 3 *m.* oportunidad *f.* ‖ **cogliere il ~**, aprovechar la ocasión. 4 *f.* diestra, (mano) derecha.
desumere [dezúmere] *t.* sacar. 2 deducir. ¶ CONJUG. como **assumere**.
deteinato, -ta [deteináto, -ta] *a.* desteinizado.
detenere [detenére] *t.* detener, retener. 2 detentar. ¶ CONJUG. como **tenere**.
detenuto, -ta [detenúto, -ta] *a.-s.* detenido.
detenzione [detentsjóne] *f.* detención.
detergente [deterdʒènte] *a.-m.* detergente.
deterioramento [deterjoramènto] *m.* deterioro.
deteriorare [deterjoráre] *t.-pr.* deteriorar.
determinante [determinánte] *a.* determinante.
determinare [determináre] *t.* determinar.
determinativo, -va [determinativo, -va] *a.* determinativo.
determinazione [determinattsjóne] *f.* determinación.
detersivo, -va [detersivo, -va] *a.-m.* detergente.
detestabile [detestábile] *a.* detestable.
detestare [detestáre] *t.* detestar.
detonatore [detonatóre] *m.* detonador.
detonazione [detonattsjóne] *f.* detonación.

detrarre [detrárre] *t.* detraer, descontar. 2 detractar. ¶ CONJUG. como **trarre**.
detrattore, -trice [detrattóre, -tritʃe] *s.* detractor.
detrimento [detriménto] *m.* detrimento.
detrito [detrito] *m.* detrito, escombros *m.-pl.*
dettagliare [dettaʎʎáre] *t.* detallar, pormenorizar.
dettagliato, -ta [dettaʎʎáto, -ta] *a.* detallado, pormenorizado.
dettaglio [dettáʎʎo] *m.* detalle, pormenor. ‖ **vendita al ~**, venta al detall.
dettame [dettáme] *m.* dictamen.
dettare [dettáre] *t.* dictar.
dettato, -ta [dettáto, -ta] *a.-m.* dictado.
dettatura [dettatúra] *f.* dictado *m.* ‖ **sotto ~**, al dictado.
detto, -ta [dètto, -ta] *a.* llamado. 2 *m.* dicho.
deturpare [deturpáre] *t.* desfigurar, estropear.
deturpazione [deturpattsjóne] *f.* desfiguración.
devalutazione [devalutatsjóne] *f.* devaluación.
devastare [devastáre] *t.* devastar, asolar.
devastazione [devastattsjóne] *f.* devastación.
deviare [deviáre] *i.* desviarse. 2 *t.* desviar. ¶ CONJUG. r. aux. **avere**.
deviazione [deviattsjóne] *f.* desviación, desvío *m.*
devolvere [devòlvere] *t.* transferir, entregar. ¶ CONJUG. como **evolvere**.
devoto, -ta [devòto, -ta] *a.-s.* devoto.
devozione [devottsjóne] *f.* devoción. 2 dedicación [a la familia, a la patria, etc.].
di [di] *prep.* de. 2 (con traducción varia, según las expresiones): ~ **qua**, por aquí; ~ **mattina**, por la mañana; **dire ~ sì**, decir que sí; ~ **nascoto**, a escondidas. 3 (con verbos en infinitivo, sin traducción): **mi sembra ~ aver fatto bene**, me parece haber obrado bien. 4 nombre de la letra **d**.
diabete [diabète] *f.* diabetes.
diabetico, -ca [diabètiko, -ka] *a.-m.* diabético.
diabolico, -ca [djabòliko, -ka] *a.* diabólico.
diaconato [diakonáto] *m.* diaconado.
diacono [diàkono] *m.* diácono.
diadema [diadèma] *m.* diadema *f.*
diafano, -na [diáfano, -na] *a.* diáfano.
diaframma [diafrámma] *m.* diafragma.

diagnosi [diáɲɲozi] *f.* diagnóstico.
diagnosticare [diaɲɲostikáre] *t.* diagnosticar.
diagonale [diagonále] *a.-s.* diagonal.
diagramma [diagrámma] *m.* diagrama.
dialettale [dialettále] *a.* dialectal.
dialettico, -ca [dialéttiko, -ka] *a.* dialéctico. 2 *f.* dialéctica.
dialetto [dialétto] *m.* dialecto.
dialettologia [dialettolodʒía] *f.* dialectología.
dialogare [dialogáre] *t.* poner diálogo [a una obra literaria]. 2 *i.* (poco usado) dialogar, conversar. ¶ CONJUG. r. aux. *avere* [t.-i.].
dialogo [diálogo] *m.* diálogo.
diamante [diamánte] *m.* diamante.
diametralmente [diametralménte] *adv.* diametralmente.
diametro [diámetro] *m.* diámetro.
diamine! [djámine] *inter.* ¡diantre!
diapositiva [diapozítiva] *f.* diapositiva.
diario, -ria [diárjo, -rja] *a.-m.* diario.
diaspora [diáspora] *f.* diáspora.
diatonica [diatònika] *f.* MUS. diatónica.
diavoleria [djavolería] *f.* diablura.
diavolo [djávolo] *m.* diablo.
dibattere [dibáttere] *t.* debatir.
dibattito [dibáttito] *m.* debate.
diboscamento [diboskaménto] *m.* tala *f.* de bosques.
diboscare [diboskáre] *t.* talar.
dicastero [dikastèro] *m.* ministerio, oficina *f.* central. 2 ECL. congregación *f.*
dicembre [ditʃèmbre] *m.* diciembre.
diceria [ditʃería] *f.* habladuría.
dichiarare [dikjaráre] *t.* declarar.
dichiaratamente [dikjarataménte] *adv.* declaradamente.
dichiarazione [dikjarattsjóne] *f.* declaración.
diciannove [ditʃannóve] *a.* diecinueve.
diciannovenne [ditʃannovènne] *a.-s.* que tiene diecinueve años de edad.
diciannovesimo, -ma [ditʃannovèzimo, -ma] *a.* decimonono. 2 *a.m.* diecinueveavo.
diciassette [ditʃassètte] *a.* diecisiete.
diciassettenne [ditʃassettènne] *a.-s.* que tiene diecisiete años de edad.
diciassettesimo, -ma [ditʃassettèzimo, -ma] *a.* decimoséptimo. 2 *a.-m.* diecisieteavo.
diciottenne [ditʃottènne] *a.-s.* que tiene dieciocho años de edad.

diciottesimo, -ma [ditʃottèzimo, -ma] *a.* decimoctavo. 2 *a.-m.* dieciochavo.
diciotto [ditʃòtto] *a.* dieciocho.
dicitura [ditʃitúra] *f.* dicción. 2 leyenda, inscripción, epígrafe *m.*
didascalia [didaskalía] *f.* inscripción, epígrafe *m.,* acotación.
didascalico, -ca [didaskáliko, -ka] *a.* didascálico.
didattico, -ca [didáttiko, -ka] *a.* didáctico. 2 *f.* didáctica.
dieci [djètʃi] *a.* diez.
diecimila [djetʃimíla] *a.-m.* diez mil.
diecina [djetʃína] *f.* decena.
dieresi [dièrezi] *f.* diéresis.
dieta [djèta] *f.* dieta.
dietetico, -ca [dietètiko, -ka] *a.* dietético. 2 *f.* dietética.
dietro [djètro] *adv.* detrás, atrás. 2 *prep.* detrás de. ǁ *andare ~ a,* ir detrás de. ǁ *~ ricevuta,* contra recibo. ǁ *~ le quinte,* entre bastidores.
difatti [difátti] *conj.* en efecto.
difendere [difèndere] *t.-pr.* defender. ¶ CONJUG. IND. pret. ind.: *difesi, difese; difesero.* ǁ PART.: *difeso.*
difensivo, -va [difensivo, -va] *a.* defensivo. 2 *f.* defensiva.
difensore, -ra [difensòre, -ra] *a.-s.* defensor.
difesa [difèsa] *f.* defensa.
difettare [difettáre] *i.* carecer. ¶ CONJUG. r aux. *avere.*
difettivo, -va [difettivo, -va] *a.* defectivo.
difetto [difétto] *m.* defecto. ǁ *in ~ di,* a falta de. ǁ *essere in ~,* ser culpable.
difettoso, -sa [difettóso, -sa] *a.* defectuoso.
diffamare [diffamáre] *t.* difamar.
diffamatore, -trice [diffamatòre, -tritʃe] *a.-s.* difamador.
diffamatorio, -ria [diffamatòrjo, -rja] *a.* difamatorio.
diffamazione [diffamattsjóne] *f.* difamación.
differente [differènte] *a.* diferente, distinto.
differenza [differèntsa] *f.* diferencia.
differenziale [differentsjále] *a.-m.* diferencial.
differenziare [differentsjáre] *t.-pr.* diferenciar, distinguir.
differenziazione [differentsjattsjóne] *f.* diferenciación.

differire [differíre] *t.-i.* diferir. ¶ CONJUG.
IND. pres.: *diferisco, differisci* (aux. *es-sere*) [i.], *avere* [t.].

difficile [diffitʃíle] *a.* difícil.

difficoltà [diffikoltá*] *f.* dificultad.

difficoltoso, -sa [diffikoltóso, -sa] *a.* di-ficultoso.

diffida [diffída] *f.* intimación.

diffidare [diffidáre] *i.* desconfiar. 2 *t.* in-timar. ¶ CONJUG. r. aux. *avere* [i.-t.].

321diffident**ȩ**diffidènte] *a.* desconfianza,
recelo *m.*

diffidenza [diffidèntsa] *f.* desconfianza,
recelo *m.*

diffondere [diffóndere] *t.* difundir.
¶ CONJUG. como *fondere*.

diffusione [diffuzjóne] *f.* difusión.

diffuso, -sa [diffúzo, -sa] *a.* difuso.

diffusore [diffuzóre] *a.-m.* difusor.

diga [díga] *f.* dique *m.,* presa.

digerente [didʒerènte] *a.* digestivo.

digeribile [didʒeríbile] *a.* digerible, diges-tible.

digerire [didʒeríre] *t.* digerir.

digestione [didʒestjóne] *f.* digestión.

digestivo, -va [didʒestívo, -va] *a.-m.* di-gestivo.

digitale [didʒitále] *a.* digital, dactilar. 2 *f.*
BOT. digital.

digiunare [didʒunáre] *i.* ayunar. ¶ CON-JUG. r. aux. *avere.*

digiuno, -na [didʒúno, -na.] *a.-m.* ayuno.
∥ *a ~,* en ayunas.

dignità [diɲɲità*] *f.* dignidad.

dignitario [diɲɲitárjo] *m.* dignatario.

dignitoso, -sa [diɲɲitóso, -sa] *a.* digno,
decoroso.

digressione [digressjóne] *f.* digresión.

digrignare [digriɲɲáre] *t.* rechinar.

dilagare [dilagáre] *i.* propagarse. ¶ CON-JUG. r. aux. *essere.*

dilaniare [dilanjáre] *t.* despedazar.

dilapidare [dilapidáre] *t.* dilapidar.

dilapidazione [dilapidattsjóne] *f.* dilapi-dación.

dilatare [dilatáre] *t.-pr.* dilatar.

dilatazione [dilatattsjóne] *f.* dilatación.

dilazione [dilattsjóne] *f.* dilación.

dileguare [dilegwáre] *t.* disipar. 2 *i.-pr.*
desaparecer. ¶ CONJUG. r. aux. *avere* [t.],
essere [i.].

dilemma [dilèmma] *m.* dilema.

dilettante [dilettánte] *a.-s.* diletante.

dilettantismo [dilettantizmo] *m.* diletan-tismo.

dilettare [dilettáre] *t.-pr.* deleitar.

diletto, -ta [dilètto, -ta] *a.* amado. 2 *m.*
deleite.

diligente [dilidʒènte] *a.* diligente.

diligenza [dilidʒèntsa] *f.* diligencia [cua-lidad de diligente].

diluire [diluíre] *t.* diluir. ¶ CONJUG. IND.
pres.: *diluisco, diluisci.* ∥ PART.: *diluito.*

dilungare [dilungáre] *t.-pr.* alargar.

diluviare [diluvjáre] *i.* diluviar, llover a
cántaros. ¶ CONJUG. r. aux. *essere* o
avere.

diluvio [dilúvjo] *m.* diluvio.

dimagramento [dimagramènto] *m.* adel-gazamiento.

dimagrire [dimagríre] *i.* adelgazar. ¶ CON-JUG. r. aux. *essere.*

dimenare [dimenáre] *t.* menear, agitar. 2
pr. menearse, contonearse.

dimenio [dimenío] *m.* meneo.

dimensione [dimensjóne] *f.* dimensión,
tamaño *m.*

dimenticanza [dimentikántsa] *f.* olvido
m., descuido *m.*

dimenticare [dimentikáre] *t.-pr.* olvidar.

dimettere [dimèttere] *t.* soltar, hacer salir.
∥ ~ *dall'ospedale,* dar de alta. 2 desti-tuir, despedir. 3 *pr.* dimitir. ¶ CONJUG.
como *mettere.*

dimezzare [dimeddzáre] *t.* dividir por la
mitad, partir en dos.

diminuire [diminuíre] *t.-i.* disminuir.
¶ CONJUG. r. aux. *avere* [t.], *essere* [i.].

diminutivo, -va [diminutívo, -va] *a.-m.*
diminutivo.

diminuzione [diminuttsjóne] *f.* dismi-nución.

dimissionario, -ria [dimissjonárjo, -rja]
a. dimisionario.

dimissione [dimissjóne] *f.* dimisión.
∥ *dare, rassegnare le dimissioni,* pre-sentar la dimisión.

dimora [dimɔ́ra] *f.* morada.

dimostrante [dimostránte] *a.-s.* manifes-tante.

dimostrare [dimostráre] *t.-pr.* demostrar.
2 aparentar, dar muestras. 3 manifestar-se, participar en una manifestación.

dimostrativo, -va [dimostratívo, -va] *a.*
demostrativo.

dimostrazione [dimostrattsjóne] *f.* de-mostración. 2 manifestación.

dinamico, -ca [dinámiko, -ka] *a.* diná-mico. 2 *f.* dinámica.

dinamismo [dinamizmo] *m.* dinamismo.

dinamitardo [dinamitárdo] *a.-m.* dina-mitero.

dinamite [dinamìte] f. dinamita.

dinamo [dìnamo] f. dinamo.

dinanzi [dinàntsi] adv. delante. 2 prep. ~ a, delante de, ante.

dinastia [dinastìa] f. dinastía.

dinastico, -ca [dinástiko, -ka] a. dinástico.

diniego [dinjègo] m. denegación f.

dintorni [dintòrni] m.-pl. alrededores, cercanías f.-pl.

dio [dìo] m. dios.

diocesano, -na [diotʃezàno, -na] a. diocesano.

diocesi [diòtʃezi] f. diócesis.

diorama [dioràma] m. diorama.

diottria [diottrìa] f. dioptría.

dipanare [dipanàre] t. devanar. 2 fig. desenredar, desembrollar.

dipartimento [dipartimènto] m. departamento. 2 repartición f.

dipendente [dipendènte] a.-s. dependiente.

dipendenza [dipendèntsa] f. dependencia.

dipendere [dipèndere] i. depender. ¶ CONJUG. como **appendere** (aux. **essere**).

dipingere [dipindʒere] t. pintar. ¶ CONJUG. IND. pret. ind.: **dipinsi, dipinse; dipinsero**. ‖ PART.: **dipinto**.

dipinto, -ta [dipìnto, -ta] a. pintado. 2 m. pintura f.

diploma [diplòma] m. diploma.

diplomatico, -ca [diplomátiko, -ka] a.-m. diplomático. 2 f. diplomática.

diplomato, -ta [diplomàto, -ta] a. diplomado.

diplomazia [diplomattsìa] f. diplomacia.

diradare [diradàre] t. aclarar. 2 espaciar. 3 i.-pr. (aux. **essere**) disminuir, ir desapareciendo.

diramare [diramàre] t.-pr. propagar, esparcir, cursar. 2 pr. ramificarse.

diramazione [diramatsjòne] f. ramificación.

dire [dìre] t. decir. 2 hablar. ‖ ~ **male di uno**, hablar mal de alguien. ‖ ~ **di sì (no)**, decir que sí (no). ¶ CONJUG. IND. pres.: **dico, dici, dice; diciamo, dite, dicono**. | imp.: **dicevo, dicevi**, etc. | pret. ind.: **dissi, dicesti, disse; dicemmo, diceste, dissero**. ‖ SUBJ. pres.: **dica, dica, dica; diciamo, diciate, dicano**. | imp.: **dicessi, dicessi**, etc. ‖ IMPER.: **di', dica; diciamo, dicano**. ‖ PART.: **detto**. ‖ GER.: **dicendo**.

direttivo, -va [direttìvo, -va] a. directivo. 2 m. dirección, directiva f. 3 f. directriz.

diretto, -ta [dirètto, -ta] a. directo. 2 dirigido, con destino a. 3 m. FERR. semidirecto [tren].

direttore, -trice [direttòre, -tritʃe] s. director. 2 f. directriz.

direzione [direttsjòne] f. dirección.

dirigente [diridʒènte] a.-s. directivo, dirigente.

dirigere [diridʒere] t.-pr. dirigir. ¶ CONJUG. IND. pret. ind.: **diressi, diresse; diressero**. ‖ PART.: **diretto**.

dirigibile [diridʒìbile] a.-m. dirigible.

dirimere [dirìmere] t. dirimir. ¶ CONJUG. no tiene part. pas.

dirimpetto [dirimpètto] adv. enfrente. ‖ ~ **a**, enfrente de, frente a.

diritto, -ta [dirìtto, -ta] a. derecho, recto. 2 m. derecho.

dirittura [dirittùra] f. rectitud, derechura.

diroccato, -ta [dirokkàto, -ta] a. desmantelado.

dirottamente [dirottamènte] adv. con violencia, de forma incontenible. ‖ **piangere ~**, llorar a lágrima viva.

dirottare [dirottàre] t. desviar, hacer cambiar el rumbo. 2 i. desviarse, cambiar el rumbo. ¶ CONJUG. r. aux. **avere** [t.-i.].

dirotto, -ta [diròtto, -ta] a. violento, incontenible. ‖ **piovere a ~**, llover a cántaros.

dirupato, -ta [dirupàto, -ta] a. escarpado, abrupto, peñascoso.

dis- [dis] prefijo negativo: des-, in-.

disabitato, -ta [dizabitàto, -ta] a. deshabitado.

disaccordo [dizakkòrdo] m. desacuerdo.

disabituare [dizabituàre] t.-pr. desacostumbrar, deshabituar.

disadattato, -ta [dizadattàto, -ta] a. inadaptado.

disadatto, -ta [dizadàtto, -ta] a. inadecuado.

disadorno, -na [dizadòrno, -na] a. desnudo, desguarnecido.

disagevole [dizadʒèvole] a. incómodo.

disagio [dizàdʒo] m. incomodidad f. ‖ **essere, trovarsi a ~**, no estar a gusto.

disapprovare [dizapprovàre] t. desaprobar.

disapprovazione [dizapprovattsjòne] f. desaprobación.

disappunto [dizappùnto] m. contrariedad f., disgusto, decepción f.

disarmare [dizarmàre] t. desarmar.

disarmo [dizármo] *m*. desarme.

disarmonico, -ca [dizarmóniko, -ka] *a*. inarmónico.

disastro [dizástro] *m*. desastre.

disastroso, -sa [dizastróso, -sa] *a*. desastroso.

disattento, -ta [dizatténto, -ta] *a*. distraído.

disattenzione [dizattentsjóne] *f*. desatención.

disavanzo [dizavántso] *m*. déficit.

disavventura [dizavventúra] *f*. desventura, contrariedad.

discapito [diskápito] *m*. menoscabo.

discendente [diʃʃendénte] *a.-s*. descendiente.

discendenza [diʃʃendéntsa] *f*. descendencia.

discendere [diʃʃéndere] *i.-t*. descender, bajar. ¶ CONJUG. como **scendere** (aux. *essere*).

discepolo, -la [diʃʃépolo, -la] *s*. discípulo.

discernere [diʃʃérnere] *t*. divisar. 2 discernir. ¶ CONJUG. como **concernere;** pret. ind. raro; no tiene *part. pas*.

discernimento [diʃʃerniménto] *m*. discernimiento.

discesa [diʃʃésa] *f*. bajada.

discinto, -ta [diʃʃínto, -ta] *a*. desceñido, mal vestido.

disciplina [diʃʃiplína] *f*. disciplina.

disciplinare [diʃʃiplináre] *t.-pr*. disciplinar. 2 *a*. disciplinario.

disciplinato, -ta [diʃʃiplináto, -ta] *a*. disciplinado.

disco [dísko] *m*. disco.

discolpa [diskólpa] *f*. disculpa.

discolpare [diskolpáre] *t.-pr*. disculpar.

disconoscere [dikonóʃʃere] *t*. desconocer. ¶ CONJUG. como **conoscere**.

discontinuità [diskontinuità*] *f*. discontinuidad.

discontinuo, -a [diskontínuo, -a] *a*. discontinuo.

discordante [diskordánte] *a*. discordante, desacorde.

discordanza [diskordántsa] *f*. discordancia.

discordare [diskordáre] *i*. discordar, disentir. 2 desentonar. ¶ CONJUG. r. aux. *avere*.

discorde [diskórde] *a*. discorde.

discordia [diskórdja] *f*. discordia.

discorrere [diskórrere] *i*. hablar, charlar, discutir. ¶ CONJUG. como **correre** (aux. *avere*).

discorsivo, -va [diskorsívo, -va] *a*. perteneciente al discurso. 2 llano, fácil.

discorso [diskórso] *m*. discurso, conversación *f.,* razonamiento. 2 GRAM. oración.

discreditare [diskreditáre] *t.-pr*. desacreditar.

discredito [dikrédito] *m*. descrédito.

discrepanza [diskrepántsa] *f*. discrepancia.

discretezza [diskretéttsa] *f*. discreción.

discreto, -ta [diskréto, -ta] *a*. discreto. 2 regular, medianamente bueno.

discrezionale [diskrettsjonále] *a*. discrecional.

discrezione [diskrettsjóne] *f*. discreción.

discriminare [diskrimináre] *t*. discriminar.

discussione [diskussjóne] *f*. discusión, disputa.

discusso, -sa [diskússo, -sa] *a*. discutido.

discutere [diskútere] *t.-i*. discutir, disputar. ¶ CONJUG. (aux. *avere* [t.-i.]). IND. pret. ind.: *discussi, discusse; discussero*. ‖ PART.: *discusso*.

discutibile [diskutibile] *a*. discutible.

disdegnare [dizdeŋŋáre] *t*. desdeñar.

disdegno [dizdéŋŋo] *m*. desdén.

disdetta [dizdétta] *f*. desdicha. 2 desahucio *m*.

disdire [dizdíre] *t*. desdecir. 2 anular, rescindir. ¶ CONJUG. como **dire**.

disegnare [diseŋŋáre] *t*. dibujar. 2 diseñar. 3 proyectar.

disegnatore, -trice [diseŋŋatóre, -tritʃe] *s*. dibujante, delineante. 2 diseñador.

disegno [diséŋŋo] *m*. dibujo. 2 diseño. 3 proyecto: ~ *di legge,* proyecto de ley. 4 designio, intención *f*.

diseredare [dizeredáre] *t*. desheredar.

disertare [dizertáre] *t.-i*. desertar. ¶ CONJUG. r. aux. *avere* [t.], *avere* y raramente *essere* [i.].

disertore [dizertóre] *m*. desertor.

diserzione [dizertsjóne] *f*. deserción.

disfacimento [disfatʃimènto] *m*. descomposición *f.,* destrucción *f*.

disfare [disfáre] *t.-pr*. deshacer. ¶ CONJUG. IND. pres.: *disfaccio* o *disfò* o *disfo, disfai, disfà* o *disfa; disfacciamo, disfate, disfanno* o *disfano*. ‖ demás formas como *fare*.

disfatta [disfátta] *f*. derrota.

disgelare [dizdʒeláre] *t.-i.-pr.* deshelar. ¶ CONJUG. *avere* [t.], *essere* o *avere* [i.].

disgelo [dizdʒélo] *m.* deshielo.

disgiungere [dizdʒúndʒere] *t.-pr.* desunir, separar. ¶ CONJUG. como *giungere*.

disgrazia [dizgráttsja] *f.* desgracia.

disgraziato, -ta [dizgrattsjáto, -ta] *a.-s.* desgraciado.

disgregamento [dizgregaménto] *m.* disgregación *f.*

disgregare [dizgregáre] *t.-pr.* disgregar.

disgregazione [dizgregattsjóne] *f.* disgregación.

disguido [dizgwído] *m.* extravío.

disgustare [dizgustáre] *t.-pr.* disgustar.

disgusto [dizgústo] *m.* disgusto.

disgustoso, -sa [dizgustóso, -sa] *a.* disgustoso.

disilludere [dizillúdere] *t.-pr.* desilusionar. ¶ CONJUG. como *deludere*.

disillusione [dizilluzjóne] *f.* desilusión.

disimpegnare [dizimpeɲɲáre] *t.* desempeñar, librar de un empeño u obligación. 2 *pr.* librarse de una obligación. 3 salirse bien de una cosa.

disinfettante [dizinfettánte] *a.-m.* desinfectante.

disinfettare [dizinfettáre] *t.* desinfectar.

disinfezione [dizinfettsjóne] *f.* desinfección.

disingannare [dizingannáre] *t.-pr.* desengañar.

disinganno [dizingánno] *m.* desengaño.

disinnestare [dizinnestáre] *t.* desconectar. 2 desembragar. 3 desenchufar.

disinnesto [dizinnésto] *m.* desembrague.

disintegrare [dizintegráre] *t.-pr.* desintegrar.

disintegrazione [dizintegratsjóne] *f.* desintegración.

disinteressarsi [dizinteressársi] *pr.* desinteresarse.

disinteressato, -ta [dizinteressáto, -ta] *a.* desinteresado.

disinteresse [dizinterésse] *m.* desinterés.

disintossicare [dizintossikáre] *t.* desintoxicar.

disinvolto, -ta [dizinvólto, -ta] *a.* desenvuelto.

disinvoltura [dizinvoltúra] *f.* desenvoltura.

dislivello [dizlivéllo] *m.* desnivel.

dislocamento [dizlokaménto] *m.* desplazamiento.

dislocare [dizlokáre] *t.* desplazar.

disoccupare [dizokkupáre] *t.* desocupar.

disoccupato, -ta [dizokkupáto, -ta] *a.-m.* desocupado. 2 parado.

disoccupazione [dizokkupattsjóne] *f.* desocupación, desempleo *m.*

disonestà [dizonestá*] *f.* deshonestidad.

disonesto, -ta [dizonésto, -ta] *a.* deshonesto.

disonorare [dizonoráre] *t.* deshonrar.

disonore [dizonóre] *m.* deshonor, deshonra *f.*

disordinare [dizordináre] *t.* desordenar.

disordinato, -ta [dizordináto, -ta] *a.* desordenado.

disordine [dizórdine] *m.* desorden.

disorganizzato, -ta [disorganiddzáto, -ta] *a.* desorganizado.

disorganizzazione [dizorganiddzattsjóne] *f.* desorganización.

disorientamento [disorjentaménto] *m.* desorientación *f.*

disorientare [dizorjentáre] *t.-pr.* desorientar.

dispaccio [dispáttʃo] *m.* despacho [en diplomacia].

disparato, -ta [disparáto, -ta] *a.* dispar, diverso.

dispari [díspari, dispári] *a.* impar, dispar. ‖ *pari e ~,* pares y nones.

disparità [disparitá*] *f.* disparidad.

disparte (in) [dispárte] *loc. adv.* aparte, de lado, a un lado.

dispendio [dispéndjo] *m.* dispendio.

dispensa [dispénsa] *f.* despensa. 2 dispensa. 3 fascículo ‖ *pubblicazione a dispense,* publicación en fascículos, por entregas. 4 *pl.* apuntes *m.-pl.* [de un profesor].

dispensare [dispensáre] *t.* dispensar.

disperare [disperáre] *i.-t.* desesperar. ¶ CONJUG. r. aux. *avere* [i.-t.].

disperazione [disperattsjóne] *f.* desesperación.

disperdere [dispérdere] *t.* dispersar. ¶ CONJUG. como *perdere*.

dispersione [dispersjóne] *f.* dispersión.

dispersivo, -va [dispersívo, -va] *a.* dispersivo.

disperso, -sa [dispérso, -sa] *a.-m.* disperso.

dispetto [dispétto] *m.* despecho. 2 desprecio, menosprecio.

dispettoso, -sa [dipettóso, -sa] *a.* molesto. 2 despectivo. 3 despechado.

dispiacere [dispjatʃère] *i.* desagradar. ‖ *mi dispiace,* lo siento. ¶ CONJUG. como *piacere* (aux. *essere*).

dispiacere [dispjatʃére] *m.* disgusto.
disponibile [disponíbile] *a.* disponible.
disponibilità [disponibilitá*] *f.* disponibilidad.
disporre [dispórre] *t.* disponer. ¶ CONJUG. como **porre.**
dispositivo, -va [dispozitívo, -va] *a.-m.* dispositivo.
disposizione [dispozittsjóne] *f.* disposición.
disposto, -ta [dispósto, -ta] *a.* dispuesto.
dispotico, -ca [dispótiko, -ka] *a.* despótico.
dispotismo [dispotizmo] *m.* despotismo.
dispregiativo, -va [dispredʒatívo, -va] *a.* despectivo.
disprezzare [disprettsáre] *t.* despreciar.
disprezzo [dispréttso] *m.* desprecio.
disputa [dispúta] *f.* disputa, discusión.
disputare [disputáre] *i.-t.* disputar, discutir. ¶ CONJUG. r. aux. **avere** [i.-t.].
disquisizione [diskwizittsjóne] *f.* disquisición.
dissacrare [dissakráre] *t.* profanar.
dissanguamento [dissangwaménto] *m.* desangramiento.
dissanguare [dissangwáre] *t.-i.-pr.* desangrar.
dissapore [dissapóre] *m.* desacuerdo.
dissecare [dissekáre] *t.* disecar.
disseccare [dissekkáre] *t.-pr.* desecar.
disseminare [dissemináre] *t.* diseminar.
dissenso [dissénso] *m.* disensión, disentimiento.
dissenteria [dissenteria] *f.* disentería.
dissentire [dissentíre] *i.* disentir, discrepar. ¶ CONJUG. r. aux. **avere.**
disseppellire [disseppellíre] *t.* desenterrar.
dissertare [dissertáre] *t.* disertar.
dissertazione [dissertattsjóne] *f.* disertación.
dissestare [dissestáre] *t.* arruinar.
dissesto [dissésto] *m.* aprieto, ruina *f.*
dissetare [dissetáre] *t.-pr.* apagar la sed.
dissidente [dissidénte] *a.-s.* disidente.
dissidio [dissídjo] *m.* disidencia *m.*
dissimile [dissímile] *a.* desemejante, diferente, dispar.
dissimulare [dissimuláre] *t.* disimular.
dissimulazione [dissimulattsjóne] *f.* disimulo *m.*
dissipare [dissipáre] *t.-pr.* disipar. 2 *t.* derrochar.
dissipatezza [dissipatéttsa] *f.* disipación.

dissipatore, -trice [dissipatóre, -tritʃe] *a.-s.* derrochador.
dissipazione [dissipattsjóne] *f.* disipación.
dissociare [dissotʃáre] *t.* disociar.
dissociazione [dissotʃattsjóne] *f.* disociación.
dissodare [dissodáre] *t.* roturar, labrar. 2 desbastar.
dissolubile [dissolúbile] *a.* disoluble.
dissolutezza [dissolutéttsa] *f.* disolución, libertinaje *m.,* licenciosidad.
dissoluto, -ta [dissolúto, -ta] *a.* disoluto.
dissolvere [dissólvere] *t.-pr.* disolver. ¶ CONJUG. como **risolvere.**
dissomiglianza [dissomiʎʎántsa] *f.* desemejanza, diferencia.
dissonante [dissonánte] *a.* disonante.
dissonanza [dissonántsa] *f.* disonancia.
dissonare [dissonáre] *i.* disonar. ¶ CONJUG. r. aux. **avere.**
dissuadere [dissuadére] *t.* disuadir. ¶ CONJUG. como **persuadere.**
dissuasione [dissuazjóne] *f.* disuasión.
distaccamento [distakkaménto] *m.* destacamento.
distacco [distákko] *m.* separación *f.* 2 fig. despego, desasimiento, desinterés.
distante [distánte] *a.* distante. 2 *adv.* lejos.
distanza [distántsa] *f.* distancia.
distanziare [distantsjáre] *t.* distanciar.
distare [distáre] *i.* distar. ¶ CONJUG. IND. pres.: **disto, disti, dista; distiamo, distate, distano.** ‖ def. en los tiempos compuestos.
distendere [disténdere] *t.* extender, desplegar. 2 *pr.* tenderse, echarse. 3 relajarse. ¶ CONJUG. como **tendere.**
distensione [distensjóne] *f.* distensión, relajación.
distesa [distésa] *f.* extensión.
distillare [distilláre] *t.* destilar.
distillazione [distillattsjóne] *f.* destilación.
distilleria [distilleria] *f.* destilería.
distinguere [distíngwere] *t.-pr.* distinguir. ¶ CONJUG. IND. pret. ind.: **distinsi, distinse; distinsero.** ‖ PART.: **distinto.**
distintivo, -va [distintívo, -va] *a.-m.* distintivo.
distinto, -ta [distínto, -ta] *a.* distinto, claro. 2 distinguido. ‖ **la saluta distintamente,** le saluda atentamente. ‖ **distinti saluti,** atentamente.
distinzione [distintsjóne] *f.* distinción.

distogliere [distɔʎʎere] *t.* disuadir. 2 distraer. ¶ CONJUG. como *togliere*.

distorsione [distorsjóne] *f.* torcedura. 2 distorsión.

distrarre [distrárre] *t.-pr.* distraer. ¶ CONJUG. como *trarre*.

distratto, -ta [distrátto, -ta] *a.* distraído.

distrazione [distrattsjóne] *t.* distracción.

distretto [distrétto] *m.* distrito.

distrettuale [distrettuále] *a.* del distrito.

distribuire [distribuire] *t.* distribuir, repartir.

distributivo, -va [distributivo, -va] *a.* distributivo.

distributore, -trice [distributóre, -tritʃe] *a.-m.* distribuidor. ‖ ~ *di benzina,* gasolinera.

distribuzione [distributsjóne] *f.* distribución, reparto *m.*

districare [distrikáre] *t.-pr.* desenredar.

distruggere [distrúddʒere] *t.-pr.* destruir. ¶ CONJUG. como *struggere*.

distruttivo, -va [distruttívo, -va] *a.* destructivo.

distruttore, -trice [distruttóre, -tritʃe] *a.-s.* destructor.

distruzione [distruttsjóne] *f.* destrucción, destrozo *m.*

disturbare [disturbáre] *t.* molestar, estorbar, 2 *pr.* molestarse.

disturbo [distúrbo] *m.* molestia *f.* 2 trastorno. 3 estorbo. ‖ *prendersi il* ~, tomarse la molestia. ‖ *vi tolgo il* ~, no quiero molestaros más.

disubbidiente [dizubbidjénte] *a.* desobediente.

disubbidienza [dizubbidjèntsa] *f.* desobediencia.

disubbidire [dizubbidire] *i.-t.* desobedecer. ¶ CONJUG. r. aux. *avere* [i.-t.].

disuguaglianza [dizugwaʎʎántsa] *f.* desigualdad.

disuguale [dizugwále] *a.* desigual.

disumano, -na [dizumáno, -na] *a.* inhumano.

disunione [dizunjóne] *f.* desunión.

disunire [dizunire] *t.-pr.* desunir.

disusato, -ta [dizuzáto, -ta] *a.* desusado.

disuso [dizúzo] *m.* desuso.

ditale [ditále] *m.* dedal.

ditata [ditáta] *f.* golpe con el dedo. 2 dedada, mancha que se hace con los dedos sucios.

dito [dito] *m.* (en *pl. f.*: *dita*) dedo.

ditta [ditta] *f.* empresa, firma, casa.

dittatore [dittatóre] *m.* dictador.

dittatoriale [dittatorjále] *a.* dictatorial.

dittatura [dittatúra] *f.* dictadura.

dittongo [dittòngo] *m.* diptongo.

diuretico, -ca [diurètiko, -ka] *a.* diurético.

diurno, na [diúrno, -na] *a.* diurno.

divagare [divagáre] *t.* divagar. ¶ CONJUG. r. aux. *avere*.

divagazione [divagattsjóne] *f.* divagación.

divampare [divampáre] *i.* inflamarse, encenderse, prender [el fuego]. 2 estallar. ¶ CONJUG. r. aux. *essere*.

divano [diváno] *m.* diván, sofá.

divario [divárjo] *m.* divergencia *f.,* diferencia *f.*

divenire [divenire] *i.* V. **diventare**. ¶ CONJUG. como *venire*.

diventare [diventáre] *i.* hacerse. ‖ ~ *ricco,* hacerse rico; volverse. ‖ ~ *pazzo,* volverse loco; ponerse. ‖ ~ *rosso,* ponerse rojo. ¶ CONJUG. r. aux. *essere*.

diverbio [divèrbjo] *m.* altercado.

divergente [diverdʒènte] *a.* divergente.

divergenza [diverdʒèntsa] *f.* divergencia.

divergere [divèrʒere] *i.* divergir. 2 fig. discrepar. ¶ CONJUG. no tiene *part. pas.*

diversione [diversjóne] *f.* diversión.

diversità [diversità*] *f.* diversidad.

diversivo [diversívo] *m.* diversión, distracción.

diverso, -sa [divèrso, -sa] *a.* diverso, distinto.

divertente [divertènte] *a.* divertido, entretenido.

divertimento [divertimènto] *m.* divertimento, diversión *f.*

divertire [divertire] *t.-pr.* divertir.

divezzare [divettsáre] *t.* quitar un vicio o una costumbre. 2 destetar.

dividendo [dividèndo] *m.* dividendo.

dividere [dividere] *t.-pr.* dividir. ¶ CONJUG. IND. pret. ind.: *divisi, divise; divisero*. ‖ PART.: *diviso*.

divieto [divièto] *m.* prohibición *f.*

divincolarsi [divinkolàrsi] *pr.* forcejear.

divinità [divinità*] *f.* divinidad.

divino, -na [divíno, -na] *a.* divino.

divisa [divíza] *f.* uniforme *m.* 2 ECON. divisa.

divisione [divizjóne] *f.* división.

divisore [divizóre] *m.* divisor.

divisorio, -ria [divizórjo, -rja] *a.* divisorio.

divo, -va [dívo, -va] *s.* divo.

divorare [divoráre] *t.* devorar.

divoratore, -trice [divoratóre, -tritʃe] a.- s. devorador.

divorziare [divortsjáre] i. divorciarse. ¶ CONJUG. r. aux. *avere*.

divorzio [divórtsjo] m. divorcio.

divorzista [divortsísta] s. divorcista.

divulgare [divulgáre] t.-pr. divulgar, propalar.

divulgazione [divulgattsjóne] f. divulgación.

dizionario [dittsjonárjo] m. diccionario.

dizione [dittsjóne] f. dicción.

do [dɔ*] m. MÚS. do.

doccia [dóttʃa] f. ducha.

docente [dotʃénte] a.-s. docente. 2 s. profesor agregado. ‖ *libero* ~, doctor, graduado.

docenza [dotʃéntsa] f. enseñanza. ‖ *libera* ~, doctorado.

docile [dátʃile] a. dócil.

docilità [dotʃilità*] f. docilidad.

documentale [dokumentále] a. documental.

documentare [dokumentáre] t.-pr. documentar.

documentario [dokumentárjo] m. documental.

documentazione [dokumentatsjóne] f. documentación.

documento [dokuménto] m. documento.

dodecaedro [dodekaédro] m. dodecaedro.

dodecafonico, -ca [dodekafɔniko, -ka] a. dodecafónico.

dodecagono [dodekágono] m. dodecágono.

dodicenne [doditʃénne] a.-s. de doce años de edad.

dodicesimo, -ma [doditʃézimo, -ma] a. doceno. 2 a.-m. duodécimo, dozavo.

dodici [dóditʃi] a.-m. doce.

dogana [dogána] f. aduana.

doganale [doganále] a. aduanero.

doganiere [doganjère] m. aduanero.

doglia [dɔ́ʎʎa] f. dolor m. agudo. 2 pl. dolores m.-pl. del parto.

dogma [dɔ́gma] m. dogma.

dogmatico, -ca [dogmátiko, -ka] a. dogmático.

dogmatismo [dogmatizmo] m. dogmatismo.

dolce [dóltʃe] a.-m. dulce.

dolcezza [doltʃéttsa] f. dulzura. 2 dulcedumbre.

dolciastro, -tra [doltʃástro, -tra] a. dulzón, dulzarrón.

dolcificare [doltʃifikáre] t. dulcificar.

dolciume [doltʃúme] m. dulce, golosina f.

dolente [dolènte] a. dolorido, dolido, afligido. ‖ *essere* ~, sentir mucho.

dolere [dolère] i. doler. 2 pr. dolerse, lamentarse, sentir. ¶ CONJUG. (aux. *essere*) IND. pres.: *dolgo, duoli, duole; dolgono.* | pret. ind.: *dolsi, dolse; dolsero.* | fut. imp.: *dorrò, dorrai*, etc. ‖ SUBJ.: *dolga, dolga, dolga; dolgano.* ‖ POT.: *dorrei, dorresti*, etc.

dollaro [dállaro] m. dólar.

dolore [dolóre] m. dolor.

doloroso, -sa [doloróso, -sa] a. doloroso.

doloso, -sa [dolóso, -sa] a. doloso, fraudulento.

domanda [dománda] f. pregunta. 2 instancia, solicitud.

domandare [domandáre] t. preguntar. ‖ ~ *di*, preguntar por.

domani [dománi] adv.-m. mañana.

domare [domáre] t. domar.

domatore, -trice [domatóre, -tritʃe] s. domador.

domattina [domattina] adv. mañana por la mañana.

domenica [domènika] f. domingo m.

domenicale [domenikále] a. dominical. 2 fig. dominguero.

domenicano, -na [domenikáno, -na] a.-s. dominico.

domestico, -ca [domèstiko, -ka] a. doméstico. 2 m. criado. 3 f. criada.

domiciliare [domitʃiljáre] a. domiciliario.

domiciliarsi [domitʃiliársi] pr. domiciliarse.

domicilio [domitʃiljo] m. domicilio.

dominante [dominánte] a.-f. dominante.

dominare [domináre] t.-pr. dominar.

dominatore, -trice [dominatóre, -tritʃe] a.-s. dominador.

dominazione [dominattsjóne] f. dominación.

dominio [dominjo] m. dominio.

domino [dɔ́mino] m. dominó.

donante [donánte] a.-s. donante.

donare [donáre] t. regalar, donar. 2 favorecer [en sentido estético]. ¶ CONJUG. r. aux. *avere* [t.-i].

donativo [donativo] m. donativo.

donatore, -trice [donatóre, -tritʃe] a.-s. donador, donante.

donazione [donattsjóne] f. donación.

dondola [dóndola] f. mecedora, balancín f.

dondolare [dondoláre] t.-pr. balancear.

dondolio [dondolio] *m.* balanceo.
dondolo [dòndolo] *m.* columpio. ‖ *sedia a ~,* mecedora *f.,* balancín.
donna [dònna] *f.* mujer.
donnaiolo [donnajwòlo] *m.* mujeriego.
donnesco, -ca [donnèsko, -ka] *a.* mujeril.
donnola [dònnola, dònnola] *f.* comadreja.
dono [dòno] *m.* regalo. 2 don.
dopo [dòpo] *adv.* después, luego. 2 *prep.* después de. ‖ *~ domani,* pasado mañana.
dopobarba [dopobárba] *m.* loción para después del afeitado.
dopodomani [dopodománi] *adv.* pasado mañana.
dopoguerra [dopogwèrra] *m.* posguerra.
dopolavoro [dopolavòro] *m.* círculo recreativo-cultural de los trabajadores. 2 tiempo libre después del trabajo.
dopopranzo [dopoprándzo] *m.* tarde [primeras horas], tiempo que sigue a la comida.
doposcuola [doposkwòla] *m.* asistencia escolar después de las lecciones. 2 tiempo libre después de las clases.
doppiaggio [doppjáddʒo] *m.* doblaje.
doppiamente [doppjamènte] *adv.* doblemente. 2 con doblez.
doppiare [doppjáre] *t.* doblar.
doppietta [doppjètta] *f.* escopeta de doble cañón.
doppiezza [doppjèttsa] *f.* doblez, duplicidad.
doppio, -pia [dóppjo, -pja] *a.-m.* doble.
doppione [doppjóne] *m.* duplicado.
dorato, -ta [doráto, -ta] *a.* dorado.
doratura [doratúra] *f.* dorado *m.,* doradura.
dormiglione, -na [dormiʎʎóne, -na] *a.-s.* dormilón.
dormire [dormire] *i.* dormir. ¶ CONJUG. r. aux. *avere.*
dormita [dormita] *f.* dormida, sueño largo y reposante.
dormitorio [dormitòrjo] *m.* dormitorio.
dormiveglia [dormivéʎʎa] *s.* duermevela.
dorsale [dorsále] *a.* dorsal. 2 *m.* respaldo [de silla].
dorso [dòrso, dòrso] *m.* dorso. 2 lomo [de libro, etc.].
dosaggio [dozáddʒo] *m.* dosificación *f.*
dosare [dozáre] *t.* dosificar.
dose [dòze] *f.* dosis.
dossier [dosiè] *m.* dossier, expediente.
dotare [dotáre] *t.* dotar.

dotazione [dotattsjòne] *f.* dotación.
dote [dòte] *f.* dote.
dotto, -ta [dòtto, -ta] *a.* docto.
dottore [dottòre] *m.* doctor. 2 MED. doctor, médico.
dottrina [dottrina] *f.* doctrina.
dottrinale [dottrinále] *a.* doctrinal.
dove [dòve] *adv.* donde, adonde.
dovere [dovère] *t.* deber. 2 *i.* deber, tener que. 3 *m.* deber, obligación. ‖ *a ~,* a conciencia, como se debe. ¶ CONJUG. (aux. *essere* y *avere*) IND. pres.: *devo* o *debbo, devi, deve; dobbiamo, dovete, devono* o *debbono.* | fut. imp.: *dovrò, dovrai,* etc. ‖ SUBJ. pres.: *deva* o *debba, deva* o *debba, deva* o *debba; dobbiamo, dobbiate, devano* o *debbano.* ‖ POT.: *dovrei, dovresti,* etc. ‖ IMPER.: *devi.*
doveroso, -sa [doveróso, -sa] *a.* debido, obligado.
dovunque [dovúnkwe] *adv.* dondequiera. 2 en todas partes.
dovuto, -ta [dovúto, -ta] *a.* debido.
dozzina [doddzína] *f.* docena.
dragare [dragáre] *t.* dragar.
drago [drágo], **dragone** [dragóne] *m.* dragón.
dramma [drámma] *m.* drama. 2 *f.* dracma [moneda].
drammatico, -ca [drammátiko, -ka] *a.* dramático.
drammatizzare [drammatiddzáre] *t.* dramatizar.
drammaturgo, -ga [drammatúrgo, -ga] *s.* dramaturgo.
drappello [drappèllo] *m.* pelotón.
drappo [dráppo] *m.* paño [de adorno].
drastico, -ca [drástiko, -ka] *a.* drástico.
drenaggio [drenáddʒo] *m.* drenaje.
drenare [drenáre] *t.* drenar.
dritto, -ta [dritto, -ta] *a.* derecho, recto. 2 *s.* fam. astuto, pillo.
drizzare [drittsáre] *t.-pr.* enderezar.
drogare [drogáre] *t.-pr.* drogar.
drogheria [drogería] *f.* droguería.
droghiere [drogjère] *m.* droguero.
dromedario [dromedárjo] *m.* dromedario.
dualismo [dualizmo] *m.* dualismo.
dualista [dualista] *s.* dualista.
dubbio, -bia [dúbbjo, -bja] *a.* dudoso. 2 *m.* duda *f.*
dubbioso, -sa [dubbjòso, -sa] *a.* dudoso.
dubitare [dubitáre] *i.* dudar. ¶ CONJUG. r. aux. *avere.*

dubitativo, -va [dubitativo, -va] *a.* dubitativo.

duca [dúka] *m.* duque.

ducale [dukále] *a.* ducal.

ducato [dukáto] *m.* ducado.

duce [dútʃe] *m.* caudillo.

duchessa [dukèssa] *f.* duquesa.

due [dúe] *a.-m.* dos. ‖ *far ~ passi,* dar una vuelta. ‖ *farsi in ~,* hacer lo imposible.

duecento [duetʃènto] *a.* doscientos. 2 *m. il ~,* el siglo trece.

duello [duèllo] *m.* duelo.

duemila [duemíla] *a.-m.* dos mil. ‖ *il ~,* el año dos mil.

duetto [duètto] *m.* dúo.

duna [dúna] *f.* duna.

dunque [dúnkwe] *conj.* por lo tanto, así pues, pues.

duo [dúo] *m.* dúo.

duodeno [duodèno] *m.* duodeno.

duomo [dwòmo] *m.* catedral *f.*

duplicato [duplikáto] *m.* duplicado.

duplice [dúplitʃe] *a.* doble.

durante [duránte] *prep.* durante.

durare [duráre] *i.* durar. ¶ CONJUG. r. aux. *essere* y *avere.*

durata [duráta] *f.* duración.

duraturo, -ra [duratúro, -ra] *a.* duradero.

durevole [durèvole] *a.* duradero.

durezza [duréttsa] *f.* dureza.

duro, -ra [dúro, -ra] *a.* duro.

duttile [dúttile] *a.* dúctil.

duttilità [duttilità*] *f.* ductilidad.

E

e [e] *f.* quinta letra del alfabeto italiano.
e [e*] *conj.* y, c.
ebanista [ebanista] *m.* ebanista.
ebanite [ebanite] *f.* ebonita.
ebano [ébano] *m.* ébano.
ebbene [ebbéne] *conj.* pues bien, ahora bien.
ebbrezza [ebbréttsa] *f.* embriaguez. 2 fig. exaltación.
ebbro, -bra [ébbro, -bra] *a.* ebrio. 2 fig. extasiado.
ebete [ébete] *a.* imbécil, idiota.
ebollizione [ebollitsjóne] *f.* ebullición.
ebreo, -a [ebrèo, -a] *a.* hebreo.
ebrietà [ebrjetá*] *f.* embriaguez.
ecatombe [ekatómbe] *f.* hecatombe.
eccedente [ettſedènte] *a.* excedente, sobrante.
eccedenza [ettſedèntsa] *f.* exceso *m.*
eccedere [ettſèdere] *t.* exceder, sobrepasar. ¶ CONJUG. IND. pret. ind.: *eccedei* o *eccedetti.*
eccellente [ettſellènte] *a.* excelente.
eccellenza [ettſellèntsa] *f.* excelencia.
eccellere [ettſèllere] *i.* sobresalir. ¶ CONJUG. (aux. *essere* o *avere*) IND. pret. ind.: *eccelsi, eccelse; eccelsero.* ‖ PART.: *eccelso.*
eccelso, -sa [ettſèlso, -sa] *a.* excelso.
eccentricità [ettſentritſitá*] *f.* excentricidad.
eccentrico, -ca [ettſèntriko, -ka] *a.* excéntrico.
eccepibile [ettſepibile] *a.* discutible, criticable, refutable.
eccepire [ettſepire] *t.* objetar. ¶ CONJUG. IND. pres.: *eccepisco, eccepisci.*
eccessivo, -va [ettſessivo, -va] *a.* excesivo.
eccesso [ettſèsso] *m.* exceso.
eccetera [ettſètera] *m.* etcétera.
eccetto [ettſètto] *prep.* excepto. ‖ ~ *che,* a menos que.
eccettuare [ettſettuáre] *t.* exceptuar.

eccezionale [ettſettsjonále] *a.* excepcional.
eccezione [ettſettsjóne] *f.* excepción.
eccidio [ettſidjo] *m.* estrago, exterminio.
eccitabile [ettſitábile] *a.* excitable.
eccitabilità [ettſitabilitá*] *f.* excitabilidad.
eccitamento [ettſitamènto] *m.* excitación *f.*
eccitante [ettſitànte] *a.-m.* excitante.
eccitare [ettſitáre] *t.-pr.* excitar.
eccitatore, -trice [ettſitatóre, -tritſe] *a.-m.* excitador.
eccitazione [ettſitattsjóne] *f.* excitación.
ecclesiastico, -ca [ekklezjàstiko, -ka] *a.* eclesiástico.
ecco [ékko] *adv.* he aquí, esto es. 2 mira, mirad. ‖ *eccolo,* ahí está.
eccome [ekkóme] *adv.* ciertamente, sin duda.
echeggiare [ekeddʒáre] *i.* resonar. ¶ CONJUG. r. aux. *avere* y *essere.*
ecletticismo [eklettitſizmo] *m.* eclecticismo.
eclettico, -ca [eklèttiko, -ka] *a.-s.* ecléctico.
eclissare [eklissáre] *t.-pr.* eclipsar.
eclissi [eklissi] *f.* eclipse.
eclittica [eklittika] *f.* ASTR. eclíptica.
eco [èko] *s.* eco *m.*
ecografia [ekografia] *f.* ecografía.
ecologia [ekolodʒia] *f.* ecología.
ecologico, -ca [ekolòdʒiko, -ka] *a.* ecológico.
ecologo [ekòlogo] *m.* ecólogo.
economato [ekonomàto] *m.* economato.
economia [ekonomia] *f.* economía.
economico, -ca [ekonòmiko, -ka] *a.* económico.
economista [ekonomista] *s.* economista.
economizzare [ekonomiddzáre] *t.* economizar.
economo, -ma [ekònomo, -ma] *a.-m.* ecónomo.
ecumenico, -ca [ekumèniko, -ka] *a.* ecuménico.

ecumenismo [ekumenizmo] *m.* ecumenismo.

eczema [ekdzɛ̀ma] *m.* eczema.

ed [ed] *conj.* y, e.

edema [edɛ̀ma] *m.* edema.

eden [ɛ̀den] *m.* edén.

edera [ɛ̀dera] *f.* hiedra, yedra.

edicola [edìkola] *f.* quiosco *m.*, kiosco *m.*

edificante [edifikánte] *a.* edificante.

edificare [edifikáre] *t.* edificar.

edificazione [edifikattsjóne] *f.* edificación.

edificio [edifítʃo] *m.* edificio.

edile [edile] *a.-m.* constructor.

edilizia [edilittsja] *f.* arte *m.* de la construcción, edificación.

edilizio [edilittsjo] *a.* de construcción, de albañilería.

edito, -ta [ɛ̀dito, -ta] *a.* editado, publicado.

editore, -trice [editòre, -tritʃe] *a.-m.* editor. || *casa editrice,* editorial.

editoriale [editorjále] *a.* editorial. 2 *m.* artículo de fondo.

editto [editto] *m.* edicto.

edizione [edittsjóne] *f.* edición.

edonismo [edonizmo] *m.* hedonismo.

educandato [edukandáto] *m.* colegio.

educare [edukáre] *t.* educar.

educativo, -va [edukativo, -va] *a.* educativo.

educato, -ta [edukáto, -ta] *a.* educado.

educatore, -trice [edukatòre, tritʃe] *a.-m.* educador.

educazione [edukattsjóne] *f.* educación.

effeminato, -ta [effemináto, -ta] *a.* afeminado.

efferatezza [efferatèttsa] *f.* ferocidad.

efferato, -ta [efferáto, -ta] *a.* feroz.

effervescente [effervesʃɛ̀nte] *a.* efervescente.

effervescenza [effervesʃɛ̀ntsa] *f.* efervescencia.

effettivo, -va [effettivo, -va] *a.-m.* efectivo.

effetto [effɛ̀tto] *m.* efecto.

effettuare [effettuáre] *t.* efectuar.

efficacia [effikátʃe] *a.* eficaz.

efficacia [effikátʃa] *f.* eficacia.

efficiente [effitʃɛ̀nte] *a.* eficiente.

efficienza [effitʃɛ̀ntsa] *f.* eficiencia.

effigie [effidʒe] *f.* efigie.

effimero, -ra [effìmero, -ra] *a.* efímero.

effusione [effuzjóne] *f.* efusión.

egemonia [edʒemonia] *f.* hegemonía.

egemonico, -ca [edʒemóniko, -ka] *a.* hegemónico.

egida [ɛ̀dʒida] *f.* égida.

egiziano, -na [edʒittsjáno, -na] *a.-m.* egipcio.

egli [ɛ́ʎʎi] *pron. personal sujeto* 3.ª *persona* él.

egoismo [egoízmo] *m.* egoísmo.

egoista [egoísta] *f.* egoísta.

egregio, -gia [egrɛ̀dʒo, -dʒa] *a.* egregio, distinguido. || ~ *signore,* muy señor mío, distinguido señor.

eh [ɛ̀, e] *inter.* ¡eh!

ehi [ɛ̀i] *inter.* ¡hola!, ¡eh!

elaborare [elaboráre] *t.* elaborar.

elaborazione [elaborattsjóne] *f.* elaboración.

elargire [elardʒire] *t.* donar, otorgar. ¶ CONJUG. IND. pres.: *elargisco, elargisci.*

elargizione [elardʒittsjóne] *f.* dádiva, regalo *m.*

elasticità [elastitʃitá*] *f.* elasticidad.

elastico, -ca [elàstiko, -ka] *a.* elástico. 2 *m.* elástico, goma *f.*

elce [ɛ̀ltʃe] *m.* carrasca *f.* encina *f.*

elefante [elefánte] *m.* elefante.

elegante [elegánte] *a.* elegante.

eleganza [elegántsa] *f.* elegancia.

eleggere [elɛ̀ddʒere] *t.* elegir. ¶ CONJUG. como *leggere.*

eleggibile [eleddʒibile] *a.* elegible.

elegia [eledʒia] *f.* elegía.

elementare [elementáre] *a.* elemental. || *scuola ~,* escuela, colegio *m.* de Enseñanza General Básica.

elemento [elemɛ̀nto] *m.* elemento.

elemosina [elemózina] *f.* limosna.

elemosinare [elemozináre] *t.* pedir [algo] como limosna. 2 *i.* pedir limosna. ¶ CONJUG. r. aux. *avere* [t.-i.].

elencare [elenkáre] *t.* hacer una lista, registrar.

elenco [elɛ̀nko] *m.* lista *f.* índice. || ~ *telefonico,* listín telefónico.

elettivo, -va [elettivo, -va] *a.* electivo.

eletto, -ta [elɛ̀tto, -ta] *a.* elegido, electo. 2 *m. pl.* bienaventurados.

elettorale [elettoróle] *a.* electoral.

elettore, -trice [elettòre, -tritʃe] *s.* elector.

elettricista [elettritʃista] *m.* electricista.

elettricità [elettritʃitá*] *f.* electricidad.

elettrico, -ca [elɛ̀ttriko, -ka] *a.* eléctrico.

elettrizzare [elettriddzáre] *t.* electrizar.

elettrodo [elɛ̀ttrodo] *m.* electrodo.

elettrone [elettróne] *m.* electrón.

elettronico, -ca [elettróniko, -ka] *a.* electrónico.

elettrotecnica [elettrotéknika] *f.* electrotecnia.

elettrotecnico, -ca [elettrotékniko, -ka] *a.-m.* electrotécnico.

elevamento [elevaménto] *m.* elevación *f.*

elevare [eleváre] *t.* elevar.

elevatezza [elevatéttsa] *f.* elevación. 2 fig. grandeza, nobleza.

elevato, -ta [eleváto, -ta] *a.* elevado. 2 fig. superior, noble.

elevazione [elevattsjóne] *f.* elevación.

elezione [eletsjóne] *f.* elección.

elica [élika] *f.* hélice.

elicoidale [elikoidále] *a.* helicoidal.

elicottero [elikóttero] *m.* helicóptero.

elidere [elidere] *t.* elidir. ¶ CONJUG. IND. pret. ind.: *elisi* o *elidei, elise* o *elidè; elisero* o *eliderono.* ‖ PART.: *eliso.*

eliminare [elimináre] *t.* eliminar.

eliminatorio, -ria [eliminatórjo, -rja] *a.* eliminatorio.

eliminazione [eliminattsjóne] *f.* eliminación.

elisione [elizjóne] *f.* elisión.

elisir [elizír] *m.* elixir.

ella [élla] *pron. personal sujeto 3.ª persona* ella.

ellenico, -ca [elléniko, -ka] *a.* helénico.

ellisse [elllsse] *f.* elipse.

ellissi [ellissi] *f.* elipsis.

ellittico, -ca [ellittiko, -ka] *a.* elíptico.

elmo [élmo] *m.* yelmo, casco.

elocuzione [elokuttsjóne] *f.* elocución.

elogiare [elodʒáre] *t.* alabar, elogiar.

elogio [elódʒo] *m.* elogio.

eloquente [elokwénte] *a.* elocuente.

eloquenza [elokwéntsa] *f.* elocuencia.

elucubrazione [elukubrattsjóne] *m.* elucubración.

eludere [elúdere] *t.* eludir. ¶ CONJUG. como *alludere.*

emaciato, -ta [ematʃáto, -ta] *a.* flaco.

emanare [emanáre] *t.* publicar, promulgar. 2 *i.* emanar. ¶ CONJUG. r. aux. *avere* [t.], *essere* [i.].

emanazione [emanattsjóne] *f.* promulgación. 2 emanación, exhalación.

emancipare [emantʃipáre] *t.* emancipar.

emancipazione [emantʃipattsjóne] *f.* emancipación.

ematosi [ematózi] *f.* hematosis.

emblema [embléma] *m.* emblema.

embolia [embolía] *f.* embolia.

embolo [émbolo] *m.* émbolo. 2 coágulo.

embrionale [embrionále] *a.* embrionario.

embrione [embrióne] *m.* embrión.

emendare [emendáre] *t.* enmendar.

emergenza [emerdʒéntsa] *f.* emergencia.

emergere [emérdʒere] *i.* emerger. 2 fig. sobresalir. ¶ CONJUG. (aux. *essere*) IND. pret. ind.: *emersi, emerse; emersero.* ‖ PART.: *emerso.*

emerito, -ta [emérito, -ta] *a.* emérito; jubilado. 2 fig. verdadero, grande. ‖ *è un ~ furfante,* es un verdadero bribón.

emettere [eméttere] *t.* emitir, promulgar. 2 librar. ‖ *~ una cambiale,* librar una letra. ¶ CONJUG. como *mettere.*

emicrania [emikránja] *f.* jaqueca.

emigrante [emigránte] *a.-s.* emigrante.

emigrare [emigráre] *i.* emigrar. ¶ CONJUG. r. aux. *essere* o *avere.*

emigrazione [emigrattsjóne] *f.* emigración.

eminente [eminénte] *a.* eminente.

eminenza [eminéntsa] *f.* eminencia.

emisferico, -ca [emisfériko, -ka] *a.* hemisférico.

emisfero [emisféro] *m.* hemisferio.

emissario [emissárjo] *m.* emisario. 2 GEOGR. desaguadero.

emissione [emissjóne] *f.* emisión.

emittente [emitténte] *a.* emisor. 2 *f.* emisora.

emorragia [emorradʒía] *f.* hemorragia.

emorragico, -ca [emorrádʒiko, -ka] *a.* hemorrágico.

emotività [emotivitá*] *f.* emotividad.

emotivo, -va [emotivo, -va] *a.* emotivo.

emozionante [emottsjonánte] *a.* emocionante.

emozionare [emottsjonáre] *t.* emocionar, turbar, impresionar. 2 *i.-pr.* emocionarse.

emozione [emottsjóne] *f.* emoción.

empietà [empjetá*] *f.* impiedad.

empio [émpjo] *a.* impío, sacrílego.

empirico, -ca [empíriko, -ka] *a.* empírico.

empirismo [empirízmo] *m.* empirismo.

emporio [empórjo] *m.* mercado, bazar, almacén.

emulare [emuláre] *t.* emular, competir.

emulazione [emulattsjóne] *f.* emulación, competición.

emulo [émulo] *m.* émulo, rival.

encefalo [entʃéfalo] *m.* encéfalo.

enciclica [entʃíklica] *f.* encíclica.

enciclopedia [entʃiklopedia] *f.* enciclopedia.

enciclopedico, -ca [entʃiklopédiko, -ka] a. enciclopédico.

enclitico, -ca [enklítico, -ka] a. enclítico.

encomiabile [enkomjábile] a. encomiable.

endecasillabo [endekasillabo] m. endecasílabo.

endemia [endemia] f. endemia.

endemico, -ca [endémiko, -ka] a. endémico.

endovenoso, -sa [endovenóso, -sa] a. endovenoso.

energia [enerdʒia] f. energía.

energico, -ca [enérdʒiko, -ka] a. enérgico.

energumeno, -na [energúmeno, -na] m. energúmeno.

enfasi [énfazi] f. énfasis.

enfatico, -ca [enfátiko, -ka] a. enfático.

enigma [enigma] f. enigma.

enigmatico, -ca [enigmátiko, -ka] a. enigmático.

enigmistico, -ca [enigmístiko, -ka] a. enigmístico.

ennesimo, -ma [ennézimo, -ma] a. enésimo.

enologo [enólogo] m. enólogo.

enorme [enórme] a. enorme.

enormità [enormità*] f. enormidad.

enoteca [enotéka] f. enoteca.

ente [énte] m. ente. 2 COM. entidad f.

entità [entità*] f. entidad. 2 importancia, valor m.

entrambi [entrámbi] a.-pron. ambos. ‖ ~ i comandanti, los dos comandantes.

entrante [entránte] a. entrante. 2 próximo. ‖ il mese ~, el mes que viene.

entrare [entráre] i. entrar, ingresar. ‖ ~ in carica, asumir un cargo; non c'entra niente, no viene a cuenta. ¶ CONJUG. r. aux. essere.

entrata [entráta] f. entrada. 2 fig. renta, ganancia.

entro [éntro] adv. dentro. 2 prep. dentro de.

entusiasmante [entuzjazmánte] a. entusiasmante.

entusiasmare [entuzjazmáre] t. entusiasmar. 2 i.-pr. apasionarse, entusiasmarse.

entusiasmo [entuzjázmo] m. entusiasmo.

entusiasta [entuzjásta] a.-s. entusiasta.

enumerare [enumeráre] t. enumerar.

enumerazione [enumerattsjóne] f. enumeración.

enunciare [enuntʃáre] t. enunciar.

enunciato, -ta [enuntʃáto, -ta] a. enunciado. 2 m. enunciado [de un problema].

epatico, -ca [epátiko, -ka] a. hepático.

epatite [epatite] f. hepatitis.

epico, -ca [épiko, -ka] a. épico.

epidemia [epidemia] f. epidemia.

epidemico, -ca [epidémiko, -ka] a. epidémico.

epidermico, -ca [epidérmiko, -ka] a. epidérmico.

epidermide [epidérmide] f. epidermis.

epifania [epifanía] f. epifanía.

epigrafe [epígrafe] f. epígrafe m.

epilessia [epilessía] f. epilepsia.

epilettico, -ca [epiléttiko, -ka] a. epiléptico.

epilogo [epílogo] m. epílogo.

episcopale [episkopále] a. episcopal.

episcopato [episkopáto] m. episcopado.

episodico, -ca [epizódiko, -ka] a. episódico.

episodio [epizódjo] m. episodio.

epistola [epístola] f. epístola.

epistolario [epistolárjo] f. epistolario.

epitaffio [epitáffjo] m. epitafio.

epiteto [epíteto] m. epíteto.

epoca [époka] f. época.

epopea [epopéa] f. epopeya.

eppure [eppúre] conj. sin embargo, a pesar de todo.

epurare [epuráre] t. depurar.

epurazione [epuratssjóne] f. depuración.

equanime [ekwánime] a. ecuánime.

equanimità [ekwanimità*] f. ecuanimidad.

equatore [ekwatóre] m. ecuador.

equatoriale [ekwatorjále] a. ecuatorial.

equazione [ekwattsjóne] f. ecuación.

equestre [ekwéstre] a. ecuestre.

equidistante [ekwidistánte] a. equidistante.

equidistanza [ekwidistántsa] f. equidistancia.

equilatero, -ra [ekwilátero, -ra] a. equilátero.

equilibrare [ekwilibráre] t. equilibrar.

equilibrato, -ta [ekwilibráto, -ta] a. equilibrado.

equilibrio [ekwilíbrjo] m. equilibrio.

equilibrismo [ekwilibrizmo] m. equilibrismo.

equilibrista [ekwilibrista] s. equilibrista.

equino, -na [ekwino, -na] a. caballar, equino. ‖ bestiame ~, ganado caballar. 2 m. caballo.

equinozio [ekwinóttsjo] m. equinoccio.

equipaggiamento [ekwipaddzaménto] *m*. equipo. 2 armamento [de una nave].

equipaggiare [ekwipaddʒáre] *t*. equipar. 2 armar [un nave]. 3 *pr*. equiparse.

equipaggio [ekwipáddʒo] *m*. tripulación *f*.

equiparare [ekwiparáre] *t*. equiparar.

equitazione [ekwitattsjóne] *f*. equitación.

equivalente [ekwivalénte] *a.-m*. equivalente.

equivalenza [ekwivaléntsa] *f*. equivalencia.

equivalere [ekwivalère] *i*. equivaler. ¶ CONJUG. como *valere* (aux. *essere* y *avere*).

equivocare [ekwivokáre] *i*. equivocarse. ¶ CONJUG. r. aux. *essere*.

equivoco, -ca [ekwivoko, -ka] *a*. equívoco. 2 *m*. equivocación *f*. ‖ *a scanso di equivoci*, para evitar equivocaciones.

equo, -qua [ékwo, -kwa] *a*. recto, justo.

era [éra] *f*. era.

erba [érba] *f*. hierba, yerba. ‖ *in ~*, en ciernes.

erbaceo, -a [erbátʃeo, -a] *a*. herbáceo.

erbaggio [erbáddʒo] *m*. herbaje. 2 *pl*. hortalizas *f.-pl.*, verduras *f.-pl.*

erbario [erbárjo] *m*. herbario.

erbivendolo [erbivéndolo] *m*. verdulero.

erbivoro, -ra [erbivoro, -ra] *a*. herbívoro.

erculeo, -a [erkúleo, -a] *a*. hercúleo.

erede [eréde] *a -s* heredero.

eredità [eredità*] *f*. herencia.

ereditare [ereditáre] *t*. heredar.

ereditario, -ria [ereditárjo, -rja] *a*. hereditario. ‖ *principe ~*, príncipe heredero.

eremita [eremíta] *m*. ermitaño, eremita.

eremitaggio [eremitáddʒo] *m*. ermita *f*.

eresia [erezía] *f*. herejía.

eretico, -ca [erètiko, -ka] *a*. herético. 2 *m*. hereje.

eretto, -ta [erètto, -ta] *a*. erguido. 2 erigido, instituido.

erezione [erettsjóne] *f*. erección.

ergastolano [ergastoláno] *m*. presidiario, preso [condenado a cadena perpetua].

ergastolo [ergàstolo] *m*. cadena perpetua. 2 prisión *f*.

ergere [érdʒere] *t*. erguir. ¶ CONJUG. IND. pret. ind.: *ersi, erse; ersero*. ‖ PART.: *erto*.

erigere [erídʒere] *t*. erigir. ¶ CONJUG. IND. pret. ind.: *eressi, eresse; eressero*. ‖ PART.: *eretto*.

ermellino [ermellíno] *m*. armiño.

ermetico, -ca [ermètiko, -ka] *a*. hermético.

ernia [érnia] *f*. hernia.

eroe [erɔe] *m*. héroe.

erogabile [erogábile] *a*. que se puede distribuir.

erogare [erogáre] *t*. distribuir, repartir. 2 suministrar.

erogazione [erogattsjóne] *f*. distribución. 2 suministro *m*.

eroico, -ca [erɔiko, -ka] *a*. heroico.

eroina [eroína] *f*. heroína.

eroismo [eroízmo] *m*. heroísmo.

erompere [erómpere] *i*. prorrumpir. ¶ CONJUG. como *rompere* (aux. *avere*).

erosione [erozjóne] *f*. erosión.

erosivo, -va [erozívo, -va] *a*. corrosivo.

erotico, -ca [erɔtiko, -ka] *a*. erótico.

errabondo, -da [errabóndo, -da] *a*. errante.

errante [erránte] *a*. errante.

errare [erráre] *i*. errar, vagar. 2 fig. equivocarse, fallar. ¶ CONJUG. r. aux. *avere*.

errato, -ta [erráto, -ta] *a*. equivocado, incorrecto.

erroneo, -a [errɔneo, -a] *a*. erróneo.

errore [erróre] *m*. error, equivocación *f*. ‖ *essere in ~*, estar equivocado; *~ di stampa*, errata.

erta [érta] *f*. cuesta, subida. ‖ *stare all'~*, estar alerta.

erto, -ta [érto, -ta] *a*. empinado.

erudire [erudíre] *t*. instruir. ¶ CONJUG. IND. pres.: *erudisco, erudisci*.

erudito, -ta [erudíto, -ta] *a.-m*. erudito.

erudizione [erudittsjóne] *f*. erudición.

eruttare [eruttáre] *i*. eructar, vomitar. ¶ CONJUG. r. aux. *avere*.

eruttivo, -va [eruttívo, -va] *a*. eruptivo.

eruzione [eruttsjóne] *f*. erupción.

esacerbare [ezatʃerbáre] *t*. exacerbar.

esagerare [ezadʒeráre] *t*. exagerar.

esagerato, -ta [ezadʒeráto, -ta] *a*. exagerado.

esagerazione [ezadʒerattsjóne] *f*. exageración.

esagono [ezágono] *m*. hexágono.

esalare [ezaláre] *t*. exhalar, emanar.

esalazione [ezalattsjóne] *f*. exhalación.

esaltare [ezaltáre] *t*. exaltar.

esaltato, -ta [ezaltáto, -ta] *a*. exaltado.

esaltazione [ezaltatsjóne] *f*. exaltación.

esame [ezáme] *m*. examen. ‖ *dare un ~*, examinarse; *prendere in ~*, tomar en consideración.

esaminando [ezaminándo] *a.-s.* examinando.

esaminare [ezamináre] *t.* examinar.

esaminatore, -trice [ezaminatóre, -tritʃe] *a.-s.* examinador.

esangue [ezángwe] *a.* exangüe.

esanime [ezánime] *a.* exánime.

esasperante [ezasperánte] *a.* exasperante.

esasperare [ezasperáre] *t.* exasperar.

esasperazione [ezasperatssjóne] *f.* exasperación.

esattezza [ezattéttsa] *f.* exactitud.

esatto, -ta [ezátto, -ta] *a.* exacto.

esattore, -trice [ezattóre, -tritʃe] *s.* recaudador, cobrador.

esattoria [ezattoría] *f.* recaudación. 2 oficina del recaudador.

esaudire [ezaudíre] *t.* acoger, acceder a. ¶ CONJUG. IND. pres.: *esaudisco, esaudisci.*

esauriente [ezaurjénte] *a.* exhaustivo.

esaurimento [ezauriménto] *m.* agotamiento.

esaurire [ezauríre] *t.* agotar. 2 *i.-pr.* agotarse.

esaurito, -ta [ezauríto, -ta] *a.* agotado. 2 exhausto.

esausto, -ta [ezáusto, -ta] *a.* exhausto.

esautorare [ezautoráre] *t.* desautorizar.

esazione [ezattsjóne] *f.* cobro *m.,* recaudación.

esca [éska] *f.* cebo *m.* 2 fig. aliciente, atractivo *m.* ‖ *abboccare l'~,* picar, morder el anzuelo. 3 yesca.

escandescenza [eskandeʃʃéntsa] *f.* cólera, arrebato *m.*

eschimese [eskimése] *a.-s.* esquimal.

esclamare [esklamáre] *t.* exclamar.

esclamativo, -va [esklamatívo, -va] *a.* exclamativo. ‖ *punto ~,* signo de admiración.

esclamazione [esklamattsjóne] *f.* exclamación.

escludere [esklúdere] *t.* excluir, eliminar. ¶ CONJUG. como *concludere.*

esclusione [esklusjóne] *f.* exclusión, excepción.

esclusiva [eskluzíva] *f.* exclusiva.

esclusivista [eskluzivísta] *a.* exclusivista.

esclusività [eskluzivitá*] *f.* exclusividad.

esclusivo, -va [eskluzívo, -va] *a.* exclusivo.

escluso, -sa [esklúzo, -za] *a.* excluido, exceptuado, excluso. 2 COM. aparte.

escogitare [eskodʒitáre] *t.* discurrir, inventar.

escoriazione [eskorjattsjóne] *f.* excoriación.

escremento [eskreménto] *m.* excremento.

escrescenza [eskreʃʃéntsa] *f.* excrecencia.

escrezione [eskrettsjóne] *f.* excreción.

escursione [eskursjóne] *f.* excursión.

escursionismo [eskursjonízmo] *m.* excursionismo.

escursionista [eskursjonísta] *s.* excursionista.

esecrabile [ezekrábile] *a.* execrable.

esecrare [ezekráre] *t.* execrar.

esecrazione [ezekrattsjóne] *f.* execración.

esecutivo [ezekutívo] *a.-m.* ejecutivo.

esecutore, -trice [ezekutóre, -tritʃe] *a.-s.* ejecutor. 2 *s.* MÚS. ejecutante.

esecuzione [ezekuttsjóne] *f.* ejecución.

eseguibile [ezegwíbile] *a.* ejecutable.

eseguire [ezegwíre] *t.* ejecutar, cumplir. 2 MÚS. interpretar.

esempio [ezémpjo] *m.* ejemplo.

esemplare [ezempláre] *a.-m.* ejemplar.

esemplificare [ezemplifikáre] *t.* ejemplificar.

esentare [ezentáre] *t.* exentar, dispensar.

esente [ezénte] *a.* exento, dispensado.

esenzione [ezentsjóne] *f.* exención.

esequie [ezékwje] *f. pl.* exequias.

esercente [ezertʃénte] *a.* que ejerce. 2 *s.* COM. comerciante, tendero.

esercitare [ezertʃitáre] *t.* ejercitar, ejercer [una profesión]. 2 *pr.* entrenarse.

esercitazione [ezertʃitattsjóne] *f.* ejercicio *m.* 2 clase práctica. 3 *pl.* MIL. maniobras.

esercito [ezértʃito] *m.* ejército.

esercizio [ezertʃíttsjo] *m.* ejercicio. 2 COM. tienda *f.* 3 hecho de ejercer. ‖ *nell'~ delle sue funzioni,* en el desempeño de sus funciones.

esibire [ezibíre] *t.* exhibir. 2 *pr.* ofrecerse [para un trabajo]. ¶ CONJUG. IND. pres.: *esibisco, esibisci.*

esibizione [ezibittsjóne] *f.* exhibición.

esibizionismo [ezibittsjonízmo] *m.* exhibicionismo.

esibizionista [ezibittsjonísta] *a.-s.* exhibicionista.

esigente [ezidʒénte] *a.* exigente.

esigenza [ezidʒéntsa] *f.* exigencia.

esigere [ezidʒere] *t.* exigir. 2 requerir. ¶ CONJUG. IND. pret. ind.: *esigei* o *esigetti*. ‖ PART.: *esatto*.

esigibile [ezidʒibile] *a.* exigible.

esiguità [eziguità*] *f.* exigüidad.

esiguo, -gua [eziguo, -gua] *a.* exiguo. 2 fig. tenue.

esilarante [ezilaránte] *a.* divertido.

esilarare [ezilaráre] *t.* alegrar.

esile [ézile] *a.* delgado, sutil. 2 fig. débil [la voz].

esiliare [eziljáre] *t.* desterrar.

esilio [eziljo] *m.* destierro, exilio.

esistente [ezisténte] *a.* existente.

esistenza [ezisténtsa] *f.* existencia.

esistenzialismo [ezistentsjalizmo] *m.* existencialismo.

esistenzialista [ezistentsjalista] *a.* existencialista.

esistere [ezistere] *i.* existir. ¶ CONJUG. (aux. *essere*) IND. pret. ind.: *esistei* o *esistetti, esistesti*. ‖ PART.: *esistito*.

esitante [ezitánte] *a.* titubeante, indeciso.

esitare [ezitáre] *i.* titubear (aux. *avere*). 2 *t.* COM. despachar, vender.

esitazione [ezitattsjóne] *f.* indecisión, titubeo *m.*

esito [ézito] *m.* salida *f.* 2 resultado, éxito. 3 COM. venta *f.,* salida *f.* 4 BUR. respuesta *f.*

esodo [ɛzɔdɔ] *m* éxodo.

esofago [ezófago] *m.* esófago.

esonerare [ezoneráre] *t.* exonerar, exentar, dispensar.

esonero [ezónero] *m.* exención *f.* dispensa *f.*

esorbitante [ezorbitánte] *a.* exorbitante.

esorbitare [ezorbitáre] *i.* (aux. *avere*) excederse, exagerar.

esorcismo [ezortʃismo] *m.* exorcismo.

esorcizzare [ezortʃiddzáre] *t.* exorcizar.

esordiente [ezordjénte] *a.-s.* principiante.

esordio [ezórdjo] *m.* exordio, principio. ‖ ~ *di un artista,* debut de un artista; ~ *di un'opera,* estreno de una obra.

esordire [ezordire] *i.* principiar, debutar. ¶ CONJUG. (aux. *avere*) IND. pres.: *esordisco, esordisci.*

esortare [ezortáre] *t.* exhortar.

esortativo, -va [ezortativo, -va] *a.* exhortativo.

esortazione [ezortattsjóne] *f.* exhortación.

esoso, -sa [ezózo, -za] *a.* odioso, insoportable. 2 avaro, abusivo [un precio].

esotico, -ca [ezótiko, -ka] *a.* exótico.

esotismo [ezotizmo] *m.* exotismo.

espandere [espándere] *t.* ensanchar, esparcir. 2 *pr.* dilatarse. ¶ CONJUG. IND. pret. ind.: *espansi* o *espandetti* o *espandei, espandesti*. ‖ PART.: *espanso*.

espansione [espansjóne] *f.* expansión.

espansionismo [espansjonizmo] *m.* expansionismo.

espansivo, -va [espansivo, -va] *a.* expansivo.

espatriare [espatrjáre] *i.* emigrar. ¶ CONJUG. r. aux. *essere,* raramente *avere.*

espediente [espedjénte] *m.* recurso, medio, remedio.

espellere [espéllere] *t.* expulsar. ¶ CONJUG. IND. pret. ind.: *espulsi, espulse; espulsero*. ‖ PART.: *espulso*.

esperanto [esperánto] *m.* esperanto.

esperienza [esperjéntsa] *f.* experiencia.

esperimentare [esperimentáre] *t.* experimentar.

esperimento [esperiménto] *m.* experimento.

esperto, -ta [espérto, -ta] *a.* experto.

espiare [espiáre] *t.* expiar.

espiatorio, -ria [espiatórjo, -rja] *a.* expiatorio.

espiazione [espiattsjóne] *f.* expiación.

espirare [espiráre] *t.-i.* espirar. ¶ CONJUG. r. aux. *avere* [t.-i].

espletare [espletáre] *t.* despachar, tramitar, terminar.

esplicare [esplikáre] *t.* desarrollar.

esplicitamente [esplitʃitaménte] *adv.* explícitamente.

esplicito, -ta [esplitʃito, -ta] *a.* explícito.

esplodere [esplódere] *i.* estallar. ¶ CONJUG. (aux. *essere* excepto para armas *avere*) IND. pret. ind.: *esplosi, esplose; esplosero*. ‖ PART.: *esploso*.

esplorare [esploráre] *t.* explorar. 2 fig. escudriñar.

esploratore [esploratóre] *m.* explorador.

esplorazione [explorattsjóne] *f.* exploración.

esplosione [esplozjóne] *f.* explosión.

esplosivo, -va [esplozivo, -va] *a.-m.* explosivo.

esponente [esponénte] *m.* exponente.

esporre [espórre] *t.* exponer. ¶ CONJUG. como *porre.*

esportare [esportáre] *t.* exportar.

esportatore, -trice [esportatóre, -tritʃe] *a.-m.* exportador.

esportazione [esportattsjóne] *f.* exportación.

espositore, -trice [espozitóre, -tritʃe] *a.-m.* expositor.

esposizione [espozittsjóne] *f.* exposición.

esposto, -ta [espósto, -ta] *a.* expuesto. 2 *m.* expósito. 3 BUR. solicitud *f.* escrito.

espressione [espressjóne] *f.* expresión.

espressivo, -va [espressivo, -va] *a.* expresivo.

espresso [esprèsso] *a.* expreso, expresado. 2 rápido, veloz. 3 *m.* café exprés. 4 carta *f.* urgente.

esprimere [esprímere] *t.* expresar. ¶ CONJUG. como **comprimere.**

espropriare [esproprjáre] *t.* expropiar.

espropriazione [esproprjattsjóne] *f.* expropiación.

espugnabile [espuɲɲábile] *a.* expugnable.

espugnare [espuɲɲáre] *t.* expugnar, conquistar. 2 fig. vencer.

espugnazione [espuɲɲattsjóne] *f.* expugnación, conquista.

espulsione [espulsjóne] *f.* expulsión.

espulso, -sa [espúlso, -sa] *a.* expulsado.

essa [éssa] *pron. personal femenino* 3.ª *persona sing.* [empleado como sujeto y como conplemento para designar objetos o animales] ella.

essenza [essèntsa] *f.* esencia.

essenziale [essentsjále] *a.* esencial.

essere [èssere] *i.-aux.* ser, estar. ‖ *esserci,* haber [algo en algún sitio]. ¶ CONJUG. v. gramática. 2 *m.* ser.

essiccare [essikkáre] *t.* desecar, secar.

essiccatoio [essikkatójo] *m.* secadero.

essiccazione [essikkattsjóne] *f.* desecación.

esso [èsso] *pron. personal masculino* 3.ª *persona sing.* [empleado como sujeto para designar objetos y animales] él.

est [est] *m.* este [punto cardinal].

estasi [èstazi] *f.* éxtasis *m.*

estasiare [estazjáre] *t.* extasiar. 2 *i.-pr.* extasiarse.

estate [estáte] *f.* verano, estío *m.*

estatico, -ca [estátiko, -ka] *a.* extático.

estemporaneo, -a [estemporáneo, -a] *a.* improviso, improvisado.

estendere [estèndere] *t.* extender. ¶ CONJUG. como **tendere.**

estensibile [estensíbile] *a.* extensible.

estensione [estensjóne] *f.* extensión, duración.

estensivo, -va [estensívo, -va] *a.* extensivo.

estenuare [estenuáre] *t.* extenuar.

estenuazione [estenuatsjóne] *f.* extenuación.

esteriore [esterjóre] *a.* exterior, externo. 2 *m.* exterior.

esteriorità [esterjoritá*] *f.* exterioridad.

esternamente [esternaménte] *adv.* externamente.

esternare [esternáre] *t.* exteriorizar, manifestar.

esterno, -na [estèrno, -na] *a.* exterior, externo. 2 *m.-pl.* CINEM. exteriores.

estero, -ra [èstero, -ra] *a.-m.* exterior, extranjero.

esterrefatto, -ta [esterrefátto, -ta] *a.* aterrorizado, estupefacto.

esteso, -sa [estèso, -sa] *a.* extenso, extendido. ‖ *per ~,* detalladamente.

esteta [estèta] *s.* esteta.

estetica [estètika] *f.* estética.

estetico, -ca [estètiko, -ka] *a.* estético.

estinguere [estingwere] *t.* extinguir. 2 COM. pagar, amortizar, extinguir. ¶ CONJUG. como **distinguere.**

estinto, -ta [estinto, -ta] *a.* extinto. 2 *m.* difunto.

estintore [estintóre] *m.* extintor.

estinzione [estintsjóne] *f.* extinción. 2 COM. amortización, liquidación.

estirpare [estirpáre] *t.* extirpar.

estirpazione [estirpattsjóne] *f.* extirpación.

estivo, -va [estivo, -va] *a.* veraniego, estival.

estorcere [estórtʃere] *t.* timar, estafar. ¶ CONJUG. como **torcere.**

estorsione [estorsjóne] *f.* extorsión.

estradizione [estradittsjóne] *f.* extradición.

estraneo, -a [estráneo, -a] *a.* extraño, ajeno. 2 extranjero.

estrapolare [estrapoláre] *t.* extrapolar.

estrapolazione [estrapolattsjóne] *f.* extrapolación.

estrarre [estrárre] *t.* extraer, sacar, arrancar. ¶ CONJUG. como **trarre.**

estratto, -ta [estrátto, -ta] *a.* extraído. 2 *m.* extracto. ‖ *~ dell'atto di nascita,* partida de nacimiento; *~ conto,* saldo.

estrazione [estrattsjóne] *f.* extracción. 2 sorteo *m.*

estremità [estremitá*] *f.* extremidad.

estremo, -ma [estrèmo, -ma] *a.* extremo, último. 2 *m.* extremo, extremidad *f.* ‖ *essere agli estremi,* estar en las últimas; *all'~,* al final. 3 *pl.* elementos característicos [de un documento, de una acción].

estrinsecare [estrinsekáre] *t.* exteriorizar, manifestar.

estrinseco, -ca [estrínseko, -ka] *a.* extrínseco.

estro [éstro] *m.* estro, antojo.

estromettere [estrométtere] *t.* expulsar, excluir. ¶ CONJUG. como **mettere.**

estroso, -sa [estróso, -sa] *a.* veleidoso, antojadizo.

estuario [estuárjo] *m.* estuario.

esuberante [ezuberánte] *a.* exuberante.

esuberanza [ezuberántsa] *f.* exuberancia.

esulare [ezuláre] *t.* (aux. *avere*) expatriarse. 2 fig. estar fuera.

esulcerare [ezultʃeráre] *t.* MED. exulcerar. 2 irritar.

esule [ézule] *a.-s.* desterrado, exiliado.

esultante [ezultánte] *a.* exultante, regocijado.

esultanza [ezultánsa] *f.* exultación, regocijo *m.*

esultare [ezultáre] *i.* exultar, regocijarse. ¶ CONJUG. r. aux. *avere.*

esumare [ezumáre] *t.* exhumar.

esumazione [ezumattsjóne] *f.* exhumación.

età [età*] *f.* edad.

etere [étere] *m.* éter.

etereo, -a [etéreo, -a] *a.* etéreo.

eternamente [eternaménte] *adv.* eternamente.

eternare [eternáre] *t.* eternizar.

eternità [eternità*] *f.* eternidad.

eterno, -na [etérno, -na] *a.* eterno. 2. *m.* eternidad *f.*

eterodosso, -sa [eterodósso, -sa] *a.* heterodoxo.

eterogeneo, -a [eterodʒéneo, -a] *a.* heterogéneo.

etica [étika] *f.* ética.

etichetta [etikètta] *f.* etiqueta.

etico, -ca [étiko, -ka] *a.* ético.

etilico, -ca [etiliko, -ka] *a.* etílico.

etimologia [etimolodʒía] *f.* etimología.

etimologico, -ca [etimolódʒiko, -ka] *a.* etimológico.

etiope [etiope] *a.-s.* etíope.

etnico, -ca [ètniko, -ka] *a.* étnico.

etnografia [etnografía] *f.* etnografía.

etnologia [etnolodʒía] *f.* etnología.

ettaro [éttaro] *m.* hectárea *f.*

ettogrammo [ettográmmo] *m.* hectogramo.

ettolitro [ettólitro] *m.* hectolitro.

ettometro [ettómetro] *m.* hectómetro.

eucalipto [eukalipto] *m.* eucalipto.

eucaristia [eukaristía] *f.* eucaristía.

eucaristico, -ca [eukaristiko, -ka] *a.* eucarístico.

eufemismo [eufemizmo] *m.* eufemismo.

eufemistico, -ca [eufemistiko, -ka] *a.* eufemístico.

eufonico, -ca [eufóniko, -ka] *a.* eufónico.

euforia [euforía] *f.* euforia.

euforico, -ca [eufóriko, -ka] *a.* eufórico.

euromercato [euromerkáto] *m.* euromercado.

europeo, -a [européo, -a] *a.-s.* europeo.

evacuare [evakuáre] *t.* evacuar.

evacuazione [evakuattsjóne] *f.* evacuación.

evadere [evádere] *i.* huir, evadirse. 2 *t.* BUR. despachar. 3 evadir [los impuestos]. ¶ CONJUG. (aux. *avere* [t.]., *essere* [i.]) IND. pret. ind.: *evasi, evase; evasero.* ‖ PART.: *evaso.*

evanescente [evaneʃʃénte] *a.* borroso.

evangelico, -ca [evandʒéliko, -ka] *a.* evangélico.

evangelista [evandʒelista] *m.* evangelista.

evangelizzare [evandʒeliddzáre] *t.* evangelizar.

evaporare [evaporáre] *i.* (aux. *essere* en el significado 1, *avere* en el 2) evaporar, transformarse en vapor. 2 disminuir por evaporación. 3 *t.* evaporar.

evaporazione [evaporattsjóne] *f.* evaporación.

evasivo, -va [evazivo, -va] *a.* evasivo.

evaso, -sa [evázo, -za] *a.-m.* fugado, evadido.

evenienza [evenjéntsa] *f.* eventualidad.

evento [evénto] *m.* acontecimiento, suceso. ‖ *lieto ~,* alumbramiento.

eventuale [eventuále] *a.* eventual.

eventualità [eventualità*] *f.* eventualidad.

evidente [evidènte] *a.* evidente.

evidentemente [evidenteménte] *adv.* evidentemente.

evidenza [evidéntsa] *f.* evidencia.

evitabile [evitábile] *a.* evitable.

evitare [evitáre] *t.* evitar.

evo [èvo] *m.* edad *f.* [período histórico].

evocare [evokáre] *t.* evocar.

evocazione [evokattsjóne] *f.* evocación.

evoluto, -ta [evolúto, -ta] *a.* evolucionado, adelantado. 2 emancipado.

evolvere [evòlvere] *i.-pr.* evolucionar, transformarse. ¶ CONJUG. IND. pret. ind.: *evolvetti* o *evolvei, evolvesti.* ‖ PART.: *evoluto.*

evviva [evviva] *inter.* ¡viva!

extra [èkstra] *m.* extra.

F

f [ɛ́ffe] *f.* sexta letra del alfabeto italiano.

fa [fa*] *m.* MÚS. fa.

fabbisogno [fabizóɲɲo] *m.* lo necesario [dinero u otros bienes].

fabbrica [fábbrika] *f.* fábrica.

fabbricante [fabbrikánte] *s.* fabricante.

fabbricare [fabbrikáre] *t.* fabricar.

fabbricato, -ta [fabbrikáto, -ta] *a.* fabricado. 2 *m.* edificio.

fabbricazione [fabbrikattsjóne] *f.* fabricación.

fabbro [fábbro] *m.* herrero. ‖ ~ **ferraio**, herrero.

faccenda [fattʃénda] *f.* asunto *m.* 2 *pl.* faenas de casa.

facchino [fakkino] *m.* mozo.

faccia [fáttʃa] *f.* cara.

facciata [fattʃáta] *f.* fachada.

facezia [fatʃéttsja] *f.* agudeza, chiste *m.*

fachiro [fakiro] *m.* faquir.

facile [fátʃile] *a.* fácil.

facilità [fatʃilità*] *f.* facilidad.

facilitare [fatʃilitáre] *t.* facilitar.

facilitazione [fatʃilitattsjóne] *f.* facilitación, facilidad.

facoltà [fakoltà*] *f.* facultad.

facoltativo, -va [fakoltativo, -va] *a.* facultativo.

facoltoso, -sa [fakoltóso, -sa] *a.* adinerado.

facsimile [faksimile] *m.* facsímil.

faggio [fáddʒo] *m.* haya *f.*

fagiano [fadʒáno] *m.* faisán.

fagiolo [fadʒólo] *m.* judía *f.*, alubia *f.*

fagotto [fagótto] *m.* fardo, lío. ‖ **far ~**, liar los bártulos. 2 MÚS. fagot.

falange [faléndʒe] *f.* falange.

falce [fáltʃe] *f.* hoz, guadaña.

falciare [faltʃáre] *t.* segar.

falciatore, -trice [faltʃatóre, -tritʃe] *s.* segador.

falciatura [faltʃatúra] *f.* siega.

falco [fálko], **falcone** [falkóne] *m.* halcón.

falda [fálda] *f.* hoja [del hojaldre], lámina, capa. 2 copo [de nieve]. 3 falda. 4 ala [del sombrero].

falegname [faleɲɲáme] *m.* carpintero.

falegnameria [faleɲɲameria] *f.* carpintería.

falla [fálla] *f.* vía de agua. 2 brecha.

fallimentare [fallimentáre] *a.* de, relativo a quiebra.

fallimento [fallimènto] *m.* quiebra. *f.* 2 fracaso.

fallire [fallire] *i.* quebrar. 2 fracasar. 3 *t.* fallar. ¶ CONJUG. r. aux. *avere* [t.-i. en el significado 1], *essere* [i. en el 2].

fallito, -ta [fallito, -ta] *a.* fallido, fracasado. 2 quebrado. 3 errado, fallado.

fallo [fállo] *m.* error, equivocación *f.* 2 falta *f.* 3 falo.

falò [falò*] *m.* hoguera *f.*

falsare [falsáre] *t.* falsear.

falsariga [falsariga] *f.* falsilla.

falsario, -ria [falsárjo, -rja] *s.* falsificador, falseador.

falsetto [falsétto] *m.* MÚS. falsete.

falsificare [falsifikáre] *t.* falsificar.

falsificazione [falsifikattsjóne] *f.* falsificación.

falsità [falsità*] *f.* falsedad, falsía.

falso, -sa [fálso, -sa] *a.* falso.

fama [fáma] *f.* fama.

fame [fáme] *f.* hambre *m.*

famelico, -ca [famèliko, -ka] *a.* famélico, hambriento.

famigerato, -ta [famidʒeráto, -ta] *a.* tristemente, famoso.

famiglia [famíʎʎa] *f.* familia.

familiare [familjáre] *a.-m.* familiar.

familiarità [familjarità*] *f.* familiaridad.

familiarizzare [familjariddzáre] *i.-pr.* familiarizar. ¶ CONJUG. r. aux. *avere* [i.].

famoso, -sa [famóso, -sa] *a.* famoso, afamado.

fanale [fanále] *m.* farol, farola *f.*

fanatico, -ca [fanátiko, -ka] *a.* fanático.

fanatismo [fanatizmo] *m.* fanatismo.

fanciullezza [fanʃullèttsa] f. niñez.

fanciullo, -la [fantʃúllo, -lla] s. niño [6-13 años].

fanfara [fanfàra] f. charanga.

fanfarone, -na [fanfaróne, -na] s. fanfarrón.

fango [fángo] m. barro, fango, cieno.

fangoso, -sa [fangòso, -sa] a. fangoso.

fannullone, -na [fannullóne, -na] s. gandul.

fantascienza [fantaʃʃèntsa] f. ciencia ficción.

fantasia [fantazía] f. fantasía.

fantasioso, -sa [fantazjóso, -sa] a. fantasioso.

fantasma [fantázma] m. fantasma.

fantasmagorico, -ca [fantazmagòriko, -ka] a. fantasmagórico.

fantasticare [fantastikàre] t.-i. fantasear. ¶ CONJUG. r. aux. *avere* [t.-i.].

fantasticheria [fantastikería] f. fantasía, divagación.

fantastico, -ca [fantàstiko, -ka] a. fantástico.

fante [fànte] m. MIL. infante, soldado de a pie. 2 sota f. [en juego de naipes].

fanteria [fantería] f. infantería.

fantino [fantíno] m. jinete.

fantoccio [fantòttʃo] m. fantoche.

fantomatico, -ca [fantomàtiko, -ka] a. fantasmal.

farabutto [farabútto] m. bribón.

faraone [faraóne] m. faraón.

farcire [tartʃire] t. rellenar.

farcito, -ta [fartʃíto, -ta] a. relleno.

fardello [fardèllo] m. fardo, lío.

fare [fàre] t. hacer. || ~ *il professore*, ser profesor. || ~ *un giro*, dar una vuelta. || *farla finita*, acabar de una vez. || *non fa niente*, no importa. ¶ CONJUG. IND. pres.: *faccio o fo, fai, fa; facciamo, fate, fanno*. | imp.: *facevo, facevi*, etc. | pret. ind.: *feci, facesti, fece; facemmo, faceste, fecero*. | fut. imp.: *farò, farai*, etc. || SUBJ. pres.: *faccia, faccia*, etc. | imp.: *facessi, facessi*, etc. || POT.: *farei, faresti*, etc. || IMPER.: *fai* o *fa', faccia; facciamo, fate, facciano*. || PART.: *fatto*. || GER.: *facendo*.

farfalla [farfàlla] f. mariposa.

farina [farína] f. harina.

farinaceo, -a [farinàtʃeo, -a] a.-m. farináceo.

farinaio [farinàjo] m. harinero.

faringe [farindʒe] f. faringe.

faringite [farindʒíte] f. faringitis.

farinoso, -sa [farinóso, -sa] a. harinoso.

farisaico, -ca [farizàiko] a. farisaico.

fariseo [farizèo] m. fariseo.

farmaceutico, -ca [farmatʃèutiko, -ka] a. farmacéutico.

farmacia [farmatʃía] f. farmacia.

farmacista [farmatʃísta] s. farmacéutico.

farmaco [fàrmako] m. remedio, medicina f.

farneticare [farnetikàre] i. desvariar. ¶ CONJUG. r. aux. *avere*.

faro [fàro] m. faro.

farsa [fàrsa] f. farsa.

fascia [fàʃʃa] f. faja, franja. 2 pl. pañales m.-pl.

fasciare [faʃʃàre] t. fajar.

fasciatura [faʃʃatúra] f. vendaje m.

fascicolo [faʃʃíkolo] m. fascículo. 2 legajo.

fascina [faʃʃína] f. fajina.

fascino [fàʃʃino] m. encanto, atractivo, embeleso.

fascio [fàʃʃo] m. haz. || *far d'ogni erba un ~*, mezclar conceptos o cosas dispares de manera confusa. 2 HIST. fascio.

fascismo [faʃʃízmo] m. fascismo.

fascista [faʃʃísta] a.-s. fascista.

fase [fàze] f. fase.

fastidio [fastídjo] m. fastidio, hastío, molestia.

fastidioso, -sa [fastidjóso, -sa] a. fastidioso, molesto.

fasto [fàsto] m. fasto.

fastoso, -sa [fastóso, -sa] a. fastuoso.

fasullo, -la [fazúllo, -la] a. falso. 2 fig. inepto.

fata [fàta] f. hada.

fatale [fatàle] a. fatal.

fatalismo [fatalizmo] m. fatalismo.

fatalista [fatalista] s. fatalista.

fatalità [fatalità] f. fatalidad.

fatica [fatíka] f. fatiga, cansancio m. || *a ~*, a duras penas. || *costar ~*, costar trabajo.

faticare [fatikàre] i. fatigarse. 2 esforzarse, darse trabajo. ¶ CONJUG. r. aux. *avere*.

faticoso, -sa [fatikóso, -sa] a. fatigoso, pesado.

fatidico, -ca [fatídiko, -ka] a. fatídico.

fato [fàto] m. hado.

fattaccio [fattàttʃo] m. hecho abominable.

fatto, -ta [fàtto, -ta] a. hecho. 2 m. hecho, suceso. || *badare ai fatti propri (miei, tuoi...)*, ocuparse de sus (mis, tus...) cosas. || *cogliere sul ~*, coger con las manos en la masa. || *andare per i fatti suoi*, marcharse. || *dire a qualcuno il ~ suo*, acusar las cuarenta. || *sapere (qualcuno) il ~ suo*, saber lo que se trae entre manos.

fattore [fattóre] *m.* factor. 2 colono, granjero.

fattoria [fattoría] *f.* granja, propiedad agrícola.

fattorino [fattoríno] *m.* botones. 2 mozo.

fattura [fattúra] *f.* factura.

fatturare [fatturáre] *t.* adulterar [vinos]. 2 facturar, cargar en cuenta.

fatuo, -a [fátuo, -a] *a.* fatuo.

fauci [fáutʃi] *f. pl.* fauces.

fauna [fáuna] *f.* fauna.

fausto, -ta [fáusto, -ta] *a.* fausto.

fautore, -trice [fautóre, -tritʃe] *a.-s.* fautor, partidario.

fava [fáva] *f.* haba.

favella [favélla] *f.* habla.

favilla [favílla] *f.* chispa.

favola [fávola] *f.* fábula, cuento *m.*

favoloso, -sa [favolóso, -sa] *a.* fabuloso.

favore [favóre] *m.* favor. ‖ *per* ~, por favor.

favoreggiamento [favoreddʒaménto] *m.* encubrimiento.

favoreggiare [favoreddʒáre] *t.* encubrir.

favorevole [favorévole] *a.* favorable.

favorire [favoríre] *t.* favorecer.

favoritismo [favoritízmo] *m.* favoritismo.

favorito, -ta [favoríto, -ta] *a.-s.* favorito.

fazione [fattsjóne] *f.* facción.

fazioso, -sa [fattsjóso, -sa] *a.* faccioso.

fazzoletto [fattsolétto] *m.* pañuelo.

febbraio [febbrájo] *m.* febrero.

febbre [fébbre] *f.* fiebre, calentura *f.*

febbricitante [febbritʃitánte] *a.* calenturiento.

febbrile [febbríle] *a.* febril.

feci [fétʃi] *f. pl.* heces [excrementos].

fecola [fékola] *f.* fécula.

fecondare [fekondáre] *t.* fecundar. 2 fecundizar.

fecondazione [fekondattsjóne] *f.* fecundación.

fecondità [fekondità*] *f.* fecundidad.

fecondo, -da [fekóndo, -da] *a.* fecundo.

fede [féde] *f.* fe. 2 alianza [anillo matrimonial].

fedele [fedéle] *a.* fiel.

fedeltà [fedeltà*] *f.* fidelidad.

federa [fédera] *f.* funda de almohada.

federale [federále] *a.* federal.

federalismo [federalízmo] *m.* federalismo.

federativo, -va [federatívo, -va] *a.* federativo.

federazione [federattsjóne] *f.* federación.

fedina [fedína] *f.* certificado penal. 2 *pl.* patillas.

fegato [fégato] *m.* hígado. 2 fig. agallas *f.-pl.* ‖ *aver* ~, tener agallas.

felce [féltʃe] *f.* helecho.

felice [felítʃe] *a.* feliz, dichoso.

felicità [felitʃità*] *f.* felicidad.

felicitazione [felitʃitattsjóne] *f.* felicitación.

felino, -na [felíno, -na] *a.-m.* felino.

felpa [félpa] *f.* felpa.

felpato, -ta [felpáto, -ta] *a.* felpudo.

feltro [féltro] *m.* fieltro.

femmina [fémmina] *f.* niña, mujer. 2 hembra.

femminile [femminíle] *a.* femenino.

femminilità [femminilità*] *f.* feminidad.

femminismo [femminízmo] *m.* feminismo.

femore [fémore] *m.* fémur.

fendere [féndere] *t.-pr.* hender, resquebrajar.

fenditura [fendítúra] *f.* hendidura, resquebradura.

fenicio, -cia [fenítʃo, -tʃa] *a.-s.* fenicio.

fenicottero [fenikóttero] *m.* ORNIT. flamenco.

fenomenale [fenomenále] *a.* fenomenal.

fenomeno [fenómeno] *m.* fenómeno.

feretro [féretro] *m.* féretro.

feriale [ferjále] *a.* ferial, laborable.

ferie [férje] *f. pl.* vacaciones.

ferire [feríre] *t.-pr.* herir.

ferita [feríta] *f.* herida.

ferito, -ta [feríto, -ta] *a.-s.* herido.

feritoia [feritója] *f.* aspillera, tronera.

ferma [férma] *f.* servicio militar, tiempo de su duración.

fermacarte [fermakárte] *m.* pisapapeles.

fermaglio [fermáʎʎo] *m.* grapa. 2 broche.

fermare [fermáre] *t.-pr.* parar.

fermata [fermáta] *f.* parada.

fermentare [fermentáre] *i.* fermentar. ¶ CONJUG. r. aux. *avere.*

fermentazione [fermentattsjóne] *f.* fermentación.

fermento [ferménto] *m.* fermento.

fermezza [ferméttsa] *f.* firmeza.

fermo, -ma [férmo, -ma] *a.* parado. 2 firme. 3 *m.* parada. 4 arresto. ‖ ~ *posta*, lista de correos.

feroce [ferótʃe] *a.* feroz.

ferocia [ferótʃa], **ferocità** [ferotʃità*] *f.* ferocidad.

ferraglia [ferráʎʎa] *f.* chatarra.

ferragosto [ferragósto] *m.* el 15 de agosto.

ferrare [ferráre] *t.* herrar.

ferrato, -ta [ferráto, -ta] *a.* herrado. ‖ *strada ferrata,* ferrocarril.

ferreo, -a [férreo, -a] *a.* férreo.

ferrigno, -na [ferríɲno, -ɲa] *a.* ferroso.

ferro [fèrro] *m.* hierro. ‖ ~ *da stiro,* plancha. ‖ *filo di* ~, alambre. ‖ ~ *da cavallo,* herradura. ‖ ~ *da calza,* aguja de hacer media.

ferrovia [ferrovía] *f.* ferrocarril.

ferroviario, -ria [ferrovjárjo, -rja] *a.* ferroviario.

ferroviere [ferrovjère] *m.* ferroviario.

ferruginoso, -sa [ferrudʒinóso, -sa] *a.* ferruginoso.

fertile [fèrtile] *a.* fértil.

fertilità [fertilitá*] *f.* fertilidad.

fertilizzante [fertiliddzánte] *a.-m.* fertilizante.

fertilizzare [fertiliddzáre] *t.* fertilizar.

fervente [fervènte] *a.* ferviente, fervoroso.

fervido, -da [fèrvido, -da] *a.* férvido, ardiente.

fervore [fervóre] *m.* fervor.

fesso, -sa [fèsso, -sa] *a.* resquebrajado. 2 cascado. 3 tonto.

fessura [fessúra] *f.* fisura, grieta, rendija.

festa [fèsta] *f.* fiesta.

festeggiamento [festeddʒaménto] *m.* festejo.

festeggiare [festeddʒáre] *t.* festejar.

festival [tèstival, festivál] *m.* festival.

festività [festivitá*] *f.* festividad.

festivo, -va [festívo, -va] *a.* festivo.

festoso, -sa [festóso, -sa] *a.* alegre.

feticcio [fetittʃo] *m.* fetiche.

feticismo [fetitʃizmo] *m.* fetichismo.

feto [fèto] *m.* feto.

fetore [fetóre] *m.* hedor, fetidez *f.* hediondez *f.*

fetta [fètta] *f.* loncha. 2 rebanada.

feudale [feudále] *a.* feudal.

feudalesimo [feudalèzimo] *m.* feudalismo.

feudo [fèudo] *m.* feudo.

fiaba [fjába] *f.* fábula, cuento *m.*

fiabesco, -ca [fjabèsko, -ka] *a.* fabuloso, de fábula.

fiacca [fjákka] *f.* flaqueza, desgana. ‖ *avere la* ~, estar decaído, sin ganas de hacer algo.

fiaccare [fjakkáre] *t.* debilitar.

fiacchezza [fjakkéttsa] *f.* flaqueza.

fiacco, -ca [fjákko, -ka] *a.* flaco, flojo. ‖ *m. un* ~ *di bastonate* (o *di legnate*), una paliza *f.*

fiaccola [fjákkola] *a.* antorcha, hacha.

fiala [fjála] *f.* ampolla.

fiamma [fjámma] *f.* llama. 2 fig. sentimiento *m.* intenso y ardiente.

fiammante [fjammánte] *a.* flamante.

fiammata [fjammáta] *f.* llamarada.

fiammeggiare [fjammeddʒáre] *i.* llamear. ¶ CONJUG. r. aux. *essere* o *avere.*

fiammifero [fjammífero] *m.* fósforo.

fiammingo, -ga [fjammingo, -ga] *a.-s.* flamenco [de Flandes].

fiancheggiare [fjankeddʒáre] *t.* flanquear.

fianco [fjánko] *m.* flanco. ‖ *a* ~, al lado. ‖ *di* ~, de lado.

fiasco [fjásko] *m.* frasco. 2 fig. fracaso. ‖ *far* ~, fracasar.

fiatare [fjatáre] *i.* respirar. ‖ *non* ~, no decir palabra; *senza* ~, sin rechistar. ¶ CONJUG. r. aux. *avere.*

fiato [fjáto] *m.* aliento.

fibbia [fíbbja] *f.* hebilla.

fibra [fíbra] *f.* fibra.

fibroso, -sa [fribróso, -sa] *a.* fibroso.

ficcanaso [fikkanáso] *s.* entrometido.

ficcare [fikkáre] *t.-pr.* meter.

fico [fíko] *m.* higuera. 2 higo. ‖ *non importare un* ~ *secco,* no importar un bledo, un comino.

fidanzamento [fidantsaménto] *m.* noviazgo.

fidanzarsi [fidantsársi] *pr.* prometerse.

fidanzato, -ta [fidantsáto, -ta] *s.* prometido, novio.

fidare [fidáre] *i.* confiar. 2 *pr.* fiarse, confiar. ¶ CONJUG. r. aux. *avere.*

fidato, -ta [fidáto, -ta] *a.* de confianza.

fiducia [fidútʃa] *f.* confianza.

fiduciario, -ria [fidutʃárjo, -rja] *a.-s.* fiduciario.

fiducioso, -sa [fidutʃóso, -sa] *a.* confiado.

fiele [fjéle] *m.* hiel *f.*

fienile [fjenile] *m.* henil.

fieno [fjèno] *m.* heno.

fiera [fjèra] *f.* feria. ‖ ~ *campionaria,* feria de muestras. 2 ZOOL. fiera.

fierezza [fjerèttsa] *f.* altivez, orgullo *m.*

fiero, -ra [fjèro, -ra] *a.* orgulloso.

figliastro, -tra [fiʎʎástro, -tra] *s.* hijastro.

figliata [fiʎʎáta] *f.* cría.

figlio, -glia [fíʎʎo, -ʎa] *s.* hijo.

figlioccio, -cia [fiʎʎóttʃo, -tʃa] *s.* ahijado.

figliolo, -la [fiʎʎɔ́lo, -la] s. hijo (con un sentido más afectuoso y familiar).

figura [figúra] f. figura. 2 fig. papel m. ‖ *fare una bella (brutta)* ~, hacer un buen (mal) papel.

figuraccia [figuráttʃa] f. mal papel m., ridículo m. ‖ *fare una* ~, quedar mal, en ridículo.

figurare [figuráre] t.-i.-pr. figurar. ‖ *si figuri!*, ¡figúrese usted!, no hay de qué. ¶ CONJUG. r. aux. *avere*.

figurativo, -va [figurativo, -va] a. figurativo.

figurato, -ta [figuráto, -ta] a. figurado.

figurazione [figurattsjóne] f. figuración.

figurina [figurina] f. figurilla.

figurino [figurino] m. figurín.

fila [fila] f. fila, hilera. ‖ *fare la* ~, hacer cola.

filamento [filaménto] m. filamento.

filanda [filánda] f. hilandería.

filantropia [filantropia] f. filantropía.

filantropico, -ca [filantrɔ́piko, -ka] a. filantrópico.

filantropo, -pa [filántropo, -pa] a.-s. filántropo.

filare [filáre] t. hilar, 2 i. fig. largarse. 3 flirtear. ¶ CONJUG. r. aux. *avere* [t.-i.].

filarmonico, -ca [filarmɔ́niko, -ka] a.-s. filarmónico. 2 f. filarmónica.

filastrocca [filastrɔ́kka] f. cantinela (para niños), canción de corro.

filatelia [filatelia] f. filatelia.

filatelico, -ca [filatéliko, -ka] a. filatélico. 2 s. filatelista. 3 f. filatelia.

filato [filáto] m. hilado.

filatura [filatúra] f. hilatura.

filetto [filétto] m. filete.

filiale [fijále] a. filial. 2 f. filial, sucursal.

filiazione [filjattsjóne] f. filiación.

filibustiere [filibustjère] m. filibustero. 2 bribón.

filigrana [filigrána] f. filigrana.

filippica [filippika] f. filípica.

filippino, -na [filippino, -na] a.-s. filipino. 2 sacerdote del Oratorio.

fillossera [fillɔ́ssera] f. filoxera.

film [film] m. film, película f.

filmare [filmáre] t. filmar.

filo [filo] m. hilo. ‖ ~ *di ferro*, alambre. ‖ *per* ~ *e per segno*, con pelos y señales. 2 filo.

filobus [filobus] m. trolebús.

filodiffusione [filodiffuzjóne] f. hilo m. musical.

filologia [filolodʒia] f. filología.

filologico, -ca [filolɔ́dʒiko, -ka] a. filológico.

filologo [filɔ́logo] m. filólogo.

filone [filóne] m. filón.

filosofia [filozofia] f. filosofía.

filosofico, -ca [filozɔ́fiko, -ka] a. filosófico.

filosofo, -fa [filɔ́zofo, -fa] s. filósofo.

filtrare [filtráre] t.-i. filtrar. ¶ CONJUG. r. aux. *avere* [i.].

filtro [filtro] m. filtro.

filza [filtsa] f. retahíla.

finale [finále] a.-s. final.

finalista [finalista] a.-s. finalista.

finalità [finalità] f. finalidad.

finanza [finántsa] f. finanza. 2 pl. hacienda f. pública. ‖ *Ministero delle finanze*, Ministerio de Hacienda. ‖ *Guardia di* ~, guardia civil [de aduanas].

finanziamento [finantsjaménto] m. financiación f.

finanziare [finantsjáre] t. financiar.

finanziario, -ria [finantsjárjo, -rja] a. financiero.

finanziatore, -trice [finantsjatóre, -tritse] a.-s. financiero.

finchè [finkè*] conj. hasta que. ‖ ~ *io venga*, hasta que venga. 2 mientras. ‖ ~ *vivrò*, mientras viva.

fine [fine] f. fin, término. 2 m. fin m., finalidad. 3 a. fino.

finestra [finèstra] f. ventana.

finestrino [finestrino] m. ventanilla f.

finezza [finèttsa] f. fineza, finura.

fingere [findʒere] t.-pr. fingir. ¶ CONJUG. IND. pret. ind.: *finsi, finse; finsero*. ‖ PART.: *finto*.

finimondo [finimóndo] m. desbarajuste.

finire [finire] t.-i. acabar, terminar. ¶ CONJUG. r. aux. *avere* [t.], *essere* [i.].

finito, -ta [finito, -ta] a. acabado. ‖ *farla finita*, acabar de una vez.

finlandese [finlandèse] a.-s. finlandés, finés.

finnico, -ca [finniko, -ka] a.-s. finés.

fino [fino] prep. hasta. ‖ *fin da*, desde.

fino, -na [fino, -na] a. fino.

finocchio [finɔ́kkjo] m. hinojo. 2 fig. fam. maricón.

finora [finóra] adv. hasta ahora.

finta [finta] f. ficción, fingimiento m. ‖ *far* ~ *di*, aparentar.

finto, -ta [finto, -ta] a. fingido. 2 postizo.

finzione [fintsjóne] f. ficción.

fioccare [fjokkåre] *i.* caer a copos [la nieve]. 2 fig. caer en abundancia. ¶ CONJUG. r. aux. *essere*, raramente *avere*.

fiocco [fjɔ́kko] *m.* lazo. ‖ *coi fiocchi*, espléndido. 2 copo. 3 mechón.

fiocina [fjɔ́tʃina] *f.* arpón *m.*

fioco, -ca [fjɔ́ko, -ka] *a.* débil, flojo.

fionda [fjónda] *f.* honda.

fiordaliso [fjordalízo] *m.* flor de lis.

fiordo [fjɔ́rdo] *m.* fiord.

fiore [fjóre] *m.* flor. ‖ *il fior ~*, la flor y nata.

fiorente [fjorɛ́nte] *a.* floreciente.

fiorentino, -na [fjorentíno, -na] *a.-s.* florentino.

fioretto [fjorétto] *m.* florete.

fiorire [fjoríre] *i.* florecer. ¶ CONJUG. r. aux. *essere*.

fiorito, -ta [fjoríto, -ta] *a.* florido.

fioritura [fjoritúra] *f.* floración.

fiotto [fjɔ́tto] *m.* borbotón. ‖ *a fiotti*, a borbotones.

firma [fírma] *f.* firma.

firmamento [firmaménto] *m.* firmamento.

firmare [firmáre] *t.* firmar.

firmatario, -ria [firmatárjo, -rja] *a.-s.* firmante.

fisarmonica [fizarmónica] *f.* acordeón *m.*

fiscale [fiskále] *a.* fiscal.

fischiare [fiskjáre] *i.* silbar. 2 zumbar ~ *l'orecchio*, zumbar los oídos. 3 *t.* silbar. ¶ CONJUG. r. aux. *avere* [t.-i.].

fischiata [fiskjáta] *f.* silbido *m.*

fischiettare [fiskjettáre] *t. i.* silbar ¶ CONJUG. r. aux. *avere* [t.-i.].

fischietto [fiskjétto] *m.* pito.

fischio [fiskjo] *m.* silbido.

fisco [fisko] *m.* fisco.

fisico, -ca [fíziko, -ka] *a.-s.* físico. 2 *f.* física.

fisiologia [fizjolodʒía] *f.* fisiología.

fisiologico, -ca [fizjolódʒiko, -ka] *a.* fisiológico.

fisionomia [fizjonomía] *f.* fisonomía.

fisionomista [fizjonomísta] *a.-s.* fisonomista.

fissare [fissáre] *t.* fijar. 2 mirar fijamente. 3 fijarse. 4 establecerse. 5 obstinarse.

fissato, -ta [fissáto, -ta] *a.* fijado. 2 *s.* maniático, obsesionado, chiflado.

fissatore, -trice [fissatóre, -tritʃe] *a.-s.* fijador.

fissazione [fissattsjóne] *f.* idea fija, manía.

fissità [fissitá*] *f.* fijeza.

fisso, -sa [fisso, -sa] *a.* fijo.

fistola [fístola] *f.* fístula.

fitta [fitta] *f.* punzada.

fittizio, -zia [fittíttsjo, -tsja] *a.* ficticio.

fitto, -ta [fitto, -ta] *a.* espeso, denso. 2 *m.* alquiler. ‖ *blocco dei fitti*, congelación *f.* de alquileres.

fiumana [fjumána] *f.* riada. 2 fig. muchedumbre, multitud, riada humana.

fiume [fjúme] *m.* río.

fiutare [fjutáre] *t.* olfatear, husmear.

fiuto [fjúto] *m.* olfato, husmeo.

flacone [flakóne] *m.* frasco.

flagellare [fladʒelláre] *t.-pr.* flagelar.

flagello [fladʒéllo] *m.* acote, flagelo.

flagrante [flagránte] *a.* flagrante.

flanella [flanélla] *f.* franela.

flautista [flautista] *s.* flautista.

flauto [fláuto] *m.* flauta *f.*

flebite [flebíte] *f.* flebitis.

flemma [flɛ́mma] *f.* flema.

flemmatico, -ca [flemmátiko, -ka] *a.* flemático.

flessibile [flessíbile] *a.* flexible.

flessibilità [flessibilitá*] *f.* flexibilidad.

flessione [flessjóne] *f.* flexión.

flessuosità [flessuositá*] *f.* cualidad de flexuoso, flexibilidad.

flessuoso, -sa [flessuóso, -sa] *a.* flexuoso, flexible.

flettere [flɛ́ttere] *t.-pr.* doblar, plegar. ¶ CONJUG. IND. pret. ind. (además de las formas regulares): *flessi, flesse; flessero*. ‖ PART.: *flesso*.

flirt [fləːt] *m.* flirteo.

flirtare [flirtáre] *i.* flirtear. ¶ CONJUG. r. aux. *avere*.

flora [flɔ́ra] *f.* flora.

floricultore [florikultóre] *m.* floricultor.

floricultura [florikultúra] *f.* floricultura.

florido, -da [flɔ́rido, -da] *a.* próspero, lozano. 2 florido [estilo, lenguaje].

floscio, -scia [flɔ́ʃʃo, -ʃa] *a.* flojo.

flotta [flɔ́tta] *f.* flota.

fluidità [fluiditá*] *f.* fluidez.

fluido, -da [flúido, -da] *a.-m.* fluido.

fluire [fluíre] *i.* fluir. ¶ CONJUG. r. aux. *essere*.

fluorescente [fluoreʃʃɛ́nte] *a.* fluorescente.

fluorescenza [fluoreʃʃɛ́ntsa] *f.* fluorescencia.

fluoro [flúoro] *m.* flúor.

flusso [flússo] *m.* flujo.

fluttuare [fluttuáre] *i.* fluctuar. ¶ CONJUG. r. aux. *avere*.

fluttuazione [fluttuattsjóne] f. fluctuación.

fluviale [fluvjále] a. fluvial.

fobia [fobia] f. fobia.

foca [fɔ́ka] f. foca.

focaccia [fokáttʃa] f. hogaza.

focaia [fokája] a. *pietra* ~, pedernal.

focale [fokále] a. focal.

foce [fótʃe] f. desembocadura.

fochista [fokista] m. fogonero.

focolaio [fokolájo] m. foco.

focolare [fokoláre] m. hogar. 2 fogón.

focoso, -sa [fokóso, -sa] a. fogoso.

fodera [fódera] f. forro m., funda.

foderare [foderáre] t. forrar.

fodero [fódero] m. vaina f., funda f.

foga [fóga] f. fogosidad.

foggia [fɔ́ddʒa] f. forma.

foglia [fɔ́ʎʎa] f. hoja.

fogliame [foʎʎáme] m. follaje.

foglietto [foʎʎétto] m. hoja f. [de papel], apunte.

foglio [fɔ́ʎʎo] m. hoja f.

fogna [fóɲɲa] f. alcantarilla, cloaca.

fognatura [foɲɲatúra] f. alcantarillado m.

folata [foláta] f. ráfaga.

folclore [folklóre] m. folclore.

folcloristico, -ca [folkloristiko, -ka] a. folclórico.

folgorante [folgoránte] a. fulminante.

folgorare [folgoráre] t. fulminar.

folla [fólla, fɔ́lla] f. muchedumbre.

folle [fɔ́lle] a. loco. 2 MEC. desembragado. ‖ *in* ~, en punto muerto.

folleggiare [folleddʒáre] i. divertirse, loquear, retozar. ¶ CONJUG. r. aux. *avere*.

folletto [follétto] m. duende.

follia [follia] f. locura.

folto, -ta [fólto, -ta] a. espeso. 2 m. espesura f.

fomentare [fomentáre] t. fomentar.

fomento [fomènto] m. fomento.

fondamentale [fondamentále] a. fundamental.

fondamento [fondamènto] m. fundamento [de un edificio]; pl. [*fondamenta*] cimientos. ‖ 2 fig. (pl. *-ti*) fundamento, base f.

fondare [fondáre] t. fundar, echar los cimientos. 2 fig. fundar, crear. 3 fundar, fundamentar.

fondatore, -trice [fondatóre, -tritʃe] s. fundador.

fondazione [fondattsjóne] f. fundación.

fondere [fóndere] t.-pr. fundir. ‖ ~ *insieme*, fusionar. ¶ CONJUG. IND. pret. ind.: *fusi, fuse; fusero*. ‖ PART.: *fuso.*

fonderia [fonderia] f. fundición.

fondiario, -ria [fondjàrjo, -rja] a. inmobiliario.

fondina [fondina] f. plato m. hondo.

fondo, -da [fóndo, -da] a. hondo. 2 m. fondo. 3 poso. 4 terreno, finca f.

fonetico, -ca [fonètiko, -ka] a. fonético. 2 f. fonética.

fontana [fontána] f. fuente.

fonte [fónte] f. fuente, manantial m.

foraggio [foráddʒo] m. forraje.

forare [foráre] t. agujerear, taladrar, horadar. 2 t.-r. pinchar [un neumático].

foratura [foratúra] f. taladro m. 2 pinchazo m.

forbici [fɔ́rbitʃi] f. pl. tijeras.

forbiciata [forbitʃáta] f. tijeretazo m.

forca [fórka] f. horca.

forcina [fortʃína] f. horquilla [para el cabello].

forcipe [fɔ́rtʃipe] m. fórceps.

forense [forènse] a. forense.

foresta [forèsta] f. floresta, selva.

forestale [forestále] a. forestal.

forestiero, -ra [forestjèro, -ra] a.-s. forastero.

forfora [fórfora] f. caspa.

forgiare [fordʒáre] t. forjar.

forma [fórma] f. forma. 2 horma.

formaggio [formáddʒo] m. queso.

formaggiera [formaddʒèra] f. quesera.

formale [formále] a. formal.

formalità [formalità*] f. formalidad. 2 requisito m.

formalizzarsi [formaliddzàrsi] pr. preocuparse, asombrarse, escandalizarse.

formare [formáre] t.-pr. formar.

formativo, -va [formativo, -va] a. formativo.

formato [formáto] m. formato, tamaño.

formazione [formattsjóne] f. formación.

formica [formíka] f. hormiga.

formica [formíka] f. fórmica.

formicolare [formikoláre] i. hormiguear. ¶ CONJUG. r. aux. *essere* o *avere.*

formicolio [formikolio] m. hormigueo.

formidabile [formidábile] a. formidable.

formula [fɔ́rmula] f. fórmula.

formulare [formuláre] t. formular.

formulario [formulàrjo] m. formulario.

fornaio [fornájo] m. panadero.

fornello [fornéllo] m. hornillo.

fornire [fornire] *t.-pr.* abastecer, proveer, suministrar.

fornito, -ta [fornìto, -ta] *a.* provisto. 2 surtido.

fornitore, -trice [fornitóre, -tritʃe] *a.-s.* abastecedor, proveedor.

fornitura [fornitúra] *f.* suministro *m.*

forno [fórno] *m.* horno.

foro [fòro] *m.* agujero.

foro [fòro] *m.* DER. foro.

forse [fórse] *adv.* tal vez, quizás, acaso.

forsennato, -ta [forsennáto, -ta] *a.* desatinado, loco.

forte [fòrte] *a.-adv.-m.* fuerte.

fortezza [fortèttsa] *f.* fortaleza.

fortificare [fortifikàre] *t.* fortificar.

fortificazione [fortifikattsjóne] *f.* fortificación.

fortuito, -ta [fortúito, -ta; fortuìto, -ta] *a.* fortuito.

fortuna [fortúna] *f.* fortuna, suerte.

fortunato, -ta [fortunáto, -ta] *a.* afortunado, dichoso.

foruncolo [forúnkolo] *m.* forúnculo.

forza [fórtsa] *f.* fuerza. ‖ ~!, ¡ánimo!

forzare [fortsàre] *t.* forzar.

forzato, -ta [fortsáto, -ta] *a.-m.* forzado.

forzoso, -sa [fortsóso, -sa] *a.* forzudo.

foschia [foskìa] *f.* niebla.

fosco, -ca [fósko, -ka] *a.* sombrío, lóbrego.

fosforescente [fosforeʃʃènte] *a.* fosforescente.

fosforescenza [fosforeʃʃèntsa] *f.* fosforescencia.

fosforo [fósforo] *m.* fósforo.

fossa [fòssa] *f.* fosa.

fossato [fossàto] *m.* acequia *f.*

fossetta [fossètta] *f.* hoyuelo *m.*

fossile [fòssile] *a.-m.* fósil.

fossilizzarsi [fossiliddzàrsi] *pr.* fosilizarse.

fosso [fòsso] *m.* foso, zanja *f.*

foto [fóto] *f.* foto.

fotocopia [fotokòpia] *f.* fotocopia.

fotoelettrico, -ca [fotoelèttriko, -ka] *a.* fotoeléctrico.

fotogenico, -ca [fotodʒèniko, -ka] *a.* fotogénico.

fotografare [fotografàre] *t.* fotografiar.

fotografia [fotografìa] *f.* fotografía.

fotografico, -ca [fotográfiko, -ka] *a.* fotográfico.

fotografo [fotògrafo] *m.* fotógrafo.

fotogramma [fotográmma] *m.* fotograma.

fotoincisione [fotointʃizjóne] *f.* fotograbado *m.*

fotometro [fotòmetro] *m.* fotómetro.

fotomodella [fotomodèlla] *f.* fotomodelo.

fotomontaggio [fotomontáddʒo] *m.* fotomontaje.

fotoreporter [fotorepòrter] *m.* fotorreportero.

fotoromanzo [fotoromándʒo] *m.* fotonovela *f.*

fotovoltaico, -ca [fotovoltáiko, -ka] *a.* fotovoltaico.

fra [fra] *pre.* entre. 2 dentro de: ~ *cent'anni*, dentro de cien años. 3 *m.* fray.

fracassare [frakassàre] *t.-pr.* romper con violencia y con estruendo, hacer pedazos, estrellar.

fracasso [frakásso] *m.* estruendo, estrépito.

fradicio, -cia [fráditʃo, -tʃa] *a.* podrido. 2 calado, empapado. ‖ *essere ubriaco* ~, estar borracho como una cuba.

fragile [frádʒile] *a.* frágil.

fragilità [fradʒilità*] *f.* fragilidad.

fragola [frágola] *f.* fresa.

fragore [fragóre] *m.* fragor, estruendo.

fragoroso, -sa [fragoróso, -sa] *a.* estruendoso, ensordecedor.

fragrante [fragrànte] *a.* fragante.

fragranza [fragràntsa] *f.* fragancia.

fraintendere [fraintèndere] *t.* entender mal. ¶ CONJUG. como *tendere*.

frammentare [frammentàre] *t* fragmentar.

frammentario, -ria [frammentàrio, -ria] *a.* fragmentario.

frammentazione [frammentattsjóne] *f.* fragmentación.

frammento [frammènto] *m.* fragmento.

frammettere [frammèttere] *t.-pr.* interponer.

frana [frána] *f.* desprendimiento *m.* [de terreno], desmoronamiento *m.*

franamento [franamènto] *m.* desprendimiento [de terreno], desmoronamiento.

franare [franàre] *i.* desmoronarse. ¶ CONJUG. r. aux. *essere.*

francescano, -na [frantʃeskáno, -na] *a.-s.* franciscano.

francese [frantʃèze] *a.-s.* francés.

franchezza [frankèttsa] *f.* franqueza.

franchigia [frankidʒa] *f.* franquicia.

franco, -ca [fránko, -ka] *a.-s.* franco.

francobollo [frankobóllo] *m.* sello [de correos].

frangere [fràndʒere] *t.-pr.* romper, estrellar. ¶ CONJUG. IND. pret. ind.: *fransi, franse; fransero.* ‖ PART.: *franto.*

frangetta [frandʒètta] *f.* flequillo *m.*

frangia [fràndʒa] *f.* fleco *m.* 2 flequillo *m.*

frantoio [frantòjo] *m.* trituradora *f.*, prensa *f.*

frantumare [frantumáre] *t.-pr.* triturar, hacer añicos.

frantumazione [frantumattsjóne] *f.* rotura.

frantumi [frantúmi] *m. pl.* añicos. ‖ *ridurre a ~*, hacer añicos.

frapporre [frappórre] *t.-pr.* interponer.

frasario [frazárjo] *m.* fraseología *f.*

frasca [fràska] *f.* rama [con hojas].

frase [fráze] *f.* frase.

fraseologia [frazeolodʒia] *f.* fraseología.

fraseggiare [frazeddʒáre] *t.* frasear.

fraseggio [frazéddʒo] *m.* fraseo.

frassino [fràssino] *m.* fresno.

frastagliato, -ta [frastaʎʎáto, -ta] *a.* recortado, desigual.

frastuono [frastwòno] *m.* estruendo.

frate [fráte] *m.* fraile, fray.

fratellanza [fratellántsa] *f.* fraternidad, hermandad.

fratellastro [fratellástro] *m.* hermanastro.

fratello [fratèllo] *m.* hermano.

fraternità [fraternità*] *f.* fraternidad.

fraternizzare [fraterniddʒáre] *i.* fraternizar. ¶ CONJUG. r. aux. *avere.*

fraterno, -na [fratèrno, -na] *a.* fraterno, fraternal.

fratricida [fratritʃída] *a.-s.* fratricida.

fratricidio [fratritʃídjo] *m.* fratricidio.

frattaglie [frattáʎʎe] *f. pl.* menudillos *m.-pl.*, despojos *m.-pl.*

frattanto [frattánto] *adv.* mientras tanto, entre tanto.

frattempo (nel) [frattèmpo] *loc. adv.* mientras tanto.

frattura [frattúra] *f.* fractura.

fratturare [fratturáre] *t.* fracturar.

fraudolento, -ta [fraudolènto, -ta] *a.* fraudulento.

frazionamento [frattsjonaménto] *m.* fraccionamiento.

frazionare [frattsjonáre] *t.* fraccionar.

frazionario, -ria [frattsjonárjo, -rja] *a.* fraccionario.

frazione [frattsjóne] *f.* fracción. 2 arrabal.

freccia [frèttʃa] *f.* flecha.

frecciata [frettʃáta] *f.* flechazo *m.* 2 fig. puyazo *m.*, frase punzante.

freddare [freddáre] *t.* enfriar. 2 matar.

freddezza [freddèttsa] *f.* frialdad.

freddo, -da [frèddo, -da] *a.-m.* frío.

freddoloso, -sa [freddolóso, -sa] *a.* friolero.

freddura [freddúra] *f.* chiste *m.*, agudeza.

fregare [fregáre] *t.* frotar. 2 fam. engañar, robar. 3 *pr.* *fregarsene*, importar un comino.

fregatura [fregatúra] *f.* fam. mala jugada. 2 estafa.

fregio [frèdʒo] *m.* friso.

fremere [frèmere] *i.* estremecerse, estar agitado. ¶ CONJUG. r. aux. *avere.*

fremito [frèmito] *m.* estremecimiento, agitación *f.*, temblor.

frenare [frenáre] *t.-pr.* frenar.

frenata [frenáta] *f.* frenazo *m.*

frenesia [frenezia] *f.* frenesí *m.*

frenetico, -ca [frenètico, -ka] *a.* frenético.

freno [frèno] *m.* freno.

frequentare [frekwentáre] *t.* frecuentar.

frequentato, -ta [frekwentáto, -ta] *a.* concurrido.

frequente [frekwènte] *a.* frecuente.

frequenza [frekwèntsa] *f.* frecuencia.

freschezza [freskèttsa] *f.* frescura, frescor *m.*

fresco, -ca [frèsko, -ka] *a.-m.* fresco. ‖ *mettere al ~* (fig.), meter en la cárcel.

fretta [frètta] *f.* prisa. ‖ *in ~*, de prisa. ‖ *in ~ e furia*, de prisa y corriendo.

frettoloso, -sa [frettolóso, -sa] *a.* presuroso.

friabile [friábile] *a.* friable.

friggere [friddʒere] *t.* freír. ‖ *andare (mandare) a farsi ~*, irse (enviar) a freír espárragos. ¶ CONJUG. IND. pret. ind.: *frissi, frisse; frissero.* ‖ PART.: *fritto.*

frigidità [fridʒidità*] *f.* frigidez.

frigido, -da [fridʒido, -da] *a.* frígido.

frigio, -gia [fridʒo, -dʒa] *a.-s.* frigio.

frignare [friɲɲáre] *t.* lloriquear.

frigorifero, -ra [frigorifero, -ra] *a.* frigorífico. 2 *m.* nevera *f.*, frigorífico.

fringuello [fringwèllo] *m.* pinzón.

frisone [frizóne] *a.-s.* frisón.

frittata [frittáta] *f.* tortilla.

frittella [frittèlla] *f.* buñuelo *m.*, churro *m.*

fritto, -ta [fritto, -ta] *a.-m.* frito.

frittura [frittúra] *f.* fritura, fritada.

frivolezza [frivolèttsa] *f.* frivolidad.

frivolo, -la [frivolo, -la] *a.* frívolo.

frizione [frittsjóne] *f.* fricción. 2 MEC. embrague.

frodare [frodáre] *t.* defraudar, estafar.

frodatore, -trice [frodatòre, -tritʃe] s. estafador.

frode [fròde] f. fraude.

frodo [fròdo] m. contrabando.

frollare [frollàre] t. macerar.

frondosità [frondosità*] f. frondosidad.

frondoso, -sa [frondóso, -sa] a. frondoso.

frontale [frontàle] a.-m. frontal.

fronte [frònte] f. frente. ‖ **di ~**, enfrente. 2 m. frente.

frontespizio [frontespìttsjo] m. frontispicio. 2 portada.

frontiera [frontjèra] f. frontera.

frotta [fròtta] f. bandada.

frottola [fròttola] f. trola.

frugale [frugále] a. frugal.

frugalità [frugalità*] f. frugalidad.

frugare [frugáre] t. hurgar.

fruire [fruìre] i. disfrutar, gozar. ¶ CONJUG. r. aux. **avere**.

fruizione [fruittsjóne] f. fruición, disfrute m.

frullare [frullàre] t. batir. 2 i. girar, dar vueltas. ¶ CONJUG. r. aux. **avere**.

frullato, -ta [frulláto, -ta] a.-m. batido.

frullino [frullino] m. batidora f.

frumento [fruménto] m. trigo.

frusciare [fruʃʃáre] i. crujir. ¶ CONJUG. r. aux. **avere**.

fruscio [fruʃʃio] m. crujido. 2 murmullo.

frusta [frùsta] f. látigo m., fusta, tralla.

frustare [frustáre] t. azotar, dar latigazos.

frustata [frustáta] f. latigazo m.

frustino [frustino] m. látigo, tralla f.

frustrare [frustráre] t. frustrar.

frustrazione [frustattsjóne] f. frustración.

frutta [frùtta] f. fruta.

fruttare [fruttáre] i. fructificar. 2 t. rentar. ¶ CONJUG. r. aux. **avere** [i.-t.].

fruttiera [fruttjèra] f. frutero m.

fruttifero, -ra [fruttìfero, -ra] a. frutal. 2 fructífero.

fruttivendolo, -la [fruttivèndolo, -la] s. frutero.

frutto [frùtto] m. fruto.

fruttuoso, -sa [fruttuóso, -sa] a. fructuoso.

fu [fu*] a. difunto. ‖ **il ~ Luigi**, el difunto Luis. ‖ **Michele P. ~ Giuseppe**, Miguel P. hijo del difunto José.

fucilazione [futʃilattsjóne] f. fusilamiento m.

fucile [futʃile] m. fusil.

fucina [futʃina] f. fragua, forja.

fuga [fúga] f. fuga, huida. 2 escape. 3 MÚS. fuga.

fugace [fugàtʃe] a. fugaz.

fugacità [fugatʃità*] f. fugacidad.

fuggiasco, -sca [fuddʒásko, -ka] a.-s. fugitivo.

fuggire [fuddʒire] i. (aux. **essere**) huir, escaparse. 2 t. huir de.

fulcro [fúlkro] m. fulcro.

fulgente [fuldʒènte] a. fulgente.

fulgido, -da [fúldʒido, -da] a. fúlgido.

fulgore [fulgóre] m. fulgor.

fuliggine [fuliddʒine] f. hollín.

fulminante [fulminànte] a. fulminante.

fulminare [fulmináre] t. fulminar.

fulmine [fúlmine] m. rayo.

fulmineo, -a [fulmineo, -a] a. fulmíneo.

fumaiolo [fumajòlo] m. chimenea f.

fumare [fumáre] i. humear. 2 t. fumar. ¶ CONJUG. r. aux. **avere**.

fumata [fumáta] f. humareda. 2 acción de fumar.

fumatore, -trice [fumatóre, -tritʃe] s. fumador.

fumetto [fumètto] m. (esp. pl.) historieta f. ilustrada, tebeo.

fumo [fúmo] m. humo.

fumigare [fumigáre] i. humear. ¶ CONJUG. r. aux. **avere**.

funambolo, -la [funàmbolo, -la] s. funámbulo.

fune [fúne] f. cuerda, soga.

funebre [fúnebre] a. fúnebre.

funerale [funeràle] m. funeral.

funerario, -ria [funerárjo, -rja] a. funerario.

funereo, -a [funèreo, -a] a. fúnebre.

funesto, -ta [funèsto, -ta] a. funesto.

fungere [fúndʒere] i. hacer las veces de, suplir. ¶ CONJUG. (aux. **avere**) IND. pret. ind.: **funsi, funse; funsero**. ‖ PART.: **funto**.

fungo [fúngo] m. hongo, seta f.

funicolare [funikolàre] f. funicular.

funivia [funivia] f. funicular m.

funzionale [funtsjonàle] a. funcional.

funzionamento [funtsjonaménto] m. funcionamiento.

funzionare [funtsjonàre] i. funcionar. ¶ CONJUG. r. aux. **avere**.

funzionario [funtsjonárjo] m. funcionario.

funzione [funtsjóne] f. función.

fuoco [fwòko] m. fuego.

fuorchè [fworkè*] conj.-prep. excepto, menos, salvo.

fuori [fwòri] *adv.* fuera, afuera. ‖ *di* ~, por fuera. 2 *prep.* fuera de.

fuoribordo [fworibórdo] *m.* fuera borda, lancha motora.

fuoriclasse [fworiklásse] *a.-s.* excepcional, as.

fuorilegge [fworilèddʒe] *s.* bandido.

fuoriserie [fworisèrje] *a.* fuera de serie.

fuoriuscire [fworiuʃʃire] *i.* (aux. *essere*) salir fuera, rebosar.

fuoriuscito, -ta [fworiuʃʃito, -ta] *a.-s.* exiliado.

furberia [furberìa] *f.* pillería.

furbizia [furbittsja] *f.* astucia.

furbo, -ba [fúrbo, -ba] *a.-s.* astuto, listo, pillo.

furente [furènte] *a.* furioso.

furfante [furfànte] *a.-s.* bribón.

furgone [furgóne] *m.* furgón.

furia [fúrja] *f.* furia. ‖ *a* ~ *di*, a fuerza de. ‖ *in fretta e* ~, de prisa y corriendo.

furioso, -sa [furjóso, -sa] *a.* furioso.

furore [furóre] *m.* furor. 2 fig. delirio, entusiasmo. ¶ *far* ~, entusiasmar, tener éxito.

furtivo, -va [furtivo, -va] *a.* furtivo.

furto [fúrto] *m.* robo.

fusibile [fuzibile] *a.-m.* fusible.

fusione [fuzjóne] *f.* fusión.

fuso, -sa [fúzo, -za] *a.* fundido. 2 *m.* huso.

fusoliera [fuzoljèra] *f.* fuselaje *m.*

fustagno [fustáɲɲo] *m.* fustán.

fustigare [fustigáre] *t.* fustigar.

fusto [fústo] *m.* tallo. 2 tronco. 3 fuste.

futile [fútile] *a.* fútil.

futilità [futilitá*] *f.* futilidad.

futurista [futurista] *a.-s.* futurista.

futuro, -ra [futúro, -ra] *a.-m.* futuro.

G

g [dʒi*] f. séptima letra del alfabeto italiano.

gabardine [gabardin] f. gabardina.

gabbamondo [gabbamóndo] s. embaucador, estafador.

gabbano [gabbáno] m. gabán.

gabbare [gabbáre] t. embaucar, estafar.

gabbia [gábbia] f. jaula.

gabbiano [gabbjáno] m. gaviota f.

gabellare [gabelláre] t. hacer pasar por.

gabinetto [gabinétto] m. gabinete, consultorio. 2 POL. gabinete, ministerio. 3 retrete.

gaffe [gaf] f. plancha, desacierto m.

gagliardo, -da [gaʎʎárdo, -da] a. gallardo, robusto.

gaio, -ia [gájo, -ja] a. alegre, jovial.

gala [gála] f. gala. 2 puntilla.

galante [galánte] a. galante. 2 m. galán.

galanteria [galanteria] f. galantería.

galantina [galantina] f. galantina.

galantuomo [galantwòmo] m. hombre de bien.

galassia [galássja] f. galaxia.

galateo [galatèo] m. urbanidad f.

galea [galèa] f. galera [nave].

galeotto [galeòtto] m. galeote, forzado. 2 a.-m. alcahuete.

galera [galèra] f. cárcel, presidio m.

galla (a) [gálla] loc. adv. a flote.

galleggiamento [galleddʒaménto] m. flote, flotación f.

galleggiante [galleddʒánte] a. flotante, flotador. 2 m. flotador.

galleggiare [galleddʒáre] i. flotar. ¶ CONJUG. r. aux. **avere.**

galleria [galleria] f. túnel m. 2 galería, museo m. 3 TEAT. gallinero m.

gallicano, -na [gallikáno, -na] a.-s. galicano.

gallicismo [gallitʃizmo] m. galicismo.

gallina [gallina] f. gallina.

gallo [gállo] m. gallo.

gallo, -la [gállo, -la] a.-s. galo.

gallone [gallóne] m. galón.

galoppare [galoppáre] i. galopar. ¶ CONJUG. r. aux. **avere.**

galoppata [galoppáta] f. galopada.

galoppatoio [galoppatòjo] m. picadero.

galoppino [galoppino] m. mandadero.

galoppo [galòppo] m. galope.

galvanizzare [galvaniddzáre] t. galvanizar.

galvanizzazione [galvaniddzattsjóne] f. galvanización.

gamba [gámba] f. pierna. ‖ **è un ragazzo in ~,** es un chico que vale mucho.

gambale [gambále] m. caña de la bota.

gamberetto [gamberétto] m. gamba f.

gambero [gámbero] m. langostino. ‖ **~ di fiume,** cangrejo.

gambiera [gambjèra] f. canillera.

gambo [gámbo] m. tallo, caña f.

gamma [gámma] f. gama.

gancetto [gantʃétto] m. corchete, gafete.

gancio [gántʃo] m. gancho, garfio.

gangheretto [gangerétto] m. corchete, gafete.

ganghero [gángero] m. quicio. ‖ **uscire dai gangheri,** salir de quicio.

ganglio [gángljo] m. ganglio.

gara [gára] f. competición, carrera. 2 concurso m., certamen m. ‖ **fare a ~,** rivalizar, competir.

garage [garáʒ] m. garaje.

garante [garánte] a.-s. garante, fiador.

garantire [garantire] t. garantizar, fiar. 2 pr. asegurarse.

garanzia [garantsia] f. garantía, fianza.

garbare [garbáre] i. gustar, agradar. ¶ CONJUG. r. aux. **essere.**

garbato, -ta [garbáto, -ta] a. amable, cortés. 2 garboso, elegante.

garbo [gárbo] m. gracia f. garbo.

garbuglio [garbúʎʎo] m. garbullo, barullo, lío.

gardenia [gardènja] f. gardenia.

gareggiare [gareddʒáre] i. (aux. **avere**) competir, rivalizar.

garganella (a) [garganélla] *loc. adv.* **bere** ~, beber a chorro.

gargarismo [gargarizmo] *m.* gárgara *f.*

gargarizzare [gargariddzáre] *t.* gargarizar, hacer gárgaras.

garitta [garitta] *f.* garita.

garofano [garófano] *m.* clavel.

garrire [garrire] *i.* chillar [los pájaros]. ¶ CONJUG. r. aux. *avere.*

garza [gárdza] *f.* gasa.

garzone [gardzóne] *m.* mozo, aprendiz.

gas [gas] *m.* gas.

gasolio [gazóljo] *m.* gasoil.

gassato, -ta [gassáto, -ta] *a.* con gas.

gassometro [gassómetro] *m.* gasómetro.

gassoso, -sa [gassóso, -sa] *a.* gaseoso. 2 *f.* gaseosa.

gastrico, -ca [gástriko, -ka] *a.* gástrico.

gastrite [gastrite] *f.* gastritis.

gastronomia [gastronomia] *f.* gastronomía.

gastronomico, -ca [gastronómiko, -ka] *a.* gastronómico.

gastroscopia [gastroskɔpja] *f.* MED. gastroscopia.

gastroscopio [gastroskópjo] *m.* MED. gastroscopio.

gattabuia [gattabúja] *f.* fam. calabozo *m.*

gattaiola [gattajóla] *f.* gatera.

gattamorta [gattamórta] *f.* mosca muerta.

gatto, -ta [gátto, -ta] *s.* gato.

gattoni [gattóni] *adv.* a gatas.

gaudente [gaudénte] *a.-s.* vividor.

gavetta [gavétta] *f.* gamella.

gavitello [gavitéllo] *m.* boya *f.*

gazza [gáddza] *f.* urraca.

gazzarra [gaddzárra] *f.* algazara, juerga.

gazzella [gaddzélla] *f.* gacela.

gazzetta [gaddzétta] *f.* gaceta.

gazzettino [gaddzettíno] *m.* gacetilla *f.*

gelare [dʒeláre] *t.* helar. 2 *i.-pr.* (aux. *essere*) helarse.

gelataio, -ia [dʒelatájo, -ja] *s.* vendedor de helados.

gelateria [dʒelateria] *f.* heladería.

gelatina [dʒelatína] *f.* gelatina.

gelatinoso, -sa [dʒelatinóso, -sa] *a.* gelatinoso.

gelato, -ta [dʒeláto, -ta] *a.-m.* helado. 2 *f.* helada.

gelido, -da [dʒèlido, -da] *a.* gélido, helado.

gelo [dʒèlo] *m.* hielo.

gelone [dʒelóne] *m.* sabañón.

gelosia [dʒelozia] *f.* celos *f.-pl.* 2 celosía.

geloso, -sa [dʒelóso, -sa] *a.* celoso.

gelso [dʒèlso] *m.* morera *f.*

gelsomino [dʒelsomíno] *m.* jazmín.

gemebondo, -da [dʒemebóndo, -da] *a.* gemebundo.

gemello, -la [dʒeméllo, -la] *a.-s.* gemelo, mellizo. 2 *m. pl.* gemelos [de la camisa]. 3 ASTR. Géminis.

gemere [dʒèmere] *i.* gemir. ¶ CONJUG. (aux. *avere*) IND. pret. ind.: *gemei* o *gemetti.*

geminare [dʒemináre] *t.* geminar.

gemito [dʒèmito] *m.* gemido, quejido.

gemma [dʒèmma] *f.* gema, joya. 2 BOT. yema.

gemmologia [dʒemmolodʒia] *f.* gemología.

gendarme [dʒendárme] *m.* gendarme.

genealogia [dʒenealodʒia] *f.* genealogía.

genealogico, -ca [dʒenealódʒiko, -ka] *a.* genealógico.

generale [dʒenerále] *a.-m.* general.

generalità [dʒeneralità*] *f.* generalidad. 2 *pl.* identidad *f.*, datos *m.-pl.* personales.

generalizio, -zia [dʒeneralittsjo, -tsja] *a.* generalicio.

generalizzare [dʒeneraliddzáre] *t.* generalizar.

generalizzazione [dʒeneraliddzattsjóne] *f.* generalización.

generare [dʒeneráre] *t.* engendrar, generar.

generativo, -va [dʒenerativo, -va] *a.* generativo.

generatore, -trice [dʒeneratóre, -tritʃe] *a.* generador. 2 *f.* generatriz.

generazione [dʒenerattsjóne] *f.* engendramiento *m.* 2 generación.

genere [dʒènere] *m.* género. ‖ *in* ~, en general.

generico, -ca [dʒenèriko, -ka] *a.* genérico.

genero [dʒènero] *m.* yerno.

generosità [dʒenerosità*] *f.* generosidad.

generoso, -sa [dʒeneróso, -sa] *a.* generoso.

genesi [dʒènezi] *f.* génesis.

genetico, -ca [dʒenètiko, -ka] *a.* genético. 2 *f.* genética.

genetliaco [dʒenetliako] *m.* cumpleaños.

gengiva [dʒendʒiva] *f.* encía.

geniale [dʒenjále] *a.* genial.

genialità [dʒenjalità*] *f.* genialidad.

genio [dʒènjo] *m.* genio. 2 cuerpo de ingenieros.

genitale [dʒenitále] *a.* genital. 2 *m. pl.* genitales.

genitivo, -va [dʒenitivo, -va] *a.-m.* genitivo.

genitore, -trice [dʒenitóre, -tritʃe] *s.* progenitor. 2 *m. pl.* padres.

gennaio [dʒennàjo] *m.* enero.

genocidio [dʒenotʃídjo] *m.* genocidio.

genovese [dʒenovése] *a.-s.* genovés.

gente [dʒénte] *f.* gente.

gentildonna [dʒentildónna] *f.* dama noble.

gentile [dʒentile] *a.* gentil, amable. || ~ *sesso*, sexo débil. 2 *m.* gentil.

gentilezza [dʒentiléttsa] *f.* gentileza, amabilidad. 2 favor. || *mi fa la ~ di...?*, ¿me hace el favor de...?, ¿tiene la amabilidad de...?

gentilizio, -zia [dʒentilittsjo, -tsja] *a.* gentilicio.

gentiluomo [dʒentilwòmo] *m.* gentilhombre.

genuflessione [dʒenuflessjóne] *f.* genuflexión.

genuflettersi [dʒenuflèttersi] *pr.* arrodillarse.

genuinità [dʒenuinità*] *f.* autenticidad, legitimidad.

genuino, -na [dʒenuíno, -na] *a.* genuino.

genziana [dʒentsjàna] *f.* genciana.

geodesia [dʒeodèzia] *f.* geodesia.

geografia [dʒeografía] *f.* geografía.

geografico, -ca [dʒeogràfiko, -ka] *a.* geográfico.

geografo [dʒeògrafo] *m.* geógrafo.

geologia [dʒeolodʒía] *f.* geología.

geologico, -ca [dʒeolòdʒiko, -ka] *a.* geológico.

geologo [dʒeòlogo] *m.* geólogo.

geometria [dʒeometría] *f.* geometría.

geometrico, -ca [dʒeomètriko, -ka] *a.* geométrico.

geranio [dʒerànjo] *m.* geranio.

gerarca [dʒeràrka] *m.* jerarca.

gerarchia [dʒerarkía] *f.* jerarquía.

gerarchico, -ca [dʒeràrkiko, -ka] *a.* jerárquico.

gerente [dʒerènte] *s.* gerente.

gerenza [dʒerèntsa] *f.* gestión. 2 gerencia.

germanico, -ca [dʒermàniko, -ka] *a.* germánico.

germano, -na [dʒermàno, -na] *a.-s.* germano.

germe [dʒèrme] *m.* germen.

germinare [dʒerminàre] *i.* germinar. ¶ CONJUG. r. aux. *essere* y *avere*.

germinazione [dʒerminattsjóne] *f.* germinación.

germogliare [dʒermoʎʎàre] *i.* germinar, brotar. ¶ CONJUG. r. aux. *essere* y *avere*.

germoglio [dʒermòʎʎo] *m.* brote.

geroglifico [dʒeroglífiko] *m.* jeroglífico.

gerundio [dʒerúndjo] *m.* gerundio.

gesso [dʒèsso] *m.* yeso, tiza *f.*

gesta [dʒèsta], **geste** [dʒèste] *f.-pl.* gestas, hazañas.

gestante [dʒestánte] *f.* mujer encinta, embarazada.

gestazione [dʒestattsjóne] *f.* gestación.

gesticolare [dʒestikolàre] *i.* gesticular. ¶ CONJUG. r. aux. *avere*.

gestione [dʒestióne] *f.* gestión, administración.

gestire [dʒestíre] *t.* administrar.

gesto [dʒèsto] *m.* gesto, ademán. || *un bel ~*, un gesto noble.

gestore, -trice [dʒestóre, -tritʃe] *s.* gestor, administrador.

gesuita [dʒezuíta] *s.* jesuita.

gesuitico, -ca [dʒezuítiko, -ka] *a.* jesuítico.

gettare [dʒettàre] *t.-pr.* echar, arrojar, tirar. 2 *pr.* desembocar. || *l'Arno si getta nel Tirreno*, el Arno desemboca en el Tirreno.

getto [dʒètto] *m.* lanzamiento. 2 chorro. 3 BOT. brote.

gettone [dʒettóne] *m.* ficha [de teléfono, etc.].

ghermire [germíre] *t.* agarrar, atrapar.

ghetto [gètto] *m.* gueto, judería *f.*

ghiacciaio [gjattʃàjo] *m.* glaciar.

ghiacciare [gjattʃàre] *i.* helar. ¶ CONJUG. r. aux. *essere*.

ghiaccio [gjàttʃo] *m.* hielo.

ghiacciolo [gjattʃòlo] *m.* carámbano. 2 polo.

ghiaia [gjàja] *f.* grava.

ghiaioso, -sa [gjajóso, -sa] *a.* guijoso.

ghianda [gjànda] *f.* bellota.

ghiandola [gjàndola] *f.* glándula.

ghigliottina [giʎʎottina] *f.* guillotina.

ghigliottinare [giʎʎottinàre] *t.* guillotinar.

ghignare [giɲɲàre] *i.* reír sarcásticamente. ¶ CONJUG. r. aux. *avere*.

ghigno [giɲɲo] *m.* risa *f.* burlona.

ghiotto, -ta [gjòtto, -ta] *a.* goloso, glotón. 2 gustoso, apetitoso.

ghiottone, -na [gjottóne, -na] *s.* glotón, tragón.

ghiottoneria [gjottoneria] *f.* glotonería. 2 golosina.

ghiribizzo [giribiddzo] *m.* capricho, antojo.

ghirigoro [girigóro] *m.* garabato.

ghirlanda [girlánda] *f.* guirnalda.

ghiro [giro] *m.* lirón. || *dormire come un ~*, dormir como un lirón.

ghisa [giza] *f.* fundición, hierro *m.* colado.

già [dʒa*] *adv.* ya. 2 antes. || *il Quirinale, ~ palazzo pontificio*, el Quirinal, en otro tiempo palacio pontificio.

giacca [dʒákka] *f.* chaqueta, americana. || *~ a vento*, anorak.

giacché [dʒakké*] *conj.* ya que.

giacente [dʒatʃénte] *a.* yacente. 2 en depósito. 3 parado.

giacere [dʒatʃére] *i.* yacer, estar echado. 2 estar situado, hallarse. 3 estar parado, inactivo. ¶ CONJUG. (aux. *essere*) IND. pres.: *giaccio; giacciamo, giacciono.* | pret. ind.: *giacqui, giacque; giacquero.* || SUBJ. pres.: *giaccia, giaccia*, etc. || IMPER.: *giaccia; giacciamo, giacciano.* || PART.: *giaciuto.*

giaciglio [dʒatʃíʎʎo] *m.* jergón.

giacinto [dʒatʃínto] *m.* jacinto.

giaculatoria [dʒakulatórja] *f.* jaculatoria.

giaggiolo [dʒaddʒólo] *m.* lis.

giaguaro [dʒagwáro] *m.* jaguar.

giaietto [dʒajétto] *m.* azabache.

giallastro, -stra [dʒallástro, -tra] *a.* amarillento.

giallo, -la [dʒállo, -la] *a.-m.* amarillo. 2 novela *f.* policíaca.

giallognolo, -la [dʒallóɲɲolo, -la] *a.* amarillento.

giallore [dʒallóre] *m.* amarillez.

giammai [dʒammái] *adv.* jamás.

giansenismo [dʒansenízmo] *m.* jansenismo.

giansenista [dʒansenista] *a.-s.* jansenista.

giara [dʒára] *f.* cántaro *m.*

giardinaggio [dʒardináddʒo] *m.* jardinería *f.*

giardiniere, -ra [dʒardinjére, -ra] *m.* jardinero. 2 *f.* jardinera.

giardino [dʒardíno] *m.* jardín.

giarrettiera [dʒarrettjéra] *f.* jarretera.

giavellotto [dʒavellótto] *m.* jabalina.

gigante [dʒigánte] *a.-m.* gigante.

giganteggiare [dʒigantedʒáre] *i.* (aux. *avere*) descollar, sobresalir.

gigantesco, -sca [dʒigantésko, -ska] *a.* gigantesco.

giglio [dʒíʎʎo] *m.* lirio, azucena *f.*

gilè [dʒilè*] *m.* chaleco.

gin [dʒin] *m.* ginebra *f.* [licor].

ginecologia [dʒinekolodʒia] *f.* ginecología.

ginecologo, -ga [dʒinekólogo, -ga] *s.* ginecólogo.

ginepraio [dʒineprájo] *m.* enebral. 2 enredo, lío. || *mettersi in un ~*, meterse en un berenjenal.

ginepro [dʒinépro] *m.* enebro, junípero.

ginestra [dʒinéstra] *f.* retama, hiniesta.

ginevrino, -na [dʒinevrino, -na] *a.-s.* ginebrino.

gingillare [dʒindʒilláre] *pr.* gandulear.

gingillo [dʒindʒillo] *m.* chuchería *f.*, baratija *f.*

ginnasta [dʒinnásta] *s.* gimnasta.

ginnastico, -ca [dʒinnástiko, -ka] *a.* gimnástico. 2 *f.* gimnasia.

ginnico, -ca [dʒinniko, -ka] *a.* gimnástico.

ginocchiera [dʒinokkjéra] *f.* rodillera.

ginocchio [dʒinókkjo] *m.* rodilla *f.* || *in ~*, de rodillas.

ginocchioni [dʒinokkjóni] *adv.* de rodillas.

giocare [dʒokáre] *i.* jugar. ¶ CONJUG. (aux. *avere*) IND. pres.: *giuoco* o *gioco, giuochi* o *giochi* (en toda la conjug. la o tónica se transforma en *uo*).

giocata [dʒokáta] *f.* jugada.

giocatore, -trice [dʒokatóre, -tritʃe] *s.* jugador.

giocattolo [dʒokáttolo] *m.* juguete.

giocherellare [dʒokerelláre] *i.* (aux. *avere*) juguetear.

gioco [dʒóko] *m.* juego.

giocondo, -da [dʒokóndo, -da] *a.* alegre, jovial.

giogaia [dʒogája] *f.* cordillera, sierra. 2 papada [de los bovinos].

giogo [dʒógo] *m.* yugo. 2 GEOG. collado.

gioia [dʒója] *f.* gozo *m.*, alegría. 2 joya, alhaja.

gioielleria [dʒojelleria] *f.* joyería.

gioielliere, -ra [dʒojelljére, -ra] *s.* joyero.

gioiello [dʒojéllo] *m.* joya *f.*, alhaja *f.*

gioioso, -sa [dʒojóso, -sa] *a.* alegre, gozoso.

gioire [dʒoire] *i.* (aux. *avere*) alegrarse, gozar.

giornalaio [dʒornalájo] *m.* vendedor de periódicos.

giornale [dʒornále] *m.* diario, periódico.

giornaletto [dʒornalétto] *m.* tebeo, revista *f.* infantil.

giornaliero, -ra [dʒornaljéro, -ra] *a.* diario. 2 *m.* jornalero.

giornalismo [dʒornalizmo] *m.* periodismo.

giornalista [dʒornalista] *s.* periodista.

giornalistico, -ca [dʒornalistiko, -ka] *a.* periodístico.

giornata [dʒornàta] *f.* día. 2 jornada. 3 jornal. ‖ *lavorare a ~*, trabajar a jornal.

giorno [dʒórno] *m.* día. ‖ *buon ~*, buenos días.

giostra [dʒòstra] *f.* tiovivo.

giovamento [dʒovamènto] *m.* beneficio, provecho.

giovane [dʒòvane] *a.-s.* joven.

giovanetto [dʒovanétto] *m.* jovenzuelo, mozalbete, mozuelo.

giovanile [dʒovanile] *a.* juvenil.

giovanotto [dʒovanòtto] *m.* joven, mozo.

giovare [dʒovàre] *i.* (aux. *avere* o *essere*) servir, ser útil. 2 probar: *non mi giova*, no me prueba.

giovedì [dʒovedi*] *m.* jueves.

giovenca [dʒovènka] *f.* ternera.

gioventù [dʒoventù*] *f.* juventud.

gioviale [dʒovjàle] *a.* jovial.

giovialità [dʒovjalità*] *f.* jovialidad.

giovinastro [dʒovinàstro] *m.* calavera.

giovincello [dʒovintʃéllo] *m.* jovencito.

giovinetto [dʒovinètto] V. **giovanotto**.

giovine [dʒòvine] V. **giovane**.

giovinezza [dʒovinéttsa] *f.* juventud.

giradischi [dʒiradiski] *m.* tocadiscos.

giraffa [dʒiràffa] *f.* jirafa.

giramento [dʒiramènto] *m.* giro. ‖ *~ di testa*, vértigo, vahído.

giramondo [dʒiramóndo] *s.* trotamundos.

girandola [dʒiràndola] *f.* girándula.

girandolare [dʒirandolàre] *i.* vagabundear, callejear. ¶ CONJUG. r. aux. *avere*.

girandolone, -na [dʒirandolóne, -na] *s.* callejero, vagabundo.

girare [dʒiràre] *t.* hacer girar. 2 recorrer. 3 doblar [una esquina]. 4 CINEM. rodar. 5 COM. endosar. ‖ *~ una cambiale*, endosar una letra de cambio. 6 *i.* (aux. *avere* o *essere*) girar, dar vueltas. 7 dar la vuelta.

girarrosto [dʒirarròsto] *m.* asador.

girasole [dʒirasóle] *m.* girasol.

girata [dʒiràta] *f.* vuelta. 2 COM. endoso *m.*

giratorio, -ria [dʒiratòrjo, -rja] *a.* giratorio.

giravolta [dʒiravòlta] *f.* vuelta, pirueta.

girellare [dʒirellàre] *i.* (aux. *avere*) callejear.

giretto [dʒirétto] *m.* vuelta *f.*, pequeño paseo.

girevole [dʒirèvole] *a.* giratorio.

girino [dʒirino] *m.* renacuajo.

giro [dʒiro] *m.* giro, vuelta *f.*, rodeo. ‖ *prendere in ~*, tomar el pelo. 2 paseo, excursión *f.* ‖ *fare un ~*, dar una vuelta. 3 circulación *f.* ‖ *mettere in ~*, poner en circulación. 4 espacio de tiempo: *nel ~ di un mese*, en el espacio de un mes. 5 turno. ‖ *essere nel ~*, estar al corriente.

girone [dʒiróne] *m.* DEP. grupo [de equipos que participan a un campeonato]. 2 vuelta [de la liga de fútbol]. ‖ *~ di andata* primera vuelta; *~ di ritorno*, segunda vuelta.

girotondo [dʒirotóndo] *m.* corro.

girovago, -ga [dʒiròvago, -ga] *a.-s.* vagabundo.

gita [dʒita] *f.* excursión.

gitante [dʒitànte] *s.* excursionista.

giù [dʒu*] *adv.* abajo. ‖ *su per ~*, poco más o menos.

giubba [dʒùbba] *f.* chaqueta, jubón *m.*

giubbotto [dʒubbòtto] *m.* chaqueta *f.*, casaca *f.*

giubilare [dʒubilàre] *i.* (aux. *avere*) jubilar, regocijarse. 2 *t.* jubilar.

giubilare [dʒubilàre] *a.* jubilar.

giubilazione [dʒubilattsjóne] *f.* jubilación.

giubileo [dʒubilèo] *m.* jubileo.

giubilo [dʒùbilo] *m.* júbilo.

giudaico, -ca [dʒudàiko, -ka] *a.* judaico.

giudaismo [dʒudaizmo] *m.* judaísmo.

giudeo, -a [dʒudèo, -a] *s.* judío.

giudicare [dʒudikàre] *t.* juzgar.

giudicato [dʒudikàto] *m.* sentencia *f.* inapelable.

giudicatore, -trice [dʒudikatóre, -tritʃe] *a.-m.* juzgador. ‖ *commissione giudicatrice*, tribunal de examen.

giudice [dʒùditʃe] *m.* juez.

giudiziale [dʒudittsjàle] *a.* judicial.

giudiziario, -ria [dʒudittsjàrjo, -rja] *a.* judicial.

giudizio [dʒudittsjo] *m.* juicio.

giudizioso, -sa [dʒudittsjòso, -sa] *a.* juicioso.

giuggiolone, -na [dʒuddʒolóne, -na] *s.* bobalicón.

giugno [dʒùɲɲo] *m.* junio.

giulivo, -va [dʒulivo, -va] *a.* alegre.

giullare [dʒullàre] *m.* juglar.

giunco [dʒúnko] *m.* junco.

giungere [dʒúndʒere] *i.* llegar. 2 *t.* juntar. ¶ CONJUG. (aux. *essere*) IND. pret. ind.: *giunsi, giunse*; *giunsero*. ‖ PART.: *giunto*.

giunta [dʒúnta] *f.* junta.

giuntura [dʒuntúra] *f.* juntura. 2 ANAT. articulación, coyuntura.

giuramento [dʒuraménto] *m.* juramento, jura.

giurare [dʒuráre] *t.* jurar. ‖ ~ *il falso*, jurar en falso. 2 *i.* (aux *avere*) jurar, prestar juramento.

giurato, -ta [dʒuráto, -ta] *a.-m.* jurado.

giureconsulto [dʒurekonsúlto] *m.* jurisconsulto, jurista.

giuria [dʒuría] *f.* jurado *m.*, tribunal *m.*

giuridico, -ca [dʒurídiko, -ka] *a.* jurídico.

giurisdizionale [dʒurizdittsjonále] *a.* jurisdiccional.

giurisdizione [dʒurizdittsjóne] *f.* jurisdicción.

giurisprudenza [dʒurisprudéntsa] *f.* jurisprudencia.

giurista [dʒurísta] *s.* jurista.

giustapporre [dʒustappórre] *t.* yuxtaponer. ¶ CONJUG. como *porre*.

giustapposizione [dʒustappozittsjóne] *f.* yuxtaposición.

giustificare [dʒustifikáre] *t.-pr.* justificar.

giustificazione [dʒustifikatsjóne] *f.* justificación.

giustizia [dʒustittsja] *f.* justicia.

giustiziare [dʒustittsjáre] *t.* ajusticiar.

giustiziato, -ta [dʒustittsjáto, -ta] *a.-s.* ajusticiado.

giustificativo, -va [dʒustifikatívo, -va] *a.* justificativo.

giustiziere [dʒustittsjère] *m.* verdugo.

giusto, -ta [dʒústo, -ta] *a.-m. adv.* justo. ‖ ~ *adesso*, ahora mismo.

glaciale [glatʃále] *a.* glacial.

gladiatore [gladjatòre] *m.* gladiador.

gladiolo [gladiòlo] *m.* gladiolo.

gleba [glèba] *f.* gleba.

gli [*ʎi] *art. m. pl.* los. 2 *pron. personal átono complemento indirecto m.* le, se [delante de otro pronombre].

glicerina [glitʃerína] *f.* glicerina.

globale [globále] *a.* global.

globo [glòbo] *m.* globo.

globulo [glòbulo] *m.* glóbulo.

gloria [glòrja] *f.* gloria.

glorificare [glorifikáre] *t.-pr.* glorificar.

glorificazione [glorifikattsjóne] *f.* glorificación.

glorioso, -sa [glorjóso, -sa] *a.* glorioso.

glossa [glòssa] *f.* glosa.

glossare [glossáre] *t.* glosar.

glossario [glossárjo] *m.* glosario.

glottodidattica [glottodidáttika] *f.* glotodidáctica.

glottologia [glottolodʒía] *f.* glotología.

glucosio [glukòzjo] *m.* glucosa *f.*

gluteo [glúteo] *m.* glúteo.

glutine [glútine] *m.* gluten.

gnocchi [*ɲɔ́kki] *m.-pl.* albóndigas *f.-pl.* de harina de trigo, de arroz o de patata.

gnomo [*ɲɔ́mo] *m.* gnomo.

gobba [góbba] *f.* joroba, giba.

gobbo, -ba [góbbo, -ba] *a.-s.* jorobado, giboso.

goccia [góttʃa] *f.* gota.

gocciolare [gottʃoláre] *i.* (aux. *essere*) gotear. 2 (aux. *avere*) verter gota a gota.

gocciolatura [gottʃolatúra] *f.* gotera.

gocciolo [gòttʃolo] *m.* gota *f.* 2 un poco.

godere [godère] *i.-t.* gozar, disfrutar. ¶ CONJUG. (aux. *avere* [t.-i.]) IND. fut. imp.: *godrò, godrai*, etc. ‖ POT.: *godrei, godresti*, etc.

godimento [godimènto] *m.* goce, deleite, placer. 2 disfrute.

goffaggine [goffáddʒine] *f.* torpeza, desmaña.

goffo, -fa [góffo, -ffa] *a.* torpe. 2 sin gracia, desgarbado.

gola [góla] *f.* garganta. 2 gula. 3 GEOGR. garganta, desfiladero *m.* MEC. ranura, canal *m.*

golfo [gólfo] *m.* golfo.

goliardico, -ca [goljàrdiko, -ka] *a.* estudiantil.

goliardo, -da [goljárdo, -da] *s.* estudiante universitario.

golosità [golosità*] *f.* glotonería.

goloso, -sa [golóso, -sa] *a.* glotón, goloso.

gomena [gómena] *f.* amarra, cable *m.*

gomitata [gomitáta] *f.* empujón *m.*

gomito [gómito] *m.* codo. ‖ *alzare il* ~, empinar el codo. 2 fig. recodo.

gomitolo [gomitolo] *m.* ovillo.

gomma [gómma] *f.* goma.

gommoso, -sa [gommóso, -sa] *a.* gomoso.

gondola [góndola] *f.* góndola.

gondoliere [gondoljère] *m.* gondolero.

gonfiamento [gonfjamènto] *m.* fig. exageración *f.*, elogio desmesurado.

gonfiare [gonfjáre] *t.-pr.* hinchar, inflar.

gonfiatura [gonfjatúra] *f.* hinchazón.

gonfio, -fia [gónfjo, -fja] *a.* hinchado. 2 henchido.

gonfiore [gonfjòre] *m.* hinchazón, bulto.

gongolare [gongolàre] *i.* regocijarse. ¶ CONJUG. r. aux. *avere*.

gonna [gònna, gònna] *f.* falda.

gonnella [gonnélla] *f.* falda. || *stare attaccato alla ~ della mamma*, estar cosido a las faldas de la madre.

gora [gòra] *f.* acequia. 2 mancha de sudor o lágrimas en la cara, mancha de agua.

gorgheggiare [gorgeddʒàre] *i.* gorjear, hacer gorgoritos. ¶ CONJUG. r. aux. *avere*.

gorgheggio [gorgèddʒo] *m.* gorjeo, gorgorito.

gorgo [gòrgo] *m.* olla *f.* de río, remolino.

gorgogliare [gorgoʎʎàre] *i.* (aux. *avere*) borbotar, borbollar.

gorgoglio [gorgòʎʎo] *m.* gorgoteo.

gorilla [gorilla] *m.* gorila. 2 fig. guardaespaldas.

gotico, -ca [gòtiko, -ka] *a.* gótico.

goto [gòto] *m.* godo.

gotta [gòtta] *f.* MED. gota.

governante [governànte] *a.-m.* gobernante. 2 *f.* institutriz, ama de llaves.

governare [governàre] *t.* gobernar. 2 cuidar.

governativo, -va [governativo, -va] *a.* gubernativo, gubernamental.

governatore, -trice [governatòre, -tritʃe] *s.* gobernador [de una provincia, de un banco, etc.].

governo [govèrno] *m.* gobierno, gobernación.

gozzo [gòttso] *m.* bocio.

gracchiare [grakkjàre] *i.* (aux. *avere*) graznar.

gracidare [gratʃidàre] *i.* croar. ¶ CONJUG. r. aux. *avere*.

gracidio [gratʃidìo] *m.* sonido de las ranas al croar.

gracile [gràtʃile] *a.* grácil. 2 débil.

gracilità [gratʃilità] *f.* debilidad, flaqueza.

gradatamente [gradatamènte] *adv.* gradualmente.

gradazione [gradattsjòne] *f.* gradación. 2 graduación.

gradevole [gradévole] *a.* agradable, grato.

gradimento [gradimènto] *m.* agrado.

gradinata [gradinàta] *f.* gradería, gradas *f.-pl.*

gradino [gradino] *m.* peldaño, escalón, grada *f.*

gradire [gradìre] *t.* aceptar [con agrado]. 2 apetecer, desear: *gradisce un cognac?*,

¿le apetece un coñac? 3 *i.* (aux. *essere*) gustar.

gradito, -ta [gradito, -ta] *a.* grato.

grado [gràdo] *m.* grado. 2 condición *f.* || *essere in ~*, estar en condiciones.

graduale [graduàle] *a.* gradual.

graduare [graduàre] *t.* graduar.

graduatoria [graduatòrja] *f.* escalafón, lista por orden de méritos.

graduato, -ta [graduàto, -ta] *a.-s.* graduado.

graduazione [graduattsjòne] *f.* graduación.

graffa [gràffa] *f.* grapa.

graffiare [graffjàre] *t.* arañar.

graffiatura [graffjatùra] *f.* rasguño *m.*, arañazo *m.*

graffio [gràffjo] *m.* rasguño, arañazo. 2 garfio.

graffito [graffìto] *m.* dibujo esgrafiado.

grafia [grafìa] *f.* grafía.

grafico, -ca [gràfiko, -ka] *a.-m.* gráfico.

grafite [grafìte] *f.* grafito.

grafologia [grafolodʒìa] *t.* grafología.

grafologo [grafòlogo] *m.* grafólogo.

gramaglie [gramàʎʎe] *f. pl.* luto *m.*, traje *m.*, de luto.

gramigna [gramìɲɲa] *f.* grama.

graminaceo, -a [graminàtʃeo, -a] *a.* gramináceo. 2 *f. pl.* gramináceas.

grammaticale [grammatikàle] *a.* gramatical.

grammatico, -ca [grammàtiko, -ka] *a.-s.* gramático. 2 *f.* gramática.

grammo [gràmmo] *m.* gramo.

gran [gran] *a.* apóc. de *grande*.

grana [gràna] *f.* grano *m.* 2 fig. dificultad, problema. || *piantare grane*, provocar problemas.

granaio [granàjo] *m.* granero.

granata [granàta] *f.* escoba. 2 granada. 3 *a.* granate.

grancassa [grankàssa] *f.* bombo *m.*

grancevola [grantʃévola] *f.* centollo *m.*

granchio [grànkjo] *m.* cangrejo. 2 fig. equivocación. || *prendere un ~*, meter la pata.

grande [grànde] *a.* grande, gran. 2 *s.* mayor, adulto.

grandeggiare [grandeddʒàre] *i.* (aux. *avere*) sobresalir.

grandezza [grandèttsa] *f.* tamaño *m.* 2 grandeza.

grandinare [grandinàre] *i.* (aux. *essere* o *avere*) granizar.

grandinata [grandinàta] *f.* granizada.

grandine [grándine] f. granizo m.

grandiosità [grandjositå*] f. grandiosidad.

grandioso, -sa [grandjóso, -sa] a. grandioso.

granello [granèllo] m. grano.

granita [granita] f. granizado m.

granitico, -ca [granitiko, -ka] a. granítico.

granito [granito] m. granito.

grano [gráno] m. trigo. 2 grano.

granturco [grantúrko] m. maíz.

granulare [granulåre] t. granular. 2 a. granulado.

granuloso, -sa [granulóso, -sa] a. granuloso.

grappa [gråppa] f. aguardiente de orujo.

grappolo [gråppolo] m. racimo.

grassezza [grassèttsa] f. gordura.

grasso, -sa [gråsso, -sa] a. gordo, grueso. 2 graso. 3 grasiento. 4 m. grasa f. sebo.

grata [gráta] f. rejilla.

graticcio [gratitt∫o] m. cañizo.

graticola [gratikola] f. parrilla.

graticolato [gratikolåto] m. enrejado.

gratifica [gratifika] f. gratificación.

gratificare [gratifikåre] t. gratificar, remunerar.

gratis [grátis] adv. gratis, de balde.

gratitudine [gratitúdine] f. gratitud.

grato, -ta [gráto, -ta] a. grato, agradable. 2 agradecido.

grattacapo [grattakápo] m. preocupación f., quebradero de cabeza.

grattacielo [grattat∫élo] m. rascacielos.

grattare [grattåre] t. rascar. 2 raspar. 3 rallar (queso, pan).

grattugia [grattúdʒa] f. rallador.

grattugiare [grattudʒåre] t. rallar.

gratuito, -ta [gratúito, -ta; gratuíto, -ta] a. gratuito.

gravame [gravåme] m. gravamen, impuesto.

gravare [gravåre] t. gravar, cargar, oprimir. 2 i. pesar. ¶ CONJUG. r. aux. **avere** [t.], **essere** [i.].

grave [gråve] a. grave.

gravidanza [gravidántsa] f. embarazo m. preñez, gravidez.

gravido, -da [grávido, -da] a. grávido, preñado, cargado.

gravità [gravitå*] f. gravedad.

gravitare [gravitåre] i. (aux. **essere** o **avere**) gravitar.

gravitazione [gravitattsjóne] f. gravitación.

gravoso, -sa [gravóso, -sa] a. gravoso, pesado.

grazia [gråttsja] f. gracia. ‖ **grazie!** ¡gracias! ‖ **grazie tante!**, ¡muchas gracias! ‖ **rendere grazie**, dar gracias.

graziare [grattsjåre] t. agraciar, indultar.

grazioso, -sa [grattsjóso, -sa] a. gracioso, agraciado, bonito, airoso. 2 gracioso, generoso.

greco, -ca [grèko, -ka] a.-s. griego. 2 f. greca.

gregario, -ria [gregårjo, -rja] a. gregario.

gregge [grèddʒe] m. rebaño, manada f. 2 fig. grey f.

greggio, -gia [grèddʒo, -dʒa] a. bruto, tosco, crudo, basto.

grembiule [grembjúle] m. delante, mandil.

grembo [grèmbo] m. regazo. 2 seno.

gremire [gremíre] t.-pr. atestar, llenar.

greto [grèto] m. guijarral.

grettezza [grettèttsa] f. tacañería. 2 mezquindad.

gretto, -ta [grètto, -ta] a. tacaño. 2 mezquino.

grezzo, -za [grèddzo, -dza] a. bruto, tosco, basto.

grida [grida] f. pregón m. 2 pl. de **grido** (v.).

gridare [gridåre] i.-t. (aux. **avere**) gritar.

grido [grido] m. grito. 2 pl. **(grida)** pregón. 3 fama.

grigiastro, -stra [gridʒástro, -stra] a. grisáceo.

grigio, -gia [gridʒo, -dʒa] a.-m. gris.

griglia [griλλa] f. parrilla. 2 reja.

grilletto [grillètto] m. gatillo.

grillo [grillo] m. grillo. 2 fig. capricho, antojo. ‖ **saltare il ~**, antojarse.

grimaldello [grimaldèllo] m. ganzúa f.

grinta [grinta] f. ceño m.

grinza [grintsa] f. arruga, pliegue m.

grinzoso, -sa [grintsóso, -sa] a. rugoso, arrugado.

grissino [grissino] m. bastoncito de pan.

grondaia [grondája] f. gotera, canalón m.

grondare [grondåre] i. (aux. **avere**) chorrear. 2 (aux. **essere**) manar.

groppa [gróppa] f. grupa.

groppo [gróppo, gròppo] m. nudo [de la madera, etc.]. ‖ **avere un ~ alla gola**, tener un nudo en la garganta.

grossezza [grossèttsa] f. tamaño m. 2 grosor m.

grossista [grossista] s. mayorista.

grosso, -sa [grósso, -sa] *a.* grande, gordo, grueso. ‖ ~ *modo*, más o menos, a grandes rasgos.

grossolano, -na [grossoláno, -na] *a.* grosero, ordinario.

grotta [grótta] *f.* gruta, cueva.

grottesco, -ca [grottésko, -ka] *a.* grotesco.

groviglio [grovíʎʎo] *m.* enredo, maraña *f.*

grù [gru⁺] *f.* grúa. 2 ORNIT. grulla.

gruccia [grúttʃa] *f.* muleta. 2 percha.

grugnire [gruɲɲire] *i.* (aux. *avere*) gruñir.

grugnito [gruɲɲito] *m.* gruñido.

grugno [grúɲɲo] *m.* hocico.

grullo, -la [grúllo, -la] *a.* tonto, bobo.

grumo [grúmo] *m.* grumo.

gruppo [grúppo] *m.* grupo.

gruzzolo [grúttsolo] *m.* ahorros *m.-pl.*

guadagnare [gwadaɲɲáre] *t.* ganar.

guadagno [gwadáɲɲo] *m.* ganancia *f.*

guadare [gwadáre] *t.* vadear, esguazar.

guado [gwádo] *m.* vado.

guai! [gwái] *inter.* ¡ay! ‖ ~ *a te!*, ¡ay de ti!

guaina [gwaina] *f.* vaina, funda.

guaio [gwàjo] *m.* desgracia *f.*, desdicha *f.* 2 aprieto, apuro. ‖ *essere nei guai*, estar en un aprieto. 3 pega, dificultad.

guaire [gwaire] *i.* aullar.

guaito [gwaito] *m.* aullido.

gualcire [gwaltʃire] V. **sgualcire**.

guancia [gwáŋtʃa] *f.* mejilla, carrillo *m.*

guanciale [gwantʃále] *m.* almohada.

guanto [gwánto] *m.* guante.

guardabarriere [gwardabarrjère] *s.* guardabarrera.

guardaboschi [gwardabóski] *m.* guardabosques.

guardacoste [gwardakóste] *m.* guardacostas.

guardalinee [gwardalinee] *m.* DEP. juez de línea.

guardare [gwardáre] *t.* mirar. 2 proteger, defender. 3 *pr.* guardarse.

guardaroba [gwardaróba] *m.* guardarropa, ropero, guardarropía *f.*

guardasigilli [gwardasidʒilli] *m.* guardasellos. 2 ministro de Justicia.

guardia [gwárdja] *f.* guardia, custodia. 2 guardia *m.* [persona].

guardiano, -na [gwardjàno, -na] *s.* guardián, guarda.

guardingo, -ga [gwardingo, -ga] *a.* cauto, circunspecto.

guaribile [gwaribile] *a.* curable.

guarigione [gwaridʒóne] *f.* curación.

guarire [gwarire] *t.-i.* sanar, curar. ¶ CONJUG. r. aux. *avere* [t.], *essere* [i.].

guarnigione [gwarnidʒóne] *f.* MIL. guarnición.

guarnire [gwarnire] *t.* guarnecer, adornar.

guarnizione [gwarnittsjóne] *f.* guarnición.

guastafeste [gwastafèste] *s.* aguafiestas.

guastare [gwastáre] *t.-pr.* echar a perder, estropear. 2 fig. corromper.

guastatore [gwastatóre] *m.* MIL. gastador.

guasto, -ta [gwásto, -ta] *a.* estropeado, averiado. 2 podrido. 3 *m.* daño, avería *f.*

guazzabuglio [gwattsabúʎʎo] *m.* barullo.

guazzo [gwáttso] *m.* charco.

guercio, -cia [gwèrtʃo, -tʃa] *a.* bizco, tuerto.

guerra [gwèrra] *f.* guerra.

guerreggiare [gwerreddʒáre] *i.* (aux. *avere*) guerrear.

guerriero, -ra [gwerrjèro, -ra] *a.-s.* guerrero.

guerriglia [gweriʎʎa] *f.* guerrilla.

guerrigliero [gwerriʎʎèro] *m.* guerrillero.

gufo [gúfo] *m.* búho.

guglia [gúʎʎa] *f.* aguja [de catedral].

gugliata [guʎʎáta] *f.* hebra.

guida [gwida] *f.* guía [acción, persona, libro].

guidare [gwidáre] *t.* guiar, conducir.

guidatore, -trice [gwidatóre, -tritʃe] *a.-s.* conductor.

guinzaglio [gwintsáʎʎo] *m.* collar [de animal].

guizzare [gwittsáre] *i.* (aux. *avere*) escurrirse, deslizarse. 2 fig. (aux. *essere*) escabullirse.

guscio [gúʃʃo] *m.* cáscara *f.* 3 vaina *f.* [de legumbres].

gustare [gustáre] *t.* saborear, gustar. 2 catar, probar.

gusto [gústo] *m.* gusto, sabor.

gustoso, -sa [gustóso, -sa] *a.* gustoso, sabroso.

gutturale [gutturále] *a.* gutural.

H

h [ákka] *f.* octava letra del alfabeto italiano.

hamster [ha'emstə] *m.* hamster.

handicap [ha'endikaep] *m.* hándicap. 2 desventaja *f.*

hangar [āgà:r] *m.* hangar.

harem [arέm] *m.* harem, harén.

hascisc [aʃʃiʃ] *m.* hachís.

hostess [hòustis] *f.* azafata.

hotel [otέl] *m.* hotel.

I

i [i*] *f.* novena letra del alfabeto italiano.
iberico, -ca [ibériku, -ka] *a.-s* ibérico, íbero.
ibernazione [ibernattsjòne] *f.* hibernación.
ibrido, -da [ibrido, -da] *a.* híbrido.
icona [ikòna] *f.* icono *m.*
iconoclasta [ikonoklásta] *a.-s.* iconoclasta.
iconografia [ikonografía] *f.* iconografía.
icosaedro [ikozaèdro] *m.* icosaedro.
iddio [iddio] V. **dio.**
idea [idèa] *f.* idea, intención, propósito *m.*
ideale [ideàle] *a.-m.* ideal.
idealismo [idealizmo] *m.* idealismo.
idealista [idealísta] *s.* idealista.
idealizzare [idealiddzáre] *t.* idealizar.
ideare [ideàre] *t.* idear.
ideatore, -trice [ideatòre, -tritʃe] *s.* inventor.
identico, -ca [idèntico, -ca] *a.* idéntico.
identificare [identifikáre] *t.* identificar.
identificazione [identifikattsjóne] *f.* identificación.
identità [identità*] *f.* identidad. ‖ *carta d'~*, documento de identidad.
ideologia [ideolodʒia] *f.* ideología.
ideologico, -ca [ideolódʒiko, -ka] *a.* ideológico.
idillico, -ca [idilliko, -ka] *a.* idílico.
idillio [idilljo] *m.* idilio.
idioma [idjòma] *m.* idioma.
idiomatico, -ca [idjomàtiko, -ka] *a.* idiomático.
idiosincrasia [idjosinkrasia] *f.* idiosincrasia.
idiota [idjòta] *a.-s.* idiota.
idiozia [idjottsia] *f.* idiotez *m.*
idolatra [idolàtra] *a.-s.* idólatra.
idolatrare [idolatráre] *t.* idolatrar.
idolatria [idolatria] *f.* idolatría.
idolo [idolo] *m.* ídolo.
idoneità [idoneità*] *f.* idoneidad, aptitud.
idoneo, -a [idòneo, -a] *a.* idóneo.
idrante [idrànte] *m.* manguera *f.* de riego.

idratare [idratáre] *t.* hidratar.
idratazione [idratattsjòne] *f.* hidratación.
idrato [idráto] *a.* QUÍM. hidrato. 2 *m.* QUÍM. hidróxido.
idraulico, -ca [idráuliko, -ka] *a.* hidráulico. 2 *m.* fontanero. 3 *f.* hidráulica.
idro- [idro-] hidro-.
idrocarburo [idrokarbúro] *m.* hidrocarburo.
idroelettrico, -ca [idroelèttriko, -ka] *a.* hidroeléctrico.
idrofilo, -la [idròfilo, -la] *a.* hidrófilo.
idrofobo, -ba [idròfobo, -ba] *a.* hidrófobo.
idrogeno [idròdʒeno] *m.* hidrógeno.
idrografia [idrografia] *f.* hidrografía.
idrometra [idròmetra] *m.* ZOOL. tejedor, zapatero [insecto].
idrometro [idròmetro] *m.* hidrómetro.
idropisia [idropizia] *f.* hidropesía.
idrosolubile [idrosolúbile] *a.* hidrosoluble.
idroterapia [idroterapia] *f.* hidroterapia.
idrovolante [idrovolànte] *m.* hidroavión.
iena [jèna] *f.* hiena.
ieri [jèri] *adv.* ayer. ‖ *~ notte (sera)* anoche. ‖ *~ l'altro*, anteayer. ‖ *~ l'altro sera (notte)* anteanoche.
iettatura [jettatúra] *f.* mal *m.* de ojo.
igiene [idʒène] *f.* higiene.
igienico, -ca [idʒèniko, -ka] *a.* higiénico.
ignaro, -ra [iɲɲáro, -ra] *a.* desconocedor, ignorante.
ignobile [iɲɲòbile] *a.* innoble.
ignominia [iɲɲominja] *f.* ignominia.
ignominioso, -sa [iɲɲominjóso, -sa] *a.* ignominioso.
ignorante [iɲɲorànte] *a.* ignorante.
ignoranza [iɲɲoràntsa] *f.* ignorancia.
ignorare [iɲɲoráre] *t.* ignorar.
ignoto, -ta [iɲɲòto, -ta] *a.-m.* desconocido.
igrometro [igrómetro] *m.* higrómetro.
il [il] *art. m. sing.* el.
ilarità [ilarità*] *f.* hilaridad.

illazione [illattsjóne] *f.* ilación.
illecito, -ta [illétʃito, -ta] *a.* ilícito.
illegale [illegále] *a.* ilegal.
illegalità [illegalitá*] *f.* ilegalidad.
illeggibile [illeddʒibile] *a.* ilegible.
illegittimo, -ma [illedʒittimo, -ma] *a.* ilegítimo.
illeso, -sa [illézo, -za] *a.* ileso.
illetterato, -ta [illeteráto, -ta] *a.* iletrado.
illibatezza [illibatéttsa] *f.* integridad, pureza, virginidad.
illibato, -ta [illibáto, -ta] *a.* íntegro, puro, virgen.
illimitato, -ta [illimitáto, -ta] *a.* ilimitado.
illividire [illividíre] *i.* ponerse lívido. ¶ CONJUG. r. aux. *essere.*
illogico, -ca [illódʒiko, ka] *a.* ilógico.
illudere [illúdere] *t.* engañar, ilusionar. 2 *pr.* hacerse ilusiones, ilusionarse. ¶ CONJUG. como *deludere.*
illuminare [illuminăre] *t.* iluminar, alumbrar.
illuminazione [illuminattsjóne] *f.* iluminación, alumbrado *m.*
illuminismo [illuminizmo] *m.* ilustración *f.*
illuminista [illuminista] *a.-s.* ilustrado.
illuminotecnica [illuminotéknika] *f.* iluminotécnica.
illusione [illuzjóne] *f.* ilusión.
illusionista [illuzjonísta] *s.* ilusionista.
illuso, -sa [illúzo, -za] *a.* iluso.
illusorio, -ria [illuzórjo, -rja] *a.* ilusorio.
ilustrare [illustráre] *t.* ilustrar.
illustrazione [illustrattsjóne] *f.* ilustración.
illustre [illústre] *a.* ilustre.
imballaggio [imballáddʒo] *m.* embalaje.
imballare [imballáre] *t.* embalar.
imbalsamare [imbalsamáre] *t.* embalsamar.
imbalsamazione [imbalsamattsjóne] *f.* embalsamamiento *m.*
imbandierare [imbandjeráre] *t.* adornar con banderas.
imbandire [imbandíre] *t.* preparar con suntuosidad una mesa.
imbarazzante [imbarattsánte] *a.* embarazoso, engorroso.
imbarazzare [imbarattsáre] *t.-pr.* embarazar, incomodar. 2 empachar.
imbarazzo [imbaráttso] *m.* embarazo, engorro. 2 empacho. 3 compromiso.
imbarcadero [imbarkadèro] *m.* embarcadero.

imbarcare [imbarkáre] *t.-pr.* embarcar.
imbarcazione [imbarkattsjóne] *f.* embarcación.
imbarco [imbárko] *m.* embarco, embarcación *f.*, embarque de mercancías.
imbastire [imbastíre] *t.* hilvanar.
imbastitura [imbastitúra] *f.* hilván *m.*
imbattersi [imbáttersi] *pr.* tropezar, encontrar casualmente.
imbavagliare [imbavaʎʎáre] *t.* amordazar.
imbecille [imbetʃílle] *a.* imbécil.
imbecillità [imbetʃillitá*] *f.* imbecilidad.
imbellire [imbellíre] *t.* embellecer. 2 *i.* embellecerse. ¶ CONJUG. r. aux. *avere* [t.], *essere* [i.].
imberbe [imbérbe] *a.* imberbe.
imbestialire [imbestjalíre] *i. pr.* enfurecerse. ¶ CONJUG. r. aux. *avere* [t.], *essere* [i.].
imbevere [imbévere] *t.-pr.* embeber, empapar, impregnar. 2 fig. imbuir.
imbiancare [imbjankáre] *t.* emblanquecer, blanquear.
imbianchino [imbjankíno] *m.* encalador, pintor [de paredes].
imbizzarrire [imbidzzarríre] *i.* encabritarse. 2 fig. desbocarse, encolerizarse. ¶ CONJUG. r. aux. *essere.*
imboccare [imbokkáre] *t.* embocar.
imboccatura [imbokkatúra] *f.* embocadura.
imbocco [imbókko] *m.* embocadura *f.*, boca *f.*, entrada *f.* 2 bocacalle *f.*
imborghesimento [imborgezimènto] *m.* aburguesamiento.
imborghesire [imborgezíre] *t.-pr.* aburguesar.
imboscare [imboskáre] *t.-pr.* emboscar.
imboscata [imboskáta] *f.* emboscada.
imbottigliamento [imbottiʎʎaménto] *m.* embotellamiento.
imbottigliare [imbottiʎʎáre] *t.* embotellar.
imbottire [imbottíre] *t.* embutir, rellenar.
imbottito, -ta [imbottíto, -ta] *a.* relleno, embutido. ‖ *panino ~*, bocadillo. 2 *f.* colcha acolchonada, edredón *m.*
imbottitura [imbottitúra] *f.* relleno *m.* mullido *m.*
imbracciare [imbrattʃáre] *t.* embrazar.
imbrattare [imbrattáre] *t.-pr.* ensuciar.
imbrigliare [imbriʎʎáre] *t.* embridar. 2 mantener a freno, detener.
imbrogliare [imbroʎʎáre] *t.-pr.* enredar, embrollar, enmarañar. 2 *t.* fig. estafar.

imbroglio [imbrɔ́ʎʎo] *m.* enredo, embrollo, maraña *f.* 2 fig. estafa *f.*

imbroglione, -na [imbroʎʎóne, -na] *a.-s.* embrollón, enredador, enredón, lioso. 2 fig. estafador.

imbronciare [imbrontʃáre] *i.-pr.* amoscarse. ¶ CONJUG. r. aux. *essere.*

imbrunire [imbruníre] *i.* anochecer. 2 *m.* anochecer. || *sull'~*, al anochecer. ¶ CONJUG. r. aux. *essere.*

imbruttire [imbruttíre] *t.* afear. 2 *i.* ponerse feo. ¶ CONJUG. r. aux. *avere* [t.], *essere* [i.].

imbucare [imbukáre] *t.* echar en el buzón. 2 *pr.* esconderse.

imbuto [imbúto] *m.* embudo.

imitare [imitáre] *t.* imitar.

imitatore, -trice [imitatóre, -tritʃe] *a.-s.* imitador.

imitazione [imitattsjóne] *f.* imitación.

immacolato, -ta [immakoláto, -ta] *a.* inmaculado.

immagazzinare [immagaddzináre] *t.* almacenar.

immaginabile [immadʒinábile] *a.* imaginable.

immaginare [immadʒináre] *t.* imaginar. 2 *pr.* figurarse. || *S'immagini!*, ¡figúrese Vd.!

immaginario, -ria [immadʒinárjo, -ria] *a.* imaginario.

immaginativo, -va [immadʒinativo, -va] *a.* imaginativo. 2 *f.* imaginativa.

immaginazione [immadʒinattsjóne] *f.* imaginación.

immagine [immádʒine] *f.* imagen.

immancabile [immankábile] *a.* indefectible, seguro.

immancabilmente [immankabilménte] *adv.* sin falta, ciertamente, indefectiblemente.

immanente [immanénte] *a.* inmanente.

immanenza [immanéntsa] *f.* inmanencia.

immateriale [immaterjále] *a.* inmaterial.

immatricolare [immatrikoláre] *t.-pr.* matricular.

immaturità [immaturitá*] *f.* inmadurez.

immaturo, -ra [immatúro, -ra] *a.* no maduro, verde. 2 inmaduro.

immedesimarsi [immedezimársi] *pr.* identificarse.

immediatezza [immedjatéttsa] *f.* inmediatez.

immediato, -ta [immedjáto, -ta] *a.* inmediato.

immemorabile [immemorábile] *a.* inmemorial.

immensità [immensitá*] *f.* inmensidad.

immenso, -sa [imménso, -sa] *a.* inmenso.

immergere [immɛ́rdʒere] *t. pr.* sumergir, hundir. ¶ CONJUG. como *emergere.*

immeritato, -ta [immeritáto, -ta] *a.* inmerecido.

immersione [immersjóne] *f.* inmersión.

immerso, -sa [immɛ́rso, sa] *a.* sumergido, hundido. 2 fig. abismado.

immettere [immɛ́ttere] *t.* introducir, meter. ¶ CONJUG. como *mettere.*

immigrante [immigránte] *s.* inmigrante.

immigrare [immigráre] *i.* inmigrar. ¶ CONJUG. r. aux. *essere.*

immigrazione [immigrattsjóne] *f.* inmigración.

imminente [imminénte] *a.* inminente.

imminenza [imminéntsa] *f.* inminencia.

immischiare [immiskjáre] *t.-pr.* inmiscuir.

immissario [immissárjo] *m.* afluente.

immissione [immissjóne] *f.* introducción, penetración.

immobile [immóbile] *a.* inmóvil. 2 *m.* inmueble.

immobiliare [immobiljáre] *a.* inmobiliario.

immobilità [immobilitá*] *f.* inmovilidad.

immobilizzare [immobiliddzáre] *t.* inmovilizar.

immodestia [immodɛ́stja] *f.* inmodestia.

immodesto, -ta [immodɛ́sto, -ta] *a.* inmodesto.

immolare [immoláre] *t.-pr.* inmolar.

immondezza [immondéttsa] *f.* inmundicia, basura, porquería.

immondizia [immondíttsja] *f.* inmundicia, basura.

immondo, -da [immóndo] *a.* inmundo.

immorale [immorále] *a.* inmoral.

immortalare [immortaláre] *t.* inmortalizar.

immortale [immortále] *a.* inmortal.

immortalità [immortalitá*] *f.* inmortalidad.

immune [immúne] *a.* inmune. || *rimanere ~*, salir ileso.

immunità [immunitá*] *f.* inmunidad.

immunizzare [immuniddzáre] *t.* inmunizar.

immutabile [immutábile] *a.* inmutable.

impacchettare [impakkettáre] *t.* empaquetar.

impacciare [impattʃáre] *t.* empachar, embarazar, entorpecer.

impacciato, -ta [impattʃáto, -ta] *a.* embarazado, cohibido, torpe.

impaccio [impáttʃo] *m.* empacho, embarazo, apuro. ‖ *uscire da un ~*, salir de apuros.

impacco [impákko] *m.* compresa *f.*

impadronirsi [impadronirsi] *pr.* apoderarse.

impaginazione [impadʒinattsjóne] *f.* IMP. compaginación.

impalcatura [impalkatúra] *f.* andamio *m.* 2 fig. estructura.

impallidire [impallidire] *i.* palidecer. ¶ CONJUG. r. aux. *essere*.

imparare [imparáre] *t.* aprender.

impareggiabile [impareddʒábile] *a.* incomparable, inigualable, sin igual.

impari [impári] *a.* dispar, desigual. 2 impar.

impartire [impartire] *t.* impartir.

imparziale [impartsjále] *a.* imparcial.

imparzialità [impartsjalità*] *f.* imparcialidad.

impassibile [impassibile] *a.* impasible.

impassibilità [impassibilità*] *f.* impasibilidad.

impastare [impastáre] *t.* amasar. 2 empastar [los colores].

impastatore, -trice [impastatóre, -tritʃe] *s.* amasador.

impasto [impásto] *m.* amasijo.

impaurire [impaurire] *t.-i.-pr.* asustar, espantar. ¶ CONJUG. r. aux. *avere* [t.], *essere* [i.].

impavido, -da [impávido, -da] *a.* impávido.

impaziente [impattsjénte] *a.* impaciente.

impazientire [impattsjentire] *i.-pr.* impacientarse. ¶ CONJUG. r. aux. *essere*.

impazienza [impattsjéntsa] *f.* impaciencia.

impazzire [impattsire] *i.* enloquecer, volverse loco. ¶ CONJUG. r. aux. *essere*.

impeccabile [impekkábile] *a.* impecable.

impedimento [impediménto] *m.* impedimento.

impedire [impedire] *t.* impedir.

impegnare [impeɲɲáre] *t.* empeñar. 2 *pr.* comprometerse, obligarse.

impegnativo, -va [impeɲɲativo, -va] *a.* que empeña, que obliga, que compromete.

impegnato, -ta [impeɲɲáto, -ta] *a.* comprometido.

impegno [impéɲɲo] *m.* empeño. 2 compromiso.

impellente [impellénte] *a.* impelente.

impenetrabile [impenetrábile] *a.* impenetrable.

impenitente [impeniténte] *a.* impenitente.

impenitenza [impeniténtsa] *f.* impenitencia.

impennarsi [impennársi] *pr.* encabritarse. 2 fig. enarbolarse, enfurecerse.

impennata [impennáta] *f.* empinada. 2 fig. golpe de ira.

impensabile [impensábile] *a.* inimaginable.

impensato, -ta [impensáto, -ta] *a.* impensado, inesperado.

impensierire [impensjerire] *t.-pr.* preocupar.

imperare [imperáre] *i.* imperar. ¶ CONJUG. r. aux. *avere*.

imperativo, -va [imperativo, -va] *a.-m.* imperativo.

imperatore, -trice [imperatóre, -tritʃe] *m.* emperador. 2 *f.* emperatriz.

impercettibile [impertʃettibile] *a.* imperceptible.

imperdonabile [imperdonábile] *a.* imperdonable.

imperfetto, -ta [imperfétto, -ta] *a.* imperfecto.

imperfezione [imperfettsjóne] *f.* imperfección.

imperiale [imperjále] *a.* imperial.

imperialismo [imperjalizmo] *m.* imperialismo.

imperialista [imperjalista] *a.-s.* imperialista.

imperioso, -sa [imperjóso, -sa] *a.* imperioso.

imperizia [imperittsja] *f.* impericia.

impermeabile [impermeábile] *a.* impermeable. 2 *m.* impermeable, gabardina *f.*

impermeabilità [impermeabilità*] *f.* impermeabilidad.

imperniare [imperɲáre] *t.* empernar. 2 fig. basar, fundar.

impero [impèero] *m.* imperio.

imperscrutabile [imperskrutábile] *a.* inescrutable.

impersonale [impersonále] *a.* impersonal.

impersonare [impersonáre] *t.* personificar.

imperterrito, -ta [impertèrrito, -ta] *a.* impertérrito.

impertinente [impertinénte] *a.* impertinente.

impertinenza [impertinéntsa] *f.* impertinencia.

imperturbabile [imperturbábile] *a.* imperturbable.

imperversare [imperversáre] *i.* arreciar. ¶ CONJUG. r. aux. *avere*.

impeto [impeto] *m.* ímpetu.

impetrare [impetráre] *t.* impetrar.

impettito, -ta [impettíto, -ta] *a.* tieso, erguido.

impetuosità [impetuositá*] *f.* impetuosidad.

impetuoso, -sa [impetuóso, -sa] *a.* impetuoso.

impiantare [impjantáre] *t.* instalar, instituir, establecer.

impianto [impjánto] *m.* instalación *f.*

impiastrare [impjastráre] *t.* emplastar.

impiastro [impjástro] *m.* emplasto. 2 fig. persona *f.* pesada, aburrida.

impiccagione [impikkadʒóne] *f.* ahorcamiento *m.*

impiccare [impikkáre] *t.-pr.* ahorcar.

impicciare [impittʃáre] *t.* estorbar. 2 *pr.* entremeterse, inmiscuirse.

impiccio [impittʃo] *m.* obstáculo, estorbo. 2 embarazo, apuro. ‖ *cavarsi d' ~*, salirse de una dificultad. ‖ *essere negli impicci*, estar en un apuro.

impiccione, -na [impittʃóne, -na] *s.* entrometido.

impiegare [impjegáre] *t.-pr.* emplear. ‖ *ci ho impiegato un'ora*, he tardado una hora.

impiegato, -ta [impjegáto, -ta] *a.-s.* empleado.

impiego [impjègo] *m.* empleo.

impietosire [impjetosíre] *t.* mover a compasión. 2 *pr.* apiadarse.

impigrire [impigríre] *t.-i.-pr.* volver o volverse perezoso. ¶ CONJUG. r. aux. *avere* [t.], *essere* [i.].

impiombare [impjombáre] *t.* emplomar.

implacabile [implakábile] *a.* implacable.

implicare [implikáre] *t.* implicar. 2 envolver. 3 *pr.* comprometerse, enredarse.

implicito, -ta [implítʃito, -ta] *a.* implícito.

implorare [imploráre] *t.* implorar.

impoltronire [impoltroníre] *t.* volver perezoso. 2 *i.-pr.* apoltronarse, volverse perezoso. ¶ CONJUG. r. aux. *avere* [t.], *essere* [i.].

impolverare [impolveráre] *t.-pr.* empolvar.

imponderabile [imponderábile] *a.* imponderable.

imponente [imponénte] *a.* imponente.

impopolare [impopoláre] *a.* impopular.

impopolarità [impopolaritá*] *f.* impopularidad.

imporre [impórre] *t.* imponer. ¶ CONJUG. como *porre*.

importante [importánte] *a.* importante.

importanza [importántsa] *f.* importancia.

importare [importáre] *t.-i.* importar. ¶ CONJUG. r. aux. *avere* [t.], *essere* [i.].

importatore, -trice [importatóre, -trítʃe] *a.-s.* importador.

importazione [importattsjóne] *f.* importación.

importo [impórto] *m.* importe.

importunare [importunáre] *t.* importunar.

importuno, -na [importúno, -na] *a.* importuno, inoportuno.

imposizione [impozittsjóne] *f.* imposición.

impossessarsi [impossessársi] *pr.* apoderarse.

impossibile [impossíbile] *a.* imposible.

impossibilità [impossibilitá*] *f.* imposibilidad.

impossibilitare [impossibilitáre] *tr.* imposibilitar.

imposta [impósta] *f.* impuesto *m.* 2 hoja [de puerta o ventana], postigo *m.* 3 ARQ. imposta.

impostare [impostáre] *t.* plantear, enfocar. 2 echar en el buzón.

impostazione [impostattsjóne] *f.* enfoque *m.*, planteamiento *m.*

impostore, -ra [impostóre, -ra] *s.* impostor.

impostura [impostúra] *f.* impostura.

impotente [impoténte] *a.* impotente.

impotenza [impoténtsa] *f.* impotencia.

impoverimento [impoveriménto] *m.* empobrecimiento.

impoverire [impoveríre] *tr.-i.-pr.* empobrecer.

impraticabile [impratikábile] *a.* impracticable.

impratichirsi [impratikírsi] *pr.* entrenarse, familiarizarse.

imprecare [imprekáre] *i.* imprecar. ¶ CONJUG. r. aux. *avere*.

imprecazione [imprekattsjóne] *f.* imprecación.

imprecisato, -ta [impretʃizáto, -ta] *a.* impreciso.

imprecisione [impretʃizjóne] *f.* imprecisión.

impreciso, -sa [impretʃizo, -za] *a.* impreciso.

impregnare [impreɲɲáre] *tr.-pr.* impregnar.

imprenditore, -trice [imprenditóre, -tritʃe] *s.* empresario.

impreparato, -ta [impreparáto, -ta] *a.* no preparado.

impreparazione [impreparattsjóne] *f.* falta de preparación.

impresario, -a [impresárjo, -a] *s.* empresario.

imprescindibile [impreʃʃindíbile] *a.* imprescindible.

impresentabile [impresentábile] *a.* impresentable.

impressionabile [impressjonábile] *a.* impresionable.

impressionante [impressjonánte] *a.* impresionante.

impressionare [impressjonáre] *tr.-pr.* impresionar.

impressione [impressjóne] *f.* impresión.

impressionismo [impressjonízmo] *m.* impresionismo.

impressionista [impressjonísta] *s.* impresionista.

impresso, -sa [imprèsso, -sa] *a.* impreso.

imprestare [imprestáre] *tr.* prestar.

imprevedibile [imprevedíbile] *a.* imprevisible.

imprevidente [imprevidènte] *a.* imprevisor.

imprevisto, -ta [imprevísto, -ta] *a.* imprevisto. 2 *m.* suceso no previsible.

imprigionare [impridʒonáre] *t.* encarcelar. 2 *fig.* aprisionar.

imprimere [imprímere] *t.* grabar, fijar. 2 imprimir: ~ *orme sulla sabbia*, imprimir huellas en la arena. 3 *fig.* imprimir [velocidad]. ¶ CONJUG. como *comprimere*.

improbabile [improbábile] *a.* improbable.

improduttivo [improduttívo] *a.* improductivo. 2 *fig.* infecundo, estéril.

impronta [imprónta] *f.* huella. 2 marca, sello *m.*

improperio [imprópèrjo] *m.* improperio.

impropriamente [improprjamènte] *adv.* impropiamente.

improprietà [improprjetá*] *f.* impropiedad.

improprio, -pria [impróprjo, -prja] *a.* impropio. 2 abusivo.

improrogabile [improrogábile] *a.* improrrogable.

improvvisamente [improvvizamènte] *adv.* repentinamente.

improvvisare [improvvizáre] *t.* improvisar.

improvvisata [improvvizáta] *f.* sorpresa. ‖ *fare una bella* ~, dar una agradable sorpresa.

improvvisazione [impovvizattsjóne] *f.* improvisación.

improvviso, -sa [improvvízo, za] *a.* repentino: *simpatia improvvisa*, simpatía repentina. ‖ *all'improvviso*, de repente. 2 inesperado: *ritorno* ~, regreso inesperado.

imprudente [imprudènte] *a.* imprudente.

imprudenza [imprudèntsa] *f.* imprudencia.

impudente [impudènte] *a.* impudente, desvergonzado.

impudentemente [impudentemènte] *adv.* impudentemente.

impudenza [impudèntsa] *f.* impudencia, desvergüenza.

impudicizia [impuditʃíttsja] *f.* impudicia.

impudico, -ca [impùdiko, -ka] *a.* impúdico.

impugnabile [impuɲɲábile] *a.* impugnable.

impugnare [impuɲɲáre] *t.* empuñar. 2 DER. impugnar.

impugnatura [impuɲɲatúra] *f.* mango *m.* 2 empuñadura *f.*

impulsività [impulsivitá*] *f.* impulsividad.

impulsivo, -va [impulsívo, -va] *a.* impulsivo.

impulso [impúlso] *m.* impulso.

impune [impúne] *a.* impune.

impunemente [impunemènte] *adv.* impunemente.

impunità [impunitá*] *f.* impunidad.

impunito, -ta [impuníto, -ta] *a.* impune: *criminale* ~, criminal impune. 2 *reg.* pillo, bribón.

impuntarsi [impuntársi] *pr.* obstinarse.

impuntatura [impuntatúra] *f.* obstinación, puntillo *m.*

impurità [impuritá*] *f.* impureza.

impuro, -ra [impúro, -ra] *a.* impuro.

imputare [impputáre] *t.* imputar.

incanalare

imputato, -ta [imputáto, -ta] *a.* imputado. 2 *s.* acusado.

imputazione [imputattsjóne] *f.* imputación, acusación.

imputridire [imputridíre] *t.-i.* podrir, podrirse. ¶ CONJUG. r. aux. *essere.*

impuzzolentire [imputtsolentíre] *t.* apestar, provocar mal olor.

in [in] *prep.* en: *oggi resto ~ casa*, hoy me quedo en casa. ‖ *ho fiducia ~ lui*, tengo confianza en él. 2 a: *vanno ~ Francia*, se van a Francia. 3 contra: *ho sbattuto ~ un albero*, he chocado contra un árbol. 4 por: *mi viene ~ mente*, me pasa por la cabeza. 5 de: *negoziante ~ tessili*, mercader de tejidos. 6 como: *ti do questo ~ dono*, te doy esto como regalo. 7 no se traduce: *erano ~ tre*, eran tres.

inabile [inábile] *a.* inepto, inútil. 2 inhábil.

inabilità [inabilitá*] *f.* incapacidad, inutilidad.

inabilitare [inabilitáre] *t.* incapacitar. 2 DER. prohibir, inhabilitar.

inabilitazione [inabilitattsjóne] *f.* incapacidad.

inabissare [inabissáre] *t.* hundir.

inabitabile [inabitábile] *a.* inhabitable.

inaccessibile [inattʃessíbile] *a.* inaccesible.

inaccessibilità [inatʃessibilitá*] *a.* inaccesibilidad.

inaccettabile [inattʃettábile] *a.* inaceptable.

inacidire [inatʃidíre] *t.* agriar. 2 *i.-pr.* agriarse.

inadattabile [inadattábile] *a.* inadaptable.

inadattabilità [inadattabilitá*] *f.* inadaptabilidad.

inadatto, -ta [inadátto, -ta] *a.* inadecuado.

inadeguatamente [inadegwataménte] *adv.* inadecuadamente.

inadeguato, -ta [inadegwáto, -ta] *a.* inadecuado.

inadempiente [inadempjènte] *a.* inobservante.

inadempienza [inadempjèntsa] *f.* inobservancia, incumplimiento.

inafferrabile [inafferrábile] *a.* inaprensible. 2 incomprensible: *significato ~*, sentido incomprensible.

inalare [inaláre] *t.* inhalar.

inalazione [inalattsjóne] *f.* inhalación.

inalienabile [inaljenábile] *a.* DER. inalienable, inajenable.

inalterabile [inalterábile] *a.* inalterable.

inalterato, -ta [inalteráto, -ta] *a.* inalterado, invariado.

inamidare [inamidáre] *t.* almidonar.

inamidato, -ta [inamidáto, -ta] *a.* almidonado.

inammissibile [inammissíbile] *a.* inadmisible.

inamovibile [inamovíbile] *a.* inamovible.

inappetenza [inappetèntsa] *f.* inapetencia.

inarcare [inarkáre] *t.* arquear, enarcar.

inaridire [inaridíre] *t.* desecar, secar. 2 *i.-pr.* aridecerse.

inaridito, -ta [inaridíto, -ta] *a.* aridecido, agostado.

inarticolato, -ta [inartikoláto, -ta] *a.* inarticulado.

inaspettato, -ta [inaspettáto, -ta] *a.* inesperado.

inasprimento [inasprimènto] *m.* empeoramiento. 2 endurecimiento. 3 enfriamiento [del tiempo].

inasprire [inasprire] *t.* exacerbar. 2 agravar. 3 endurecer. 4 *i.-pr.* agravarse, endurecerse.

inatteso, -sa [inattèso, -sa] *a.* inesperado.

inattività [inattivitá*] *f.* inactividad.

inattivo, -va [inattívo, -va] *a.* inactivo.

inaudito, -ta [inaudíto, -ta] *a.* inaudito.

inaugurale [inaugurále] *a.* inaugural.

inaugurare [inauguráre] *t.* inaugurar.

inaugurazione [inaugurattsjóne] *f.* inauguración.

inavvertenza [inavvertèntsa] *f.* descuido *m.*, negligencia.

inavvertito, -ta [inavvertíto, -ta] *a.* inadvertido, desapercibido.

incagliare [inkaʎʎáre] *i.* encallar. ¶ CONJUG. r. aux. *essere.*

incalcolabile [inkalkolábile] *a.* incalculable.

incallito, -ta [inkallíto, -ta] *a.* calloso: *mani incallite*, manos callosas. 2 fig. endurecido, empedernido. ‖ *fumatore ~*, fumador empedernido.

incalzante [inkaltsánte] *a.* apremiante.

incalzare [inkaltsáre] *t.* acosar, apremiar. ‖ *il tempo incalza*, el tiempo apremia.

incamerare [inkameráre] 2 *pr.* apropiarse.

incamminare [inkammináre] *t.* encaminar, dirigir, orientar. 2 *i.-pr.* encaminarse, dirigirse.

incanalare [inkanaláre] *t.* encauzar, encanalar.

incandescente [inkandeʃʃénte] *a.* incandescente, candente.

incandescenza [inkandeʃʃéntsa] *f.* incandescencia.

incantare [inkantáre] *t.* encantar. 2 fascinar. 3 *i.-pr.* encantarse, pasmarse. 4 pararse, bloquearse: *questo motore s'incanta*, este motor se para.

incantato, -ta [inkantáto, -ta] *a.* encantado, hechizado: *castello* ~, castillo encantado. 2 fascinado, maravillado. 3 mágico.

incantesimo [inkantézimo] *m.* encantamiento, hechizo. 2 maravilla *f.*, seducción *f.*

incantevole [inkantévole] *a.* encantador.

incanto [inkánto] *m.* encanto, hechizo. ‖ *d'incanto*, maravillosamente.

incanto [inkánto] *m.* subasta *f.* ‖ *vendere all'* ~, subastar.

incanutire [inkanutíre] *i.* encanecer. ¶ CONJUG. r. aux. *essere*.

incapace [inkapátʃe] *a.* incapaz.

incapacità [inkapatʃità*] *f.* incapacidad. 2 inhabilidad.

incapricciarsi [inkaprittʃársi] *pr.* encapricharse.

incapsulare [inkapsuláre] *t.* encapsular.

incarcerare [inkartʃeráre] *t.* encarcelar.

incaricare [inkarikáre] *t.* encargar. 2 *i.-pr.* encargarse, hacerse cargo de.

incaricato, -ta [inkarikáto, -ta] *a.* encargado, responsable: *professore* ~, profesor encargado de curso. 2 *m.* encargado, delegado.

incarico [inkáriko] *m.* encargo, cargo.

incarnare [inkarnáre] *t.* encarnar: ~ *un'idea*, encarnar una idea. 2 *i.-pr.* encarnarse.

incarnato, -ta [inkarnáto, -ta] *a.* encarnado: *il Verbo* ~, el Verbo encarnado.

incarnazione [inkarnattsjóne] *f.* encarnación.

incartamento [inkartamènto] *m.* expediente.

incartapecorire [inkartapekoríre] *i.* apergaminar. 2 apergaminarse. ¶ CONJUG. r. aux. *essere*.

incartare [inkartáre] *t.* envolver.

incasellare [inkaselláre] *t.* encasillar, fichar. 2 fig. clasificar.

incassare [inkassáre] *t.* cobrar [dinero]. 2 encajar [golpes].

incasso [inkásso] *m.* recaudación *f.*, ingreso. 2 cobro: *presentare un assegno all'* ~, presentar un talón al cobro.

incastonare [inkastonáre] *t.* engastar.

incastrare [inkastráre] *t.* empotrar. 2 MEC. ensamblar. 3 fig. enredar, liar.

incastro [inkástro] *m.* encaje.

incatenare [inkatenáre] *t.* encadenar.

incautamente [inkautaménte] *adv.* incautamente.

incauto, -ta [inkáuto, -ta] *a.* incauto.

incavo [inkávo] *m.* hueco, cavidad *f.*

incendiare [intʃendjáre] *t.* incendiar, quemar. 2 *i.* incendiar. 3 *pr.* incendiarse.

incendiario, -ria [intʃendjárjo, -rja] *a.-m.* incendiario.

incendio [intʃéndjo] *m.* incendio.

incenso [intʃénso] *m.* incienso.

incensurabile [intʃensurábile] *a.* incensurable.

incentivo [intʃentívo] *m.* aliciente. 2 incitación *f.* 3 pretexto, ocasión *f.*

incepparsi [intʃeppársi] *pr.* atrancarse, encasquillarse.

incerata [intʃeráta] *f.* hule *m.*

incertezza [intʃertéttsa] *f.* incertidumbre.

incerto, -ta [intʃérto, -ta] *a.* incierto. 2 *m. pl.* riesgos: *gli incerti del mestiere*, los riesgos del oficio.

incespicare [intʃespikáre] *i.* tropezar. ¶ CONJUG. r. aux. *avere*.

incessante [intʃessánte] *a.* incesante.

incesto [intʃésto] *m.* incesto.

incestuoso, -sa [intʃestuóso, -sa] *a.* incestuoso.

incetta [intʃétta] *f.* acaparamiento *m.* ‖ *fare* ~, acaparar.

incettatore, -trice [intʃettatóre, -tritʃe] *a.* acaparador.

inchiesta [inkjésta] *f.* encuesta [sondeo]. 2 información, investigación [policía]. 3 DER. sumario *m.*

inchinare [inkináre] *t.* inclinar. 2 *pr.* inclinarse, hacer una reverencia.

inchino [inkíno] *m.* reverencia *f.*

inchiodare [inkjodáre] *t.* clavar. 2 fig. inmovilizar.

inchiostro [inkjóstro] *m.* tinta *f.*

inciampare [intʃampáre] *i.* tropezar. ¶ CONJUG. r. aux. *essere* o *avere*.

inciampo [intʃámpo] *m.* tropiezo, obstáculo.

incidentale [intʃidentále] *a.* accidental, imprevisto. 2 secundario: *problema* ~, problema secundario.

incidente [intʃidénte] *m.* accidente: ~ *stradale*, accidente de carretera. 2 incidente: *l'* ~ *è chiuso*, el incidente queda cerrado. 3 *a.* incidente.

incidenza [intʃidéntsa] *f.* incidencia.

incidere [intʃídere] *t.* grabar, esculpir. 2 grabar: ~ *un disco*, grabar un disco. 3 cortar, abrir, incidir. 4 *i.* recaer, gravar: *spese che incidono sul bilancio*, gastos que gravan el presupuesto. ¶ CONJUG. (aux. *avere* [t.-i.]) IND. pret. ind.: *incisi, incise; incisero*. ‖ PART.: *inciso*.

incinta [intʃínta] *a.* embarazada.

incipriare [intʃiprjáre] *t.* empolvar. 2 *pr.* empolvarse.

incirca [intʃírka] *adv.* *all'* ~, aproximadamente, alrededor de.

incisione [intʃizjóne] *f.* grabado *m.* [arte]. 2 corte *m.*, incisión. 3 grabación [música, sonido].

incisivo, -va [intʃízivo, -va] *a.* incisivo. 2 *m.* incisivo [diente].

incisore [intʃizóre] *m.* grabador [arte].

incitamento [intʃitaménto] *m.* estímulo.

incitare [intʃitáre] *t.* incitar. 2 espolear [un caballo].

incivile [intʃívile] *a.* bárbaro. 2 grosero.

inciviltà [intʃiviltà*] *f.* barbarie. 2 grosería.

inclemente [inkleménte] *a.* despiadado. 2 fig. riguroso [tiempo].

inclinare [inklináre] *t.* inclinar. 2 *i.* inclinarse, ladearse. 3 *pr.* fig. someterse. ¶ CONJUG. r. aux. *avere* [t.-i.].

inclinato, -ta [inklináto, -ta] *a.* inclinado.

inclinazione [inklinattsjóne] *f.* inclinación [material]. 2 fig. gusto *m.*, propensión, inclinación.

incline [inkline] *a.* propenso.

includere [inklúdere] *t.* incluir, incorporar. ¶ CONJUG. como *concludere*.

incoerente [inkoerénte] *a.* incoherente.

incoerenza [inkoeréntsa] *f.* incoherencia.

incognito, -ta [inkóɲɲito, -ta] *a.* desconocido. 2 *m.* incógnito: *in* ~, de incógnito.

incollare [inkolláre] *t.* pegar, encolar. 2 *pr.* pegarse. 3 fig. apretarse [contra].

incolore [inkolóre] *a.* incoloro.

incolpare [inkolpáre] *t.* dar la culpa, inculpar.

incolto, -ta [inkólto, -ta] *a.* inculto, no cultivado. ‖ *terreno* ~, terreno baldío.

incolume [inkólume] *a.* incólume, indemne. 2 intacto.

incolumità [inkolumità*] *f.* incolumidad.

incombenza [inkombéntsa] *f.* incumbencia.

incominciare [inkomintʃáre] *t.-i.* empezar, comenzar. ¶ CONJUG. r. aux. *avere* [t.], *essere* [i.].

incomodare [inkomodáre] *t.* incomodar, molestar. 2 *pr.* molestarse.

incomodo, -da [inkòmodo, -da] *a.* incómodo. 2 *m.* incomodidad *f.* ‖ *ora togliamo l'* ~, no vamos a molestarles por más tiempo.

incomparabile [inkomparábile] *a.* incomparable.

incompatibile [inkompatíbile] *a.* incompatible.

incompatibilità [inkompatibilità*] *f.* incompatibilidad.

incompetente [inkompeténte] *a.* incompetente. 2 *m.* incapaz, inútil.

incompetenza [inkompeténtsa] *f.* incompetencia.

incompiuto, -ta [inkompjúto, -ta] *a.* inacabado, incompleto.

incompleto, -ta [inkompléto, -ta] *a.* incompleto.

incomprensibile [inkomprensíbile] *a.* incomprensible.

incomprensibilmente [inkomprensibilménte] *adv.* incomprensiblemente.

incomprensione [inkomprensjóne] *f.* incomprensión.

incompreso, -sa [inkomprèso, -sa] *a.-m.*, *f.* incomprendido.

incomunicabile [inkomunikábile] *a.* incomunicable.

incomunicabilità [inkomunikabilità*] *f.* incomunicabilidad.

inconcepibile [inkontʃepíbile] *a.* inconcebible.

inconciliabile [inkontʃiljábile] *a.* inconciliable, incompatible.

inconcludente [inkonkludénte] *a.* incoherente. 2 vano, inútil: *sforzi inconcludenti*, esfuerzos inútiles.

incondizionato, -ta [inkondittsjonáto, -ta] *a.* incondicional. 2 sin condiciones. ‖ *resa incondizionata*, rendición sin condiciones.

inconfessabile [inkonfessábile] *a.* inconfesable.

inconfessato, -ta [inkonfessáto, -ta] *a.* inconfeso.

inconfondibile [inkonfondíbile] *a.* inconfundible.

inconfutabile [inkonfutábile] *a.* irrefutable.

incongruente [inkongruénte] *a.* incongruente.

incongruenza [inkongruèntsa] *f.* incongruencia.

inconsapevole [inkonsapévole] *a.* inconsciente, ignorante.

inconsapevolezza [inkonsapevolèttsa] *f.* inconsciencia, ignorancia.

inconsciamente [inkɔnʃʃamènte] *adv.* inconscientemente.

inconscio, -cia [inkónʃʃo, -ʃa] *a.* inconsciente: **atto ~**, acto inconsciente. 2 inconsciente: **~ collettivo**, inconsciente colectivo.

inconsistente [inkonsistènte] *a.* inconsistente.

inconsistenza [inkonsistèntsa] *a.* inconsistencia.

inconsolabile [inkonsolábile] *a.* inconsolable.

inconsueto, -ta [inkonsuèto, -ta] *a.* inusitado, insólito.

incontaminato, -ta [inkontamináto, -ta] *a.* incontaminado.

incontenibile [inkonteníbile] *a.* insostenible, irresistible.

incontentabile [inkontentábile] *a.* insaciable.

incontentabilità [inkontentabilitá*] *f.* insaciabilidad.

incontestabile [inkontestábile] *a.* incontestable.

incontestabilmente [inkontestabilmènte] *adv.* incontestablemente.

incontinente [inkontinènte] *a.* incontinente, desenfrenado.

incontinenza [inkontinèntsa] *f.* incontinencia, desenfreno *m.*

incontrare [inkontráre] *m.* encontrar. 2 hallar. 3 *pr.* encontrarse. 4 pelearse.

incontrastato, -ta [inkontrastáto, -ta] *a.* incontrastable, indiscutible. 2 sin problemas.

incontro [inkóntro] *m.* encuentro. 2 partido, encuentro [deporte]. 3 reunión *f.*

incontro [inkóntro] *prep.* hacia: **andare ~ a qualcuno**, ir hacia alguien. 2 fig. **andare ~ a qualcuno**, ayudar a alguien.

inconveniente [inkonventjènte] *m.* inconveniente.

incoraggiamento [inkoraddʒamènto] *m.* estímulo, incitamiento.

incoraggiare [inkoraddʒáre] *t.* animar, dar ánimos.

incorniciare [inkornitʃáre] *f.* enmarcar.

incoronare [inkoronáre] *t.* coronar.

incoronazione [inkoronattsjóne] *f.* coronación.

incorporare [inkorporáre] *t.* incorporar.

incorporeo, -rea [inkorpóreo, -rea] *a.* incorpóreo.

incorreggibile [inkorreddʒíbile] *a.* incorregible.

incorrere [inkórrere] *i.* incurrir. 2 correr: **~ in un pericolo**, correr un riesgo. 3 exponerse, caer: **~ nel ridicolo**, exponerse al ridículo. 4 contraer: **~ in debiti**, contraer deudas. ¶ CONJUG. como **correre** (aux. **essere**).

incorrotto, -ta [inkorróto, -ta] *a.* incorrupto. 2 íntegro: **giudice ~**, juez íntegro.

incorruttibile [inkorruttíbile] *a.* incorruptible.

incosciente [inkoʃʃènte] *a.* inconsciente.

incoscientemente [inkoʃʃentemènte] *adv.* inconscientemente.

incoscienza [inkoʃʃèntsa] *f.* inconsciencia.

incostante [inkostánte] *a.* inconstante.

incostanza [inkostántsa] *f.* inconstancia.

incostituzionale [inkostituttsjonále] *a.* inconstitucional.

incostituzionalità [inkostituttsjonalitá*] *f.* inconstitucionalidad.

incredibile [inkredíbile] *a.* increíble.

incredulità [inkredulitá*] *f.* incredulidad.

incredulo [inkrédulo] *a.* incrédulo.

incrementare [inkrementáre] *t.* incrementar.

incremento [inkremènto] *m.* incremento, aumento. 2 desarrollo: **un'industria in pieno ~**, una industria en pleno desarrollo.

increscioso, -sa [inkreʃʃózo, -za] *a.* lamentable. 2 embarazoso, molesto.

increspare [inkrespáre] *t.* encrespar. 2 fruncir: **~ la fronte**, fruncir la frente. 3 crepar [los cabellos].

incriminare [inkrimináre] *t.* acusar.

incriminazione [inkriminattsjóne] *f.* incriminación.

incrinare [inkrináre] *t.* rajar. 2 fig. resquebrar. 3 *pr.* rajarse, resquebrarse.

incrinatura [inkrinatúra] *f.* raja, fisura.

incrociare [inkrotʃáre] *t.* cruzar.

incrocio [inkrótʃo] *m.* cruce, encrucijada *f.* 2 cruce, mestizaje [de razas]. 3 BOT., ZOOL. mestizo.

incrollabile [inkrollábile] *a.* firme, inquebrantable.

incrostazione [inkrostatsjóne] *f.* incrustación.

incubatrice [inkubatritʃe] *f.* incubadora.

incubo [inkubo] *m.* pesadilla *f.*

incudine [inkúdine] *f.* yunque *m.* ‖ *fra l' ~ e il martello*, entre la espada y la pared.

inculcare [inkulkáre] *t.* inculcar.

incurabile [inkurábile] *a.* incurable.

incurante [inkuránte] *a.* indiferente.

incuria [inkúrja] *f.* desidia, descuido *m.*

incuriosire [inkurjozíre] *t.* intrigar, despertar curiosidad.

incursione [inkursjóne] *f.* incursión.

incurvare [inkurváre] *t.* encorvar. 2 *pr.* encorvarse.

incurvatura [inkurvatúra] *f.* curvatura, combadura.

incustodito, -ta [inkustodíto, -ta] *a.* sin custodia.

incutere [inkútere] *t.* infundir. ¶ CONJUG. IND. pret. ind.: *incussi, incusse; incussero.* ‖ PART.: *incusso.*

indaco [índako] *a.* añil.

indagare [indagáre] *t.-i.* indagar. ¶ CONJUG. r. aux. *avere.*

indagine [indádʒine] *f.* investigación, indagación.

indebitamente [indebitaménte] *adv.* indebidamente.

indebitarsi [indebitársi] *pr.* endeudarse. ‖ *~ fino al collo*, endeudarse hasta el cuello.

indebito, -ta [indébito, -ta] *a.* indebido.

indebolimento [indebolimento] *m.* debilitamiento.

indebolire [indebolíre] *t.* debilitar. 2 disminuir. 3 *pr.* debilitarse.

indecente [indetʃénte] *a.* indecente.

indecenza [indetʃéntsa] *f.* indecencia.

indecifrabile [indetʃifrábile] *a.* indescifrable.

indecisione [indetʃizjóne] *f.* indecisión.

indeciso, -sa [indetʃízo, -za] *a.* indeciso.

indeclinabile [indeklinábile] *a.* indeclinable.

indecoroso, -sa [indekorózo, -za] *a.* indecoroso.

indefinibile [indefiníbile] *a.* indefinible.

indefinito, -ta [indefiníto, -ta] *a.* indefinido.

indegnità [indeɲɲitá*] *f.* indignidad.

indegnamente [indeɲɲaménte] *adv.* indignamente.

indegno, -na [indéɲɲo, -ɲa] *a.* indigno.

indelebile [indelébile] *a.* indeleble.

indelicatezza [indelikatéttsa] *f.* falta de delicadeza, indiscreción.

indemoniato, -ta [indemonjáto, -ta] *a.* endemoniado.

indenne [indénne] *a.* indemne.

indennità [indennitá*] *f.* indemnización, resarcimiento *m.*

indennizzare [indenniddzáre] *t.* indemnizar.

indennizzo [indenníddzo] *m.* indemnización *f.*

indescrivibile [indeskrivíbile] *a.* indescriptible.

indeterminatezza [indeterminatéttsa] *f.* indeterminación.

indeterminato, -ta [indetermináto, -ta] *a.* indeterminado.

indeterminazione [indeterminattsjóne] *f.* indeterminación.

indiano, -na [indjáno, -na] *a.-m., f.* indio.

indiavolato, -ta [indjavoláto, -ta] *a.* infernal: *un rumore ~*, un ruido infernal. 2 endiablado.

indicare [indikáre] *t.* indicar, señalar.

indicativo, -va [indikativo, -va] *a.* indicativo.

indicatore [indikatóre] *a.* indicador: *cartello ~*, cartel indicador. 2 *m.* indicador.

indicazione [indikattsjóne] *f.* indicación.

indice [índitʃe] *m.* índice.

indicibile [inditʃíbile] *a.* indecible.

indietreggiare [indjetreddʒáre] *i.* retroceder. ¶ CONJUG. r. aux. *essere* o *avere.*

indietro [indjétro] *adv.* atrás. ‖ *tornare ~*, retroceder. ‖ *dare ~*, devolver. ‖ *rimandare ~*, devolver, rechazar ‖ *prendere ~*, recuperar. 2 en retraso: *essere ~*, estar atrasado. 3 *all' ~*, hacia atrás.

indifeso, -sa [indifézo, -za] *a.* indefenso.

indifferente [indifferénte] *a.* indiferente.

indifferentemente [indifferenteménte] *adv.* indiferentemente.

indifferenza [indifferéntsa] *f.* indiferencia.

indigeno, -na [indidʒeno, -na] *a.-m., f.* indígena.

indigente [indidʒénte] *a.* indigente.

indigenza [indidʒéntsa] *f.* indigencia.

indigestione [indidʒestjóne] *f.* indigestión.

indigesto, -ta [indidʒèsto, -ta] *a.* indigesto.

indignare [indiɲɲáre] *t.* indignar. 2 *pr.* indignarse.

indignazione [indiɲɲattsjóne] *f.* indignación.

indimenticabile [indimentikábile] *a.* inolvidable.

indipendente [indipendènte] *a.* independiente.

indipendentemente [indipendenteménte] *adv.* independientemente.

indipendenza [indipendèntsa] *f.* independencia.

indire [indíre] *t.* convocar: ~ *un'assemblea*, convocar una asamblea. ¶ CONJUG. como *dire*.

indiretto, -ta [indirètto, -ta] *a.* indirecto.

indirizzare [indirittsàre] *t.* dirigir: ~ *una lettera*, dirigir una carta. 2 guiar, encaminar. 3 *pr.* dirigirse.

indirizzo [indiríttso] *m.* dirección *f.* 2 señas *f.-pl.* 3 fig. tendencia *f.*

indisciplina [indiʃʃiplína] *f.* indisciplina.

indisciplinato, -ta [indiʃʃiplináto, -ta] *a.* indisciplinado.

indiscretamente [indiskretaménte] *adv.* indiscretamente.

indiscreto, -ta [indiskrèto, -ta] *a.* indiscreto.

indiscrezione [indiskrettsjóne] *f.* indiscreción.

indiscusso, -sa [indiskússo, -sa] *a.* indiscutible: *una ragione indiscussa*, una razón indiscutible. 2 no discutido: *questione ancora indiscussa*, cuestión aún no discutida.

indiscutibile [indiskutíbile] *a.* indiscutible.

indiscutibilmente [indiskutibilménte] *adv.* indiscutiblemente.

indispensabile [indispensábile] *a.* indispensable.

indispettire [indispettíre] *t.* irritar, molestar. 2 despechar. 3 *pr.* irritarse, molestarse.

indisponente [indisponènte] *a.* antipático, odioso.

indisporre [indispórre] *t.* indisponer, irritar. ¶ CONJUG. como *porre*.

indisposizione [indispozittsjóne] *f.* indisposición.

indisposto, -ta [indispósto, -ta] *a.* indispuesto [enfermo]. 2 indispuesto, maldispuesto, enfadado.

indissolubile [indissolúbile] *a.* indisoluble.

indissolubilità [indissolubilità*] *f.* indisolubilidad.

indistinto, -ta [indistínto, -ta] *a.* indistinto.

indisturbato, -ta [indisturbáto, -ta] *a.* tranquilo, sin ser molestado.

individuale [individuále] *a.* individual.

individualmente [individualménte] *adv.* individualmente.

individualista [individualísta] *a.* individualista.

individuare [individuáre] *t.* individuar, determinar. 2 localizar. 3 *pr.* afirmarse.

individuo [indivíduo] *m.* individuo.

indivisibile [indivizíbile] *a.* indivisible.

indiziato, -ta [indittsjáto, -ta] *a.* sospechoso.

indizio [indíttsjo] *m.* indicio.

indole [índole] *f.* índole, carácter *m.* ‖ *per* ~, por naturaleza.

indolente [indolènte] *a.* indolente.

indolenza [indolèntsa] *f.* indolencia.

indolenzito, -ta [indolentsíto, -ta] *a.* dolorido. 2 entumecido: *mani indolenzite dal freddo*, manos entumecidas por el frío.

indorare [indoráre] *t.-pr.* dorar. ‖ ~ *un braccialetto*, dorar un brazalete. ‖ loc. fig. ~ *la pillola*, dorar la píldora.

indossare [indossáre] *t.* ponerse. 2 llevar puesto.

indossatrice [indossatrítʃe] *f.* modelo, maniquí.

indosso [indósso] *adv.* encima. ‖ *avere* ~, llevar.

indovinare [indovináre] *t.* adivinar, acertar.

indovinato, -ta [indovináto, -ta] *a.* acertado, logrado. ‖ *una foto indovinata*, una foto bien hecha.

indovinello [indovinèllo] *m.* acertijo, adivinanza.

indovino [indovíno] *m.* adivino.

indubbiamente [indubbjaménte] *adv.* indudablemente.

indubbio [indúbbjo] *a.* indudable, cierto.

indugiare [indudʒáre] *i.* tardar, demorarse. 2 *pr.* detenerse. ¶ CONJUG. r. aux. *essere*.

indugio [indúdʒo] *m.* demora *f.*

indulgente [induldʒènte] *a.* indulgente.

indulgenza [induldʒèntsa] *f.* indulgencia, longanimidad.

indulgere [induldʒere] *i.* acceder. 2 darse, abandonarse: ~ *al vizio*, darse al vicio. ¶ CONJUG. (aux. *avere*) IND. pret. ind.: *indulsi, indulse; indulsero*. ‖ PART.: *indulto*.

indulto [indúlto] *m.* indulto.

indumento [induménto] *m.* prenda *f.*

indurimento [induriménto] *m.* endurecimiento.

indurire [induríre] *t.-pr.* endurecer.

indurre [indúrre] *t.* inducir, incitar. 2 llevar: *ciò mi induce a pensare che...*, esto me lleva a pensar que... 3 *pr.* decidirse. ¶ CONJUG. como *condurre.*

industria [indústrja] *f.* industria.

industriale [industrjále] *a.-m.* industrial.

industrializzare [industrjaliddzáre] *t.* industrializar.

industrializzazione [industrjaliddzattsjóne] *f.* industrialización.

industriarsi [industrjársi] *pr.* ingeniarse, arreglárselas [para].

industrioso, -sa [industrjózo, -za] *a.* industrioso.

induttivo, -va [induttivo, -va] *a.* inductivo.

induzione [induttsjóne] *f.* inducción.

inebetito, -ta [inebetíto, -ta] *a.* atontado.

inebriante [inebriánte] *a.* embriagador.

inebriare [inebriáre] *t.-pr.* embriagar.

ineccepibile [inettʃepíbile] *a.* irreprochable, irreprensible.

inedia [inèdia] *f.* inanición. 2 fig. aburrimiento *m.*

inedito, -ta [inèdito, -ta] *a.-m.* inédito.

ineffabile [ineffábile] *a.* inefable.

inefficace [ineffikátʃe] *a.* ineficaz.

inefficacia [ineffikátʃa] *f.* ineficacia.

ineguaglianza [inegwaʎʎántsa] *f.* desigualdad.

ineguale [inegwále] *a.* desigual.

inegualmente [inegwalménte] *adv.* desigualmente.

ineleganza [inelegántsa] *f.* falta de elegancia, desgarbo, desalino.

inequivocabile [inekwivokábile] *a.* inequívoco.

inequivocabilmente [inekwivokabilménte] *adv.* inequívocamente.

inerente [inerènte] *a.* inherente.

inerme [inèrme] *a.* inerme.

inerpicarsi [inerpikársi] *pr.* trepar.

inerte [inèrte] *a.* inerte.

inerzia [inèrtsja] *f.* inercia.

inesattezza [inezattèttsa] *f.* inexactitud.

inesatto, -ta [inezátto, -ta] *a.* inexacto.

inesistente [inezistènte] *a.* inexistente.

inesistenza [inezistèntsa] *f.* inexistencia.

inesorabile [inezorábile] *a.* inexorable.

inesorabilmente [inezorabilménte] *adv.* inexorablemente.

inesperienza [inesperjèntsa] *f.* inexperiencia.

inesperto, -ta [inespèrto, -ta] *a.* inexperto.

inesplicabile [inesplikábile] *a.* inexplicable.

inesplicabilmente [inesplikabilménte] *adv.* inexplicablemente.

inesplorato, -ta [inesploráto, -ta] *a.* inexplorado.

inespressivo, -va [inespressivo, -va] *a.* inexpresivo.

inesprimibile [inesprimíbile] *a.* inexpresable.

inestimabile [inestimábile] *a.* inestimable.

inestinguibile [inestingwíbile] *a.* inextinguible.

inettitudine [inettitúdine] *f.* ineptitud.

inetto, -ta [inètto, -ta] *a.* inepto.

inevitabile [inevitábile] *a.* inevitable.

inevitabilmente [inevitabilménte] *adv.* inevitablemente.

inezia [inèttsja] *f.* fruslería.

infallibile [infallibile] *a.* infalible.

infallibilmente [infallibilménte] *adv.* infaliblemente.

infallibilità [infallibilità*] *f.* infalibilidad.

infamante [infamánte] *a.* infamante.

infame [infáme] *a.* infame.

infamia [infámja] *f.* infamia.

infangare [infangáre] *t.-pr.* enfangar.

infante [infánte] *m.* infante. 2 lit. niño: *il Divino ~*, el Niño Divino.

infanticida [infantitʃída] *m.-f.* infanticida.

infanticidio [infantitʃídjo] *m.* infanticidio.

infantile [infantíle] *a.* infantil.

infantilismo [infantilizmo] *m.* infantilismo.

infanzia [infántsja] *f.* infancia.

infarinare [infarináre] *t.* enharinar.

infarinatura [infarinatúra] *f.* fig. barniz *m.*, conocimiento *m.* superficial.

infastidire [infastidíre] *t.* fastidiar, molestar. 2 *pr.* impacientarse.

infaticabile [infatikábile] *a.* incansable.

infaticabilmente [infatikabilménte] *adv.* incansablemente.

infatti [infátti] *conj.* en efecto.

infatuare [infatuáre] *t.-pr.* apasionar.

infatuazione [infatuattsjóne] *f.* apasionamiento *m.*

infecondo, -da [infekóndo, -da] *a.* infecundo.

infedele [infedéle] *a.-m.*, *f.* infiel.

infedeltà [infedeltà*] *f.* infidelidad.

infelice [infelitʃe] *a.* infeliz.

infelicemente [infelitʃeménte] *adv.* infelizmente.

infelicità [infelitʃità*] *f.* infelicidad.

inferiore [inferjóre] *a.* inferior.

inferiormente [inferjorménte] *adv.* inferiormente.

inferiorità [inferjorità*] *f.* inferioridad.

inferire [inferíre] *t.* dar: ~ *un colpo di pugnale*, dar una puñalada. 2 inferir, deducir. ¶ CONJUG. IND. pret. ind.: *infersi, inferse; infersero.* ‖ PART.: *inferto.*

infermeria [infermería] *f.* enfermería.

infermiere, -ra [infermjère, -ra] *m.-f.* enfermero.

infermità [infermità*] *f.* enfermedad crónica. 2 debilidad.

infermo, -ma [inférmo, -ma] *a.* enfermo crónico.

infernale [infernále] *a.* infernal.

inferno [inférno] *m.* infierno.

inferriata [inferrjáta] *f.* reja.

infervorare [infervoráre] *t.-pr.* apasionar, acalorar, excitar.

infervorato, -ta [infervoráto, -ta] *a.* apasionado, acalorado.

infestare [infestáre] *t.* infestar.

infettare [infettáre] *t.-pr.* infectar. 2 fig. corromper.

infettivo, -va [infettívo, -va] *a.* infeccioso.

infetto, -ta [infètto, -ta] *a.* infectado. 2 corrompido. 3 infecto.

infezione [infettsjóne] *f.* infección.

infiammabile [infjammábile] *a.* inflamable.

infiammabilità [infjammabilità*] *f.* inflamabilidad.

infiammare [infjammáre] *t.* dar fuego, inflamar. 2 fig. ruborizar. 3 fig. excitar. 4 *pr.* encenderse, incendiarse.

infiammazione [infjammattsjóne] *f.* inflamación.

infierire [infjeríre] *i.* enseñarse, encarnizarse. 2 hacer estragos [epidemias]. ¶ CONJUG. r. aux. *avere.*

infilare [infiláre] *t.* enhebrar: ~ *l'ago*, enhebrar la aguja. 2 ensartar: ~ *perle*, ensartar perlas. 3 poner: ~ *l'anello al dito*, ponerse el anillo al dedo. 4 ensartar. 5 introducir: ~ *la chiave nella serratura*, introducir la llave en la cerradura. 6 tomar [una calle]. 7 *pr.* ponerse [un vestido]. 8 meterse: *infilarsi nel letto*, meterse en la cama.

infiltrare [infiltráre] *t.-pr.* infiltrar.

infiltrazione [infiltrattsjóne] *f.* infiltración.

infilzare [infiltsáre] *t.* espetar, ensartar.

infimo, -ma [ínfimo, -ma] *a.* ínfimo.

infine [infíne] *adv.* en fin, finalmente.

infinità [infinità*] *f.* infinidad.

infinitesimale [infinitezimále] *a.* infinitesimal.

infinitamente [infinitaménte] *adv.* infinitamente.

infinito, -ta [infiníto, -ta] *a.* infinito. 2 *m.* infinito. 3 GRAM. infinito.

infittire [infittíre] *t.* estrechar, encoger: ~ *le maglie d'una rete*, estrechar las mallas de una red. 2 *i.* espesarse. 3 arreciar [la lluvia]. ¶ CONJUG. r. aux. *avere* [t.], *essere* [i.].

inflazione [inflattsjóne] *f.* inflación.

inflessibile [inflessíbile] *a.* inflexible.

inflessibilità [inflessibilità*] *a.* inflexibilidad.

inflessione [inflessjóne] *t.* inflexión. 2 MUS. modulación. 3 TECN. flexión.

infliggere [inflíddʒere] *t.* infligir, imponer. ¶ CONJUG. como *affliggere.*

influente [influènte] *a.* influyente.

influenza [influèntsa] *f.* influencia. 2 FIS. inducción. 3 MED. gripe.

influenzabile [influentsábile] *a.* influenciable.

influenzare [influentsáre] *t.* influenciar, influir. 2 MED. contagiar la gripe.

influire [influíre] *i.* influir, influenciar. ¶ CONJUG. r. aux. *avere.*

influsso [inflússo] *m.* influjo, influencia *f.*

infondatezza [infondatèttsa] *f.* falta de fundamento.

infondato, -ta [infondáto, -ta] *a.* infundado.

infondere [infóndere] *t.* infundir. ¶ CONJUG. como *fondere.*

inforcare [inforkáre] *t.* montar: ~ *la bicicletta*, montar en bicicleta. 2 fam. ponerse: ~ *gli occhiali*, ponerse las gafas. 3 coger con una horca [paja].

informare [informáre] *t.* informar. 2 *pr.* informarse, enterarse.

informativo, -va [informatívo, -va] *a.* informativo.

informato, -ta [informáto, -ta] *a.* informado, enterado.

informatore, -trice [informatóre, -trítʃe] *a.* inspirador, animador. 2 *m.* informador.

informazione [informattsjóne] *f.* información.

infortunio [infortúnjo] *m.* infortunio, desgracia *f.* ‖ ~ *sul lavoro*, accidente de trabajo.

infossato, -ta [infossáto, -ta] *a.* hundido.

infrangere [infrándʒere] *t.* romper, quebrar. 2 infringir [una ley]. ¶ CONJUG. como *frangere.*

infrangibile [infrandʒíbile] *a.* irrompible.

infrarosso, -sa [infrarósso, -sa] *a.* infrarrojo.

infrazione [infrattssjóne] *f.* infracción.

infreddatura [infreddatúra] *f.* resfriado *m.*, constipado *m.*

infreddolito, -ta [infreddolíto, -ta] *a.* aterido [de frío].

infrequente [infrekwènte] *a.* infrecuente, raro.

infruttuoso, -sa [infruttuózo, -za] *a.* infructuoso.

infuriare [infurjáre] *i.* arreciar. 2 hacer estragos [epidemia]. 3 *t.* enfurecer. 4 *pr.* enfurecerse. ‖ CONJUG. r. aux. *essere* o *avere.*

infusione [infuzjóne] *f.* infusión.

infuso, -sa [infúzo, -za] *a.* infuso. 2 *m.* infusión *f.*

ingaggiare [ingaddʒáre] *t.* contratar, reclutar. 2 MIL. enrolar, reclutar. 3 empezar: ~ *battaglia*, empezar una batalla.

ingaggio [ingáddʒo] *m.* reclutamiento, alistamiento.

ingannare [ingannáre] *t.* engañar.

ingannevole [ingannévole] *a.* engañoso.

inganno [ingánno] *m.* engaño, trampa *f.*

ingegnarsi [indʒeɲɲársi] *pr.* ingeniarse.

ingegnere [indʒeɲɲére] *m.* ingeniero.

ingegneria [indʒeɲɲeria] *f.* ingeniería.

ingegnosamente [indʒeɲɲosaménte] *adv.* ingeniosamente.

ingegnosità [indʒeɲɲosità*] *t.* ingeniosidad.

ingegnoso, -sa [indʒeɲɲóso, -sa] *a.* ingenioso.

ingelosire [indʒelosíre] *t.* dar celos. 2 *i.-pr.* sentir celos. 3 envidiar. ¶ CONJUG. r. aux. *avere* [t.], *essere* [i.].

ingente [indʒènte] *a.* ingente.

ingenuamente [indʒenuaménte] *adv.* ingenuamente.

ingenuità [indʒenuità*] *f.* ingenuidad.

ingenuo, -nua [indʒènuo, -nua] *a.* ingenuo.

ingerenza [indʒerèntsa] *f.* ingerencia.

ingerire [indʒeríre] *t.* tragar, ingerir.

ingessare [indʒessáre] *t.* enyesar. 2 MED. escayolar.

ingessatura [indʒessatúra] *f.* enyesado *m.* 2 MED. escayolado *m.*

inghiottire [ingjottíre] *t.* engullir, tragar.

ingiallire [indʒallíre] *t.-i.* amarillear. ¶ CONJUG. r. aux. *avere* [t.], *essere* [i.].

ingigantire [indʒigantíre] *t.* agigantar. 2 *i.* (aux. *essere*) crecer.

inginocchiarsi [indʒinokkjársi] *pr.* arrodillarse.

inginocchiatoio [indʒinokkjatójo] *m.* reclinatorio.

ingioiellato, -ta [indʒojellàto, -ta] *a.* enjoyado.

ingiungere [indʒúndʒere] *t.* ordenar, imponer. ¶ CONJUG. como *giungere.*

ingiunzione [indʒuntsjóne] *f.* imposición, orden.

ingiuria [indʒúrja] *f.* injuria.

ingiuriare [indʒurjáre] *t.* injuriar.

ingiuriosamente [indʒurjosaménte] *adv.* injuriosamente.

ingiurioso, -sa [indʒurjóso, -sa] *a.* injurioso.

ingiustamente [indʒustaménte] *adv.* injustamente.

ingiustificabile [indʒutifikábile] *a.* injustificable.

ingiustificato, -ta [indʒustifikáto, -ta] *a.* injustificado.

ingiustizia [indʒustíttsja] *f.* injusticia.

ingiusto, -ta [indʒústo, -ta] *a.* injusto.

inglese [inglèse] *a.-m., f.* inglés. ‖ *andarsene all'* ~, despedirse a la francesa.

ingombrante [ingombránte] *a.* que estorba, embarazoso.

ingombrare [ingombráre] *t.* estorbar, obstruir.

ingombro, -bra [ingómbro, -bra] *a.* embarazado, lleno. 2 *m.* estorbo.

ingordigia [ingordídʒa] *f.* glotonería. 2 codicia.

ingordo, -da [ingórdo, -da] *a.* tragón. 2 codicioso.

ingorgo [ingórgo] *m.* atasco.

ingranaggio [ingranáddʒo] *m.* engranaje.

ingranare [ingranáre] *t.-i.* engranar. ‖ ~ *la marcia*, poner la marcha. 2 fig. fam. funcionar.

ingrandimento [ingrandiménto] ampliación *f.*

ingrandire [ingrandíre] *t.* agrandar, engrandecer. 2 *i.-pr.* crecer.

ingrassare [ingrassáre] *t.-i.* engordar. 2 MEC. engrasar. ¶ CONJUG. r. aux. *avere* [t.], *essere* [i.].

ingrasso [ingrásso] *m.* engorde.

ingratitudine [ingratitúdine] *t.* ingratitud.

ingrato, -ta [ingráto, -ta] *a.* ingrato, desagradecido.

ingravidare [ingravidáre] *t.* preñar.

ingraziare [ingrattsjáre] *pr.* ganarse, cautivarse.

ingrediente [ingredjènte] *m.* ingrediente.

ingresso [ingrèsso] *m.* entrada *f.*, vestíbulo. ‖ *biglietto d' ~*, entrada *f.*

ingrossamento [ingrossaménto] *m.* engrosamiento. 2 abultamiento.

ingrossare [ingrossáre] *t.* engrosar. 2 *i.-pr.* aumentar. 3 crecer [río]. ¶ CONJUG. r. aux. *avere* [t.], *essere* [i.].

ingrosso [ingròsso] *adv.* en la *loc. adv. all' ~*, al por mayor. 2 aproximadamente, a ojo.

inguaribile [ingwaríbile] *a.* incurable.

inguine [ingwine] *m.* ingle.

inibire [inibíre] *t.* inhibir.

inibito, -ta [inibito, -ta] *a.* inhibido.

inibitorio, -ria [inibitòrio, -ria] *a.* inhibitorio.

inibizione [inibitsjóne] *f.* inhibición.

iniettare [injettáre] *t.* inyectar.

iniezione [injettsjóne] *f.* inyección.

inimicare [inimikáre] *t.-pr.* enemistar.

inimitabile [inimitábile] *a.* inimitable.

inimmaginabile [inimmadʒinábile] *a.* inimaginable.

ininterrotto, -ta [ininterròtto, -ta] *a.* ininterrumpido, seguido.

iniquità [inikwitá*] *f.* iniquidad.

iniquo, -qua [iníkwo, -kwa] *a.* inicuo.

iniziale [inittsjále] *a.-f.* inicial.

iniziare [inittsjáre] *t.-i.* empezar, iniciar. ¶ CONJUG. r. aux. *avere* [t.], *essere* [i.].

iniziativa [inittsjativa] *f.* iniciativa.

iniziato, -ta [inittsjáto, -ta] *a., m.* iniciado.

iniziatore, -trice [inittsjatòre, -tritʃe] *a.-m.* iniciador.

iniziazione [inittsjattsjóne] *f.* iniciación.

inizio [inittsjo] *m.* comienzo, principio.

innaffiare [innaffjáre] *t.* regar.

innaffiatoio [innaffjatójo] *m.* regadora *f.*

innalzare [innaltsáre] *t.* elevar. 2 levantar. 3 izar [bandera]. 4 realzar. 5 engrandecer. 6 *pr.* elevarse, levantarse.

innamorare [innamoráre] *pr.-rec.* enamorarse. 2 *t.* seducir, encantar.

innamorato, -ta [innamoráto, -ta] *a.-m., f.* enamorado.

innanzi [innántsi] *adv.* delante: *guardare ~*, mirar hacia delante. 2 *d'ora ~*, a partir de ahora. 3 *prep.* delante. ‖ *parlare ~ a testimoni*, hablar delante de testigos.

4 antes: *~ tutto*, antes que nada, sobre todo. 5 *a.* anterior, precedente: *il giorno ~*, el día anterior.

innato, -ta [innáto, -ta] *a.* innato.

innaturale [innaturále] *a.* innatural.

innegabile [innegábile] *a.* innegable.

innegabilmente [innegabilménte] *adv.* innegablemente.

inneggiare [inneddʒáre] *i.* aclamar, alabar. 2 fig. glorificar. ¶ CONJUG. r. aux. *avere.*

innescare [inneskáre] *t.* cebar.

innestare [innestáre] *t.* injertar. 2 empalmar. MEC. *~ la frizione*, embragar.

innesto [innèsto] *m.* injerto. 2 MED. injerto. 3 EL. casquillo [bombilla]. 4 EL. enchufe [acción de enchufar]. 5 TÉCN. embrague.

inno [inno] *m.* himno.

innocente [innotʃènte] *a.-m., f.* inocente.

innocentemente [innotʃenteménte] *adv.* inocentemente.

innocenza [innotʃèntsa] *f.* inocencia.

innocuo, -cua [innòkuo, -kua] *a.* inocuo.

innovatore, -trice [innovatòre, -tritʃe] *a.-m.* innovador.

innovazione [innovattsjóne] *f.* innovación.

inodoro, -ra [inodóro, -ra] *a.* inodoro.

inoffensivo, -va [inoffensivo, -va] *a.* inofensivo.

inoltrare [inoltráre] *t.* presentar: *~ una domanda*, presentar una solicitud. 2 dar curso. 3 enviar, expedir. 4 *pr.* adentrarse. 5 transcurrir.

inoltrato, -ta [inoltráto, -ta] *a.* avanzado: *a notte ~*, avanzada la noche.

inoltre [inóltre] *adv.* además.

inoltro [inóltro] *m.* presentación *f.*, tramitación *f.* [solicitud]. 2 expedición *f.*, envío.

inondare [inondáre] *t.* inundar.

inondazione [inondattsjóne] *f.* inundación.

inoperosità [inoperosità*] *f.* inactividad.

inoperoso, -sa [inoperóso, -sa] *a.* inactivo.

inopportuno, -na [inopportúno, -na] *a.* inoportuno.

inorganico, -ca [inorgániko, -ka] *a.* inorgánico.

inorgoglire [inorgoʎʎíre] *t.-i., pr.* enorgullecer. ¶ CONJUG. r. aux. *avere* [t.], *essere* [i.].

inorridire [inorridíre] *t.* horrorizar. 2 horrorizarse.

inospitale [inospitále] a. inhospitalario.

inosservante [inosservánte] a. inobservante.

inosservanza [inosservántsa] f. inobservancia.

inosservato, -ta [inosserváto, -ta] a. inobservado.

inossidabile [inossidábile] a. inoxidable.

inquadrare [inkwadráre] t. encuadrar.

inqualificabile [inkwalifikábile] a. incalificable.

inquietante [inkwjetánte] a. inquietante.

inquietare [inkwjetáre] t. inquietar.

inquieto, -ta [inkwjéto, -ta] a. inquieto.

inquietudine [inkwjetúdine] f. inquietud.

inquilino [inkwilíno] m. inquilino.

inquinamento [inkwinaménto] m. polución f.

inquinare [inkwináre] t. contaminar.

inquirente [inkwirénte] a. inquisidor, investigador. 2 DER. instructor: *magistrato* ~, juez instructor.

inquisitore [inkwizitóre] a. inquisidor.

inquisitorio [inkwizitórjo] a. inquisitorio.

inquisizione [inkwizittsjóne] f. inquisición.

insabbiare [insabbjáre] t. enarenar. 2 fig. parar: ~ *un progetto*, parar un proyecto. 3 pr. MAR. encallar.

insaccare [insakkáre] t. ensacar. 2 embutir: ~ *salsicce*, embutir salchichas.

insaccato [insakkáto] m. embutido.

insalata [insaláta] f. ensalada.

insalatiera [insalatjéra] f. ensaladera.

insanabile [insanábile] a. incurable. 2 implacable.

insanguinare [insangwináre] t. ensangrentar.

insano, -na [insáno, -na] a. insensato, loco, insano.

insaponare [insaponáre] t. enjabonar.

insaponatura [insaponatúra] f. enjabonadura.

insaporire [insaporíre] t. dar sabor. 2 pr. tomar sabor.

insaputa [insapúta] en la loc. adv. all' ~, a escondidas, sin saberlo.

insaziabile [insattsjábile] a. insaciable.

insaziabilità [insattsjabilitá*] f. insaciabilidad.

inscenare [inʃʃenáre] f. organizar, preparar. 2 poner en escena [obra de teatro].

insediare [insedjáre] t. instalar. 2 pr. instalarse, tomar posesión. || *insediarsi in una carica*, tomar posesión de un cargo.

insegna [inséɲɲa] f. insignia. 2 letrero: *un'* ~ *luminosa*, letrero m. luminoso. 3 signo m.

insegnamento [inseɲɲaménto] m. enseñanza f.

insegnante [inseɲɲánte] m., f. profesor, maestro.

insegnare [inseɲɲáre] t. enseñar. 2 revelar, mostrar. 3 indicar. 4 i. enseñar, ser profesor: *insegna da molti anni*, es profesor desde hace muchos años. ¶ CONJUG. r. aux. *avere* [t.-i.].

inseguimento [insegwiménto] m. persecución f.

inseguire [insegwíre] t. perseguir.

insenatura [insenatúra] f. ensenada.

insensatamente [insensataménte] adv. insensatamente.

insensatezza [insensatéttsa] f. insensatez.

insensato, -ta [insensáto, -ta] a. insensato.

insensibile [insensíbile] a. insensible.

insensibilmente [insensibilménte] adv. insensiblemente.

insensibilità [insensibilitá*] f. insensibilidad.

inseparabile [inseparábile] a. inseparable.

inserimento [inseriménto] m. inserción f.

inserire [inseríre] t.-pr. inserir. 2 introducir.

inserto [insérto] a. inserido, integrado. 2 m. inserción f.

inservibile [inservíbile] a. inservible.

inserviente [inservjénte] s. camarero. 2 sirviente, criado.

inserzione [ninsertsjóne] f. inserción. 2 anuncio m.: ~ *in un giornale*, anuncio en un periódico.

insetticida [insettiʃída] a.-m. insecticida.

insetto [insétto] m. insecto.

insidia [insídja] f. trampa. 2 acechanza.

insidiare [insidjáre] t. insidiar. 2 acechar.

insidiosamente [insidjosaménte] adv. insidiosamente.

insidioso, -sa [insidjóso, -sa] a. insidioso.

insieme [insjéme] adv. conjuntamente, juntos. 2 a la vez, al mismo tiempo. || *questi colori vanno bene* ~, estos colores se armonizan. 3 m. conjunto. || *nel-*

l'insieme, a grandes rasgos, en líneas generales.

insigne [insiɲɲe] *a.* insigne.

insignificante [insiɲɲifikánte] *a.* insignificante.

insignire [insiɲɲire] *t.* condecorar.

insincerità [insintʃerità*] *f.* insinceridad, falsedad.

insincero, -ra [insintʃéro, -ra] *a.* falso, simulado.

insinuante [insinuánte] *a.* insinuante.

insinuare [insinuáre] *t.-pr.* insinuar.

insinuazione [insinuattsjóne] *f.* insinuación.

insipido, -da [insipido, -da] *a.* soso, insípido.

insistente [insistènte] *a.* insistente.

insistentemente [insistenteménte] *adv.* insistentemente.

insistenza [insistèntsa] *f.* insistencia.

insistere [insistere] *i.* insistir [en]. 2 persistir [en]. ¶ CONJUG. como **esistere** (aux. *avere*).

insoddisfatto, -ta [insoddisfátto, -ta] *a.* insatisfecho.

insofferente [insofferènte] *a.* que no tolera, que no aguanta.

insofferenza [insofferèntsa] *f.* intolerancia.

insolazione [insolattsjóne] *f.* insolación.

insolente [insolènte] *a.* insolente.

insolenza [insolèntsa] *f.* insolencia.

insolito, -ta [insólito, -ta] *a.* insólito, inconsueto.

insolubile [insolúbile] *a.* insoluble.

insoluto, -ta [insolúto, -ta] *a.* no resuelto. 2 COM. pendiente. 3 QUÍM. no disuelto.

insolvente [insolvènte] *a.* insolvente.

insolvenza [insolvèntsa] *f.* insolvencia.

insomma [insómma] *adv.* en fin.

insonne [insónne] *a.* insomne. ‖ *notte* ~, noche en vela, en blanco.

insonnia [insónnja] *f.* insomnio *m.*

insonnolito, -ta [insonnolito, -ta] *a.* adormilado.

insopportabile [insopportábile] *a.* inaguantable, insoportable.

insopportabilmente [insopportabilménte] *adv.* insoportablemente.

insorgere [insórdʒere] *i.* alzarse contra, insurreccionarse. 2 surgir, manifestarse. ¶ CONJUG. como **sorgere.**

insormontabile [insormontábile] *a.* insuperable.

insorto, -ta [insórto, -ta] *a.-m.* insurrecto.

insospettire [insospettire] *t.* despertar sospechas. 2 *pr.* sospechar.

insostenibile [insostenibile] *a.* insostenible.

insperatamente [insperaménte] *adv.* inesperadamente.

insperato, -ta [insperáto, -ta] *a.* inesperado.

inspiegabile [inspjegábile] *a.* inexplicable.

inspirare [inspiráre] *t.* inspirar.

instabile [instábile] *a.* inestable.

instabilità [instabilità*] *f.* inestabilidad.

installare [installáre] *t.-pr.* instalar.

installazione [installatsjóne] *f.* instalación. 2 toma de posesión.

instancabile [instankábile] *a.* incansable.

instaurare [instauráre] *t.* instaurar, establecer. 2 *pr.* establecerse.

instauratore [instauratóre] *a., m.* instaurador.

instaurazione [instauratsjóne] *f.* instauración.

instradare [instradáre] *t.* encaminar, guiar.

insù [insú*] *adv.* arriba, en alto. ‖ *all'* ~, hacia arriba. ‖ *naso all'* ~, nariz respingona.

insubordinato, -ta [insubordináto, -ta] *a.* insubordinado.

insubordinazione [insubordinattsjóne] *f.* insubordinación.

insuccesso [insuttsèsso] *m.* fracaso.

insudiciare [insuditʃáre] *t.-pr.* ensuciar.

insufficiente [insuffitʃènte] *a.* insuficiente.

insufficientemente [insuffitʃentemènte] *adv.* insuficientemente.

insufficienza [insuffitʃèntsa] *f.* insuficiencia.

insulare [insuláre] *a.* insular.

insulso, -sa [insúlso, -sa] *a.* insulso.

insultare [insultáre] *t.* insultar.

insulto [insúlto] *m.* insulto.

insuperabile [insuperábile] *a.* insuperable.

insuperbire [insuperbire] *t.-i.,* *pr.* enorgullecerse, engreírse, envanecerse. ¶ CONJUG. r. aux. *avere* [t.], *essere* [i.].

insurrezionale [insurrettsjonále] *a.* insurreccional.

insurrezione [insurrettsjóne] *f.* insurrección.

insussistente [insussistènte] *a.* insubsistente.

insussistenza [insussisténtsa] *f.* insubsistencia.

intaccare [intakkáre] *t.* mellar. 2 fig. resquebrajar.

intagliare [intaλλáre] *t.* entallar.

intaglio [intáλλo] *m.* entalladura *f.* 2 corte [cosido]. 3 muesca *f.*

intanto [intánto] *adv.* mientras tanto, por el momento. || ~ *che*, mientras.

intarsiato, -ta [intarsjáto, -ta] *a.* taraceado.

intarsio [intársjo] *m.* taracea *f.*

intasare [intazáre] *t.* atascar, cegar.

intascare [intaskáre] *t.* embolsarse.

intatto, -ta [intátto, -ta] *a.* intacto.

integrale [integrále] *a.-m.* integral.

integrante [integránte] *a.* integrante.

integrare [integráre] *t.* integrar.

integrazione [integrattsjóne] *f.* integración.

integrità [integritá*] *f.* integridad.

integro, -gra [íntegro, -gra] *a.* íntegro.

intelaiatura [intelajatúra] *f.* marco *m.* ¶ ~ *di una finestra*, armazón de una ventana. 2 cuadro *m.* [bicicleta]. 3 MEC. montaje *m.* sobre chasis.

intellettivo, -va [intellettivo, -va] *a.* intelectivo.

intelletto [intellétto] *m.* intelecto.

intellettuale [intellettuále] *t.* intelectual.

intelligente [intellidzénte] *a.* inteligente.

intelligentemente [intellidzenteménte] *adv.* inteligentemente.

intelligenza [intellidzéntsa] *f.* inteligencia.

intemperie [intempérje] *f.-pl.* intemperie *sing.*

intempestività [intempestivitá*] inoportunidad.

intempestivo, -va [intempestivo, -va] *a.* intempestivo, inoportuno.

intendente [intendénte] *m.* intendente.

intendenza [intendéntsa] *f.* intendencia. || ~ *di finanza*, delegación de hacienda.

intendere [inténdere] *t.* oír. || *non ~ ragione*, no razonar. 2 querer, tener intención de: *intendo partire*, tengo intención de irme. 3 comprender, entender. || *dare a ~*, dar a entender. *i.* ocuparse. 5 *rec.* entenderse, ir de acuerdo. 6 *pr.* entenderse. 7 ser experto. ¶ CONJUG. como *tendere* (aux. *avere* [t.-i.]).

intenditore [intenditóre] *m.* experto, entendido.

intenerire [intenerire] *i.-pr.* enternecer. ¶ CONJUG. r. aux. *avere* [t.], *essere* [i.].

intensamente [intensaménte] *adv.* intensamente.

intensità [intensitá*] *f.* intensidad.

intensivo, -va [intensivo, -va] *a.* intensivo.

intensificare [intensifikáre] *t.* intensificar.

intenso, -sa [inténso, -sa] *a.* intenso.

intento, -ta [inténto, -ta] *a.* absorto, atento, ocupado. 2 *m.* finalidad *f.*, objeto, propósito.

intenzionale [intentsjonále] *a.* intencional.

intenzione [intentsjóne] *f.* intención. || *senza ~*, involuntariamente. || *con ~*, a propósito.

intepidire [intepidire] *t.* entibiar.

interamente [interaménte] *adv.* enteramente.

intercalare [interkaláre] *t.* intercalar, inserir. 2 *a.* intercalar.

intercapedine [interkapédine] *f.* intersticio *m.*, espacio *m.*

intercedere [intertʃédere] *i.* interceder. ¶ CONJUG. r. aux. *avere.*

intercessione [intertʃessjóne] *f.* intercesión, intervención.

intercettare [intertʃettáre] *t.* interceptar.

interdetto, -ta [interdétto, -ta] *a.* sorprendido, pasmado. 2 *m.* interdicto.

interdire [interdíre] *t.* prohibir. 2 DER. interdecir. 3 TÉCN. bloquear, cortar [un circuito]. ¶ CONJUG. como *dire.*

interdizione [interdittsjóne] *f.* interdicción.

interessamento [interessaménto] *m.* interés.

interessante [interessánte] *a.* interesante.

interessare [interessáre] *t.* interesar. 2 atañer, concernir. 3 *i.* interesar. 4 *pr.* interesarse, ocuparse, sensibilizarse. ¶ CONJUG. r. aux. *essere* [i.], *avere* [t.].

interessato, -ta [interessáto, -ta] *a.* interesado.

interesse [interésse] *f.* interés.

interferenza [interferéntsa] *f.* interferencia.

interferire [interferíre] *i.* interferir. ¶ CONJUG. r. aux. *avere.*

interiezione [interjettsjóne] *f.* interjección.

interiore [interjóre] *a.* interior. 2 *f.-pl.* entrañas.

interlineare [interlineáre] *a.* interlineal.

interlocutore [interlokutóre] *m.* interlocutor.

interloquire [interlokwíre] *i.* intervenir, meter baza. ¶ CONJUG. r. aux. *avere.*

intermediario, -ria [intermedjário, -ria] *a.-m.* intermediario.

intermedio, -dia [intermédjo, -dja] *a.* intermedio.

intermezzo [interméddzo] *m.* entreacto. 2 MÚS. intermezzo.

interminabile [interminábile] *a.* interminable.

intermittente [intermittènte] *a.* intermitente.

intermittenza [intermittèntsa] *f.* intermitencia.

internamente [internamènte] *adv.* internamente.

internare [internáre] *t.-pr.* internar.

internazionale [internattsjonále] *a.* internacional.

interno, -na [intèrno, -na] *a.* interno, interior. 2 *m.* interior.

intero, -ra [intèro, -ra] *a.* entero.

interpellanza [interpellántsa] *f.* interpelación.

interpellare [interpelláre] *t.* interpelar.

interplanetario, -ria [interplanetárjo, -rja] *a.* interplanetario.

interpretare [interpretáre] *t.* interpretar.

interpretazione [interpretattsjóne] *f.* interpretación.

interprete [intèrprete] *m.-f.* intérprete. ‖ ~ *simultaneo,* traductor simultáneo.

interrare [interráre] *t.* enterrar.

interrogare [interrogáre] *t.* interrogar, preguntar.

interrogativamente [interrogativamènte] *adv.* interrogativamente.

interrogativo, -va [interrogatívo, -va] *a.* interrogativo. ‖ *punto* ~, signo de interrogación.

interrogatorio [interrogatórjo] *m.* interrogatorio.

interrogazione [interrogattsjóne] *f.* pregunta. 2 interpelación.

interrompere [interrómpere] *t.-pr.* interrumpir, parar. 2 cortar [línea telefónica, eléctrica]. ¶ CONJUG. como *rompere.*

interruttore [interruttóre] *m.* interruptor.

interruzione [interruttsjóne] *f.* interrupción.

intersecare [intersekáre] *t.* cortar, intersecar.

intersezione [intersettsjóne] *f.* intersección.

interstizio [interstíttsjo] *m.* intersticio.

interurbano, -na [interurbáno, -na] *a.* interurbano.

intervallo [intervállo] *m.* intervalo. 2 entreacto [teatro].

intervenire [interveníre] *i.* intervenir, participar. ¶ CONJUG. (aux. *essere*) como *venire.*

intervento [intervènto] *m.* intervención *f.*

intervenuto [intervenúto] *m.* asistente, concurrente.

intervista [intervísta] *f.* entrevista.

intervistare [intervistáre] *t.* entrevistar.

intesa [intèsa] *f.* acuerdo *m.*

intestare [intestáre] *t.* encabezar. 2 poner a nombre [bienes]. 3 *pr.* obstinarse.

intestazione [intestattsjóne] *f.* encabezamiento *m.,* membrete *m.*

intestinale [intestinále] *a.* intestinal.

intestino, -na [intestíno, -na] *a.-m.* intestino.

intiepidire [intjepidíre] *t.* entibiar.

intimamente [intimamènte] *a.* íntimamente.

intimare [intimáre] *t.* intimar, conminar. 2 reclamar, exigir.

intimazione [intimattsjóne] *f.* intimación.

intimidazione [intimidattsjóne] *f.* intimidación.

intimidire [intimidíre] *t.* intimidar.

intimità [intimitá*] *f.* intimidad.

intimo, -ma [íntimo, -ma] *a.-m.* íntimo. 2 profundo.

intimorire [intimoríre] *t.-pr.* atemorizar, intimidar.

intingere [intíndʒere] *t.* mojar, bañar, meter en un líquido. 2 *i.* timar, coger, sacar. ¶ CONJUG. (aux. *avere*) [i.-t.]) como *tingere.*

intirizzire [intiríddzire] *t.-i.* aterir. ¶ CONJUG. r. aux. *essere* [i.], *avere* [t.].

intirizzito, -ta [intiríddzito, -ta] *a.* aterido.

intitolare [intitoláre] *t.* intitular, titular.

intitolato, -ta [intitoláto, -ta] *a.* titulado.

intollerabile [intollerábile] *a.* intolerable, inaguantable.

intollerante [intolleránte] *a.* intolerante.

intolleranza [intollerántsa] *f.* intolerancia.

intonacare [intonakáre] *t.* recubrir. 2 revocar, enlucir [muros]: ~ *con gesso,* enyesar.

intonaco [intónako] *m.* revoque, enlucido.

invadenza

intonare [intonáre] *t.* entonar. 2 afinar [un instrumento]. 3 fig. hacer juego [un vestido].

intonato, -ta [intonáto, -ta] *a.* entonado. 2 afinado [instrumento musical]. 3 a tono, que hace juego.

intonazione [intonattsjóne] *f.* entonación. 2 combinación, armonía.

intontire [intontíre] *t.-i.* atontar. ¶ CONJUG. r. aux. *essere* [i.], *avere* [t.].

intoppo [intóppo] *m.* obstáculo, dificultad *f.*

intorbidire [intorbidíre] *t.-i.* enturbiar. ¶ CONJUG. r. aux. *essere* [i.], *avere* [t.].

intorno [intórno] *adv.* alrededor, en torno: *qui ~*, en los alrededores. 2 *prep.* alrededor de, en torno a.

intorpidito, -ta [intorpidíto, -ta] *a.* entorpecido.

intossicare [intossikáre] *t.-pr.* intoxicar.

intossicato, -ta [intossikáto, -ta] *a.* intoxicado.

intossicazione [intossikattsjóne] *f.* intoxicación.

intraducibile [intradutʃíbile] *a.* intraducible.

intralciare [intraltʃáre] *t.* impedir, obstaculizar.

intransigente [intransidʒénte] *a.* intransigente.

intransigenza [intransidʒéntsa] *f.* intransigencia.

intransitabile [intransitábile] *a.* intransitable, impracticable.

intransitivo, -va [intransitívo, -va] *a.* intransitivo.

intrappolare [intrappoláre] *t.* atrapar. 2 fig. enredar.

intraprendente [intraprendénte] *a.* emprendedor.

intraprendenza [intraprendéntsa] *f.* iniciativa, audacia.

intraprendere [intrapréndere] *t.* emprender, empezar. ¶ CONJUG. como *prendere*.

intrattabile [intrattábile] *a.* intratable, arisco.

intrattenere [intrattenére] *t.* entretener, divertir. 2 *pr.* entretenerse. ¶ CONJUG. como *tenere*.

intravedere [intravedére] *t.* entrever, vislumbrar. ¶ CONJUG. como *vedere*.

intrecciare [intrettʃáre] *t.-rec.* trenzar. 2 enlazar. 3 anudar.

intreccio [intréttʃo] *m.* trama *f.*

intrepidezza [intrepidéttsa] *f.* intrepidez.

intrepido, -da [intrépido, -da] *a.* intrépido.

intricato, -ta [intrikáto, -ta] *a.* enredado, intrincado.

intrico [intríko] *m.* enredo.

intrigante [intrigánte] *a.* intrigante. 2 indiscreto, curioso.

intrigo [intrígo] *m.* intriga *f.*

intrinseco, -ca [intrínseko, -ka] *a.* intrínseco.

intristire [intristíre] *i.* entristecerse. ¶ CONJUG. r. aux. *essere*.

introdotto, -ta [introdótto, -ta] *a.* introducido, bien relacionado.

introdurre [introdúrre] *t.-pr.* introducir. ¶ CONJUG. como *condurre*.

introduttivo, -va [introduttívo, -va] *a.* que introduce.

introduzione [introduttsjóne] *f.* introducción.

introito [intróito] *m.* entrada *f.* [ganancia]. 2 LITUR. introito.

intromettersi [intromèttersi] *pr.* entrometerse. ¶ CONJUG. como *mettere*.

intromissione [intromissjóne] *f.* ingerencia, intromisión.

introspezione [introspettsjóne] *f.* introspección.

introvabile [introvábile] *a.* que no se puede hallar.

introversione [introversjóne] *f.* introversión.

introverso, -sa [introvèrso, -sa] *a.* introvertido.

intruglio [intrúʎʎo] *m.* mejunje.

intrusione [intruzjóne] *f.* intrusión.

intruso, -sa [intrúzo, -za] *a.-m.* intruso.

intuire [intuíre] *t.* intuir.

intuitivamente [intuitivaménte] *adv.* intuitivamente.

intuitivo, -va [intuitívo, -va] *a.* intuitivo.

intuito [intúito] *m.* intuición *f.*

intuizione [intuittsjóne] *f.* intuición.

inumano, -na [inumáno, -na] *a.* inhumano.

inumidire [inumidíre] *t.* humedecer, empapar.

inutile [inútile] *a.* inútil.

inutilmente [inutilménte] *adv.* inútilmente.

inutilità [inutilitá*] *f.* inutilidad.

inutilizzare [inutiliddzáre] *t.* inutilizar.

invadente [invadénte] *a.* entrometido, molesto.

invadenza [invadéntsa] *f.* intromisión.

invadere [invàdere] *t.* invadir. ¶ CONJUG. IND. pret. ind.: *invasi, invase; invasero*. ‖ PART.: *invaso*.

invaghirsi [invagirsi] *p.* chiflarse.

invalidare [invalidàre] *t.* invalidar, anular.

invalidità [invaliditá*] *f.* invalidez.

invalido, -da [invàlido, -da] *a.-m.* inválido.

invano [invàno] *adv.* en balde, en vano: *tutto è stato* ~, todo ha sido inútil.

invariabile [invarjàbile] *a.* invariable.

invariato, -ta [invarjàto, -ta] *a.* invariado.

invasato, -ta [invasàto, -ta] *a.* obsesionado, endemoniado.

invasione [invasjóne] *f.* invasión.

invaso, -sa [invàzo, -za] *a.* invadido.

invasore [invazóre] *a.-m.* invasor.

invecchiamento [invekkjamènto] *m.* envejecimiento.

invecchiare [invekkjàre] *t.-i.* envejecer. ¶ CONJUG. r. aux. *essere* [i.], *avere* [t.].

invece [invètʃe] *adv.* en cambio. 2 al contrario, sin embargo. 3 *prep.* ~ *di*, en vez de, en lugar de.

inveire [inveìre] *i.* gritar, insultar. ¶ CONJUG. r. aux. *avere*.

inventare [inventàre] *t.* inventar.

inventario [inventàrjo] *m.* inventario.

inventore [inventóre] *m.* inventor.

invenzione [inventsjóne] *f.* invención, invento *m.*

invernale [invernàle] *a.* invernal.

inverno [invèrno] *m.* invierno.

inverosimile [inverosìmile] *a.* inverosímil.

inversamente [inversamènte] *adv.* inversamente.

inverso, -sa [invèrso, -sa] *a.* inverso, invertido. 2 fig. malhumorado. 3 *m.* contrario.

invertire [invertìre] *t.* invertir.

invertito, -ta [invertìto, -ta] *a.-m.* invertido.

investigare [investigàre] *t.* investigar.

investigatore [investigatóre] *m.* investigador, detective.

investigazione [investigattsjóne] *f.* investigación.

investimento [investimènto] *m.* inversión [dinero]. 2 atropello [de una persona]. 3 choque, colisión *f.* [de coches].

investire [investìre] *t.* invertir [dinero]. 2 atropellar [con el coche].

invettiva [invettìva] *f.* invectiva.

inviare [invjàre] *t.* enviar, mandar.

inviato [invjàto] *m.* corresponsal. 2 representante diplomático.

invidia [invìdja] *f.* envidia.

invidiabile [invidjàbile] *a.* envidiable.

invidiare [invidjàre] *t.* envidiar.

invidioso, -sa [invidjóso, -sa] *a.* envidioso.

invincibile [invintʃìbile] *a.* invencible.

invio [invìo] *m.* envío.

inviolabile [inviolàbile] *a.* inviolable.

inviolabilità [inviolabilità*] *f.* inviolabilidad.

invisibile [invizìbile] *a.* invisible.

invitante [invitànte] *a.* atrayente.

invitare [invitàre] *t.* invitar.

invitato, -ta [invitàto, -ta] *a.-m.* invitado.

invito [invìto] *m.* invitación *f.*

invocare [invokàre] *t.* invocar.

invocazione [invokattsjóne] *f.* invocación.

invogliare [invoʎʎàre] *t.* animar, despertar el apetito.

involontario, -ria [involontàrjo, -rja] *a.* involuntario.

involucro [invòlukro] *m.* envoltura *f.* 2 BOT. involucro.

invulnerabile [invulneràbile] *a.* invulnerable.

inzuppare [intsuppàre] *t.* empapar.

io [ìo] *pron.* yo.

iodio [jòdjo] *m.* yodo.

ionico, -ca [jòniko, -ka] *a.* jónico.

iperbole [ipèrbole] *f.* hipérbole.

ipercalorico, -ca [iperkalòriko, -ka] *a.* hipercalórico.

ipermercato [ipermerkàto] *m.* hipermercado.

iperrealismo [iperrealizmo] *m.* hiperrealismo.

ipersensibile [ipersensìbile] *a.* hipersensible.

ipnosi [ipnòzi] *f.* hipnosis.

ipnotico, -ca [ipnòtiko, -ka] *a.* hipnótico.

ipnotismo [ipnotizmo] *m.* hipnotismo, hipnosis.

ipnotizzare [ipnotiddzàre] *t.* hipnotizar.

ipnotizzatore [ipnotiddzatóre] *m.* hipnotizador.

ipocondriaco, -ca [ipokondrìako, -ka] *a.* hipocondríaco.

ipocrisia [ipokrizìa] *f.* hipocresía.

ipocrita [ipòkrita] *a.* hipócrita.

ipodermico, -ca [ipodèrmiko, -ka] *a.* hipodérmico.

ipodermoclisi [ipodermoklìzi] *f.* hipodermoclisis.

ipofisi [ipófizi] f. hipófisis.
ipoteca [ipotéka] f. hipoteca.
ipotecare [ipotekáre] t. hipotecar.
ipotenusa [ipotenúza] f. hipotenusa.
ipotesi [ipótezi] f. hipótesis.
ipotetico, -ca [ipotètiko, -ka] a. hipotético.
ippica [íppika] t. hípica.
ippico, -ca [íppiko, -ka] a. hípico.
ippocastano [ippokastáno] m. castaño de Indias.
ippodromo [ippódromo] m. hipódromo.
ippopotamo [ippopótamo] m. hipopótamo.
ira [íra] f. ira.
irascibile [iraʃʃíbile] a. irascible.
irascibilità [iraʃʃibilitá*] f. irascibilidad.
iride [íride] f. ANAT. iris m. 2 BOT. lirio.
ironia [ironía] f. ironía.
ironicamente [ironikaménte] adv. irónicamente.
ironico, -ca [irɔ́niko, -ka] a. irónico.
ironizzare [ironiddzáre] i. ironizar.
¶ CONJUG. r. aux. **avere**.
irosamente [irosaménte] adv. rabiosamente.
iroso, -sa [irɔ́so, -sa] a. iracundo.
irradiare [irradjáre] t. irradiar.
irradiazione [irradjattsjóne] f. irradiación.
irraggiungibile [irraddʒundʒíbile] a. inalcanzable, inasequible.
irragionevole [irradʒonévole] a. irrazonable, irracional.
irrazionale [irrattsjonále] a. irracional.
irrazionalità [irrattsjonalitá*] f. irracionalidad.
irreale [irreále] a. irreal.
irrealtà [irrealtá*] f. irrealidad.
irrecuperabile [irrekuperábile] a. irrecuperable.
irredentismo [irredentizmo] m. irredentismo.
irregolare [irregoláre] a. irregular.
irregolarmente [irregolarménte] adv. irregularmente.
irregolarità [irregolaritá*] f. irregularidad.
irremovibile [irremovíbile] a. firme.
irreparabile [irreparábile] a. irreparable.
irreperibile [irreperíbile] a. imposible de encontrar.
irreprensibile [irreprensíbile] a. irreprensible.
irrequietezza [irrekwjetéttsa] a. intranquilidad.

irrequieto, -ta [irrekwjèto, -ta] a. intranquilo.
irresistibile [irresistíbile] a. irresistible.
irresistibilmente [irresistibilménte] adv. irresistiblemente.
irresoluto, -ta [irresolúto, -ta] a. irresoluto.
irrespirabile [irrespirábile] a. irrespirable.
irresponsabile [irresponsábile] a. irresponsable.
irresponsabilità [irresponsabilitá*] f. irresponsabilidad.
irrevocabile [irrevokábile] a. irrevocable.
irriconoscibile [irrikonoʃʃíbile] a. irreconocible.
irrigare [irrigáre] t. regar, irrigar.
irrigazione [irrigattsjóne] f. riego m.
irrigidimento [irridʒidiménto] m. endurecimiento.
irrigidire [irridʒidíre] t. poner tieso. 2 pr. endurecerse. 3 fig. obstinarse.
irrimediabile [irrimedjábile] a. irremediable.
irrimediabilmente [irrimedjabilménte] adv. irremediablemente.
irrisorio, -ria [irrizɔ́rjo, -rja] a. irrisorio.
irritabile [irritábile] a. irritable.
irritabilità [irritabilitá*] f. irritabilidad.
irritante [irritánte] a. irritante.
irritare [irritáre] t. irritar.
irritazione [irritattsjóne] f. irritación.
irriverente [irriverénte] a. irreverente.
irriverenza [irriverèntsa] f. irreverencia.
irrobustire [irrobustíre] t.-pr. robustecer, fortalecer.
irrompere [irrómpere] i. irrumpir. ¶ CONJUG. como **rompere.**
irruente [irruènte] a. impetuoso.
irruenza [irruèntsa] f. impetuosidad.
irruzione [irruttsjóne] f. irrupción.
irto, -ta [írto, -ta] a. erizado.
iscritto, -ta [iskrítto, -ta] a. inscrito.
iscrivere [iskrivere] t. inscribir. 2 pr. matricularse. ¶ CONJUG. como **scrivere.**
iscrizione [iskrittsjóne] f. inscripción. 2 matrícula [curso].
islandese [izlandése] a.-s. islandés.
isoipsa [izoípsa] f. curva altimétrica.
isola [ízola] f. isla.
isolamento [izolaménto] m. aislamiento.
isolano, -na [izoláno, -na] a.-m. isleño.
isolante [izolánte] a. aislante.
isolare [izoláre] t. aislar.
isolato, -ta [izoláto, -ta] a. aislado.
ispettore [ispettóre] m. inspector.

ispezionare [ispettsjonáre] *t.* inspeccionar.

ispezione [ispettsjóne] *f.* inspección.

ispido, -da [íspido, -da] *a.* hirsuto.

ispirare [ispiráre] *t.* inspirar.

ispirazione [ispirattsjóne] *f.* inspiración.

israelita [izraelíta] *a.-m.-f.* israelita.

istantanea [istantánea] *f.* instantánea.

istantaneamente [istantaneaménte] *adv.* instantáneamente.

istantaneo, -nea [istantáneo, -nea] *a.* instantáneo.

• **istante** [istánte] *m.* instante.

istanza [istántsa] *f.* instancia.

isteria [istería] *f.* histeria.

istericamente [isterikaménte] *adv.* histéricamente.

isterico, -ca [istériko, -ka] *a.* histérico.

isterismo [isterízmo] *m.* histerismo.

istigare [istigáre] *t.* instigar.

istigazione [istigattsjóne] *f.* instigación.

istintivamente [istintivaménte] *adv.* instintivamente.

istintivo, -va [istintívo, -va] *a.* instintivo.

istinto [istínto] *m.* instinto.

istituire [istituíre] *t.* instituir.

istituto [istitúto] *m.* instituto.

istitutore, -trice [istitutóre, -tritʃe] *m.* fundador. 2 preceptor. 3 *f.* institutriz.

istituzione [istituttsjóne] *f.* institución.

istmo [ístmo] *m.* istmo.

istrice [ístritʃe] *m.* puerco espín.

istruire [istruíre] *t.* instruir.

istruito, -ta [istruíto, -ta] *a.* culto, instruido.

istruttivo, -va [istruttívo, -va] *a.* instructivo.

istruttore [istruttóre] *m.* instructor. 2 monitor [deporte]. 3 *giudice* ~, juez de instrucción.

istruttoria [istruttórja] *f.* DER. instrucción, información.

istruzione [istruttsjóne] *f.* instrucción.

istupidire [istupidíre] *t.-pr.* atontar.

italiano, -na [italjáno, -na] *a.* italiano.

itinerario [itinerárjo] *m.* itinerario.

itterizia [itteríttsja] *f.* ictericia.

J

j [i lúngo] *m.-f.* letra del alfabeto italiano con el mismo valor que la *i*.
jazz [dʒæz] *m.-inv.* jazz.
jazzista [dʒaddzista] *m.* músico de jazz.
jeep [dʒiːp] *f.-inv.* jeep.
jersey [ingl. dʒəːzi] *m.-inv.* jersey.
jockey [ingl. dʒɔ́ki] *m.-inv.* sota [juego de cartas]. 2 jinete, jockey [equitación].

judo [dʒúdo] *m.* judo, yudo.
judoista [dʒudoista] *s.* yudoka.
judoka [dʒudóka] *s.* yudoka.
jugoslavo, -va [jugozlávo, -va] *a.-m.* yugoeslavo.
junior [júnjor] *a.* junior.

K

k [kåppa] *s.* letra del alfabeto italiano con el mismo valor que la **c** dura.

kantiano, -na [kantjåno, -na] *a.* kantiano.

karatè [karatè*] *m.* kárate.

keniano, -na [kenjåno, -na] *a.-s.* keniato.

kepleriano, -na [keplerjåno, -na] *a.* kepleriano.

kermesse [kermès] *f.* kermese, quermés.

killer [ingl. kilə] *m.* asesino a sueldo.

koala [koála] *m.* koala.

kuwaitiano, -na [kuvaitjåno, -na] *a.* kuwaitiano.

L

l [élle] *s.* décima letra del alfabeto italiano.

la [la] *art.* la. 2 [distributivo] cada.

la [la] *pron. pers.* la. 2 [fórmula de cortesía] a usted, le. 3 [en expresiones elípticas, con valor indeterminado]: *ce l'ha fatta*, lo ha logrado.

là [là*] *adv.* allá, allí. 2 [reforzativo de *quello*]: *quell'uomo* ~, aquel hombre. ‖ *al di* ~, al otro lado de. ‖ *l'al di* ~, el más allá.

labbro [lábbro] *m.* [*pl.* **le labbra** en el significado 1; **i labbri** en el 2]. labio. 2 borde.

labirinto [labirínto] *m.* laberinto.

laboratorio [laboratòrjo] *m.* laboratorio. 2 taller.

laboriosità [laborjosità*] *f.* laboriosidad. 2 dificultad.

laborioso, -sa [laborjóso, -sa] *a.* laborioso.

laburista [laburísta] *a.-f.* laborista.

lacca [lákka] *f.* laca.

laccare [lakkáre] *t.* lacar.

lacchè [lakkè*] *m.* lacayo.

laccio [láttʃo] *m.* lazo. 2 *m.-pl.* cordones de zapato.

lacerare [latʃeráre] *t.-pr.* lacerar, desgarrar.

lacerazione [latʃerattsjóne] *f.* laceración, desgarro *m.*

lacero, -ra [látʃero, -ra] *a.* lacerado. 2 harapiento.

laconico, -ca [lakòniko, -ka] *a.* lacónico.

lacrimogeno, -na [lakrimòdʒeno, -na] *a.* lacrimógeno.

lacrimoso, -sa [lakrimóso, -sa] *a.* lacrimoso. 2 fig. lastimoso.

lacuna [lakúna] *f.* laguna.

lacunoso, -sa [lakunóso, -sa] *a.* lagunoso.

lacustre [lakústre] *a.* lacustre.

ladino, -na [ladíno, -na] *a.-s.* ladino.

ladro, -dra [ládro, -dra] *a.-s.* ladrón. ‖ *tempo da ladri*, tiempo de perros. 2 *m.* ELECTR. *spina ladra*, ladrón.

laggiù [laddʒú*] *adv.* allá abajo.

lagnarsi [laɲɲársi] *pr.* quejarse, lamentarse.

lago [lágo] *m.* lago.

laguna [lagúna] *f.* laguna.

laico, -ca [láiko, -ka] *a.-m.* laico.

lama [láma] *f.* hoja. 2 ZOOL. llama. 3 *m.* lama [monje budista].

lambiccarsi [lambikkársi] *t.* alambicar. 2 *pr.* preocuparse. ‖ ~ *il cervello*, devanarse los sesos.

lambiccato, -ta [lambikkáto, -ta] *a.* alambicado.

lambicco [lambikko] *m.* alambique.

lamentare [lamentáre] *t.-pr.* lamentar.

lamento [laménto] *m.* lamento, queja *f.*

lamentoso, -sa [lamentóso, -sa] *a.* lamentoso.

lametta [amétta] *f.* hoja de afeitar.

lamiera [lamjèra] *f.* plancha, chapa.

lamina [lámina] *f.* lámina, chapa.

laminato [lamináto] *m.* laminado.

laminatoio [laminatòjo] *m.* laminador.

lampada [lámpada] *f.* lámpara. 2 bombilla.

lampadario [lampadàrjo] *m.* lámpara [de techo].

lampadina [lampadína] *f.* bombilla.

lampante [lampánte] *a.* límpido, brillante. 2 claro, evidente.

lampeggiare [lampeddʒáre] *i.* relampaguear. 2 AUTO. hacer señales con las luces. ¶ CONJUG. r. aux. *avere*.

lampione [lampjóne] *m.* farol.

lampo [lámpo] *m.* relámpago. 2 momento. ‖ *cerniera* ~, cremallera.

lampone [lampóne] *m.* frambuesa *f.*

lana [lána] *f.* lana.

lancetta [lantʃétta] *f.* manecilla. 2 aguja.

lancia [lántʃa] *f.* lanza. 2 MAR. lancha.

lanciamissili [lantʃamissili] *m.-a.* lanzamisiles.

lanciare [lantʃáre] *t.-pr.* lanzar. 2 hacer un pase [fútbol].

lancinante [lantʃinánte] *a.* lancinante.

lancio [lántʃo] *m.* lanzamiento.

landa [lánda] *f.* páramo *m.*

languido, -da [lángwido, -da] *a.* lánguido.

languire [langwíre] *i.* languidecer. ¶ CONJUG. r. aux. *avere.*

languore [langwóre] *m.* languidez.

lanificio [lanifítʃo] *m.* fábrica *f.* de lanas.

lanterna [lantèrna] *f.* linterna.

lanugine [lanúdʒine] *f.* vello. *m.* ‖ ~ *delle pesche*, pelusilla de los melocotones.

lapidare [lapidáre] *t.* lapidar.

lapidazione [lapidattsjóne] *f.* lapidación.

lapide [lápide] *f.* lápida.

lapis [lápis] *m.* lápiz.

lapislazzuli [lapizláddzuli] *m.* lapislázuli.

lardo [lárdo] *m.* tocino, manteca *f.*

largheggiare [largeddʒáre] *i.* abundar. ¶ CONJUG. r. aux. *avere.*

larghezza [largèttsa] *f.* anchura, ancho *m.* 2 fig. largueza.

largo, -ga [lárgo, -ga] *a.* ancho. 2 fig. generoso. 3 *m.* ancho. ‖ *prendere il* ~, hacerse a la mar. 4 *adv. girare al* ~, alejarse.

laringe [larindʒe] *f.* laringe.

laringite [larindʒíte] *f.* laringitis.

larva [lárva] *f.* larva.

lasagna [lazáɲɲa] *f.* [espec. al *pl.*] lasañas.

lasciapassare [laʃʃapassáre] *m.* pase, salvoconducto.

lasciare [laʃʃáre] *t.* dejar. 2 abandonar. ‖ *lascia perdere*, déjalo correr.

lascito [láʃʃito] *m.* legado.

lascivia [laʃʃívja] *f.* lascivia.

lascivo, -va [laʃʃívo, -va] *a.* lascivo.

laser [lázer] *m.-a.* láser.

lassativo, -va [lassatívo, -va] *a.-m.* laxante.

lasso [lásso] *m.* lapso.

lastra [lástra] *f.* placa. 2 pop. radiografía.

lastricare [lastrikáre] *t.* adoquinar.

lastrico [lástriko] *m.* pavimento. 2 calle *f.* ‖ *ridurre sul* ~, dejar en la miseria.

latente [latènte] *a.* latente.

laterale [laterále] *a.* lateral.

laterizio [lateríttsjo] *a.* hecho con ladrillos. 2 *pl.* ladrillos y tejas.

latifondista [latifondísta] *s.* latifundista.

latifondo [latifóndo] *m.* latifundio.

latino, -na [latíno, -na] *a.* latino. 2 *m.* latín [lengua].

latitante [latitánte] *a.-s.* forajido.

latitudine [latitúdine] *f.* latitud.

lato [láto] *m.* lado. 2 *a.* lato.

latore [latóre] *m.* portador.

latrare [latráre] *i.* ladrar. ¶ CONJUG. r. aux. *avere.*

latrato [latráto] *m.* ladrido.

latrina [latrína] *f.* letrina.

latta [látta] *f.* lata.

lattaio [lattájo] *m.* lechero.

lattante [lattánte] *m.-a.* lactante.

latte [látte] *m.* leche *f.*

latteo, -tea [látteo, -tea] *a.* lácteo.

latteria [lattería] *f.* lechería.

latticino [lattitʃíno] *m.* producto lácteo.

lattuga [lattúga] *f.* lechuga.

laurea [láurea] *f.* licenciatura.

laureare [laureáre] *t.* LIT. coronar de laurel. 2 *pr.* obtener el título de licenciado.

laureato, -ta [laureáto, -ta] *a.-s.* licenciado.

lava [láva] *f.* lava.

lavabile [lavábile] *a.* lavable.

lavabo [lavábo] *m.* lavabo.

lavaggio [laváddʒo] *m.* lavado.

lavagna [laváɲɲa] *f.* pizarra [de clase].

lavanda [lavánda] *f.* espliego *m.*

lavanderia [lavandería] *f.* lavandería.

lavandino [lavandíno] *m.* lavabo.

lavare [laváre] *t.-pr.* lavar. 2 fig. purificar.

lavata [laváta] *f.* lavado *m.* ‖ ~ *di capo*, bronca.

lavatoio [lavatójo] *m.* lavadero.

lavorare [lavoráre] *t.-i.* trabajar. ¶ CONJUG. r. aux. *avere* [i.-t.].

lavorativo, -va [lavorativo, -va] *a.* laborable.

lavorato, -ta [lavoráto, -ta] *a.* trabajado.

lavoratore [lavoratóre] *m.* trabajador.

lavorazione [lavorattsjóne] *f.* trabajo *m.*, elaboración.

lavoro [lavóro] *m.* trabajo. ‖ ~ *nero*, trabajo negro. 2 obra *f.*

lazzarone [laddzaróne] *m.* gandul.

le [le] *art.* las. Delante de posesivo no se traduce: ~ *loro opinioni*: sus opiniones.

le [le] *pron. pers.* [femenino pl.] las. ‖ ~ *ho incontrate ieri*, las encontré ayer. 2 [femenino sing.] le. ‖ *ho visto tua sorella e le ho dato la notizia*, he visto a tu hermana y le he dado la noticia. 3 le, a Ud.

leale [leále] *a.* leal.

lealtà [lealtà*] *f.* lealtad.

lebbra [lébbra] *f.* lepra.

lebbrosario [lebbrosárjo] *m.* leprosería.

lebbroso, -sa [lebbróso, -sa] *a.-m.* leproso.

leccare [lekkáre] *t.* lamer.

leccata [lekkáta] *f.* lamedura.

leccornia [lekkornía] *f.* golosina.

lecito, -ta [létʃito, -ta] *a.* lícito.

ledere [lèdere] *t.* lesionar. 2 ofender. 3 perjudicar. ¶ CONJUG. IND. pret. ind.: *lesi, ledesti, lese, ledemmo, ledeste, lesero.* ‖ PART. *leso.*

lega [léga] *f.* liga. 2 aleación [metales].

legale [legále] *a.* legal. 2 *m.* abogado.

legalità [legalità*] *f.* legalidad.

legalizzare [legaliddzáre] *t.* legalizar.

legalizzazione [legaliddzattsjóne] *f.* legalización.

legame [legáme] *m.* ligazón, vínculo.

legare [legáre] *t.* atar. 2 alear [metales]. 3 encuadernar. 4 *i.* asociarse. ¶ CONJUG. r. aux. *avere* [i.].

legazione [legattsjóne] *f.* legación.

legge [lèddʒe] *f.* ley.

leggenda [leddʒènda] *f.* leyenda. 2 inscripción.

leggendario, -ria [leddʒendárjo, -rja] *a.* legendario.

leggere [lèddʒere] *t.* leer. ¶ CONJUG. IND. pret. ind.: *lessi, leggesti, lesse, leggemmo, leggeste, lessero.* ‖ PART.: *letto.*

leggerezza [leddʒerèttsa] *f.* ligereza.

leggero, -ra [leddʒéro, -ra] *a.* ligero.

leggiadria [leddʒadría] *f.* gracia.

leggiadro, -dra [leddʒádro, -dra] *a.* gracioso.

leggibile [leddʒíbile] *a.* legible.

leggio [leddʒío] *m.* atril.

legione [ledʒóne] *f.* legión.

legislativo, -va [ledʒizlativo, -va] *a.* legislativo.

legislatore [ledʒizlatòre] *m.* legislador.

legislatura [ledʒizlatúra] *f.* legislatura.

legislazione [ledʒizlattsjóne] *f.* legislación.

legittima [ledʒíttima] *f.* legítima.

legittimare [ledʒittimáre] *t.* legitimar, justificar.

legittimazione [ledʒittimattsjóne] *f.* legitimación.

legittimità [ledʒittimità*] *f.* legitimidad.

legittimo, -ma [ledʒíttimo, -ma] *a.* legítimo.

legna [lèɲɲa] *f.* leña.

legname [leɲɲáme] *m.* madera *f.*

legnata [leɲɲáta] *f.* leñazo *m.*, palo *m.*

legno [lèɲɲo] *m.* madera *f.*

legnoso, -sa [leɲɲóso, -sa] *a.* leñoso.

leguleio [legulèjo] *m.* leguleyo.

legume [legúme] *m.* legumbre.

lei [lèi] *pron. pers.* [femenino sing.] ella. 2 usted.

lembo [lèmbo] *m.* borde. 2 pedazo. ~ *di terra*, pedazo de tierra.

lemma [lèmma] *m.* lema.

lenire [leníre] *t.* aliviar.

lentamente [lentaménte] *adv.* lentamente.

lente [lènte] *f.* lente. ‖ ~ *d'ingrandimento*, lupa. 2 *pl.* lentes [gafas]. ‖ ~ *a contatto*, lente de contacto.

lentezza [lentèttsa] *f.* lentitud.

lenticchia [lentikkja] *f.* lenteja.

lentiggine [lentíddʒine] *f.* peca.

lentigginoso, -sa [lentíddʒinóso, -sa] *a.* pecoso.

lento, -ta [lènto, -ta] *a.* lento.

lenza [lèntsa] *f.* sedal.

lenzuolo [lentswòlo] *m.* sábana *f.*

leone [leóne] *m.* león.

leonessa [leonèssa] *f.* leona.

leopardo [leopárdo] *m.* leopardo.

lepre [lèpre] *f.* liebre.

lesionare [lezjonáre] *t.* causar desperfectos.

lesione [lezjóne] *f.* lesión.

leso, -sa [lèzo, -za] *a.* leso. 2 que ha sufrido daños.

lessare [lessáre] *t.* hervir, cocer.

lessico [lèssiko] *m.* léxico.

lesso, -sa [lèsso, -sa] *a.* hervido, cocido. 2 *m.* carne cocida.

letamaio [letamájo] *m.* estercolero.

letame [letáme] *m.* estiércol.

letargo [letárgo] *m.* letargo.

lettera [lèttera] *f.* letra. ‖ *alla* ~, al pie de la letra. 2 carta. 3 *pl.* letras. ‖ *lettere e filosofia*, filosofía y letras.

letterale [letterále] *a.* literal.

letteralmente [letteralménte] *adv.* literalmente.

letterario, -ria [letterárjo, -rja] *a.* literario.

letterato, -a [letteráto, -ta] *a.* literato.

letteratura [letteratúra] *f.* literatura.

lettiga [lettiga] *f.* camilla.

letto [lètto] *m.* cama *f.*

lettore [lettòre] *m.* lector.

lettura [lettúra] *f.* lectura.

leucemia [leutʃemía] *f.* leucemia.

leucocito [leukotʃíto] *m.* leucocito.

leva [léva] *f.* palanca. 2 MIL. quinta.

levante [levánte] *m.* levante.

levare [leváre] *t.* quitar. 2 MAR. levar.

levata [leváta] *f.* salida [del sol]. 2 recogida [del correo].

levataccia [levatàttʃa] *f.* madrugón *m.*

levatoio [levatójo] *a.* levadizo.

levatrice [levatritʃe] *f.* comadrona.
levigare [levigáre] *t.* alisar, pulir.
levigato, -ta [levigáto, -ta] *a.* liso, pulido.
levriere [levrjère] *m.* lebrel, galgo.
lezione [lettsjóne] *f.* lección. 2 clase. ‖ *oggi non c'è lezione*, hoy no hay clase.
lezioso, -sa [lettsjóso, -sa] *a.* melindroso.
lezzo [léddzo] *m.* hedor.
lì [li*] *adv.* allí, ahí. ‖ ~ *per* ~, en el momento. ‖ ~ ~ *per*, a punto de.
liana [liána] *f.* liana, bejuco *m.*
libare [libáre] *t.* libar.
libbra [libbra] *f.* libra.
libeccio [libéttʃo] *m.* ábrego, lebeche.
libellula [libéllula] *f.* libélula.
liberale [liberále] *a.* liberal.
liberalismo [liberalizmo] *m.* liberalismo.
liberalità [liberalità*] *f.* liberalidad.
liberare [liberáre] *t.* liberar. 2 eximir.
liberatore, -trice [liberatóre, -tritʃe] *a.-s.* libertador.
liberazione [liberattsjóne] *f.* liberación.
libero, -ra [libero, -ra] *a.-s.* libre.
libertà [libertà*] *f.* libertad.
libertinaggio [libertináddʒo] *m.* libertinaje.
libertino, -na [libertino, -na] *a.-m.* libertino.
libidine [libídine] *f.* libídine, lujuria.
libidinoso, -sa [libidinóso, -sa] *a.* libidinoso, lujurioso.
libraio [librájo] *m.* librero.
librare [libráre] *t.* pesar, ponderar. 2 *pr.* mantenerse suspendido o en equilibrio.
libreria [libreria] *f.* librería.
libretto [librétto] *m.* libreto.
libro [libro] *m.* libro.
liceale [litʃeále] *a.* de bachillerato. 2 *s.* estudiante de bachillerato.
licenza [litʃéntsa] *f.* licencia, permiso. ‖ *una settimana di* ~, una semana de permiso. 2 título, diploma.
licenziamento [litʃentsjaménto] *m.* despido [laboral].
licenziare [litʃentsjáre] *t.* despedir.
licenziosità [litʃentsjosità*] *f.* licencia.
licenzioso, -sa [litʃentsjóso, -sa] *a.* licencioso.
liceo [litʃèo] *m.* bachillerato superior. 2 centro donde se cursa el bachillerato superior.
lichene [likène] *m.* liquen.
lido [lido] *m.* playa *f.*
lieto, -ta [ljèto, -ta] *a.* contento. ‖ *molto* ~, encantado.
lieve [ljève] *a.* leve.

lievemente [ljeveménte] *adv.* levemente.
lievitare [ljevitáre] *i.* fermentar. ¶ CONJUG. r. aux. *essere.*
lievito [ljèvito] *m.* levadura *f.*
ligio, -gia [lidʒo, -dʒa] *a.* sumiso, cumplidor.
lignaggio [liɲɲáddʒo] *m.* linaje.
lignite [liɲɲite] *f.* lignito.
ligure [ligure] *a.-s.* ligur, ligurino.
lillà [lillà*] *m.* lila. 2 *a.* morado [color].
lima [lima] *f.* lima.
limaccioso, -sa [limattʃóso, -sa] *a.* cenagoso.
limare [limáre] *t.* limar.
limatura [limatúra] *f.* limadura.
limbo [limbo] *m.* limbo.
limitare [limitáre] *t.-pr.* limitar.
limitare [limitáre] *m.* umbral.
limitato, -ta [limitáto, -ta] *a.* limitado.
limite [limite] *m.* límite.
limitrofo, -fa [limitrofo, -fa] *a.* limítrofe.
limonata [limonáta] *f.* limonada.
limone [limóne] *m.* limón. 2 limonero.
limpidezza [limpidéttsa] *f.* limpidez.
limpido, -da [limpido, -da] *a.* límpido.
lince [lintʃe] *f.* lince.
linciaggio [lintʃáddʒo] *m.* linchamiento.
linciare [lintʃáre] *t.* linchar.
linea [linea] *f.* línea.
lineamento [lineaménto] *m.* disposición *f.* de líneas. 2 *pl.* facciones *f.-pl.* rasgos.
lineare [lineáre] *a.* lineal.
lineetta [lineétta] *f.* guión *m.*
linfa [linfa] *f.* linfa. 2 savia.
linfatico, -ca [linfátiko, -ka] *a.* linfático.
lingua [lingwa] *f.* ANAT. lengua. 2 idioma, lengua.
linguaggio [lingwáddʒo] *m.* lenguaje.
linguetta [lingwètta] *f.* lengüeta.
linguista [lingwista] *s.* lingüista.
linguistica [lingwistika] *f.* lingüística.
linguistico, -ca [lingwistiko, -ka] *a.* lingüístico.
linimento [liniménto] *m.* linimento.
lino [lino] *m.* lino. ‖ *farina di semi di* ~, linaza.
linoleum [linòleum] *m.* linóleo.
liquefare [likwefáre] *t.* licuar. ¶ CONJUG. como *fare.*
liquefazione [likwefattsjóne] *f.* licuación.
liquidare [likwidáre] *t.* liquidar. ‖ ~ *i debiti*, liquidar las deudas. ‖ ~ *le rimanenze*, liquidar los fondos de almacén.
liquidazione [likwidattsjóne] *f.* liquidación.
liquidità [likwidità*] *f.* liquidez.

liquido, -da [likwido, -da] *a.-m.* líquido.

liquirizia [likwirittsja] *f.* regaliz.

liquore [likwòre] *m.* licor.

lira [lira] *f.* lira [moneda]. 2 libra [moneda]. 3 MUS. lira.

lirica [lirika] *f.* lírica.

lirico, -ca [liriko, -ka] *a.* lírico.

lisca [liska] *f.* espina.

lisciare [liʃʃàre] *t.* alisar, pulir. 2 fig. hacer la pelota.

liscio, -cia [liʃʃo, -ʃa] *a.* liso. 2 simple, sin adornos. 3 solo. ‖ *un vermut ~*, un vermut solo.

liso, -sa [lizo, -za] *a.* consumido, gastado.

lista [lista] *f.* lista. ‖ *~ d'attesa*, lista de espera.

listino [listino] *m.* lista *f.*, anuario.

litania [litania] *f.* letanía.

lite [lite] *f.* pelea, disputa.

litigante [litigànte] *a.-s.* litigante, contendiente.

litigio [litidʒo] *m.* litigio, pelea *f.*, riña *f.*

litigioso, -sa [litidʒòso, -sa] *a.* pendencioso.

litografia [litografia] *f.* litografía.

litorale [litoràle] *m.* litoral.

litoraneo, -nea [litoràneo, -nea] *a.* litoral.

litro [litro] *m.* litro.

liturgia [liturdʒia] *f.* liturgia.

liturgico, -ca [liturdʒiko, -ka] *a.* litúrgico.

liuto [liùto] *m.* laúd.

livellamento [livellamènto] *m.* nivelación *f.*

livellare [livellàre] *t.* nivelar.

livello [livèllo] *m.* nivel.

livido, -da [livido, -da] *a.* amoratado, lívido. 2 cardenal [equimosis].

livrea [livrèa] *f.* librea.

lizza [littsa] *f.* liza.

lo [lo] *pron. pers.* [masculino sing.] le, lo. ‖ *~ vide venire*, le vio venir. ‖ *~ dicevano tutti*, lo decían todos.

lobo [lòbo] *m.* lóbulo.

locale [lokàle] *a.-m.* local.

località [lokalità*] *f.* localidad, sitio *m.*, lugar *m.*

localizzare [lokaliddzàre] *t.* localizar.

localizzazione [lokaliddzattsjòne] *f.* localización.

locanda [lokànda] *f.* posada, fonda.

locomotiva [lokomotiva] *f.* locomotora.

locomozione [lokomottsjòne] *f.* locomoción.

locusta [lokùsta] *f.* langosta [insecto].

locuzione [lokuttsjòne] *f.* locución.

lodare [lodàre] *t.* alabar, loar.

lode [lòde] *f.* alabanza.

lodevole [lodèvole] *a.* admirable, loable.

logaritmo [logaritmo] *m.* logaritmo.

loggia [lòddʒa] *f.* porche *m.*, soportal *m.*, baranda.

loggione [loddʒòne] *m.* paraíso [teatro].

logica [lòdʒika] *f.* lógica.

logico, -ca [lòdʒiko, -ka] *a.* lógico.

logistica [lodʒistika] *f.* logística.

logistico, -ca [lodʒistiko, -ka] *a.* logístico.

logoramento [logoramènto] *m.* desgaste.

logorare [logoràre] *t.* desgastar. 2 agotar.

logorio [logorio] *m.* desgaste.

logoro, -ra [lògoro, -ra] *a.* gastado, consumido.

lombaggine [lombàddʒine] *f.* lumbago.

lombardo, -da [lombàrdo, -da] *a.-m.* lombardo.

lombare [lombàre] *a.* lumbar.

lombata [lombàta] *f.* lomo *m.*

lombo [lòmbo] *m.* lomo.

lombrico [lombriko] *m.* lombriz *f.*

longevità [londʒevità*] *f.* longevidad.

longevo, -va [londʒèvo, -va] *a.* longevo.

longitudinale [londʒitudinàle] *a.* longitudinal.

longitudinalmente [londʒitudinalmènte] *adv.* longitudinalmente.

longitudine [londʒitùdine] *f.* longitud.

lontananza [lontanàntsa] *f.* lejanía.

lontanamente [lontanamènte] *adv.* de lejos.

lontano, -na [lontàno, -na] *a.* lejano, alejado. 2 *adv.* lejos.

lontra [lòntra] *f.* nutria.

loquace [lokwàtʃe] *a.* locuaz.

loquacità [lokwatʃità*] *f.* locuacidad.

lordo, -da [lòrdo, -da] *a.* COM. bruto. 2 sucio.

losco, -ca [lòsko, -ka] *a.* siniestro, sospechoso [persona], sucio [negocio].

lotta [lòtta] *f.* lucha.

lottare [lottàre] *i.* luchar, combatir. ¶ CONJUG. r. aux. *avere.*

lottatore [lottatòre] *m.* luchador.

lotteria [lotteria] *f.* lotería.

lotto [lòtto] *m.* lote. 2 lotería *f.*

lozione [lottsjòne] *f.* loción.

lubrificante [lubrifikànte] *a.-m.* lubrificante.

lubrificare [lubrifikàre] *t.* lubrificar.

lubrificazione [lubrifikattsjòne] *f.* lubrificación.

luccheto [lukkètto] *m.* candado.

luccicare [luttʃikáre] *i.* brillar. ¶ CONJUG.
r. aux. *essere* o *avere*.

luccichio [luttʃikío] *m.* resplandor, brillo.

luccio [lúttʃo] *m.* lucio.

lucciola [luttʃóla] *f.* luciérnaga.

luce [lútʃe] *f.* luz.

lucentezza [lutʃentétssa] *f.* brillo *m.*

lucerna [lutʃérna] *f.* candil *m.*

lucernario [lutʃernárjo] *m.* claraboya *f.*

lucertola [lutʃértola] *f.* lagartija.

lucertolone [lutʃertolóne] *m.* lagarto.

lucidare [lutʃidáre] *t.* dar brillo, lustrar. 2
limpiar.

lucidatrice [lutʃidatritʃe] *f.* pulidora.

lucidatura [lutʃidatúra] *f.* pulimentación.

lucidità [lutʃidità*] *f.* lucidez.

lucido, -da [lútʃido, -da] *a.* brillante. 2
claro, lúcido. ‖ *idee lucide*, ideas claras.
3 *m.* betún [para zapatos].

lucro [lúkro] *m.* lucro.

lucroso, -sa [lukróso, -sa] *a.* lucroso.

luculliano, -na [lukulljáno, -na] *a.* opíparo.

luglio [lúʎʎo] *m.* julio.

lugubre [lúgubre] *a.* lúgubre.

lui [lúi] *pron. pers.* [masculino sing.] él.

lumaca [lumáka] *f.* caracol *m.*

lume [lúme] *m.* lámpara. 2 luz.

luminosità [luminosità*] *f.* luminosidad.

luminoso, -sa [luminóso, -sa] *a.* luminoso.

luna [lúna] *f.* luna.

lunare [lunáre] *a.* lunar.

lunatico, -ca [lunátiko, -ka] *a.* lunático.

lunedì [lunedí*] *m.* lunes.

lungaggine [lungáddʒine] *f.* lentitud, pro-
lijidad.

lunghezza [lungéttsa] *f.* longitud, largo
m., largura. DEP. cuerpo *m.*

lungi [lúndʒi] *adv.* lejos.

lungimirante [lundʒimiránte] *a.* clarividente.

lungo, -ga [lúngo, -ga] *a.* largo. 2 fig. lento. 3 *prep.* a lo largo de. ‖ *a ~*, por largo
tiempo, mucho.

luogo [lwógo] *m.* lugar.

luogotenente [lwogotenénte] *m.* lugarteniente.

lupa [lúpa] *f.* loba.

lupo [lúpo] *m.* lobo. ‖ *tempo da lupi*, tiempo de perros. ‖ *~ mannaro*, coco, ogro.
‖ *in bocca al ~!*, ¡suerte!

luppolo [lúppolo] *m.* lúpulo.

lurido, -da [lúrido, -da] *a.* sucio, asqueroso.

lusinga [luzínga] *f.* lisonja.

lusingare [luzingáre] *t.* lisonjear.

lusinghiero, -ra [luzingjéro, -ra] *a.* halagador.

lussare [lussáre] *t.-pr.* MED. dislocar [un
hueso].

lusso [lússo] *m.* lujo.

lussuoso, -sa [lussuóso, -sa] *a.* lujoso.

lussureggiante [lussureddʒánte] *a.* exuberante.

lussuria [lussúrja] *f.* lujuria.

lussurioso, -sa [lussurjóso, -sa] *a.* lujurioso.

lustrare [lustráre] *t.* limpiar, dar brillo.
¶ CONJUG. r. aux. *avere* [i.-t.].

lustrascarpe [lustraskárpe] *m.* limpiabotas.

lustrino [lustrino] *m.* lentejuela *f.*

lustro [lústro] *m.* lustre, brillantez *f.* 2 fig.
nombre, prestigio.

luterano, -na [luteráno, -na] *a.-s.* luterano.

lutto [lútto] *m.* luto.

luttuoso, -sa [luttuóso, -sa] *a.* luctuoso.

M

m [èmme] s. undécima letra del alfabeto italiano.

ma [ma] *conj.* pero, sino. 2 *m.* pero. 3 *interj.* quién sabe: *«sarà in casa?»*, *«ma»*, «¿estará en casa?», «¿quién sabe?».

macabro, -bra [màkabro, -bra] *a.* macabro.

maccherone [makkeròne] *m.* [usado especialmente en pl.] macarrón.

maccheronico, -ca [makkeròniko, -ka] *a.* macarrónico.

macchia [màkkja] *f.* mancha. 2 matorral *m.* ‖ *darsi alla* ~, esconderse en los bosques, darse al bandolerismo.

macchiare [makkjàre] *t.* manchar.

macchiato, -ta [makkjàto, -ta] *a.* manchado. ‖ *caffè macchiato*, café cortado.

macchietta [makkjètta] *f.* caricatura. 2 fig. tipo *m.* raro y divertido.

macchina [màkkina] *f.* máquina. 2 coche *m.* [automóvil].

macchinare [makkinàre] *t.* maquinar, tramar.

macchinazione [makkinattsjòne] *f.* maquinación.

macchinista [makkinista] *s.* maquinista. 2 TEAT. tramoyista.

macchinoso, -sa [makkinòso, -sa] *a.* complicado.

macedonia [matʃedònja] *f.* macedonia [ensalada de frutas].

macellaio [matʃellàjo] *m.* carnicero.

macellare [matʃellàre] *t.* matar, degollar las reses.

macelleria [matʃelleria] *f.* carnicería.

macello [matʃèllo] *m.* matadero. 2 carnicería. 3 fig. lío: *che* ~!, ¡qué lío!

macerare [matʃeràre] *t.* macerar.

macerazione [matʃerattsjòne] *f.* maceración.

maceria [matʃèrja] *f.* [usado especialmente en plural] escombros, ruinas.

macero [màtʃero] *m.* poza *f.*

macigno [matʃiɲɲo] *m.* piedra *f.* calcárea de la que se fabrican las ruedas de molino. 2 peñasco.

macina [màtʃina] *f.* rueda de molino.

macinare [matʃinàre] *t.* moler.

macinino [matʃinino] *m.* molinillo.

maciullare [matʃullàre] *t.* machacar, trinchar.

macroscopico, -ca [makroskòpiko, -ka] *a.* macroscópico.

madido, -da [màdido, -da] *a.* empapado.

madonna [madònna] *f.* Virgen [referido siempre a María].

madornale [madornàle] *a.* enorme. ‖ *errore* ~, error garrafal.

madre [màdre] *f.* madre. 2 matriz [de un talonario].

madreperla [madrepèrla] *f.* madreperla.

madrepora [madrèpora] *f.* madrépora.

madrigale [madrigàle] *m.* madrigal.

madrina [madrina] *f.* madrina.

maestà [maestà*] *f.* majestad.

maestosità [maestosità*] *f* majestuosidad.

maestoso, -sa [maestòso, sa] *a.* majestuoso.

maestrale [maestràle] *m.-a.* mistral.

maestranza [maestràntsa] *m.* [usado sobre todo en plural] obreros, productores.

maestria [maestria] *f.* maestría.

maestro, -tra [maèstro, -tra] *s.-a.* maestro.

mafia [màfja] *f.* mafia.

magari [magàri] *inter.* ¡ojalá! 2 *adv.* quizá, probablemente. 3 incluso. 4 *conj.* aunque.

magazziniere [magaddzinjère] *m.* almacenero.

magazzino [magaddzino] *m.* almacén. fig. ‖ *essere un* ~ *di erudizione*, ser un pozo de ciencia. 2 IMP. almacén [de una linotipia].

maggio [màddʒo] *m.* mayo.

maggiolino [maddʒolíno] *m.* ZOOL. melolonta.

maggiordomo [maddʒordòmo] *f.* mayordomo.

maggiore [maddʒóre] *a.-s.* mayor.

maggiorenne [maddʒorènne] *a.-s.* mayor de edad.

magia [madʒía] *f.* magia.

magico, -ca [mádʒiko, -ka] *a.* mágico.

magistero [madʒistèro] *m.* magisterio.

magistrale [madʒistrále] *a.* magistral.

magistrato [madʒistráto] *m.* juez, magistrado. 2 autoridad *f.*

magistratura [madʒistratúra] *m.* magistratura.

maglia [máʎʎa] *f.* eslabón *m.* [de una cadena]. 2 malla [de una red]. 3 punto *m.* [de un tejido]. 4 camiseta.

maglieria [maʎʎería] *f.* géneros *m.-pl.* de punto. 2 fábrica o tienda de géneros de punto.

maglietta [maʎʎétta] *f.* camiseta.

maglificio [maʎʎifítʃo] *m.* fábrica *f.* de géneros de punto.

magnanimità [maɲɲanimitá*] *f.* magnanimidad.

magnanimo [maɲɲánimo] *a.* magnánimo.

magnate [maɲɲáte] *m.* magnate.

magnesia [maɲɲèzja] *f.* magnesia.

magnete [maɲɲète] *m.* imán. 2 AUTO. magneto.

magnetico, -ca [maɲɲètiko, -ka] *a.* magnético.

magnetismo [maɲɲetizmo] *m.* magnetismo.

magnetizzare [maɲɲetiddzáre] *t.* magnetizar.

magnificenza [maɲɲifitʃèntsa] *f.* magnificencia.

magnifico, -ca [maɲɲifiko, -ka] *a.* magnífico.

magnolia [maɲɲòlja] *f.* magnolia.

mago, -ga [mágo, -ga] *a.-s.* mago.

magrezza [magrèttsa] *f.* delgadez. 2 fig. pobreza.

magro, -gra [mágro, -gra] *a.* delgado, magro. 2 sin grasa [carne].

mai [mái] *adv.* nunca, jamás. 2 de ninguna manera. ‖ *caso* ~, *se* ~, eventualmente, si acaso. ‖ *come* ~, ¿cómo es posible?

maiale [majále] *m.* cerdo, carne *f.* de cerdo.

maiolica [majòlika] *f.* loza.

maionese [majonèse] *f.* mayonesa.

mais [máis] *m.* maíz.

maiuscolo, -la [majúskolo, -la] *a.* mayúsculo. 2 *s.* mayúscula [letra].

malafede [malaféde] *f.* mala fe.

malagevole [maladʒévole] *a.* difícil, incómodo.

malagrazia [malagráttsja] *f.* rudeza, desmaña.

malalingua [malalingwa] *f.* mala lengua.

malandato, -ta [malandáto, -ta] *a.* malparado.

malandrino, -na [malandrino, -na] *s.* malhechor, ladrón. 2 fig. pícaro.

malanimo [malánimo] *m.* animosidad *f.*

malanno [malánno] *m.* enfermedad *f.*, achaque. ‖ *combinare un* ~, provocar una desgracia.

malapena [malapéna] *a* ~, a duras penas.

malaria [malárja] *f.* malaria.

malaticcio, -cia [malatittʃo, -tʃa] *a.* enfermizo, malsano.

malato, -ta [maláto, -ta] *a.-s.* enfermo.

malattia [malattía] *f.* enfermedad.

malaugurato, -ta [malauguráto, -ta] *a.* malaventurado, infausto.

malaugurio [malaugúrjo] *m.* mal agüero.

malavita [malavíta] *f.* hampa *m.*

malavoglia [malavòʎʎa] *f.* desgana, mala gana.

malcapitato, -ta [malkapitáto, -ta] *a.-s.* malaventurado.

malconcio, -cia [malkóntʃo, -tʃa] *a.* malparado.

maldestro, -tra [maldèstro, -tra] *a.* desmañado, patoso.

maldicente [malditʃènte] *a.-s.* mala lengua *f.*

maldicenza [malditʃèntsa] *f.* maledicencia.

maldisposto, -ta [maldispósto, -ta] *a.* maldispuesto.

male [mále] *m.-adv.* mal.

maledetto, -ta [maledètto, -ta] *a.* maldito.

maledire [maledíre] *t.* maldecir. 2 *i.* LIT. desear mal. ¶ CONJUG. (aux. *avere* [i.-t.]) como *dire.*

maledizione [maledittsjóne] *f.* maldición.

malefatta [malefátta] *f.* gamberrada.

maleficio [malefítʃo] *m.* maleficio.

malefico, -ca [malèfiko, -ka] *a.* maléfico.

malessere [malèssere] *m.* malestar.

malfattore [malfattóre] *m.* malhechor.

malfermo, -ma [malfèrmo] *a.* inseguro. ‖ *salute malferma,* salud delicada.

malformazione [malformattsjòne] f. deformación.

malgoverno [malgovèrno] m. mal gobierno.

malgrado [malgràdo] adv.-prep. a pesar de. || mio ~, a pesar mío.

malia [malìa] f. hechicería. 2 fig. seducción.

maliardo, -da [maliàrdo, -da] a. seductor, encantador.

malignare [malippàre] i. hablar mal (de alguien). ¶ CONJUG. r. aux. avere.

malignità [malippità*] f. malignidad.

maligno, -na [malìppo, -pa] a. maligno.

malinconia [malinkonìa] f. melancolía.

malinconico, -ca [malinkòniko, -ka] a. melancólico.

malincuore [malinkwòre] a ~, de mala gana.

malintenzionato, -ta [malintentsjonàto, -ta] a. malintencionado.

malinteso, -sa [malintèso, -sa] m. equivocación f.

malizia [malìttsja] f. malicia.

malizioso, -sa [malittsjòso, -sa] a. malicioso.

malleabile [malleàbile] a. maleable.

malleolo [mallèolo] m. tobillo.

malloppo [mallòppo] m. botín.

malmenare [malmenàre] t. maltratar, dejar malparado.

malocchio [malòkkjo] m. mal de ojo.

malora [malòra] f. ruina. || andare in ~, arruinarse. || alla ~!, ¡al diablo!

malore [malòre] m. malestar improviso.

malsano, -na [malsàno, -na] a. malsano.

malsicuro, -ra [malsikùro, -ra] a. inseguro.

maltempo [maltèmpo] m. mal tiempo.

maltolto, -ta [maltòlto, -ta] a. apropiado indebidamente. 2 s. lo indebidamente apropiado.

maltosio [maltòzjo] m. maltosa f.

maltrattare [maltrattàre] f. maltratar.

malumore [malumòre] m. mal humor, mal genio.

malva [màlva] f. malva. 2 color malva.

malvagio, -gia [malvàdʒo, -dʒa] a. malvado.

malvagità [malvadʒità*] f. maldad.

malvasia [malvazìa] f. malvasía.

malversare [malversàre] t. dilapidar.

malvisto, -ta [malvìsto, -ta] a. malvisto.

malvivente [malvivènte] s. maleante.

malvolentieri [malvolentjèri] adv. de mala gana.

mamma [màmma] f. mamá.

mammella [mammèlla] f. teta, mama.

mammifero [mammìfero] m. mamífero.

mammola [màmmola] f. violeta.

manata [manàta] f. manotazo m.

mancanza [mankàntsa] f. falta.

mancare [mankàre] i. faltar, carecer. 2 fallecer. 3 sentirsi ~, desmayarse. 4 t. || ~ il colpo, fallar el tiro. ¶ CONJUG. r. aux. avere [i.-t.].

mancato, -ta [mankàto, -ta] a. fallado, no logrado. || per ~ pagamento, por falta de pago.

manchevolezza [mankevolèttsa] f. falta, fallo m.

mancia [màntʃa] f. propina.

manciata [mantʃàta] f. puñado m.

mancino, -na [mantʃìno, -na] a.-t. zurdo. || tiro ~, mala jugada.

mandante [mandànte] m. mandante.

mandarancio [mandaràntʃo] m. clementina f.

mandare [mandàre] t. mandar, enviar.

mandarino [mandarìno] m. mandarina f.

mandata [mandàta] f. vuelta [de llave en la cerradura]. 2 envío m. 3 banca [de grupo].

mandato [mandàto] m. mandato, orden f. || ~ di cattura, orden de arresto.

mandibola [mandìbola] f. mandíbula.

mandolino [mandolìno] m. mandolina f.

mandorla [màndorla] f. almendra.

mandorlo [màndorlo] m. almendro.

mandria [màndrja] f. rebaño m.

mandrillo [mandrìllo] m. mandril.

mandrino [mandrìno] m. TECN. mandril.

maneggevole [maneddʒèvole] a. manejable.

maneggiare [maneddʒàre] t. manejar.

maneggio [manèddʒo] m. manejo.

manesco, -ca [manèsko, -ka] a. suelto de manos.

manette [manètte] f. pl. esposas.

manganello [manganèllo] m. porra f.

mangiare [mandʒàre] t. comer. 2 m. comida f.

mangiata [mandʒàta] f. comilona.

mangime [mandʒìme] m. cebo. 2 pienso.

mangione [mandʒòne] m. comilón.

mania [manìa] f. manía.

maniaco, -ca [manìako, -ka] a. maníaco, maniático.

manica [mànika] f. manga.

manicaretto [manikarètto] m. gollería f.

manichino [manikìno] m. maniquí.

manico [màniko] m. mango, asa f.

manicomio [manikɔ̀mjo] *m.* manicomio.

manicure [manikúre] *f.* manicura.

maniera [manjɛ̀ra] *f.* manera, modo *m.* ‖ *belle maniere*, buenos modales.

manierismo [manjerízmo] *m.* manierismo.

manifattura [manifattúra] *f.* manufactura.

manifestare [manifestáre] *t.* manifestar. 2 *i.* manifestarse, participar en una manifestación. ¶ CONJUG. r. aux. *avere* [i.-t.].

manifestazione [maifestattsjóne] *f.* manifestación.

manifesto [manifɛ̀sto] *a.-m.* manifiesto.

maniglia [maníʎʎa] *f.* picaporte *m.* 2 asa [de un baúl]. 3 tirador *m.* [de un cajón].

manigoldo [manigóldo] *m.* gamberro.

manipolare [manipoláre] *t.* manipular.

manipolazione [manipolattsjóne] *f.* manipulación.

mannaia [mannája] *f.* hacha.

mano [máno] *f.* mano. ‖ *man* ~, a medida que.

manodopera [manodɔ̀pera] *f.* mano de obra.

manomettere [manomɛ̀ttere] *t.* forzar. 2 dañar.

manopola [manɔ̀pola] *f.* manopla, mando *m.*

manoscritto [manoskrítto] *m.* manuscrito.

manovale [manovále] *m.* peón.

manovella [manovɛ̀lla] *f.* manivela.

manovra [manɔ̀vra] *f.* maniobra.

manovrare [manovráre] *t.-i.* maniobrar. ¶ CONJUG. r. aux. *avere* [i.-t.].

manrovescio [manrovɛ̀ʃʃo] *m.* revés.

mansalva [mansálva] *a* ~, libremente, sin freno.

mansione [mansjóne] *f.* tarea.

mansueto, -ta [mansuɛ̀to, -ta] *a.* manso.

mansuetudine [mansuetúdine] *f.* mansedumbre.

mantello [mantɛ̀llo] *m.* capa *f.*

mantenere [manenére] *t.* mantener. ¶ CONJUG. como *tenere.*

mantenimento [mantenimɛ̀nto] *m.* mantenimiento, sustento.

mantenuto, -ta [mantenúto, -ta] *a.-s.* mantenido.

mantice [mántitʃe] *f.* fuelle *m.*

mantiglia [mantíʎʎa] *f.* mantilla.

manto [mánto] *m.* manto.

manuale [manuále] *a.-s.* manual.

manubrio [manúbrjo] *m.* manillar. 2 manivela *f.*

manufatto, -ta [manufátto, -ta] *a.-s.* manufacturado.

manutenzione [manutentsjóne] *f.* manutención.

manzo [mándzo] *m.* novillo. ‖ *carne di* ~, carne de buey.

mappa [máppa] *f.* mapa.

marachella [marakɛ̀lla] *f.* travesura.

maratona [maratòna] *f.* maratón *m.*

marca [márka] *f.* marca. ‖ ~ *da bollo*, póliza.

marcare [markáre] *t.* marcar.

marchese, -sa [markɛ̀ze, -za] *s.* marqués.

marchiano, -na [markjáno, -na] *a.* madornal.

marchio [márkjo] *m.* marca *f.*

marcia [mártʃa] *f.* marcha.

marciapiede [martʃapjɛ̀de] *m.* acera *f.* 2 andén.

marciare [martʃáre] *i.* marchar. ¶ CONJUG. r. aux. *avere.*

marcio, -cia [mártʃo, -tʃa] *a.* podrido. 2 *m.* podredumbre *f.*

marcire [martʃíre] *i.-pr.* pudrirse. ¶ CONJUG. r. aux. *essere.*

marciume [martʃúme] *m.* podredumbre *f.*

mare [máre] *m.* mar.

marea [marɛ̀a] *f.* marea. ‖ *alta* ~, pleamar. ‖ *bassa* ~, bajamar. ‖ ~ *nera*, marea negra.

mareggiata [mareddʒáta] *f.* marejada.

maremoto [maremɔ̀to] *m.* maremoto.

maresciallo [mareʃʃállo] *m.* mariscal. 2 comandante.

margarina [margarína] *f.* margarina.

margherita [margeríta] *f.* margarita.

marginale [mardʒinále] *a.* marginal.

margine [márdʒine] *m.* margen.

marinaio [marinájo] *m.* marinero.

marinare [marináre] *t.* COC. escabechar. 2 ‖ ~ *la scuola*, hacer novillos.

marino, -na [maríno, -na] *a.* marino.

marionetta [marjonɛ̀tta] *f.* títere. ‖ *teatro delle marionette*, guiñol.

marito [maríto] *m.* marido.

marittimo, -ma [maríttimo, -ma] *a.* marítimo.

marmellata [marmelláta] *f.* mermelada.

marmitta [marmítta] *f.* marmita. 2 MEC. silenciador [coches].

marmo [mármo] *m.* mármol.

marmocchio [marmɔ̀kkjo] *m.* crío.

marmotta [marmɔ̀tta] *f.* marmota.

marocchino, -na [marokkino, -na] a.-s. marroquí. 2 m. tafilete.

marrone [marróne] a. marrón. 2 m. castaño [árbol]. 3 castaña [fruto].

martedì [martedì*] m. martes.

martellare [martelláre] t. martillear.

martellata [martelláta] f. martillazo m.

martello [martéllo] m. martillo.

martingala [martingála] f. medio cinturón m.

martire [mártire] m. mártir.

martirio [martìrjo] m. martirio.

martoriare [martorjáre] t. martirizar.

marxismo [marksizmo] m. marxismo.

marzapane [martsapáne] m. mazapán.

marziale [martsjále] a. marcial. ‖ *corte* ~, tribunal de guerra.

marziano, -na [martsjáno, -na] a. marciano.

marzo [mártso] m. marzo.

mascalzonata [maskaltsonáta] f. marranada, gamberrada.

mascalzone [maskaltsòne] m. pop. bribón.

mascarpone [maskarpóne] m. especie de requesón.

mascella [maʃʃélla] f. mandíbula.

maschera [máskera] f. máscara, mascarilla. 2 m. acomodador [de cine].

mascherare [maskeráre] t. disfrazar. 2 fig. disimular.

maschile [maskile] a. masculino.

maschio [máskio] m. macho, varón. 2 a. macho, viril.

masnada [maznáda] f. pandilla.

massa [mássa] f. masa. 2 montón m.

massacrante [massakránte] a. agotador.

massacrare [massakráre] t. asesinar, destrozar. 2 fig. agotar, agobiar.

massacro [massákro] m. matanza f. estrago.

massaggiare [massaddʒáre] t. friccionar, dar masajes.

massaggiatore [massaddʒatòre] m. masajista.

massaggio [massáddʒo] m. masaje.

massaia [massája] f. ama de casa.

masserizia [masseríttsja] f. gobierno m. del hogar. 2 m. pl. enseres y muebles domésticos.

massiccio, -cia [massíttʃo, -tʃa] a. macizo. 2 m. macizo [montaña].

massima [mássima] f. máxima.

massimo, -ma [mássimo, -ma] a. máximo.

masso [másso] m. peñasco, roca f.

massone [massóne] m. masón.

massoneria [massoneria] f. masonería.

mastello [mastéllo] m. cubo, barreño.

masticare [mastikáre] t. masticar.

mastice [mástitʃe] m. mástique, masilla f.

mastino [mastino] m. mastín.

mastodontico, -ca [mastodóntiko, -ka] a. mastodóntico.

matassa [matássa] f. madeja. 2 fig. intriga, confusión.

matematica [matemátika] f. matemática.

matematico, -ca [matemátiko, -ka] a. matemático.

materasso [materásso] m. colchón.

materia [matèrja] f. materia.

materiale [materjále] a. material.

materialismo [materjalizmo] m. materialismo.

materialista [materjalista] a. materialista.

maternità [maternità] f. maternidad.

materno, -na [matèrno, -na] a. materno.

matita [matita] f. lápiz m.

matriarcato [matriarkáto] m. matriarcado.

matrice [matritʃe] f. matriz.

matricidio [matritʃídjo] f. matricidio.

matricola [matrikola] f. matrícula. 2 estudiante del primer año de universidad.

matrigna [matriɲɲa] f. madrastra.

matrimoniale [matrimonjále] a. matrimonial

matrimonio [matrimónjo] m. matrimonio, boda f.

mattacchione [mattakkjóne] m. burlón.

mattana [mattàna] f. fam. antojo m.

mattatoio [mattatòjo] m. matadero.

matterello [matteréllo] m. coc. rodillo.

mattina [mattina] f. mañana [parte del día].

mattinata [mattináta] f. mañana. ‖ *in* ~, por la mañana.

mattiniero, -ra [mattinjèro, -ra] a. madrugador.

mattino [mattino] m. mañana [parte del día].

matto, -ta [mátto, -ta] a.-s. loco.

mattone [mattóne] m. ladrillo. 2 fig. rollo. ‖ *il film è un* ~, el film es un rollo.

mattonella [mattonélla] f. azulejo m., baldosa.

mattutino, -na [mattutino, -na] a. matutino.

maturare [maturáre] t.-i. madurar. 2 com. devengar. ¶ conjug. r. aux. *essere* [i.], *avere* [t.].

maturazione [maturattsjóne] f. maduración.

maturità [maturità*] f. madurez. ‖ *esame di* ~, examen de reválida.

maturo, -ra [matúro, -ra] a. maduro.

mausoleo [mauzolèo] m. mausoleo.

mazurca [maddzúrka] f. mazurca.

mazza [máttsa] f. maza.

mazzo [máttso] f. manojo. ‖ ~ *di carte*, baraja.

me [me] *pron. pers.* [primera persona sing.] me, mi. ‖ *come* ~, como yo. ‖ *con* ~, conmigo.

meandro [meándro] m. meandro.

meccanica [mekkánika] f. mecánica.

meccanico, -ca [mekkániko, -ka] a. mecánico.

mecenate [metʃenáte] m. mecenas.

medaglia [medáʎʎa] f. medalla.

medaglione [medaʎʎóne] m. medallón.

medesimo, -ma [medezimo, -ma] a.-pron. mismo.

media [mèdja] f. promedio m.

mediante [medjánte] *prep.* mediante.

mediazione [medjattsjóne] f. mediación. 2 com. corretaje m.

mediatore, -trice [medjatóre, -tritʃe] s. mediador, intermediario.

medicare [medikáre] t. curar, tratar [una enfermedad].

medicazione [medikattsjóne] f. medicación.

medicina [meditʃina] f. medicina.

medicinale [meditʃinále] m. medicamento, medicina f. 2 a. medicinal.

medico [mèdiko] m.-a. médico.

medio [mèdjo] a. medio, mediano.

mediocre [medjòkre] a. mediocre, mediano.

mediocrità [medjokrità*] f. mediocridad.

medioevale [medjoevále] a. medieval.

medioevo [medjoèvo] m. Edad Media.

meditare [meditáre] t.-i. meditar. ¶ conjug. r. aux. *avere* [i.-t.].

meditazione [meditattsjóne] f. meditación.

mediterraneo, -na [mediterràneo, -nea] a. mediterráneo.

megafono [megáfono] m. megáfono.

megalomane [megalòmane] a.-s. megalómano.

megalomania [megalomania] f. megalomanía.

megera [medʒèra] f. bruja, vieja fea y malvada.

meglio [mèʎʎo] *adv.* mejor. 2 m. lo mejor.

mela [mèla] f. manzana.

melagrana [melagrána] f. granada.

melanzana [melandzána] f. berenjena.

melato, -ta [meláto, -ta] a. meloso.

melenso, -sa [melènso, -sa] a. insulso, soso.

melma [mèlma] f. fango m., lodo m.

melo [mèlo] m. manzano.

melodia [melodia] f. melodía.

melodico, -ca [melòdiko, -ka] a. melódico.

melodioso, -sa [melodjóso, -sa] a. melodioso.

melodramma [melodrámma] m. melodrama.

melodrammatico, -ca [melodrammátiko, -ka] a. melodramático.

melograno [melográno] m. granado.

melone [melòne] m. melón.

membrana [membrána] f. membrana.

membro [mèmbro] m. miembro.

memorabile [memorábile] a. memorable.

memoria [memòria] f. memoria.

memoriale [memorjále] m. memorial.

mendicante [mendikánte] m. mendigo.

mendicare [mendikáre] t.-i. mendigar. ¶ conjug. r. aux. *avere* [i.-t.].

meninge [menindʒe] f. meninge.

meningite [menindʒite] f. meningitis.

meno [mèno] a.-adv. menos.

menomazione [menomattsjóne] f. disminución, merma. 2 defecto m.

menopausa [menopáuza] f. menopausia.

mensa [mènsa] f. cantina, comedor m.

mensile [mensile] m. sueldo, mensualidad f. 2 a. mensual.

mensola [mènsola] f. repisa.

menta [mènta] f. menta.

mentale [mentále] a. mental.

mentalità [mentalità*] f. mentalidad.

mente [mènte] f. mente. ‖ *venire in* ~, ocurrírsele.

mentecatto [mentekàtto] m. mentecato.

mentire [mentire] i. mentir. ¶ conjug. r. aux. *avere*.

mento [mènto] m. barbilla f., mentón.

mentolo [mentòlo] m. mentol.

mentre [mèntre] adv.-conj. mientras.

menzionare [mentsjonáre] t. mencionar, mentar.

menzione [mentsjóne] f. mención.

menzogna [mentsòɲɲa] f. mentira.

meraviglia [meraviʎʎa] f. maravilla.

meravigliare [meraviʎʎáre] t. extrañar.

meraviglioso, -sa [meraviʎʎóso, -sa] *a.* maravilloso.

mercante [merkánte] *m.* mercader.

mercanteggiare [merkanteddʒáre] *i.* regatear. ¶ CONJUG. r. aux. *avere.*

mercantile [merkantíle] *a.* mercantil.

mercanzia [merkantsía] *f.* mercancía.

mercato [merkáto] *m.* mercado. ‖ *a buon* ~, barato.

merce [mɛ̀rtʃe] *f.* mercancía.

mercenario, -ria [mertʃenárjo, -rja] *a.-s.* mercenario.

merceria [mertʃería] *f.* mercería.

mercoledì [merkoledí] *m.* miércoles.

mercurio [merkúrjo] *m.* mercurio.

merda [mɛ̀rda] *f.* mierda.

merenda [merɛ̀nda] *f.* merienda.

meretrice [meretrítʃe] *f.* prostituta.

meridiano, -na [meridjáno, -na] *m.* meridiano. 2 *f.* reloj de sol.

meridionale [meridjonále] *a.* meridional.

meridione [meridjóne] *m.* sur.

meringa [meríŋga] *f.* merengue *m.*

meritare [meritáre] *t.* merecer.

merito [mɛ̀rito] *m.* mérito. ‖ *in ~ a*, en relación con.

merletto [merlɛ̀tto] *m.* puntilla *f.*, encaje.

merlo [mɛ̀rlo] *m.* mirlo. 2 ARQ. almena *f.*

merluzzo [merlúttso] *m.* merluza.

mescere [mɛ̀ʃʃere] *t.* verter.

meschinità [meskinitá*] *f.* mezquindad.

meschino, -na [meskíno, -na] *a.* mezquino.

mescolanza [meskolántsa] *f.* mezcla, mescolanza.

mescolare [meskoláre] *t.* mezclar. ‖ *~ le carte da gioco*, barajar las cartas.

mese [mése] *m.* mes.

messa [mɛ̀ssa] *f.* misa. 2 p. p. de *mettere.* ‖ *~ in marcia*, arranque. ‖ *~ a fuoco*, enfoque.

messaggero [messaddʒèro] *m.* mensajero.

messaggio [messáddʒo] *m.* mensaje.

messale [messále] *m.* misal.

messe [mɛ̀sse] *f.* mies. 2 fig. cosecha.

messia [messía] *m.* mesías.

messicano, -na [messikáno, -na] *a.-s.* mejicano.

messo [mɛ̀sso] *part. pas.* de *mettere.* 2 *m.* mensajero.

mestiere [mestjère] *m.* oficio. ‖ *gli incerti del* ~, los gajes del oficio.

mesto, -ta [mɛ̀sto, -ta] *a.* triste, melancólico.

mestolo [mɛ̀stolo] *m.* cucharón.

meta [mɛ̀ta] *f.* meta.

metà [metá*] *f.* mitad.

metabolismo [metabolizmo] *m.* metabolismo.

metafisico, -ca [metafizíko, -ka] *a.* metafísico. 2 *f.* metafísica.

metafora [metáfora] *f.* metáfora.

metaforico, -ca [metafɔ́riko, -ka] *a.* metafórico.

metallico, -ca [metálliko, -ka] *a.* metálico. ‖ *filo* ~, alambre.

metallo [metállo] *m.* metal.

metallurgia [metallurdʒía] *f.* metalurgia.

metallurgico, -ca [metallúrdʒiko, -ka] *s.-a.* metalúrgico.

metamorfosi [metamɔ́rfozi] *f.* metamorfosis.

metano [metáno] *m.* metano.

meteora [metɛ̀ora] *f.* meteoro *m.*

meteorologia [meteorolodʒía] *f.* meteorología.

meteorologico, -ca [meteorolɔ́dʒiko, -ka] *a.* meteorológico.

meticcio, -cia [metíttʃo, -tʃa] *a.-s.* mestizo.

meticolosità [metikolositá*] *f.* meticulosidad.

meticoloso, -sa [metikolóso, -sa] *a.* meticuloso.

metodico, -ca [metɔ́diko, -ka] *a.* metódico.

metodo [mɛ̀todo] *m.* método.

metodologia [metodolodʒía] *f.* metodología.

metrica [mɛ̀trika] *f.* métrica.

metrico, -ca [mɛ̀triko, -ka] *a.* métrico.

metro [mɛ̀tro] *m.* metro.

metropoli [metrɔ́poli] *m.* metrópoli.

metropolitana [metropolitána] *f.* metro *m.*, metropolitano *m.* [ferrocarril].

metropolitano, -na [metropolitáno, -na] *a.* metropolitano.

mettere [mɛ̀ttere] *t.* poner. ‖ *metterci due ore*, tardar dos horas. ‖ *metter su casa*, poner casa. 2 *pr.* ponerse. ‖ *mettersi a gridare*, ponerse a gritar. 3 meterse. ‖ *mettersi a letto*, meterse en la cama. ¶ CONJUG. IND. pret. ind.: *misi, mettesti, mise, mettemmo, metteste, misero.* ‖ PART.: *messo.*

mezzadria [meddzadría] *f.* aparcería.

mezzadro [meddzádro] *m.* aparcero.

mezzaluna [meddzalúna] *f.* tajadera [cuchilla].

mezzanino [meddzaníno] *m.* entresuelo.

mezzano, -na [meddzáno, -na] *a.* mediano. 2 *m.* intermediario. 3 rufián.

mezzanotte [meddzanòtte] *f.* medianoche.

mezzo, -za [méttso, -tsa] *a.-adv.* medio. 2 *m.* medio, mitad. 3 *m.-pl.* medios, posibilidades *f.-pl.* económicas.

mezzogiorno [meddzodʒórno] *m.* mediodía.

mi [mi] *pron. pers.* [primera persona sing.] me. ‖ *non ~ ha visto*, no me ha visto. ‖ *mi ha raccontato tutto*, me lo ha contado todo.

miagolare [mjagoláre] *i.* maullar. ¶ CONJUG. r. aux. *avere*.

miagolio [mjagolío] *m.* maullido.

miasma [miázma] *m.* miasma.

mica [mika] *f.* mica.

mica [mika] *adv.* fam. en absoluto, en nada, en lo más mínimo. ‖ *non è ~ vero*, no es verdad en lo más mínimo. 2 no, nada. ‖ *~ male*, nada mal. 3 acaso, por casualidad.

miccia [míttʃa] *f.* mecha.

micidiale [mitʃidjále] *a.* mortal, mortífero.

micio [mitʃo] *m.* micifuz, gato.

microbo [mikrobo] *m.* microbio.

microchirurgia [mikrokirurdʒia] *f.* microcirugía.

microfono [mikrófono] *m.* micrófono.

micrometro [mikrómetro] *m.* micrómetro.

microscopico, -ca [mikroskópiko, -ka] *a.* microscópico.

microscopio [mikroskópjo] *m.* microscopio.

microsolco [mikrosólko] *m.* microsurco.

midollo [midóllo] *m.* médula *f.* 2 fig. meollo.

miele [mjéle] *m.* miel *f.*

mietere [mjétere] *t.* segar. ‖ *~ allori*, cosechar laureles.

mietitura [mjetitúra] *f.* siega.

migliaio [miʎʎájo] *m.* millar.

miglio [miʎʎo] *m.* milla *f.*

miglio [miʎʎo] *m.* mijo [planta].

miglioramento [miʎʎoraménto] *m.* mejora *f.* 2 mejoría *f.*

migliorare [miʎʎoráre] *t.-i.* mejorar. ¶ CONJUG. r. aux. *essere* o *avere* [i.], *avere* [t.].

migliore [miʎʎóre] *a.* mejor.

miglioria [miʎʎoría] *f.* mejoría.

mignolo [miɲɲolo] *m.* meñique.

migrare [migráre] *t.* emigrar. ¶ CONJUG. r. aux. *essere*.

migratore, -trice [migratòre, -tritʃe] *a.* migratorio. ‖ *uccello ~*, ave de paso.

migratorio, -ria [migratòrjo, -rja] *a.* migratorio.

migrazione [migrattsjóne] *f.* migración.

miliardario, -ria [miljardárjo, -rja] *a.-m.* multimillonario.

miliardo [miljárdo] *m.* mil millones.

miliare [miljáre] *a.* miliar.

milionario, -ria [miljonárjo, -rja] *a.* millonario.

milione [miljóne] *m.* millón.

militare [militáre] *a.-m.* militar.

militare [militáre] *i.* militar. ¶ CONJUG. r. aux. *avere*.

militarismo [militarizmo] *m.* militarismo.

militarista [militarísta] *a.-s.* militarista.

milite [milite] *m.* soldado.

milizia [milíttsja] *f.* milicia.

mille [mille] *a.* mil.

millenario, -ria [millenárjo, -rja] *a.* milenario.

millennio [millènnjo] *m.* milenario. 2 milenio.

millepiedi [millepjèdi] *m.* ciempiés.

millesimo, -ma [millézimo, -ma] *a.-m.* milésimo.

millimetro [millimetro] *m.* milímetro.

milza [miltsa] *f.* bazo *m.*

mimetico, -ca [mimétiko, -ka] *a.* mimético.

mimetismo [mimetizmo] *m.* mimetismo.

mimetizzare [mimetiddzáre] *t.* mimetizar.

mimica [mímika] *f.* mímica.

mimico, -ca [mímiko, -ka] *a.* mímico.

mimo [mimo] *m.* mimo.

mimosa [mimósa] *f.* mimosa.

mina [mina] *f.* mina [túnel]. 2 mina [explosivo].

minaccia [mináttʃa] *f.* amenaza.

minacciare [minattʃáre] *t.* amenazar.

minaccioso, -sa [minattʃóso, -sa] *a.* amenazador.

minare [mináre] *t.* construir minas. 2 minar [colocar artefactos explosivos]. 3 fig. minar, consumir, destruir poco a poco.

minareto [minaréto] *m.* minarete, almilnar.

minatore [minatóre] *m.* minero.

minatorio, -ria [minatòrjo, -rja] *a.* conminatorio.

minerale [minerále] *a.-m.* mineral.

mineralogia [mineralodʒìa] f. mineralogía.

minerario, -ria [mineràrjo, -rja] a. minero.

minestra [minèstra] f. sopa.

minestrone [minestróne] m. sopa f. de verduras.

mingherlino, -na [mingerlino, -na] a. delgado.

miniatura [minjatùra] f. miniatura.

miniera [minjèra] f. mina.

minimamente [minimamènte] adv. mínimamente. 2 de ninguna manera.

minimizzare [minimiddzàre] t. minimizar.

minimo, -ma [minimo, -ma] a.-m. mínimo.

ministero [ministèro] m. ministerio. ‖
    pubblico ~, fiscal.

ministro [ministro] m. ministro.

minoranza [minoràntsa] f. minoría.

minorato, -ta [minoràto, -ta] a.-m. mutilado, inválido.

minorazione [minorattsjóne] f. defecto m., mutilación.

minore [minóre] a. menor.

minorenne [minorènne] a.-s. menor de edad.

minorile [minorile] a. de menores.

minuetto [minuètto] m. minué.

minuscolo, -la [minùskolo, -la] f. minúsculo.

minuta [minùta] f. borrador m.

minutamente [minutamènte] adv. minuciosamente.

minuto [minùto] m. minuto. 2 a. diminuto, menudo.

minuzioso, -sa [minuttsjóso, -sa] a. minucioso.

mio [mio] a. mi. 2 pron. mío.

miocardio [miokàrdjo] m. miocardio.

miope [miope] a. miope.

miopia [miopia] f. miopía.

mira [mira] f. puntería. 2 a. meta, objetivo m.

miracolo [miràkolo] m. milagro.

miracoloso, -sa [mirakolóso, -sa] a. milagroso.

miraggio [miràddʒo] m. espejismo. 2 fig. ilusión f.

mirare [miràre] t. contemplar, mirar. 2 i. apuntar. 3 fig. aspirar. ¶ CONJUG. r. aux. avere [t.-i.].

miriade [mirìade] f. miríada.

mirino [mirino] m. mira f.

mirtillo [mirtillo] m. arándano.

misantropia [mizantropia] f. misantropía.

misantropo, -pa [mizàntropo, -pa] a.-m. misántropo.

miscela [miʃʃèla] f. mezcla.

miscelatore [mistʃelatóre] a.-m. mezclador.

miscellanea [miʃʃellànea] f. miscelánea.

mischia [miskja] f. refriega.

mischiare [miskjàre] t. mezclar.

miscredente [miskredènte] a.-s. descreído.

miscuglio [miskùʎʎo] m. mezcla f.

miserabile [mizeràbile] a. miserable.

miseramente [mizeramènte] adv. míseramente.

miserevole [mizerèvole] a. miserable, deplorable.

miseria [misèrja] f. miseria.

misericordia [mizerikórdja] f. misericordia.

misericordioso, -sa [mizerikordjóso, -sa] a. misericordioso.

misero, -ra [mízero, -ra] a. mísero.

misfatto [misfàtto] m. crimen, fechoría f.

misogino, -na [mizɔdʒino, -na] a. misógino.

missile [missile] m. cohete.

missionario, -ria [missjonàrjo, -rja] a.-s. misionero.

missione [missjóne] f. misión.

misteriosamente [misterjosamènte] adv. misteriosamente.

misterioso, -sa [misterjóso, -sa] a. misterioso.

mistero [mistèro] m. misterio.

misticismo [mistitʃizmo] m. misticismo.

mistico, -ca [místiko, -ka] a.-m. místico.

mistificare [mistifikàre] t. mistificar, adulterar, falsificar.

mistificazione [mistifikattsjóne] f. mistificación.

misto, -ta [misto, -ta] a. mixto. 2 m. mezcla f.

misura [mizùra] f. medida.

misurare [mizuràre] t. medir. 2 pr. competir.

mite [mite] a. bondadoso, manso. 2 apacible [tiempo].

mitezza [mitèttsa] f. mansedumbre. 2 apacibilidad [tiempo].

mitico, -ca [mìtiko, -ka] a. mítico.

mitigare [mitigàre] t. mitigar.

mito [mito] m. mito.

mitologia [mitolodʒìa] f. mitología.

mitologico, -ca [mitolɔ́dʒiko, -ka] *a.* mitológico.

mitra [mítra] *m.* metralleta *f.* 2 *f.* ECL. mitra.

mitraglia [mitráʎʎa] *f.* metralla.

mitragliare [mitraʎʎáre] *t.* ametrallar.

mitragliatrice [mitraʎʎatritʃe] *f.* ametralladora.

mittente [mittɛ́nte] *s.* remitente.

mnemonico, -ca [mnemɔ́niko, -ka] *a.* mnemónico.

mobile [mɔ́bile] *m.* mueble. *a.* móvil. || *beni mobili*, bienes muebles. || *sabbie mobili*, arenas movedizas.

mobilità [mobilità*] *f.* movilidad.

mobilitare [mobilitáre] *t.* movilizar.

mobilitazione [mobilitattsjóne] *f.* movilización.

moccio [mɔ́ttʃo] *m.* moco.

moccioso, -sa [mottʃóso, -sa] *a.-s.* mocoso.

moccolo [mɔ́kkolo] *m.* cabo de vela. 2 fig. blasfemia *f.*, taco.

moda [mɔ́da] *f.* moda.

modalità [modalità*] *f.* modalidad.

modanatura [modanatúra] *f.* moldura. 2 perfil *m.*

modella [modɛ́lla] *f.* modelo, maniquí.

modellare [modelláre] *t.* modelar.

moderatamente [moderatamɛ́nte] *adv.* moderadamente.

moderato, -ta [moderáto, -ta] *a.* moderado.

moderatore [moderatóre] *a.-m.* moderador.

moderazione [moderattsjóne] *f.* moderación.

modernamente [modernamɛ́nte] *adv.* modernamente.

modernismo [modernizmo] *f.* modernismo.

modernista [modernista] *a.* modernista.

modernità [modernità*] *f.* modernidad.

modernizzare [moderniddzáre] *t.-pr.* modernizar.

moderno, -na [modɛ́rno, -na] *a.* moderno.

modestamente [modestamɛ́nte] *adv.* modestamente.

modestia [modɛ́stja] *f.* modestia.

modesto, -ta [modɛ́sto, -ta] *a.* modesto.

modico, -ca [mɔ́diko, -ka] *a.* módico.

modifica [modífika] *f.* modificación.

modificare [modifikáre] *t.* modificar.

modista [modista] *f.* sombrerera.

modo [mɔ́do] *m.* modo, manera *f.* || *ad ogni* ~, de todos modos, de todas maneras. || *oltre* ~, extremadamente.

modulare [moduláre] *t.* modular.

modulazione [modulattsjóne] *f.* modulación. || ~ *di frequenza*, frecuencia modulada.

modulo [mɔ́dulo] *m.* impreso. 2 ARQ. módulo.

mogano [mɔ́gano] *m.* caoba *f.*

mogio [mɔ́dʒo] *a.* abatido, mohíno.

moglie [mɔ́ʎʎe] *f.* esposa, mujer.

molare [moláre] *a.* molar. 2 *m.* muela *f.*

mole [mɔ́le] *f.* mole.

molecola [molɛ́kola] *f.* molécula.

molestare [molestáre] *t.* molestar.

molestia [molɛ́stja] *f.* molestia.

molesto, -ta [molɛ́sto, -ta] *a.* molesto.

molla [mɔ́lla] *f.* resorte *m.*, muelle *m.* 2 fig. aliciente *m.* 3 *pl.* *molle del focolare*, tenazas de chimenea.

mollare [molláre] *t.* aflojar. 2 fig. ceder. || ~ *un ceffone*, dar un bofetón.

molle [mɔ́lle] *a.* blando.

mollemente [mollemɛ́nte] *adv.* blandamente.

molleggiato, -ta [molleddʒáto, -ta] *a.* mullido.

mollezza [mollɛ́ttsa] *f.* molicie.

mollica [mollika] *f.* miga.

mollusco [mollúsko] *m.* molusco.

molo [mɔ́lo] *m.* muelle.

molteplice [moltɛ́plitʃe] *a.* múltiple.

molteplicità [molteplitʃità*] *f.* multiplicidad.

moltiplicare [moltiplikáre] *t.* multiplicar.

moltiplicazione [moltiplikattsjóne] *f.* multiplicación.

moltitudine [moltitúdine] *f.* multitud.

molto, -ta [mɔ́lto, -ta] *a.* mucho. 2 *adv.* muy. 3 mucho.

momentaneamente [momentaneamɛ́nte] *adv.* momentáneamente.

momentaneo, -nea [momentáneo, -nea] *a.* momentáneo.

momento [momɛ́nto] *m.* momento.

monaca [mɔ́naka] *f.* monja.

monacale [monakále] *a.* monacal.

monaco [mɔ́nako] *m.* monje.

monarca [monárka] *m.* monarca.

monarchia [monarkía] *f.* monarquía.

monarchico, -ca [monárkiko, -ka] *a.* monárquico.

monastero [monastɛ́ro] *m.* monasterio.

monastico, -ca [monástiko, -ka] *a.* monástico.

monco, -ca [mónko, -ka] *a.* manco.
moncone [monkóne] *m.* muñón.
mondanità [mondanitá*] *f.* mundanidad, mundanería.
mondano, -na [mondáno, -na] *a.* mundano, mundanal.
mondiale [mondjále] *a.* mundial.
mondina [mondina] *f.* mondadora de arroz.
mondo [móndo] *m.* mundo. ‖ *il bel* ~, la buena sociedad, el gran mundo.
monelleria [monelleria] *f.* travesura.
monello [monéllo] *m.* niño travieso. 2 pilluelo.
moneta [monéta] *f.* moneda.
monetario, -ria [monetárjo, -rja] *a.* monetario.
monocolo [monókolo] *m.* monóculo.
monogamia [monogamia] *f.* monogamia.
monogamo, -ma [monógamo, -ma] *a.-s.* monógamo.
monografia [monografia] *f.* monografía.
monografico, -ca [monográfiko, -ka] *a.* monográfico.
monologo [monólogo] *m.* monólogo.
monopolio [monopóljo] *m.* monopolio.
monopolizzare [monopoliddzáre] *t.* monopolizar.
monosillabo [monosillabo] *m.* monosílabo.
monotonamente [monotonaménte] *adv.* monótonamente.
monotonia [monotonia] *f.* monotonía.
monotono, -na [monótono, -na] *a.* monótono.
monsignore [monsiɲɲóre] *m.* monseñor.
monsone [monsóne] *m.* monzón.
monta [mónta] *f.* monta.
montacarichi [montakáriki] *m.-pl.* montacargas.
montaggio [montáddʒo] *m.* montaje.
montagna [montáɲɲa] *f.* montaña.
montanaro, -ra [montanáro, -ra] *a.* montañés. 2 *m.* montañero.
montare [montáre] *t.* montar. 2 batir [nata]. 3 engarzar [una piedra preciosa]. 4 dar cuenta [al despertador]. 5 *pr. montarsi la testa*, envanecerse.
monte [mónte] *m.* monte.
montone [montóne] *m.* carnero.
montuoso, -sa [montuóso, -sa] *a.* montuoso.
monumentale [monumentále] *a.* monumental.

monumento [monuménto] *m.* monumento.
mora [móra] *f.* BOT. mora.
mora [móra] *f.* mora, dilación.
morale [morále] *a.-f.* moral. ‖ ~ *della favola*, moraleja.
moralmente [moralménte] *adv.* moralmente.
moralista [moralista] *s.* moralista.
moralità [moralità*] *f.* moralidad.
morbidezza [morbidéttsa] *f.* suavidad, blandura.
morbido, -da [mórbido, -da] *a.* blando, suave.
morbillo [morbillo] *m.* sarampión.
morbo [mórbo] *m.* morbo, enfermedad *f.*
morbosità [morbosità*] *f.* morbosidad.
morboso, -sa [morbóso, -sa] *a.* morboso.
mordace [mordátʃe] *a.* mordaz.
mordacità [mordatʃità*] *f.* mordacidad.
mordente [mordénte] *m.* mordiente.
mordere [mórdere] *t.* morder. ¶ CONJUG. IND. pret. ind.: *morsi, mordesti, morse, mordemmo, mordeste, morsero.* ‖ PART.: *morso.*
morena [moréna] *f.* morena [en los heleros].
moresco, -ca [morésko, -ka] *a.* moruno.
morfina [morfina] *f.* morfina.
morfinomane [morfinómane] *s.* morfinómano.
morfologia [morfolodʒia] *f.* morfología.
moribondo, -da [moribóndo, -da] *a.-m.* moribundo.
morigeratezza [moridʒeratéttsa] *f.* morigeración.
morigerato, -ta [moridʒeráto, -ta] *a.* morigerado.
morire [morire] *i.* morir. ¶ CONJUG. (aux. *essere*) IND. pres.: *muoio, muori, muore, moriamo, morite, muoiono.* | fut. imp.: *morrò, morrai, morrà, morremo, morrete, morranno.* | pot. pres.: *morrei, morresti, morrebbe, morremmo, morreste, morrebbero.* ‖ SUBJ. pres.: *muoia, muoia, muoia, moriamo, moriate, muoiano.* ‖ IMPER. pres.: *muori, muoia, moriamo, morite, muoiano.*
mormorare [mormoráre] *t.-i.* murmurar. 2 susurrar. ¶ CONJUG. r. aux. *avere* [i.-t.].
mormorio [mormorio] *m.* murmullo. 2 murmurio.
moro, -ra [móro, -ra] *a.* moreno. 2 *m.* moro.

morsa [mɔ́rsa] *f.* tornillo *m.* [de cerrajero]. 2 presa [acción de prender]. 3 mordaza.

morsicare [morsikáre] *t.* morder, mordiscar.

morso [mɔ́rso] *m.* mordisco.

mortadella [mortadélla] *f.* mortadela.

mortaio [mortájo] *m.* mortero.

mortale [mortále] *a.* mortal.

mortalità [mortalitá*] *f.* mortalidad.

morte [mɔ́rte] *f.* muerte.

mortificare [mortifikáre] *t.* mortificar. 2 afligir, causar pesadumbre o molestia.

mortificazione [mortifikattsjóne] *f.* mortificación. 2 pesadumbre, molestia.

morto, -ta [mɔ́rto, -ta] *a.-m.* muerto.

mosaico [mozáiko] *m.* mosaico.

mosca [móska] *f.* mosca.

moscato, -ta [moskáto, -ta] *a.* moscado. ‖ *noce moscata*, nuez moscada. 2 *m.* moscatel.

moscerino [moʃʃeríno] *m.* mosquita *f.*

moschea [moskéa] *f.* mezquita.

moschettiere [moskettjère] *m.* mosquetero.

moschetto [moskètto] *m.* mosquete.

moschicida [moskitʃída] *a.-m.* matamoscas.

moscone [moskóne] *m.* moscardón.

mossa [mɔ́ssa] *f.* movimiento *m.* ‖ ~ *falsa*, paso en falso. ‖ *prendere le mosse*, empezar. 2 jugada [naipes, ajedrez].

mostarda [mostárda] *f.* mostaza.

mosto [mɔ́sto] *m.* mosto.

mostra [mɔ́stra] *f.* exposición.

mostrare [mostráre] *t.* enseñar, mostrar.

mostro [mɔ́stro] *m.* monstruo.

mostruosamente [mostruosaménte] *adv.* monstruosamente.

mostruosità [mostruositá*] *f.* monstruosidad.

mostruoso, -sa [mostruóso, -sa] *a.* monstruoso.

motivare [motiváre] *t.* motivar.

motivazione [motivattsjóne] *f.* motivo.

motivo [motívo] *m.* motivo.

moto [mɔ́to] *m.* movimiento. ‖ ~ *rivoluzionario*, motín. 2 *f.* moto.

motocicletta [mototʃiklètta] *f.* motocicleta.

motociclismo [mototʃiklizmo] *m.* motorismo, motociclismo.

motociclista [mototʃiklista] *s.* motorista, motociclista.

motore [motóre] *m.* motor.

motorizzare [motoriddzáre] *t.* motorizar.

motoscafo [motoskáfo] *m.* lancha *f.* motora.

motteggio [mottèddʒo] *m.* mofa *f.*

motto [mɔ́tto] *m.* lema.

movente [movènte] *m.* móvil [de una acción].

movenza [movèntsa] *f.* movimiento *m.*

movimentare [movimentáre] *t.* animar [una reunión,° un juego].

movimentato, -ta [movimentáto, -ta] *a.* animado, movido.

movimento [movimènto] *m.* movimiento.

mozione [mottsjóne] *f.* moción.

mozzare [mottsáre] *t.* cortar.

mozzarella [mottsarèlla] *f.* especie de queso fresco.

mozzicone [mottsikóne] *m.* colilla *f.* 2 cabo [de una candela].

mozzo [mɔ́ttso] *m.* grumete.

mucca [múkka] *f.* vaca.

mucchio [múkkjo] *m.* montón.

mucosa [mukósa] *f.* mucosa.

muffa [múffa] *f.* moho *m.*

muggire [muddʒíre] *i.* mugir. ¶ CONJUG. aux. *avere.*

muggito [muddʒíto] *m.* mugido.

mughetto [mugètto] *m.* muguete [planta]. 2 muguete [enfermedad].

mugnaio [muɲɲáio] *m.* molinero.

mulattiera [mulattjéra] *f.* camino *m.* de herradura.

mulatto, -ta [mulátto, -ta] *a.-m.* mulato.

mulinello [mulinèllo] *m.* remolino, torbellino. 2 molinete [instrumento].

mulino [mulíno] *m.* molino. ‖ ~ *ad acqua*, aceña. ‖ ~ *a vento*, molino de viento.

mulo [múlo] *m.* mulo.

multa [múlta] *f.* multa.

multare [multáre] *t.* multar.

multicolore [multikolóre] *a.* multicolor.

multiforme [multifórme] *a.* multiforme.

multiplo [múltiplo] *m.* múltiplo. 2 *a.* múltiple.

mummia [múmmja] *f.* momia.

mungere [múndʒere] *t.* ordeñar. ¶ CONJUG. IND. pret. ind.: *munsi, mungesti, munse, mungemmo, mungeste, munsero.* ‖ PART.: *munto.*

municipale [munitʃipále] *a.* municipal.

municipalità [munitʃipalitá*] *f.* municipalidad.

municipio [munitʃípjo] *m.* municipio. 2 ayuntamiento. 3 sede del Ayuntamiento.

munificenza [munifitʃéntsa] *f.* munificencia.

munire [muníre] *t.* proveer. 2 municionar.

munizione [munittsjóne] *f.* munición.

muovere [mwóvere] *t.* mover. 2 poner en acción. 3 *i.* partir, empezar. 4 *pr.* ponerse en movimiento, darse prisa. ¶ CONJUG. (aux. *essere* o *avere* [i.], *avere* [t.]). IND. pres.: *muovo, muovi, muove, moviamo, movete, muovono.* | pret. ind.: *mossi, movesti, mosse, movemmo, moveste, mossero.* ‖ PART.: *mosso.*

mura [múra] *f.-pl.* murallas.

muraglia [muráλλa] *f.* muralla.

murale [muróle] *a.* mural.

murare [muróre] *t.* tapiar, cegar [una ventana].

muratore [muratóre] *m.* albañil.

muratura [muratúra] *f.* albañilería, mampostería.

muro [múro] *m.* muro. ‖ ~ *divisorio*, tabique. ‖ *mettere al* ~, llevar al paredón, fusilar.

musa [múza] *f.* musa.

muschio [múskjo] *m.* musgo.

muscolare [muskoláre] *a.* muscular.

muscolatura [muskolatúra] *f.* musculatura.

muscolo [múskolo] *m.* músculo.

muscoloso, -sa [muskolóso, -sa] *a.* musculoso.

museo [muzéo] *m.* museo.

museruola [muzerwóla] *f.* bozal *m.*

musica [múzika] *f.* música.

musicale [muzikále] *a.* musical.

musicare [muzikáre] *t.* poner en música.

musicista [muzitʃísta] *s.* músico.

muso [múzo] *m.* morro. ‖ *avere il* ~, estar de morros.

musulmano, -na [musulmáno, -na] *a.-m.* musulmán.

muta [múta] *f.* muda. 2 jauría.

mutamento [mutaménto] *m.* cambio.

mutande [mutánde] *f.-pl.* bragas. 2 calzoncillos *m.-pl.*

mutare [mutáre] *t.* cambiar.

mutevole [mutévole] *a.* variable, inestable. 2 voluble.

mutilare [mutiláre] *t.* mutilar.

mutilato, -ta [mutiláto, -ta] *a.-m.* mutilado.

mutilazione [mutilattsjóne] *f.* mutilación.

mutismo [mutízmo] *m.* mutismo.

muto, -ta [múto, -ta] *a.-m.* mudo.

mutua [mútua] *f.* mutualidad.

mutuamente [mutuaménte] *adv.* mutuamente.

mutuo, -tua [mútuo, -tua] *a.* mutuo. 2 *m.* préstamo a largo plazo.

N

n [ènne] s. doceava letra del alfabeto italiano.

nababbo [nabábbo] m. nabab.

nacchera [nákkera] f. castañuelas.

nafta [náfta] f. naftalina.

naftalina [naftalina] f. naftalina.

nailon [náilon] m. nilón.

nanna [nánna] f. el dormir. ‖ *andare a ~,* acostarse. ‖ *ninna ~,* nana, canción de cuna.

nano, -na [náno, -na] a.-m. enano.

napoletano, -na [napoletáno, -na] a.-m. napolitano.

narciso [nartʃizo] m. narciso.

narcotico [narkótiko] a.-m. narcótico.

narcotizzare [narkotiddzáre] t. narcotizar.

narice [naritʃe] f. orificio m., nasal.

narrare [narráre] t. narrar, contar.

narrativa [narratíva] f. narrativa, prosa, novelística.

narratore [narratóre] m. narrador.

narrazione [narrattsjóne] f. narración.

nasale [nasále] a. nasal.

nascere [náʃʃere] i. nacer. ‖ CONJUG. (aux. *essere*) IND. pret. ind.: *nacqui, nascesti, nacque, nascemmo, nasceste, nacquero.* ‖ PART.: *nato.*

nascita [náʃʃita] f. nacimiento m.

nascituro [naʃʃitúro] a.-m. que va a nacer.

nascondere [naskóndere] t. esconder. 2 fig. disimular. ‖ CONJUG. IND. pret. ind.: *nascosi, nascondesti, nascose, nascondemmo, nascondeste, nascosero.* ‖ PART.: *nascosto.*

nascondiglio [naskondíʎʎo] m. escondite, escondrijo.

nascosto, -ta [naskósto, -ta] a. escondido, apartado. ‖ *di ~,* a escondidas, a hurtadillas.

nasello [nasèllo] m. merluza f., pescadilla f.

naso [náso] m. nariz f. ‖ *ficcare il ~,* meter las narices. 2 fig. olfato, tino.

nastro [nástro] m. cinta f. ‖ *~ magnetico,* cinta magnética.

natale [natále] m. navidad. 2 pl. origen. 3 a. natal.

natalità [natalitá*] f. natalidad.

natalizio [natalittsjo] a. natalicio. 2 navideño. ‖ *feste natalizie,* fiestas navideñas.

natica [nátika] f. nalga.

natio, -tia [natío, -tia] a. nativo.

natività [nativitá*] f. natividad.

nativo, -va [natívo, -va] m. indígena, natural. 2 a. nativo.

natura [natúra] f. naturaleza.

naturale [naturále] a. natural. 2 inter. ¡claro!

naturalmente [naturalmènte] adv. naturalmente.

naturalezza [naturalèttsa] f. naturalidad.

naturalismo [naturalizmo] m. naturalismo.

naturalista [naturalista] s. naturalista.

naturalizzare [naturaliddzáre] t. naturalizar.

naturalizzazione [naturaliddzattsjóne] f. naturalización.

naufragare [naufragáre] i. naufragar. ‖ CONJUG. r. aux. *essere* o, especialmente cuando referido a personas, *avere.*

naufragio [naufrádʒo] m. naufragio.

naufrago [náufrago] m. náufrago.

nausea [náuzea] f. mareo m., náusea.

nauseabondo [nauzeabóndo] a. nauseabundo.

nauseante [nauzeánte] a. nauseabundo, nauseante.

nauseare [nauzeáre] t. nausear, marear.

nauseato, -ta [nauzeáto, -ta] a. disgustado, ahíto.

nautica [náutika] f. náutica.

nautico, -ca [náutiko, -ka] a. náutico.

navale [naválе] a. naval.

navata [naváta] f. nave [de iglesia].

nave [náve] f. barco m., buque m., navío m. ‖ *~ a vela,* barco de vela.

navigabile [navigábile] a. navegable.

navigante [navigánte] *a.-s.* navegante.

navigare [navigáre] *i.-t.* navegar. ¶ CON-JUG. r. aux. *avere.*

navigato, -ta [navigáto, -ta] *a.* fig. experimentado.

navigatore [navigatóre] *m.* navegante.

navigazione [navigattsjóne] *f.* navegación.

naviglio [naviʎʎo] *m.* flota *f.* 2 canal navegable.

nazionale [nattsjonále] *a.* nacional.

nazionalismo [nattsjonalizmo] *m.* nacionalismo.

nazionalista [nattsjonalista] *a.* nacionalista.

nazionalizzare [nattsjonaliddzáre] *t.* nacionalizar.

nazionalizzazione [nattsjonaliddzattsjóne] *f.* nacionalización.

nazione [nattsjóne] *f.* nación.

ne [ne*] *pron.* [partícula átona] de él, de ella, de ellos; de eso, de esto. 2 *adv.* de aquí, de allí.

nè [nè*] *conj.* ni.

neanche [neánke] *adv.* de ninguna manera, en ningún caso. 2 *conj.* ni, ni tampoco, ni siquiera.

nebbia [nébbja] *f.* niebla.

nebbioso, -sa [nebbjóso, -sa] *a.* nebuloso, neblinoso.

nebulosa [nebulósa] *f.* nebulosa.

nebuloso, -sa [nebulóso, -sa] *a.* nebuloso. 2 fig. vago, impreciso.

necessariamente [netʃessarjaménte] *adv.* necesariamente, forzosamente.

necessario, -ria [netʃessárjo, -rja] *a.* necesario, preciso. 2 *m.* lo necesario.

necessità [netʃessitá*] *f.* necesidad.

necrologia [nekrolodʒía] *f.* necrología.

necrologico, -ca [nekrolódʒiko, -ka] *a.* necrológico.

necropoli [nekrópoli] *f.* necrópolis.

necroscopia [nekroskopía] *f.* necroscopia.

nefando, -da [nefándo, -da] *a.* nefando, execrable.

nefasto [nefásto] *a.* nefasto, triste, funesto.

nefrite [nefríte] *f.* nefritis.

negare [negáre] *t.* negar.

negativa [negatíva] *f.* negativa.

negativamente [negativaménte] *adv.* negativamente.

negativo, -va [negatívo, -va] *a.* negativo.

negazione [negattsjóne] *f.* negación.

negligente [neglidʒénte] *a.* negligente.

negligentemente [neglidʒenteménte] *adv.* negligentemente.

negligenza [neglidʒéntsa] *f.* negligencia.

negoziabile [negottsjábile] *a.* negociable.

negoziante [negottsjánte] *s.* comerciante. ‖ ~ *al minuto,* tendero.

negoziare [negottsjáre] *t.* comerciar, contratar. 2 negociar.

negoziato [negottsjáto] *m.* negociación *f.*

negoziatore [negottsjatóre] *m.* negociador.

negozio [negóttsjo] *m.* tienda *f.,* almacén. 2 negocio.

negriero [negrjéro] *m.* negrero.

negro, -gra [négro, -gra] *a.-m.* negro [raza].

nemico, -ca [nemíko, -ka] *a.-m.* enemigo.

nemmeno [nemméno] *adv.-conj.* ni, ni siquiera, ni tampoco.

nenia [nénja] *f.* nenia.

neo [nèo] *m.* lunar.

neofito, -ta [neòfito, -ta] *s.* neófito.

neolatino, -na [neolatíno, -na] *a.* neolatino.

neologismo [neolodʒízmo] *m.* neologismo.

neon [nèon] *m.* neón.

neonato, -ta [neonáto, -ta] *a.-m.* recién nacido.

neppure [neppúre] *adv.-conj.* ni, ni siquiera, ni tampoco.

nerastro, -tra [nerástro, -tra] *a.* negruzco.

nerbata [nerbáta] *f.* azote *m.*

nerbo [nèrbo] *m.* azote. 2 fig. nervio, fuerza *f.,* lo más fuerte. ‖ *il ~ dell'esercito,* la parte más fuerte del ejército.

nerboruto, -ta [nerborúto, -ta] *a.* robusto, vigoroso.

nero, -ra [nèro, -ra] *a.* negro.

nerofumo [nerofúmo] *m.* negro de humo.

nervatura [nervatúra] *f.* nervadura.

nervo [nèrvo] *m.* nervio. ‖ *avere i nervi,* estar de mal humor.

nervosismo [nervosízmo] *f.* nerviosismo.

nervosamente [nervosaménte] *adv.* nerviosamente.

nervoso, -sa [nervóso, -sa] *a.* nervioso.

nespola [néspola] *f.* níspero [fruto].

nespolo [néspolo] *m.* níspero [árbol].

nesso [nèsso] *m.* nexo.

nessuno, -na [nessúno, -na] *pron.* nadie, ninguno. 2 *a.* ningún, ninguno.

nettamente [nettaménte] *adv.* claramente.

nettare [nèttare] *m.* néctar.

nettezza [nettéttsa] *f.* limpieza.

netto, -ta [nètto, -ta] *a.* limpio. ‖ *taglio* ~, corte seco. 2 COM. neto.

neurologia [neurolodʒía] *f.* neurología.

neurologo [neurɔ́logo] *m.* neurólogo.

neutrale [neutrále] *a.* neutral.

neutralità [neutralità*] *f.* neutralidad.

neutralizzare [neutraliddzáre] *t.* neutralizar.

neutralizzazione [neutraliddzattsjóne] *f.* neutralización.

neutro, -tra [nèutro, -tra] *a.* neutro. ‖ *zona neutra,* zona neutral.

neve [nève] *f.* nieve.

nevicare [nevikáre] *impers.* nevar.

nevicata [nevikáta] *f.* nevada.

nevischio [neviskjo] *m.* nevisca *f.*

nevoso, -sa [nevóso, -sa] *a.* nevoso.

nevralgia [nevraldʒía] *f.* neuralgia.

nevrastenia [nevrastenía] *f.* neurastenia.

nevrastenico, -ca [nevrastèniko, -ka] *a.* neurasténico.

nevrite [nevríte] *f.* neuritis.

nevrosi [nevrɔ́zi] *f.* neurosis.

nevrotico, -ca [nevrɔ́tiko, -ka] *a.* neurótico.

nichel [níkel] *m.* níquel.

nichelare [nikeláre] *t.* niquelar.

nichilismo [nikilízmo] *m.* nihilismo.

nichilista [nikilista] *f.* nihilista.

nicotina [nikotína] *f.* nicotina.

nidiata [nidjáta] *f.* nidada.

nido [nído] *m.* nido.

niente [njènte] *m.-pron.* nada. ‖ *il* ~, la nada.

ninfa [nínfa] *f.* ninfa.

ninfea [ninfèa] *f.* nenúfar *m.*

ninnananna [ninnanánna] *f.* nana, canción de cuna.

ninnolo [nínnolo] *m.* alhajita.

nipote [nipóte] *s.* nieto. 2 sobrino.

nitidamente [nitidamènte] *adv.* nítidamente.

nitidezza [nitidéttsa] *f.* nitidez.

nitido, -da [nítido, -da] *a.* nítido.

nitrato [nitráto] *m.* nitrato.

nitrire [nitríre] *i.* relinchar. ¶ CONJUG. r. aux. *avere.*

nitrito [nitríto] *m.* rebuzno. 2 QUIM. nitrito.

nitroglicerina [nitroglitʃerína] *f.* nitroglicerina.

no [nɔ*] *adv.* no.

nobile [nɔ́bile] *a.-m.* noble, hidalgo.

nobiliare [nobiljáre] *a.* nobiliario.

nobilitare [nobilitáre] *t.* ennoblecer.

nobiltà [nobiltà*] *f.* nobleza.

nocca [nɔ́kka] *f.* nudillo *m.*

nocciola [nottʃɔ́la] *f.* avellana.

nocciolo [nottʃɔ́lo] *m.* hueso, cuesco. 2 fig. nudo, quid [de una cuestión].

nocciolo [nɔ́ttʃolo] *m.* avellano.

noce [nɔ́tʃe] *m.* nogal. 2 *f.* nuez.

nocivo, -va [notʃivo, -va] *a.* nocivo, dañoso.

nodo [nɔ́do] *m.* nudo. 2 fig. lazo, vínculo. 3 MAR. nudo.

nodosità [nodosità*] *f.* nudosidad.

nodoso, -sa [nodóso, -sa] *a.* nudoso.

noi [nói] *pron. pers.* [primera persona pl.]. nosotros, nosotras. ‖ ~ *italiani,* nosotros los italianos.

noia [nɔ́ja] *f.* aburrimiento *m.* 2 fastidio *m.,* molestia. ‖ *dar* ~, molestar, fastidiar.

noioso, -sa [nojóso, -sa] *a.* aburrido. 2 fastidioso, molesto.

noleggiare [noleddʒáre] *t.* alquilar. 2 MAR. fletar.

noleggio [noléddʒo] *m.* alquiler. 2 MAR. fletamiento.

nolo [nɔ́lo] *m.* alquiler. 2 MAR. fletamiento, flete [precio].

nomade [nɔ́made] *a.-s.* nómada.

nome [nóme] *m.* nombre. ‖ *a nome di,* en nombre de.

nomenclatura [nomenklatúra] *f.* nomenclatura.

nomignolo [nomíɲnolo] *m.* apodo, mote.

nomina [nɔ́mina] *f.* nombramiento. 2 sueldo *m.*

nominale [nominále] *a.* nominal.

nominare [nomináre] *t.* nombrar.

nominativamente [nominativamènte] *adv.* nominalmente.

nominativo, -va [nominativo, -va] *a.* nominativo. 2 *m.* nombre y señas.

non [non] *adv.* no.

nonagenario, -ria [nonadʒenárjo, -rja] *a.-m.* nonagenario, noventón.

noncurante [nonkuránte] *a.* descuidado, indiferente.

noncuranza [nonkurántsa] *f.* descuido.

nondimeno [nondiméno] *conj.* sin embargo, no obstante, con todo eso.

nonna [nɔ́nna] *f.* abuela.

nonno [nɔ́nno] *m.* abuelo.

nonnulla [nonnúlla] *m.* nadería *f.,* bagatela *f.,* fruslería *f.*

nono [nɔ́no] *a.-m.* noveno.

nonostante [nonostánte] *prep.-conj.* a pesar de, no obstante.

nonsenso [nonsènso] *m.* absurdo, falta de sentido.

nord [nɔrd] *m.* norte.

nordico, -ca [nɔ́rdiko, -ka] *a.* nórdico, norteño.

norma [nɔ́rma] *f.* norma. ‖ *a ~ di,* según, con arreglo a.

normale [normále] *a.* normal.

normalmente [normalmènte] *adv.* normalmente.

normalità [normalità*] *f.* normalidad.

normalizzare [normaliddzáre] *t.* normalizar.

normanno, -na [normánno, -na] *a.-m.* normando.

nostalgia [nostaldʒía] *f.* nostalgia, añoranza.

nostalgico, -ca [nostáldʒiko, -ka] *a.* nostálgico.

nostrano, -na [nostráno, -na] *a.* del país, de la región.

nostro, -tra [nɔ́stro, -tra] *a.-pron.* nuestro.

nostromo [nostrɔ́mo] *m.* contramaestre.

nota [nɔ́ta] *f.* nota. 2 cuenta, factura.

notabile [notábile] *a.-m.* notable.

notaio [notájo] *m.* notario.

notare [notáre] *t.* notar, advertir.

notarile [notaríle] *a.* notarial.

notevole [notèvole] *a.* notable.

notevolmente [notevolmènte] *adv.* notablemente.

notifica [notifíka] *f.* notificación.

notizia [notíttsja] *f.* noticia.

noto, -ta [nɔ́to, -ta] *a.* conocido. 2 sabido, notorio.

notoriamente [notorjamènte] *adv.* notoriamente.

notorietà [notorjetà*] *f.* notoriedad.

notorio, -ria [notɔ́rjo, -rja] *a.* notorio.

nottambulo [nottámbulo] *m.* trasnochador, noctámbulo.

nottata [nottáta] *f.* noche.

notte [nɔ́tte] *f.* noche.

nottetempo [nottetèmpo] *adv.* de noche, por la noche.

notturno, -na [nottúrno, -na] *a.* nocturno.

novanta [novánta] *a.-m.* noventa.

novantenne [novantènne] *a.-s.* noventón.

novantesimo, -ma [novantèzimo, -ma] *a.* nonagésimo.

nove [nɔ́ve] *a.-m.* nueve.

novecento [novetʃènto] *a.-m.* novecientos. ‖ *il ~,* el siglo xx.

novella [novèlla] *f.* cuento *m.,* novela corta.

novellista [novellista] *s.* cuentista, autor de narraciones cortas.

novello, -la [novèllo, -la] *a.* nuevo, novel.

novembre [novèmbre] *m.* noviembre.

novena [novèna] *f.* novena.

novilunio [novilúnjo] *m.* novilunio.

novità [novità*] *f.* novedad.

noviziato [novittsjáto] *m.* noviciado.

novizio, -zia [novíttsjo, -tsja] *a.-m.* novicio.

nozione [nottsjóne] *f.* noción.

nozze [nɔ́ttse] *f.-pl.* boda, nupcias.

nube [núbe] *f.* nube.

nubifragio [nubifrádʒo] *m.* temporal, turbión.

nubile [núbile] *a.* soltera, núbil.

nuca [núka] *f.* nuca, pescuezo *m.*

nucleare [nukleáre] *a.* nuclear.

nucleo [núkleo] *m.* núcleo.

nudismo [nudízmo] *m.* nudismo.

nudista [nudísta] *a.* nudista.

nudità [nudità*] *f.* desnudez.

nudo, -da [núdo, -da] *a.* desnudo.

nulla [núlla] *pron.* nada. ‖ *il ~,* la nada.

nullaosta [nullaɔ́sta] *m.* aprobación *f.,* visto bueno.

nullatenente [nullatenènte] *a.-s.* sin bienes, pobre.

nullità [nullità*] *f.* nulidad.

nullo, -la [núllo, -la] *a.* nulo.

numerale [numerále] *a.-m.* numeral.

numerare [numeráre] *t.* numerar.

numeratore [numeratóre] *m.* numerador.

numerazione [numerattsjóne] *f.* numeración.

numericamente [numerikamènte] *adv.* numéricamente.

numerico, -ca [numériko, -ka] *a.* numérico.

numero [número] *m.* número.

numeroso, -sa [numeróso, -sa] *a.* numeroso.

numismatica [numizmátika] *f.* numismática.

nunzio [núntsjo] *m.* nuncio.

nuocere [nwɔ́tʃere] *i.* perjudicar. ¶ CONJUG. (aux. *avere*) IND. pres.: *noccio, nuoci, nuoce, nociamo, nocete, nocciono.* | pret. ind.: *nocqui, nocesti, nocque, nocemmo, noceste, nocquero.* ‖ SUBJ. pres.: *noccia, noccia, noccia, nociamo, nociate, nocciano.* ‖ IMP. pres.: *nuoci, noccia, nociamo, nocete, nocciano.* ‖ PART.: *nociuto* o *nuociuto.*

nuora [nwɔ́ra] *f.* nuera.
nuotare [nwotáre] *i.* nadar. ¶ CONJUG. r. aux. *avere*.
nuotatore, -trice [nwotatóre, -tritʃe] *a.-m.* nadador.
nuoto [nwɔ́to] *m.* natación *f.*
nuovamente [nwɔvaménte] *adv.* nuevamente.
nuovo, -va [nwɔ́vo, -va] *a.* nuevo.
nutrice [nutritʃe] *f.* nodriza.
nutriente [nutriénte] *a.* nutritivo.

nutrimento [nutriménto] *m.* nutrimento, nutrimiento.
nutrire [nutrire] *t.* nutrir. 2 fig. abrigar [esperanzas, etc.].
nutritivo, -va [nutritivo, -va] *a.* nutritivo.
nutrizione [nutrittsjóne] *f.* nutrición.
nuvola [núvola] *f.* nube.
nuvolosità [nuvolosità*] *f.* nubosidad.
nuvoloso, -sa [nuvolóso, -sa] *a.* nublado, anubarrado.
nuziale [nuttsjále] *a.* nupcial.

O

o [o] *s.* treceava letra del alfabeto italiano.

o [o] *conj.* o, u.

oasi [ɔazi] *m.* oasis.

obbediente [obbedjɛ́nte] *a.* obediente.

obbedienza [obbedjɛ́ntsa] *f.* obediencia.

obbedire [obbedíre] V. **ubbidire**.

obbligare [obbligáre] *t.-pr.* obligar.

obbligato, -ta [obbligáto, -ta] *a.* obligado.

obbligatorio, -ria [obbligatɔ́rjo, -rja] *a.* obligatorio, forzoso.

obbligazione [obbligattsjóne] *f.* obligación.

obbligo [ɔ́bbligo] *m.* obligación *f.*

obbrobrio [obbrɔ́brjo] *m.* oprobio.

obbrobrioso, -sa [obbrobrjóso, -sa] *a.* oprobioso.

obelisco [obelisco] *m.* obelisco.

oberato, -ta [oberáto, -ta] *a.* cargado.

obesità [obezità*] *f.* obesidad.

obeso, -sa [obɛ́zo, -za] *a.* obeso.

obiettare [objettáre] *t.* objetar.

obiettivamente [objettivamɛ́nte] *adv.* objetivamente.

obiettivo, -va [objettívo, -va] *a.* objetivo.

obiettore [objettóre] *m.* objetor.

obiezione [objettsjóne] *f.* objeción.

obitorio [obitɔ́rio] *m.* cámara *f.* mortuoria.

obliare [obliáre] *t.* olvidar.

oblio [oblío] *m.* olvido.

obliquamente [oblikwamɛ́nte] *adv.* oblicuamente.

obliquo, -qua [oblíkwo, -kwa] *a.* oblicuo. 2 torcido, desleal.

oblò [oblɔ́*] *m.* portilla *f.* [de los buques].

oblungo, -ga [oblúngo, -ga] *a.* oblongo.

obolo [ɔ́bolo] *m.* óbolo.

oca [ɔ́ka] *f.* oca. 2 *fig.* persona tonta o despistada.

occasionale [okkazjonále] *a.* ocasional, accidental.

occasionalmente [okkazjonalmɛ́nte] *adv.* accidentalmente, ocasionalmente.

occasione [okkazjóne] *f.* ocasión, coyuntura, oportunidad. ‖ *libri d'~*, libros de lance, de ocasión.

occaso [okkázo] *m.* ocaso.

occhiaia [okkjája] *f.* órbita del ojo. 2 ojera.

occhiali [okkjáli] *m.-pl.* gafas *f.-pl.*, lentes *f.-pl.*, anteojos.

occhiata [okkjáta] *f.* ojeada, vistazo *m.* ‖ *dar un'~*, echar un vistazo. 2 mirada.

occhieggiare [okkjeddʒáre] *t.* mirar, ojear. 2 *i.* aparecer, hacerse visible. ¶ CONJUG. r. aux. *avere* [t.-i.].

occhiello [okkjɛ́llo] *m.* ojal.

occhietto [okkjɛ́tto] *m.* guiño. ‖ *fare l'~*, guiñar el ojo.

occhio [ɔ́kkjo] *m.* ojo. ‖ *a ~ nudo*, a simple vista. ‖ *chiudere un ~*, hacer la vista gorda. ‖ *in un batter d'~*, en un santiamén. ‖ *a quattr' occhi*, a solas.

occhiolino [okkjolino] *m.* guiño. ‖ *fare l'~*, guiñar el ojo.

occidentale [ottʃidentále] *a.* occidental.

occidente [ottʃidɛ́nte] *m.* occidente.

occipite [ottʃípite] *m.* occipucio.

occludere [okklúdere] *t.* ocluir, obstruir. ¶ CONJUG. como *accludere*.

occlusione [okkluzjóne] *f.* oclusión.

occorrente [okkorrɛ́nte] *a.* necesario, preciso. 2 *m.* lo necesario.

occorrenza [okkorrɛ́ntsa] *f.* necesidad. ‖ *all'~*, en caso necesario.

occorrere [okkórrere] *i.* necesitar, ser preciso. ¶ CONJUG. como *correre* (aux. *essere*).

occultamente [okkultamɛ́nte] *adv.* ocultamente.

occultare [okkultáre] *t.* ocultar.

occultismo [okkultizmo] *m.* ocultismo.

occulto, -ta [okkúlto, -ta] *a.* oculto, escondido.

occupare [okkupáre] *t.* ocupar. 2 *pr.* dedicarse, ocuparse de.

occupazione [okkupattsjóne] *f.* ocupación.

oceanico, -ca [otʃeániko, -ka] a. oceánico.

oceano [otʃéano] m. océano.

oceanografia [otʃeanografía] f. oceanografía.

ocra [ɔ́kra] f. ocre m.

oculare [okuláre] a.-m. ocular.

oculatezza [okulatéttsa] f. cautela, prudencia.

oculato, -ta [okuláto, -ta] a. cauteloso, circunspecto, prudente.

oculista [okulista] s. oculista.

oculistico, -ca [okulistiko, -ka] a. oftalmológico.

ode [ɔ́de] f. oda.

odiare [odjáre] t. odiar.

odierno, -na [odjérno, -na] a. de hoy, actual, del día.

odio [ɔ́djo] m. odio.

odiosamente [odjosaménte] adv. odiosamente.

odioso, -sa [odjóso, -sa] a. odioso, antipático.

odissea [odisséa] f. odisea.

odontoiatra [odontojátra] s. odontólogo.

odorare [odoráre] t. oler, olfatear. 2 i. oler. ¶ CONJUG. r. aux. avere [t.-i.].

odorato [odoráto] m. olfato.

odore [odóre] m. olor.

odoroso, -sa [odoróso, -sa] a. oloroso, perfumado.

offendere [offéndere] t. ofender. ¶ CONJUG. IND. pret. ind.: offesi, offendesti, offese, offendemmo, offendeste, offesero. ‖ PART.: offeso.

offensiva [offensíva] f. ofensiva.

offensivo, -va [offensivo, -va] a. ofensivo.

offensore [offensóre] m. ofensor.

offerente [offerénte] a.-m. oferente.

offerta [offérta] f. ofrecimiento m. 2 COM. oferta. 3 REL. ofrenda.

offertorio [offertɔ́rjo] m. ECL. ofertorio.

offesa [offésa] f. ofensa.

offeso, -sa [offéso, -sa] a. ofendido.

officiare [offitʃáre] i. oficiar. ¶ CONJUG. r. aux. avere.

officina [offitʃína] f. taller m.

offrire [offríre] t. ofrecer. ¶ CONJUG. IND. pret. ind.: offrii (offersi), offristi, offrì (offerse), offrimmo, offriste, offrirono (offersero). ‖ PART.: offerto.

offuscamento [offuskaménto] m. ofuscación f.

offuscare [offuskáre] t. ofuscar.

oftalmico, -ca [oftálmiko, -ka] a. oftálmico.

oggettivamente [oddʒettivaménte] adv. objetivamente.

oggettivo, -va [oddʒettivo, -va] a. objetivo.

oggettività [oddʒettività*] f. objetividad.

oggetto [oddʒétto] m. objeto.

oggi [ɔ́ddʒi] adv. hoy. ‖ al giorno d'~, hoy en día. ‖ ~ a otto, de hoy en ocho.

oggigiorno [oddʒidʒórno] adv. hoy día, hoy en día.

ogni [ɔ́ɲɲi] a. cada, todo. ‖ ~ cosa, todo.

ognissanti [oɲɲissánti] m. todos los santos.

ognuno [oɲɲúno] pron. cada cual, cada uno.

oh! [ɔ,o] ínter. ¡oh!

oleandro [oleándro] m. adelfa f.

oleificio [oleifitʃo] m. fábrica f. de aceite.

oleodotto [oleodótto] m. oleoducto.

oleografico, -ca [oleográfiko, -ka] a. oleográfico. 2 fig. amanerado, de mal gusto.

oleoso, -sa [oleóso, -sa] a. aceitoso, oleoso.

olezzare [oleddzáre] i. oler bien, exhalar fragancia. ¶ CONJUG. r. aux. avere.

olezzo [oléddzo] m. fragancia f.

olfatto [olfátto] m. olfato.

oliera [oljèra] f. aceitera, vinagrera.

oligarchia [oligarkía] f. oligarquía.

oligarchico, -ca [oligárkiko, -ka] a. oligárquico.

olimpiade [olimpiade] f. olimpíada.

olimpico, -ca [olímpiko, -ka] a. olímpico.

olimpionico, -ca [olimpjóniko, -ka] a. olímpico.

olio [ɔ́ljo] m. aceite. 2 ECL. ~ santo, santo óleo, extremaunción.

oliva [oliva] f. aceituna, oliva.

olivastro, -tra [olivástro, -tra] a. aceitunado.

oliveto [olivéto] m. olivar.

olmo [ólmo] m. olmo.

olocausto [olokáusto] m. holocausto.

oltraggiare [oltraddʒáre] t. ultrajar, afrentar.

oltranza [oltrántsa] en la loc. ad ~, a ultranza, a todo trance.

oltre [óltre] adv. adelante. 2 prep. más allá de, a la otra parte de. ‖ ~ un mese, más de un mes. ‖ ~ a, además de.

oltremare [oltremáre] adv. ultramar.

oltremodo [oltremɔ́do] *adv.* sobremanera.

oltrepassare [oltrepassáre] *t.* sobrepasar, rebasar, superar.

oltretomba [oltretómba] *m.* ultratumba.

omaggio [omáddʒo] *m.* homenaje. 2 regalo, obsequio. ‖ *in ~,* como obsequio.

ombelicale [ombelikále] *a.* umbilical.

ombelico [ombelíko] *m.* ombligo.

ombra [ómbra] *f.* sombra. 2 amparo *m.,* sombra. 3 asomo *m.* ‖ *non c'è ~ di vero,* no hay asomo de verdad. ‖ *non c'è ~ di dubbio,* no hay la más ligera duda.

ombreggiare [ombreddʒáre] *t.* dar sombra. 2 PINT. sombrear.

ombrellaio [ombrellájo] *m.* paragüero.

ombrellino [ombrellíno] *m.* sombrilla *f.,* quitasol.

ombrello [ombrέllo] *m.* paraguas.

omelia [omelía] *f.* homilía.

omerico, -ca [omériko, -ka] *a.* homérico.

omero [ɔ́mero] *m.* húmero.

omertà [omertá*] *f.* ley del silencio, solidaridad entre las gentes del hampa.

omettere [omέttere] *t.* omitir. ¶ CONJUG. como *mettere.*

omicida [omitʃída] *s.* homicida.

omicidio [omitʃídjo] *m.* homicidio.

omissione [omissjóne] *f.* omisión.

omnibus [ɔ́mnibus] *m.* ómnibus.

omogeneità [omodʒeneità*] *f.* homogeneidad.

omogeneo, -nea [omodʒέneo, -nea] *a.* homogéneo.

omologare [omologáre] *t.* homologar. 2 ratificar.

omologazione [omologattsjóne] *f.* homologación.

omonimia [omonimía] *f.* homonimia.

omonimo, -ma [omɔ́nimo, -ma] *a.-m.* homónimo.

oncia [óntʃa] *f.* onza. 2 fig. pizca.

onda [ónda] *f.* ola. 2 FIS. onda.

ondata [ondáta] *f.* oleada.

onde [ónde] *conj.* para, a fin de que. 2 *adv.* de donde.

ondeggiante [ondeddʒánte] *a.* ondeante.

ondeggiare [ondeddʒáre] *i.* ondear. ¶ CONJUG. r. aux. *avere.*

ondoso, -sa [ondóso, -sa] *a.* undoso, ondoso.

ondulare [onduláre] *i.* ondear. 2 *t.* ondular. ¶ CONJUG. r. aux. *avere* [i.-t.].

ondulato, -ta [onduláto, -ta] *a.* ondulado.

ondulatorio, -ria [ondulatɔ́rjo, -rja] *a.* ondulatorio.

onere [ɔ́nere] *m.* peso, carga *f.*

oneroso, -sa [oneróso, -sa] *a.* oneroso, gravoso.

onestà [onestá*] *f.* honestidad.

onestamente [onestaménte] *adv.* honestamente, honradamente.

onesto, -ta [onέsto, -ta] *a.* honesto, honrado.

onice [ɔ́nitʃe] *f.* ónice, ónix.

onnipotente [onnipotέnte] *a.* omnipotente, todopoderoso. ‖ *l'~,* el todopoderoso.

onnipotenza [onnipotέntsa] *f.* omnipotencia.

onnipresente [onniprezέnte] *a.* omnipresente.

onnipresenza [onniprezέntsa] *f.* omnipresencia.

onnisciente [onniʃʃέnte] *a.* omnisciente.

onnivoro [onnívoro] *a.* omnívoro.

onomastico, -ca [onomástiko, -ka] *a.* onomástico. 2 *m.* día del santo.

onomatopea [onomatopέa] *f.* onomatopeya.

onomatopeico, -ca [onomatopέjko, -ka] *a.* onomatopéyico.

onorare [onoráre] *t.* honrar.

onorario, -ria [onorárjo, -rja] *a.* honorario. 2 *m.* honorarios *pl.*

onoratamente [onorataménte] *adv.* honradamente.

onorato, -ta [onoráto, -ta] *a.* honrado.

onoratezza [onoratéttsa] *f.* honradez.

onore [onóre] *m.* honor, honra *f.* ‖ *onori funebri,* honras fúnebres.

onorevole [onorévole] *a.* honorable. 2 *m.* diputado, senador.

onorevolmente [onorevolménte] *adv.* honradamente.

onorificenza [onorifitʃέntsa] *f.* condecoración. 2 distinción.

onorifico, -ca [onorífiko, -ka] *a.* honorífico.

ontano [ontáno] *m.* aliso.

ontologia [ontolodʒía] *f.* ontología.

opacità [opatʃità*] *f.* opacidad.

opale [opále] *f.* ópalo.

opera [ɔ́pera] *f.* obra, trabajo *m.* 2 MUS. ópera.

operaio, -ia [operájo, -ja] *a.* obrero. 2 *m.* obrero, operario.

operare [operáre] *t.* operar. 2 *i.* obrar, actuar. 3 *pr.* producirse. ¶ CONJUG. r. aux. *avere* [i.-t.].

operato [operáto] *m.* proceder, conducta *f.*

operatore, -trice [operatóre, -tritʃe] *a.* operador. 2 *m.* operador. 3 cirujano.

operatorio, -ria [operatɔrjo, -rja] *a.* operatorio.

operazione [operattsjóne] *f.* operación.

operetta [operétta] *f.* opereta.

operosità [operositá*] *f.* laboriosidad.

operoso, -sa [operóso, -sa] *a.* laborioso, activo.

opificio [opifitʃo] *m.* taller, establecimiento industrial.

opinare [opináre] *t.-i.* opinar. ¶ CONJUG. r. aux. *avere* [t.-i.].

opinione [opinjóne] *f.* opinión.

opossum [opóssum] *m.* zarigüeya *f.,* rabopelado.

oppio [ɔppjo] *m.* opio.

opporre [oppórre] *t.* oponer. ¶ CONJUG. como *porre.*

opportunamente [opportunaménte] *adv.* oportunamente.

opportunismo [opportunizmo] *m.* oportunismo.

opportunista [opportunista] *a.* oportunista.

opportunità [opportunitá*] *f.* oportunidad.

opportuno, -na [opportúno, -na] *a.* oportuno.

oppositore, -trice [oppozitóre, -tritʃe] *a.-m.* opositor.

opposizione [oppozittsjóne] *f.* oposición.

opposto, -ta [oppósto, -ta] *a.* opuesto.

oppressione [oppressjóne] *f.* opresión.

oppressivo, -va [oppressivo, -va] *a.* opresivo.

oppresso, -sa [opprésso, -sa] *a.* oprimido.

oppressore [oppressóre] *m.* opresor.

opprimente [opprimἐnte] *a.* agobiador, opresivo.

opprimere [opprimere] *t.* oprimir, agobiar. ¶ CONJUG. IND. pret. ind.: *oppressi, opprimesti, oppresse, opprimemmo, opprimeste, oppressero.* ‖ PART.: *oppresso.*

oppugnare [oppuɲɲáre] *t.* impugnar, refutar, opugnar.

oppure [oppúre] *conj.* o bien.

optare [optáre] *i.* optar. ¶ CONJUG. r. aux. *avere.*

opulento, -ta [opulénto, -ta] *a.* opulento.

opulenza [opulἐntsa] *f.* opulencia.

opuscolo [opúskolo] *m.* opúsculo, folleto.

or [or] forma apocopada de *ora.*

ora [óra] *f.* hora. ‖ *di buon'* ~, temprano. ‖ *alla buon'*~!, ¡ya era hora!, ¡finalmente! 2 *adv.* ahora, ya. 3 *conj.* ya, ora.

oracolo [orákolo] *m.* oráculo.

orafo [ɔrafo] *m.* orfebre.

oralmente [oralménte] *adv.* oralmente.

oramai [oramái] *adv.* ya, ahora ya.

orangutan [orangután] *m.* orangután.

orario [orárjo] *m.* horario.

orata [oráta] *f.* orata, dorada, cachicato *m.* (Venezuela).

oratore [oratóre] *m.* orador.

oratoria [oratɔrja] *f.* oratoria.

oratorio [oratɔrjo] *a.-m.* oratorio.

orazione [orattsjóne] *f.* oración.

orbita [ɔrbita] *f.* órbita.

orbo, -ba [ɔrbo, -ba] *a.* ciego. ‖ *botte da orbi,* paliza. 2 lit. privado.

orchestra [orkἐstra] *f.* orquesta.

orchestrale [orkestrále] *a.* orquestal.

orchestrare [orkestráre] *t.* orquestar.

orchestrazione [orkestrattsjóne] *f.* orquestación.

orchidea [orkidἐa] *f.* orquídea.

orcio [ɔrtʃo] *m.* tinaja *f.,* orza *f.*

orda [ɔrda] *f.* horda.

ordigno [ordiɲɲo] *m.* utensilio, instrumento, mecanismo.

ordinale [ordinále] *a.* ordinal.

ordinamento [ordinaménto] *m.* orden, ordenamiento.

ordinanza [ordinántsa] *f.* ordenanza.

ordinare [ordináre] *t.* ordenar [poner orden]. 2 mandar. 3 pedir. ‖ ~ *un caffè,* pedir un café. 4 ECL. ordenar.

ordinario, -ria [ordinárjo, -rja] *a.* ordinario. ‖ *professore* ~, catedrático.

ordinato, -ta [ordináto, -ta] *a.* ordenado.

ordinazione [ordinattsjóne] *f.* orden, encargo *m.* 2 COM. pedido *m.* 3 ECL. ordenación.

ordine [órdine] *m.* orden. 2 COM. pedido. 3 orden *f.* ‖ *dare un* ~, dar una orden.

ordire [ordíre] *t.* urdir.

orditore [orditóre] *m.* urdidor. 2 fig. maquinador.

orditura [orditúra] *f.* urdidura. 2 fig. plan *m.,* bosquejo *m.*

orecchia [orἐkkja] *f.* oreja.

orecchiabile [orekkjábile] *a.* pegadizo [melodía].

orecchietta [orekkjἐtta] *f.* aurícula.

orecchio [orἐkkjo] *m.* oreja *f.* ‖ *a* ~, de oído. ‖ *prestar* ~, prestar atención. 2 fig. oído.

orecchioni [orekkjóni] *m.-pl.* paperas *f.-pl.*

orefice [oréfitʃe] *m.* joyero, orfebre.

oreficeria [orefitʃería] *f.* joyería, orfebrería.

orfano [órfano] *a.-m.* huérfano.

orfanotrofio [orfanotrófjo] *m.* orfanato.

organetto [organétto] *m.* organillo.

organicità [organitʃità*] *f.* estructura.

organicamente [organikaménte] *adv.* orgánicamente.

organico, -ca [orgániko, -ka] *a.* orgánico. 2 *m.* BUR. plantilla *f.*

organismo [organizmo] *m.* organismo.

organista [organista] *s.* organista.

organizzare [organiddzáre] *t.* organizar.

organizzato, -ta [organiddzáto, -ta] *a.* organizado.

organizzatore, -trice [organiddzatóre, -tritʃe] *a.-m.* organizador.

organizzazione [organiddzattsjóne] *f.* organización.

organo [órgano] *m.* órgano. 2 portavoz, órgano.

organza [orgándza] *f.* organdí *m.*

orgasmo [orgázmo] *m.* orgasmo. 2 fig. agitación *f.*, excitación *f.*

orgia [órdʒa] *f.* orgía.

orgoglio [orgóʎʎo] *m.* orgullo.

orgogliosamente [orgoʎʎosaménte] *adv.* orgullosamente.

orgoglioso, -sa [orgoʎʎóso, -sa] *a.* orgulloso.

orientale [orjentále] *a.* oriental.

orientamento [orjentaménto] *m.* orientación *f.*

orientare [orjentáre] *t.-pr.* orientar.

oriente [orjénte] *m.* oriente.

origano [origano] *m.* orégano.

originale [oridʒinále] *a.-m.* original.

originalità [oridʒinalità*] *f.* originalidad.

originare [oridʒináre] *t.* originar. 2 *i.* tener origen. ¶ CONJUG. r. aux. *avere* [t.], *essere* [i.].

originario, -ria [oridʒinàrjo, -rja] *a.* originario.

origine [oridʒine] *f.* origen.

origliare [oriʎʎáre] *i.* escuchar furtivamente. ¶ CONJUG. r. aux. *avere.*

orina [orina] *f.* orina.

orinale [orinále] *m.* orinal.

orinare [orináre] *i.-t.* orinar. ¶ CONJUG. r. aux. *avere.*

orinatorio [orinatòrjo] *m.* urinario.

oriundo, -da [orjúndo, -da] *a.* oriundo.

orizzontale [oriddzontále] *a.* horizontal.

orizzontare [oriddzontáre] *t.-pr.* orientar.

orlare [orláre] *t.* bastillar, ribetear.

orlatura [orlatúra] *f.* orla, ribete *m.*

orlo [órlo] *m.* borde, orilla. 2 bastilla, dobladillo *m.*

orma [órma] *f.* huella, pisada.

ormai [ormái] *adv.* ya, ahora ya.

ormeggiare [ormeddʒáre] *t.* anclar, amarrar.

ormeggio [orméddʒo] *m.* amarra *f.*

ormonale [ormonále] *a.* hormonal.

ormone [ormóne] *m.* hormona *f.*

ornamentale [ornamentále] *a.* ornamental.

ornamento [ornaménto] *m.* ornamento, adorno.

ornare [ornáre] *t.-pr.* adornar, ornar, ornamentar.

ornato, -ta [ornáto, -ta] *a.* adornado. 2 *m.* adorno, ornato.

ornitologia [ornitolodʒía] *f.* ornitología.

ornitologico, -ca [ornitolódʒiko, -ka] *a.* ornitológico.

ornitologo [ornitólogo] *m.* ornitólogo.

oro [óro] *m.* oro.

orografia [orografia] *f.* orografía.

orografico, -ca [orográfiko, -ka] *a.* orográfico.

orologeria [orolodʒería] *f.* relojería.

orologiaio [orolodʒáio] *m.* relojero.

orologio [orolódʒo] *m.* reloj.

oroscopo [oròskopo] *m.* horóscopo.

orpello [orpéllo] *m.* oropel.

orrendamente [orrendaménte] *adv.* horrendamente.

orrendo, -da [orréndo, -da] *a.* horrendo, horroroso.

orribile [orríbile] *a.* horrible.

orribilmente [orribilménte] *adv.* horriblemente.

orrido, -da [órrido, -da] *a.* hórrido.

orripilante [orripilánte] *a.* horripilante.

orrore [orróre] *m.* horror.

orsa [órsa] *f.* osa.

orsacchiotto [orsakkjótto] *m.* osezno.

orso [órso] *m.* oso.

ortaggio [ortáddʒo] *m.* hortaliza *f.*

ortensia [orténsja] *f.* hortensia.

ortica [ortíka] *f.* ortiga.

orticaria [ortikárja] *f.* urticaria.

orticoltura [ortikoltúra] *f.* horticultura.

orto [órto] *m.* huerto.

ortodosso, -sa [ortodósso, -sa] *a.* ortodoxo.

ortogonale [ortogonále] *a.* ortogonal.

ortografia [ortografia] *f.* ortografía.

ortografico, -ca [ortográfiko, -ka] *a.* ortográfico.

ortolano [ortolàno] *m.* verdulero. 2 hortelano.

ortopedia [ortopedía] *f.* ortopedia.

ortopedico, -ca [ortopèdiko, -ka] *a.* ortopédico.

orzaiolo [ordzajòlo] *m.* orzuelo.

orzata [ortsáta] *f.* horchata.

orzo [ɔ́rdzo] *m.* cebada *f.*

osanna [ozánna] *m.* hosanna.

osannare [ozannáre] *i.* cantar hosannas. 2 fig. exaltar. ¶ CONJUG. r. aux. *avere.*

osare [ozáre] *t.-i.* atreverse, osar. ¶ CONJUG. r. aux. *avere.*

oscenità [oʃʃenità*] *f.* obscenidad.

osceno, -na [oʃʃéno, -na] *a.* obsceno.

oscillare [oʃʃilláre] *i.* oscilar. ¶ CONJUG. r. aux. *avere.*

oscillatorio, -ria [oʃʃillatòrjo, -rja] *a.* oscilatorio.

oscillazione [oʃʃillattsjóne] *f.* oscilación.

oscillografo [oʃʃillògrafo] *m.* oscilógrafo.

oscuramento [oskuramènto] *m.* oscurecimiento.

oscurantismo [oskurantizmo] *m.* oscurantismo.

oscurare [oskuráre] *t.* oscurecer.

oscurità [oskurità*] *f.* oscuridad.

osmosi [ozmòzi] *f.* ósmosis.

osmotico, -ca [ozmòtiko, -ka] *a.* osmótico.

ospedale [ospedále] *m.* hospital.

ospedaliero, -ra [ospedaljèro, -ra] *a.* hospitalicio, del hospital.

ospitale [ospitále] *a.* hospitalario.

ospitalità [ospitalità*] *f.* hospitalidad.

ospite [ɔ́spite] *m.* huésped.

ospizio [ospìttsjo] *m.* hospicio, asilo.

ossario [ossàrjo] *m.* osario.

ossatura [ossatúra] *f.* osamenta, esqueleto *m.* 2 fig. armazón.

osseo, -sea [ɔ́sseo, -sea] *a.* óseo.

ossequiare [ossekwjáre] *t.* obsequiar.

ossequio [ossèkwjo] *m.* obsequio. ‖ *i miei ossequi,* mis respetos, saludos.

ossequioso, -sa [ossekwjòso, -sa] *a.* obsequioso.

osservanza [osservántsa] *f.* observancia. ‖ *con ~,* respetuosamente, atentamente.

osservare [osserváre] *t.* observar, examinar. 2 notar. 3 cumplir.

osservatore [osservatóre] *a.* observador.

osservatorio [osservatòrjo] *m.* observatorio.

osservazione [osservattsjóne] *f.* observación.

ossessionato, -ta [ossessjonáto, -ta] *a.* obseso, obsesionado.

ossessione [ossessjóne] *f.* obsesión.

ossesso, -sa [ossèsso, -sa] *a.-m.* endemoniado, poseído.

ossia [ossía] *conj.* o bien. 2 o sea, a saber.

ossidabile [ossidábile] *a.* oxidable.

ossidare [ossidáre] *t.* oxidar.

ossidazione [ossidattsjóne] *f.* oxidación.

ossido [ɔ́ssido] *m.* óxido.

ossidrico, -ca [ossidriko, -ka] *a.* oxhídrico.

ossigenare [ossidʒenáre] *t.* oxigenar.

ossigenato, -ta [ossidʒenáto, -ta] *a.* oxigenado.

ossigenazione [ossidʒenattsjóne] *f.* oxigenación.

osso [ɔ́sso] *m.* hueso. ‖ *all'~,* al extremo. ‖ *sino alle ossa,* hasta los huesos.

ostacolare [ostakoláre] *t.* obstaculizar, impedir.

ostacolo [ostàkolo] *m.* obstáculo.

ostaggio [ostàddʒo] *m.* rehén.

ostare [ostáre] *i.* obstar.

oste [ɔ́ste] *m.* hostelero, posadero, mesonero.

osteggiare [osteddʒáre] *t.* contrariar, combatir.

ostello [ostèllo] *m.* albergue.

ostensibile [ostensíbile] *a.* ostensible.

ostensibilmente [ostensibilmènte] *adv.* ostensiblemente.

ostensorio [ostensòrjo] *m.* LITUR. custodia *f.*

ostentare [ostentáre] *t.* ostentar.

ostentazione [ostentattsjóne] *f.* ostentación.

osteria [ostería] *f.* taberna, tasca.

ostetrica [ostètrika] *f.* comadrona.

ostetrico, -ca [ostètriko, -ka] *a.* ginecológico. 2 *m.* ginecólogo.

ostia [ɔ́stja] *f.* hostia.

ostico, -ca [ɔ́stiko, -ka] *a.* desagradable, duro.

ostile [ostíle] *a.* hostil.

ostilità [ostilità*] *f.* hostilidad.

ostinarsi [ostinársi] *pr.* obstinarse.

ostinatamente [ostinatamènte] *adv.* obstinadamente.

ostinatezza [ostinatèttsa] *f.* obstinación, terquedad.

ostinato, -ta [ostináto, -ta] *a.* obstinado.

ostracismo [ostratʃìzmo] *m.* ostracismo.

ostrica [ɔ́strika] *f.* ostra.

ostruire [ostruíre] *t.* obstruir.

ostruzione [ostruttsjóne] *f.* obstrucción.

ostruzionismo [ostruttsjonízmo] *m.* obstruccionismo.

otite [otíte] *f.* otitis.

otorinolaringoiatra [otorinolaringojátra] *m.* otorrinolaringólogo.

otre [ótre] *m.* odre. || *pieno come un ~,* atiborrado.

ottagonale [ottagonále] *a.* octogonal.

ottagono [ottágono] *m.* octágono.

ottanta [ottánta] *a.* ochenta.

ottantenne [ottanténne] *a.-s.* ochentón, octogenario.

ottantesimo, -ma [ottantèzimo, -ma] *a.* octogésimo. 2 *m.* ochentavo.

ottantina [ottantína] *f.* unos ochenta.

ottava [ottáva] *f.* octava.

ottavo, -va [ottávo, -va] *a.-m.* octavo.

ottenebrare [ottenebráre] *t.* entenebrecer, oscurecer. 2 fig. ofuscar.

ottenere [ottenére] *t.* obtener, conseguir, alcanzar. ¶ CONJUG. como *tenere*.

ottenimento [otteniménto] *m.* consecución, logro.

ottica [ɔ́ttika] *f.* óptica.

ottico, -ca [ɔ́ttiko, -ka] *a.-m.* óptico.

ottimamente [ɔttimaménte] *adv.* óptimamente.

ottimismo [ottimízmo] *m.* optimismo.

ottimista [ottimísta] *a.-s.* optimista.

ottimo, -ma [ɔ́ttimo, -ma] *a.* óptimo.

otto [ɔ́tto] *a.* ocho.

ottobre [ottóbre] *m.* octubre.

ottocentista [ottotʃentísta] *a.-s.* ochocentista, decimonónico.

ottocento [ottotʃénto] *a.* ochocientos. || *l'~,* el siglo diecinueve.

ottomila [ottomíla] *a.* ocho mil.

ottone [ottóne] *m.* latón.

ottuagenario, -ria [ottuadʒenárjo, -rja] *a.-m.* octogenario, ochentón.

otturare [otturáre] *t.* obturar, tapar.

otturazione [otturattsjóne] *f.* obturación, obstrucción.

ottusamente [ottuzaménte] *adv.* torpemente, obtusamente.

ottusità [ottuzitá*] *f.* torpeza.

ovaia [ovája] *f.* ovario *m.*

ovale [ovále] *a.* oval, ovalado.

ovatta [ovátta] *f.* guata, algodón *m.* en rama.

ovattare [ovattáre] *t.* enguatar, acolchar. 2 fig. atenuar.

ovazione [ovattsjóne] *f.* ovación.

ove [óve] *adv.* donde.

ovest [ɔ́vest] *m.* oeste.

ovile [ovíle] *m.* aprisco, redil.

ovino [ovíno] *a.* ovejuno, ovino. || *bestiame ~,* ganado lanar. 2 *m.-pl.* ovinos, óvidos.

oviparo, -ra [ovíparo, -ra] *a.* ovíparo.

ovunque [ovúnkwe] *adv.* por todas partes, dondequiera.

ovviamente [ovvjaménte] *adv.* evidentemente.

ovviare [ovviáre] *i.* obviar, remediar. ¶ CONJUG. r. aux. *avere*.

ovvio, -via [ɔ́vvjo, -vja] *a.* obvio, evidente.

oziare [ottsjáre] *i.* ociar, holgazanear. ¶ CONJUG. r. aux. *avere*.

ozio [ɔ́ttsjo] *m.* ocio.

oziosamente [ottsjosaménte] *adv.* ociosamente.

oziosità [ottsjositá*] *f.* ociosidad, holgazanería.

ozioso, -sa [ottsjóso, -sa] *a.* ocioso, holgazán.

ozono [oddzóno] *m.* ozono.

P

p [pi] *s.* catorceava letra del alfabeto italiano.
pacatezza [pakatéttsa] *f.* calma.
pacatamente [pakataménte] *adv.* con calma.
pacato, -ta [pakáto, -ta] *a.* sosegado, calmo.
pacchetto [pakkétto] *m.* paquete. ‖ ~ *di sigarette,* cajetilla, paquete de cigarrillos.
pacchia [pákkja] *f.* jauja, chollo *m.*
pacchiano, -na [pakkjáno, -na] *a.* de mal gusto. 2 grosero.
pacco [pákko] *m.* paquete.
pace [pátʃe] *f.* paz.
pachiderma [pakidérma] *m.* paquidermo.
paciere [patʃére] *m.* pacificador.
pacificamente [patʃifikaménte] *adv.* pacíficamente.
pacificare [patʃifikáre] *t.* pacificar.
pacifico, -ca [patʃífiko, -ka] *a.* pacífico.
pacifista [patʃifísta] *a.-s.* pacifista.
pacioccone [patʃokkóne] *a.-m.* bonachón. 2 gordinflón.
padella [padélla] *f.* sartén.
padiglione [padiʎʎóne] *m.* pabellón.
padre [pádre] *m.* padre.
padrino [padríno] *m.* padrino.
padronale [padronále] *a.* patronal.
padronanza [padronántsa] *f.* dominio. ‖ ~ *della lingua inglese,* dominio de la lengua inglesa.
padrone [padróne] *m.* dueño, amo.
paesaggio [paezáddʒo] *m.* paisaje.
paesano, -na [paezáno, -na] *m.* aldeano. 2 *a.* paisano, del país.
paese [paèze] *m.* país. 2 pueblo.
paffuto, -ta [paffúto, -ta] *a.* mofletudo.
paga [pága] *f.* paga.
pagabile [pagábile] *a.* pagadero.
pagamento [pagaménto] *m.* pago.
paganesimo [paganèzimo] *m.* paganismo.
pagano, -na [pagáno, -na] *a.-m.* pagano.
pagare [pagáre] *t.* pagar.

pagella [padʒélla] *f.* libreta de notas, las notas *pl.*
paggio [páddʒo] *m.* paje.
pagina [pádʒina] *f.* página.
paglia [páʎʎa] *f.* paja. ‖ *uomo di* ~, testaferro.
pagliacciata [paʎʎattʃáta] *f.* payasada.
pagliaccio [paʎʎáttʃo] *m.* payaso.
pagliaio [paʎʎájo] *m.* pajar.
pagliericcio [paʎʎerittʃo] *m.* camastro.
paglietta [paʎʎétta] *f.* sombrero *m.,* de paja. 2 estropajo *m.*
pagnotta [paɲɲótta] *f.* pan *m.* redondo.
pagoda [pagóda] *f.* pagoda.
paio [pájo] *m.* par.
paiolo [pajólo] *m.* caldero.
pala [pála] *f.* pala. ‖ ~ *d'altare,* retablo.
paladino [paladíno] *m.* paladín.
palafitta [palafítta] *f.* pilote *m.* [de cimientos]. 2 palafito *m.*
palato [paláto] *m.* paladar.
palazzo [paláttso] *m.* palacio. 2 edificio.
palco [pálko] *m.* palco.
palcoscenico [palkoʃʃéniko] *m.* escenario.
palese [paléze] *a.* evidente.
palestra [paléstra] *f.* gimnasio *m.*
paletto [palétto] *m.* pestillo, cerrojo.
palio [pálio] *m.* estandarte. 2 carrera de caballos de Siena.
palizzata [palittsáta] *f.* empalizada, valla.
palla [pálla] *f.* pelota. 2 bola. ‖ ~ *di neve,* bola de nieve. 3 bala. ‖ ~ *di cannone,* bala de cañón.
pallacanestro [pallakanèstro] *f.* baloncesto.
palliativo [palliativo] *m.* paliativo.
pallido, -da [pállido, -da] *a.* pálido.
palloncino [pallontʃíno] *m.* globo. ‖ ~ *di gomma,* globo. 2 farolillo.
pallone [pallóne] *m.* balón.
pallore [pallóre] *m.* palidez *f.*
pallottola [pallóttola] *f.* bala.
pallottoliere [pallottoljère] *m.* ábaco.

palma [pálma] *f.* BOT. palmera, palma. ‖ *domenica delle palme,* domingo de ramos. 2 palma [de la mano].

palmipede [palmipede] *a.-m.* palmípedo.

palmo [pálmo] *m.* palmo. 2 palma *f.* [de la mano].

palo [pálo] *m.* palo.

palombaro [palombáro] *m.* buzo.

palpare [palpáre] *t.* palpar.

palpebra [pálpebra] *f.* párpado *m.*

palpeggiare [palpeddʒáre] *t.* palpar.

palpitare [palpitáre] *i.* palpitar, latir. ¶ CONJUG. r. aux. *avere.*

palpitazione [palpitattsjóne] *f.* palpitación, latido *m.*

palpito [pálpito] *m.* latido.

paltò [palt³*] *m.* abrigo.

palude [palúde] *f.* pantano *m.,* cenegal *m.*

paludoso, -sa [paludóso, -sa] *a.* pantanoso, cenagoso.

pampa [pámpa] *f.* pampa.

pampino [pámpino] *m.* pámpano.

panama [pánama] *m.* panamá.

panca [pánca] *f.* banco *m.*

pancetta [pantʃétta] *f.* tocino *m.*

panchina [pankína] *f.* banco *m.*

pancia [pántʃa] *f.* barriga, panza, tripa.

panciera [pantʃéra] *f.* ventrera.

panciotto [pantʃótto] *m.* chaleco.

panciuto, -ta [pantʃúto, -ta] *a.* panzudo.

pancotto [pankótto] *m.* sopa *f.* de pan

pancreas [pánkreas] *m.* páncreas.

pandemonio [pandemónjo] *m.* barullo.

pane [páne] *m.* pan. ‖ *rendere ~ per focaccia,* pagar con la misma moneda.

panegirico [panedʒiriko] *m.* panegírico. 2 elogio.

panetteria [panetteria] *f.* panadería.

panettiere [panettjére] *m.* panadero.

panettone [panettóne] *m.* pan dulce milanés con pasas y frutas confitadas.

panfilo [pánfilo] *m.* yate.

panico [pániko] *a.-m.* pánico. ‖ *timor ~,* miedo cerval.

paniere [panjére] *m.* cesto, canasto.

panificio [panifitʃo] *m.* panadería *f.,* horno.

panna [pánna] *f.* nata. ‖ *~ montata,* nata batida.

panna [pánna] *f.* avería, parada forzosa.

panneggio [pannéddʒo] *m.* pliege, ropaje.

pannello [pannéllo] *m.* panel.

panno [pánno] *m.* paño. 2 trapo. 3 prenda *f.* ‖ *nei suoi panni,* en su lugar.

pannocchia [pannókkia] *f.* panoja.

panorama [panoráma] *m.* panorama.

panoramico, -ca [panorámiko, -ka] *a.* panorámico.

pantaloni [pantalóni] *m.-pl.* pantalones, pantalón *sing.*

pantano [pantáno] *m.* pantano.

panteismo [panteizmo] *m.* panteísmo.

pantera [pantéra] *f.* pantera.

pantofola [pantófola] *f.* pantufla, zapatilla.

paonazzo, -za [paonáttso, -tsa] *a.* amoratado, cárdeno.

papa [pápa] *m.* papa.

papà [papá*] *m.* papá.

papale [papále] *a.* papal.

papalina [papalina] *f.* gorra. 2 ECL. papalina.

papavero [papávero] *m.* amapola *f.*

papera [pápera] *f.* oca. 2 fig. persona tonta o despistada. 3 fig. pifia.

papero [pápero] *m.* ganso.

papilla [papilla] *f.* papilla.

papiro [papíro] *m.* papiro.

pappa [páppa] *f.* papilla.

pappagallo [pappagállo] *m.* loro, papagayo. ‖ *a ~,* como un loro. 2 fig. ligón. ‖ *fare il ~,* buscar un ligue.

pappagorgia [pappagórdʒa] *f.* papada.

pappare [pappáre] *t.* papar.

paprica [páprika] *f.* pimentón.

para [pára] *f.* caucho *m.*

parabola [parábola] *f* MAT. parábola. 2 parábola [ejemplo].

parabrezza [parabréddza] *m.* paracaídas.

paracadute [parakadúte] *m.* paracaídas.

paracadutista [parakadutista] *s.* paracaidista.

paracarro [parakárro] *m.* guardacantón, mojón.

paradigma [paradigma] *m.* paradigma.

paradisiaco, -ca [paradiziako, -ka] *a.* paradisíaco.

paradiso [paradizo] *m.* paraíso.

paradossale [paradossále] *a.* paradójico.

paradossalmente [paradossalménte] *adv.* paradójicamente.

paradosso [paradósso] *m.* paradoja *f.*

parafango [parafángo] *m.* guardabarros.

paraffina [paraffina] *f.* parafina.

parafrasare [parafrazáre] *t.* parafrasear.

parafrasi [paráfrazi] *f.* paráfrasis.

parafulmine [parafúlmine] *m.* pararrayos.

paraggi [paráddʒi] *m.-pl.* parajes.

paragonabile [paragonábile] *a.* comparable.

paragonare [paragonáre] *t.* comparar, parangonar.

paragone [paragóne] *m.* comparación *f.,* parangón.

paragrafo [parágrafo] *m.* párrafo.

paralisi [parálizi] *f.* parálisis.

paralitico, -ca [paralitiko, -ka] *a.-m.* paralítico.

paralizzare [paraliddzáre] *t.* paralizar.

parallelepipedo [parallelepípedo] *m.* paralelepípedo.

parallelismo [parallelizmo] *m.* paralelismo.

parallelo, -la [parallélo, -la] *a.-m.* paralelo.

paralume [paralúme] *m.* pantalla *f.*

paramento [paraménto] *m.* vestidura *f.,* colgadura *f.*

paranoico, -ca [paranɔiko, -ka] *a.-m.* paranoico.

paraocchi [paraɔkki] *m.* anteojera *f.*

parapetto [parapétto] *m.* parapeto.

parapiglia [parapiʎʎa] *m.* barullo.

parare [paráre] *t.* parar. 2 ataviar, adornar.

parasole [parasóle] *m.* sombrilla *f.*

parassita [parassíta] *a.-s.* parásito.

parastatale [parastatále] *a.-s.* paraestatal.

parata [paráta] *f.* parada.

paraurti [paraúrti] *m.-pl.* parachoques.

paravento [paravénto] *m.* biombo.

parcamente [parkaménte] *adv.* parcamente.

parcella [partʃélla] *f.* honorarios *m.-pl.*

parcheggiare [parkeddʒáre] *t.* aparcar.

parcheggio [parkéddʒo] *m.* aparcamiento.

parco [párko] *m.* parque.

parco, -ca [párko, -ka] *a.* parco.

parecchio [parékkjo] *a.-adv.* mucho. 2 *pl.* varios.

pareggiare [pareddʒáre] *t.* igualar. 2 DEP. empatar.

pareggio [paréddʒo] *m.* igualación *f.* 2 acción y efecto de cuadrar [un balance]. 3 DEP. empate.

parentado [parentádo] *m.* parentesco, parentela *f.*

parente [parénte] *s.* pariente.

parentela [parentéla] *f.* parentela, parentesco *m.*

parentesi [paréntezi] *f.* paréntesis *m.*

parere [paráre] *i.* parecer. || *a quanto pare,* según parece. || *mi pare strano,* me extraña. ¶ CONJUG. (aux. *essere*) IND. pres.: *paio, pari, pare, paiamo, parete, paiono.* || pret. ind.: *parvi, paresti, parve,*

paremmo, pareste, parvero. | fut. imp.: *parrò, parrai, parrà, parremo, parrete, parranno.* | POT. pres.: *parrei, parresti, parrebbe, parremmo, parreste, parrebbero.* || SUBJ. pres.: *paia, paia, paia, paiamo, paiate, paiano.* || PART.: *parso.*

parere [paráre] *m.* parecer, opinión *f.* || *a mio ~,* en mi opinión.

paresi [parézi] *f.* paresia.

parete [paréte] *f.* pared. || *~ divisoria,* tabique *m.*

pari [pári] *a.* igual. || *di ~ età,* de la misma edad. || *per ora siamo ~,* de momento estamos empatados. 2 *numeri ~,* números pares. 3 *adv.* en modo igual. || *copiare ~,* copiar textualmente. 4 *m.* igualdad.

paria [párja] *m.* paria.

parificato, -ta [parifikáto, -ta] *a.* equiparado.

parimenti [pariménti] *adv.* igualmente.

parità [paritá*] *f.* paridad.

parlamentare [parlamentáre] *a.-s.* parlamentario.

parlamentare [parlamentáre] *i.* parlamentar. ¶ CONJUG. r. aux. *avere.*

parlamento [parlaménto] *m.* parlamento.

parlare [parláre] *i.* hablar. ¶ CONJUG. r. aux. *avere.*

parlatore [parlatóre] *m.* hablador.

parlatorio [parlatɔrjo] *m.* locutorio.

parlottare [parlottáre] *i.* cuchichear. ¶ CONJUG. r. aux. *avere.*

parmigiano [parmidʒáno] *m.* queso parmesano.

parodia [parodia] *f.* parodia.

parodiare [parodjáre] *t.* parodiar.

parola [parɔla] *f.* palabra. || *~ chiave,* palabra clave. || *~ d'ordine,* contraseña.

parricida [parritʃida] *s.* parricida.

parricidio [parritʃidjo] *m.* parricidio.

parrocchia [parrɔkkja] *f.* parroquia.

parrocchiano [parrokkjáno] *m.* feligrés.

parroco [párroko] *m.* párroco.

parrucca [parrúkka] *f.* peluca.

parrucchiere [parrukkjére] *m.* peluquero.

parsimonia [parsimɔnja] *f.* frugalidad, economía. 2 fig. moderación, escasez.

parsimonioso, -sa [parsimonjóso, -sa] *a.* frugal, ecónomo. 2 fig. moderado.

parte [párte] *f.* parte. || *da ~,* aparte. || *da ~ mia,* por mi parte. || *da ~ di,* de parte de. 2 papel *m. recitare una ~,* representar un papel.

partecipante [partetʃipánte] *a.-s.* participante.

partecipare [partetʃipáre] *i.* participar, tomar parte. ‖ ~ *a,* participar en. 2 *t.* participar, comunicar. ¶ CONJUG. r. aux. *avere* [i.-t.].

partecipazione [partetʃipattsjóne] *f.* participación.

parteggiare [parteddʒáre] *i.* ser partidario de. ¶ CONJUG. r. aux. *avere.*

partenza [partèntsa] *f.* salida. ‖ *il treno è in* ~, el tren está saliendo.

particella [partitʃélla] *f.* partícula.

participio [partitʃipjo] *m.* participio.

particolare [partikoláre] *a.* particular. 2 *m.* detalle.

particolarmente [partikolarmènte] *adv.* particularmente.

particolareggiato, -ta [partikolareddʒáto, -ta] *a.* detallado.

particolarità [partikolaritá*] *f.* particularidad.

partigianeria [partidʒanería] *f.* parcialidad.

partigiano, -na [partidʒáno, -na] *a.* partidario. 2 *m.* partisano.

partire [partíre] *i.* marcharse, partir. 2 *t.* partir. ¶ CONJUG. r. aux. *essere* [i.], *avere* [t.].

partita [partíta] *f.* partido. 2 *m.* ‖ ~ *di calcio,* partido de fútbol. 2 partida. ‖ ~ *a biliardo,* partida de billar. 3 COM. partida.

partito [partíto] *m.* partido. 2 decisión *f.* ‖ *prendere* ~, tomar partido. 3 fig. partido. ‖ *sposare un buon* ~, casarse con un buen partido.

partitura [partitúra] *f.* partitura.

parto [párto] *m.* parto.

partorire [partoríre] *t.* parir, dar a luz.

parziale [partsjále] *a.* parcial.

parzialmente [partsjalmènte] *adv.* parcialmente.

parzialità [partsjalitá*] *f.* parcialidad.

pascià [paʃʃá*] *m.* bajá.

pasciuto, -ta [paʃʃúto, -ta] *a.* cebado, bien nutrido.

pascolare [paskoláre] *t.-i.* apacentar. ¶ CONJUG. r. aux. *avere* [t.-i.].

pascolo [páskolo] *m.* pasto.

pasqua [páskwa] *f.* pascua. ‖ *felice come una* ~, feliz como unas pascuas.

pasquale [paskwále] *a.* pascual.

passabile [passábile] *a.* pasable, potable.

passaggio [passáddʒo] *m.* paso. 2 pasaje. ‖ *essere di* ~, estar de paso.

passamaneria [passamanería] *f.* pasamanería.

passamontagna [passamontáɲɲa] *m.* pasamontañas *pl.*

passante [passánte] *s.* transeúnte.

passaporto [passapórto] *m.* pasaporte.

passare [passáre] *t.-i.* pasar. ¶ CONJUG. r. aux. *essere* [i.], *avere* [t.].

passata [passáta] *f.* pasada.

passatempo [passatèmpo] *m.* pasatiempo.

passato, -ta [passáto, -ta] *a.* pasado. 2 *m.* puré. ‖ ~ *di verdura,* puré de verdura. 3 GRAM. pretérito.

passeggero [passeddʒèro] *a.-m.* pasajero.

passeggiare [passeddʒáre] *i.* pasear. ¶ CONJUG. r. aux. *avere.*

passeggiata [passeddʒáta] *f.* paseo *m.* ‖ *fare una* ~, dar un paseo.

passeggio [passèddʒo] *m.* paseo [lugar y acción].

passerella [passerèlla] *f.* pasarela.

passero [pássero] *m.* gorrión.

passibile [passíbile] *a.* punible.

passino [passíno] *m.* colador.

passionale [passjonále] *a.* pasional.

passione [passjóne] *f.* pasión.

passivamente [passivamènte] *adv.* pasivamente.

passività [passivitá*] *f.* pasividad. 2 COM. pasivo *m.*

passivo, -va [passívo, -va] *a.-m.* pasivo.

passo, -sa [pásso, -sa] *a.* seco. ‖ *uva passa,* pasa. 2 *m.* paso.

pasta [pásta] *f.* pasta. ‖ ~ *frolla,* pastaflora. ‖ ~ *sfoglia,* hojaldre.

pastello [pastèllo] *m.* pastel.

pasticca [pastikka] *f.* pastilla.

pasticceria [pastittʃería] *f.* pastelería.

pasticciere [pastittʃère] *m.* pastelero.

pasticcio [pastittʃo] *m.* timbal, pastel. 2 fig. lío.

pasticcione [pastittʃóne] *m.* chapucero.

pastificio [pastifitʃo] *m.* fábrica *f.* de pastas.

pastiglia [pastíʎʎa] *f.* pastilla.

pasto [pásto] *m.* comida *f.* ‖ *vino da* ~, vino de mesa.

pastone [pastóne] *m.* amasijo para animales.

pastorale [pastorále] *a.-f.* pastoral.

pastore [pastóre] *m.* pastor.

pastorizia [pastorittsja] *f.* ganadería.

pastorizzato, -ta [pastoriddzáto, -ta] *a.* pasteurizado.

pastoso, -sa [pastóso, -sa] *a.* pastoso.

pastrano [pastráno] *m.* abrigo.

patacca [patákka] *f.* condecoración. 2 lamparón *m.* ‖ *una ~ sul vestito,* un lamparón en el vestido.

patata [patáta] *f.* patata. ‖ *~ dolce,* batata, boniato *m.*

patema [patèma] *m.* angustia *f.,* inquietud *f.*

patente [patènte] *a.* evidente, patente. 2 *f.* carnet *m.* de conducir. 3 autorización, concesión.

paternale [paternále] *a.* paternal.

paternalismo [paternalizmo] *m.* paternalismo.

paternalista [paternalista] *a.* paternalista.

paternamente [paternamènte] *adv.* paternamente.

paternità [paternitá*] *f.* paternidad.

paterno, -na [patèrno, -na] *a.* paterno.

pateticamente [patetikamènte] *adv.* patéticamente.

patetico, -ca [patétiko, -ka] *a.* patético.

patibolo [patíbolo] *m.* patíbulo.

patimento [patimènto] *m.* padecimiento.

patina [pátina] *f.* pátina.

patire [patíre] *t.-i.* padecer, sufrir. ¶ CONJUG. r. aux. *avere* [t.-i.].

patito, -ta [patito, -ta] *a.* demacrado. 2 *m.* apasionado. ‖ *i patiti di calcio,* los apasionados por el fútbol.

patologia [patolodʒia] *f.* patología.

patologico, -ca [patolódʒiko, -ka] *a.* patológico.

patria [pátrja] *f.* patria.

patriarca [patrjárka] *m.* patriarca.

patriarcale [patrjarkále] *a.* patriarcal.

patriarcato [patrjarkáto] *m.* patriarcado.

patrigno [patriɲɲo] *m.* padrino.

patrimonio [patrimònjo] *m.* patrimonio.

patriota [patriòta] *a.* patriota.

patriottico, -ca [patriòttiko, -ka] *a.* patriótico.

patriottismo [patriottizmo] *m.* patriotismo.

patrizio [patrittsjo] *m.* patricio.

patrocinare [patrotʃináre] *m.* patrocinar.

patrocinio [patrotʃinjo] *m.* patrocinio, protección *f.*

patronato [patronáto] *m.* patronato.

patrono [patròno] *m.* patrono, patrón. 2 DER. abogado defensor.

patteggiare [patteddʒáre] *t.-i.* pactar. ¶ CONJUG. r. aux. *avere* [t.-i.].

pattinaggio [pattináddʒo] *m.* patinaje.

pattinare [pattináre] *i.* patinar. ¶ CONJUG. r. aux. *avere.*

pattinatore [pattinatòre] *m.* patinador.

pattino [páttino] *m.* patín.

patto [pátto] *m.* pacto, convenio. ‖ *a ~ che,* a condición de que.

pattuglia [pattúʎʎa] *f.* patrulla.

pattuire [pattuíre] *t.* pactar.

pattumiera [pattumjèra] *f.* cubo *m.* de la basura.

paura [paúra] *f.* miedo *m.* ‖ *far ~,* meter, dar miedo.

paurosamente [paurosamènte] *adv.* pavorosamente.

pauroso, -sa [pauróso, -sa] *a.* miedoso. ‖ *una persona paurosa,* una persona miedosa. 2 pavoroso. ‖ *uno spettacolo ~,* un espectáculo pavoroso.

pausa [páuza] *f.* pausa.

pavimentazione [pavimentatsjòne] *f.* pavimentación.

pavimento [pavimènto] *m.* suelo. ‖ *~ di legno,* entarimado.

pavone [pavóne] *m.* pavo real.

pavoneggiarsi [pavoneddʒársi] *pr.* pavonearse.

pazientare [pattsjentáre] *i.* tener paciencia, aguantar. ¶ CONJUG. r. aux. *avere.*

paziente [pattsjènte] *a.-s.* paciente.

pazientemente [pattsjentemènte] *adv.* pacientemente.

pazienza [pattsjèntsa] *f.* paciencia.

pazzamente [pattsamènte] *adv.* locamente.

pazzesco, -ca [pattsésko, -ka] *a.* loco, de locura.

pazzia [pattsia] *f.* locura.

pazzo, -za [páttso, -tsa] *a.-m.* loco.

pecca [pèkka] *f.* defecto *m.,* falta.

peccaminoso, -sa [pekkaminóso, -sa] *a.* pecaminoso.

peccare [pekkáre] *i.* pecar. ¶ CONJUG. r. aux. *avere.*

peccato [pekkáto] *m.* pecado. 2 *inter. che ~!,* qué lástima.

peccatore [pekkatòre] *m.* pecador.

pece [pètʃe] *f.* pez.

pecora [pèkora] *f.* oveja.

pecorino [pekorino] *m.* queso de oveja.

peculato [pekuláto] *m.* peculado.

peculiare [pekuljáre] *a.* peculiar.

peculiarità [pekuljaritá*] *f.* peculiaridad.

pedaggio [pedáddʒo] *m.* peaje.

pedagogia [pedagodʒia] *f.* pedagogía.

pedagogicamente [pedagɔdʒikamènte] *adv.* pedagógicamente.

pedagogico, -ca [pedagɔ́dʒiko, -ka] *a.* pedagógico.

pedagogo [pedagógo] *m.* pedagogo.

pedalare [pedalåre] *i.* pedalear. ¶ CONJUG. r. aux. *avere.*
pedale [pedåle] *m.* pedal.
pedana [pedåna] *f.* tarima. 2 DEP. trampolín *m.*
pedante [pedånte] *a.* pedante.
pedanteria [pedanteria] *f.* pedantería.
pedata [pedåta] *f.* patada, puntapié *m.* 2 pisada [huella].
pedestre [pedèstre] *a.* pedestre.
pediatra [pedjåtra] *s.* pediatra.
pedicure [pedikúre] *s.* callista, pedicuro.
pediluvio [pedilúvjo] *m.* pediluvio.
pedina [pedina] *f.* peón *m.*
pedinare [pedinåre] *t.* seguirle a uno para espiarle.
pedonale [pedonåle] *a.* de peatones.
pedone [pedóne] *m.* peatón.
peggio [pèddʒo] *adv.* peor. 2 *m.* lo peor. ‖ *alla ~,* en el peor de los casos.
peggioramento [peddʒoramènto] *m.* empeoramiento, peoría *f.*
peggiorare [peddʒoråre] *t.-i.* empeorar. ¶ CONJUG. r. aux. *essere* referido a cosas, *essere* o *avere* referido a personas [i.], *avere* [t.].
peggiore [peddʒóre] *a.* peor.
pegno [pèɲɲo] *m.* prenda *f.,* prueba *f.* ‖ *dare in ~,* dejar en prenda.
pelare [pelåre] *t.* pelar. 2 fig. desplumar [dejar sin dinero]
pelata [pelåta] *f.* calva. 2 fig. clavada.
pelati [pelåti] *m.-pl.* tomates en conserva.
pellame [pellåme] *m.* pieles *f.-pl.*
pelle [pèlle] *f.* piel, cutis *m.* 2 pellejo *m.,* piel.
pellegrinaggio [pellegrinåddʒo] *m.* peregrinación *f.,* romería *f.*
pellegrino [pellegrino] *m.* peregrino, romero.
pelletteria [pelletteria] *f.* peletería.
pellicano [pellikåno] *m.* pelícano.
pelliceria [pellittʃeria] *f.* peletería.
pelliccia [pellittʃa] *f.* abrigo *m.,* de piel. 2 piel.
pellicciaio [pellittʃåjo] *m.* peletero.
pellicola [pellikola] *f.* película.
pellirossa [pellirossa] *m.* piel roja.
pelo [pèlo] *m.* pelo. ‖ *~ dell' acqua,* nivel del agua. ‖ *per un ~,* por un pelo.
peloso, -sa [pelóso, -sa] *a.* peludo.
peltro [pèltro] *m.* peltre.
peluria [pelúrja] *f.* vello *m.* 2 pelusa [de los vegetales].
pelvi [pèlvi] *f.* pelvis.
pena [pèna] *f.* pena. ‖ *far ~,* dar pena.

penale [penåle] *a.* penal. 2 *m.* penalidad *f.,* multa *f.*
penare [penåre] *i.* costar trabajo. 2 bregar. ¶ CONJUG. r. aux. *avere.*
pendenza [pendèntsa] *f.* inclinación. 2 JUR. pendencia. 3 BUR. cuestión pendiente. 4 COM. partida pendiente.
pendente [pendènte] *m.* pendiente. 2 *a.* pendiente, colgante. ‖ *torre ~,* torre inclinada.
pendere [pèndere] *i.* estar inclinado. 2 colgar, pender [del techo]. ¶ CONJUG. r. aux. *avere.*
pendio [pendio] *m.* pendiente *f.,* declive.
pendolo [pèndolo] *m.* péndulo. ‖ *orologio a ~,* reloj de péndulo.
penetrante [penetrånte] *a.* penetrante.
penetrare [penetråre] *i.* penetrar. ¶ CONJUG. r. aux. *essere* y *avere.*
penetrazione [penetrattsjóne] *f.* penetración.
penicillina [penitʃillina] *f.* penicilina.
penisola [penizola] *f.* península.
penitente [penitènte] *a.-s.* penitente.
penitenza [penitèntsa] *f.* penitencia.
penitenziario [penitentsjårjo] *m.* penal.
penna [pènna] *f.* pluma.
pennacchio [pennåkkjo] *m.* penacho.
pennellata [pennellåta] *f.* pincelada.
pennello [pennèllo] *m.* pincel, brocha *f.* ‖ *- da barba,* brocha de afeitar. ‖ *stare a ~,* sentar de maravilla.
pennino [pennino] *m.* plumilla *f.*
penombra [penómbra] *f.* penumbra.
penoso, -sa [penóso, -sa] *a.* penoso, triste.
pensare [pensåre] *t.* pensar. ‖ *~ a,* pensar en. ‖ *pensaci,* piénsalo bien. ‖ *senza pensarci due volte,* ni corto ni perezoso.
pensata [pensåta] *f.* ocurrencia, idea.
pensatore [pensatóre] *m.* pensador.
pensiero [pensjèro] *m.* pensamiento. ‖ *viola del ~,* pensamiento [flor].
pensieroso, -sa [pensjeróso, -sa] *a.* pensativo.
pensile [pènsile] *a.* colgante.
pensilina [pensilina] *f.* marquesina, cobertizo *m.*
pensionante [pensjonånte] *s.* huésped.
pensionato [pensjonåto] *m.* jubilado. 2 pensionado [residencia].
pensione [pensjóne] *f.* pensión.
pensoso, -sa [pensóso, -sa] *a.* pensativo.
pentagono [pentågono] *m.* pentágono.
pentecoste [pentekóste] *m.* pentecostés.

pentimento [pentiménto] *m.* arrepentimiento.

pentirsi [pentírsi] *pr.* arrepentirse.

pentola [péntola] *f.* olla.

pentolino [pentolíno] *m.* cazo.

penultimo, -ma [penúltimo, -ma] *a.* penúltimo.

penuria [penúrja] *f.* penuria, escasez.

penzolare [pendzolåre] *i.* colgar. ¶ CONJUG. r. aux. *avere*.

pepe [pépe] *m.* pimienta *f.*

peperone [peperóne] *m.* pimiento.

pepita [pepíta] *f.* pepita.

per [per] *prep.* por. ‖ ~ *posta,* por correo. ‖ è ~ *lei,* es para ella.

pera [péra] *f.* pera.

perbene [perbéne] *a.* de bien. 2 *adv.* bien, con cuidado.

percalle [perkálle] *m.* percal.

percentuale [pertʃentuále] *f.* porcentaje *m.,* tanto por ciento *m.*

percepire [pertʃepíre] *t.* percibir. 2 cobrar.

percettibile [pertʃettíbile] *a.* perceptible.

percezione [pertʃettsjóne] *f.* percepción.

perchè [perké*] *conj.* porque. ‖ *questa casa mi piace ~ è grande,* esta casa me gusta porque es grande. 2 para que. ‖ *te lo mando ~ tu lo veda,* te lo mando para que lo veas. 3 *pron. interrog.* ¿por qué? 4 *m.* por qué.

perciò [pertʃó*] *conj.* por eso, por esto.

percorrere [perkórrere] *t.* recorrer. ¶ CONJUG. como *correre*.

percorso [perkórso] *a.-m.* recorrido.

percossa [perkóssa] *f.* golpe *m.*

percuotere [perkwótere] *t.* percutir. ¶ CONJUG. IND. pres.: *percuoto, percuoti, percuote, percotiamo, percotete, percuotono.* | pret. ind.: *percossi, percotesti, percosse, percotemmo, percoteste, percossero.* ‖ PART.: *percosso.*

percussione [perkussjóne] *f.* percusión.

perdere [pérdere] *t.* perder. ¶ CONJUG. IND. pret. ind.: *persi (perdei, perdetti), perdesti, perse (perdè, perdette), perdemmo, perdeste, persero (perderono, perdettero).* ‖ PART.: *perso.*

perdifiato [perdifjáto] en la loc. *a ~,* a voz en grito.

perdigiorno [perdidʒórno] *m.* gandul.

perdizione [perdittsjóne] *f.* perdición.

perdonare [perdonáre] *t.* perdonar.

perdono [perdóno] *m.* perdón.

peregrinazione [peregrinattsjóne] *f.* peregrinación.

perenne [perénne] *a.* perenne.

perentorio, -ria [perentórjo, -rja] *a.* perentorio.

perfettamente [perfettaménte] *adv.* perfectamente.

perfetto, -ta [perfétto, -ta] *a.* perfecto.

perfezionamento [perfettsjonaménto] *m.* perfeccionamiento.

perfezionare [perfettsjonáre] *t.* perfeccionar.

perfezione [perfettsjóne] *f.* perfección.

perfidamente [perfidaménte] *adv.* pérfidamente.

perfidia [perfídja] *f.* perfidia.

perfido, -da [pérfido, -da] *a.* pérfido.

perfino [perfíno] *adv.* hasta, incluso.

perforare [perforáre] *t.* perforar, horadar.

pergamena [pergaména] *f.* pergamino *m.*

pergola [pérgola] *f.* pérgola.

pergolato [pergoláto] *m.* emparrado, parral.

pericolante [perikolánte] *a.* que amenaza ruina.

pericolo [perikolo] *m.* peligro.

pericolosamente [perikolosaménte] *adv.* peligrosamente.

pericoloso, -sa [perikolóso, -sa] *a.* peligroso.

periferia [periferia] *f.* periferia. 2 las afueras *pl.*

periferico, -ca [perifériko, -ka] *a.* periférico.

perimetro [perimetro] *m.* perímetro.

periodico, -ca [periòdiko, -ka] *a.* periódico. 2 *m.* revista *f.*

periodo [periodo] *m.* periodo.

peripezia [peripettsia] *f.* peripecia.

periplo [périplo] *m.* periplo.

perire [perire] *i.* perecer. ¶ CONJUG. r. aux. *essere.*

periscopio [periskópjo] *m.* periscopio.

perito, -ta [perito, -ta] *a.-m.* perito.

peritonite [peritonite] *f.* peritonitis.

perizia [perittsja] *f.* pericia. ‖ *fare una ~,* hacer un examen pericial.

perla [pérla] *f.* perla.

perlustrare [perlustráre] *t.* inspeccionar, explorar.

perlustrazione [perlustratssjóne] *f.* inspección, exploración.

permalosità [permalosità*] *f.* quisquillosidad.

permaloso, -sa [permalóso, -sa] *a.* quisquilloso.

permanente [permanénte] *a.-f.* permanente.

permanenza [permanéntsa] *f.* permanencia.

permanere [permanère] *i.* permanecer. ¶ CONJUG. (aux. *essere*) IND. pres.: *permango, permani, permane, permaniamo, permanete, permangono.* | pret. ind.: *permasi (permanetti), permanesti, permase (permanette), permanemmo, permaneste, permasero (permanettero)*.

permeabile [permeábile] *a.* permeable.

permeabilità [permeabilità*] *f.* permeabilidad.

permeare [permeàre] *f.* penetrar, cargar.

permesso [permèsso] *m.* permiso. ‖ *permesso!, ¿*me permite?

permettere [perméttere] *t.* permitir. ¶ CONJUG. como *mettere*.

pernacchia [pernákkja] *f.* petorreta.

pernice [pernitʃe] *f.* perdiz.

perno [pèrno] *m.* gozne, pernio. 2 fig. eje. 3 fig. sostén.

pernottamento [pernottaménto] *m.* el pasar la noche.

pernottare [pernottáre] *i.* pernoctar. ¶ CONJUG. r. aux. *avere*.

pero [pèro] *m.* peral.

però [però*] *conj.* pero.

perorare [peroráre] *t.* perorar. ‖ ~ *una causa*, defender una causa.

perpendicolare [perpendikolàre] *a.-f.* perpendicular.

perpetrare [perpetráre] *t.* perpetrar.

perpetua [perpètua] *f.* sirvienta de un cura.

perpetuare [perpetuáre] *t.* perpetuar.

perpetuo, -tua [perpètuo, -tua] *a.* perpetuo.

perplessità [perplessità*] *f.* perplejidad.

perplesso, -sa [perplèsso, -sa] *a.* perplejo.

perquisire [perkwizíre] *t.* registrar.

perquisizione [perkwizittsjóne] *f.* registro *m.*

persecutore [persekutòre] *m.* perseguidor.

persecuzione [persekuttsjóne] *f.* persecución.

perseguire [persegwíre] *t.* perseguir.

perseguitare [persegwitáre] *t.* perseguir.

perseveranza [perseveràntsa] *f.* perseverancia.

perseverare [perseveráre] *i.* perseverar. ¶ CONJUG. r. aux. *avere*.

persiana [persjána] *f.* persiana.

persiano, -na [persjáno, -na] *a.-m.* persa.

persistente [persistènte] *a.* persistente.

persistere [persistere] *i.* persistir. ¶ CONJUG. como *esistere* (aux. *avere*).

persona [persóna] *f.* persona.

personaggio [personáddʒo] *m.* personaje.

personale [personále] *a.* personal. 2 *m.* tipo. 3 personal. ‖ *il ~ di un ufficio*, el personal de una oficina.

personalità [personalità*] *f.* personalidad.

personalmente [personalmènte] *adv.* personalmente.

perspicace [perspikátʃe] *a.* perspicaz.

perspicacia [perspikátʃa] *f.* perspicacia.

persuadere [persuadère] *t.* persuadir. ¶ CONJUG. IND. pret. ind.: *persuasi, persuadesti, persuase, persuademmo, persuadeste, persuasero.* ‖ PART.: *persuaso*.

persuasione [persuazjóne] *f.* persuasión.

persuasivo, -va [persuazívo, -va] *a.* persuasivo.

pertanto [pertánto] *adv.* por tanto, pues.

pertica [pèrtika] *f.* pértiga.

pertinente [pertinènte] *a.* pertinente, adecuado.

pertinenza [pertinéntsa] *f.* pertinencia.

pertosse [pertósse] *f.* tosferina.

pervadere [pervàdere] *t.* invadir. ¶ CONJUG. como *evadere*.

pervenire [pervenire] *i.* llegar. ¶ CONJUG. como *venire* (aux. *essere*).

perversione [perversjóne] *f.* perversión.

perversità [perversità*] *f.* perversidad.

perverso, -sa [pervèrso, -sa] *a.* perverso.

pervertire [pervertíre] *t.* pervertir.

pervertito, -ta [pervertíto, -ta] *a.* pervertido.

pervinca [pervinka] *f.* vincapervinca.

pesante [pesánte] *a.* pesado.

pesantezza [pesantèttsa] *f.* pesadez.

pesare [pesáre] *t.-i.* pesar. ¶ CONJUG. r. aux. *avere* [t.], *essere* o *avere* [i.].

pesata [pesáta] *f.* pesada.

pesca [péska] *f.* melocotón *m.*

pesca [pèska] *f.* pesca.

pescare [peskáre] *t.* pescar.

pescatore [peskatòre] *m.* pescador.

pesce [pèʃʃe] *m.* pez. ‖ *un ~ vivo*, un pez vivo. 2 pescado. ‖ *mangiare ~*, comer pescado. ‖ *~ d'aprile*, inocentada *f.*

pescecane [peʃʃekáne] *m.* tiburón.

peschereccio [peskeréttʃo] *m.* barca *f.* de pesca.

pescheria [peskería] *f.* pescadería.

pesco [pèsko] *m.* melocotonero.

pescoso, -sa [peskóso, -sa] *a.* abundante de peces.

peso [péso] *m.* peso. 2 pesadez *f.*

pessimismo [pessimízmo] *m.* pesimismo.

pessimista [pessimísta] *a.-s.* pesimista.

pessimistico, -ca [pessimístiko, -ka] *a.* pesimista.

pessimo, -ma [péssimo, -ma] *a.* pésimo.

pestare [pestáre] *t.* pisar. ‖ ~ *l'erba,* pisar la hierba. 2 pegar, dar una paliza.

pestata [pestáta] *f.* pisotón *m.* 2 paliza.

peste [péste] *f.* peste.

pestello [pestéllo] *m.* mano de mortero.

pestifero, -ra [pestífero, -ra] *a.* pestilencial, pestífero.

pesto, -ta [pésto, -ta] *a.* machacado. ‖ *buio* ~, oscuridad completa. ‖ *occhi pesti,* ojeras. 2 *m.* salsa genovesa con ajo y albahaca.

petalo [pétalo] *m.* pétalo.

petardo [petárdo] *m.* petardo.

petizione [petittsjóne] *f.* petición.

peto [péto] *m.* pedo.

petroliera [petroljéra] *f.* petrolero *m.* [nave].

petrolifero, -ra [petrolífero, -ra] *a.* petrolífero.

petrolio [petróljo] *m.* petróleo.

pettegolare [pettegoláre] *i.* cotillear, andar con chismes. ¶ CONJUG. r. aux. *avere.*

pettegolezzo [pettegoléddzo] *m.* chisme, habladuría *f.*

pettegolo, -la [pettégolo, -la] *a.* chismoso, cotilla.

pettinare [pettináre] *t.-pr.* peinar.

pettinatura [pettinatúra] *f.* peinado *m.*

pettine [péttine] *m.* peine.

pettinino [pettiníno] *m.* peineta *f.*

pettirosso [pettirósso] *m.* petirrojo.

petto [pétto] *m.* pecho. 2 pechuga *f.* [de ave].

pettorale [pettorále] *a.* pectoral. 2 *m.* petral [de caballo].

petulante [petulánte] *a.* petulante.

pezza [péttsa] *f.* pieza [de tejido]. 2 remiendo *m.* 3 trapo *m.* 4 pañuelo *m.*

pezzente [pettsénte] *s.* harapiento, pordiosero.

pezzo [péttso] *m.* trozo, pedazo. 2 MÚS., MEC. pieza *f.* 3 tiempo, rato. 4 fig. ~ *grosso,* pez gordo.

pezzuola [pettswóla] *f.* pañuelo *m.*

piacente [pjatʃénte] *a.* atractivo.

piacere [pjatʃére] *m.* gusto, placer. ‖ ~*!,* ¡encantado!, mucho gusto. ‖ *per* ~, por favor. ‖ *viaggio di* ~, viaje de recreo.

piacere [pjatʃére] *i.* gustar, agradar. ¶ CONJUG. (aux. *essere*) IND. pres.: *piaccio, piaci, piaci, piace, piacciamo, piacete, piacciono.* | pret. ind.: *piacqui, piacesti, piacque, piacemmo, piaceste, piacquero.* ‖ SUBJ. pres.: *piaccia, piaccia, piaccia, piacciamo, pacciate, piacciano.* ‖ PART.: *piaciuto.*

piacevole [pjatʃévole] *a.* agradable.

piacevolmente [pjatʃevolménte] *adv.* agradablemente.

piacevolezza [pjatʃevoléttsa] *f.* gracia.

piaga [pjága] *f.* llaga. ‖ ~ *sociale,* plaga social. 2 fig. pelmazo *m.*

piagnisteo [pjaɲɲistéo] *m.* lloriqueo.

piagnucolare [pjaɲɲukoláre] *i.* lloriquear. ¶ CONJUG. r. aux. *avere.*

piagnucolone [pjaɲɲukolóne] *a.-m.* llorón.

pialla [pjálla] *f.* cepillo *m.* [de carpintero].

piallare [pjalláre] *t.* cepillar [carpintería].

pianeggiante [pjaneddʒánte] *a.* llano, más bien llano.

pianerottolo [pjaneróttolo] *m.* rellano.

pianeta [pjanéta] *m.* planeta. 2 *f.* ECL. planeta [casulla].

piangente [pjandʒénte] *a.* lloroso. ‖ *salice* ~, sauce llorón.

piangere [pjándʒere] *t.-i.* llorar. ‖ CONJUG. (aux. *avere* [i.-t.]) IND. pret. ind.: *piansi, piangesti, pianse, piangemmo, piangeste, piansero.* ‖ PART.: *pianto.*

pianificare [pjanifikáre] *t.* planificar.

pianificazione [pjanifikattsjóne] *f.* planificación.

pianista [pjanísta] *s.* pianista.

piano [pjáno] *a.* llano, plano. 2 *adv.* despacio. 3 en voz baja. ‖ *parlare* ~, hablar en voz baja.

piano [pjáno] *m.* llano. 2 piso. ‖ *un palazzo di tre piani,* una casa de tres pisos. 3 MÚS. piano. 4 GEOM. plano. 5 fig. plan, proyecto. ‖ *piani per le vacanze,* proyectos para las vacaciones.

pianoforte [pjanofórte] *m.* piano.

pianola [pjanóla] *f.* pianola.

pianta [pjánta] *f.* planta.

piantagione [pjantadʒóne] *f.* plantación.

piantare [pjantáre] *t.* plantar. ‖ ~ *il lavoro,* dejar el trabajo. ‖ ~ *il fidanzato,* plantar al novio.

pianterreno [pjanterrèno] *m.* planta baja [de un edificio].

pianto [pjànto] *m.* llanto, lloro.

piantonare [pjantonáre] *t.* hacer la guardia.

piantone [pjantóne] *m.* plantón.

pianura [pjanúra] *f.* llanura.

piastra [pjàstra] *f.* plancha.

piastrella [pjastrélla] *f.* baldosa. || ~ *da parete,* azulejo *m.*

piattaforma [pjattafórma] *f.* plataforma.

piatto, -ta [pjàtto, -ta] *a.* llano, chato. 2 fig. gris. 3 *m.* plato. 4 MÚS. platillo.

piazza [pjàttsa] *f.* plaza.

piazzale [pjattsále] *m.* plaza *f.*

piazzare [pjattsáre] *t.* colocar. 2 *pr.* DEP. clasificarse.

piazzato, -ta [pjattsáto, -ta] *a.* colocado. 2 fig. bien situado.

piazzista [pjattsista] *s.* viajante.

piccante [pikkànte] *a.* picante.

piccare [pikkáre] *t.* picar. 2 *pr.* dárselas de.

picchè [pikkè*] *m.* piqué.

picchettare [pikkettáre] *t.* formar piquetes [en un edificio].

picchetto [pikkétto] *m.* piquete.

picchiare [pikkjáre] *t.* pegar. 2 *i.* llamar, golpear. ¶ CONJUG. r. aux. *avere* [t.-i.].

piccineria [pittʃinería] *f.* mezquindad.

piccino, -na [pittʃino, -na] *a.-m.* pequeño.

piccione [pittʃóne] *m.* paloma *f.*

picco [pìkko] *m.* pico. 2 *undure a ~,* irse a pique.

piccolezza [pikkoléttsa] *f.* pequeñez.

piccolo, -la [pikkolo, -la] *a.* pequeño.

piccone [pikkóne] *m.* pico.

piccozza [pikkóttsa] *f.* piolet *m.,* piqueta.

pidocchio [pidókkjo] *m.* piojo.

pidocchioso, -sa [pidokkjóso, -sa] *a.* piojoso. 2 fig. mezquino.

piede [pjède] *m.* pie. || *a piedi,* a pie, andando. || *in piedi,* de pie.

piedistallo [pjedistállo] *m.* pedestal.

piega [pjèga] *f.* pliegue *m.,* arruga. 2 fig. cariz *m.* || *prendere una brutta ~,* tomar un mal cariz.

piegare [pjegáre] *t.* plegar, doblar. 2 fig. bajar. || ~ *il capo,* bajar la cabeza. 3 fig. someter.

pieghettato, -ta [pjegettáto, -ta] *a.* plisado.

pieghevole [pjegévole] *a.* plegable.

piena [pjèna] *f.* crecida.

pienamente [pjenaménte] *adv.* plenamente.

pienezza [pjenéttsa] *f.* plenitud.

pieno, -na [pjèno, -na] *a.* lleno. || ~ *zeppo,* lleno hasta los topes. || ~ *di sè,* orgulloso. || *averne le tasche piene,* estar hasta la coronilla.

pienone [pjenóne] *m.* lleno.

pietà [pjetà*] *f.* piedad. 2 lástima. || *far ~,* dar lástima.

pietanza [pjetàntsa] *f.* segundo plato *m.*

pietismo [pjetizmo] *m.* pietismo.

pietosamente [pjetosaménte] *adv.* piadosamente.

pietoso, -sa [pjetóso, -sa] *a.* piadoso. 2 lastimoso.

pietra [pjètra] *f.* piedra. || ~ *di paragone,* piedra de toque.

pietrificato, -ta [pjetrifikàto, -ta] *a.* petrificado. 2 fig. pasmado.

piffero [piffero] *m.* pífano. 2 fig. tonto.

pigiama [pidʒáma] *m.* pijama.

pigiare [pidʒáre] *t.* pisar. || ~ *l'uva,* pisar la uva. 2 apretar.

pigione [pidʒóne] *f.* alquiler *m.*

pigliare [piʎʎáre] *t.* coger.

piglio [piʎʎo] *m.* gesto, mirada *f.* || *dar di ~,* agarrar.

pigmentazione [pigmentattsjóne] *f.* pigmentación.

pigmento [pigmènto] *m.* pigmento.

pigmeo [pigmèo] *m.* pigmeo.

pigna [piɲɲa] *f.* piña.

pignatta [piɲɲàtta] *f.* olla.

pignoleria [piɲɲoleria] *f.* meticulosidad, precisión.

pignolo, -la [piɲɲòlo, -la] *a.* meticuloso, preciso.

pignorare [piɲɲoráre] *t.* embargar.

pigolare [pigoláre] *i.* piar. ¶ CONJUG. r. aux. *avere.*

pigramente [pigraménte] *adv.* perezosamente.

pigrizia [pigrittsja] *f.* pereza.

pigro, -gra [pigro, -gra] *a.* perezoso.

pila [pila] *f.* pila. 2 montón *m.*

pilastro [pilàstro] *m.* pilastro.

pillola [pillola] *f.* píldora.

pilone [pilóne] *m.* pilar.

piloro [piʎòro] *m.* píloro.

pilota [piʎòta] *m.* piloto.

pilotare [pilotáre] *t.* pilotar.

pinacoteca [pinakotéka] *f.* pinacoteca.

pineta [pinèta] *f.* pinar *m.*

ping-pong [piŋ-poŋ] *m.* ping-pong.

pingue [pingwe] *a.* pingüe.

pinguedine [pingwédine] *f.* gordura.

pinguino [pingwino] *m.* pingüino.

pinna [pinna] *f.* aleta.

pinnacolo [pinnákolo] *m.* pináculo.

pino [píno] *m.* pino.

pinolo [pinólo] *m.* piñón.

pinze [píntse] *f.* pinzas *pl.* 2 alicates *pl.*

pinzette [pintsètte] *f.-pl.* pinzas.

pinzimonio [pintsimónjo] *m.* aliño de aceite, sal y pimienta.

pio, pia [pío, pía] *a.* pío. 2 *fig.* vano. || ~ *desiderio,* vano deseo.

pioggia [pjóddʒa] *f.* lluvia. ~ *acida,* lluvia ácida.

piolo [pjòlo] *m.* travesaño.

piombare [pjombáre] *t.* emplomar. 2 *i.* desplomarse, caer. ¶ CONJUG. r. aux. *essere* [i.], *avere* [t.].

piombatura [pjombatúra] *f.* emplomado *m.* 2 empaste *m.* [dientes].

piombino [pjombíno] *m.* sello de plomo.

piombo [pjómbo] *m.* plomo.

pioniere [pjonjère] *m.* precursor, pionero.

pioppo [pjòppo] *m.* álamo, chopo.

piovana [pjována] *a.* pluvial, de lluvia.

piovasco, -ca [pjovásko, -ka] *m.* chubasco.

piovere [pjòvere] *i.* llover. || ~ *a catinelle,* llover a cántaros. ¶ CONJUG. (aux. *essere* o *avere*) IND. pret. ind.: *piovve; piovvero.* || PART.: *piovuto.*

piovigginare [pjoviddʒináre] *i.* lloviznar. ¶ CONJUG. r. aux. *essere* o *avere.*

piovoso, -sa [pjovóso, -sa] *a.* lluvioso.

pipa [pípa] *f.* pipa.

pipata [pipáta] *f.* fumada.

pipì [pipí*] *f.* pipí *m.*

pipistrello [pipistrèllo] *m.* murciélago.

piramide [pirámide] *f.* pirámide.

pirata [piráta] *m.* pirata.

pirateria [piratería] *f.* piratería. || ~ *aerea,* piratería aérea.

piroetta [pirोètta] *f.* pirueta.

piroscafo [piròskafo] *m.* buque de vapor.

pirotecnico [pirotèkniko] *a.* pirotécnico.

piscia [piʃʃa] *f.* vulg. meados *m.-pl.*

piscina [piʃʃína] *f.* piscina.

pisello [pisèllo] *m.* guisante.

pisside [písside] *f.* píxide *m.*

pista [písta] *f.* pista.

pistacchio [pistákkjo] *m.* pistacho.

pistillo [pistíllo] *m.* pistilo.

pistola [pistòla] *f.* pistola.

pistolettata [pistolettáta] *f.* pistoletazo *m.*

pistone [pistóne] *m.* pistón.

pitagorico, -ca [pitagòriko, -ka] *a.* pitagórico.

pitocco [pitòkko] *a.-m.* pordiosero. 2 tacaño.

pitone [pitóne] *m.* pitón.

pittima [píttima] *f.* pelmazo *m.*

pittore [pittóre] *m.* pintor.

pittorescamente [pittoreskaménte] *adv.* pintorescamente.

pittoresco, -ca [pittorèsko, -ka] *a.* pintoresco.

pittorico, -ca [pittòriko, -ka] *a.* pictórico.

pittrice [pittritʃe] *f.* pintora.

pittura [pittúra] *f.* pintura.

pitturare [pitturáre] *f.* pintar.

più [pjú*] *adv.* más. || *per di* ~, además. || *per lo* ~, generalmente. || *a* ~ *non posso,* al máximo. || *sempre* ~, cada vez más.

piuma [pjúma] *f.* pluma.

piumaggio [pjumáddʒo] *m.* plumaje.

piumino [pjumíno] *m.* edredón. 2 borla *f.* para echarse polvo.

piuttosto [pjuttòsto] *adv.* más bien.

pizza [píttsa] *f.* piza, pizza.

pizzicagnolo [pittsikáɲɲolo] *m.* colmadero.

pizzicare [pittsikáre] *t.* pellizcar. 2 MÚS. puntear. 3 *fig.* sorprender, coger.

pizzico [píttsiko] *m.* pellizco.

pizzicotto [pittsikòtto] *m.* pellizco.

pizzo [píttso] *m.* encaje, puntilla *f.* 2 perilla *f.* [barba].

placare [plakáre] *t.* aplacar.

placca [plákka] *f.* chapa, plancha. 2 MED. placa, mancha.

placcato, -ta [plakkáto, -ta] *a.* chapeado.

placenta [platʃènta] *f.* placenta.

placidità [platʃiditá*] *f.* placidez.

placido, -da [plátʃido, -da] *a.* plácido.

plagiare [pladʒáre] *t.* plagiar.

plagio [pládʒo] *m.* plagio.

planare [planáre] *i.* planear [vuelo]. ¶ CONJUG. r. aux. *avere.*

planetario, -ria [planetárjo, -rja] *a.* planetario.

planisfero [planisfèro] *m.* planisferio.

plasma [plázma] *m.* plasma.

plasmare [plazmáre] *t.* plasmar. 2 *fig.* forjar.

plastica [plàstika] *f.* plástica. 2 QUÍM. plástico *m.*

plasticità [plastitʃitá*] *f.* plasticidad.

plastico, -ca [plàstiko, -ka] *a.* plástico. 2 *m.* maqueta *f.*

plastilina [plastilína] *f.* plastilina.

platano [plátano] *m.* plátano.

plateale [plateále] *a.* teatral.

platino [plàtino] *m.* platino.

platonico, -ca [platóniko, -ka] *a.* platónico.

plausibile [plauzíbile] *a.* plausible.

plebe [plέbe] *f.* plebe.

plebeo, -bea [plebέo, -bέa] *a.-m.* plebeyo.

plebiscito [plebiʃʃíto] *m.* plebiscito.

plenario, -ria [plenárjo, -rja] *a.* plenario.

plenilunio [plenilúnjo] *m.* plenilunio.

plenipotenziario [plenipotentsjárjo] *a.-m.* plenipotenciario.

pleonastico, -ca [pleonástiko, -ka] *a.* pleonástico.

pleura [plέura] *f.* pleura.

pleurite [pleuríte] *f.* pleuresía.

plico [plíko] *m.* legajo, paquete.

plotone [plotóne] *m.* pelotón.

plumbeo, -bea [plúmbeo, -bea] *a.* plúmbeo.

plurale [plurále] *a.-m.* plural. || *al* ~, en plural.

plutocrazia [plutokrattsía] *f.* plutocracia.

pneumatico, -ca [pneumátiko, -ka] *a.-m.* neumático.

poco [póko] *a.-adv.* poco. || ~ *fa,* hace poco. || *fra* ~, dentro de poco.

podere [podére] *m.* finca *f.*

poderosamente [poderosamènte] *adv.* poderosamente.

poderoso, -sa [poderóso, -sa] *a.* poderoso.

podio [pódjo] *m.* podio, tarima *f.*

podismo [podízmo] *m.* pedestrismo.

poema [poέma] *m.* poema.

poesia [poezía] *f.* poesía.

poeta [poέta] *m.* poeta.

poetessa [poetέssa] *f.* poetisa.

poeticamente [poetikamènte] *adv.* poéticamente.

poetico, -ca [poέtiko, -ka] *a.* poético.

poggiare [poddʒáre] *t.* poner. 2 *pr.* apoyarse.

poggio [póddʒo] *m.* cerro.

poggiolo [poddʒólo] *m.* balcón.

poi [pój] *adv.* luego.

poichè [poikέ*] *conj.* ya que.

poker [póker] *m.* póquer.

polacco, -ca [polákko, -ka] *a.-m.* polaco.

polare [poláre] *adj.* polar.

polarizzare [polariddʒáre] *t.* polarizar.

polarizzazione [polariddʒattsjóne] *f.* polarización.

polca [pólka] *f.* polca.

polemica [polέmika] *f.* polémica.

polemicamente [polemikamènte] *adv.* polémicamente.

polemico, -ca [polέmiko, -ka] *a.* polémico.

polemizzare [polemiddʒáre] *i.* polemizar. ¶ CONJUG. r. aux. *avere.*

polenta [polènta] *f.* maicena.

policromia [polikromía] *f.* policromía.

policromo, -ma [polikromo, -má] *a.* policromo.

poliedrico, -ca [poliέdriko, -ka] *a.* poliédrico.

poligamia [poligamía] *f.* poligamia.

poligamo [polígamo] *a.-m.* polígamo.

poliglotta [poliglòtta] *a.-s.* polígloto.

poligono [polígono] *m.* polígono.

poliomielite [poljomjelíte] *f.* poliomielitis.

polipo [pólipo] *m.* pulpo. 2 MED. pólipo.

polisillabo, -ba [polisillabo, -ba] *a.-m.* polisílabo.

politecnico, -ca [politέkniko, -ka] *a.-m.* politécnico.

politeismo [politeízmo] *m.* politeísmo.

politeista [politeísta] *a.-s.* politeísta.

politica [politika] *f.* política.

politicante [politikánte] *s.* politicastro.

politico, -ca [politiko, -ka] *a.-m.* político.

polizia [polittsía] *f.* policía.

poliziesco, -ca [polittsjèsko, -ka] *a.* policíaco.

poliziotto [polittsjòtto] *m.* policía.

polizza [pòlittsa] *f.* póliza. || ~ *di carico,* conocimiento *m.* de embarque.

polla [pólla] *f.* manantial *m.*

pollaio [pollájo] *m.* gallinero.

pollame [polláme] *m.* volatería *f.*

pollastro [pollástro] *m.* pollo.

polleria [pollería] *f.* pollería.

pollice [póllitʃe] *m.* pulgar. 2 pulgada *f.* [medida].

polline [pólline] *m.* polen.

pollo [póllo] *m.* pollo. 2 fig. tonto.

polluzione [polluttsjóne] *f.* polución.

polmonare [polmonáre] *a.* pulmonar.

polmone [polmóne] *m.* pulmón.

polmonite [polmoníte] *f.* pulmonía.

polo [pólo] *m.* polo.

polpa [pólpa] *f.* pulpa.

polpaccio [polpáttʃo] *m.* pantorrilla *f.*

polpastrello [polpastrèllo] *m.* yema *f.*

polpetta [polpètta] *f.* albóndiga.

polpo [pólpo] *m.* pulpo.

polsino [polsino] *m.* puño.

polso [pólso] *m.* muñeca *f.* 2 pulso. || *sentire il* ~, tomar el pulso. 3 fig. firmeza *f.*

poltiglia [poltíʎʎa] *f.* gacha.

poltrire [poltrire] *i.* apoltronarse. ¶ CON-
JUG. r. aux. *avere.*
poltrona [poltróna] *f.* sillón *m.*, butaca.
poltrone [poltróne] *a.-m.* holgazán.
polvere [pólvere] *f.* polvo *m.* ‖ ~ *da spa-*
ro, pólvora.
polveriera [polverjéra] *f.* polvorín *m.*
polverizzare [polveriddzáre] *t.* pulverizar.
polverone [polveróne] *m.* polvareda *f.*
polveroso, -sa [polveróso, -sa] *a.* polvoriento.
pomata [pomáta] *f.* pomada.
pomello [poméllo] *m.* pómulo.
pomeridiano, -na [pomeridjáno, -na] *a.*
posmeridiano, de la tarde.
pomeriggio [pomeriddʒo] *m.* tarde *f.* ‖ *nel*
~, por la tarde.
pomice [pómitʃe] *f.* pómez.
pomo [pómo] *m.* empuñadura *f.* 2 nuez *f.*
[de la laringe]. 3 manzana *f.*
pomodoro [pomodóro] *m.* tomate.
pompa [pómpa] *f.* pompa. 2 MEC. bomba.
pompare [pompáre] *t.* bombear [un lí-
quido]. 2 fig. hinchar.
pompelmo [pompélmo] *m.* pomelo.
pompiere [pompjére] *m.* bombero.
pomposo, -sa [pompóso, -sa] *a.* pomposo.
poncio [póntʃo] *m.* poncho.
ponderare [ponderáre] *t.* ponderar.
ponderatamente [ponderataménte] *adv.*
ponderadamente.
ponderatezza [ponderatéttsa] *f.* ponderación.
ponderato, -ta [ponderáto, -ta] *a.* ponderado.
ponente [ponénte] *m.* poniente.
ponte [pónte] *m.* puente.
pontefice [pontéfitʃe] *m.* pontífice.
pontificare [pontifikáre] *i.* pontificar.
¶ CONJUG. r. aux. *avere.*
pontificato [pontifikáto] *m.* pontificado.
pontificio, -cia [pontifítʃo, -tʃa] *a.* pontificio.
pope [pópe] *m.* pope.
popolare [popoláre] *t.* poblar.
popolare [popoláre] *a.* popular.
popolarità [popolarità*] *f.* popularidad.
popolarmente [popolarménte] *adv.* po-
pularmente.
popolato, -ta [popoláto, -ta] *a.* poblado.
popolazione [popolattsjóne] *f.* población.
popolo [pópolo] *m.* pueblo.

popoloso, -sa [popolóso, -sa] *a.* popu-
loso.
poppa [póppa] *f.* teta, pecho *m.* 2 MAR.
popa.
poppante [poppánte] *s.* lactante.
poppare [poppáre] *t.* mamar.
poppata [poppáta] *f.* mamada.
poppatoio [poppatójo] *m.* biberón.
porcellana [portʃellána] *f.* porcelana.
porcheria [porkería] *f.* porquería.
porchetta [porkétta] *f.* lechón *m.*, asado.
porcile [portʃile] *m.* pocilga *f.*
porcino [portʃino] *m.* seta *f.* de Burdeos,
boleto comestible.
porco, -ca [pórko, -ka] *a.* indecente, asqueroso. 2 *m.* cerdo.
porcospino [porkospíno] *m.* puerco espín.
porfido [pórfido] *m.* pórfido.
porgere [pórdʒere] *t.* ofrecer, presentar,
dar. ‖ ~ *l'orecchio,* prestar atención.
¶ CONJUG. IND. pret. ind.: *porsi, porgesti, porse, porgemmo, porgesti, porsero.*
‖ PART.: *porto.*
pornografia [pornografía] *f.* pornografía.
pornografico, -ca [pornográfiko, -ka] *a.*
pornográfico.
poro [póro] *m.* poro.
porosità [porosità*] *f.* porosidad.
poroso, -sa [poróso, -sa] *a.* poroso.
porpora [pórpora] *f.* púrpura.
porporina [porporína] *f.* purpurina.
porre [pórre] *t.* poner, colocar. ¶ CONJUG.
IND. pres.: *pongo, poni, pone, poniamo,
ponete, pongono.* | pret. imp.: *ponevo,
ponevi, poneva, ponevamo, ponevate,
ponevano.* | pret. ind.: *posi, ponesti,
pose, ponemmo, poneste, posero.* | fut.
imp.: *porrò, porrai, porrà, porremo,
porrete, porranno.* ‖ POT. pres.: *porrei,
porresti, porrebbe, porremmo, porre-
ste, porrebbero.* ‖ SUBJ. pres.: *ponga,
ponga, ponga, poniamo, poniate, pon-
gano.* | imp.: *ponessi, ponessi, ponesse,
ponessimo, poneste, ponessero.* ‖ IMPER.
pres.: *poni, ponga, poniamo, ponete,
pongano.* ‖ GER.: *ponendo.* ‖ PART.: *posto.*
porro [pórro] *m.* puerro. 2 MED. verruga *f.*
porta [pórta] *f.* puerta.
portabagagli [portabagáʎʎi] *m.* red *f.*, rejilla *f.* [en el tren]. 2 maletero [del coche].
portabandiera [portabandjéra] *m.* abanderado, portaestandarte.
portacenere [portatʃénere] *m.* cenicero.
portacipria [portatʃíprja] *m.* polvera *f.*

portaelicotteri [portaelikɔ́tteri] *m.* portahelicópteros.

portaerei [portaèrei] *f.* portaviones.

portafoglio [portafɔ́λλo] *m.* cartera *f.*

portafortuna [portafortúna] *m.* amuleto.

portalettere [portalèttere] *m.* cartero.

portamento [portamènto] *m.* porte.

portamissili [portamíssili] *m.* portamisiles.

portantina [portantina] *f.* palanquín *m.*

portaombrelli [portaombrélli] *m.* paragüero.

portare [portáre] *t.* llevar, traer. ‖ ~ *via,* llevarse.

portasapone [portasapóne] *m.* jabonera *f.*

portasigarette [portasigarètte] *m.* pitillera *f.*

portaspilli [portaspílli] *m.* alfiletero.

portata [portáta] *f.* plato *m.* ‖ *piatto da ~,* fuente *f.* 2 alcance *m.* ‖ *alla ~ di tutti,* al alcance de todos. 3 caudal *m.* ‖ ~ *di un fiume,* caudal de un río.

portatile [portátile] *a.* portátil.

portatore [portatóre] *m.* portador.

portavoce [portavòtʃe] *m.* portavoz.

portento [portènto] *m.* portento.

porticato [portikáto] *m.* pórtico.

portico [pɔ́rtiko] *m.* porche.

portiera [portjèra] *f.* puerta [del coche]. 2 portera.

portiere [portjère] *m.* portero.

portinaia [portinája] *f.* portera.

portinaio [portinájo] *m.* portero.

portineria [portinería] *f.* portería.

porto [pɔ́rto] *m.* puerto. 2 COM. porte. 3 hecho de llevar. ‖ *permesso di ~ di armi,* permiso de llevar armas.

portoghese [portogèse] *adj.-s.* portugués. 2 fig. gorrón.

portone [portóne] *m.* portón.

portuale [portuále] *a.* del puerto. 2 *m.* descargador [del puerto].

porzione [portsjóne] *f.* porción. 2 ración.

posa [pɔ́sa] *f.* pose. ‖ *mettersi in ~,* posar. ‖ *senza ~,* sin descanso.

posare [posáre] *t.* poner. 2 *i.* posar. 3 fig. darse posa. 4 *p.* posarse. ‖ *l'uccello si posa sul ramo,* el pájaro se posa en la rama. ¶ CONJUG. r. aux. *avere* [i.-t.].

posata [posáta] *f.* cubierto *m.*

posato, -ta [posáto, -ta] *a.* reflexivo, ponderado.

poscritto [poskritto] *m.* posdata *f.*

posdomani [pozdománi] *adv.* pasado mañana.

positiva [pozitíva] *f.* positiva.

positivamente [pozitivamènte] *adv.* positivamente.

positivismo [pozitivizmo] *m.* positivismo.

positivista [pozitivísta] *a.* positivista.

positivo, -va [pozitívo, -va] *a.* positivo.

posizione [pozittsjóne] *f.* posición, situación.

posologia [pozolodʒía] *f.* posología.

posporre [pospórre] *t.* posponer, aplazar. ¶ CONJUG. como *porre.*

possedere [possedére] *t.* poseer.

possedimento [possedimènto] *m.* propiedad *f.,* posesión *f.*

possente [possènte] *a.* potente, poderoso.

possessivo, -va [possessivo, -va] *a.* posesivo.

possesso [possèsso] *m.* posesión *f.,* propiedad *f.*

possessore [possessóre] *m.* poseedor, propietario.

possibile [possíbile] *a.* posible.

possibilità [possibilità*] *f.* posibilidad.

possidente [possidènte] *s.* hacendado.

posta [pɔ́sta] *f.* correo *m.* ‖ *fermo ~,* lista de correos. ‖ *a giro di posta,* a vuelta de correo. 2 puesta [en el juego].

postale [postále] *a.* postal. ‖ *cassetta ~,* buzón *m.* ‖ *casella ~,* apartado de correos.

posteggiare [posteddʒáre] *t.* aparcar.

posteggio [posteddʒo] *m.* aparcamiento.

postelegrafonico [postelegrafɔ́niko] *m.* empleado de correos y telégrafos.

posteri [pɔ́steri] *m.-pl.* posteridad *f.-sing.*

posteriore [posterjóre] *a.* posterior. ‖ *parte ~,* parte trasera. 2 *m.* fig. trasero.

posteriormente [posterjormènte] *adv.* posteriormente.

posticcio, -cia [postíttʃo, -tʃa] *a.-m.* postizo.

posticipare [postitʃipáre] *t.* aplazar.

postilla [postílla] *f.* apostilla.

postillare [postilláre] *t.* apostillar, glosar.

postino [postino] *m.* cartero.

posto [pɔ́sto] *m.* puesto [de trabajo]. 2 sitio, lugar. ‖ ~ *a sedere,* asiento. 3 ~ *che,* puesto que, dado que.

postulato [postuláto] *m.* postulado.

postumo, -ma [pɔ́stumo, -ma] *a.* póstumo. 2 *m.-pl.* consecuencias *f.* ‖ *i postumi della malattia,* las consecuencias de la enfermedad.

potabile [potábile] *adj.* potable.

potare [potáre] *t.* podar.

potassio [potássjo] *m.* potasio.
potatura [potatúra] *f.* poda.
potente [poténte] *a.* potente.
potentemente [potenteménte] *adv.* potentemente.
potenza [poténtsa] *f.* potencia.
potenziale [potentsjále] *a.-m.* potencial.
potenzialmente [potentsjalménte] *adv.* potencialmente.
potenziare [potentsjáre] *t.* potenciar.
potere [potére] *i.* poder. || *a più non posso,* a más no poder. || *non ne posso più,* no puedo más. ¶ CONJUG. (aux. *avere* si actúa como verbo absoluto. Acompañando a otros verbos toma el auxiliar del otro: *sono potuto partire, ho potuto mangiare*) IND. pres.: *posso, puoi, può, possiamo, potete, possono.* | fut. imp.: *potrò, potrai, potrà, potremo, potrete, potranno.* || POT. pres.: *potrei, potresti, potrebbe, potremmo, potreste, potrebbero.* || SUBJ. pres.: *possa, possa, possa, possiamo, possiate, possano.* || PART.: *potuto.*
potere [potére] *m.* poder.
poveramente [poveraménte] *adv.* pobremente.
poveretto, -ta [poverétto, -ta] *a.* pobrecito. 2 *m.* pobre.
povero, -ra [póvero, -ra] *a.-m.* pobre.
povertà [povertá*] *f.* pobreza.
pozione [potsjóne] *f.* poción.
pozza [póttsa] *f.* charco *m.,* balde *m.*
pozzanghera [pottsángera] *f.* charco *m.*
pozzo [póttso] *m.* pozo.
prammatismo [prammatizmo] *m.* pragmatismo.
prammatica [prammátika] *f.* pragmática.
pranzare [prandzáre] *i.* comer. ¶ CONJUG. r. aux. *avere.*
pranzo [prándzo] *m.* comida *f.* || *sala da ~,* comedor.
prassi [prássi] *f.* regla, norma.
prateria [pratería] *f.* pradera.
pratica [prátika] *f.* práctica. 2 diligencia, asunto *m.* || *sbrigare una ~, far le pratiche,* gestionar.
praticamente [pratikaménte] *adv.* prácticamente.
praticare [pratikáre] *t.* practicar.
praticità [pratitʃitá*] *f.* practicidad.
pratico, -ca [prátiko, -ka] *a.* práctico. 2 experto. || *~ nella materia,* experto en la materia.
prato [práto] *m.* prado.
pratolina [pratolína] *f.* margarita.

preambolo [preámbolo] *m.* preámbulo. || *senza preamboli,* sin rodeos.
preannunziare [preannuntsjáre] *t.* preanunciar.
preavvisare [preavvizáre] *t.* avisar anticipadamente.
preavviso [preavvizo] *m.* aviso previo.
precarietà [prekarjetá*] *f.* inestabilidad, inseguridad.
precario, -ria [prekárjo, -rja] *a.* precario.
precauzionale [prekauttsjonále] *a.* preventivo.
precauzione [prekauttsjóne] *f.* precaución.
precedente [pretʃedénte] *a.* precedente, anterior. 2 *m.* antecedente.
precedentemente [pretʃedenteménte] *adv.* antecedentemente.
precedenza [pretʃedéntsa] *f.* precedencia. || *in ~,* anteriormente. || *dare la ~,* ceder el paso.
precedere [pretʃédere] *t.* preceder.
precetto [pretʃétto] *m.* precepto.
precipitare [pretʃipitáre] *t.* precipitar. 2 *i.* caer, derrumbarse. ¶ CONJUG. r. aux. *avere* [t.], *essere* [i].
precipitazione [pretʃipitattsjóne] *f.* precipitación.
precipitosamente [pretʃipitosaménte] *adv.* precipitadamente.
precipitoso, -sa [pretʃipitóso, -sa] *a.* precipitado.
precipizio [pretʃipittsjo] *m.* precipicio. || *a ~,* precipitadamente.
precisare [pretʃizáre] *t.* precisar.
precisazione [pretʃizattsjóne] *f.* puntualización.
precisione [pretʃizióne] *f.* precisión.
preciso, -sa [pretʃízo, -za] *a.* preciso. || *alle otto precise,* a las ocho en punto.
precludere [preklúdere] *t.* impedir. ¶ CONJUG. como *concludere.*
precoce [prekótʃe] *a.* precoz.
precocemente [prekotʃeménte] *adv.* precozmente.
preconcetto [prekontʃétto] *m.* prejuicio, prevención *f.*
precursore [prekursóre] *m.* precursor.
preda [préda] *f.* presa. || *in ~ a,* en poder de.
predecessore [predetʃessóre] *m.* antecesor, predecesor.
predellino [predellino] *m.* estribo.
predestinato, -ta [predestináto, -ta] *a.-m.* predestinado.

predestinazione [predestinattsjóne] f. predestinación.

predica [prèdika] f. sermón m. 2 fig. reprimenda.

predicare [predikáre] t. predicar.

predicatore [predikatóre] m. predicador.

predicazione [predikattsjóne] f. predicación.

predilezione [predilettsjóne] f. predilección.

prediligere [predilidʒere] t. preferir. ¶ CONJUG. como **leggere**.

predire [predíre] t. predecir.

predisporre [predispórre] t. predisponer.

predisposizione [predispozittsjóne] f. predisposición.

predizione [predittsjóne] f. predicción.

predominante [predominánte] a. predominante.

predominare [predomináre] i. predominar. ¶ CONJUG. r. aux. **avere**.

predominio [predominjo] m. predominio.

preesistere [preezistere] i. preexistir. ¶ CONJUG. como **esistere** (aux. **essere**).

prefabbricato, -ta [prefabbrikáto, -ta] a. prefabricado.

prefazione [prefattsjóne] f. prefacio m., prólogo m.

preferenza [preferèntsa] f. preferencia.

preferenziale [preferentsjále] a. preferente.

preferibile [preferíbile] a. preferible.

preferibilmente [preferibilmènte] adv. preferiblemente.

preferire [preferíre] t. preferir.

preferito, -ta [preferíto, -ta] a. preferido.

prefetto [prefètto] m. gobernador civil, prefecto.

prefettura [prefettúra] f. gobierno m. civil, prefectura.

prefisso [prefisso] m. prefijo.

pregare [pregáre] i. rezar. 2 t. rogar. ¶ CONJUG. r. aux. **avere** [i.-t.].

pregevole [predʒèvole] a. apreciable. 2 precioso.

preghiera [pregjèra] f. rezo m., plegaria. 2 ruego m., solicitud.

pregiarsi [predʒàrsi] pr. tener el honor de.

pregiato, -ta [predʒàto, -ta] a. apreciado. 2 precioso.

pregio [prèdʒo] m. valor.

pregiudicare [predʒudikáre] t. perjudicar.

pregiudicato, -ta [predʒudikáto, -ta] m. reincidente.

pregiudizio [predʒudittsjo] m. prejuicio.

preistoria [preistórja] f. prehistoria.

preistorico, -ca [preistóriko, -ka] a. prehistórico.

prelato [prelàto] m. prelado.

prelevare [preleváre] t. retirar dinero [de una cuenta corriente]. 2 llevarse.

prelibato, -ta [prelibáto, -ta] a. exquisito.

prelievo [preljèvo] m. acción y efecto de sacar dinero de una cuenta corriente. 2 toma de una muestra.

preliminare [prelimináre] a.-m. preliminar.

preludio [prelúdjo] m. preludio.

prematuramente [prematuramènte] adv. prematuramente.

prematuro, -ra [prematúro, -ra] a. prematuro.

premeditare [premeditáre] a. premeditar, planear.

premeditatamente [premeditatamènte] adv. con premeditación.

premeditato, -ta [premeditáto, -ta] a. premeditado.

premeditazione [premeditattsjóne] f. premeditación.

premere [prèmere] t. apretar, pulsar. 2 fig. hacer presión. ‖ **mi preme**, me importa.

premessa [premèssa] f. premisa.

premettere [premèttere] t. declarar previamente. ¶ CONJUG. como **mettere**.

premiare [premjàre] t. premiar.

premiazione [premjattsjóne] f. distribución de premios.

premio [prèmjo] m. premio. 2 prima f. [de seguros].

premura [premúra] f. prisa. 2 atención. ‖ **circondare di premure**, rodear de atenciones.

premurosamente [premurosamènte] adv. afectuosamente.

premuroso, -sa [premuróso, -sa] a. atento.

prendere [prèndere] t. tomar. ‖ ~ **un aperitivo**, tomar un aperitivo. 2 coger [el autobús]. 3 agarrar. 4 i. prender. ‖ **prendersela**, enfadarse. ¶ CONJUG. (aux. **avere** [t.-i.]) IND. pret. ind.: **presi, prendesti, prese, prendemmo, prendeste, presero**. ‖ PART.: **preso**.

prendisole [prendisóle] m. vestido escotado de verano.

prenotare [prenotáre] t. reservar.

prenotazione [prenotattsjóne] f. reserva.

prensile [prènsile] a. prensil.

preoccupare [preokkupáre] t. preocupar.

preoccupazione [preokkupattsjóne] *f.* preocupación.

preparare [preparáre] *t.* preparar.

preparativo [preparatívo] *m.* preparativo.

preparato [preparáto] *m.* preparado, producto.

preparazione [preparattsjóne] *f.* preparación.

preponderante [preponderánte] *a.* preponderante.

preponderanza [preponderántsa] *f.* preponderancia.

preposizione [prepozittsjóne] *f.* preposición.

prepotente [prepoténte] *a.* fuerte. 2 *m.* déspota, mandón.

prepotenza [prepoténtsa] *f.* despotismo *m.* 2 fuerza. ‖ *la ~ di un sentimento,* la fuerza de un sentimiento.

prerogativa [prerogatíva] *f.* prerrogativa.

presa [présa] *f.* toma. ‖ *~ di corrente,* enchufe. ‖ *~ di sale,* pizca de sal.

presagio [prezádʒo] *m.* presagio.

presagire [prezadʒíre] *t.* presagiar.

presbite [prézbite] *s.* présbita.

prescelto, -ta [preʃʃélto, -ta] *a.* escogido, seleccionado.

prescindere [preʃʃíndere] *i.* prescindir. ¶ CONJUG. como *scindere* (aux. *avere*).

prescrivere [preskrívere] *t.* prescribir. 2 DER. prescribir. ¶ CONJUG. como *scrivere.*

prescrizione [preskrittsjóne] *f.* prescripción.

presentare [prezentáre] *t.* presentar. 2 *pr.* presentarse, personarse.

presentatore [prezentatóre] *m.* presentador.

presentazione [prezentattsjóne] *f.* presentación.

presente [prezénte] *a.-m.* presente.

presentimento [presentiménto] *m.* presentimiento.

presenza [prezéntsa] *f.* presencia.

presenziare [prezentsjáre] *i.* presenciar. ¶ CONJUG. r. aux. *avere.*

presepio [prezépjo] *m.* pesebre.

preservare [preservàre] *t.* preservar.

preservativo [preservatívo] *a.-m.* preservativo.

preside [préside] *m.* director [de una escuela]. 2 decano [de una facultad].

presidente [presidénte] *m.* presidente.

presidenza [presidéntsa] *f.* presidencia.

presidenziale [presidentsjále] *a.* presidencial.

presidiare [presidjáre] *t.* presidiar.

presidio [presídjo] *m.* presidio, guarnición *f.*

presiedere [presjédere] *t.* presidir.

pressappoco [pressappóko] *adv.* poco más o menos.

pressione [pressjóne] *f.* presión.

presso [présso] *adv.* cerca. 2 *prep.* cerca de. ‖ *~ di lui,* en su casa. ‖ *~ i greci,* entre los griegos. ‖ *impiegato ~ la banca,* empleado en el banco. 3 *m.-pl.* cercanías *f.-pl.*

prestabilire [prestabilíre] *t.* prestablecer, planear.

prestare [prestáre] *t.* prestar.

prestazione [prestattsjóne] *f.* prestación.

prestigiatore [prestidʒatóre] *m.* prestidigitador.

prestigio [prestídʒo] *m.* prestigio. ‖ *gioco di ~,* juego de manos.

prestigioso, -sa [prestidʒóso, -sa] *a.* prestigioso.

prestito [préstito] *m.* préstamo. ‖ *~ pubblico,* empréstito público.

presto [présto] *adv.* pronto, temprano. ‖ *al più ~,* cuanto antes.

presumere [prezúmere] *t.-i.* presumir. ¶ CONJUG. (aux. *avere* [t.-i.]). IND. pret. ind.: *presunsi, presumesti, presunse, presumemmo, presumeste, presunsero.* ‖ PART.: *presunto.*

presuntuoso, -sa [prezuntuóso, -sa] *f.* presuntuoso.

presunzione [prezuntsjóne] *t.* presunción.

presupporre [presuppórre] *t.* presuponer. ¶ CONJUG. como *porre.*

presupposto [presuppósto] *a.-m.* supuesto, suposición *f.,* hipótesis *f.* 2 *pl.* antecedentes [de una cuestión].

prete [préte] *m.* sacerdote.

pretendente [pretendénte] *s.* pretendiente.

pretendere [preténdere] *t.* pretender. ¶ CONJUG. como *tendere.*

pretenzioso, -sa [pretenstjóso, -sa] *a.* pretencioso.

preterintenzionale [preterintentsjonále] *a.* involuntario.

pretesa [pretésa] *f.* pretensión.

pretesto [pretésto] *m.* pretexto.

pretore [pretóre] *m.* juez de primera instancia.

pretura [pretúra] *f.* sede del juzgado de primera instancia.

prevalente [prevalénte] *a.* prevaleciente.

prevalentemente [prevalenteménte] *adv.* preponderantemente.

prevalenza [prevaléntsa] *f.* preponderancia.

prevalere [prevalére] *i.* prevalecer. ¶ CONJUG. como *valere* (aux. *essere* o *avere*).

prevaricazione [prevarikattsjóne] *f.* prevaricación.

prevedere [prevedére] *t.* prever. ¶ CONJUG. como *vedere*.

prevedibile [prevedíbile] *a.* previsible.

prevenire [preveníre] *t.* prevenir. ¶ CONJUG. como *venire*.

preventivamente [preventivaménte] *adv.* preventivamente.

preventivare [preventiváre] *t.* presupuestar.

preventivo, -va [preventívo, -va] *a.* preventivo. 2 *m.* presupuesto. ‖ *bilancio preventivo*, presupuesto.

prevenuto, -ta [prevenúto, -ta] *a.* prevenido.

prevenzione [preventsjóne] *f.* prevención, desconfianza, precaución.

previamente [prevjaménte] *adv.* previamente.

previdente [previdénte] *a.* previsor.

previdenza [previdéntsa] *f.* previsión.

previo, -via [prèvjo, -vja] *a.* previo.

previsione [previsjóne] *f.* previsión.

prezioso, -sa [prettsjóso, -sa] *a.* precioso. 2 *m.-pl.* alhajas *f.-pl.*

prezzemolo [prettsèmolo] *m.* perejil.

prezzo [prèttso] *m.* precio.

prigione [pridʒóne] *f.* prisión, cárcel.

prigionia [pridʒonía] *f.* cautiverio *m.*

prigioniero [pridʒonjèro] *m.* preso, prisionero.

prima [príma] *adv.* antes. 2 *prep.* antes de. ‖ *~ che*, antes que. 3 *f.* estreno *m.* [teatro, cine].

primario, -ria [primárjo, -rja] *a.* primario. 2 *m.* médico jefe.

primatista [primatísta] *s.* plusmarquista.

primato [primáto] *m.* récord, marca *f.*

primavera [primavèra] *f.* primavera.

primaverile [primaverile] *a.* primaveral.

primeggiare [primeddʒáre] *i.* sobresalir, descollar. ¶ CONJUG. r. aux. *avere*.

primitivo, -va [primitívo, -va] *a.-m.* primitivo.

primizia [primíttsja] *f.* primicia, primera flor.

primo, -ma [prímo, -ma] *a.* primero.

primogenito [primodʒènito] *a.-m.* primogénito.

primordiale [primordjále] *a.* primordial.

primula [prímula] *f.* prímula.

principale [printʃipále] *a.* principal. 2 *m.* jefe.

principalmente [printʃipalménte] *adv.* principalmente.

principato [printʃipáto] *m.* principado.

principe [príntʃipe] *m.* príncipe.

principesco, -ca [printʃipèsko, -ka] *a.* principesco.

principessa [printʃipèssa] *f.* princesa.

principiante [printʃipjánte] *s.* principiante.

principio [príntʃipjo] *m.* principio.

priore [prióre] *m.* prior.

priorità [prioritá*] *f.* prioridad.

privare [priváre] *t.* privar.

privatamente [privataménte] *adv.* privadamente, particularmente.

privatista [privatísta] *s.* alumno libre.

privato, -ta [privàto, -ta] *a.* particular. ‖ *lezione privata*, clase particular. 2 privado. ‖ *in ~*, en privado. ‖ *diritto ~*, derecho privado.

privazione [privattsjóne] *f.* privación.

privilegiato, -ta [priviledʒáto, -ta] *a.* privilegiado.

privilegio [priviledʒo] *m.* privilegio.

privo, -va [privo, -va] *a.* privado, desprovisto.

pro [prɔ, prɔ*] *m.* provecho. ‖ *buon ~ li faccia*, que le aproveche. 2 pro. ‖ *il ~ e il contro*, el pro y el contra.

probabile [probábile] *a.* probable.

probabilità [probabilitá*] *f.* probabilidad.

probabilmente [probabilménte] *adv.* probablemente.

problema [problèma] *m.* problema.

problematico, -ca [problemátiko, -ka] *a.* problemático.

proboscide [probóʃʃide] *f.* trompa.

procace [prokátʃe] *a.* procaz.

procedere [protʃèdere] *i.* proceder, avanzar. 2 continuar. ¶ CONJUG. r. aux. *essere* en el sentido 1, *avere* en el 2.

procedimento [protʃedimènto] *m.* procedimiento.

procedura [protʃedúra] *f.* procedimiento *m.*

processare [protʃessáre] *t.* procesar, juzgar.

processione [protʃessjóne] *f.* procesión.

processo [protʃèsso] *m.* procedimiento. 2 DER. juicio, proceso.

processuale [protʃessuále] *a.* procesal.

procinto [protʃínto] en la loc. *in* ~, a punto.

proclamare [proklamáre] *t.* proclamar.

proclamazione [proklamattsjóne] *f.* proclamación.

procreare [prokreáre] *t.* procrear.

procreazione [prokreattsjóne] *f.* procreación.

procura [prokúra] *f.* poderes *m.-pl.* 2 fiscalía.

procurare [prokuráre] *t.* procurar. ‖ ~ *di,* tratar de.

procuratore [prokuratóre] *m.* fiscal.

prodezza [prodéttsa] *f.* proeza.

prodigalità [prodigalitá*] *f.* prodigalidad.

prodigare [prodigáre] *t.* prodigar.

prodigio [prodídʒo] *m.* prodigio.

prodigiosamente [prodidʒosaménte] *adv.* prodigiosamente.

prodigioso, -sa [prodidʒóso, -sa] *a.* prodigioso.

prodigo, -ga [pródigo, -ga] *a.* pródigo.

prodotto, -ta [prodótto, -ta] *a.* producido. 2 *m.* producto.

produrre [prodúrre] *t.* producir. 2 aducir [pruebas]. ¶ CONJUG. como *addurre.*

produttività [produttivitá*] *f.* productividad.

produttivo, -va [produttívo, -va] *a.* productivo.

produttore [produttóre] *a.-m.* productor.

produzione [produttsjóne] *f.* producción.

profanare [profanáre] *t.* profanar.

profanazione [profanattsjóne] *f.* profanación.

profano, -na [profáno, -na] *a.* profano.

proferire [proferíre] *t.* proferir.

professare [professáre] *t.* profesar.

professionale [professjonále] *a.* profesional.

professione [professjóne] *f.* profesión.

professionista [professjonísta] *s.* profesional.

professore [professóre] 318 *m.* profesor, catedrático.

professoressa [professoréssa] *f.* profesora, catedrática.

profeta [proféta] *m.* profeta.

profetico, -ca [profétiko, -ka] *a.* profético.

profezia [profettsía] *f.* profecía.

proficuamente [profikuaménte] *adv.* provechosamente.

proficuo, -cua [profíkuo, -kua] *a.* provechoso, proficuo.

profilassi [profilássi] *f.* profilaxis.

profilattico, -ca [profiláttiko, -ka] *a.* profiláctico.

profilo [profílo] *m.* perfil. 2 maqueta *f.* ‖ *il* ~ *di un aereo,* la maqueta de un avión. 3 semblanza *f.* ‖ ~ *di un autore,* semblanza de un autor.

profittatore [profittatóre] *m.* aprovechado.

profitto [profítto] *m.* provecho.

profondamente [profondaménte] *adv.* profundamente.

profondità [profonditá*] *f.* profundidad.

profondo, -da [profóndo, -da] *a.* profundo, hondo.

profugo [prófugo] *m.* prófugo.

profumare [profumáre] *t.* perfumar.

profumatamente [profumataménte] *adv.* generosamente. 2 fig. muy caro.

profumato, -ta [profumáto, -ta] *a.* perfumado. 2 fig. caro.

profumeria [profumería] *f.* perfumería.

profumo [profúmo] *m.* perfume.

profusione [profuzjóne] *f.* profusión.

progettare [prodʒettáre] *t.* proyectar.

progettista [prodʒettísta] *s.* proyectista.

progetto [prodʒétto] *m.* proyecto.

prognosi [prɔɲɲozi] *f.* pronóstico *m.* 2 MED. prognosis.

programma [prográmma] *m.* programa.

programmatico, -ca [programmátiko, -ka] *a.* programático.

programmazione [programmattsjóne] *f.* programación. ‖ *è in* ~, se proyecta.

progredire [progredíre] *i.* progresar. ¶ CONJUG. r. aux. *avere* si el sujeto es una persona, *essere* o raramente *avere* si es una cosa.

progressione [progressjóne] *f.* progresión.

progressista [progressísta] *a.* progresista.

progressivamente [progressivaménte] *adv.* progresivamente.

progressivo, -va [progressívo, -va] *a.* progresivo.

progresso [progrésso] *m.* progreso.

proibire [proibíre] *t.* prohibir.

proibitivo, -va [proibitívo, -va] *a.* prohibitivo.

proibizione [proibittsjóne] *f.* prohibición.

proibizionismo [proibittsjonízmo] *m.* prohibicionismo.

proiettare [projettáre] *t.* proyectar.

proiettile [projéttile] *m.* proyectil.

proiettore [projettóre] *m.* proyector.

proiezione [projettsjóne] *f.* proyección.

prole [prɔ́le] *f.* prole.

proletariato [proletarjáto] *m.* proletariado.

proletario, -ria [proletárjo, -rja] *s.* proletario.

prolifico, -ca [prolifiko, -ka] *a.* prolífico.

prolisso, -sa [prolisso, -sa] *a.* prolijo.

prologo [prólogo] *m.* prólogo.

prolungamento [prolungaménto] *m.* prolongación *f.*

prolungare [prolungáre] *t.* prolongar, alargar.

promemoria [promemórja] *m.* apunte, nota *f.*

promessa [proméssa] *f.* promesa.

promettere [prométtere] *t.* prometer. ¶ CONJUG. como *mettere*.

prominente [prominénte] *a.* prominente.

prominenza [prominéntsa] *f.* prominencia.

promiscuità [promiskuità*] *f.* promiscuidad.

promiscuo, -cua [promiskuo, -kua] *a.* promiscuo.

promontorio [promontórjo] *m.* promontorio.

promotore [promotóre] *a.-m.* promotor.

promozione [promottsjóne] *f.* promoción, ascenso *m.* 2 aprobado *m.* [en un examen].

promulgare [promulgáre] *t.* promulgar.

promuovere [promwóvere] *t.* promover. 2 ascender. ‖ ~ *un funzionario,* ascender a un funcionario. 3 aprobar [un examen]. ¶ CONJUG. como *muovere*.

pronipote [pronipóte] *s.* tataranieto.

pronome [pronóme] *m.* pronombre.

pronosticare [pronostikáre] *t.* pronosticar.

pronostico [pronóstiko] *m.* pronóstico.

prontamente [prontaménte] *adv.* rápidamente.

prontezza [prontéttsa] *f.* prontitud.

pronto, -ta [prónto, -ta] *a.* listo. 2 dispuesto. ‖ *sono ~ a farlo,* estoy dispuesto a hacerlo. 3 diga [al teléfono].

prontuario [prontuárjo] *m.* prontuario.

pronunciare [pronuntʃáre] *t.* pronunciar.

pronunzia [pronúntsja] *f.* pronunciación.

propaganda [propagánda] *f.* propaganda.

propagandare [propagandáre] *t.* propagar.

propagandista [propagandista] *s.* propagandista.

propagandistico, -ca [propagandistiko, -ka] *a.* propagandístico.

propagare [propagáre] *t.* propagar.

propaggine [propáddʒine] *f.* BOT. acodo *m.* 2 estribación. ‖ *le propaggini dei monti,* las estribaciones de las montañas.

propedeutica [propedéutika] *f.* propedéutica.

propendere [propéndere] *i.* propender. ¶ CONJUG. como *appendere* (aux. *avere*).

propenso, -sa [propénso, -sa] *a.* propenso.

propizio, -zia [propíttsjo, -tsja] *a.* propicio.

proponimento [proponiménto] *m.* propósito.

proporre [propórre] *t.* proponer. ¶ CONJUG. como *porre*.

proporzionale [proportsjonále] *a.* proporcional.

proporzionalmente [proportsjonalménte] *adv.* proporcionalmente.

proporzionato, -ta [proportsjonáto, -ta] *a.* proporcionado.

proporzione [proportsjóne] *f.* proporción.

proposito [propózito] *m.* propósito, intención *f.*

proposizione [propozitsjóne] *f.* proposición. GRAM. oración.

proposta [propósta] *f.* propuesta, proposición.

propriamente [proprjaménte] *adv.* propiamente.

proprietà [proprjetá*] *f.* propiedad.

proprietario, -ria [proprjetárjo, -rja] *m.* propietario, dueño.

proprio, -pria [próprjo, -prja] *a.* propio. 2 *adv.* precisamente, verdaderamente. ‖ ~ *cosí,* así mismo, exactamente así.

propugnare [propuŋŋáre] *t.* propugnar.

propulsione [propulsjóne] *f.* propulsión.

propulsore [propulsóre] *a.-m.* propulsor.

proroga [próroga] *f.* prórroga.

prorogabile [prorogábile] *a.* prorrogable.

prorogare [prorogáre] *t.* prorrogar.

prorompere [prorómpere] *i.* prorrumpir. ¶ CONJUG. como *rompere* (aux. *avere*).

prosa [próza] *f.* prosa.

prosaicamente [prozaikaménte] *adv.* prosaicamente.

prosaico, -ca [prozáiko, -ka] *a.* prosaico.

proscenio [proʃʃénjo] *m.* proscenio.

prosciogliere [proʃʃóʎʎere] *t.* disponer, absolver. ¶ CONJUG. como *sciogliere*.

prosciugamento [proʃʃugaménto] *m.* desagüe. 2 saneamiento. ‖ ~ *di una palude,* saneamiento de terreno pantanoso.

prosciugare [proʃʃugáre] *t.* desaguar. 2 sanear.

prosciutto [proʃʃútto] *m.* jamón. ‖ ~ *cotto,* jamón dulce. ‖ ~ *crudo,* jamón serrano.

proscritto, -ta [proskrítto, -ta] *a.-m.* proscrito.

prosecuzione [prosekuttsjóne] *f.* prosecución.

proseguire [prosegwíre] *t.-i.* seguir, proseguir. ¶ CONJUG. r. aux. *avere.* como *i.* y referido a cosas puede tener también *essere* como auxiliar.

proselitismo [prozelitizmo] *m.* proselitismo.

prosopopea [prozopopéa] *f.* prosopopeya.

prosperare [prosperáre] *i.* prosperar. ¶ CONJUG. r. aux. *avere.*

prosperità [prosperitá*] *f.* prosperidad.

prospero [próspero] *a.* próspero.

prosperoso, -sa [prosperóso, -sa] *a.* próspero, floreciente.

prospettare [prospettáre] *t.* plantear, presentar.

prospettiva [prospettíva] *f.* perspectiva.

prospetto [prospétto] *m.* prospecto. 2 fachada *f.,* frente. ‖ *di* ~, de frente.

prospiciente [prospitʃénte] *a.* que da a, que mira a.

prossimità [prossimitá*] *f.* proximidad, cercanía. ‖ *in* ~ *di,* cerca de.

prossimamente [prossimaménte] *adv.* próximamente.

prossimo, -ma [próssimo, -ma] *a.* próximo. ‖ *il mese* ~, el mes que viene. 2 *m.* prójimo.

prostata [próstata] *f.* próstata.

prostituire [prostituíre] *t.* prostituir.

prostituta [prostitúta] *f.* prostituta.

prostituzione [prostituttsjóne] *f.* prostitución.

prostrare [prostráre] *t.* debilitar, abatir. 2 *pr.* postrarse.

prostrazione [prostrattsjóne] *f.* abatimiento *m.,* depresión física y moral.

protagonista [protagonísta] *s.* protagonista.

proteggere [protéddʒere] *t.* proteger. ¶ CONJUG. IND. pret. ind.: *protessi, proteggesti, protesse, proteggemmo, proteggeste, protessero.* ‖ PART.: *protetto.*

proteina [proteína] *f.* proteína.

protendere [proténdere] *t.* tender. 2 *pr.* extenderse. 3 asomarse. ¶ CONJUG. como *tendere.*

protesi [prótezi] *f.* prótesis.

protesta [protésta] *f.* protesta.

protestante [protestánte] *a.-s.* protestante.

protestantesimo [protestantézimo] *m.* protestantismo.

protestare [protestáre] *t.-i.* protestar. 2 declarar, afirmar. ‖ ~ *la propria innocenza,* afirmar la propia inocencia. ¶ CONJUG. r. aux. *avere* [i.-t.].

protettivo, -va [protettívo, -va] *a.* protector.

protettorato [protettoráto] *m.* protectorado.

protettore [protettóre] *a.-m.* protector.

protezione [protettsjóne] *f.* protección.

protezionismo [protettsjonizmo] *m.* proteccionismo.

protezionista [protettsjonista] *a.* proteccionista.

protocollo [protokóllo] *m.* protocolo. ‖ *foglio* ~, papel de barba.

protone [protóne] *m.* protón.

prototipo [protótipo] *m.* prototipo.

protozoo [protoddʒóo] *m.* protozoo.

protrarre [protrárre] *t.* prolongar. 2 *pr.* durar, alargarse. ¶ CONJUG. como *trarre.*

protuberanza [protuberántsa] *f.* protuberancia.

prova [próva] *f.* prueba.

provare [prováre] *t.* probar. 2 experimentar [un sentimiento]. 3 sentir. ‖ *capisco ciò che provi,* comprendo lo que sientes.

provenienza [proveniéntsa] *f.* procedencia.

provenire [proveníre] *i.* proceder. ¶ CONJUG. como *venire* (aux. *essere*).

provento [provénto] *m.* renta *f.*

provenzale [provenzále] *a.-s.* provenzal.

proverbiale [proverbjále] *a.* proverbial.

proverbio [provèrbjo] *m.* refrán, proverbio.

provetta [provétta] *f.* probeta.

provincia [províntʃa] *f.* provincia.

provinciale [provintʃále] *a.* provincial. 2 *a.-m.* provinciano.

provino [províno] *m.* trailer. 2 QUÍM. probeta *f.,* tubo de ensayo.

provocante [provokánte] *a.* provocativo.

provocare [provokáre] *t.* provocar, armar. ‖ ~ *uno scandalo,* provocar un escándalo.

provocatore [provokatóre] *a.-m.* provocador.

provocatorio, -ria [provokatɔ́rjo, -rja] *a.* provocativo.

pulsazione

provocazione [provokattsjóne] f. provocación.

provvedere [provvedère] t. proveer, abastecer. 2 i. disponer, preparar. ¶ CONJUG. como **vedere** (aux. **avere** [i.-t.]).

provvedimento [provvedimènto] m. disposición f. 2 providencia f. 3 medida f. || ~ **disciplinare**, medida disciplinaria.

provveditorato [provveditoràto] m. delegación provincial de enseñanza.

provveditore [provveditòre] m. delegado provincial de enseñanza.

provvidenza [provvidèntsa] f. providencia.

provvidenziale [provvidentsjàle] a. providencial.

provvisoriamente [provvizorjamènte] adv. provisionalmente.

provvisorietà [provvizorjetà*] f. interinidad.

provvisorio, -ria [provvizòrjo, -rja] a. provisional.

provvista [provvìsta] f. provisión.

provvisto, -ta [provvìsto, -ta] a. provisto.

prozio [prottsìo] m. tío abuelo.

prua [prúa] f. proa.

prudente [prudènte] a. prudente.

prudentemente [prudentemènte] adv. prudentemente.

prudenza [prudèntsa] f. prudencia.

prudere [prúdere] i. picar. ¶ CONJUG. carece de tiempos compuestos.

prugna [prúɲɲa] f. ciruela.

prugno [prúɲɲo] m. ciruelo.

prurito [prurìto] m. prurito, comezón, picor.

pseudonimo [pseudònimo] m. pseudónimo.

psicanalisi [psikanàlizi] f. psicoanálisis m.

psicanalista [psikanalista] s. psicoanalista.

psiche [psìke] f. psique.

psichiatra [psikjàtra] s. psiquiatra.

psichiatria [psikjatrìa] f. psiquiatría.

psichiatrico, -ca [psikjàtriko, -ka] a. psiquiátrico.

psichico, -ca [psìkiko, -ka] a. psíquico.

psicofarmaco [psikofàrmako] m. psicofármaco.

psicologia [psikolodʒìa] f. psicología.

psicologicamente [psikolodʒikamènte] adv. psicológicamente.

psicologico, -ca [psikolòdʒiko, -ka] a. psicológico.

psicologo [psikòlogo] m. psicólogo.

psicopatico, -ca [psikopàtiko, -ka] a. psicopático. 2 m. psicópata.

psicosi [psikòzi] f. psicosis.

pubblicamente [pubblikamènte] adv. públicamente.

pubblicare [pubblikàre] t. publicar, editar.

pubblicazione [pubblikattsjóne] f. publicación. || **pubblicazioni di matrimonio**, amonestaciones.

pubblicista [pubblitʃìsta] s. publicista.

pubblicità [pubblitʃità*] f. publicidad.

pubblicitario, -ria [pubblitʃitàrjo, -rja] a. publicitario.

pubblico, -ca [púbbliko, -ka] a.-m. público.

pube [púbe] m. pubis.

pubertà [pubertà*] f. pubertad.

pudicamente [pudikamènte] adv. púdicamente.

pudico, -ca [pudìko, -ka] a. púdico, pudoroso.

puericultura [puerikultúra] f. puericultura.

puerile [puerìle] a. pueril.

puerilmente [puerilmènte] adv. puerilmente.

puerilità [puerilità*] f. puerilidad.

pugilato [pudʒilàto] m. boxeo.

pugilatore [pudʒilatòre] m. boxeador, púgil.

pugilistico, -ca [pudʒilìstiko, -ka] a. de boxeo.

pugnalare [puɲɲalàre] t. apuñalar.

pugnalata [puɲɲalàta] f. puñalada.

pugnale [puɲɲàle] m. puñal.

pugno [púɲɲo] m. puño. 2 puñetazo. || **dare un** ~, dar un puñetazo.

pulce [púltʃe] f. pulga.

pulcinella [pultʃinèlla] m. polichinela.

pulcino [pultʃìno] m. polluelo.

puledro [pulèdro] m. potro.

puleggia [pulèddʒa] f. polea.

pulire [pulìre] t. limpiar.

pulito, -ta [pulìto, -ta] a. limpio.

pulizia [pulittsìa] f. limpieza.

pullman [púlman] m. autocar.

pullulare [pullulàre] i. pulular. ¶ CONJUG. r. aux. **avere**, raramente **essere**.

pulpito [púlpito] m. púlpito.

pulsante [pulsànte] m. botón [la puesta en marcha de un mecanismo].

pulsare [pulsàre] i. latir, pulsar. ¶ CONJUG. r. aux. **avere**.

pulsazione [pulsattsjóne] f. pulsación, latido m.

pulviscolo [pulvìskolo] *m.* polvillo.

pungente [pundʒènte] *a.* punzante. 2 fig. mordaz. ‖ *frase* ~, frase mordaz.

pungere [pùndʒere] *t.* pinchar. ¶ CONJUG. IND. pret. ind.: *punsi, pungesti, punse, pungemmo, pungeste, punsero.* ‖ PART.: *punto.*

pungiglione [pundʒiʎʎóne] *m.* aguijón.

pungitopo [pundʒitɔpo] *m.* brusco.

pungolo [pùngolo] *m.* punzón. 2 fig. aliciente, incentivo.

punire [punìre] *t.* castigar.

punizione [punittsjóne] *f.* castigo *m.*, punición.

punta [pùnta] *f.* punta. 2 fig. punta, pizca. ‖ *in ~ di piedi*, de puntillas.

puntare [puntàre] *t.* apuntar. 2 apostar. ‖ *~ denaro*, apostar dinero. 3 parar [el perro]. 4 *i.* dirigirse. ¶ CONJUG. r. aux. *avere* [i.-t.].

puntata [puntàta] *f.* puesta. ‖ *a puntate*, por entregas.

punteggiatura [punteddʒatúra] *f.* puntuación.

punteggio [puntèddʒo] *m.* tanteo.

puntellare [puntelláre] *t.* apuntalar, afianzar.

punteruolo [punterwɔlo] *m.* punzón.

puntiglio [puntìʎʎo] *m.* puntillo.

puntiglioso, -sa [puntiʎʎóso, -sa] *a.* puntilloso.

puntina [puntina] *f.* chincheta.

punto [pùnto] *m.* punto. ‖ *~ e a capo*, punto y aparte. ‖ *essere sul ~ di*, estar a punto de. 2 *adv.* nada.

puntuale [puntuále] *a.* puntual.

puntualmente [puntualmènte] *adv.* puntualmente.

puntualità [puntualità*] *f.* puntualidad.

puntura [puntúra] *f.* picadura. 2 inyección.

punzecchiare [puntsekkjáre] *t.* pinchar.

pupazzo [pupàttso] *m.* muñeco, fantoche.

pupilla [pupìlla] *f.* pupila.

pupillo [pupìllo] *m.* pupilo.

purchè [purkè*] *conj.* con tal que.

pure [púre] *adv.-conj.* también. ‖ *io* ~, yo también. 2 bien.

purè [purè*] *f.* puré.

purga [púrga] *f.* purga.

purgante [purgànte] *m.* purgante.

purgare [purgáre] *t.* purgar.

purgatorio [purgatórjo] *m.* purgatorio.

purificare [purifikáre] *t.* purificar.

purificazione [purifikattsjóne] *f.* purificación.

purismo [purìzmo] *m.* purismo.

purista [purìsta] *a.-s.* purista.

puritano, na [puritàno, -na] *a.-m.* puritano.

puro, -ra [púro, -ra] *a.* puro.

purosangue [purosàngwe] *s.* pura sangre.

purtroppo [purtróppo] *adv.* desgraciadamente.

purulento, -ta [purulénto, -ta] *a.* purulento.

pus [pus] *m.* pus.

pusillanime [puzillànime] *a.* pusilánime.

pustola [pùstola] *f.* pústula.

putiferio [putifèrjo] *m.* alboroto.

putrefare [putrefàre] *i.* pudrir. ¶ CONJUG. como *fare* (aux. *essere*).

putrefazione [putrefattsjóne] *f.* putrefacción.

putrido, -da [pútrido, -da] *a.* putrefacto. 2 fig. podrido.

puttana [puttàna] *f.* puta, ramera.

puzza [pùttsa] *f.* olor *m.* peste.

puzzare [puttsáre] *i.* apestar, oler. ¶ CONJUG. r. aux. *avere.*

puzzola [pùttsola] *f.* turón *m.*

puzzolente [puttsolènte] *a.* hediondo, apestoso.

Q

q *f.-m.* decimoquinta letra del alfabeto italiano.

qua [kwà] *adv.* aquí, acá, ahí. ‖ ~ *e là,* aquí y allí. 2 [a veces no se traduce]: *prendi* ~!, ¡toma!

quacchero, -ra [kwàkkero, -ra] *a.-s.* cuáquero.

quaderno [kwadèrno] *m.* cuaderno, libreta *f.*

quadrangolare [kwadrangolàre] *a.* cuadrangular.

quadrante [kwadrànte] *m.* cuadrante.

quadrare [kwadràre] *t.-i.* cuadrar. ¶ CONJUG. r. aux. *avere* [t.], *essere* o *avere* [i.].

quadrato, -ta [kwadràto, -ta] *a.* cuadrado. 2 fig. equilibrado, lógico. 3 *m.* cuadrado.

quadratura [kwadratúra] *f.* cuadratura.

quadrettare [kwadrettàre] *t.* cuadricular.

quadretto [kwadrètto] *m.* cuadrito.

quadriennale [kwadriennále] *a.* cuadrienal, cuatrienal.

quadriennio [kwadriènnjo] *m.* cuadrienio, cuatrienio.

quadrifoglio [kwadrifɔ́λλo] *m.* trébol de cuatro hojas.

quadriga [kwadriga] *f.* cuadriga.

quadriglia [kwadriλλa] *f.* cuadrilla.

quadrilatero, -ra [kwadrilàtero, -ra] *a.-m.* cuadrilátero.

quadrimestre [kwadrimèstre] *m.* cuatrimestre.

quadrimotore [kwadrimotóre] *a.-m.* cuatrimotor.

quadripartito, -ta [kwadripartito, -ta] *a.* cuatripartito.

quadrireattore [kwadrireattóre] *a.-m.* cuatrirreactor.

quadrivio [kwadrivjo] *m.* cuadrivio, encrucijada *f.*

quadro, -dra [kwàdro, -dra] *a.* cuadrado. 2 *m.* cuadro. 3 FOT. CINEM. encuadre. 4 *pl.* conjunto de personas con funciones de responsabilidad, dirigentes. 5 DEP. cuadrilátero.

quadrumane [kwadrúmane] *a.-m.* ZOOL. cuadrúmano.

quadrupede [kwadrúpede] *a.-m.* cuadrúpedo.

quadruplicare [kwadruplikàre] *t.* cuadruplicar.

quadruplice [kwadrúplitʃe] *a.* cuádruple.

quadruplo, -pla [kwàdruplo, -pla] *a.-m.* cuádruplo, cuádruple.

quaggiù [kwaddʒŭ*] *adv.* aquí abajo.

quaglia [kwàλλa] *f.* codorniz.

qualche [kwàlke] *a.* algún; algunos. ‖ *in* ~ *modo,* de alguna manera.

qualcheduno [kwalkedúno] *pron.* alguien.

qualcosa [kwalkɔ́sa] *pron.* algo, alguna cosa. ‖ *mi ha costato* ~ *come diecimila lire,* me ha costado unas diez mil liras.

qualcuno, -na [kwalkúno, -na] *pron.* alguno, alguien.

quale [kwàle] *a.* cuál, qué. 2 *pron.* cuál. ‖ *il* ~, el cual. 3 *adv.* como.

qualifica [kwalifika] *f.* título *m.,* atribución. 2 calificación.

qualificare [kwalifikàre] *t.* calificar. 2 *pr.* presentarse, atribuirse.

qualificativo, -va [kwalifikativo, -va] *a.* cualificativo.

qualificazione [kwalifikattsjóne] *f.* calificación.

qualità [kwalità*] *f.* cualidad, calidad.

qualitativo, -va [kwalitativo, -va] *a.* cualitativo.

qualora [kwalóra] *conj.* en caso de que.

qualsiasi [kwalsiasi] *a.* cualquier, cualquiera.

qualunque [kwalùnkwe] *a.-pron.* cualquier, cualquiera.

quando [kwàndo] *adv.-conj.* cuando [*interr.:* cuándo]. ‖ ~ *anche,* aun cuando, aunque. ‖ *di* ~ *in* ~, de vez en cuando.

quantità [kwantità*] *f.* cantidad.

quantitativo, -va [kwantitativo, -va] *a.* cuantitativo. 2 *m.* cantidad.

quanto, -ta [kwánto, -ta] *a.-pron.* cuanto [*interr.:* cuánto]. 2 *adv.* cuanto, cuan, como [*interr.:* cuánto, cuán, cómo].

quantunque [kwantúnkwe] *conj.* aunque, aun cuando.

quaranta [kwaránta] *a.-m.* cuarenta.

quarantena [kwaranténa] *f.* cuarentena.

quarantenne [kwaranténne] *a.-s.* cuarentón.

quarantennio [kwaranténnjo] *m.* cuarenta años.

quarantesimo, -ma [kwarantézimo, -ma] *a.* cuadragésimo. 2 *m.* cuarentavo.

quarantina [kwarantina] *f.* unos cuarenta.

quarantotto [kwarantótto] *a.-m.* cuarenta y ocho.

quaresima [kwarézima] *f.* cuaresma.

quaresimale [kwarezimále] *a.* cuaresmal.

quartetto [kwartétto] *m.* cuarteto. ‖ ~ *d'archi,* cuarteto de cuerda.

quartiere [kwartjére] *m.* barrio. 2 MIL. cuartel.

quarto, -ta [kwárto, -ta] *a.-m.* cuarto.

quarzo [kwártso] *m.* cuarzo.

quasi [kwázi] *adv.* casi. 2 como. 3 *conj.* como si.

quassù [kwassú*] *adv.* aquí arriba.

quatto, -ta [kwátto, -ta] *a.* agazapado, agachado. ‖ ~ ~, a la chita callando.

quattordici [kwattórditʃi] *a.* catorce.

quattrino [kwattrino] *m.* moneda italiana del s. XIV, *ext.* moneda suelta. 2 *pl.* dinero. ‖ *non avere il becco d'un ~,* estar al verde.

quattro [kwáttro] *a.* cuatro. ‖ *fare ~ passi,* dar una vuelta. ‖ *farsi in ~,* desvivirse. ‖ *in ~ e quattr'otto,* en un abrir y cerrar de ojos.

quattrocentesco [kwattrotʃentésko] *a.* del siglo quince.

quattrocento [kwattrotʃénto] *a.* cuatrocientos. 2 *m.* el siglo quince.

quegli [kwéʎʎi] *pron.* sólo como sujeto personal *m. sing.* (usado en contraposiciones), aquél. ‖ *questi mi ama, ~ mi odia;* éste me ama, aquél me odia.

quello [kwéllo] *a.-pron.* aquel, lo, él.

quercia [kwértʃa] *f.* encina.

querela [kweréla] *f.* DER. querella, demanda. 2 queja.

querelante [kwerelánte] *s.* querellante, demandante.

querelare [kwereláre] *t.* demandar. 2 *pr.* querellarse, presentar querella.

quesito [kwezíto] *m.* problema, cuestión *f.* 2 pregunta *f.*

questi [kwésti] *pron.* éste.

questionare [kwestionáre] *i.* disputar, cuestionar. 2 reñir. ¶ CONJUG. r. aux. *avere.*

questionario [kwestjonárjo] *m.* cuestionario.

questione [kwestjóne] *f.* cuestión. ‖ *in ~,* en cuestión. 2 discusión. 3 querella.

questo [kwésto] *a.* este. 2 *pron.* éste.

questore [kwestóre] *m.* jefe superior de policía. 2 cuestor.

questua [kwéstua] *f.* cuestación, colecta.

questura [kwestúra] *f.* jefatura de policía.

questurino [kwesturino] *m.* policía, agente de policía.

qui [kwi*] *adv.* aquí.

quietamente [kwjetaménte] *adv.* sosegadamente, tranquilamente.

quietanza [kwjetántsa] *f.* recibo *m.* ‖ ~ *a saldo,* finiquito *m.* ‖ *per ~,* recibí.

quietare [kwjetáre] *t.* aquietar, calmar.

quiete [kwjéte] *f.* quietud, sosiego *m.,* calma.

quieto [kwjéto] *a.* quieto, sosegado, tranquilo.

quindi [kwindi] *conj.* pues, por eso, por consiguiente. 2 *adv.* luego.

quindicenne [kwinditʃénne] *a.* de quince años.

quindici [kwinditʃi] *a.* quince.

quindicina [kwinditʃina] *f.* quincena.

quindicinale [kwinditʃinále] *a.* quincenal.

quinquennale [kwinkwennále] *a.* quinquenal.

quinquennio [kwinkwénnjo] *m.* quinquenio.

quinta [kwinta] *f.* bastidor *m.* ‖ *dietro le quinte,* entre bastidores.

quintessenza [kwintesséntsa] *f.* quinta esencial, quintaesencia.

quintetto [kwintétto] *m.* quinteto.

quinto [kwinto] *a.-m.* quinto.

quintuplo [kwintuplo] *a.* quíntuplo.

quiproquo [kwiprokwɔ] *m.* equivocación *f.*

quisquilia [kwiskwilja] *f.* bagatela, fruslería, tontería.

quiz [kwiz] *m.* pregunta *f.,* adivinanza *f.*

quota [kwɔta] *f.* cuota, prorrata. 2 AER. altura.

quotare [kwotáre] *t.* cotizar.

quotazione [kwotattsjóne] *f.* cotización.
quotidianamente [kwotidjanaménte] *adv.* cotidianamente.

quotidiano [kwotidjàno] *a.* diario, cotidiano. 2 *m.* diario.
quoziente [kwottsjénte] *m.* cociente.

R

r [èrre] *f.-m.* decimosexta letra del alfabeto italiano.

rabarbaro [rabárbaro] *m.* ruibarbo.

rabbia [ràbbja] *f.* rabia. ‖ *far ~,* dar rabia.

rabbino [rabbino] *m.* rabino.

rabbiosamente [rabbjosaménte] *adv.* rabiosamente.

rabbioso, -sa [rabbjóso, -sa] *a.* rabioso.

rabbonire [rabbonire] *t.* apaciguar, calmar.

rabbrividire [rabbrividire] *i.* estremecerse. ¶ CONJUG. r. aux. *essere,* raramente *avere.*

rabbuiarsi [rabbujàrsi] *pr.* oscurecerse, nublarse. 2 fig. ponerse sombrío.

raccapezzare [rakkapettsáre] *t.* juntar. 2 fig. comprender, entender.

raccapricciante [rakkaprittʃànte] *a.* horripilante, horroroso.

raccapriccio [rakkaprittʃo] *m.* horror, revulsión *f.,* espanto.

raccattare [rakkattáre] *t.* recoger.

racchetta [rakkètta] *f.* raqueta.

racchio, -chia [ràkkjo, -kja] *a.* feo.

racchiudere [rakkjúdere] *t.* encerrar, incluir, contener. ¶ CONJUG. como *chiudere.*

raccogliere [rakkóʎʎere] *t.* recoger. 2 coleccionar [libros, sellos, etc]. 3 *pr.* recogerse. ¶ CONJUG. como *cogliere.*

raccoglimento [rakkoʎʎiménto] *m.* recogimiento. 2 fig. fervor.

raccolta [rakkólta] *f.* cosecha, recolección. 2 fig. colección.

raccolto [rakkólto] *a.* tranquilo, aislado. ‖ *un luogo ~,* un lugar tranquilo. 2 ensimismado. 3 *m.* cosecha *f.*

raccomandabile [rakkomandábile] *a.* recomendable.

raccomandare [rakkomandáre] *t.* recomendar, encomendar.

raccomandata [rakkomandáta] *f.* carta certificada.

raccomandato, -ta [rakkomandáto, -ta] *a.* recomendado, encomendado. ‖ *plico ~,* paquete certificado.

raccomandazione [rakkomandattsjóne] *f.* recomendación.

raccomodare [rakkomodáre] *t.* reparar, arreglar.

raccontare [rakkontáre] *t.* contar, narrar, relatar.

racconto [rakkónto] *m.* relato, narración *f.,* cuento.

raccorciare [rakkortʃáre] *t.* acortar.

raccordare [rakkordáre] *t.* empalmar, enlazar, unir.

raccordo [rakkòrdo] *m.* enlace.

rachitico, -ca [rakítiko, -ka] *a.* raquítico.

rachitismo [rakitizmo] *m.* raquitismo.

racimolare [ratʃimoláre] *t.* racimar. 2 fig. recoger, juntar.

rada [ráda] *f.* ensenada, rada.

radar [rádar] *m.* radar.

raddolcire [raddoltʃire] *t.* endulzar. 2 fig. suavizar. 3 *pr.* mitigarse.

raddoppiamento [raddoppjaménto] *m.* duplicación *f.,* redoblamiento.

raddoppiare [raddoppjáre] *t.* doblar, redoblar, duplicar.

raddrizzare [raddrittsáre] *t.* enderezar. 2 fig. corregir.

raddrizzatore [raddrittsatòre] *m.* transformador.

radere [rádere] *t.* raer, rasurar. ‖ *~ i capelli,* rapar, cortar al rape. ‖ *~ al suolo,* derruir. 2 *pr.* afeitarse. ¶ CONJUG. IND. pret. ind.: *rasi, radesti, rase, rademmo, radeste, rasero.* ‖ PART.: *raso.*

radiare [radjáre] *t.* borrar, tachar. ‖ *~ da un elenco,* borrar de una lista. 2 echar, expulsar [de un grupo, partido, etc.].

radiatore [radjatòre] *m.* radiador.

radiazione [radiattsjóne] *f.* radiación. 2 cancelación, anulación.

radicale [radikále] *a.-m.* radical.

radicalmente [radikalménte] *adv.* radicalmente.

radicare [radikáre] *i.* arraigar, prender. ¶ CONJUG. r. aux. *essere*.

radicchio [radikkjo] *m.* achicoria *f.*

radice [raditʃe] *f.* raíz.

radio [rádjo] *s.* radio.

radioascoltatore [radjoaskoltatóre] *m.* radioyente.

radioattività [radjoattivitá*] *f.* radioactividad.

radioattivo, -va [radjoattivo, -va] *a.* radioactivo.

radioauditore [radjoauditóre] *m.* radioyente.

radioaudizione [radjoaudittsjóne] *f.* radioaudición, transmisión radiofónica.

radiocomandare [radjokomandáre] *t.* radiodirigir.

radiodiffusione [radjodiffuzjóne] *f.* radiodifusión.

radiofonia [radjofonia] *f.* radiofonía.

radiofonico, -ca [radjofóniko, -ka] *a.* radiofónico.

radiografia [radjografia] *f.* radiografía.

radiogramma [radjográmma] *m.* radiograma, radiotelegrama.

radiologia [radjolodʒia] *f.* radiología.

radiologo [radjólogo] *m.* radiólogo.

radioscopia [radjoskopia] *f.* radioscopia.

radioso, -sa [radjóso, -sa] *a.* radioso. 2 fig luminoso. ‖ *un viso ~,* una cara luminosa.

radiotecnica [radjotéknika] *f.* radiotecnia, radiotécnica.

radiotecnico [radjotékniko] *m.* radiotécnico.

radiotelegrafia [radjotelegrafia] *f.* radiotelegrafía.

radiotelegrafista [radjotelegrafista] *s.* radiotelegrafista.

radiotelevisione [radjotelevisjóne] *f.* radiotelevisión.

radioterapia [radjoterapia] *f.* radioterapia.

rado [rádo] *a.* ralo. ‖ *barba rada,* barba rala. 2 raro. ‖ *di ~,* raramente, raras veces.

radunare [radunáre] *t.* reunir.

raduno [radúno] *m.* reunión *f.*

radura [radúra] *f.* claro *m.,* rasa.

raffazzonare [raffattsonáre] *t.* chapucear.

raffermo, -ma [rafférmo, -ma] *a.* duro [pan].

raffica [ráffika] *f.* ráfaga, racha.

raffigurare [raffiguráre] *t.* reconocer. 2 representar, figurar.

raffinamento [raffinaménto] *m.* refinación *f.*

raffinare [raffináre] *t.* refinar, afinar. 2 *pr.* afinarse.

raffinatamente [raffinataménte] *adv.* con finura.

raffinatezza [raffinatéttsa] *f.* finura.

raffinato, -ta [raffináto, -ta] *a.* refinado.

raffineria [raffineria] *f.* refinería.

rafforzamento [raffortsaménto] *m.* refuerzo.

rafforzare [raffortsáre] *t.* reforzar.

raffreddamento [raffreddaménto] *m.* enfriamiento.

raffreddare [raffreddáre] *t.* enfriar. 2 *pr.* resfriarse. 3 fig. enfriarse.

raffreddore [raffreddóre] *m.* resfriado.

raffrenare [raffrenáre] *t.* refrenar.

raffronto [raffrónto] *m.* cotejo, comparación *f.*

rafia [ráfja] *f.* rafia.

ragazza [ragáttsa] *f.* muchacha, chica.

ragazzata [ragattsáta] *f.* muchachada.

ragazzo [ragáttso] *m.* muchacho, chico.

raggiante [raddʒánte] *a.* radiante, radioso. 2 luminoso.

raggio [ráddʒo] *m.* radio. 2 FIS. rayo.

raggirare [raddʒiráre] *t.* embaucar, engatusar.

raggiro [raddʒiro] *m.* embrollo, trampa *f.*

raggiungere [raddʒúndʒere] *i.* alcanzar. ¶ CONJUG. como *giungere*.

raggiungimento [raddʒundʒiménto] *m.* alcance. 2 fig. logro, conseguimiento.

raggomitolare [raggomitoláre] *t.* ovillar. 2 *pr.* ovillarse, agazaparse.

raggranellare [raggranelláre] *t.* juntar, recoger.

raggrinzare [raggrinttsáre] *t.* fruncir. 2 *pr.* arrugarse.

raggrumare [raggrumáre] *t.* cuajar, agrumar.

raggruppamento [raggruppaménto] *m.* agrupación *f.*

raggruppare [raggruppáre] *t.* agrupar.

ragguagliare [raggwaʎʎáre] *t.* igualar, comparar. 2 fig. informar, enterar.

ragguaglio [raggwáʎʎo] *m.* cotejo, comparación *f.* 2 fig. noticia *f.,* informe.

ragguardevole [raggwardévole] *a.* notable, considerable. ‖ *persona ~,* persona distinguida, respetable.

ragia [rádʒa] *f.* resina. ‖ *acqua ~,* aguarrás.

ragionamento [radʒonaménto] *m.* razonamiento.

ragionare [radʒonáre] *i.* razonar. ¶ CON-JUG. r. aux. *avere.*

ragionatore [radʒonatóre] *m.* razonador.

ragione [radʒóne] *f.* razón.

ragioneria [radʒonería] *f.* contabilidad.

ragionevole [radʒonévole] *a.* razonable. ‖ *animali ragionevoli,* animales racionales.

ragionevolmente [radʒonevolménte] *adv.* razonablemente.

ragioniere [radʒonjére] *m.* contable.

ragliare [raʎʎáre] *i.* rebuznar. ¶ CONJUG. r. aux. *avere.*

raglio [ráʎʎo] *m.* rebuzno.

ragnatela [raɲnatèla] *f.* telaraña.

ragno [ráɲno] *m.* araña *f.* ‖ *pesce ~,* peje araña.

ragù [ragú*] *m.* ragú, salsa *f.* de carne y tomate.

raion [rájon] *m.* rayón.

rallegramento [rallegraménto] *m.* regocijo. 2 *pl.* felicidades *f.* enhorabuena *f. sing.* ‖ *fare i rallegramenti,* dar la enhorabuena.

rallegrare [rallegráre] *t.* alegrar. ‖ *rallegrarsi con uno,* felicitar a uno.

rallentamento [rallentaménto] *m.* reducción *f.* de la marcha.

rallentare [rallentáre] *t.* moderar.

rallentatore [rallentatóre] *m.* moderador. 2 CINEM. cámara *f.* lenta.

ramanzina [ramandzína] *f.* reprimenda.

ramarro [ramárro] *m.* lagarto.

rame [ráme] *m.* cobre.

ramificare [ramifikáre] *i.* ramificarse, dividirse. 2 BOT. echar ramos. ¶ CONJUG. r. aux. *avere.*

ramificazione [ramifikattsjóne] *f.* ramificación.

rammaricare [rammarikáre] *t.* causar pena. 2 *pr.* sentir, dolerse.

rammarico [rammáriko] *m.* pena *f.,* pesar.

rammendare [rammendáre] *t.* remendar, zurcir.

rammendatrice [rammendatritʃe] *f.* zurcidora.

rammendatura [rammendatúra] *f.* zurcido *m.*

rammendo [ramméndo] *m.* zurcido, remiendo.

rammentare [rammentáre] *t.* recordar. 2 *pr.* acordarse.

rammollimento [rammolliménto] *m.* reblandecimiento.

rammollire [rammollíre] *t.* ablandar, reblandecer.

rammollito, -ta [rammollíto, -ta] *m.* fig. chocho.

ramo [rámo] *m.* rama *f.,* ramo. 2 fig. ramo. 3 ramal [ferrocarriles].

ramoscello [ramoʃʃéllo] *m.* ramito.

rampa [rámpa] *f.* rampa, cuesta. ‖ *~ di scala,* tramo *m.* de escalera.

rampicante [rampikánte] *a.* trepador.

rampicare [rampikáre] *i.* trepar. ¶ CONJUG. r. aux. *essere* y *avere.*

rampino [rampíno] *m.* gancho, garfio. 2 fig. pretexto.

rampollo [rampóllo] *m.* brote. 2 fig. vástago, descendiente.

rampone [rampóne] *m.* arpón.

rana [rána] *f.* rana.

rancidezza [rantʃidéttsa] *f.* rancidez, ranciedad.

rancido, -da [rántʃido, -da] *a.* rancio, pasado.

rancio [rántʃo] *m.* rancho.

rancore [rankóre] *m.* rencor, ojeriza *f.*

randagio [randádʒo] *a.* errante, vagabundo.

randellare [randelláre] *t.* apalear.

randellata [randelláta] *f.* palo *m.,* garrotazo *m.*

randello [randéllo] *m.* palo, garrote.

ranetta [ranètta], **renetta** [renètta] *f.* reineta [manzana].

rango [rángo] *m.* rango, categoría *f.* ‖ *d'alto ~,* de alto copete. 2 *pl.* MIL. fila *f.,* formación *f.*

rannicchiarsi [rannikkjársi] *pr.* agazaparse, acurrucarse.

rannuvolarsi [rannuvolársi] *pr.* nublarse, oscurecerse. 2 fig. ponerse sombrío, turbarse.

ranocchio [ranɔkkjo] *m.* rana *f.* 2 fig. engendro.

rantolare [rantoláre] *i.* agonizar. ¶ CONJUG. r. aux. *avere.*

rantolo [rántolo] *m.* estertor.

ranuncolo [ranúnkolo] *m.* ranúnculo.

rapa [rápa] *f.* nabo *m.* 2 fig. tonto *m.,* majadero *m.* ‖ *avere la testa come una ~,* ser totalmente calvo. ‖ *valere una ~,* no valer nada.

rapace [rapátʃe] *a.* rapaz.

rapacemente [rapatʃeménte] *adv.* con rapacidad.

rapacità [rapatʃitá*] *f.* rapacidad, codicia.

rapare [rapáre] *t.* rapar.

rapata [rapáta] *f.* rapadura.

rapè [rapé*] *m.* rapé.

rapidamente [rapidaménte] *adv.* rápidamente.

rapidità [rapidità*] *f.* rapidez.

rapido, -da [ràpido, -da] *a.-m.* rápido.

rapimento [rapiménto] *m.* rapto. 2 fig. éxtasis, arrobamiento.

rapina [rapìna] *f.* robo *m.* 2 atraco *m.* ‖ ~ *a mano armata*, atraco a mano armada. 3 rapiña. ‖ *uccelli di* ~, aves de rapiña.

rapinare [rapinàre] *t.* atracar. 2 robar. 3 rapiñar.

rapinatore [rapinatòre] *a.-m.* atracador.

rapire [rapìre] *t.* raptar. 2 fig. arrebatar, embelesar.

rapito, -ta [rapito, -ta] *a.* robado. 2 fig. arrebatado, embelesado.

rapitore [rapitòre] *m.* raptor.

rappacificare [rappatʃifikàre] *t.* apaciguar, reconciliar.

rappacificazione [rappatʃifikattsjóne] *f.* reconciliación, apaciguamiento *m.*

rappezzare [rappettsàre] *t.* remendar.

rapportare [rapportàre] *f.* relatar. 2 comparar.

rapporto [rappòrto] *m.* informe. ‖ *mandare un* ~, enviar un informe. 2 relación *f.* ‖ *essere in buoni rapporti,* estar en buenas relaciones. 3 MIL. parte. ‖ *fare un* ~, dar parte. 4 MAT. proporción *f.*

rapprendere [rapprèndere] *i.* cuajar. ¶ CONJUG. como *prendere* (aux. *essere*).

rappresaglia [rappresàʎʎa] *f.* represalia.

rappresentanza [rappresentàntsa] *s.* representación. ‖ *sala di* ~, sala de reuniones.

rappresentare [rapprezentàre] *t.* representar.

rappresentativo, -va [rapprezentativo, -va] *a.* representativo.

rappresentazione [rapprezentatsjóne] *f.* representación, función. ‖ *sacra* ~, auto *m.* sacramental, misterio *m.* ‖ *prima* ~, estreno *m.*

rapsodia [rapsodìa] *f.* rapsodia.

raramente [raraménte] *adv.* raramente.

rarefare [rarefàre] *f.* rarefacer. 2 *pr.* enrarecerse. ¶ CONJUG. como *fare.*

rarefatto, -ta [rarefàtto, -ta] *a.* rarefacto.

rarefazione [rarefattsjóne] *f.* rarefacción.

rarità [rarità*] *f.* rareza.

raro, -ra [ràro, -ra] *a.* raro.

ras [ras] *m.* ras. 2 fig. cacique, déspota.

rasare [razàre] *t.* alisar, rasar.

rasatura [razatùra] *f.* rasadura.

raschiamento [raskjaménto] *m.* raspadura *f.*, rascamiento. 2 MED. raspado *m.*

raschiare [raskjàre] *t.* rascar, raspar.

raschiatura [raskjatùra] *f.* raspadura, raspado *m.*

raschietto [raskjètto] *m.* rascador, raspador.

raschio [ràskjo] *m.* carraspeo.

rasentare [razentàre] *t.* rasar, rozar, pasar rozando. ‖ ~ *i settanta*, frisar en los setenta.

rasente [razénte] *prep.* al ras de, rozando.

raso, -sa [ràzo, -za] *a.* raído, raspado. 2 rapado, afeitado. 3 hasta el borde. ‖ *bicchiere* ~, vaso lleno hasta el borde. 3 *m.* raso, satén.

rasoio [razòjo] *m.* navaja *f.* de afeitar. ‖ ~ *elettrico,* maquinilla *f.* eléctrica.

raspare [raspàre] *t.* raspar. ‖ ~ *la terra,* escarbar la tierra.

rassegna [rassèɲɲa] *f.* revista militar. ‖ *passare in* ~, revistar. 2 fig. crónica, reseña [artística]. 3 revista, publicación.

rassegnare [rasseɲɲàre] *t.* presentar. ‖ ~ *le dimissioni,* presentar la dimisión. 2 *pr.* resignarse.

rassegnazione [rasseɲɲattsjóne] *f.* resignación.

rasserenare [rasserenàre] *t.-pr.* serenar.

rassettare [rassettàre] *t.* arreglar, ordenar.

rassicurare [rassikuràre] *t.* asegurar, tranquilizar. 2 *pr.* tranquilizarse.

rassodare [rassodàre] *t.* endurecer, consolidar.

rassomiglianza [rassomiʎʎàntsa] *f.* semejanza, parecido *m.*

rastrellamento [rastrellaménto] *m.* rastrillaje. 2 fig. recogida *f.* 3 batida *f.* [de la policía].

rastrellare [rastrellàre] *t.* rastrillar. 2 fig. hacer una redada.

rastrello [rastrèllo] *m.* rastrillo.

rata [ràta] *f.* prorrata, cuota. 2 plazo *m.* ‖ *pagare a rate,* pagar a plazos.

rateale [rateàle] *a.* a plazos.

ratealmente [ratealménte] *adv.* a plazos.

rateazione [rateattsjóne] *f.* prorrateo *m.*

ratifica [ratìfika] *f.* ratificación.

ratificare [ratifikàre] *t.* ratificar.

ratto [ràtto] *m.* rapto.

ratto [ràtto] *m.* ZOOL. rata *f.*

rattoppare [rattoppàre] *t.* remendar.

rattoppo [rattòppo] *m.* remiendo.

rattrappire [rattrappìre] *t.* encoger.

rattrappito, -ta [rattrappito, -ta] *a.* encogido.

rattristare [rattristáre] *t.-pr.* entristecer.

raucedine [rautʃédine] *f.* ronquera.

rauco, -ca [ráuko, -ka] *a.* ronco, bronco.

ravvedersi [ravvedérsi] *i.-pr.* enmendarse, corregirse. ¶ CONJUG. como **vedere** (aux. **essere**).

ravvedimento [ravvediménto] *m.* arrepentimiento.

ravviare [ravviáre] *t.* arreglar.

ravviata [ravviáta] *f.* arrreglo *m.*

ravvicinamento [ravvitʃinaménto] *m.* acercamiento.

ravvicinare [ravvitʃináre] *t.* acercar de nuevo. 2 fig. reconciliar.

ravvivare [ravviváre] *t.* avivar, reavivar.

raziocinare [rattsjotʃináre] *i.* raciocinar. ¶ CONJUG. r. aux. **avere**.

raziocinio [rattsjotʃínjo] *m.* raciocinio.

razionale [rattsjonále] *a.* racional.

razionalmente [rattsjonalménte] *adv.* racionalmente.

razionalismo [rattsjonalizmo] *m.* racionalismo.

razionalista [rattsjonalista] *a.-s.* racionalista.

razionamento [rattsjonaménto] *m.* racionamiento.

razionare [rattsjonáre] *t.* racionar.

razione [rattsjóne] *f.* ración. ‖ **mettere a ~,** racionar.

razza [ráttsa] *f.* raza.

razza [ráttsa] *f.* ICTIOL. raya.

razzia [rattsía] *f.* razzia. ‖ **far ~,** saquear.

razziale [rattsjále] *a.* racial.

razzismo [rattsizmo] *m.* racismo.

razzista [rattsista] *a.-s.* racista.

razzo [ráttso] *m.* cohete.

re [re*] *m.* MÚS. re.

re [re*] *m.* rey.

reagire [readʒire] *i.* reaccionar. ¶ CONJUG. r. aux. **avere**.

reale [reále] *a.* real, verdadero.

realmente [realménte] *adv.* realmente.

realismo [realizmo] *m.* realismo.

realista [realista] *a.-s.* realista.

realisticamente [realistikaménte] *adv.* de forma realista.

realistico, -ca [realistiko, -ka] *a.* realista.

realizzare [realiddzáre] *t.* realizar, efectuar. 2 COM. realizar, dar salida.

realizzazione [realiddzatsjóne] *f.* realización.

realizzo [realíddzo] *m.* realización *f.* 2 cobro.

realtà [realtá*] *f.* realidad.

reame [reáme] *m.* reino.

reato [reáto] *m.* delito, crimen.

reattivo, -va [reattivo, -va] *a.-m.* reactivo.

reattore [reattóre] *m.* reactor.

reazionario, -ria [reattsjonárjo, -rja] *a.-m.* reaccionario.

reazione [reattsjóne] *f.* reacción. ‖ **apparecchi a ~,** aparatos de reacción.

rebus [rébus] *m.* acertijo, enigma.

recapitare [rekapitáre] *t.* entregar.

recapito [rekápito] *m.* entrega *f.* 2 dirección *f.,* señas *f.-pl.*

recare [rekáre] *t.* llevar, traer. ‖ **~ in dono,** regalar, ofrecer. 2 causar, producir. ‖ **~ danno,** causar daño. 3 *pr.* ir.

recedere [retʃédere] *i.* retirarse, renunciar, desistir. ¶ CONJUG. r. aux. **avere,** raramente, **essere.**

recensione [retʃensjóne] *f.* recensión.

recensire [retʃensíre] *t.* reseñar, criticar.

recente [retʃénte] *a.* reciente. ‖ **di ~,** recientemente.

recettività [retʃettivitá*] *f.* receptividad.

recettivo, -va [retʃettivo, -va] *a.* receptivo.

recezione [retʃettsjóne] *f.* recepción.

recidere [retʃídere] *t.* cortar. ¶ CONJUG. IND. pret. ind.: **recisi, recidesti, recise, recidemmo, recideste, recisero.** ‖ PART.: **reciso.**

recidiva [retʃídiva] *f.* reincidencia. 2 MED. recaída, recidiva.

recidivo, -va [retʃídivo, -va] *a.-m.* reincidente.

recintare [retʃintáre] *t.* cercar.

recinto [retʃínto] *m.* cercado, recinto.

recipiente [retʃipjénte] *m.* envase, recipiente.

reciprocamente [retʃiprokaménte] *adv.* recíprocamente.

reciprocità [retʃiprotʃitá*] *f.* reciprocidad.

reciproco, -ca [retʃíproko, -ka] *a.* recíproco.

recisamente [retʃizaménte] *adv.* resueltamente.

reciso, -sa [retʃízo, -za] *a.* cortado. 2 fig. neto.

recita [rètʃita] *f.* función, representación.

recitare [retʃitáre] *t.-i.* recitar. 2 representar [un papel en teatro o cine]. ¶ CONJUG. r. aux. **avere** [t.-i.].

recitativo [retʃitativo] *m.* recitativo.

recitazione [retʃitattsjóne] *f.* recitación.

reclamare [reklamáre] *t.-i.* reclamar. ¶ CONJUG. r. aux. **avere** [t.-i.].

reclame [reklámé] *f.* publicidad, propaganda, reclamo *m.*

reclamistico, -ca [reklamistiko, -ka] *a.* propagandístico.

reclamo [reklámo] *m.* reclamación *f.*

reclinare [reklináre] *t.* reclinar. 2 doblar.

reclusione [rekluzjóne] *f.* reclusión.

recluso, -sa [reklúzo, -za] *a.-m.* recluso.

reclusorio [rekluzórjo] *m.* reclusorio, casa *f.* de corrección.

recluta [rékluta] *f.* recluta *m.*, quinto *m.*

reclutamento [reklutaménto] *m.* alistamiento, reclutamiento.

reclutare [reklutáre] *t.* alistar, reclutar.

recriminare [rekrimináre] *t.-i.* recriminar. 2 quejarse de. ¶ CONJUG. r. aux. *avere* [i.-t.].

recriminazione [rekriminattsjóne] *f.* recriminación. 2 queja.

recrudescenza [rekrudeʃʃéntsa] *f.* recrudescencia.

redarguire [redargwíre] *t.* reprochar, reprobar.

redattore [redattóre] *m.* redactor.

redazione [redattsjóne] *f.* redacción.

redditizio, -zia [redditittsjo, -tsja] *a.* provechoso.

reddito [réddito] *m.* rédito, renta *f.*

redentore [redentóre] *m.* redentor.

redenzione [redentsjóne] *f.* redención.

redigere [redidʒere] *t.* redactar. ¶ CONJUG. IND. pret. ind.: *redassi, redigesti, redasse, redigemmo, redigeste, redassero.* ‖ PART.: *redatto*.

redimere [redimere] *t.* redimir. ¶ CONJUG. IND. pret. ind.: *redensi, redimesti, redense, redimemmo, redimeste, redensero.* ‖ PART.: *redento*.

redini [rédini] *f.-pl.* riendas.

redivivo, -va [redivivo, -va] *a.* redivivo.

reduce [rédutʃe] *a.* de regreso, de vuelta. 2 s. repatriado, libertado.

referendum [referéndum] *m.* referéndum.

referenza [referéntsa] *f.* referencia, informe *m.*

referto [refèrto] *m.* MED. parte. 2 relato.

refettorio [refettórjo] *m.* refectorio, comedor.

refezione [refettsjóne] *f.* refección, merienda.

refrattario, -ria [refrattárjo, -rja] *a.* refractario.

refrigerante [refridʒeránte] *a.* refrigerante.

refrigerare [refridʒeráre] *t.* refrigerar. 2 fig. dar refrigerio.

refrigerato, -ta [refridʒeráto, -ta] *a.* refrigerado.

refrigerio [refridʒèrjo] *m.* refrigerio.

refurtiva [refurtiva] *f.* robo *m.* 2 lo robado.

regalare [regaláre] *t.* regalar.

regale [regále] *a.* real, referente al rey.

regalmente [regalménte] *adv.* regiamente.

regalità [regalità*] *f.* realeza, majestad.

regalo [regálo] *m.* regalo.

regata [regáta] *f.* regata.

reggente [reddʒènte] *a.-s.* regente.

reggenza [reddʒèntsa] *f.* regencia.

reggere [réddʒere] *t.* regir. 2 sostener, aguantar. 3 *i.* resistir. ¶ CONJUG. (aux. *avere* [i.-t.]) IND. pret. ind.: *ressi, reggesti, resse, reggemmo, reggeste, ressero.* ‖ PART.: *retto*.

reggia [rèddʒa] *f.* palacio *m.* real.

reggimento [reddʒimènto] *m.* MIL. regimiento.

reggipetto [reddʒipètto] *m.* sostén, sujetador.

regia [redʒia] *f.* dirección artística.

regicida [redʒitʃida] *m.* regicida.

regime [redʒime] *m.* régimen.

regina [redʒina] *f.* reina.

regio, -gia [rèdʒʊ, -dʒa] *a.* real, regio.

regionale [redʒonále] *a.* regional.

regionalismo [redʒonalizmo] *m.* regionalismo.

regionalista [redʒonalista] *a.-s.* regionalista.

regione [redʒóne] *f.* región, comarca.

regista [redʒista] *m.* director de cine, director de escena.

registrare [redʒistráre] *t.* registrar. 2 controlar, reparar. ‖ *far ~ il carburatore della macchina,* hacer controlar el carburador del coche. 3 afinar [instrumento musical].

registratore [redʒistratóre] *m.* registrador. 2 magnetófon.

registrazione [redʒistrattsjóne] *f.* registro *m.*, inscripción, asiento *m.* 2 grabación *f.*, registro [sonido, etc.].

registro [redʒistro] *m.* registro, libro de asientos. 2 MÚS. y MEC. registro.

regnante [reɲɲánte] *a.* reinante. 2 soberano.

regnare [reɲɲáre] *i.* reinar. ¶ CONJUG. r. aux. *avere*.

regno [réɲɲo] *m.* reino. 2 reinado. ‖ *durante il ~ di...,* durante el reinado de.

regola [régola] *f.* regla. ‖ *in piena ~,* cumplidamente, perfectamente. ‖ *di ~,* de costumbre.

regolamentare [regolamentáre] *a.* reglamentario.

regolamento [regolaménto] *m.* reglamento, reglamentación *f.*

regolare [regoláre] *t.* regular, regularizar. 2 ajustar, arreglar. ‖ *~ l'orologio,* ajustar el reloj. 3 liquidar. ‖ *~ un conto,* liquidar una cuenta. 4 fig. *~ i conti,* arreglar cuentas. 5 *pr.* conducirse, portarse. ‖ *sapere come regolarsi,* saber a qué atenerse.

regolare [regoláre] *a.* regular.

regolarmente [regolarménte] *adv.* regularmente.

regolarità [regolarità*] *f.* regularidad.

regolarizzare [regolariddzáre] *t.* regularizar.

regolato, -ta [regoláto, -ta] *a.* regulado, ordenado.

regolatore [regolatóre] *a.-m.* regulador.

regolo [régolo] *m.* regla *f.*

regredire [regredíre] *i.* recular, retroceder. ¶ CONJUG. r. aux. *essere.*

regresso [regrésso] *m.* retroceso, regresión *f.*

reintegrare [reintegráre] *t.* reintegrar.

reintegrazione [reintegrattsjóne] *f.* reintegro *m.,* reintegración.

reiterare [reiteráre] *t.* reiterar.

reiteratamente [reiterataménte] *adv.* reiteradamente.

reiterato, -ta [reiteráto, -ta] *a.* reiterado, repetido.

reiterazione [reiterattsjóne] *f.* reiteración.

relativamente [relativaménte] *adv.* relativamente.

relatività [relatività*] *f.* relatividad.

relativo, -va [relativo, -va] *a.* relativo. 2 correspondiente, referente.

relatore [relatóre] *m.* relator, ponente.

relazione [relattsjóne] *f.* relación. 2 ponencia. ‖ *in ~ a,* con referencia a.

relegare [relegáre] *t.* relegar.

relegazione [relegattsjóne] *f.* relegación, destierro *m.*

religione [relidʒóne] *f.* religión.

religiosamente [relidʒosaménte] *adv.* religiosamente.

religiosità [relidʒosità*] *f.* religiosidad.

religioso, -sa [relidʒóso, -sa] *a.* religioso.

reliquia [relikwja] *f.* reliquia.

reliquiario [relikwjárjo] *m.* relicario.

relitto [relitto] *m.* despojo, resto. 2 fig. *i relitti della società,* la hez de la sociedad.

remare [remáre] *i.* remar. ¶ CONJUG. r. aux. *avere.*

remata [remáta] *f.* bogada.

rematore [rematóre] *m.* remero, remador.

remissione [remissjóne] *f.* remisión.

remissivamente [remissivaménte] *adv.* remisivamente.

remissività [remissività*] *f.* sumisión.

remissivo, -va [remissivo, -va] *a.* remisivo, sumiso. 2 DER. remisorio.

remo [rémo] *m.* remo.

remotamente [remotaménte] *adv.* remotamente.

remoto, -ta [remóto, -ta] *a.* remoto. 2 GRAM. *passato ~,* pretérito indefinido.

rendere [réndere] *t.* devolver, restituir. 2 rendir. ‖ *~ omaggio,* rendir homenaje. 3 producir, rentar. ‖ *l'affare rende,* el negocio rinde. 4 expresar. ‖ *~ l'idea,* expresar la idea. 5 poner, volver. ‖ *~ nervoso,* poner nervioso. 6 *pr.* darse. ‖ *rendersi conto,* darse cuenta. ¶ CONJUG. IND. pret. ind.: *resi, rendesti, rese, rendemmo, rendeste, resero.* ‖ PART.: *reso.*

rendiconto [rendikónto] *m.* rendición *f.* de cuentas. 2 COM. informe, relación *f.* ‖ *~ di cassa,* arqueo.

rendimento [rendiménto] *m.* rendimiento.

rendita [réndita] *f.* renta, rédito *m.*

rene [réne] *m.* riñón.

renitente [reniténte] *a.* reacio, reluctante. 2 MIL. prófugo, rebelde.

renna [rénna] *f.* reno *m.*

reo [réo] *a.* malvado. 2 *a.-m.* DER. reo.

reparto [repárto] *m.* sección *f.* 2 MIL. unidad *f.*

repellente [repellénte] *a.* repulsivo.

repentaglio [repentáʎʎo] *m.* peligro, riesgo. ‖ *mettere a ~,* arriesgar, poner en peligro.

repentinamente [repentinaménte] *adv.* repentinamente.

repentino, -na [repentino, -na] *a.* repentino.

reperibile [reperíbile] *a.* fácil de hallar.

reperire [reperíre] *t.* encontrar, hallar.

reperto [repérto] *m.* DER. cuerpo del delito, hallazgo. 2 MED. pericia *f.*

repertorio [repertórjo] *m.* repertorio.

replica [réplika] *f.* réplica. 2 repetición.

replicare [replikáre] *t.* replicar. 2 repetir.

reporter [repórter] *m.* reportero, repórter.

repressione [repressjóne] *f.* represión.

repressivo, -va [repressivo, -va] *a.* represivo.

represso, -sa [reprèsso, -sa] *a.* reprimido.

reprimenda [repriménda] *f.* reprimenda.

reprimere [reprimere] *t.* reprimir. ¶ CONJUG. como *comprimere.*

reprobo [rèprobo] *a.-m.* réprobo.

repubblica [repúbblika] *f.* república.

repubblicano, -na [repubblikáno, -na] *a.-m.* republicano.

reputare [reputáre] *t.* reputar.

reputazione [reputattsjóne] *f.* reputación.

requie [rèkwje] *f.* descanso *m.* 2 réquiem. ‖ *recitare una ~,* recitar un réquiem.

requisire [rekwizire] *t.* embargar, requisar.

requisito, -ta [rekwizito, -ta] *a.* requisado. 2 *m.* requisito.

requisitoria [rekwizitórja] *f.* arenga. 2 filípica.

resa [rèsa] *f.* rendición. 2 restitución, devolución. 3 rendimiento.

rescindere [reʃʃindere] *t.* rescindir. ¶ CONJUG. como *scindere.*

rescissione [reʃʃissjóne] *f.* rescisión.

residente [residènte] *a.-s.* residente.

residenza [residèntsa] *f.* residencia.

residenziale [residentsjále] *a.* residencial.

residuato [residuáto] *m.* lo que queda, restos *pl.* ‖ *residuati di guerra,* material bélico de desecho.

residuo, -dua [residuo, -dua] *a.* residual. 2 *m.* resto, residuo.

resina [rèzina] *f.* resina.

resinoso, -sa [rezinóso, -sa] *a.* resinoso.

resistente [resistènte] *a.* resistente.

resistenza [resistèntsa] *f.* resistencia.

resistere [resistere] *i.* resistir. ¶ CONJUG. como *esistere* (aux. *avere*).

resoconto [resokónto] *m.* rendición *f.* de cuentas. 2 resumen. 3 balance. 4 informe.

respingente [respindʒènte] *m.* tope. 2 MAR. rompeolas. 3 *a.* rechazador.

respingere [respindʒere] *t.* rechazar. 2 devolver, no aceptar. 3 suspender. ‖ *è stato respinto agli esami,* ha sido suspendido en los exámenes. 4 despejar [en fútbol]. ¶ CONJUG. como *dipingere.*

respirabile [respiràbile] *a.* respirable.

respirare [respiráre] *t.-i.* respirar. ¶ CONJUG. r. aux. *avere* [t.-i.].

respiratorio [respiratòrio] *a.* respiratorio.

respirazione [respirattsjóne] *f.* respiración.

respiro [respiro] *m.* respiro, aliento. 2 respiración *f.* 3 pausa *f.* ‖ *lavorare senza ~,* trabajar sin pausa. 4 suspiro.

responsabile [responsábile] *a.* responsable.

responsabilità [responsabilità*] *f.* responsabilidad.

responso [respónso] *m.* veredicto. 2 oráculo.

ressa [rèssa] *f.* aglomeración, gentío *m.*

restante [restánte] *a.* restante. 2 *m.* resto.

restare [restáre] *i.-pr.* quedar. ¶ CONJUG. r. aux. *essere.*

restaurare [restauráre] *t.* restaurar. 2 restablecer.

restauratore [restauratòre] *m.* restaurador.

restaurazione [restaurattsjóne] *f.* restauración. 2 restablecimiento *m.*

restauro [restáuro] *m.* restauración *f.*

restio, -tia [restio, -tia] *a.* reacio.

restituire [restituire] *t.* restituir, devolver.

restituzione [restituttsjóne] *f.* restitución. 2 devolución.

resto [rèsto] *m.* resto. ‖ *del ~,* por otra parte, por lo demás. 2 vuelta *f.,* cambio. ‖ *ecco il ~ di mille lire,* he aquí el cambio de mil liras. 3 residuo. 4 diferencia *f.* ‖ *pagare un terzo in contanti e il ~ a rate,* pagar un tercio al contado y la diferencia a plazos. 5 *pl.* ruinas *f.,* restos, vestigios.

restringere [restrindʒere] *t.* restringir. 2 estrechar. ‖ *fare ~ un vestito,* hacer estrechar un vestido. 3 fig. limitar, reducir. 4 *pr.* encogerse [tejidos]. 5 estrecharse. ‖ *la strada si restringe,* la carretera se estrecha. 6 apretarse. ¶ CONJUG. como *stringere.*

restrittivamente [restrittivaménte] *adv.* restrictivamente.

restrittivo, -va [restrittivo, -va] *a.* restrictivo.

restrizione [restrittsjóne] *f.* restricción. 2 fig. limitación.

resurrezione [resurrettsjóne] *f.* resurrección.

retata [rètata] *f.* redada.

rete [rète] *f.* red. 2 DEP. gol *m.* 3 somier *m.*

reticella [retitʃélla] *f.* redecilla, rejilla.

reticente [retitʃènte] *a.* reticente.

reticenza [retitʃèntsa] *f.* reticencia.

reticolato, -ta [retikoláto, -ta] *a.* reticulado. 2 *m.* alambrada *f.*

reticolo

reticolo [retikolo] *m.* retículo. 2 ZOOL. redecilla *f.*

retina [rètina] *f.* retina.

retorica [retòrika] *f.* retórica.

retoricamente [retorikamènte] *adv.* retóricamente.

retorico, -ca [retòriko, -ka] *a.* retórico.

retrattile [retràttile] *a.* retráctil.

retrattilità [retrattilità*] *f.* retractilidad.

retribuire [retribuíre] *t.* retribuir.

retribuzione [retributtsjóne] *f.* retribución.

retroattività [retroattività*] *f.* retroactividad.

retroattivamente [retroattivamènte] *adv.* retroactivamente.

retroattivo, -va [retroattivo, -va] *a.* retroactivo.

retrobottega [retrobottèga] *m.* trastienda *f.*

retrocedere [retrotʃédere] *i.* retroceder. 2 *t.* degradar. ¶ CONJUG. r. aux. *essere,* raramente *avere* [i.], *avere* [t.].

retrocessione [retrotʃessjóne] *f.* retroceso *m.* 2 degradación. 3 descenso *m.* [en el fútbol, a una categoría inferior].

retrodatare [retrodatáre] *t.* antedatar.

retrogrado, -da [retrógrado, -da] *a.* retrógrado. 2 *m.* retrógrado, reaccionario.

retroguardia [retrogwárdja] *f.* retaguardia.

retroscena [retroʃʃèna] *m.* bastidores *pl.* 2 fig. intrigas *f.-pl.*

retrospettivamente [retrospettivamènte] *adv.* retrospectivamente.

retrospettivo, -va [retrospettivo, -va] *a.* retrospectivo.

retrostante [retrostánte] *a.* que está detrás.

retrovie [retrovíe] *f.-pl.* MIL. zona *sing.* de retaguardia.

retta [rètta] *dare ~,* hacer caso.

retta [rètta] *f.* GEOM. recta. 2 mensualidad, pensión.

rettangolare [rettangoláre] *a.* rectangular.

rettangolo [rettàngolo] *m.* rectángulo.

rettifica [rettifika] *f.* rectificación.

rettificare [rettifikáre] *t.* rectificar [un error]. 2 ajustar [el tiro].

rettificazione [rettifikattsjóne] *f.* rectificación.

rettile [rèttile] *m.* reptil. 2 *a.* BOT. rastrero.

rettilineo, -nea [rettilineo, -nea] *a.* rectilíneo.

rettitudine [rettitúdine] *f.* rectitud.

retto, -ta [rètto, -ta] p. p. de *reggere.* 2 *a.* recto, derecho. 3 exacto, correcto. 4 *m.* lo justo. 5 ANAT. recto.

rettorato [rettoráto] *m.* rectorado.

rettore [rettóre] *m.* rector.

reuma [rèuma] *m.* reuma.

reumatico, -ca [reumátiko, -ka] *a.-m.* reumático.

reumatismo [reumatizmo] *m.* reumatismo.

reverendo, -da [reverèndo, -da] *a.* reverendo.

reversibile [reversíbile] *a.* reversible.

reversibilità [reversibilità*] *f.* reversibilidad.

revisionare [revizjonáre] *t.* revisar, controlar.

revisione [revizjóne] *f.* revisión, control *m.*

revisore [revizóre] *m.* revisor. 2 corrector [tipografía].

revoca [rèvoka] *f.* revocación.

revocabile [revokábile] *a.* revocable.

revocare [revokáre] *t.* revocar.

revolver [revòlver] *m.* revólver.

revolverata [revolveráta] *f.* pistoletazo *m.*

riabbassare [riabbassáre] *t.* bajar de nuevo.

riabbracciare [riabbrattʃáre] *t.* abrazar de nuevo.

riabilitare [riabilitáre] *t.-pr.* rehabilitar.

riabilitazione [riabilitattsjóne] *f.* rehabilitación.

riaccendere [riattʃéndere] *t.-pr.* reencender, reanimar. ¶ CONJUG. como *accendere.*

riacchiappare [riakkjappáre] *t.* coger o asir de nuevo.

riaccomodare [riakkomodáre] *t.* reparar, arreglar. 2 *rec.* reconciliarse.

riaccompagnare [riakkompaɲɲáre] *t.* acompañar de nuevo.

riacquistare [riakkwistáre] *t.* recuperar, recobrar.

riadattare [riadattáre] *t.* adaptar de nuevo.

riaddormentare [riaddormentáre] *t.-pr.* adormecer de nuevo.

riaffermare [riaffermáre] *t.* afianzar.

riallacciare [riallattʃáre] *t.* abrochar de nuevo. 2 fig. reanudar. 3 *pr.* relacionarse. ‖ *idea che si riallaccia alle altre,* idea que se relaciona con los demás.

rialzare [rialtsáre] *t.* realzar, levantar otra vez.

rialzo [riáltso] *m.* alza *f.* ‖ *borsa in* ~, bolsa en alza. 2 altura *f.*

riammettere [riamméttere] *t.* admitir de nuevo. ¶ CONJUG. como *mettere*.

riammissione [riammissjóne] *f.* readmisión.

riandare [riandáre] *i.* volver. 2 recorrer con el pensamiento, evocar. ¶ CONJUG. como *andare* (aux. *essere*).

rianimare [rianimáre] *t.* reanimar.

riapertura [riapertúra] *f.* reapertura.

riappaltare [riappaltáre] *t.* subarrendar, volver a licitar.

riapparire [riapparíre] *t.* reaparecer. ¶ CONJUG. como *apparire* (aux. *essere*).

riapparizione [riapparittsjóne] *f.* reaparición.

riaprire [riapríre] *t.* volver a abrir. ¶ CONJUG. como *aprire*.

riarmare [riarmáre] *t.-pr.* rearmar.

riarmo [riármo] *m.* rearme.

riarso, -sa [riárso, -sa] *a.* requemado, seco.

riassettare [riassettáre] *t.* arreglar, poner en orden.

riassicurare [riassikuráre] *t.* asegurar de nuevo. 2 DER. reasegurar.

riassicurazione [riassikurattsjóne] *f.* reaseguro *f.*

riassorbimento [riassorbiménto] *m.* reabsorción *f.*

riassorbire [riassorbíre] *t.* reabsorber.

riassumere [riassúmere] *t.* reasumir, tomar de nuevo. 2 readmitir [un obrero despedido]. 3 resumir [una explicación]. ¶ CONJUG. como *assumere*.

riassuntivo, -va [riassuntívo, -va] *a.* recopilativo. ‖ *capitolo* ~, capítulo de recapitulación.

riassunto [riassúnto] *m.* resumen. 2 p. p. de *riassumere*.

riassunzione [riassuntsjóne] *f.* readmisión.

riattaccare [riattakkáre] *t.* enganchar [los caballos al carro]. 2 colgar [un cuadro, el teléfono]. 3 fig. reanudar. ‖ ~ *il discorso*, reanudar el diálogo.

riattivare [riattiváre] *t.* poner en actividad, activar otra vez.

riattizzare [riattittsáre] *t.* reavivar.

riavere [riavére] *t.* obtener de nuevo. 2 *pr.* reanimarse, reponerse. ¶ CONJUG. como *avere*.

riavvicinare [riavvitʃináre] *t.* acercar de nuevo. 2 *pr.* reconciliarse.

ribadire [ribadíre] *t.* remachar. 2 fig. confirmar.

ribalta [ribálta] *f.* candilejas *pl.* 2 escena, teatro *m.*

ribaltare [ribaltáre] *t.-i-pr.* volcar. ¶ CONJUG. r. aux. *essere* [i.].

ribassare [ribassáre] *f.* bajar, rebajar. 2 *i.* bajar. ¶ CONJUG. r. aux. *essere* [i.], *avere* [t.].

ribasso [ribásso] *m.* baja *f.*, rebaja *f.* ‖ *essere in* ~, estar perdiendo puntos. 2 rebaja *f.*, descuento.

ribattere [ribáttere] *t.* sacudir de nuevo. 2 remachar [un clavo]. 3 picar de nuevo a máquina [una carta]. 4 fig. rebatir, replicar. 5 fig. insistir. 6 devolver [el balón].

ribellarsi [ribellársi] *pr.* rebelarse.

ribelle [ribélle] *a.-s.* rebelde.

ribellione [ribelljóne] *f.* rebelión.

ribes [ribes] *m.* grosella *f.*

ribollimento [ribolliménto] *m.* hervor.

ribollire [ribollíre] *i.* hervir. 2 fig. hervir [la sangre]. 3 fermentar [el vino]. 4 *t.* hacer hervir de nuevo. ¶ CONJUG. r. aux. *avere* [i.-t.].

ribrezzo [ribréddzo] *m.* asco, repugnancia *f.*

ributtante [ributtánte] *a.* repugnante, asqueroso.

ributtare [ributtáre] *t.* lanzar de nuevo. 2 rechazar [a los enemigos]. 3 *i.* repugnar, dar asco. 4 brotar [plantas]. ¶ CONJUG. r. aux. *avere* [i.-t.].

ricacciare [rikattʃáre] *t.* expulsar de nuevo, rechazar. 2 fig. tragar.

ricadere [rikadére] *i.* recaer. ¶ CONJUG. como *cadere* (aux. *essere*).

ricaduta [rikadúta] *f.* recaída.

ricalcare [rikalkáre] *t.* calcar.

ricalcitrante [rikaltʃitránte] *a.* recalcitrante.

ricalcitrare [rikaltʃitráre] *i.* recalcitrar, cocear. ¶ CONJUG. r. aux. *avere*.

ricamare [rikamáre] *t.* bordar.

ricamato, -ta [rikamáto, -ta] *a.* bordado.

ricamatrice [rikamatritʃe] *f.* bordadora.

ricambiare [rikambjáre] *t.* devolver [un gesto, una visita]. 2 corresponder. ‖ *il suo amore non era ricambiato*, su amor no era correspondido.

ricambio [rikámbjo] *m.* recambio.

ricamo [rikámo] *m.* bordado.

ricapitolare [rikapitoláre] *t.* resumir, recapitular.

ricapitolazione [rikapitolattsjóne] *f.* recapitulación, resumen *m.*

ricaricare [rikarikáre] *t.* cargar de nuevo.

ricattare [rikattáre] *t.* hacer chantaje, chantajear.

ricattatore [rikattatóre] *a.-m.* chantajista.

ricatto [rikátto] *m.* chantaje.

ricavare [rikaváre] *t.* sacar provecho, obtener.

ricavato [rikaváto] *m.* provecho, producto.

ricavo [rikávo] *m.* producto, cobro, ganancia *f.*

riccamente [rikkaménte] *adv.* ricamente.

ricchezza [rikkéttsa] *f.* riqueza.

riccio [rittʃo] *m.* erizo.

riccio, -cia [rittʃo, -tʃa] *a.* rizado. 2 *m.* rizo, tirabuzón.

ricciolo [rittʃolo] *m.* rizo, tirabuzón, bucle.

ricciuto, -ta [rittʃúto, -ta] *a.* rizado, ensortijado.

ricco, -ca [rikko, -ka] *a.-m.* rico, acaudalado.

ricerca [ritʃérka] *f.* búsqueda. 2 investigación.

ricercare [ritʃerkáre] *t.* buscar. 2 investigar.

ricercatezza [ritʃerkatéttsa] *f.* rebuscamiento *m.*, afectación.

ricercato, -ta [ritʃerkáto, -ta] *a.* solicitado. 2 buscado, pedido. 3 afectado. 4 *m.* perseguido por la policía.

ricercatore [ritʃerkatóre] *m.* investigador.

ricetta [ritʃétta] *f.* receta.

ricettare [ritʃettáre] *t.* receptar. 2 encubrir.

ricettario [ritʃettário] *m.* recetario.

ricettatore [ritʃettatóre] *m.* encubridor, perista.

ricettazione [ritʃettattsjóne] *f.* encubrimiento *m.*, ocultación de lo robado.

ricettività [ritʃettivitá] *f.* receptividad.

ricettivo, -va [ritʃettivo, -va] *a.* receptivo.

ricevente [ritʃevénte] *a.* receptor. || *apparecchio* ~, aparato receptor. 2 *s.* destinatario.

ricevere [ritʃévere] *t.* recibir.

ricevimento [ritʃevimènto] *m.* recepción *f.* [de carta, aviso]. 2 recepción *f.*, recibimiento [fiesta].

ricevitore [ritʃevitóre] *m.* receptor [aparato]. 2 auricular [teléfono]. 3 recaudador [impuestos].

ricevitoria [ritʃevitoria] *f.* recaudamiento *m.*, receptoría.

ricevuta [ritʃevúta] *f.* recibo *m.*, resguardo *m.*

richiamare [rikjamáre] *t.* volver a llamar. 2 hacer volver. 3 fig. atraer, llamar. || ~ *l'attenzione,* llamar la atención.

richiamato [rikjamáto] *m.* reservista.

richiamo [rikjámo] *m.* llamada *f.* 2 fig. reclamo, aliciente.

richiedente [rikjedénte] *s.* solicitante, peticionario.

richiedere [rikjèdere] *t.* volver a pedir. 2 pedir, solicitar. 3 necesitar, precisar. ¶ CONJUG. como *chiedere.*

richiesta [rikjèsta] *f.* solicitud. 2 petición, instancia.

richiesto, -ta [rikjèsto, -ta] *a.* requerido, solicitado, pedido.

richiudere [rikjùdere] *t.* volver a cerrar. ¶ CONJUG. como *chiudere.*

ricino [ritʃino] *m.* ricino. || *olio di* ~, aceite de ricino.

ricognitore [rikoɲɲitóre] *m.* MIL. explorador.

ricognizione [rikoɲɲittsjóne] *f.* reconocimiento *m.*

ricollegare [rikollegáre] *t.* volver a juntar. 2 fig. relacionar. 3 *pr.* referirse.

ricollocare [rikollokáre] *t.* reponer, colocar de nuevo. 2 fam. ordenar.

ricolmo, -ma [rikólmo, -ma] *a.* lleno, colmado.

ricominciare [rikomintʃáre] *t.* empezar de nuevo, reemprender.

ricomparire [rikomparíre] *i.* reaparecer. ¶ CONJUG. como *apparire* (aux. *essere*).

ricompensa [rikompénsa] *f.* recompensa.

ricompensare [rikompensáre] *t.* recompensar. 2 indemnizar.

ricomporre [rikompórre] *t.* reunir, juntar. 2 arreglar. ¶ CONJUG. como *porre.*

ricomposizione [rikompozittsjóne] *f.* recomposición.

riconciliare [rikontʃiljáre] *t.-pr.* reconciliar.

riconciliazione [rikontʃiljattsjóne] *f.* reconciliación.

ricondurre [rikondúrre] *t.* acompañar, llenar. ¶ CONJUG. como *addurre.*

riconferma [rikonfèrma] *f.* confirmación. 2 ratificación.

riconfermare [rikonfermáre] *t.* confirmar. 2 ratificar.

riconfortare [rikonfortáre] *t.* reanimar, consolar.

ricongiungere [rikondʒúndʒere] *t.* reunir. ¶ CONJUG. como *giungere.*

riconoscente [rikonoʃʃénte] *a.* agradecido.

riconoscenza [rikonoʃʃéntsa] *f.* agradecimiento *m.*

riconoscere [rikonóʃʃere] *t.* reconocer. 2 admitir. ¶ CONJUG. como *conoscere.*

riconoscibile [rikonoʃʃíbile] *a.* reconocible.

riconoscimento [rikonoʃʃiménto] *m.* reconocimiento [de un derecho, de un Estado]. 2 identificación *f.*

riconquista [rikonkwísta] *f.* reconquista.

riconquistare [rikonkwistáre] *t.* reconquistar. 2 recuperar, recobrar.

riconsegnare [rikonseɲɲáre] *t.* devolver, restituir.

ricoperto, -ta [rikopérto, -ta] *a.* cubierto. 2 chapeado.

ricopiare [rikopjáre] *t.* copiar.

ricoprire [rikopríre] *t.* recubrir, cubrir. 2 fig. ocupar [un cargo]. ¶ CONJUG. como *coprire.*

ricordare [rikordáre] *t.* recordar. 2 *pr.* acordarse.

ricordo [rikórdo] *m.* recuerdo. 2 memoria. ‖ *lapide in ricordo...,* lápida en memoria... 3 vestigio.

ricorrente [rikorrénte] *a.* que se repite. 2 MEC. recurrente. 3 *m.* DER. recurrente.

ricorrenza [rikorréntsa] *f.* aniversario *m.,* fiesta, ocasión.

ricorrere [rikórrere] *i.* recorrer, apelar. 2 repetirse. ‖ *fenomeno che ~ spesso,* fenómeno que se repite frecuentemente. 3 DER. recurrir. 4 ser, caer. ‖ *ricorrerà presto l'anniversario della rivoluzione,* pronto será el aniversario de la revolución. ¶ CONJUG. como *correre.*

ricorso [rikórso] *f.* petición *f.,* reclamación *f.* 2 DER. recurso.

ricostituzione [rikostituttsjóne] *f.* reconstitución.

ricostruire [rikostruíre] *t.* reconstruir.

ricostruzione [rikostruttsjóne] *f.* reconstrucción.

ricotta [rikótta] *f.* requesón *m.*

ricoverare [rikoveráre] *t.* internar [hospital, asilo]. 2 hospedar, albergar, amparar.

ricoverato, -ta [rikoveráto, -ta] *a.-m.* hospitalizado, asilado.

ricovero [rikóvero] *m.* hospitalización *f.* 2 refugio. 3 asilo, hospicio.

ricreare [rikreáre] *t.* recrear. 2 *pr.* solazarse, divertirse.

ricreativo, -va [rikreatívo, -va] *a.* recreativo.

ricreazione [rikreattsjóne] *f.* recreo *m.,* recreación.

ricredersi [rikrédersi] *pr.* mudar de opinión.

ricucire [rikutʃíre] *t.* recoser.

ricuperabile [rikuperábile] *a.* recuperable.

ricuperare [rikuperáre] *t.* recuperar.

ricupero [rikúpero] *m.* recuperación *f.*

ricurvo, -va [rikúrvo, -va] *a.* encorvado, doblado.

ricusare [rikuzáre] *t.* rechazar. 2 DER. recusar.

ridare [ridáre] *t.* devolver, dar de nuevo. ¶ CONJUG. como *dare.*

ridente [ridénte] *a.* risueño.

ridere [rídere] *i.* reír, reírse. ¶ CONJUG. (aux. *avere*) IND. pret. ind.: *risi, ridesti, rise, ridemmo, rideste, risero.* ‖ PART.: *riso.*

ridestare [ridestáre] *t.* despertar. 2 excitar.

ridicolaggine [ridikoláddʒine] *f.* ridiculez. 2 estupidez.

ridicolamente [ridikolaménte] *adv.* ridículamente.

ridicolo, -la [ridíkolo, -la] *a.* ridículo.

ridipingere [ridipíndʒere] *t.* repintar, pintar de nuevo. ¶ CONJUG. como *dipingere.*

ridire [ridíre] *t.* repetir, decir de nuevo. 2 contar, explicar. 3 criticar. ‖ *trova da ~ su tutto,* lo critica todo. ¶ CONJUG. como *dire.*

ridiscendere [ridiʃʃéndere] *i.* bajar de nuevo. ¶ CONJUG. como *scendere* (aux. *essere).*

ridiventare [ridiventáre] *i.* volver a ser. ¶ CONJUG. r. aux. *essere.*

ridondante [ridondánte] *a.* redundante.

ridondanza [ridondántsa] *f.* redundancia.

ridondare [ridondáre] *i.* redundar. ¶ CONJUG. r. aux. *essere.*

ridosso [ridósso] *m.* abrigo, amparo. ‖ *a ~ di,* al abrigo de, al reparo de. ‖ *avere qualcuno a ~,* tener a alguien pisando los talones.

riducibile [ridutʃíbile] *a.* reducible, reductible.

ridurre [ridúrre] *t.* reducir. ¶ CONJUG. como *addurre.*

riduttore [riduttóre] *m.* transformador, reductor.

riduzione [riduttsjóne] *f.* reducción.

riecheggiare [riekeddʒáre] *t.* recordar, repetir. ¶ CONJUG. r. aux. *essere.*

riedificare [riedifikáre] *t.* reedificar.

riedificazione [riedifikattsjóne] *f.* reedificación.

rieducare [riedukáre] *t.* reeducar.

rieducazione [riedukattsjóne] *f.* reeducación.

rieleggere [rieléddʒere] *t.* reelegir. ¶ CONJUG. como **leggere**.

rielezione [rielettsjóne] *f.* reelección.

riemergere [riemérdʒere] *i.* volver a emerger. 2 salir a la superficie. ¶ CONJUG. como **emergere** (aux. *essere*).

riempire [riempíre] *t.* llenar, rellenar.

riempitivo, -va [riempitivo, -va] *a.* expletivo. 2 *m.* ripio.

rientrante [rientránte] *a.* entrante, cóncavo.

rientrare [rientráre] *i.* regresar, volver. 2 retirarse. 3 fig. pertenecer, corresponder. ‖ *ciò non rientra nelle mie intenzioni*, esto no corresponde a mis intenciones. ¶ CONJUG. r. aux. *essere*.

rientro [riéntro] *m.* regreso. 2 vuelta *f.*

riepilogare [riepilogáre] *t.* recapitular, recopilar, resumir.

riepilogo [riepilogo] *m.* recapitulación *f.*, resumen.

riesame [riezáme] *m.* nuevo examen.

riesaminare [riezamináre] *t.* reexaminar.

rievocare [rievokáre] *t.* evocar. 2 recordar, conmemorar.

rievocazione [rievokattsjóne] *f.* evocación, conmemoración.

rifacimento [rifatʃiménto] *m.* arreglo, refundición *f.* [obra literaria].

rifare [rifáre] *t.* rehacer, volver a empezar. 2 reparar. 3 imitar. 4 repetir. 5 *pr.* rehacerse, vengarse. ¶ CONJUG. como **fare**.

riferimento [riferiménto] *m.* referencia *f.* ‖ *in ~*, con referencia. 2 alusión *f.* 3 dato.

riferire [riferíre] *t.* contar, relatar, referir. 2 *pr.* remitirse a. ‖ *riferirsi alla decisione del giudice*, remitirse a la decisión del juez. 3 referirse, hacer referencia. 4 *i.* informar. ‖ *~ per iscritto all'autorità competente*, informar por escrito a la autoridad competente. ¶ CONJUG. r. aux. *avere* [t.-i.].

rifilare [rifiláre] *t.* endosar, hacer pasar. ‖ *~ a qualcuno una banconota falsa da 10.000 lire*, endosar a alguien un billete falso de 10.000 liras. 2 dar.

rifinire [rifiníre] *t.* pulir, perfeccionar, acabar.

rifinito, -ta [rifinito, -ta] *a.* pulido, perfeccionado, acabado.

rifinitura [rifinitúra] *f.* acabado *m.*, retoque *m.*, última mano.

rifiorire [rifjoríre] *i.* reflorecer. ¶ CONJUG. r. aux. *essere.*

rifioritura [rifjoritúra] *f.* reflorecimiento *m.*

rifiutare [rifjutáre] *t.* rechazar. 2 desdeñar. 3 *pr.* negarse. ‖ *si rifiutò di aiutarci*, se negó a ayudarnos.

rifiuto [rifjúto] *m.* rechazo. 2 desecho, desperdicio. 3 *pl.* basuras *f.*, desechos.

riflessione [riflessjóne] *f.* reflexión.

riflessivamente [riflessivaménte] *adv.* reflexivamente.

riflessivo, -va [riflessivo, -va] *a.* reflexivo.

riflesso, -sa [riflèsso, -sa] *a.* reflejado. 2 *m.* reflejo [de la luz, nervioso]. ‖ *per ~*, indirectamente.

riflettere [riflèttere] *t.* reflejar. 2 *pr.* reflejarse [una imagen], repercutir. ‖ *il prezzo del petrolio si riflette sul costo della vita*, el precio del petróleo repercute en el coste de la vida. 3 *i.* reflexionar, meditar. ¶ CONJUG. r. aux. *avere* [t.-i.].

riflettore [riflettóre] *m.* reflector.

rifluire [rifluíre] *i.* refluir. ¶ CONJUG. aux. *essere*, raramente *avere*.

riflusso [riflússo] *m.* reflujo.

rifocillare [rifotʃilláre] *t.* dar de comer. 2 *pr.* comer.

rifondere [rifóndere] *t.* refundir. 2 fig. reembolsar, pagar. ‖ *~ i danni*, resarcir. ¶ CONJUG. como **fondere**.

riforma [rifórma] *f.* reforma.

riformare [riformáre] *t.* formar de nuevo. 2 reformar. ‖ *~ un soldato*, declarar inútil para el servicio militar.

riformato, -ta [riformáto, -ta] *a.* reformado. 2 declarado inútil para el servicio militar.

riformatore [riformatóre] *a.* reformador.

riformista [riformista] *a.* reformista.

rifornimento [riforniménto] *m.* abastecimiento. 2 provisión *f.*, surtido. ‖ *fare ~ di benzina*, comprar gasolina.

rifornire [riforníre] *t.-pr.* abastecer, proveer.

rifrangente [rifrandʒènte] *a.* refringente, refractivo.

rifrangere [rifrándʒere] *t.* refringir, refractar. ¶ CONJUG. como **frangere**.

rifrangibile [rifrandʒibile] *a.* refrangible.

rifratto, -ta [rifrátto, -ta] *a.* refracto.

rifrazione [rifrattsjóne] *f.* refracción.

rifuggire [rifuddʒíre] *t.-i.* rehuir, aborrecer. ¶ CONJUG. como *fuggire* (aux. *essere*).

rifugiarsi [rifudʒársi] *pr.* refugiarse.

rifugio [rifúdʒo] *m.* refugio.

rifulgere [rifúldʒere] *i.* refulgir, resplandecer. ¶ CONJUG. (aux. *essere* o *avere*) IND. pret. ind.: *rifulsi, rifulgesti, rifulse, rifulgemmo, rifulgeste, rifulsero.* ‖ PART.: *rifulso.*

riga [ríga] *f.* raya, línea. 2 fila [de soldados]. 3 regla.

rigagnolo [rigáɲɲolo] *m.* arroyuelo.

rigare [rigáre] *t.* rayar. 2 *i.* caminar, andar. ‖ ~ *diritto,* portarse bien. ¶ CONJUG. r. aux. *avere* [t.-i.].

rigato, -ta [rigáto, -ta] *a.* rayado. 2 surcado.

rigattiere [rigattjère] *m.* chamarillero.

rigenerare [ridʒeneráre] *t.* regenerar.

rigeneratore [ridʒeneratóre] *m.-a.* regenerador.

rigenerazione [ridʒenerattsjóne] *f.* regeneración.

rigettare [ridʒettáre] *t.* echar de nuevo. 2 rechazar, desestimar. 3 vomitar. 4 brotar [plantas].

rigetto [ridʒètto] *m.* rechazo.

righello [rigèllo] *m.* regla *f.*

rigidamente [ridʒidamènte] *adv.* rígidamente.

rigidezza [ridʒidéttsa] *f.* rigidez.

rigidità [ridʒidità*] *f.* rigidez.

rigido, -da [rídʒido, -da] *a.* rígido. 2 fig. riguroso, estricto. 3 fig. severo.

rigirare [ridʒiráre] *t.* dar vueltas. 2 fig. cambiar. ‖ ~ *il discorso,* cambiar de tema. 3 rodear. 4 *i.* dar vueltas. ‖ *gira e rigira, non l'ho trovato,* por más vueltas que le he dado, no lo he encontrado. ¶ CONJUG. r. aux. *avere* [t.-i.].

rigiro [ridʒíro] *m.* rodeo, vuelta *f.* 2 fig. intriga *f.,* embrollo.

rigo [rígo] *m.* renglón.

rigoglio [rigóʎʎo] *m.* lozanía *f.*

rigogliosamente [rigoʎʎosamènte] *adv.* lozanamente.

rigoglioso, -sa [rigoʎʎóso, -sa] *a.* lozano.

rigonfiamento [rigonfjamènto] *m.* hinchazón *f.*

rigonfiare [rigonfjáre] *t.* volver a hinchar.

rigonfio, -fia [rigónfjo, -fja] *a.* hinchado, inflado.

rigore [rigóre] *m.* rigor. ‖ *a* ~ *di logica,* lógicamente. ‖ *calcio di* ~, penalty.

rigorosamente [rigorosamènte] *adv.* rigurosamente.

rigorosità [rigorosità*] *f.* rigurosidad.

rigoroso, -sa [rigoróso, -sa] *a.* riguroso.

rigovernare [rigovernáre] *t.* lavar los platos.

riguadagnare [rigwadaɲɲáre] *t.* recobrar.

riguardare [rigwardáre] *t.* mirar de nuevo, repasar. 2 fig. atañer, concernir. ‖ *per quanto mi riguarda,* en lo que me atañe. 3 *pr.* cuidarse, guardarse.

riguardevole [rigwardévole] *a.* respetable.

riguardo [rigwárdo] *m.* cuidado, preocupación *f.* 2 consideración *f.,* respeto. 3 relación *f.* ‖ *a* ~, en lo que se refiere.

riguardosamente [rigwardosamènte] *adv.* respetuosamente.

riguardoso, -sa [rigwardóso, -sa] *a.* respetuoso, atento.

rigurgitante [rigurdʒitánte] *a.* rebosante.

rigurgitare [rigurdʒitáre] *i.* rebosar. ¶ CONJUG. r. aux. *avere* si el sujeto es un lugar, *essere* si es un líquido. 2 *t.* vomitar.

rigurgito [rigúrdʒito] *m.* rebosamiento. 2 fig. vuelta *f.,* retorno. 3 MED. regurgitación *f.*

rilanciare [rilantʃáre] *t.* lanzar de nuevo. 2 *i.* pujar [subastas, juego]. ¶ CONJUG. r. aux. *avere* [t.-i.].

rilancio [rilántʃo] *m.* devolución *f.* [del balón en el fútbol]. 2 puja *f.* [en subasta]. 3 nuevo lanzamiento [de una moda, etc]. 4 reenvite [póquer].

rilasciare [rilaʃʃáre] *t.* soltar, poner en libertad. 2 expedir [un documento]. 3 entregar [mercancías].

rilascio [rilâʃʃo] *m.* liberación *f.* 2 expedición *f.* [de un documento]. 3 entrega *f.* [de mercancías].

rilassamento [rilassamènto] *m.* relajación *f.,* aflojamiento.

rilassare [rilassáre] *t.* relajar, aflojar. 2 *pr.* relajarse.

rilassatezza [rilassatèttsa] *f.* relajación, flojedad.

rilassato, -ta [rilassáto, -ta] *a.* relajado.

rilegare [rilegáre] *t.* encuadernar. 2 atar de nuevo.

rilegato, -ta [rilegáto, -ta] *a.* encuadernado.

rilegatore [rilegatóre] *m.* encuadernador.

rilegatura [rilegatúra] *f.* encuadernación.

rileggere [rilèddʒere] *t.* releer. ¶ CONJUG. como *leggere.*

rilevamento [rilevaménto] *m.* anotación *f.*, extracto. 2 relieve, levantamiento [de un plano]. 3 MIL. relevo.

rilevante [rilevánte] *a.* notable, relevante.

rilevare [rileváre] *t.* notar, advertir. ‖ **le impronte digitali,** tomar las huellas digitales. 2 relevar, reemplazar. 3 poner de manifiesto, hacer resaltar. 4 *pr.* levantarse.

rilievo [riljévo] *m.* relieve.

rilucente [rilutʃénte] *a.* reluciente, brillante.

riluttante [riluttánte] *a.* reacio.

riluttanza [riluttántsa] *f.* reticencia, indecisión. 2 EL. reluctancia.

rima [ríma] *f.* rima.

rimandare [rimandáre] *t.* enviar. 2 despedir. ‖ ~ **la cameriera,** despedir a la criada. 3 devolver. 4 aplazar, diferir [una cita]. 5 suspender [exámenes].

rimando [rimándo] en la loc. **di ~,** de rebote, de rechazo.

rimaneggiamento [rimaneddʒaménto] *m.* retoque. 2 recomposición *f.*

rimaneggiare [rimaneddʒáre] *t.* retocar.

rimanente [rimanénte] *m.* remanente, resto.

rimanenza [rimanéntsa] *f.* resto *m.*, remanente *m.*

rimanere [rimanére] *i.* quedar, permanecer, quedarse. ‖ ~ **male,** saber mal. ¶ CONJUG. IND. pres: *rimango, rimani, rimane, rimaniamo, rimanete, rimangono.* | pret. ind.: *rimasi, rimanesti, rimase, rimanemmo, rimaneste, rimasero.* | fut. imp.: *rimarrò, rimarrai, rimarrà, rimarremo, rimarrete, rimarranno.* | POT. pres.: *rimarrei, rimarresti, rimarrebbe, rimarremmo, rimarreste, rimarrebbero.* ‖ SUBJ. pres.: *rimanga, rimanga, rimanga, rimaniamo, rimaniate, rimangano.*

rimangiare [rimandʒáre] *t.* comer de nuevo. 2 *pr.* **rimangiarsi la parola,** desdecirse.

rimare [rimáre] *i.* rimar. ¶ CONJUG. aux. *avere.*

rimarginare [rimardʒináre] *t.* cicatrizar.

rimasuglio [rimazúʎʎo] *m.* sobras *f.-pl.*

rimbalzare [rimbaltsáre] *t.* rebotar. ¶ CONJUG. r. aux. *essere* o *avere.*

rimbalzo [rimbáltso] *m.* rebote.

rimbambimento [rimbambiménto] *m.* chochez *f.*

rimbambire [rimbambíre] *i.* chochear. ¶ CONJUG. r. aux. *essere.*

rimbambito, -ta [rimbambíto, -ta] *a.* chocho.

rimbeccare [rimbekkáre] *t.* replicar, responder.

rimbecillito, -ta [rimbetʃillíto, -ta] *a.* chocho.

rimboccare [rimbokkáre] *t.* arropar [la cama]. 2 arremangar.

rimbombante [rimbombánte] *a.* retumbante, altisonante.

rimbombare [rimbombáre] *i.* retumbar. 2 atronar. ¶ CONJUG. r. aux. *essere* o *avere.*

rimbombo [rimbómbo] *m.* retumbo, fragor.

rimborsabile [rimborsábile] *a.* reembolsable.

rimborsare [rimborsáre] *t.* reembolsar.

rimborso [rimbórso] *m.* reembolso.

rimboschimento [rimboskiménto] *m.* repoblación *f.* forestal.

rimboschire [rimboskíre] *t.* repoblar con árboles.

rimbrotto [rimbrótto] *m.* reproche, reprimenda *f.*

rimediare [rimedjáre] *i.* poner remedio, reparar. 2 *t.* encontrar. ‖ ~ **una scusa,** encontrar una excusa. ¶ CONJUG. r. aux. *avere* [t.-i.].

rimedio [rimèdio] *m.* remedio, medicina *f.*

rimescolare [rimeskoláre] *t.* mezclar.

rimescolio [rimeskolío] *m.* animación *f.*, movimiento.

rimessa [riméssa] *f.* reposición. 2 expedición, envío *m.* 3 garaje *m.*

rimestare [rimestáre] *t.* mezclar. 2 remover, revolver.

rimettere [riméttere] *t.* poner de nuevo, reponer. ‖ ~ **insieme,** reunir. ‖ ~ **in moto,** poner en marcha. 2 colocar de nuevo. 3 vomitar. 4 perdonar. 5 someter. 6 [con la partícula *ci*] perder. ‖ **che ci rimetti,** ¿qué pierdes con ello? 7 retoñar [una planta]. 8 *i.* empezar de nuevo. ‖ **si rimette a piovere,** empieza de nuevo a llover. 9 *pr.* restablecerse. ¶ CONJUG. como *mettere.*

rimmel [rímmel] *m.* rímel.

rimodernamento [rimodernaménto] *m.* modernización *f.*

rimodernare [rimodernáre] *t.* modernizar. 2 revocar [una fachada].

rimonta [rimónta] *f.* remonta.

rimontare [rimontáre] *t.* remontar. 2 *i.* volver a montar. ¶ CONJUG. r. aux. *avere* [t.], *essere* [i.].

rimorchiare [rimorkjáre] *t.* remolcar, arrastrar.

rimorchiatore [rimorkjatóre] *m.* remolcador.

rimorchio [rimórkjo] *m.* remolque.

rimordere [rimórdere] *t.* remorder. ¶ CONJUG. como *mordere*.

rimorso [rimórso] *m.* remordimiento.

rimostranza [rimostrántsa] *f.* protesta, queja.

rimostrare [rimostráre] *t.* protestar, quejarse. 2 mostrar de nuevo.

rimozione [rimottsjóne] *m.* destitución *f.* 2 desplazamiento. 3 levantamiento. ‖ *la ~ dei sigilli,* el levantamiento de los precintos. 4 MIL. degradación *f.*

rimpastare [rimpastáre] *t.* volver a amasar. 2 fig. arreglar, modificar.

rimpasto [rimpásto] *m.* arreglo, modificación *f.,* cambio. ‖ *~ ministeriale,* cambio ministerial.

rimpatriare [rimpatrjáre] *i.* volver al propio país. 2 *t.* repatriar. ‖ *~ i prigionieri,* repatriar a los prisioneros. ¶ CONJUG. r. aux. *avere* [t.], *essere* [i.].

rimpatrio [rimpátrio] *m.* repatriación *f.*

rimpiangere [rimpjándʒere] *t.* añorar, echar de menos. 2 lamentar. ¶ CONJUG. como *piangere*.

rimpianto [rimpjánto] *m.* añoranza *f.* 2 *a.* añorado, deplorado.

rimpiattino [rimpjattíno] *m.* escondite.

rimpiazzare [rimpjattsáre] *t.* sustituir, reemplazar.

rimpicciolire [rimpittʃolíre] *t.* empequeñecer.

rimpinzare [rimpintsáre] *t.-pr.* hartar.

rimproverare [rimproveráre] *t.* reprochar.

rimprovero [rimpróvero] *m.* reproche, reprimenda *f.*

rimuginare [rimudʒináre] *t.* rumiar, dar vueltas.

rimunerare [rimuneráre] *t.* remunerar, recompensar.

rimunerativo, -va [rimunerativo, -va] *a.* remunerativo.

rimunerazione [rimuneratsjóne] *f.* remuneración.

rimuovere [rimwóvere] *t.* remover. ¶ CONJUG. como *muovere*.

rinascere [rináʃʃere] *i.* renacer. ‖ CONJUG. como *nascere* (aux. *essere*).

rinascimento [rinaʃʃiménto] *m.* renacimiento.

rinascita [rináʃʃita] *f.* renacimiento *m.*

rincalzare [rinkaltsáre] *t.* recalzar. 2 reforzar. ‖ *~ le coperte,* hacer el embozo a la cama.

rincalzo [rinkáltso] *m.* calce, cuña. 2 ayuda *f.,* refuerzo.

rincantucciare [rinkantuttʃáre] *t.-pr.* arrinconar. 2 *pr.* esconderse.

rincarare [rinkaráre] *t.* subir el precio, encarecer. 2 *i.* encarecer. ¶ CONJUG. r. aux. *avere* [t.], *essere* [i.].

rincarnazione [rinkarnattsjóne] *f.* reencarnación.

rincaro [rinkáro] *m.* encarecimiento.

rincasare [rinkasáre] *i.* volver a casa. ¶ CONJUG. r. aux. *essere.*

rinchiudere [rinkjúdere] *t.* encerrar. ¶ CONJUG. como *chiudere*.

rinchiuso, -sa [rinkjúso, -sa] *a.-m.* encerrado, encarcelado. ‖ *sapere di ~,* oler a cerrado.

rincitrullire [rintʃitrullíre] *t.* embobecer. 2 *i.* embobecerse. ¶ CONJUG. r. aux. *avere* [t.], *essere* [i.].

rincominciare [rinkomintʃáre] *t.* empezar de nuevo.

rincontrare [rinkontráre] *t.* volver a encontrar.

rincorrere [rinkórrere] *t.* perseguir. ‖ CONJUG. como *correre*.

rincorsa [rinkórsa] *f.* carrerilla.

rincrescere [rinkréʃʃere] *i.* sentir, lamentar. ¶ CONJUG. como *crescere* (aux. *essere*).

rincrescimento [rinkreʃʃiménto] *m.* pesar, sentimiento.

rincrudire [rinkrudíre] *t.* recrudecer. 2 *i.* arreciar. ¶ CONJUG. r. aux. *avere* [t.], *essere* [i.].

rinfacciare [rinfattʃáre] *t.* echar en cara.

rinfoderare [rinfoderáre] *t.* envainar.

rinforzare [rinfortsáre] *t.* reforzar. 2 MED. fortalecer.

rinforzo [rinfórtso] *m.* refuerzo.

rinfrancare [rinfrankáre] *t.* reanimar, alentar.

rinfrescare [rinfreskáre] *t.* refrescar. 2 renovar.

rinfrescata [rinfreskáta] *f.* refrescamiento *m.* ‖ *darsi una ~,* refrescarse.

rinfresco [rinfrèsko] *m.* refresco.

rinfusa [rinfúza] en la loc. *alla ~,* desordenadamente.

ringhiare [ringjáre] *i.* ladrar, gruñir. ¶ CONJUG. r. aux. *avere.*

ringhiera [ringjèra] *f.* barandilla, baranda.

ringhio [ringjo] *m.* gruñido.

ringhioso, -sa [ringjóso, -sa] *a.* labrador. 2 fig. gruñón.

ringiovanire [rindʒovanìre] *i.* rejuvenecer. ¶ CONJUG. r. aux. *essere.*

ringoiare [ringojáre] *t.* tragar, engullir de nuevo. 2 fig. retractarse.

ringraziamento [ringrattsjaménto] *m.* agradecimiento.

ringraziare [ringrattsjáre] *t.* agradecer, dar las gracias.

rinnegamento [rinnegaménto] *m.* reniego, abjuración *f.*

rinnegare [rinnegáre] *t.* renegar, abjurar.

rinnegato, -ta [rinnegáto, -ta] *a.-m.* renegado.

rinnovabile [rinnovábile] *a.* renovable.

rinnovamento [rinnovaménto] *m.* renovación *f.*

rinnovare [rinnováre] *t.* renovar.

rinnovatore, -trice [rinnovatóre, -triʃe] *a.-m.* renovador.

rinnovo [rinnɔvo] *m.* renovación *f.*

rinoceronte [rinotʃerónte] *m.* rinoceronte.

rinomato, -ta [rinomáto, -ta] *a.* renombrado, afamado.

rinsaldare [rinsaldáre] *t.* reforzar, consolidar.

rinsanguare [rinsangwáre] *t.* fig. aumentar, dar fuerza.

rinsavire [rinsavíre] *t.* recobrar la razón.

rinsecchire [rinsekkíre] *i.* resecarse, apergaminarse. ¶ CONJUG. r. aux. *essere.*

rinsecchito, -ta [rinsekkíto, -ta] *a.* apergaminado, reseco.

rintanarsi [rintanársi] *pr.* agazaparse, esconderse.

rintoccare [rintokkáre] *i.* repicar. ¶ CONJUG. r. aux. *avere* y *essere.*

rintocco [rintókko] *m.* repique de campanas.

rintontire [rintontíre] *t.* entontecer, aturdir.

rintracciare [rintrattsáre] *t.* encontrar, localizar.

rintronare [rintronáre] *t.* atronar. 2 *i.* retumbar. ¶ CONJUG. r. aux. *avere* [t.-i.], *essere* [i.].

rintuzzare [rintuttsáre] *t.* embotar, despuntar. 2 fig. derrotar, aplastar.

rinunzia [rinúntsja] *f.* renuncia, sacrificio *m.*

rinunziare [rinuntsjáre] *t.* renunciar.

rinunziatario [rinuntsjatário] *m.* renunciante. 2 renunciatario.

rinvenimento [rinveniménto] *m.* hallazgo, descubrimiento.

rinvenire [rinveníre] *t.* encontrar, hallar. 2 *i.* recobrarse, volver en sí. ¶ CONJUG. como *venire* (aux. *avere* [t.], *essere* [i.]).

rinverdire [rinverdíre] *i.* reverdecer. ¶ CONJUG. r. aux. *essere.*

rinviare [rinviáre] *t.* enviar de nuevo. 2 aplazar.

rinvigorire [rinvigoríre] *t.-pr.* fortalecer.

rinvio [rinvío] *m.* reenvío. 2 aplazamiento.

rioccupare [riokkupáre] *t.* ocupar de nuevo.

rioffrire [rioffríre] *t.* ofrecer de nuevo. ¶ CONJUG. como *offrire.*

rionale [rionále] *a.* de barrio.

rione [rióne] *m.* barrio.

riordinamento [riordinaménto] *m.* reorganización *f.*

riordinare [riordináre] *t.* ordenar, arreglar.

riorganizzare [riorganiddzáre] *t.* reorganizar.

riorganizzatore, -trice [riorganiddzatóre, -triʃe] *a.-m.* reorganizador.

riorganizzazione [riorganiddzattsjóne] *f.* reorganización.

ripagare [ripagáre] *t.* pagar de nuevo. 2 fig. recompensar, resarcir.

riparabile [riparábile] *a.* reparable.

riparare [riparáre] *t.* reparar, arreglar. ‖ ~ *un'offesa,* desagraviar. 2 defender, abrigar. 3 *pr.* refugiarse.

riparatore, -trice [riparatóre, -triʃe] *a.-m.* reparador.

riparazione [riparattsjóne] *f.* reparación, compostura. ‖ *esami di* ~, exámenes de recuperación.

riparlare [riparláre] *i.* volver a hablar. ¶ CONJUG. r. aux. *avere.*

riparo [ripáro] *m.* refugio, amparo. 2 reparo. 3 *mettersi al* ~, resguardarse, ponerse a cubierto.

ripartire [ripartíre] *i.* marcharse de nuevo. 2 *t.* repartir. ¶ CONJUG. r. aux. *avere* [t.], *essere* [i.].

ripartizione [ripartittsjóne] *f.* reparto *m.,* repartimiento *m.*

ripassare [ripassáre] *t.* pasar de nuevo. 2 repasar, releer. 3 revisar.

ripassata [ripassáta] *f.* repaso *m.*

ripasso [ripásso] *m.* repaso, revisión *f.*

ripensamento [ripensaménto] *m.* cambio de opinión.

ripensare [ripensåre] *t.* repensar. 2 cambiar de opinión.

ripercorrere [riperkórrere] *t.* recorrer de nuevo. ¶ CONJUG. como *correre*.

ripercuotere [riperkwòtere] *t.* golpear de nuevo. 2 repercutir. ¶ CONJUG. como *percuotere*.

ripercussione [riperkussjòne] *f.* repercusión.

ripescare [ripeskåre] *t.* repescar. 2 fig. encontrar.

ripetente [ripetênte] *a.-m.* repetidor.

ripetere [ripêtere] *t.* repetir.

ripetizione [ripetittsjòne] *f.* repetición.

ripetutamente [ripetutaménte] *adv.* repetidamente.

ripetuto, -ta [ripetúto, -ta] *a.* repetido.

ripiano [ripjåno] *m.* rellano. 2 repisa *f.* 3 meseta *f.*

ripiantare [ripjantåre] *t.* replantar.

ripido, -da [rípido, -da] *a.* escarpado, empinado.

ripiegamento [ripjegamènto] *m.* repliegue.

ripiegare [ripjegåre] *t.* doblar de nuevo. 2 *i.* replegarse.

ripiego [ripjègo] *m.* expediente. ‖ *vivere di ripieghi*, vivir de expedientes.

ripieno, -na [ripjèno, -na] *a.* lleno. 2 relleno. ‖ *panino ~*, bocadillo.

ripigliare [ripiʎʎåre] *t.* tomar de nuevo, recuperar. 2 *i.* reactivarse, recuperarse. 3 empezar de nuevo. ¶ CONJUG. r. aux. *avere* [t.-i.].

ripiombare [ripjombåre] *i.* caer de nuevo, sumergir de nuevo. ¶ CONJUG. r. aux. *essere*.

ripopolamento [ripopolamènto] *m.* repoblación *f.*

ripopolare [ripopolåre] *t.* repoblar.

riporre [ripórre] *t.* colocar de nuevo. 2 colocar, ordenar, arreglar. 3 fig. poner. ¶ CONJUG. como *porre*.

riportare [riportåre] *t.* traer de nuevo. 2 volver a llevar. 3 contar, referir. 4 indicar. 5 citar. 6 fig. conservar, llevarse. 7 *pr.* referirse, remitirse.

riporto [ripórto] *m.* COM. suma *f.* anterior, saldo. 2 IMP. reporte. 3 adorno, aplicación *f.* [vestidos]. 4 terraplén. ‖ *materiale di ~*, material de acarreo. 5 cifra *f.* que se lleva al sumar.

riposante [riposånte] *a.* descansado. 2 tranquilizador, sosegador.

riposare [riposåre] *i.* descansar. 2 *t.* poner de nuevo. ¶ CONJUG. r. aux. *avere* [i.-t.].

riposo [ripóso] *m.* descanso, reposo.

ripostiglio [ripostiʎʎo] *m.* trastero. 2 alacena *f.*

riprendere [riprèndere] *t.* volver a tomar. 2 capturar. 3 coger. 4 reanudar. 5 recobrar. 6 reprender, corregir. 7 reproducir [una imagen]. 8 rodar [un film]. ¶ CONJUG. como *prendere*.

ripresa [riprèsa] *f.* continuación. ‖ *a più riprese*, en varias veces. 2 reanudación. 3 restablecimiento *m.* [de la situación, etc.]. 4 relanzamiento *m.* [de la economía]. 5 segundo tiempo *m.* [fútbol]. 6 ~ *cinematografica*, rodaje *m.* de un film.

ripresentare [riprezentåre] *t.* presentar de nuevo. 2 representar.

ripristinare [ripristinåre] *t.* restablecer.

riproducibile [riprodutʃíbile] *a.* reproducible.

riprodurre [riprodúrre] *t.-pr.* reproducir. ¶ CONJUG. como *condurre*.

riproduttore, -trice [riproduttòre, -tritʃe] *a.-m.* reproductor.

riproduzione [riproduttsjòne] *f.* reproducción.

ripromettere [ripromèttere] *t.* prometer de nuevo. 2 *i.-pr.* esperar. 3 tener intención de. ¶ CONJUG. como *mettere*.

riproporre [ripropórre] *t.* proponer de nuevo. ¶ CONJUG. como *porre*.

riprova [ripròva] *f.* confirmación. ‖ *a ~ di*, en confirmación de. 2 nuevo intento *m.*, nuevo ensayo *m.*

riprovare [riprovåre] *t.* ensayar de nuevo. 2 confirmar, aportar una nueva prueba. 3 *i.* intentar de nuevo. ¶ CONJUG. r. aux. *avere* [t.-i.].

riprovare [riprovåre] *t.* LIT. reprobar, condenar.

riprovazione [riprovattsjòne] *f.* reprobación, desaprobación, condena.

riprovevole [riprovèvole] *a.* reprobable, censurable.

ripubblicare [ripubblikåre] *t.* reimprimir.

ripudiare [ripudjåre] *t.* repudiar.

ripudio [ripúdjo] *m.* repudio.

ripugnante [ripuɲɲånte] *a.* repugnante.

ripugnanza [ripuɲɲåntsa] *f.* repugnancia.

ripugnare [ripuɲɲåre] *i.* repugnar. 2 ofender, chocar, disgustar. ‖ ~ *alla vista*, ofender a la vista.

ripulire [ripulíre] *t.* limpiar. 2 mondar, podar [árboles]. 3 fig. fam. vaciar, limpiar [robar]. 4 *pr.* adecentarse.

ripulita [ripulíta] *f.* cepillado *m.*, barrido *m.* ‖ *darsi una ~*, adecentarse.

ripulsa [ripúlsa] *f.* repulsa.

ripulsione [ripulsjóne] *f.* repulsión.

riquadro [rikwádro] *m.* recuadro. 2 panel.

risacca [risákka] *f.* resaca.

risaia [risája] *f.* arrozal *m.*

risaldare [risaldáre] *t.* volver a soldar. 2 pegar de nuevo.

risaldatura [risaldatúra] *f.* segunda soldadura.

risalire [risalíre] *t.* subir, volver a subir. 2 *i.* fig. remontar. ‖ ~ *alle origini,* remontarse a los orígenes. ¶ CONJUG. como *salire* (aux. *avere* [t.], *essere* [i.]).

risaltare [risaltáre] *i.* resaltar, sobresalir. ¶ CONJUG. r. aux. *avere.*

risalto [risálto] *m.* resalte, relieve.

risanabile [risanábile] *a.* curable, sanable.

risanamento [risanaménto] *m.* curación *f.* 2 saneamiento.

risanare [risanáre] *t.* curar, sanar. 2 sanear [un terreno].

risapere [risapére] *t.* enterarse. ¶ CONJUG. como *sapere.*

risaputo, -ta [risapúto, -ta] *a.* requetesabido.

risarcibile [risartʃíbile] *a.* resarcible.

risarcimento [risartʃiménto] *m.* resarcimiento.

risarcire [risartʃíre] *t.* resarcir.

risata [rizáta] *f.* risotada, carcajada.

riscaldamento [riskaldaménto] *m.* calefacción *f.*

riscaldare [riskaldáre] *t.* calentar.

riscattabile [riskattábile] *a.* redimible.

riscattare [riskattáre] *t.* rescatar. 2 redimir.

riscatto [riskátto] *m.* rescate.

rischiarare [riskjaráre] *t.* esclarecer, aclarar. 2 *i.* esclarecer. 3 *pr.* serenarse, despejarse. ¶ CONJUG. r. aux. *avere* [t.], *essere* [i.].

rischiare [riskjáre] *t.-i.* arriesgar. ¶ CONJUG. r. aux. *avere* [t.], *essere* o *avere* [i.].

rischio [rískjo] *m.* riesgo. 2 peligro.

rischiosamente [riskjosaménte] *adv.* arriesgadamente.

rischioso, -sa [riskjóso, -sa] *a.* arriesgado.

risciacquare [riʃʃakkwáre] *t.* enjuagar. 2 aclarar [la ropa lavada].

riscontrare [riskontráre] *t.* comparar, confrontar. 2 verificar, controlar. 3 encontrar. 4 *i.* corresponder, concordar. ¶ CONJUG. r. aux. *avere* [t.-i.].

riscontro [riskóntro] *m.* verificación *f.,* comprobación *f.* 2 cotejo, comparación

f. 3 respuesta *f.* ‖ *in attesa di un suo ~,* en espera de su respuesta.

riscoprire [riskopríre] *t.* descubrir de nuevo. ¶ CONJUG. como *aprire.*

riscossa [riskóssa] *f.* desquite *m.,* revancha. 2 rebelión. 3 reconquista.

riscossione [riskossjóne] *f.* cobro *m.*

riscrivere [riskrívere] *t.* volver a escribir. ¶ CONJUG. como *scrivere.*

riscuotere [riskwótere] *t.* cobrar. 2 fig. conseguir. ‖ ~ *successo,* tener éxito. ¶ CONJUG. como *percuotere.*

risentimento [risentiménto] *m.* resentimiento.

risentire [risentíre] *t.* oír de nuevo. 2 fig. experimentar. 3 *pr.* resentirse.

risentito, -ta [risentíto, -ta] *a.* resentido.

riserbo [risèrbo] *m.* discreción *f.,* reserva *f.,* silencio.

riserva [risèrva] *f.* reserva. ‖ ~ *di caccia,* vedado *m.*

riservare [riservàre] *t.* reservar, conservar.

riservatezza [riservatéttsa] *f.* discreción.

riservato, -ta [riservàto, -ta] *a.* reservado. 2 discreto. 3 confidencial.

risicare [risikáre] *t.-i.* arriesgar. ‖ *chi non risica non rosica,* quien no arrisca, no aprisca. ¶ CONJUG. r. aux. *avere* [t.-i.].

risiedere [risjèdere] *i.* residir, vivir. ¶ CONJUG. r. aux. *avere.*

risma [rízma] *f.* resma.

riso [rízo] *m.* risa *f.*

riso [rízo] *m.* arroz.

risolatura [risolatúra] *f.* remonta de suelas.

risollevare [risolleváre] *t.* levantar de nuevo. 2 fig. reanimar, animar.

risolubile [risolúbile] *a.* resoluble.

risolutamente [risolutaménte] *adv.* resueltamente, decididamente.

risolutezza [risoluttéttsa] *f.* resolución, determinación.

risoluto, -ta [risolúto, -ta] *a.* resuelto, decidido.

risoluzione [risoluttsjóne] *f.* resolución, decisión. 2 solución [de un problema]. 3 DER. anulación, rescisión.

risolvere [risólvere] *t.* resolver. 2 DER. rescindir, anular. 3 decidir. ¶ CONJUG. como *assolvere.*

risolvibile [risolvíbile] *a.* resoluble, soluble.

risonanza [risonàntsa] *f.* resonancia.

risonare [risonáre] *i.* resonar. 2 sonar de nuevo. ¶ CONJUG. r. aux. *essere* y *avere.*

risorgere [risórdʒere] *i.* resucitar, resurgir.
¶ CONJUG. como *sorgere* (aux. *essere*).

risorgimento [risordʒiménto] *m.* resurgimiento.

risorsa [risórsa] *f.* recurso *m.*

risotto [rizótto] *m.* plato de arroz guisado.

risparmiare [risparmjáre] *t.* ahorrar. 2 perdonar.

risparmiatore, -trice [risparmjatóre, -tritʃe] *a.-m.* ahorrador.

risparmio [rispármjo] *m.* ahorro.

rispecchiare [rispekkjáre] *t.* reflejar.

rispedire [rispedíre] *t.* enviar de nuevo, reexpedir.

rispettabile [rispettábile] *a.* respetable.

rispettabilmente [rispettabilménte] *adv.* respetablemente.

rispettabilità [rispettabilitá*] *f.* respetabilidad.

rispettare [rispettáre] *t.* respetar.

rispettivamente [rispettivaménte] *adv.* respectivamente.

rispettivo, -va [rispettívo, -va] *a.* respectivo.

rispetto [rispétto] *m.* respeto.

rispettosamente [rispettosaménte] *adv.* respetuosamente.

rispettoso, -sa [rispettóso, -sa] *a.* respetuoso.

risplendente [risplendénte] *a.* resplandeciente, brillante.

risplendere [rispléndere] *i.* lucir, brillar.
¶ CONJUG. r. aux. *essere* y *avere.*

rispolverare [rispolveráre] *t.* desempolvar de nuevo. ‖ ~ *un vecchio progetto*, desenterrar un viejo proyecto.

rispondente [rispondénte] *a.* apropiado, conforme.

rispondere [rispóndere] *t.* responder. ¶ CONJUG. IND. pret. ind.: *risposi, rispondesti, rispose, rispondemmo, rispondeste, risposero.* ‖ PART.: *risposto.*

risposta [rispósta] *f.* respuesta, contestación.

rispuntare [rispuntáre] *i.* aparecer de nuevo. ¶ CONJUG. r. aux. *essere.*

rissa [ríssa] *f.* riña, pelea.

rissoso, -sa [rissóso, -sa] *a.* pendenciero, reñidor.

ristabilimento [ristabiliménto] *m.* restablecimiento.

ristabilire [ristabilíre] *t.* restablecer.

ristagnare [ristaɲɲáre] *i.* estancarse. ¶ CONJUG. r. aux. *avere.*

ristagno [ristáɲɲo] *m.* embalse. 2 fig. estancamiento.

ristampa [ristámpa] *f.* reimpresión.

ristampare [ristampáre] *t.* reimprimir.

ristorante [ristoránte] *m.* restaurante.

ristorare [ristoráre] *t.* restaurar. 2 reanimar. 3 *pr.* reponerse.

ristoratore [ristoratóre] *m.* restaurador.

ristoro [ristóro] *m.* reposo, descanso. ‖ *posto di* ~, cantina *f.,* restaurante.

ristrettezza [ristrettéttsa] *f.* estrechez, escasez.

ristretto, -ta [ristrétto, -ta] *a.* estrecho, limitado. ‖ *caffè* ~, café corto.

ristudiare [ristudjáre] *t.* estudiar de nuevo.

risultante [risultánte] *a.-f.* resultante.

risultare [risultáre] *i.* resultar. ¶ CONJUG. r. aux. *essere.*

risultato [risultáto] *m.* resultado.

risurrezione [risurrettsjóne] *f.* resurrección.

risuscitare [risuʃʃitáre] *t.-i.* resucitar. ¶ CONJUG. r. aux. *avere* [t.], *essere* [i.].

risvegliare [rizveʎʎáre] *t.-pr.* despertar.

risveglio [rizvéʎʎo] *m.* el despertar.

risvolto [rizvólto] *m.* vuelta *f.,* solapa *f.*

ritagliare [ritaʎʎáre] *t.* recortar.

ritaglio [ritáʎʎo] *m.* recorte. 2 retal [de tela]. 3 retazo [de tiempo].

ritardare [ritardáre] *t.* retrasar. 2 *i.* tardar. ¶ CONJUG. r. aux. *avere* [t.-i.].

ritardatario, -ria [ritardatárjo, -rja] *s.* retrasado, que llega tarde.

ritardato, -ta [ritardáto, -ta] *a.-m.* retardado. 2 retrasado [mental].

ritardo [ritárdo] *m.* retraso, atraso. ‖ *in* ~, con retraso.

ritegno [ritéɲɲo] *m.* recato.

ritemprare [ritempráre] *t.* templar de nuevo. 2 fig. revigorizar.

ritenere [ritenére] *t.* retener. 2 pensar, creer. ¶ CONJUG. como *tenere.*

ritentare [ritentáre] *t.* intentar de nuevo.

ritenuta [ritenúta] *f.* retención, descuento *m.*

ritessere [ritéssere] *t.* retejer.

ritingere [ritindʒere] *t.* reteñir. ¶ CONJUG. como *tingere.*

ritirare [ritiráre] *t.* retirar.

ritirata [ritiráta] *f.* retirada.

ritiro [ritíro] *m.* retiro.

ritmare [ritmáre] *t.* mover rítmicamente.

ritmicamente [ritmikaménte] *adv.* rítmicamente.

ritmico, -ca [rítmiko, -ka] *a.* rítmico.

ritmo [rítmo] *m.* ritmo.

rito

rito [rìto] *m.* rito. 2 ceremonia *f.* ‖ *il ~ fúnebre,* la ceremonia fúnebre.
ritoccare [ritokkáre] *t.* retocar, arreglar.
ritocco [ritókko] *m.* retoque.
ritorcere [ritórtʃere] *t.* retorcer. ¶ CONJUG. como *torcere.*
ritornare [ritornáre] *i.* volver, regresar. 2 hacer marcha atrás. 3 empezar de nuevo. 4 *t.* devolver. ¶ CONJUG. r. aux. *essere* [i.], *avere* [t.].
ritornello [ritornéllo] *m.* estribillo.
ritorno [ritórno] *m.* regreso. ‖ *andata e ~,* ida y vuelta.
ritorsione [ritorsjóne] *f.* retorsión.
ritrarre [ritrárre] *t.* retirar, retraer. 2 representar. 3 fig. describir, presentar. ¶ CONJUG. como *trarre.*
ritrattare [ritrattáre] *t.* retractar, retirar.
ritrattare [ritrattáre] *t.* tratar de nuevo.
ritrattazione [ritrattattsjóne] *f.* retracción.
ritrattista [ritrattìsta] *m.* retratista [pintor].
ritratto [ritrátto] *m.* retrato [pintura].
ritrosia [ritrosìa] *f.* esquivez, desdén *m.* 2 recato *m.*
ritroso, -sa [ritróso, -sa] *a.* esquivo, recatado. ‖ *a ~,* hacia atrás.
ritrovamento [ritrovaménto] *m.* hallazgo.
ritrovare [ritrováre] *t.* hallar de nuevo. 2 encontrar. 3 descubrir.
ritrovato [ritrováto] *m.* descubrimiento, hallazgo.
ritrovo [ritróvo] *m.* centro o lugar de reunión.
ritto, -ta [rìtto, -ta] *a.* derecho, erguido.
rituale [rituále] *a.-m.* ritual.
ritualmente [ritualménte] *adv.* ritualmente.
rituffare [rituffáre] *t.-pr.* zambullir de nuevo.
riunione [riunjóne] *f.* reunión.
riunire [riunìre] *t.-pr.* reunir, juntar.
riuscire [riuʃʃìre] *i.* salir bien. ‖ *~ a,* lograr, conseguir. 2 acabar, terminar. ‖ *~ bene,* acabar bien. 3 resultar. 4 salir. 5 llegar. ¶ CONJUG. como *uscire* (aux. *essere*).
riuscita [riuʃʃìta] *f.* éxito *m.*
riva [rìva] *f.* ribera, orilla. ‖ *in ~ a,* a la orilla de.
rivaleggiare [rivaleddʒáre] *i.* rivalizar. ¶ CONJUG. r. aux. *avere.*
rivalersi [rivalérsi] *pr.* resarcirse, desquitarse. ¶ CONJUG. como *valere.*

rivalità [rivalità*] *f.* rivalidad.
rivalsa [riválsa] *f.* revancha. 2 COM. resaca. ‖ *conto di ~,* cuenta de resaca.
rivalutare [rivalutáre] *t.* revalorizar.
rivalutazione [rivalutattsjóne] *f.* revalorización. 2 revaluación.
rivangare [rivangáre] *t.* volver a labrar. 2 fig. desenterrar. ‖ *~ il passato,* desenterrar el pasado.
rivedere [rivedére] *t.* volver a ver. ‖ *arrivederci,* hasta la vista. 2 revisar, controlar [un motor]. 3 repasar [un libro]. 4 verificar, revisar [cuentas]. ¶ CONJUG. como *vedere.*
riveduta [rivedúta] *f.* repaso *m.*
rivelare [riveláre] *t.* revelar.
rivelatore, -trice [rivelatóre, -trìʃe] *a.-m.* revelador. 2 TEC. detector.
rivelazione [rivelattsjóne] *f.* revelación.
rivendere [rivéndere] *t.* revender.
rivendicare [rivendikáre] *t.* reivindicar.
rivendicazione [rivendikattsjóne] *f.* reivindicación.
rivendita [rivéndita] *f.* reventa. 2 tienda.
rivenditore, -trice [rivenditóre, -trìʃe] *a.-m.* revendedor.
riverberare [riverberáre] *t.* reverberar. 2 *pr.* reflejarse.
riverbero [rivérbero] *m.* reverbero, reverberación *f.* ‖ *di ~,* de rechazo.
riverente [riverénte] *a.* reverente.
riverentemente [riverenteménte] *adv.* reverentemente.
riverenza [riveréntsa] *f.* reverencia.
riverenziale [riverentsjále] *a.* reverencial.
riverire [riverìre] *t.* reverenciar. 2 saludar respetuosamente.
riversare [riversáre] *t.* verter. 2 echar. ‖ *~ la colpa,* echar la culpa. 3 *pr.* afluir. ‖ *riversarsi in un luogo,* afluir a un lugar.
riversibile [riversìbile] *a.* reversible.
riversibilità [riversibilità*] *f.* reversibilidad.
riverso, -sa [rivérso, -sa] *a.* tumbado, volcado.
rivestimento [rivestiménto] *m.* revestimiento.
rivestire [rivestìre] *t.* revestir. ‖ *~ una carica,* desempeñar un cargo. 2 CONS. artesonar.
riviera [rivjèra] *f.* ribera, costa.
rivierasco, -ca [rivjeràsko, -ka] *a.-m.* ribereño.
rivincere [rivìntʃere] *t.* vencer de nuevo. ¶ CONJUG. como *vincere.*

rivincita [rivintʃita] *f.* revancha, desquite *m.* ‖ *prendere la* ~, desquitarse.

rivista [rivísta] *f.* revisión [de un texto]. 2 revista. 3 parada militar.

rivivere [rivívere] *t.-i.* revivir. ¶ CONJUG. como *vivere* (aux. *avere* [t.], *essere* [i.]).

rivolere [rivolère] *t.* reclamar, exigir. ¶ CONJUG. como *volere.*

rivolgere [rivóldʒere] *t.* presentar, hacer. ‖ ~ *una domanda,* presentar una petición. 2 dirigir. 3 girar. 4 volver. ‖ ~ *gli occhi per non vedere,* volver los ojos para no ver. ¶ CONJUG. como *volgere.*

rivolgimento [rivoldʒimènto] *m.* cambio radical, trastorno.

rivolta [rivólta] *f.* insurrección, revuelta.

rivoltante [rivoltánte] *a.* indignante. 2 repugnante, repelente.

rivoltare [rivoltáre] *t.* dar la vuelta. 2 revolver. 3 fig. repugnar. 4 *pr.* rebelarse.

rivoltella [rivoltélla] *f.* revólver *m.*

rivoltoso, -sa [rivoltóso, -sa] *a.* revoltoso, rebelde. 2 *m.* insurrecto.

rivoluzionare [rivolutsjonáre] *t.* revolucionar.

rivoluzionario, -ria [rivoluttsjonárjo, -rja] *a.* revolucionario.

rivoluzione [rivoluttsjóne] *f.* revolución.

rizzare [rittsáre] *t.* levantar, erguir.

roba [rɔ́ba] *f.* ropa. 2 cosas *pl.* ‖ ~ *da mangiare,* comida ‖ ~ *vecchia,* trastos viejos. 3 esto. ‖ *come puoi pensare questa roba?,* ¿cómo puedes pensar esto?

robinia [robínja] *f.* robinia.

robot [rɔ́bot] *m.* robot.

robotico, -ca [robótiko, -ka] *a.* robótico. 2 *f.* robótica.

robotizzare [robotiddzáre] *t.* robotizar.

robustamente [robustamènte] *adv.* robustamente.

robustezza [robustéttsa] *f.* robustez.

robusto, -ta [robústo, -ta] *a.* robusto.

rocca [rɔ́kka] *f.* fortaleza. 2 rueca.

rocchetto [rokkétto] *m.* carrete.

roccia [rɔ́ttʃa] *f.* roca, peña.

rocciatore [rottʃatóre] *m.* escalador.

roccioso, -sa [rottʃóso, -sa] *a.* rocoso.

roco, -ca [rɔ́ko, -ka] *a.* ronco.

rodaggio [rodáddʒo] *m.* rodaje.

rodare [rodáre] *t.* rodar [el motor de un coche].

rodere [rɔ́dere] *t.* roer. ‖ ~ *il freno,* tascar el freno. 2 carcomer [los insectos]. 3 fig. consumir, atormentar. ‖ *essere roso dalla gelosia,* atormentado por los celos. ¶ CONJUG. IND. pret. ind.: *rosi, rodesti,*

rose, rodemmo, rodeste, rosero. ‖ PART.: *roso.*

rodimento [rodimènto] *m.* roedura *f.* 2 fig. comezón *f.,* desazón *f.*

roditore [roditóre] *a.-m.* roedor.

rododendro [rododèndro] *m.* rododendro.

rogna [rɔ́ɲɲa] *f.* sarna. 2 fig. molestia. 3 *pl.* problemas *m.*

rognone [roɲɲóne] *m.* riñón.

rognoso, -sa [roɲɲóso, -sa] *a.* sarnoso. 2 fig. molesto.

rogo [rɔ́go] *m.* hoguera *f.*

rollare [rolláre] *i.* balancear. ¶ CONJUG. r. aux. *avere.*

rollio [rollío] *m.* balanceo.

romanesco, -ca [romanésko, -ka] *a.-m.* romano, romanesco.

romanico, -ca [romániko, -ka] *a.* románico.

romano, -na [románo, -na] *a.-m.* romano.

romanticamente [romantikamènte] *adv.* románticamente.

romanticheria [romantikería] *f.* romanticismo *m.*

romanticismo [romantitʃísmo] *m.* romanticismo.

romantico, -ca [romántiko, -ka] *a.* romántico.

romanza [romándza] *f.* MÚS. romanza. 2 LIT. romance *m.*

romanzesco, -ca [romandzésko, -ka] *a.* novelesco.

romanziere [romandzjère] *m.* novelista.

romanzo [romándzo] *m.* novela *f.*

rombare [rombáre] *i.* retumbar. ¶ CONJUG. r. aux. *avere.*

rombo [rómbo] *m.* estruendo.

rombo [rómbo] *m.* GEOM. rombo. 2 ZOOL. rodaballo.

romboide [rombɔ́ide] *m.* romboide.

romitaggio [romitáddʒo] *m.* ermita *f.*

romito [romíto] *m.* ermitaño.

rompere [rómpere] *t.* romper. ¶ CONJUG. IND. pret. ind.: *ruppi, rompesti, ruppe, rompemmo, rompeste, ruppero.* ‖ PART.: *rotto.*

rompicapo [rompikápo] *m.* rompecabezas.

rompicollo [rompikóllo] *m.* atolondrado, temerario. ‖ *a* ~, a rienda suelta.

rompighiaccio [rompigjáttʃo] *m.* rompehielos.

rompiscatole [rompiskátole] *s.* rompehielos.

ronda [rónda] *f.* ronda.

rondine [róndine] *f.* golondrina.

rondone [rondóne] *m.* vencejo.

ronfare [ronfáre] *i.* roncar. ¶ CONJUG. r. aux. *avere.*

ronzare [rondzáre] *i.* zumbar. ‖ ~ *intorno,* cotejar, rondar.

ronzino [rondzíno] *m.* rocín.

ronzio [rondzío] *m.* zumbido.

rosa [róza] *f.* rosa. ‖ ~ *selvatica,* rosa silvestre. ‖ *se son rose fioriranno,* el tiempo lo dirá. 2 *a.* rosado.

rosaceo, -cea [rozátʃeo, -tʃea] *a.* rosáceo, rosado.

rosaio [rozájo] *m.* rosal.

rosario [rozárjo] *m.* rosario.

rosato, -ta [rozáto, -ta] *a.* rosado.

roseo, -sea [rózeo, -zea] *a.* rosado, róseo.

roseto [rozéto] *m.* rosal, rosaleda *f.*

rosetta [rozètta] *f.* panecillo *m.* 2 MEC. arandela.

rosicare [rosikáre] *t.* roer.

rosicchiare [rosikkjáre] *t.* roer.

rosmarino [rozmaríno] *m.* romero.

rosolaccio [rozoláttʃo] *m.* amapola *f.*

rosolare [rozoláre] *t.* soasar.

rosolia [rozolía] *f.* rubéola.

rosolio [rozólio] *m.* rosolí, rosol.

rosone [rozóne] *m.* rosetón.

rospo [róspo] *m.* sapo. ‖ *ingoiare un* ~, tragar saliva. ‖ *sputa il* ~, ¡desembucha! 2 ZOOL. *coda di* ~, rape.

rossastro [rossástro] *a.* rojizo.

rossetto [rossètto] *m.* barra *f.* de labios, carmín.

rossiccio, -cia [rossittʃo, -tʃa] *a.* rojizo.

rosso, -sa [rósso, -sa] *a.* rojo.

rosticceria [rostittʃería] *f.* restaurante *m.* donde se sirven asados.

rotabile [rotábile] *a.* transitable.

rotaia [rotája] *f.* raíl *m.*

rotare [rotáre] *i.* rodar. ¶ CONJUG. r. aux. *avere.*

rotativa [rotatíva] *f.* rotativa.

rotatorio, -ria [rotatórjo, -rja] *a.* rotatorio.

rotazione [rotattsjóne] *f.* rotación.

roteare [roteáre] *t.* rodar. 2 *i.* rodear, voltear. ¶ CONJUG. r. aux. *avere* [t.-i.].

rotella [rotélla] *f.* ruedecilla. 2 ANAT. rótula.

rotocalco [rotokálko] *m.* revista *f.*

rotolare [rotoláre] *t.-i.* rodar. ¶ CONJUG. r. aux. *avere* [t.], *essere* [i.].

rotolo [rótolo] *m.* rollo.

rotonda [rotónda] *f.* rotonda.

rotondeggiante [rotondeddʒánte] *a.* redondeado.

rotondità [rotonditá*] *f.* redondez.

rotondo, -da [rotóndo, -da] *a.* redondo.

rotta [rótta] *f.* rumbo *m.* 2 MIL. derrota. 3 ruptura. ‖ *essere in* ~ *con qualcuno,* estar reñido con alguien.

rottame [rottáme] *m.* escombro. ‖ *rottami di ferro,* chatarra *f.* 2 fig. cachivache, trasto.

rottamista [rottamísta] *m.* chatarrero.

rotto, -ta [rótto, -ta] *a.* roto. 2 *m.-pl.* pico. ‖ *mille lire e rotti,* mil liras y pico.

rottura [rottúra] *f.* rotura, ruptura. ‖ ~ *di scatole,* latazo *m.* 2 MED. fractura.

rovente [rovènte] *a.* incandescente.

rovere [róvere] *m.* roble.

rovesciamento [roveʃʃamènto] *m.* vuelco, derribo. 2 derramamiento [de líquidos].

rovesciare [roveʃʃáre] *t.* volcar, derribar. ‖ ~ *un governo,* derribar un gobierno. 2 verter, derramar. 3 MIL. destruir.

rovescio [rovèʃʃo] *a.* al revés. 2 *m.* revés. 3 *m.* chubasco, aguacero. 4 fig. desastre.

roveto [rovèto] *m.* zarzal.

rovina [rovína] *f.* ruina.

rovinare [rovináre] *t.* arruinar. 2 estropear. 3 *i.* derrumbarse, desplomarse. ¶ CONJUG. r. aux. *avere* [t.], *essere* [i.].

rovinosamente [rovinosamènte] *adv.* desastrosamente.

rovinoso, -sa [rovinóso, -sa] *a.* ruinoso.

rovistare [rovistáre] *t.* rebuscar, hurgar.

rovo [róvo] *m.* zarza *f.,* espino.

rozzamente [roddzamènte] *adv.* bastamente.

rozzezza [roddzèttsa] *f.* bastedad, tosquedad.

rozzo, -za [róddzo, -dza] *a.* basto, tosco.

rubacuori [rubakwòri] *m.* donjuán.

rubare [rubáre] *t.* robar, hurtar.

ruberia [rubería] *f.* hurto *m.,* robo *m.*

rubicondo, -da [rubikóndo, -da] *a.* rubicundo.

rubinetto [rubinètto] *m.* grifo.

rubino [rubíno] *m.* rubí.

rublo [rúblo] *m.* rublo.

rubrica [rúbrika] *f.* registro *m.* 2 índice *m.* 3 sección [de un periódico].

rude [rúde] *a.* rudo.

rudemente [rudemènte] *a.* rudamente.

rudere [rúdere] *m.* ruina *f.*

rudimentale [rudimentále] *a.* rudimentario.

rudimento [rudimènto] *m.* rudimento.

ruffiano, -na [ruffjáno, -na] *a.-m.* rufián.

ruga [rúga] *f.* arruga.

ruggine [rúddʒine] *f.* orín *m.,* herrumbre.

rugginoso, -sa [ruddʒinóso, -sa] *a.* herrumbroso, oxidado.

ruggire [ruddʒíre] *i.* rugir. ¶ CONJUG. r. aux. *avere.*

ruggito [ruddʒíto] *m.* rugido.

rugiada [rudʒáda] *f.* rocío *m.*

rugosità [rugositá*'*] *f.* rugosidad.

rugoso, -sa [rugóso, -sa] *a.* rugoso, arrugado.

rullare [rulláre] *i.* redoblar. 2 MAR., AER. balancearse. ¶ CONJUG. r. aux. *avere.*

rullio [rullío] *m.* redoble. 2 MAR., AER. balanceo.

rullo [rúllo] *m.* rodillo, rollo. 2 redoble. 3 rulo [para los cabellos].

rumba [rúmba] *f.* rumba [baile].

ruminante [ruminánte] *a.-m.* rumiante.

ruminare [rumináre] *t.* rumiar. 2 fig. considerar, pensar.

rumine [rúmine] *m.* panza *f.,* rumen.

rumore [rumóre] *m.* ruido. 2 rumor [ruido sordo y continuado].

rumoreggiare [rumoreddʒáre] *i.* hacer ruido. 2 retumbar, tronar. ¶ CONJUG. r. aux. *avere.*

rumorosamente [rumorozaménte] *adv.* ruidosamente.

rumoroso, -sa [rumorózo, -za] *a.* ruidoso.

ruolo [rwɔ́lo] *m.* función *f.,* papel. 2 BUR. plantilla *f.* ‖ *professore di* ~, profesor numerario. 3 MAR. rol.

ruota [rwɔ́ta] *f.* rueda. ‖ ~ *di scorta*, rueda de cambio. ‖ *ungere le ruote di qualcuno*, untar la mano a alguien. ‖ *arrivare a* ~ *di qualcuno*, seguir de cerca a alguien.

rupe [rúpe] *f.* peña, roca.

rupestre [rupèstre] *a.* rupestre.

rurale [ruréle] *a.* rural, agrícola.

ruscello [ruʃʃɛ́llo] *m.* arroyo.

russare [russáre] *i.* roncar. ¶ CONJUG. r. aux. *avere.*

russo, -sa [rússo, -sa] *a.-m.* ruso.

rustico, -ca [rústiko, -ka] *a.* rústico.

ruta [rúta] *f.* ruda.

rutilante [rutilánte] *a.* rutilante.

ruttare [rutáre] *i.* eructar, regoldar. ¶ CONJUG. r. aux. *avere.*

rutto [rútto] *m.* eructo, regüeldo.

ruvidamente [ruvidaménte] *adv.* rudamente.

ruvidezza [ruvidéttsa] *f.* aspereza.

ruvido, -da [rúvido, -da] *a.* áspero.

ruzzolare [ruttsoláre] *t.-i.* caer, caer rodando. ¶ CONJUG. r. aux. *avere* [t.], *essere* [i.].

ruzzolone [ruttsolóne] *m.* vuelco. ‖ *a ruzzoloni*, rodando.

S

s [èsse] s. decimoséptima letra del alfabeto italiano.

sabato [sábato] m. sábado.

sabbia [sábbja] f. arena.

sabbiatura [sabbjatúra] f. baño m. de arena.

sabbioso, -sa [sabbjózo, -za] a. arenoso.

sabotaggio [sabotáddʒo] m. sabotaje.

sabotare [sabotáre] t. sabotear.

sabotatore, -trice [sabotatóre, -tritʃe] a.-m. saboteador.

saccarina [sakkarina] f. sacarina.

saccarosio [sakkarózjo] m. sacarosa f.

saccente [sattʃènte] a.-m. sabihondo.

saccheggiare [sakkeddʒáre] t. saquear.

saccheggiatore [sakkeddʒatóre] m. saqueador.

saccheggio [sakkéddʒo] m. saqueo, saco.

sacchetto [sakkétto] m. saquito.

sacco [sákko] m. saco. ‖ *metter nel* ~, engañar. 2 montón, gran cantidad f. ‖ *un* ~ *di soldi,* mucho dinero. 3 saqueo.

sacerdotale [satʃerdotále] a. sacerdotal.

sacerdote [satʃerdóte] m. sacerdote.

sacerdotessa [satʃerdotéssa] f. sacerdotisa.

sacerdozio [satʃerdóttsjo] m. sacerdocio.

sacramentale [sakramentále] a. sacramental.

sacramento [sakramènto] m. sacramento.

sacrario [sakrárjo] m. sagrario.

sacrificare [sakrifikáre] t.-pr. sacrificar.

sacrificio [sakrifitʃo] m. sacrificio.

sacrilegamente [sakrilegamènte] adv. sacrílegamente.

sacrilegio [sakrilèdʒo] m. sacrilegio.

sacrilego, -ga [sakrilego, -ga] a. sacrílego.

sacro, -cra [sákro, -kra] a. sagrado, sacro. ‖ *avere un* ~ *terrore di qualcosa,* tener un miedo cerval a algo. 2 m. ANAT. sacro.

sacrosanto, -ta [sakrosánto, -ta] a. sacrosanto.

sadicamente [sadikamènte] adv. sádicamente.

sadico, -ca [sádiko, -ka] a. sádico.

sadismo [sadizmo] m. sadismo.

saetta [saètta] f. saeta. 2 rayo m.

saettare [saettáre] t. asaetar. 2 fig. lanzar violentamente, chutar [en el fútbol].

saga [sàga] f. saga.

sagace [sagátʃe] a. sagaz.

sagacemente [sagatʃemènte] adv. sagazmente.

sagacia [sagátʃa] f. sagacidad.

saggezza [saddʒèttsa] f. sabiduría, cordura. 2 docilidad, obediencia, buena conducta [de un niño]. 3 sensatez.

saggiamente [saddʒamènte] adv. sabiamente, cuerdamente.

saggina [saddʒina] f. sahina, zahina.

saggiare [saddʒáre] t. ensayar, probar.

saggiatore [saddʒatóre] m. ensayador.

saggio [sáddʒo] m. muestra f. 2 sesión f. ‖ ~ *ginnico,* sesión de gimnasia. 3 ensayo [en química]. ‖ *tubo di* ~, tubo de ensayo. 3 ensayo, estudio.

saggio, -gia [sáddʒo, -dʒa] a. sabio, cuerdo. 2 moderado. 3 tranquilo, bueno [niño]. 3 m. sabio.

sagittario [sadʒittàrjo] m. arquero. 2 sagitario [zodíaco].

sagoma [ságoma] f. ságoma, moldura. 2 perfil m. 3 fig. tipo m. divertido o gracioso.

sagomare [sagomáre] t. perfilar, moldurar, moldear.

sagra [ságra] f. fiesta, feria. 2 exposición, feria.

sagrato [sagráto] m. plaza f. de la iglesia.

sagrestano [sagrestáno] m. sacristán.

sagrestia [sagrestía] f. sacristía.

saio [sàjo] m. sayo, saya f.

sala [sála] f. sala, salón m. ‖ ~ *da pranzo,* comedor. ‖ ~ *d'aspetto,* sala de espera.

sala [sála] f. BOT. carrizo m.

salamandra [salamándra] f. salamandra.

salame [salàme] *m.* salchichón, embutido. 2 fig. bobo, atontado.

salamelecco [salamelékko] *m.* zalamería *f.*

salamoia [salamòja] *f.* salmuera.

salare [salàre] *t.* salar. 2 fam. fumarse. ‖ ~ *la scuola,* fumarse la clase.

salariale [salarjàle] *a.* salarial.

salariare [salarjàre] *t.* asalariar.

salariato, -ta [salarjàto, -ta] *a.-m.* asalariado.

salario [salàrjo] *m.* sueldo, salario.

salassare [salassàre] *t.* sangrar. 2 fig. dar un sablazo.

salasso [salàsso] *m.* sangría *f.* [acción y efecto de sangrar].

salato, -ta [salàto, -ta] *a.* salado. 2 fig. caro. ‖ *pagare ~,* pagar caro. 3 fig. mordaz. ‖ *parole salate,* palabras mordaces.

salatura [salatùra] *f.* salazón.

saldamente [saldamènte] *adv.* establemente.

saldare [saldàre] *t.* soldar. 2 COM. saldar.

saldatore [saldatóre] *m.* soldador.

saldatura [saldatùra] *t.* soldadura.

saldezza [saldèttsa] *f.* firmeza.

saldo [sàldo] *m.* rebaja *f.,* saldo.

saldo, -da [sàldo, -da] *a.* firme, estable.

sale [sàle] *m.* sal *f.* 2 fig. salero.

salesiano, -na [salezjàno, -na] *a.-m.* salesiano.

salgemma [saldʒèmma] *m.* salgema.

salice [sàlitʃe] *m.* sauce. ‖ ~ *piangente,* sauce llorón.

saliente [saljènte] *a.* importante, relevante.

saliera [saljèra] *f.* salero *m.*

salina [salìna] *f.* salina.

salinità [salinità*] *f.* salinidad.

salino, -na [salìno, -na] *a.* salino.

salire [salìre] *t.-i.* subir. ¶ CONJUG. (aux. *essere* [i.], *avere* [t.]) IND. pres.: *salgo, sali, sale, saliamo, salite, salgono.* ‖ SUBJ. pres.: *salga, salga, salga, saliamo, saliate, salgano.* ‖ IMPER. pres.: *sali, salga, saliamo, salite, salgano.*

saliscendi [saliʃʃèndi] *m.* pestillo, picaporte.

salita [salìta] *f.* subida, cuesta.

saliva [salìva] *f.* saliva.

salivare [salivàre] *i.* salivar. ¶ CONJUG. r. aux. *avere.*

salivazione [salivattsjòne] *f.* salivación.

salma [sàlma] *f.* restos *m.-pl.* mortales, cadáver *m.*

salmastro, -tra [salmàstro, -tra] *a.* salobre.

salmì [salmì*] *m.* guisado de caza.

salmo [sàlmo] *m.* salmo.

salmodiare [salmodjàre] *i.* salmodiar. ¶ CONJUG. r. aux. *avere.*

salmone [salmóne] *m.* salmón.

salnitro [salnìtro] *m.* salitre.

salone [salóne] *m.* salón, sala *f.* 2 exposición *f.* ‖ ~ *dell'automobile,* salón del automóvil.

salotto [salòtto] *m.* sala *f.* de estar, living.

salpare [salpàre] *i.* zarpar. ¶ CONJUG. r. aux. *essere.*

salsa [sàlza] *f.* salsa.

salsedine [salzèdine] *f.* salobridad. 2 salinidad.

salsiccia [salzìttʃa] *f.* salchicha.

salsicciotto [salzìttʃòtto] *m.* salchichón.

salso, -sa [sàlso, -sa] *a.* salado, salobre.

saltare [saltàre] *t.-i.* saltar. ‖ ~ *addosso a qualcuno,* abalanzarse contra alguien. ‖ *come ti salta in mente?,* ¿cómo se te ocurre? ‖ ~ *il ticchio,* antojarse. ¶ CONJUG. r. aux. *avere* [t.-i.].

saltatore, -trice [saltatóre, -tritʃe] *a.-m.* saltador.

saltellare [saltellàre] *i.* brincar, retozar. ¶ CONJUG. r. aux. *avere.*

saltimbanco [saltimbànko] *m.* saltimbanqui.

salto [sàlto] *m.* salto, brinco. ‖ *fare un ~ in città,* hacer una escapada a la ciudad.

saltuariamente [saltuarjamènte] *adv.* de vez en cuando.

saltuario, -ria [saltuàrjo, -rja] *a.* intermitente, discontinuo.

salubre [salùbre] *a.* saludable, sano.

salubrità [salubrità*] *f.* salubridad.

salume [salùme] *m.* embutido.

salumiere [salumjère] *m.* salchichero, tocinero.

salutare [salutàre] *a.* saludable.

salutare [salutàre] *t.* saludar.

salute [salùte] *f.* salud. 2 *inter.* saludos. 3 ~ *, ti sei preso un bel raffreddore,* ¡Jesús!, has pillado un buen resfriado.

saluto [salùto] *m.* saludo.

salva [sàlva] *f.* salva.

salvacondotto [salvakondòtto] *m.* salvaconducto.

salvadanaio [salvadanàjo] *m.* hucha *f.*

salvagente [salvadʒènte] *m.* salvavidas.

salvaguardare [salvagwardàre] *t.* salvaguardar.

salvaguardia [salvagwàrdja] *f.* salvaguarda.

salvamento [salvaménto] *m.* salvamento.

salvare [salvàre] *t.-pr.* salvar.

salvataggio [salvatàddʒo] *m.* salvamento.

salvatore, -trice [salvatóre, -tritʃe] *a.-m.* salvador.

salvazione [salvattsjóne] *f.* salvación.

salve [sàlve] *inter.* hola.

salvezza [salvéttsa] *f.* salvación, salvamento *m.*

salvia [sàlvja] *f.* salvia.

salvo, -va [sàlvo, -va] *a.* salvo. 2 *adv.* excepto, salvo.

samba [sàmba] *f.* samba.

sambuco [sambúko] *m.* BOT. saúco.

sanare [sanàre] *t.* sanar, curar. 2 sanear. ‖ ~ *una regione paludosa*, sanear una región pantanosa.

sanatorio [sanatòrjo] *m.* sanatorio.

sancire [santʃire] *t.* sancionar. ‖ *diritto sancito dalla legge,* derecho sancionado por la ley.

sandalo [sàndalo] *m.* sandalia *f.* 2 BOT. sándalo.

sangue [sàngwe] *m.* sangre *f.*

sanguigno, -gna [sangwjɲɲo, -ɲa] *a.* sanguíneo.

sanguinaccio [sangwinàttʃo] *m.* morcilla *f.*

sanguinante [sangwinànte] *a.* sangrante, sangriento.

sanguinare [sangwinàre] *i.* sangrar. ¶ CONJUG. r. aux. *avere*.

sanguinario, -ria [sangwinàrjo, -rja] *a.* sanguinario.

sanguinolento, -ta [sangwinolènto, -ta] *a.* sanguinolento, sangriento.

sanguinosamente [sangwinozaménte] *adv.* sangrientamente.

sanguinoso, -sa [sangwinózo, -za] *a.* sangriento.

sanguisuga [sangwisúga] *f.* sanguijuela.

sanità [sanità*] *f.* sanidad.

sanitario, -ria [sanitàrjo, -rja] *a.* sanitario. 2 médico.

sano, -na [sàno, -no] *a.* sano.

sanscrito [sánskrito] *m.* sánscrito.

santarella [santarélla], **santarellina** [santarellìna] *f.* mojigata, mosca muerta.

santificare [santifikàre] *t.* santificar.

santino [santìno] *m.* estampa *f.* [imagen piadosa].

santità [santità*] *f.* santidad.

santo, -ta [sànto, -ta] *s.* santo.

santuario [santuàrjo] *m.* santuario.

sanzionare [santsjonàre] *f.* sancionar [uso, costumbre, ley]. 2 castigar.

sanzione [santsjóne] *f.* sanción.

sapere [sapére] *m.* saber.

sapere [sapére] *t.* saber, conocer. 2 *i.* oler, saber [tener sabor]. ¶ CONJUG. (aux. *avere* [i.-t.]) IND. pres.: *so, sai, sa, sappiamo, sapete, sanno.* | pret. ind.: *seppi, sapesti, seppe, sapemmo, sapeste, seppero.* | fut. imp.: *saprò, saprai, saprà, sapremo, saprete, sapranno.* ‖ POT. pres.: *saprei, sapresti, saprebbe, sapremmo, sapreste, saprebbero.* ‖ SUBJ. pres.: *sappia, sappia, sappia, sappiamo, sappiate, sappiano.* ‖ IMP. pres.: *sappi, sappia, sappiamo, sappiate, sappiano.*

sapiente [sapjènte] *a.-m.* sabio.

sapientemente [sapjenteménte] *adv.* sabiamente.

sapienza [sapjèntsa] *f.* sabiduría.

sapone [sapóne] *m.* jabón.

saponetta [saponétta] *f.* jabón *m.* de tocador.

saponoso, -sa [saponózo, -za] *a.* jabonoso.

sapore [sapóre] *m.* sabor.

saporitamente [saporitaménte] *adv.* sabrosamente.

saporito, -ta [saporìto, -ta] *a.* sabroso.

saporoso, -sa [saporózo, -za] *a.* sabroso.

sarabanda [sarabànda] *f.* zarabanda.

saraceno, -na [saratʃéno, -na] *a.-m.* sarraceno.

saracinesca [saratʃinèʐka] *f.* puerta metálica.

sarcasmo [sarkázmo] *m.* sarcasmo.

sarcasticamente [sarkastikaménte] *adv.* sarcásticamente.

sarcastico, -ca [sarkàstiko, -ka] *a.* sarcástico.

sarchiatura [sarkjatúra] *f.* sachadura.

sarcofago [sarkòfago] *m.* sarcófago.

sarcoma [sarkòma] *m.* sarcoma.

sarda [sàrda] *f.* sardina.

sardina [sardìna] *f.* sardina.

sardo, -da [sàrdo, -da] *a.-m.* sardo.

sardonicamente [sardonikaménte] *adv.* sarcásticamente.

sardonico, -ca [sardòniko, -ka] *a.* sardónico, sarcástico.

sargasso [sargàsso] *m.* sargazo.

sarta [sàrta] *f.* modista.

sartia [sàrtja] *f.* jarcia.

sarto [sàrto] *m.* sastre.

sartoria [sartorìa] *f.* sastrería.

sassaiola [sassajòla] *f.* pedrea.

sassata [sassàta] *f.* pedrada.

sasso [sàsso] *m.* piedra *f.*

sassofono [sassòfono] *m.* saxófono, saxofón.

sassone [sàssone, sassòne] *a.-m.* sajón.

sassoso, -sa [sassózo, -za] *a.* pedregoso.

satana [sàtana], **satanasso** [satanàsso] *m.* satanás.

satanico, -ca [satàniko, -ka] *a.* satánico.

satellite [satèllite] *m.* satélite.

satira [sàtira] *f.* sátira.

satiricametne [satirikamènte] *adv.* satíricamente.

satirico, -ca [satiriko, -ka] *a.* satírico.

satiro [sàtiro] *m.* sátiro.

satollare [satollàre] *t.-pr.* saciar.

satollo, -la [satòllo, -la] *a.* saciado, sacio, harto.

satrapo [sàtrapo] *m.* sátrapa.

saturare [saturàre] *t.* saturar.

saturazione [saturattsjóne] *f.* saturación.

saturo, -ra [sàturo, -ra] *a.* saturado.

sauro, -ra [sàuro, -ra] *a.-m.* alazán.

savana [savàna] *f.* sabana.

savio, -via [sàvjo, -vja] *a.* cuerdo. 2 *m.* sabio.

savoiardo, -da [savojàrdo, -da] *a.* saboyano.

saziare [sattsjàre] *t.-pr.* saciar, hartar.

sazietà [sattsjetà*] *f.* saciedad.

sazio, -zia [sàttsjo, -tsja] *a.* sacio, saciado, harto.

sbaciucchiare [zbatʃukkjàre] *t.* besuquear.

sbadataggine [zbadatàddʒine] *f.* distracción, descuido *m.*, despiste *m.*

sbadatamente [zbadatamènte] *adv.* distraídamente.

sbadato, -ta [zbadàto, -ta] *a.* despistado.

sbadigliare [zbadiλλàre] *i.* bostezar. ¶ CONJUG. r. aux. *avere.*

sbadiglio [zbadiλλo] *m.* bostezo.

sbagliare [zbaλλàre] *t.* equivocar, errar. 2 *i.-pr.* equivocarse. ¶ CONJUG. r. aux. *avere* [t.-i.].

sbagliato, -ta [zbaλλàto, -ta] *a.* equivocado, erróneo.

sbaglio [zbàλλo] *m.* error, equivocación.

sballare [zballàre] *t.* desembalar. 2 exagerar. || *sballarle grosse,* contar bolas. 3 *i.* equivocarse. ¶ CONJUG. r. aux. *avere* [t.], *essere* [i.].

sballottare [zballottàre] *t.* traquetear.

sbalordimento [zbalordimènto] *m.* asombro.

sbalordire [zbalordire] *t.* asombrar, pasmar.

sbalorditivo, -va [zbalorditivo, -va] *a.* sorprendente, pasmoso.

sbalzare [zbaltsàre] *t.* echar, arrojar. 2 repujar, labrar [metales].

sbalzo [zbàltso] *m.* salto, bote. || *a sbalzi,* a saltos. 2 repujado [de metales].

sbancare [zbankàre] *t.* desbancar.

sbandamento [zbandamènto] *m.* bandazo [de un coche]. 2 desbandada *f.*

sbandare [zbandàre] *i.* bandear, derrapar, patinar [un coche]. 2 salir de buen camino. 3 *pr.* desbandarse, dispersarse. ¶ CONJUG. r. aux. *avere.*

sbandata [zbandàta] *f.* bandazo *m.*

sbandieramento [zbandjeramènto] *m.* despliegue de banderas. 2 fig. ostentación *f.*

sbandierare [zbandjeràre] *t.* desplegar banderas. 2 fig. ostentar, alardear.

sbaragliare [zbaraλλàre] *t.* derrotar, desbaratar.

sbaraglio [zbaràλλo] *m.* derrota *f.*, ruina *f.* || *andare allo ~,* aventurarse, arriesgarse.

sbarazzare [zbarattsàre] *t.-pr.* desembarazar, despejar.

sbarazzino, -na [zbarattsino, -na] *a.-m.* desenvuelto.

sbarbare [zbarbàre] *t.* afeitar. 2 AGR. desarraigar.

sbarbatello [zbarbatèllo] *m.* mocoso.

sbarcare [zbarkàre] *t.-i.* desembarcar. || *~ il lunario,* llegar a final de mes. || pop. *sbarcarla,* ir tirando.

sbarco [zbàrko] *m.* desembarco [personas]. 2 desembarque [cosas].

sbarra [zbàrra] *f.* barra. 2 barrote *m.* [de una ventana]. 3 barrera.

sbarramento [zbarramènto] *m.* barrera *f.*, obstáculo.

sbarrare [zbarràre] *t.* cerrar el paso, obstruir, atrancar. 2 exorbitar.

sbarrato, -ta [zbarràto, -ta] *a.* cerrado, obstruido, atrancado. 2 exorbitado. || *occhi sbarrati,* ojos fuera de órbitas.

sbatacchiare [zbatakkjàre] *t.-i.* golpear. ¶ CONJUG. r. aux. *avere* [t.-i.].

sbattere [zbàttere] *t.* golpear. || *~ la porta,* dar un portazo. 2 batir. || *~ uova,* batir huevos. 3 sacudir [alfombras]. 4 tirar, echar. 5 *i.* golpear. ¶ CONJUG. r. aux. *avere* [t.-i.].

sbattuta [zbattùta] *f.* sacudida.

sbattuto, -ta [zbattùto, -ta] *a.* abatido, pálido. 2 batido [huevos].

sbavare [zbavåre] *i.* babear, babosear. ¶ CONJUG. r. aux. *avere*.

sbavatura [zbavatúra] *f.* rebaba.

sbendare [zbendåre] *t.* desvendar.

sberla [zbèrla] *f.* bofetada, bofetón *m.*

sberleffo [zberlèffo] *m.* gesto *m.* de burla.

sbiadire [zbjadire] *i.* desteñir, descolorar. ¶ CONJUG. r. aux. *essere*.

sbiancare [zbiankåre] *t.* blanquear. 2 *t.* palidecer. ¶ CONJUG. r. aux. *avere* [t.], *essere* [i.].

sbieco, -ca [zbjèko, -ka] *a.* sesgo, sesgado, torcido. ‖ *guardare di* ~, mirar de reojo.

sbigottimento [zbigottimènto] *m.* asombro, pasmo.

sbigottire [zbigottire] *t.-pr.* pasmar, asombrar.

sbilanciare [zbilantʃåre] *t.* desequilibrar. 2 *pr.* prometer más de lo posible.

sbilancio [zbilåntʃo] *m.* desequilibrio. 2 COM. déficit.

sbilenco, -ca [zbilènko, -ka] *a.* torcido.

sbirciare [zbirtʃåre] *t.* mirar de reojo.

sbirciata [zbirtʃåta] *f.* mirada de soslayo.

sbirro [zbirro] *m.* esbirro.

sbizzarrire [zbiddzarrire] *i.-pr.* concederse un capricho. ¶ CONJUG. r. aux. *essere*.

sbloccare [zblokkåre] *t.* desbloquear.

sboccare [zbokkåre] *i.* desembocar. ¶ CONJUG. r. aux. *essere*.

sboccato, -ta [zbokkåto, -ta] *a.* desbocado.

sbocciare [zbottʃåre] *i.* brotar, abrir [las flores].

sboccio [zbòttʃo] *m.* brote.

sbocco [zbókko] *m.* desembocadura.

sbocconcellare [zbokkontʃellåre] *t.* mordiscar, mordisquear.

sbollire [zbollire] *i.* apagarse, calmarse. ¶ CONJUG. r. aux. *essere*.

sbornia [zbòrnja] *f.* borrachera, trompa.

sborsare [zborzåre] *t.* pagar, desembolsar.

sborso [zbòrzo] *m.* desembolso.

sbottare [zbottåre] *i.* estallar. ‖ ~ *a piangere,* romper en sollozos. ‖ ~ *a ridere,* echarse a reír. ¶ CONJUG. r. aux. *essere*.

sbottonare [zbottonåre] *t.* desabrochar, desabotonar. 2 fig. desahogarse.

sbracciarsi [zbrattʃårsi] *pr.* agitarse, afanarse.

sbracciato, -ta [zbrattʃåto, -ta] *a.* arremangado.

sbraitare [zbraitåre] *i.* vocear, gritar, vociferar. ¶ CONJUG. r. aux. *avere*.

sbranare [zbranåre] *t.* descuartizar, destrozar.

sbriciolare [zbritʃolåre] *t.* demenuzar, desmigajar.

sbrigare [zbrigåre] *t.* despachar. 2 *pr.* darse prisa.

sbrigativo, -va [zbrigativo, -va] *a.* expeditivo, rápido.

sbrinare [zbrinåre] *t.* descongelar.

sbrindellato, -ta [zbrindellåto, -ta] *a.* andrajoso, haraposo.

sbrodolare [zbrodolåre] *t.-pr.* manchar.

sbrogliare [zbroʎʎåre] *t.* desenredar, desembrollar. 2 *pr.* salir de apuros.

sbruffare [zbruffåre] *t.* rociar. 2 fig. jactarse, exagerar.

sbruffo [zbrúffo] *m.* rociada *f.* 2 fig. pago hecho bajo mano.

sbucare [zbukåre] *i.* salir, aparecer de repente. ¶ CONJUG. r. aux. *essere*.

sbucciare [zbuttʃåre] *t.* mondar, pelar, descortezar. 2 *pr.* escoriarse.

sbucciatura [zbuttʃatúra] *f.* descortezamiento *m.* 2 escoriación.

sbuffare [zbuffåre] *i.* soplar. 2 suspirar. 3 refunfuñar, rezongar. ¶ CONJUG. r. aux. *avere*.

sbuffata [zbuffåta] *f.* bufido *m.,* resoplido *m.*

sbugiardare [zbudʒardåre] *t.* desmentir.

scabbia [skåbbja] *f.* sarna, roña.

scabbioso, -sa [skabbjózo, -za] *a.* sarnoso, roñoso.

scabro, -bra [skåbro, -bra] *a.* áspero, rugoso.

scabrosità [skabrozità*] *f.* escabrosidad.

scabroso, -sa [skabròzo, -za] *a.* escabroso.

scacchiera [skakkjèra] *f.* tablero *m.* de ajedrez.

scacchista [skakkjzta] *s.* ajedrecista.

scacciare [skattʃåre] *t.* expulsar. 2 rechazar, desechar.

scaccino [skattʃíno] *m.* sacristán.

scacco [skåkko] *m.* jaque. ‖ ~ *matto,* jaque mate. 2 casilla *f.,* escaque. 3 cuadro. ‖ *camicia a scacchi,* camisa de cuadros. 4 fig. derrota. 5 *pl.* juego de ajedrez. ‖ *partita a scacchi,* partida de ajedrez.

scadente [skadènte] *a.* ordinario, de mala calidad.

scadenza [skadèntsa] *f.* vencimiento *m.,* plazo *m.*

scadere [skadère] *i.* caducar. ‖ *il mio passaporto è scaduto,* mi pasaporte ha caducado. 2 disminuir. 3 vencer [una letra de cambio]. ¶ CONJUG. r. aux. *essere*.

scafandro [skafándro] *m*. escafandra *f*.

scaffale [skaffále] *m*. estante, estantería *f*.

scafo [skáfo] *m*. casco [de un barco].

scagionare [skadʒonáre] *t*. disculpar.

scaglia [skaλλa] *f*. escama [de los peces]. 2 viruta, astilla.

scagliare [skaλλáre] *t*. lanzar, tirar. 2 *pr*. lanzarse, precipitarse. ‖ *scagliarsi contro il nemico*, lanzarse contra el enemigo.

scagliola [skaλλóla] *f*. escayola. 2 BOT. alpiste *m*.

scaglionare [skaλλonáre] *t*. escalonar.

scaglione [skaλλóne] *m*. escalón. ‖ *a scaglioni*, escalonado.

scala [skála] *f*. escalera. ‖ *tromba delle scale*, hueco de la escalera. 2 escala [en geografía, matemáticas, economía, música, etc.].

scalare [skaláre] *t*. escalar [alpinismo]. 2 matizar [colores]. 3 deducir, rebajar, descontar.

scalare [skaláre] *m*. MAT. escalar. 2 *a*. MAT. escalar. 3 ECON. proporcional, gradual.

scalata [skaláta] *f*. escalada.

scalatore [skalatóre] *m*. escalador, trepador.

scalcinato, -ta [skaltʃináto, -ta] *a*. desaliñado. 2 desconchado. ‖ *una casa scalcinata*, una casa desconchada.

scaldabagno [skaldabáɲɲo] *m*. calentador de agua.

scaldapanche [skaldapánke] *m*. haragán.

scaldapiedi [skaldapjédi] *m*. calentapiés.

scaldare [skaldáre] *t*. calentar. 2 *pr*. fig. acalorarse.

scaldata [skaldáta] *f*. calentamiento *m*. ‖ *dare una ~*, calentar.

scaldavivande [skaldavivánde] *m*. calientaplatos.

scaldino [skaldíno] *m*. calentador.

scaleno, -na [skaléno, -na] *a*. escaleno.

scalfire [skalfíre] *t*. rasguñar.

scalfittura [skalfittúra] *f*. rasguño *m*.

scalinata [skalináta] *f*. escalinata.

scalino [skalíno] *m*. peldaño, escalón.

scalmanarsi [skalmanársi] *pr*. acalorarse, afanarse.

scalmanato, -ta [skalmanáto, -ta] *a*. cansado, sudado. 2 fig. exaltado.

scalmo [skálmo] *m*. escálamo, tolete.

scalo [skálo] *m*. MAR., AER. escala *f*. ‖ *volo senza ~*, vuelo sin escala. 2 FERR. estación. ‖ *~ merci*, estación de mercancías. 3 muelle, descargadero.

scalone [skalóne] *m*. escalinata *f*.

scalpellino [skalpellíno] *m*. cantero, picapedrero.

scalpello [skalpéllo] *m*. cincel. ‖ *~ da muratore*, escoda *f*.

scalpicciare [skalpittʃáre] *i*. patalear. 2 arrastrar los pies. ¶ CONJUG. r. aux. *avere*.

scalpitare [skalpitáre] *i*. patalear, pifiar. ¶ CONJUG. r. aux. *avere*.

scalpitio [skalpitío] *m*. pataleo.

scalpore [skalpóre] *m*. ruido. 2 asombroso, sensación *f*.

scaltrezza [skaltréttsa] *f*. astucia.

scaltrire [skaltríre] *t*. despabilar, avispar.

scaltro, -tra [skáltro, -tra] *a*. astuto, taimado.

scalzare [skaltsáre] *t*. descalzar. 2 socavar. 3 fig. minar. ‖ *~ l'autorità di qualcuno*, minar la autoridad de alguien. 4 apartar, eliminar.

scalzo, -za [skáltso, -tsa] *a*. descalzo.

scambiare [skambjáre] *t*. cambiar, trocar. 2 equivocar.

scambievole [skambjévole] *a*. mutuo, recíproco.

scambievolmente [skambjevolménte] *adv*. recíprocamente.

scambio [skámbjo] *m*. cambio. ‖ *libero ~*, libre cambio. 2 DEP. pase. ‖ *~ di pallone*, pase. 3 FERR. aguja *f*.

scamiciato, -ta [skamitʃáto, -ta] *a*. descamisado. 2 *m*. pichi [vestido].

scamosciato, -ta [skamoʃʃáto, -ta] *a*. agamuzado, de ante.

scampagnata [skampaɲɲáta] *f*. salida, excursión al campo.

scampanare [skampanáre] *i*. campanear. ¶ CONJUG. r. aux. *avere*.

scampanellare [skampanelláre] *i*. campanillear. ¶ CONJUG. r. aux. *avere*.

scampanellata [skampanelláta] *f*. campanillazo *m*., timbrazo *m*.

scampanio [skampanío] *m*. campaneo, repiquete.

scampare [skampáre] *t*. salvar. 2 *i*. escamparse, salvarse. ¶ CONJUG. r. aux. *avere* [t.], *essere* [i.].

scampo [skámpo] *m*. salvación *f*., refugio *f*.

scampo [skámpo] *m*. ZOOL. langostino.

scampolo [skámpolo] *m*. retal, trozo.

scanalare [skanaláre] *t*. acanalar.

scanalatura [skanalatúra] *f*. acanaladura, ranura.

scandagliare [skandaλλáre] *t*. sondear.

scandaglio [skandáλλo] *m*. sonda *f*.

scandalizzare [skandaliʒʒàre] *t.-pr.* escandalizar.

scandalo [skándalo] *m.* escándalo.

scandalosamente [skandalozaménte] *adv.* escandalosamente.

scandaloso, -sa [skandalózo, -za] *a.* escandaloso.

scandire [skandire] *t.* escandir. 2 martillear [las palabras].

scannare [skannàre] *t.* degollar.

scanno [skánno] *m.* escaño, asiento.

scansafatiche [skansafatike] *m.* haragán, holgazán.

scansare [skansàre] *t.* evitar, esquivar. 2 *pr.* apartarse.

scansia [skansia] *f.* estante *m.*

scanso [skánso] *m.* en la loc. *a ~ di,* para evitar. ‖ *a ~ di equivoci,* para evitar equívocos.

scantonare [skantonàre] *t.* descantonar. 2 *i.* doblar la esquina. 3 fig. escabullirse. ¶ CONJUG. r. aux. *avere* [t.-i.].

scanzonatamente [skantsonataménte] *adv.* burlonamente.

scanzonato, -ta [skantsonáto, -ta] *a.* alegre, burlón.

scapaccione [skapattʃóne] *m.* bofetón.

scapestrato, -ta [skapestráto, -ta] *a.* disoluto, libertino.

scapezzare [skapettsàre] *t.* desmochar, descabezar.

scapigliare [skapiʎʎàre] *t.* despeinar, desgreñar.

scapigliato, -ta [skapiʎʎáto, -ta] *a.* despeinado, desgreñado. 2 fig. desordenado, bohemio.

scapigliatura [skapiʎʎatúra] *f.* movimiento literario italiano de finales del siglo XIX.

scapitare [skapitàre] *i.* perder. ¶ CONJUG. r. aux. *avere.*

scapito [skápito] *m.* daño, pérdida *f.* ‖ *a ~ di,* con perjuicio de.

scapola [skápola] *f.* omóplato *m.* 2 paletilla.

scapolo [skápolo] *a.-m.* soltero.

scappamento [skappaménto] *m.* escape. ‖ *tubo di ~,* tubo de escape.

scappare [skappàre] *i.* escapar. ¶ CONJUG. r. aux. *essere.*

scappatella [skappatèlla] *f.* travesura, desliz. ‖ *fare una ~,* echar una cana al aire.

scappatoia [skappatója] *f.* escapatoria.

scappellarsi [skappellàrsi] *pr.* descubrirse, quitarse el sombrero.

scappellata [skappelláta] *f.* sombrerazo *m.*

scappellotto [skappellótto] *m.* bofetón.

scapricciare [skaprittʃàre] *t.-pr.* desencaprichar.

scarabattola [skarabáttola] *f.* baratija.

scarabeo [skarabèo] *m.* escarabajo.

scarabocchiare [skarabokkjàre] *t.* garabatear.

scarabocchio [skarabókkjo] *m.* garabato.

scarafaggio [skarafáddʒo] *m.* escarabajo.

scaramanzia [skaramantsia] *f.* conjuro *m.,* hechicería. ‖ *per ~,* para conjurar la mala suerte.

scaramazza [skaramàttsa] *a.* irregular. ‖ *perla ~,* perla irregular, barrueco.

scaramuccia [skaramúttʃa] *f.* escaramuza.

scaraventare [skaraventàre] *t.* arrojar.

scarcerare [skartʃeràre] *t.* desencarcelar, poner en libertad.

scarcerazione [skartʃerattsjóne] *f.* excarcelación.

scardinare [skardinàre] *t.* desquiciar.

scarica [skárika] *f.* descarga.

scaricare [skarikàre] *t.* descargar. 2 *pr.* fig. desahogarse.

scaricatoio [skarikatójo] *m.* descargadero.

scaricatore [skarikatóre] *m.* peón, descargador.

scarico, -ca [skáriko, -ka] *a.* descargado. 2 *m.* descarga *f.* ‖ *lo ~ delle merci,* la descarga de las mercancías. 3 desagüe. 4 escape. ‖ *tubo di ~,* tubo de escape. 5 COM. salidas *f.-pl.* ‖ *registro di carico e ~,* registro de entradas y salidas.

scarlattina [skarlattina] *f.* escarlatina.

scarlatto, -ta [skarlátto, -ta] *a.* escarlata.

scarmigliare [skarmiʎʎàre] *t.* desgreñar.

scarnificare [skarnifikàre] *t.* descarnar.

scarnire [skarnire] *t.* descarnar.

scarno, -na [skárno, -na] *a.* flaco, enjuto.

scarpa [skárpa] *f.* zapato *m.*

scarpata [skarpáta] *f.* talud *m.,* declive *m.* 2 zapatazo *m.*

scarpone [skarpóne] *m.* bota *f.* de montaña.

scarseggiare [skarseddʒàre] *i.* escasear. ¶ CONJUG. r. aux. *avere.*

scarsella [skarsélla] *f.* escarcela, bolsillo *m.*

scarsezza [skarsèttsa] *f.* escasez.

scarso, -sa [skárso, -za] *a.* escaso.

scartabellare [skartabelláre] *t.* hojear.

scartafaccio [skartafáttʃo] *m.* cartapacio. 2 mamotreto.

scartamento [skartaménto] *m.* ancho de vía. ‖ ~ *ridotto,* vía *f.* estrecha.

scartare [skartáre] *t.* desenvolver. 2 desechar, descartar, eliminar.

scartato, -ta [skartáto, -ta] *a.* descartado.

scarto [skárto] *m.* desecho. 2 descarte [juego de naipes]. 3 DEP. regate.

scartoffie [skartóffje] *f.-pl.* papelotes *m.-pl.*

scassare [skassáre] *t.* destrozar.

scassinare [skassináre] *t.* descerrajar. 2 forzar. ‖ ~ *una cassaforte,* forzar una caja fuerte de caudales.

scasso [skásso] *m.* descerrajadura. 2 escalo. ‖ *furto con ~,* robo con escalo.

scatenamento [skatenaménto] *m.* desencadenamiento.

scatenare [skatenáre] *t.* desencadenar.

scatola [skátola] *f.* caja, cajita. ‖ *comprare qualcosa a ~ chiusa,* comprar algo a ojos cerrados. ‖ *rompere le scatole,* dar la lata. 2 TÉC. cárter *m.* [motor de coche].

scatolificio [skatolifítʃo] *m.* fábrica *f.* de cajas.

scattare [skattáre] *i.* disparar. 2 saltar. 3 fig. estallar, dispararse. 4 *t.* tomar. ‖ ~ *una foto,* tomar una foto. ¶ CONJUG. r. aux. *essere* o *avere* [i.] referido a mecanismos, *avere* [t.].

scatto [skátto] *m.* disparo. 2 resorte. 3 fig. arrebato. ‖ *a scatti,* a saltos ‖ *di ~,* de repente.

scaturire [skaturíre] *i.* manar, brotar. ¶ CONJUG. r. aux. *essere.*

scavalcare [skavalkáre] *t.* sobrepasar, saltar. 2 fig. suplantar.

scavare [skaváre] *t.* cavar, excavar.

scavatore [skavatóre] *m.* excavador.

scavatrice [skavatrítʃe] *f.* escavadora.

scavo [skávo] *m.* escavación *f.*

scegliere [ʃéʎʎere] *t.* escoger, elegir. ¶ CONJUG. IND. pres.: *scelgo, scegli, sceglie, scegliamo, scegliete, scelgono.* ‖ pret. ind.: *scelsi, scegliesti, scelse, scegliemmo, sceglieste, scelsero.* ‖ SUBJ. pres.: *scelga, scelga, scelga, scegliamo, scegliate, scelgano* ‖ IMPER. pres.: *scegli, scelga, scegliamo, scegliete, scelgano.* ‖ PART.: *scelto.*

sceicco [ʃeikko] *m.* jeque.

scellerato, -ta [ʃelleráto, -ta] *a.-m.* perverso, malvado, desalmado.

scellino [ʃellíno] *m.* chelín.

scelta [ʃélta] *f.* elección. ‖ *a ~,* a elegir, a elección. 2 surtido *m.* ‖ *c'è molta ~,* hay un gran surtido.

scemare [ʃemáre] *i.* disminuir, menguar. ¶ CONJUG. r. aux. *essere.*

scemenza [ʃeméntsa] *f.* tontería, simpleza.

scemo, -ma [ʃémo, -ma] *a.* tonto, bobo.

scempiaggine [ʃempjáddʒine] *f.* tontería, bobería.

scempio, -pia [ʃémpjo, -pja] *a.* simple, sencillo. 2 fig. tonto, bobo. 3 *m.* estrago, destrucción *f.*

scena [ʃéna] *f.* escena. 2 decorado *m.* ‖ *fare una ~,* dar un escándalo.

scenata [ʃenáta] *f.* escena. 2 escándalo *m.*

scendere [ʃéndere] *t.-i.* bajar, descender. ¶ CONJUG. (aux. *essere* [i.], *avere* [t.]) IND. pret. ind.: *scesi, scendesti, scese, scendemmo, scendeste, scesero.* ‖ PART.: *sceso.*

sceneggiare [ʃeneddʒáre] *t.* escenificar.

sceneggiatore [ʃeneddʒatóre] *m.* escenificador.

sceneggiatura [ʃeneddʒatúra] *f.* escenificación.

scenico, -ca [ʃéniko, -ka] *a.* escénico.

scenografia [ʃenografía] *f.* escenografía.

scenografico, -ca [ʃenográfiko, -ka] *a.* escenográfico.

scenografo [ʃenógrafo] *m.* escenógrafo.

sceriffo [ʃeríffo] *m.* sheriff.

scervellarsi [ʃervellársi] *pr.* devanarse los sesos.

scervellato, -ta [ʃervelláto, -ta] *a.* alocado, desconsiderado.

scetticamente [ʃettikaménte] *adv.* escépticamente.

scetticismo [ʃettitʃízmo] *m.* escepticismo.

scettico, -ca [ʃéttiko, -ka] *a.* escéptico.

scettro [ʃéttro] *m.* cetro.

scevro, -vra [ʃévro, -vra] *a.* falto, exento.

scheda [skéda] *f.* ficha. 2 papeleta [electoral].

schedare [skedáre] *t.* fichar.

schedario [skedárjo] *m.* fichero.

schedina [skedína] *f.* quiniela.

scheggia [skéddʒa] *f.* astilla. ‖ ~ *di granata,* cascote *m.*

scheggiare [skeddʒáre] *t.* astillar.

scheletrico, -ca [skelétriko, -ka] *a.* esquelético.

scheletrito, -ta [skeletríto, -ta] *a.* hecho un esqueleto.

scheletro [skéletro] *m.* esqueleto.

schema [skéma] *m.* esquema.

schematicamente [skematikaménte] *adv.* esquemáticamente.

schematico, -ca [skemátiko, -ka] a. esquemático.

schematismo [skematizmo] m. esquemático.

scherma [skèrma] f. esgrima.

schermaglia [skermáʎʎa] f. escaramuza.

schermire [skermire] t. proteger. 2 pr. ocultarse, sustraerse a.

schermitore [skermitóre] m. esgrimidor.

schermo [skèrmo] m. pantalla f.

schernire [skernire] t. escarnecer.

scherno [skèrno] m. escarnio, mofa f.

scherzare [skertsáre] i. bromear. ¶ CONJUG. r. aux. avere.

scherzo [skèrtso] m. broma f.

scherzoso, -sa [skertsózo, -za] a. ameno, chistoso.

schiacciamento [skjattʃamènto] m. aplastamiento.

schiaccianoci [skjattʃanótʃi] m. cascanueces.

schiacciare [skjattʃáre] t. aplastar. 2 romper, cascar. 3 apretar. || schiacciare il bottone, apretar el pulsante.

schiacciato, -ta [skjattʃáto, -ta] a. aplastado, achatado.

schiaffeggiare [skjaffeddʒáre] t. abofetear.

schiaffo [skjáffo] m. bofetón.

schiamazzare [skjamattsáre] i. alborotar. ¶ CONJUG. r. aux. avere.

schiamazzo [skjamáttso] m. alboroto.

schiantare [skjantáre] t. romper, quebrar, quebranto.

schianto [skjánto] m. reventón. 2 estruendo, golpe seco. 3 fig. golpe. || di ~, de golpe.

schiarimento [skjarimènto] m. aclaración f.

schiarire [skjarire] t.-i. aclarar. 2 pr. aclararse, despejarse [el cielo]. ¶ CONJUG. r. aux. essere o avere [i.], avere [t.].

schiarita [skjarita] f. aclaración. 2 escampo m.

schiatta [skjátta] f. estirpe, raza.

schiavismo [skjavizmo] m. esclavismo.

schiavista [skjavizta] s. esclavista.

schiavitù [skjavitú*] f. esclavitud.

schiavo, -va [skjávo, -va] a.-s. esclavo.

schiena [skjèna] f. espalda.

schienale [skjenále] m. respaldo.

schiera [skjèra] f. MIL. formación. 2 grupo m., comitiva.

schieramento [skjeramènto] m. formación f.

schierare [skjeráre] t. MIL. formar. 2 disponer en orden.

schiettamente [skjettamènte] adv. francamente.

schiettezza [skjettèttsa] f. franqueza.

schietto, -ta [skjètto, -ta] a. franco, sincero. 2 puro, genuino [vino].

schifezza [skifèttsa] f. asco m., asquerosidad.

schifiltosamente [skifiltozamènte] adv. melindrosamente.

schifiltoso, -sa [skifiltózo, -za] a. melindroso.

schifo [skifo] m. asco. || fare ~, dar asco.

schifo [skifo] m. MAR. esquife, bote.

schifosamente [skifozamènte] adv. asquerosamente.

schifoso, -sa [skifózo, -za] a. asqueroso.

schioccare [skjokkáre] t.-i. chasquear. ¶ CONJUG. r. aux. avere [t.-i.].

schiocco [skjócco] m. chasquido.

schiodare [skjodáre] t. desenclavar.

schioppettata [skjoppettáta] f. escopetazo m.

schioppo [skjóppo] m. escopeta f.

schiudere [skjúdere] t. entreabrir.

schiuma [skjúma] f. espuma.

schiumaiola [skjumajòla] f. espumadera.

schiumare [skjumáre] t.-i. espumar. ¶ CONJUG. r. aux. avere [t.-i.].

schiumoso, -sa [skjumòzo, -za] a. espumoso.

schivare [skiváre] t. esquivar.

schivo, -va [skivo, -va] a. esquivo.

schizofrenia [skiddʒofrenia] f. esquizofrenia.

schizofrenico, -ca [skiddʒofrèniko, -ka] a.-m. esquizofrénico.

schizzare [skittsáre] t. salpicar, rociar. 2 esbozar, bosquejar [dibujo, pintura]. 3 i. brotar, surgir. ¶ CONJUG. r. aux. avere [t.], essere [i.].

schizzinoso, -sa [skittsinózo, -za] a. melindroso.

schizzo [skittso] m. chorro, salpicadura f. 2 esbozo, bosquejo.

sci [ʃi] m. esquí.

scia [ʃia] f. estela.

scià [ʃá*] m. sha.

sciabola [ʃábola] f. sable m.

sciabolata [ʃaboláta] f. sablazo m.

sciabordare [ʃabordáre] t. agitar. 2 i. chapotear, agitarse ligeramente el mar. ¶ CONJUG. r. aux. avere [t.-i.].

sciacallo [ʃakállo] m. chacal.

sciacquare [ʃakkwáre] *t.* enjuagar. ‖ ~ *la biancheria*, aclarar la ropa.

sciacquata [ʃakkwáta] *f.* enjuague *m.*, enjuagadura. 2 aclarado *m.*

sciacquatura [ʃakkwatúra] *f.* enjuagada.

sciacquio [ʃakkwío] *m.* enjuague, chapoteo.

sciagura [ʃagúra] *f.* desgracia, calamidad.

sciaguratamente [ʃaguratamènte] *adv.* desgraciadamente. 2 malvadamente.

sciagurato, -ta [ʃaguráto, -ta] *a.-m.* desgraciado, desdichado. 2 malvado.

scialacquare [ʃalakkwáre] *t.* despilfarrar, derrochar.

scialacquatore [ʃalakkwatòre] *m.* derrochador.

scialbo, -ba [ʃálbo, -ba] *a.* pálido, descolorido. 2 gris.

scialle [ʃálle] *m.* chal.

scialo [ʃálo] *m.* despilfarro, derroche. 2 ostentación *f.*

scialuppa [ʃalúppa] *f.* chalupa.

sciamare [ʃamáre] *i.* enjambrar, jabardear. ¶ CONJUG. r. aux. *avere.*

sciame [ʃáme] *m.* enjambre.

sciancato, -ta [ʃankáto, -ta] *a.-m.* derrengado, cojo.

sciarada [ʃaráda] *f.* charada.

sciare [ʃáre] *i.* esquiar. 2 MAR. ciar. ¶ CONJUG. r. aux. *avere.*

sciarpa [ʃárpa] *f.* bufanda.

sciatica [ʃátika] *f.* ciática.

sciatico, -ca [ʃátiko, -ka] *a.* ciático.

sciatore [ʃatòre] *m.* esquiador.

sciattamente [ʃattamènte] *adv.* desaliñadamente, descuidadamente.

sciatteria [ʃattería] *f.* desaliño *m.*

sciatto, -ta [ʃátto, -ta] *a.* desaliñado, descuidado.

scibile [ʃibile] *m.* saber, conocimiento.

scientificamente [ʃentifikamènte] *adv.* científicamente.

scientifico, -ca [ʃentifiko, -ka] *a.* científico.

scienza [ʃèntsa] *f.* ciencia.

scienziato [ʃentsjáto] *m.* hombre de ciencia, científico.

scilinguagnolo [ʃilingwáɲɲolo] *m.* locuacidad *f.*

scimitarra [ʃimitárra] *f.* cimitarra.

scimmia [ʃímmja] *f.* mono *m.*, simio *m.*

scimmiesco, -sca [ʃimmjèsko, -ska] *a.* simiesco.

scimmiottare [ʃimmjottáre] *t.* remedar.

scimmiotto [ʃimmjòtto] *m.* mono.

scimpanzè [ʃimpantsè*] *m.* chimpancé.

scimunito, -ta [ʃimunito, -ta] *a.-m.* bobalicón.

scindere [ʃindere] *t.* escindir. ¶ CONJUG. IND. pret. ind.: *scissi, scindesti, scisse, scindemmo, scindeste, scissero.* ‖ PART.: *scisso.*

scintilla [ʃintilla] *f.* chispa, centella.

scintillante [ʃintillànte] *a.* centelleante, chispeante.

scintillare [ʃintilláre] *i.* centellear, chispear. ¶ CONJUG. r. aux. *avere.*

scintillio [ʃintillio] *m.* centelleo.

scioccamente [ʃokkamènte] *adv.* tontamente, neciamente.

sciocchezza [ʃokkèttsa] *f.* tontería, necedad.

sciocco, -ca [ʃòkko, -ka] *a.-m.* tonto, bobo, necio.

sciogliere [ʃɔ́ʎʎere] *t.* soltar, desatar. 2 disolver. 3 derretir. 4 fig. revolver. ‖ ~ *un dubbio*, resolver una duda. ¶ CONJUG. IND. pres.: *sciolgo, sciogli, scioglie, sciogliamo, sciogliete, sciolgono.* | pret. ind.: *sciolsi, sciogliesti, sciolse, sciogliemmo, scioglieste, sciolsero.* ‖ SUBJ. pres.: *sciolga, sciolga, sciolga, sciogliamo, sciogliate, sciolgano.* ‖ IMPER.: *sciogli, sciolga, sciogliamo, sciogliete, sciolgano.* ‖ PART.: *sciolto.*

scioglilingua [ʃoʎʎilingwa] *m.* trabalenguas.

scioglimento [ʃoʎʎimènto] *m.* derretimiento, desleimiento. 2 fig. disolución *f.*, anulación *f.* 3 levantamiento [de una sesión]. 4 desenlace [novela, teatro].

scioltamente [ʃoltamènte] *adv.* con soltura.

scioltezza [ʃoltèttsa] *f.* soltura.

sciolto, -ta [ʃɔ́lto, -ta] *a.* suelto, libre.

scioperante [ʃoperànte] *s.* huelguista.

scioperare [ʃoperáre] *i.* hacer huelga. ¶ CONJUG. r. aux. *avere.*

scioperato, -ta [ʃoperáto, -ta] *a.-s.* gandul, holgazán.

sciopero [ʃɔ́pero] *m.* huelga *f.* ‖ *mettersi in* ~, declararse en huelga.

sciorinare [ʃorináre] *t.* tender, extender. 2 exhibir, ostentar.

sciovinismo [ʃovinizmo] *m.* chovinismo.

sciovinista [ʃovinista] *s.* chovinista.

scipito, -ta [ʃipito, -ta] *a.* insípido, soso.

scippare [ʃippáre] *t.* quitar, hurtar, birlar.

scippo [ʃippo] *m.* robo, tirón.

scirocco [ʃiròkko] *m.* siroco.

sciroppato, -ta [ʃiroppáto, -ta] *a.* en almíbar, almibarado.

sciroppo [ʃiróppo] *m*. jarabe.

scisma [ʃizma] *m*. cisma.

scismatico, -ca [ʃizmátiko, -ka] *a*. cismático.

scissione [ʃissjóne] *f*. escisión.

sciupare [ʃupáre] *t*. estropear, ajar. 2 gastar, derrochar.

sciupato, -ta [ʃupáto, -ta] *a*. ajado. 2 mustio. ‖ *viso ~*, mala cara. 3 malgastado.

sciupio [ʃupío] *m*. despilfarro, derroche.

sciupone [ʃupóne] *m*. derrochador.

scivolare [ʃivoláre] *i*. deslizar, resbalar. ¶ CONJUG. r. aux. *essere* o *avere*.

scivolata [ʃivoláta] *f*. resbalón *m*. 2 desliz *m*.

scivolone [ʃivolóne] *m*. resbalón.

sclerosi [sklerósi] *f*. esclerosis.

sclerotica [sklerótika] *f*. esclerótica.

scoccare [skokkáre] *t*. sonar, dar. ‖ *l'orologio scoccò le sei,* el reloj dio las seis. 2 lanzar. 3 *i*. sonar, dar. 4 surgir.

scocciare [skottʃáre] *t*. fastidiar, dar la lata.

scocciatore [skottʃatóre] *m*. pelmazo, latoso, pesado.

scocciatura [skottʃatúra] *f*. fastidio *m.,* lata.

scodella [skodélla] *f*. bol *m.,* escudilla. 2 plato *m*. sopero.

scodellare [skodelláre] *t*. escudilar. 2 soltar, decir.

scodinzolare [skodintsoláre] *i*. colear. ¶ CONJUG. r. aux. *avere*.

scodinzolio [skodintsolio] *m*. coleo.

scogliera [skoʎʎéra] *f*. escollera, arrecife *m*.

scoglio [skóʎʎo] *m*. escollo.

scoglioso, -sa [skoʎʎózo, -za] *a*. rocoso.

scoiattolo [skojáttolo] *m*. ardilla *f*.

scolare [skoláre] *t*. escurrir. 2 *i*. correr, fluir [líquidos]. ¶ CONJUG. r. aux. *avere* [t.], *essere* [i.].

scolaresca [skolaréska] *f*. alumnado *m*.

scolaro [skoláro] *m*. alumno *f*.

scolastica [skolástika] *f*. escolástica.

scolastico, -ca [skolástiko, -ka] *a*. escolar. 2 FIL. escolástico.

scolatura [skolatúra] *f*. escurrimiento *m*. 2 escurriduras *pl*.

scoliosi [skoljózi] *f*. escoliosis.

scollacciato, -ta [skollattʃáto, -ta] *a*. escotado. 2 fig. picante, escabroso.

scollare [skolláre] *t*. desencolar, despegar. 2 escotar [vestidos].

scollato, -ta [skolláto, -ta] *a*. escotado.

scollatura [skollatúra] *f*. escote *m*. [vestidos]. 2 desencoladura.

scolo [skólo] *m*. desagüe. 2 MED. purgaciones *f.-pl*.

scolopio [skolópjo] *m*. escolapio.

scolorare [skoloráre] *t*. descolorar.

scolorina [skolorina] *f*. descolorante *m*.

scolorire [skoloríre] *t*. descolorir.

scolpire [skolpíre] *t*. esculpir. 2 fig. grabar.

scolpito, -ta [skolpíto, -ta] *a*. esculpido. 2 grabado. 3 tallado.

scolta [skólta, skólta] *f*. centinela *m.-f*.

scombinare [skombináre] *t*. desordenar, desconcertar.

scombussolamento [skombussolaménto] *m*. desbarajuste, zozobra *f*. 2 trastorno.

scombussolare [skombussoláre] *t*. desconcertar. 2 trastornar.

scommessa [skomméssa] *f*. apuesta.

scommettere [skomméttere] *t*. apostar. ¶ CONJUG. como *mettere*.

scommettitore [skommettitóre] *m*. apostante.

scomodare [skomodáre] *t*. molestar, incomodar.

scomodità [skomoditá*] *f*. incomodidad.

scomodo, -da [skómodo, -da] *a*. incómodo.

scompaginare [skompadʒináre] *t*. descompaginar, desarreglar.

scompagnato, -ta [skompaɲɲáto, -ta] *a*. desparejado.

scomparire [skomparíre] *i*. desaparecer. ¶ CONJUG. como *apparire* (aux. *essere*).

scomparsa [skompársa] *f*. desaparición.

scompartimento [skompartiménto] *m*. departamento [tren]. 2 compartimento.

scomparto [skompárto] *m*. compartimiento, departamento.

scompenso [skompénso] *m*. descompensación *f*. ‖ *~ cardiaco,* insuficiencia *f*. cardíaca.

scompigliare [skompiʎʎáre] *t*. trastornar, desarreglar, desordenar. 2 desgreñar [los cabellos].

scompiglio [skompiʎʎo] *m*. barullo, desorden.

scomponibile [skomponíbile] *a*. descomponible.

scomporre [skompórre] *t*. descomponer. 2 fig. alterar. ¶ CONJUG. como *porre*.

scomposizione [skompozittsjóne] *f*. descomposición.

scompostamente [skompostaménte] *adv*. descompuestamente.

scompostezza [skompostèttsa] *f.* descompostura.

scomposto, -ta [skompósto, -sta] *a.* descompuesto, desordenado. 2 indecente. ‖ *posizione scomposta,* actitud indecente.

scomunica [skomúnika] *f.* excomunión.

scomunicare [skomunikáre] *t.* excomulgar.

sconcertare [skontʃertáre] *t.* desconcertar.

sconcertato, -ta [skontʃertáto, -ta] *a.* desconcertado, turbado.

sconcerto [skontʃèrto] *m.* desconcierto.

sconcezza [skontʃèttsa] *f.* indecencia, obscenidad.

sconciamente [skontʃaménte] *adv.* indecentemente.

sconcio, -cia [skóntʃo, -tʃa] *a.* indecente, obsceno.

sconclusionato, -ta [skonkluzjonáto, -ta] *a.* inconexo, disparatado.

scondito, -ta [skondíto, -ta] *a.* sin sazonar.

sconfessare [skonfessáre] *t.* desautorizar, desaprobar. 2 renegar.

sconfessione [skonfessjóne] *f.* desautorización. 2 abjuración.

sconfiggere [skonfíddʒere] *t.* derrotar, vencer. ¶ CONJUG. como *affliggere.*

sconfinamento [skonfinaménto] *m.* paso de la frontera.

sconfinare [skonfináre] *i.* pasar una frontera. 2 penetrar, entrar. 3 fig. divagar. ¶ CONJUG. r. aux. *avere,* raramente *essere.*

sconfinato, -ta [skonfináto, -ta] *a.* ilimitado.

sconfitta [skonfítta] *f.* derrota.

sconfitto, -ta [skonfítto, -ta] *a.* vencido, derrotado.

sconfortante [skonfortánte] *a.* desconsolador.

sconfortare [skonfortáre] *t.-pr.* desanimar, desalentar.

sconforto [skonfórto] *m.* desconsuelo, desaliento.

scongiurare [skondʒuráre] *t.* conjurar, evitar. 2 suplicar, implorar.

scongiuro [skondʒúro] *m.* conjuro.

sconnettere [skonnèttere] *t.* desconectar. 2 desjuntar, desunir. 3 fig. fam. divagar. ¶ CONJUG. como *annettere.*

sconnesso, -sa [skonnèsso, -sa] *a.* desconectado. 2 desunido. 3 fig. fam. incoherente, inconexo.

sconosciuto, -ta [skonoʃʃúto, -ta] *a.-m.* desconocido.

sconquassare [skonkwassáre] *t.* desbarajustar, destrozar.

sconquasso [skonkwásso] *m.* desbarajuste, destrozo.

sconsacrare [skonsakráre] *t.* secularizar.

sconsideratamente [skonsiderataménte] *adv.* desconsideradamente.

sconsideratezza [skonsideratéttsa] *f.* desconsideración.

sconsiderato, -ta [skonsideráto, -ta] *a.* desconsiderado.

sconsigliabile [skonsiʎʎábile] *a.* desaconsejable.

sconsigliare [skonsiʎʎáre] *t.* desaconsejar.

sconsigliato, -ta [skonsiʎʎáto, -ta] *a.* desaconsejado.

sconsolare [skonsoláre] *t.* desconsolar.

sconsolatamente [skonsolataménte] *adv.* desconsoladamente.

sconsolato, -ta [skonsoláto, -ta] *a.* desconsolado.

scontare [skontáre] *t.* descontar. ‖ ~ *una cambiale,* descontar una letra. 2 purgar, expiar. 3 prever. ‖ *dare per scontato,* dar por descontado, dar por seguro.

scontentare [skontentáre] *t.* descontentar.

scontato, -ta [skontáto, -ta] *p. p.* de *scontare.* 2 *a.* descontado.

scontentezza [skontentéttsa] *f.* descontentó *m.*

scontento, -ta [skontènto, -ta] *a.-m.* descontento.

sconto [skónto] *m.* descuento. ‖ ~ *bancario,* descuento bancario. 2 descuento, rebaja *f.*

scontrarsi [skontrársi] *pr.* chocar. 2 fig. oponerse.

scontrino [skontríno] *m.* resguardo, talón, contraseña *f.*

scontro [skóntro] *m.* choque. 2 combate.

scontrosamente [skontrozaménte] *adv.* de manera huraña.

scontrosità [skontrozità*] *f.* insociabilidad, huraña.

scontroso, -sa [skontrózo, -za] *a.* arisco, huraño, insociable.

sconveniente [skonvenjènte] *a.* indecoroso.

sconvenientemente [skonvenjenteménte] *adv.* indecorosamente.

sconvenienza [skonvenjèntsa] *f.* indecencia. 2 incorrección.

sconvenire [skonvenire] *i.* desconvenir. ¶ CONJUG. como *venire* (aux. *essere*).

sconvolgere [skonvóldʒere] t. desbaratar. 2 fig. turbar, desconcertar. ¶ CONJUG. como *volgere*.

sconvolgimento [skonvoldʒiménto] m. desconcierto, desbarajuste. 2 fig. trastorno.

sconvolto, -ta [skonvólto, -ta] a. trastornado. 2 fig. turbado, descompuesto.

scopa [skópa] f. escoba.

scopare [skopáre] t. barrer. 2 fam. vulg. joder.

scopata [skopáta] f. barrido m. 2 escobazo m.

scoperchiare [skoperkjáre] t. destapar. 2 abrir. 3 destejar [una teja].

scoperta [skopérta] f. descubrimiento m.

scopertamente [skopertaménte] adv. descubiertamente.

scoperto, -ta [skopérto, -ta] a. descubierto. 2 COM. sin fondos [talón, cuenta].

scopo [skópo] m. fin, finalidad f., objeto, intención f. ‖ *al solo ~ di...*, con la única finalidad de...

scoppiare [skoppjáre] i. estallar, reventar. ¶ CONJUG. r. aux. *essere*.

scoppiettare [skoppjettáre] i. chisporrotear, crepitar. ¶ CONJUG. r. aux. *avere*.

scoppiettio [skoppjettío] m. chisporroteo.

scoppio [skóppjo] m. estallido, explosión f. ‖ *motore a ~*, motor de explosión.

scoprimento [skoprimento] m. descubrimiento.

scoprire [skoprire] t. descubrir. ¶ CONJUG. como *aprire*.

scoraggiamento [skoraddʒaménto] m. desaliento.

scoraggiare [skoraddʒáre] t. desalentar.

scoramento [skoraménto] m. desaliento, abatimiento.

scorbutico, -ca [skorbútiko, -ka] a.-s. escorbútico. 2 fig. huraño, arisco.

scorbuto [skorbúto] m. escorbuto.

scorciare [skortʃáre] t. acortar.

scorciatoia [skortʃatója] f. atajo m.

scorcio [skórtʃo] m. lapso de tiempo. 2 escorzo.

scordare [skordáre] t. olvidar. 2 MÚS. desafinar.

scordatura [skordatúra] f. MÚS. desafinación.

scorgere [skórdʒere] t. vislumbrar, divisar. 2 darse cuenta. ¶ CONJUG. como *porgere*.

scoria [skórja] f. escoria. ‖ *scorie di ferro*, cagafierro.

scornare [skornáre] t. descornar. 2 fig. befar.

scornato, -ta [skornáto, -ta] a. abochornado, humillado.

scorno [skórno] m. bochorno, humillación f.

scorpacciata [skorpattʃáta] f. hartazgo m.

scorpione [skorpjóne] m. alacrán, escorpión.

scorrazzare [skorrattsáre] i. correr de un lado a otro. ¶ CONJUG. r. aux. *avere*.

scorrere [skórrere] i. fluir, correr [líquidos]. 2 deslizar. 3 chorrear. 4 fig. desfilar. 5 fig. transcurrir [el tiempo]. 6 fig. hojear [un libro]. ¶ CONJUG. como *correre*.

scorreria [skorrería] f. correría, incursión.

scorrettamente [skorrettaménte] adv. incorrectamente.

scorrettezza [skorrettéttsa] f. descortesía, incorrección.

scorretto, -ta [skorrétto, -ta] a. descortés, incorrecto.

scorrevole [skorrévole] a. corredizo. 2 fig. fluido, suelto.

scorrevolezza [skorrevoléttsa] f. fluidez.

scorribanda [skorribánda] f. correría.

scorrimento [skorriménto] m. salida f., desagüe [líquidos]. 2 salida f., circulación f. ‖ *strada di ~*, vía rápida. 3 FÍS. fluencia f.

scorsa [skórsa] f. ojeada, vistazo m.

scorsoio, -ia [skorsójo, -ja] a. corredizo.

scorta [skórta] f. escolta, guardia. 2 provisión f. [víveres]. 3 reserva [dinero]. ‖ *ruota di ~*, rueda de recambio.

scortare [skortáre] t. escoltar.

scortecciare [skortettʃáre] t. descortezar.

scortese [skortéze] a. descortés.

scortesemente [skortezeménte] adv. descortésmente.

scortesia [skortezía] f. descortesía, mala educación.

scorticamento [skortikaménto] m. desuello, desolladura f.

scorticare [skortikáre] t. desollar.

scorticatura [skortikatúra] f. excoriación. 2 desolladura.

scorza [skórdza] f. corteza.

scosceso, -sa [skoʃʃézo, -za] a. escarpado.

scostante [skostánte] a. huraño, arisco.

scostare [skostáre] t.-pr. apartar.

scostumatezza [skostumatéttsa] f. libertinaje m.

scostumato, -ta [skostumáto, -ta] *a.-m.* libertino, desvergonzado.

scotch [skotʃ] *m.* (marca de cinta adhesiva) celo (marca).

scotennare [skotennáre] *t.* desollar.

scotimento [skotiménto] *m.* sacudida *f.,* traqueteo.

scottante [skottánte] *a.* abrasador, que quema. 2 fig. candente.

scottare [skottáre] *t.-i.* quemar, abrasar. 2 fig. escarmentar.

scottata [skottáta] *f.* escaldadura, quemadura.

scottatura [skottatúra] *f.* quemadura.

scotto [skótto] *m.* precio. 2 fig. rescate [precio]. ‖ *pagare lo ~,* pagar las consecuencias.

scotto, -ta [skótto, -ta] *a.* demasiado cocido [especialmente la pasta].

scovare [skováre] *t.* fig. descubrir.

scozzese [skottsèze] *a.-s.* escocés.

screanzato, -ta [skreantsáto, -ta] *a.* grosero, mal educado.

screditare [skreditáre] *t.* desacreditar.

scredito [skrèdito] *m.* descrédito.

scremare [skremáre] *t.* descremar, desnatar [la leche].

scrematrice [skrematritʃe] *f.* desnatadora.

screpolare [skrepoláre] *t.* agrietar.

screpolato, -ta [skrepoláto, -ta] *a.* agrietado.

screpolatura [skrepolatúra] *f.* grieta.

screziato, -ta [skrettsjáto, ta] *a.* abigarrado, jaspeado.

screziatura [skrettsjatúra] *f.* jaspeado *m.*

screzio [skrèttsjo] *m.* desacuerdo, desavenencia *f.*

scribacchino [skribakkíno] *m.* chupatintas.

scricchiolare [skrikkjoláre] *i.* crujir. ‖ CONJUG. r. aux. *avere.*

scricchiolio [skrikkjolío] *m.* crujido.

scricciolo [skrittʃolo] *m.* ZOOL. chochín.

scrigno [skriɲɲo] *m.* cofre, escriño.

scriminatura [skriminatúra] *f.* raya [del cabello].

scritta [skritta] *f.* cartel *m.,* letrero *m.,* inscripción.

scritto, -ta [skrítto, -ta] *a.-m.* escrito.

scrittoio [skrittójo] *m.* escritorio.

scrittore [skrittóre] *m.* escritor.

scrittura [skrittúra] *f.* escrito *m.* 2 letra. ‖ *bella ~,* bella letra. 3 escritura.

scritturare [skritturáre] *t.* contratar.

scrivania [skrivania] *f.* escritorio *m.*

scrivano [skriváno] *m.* escribiente, copista.

scrivere [skrívere] *t.* escribir. ¶ CONJUG. IND. pret. ind.: *scrissi, scrivesti, scrisse, scrivemmo, scriveste, scrissero.* ‖ PART.: *scritto.*

scroccare [skrokkáre] *f.* gorrear.

scrocco [skrókko] *m.* estafa *f.,* timo. ‖ *vivere a ~,* vivir de gorra.

scroccone [skrokkóne] *m.* gorrón.

scrofa [skrófa] *f.* cerda, cochina.

scrofola [skrófola] *f.* escrófula.

scrofoloso, -sa [skrofolózo, -za] *a.* escrofuloso.

scrollare [skrolláre] *t.* sacudir, agitar. 2 menear. ‖ *~ la testa,* menear la cabeza. 3 mover. ‖ *~ le spalle,* encogerse de hombros.

scrollata [skrolláta] *f.* sacudida.

scrosciante [skroʃʃánte] *a.* estrepitoso. ‖ *risa scroscianti,* carcajadas estrepitosas. ‖ *pioggia ~,* lluvia a cántaros.

scrosciare [skroʃʃáre] *i.* chaparrear, llover a cántaros. ‖ *~ di applausi,* resonar de aplausos.

scroscio [skróʃʃo] *m.* estrépito.

scrostare [skrostáre] *t.* descortezar. 2 desconchar.

scrostatura [skrostatúra] *f.* desconchado *m.* 2 descostradura.

scrupolo [skrúpolo] *m.* escrúpulo.

scrupolosamente [skrupolozaménte] *adv.* escrupulosamente.

scrupolosità [skrupolosità*] *f.* escrupulosidad.

scrupoloso, -sa [skrupolózo, -za] *a.* escrupuloso.

scrutare [skrutáre] *t.* escudriñar, escrutar.

scrutatore, -trice [skrutatóre, -tritʃe] *a.-s.* escudriñador. 2 *m.* escrutador [en una elección].

scrutinare [skrutináre] *t.* escrutar.

scrutinio [skrutínjo] *m.* escrutinio.

scucire [skutʃíre] *t.* descoser.

scucito, -ta [skutʃíto, -ta] *a.* descosido.

scucitura [skutʃitúra] *f.* descosido *m.*

scuderia [skuderia] *f.* cuadra, caballeriza.

scudiero [skudièro] *m.* escudero.

scudisciata [skudiʃʃáta] *f.* latigazo *m.,* azotado *m.*

scudiscio [skudiʃʃo] *m.* azote, látigo.

scudo [skúdo] *m.* escudo.

scugnizzo [skuɲɲittso] *m.* golfillo.

sculacciare [skulattʃáre] *t.* zurrar.

sculacciata [skulattʃáta] *f.* zurra, azotaina.

scultore [skultóre] *m.* escultor.

scultoreo, -rea [skultóreo, -rea] *a.* escultural.

scultura [skultúra] *f.* escultura.

scuoiare [skwojáre] *f.* desollar.

scuola [skwóla] *f.* escuela, colegio *m.*

scuotere [skwótere] *f.* sacudir, agitar. ¶ CONJUG. como *percuotere.*

scure [skúre] *f.* hacha.

scurire [skuríre] *t.* ennegrecer. 2 *i. impers.* oscurecer. ‖ *d'inverno scurisce presto,* en invierno oscurece pronto.

scuro, -ra [skúro, -ra] *a.* oscuro. 2 negro. ‖ *birra scura,* cerveza negra. 3 moreno [piel]. 4 fig. triste, sombrío. 5 *m.* oscuridad *f.,* ‖ *essere allo scuro,* ignorar.

scurrilità [skurrilitá*] *f.* vulgaridad.

scusa [skúza] *f.* excusa. 2 perdón *m.* ‖ *chiedere* ~, pedir perdón.

scusabile [skuzábile] *a.* excusable, perdonable.

scusare [skuzáre] *t.* excusar, perdonar. ‖ *scusi,* perdone. 2 *pr.* excusarse, disculparse.

sdebitarsi [zdebitársi] *pr.* desendeudarse. 2 fig. desobligarse.

sdegnare [zdeɲáre] *f.* desdeñar, menospreciar. 2 *pr.* indignarse.

sdegnato, -ta [zdeɲɲáto, -ta] *a.* indignado, resentido.

sdegno [zdèɲɲo] *m.* indignación *f.* 2 desdén.

sdegnosamente [zdeɲɲozaménte] *adv.* desdeñosamente.

sdegnoso, -sa [zdeɲɲóso, -za] *a.* desdeñoso. 2 enojadizo.

sdentato, -ta [zdentáto, -ta] *a.* desdentado.

sdilinquirsi [zdilinkwírsi] *pr.* desfallecer. 2 enternecerse, pasmarse.

sdoganare [zdoganáre] *t.* retirar de la aduana.

sdolcinatezza [zdoltʃinatéttsa] *f.* zalamería, melindre *m.*

sdolcinato, -ta [zdoltʃináto, -ta] *a.* melindroso, zalamero.

sdoppiamento [zdoppjaménto] *m.* desdoblamiento.

sdoppiare [zdoppjáre] *f.* desdoblar. 2 doblar. ‖ ~ *un treno,* poner dos trenes.

sdraia [zdrája] *f.* tumbona.

sdraiare [zdrajáre] *t.-pr.* tender, tumbar.

sdraio [zdrájo] *m.* en la loc. *a* ~, tumbado, acostado. ‖ *sedia a* ~, tumbona.

sdrucciolare [zdruttʃoláre] *i.* resbalar [aux. *essere* y *avere*]. 2 patinar [aux. *avere*].

sdrucciolevole [zdruttʃolévole] *a.* resbaladizo.

sdrucciolo, -la [zdrúttʃolo, -la] *a.* GRAM. esdrújulo. 2 *m.* resbaladero, pendiente *f.*

sdrucciolone [zdruttʃolóne] *m.* resbalón.

sdrucire [zdrutʃíre] *t.* descoser, rasgar.

se [se] *conj.* si. ‖ *non so* ~ *sia vero,* no sé si es verdad. ‖ ~ *mai,* si acaso. ‖ *anche* ~, aunque.

se [se] *pron. pers. átono* [3.ª *persona sing. y pl.*] se.

se [sè] *pron. pers.* [3.ª *persona sing. y pl.* referido al sujeto] sí, sí mismo. ‖ *parlare di* ~, hablar de sí mismo. ‖ *con* ~, consigo. ‖ *fare qualcosa da* ~, hacer algo uno mismo.

sebbene [sebbène] *conj.* aunque.

sebo [sébo] *m.* sebo.

secante [sekánte] *a.-f.* secante.

secca [sèkka] *f.* bajío *m.* 2 fig. dificultad. ‖ *lasciare qualcuno sulle secche,* dejar a alguien en dificultad.

seccante [sekkánte] *a.* cargante, latoso, cabreante.

seccare [sekkáre] *t.* secar, desecar. 2 *t.-pr* fig. fastidiar, cabrear, dar la lata.

seccato, -ta [sekkáto, -ta] *a.* fastidiado, cabreado.

seccatore [sekkatóre] *m.* pelmazo.

seccatura [sekkatúra] *f.* fastidio *m.,* molestia, lata.

secchezza [sekkéttsa] *f.* sequedad, aridez.

secchio [sèkkjo] *m.* cubo.

secco, -ca [sèkko, -ka] *a.* seco. 2 árido.

secentismo [setʃentizmo] *m.* barroquismo.

secernere [setʃèrnere] *t.* secretar, excretar, destilar.

secessione [setʃessjóne] *f.* secesión.

secolare [sekoláre] *a.* secular. ‖ *odio* ~, odio secular. 2 ECL. secular. ‖ *clero* ~, clero secular.

secolarizzazione [sekolariddzatsjóne] *f.* secularización.

secolo [sékolo] *m.* siglo.

seconda [sekónda] en la loc. *a* ~ *che,* según que. 2 *a* ~ *di,* según, de acuerdo con.

secondare [sekondáre] *t.* secundar.

secondariamente [sekondarjaménte] *adv.* secundariamente.

secondario, -ria [sekondárjo, -rja] *a.* secundario. 2 GRAM. subordinado. ‖ *pro-*

posizione secondaria, proposición subordinada.

secondino [sekondíno] *m.* carcelero.

secondo, -da [sekóndo, -da] *a.* segundo.

secondo [sekóndo] *prep.* según. ‖ ~ *noi,* en nuestra opinión. 2 *conj.* como. ‖ *parla* ~ *pensa,* habla como piensa. 3 según. ‖ ~ *si dice,* según se dice.

secondogenito, -ta [sekondodʒénito, -ta] *a.* segundogénito.

secrezione [sekrettsjóne] *f.* secreción.

sedano [sédano] *m.* apio.

sedare [sedáre] *t.* calmar, sosegar, sedar.

sedativo, -va [sedatívo, -va] *a.-m.* sedativo, calmante.

sede [séde] *f.* lugar *m.,* sede.

sedentario, -ria [sedentárjo, -rja] *a.* sedentario.

sedere [sedére] *i.* sentarse, estar sentado. 2 tener sesión. ‖ *il comitato sedeva in permanenza,* el comité estaba en sesión permanente. ‖ *mettersi a* ~, sentarse. ¶ CONJUG. (aux. *essere*) IND. pres.: *siedo (seggo), siedi, siede, sediamo, sedete, siedono (seggono).* ‖ SUBJ. pres.: *sieda (segga), sieda (segga), sieda (segga), sediamo, sediate, siedano (seggano).* ‖ IMPER.: *siedi, sieda (segga), sediamo, sedete, siedano (seggano).*

sedere [sedére] *m.* trasero.

sedia [sédja] *f.* silla.

sedicente [seditʃénte] *a.* pretendido, presunto.

sedicesimo, -ma [seditʃézimo, -ma] *a.* décimosexto. 2 *m.* dieciseisavo.

sedici [séditʃi] *a.* dieciséis.

sedile [sedíle] *m.* asiento.

sedimentario, -ria [sedimentárjo, -rja] *a.* sedimentario.

sedimentazione [sedimentattsjóne] *f.* sedimentación.

sedimento [sedimènto] *m.* sedimento.

sedizione [sedittsjóne] *f.* sedición.

sediziosamente [sedittsjozamènte] *adv.* sediciosamente.

sedizioso, -sa [sedittsjózo, -za] *a.* sedicioso.

seducente [sedutʃénte] *a.* seductor, halagador, atrayente.

sedurre [sedúrre] *t.* seducir. ¶ CONJUG. como *addurre.*

seduta [sedúta] *f.* sesión, reunión.

seduttore, -trice [seduttóre, -tritʃe] *a.-m.* seductor.

seduzione [seduttsjóne] *f.* seducción.

sega [séga] *f.* sierra. 2 vulg. paja [masturbación].

segale [ségale] *f.* centeno *m.*

segaligno, -gna [segalíɲɲo, -ɲɲa] *a.* enjuto.

segare [segáre] *t.* serrar, aserrar. 2 cortar, segar.

segatura [segatúra] *f.* serrín *m.* 2 dial. siega.

seggio [séddʒo] *m.* sitial, asiento. ‖ ~ *elettorale,* mesa *f.* electoral.

seggiola [séddʒola] *f.* silla.

seggiolone [seddʒolóne] *m.* silla *f.* alta [para niños].

seggiovia [seddʒovía] *f.* telesilla.

segheria [segería] *f.* aserradero *m.*

seghettare [segettáre] *t.* recortar formando dientes.

seghettato, -ta [segettáto, -ta] *a.* arpado, provisto de dientes, de púas.

segmento [segmènto] *m.* segmento.

segnalare [seɲɲaláre] *f.* señalar. 2 *pr.* distinguirse.

segnalatore [seɲɲalatóre] *m.* vigía *f.*

segnalazione [seɲɲalattsjóne] *f.* señal.

segnale [seɲɲále] *m.* señal *f.* 2 indicio.

segnaletica [seɲɲalétika] *f.* señalización.

segnaletico, -ca [seɲɲalétiko, -ka] *a.* indicador.

segnalibro [seɲɲalíbro] *m.* señal *f.,* punto [en la lectura de un libro].

segnare [seɲɲáre] *t.* marcar, señalar. 2 DEP. marcar [un gol]. 3 *pr.* santiguarse.

segno [séɲɲo] *m.* signo, señal *f.* 2 blanco. ‖ *coglier nel segno,* dar en el blanco. 3 rastro, huella *f.*

sego [ségo] *m.* sebo.

segregare [segregáre] *t.* segregar.

segregazione [segregattsjóne] *f.* segregación.

segreta [segréta] *f.* calabozo *m.*

segretamente [segretamènte] *adv.* secretamente.

segretario [segretárjo] *m.* secretario.

segreteria [segretería] *f.* secretaria.

segretezza [segretéttsa] *f.* secreto *m.,* reserva.

segreto, -ta [segréto, -ta] *a.-m.* secreto.

seguace [segwátʃe] *m.* secuaz, partidario.

seguente [segwènte] *a.* siguiente.

segugio [segúdʒo] *m.* sabueso.

seguire [segwíre] *f.* seguir, ir detrás.

seguitare [segwitáre] *t.-i.* seguir, continuar. ‖ ~ *a dire,* seguir diciendo.

seguito [ségwito] *m.* séquito. 2 continuación *f.* ‖ *in ~,* después. ‖ *in ~ a,* a consecuencia. ‖ *di ~,* sin interrupción.

sei [sèi] *adj.* seis.

seicento [seitʃénto] *a.* seiscientos. 2 *m.* el siglo diecisiete.

selce [sèltʃse] *f.* sílice. 2 adoquín *m.*

selciato, -ta [seltʃáto, -ta] *a.-m.* adoquinado.

selettivo, -va [selettívo, -va] *a.* selectivo.

selettore [selettóre] *a.-m.* selector.

selezionare [selettsjonáre] *t.* seleccionar.

selezionato, -ta [selettsjonáto, -ta] *a.* seleccionado.

selezione [selettsjóne] *f.* selección.

sella [sélla] *f.* silla de montar. 2 sillín *m.* [de bicicleta, moto]. 3 GEOGR. paso *m.,* puerto *m.*

sellaio [sellájo] *m.* guarnicionero.

sellare [selláre] *t.* ensillar.

sellino [sellíno] *m.* sillín [de moto, bicicleta].

selva [sélva] *f.* selva. 2 fig. multitud.

selvaggina [selvaddʒína] *f.* caza.

selvaggiamente [selvaddʒaménte] *adv.* salvajemente.

selvaggio, -gia [selváddʒo, -dʒa] *a.-m.* salvaje.

selvatichezza [selvatikéttsa] *f.* aspereza, rudeza.

selvatico, -ca [selvátiko, -ka] *a.* selvático. 2 salvaje.

selvoso, -sa [selvózo, -za] *a.* selvoso.

semaforo [semáforo] *m.* semáforo.

semantica [semántica] *f.* semántica.

semantico, -ca [semántiko, -ka] *a.* semántico.

sembiante [sembiánte] *m.* semblante. 2 apariencia *f.*

sembianza [sembiántsa] *f.* aspecto *m.,* apariencia. 2 rasgo *m.*

sembrare [sembráre] *i.* parecer. ‖ *a quanto sembra,* por lo que parece. ¶ CONJUG. r. aux. *essere.*

seme [sème] *m.* semilla *f.* 2 ZOOL. semen.

semente [semènte] *f.* simiente.

semenza [seméntsa] *f.* simiente, semilla. 2 LIT. origen *m.*

semenzaio [sementsájo] *m.* semillero.

semestralmente [semestralménte] *adv.* semestralmente.

semestrale [semestrále] *a.* semestral.

semestre [seméstre] *m.* semestre.

semiaperto, -ta [semiapèrto, -ta] *a.* entreabierto.

semicerchio [semitʃèrkjo] *m.* semicírculo.

semicircolare [semitʃirkoláre] *a.* semicircular.

semicirconferenza [semitʃirkonferèntsa] *f.* semicircunferencia.

semidio [semidío, semiddío] *m.* semidiós.

semifreddo [semifrèddo] *m.* semifrío [helado].

semiminima [semimínima] *f.* MÚS. negra [nota].

semina [sèmina] *f.* siembra.

seminare [semináre] *t.* sembrar.

seminario [seminárjo] *m.* seminario.

seminarista [seminarista] *m.* seminarista.

seminato, -ta [semináto, -ta] *a.-m.* sembrado. ‖ *uscire dal ~,* salirse del tema, salir por peteneras. 2 *a.* fig. salpicado, esparcido.

seminatore [seminatóre] *m.* sembrador.

seminudo, -da [seminúdo, -da] *a.* medio desnudo.

semiologia [semjolodʒía] *f.* semiología.

semiretta [semirètta] *f.* semirrecta.

semita [semita] *a.-m.* semita.

semitico, -ca [semítiko, -ka] *a.* semítico.

semivivo, -va [semivívo, -va] *a.* semivivo.

semmai [semmái] *conj.* si. 2 *adv.* a lo más, en el peor de los casos.

semola [sémola] *f.* sémola. ‖ *pane di ~,* pan de salvado.

semolino [semolíno] *m.* sémola *f.* [cocida].

semovente [semovènte] *a.* semoviente.

semplice [sèmplitʃe] *a.* simple.

semplicemente [semplitʃeménte] *adv.* simplemente.

semplicione [semplitʃóne] *m.* simplón, necio.

sempliciotto [semplitʃótto] *m.* bobalicón.

semplicistico, -ca [semplitʃístiko, -ka] *a.* simplicista.

semplicità [semplitʃitá*] *f.* simplicidad.

semplificare [semplifikáre] *t.* simplificar.

semplificazione [semplifikatsjóne] *f.* simplificación.

sempre [sèmpre] *adv.* siempre. ‖ *~ che,* si, a condición de.

sempreverde [semprevèrde] *a.-m.* siempre verde.

semprevivo [semprevívo] *m.* siempreviva *f.*

senape [sènape] *f.* mostaza.

senato [senáto] *m.* senado.

senatore [senatóre] *m.* senador.

senatoriale [senatorjále] *a.* senatorial.

senile [senile] *a.* senil.

senilità [senilitá*] *f.* senilidad.

senno [sènno] *m.* juicio, cordura *f.* 2 razón *f.* ‖ *perdere il ~*, perder la razón.

seno [sèno] *m.* seno. 2 MAT. seno.

sensale [sensále] *m.* corredor, agente de negocios.

sensatamente [sensatamènte] *adv.* sensatamente.

sensatezza [sensatéttsa] *f.* sensatez.

sensato, -ta [sensáto, -ta] *a.* sensato.

sensazionale [sensattsjonále] *a.* sensacional.

sensazionalismo [sensattsjonalismo] *m.* sensacionalismo.

sensazionalmente [sensattsjonalmènte] *adv.* sensacionalmente.

sensazione [sensattsjóne] *f.* sensación.

senseria [senseria] *f.* corretaje *m.*

sensibile [sensibile] *a.* sensible.

sensibilmente [sensibilmènte] *adv.* sensiblemente.

sensibilità [sensibilitá*] *f.* sensibilidad.

sensitiva [sensitiva] *f.* sensitiva.

sensitività [sensitivitá*] *f.* sensibilidad.

sensitivo, -va [sensitivo, -va] *a.* sensitivo.

senso [sènso] *m.* sentido. ‖ *il buon ~*, el sentido común. 2 sentido, significado. 3 sentido, dirección *f.* 4 sensación *f.*, impresión *f.* 5 sentimiento. 6 término. ‖ *ai sensi di legge*, según los términos de la ley.

sensore [sensóre] *m.* sensor.

sensuale [sensuále] *a.* sensual.

sensualità [sensualitá*] *f.* sensualidad.

sensualmente [sensualmènte] *adv.* sensualmente.

sentenza [sentèntsa] *f.* sentencia.

sentenziare [sententsjáre] *t.* sentenciar. 2 *i.* pontificar. ¶ CONJUG. r. aux. *avere* [t.-i.].

sentenzioso, -sa [sententsjózo, -za] *a.* sentencioso.

sentiero [sentjèro] *m.* sendero, camino.

sentimentale [sentimentále] *a.* sentimental.

sentimentalismo [sentimentalizmo] *m.* sentimentalismo.

sentimento [sentimènto] *m.* sentimiento.

sentinella [sentinèlla] *f.* centinela.

sentina [sentina] *f.* sentina.

sentire [sentire] *t.* oír. 2 escuchar. ‖ *stammi bene a ~*, escúchame bien. 3 sentir.

‖ *~ caldo,* sentir calor. 4 *i.* sentir. ‖ *il caldo si fa ~*, el calor se hace sentir. 5 oler. ‖ *questa stanza sente di muffa*, esta habitación huele a moho. 6 *pr.* sentirse, encontrarse. ‖ *non mi sento bene*, no me encuentro bien. ‖ *non me la sento di dirgli la verità*, no me atrevo a decirle la verdad. ¶ CONJUG. r. aux. *avere* [t.-i.].

sentitamente [sentitamènte] *adv.* sinceramente.

sentito, -ta [sentito, -ta] *a.* oído. ‖ *per ~ dire*, de oídas. 2 sincero. ‖ *sentiti ringraziamenti*, sincero agradecimiento.

sentore [sentóre] *m.* barrunto, indicio. 2 perfume.

senza [sèntsa] *prep.* sin. ‖ *senz' altro*, sin falta. ‖ *~ meno*, ciertamente, sin duda. 2 *conj.* sin. ‖ *non parlare ~ riflettere*, no hables sin reflexionar.

senzatetto [sentsatètto] *s.* desamparado.

sepalo [sèpalo] *m.* sépalo.

separabile [separábile] *a.* separable.

separare [separáre] *t.* separar.

separatamente [separatamènte] *adv.* separadamente.

separatismo [separatizmo] *m.* separatismo.

separatista [separatista] *a.* separatista.

separato, -ta [separáto, -ta] *a.* separado.

separazione [separattsjóne] *f.* separación.

sepolcrale [sepolkrále] *a.* sepulcral.

sepolcro [sepólkro] *m.* sepulcro.

scpolto, -ta [sepólto, -ta] *a.* sepulto, enterrado.

sepoltura [sepoltúra] *f.* sepultura. 2 entierro *m.*

seppellimento [seppellimènto] *m.* entierro.

seppellire [seppellire] *t.* enterrar, sepultar.

seppia [sèppja] *f.* sepia.

seppure [seppúre] *conj.* aun cuando, aunque. 2 si, en el caso que.

sepsi [sèpsi] *f.* sepsia, infección.

sequela [sekwèla] *f.* serie.

sequenza [sekwèntsa] *f.* secuencia.

sequestrare [sekwestráre] *t.* embargar, confiscar. 2 secuestrar [personas].

sequestro [sekwèstro] *m.* embargo, confiscación *f.* 2 secuestro [personas].

sequoia [sekwója] *f.* secoya.

sera [sèra] *f.* tarde, atardecer *m.,* noche. ‖ *si fa ~*, está atardeciendo. ‖ *abito da ~*, traje de noche.

serafico, -ca [seráfiko, -ka] *a.* seráfico.

serafino [serafino] *m.* serafín.

serale [seràle] *a.* vespertino, nocturno.

serata [seràta] *f.* velada. ‖ ~ *di gala,* función de gala.

serbare [serbàre] *t.* conservar, guardar. 2 *pr.* mantenerse, reservarse.

serbatoio [serbatòjo] *m.* depósito. ‖ *carro* ~, camión cisterna.

serbo, -ba [sèrbo, -ba] *a.-s.* servio.

serenata [serenàta] *f.* serenata.

serenità [serenità*] *f.* serenidad.

sereno, -na [serèno, -na] *a.-m.* sereno.

sergente [serdʒènte] *m.* sargento.

seriamente [serjamènte] *adv.* seriamente.

serico, -ca [sèriko, -ka] *a.* sérico.

sericultura [serikultúra] *f.* sericultura.

serie [sèrje] *f.* serie.

serietà [serjetà] *f.* seriedad.

serio, -ria [sèrjo, -rja] *a.* serio.

sermone [sermóne] *m.* sermón.

serotino, -na [serótino, -na] *a.* tardío.

serpaio [serpàjo] *m.* cazador de serpientes. 2 nido de serpientes.

serpe [sèrpe] *f.* serpiente.

serpente [serpènte] *m.* serpiente *f.* ‖ ~ *a sonagli,* serpiente de cascabel.

serpeggiare [serpeddʒàre] *i.* serpentear, serpear. ‖ fig. propagarse. ¶ CONJUG. r. aux. *avere.*

serpentina [serpentina] *f.* serpentín *m.*

serpentino, -na [serpentino, -na] *a.* serpentino.

serra [sèrra] *f.* invernadero *m.*

serraglio [serràʎʎo] *m.* casa *f.* de fieras.

serraglio [serràʎʎo] *m.* HISTOR. serrallo.

serranda [serrànda] *f.* persiana. 2 cierre *m.* metálico.

serrare [serràre] *f.* apretar. 2 cerrar.

serratamente [serratamènte] *adv.* apretadamente.

serrato, -ta [serràto, -ta] *a.* apretado. 2 cerrado.

serratura [serratúra] *f.* cerradura.

serva [sèrva] *f.* sirvienta.

servibile [servíbile] *a.* servible.

servigio [servidʒo] *m.* favor, servicio.

servile [servile] *a.* servil.

servilmente [servilmènte] *adv.* servilmente.

servilismo [servilizmo] *m.* servilismo.

servire [servíre] *t.* servir. 2 *i.* servir, ser útil. ‖ *questo libro non mi serve,* no necesito este libro. 3 necesitar. ‖ *mi serve una scala,* necesito una escalera. ¶ CONJUG. r. aux. *essere, avere,* raramente *avere* [i.], *avere* [t.].

servitore [servitóre] *m.* criado, sirviente.

servitù [servitú*] *f.* servidumbre.

servizievole [servittsjévole] *a.* servicial.

servizio [servittsjo] *m.* servicio.

servo [sèrvo] *m.* sirviente, criado, servidor. 2 *a.* esclavo, servil.

sesamo [sèsamo] *m.* sésamo.

sessanta [sessànta] *a.* sesenta.

sessantenne [sessantènne] *a.-s.* sesentón.

sessantesimo [sessantèzimo] *a.* sexagésimo. 2 *m.* sesentavo.

sessantina [sessantina] *f.* unos sesenta.

sessione [sessjóne] *f.* sesión.

sesso [sèsso] *m.* sexo.

sessualmente [sessualmènte] *adv.* sexualmente.

sesta [sèsta] *f.* MÚS. sexta.

sestante [sestànte] *m.* sextante.

sesto, -ta [sèsto, -ta] *a.-m.* sexto.

sesto [sèsto] *m.* orden. ‖ *mettere in* ~, ordenar. 2 ARQ. cimbra *f.,* cintra *f.*

seta [sèta] *f.* seda.

setacciare [setattʃàre] *t.* tamizar.

setaccio [setàttʃo] *m.* tamiz, cedazo.

sete [sète] *f.* sed.

setificio [setifittʃo] *m.* fábrica *f.* de seda.

setola [sètola] *f.* cerda.

setoloso, -sa [setolòzo, -za] *a.* cerdoso.

setta [sètta] *f.* secta.

settanta [settànta] *a.* setenta.

settantenne [settantènne] *a.-s.* setentón.

settantesimo [settantèzimo] *a.* septuagésimo. 2 *m.* setentavo.

settantina [settantina] *f.* unos setenta.

settario, -ria [settàrjo, -rja] *a.-m.* sectario.

sette [sètte] *a.* siete.

settecento [settetʃènto] *a.* setecientos. 2 *m.* el siglo dieciocho.

settembre [settèmbre] *m.* septiembre.

settentrionale [settentrjonàle] *a.* septentrional.

settentrione [settentrjóne] *m.* septentrión, norte.

setticemia [settitʃemìa] *f.* septicemia.

settimana [settimàna] *f.* semana.

settimanale [settimanàle] *a.* semanal.

settimo, -ma [sèttimo, -ma] *a.-m.* séptimo.

setto [sètto] *m.* tabique.

settore [settóre] *m.* sector.

settuagenario, -ria [settuadʒenàrjo, -rja] *a.-m.* setentón.

severamente [severamènte] *adv.* severamente.

severità [severità*] *f.* severidad.

severo, -ra [sevèro, -ra] *a.* severo.

sevizia [sevíttsja] *f.* sevicia.
seviziare [sevittsjáre] *t.* torturar, maltratar.
sevo [sèvo] V. **sego**.
sezionare [settsjonáre] *t.* seccionar. 2 MED. disecar.
sezione [settsjóne] *f.* sección [electoral, de un partido]. 2 sección, corte *m.*
sfaccendare [sfattʃendáre] *i.* afanar, bregar. ¶ CONJUG. r. aux. *avere*.
sfaccendato, -ta [sfattʃendáto, -ta] *a.-s.* gandul, holgazán.
sfaccettare [sfattʃettáre] *t.* tallar, labrar.
sfaccettatura [sfattʃettatúra] *f.* tallado *m.*
sfacchinare [sfakkináre] *i.* ajetrearse. ¶ CONJUG. r. aux. *avere*.
sfacchinata [sfakkináta] *f.* ajetreo *m.*, trabajo *m.* fatigoso.
sfacciataggine [sfattʃatáddʒine] *f.* desfachatez, caradura.
sfacciatamente [sfattʃataménte] *adv.* descaradamente.
sfacciato, -ta [sfattʃáto, -ta] *a.* descarado, desvergonzado, caradura.
sfacelo [sfatʃèlo] *m.* ruina *f.* 2 desastre, derrota *f.*
sfaldamento [sfaldaménto] *m.* exfoliación *f.*, hendidura *f.* [de un mineral].
sfaldare [sfaldáre] *t.* exfoliar.
sfamare [sfamáre] *t.-pr.* saciar.
sfarzo [sfártso] *m.* suntuosidad *f.*, pompa *f.*
sfarzoso, -sa [sfartsózo, -za] *a.* fastuoso, suntuoso.
sfasamento [sfazaménto] *m.* desfasaje.
sfasare [sfazáre] *t.* desfasar. 2 fig. desorientar.
sfasato, -ta [sfazáto, -ta] *a.* desfasado. 2 fig. desorientado.
sfasciare [sfaʃʃáre] *t.* destrozar, demoler. 2 desvendar, desfajar [a los niños].
sfatare [sfatáre] *t.* destruir. ‖ ~ *una leggenda*, destruir una leyenda.
sfaticato, -ta [sfatikáto, -ta] *a.* holgazán.
sfatto, -ta [sfátto, -ta] *a.* deshecho.
sfavillante [sfavillánte] *a.* centelleante, chispeante.
sfavillare [sfavilláre] *i.* centellear, chispear, brillar. ¶ CONJUG. r. aux. *avere*.
sfavillio [sfavillío] *m.* centelleo.
sfavorevole [sfavorèvole] *a.* desfavorable.
sfebbrare [sfebbráre] *i.* desaparecer la fiebre. ¶ CONJUG. r. aux. *essere*.
sfebbrato, -ta [sfebbráto, -ta] *a.* sin fiebre.

sfegatarsi [sfegatársi] *pr.* afanarse, desvivirse.
sfegatato, -ta [sfegatáto, -ta] *a.* apasionado, entrañable.
sfera [sfèra] *f.* esfera. 2 MEC. bola. ‖ *cuscinetto a sfere*, cojinete de bolas. ‖ *penna a ~*, bolígrafo.
sfericità [sferitʃità*] *f.* esfericidad.
sferico, -ca [sfèriko, -ka] *a.* esférico.
sferisterio [sferistèrjo] *m.* frontón.
sferrare [sferráre] *t.* pegar, soltar, dar. ‖ ~ *un pugno*, dar un puñetazo. 2 desherrar [un caballo]. 3 lanzarse. ‖ *sferrarsi contro qualcuno*, lanzarse contra alguien.
sferruzzare [sferruttsáre] *i.* hacer punto. ¶ CONJUG. r. aux. *avere*.
sferza [sfèrtsa] *f.* látigo *m.*, azote *m.*
sferzare [sfertsáre] *t.* azotar.
sferzata [sfersáta] *f.* latigazo *m.*
sfiancare [sfjankáre] *t.* reventar, agotar.
sfiatare [sfjatáre] *i.* perder el aliento. ¶ CONJUG. r. aux. *avere*.
sfiatato, -ta [sfjatáto, -ta] *a.* sin voz, agotado.
sfibbiare [sfibbjáre] *t.* deshebillar, desabrochar.
sfibrante [sfibránte] *a.* agotador.
sfibrare [sfibráre] *t.* extenuar.
sfibrato, -ta [sfibráto, -ta] *a.* extenuado.
sfida [sfída] *f.* desafío *m.*
sfidare [sfidáre] *t.* desafiar.
sfiducia [sfidútʃa] *f.* desconfianza.
sfiduciato, -ta [sfidutʃáto, -ta] *a.* desalentado.
sfigurare [sfiguráre] *t.* desfigurar, deformar. 2 *i.* hacer mal papel. ¶ CONJUG. r. aux. *avere* [t.-i.].
sfilacciare [sfilattʃáre] *t.* deshilachar.
sfilacciatura [sfilattʃatúra] *f.* deshiladura.
sfilacciato, -ta [sfilattʃáto, -ta] *a.* deshilachado.
sfilare [sfiláre] *t.* deshilar, deshebrar. 2 *i.* desfilar. ¶ CONJUG. r. aux. *essere* o *avere* [i.] *avere* [t.].
sfilata [sfiláta] *f.* desfile *m.*
sfinge [sfíndʒe] *f.* esfinge.
sfinimento [sfiniménto] *m.* agotamiento.
sfinire [sfiníre] *t.* extenuar, agotar.
sfinito, -ta [sfiníto, -ta] *a.* agotado, extenuado.
sfiorare [sfjoráre] *t.* rozar. 2 descremar. ‖ ~ *il latte*, descremar la leche.
sfiorire [sfjoríre] *i.* ajarse, marchitarse. ¶ CONJUG. r. aux. *essere*.
sfiorito, -ta [sfjoríto, -ta] *a.* marchito.
sfittare [sfittáre] *t.* desalquilar.

sfitto, -ta [sfítto, -ta] *a.* desalquilado.

sfocato, -ta [sfokáto, -ta] *a.* desenfocado.

sfociare [sfotʃáre] *i.* desembocar. ¶ CONJUG. r. aux. *essere* raramente *avere.*

sfoderare [sfoderáre] *t.* desenvainar. 2 quitar el forro.

sfogare [sfogáre] *t.-pr.* desahogar.

sfoggiare [sfoddʒáre] *t.* alardear. 2 lucir [un vestido].

sfoggio [sfóddʒo] *m.* alarde, ostentación *f.*

sfoglia [sfɔ́ʎʎa] *f.* lámina. ‖ *pasta* ~, hojaldre *m.*

sfogliare [sfoʎʎáre] *t.* deshojar [una flor]. 2 hojear [un libro].

sfogliata [sfoʎʎáta] *f.* hojaldre *m.*

sfogo [sfógo] *m.* desahogo.

sfolgorante [sfolgoránte] *a.* resplandeciente.

sfolgorare [sfolgoráre] *i.* resplandecer. ¶ CONJUG. r. aux. *avere.*

sfolgorio [sfolgorío] *m.* fulgor, resplandor.

sfollagente [sfolladʒɛ̀nte] *m.* porra *f.*

sfollare [sfolláre] *t.* dispersar. 2 *pr.* vaciarse de gente. 3 *i.* dispersarse. ¶ CONJUG. r. aux. *essere,* raramente *avere* [i.], *avere* [t.].

sfollato, -ta [sfolláto, -ta] *a.-m.* evacuado, refugiado.

sfondare [sfondáre] *t.* hundir. 2 *i.* tener éxito. ¶ CONJUG. r. aux. *avere* [i.-t.].

sfondato, -ta [sfondáto, -ta] *a.* desfondado. ‖ *ricco* ~, ricachón.

sfondo [sfóndo] *m.* fondo.

sforbiciare [sforbitʃáre] *t.* tijeretear.

sforbiciata [sforbitʃáta] *f.* tijereteada.

sformare [sformáre] *t.* deformar, desfigurar. 2 quitar del molde.

sformato, -ta [sformáto, -ta] *a.* deformado, desfigurado. 2 *m.* pastel, budín.

sfornare [sfornáre] *t.* sacar del horno. 2 fig. publicar.

sfornire [sforníre] *t.* desguarecer, desproveer.

sfortuna [sfortúna] *f.* mala suerte. 2 desdicha.

sfortunato, -ta [sfortunáto, -ta] *a.* desafortunado, desdichado.

sforzare [sfortsáre] *t.* forzar. 2 *pr.* hacer esfuerzos, procurar.

sforzo [sfɔ́rtso] *m.* esfuerzo.

sfracellare [sfratʃelláre] *t.* destrozar. 2 *pr.* estrellarse.

sfrattare [sfrattáre] *t.* deshauciar.

sfratto [sfrátto] *m.* deshaucio.

sfrecciare [sfrettʃáre] *i.* pasar velozmente. ¶ CONJUG. r. aux. *essere.*

sfregamento [sfregaménto] *m.* restregamiento, frotamiento.

sfregare [sfregáre] *t.* frotar, restregar.

sfregiare [sfredʒáre] *t.* señalar, herir, hacer un chirlo. ‖ ~ *il viso,* herir en la cara, hacer un chirlo en la cara.

sfregio [sfrɛ̀dʒo] *m.* chirlo.

sfrenare [sfrenáre] *t.* desenfrenar.

sfrenatezza [sfrenatèttsa] *f.* desenfreno *m.*

sfrenatamente [sfrenatamènte] *adv.* desenfrenadamente.

sfrenato, -ta [sfrenáto, -ta] *a.* desenfrenado.

sfrondare [sfrondáre] *t.* desbrozar, deshojar.

sfrontatezza [sfrontatèttsa] *f.* descaro *m.*

sfrontato, -ta [sfrontáto, -ta] *a.* descarado.

sfruttamento [sfruttaménto] *m.* explotación *f.*

sfruttare [sfruttáre] *t.* explotar. ‖ ~ *una miniera,* explotar una mina. ‖ ~ *gli operai,* explotar a los obreros.

sfruttatore, -trice [sfruttatóre, -trítʃe] *a.-m.* explotador.

sfuggente [sfuddʒɛ̀nte] *a.* huidizo.

sfuggevole [sfuddʒévole] *a.* fugaz, huidizo.

sfuggire [sfuddʒíre] *i.* escapar, salvarse. ‖ *lasciarsi* ~, dejar pasar, perder. 2 perder. 3 *t.* evitar, esquivar. ¶ CONJUG. r. aux. *essere* [i.], *avere* [t.].

sfuggita [sfuddʒíta] en la loc. *di* ~, rápidamente, sin prestar mucha atención.

sfumare [sfumáre] *t.* esfumar, matizar. 2 *i.* desvanecerse. ¶ CONJUG. r. aux. *avere* [t.], *essere* [i.].

sfumato, -ta [sfumáto, -ta] *a.* matizado. 2 esfumado. 3 fig. vago, impreciso.

sfumatura [sfumatúra] *f.* matiz *m.* 2 escalonado *m.* [peinado].

sfuriata [sfurjáta] *f.* arrebato *m.* de ira.

sgabuzzino [zgabuddʒíno] *m.* trastera *f.*

sgambettare [zgambettáre] *i.* patear. ¶ CONJUG. r. aux. *avere.*

sgambetto [zgambètto] *m.* zancadilla *f.* ‖ *fare lo* ~, poner la zancadilla.

sganciare [zgantʃáre] *t.* desenganchar. 2 descolgar [una bomba]. 4 fam. soltar. ‖ ~ *i soldi,* soltar el dinero. 5 apartarse, separarse.

sgangherare [zgangeráre] *t.* desquiciar, desgoznar.

sgangherato, -ta [zgangeráto, -ta] *a.* desquiciado.

sgarbatamente [zgarbataménte] *adv.* descortésmente.

sgarbatezza [zgarbatèttsa] *f.* descortesía.

sgarbato, -ta [zgarbáto, -ta] *a.* descortés, maleducado.

sgarbo [zgárbo] *m.* descortesía *f.*

sgargiante [zgardʒánte] *a.* chillón.

sgarrare [zgarráre] *t.-i.* equivocarse. ¶ CONJUG. r. aux. *avere* [t.-i].

sgattaiolare [zgattajoláre] *i.* zafarse, escabullirse. ¶ CONJUG. r. aux. *avere.*

sgelare [zdʒeláre] *t.* deshelar. 2 *i.-pr.* deshelarse. ¶ CONJUG. r. aux. *avere* [t.], *essere* [i.].

sgelo [zdʒélo] *m.* deshielo.

sghembo [zgèmbo] *a.* sesgado, torcido. ‖ *di ~,* al sesgo.

sgherro [zgèrro] *m.* esbirro.

sghignazzare [zgiɲɲattsáre] *i.* reír burlonamente, sarcásticamente. ¶ CONJUG. r. aux. *avere.*

sghignazzata [zgiɲɲattsáta] *f.* risa burlona, sarcástica.

sghimbescio [zgimbèʃʃo] *m.* sesgo.

sgobbare [zgobbáre] *i.* fam. currar. 2 empollar. ¶ CONJUG. r. aux. *avere.*

sgobbata [zgobbáta] *f.* fam. trabajo *m.*, ajetreo *m.* 2 empollada.

sgobbone [zgobbóne] *m.* fam. trabajador. 2 empollón.

sgocciolare [zgottʃoláre] *i.* gotear. ¶ CONJUG. r. aux. *essere.*

sgocciolio [zgottʃolío] *m.* goteo.

sgocciolo [zgòttʃolo] *m.* goteo. 2 *pl.* escurriduras *f.-pl.* ‖ *essere agli sgoccioli,* estar en las últimas.

sgolarsi [zgolársi] *pr.* desgañitarse.

sgomberare [zgomberáre] *t.* desalojar. 2 *i.* trasladarse, largarse. ¶ CONJUG. r. aux. *avere* [t.-i.].

sgombro [zgómbro] *m.* caballa *f.,* sarda *f.*

sgomentare [zgomentáre] *t.* asustar, espantar.

sgomento [zgomènto] *a.* asustado, turbado. 2 *m.* espanto, turbación *f.*

sgominare [zgomináre] *t.* desbaratar.

sgomitolare [zgomitoláre] *t.* desovillar.

sgonfiare [zgonʃjáre] *t.* desinflar, deshinchar.

sgonfio, -fia [zgónfjo, -fja] *a.* deshinchado.

sgorbiare [zgorbjáre] *t.* emborronar.

sgorbio [zgòrbjo] *m.* garabato. 2 fig. mamarracho.

sgorgare [zgorgáre] *t.* brotar, manar. 2 *t.* desobstruir [una cañería]. ¶ CONJUG. r. aux. *essere* [i.], *avere* [t.].

sgozzare [zgottsáre] *t.* degollar.

sgradevole [zgradèvole] *a.* desagradable.

sgradito, -ta [zgradíto, -ta] *a.* inoportuno, indeseable.

sgrammaticato, -ta [zgrammatikáto, -ta] *a.* lleno de faltas [de gramática].

sgrammaticatura [zgrammatikatúra] *f.* falta de gramática.

sgranare [zgranáre] *t.* desvainar, mondar. 2 desgranar. 3 abrir. ‖ *~ gli occhi,* desencajar los ojos.

sgranchire [zgrankíre] *t.* desentumecer, desentorpecer. 2 *pr.* desperezarse.

sgrassare [zgrassáre] *t.* desengrasar.

sgravare [zgraváre] *t.* descargar, liberar. 2 desgravar [fisco]. 3 *i.* parir. ¶ CONJUG. r. aux. *avere* [t.-i.].

sgravio [zgràvjo] *m.* descargo. ‖ *~ fiscale,* desgravación fiscal.

sgraziatamente [zgrattsjaménte] *adv.* desmañadamente, sin gracia.

sgraziato, -ta [zgrattsjáto, -ta] *a.* falto de gracia, poco agraciado.

sgretolamento [zgretolaménto] *m.* desmoronamiento. 2 resquebrajadura *f.*

sgretolare [zgretoláre] *t.* resquebrajar, desmoronar.

sgretolato, -ta [zgretoláto, -ta] *a.* resquebrajado, agrietado.

sgretolio [zgretolío] *m.* desmoronamiento, resquebrajadura *f.*

sgridare [zgridáre] *t.* reprochar, reñir.

sgridata [zgridáta] *f.* reprimenda.

sgrinfia [zgrínfja] *f.* garfa, garra, zarpa.

sgrondare [zgrondáre] *t.* escurrir, secar.

sgroppata [zgroppáta] *f.* bote *m.* del caballo.

sgrossamento [zgrossaménto] *m.* desbaste.

sgrossare [zgrossáre] *t.* desbastar.

sguaiataggine [zgwajatáddʒine] *f.* descompostura.

sguaiatamente [zgwajataménte] *adv.* groseramente.

sguaiato, -ta [zgwajáto, -ta] *a.* grosero.

sguainare [zgwaináre] *t.* desenvainar.

sgualcire [zgwaltʃíre] *t.* arrugar.

sgualcito, -ta [zgwaltʃíto, -ta] *a.* arrugado.

sgualdrina [zgwaldrína] *f.* puta, ramera.

sguardo [zgwárdo] *m.* mirada *f.* ‖ *attirare gli sguardi,* llamar la atención. ‖ *al primo ~,* a primera vista.

sguarnire [zgwarníre] t. desguarnecer.

sguattera [zgwáttera] f. fregona, lavaplatos.

sguattero [zgwáttero] m. pinche, lavaplatos.

sguazzare [zgwattsáre] i. chapotear. 2 fig. estar como pez en el agua. ¶ CONJUG. r. aux. *avere.*

sguinzagliare [zgwintsaλλáre] t. dejar suelto [al perro].

sgusciare [zguʃʃáre] t. descascarar. 2 i. irse, escaparse. ‖ ~ *di soppiatto,* irse a la francesa.

si [si] *pron. pers.* se. ‖ *sedersi,* sentarse. ‖ ~ *direbbe che minacci pioggia,* diríase que amenaza lluvia. ‖ *non ~ vede,* no se ve. 2 m. MÚS. si.

sì [si*] *adv.* sí. ‖ *votate ~,* vote sí. 2 así, tan. ‖ *era ~ bella ...,* era tan bella. 3 m. sí. ‖ *mi hanno detto di ~,* me han dicho que sí.

siamese [siamése] *a.-s.* siamés.

siberiano, -na [siberjáno, -na] *a.-s.* siberiano.

sibilante [sibilánte] *a.-f.* sibilante.

sibilare [sibiláre] *i.* silbar. ¶ CONJUG. r. aux. *avere.*

sibillino, -na [sibillíno, -na] *a.* sibilino.

sibilo [síbilo] *m.* silbido.

sicario [sikárjo] *m.* sicario.

sicchè [sikké*] *conj.* de modo que. 2 pues, entonces.

siccità [sittʃitá*] f. sequía. 2 sequedad.

siccome [sikkóme] *conj.* dado que, puesto que.

siciliano, -na [sitʃiljáno, -na] *s.* siciliano.

sicomoro [sikomóro] *m.* sicómoro.

sicura [sikúra] f. seguro m. [armas de fuego].

sicuramente [sikuraménte] *adv.* de un modo seguro, sin falta.

sicurezza [sikuréttsa] f. seguridad.

sicuro, -ra [sikúro, -ra] *a.* seguro.

siderale [siderále] *a.* sideral.

sidereo, -rea [sídereo, -rea] *a.* sidéreo.

siderurgia [siderurdʒía] f. siderurgia.

siderurgico, -ca [siderúrdʒiko, -ka] *a.* siderúrgico.

sidro [sidro] *m.* sidra f.

siepe [sjépe] f. seto m., cercado m.

siero [sjéro] *m.* suero.

sieroterapia [sjeroterapía] f. sueroterapia.

siesta [sjésta] f. siesta.

siffatto, -ta [siffátto, -ta] *a.* tal, semejante.

sifilide [sifílide] f. sífilis.

sifilitico, -ca [sifilítiko, -ka] *a.* sifilítico.

sifone [sifóne] *m.* sifón.

sigaretta [sigarétta] f. cigarrillo m.

sigaro [sígaro] *m.* cigarro, puro.

sigillare [sidʒilláre] t. sellar.

sigillo [sidʒíllo] *m.* sello, lacre.

sigla [sígla] f. sigla.

siglare [sigláre] t. poner la sigla.

significare [siɲɲifikáre] t. significar. 2 expresar.

significativamente [siɲɲifikativaménte] *adv.* significativamente.

significativo, -va [siɲɲifikativo, -va] *a.* significativo.

signora [siɲɲóra] f. señora.

signore [siɲɲóre] *m.* señor.

signoreggiare [siɲɲoreddʒáre] *t.-i.* señorear. ¶ CONJUG. r. aux. *avere* [t.-i.].

signoria [siɲɲoría] f. señorío m. 2 señoría. ‖ *prego la S. V. (~ vostra)...,* ruego a V. S. (vuestra señoría)...

signorile [siɲɲoríle] *a.* señorial.

signorilmente [siɲɲorilménte] *adv.* señorilmente.

signorilità [siɲɲorilitá*] f. señorío m.

signorina [siɲɲorína] f. señorita.

signorotto [siɲɲorótto] *m.* hidalgo campesino. 2 ricachón.

silente [silénte] *a.* silencioso.

silenziatore [silentsjatóre] *m.* silenciador.

silenziosamente [silentsjozaménte] *adv.* silenciosamente.

silenzio [siléntsjo] *m.* silencio.

silenzioso, -sa [silentsjózo, -za] *a.* silencioso.

silfide [sílfide] f. sílfide.

silicato [silikáto] *m.* silicato.

silice [sílitʃe] *m.* sílice.

siliceo, -cea [silítʃeo, -tʃea] *a.* silíceo.

silicio [silítʃo] *m.* silicio.

sillaba [síllaba] f. sílaba.

sillabare [sillabáre] t. silabear.

sillabario [sillabárjo] *m.* silabario.

sillogismo [sillodʒízmo] *m.* silogismo.

silo [sílo] *m.* silo.

silofono [silófono] *m.* xilófono.

silografia [silografía] f. xilografía.

silografo [silógrafo] *m.* xilógrafo.

siluramento [siluraménto] *m.* torpedeamiento. 2 destitución f., separación f. de un cargo.

silurante [siluránte] f. torpedero m.

silurare [siluráre] t. torpedear. 2 fig. destituir, separar de un cargo.

siluro [silúro] *m.* torpedo, siluro. 2 ZOOL. siluro.

silvestre [silvèstre] *a.* silvestre.
silvicultore [silvikultòre] *m.* silvicultor.
silvicultura [silvikultùra] *f.* silvicultura.
simbiosi [simbjòzi] *f.* simbiosis.
simboleggiare [simboleddʒáre] *f.* simbolizar.
simbolicamente [simbolikamènte] *adv.* simbólicamente.
simbolico, -ca [simbóliko, -ka] *a.* simbólico.
simbolismo [simbolizmo] *m.* simbolismo.
simbolo [simbolo] *m.* símbolo.
similare [similáre] *a.* similar.
simile [simile] *a.* semejante. 2 *m.* prójimo.
similmente [similmènte] *adv.* igualmente.
similitudine [similitùdine] *f.* similitud.
similoro [similòro] *m.* similor.
simmetrico, -ca [simmètriko, -ka] *a.* simétrico.
simonia [simonìa] *f.* simonía.
simoniaco, -ca [simoniako, -ka] *a.* simoníaco.
simpatia [simpatìa] *f.* simpatía.
simpaticamente [simpatikamènte] *adv.* simpáticamente.
simpatico, -ca [simpátiko, -ka] *a.* simpático.
simpatizzante [simpatiddʒánte] *a.* simpatizante.
simposio [simpózjo] *m.* simposio.
simulacro [simulákro] *m.* simulacro.
simulare [simuláre] *t.* simular, fingir.
simulatamente [simulatamènte] *adv.* simuladamente.
simulato, -ta [simulàto, -ta] *a.* simulado, fingido.
simulatore [simulatòre] *m.* simulador.
simulazione [simulatsjòne] *f.* simulación.
simultaneamente [simultaneamènte] *adv.* simultáneamente.
simultaneità [simultanejtà*] *f.* simultaneidad.
simultaneo, -nea [simultáneo, -nea] *a.* simultáneo.
simun [simún] *m.* simún.
sinagoga [sinagóga] *f.* sinagoga.
sinceramente [sintʃeramènte] *adv.* sinceramente.
sincerità [sintʃerità] *f.* sinceridad.
sincero, -ra [sintʃéro, -ra] *a.* sincero.
sincopare [sinkopáre] *t.* sincopar.
sincopato, -ta [sinkopáto, -ta] *a.* sincopado.

sincope [sinkope] *f.* síncopa. 2 MED., GRAM. síncope *m.*
sincronismo [sinkronizmo] *m.* sincronismo.
sincronizzare [sinkroniddʒáre] *f.* sincronizar.
sincronizzazione [sinkroniddʒattsjóne] *f.* sincronización.
sincrono, -na [sinkrono, -na] *a.* sincrónico.
sindacabile [sindakábile] *a.* controlable. 2 discutible. || *decisione* ~, decisión discutible.
sindacale [sindakále] *a.* sindical.
sindacalmente [sindakalmènte] *adv.* sindicalmente.
sindacalismo [sindakalizmo] *m.* sindicalismo.
sindacalista [sindakalista] *s.* sindicalista.
sindacare [sindakáre] *t.* controlar. 2 criticar.
sindacato [sindakáto] *m.* sindicato.
sindaco [sindako] *m.* alcalde. 2 DER. auditor.
sindone [sindone] *f.* sudario *m.* || *la sacra* ~, la santa sábana.
sindrome [sindrome] *f.* síndrome *m.*
sinfonia [sinfonìa] *f.* sinfonía.
sinfonico, -ca [sinfóniko, -ka] *a.* sinfónico.
singhiozzare [singjottsáre] *i.* sollozar.
¶ CONJUG. 1. AUX. *avere.*
singhiozzo [singjòttso] *m.* sollozo.
singolare [singoláre] *a.-m.* singular.
singolarmente [singolarmènte] *adv.* singularmente.
singolarità [singolarità*] *f.* singularidad.
singolo, -la [singolo, -la] *a.* particular, singular. 2 único. 3 individual. 4 cada. || *ogni* ~ *caso*, cada paso.
singulto [singúlto] *m.* sollozo.
sinistra [sinistra] *f.* izquierda. || *a destra e a* ~, a la derecha y a la izquierda.
sinistramente [sinistramènte] *adv.* siniestramente.
sinistrato, -ta [sinistráto, -ta] *m.* damnificado.
sinistro, -tra [sinistro, -stra] *a.* izquierdo. 2 siniestro. 3 *m.* siniestro.
sino [sino] *prep.* hasta.
sinodico, -ca [sinódiko, -ka] *a.* sinódico.
sinodo [sinodo] *m.* sínodo.
sinonimo, -ma [sinónimo, -ma] *a.-m.* sinónimo.
sinottico, -ca [sinóttiko, -ka] *a.* sinótico.
sinovite [sinovite] *f.* sinovitis.

sintassi [sintássi] f. sintaxis.

sintatticamente [sintattikaménte] adv. sintácticamente.

sintattico, -ca [sintáttiko, -ka] a. sintáctico.

sintesi [sintezi] f. síntesis.

sinteticamente [sintetikaménte] adv. sintéticamente.

sintetico, -ca [sintétiko, -ka] a. sintético.

sintetizzare [sintetiddzáre] f. sintetizar.

sintomaticamente [sintomatikaménte] adv. sintomáticamente.

sintomatico, -ca [sintomátiko, -ka] a. sintomático.

sintomo [síntomo] m. síntoma f.

sintonia [sintonia] f. sintonía.

sintonizzare [sintoniddzáre] t. sintonizar.

sinuosamente [sinuosaménte] adv. sinuosamente.

sinuosità [sinuozitá*] f. sinuosidad.

sinuoso, -sa [sinuózo, -za] a. sinuoso.

sinusite [sinuzite] f. sinusitis.

sipario [sipárjo] m. telón.

sire [sire] m. señor.

sirena [siréna] f. sirena.

siringa [siringa] f. jeringa. 2 BOT. lila.

siringare [siringáre] t. jeringar.

sismico, -ca [sísmiko, -ka] a. sísmico.

sismografo [sizmógrafo] m. sismógrafo.

sismologia [sizmolodʒia] f. sismología.

sismologo [sizmólogo] m. sismólogo.

sissignore [sissiɲɲóre] adv. sí señor.

sistema [sistèma] m. sistema.

sistemare [sistemáre] t. colocar, arreglar. 2 pr. instalarse, colocarse.

sistematicamente [sistematikaménte] adv. sistemáticamente.

sistematico, -ca [sistemátiko, -ka] a. sistemático.

sistemato, -ta [sistemáto, -ta] a. arreglado, colocado.

sistematizzare [sistematiddzáre] t. sistematizar.

sistemazione [sistemattsjóne] f. colocación, distribución. 2 instalación. 3 empleo m., colocación.

sistole [sistole] f. sístole.

sito, -ta [sito, -ta] a. situado. 2 m. lugar, sitio.

situare [situáre] t. situar, colocar.

situazione [situatsjóne] f. situación.

slabbrare [zlabbráre] t. deformar, ensanchar [un tejido].

slabbratura [zlabbratúra] f. deformación.

slacciare [zlattʃáre] t. lanzar. 2 pr. lanzarse, arrojarse.

slanciato, -ta [zlantʃáto, -ta] a. esbelto.

slancio [zlántʃo] m. impulso, arranque.

slargare [zlargáre] t. ensanchar.

slattamento [zlattaménto] m. destete.

slavato, -ta [zlaváto, -ta] a. descolorido, pálido.

slavo, -va [zlávo, -va] a.-s. eslavo.

sleale [zleále] a. desleal.

slealmente [zlealménte] adv. deslealmente.

slealtà [zlealtá*] f. deslealtad.

slegare [zlegáre] t. desatar.

slegato, -ta [zlegáto, -ta] a. desatado.

slitta [zlitta] f. trineo m.

slittamento [zlittaménto] m. deslizamiento. 2 patinazo. 3 derrapaje [coche].

slittare [zlittáre] i. deslizarse en trineo. 2 derrapar [coche]. 3 patinar. 4 fig. perder terreno, bajar. || *la moneta continua a ∼,* la moneda sigue bajando.

slogarsi [zlogársi] pr. dislocarse.

slogatura [zlogatúra] f. dislocación, luxación.

sloggiare [zloddʒáre] t.-i. desalojar. ¶ CONJUG. r. aux. *avere* [t.-i.].

sloveno, -na [zlovèno, -na] a.-m. esloveno.

smacchiare [zmakkjáre] t. quitar manchas.

smacchiatore [zmakkjatóre] m. quitamanchas.

smacchiatura [zmakkjatúra] f. limpiado m. de manchas.

smacco [zmákko] m. fracaso. 2 afrenta f.

smagliante [zmaʎʎánte] a. reluciente, brillante.

smagliare [zmaʎʎáre] t.-pr. desmallar. 2 pr. hacerse estrías, vetas en la piel.

smagliatura [zmaʎʎatúra] f. estrías, grietas en la piel.

smaliziare [zmalittsjáre] t.-pr. despabilar, avispar.

smaltare [zmaltáre] t. esmaltar.

smaltato, -ta [zmaltáto, -ta] a. esmaltado.

smaltire [zmaltire] t. digerir. || *∼ la sbornia,* dormir la mona. 2 COM. despachar.

smalto [zmálto] m. esmalte.

smania [zmánja] f. agitación, nerviosismo m. 2 afán m.

smaniare [zmanjáre] i. agitarse. ¶ CONJUG. r. aux. *avere.*

smanioso, -sa [zmanjózo, -za] a. agitado. 2 deseoso.

smantellamento [zmantellaménto] *m.* desmantelamiento.

smantellare [zmantelláre] *t.* desmantelar.

smargiassata [zmardʒassáta] *f.* fanfarronada, farol *m.*

smargiasso [zmardʒásso] *m.* fanfarrón.

smarrimento [zmarriménto] *m.* extravío, pérdida *f.* 2 turbación *f.,* confusión *f.,* desconcierto. 3 debilidad *f.,* flaqueza *f.*

smarrire [zmarríre] *t.-pr.* perder. 2 turbarse.

smarrito, -ta [zmarríto, -ta] *a.* perdido. 2 turbado.

smascellarsi [zmaʃʃellársi] *pr.* desquijarse. ‖ ~ **dalle risa,** destornillarse de risa.

smascheramento [zmaskeraménto] *m.* descubrimiento.

smascherare [zmaskeráre] *t.* desenmascarar.

smembramento [zmembraménto] *m.* dislocación *f.* 2 desarticulación *f.*

smembrare [zmembráre] *t.* desmembrar. 2 desarticular.

smemorato, -ta [zmemoráto, -ta] *a.* desmemoriado.

smentire [zmentíre] *t.* desmentir.

smentita [zmentíta] *f.* mentís *m.*

smeraldo [zmeráldo] *m.* esmeralda *f.*

smerciare [zmertʃáre] *t.* vender, despachar.

smercio [zmértʃo] *m.* venta *f.,* despacho.

smerigliare [zmeriʎʎáre] *t.* esmerilar.

smerigliatura [zmeriʎʎatúra] *f.* esmerilado *m.*

smerlo [zmérlo] *m.* festón.

smesso, -sa [zmésso, -sa] *a.* desusado.

smettere [zméttere] *t.-i.* dejar, cesar, abandonar. ‖ **smettila!,** ¡basta ya! ¶ CONJUG. como **mettere** (aux. **avere** [t.-i.]).

smidollato, -ta [zmidolláto, -ta] *a.-m.* chocho, blanducho.

smilzo, -za [zmíltso, -tsa] *a.* delgado, flaco.

sminuire [zminuíre] *t.* disminuir, rebajar.

sminuzzare [zminuttsáre] *t.* desmenuzar.

smistamento [zmiztaménto] *m.* selección *f.,* clasificación *f.*

smistare [zmistáre] *t.* seleccionar, clasificar.

smisuratamente [zmizurataménte] *adv.* desmesuradamente.

smisurato, -ta [zmizuráto, -ta] *a.* desmesurado.

smobilitare [zmobilitáre] *t.* MIL. licenciar. 2 fig. apaciguar, calmar. ‖ ~ **l'opinione pubblica,** apaciguar a la opinión pública.

smobilitazione [zmobilitattsjóne] *f.* licenciamiento *m.*

smoccolare [zmokkoláre] *f.* despabilar. 2 *i.* fig. blasfemar. ¶ CONJUG. r. aux. **avere** [i.-t.].

smodatamente [zmodataménte] *adv.* desmandadamente.

smodato, -ta [zmodáto, -ta] *a.* desmandado.

smoderatezza [zmoderatéttsa] *f.* inmoderación.

smoderato, -ta [zmoderáto, -ta] *a.* inmoderado.

smontare [zmontáre] *t.* desmontar, desarmar. 2 fig. fam. rajarse, acobardarse. 3 *i.* bajar, desmontarse [del caballo]. 4 terminar, acabar, dejar [el trabajo]. ‖ **smonto alle sei,** termino a las seis. ¶ CONJUG. r. aux. **avere** [t.], **essere** [i.].

smorfia [zmórfia] *f.* mueca.

smorfiosamente [zmorfiozaménte] *adv.* melindrosamente.

smorfioso, -sa [zmorfjózo, -za] *a.-s.* melindroso, dengoso.

smorto, -ta [zmórto, -ta] *a.* apagado.

smorzare [zmortsáre] *f.* amortiguar.

smobilizzare [smobiliddzáre] *t.* desmovilizar [las tropas].

smozzicare [zmottsikáre] *t.* recortar.

smunto, -ta [zmúnto, -ta] *a.* pálido, demacrado.

smuovere [zmwòvere] *t.* remover. 2 desplazar, cambiar de sitio. ¶ CONJUG. como **muovere**.

smussare [zmussáre] *t.* redondear. 2 embotar, despuntar. 3 fig. embotar.

smusso [zmússo] *m.* bisel.

snaturare [znaturáre] *t.* desnaturalizar.

snaturato, -ta [znaturáto, -ta] *a.* desnaturalizado.

snebbiare [znebbjáre] *t.* despejar.

snellezza [znelléttsa] *f.* delgadez, esbeltez.

snellire [znellíre] *t.* adelgazar. 2 fig. agilizar.

snello, -la [znèllo, -la] *a.* delgado, esbelto.

snervante [zner-vánte] *a.* enervante.

snervare [znerváre] *t.* enervar.

snidare [znidáre] *t.* desanidar.

snob [znòb] *s.* esnob.

snobismo [znobizmo] *m.* esnobismo.

snocciolare [znottʃiolåre] *t.* deshuesar. 2 fig. hablar. 3 fig. soltar [dinero].

snodare [znodåre] *t.* desanudar.

snudare [znudåre] *t.* desenvainar.

soave [soåve] *a.* suave.

soavità [soavità*] *f.* suavidad.

sobbalzare [sobbaltsåre] *i.* sobresaltarse. ¶ CONJUG. r. aux. *avere.*

sobbalzo [sobbåltso] *m.* sobresalto.

sobbarcare [sobbarkåre] *t.* cargar. 2 *pr.* encargarse, asumir.

sobborgo [sobbórgo] *m.* suburbio, arrabal.

sobillare [sobillåre] *t.* instigar.

sobriamente [sobrjamènte] *adv.* sobriamente.

sobrietà [sobrjetà*] *f.* sobriedad.

sobrio, -bria [sóbrjo, -brja] *a.* sobrio.

socchiudere [sokkjudère] *t.* entornar. ¶ CONJUG. como *chiudere.*

soccombere [sokkómbere] *i.* sucumbir. ¶ CONJUG. r. aux. *essere.*

soccorrere [sokkórrere] *t.* socorrer. ¶ CONJUG. como *correre.*

soccorritore, -trice [sokkorritòre, -triʃe] *a.-s.* socorredor. 2 *m.* EL. relais.

soccorso [sokkórzo] *m.* socorro. || *pronto* ~, servicio médico de urgencia.

sociale [sotʃåle] *a.* social.

socialismo [sotʃalizmo] *m.* socialismo.

socialista [sotʃalista] *f.* socialista.

socializzare [sotʃaliddzåre] *t.* socializar.

socializzazione [sotʃaliddzattsjóne] *f.* socialización.

società [sotʃetà*] *f.* sociedad.

socievole [sotʃèvole] *a.* sociable.

socievolezza [sotʃevolèttsa] *f.* sociabilidad.

socievolmente [sotʃevolmènte] *adv.* afablemente.

socio [sótʃo] *m.* socio.

socioculturale [sotʃokulturåle] *a.* sociocultural.

sociologia [sotʃolodʒia] *f.* sociología.

sociologico, -ca [sotʃolódʒiko, -ka] *a.* sociológico.

sociologo [sotʃólogo] *m.* sociólogo.

socratico, -ca [sokråtiko, -ka] *a.* socrático.

soda [sóda] *f.* soda. 2 sosa.

sodalizio [sodalittsjo] *m.* asociación *f.*

soddisfacente [soddisfatʃènte] *a.* satisfactorio.

soddisfacentemente [soddisfatʃentemènte] *adv.* satisfactoriamente.

soddisfare [soddisfåre] *t.* satisfacer. ¶ CONJUG. IND. pres.: *soddisfo (soddisfaccio, soddisfò), soddisfi (soddisfai), soddisfa, soddisfiamo (soddisfacciamo), soddisfate, soddisfano (soddisfanno).* || SUBJ. pres.: *soddisfi (soddisfaccia), soddisfi (soddisfaccia), soddisfi (soddisfaccia), soddisfiamo (soddisfacciamo), soddisfiate (soddisfacciate), soddisfino (soddisfacciano).* || IMPER.: *soddisfa, soddisfi, soddisfiamo, soddisfate, soddisfino.*

soddisfatto, -ta [soddisfåtto, -ta] *a.* satisfecho.

sodio [sódio] *m.* sodio.

sodo, -da [sódo, -da] *a.* sólido, duro. || *uovo* ~, huevo duro. || *venire al* ~, ir al grano.

sofà [sofà*] *m.* sofá.

sofferente [sofferènte] *a.* enfermo.

sofferenza [sofferèntsa] *f.* sufrimiento *m.*

soffermare [soffermåre] *t.-pr.* detener, parar.

soffiare [soffjåre] *t.* soplar. || *soffiarsi il naso,* sonarse, limpiarse las narices. 2 fig. soplar, birlar. 3 *i.* soplar. ¶ CONJUG. r. aux. *avere* [t.-i.].

soffiata [soffjåta] *f.* soplo *m.* 2 soplo *m.* [indicación].

soffiatore [soffjatòre] *m.* soplador.

soffice [sóffitʃe] *a.* blando, suave.

soffio [sóffjo] *m.* soplo. || *in un* ~, en un abrir y cerrar de ojos.

soffitta [soffitta] *f.* desván *m.,* buhardilla.

soffitto [soffitto] *m.* techo. || ~ *a cassettoni,* artesonado.

soffocamento [soffokamènto] *m.* ahogo. 2 sofoco.

soffocante [soffokånte] *a.* sofocante, bochorno.

soffocare [soffokåre] *t.-pr.* ahogar.

soffocato, -ta [soffokåto, -ta] *a.* ahogado.

soffocazione [soffokatsjóne] *f.* ahogamiento *m.*

soffrente [soffrènte] V. **sofferente**.

soffriggere [soffriddʒere] *t.* sofreír. ¶ CONJUG. como *friggere.*

soffrire [soffrire] *t.-i.* sufrir, padecer. ¶ CONJUG. como *offrire* (aux. *avere* [t.-i.]).

soffritto, -ta [soffritto, -ta] *a.-m.* sofrito.

soffuso, -sa [soffúzo, -za] *a.* rociado, cubierto.

sofisma [sofizma] *m.* sofisma.

sofista [sofista] *m.* sofista.

sofisticare [sofistikåre] *i.* sutilizar, rizar el rizo. 2 *t.* adulterar. ‖ *un vino sofisticato,* un vino aldulterado. ¶ CONJUG. r. aux. *avere* [t.-i.].

sofisticato, -ta [sofistikáto, -ta] *a.* sofisticado. 2 adulterado, falsificado.

sofisticazione [sofistikattsjóne] *f.* sofisticación, falsificación.

sofisticheria [sofistikerìa] *f.* sofisma *m.,* sutileza.

sofistico, -ca [sofistiko, -ka] *a.* sofístico. 2 *a.-s.* fig. pedante.

soggettista [soddʒettista] *s.* guionista [cine, televisión].

soggettivamente [soddʒettivaménte] *adv.* subjetivamente.

soggettivismo [soddʒettivizmo] *m.* subjetivismo.

soggettività [soddʒettività*] *f.* subjetividad.

soggettivo, -va [soddʒettivo, -va] *a.* subjetivo.

soggetto, -ta [soddʒètto, -ta] *a.* sujeto, sometido. 2 expuesto. 3 *m.* tema, argumento.

soggezione [soddʒettsjóne] *f.* sujeción. 2 temor *m.,* respeto *m.* ‖ *ha ~ di suo padre,* su padre le inspira temor.

sogghignare [soggiɲɲåre] *i.* reír burlonamente, sarcásticamente. ¶ CONJUG. r. aux. *avere.*

sogghigno [soggiɲɲo] *m.* risa *f.* burlona, sarcástica.

soggiacere [soddʒatʃère] *i.* someterse. 2 estar sometido. ¶ CONJUG. como *giacere* (aux. *essere* o *avere*).

soggiogare [soddʒogåre] *t.* subyugar.

soggiornare [soddʒornåre] *i.* vivir, residir, pasar una temporada. ¶ CONJUG. r. aux. *avere.*

soggiorno [soddʒórno] *m.* residencia *f.,* estancia *f.* ‖ *permesso di ~,* permiso de residencia. 2 sala *f.* de estar.

soggiungere [soddʒúndʒere] *t.-i.* añadir. ¶ CONJUG. como *giungere* (aux. *avere* [t.-i.]).

soglia [sɔ́ʎʎa] *f.* umbral *m.*

soglio [sɔ́ʎʎo] *m.* solio, trono.

sogliola [sɔ́ʎʎola] *f.* lenguado *m.*

sognare [soɲɲåre] *t.* soñar. ‖ *ho sognato mio padre,* he soñado a mi padre. 2 fig. imaginar. 3 *i.* soñar. ¶ CONJUG. r. aux. *avere* [t.-i.].

sognatore, -trice [soɲɲatòre, -tritʃe] *a.-s.* soñador.

sogno [sóɲɲo] *m.* sueño. ‖ *fare un ~,* soñar. ‖ *neanche per ~,* ni por asomo.

soia [sója] *f.* soja.

sol [sol] *m.* MÚS. sol.

solaio [solåjo] *m.* buhardilla *f.,* trastero.

solamente [solaménte] *adv.* sólo, solamente.

solare [solåre] *a.* solar.

solatio, -tia [solatio, -tia] *a.* soleado. 2 *m.* solana *f.*

solco [sólko] *m.* surco. 2 fig. huella *f.*

soldatesca [soldatèska] *f.* soldadesca.

soldato [soldåto] *m.* soldado.

soldo [sɔ́ldo] *m.* moneda *f.* ‖ *non vale un ~,* no vale un bledo. 2 *pl.* dinero *sing.*

sole [sóle] *m.* sol.

soleggiare [soleddʒåre] *t.* solear, exponer al sol.

soleggiato, -ta [soleddʒåto, -ta] *a.* soleado.

solenne [solènne] *a.* solemne.

solennemente [solenneménte] *adv.* solemnemente.

solennità [solennità*] *f.* solemnidad.

solennizzare [solenniddʒåre] *t.* solemnizar.

solere [solère] *t.* acostumbrar, soler. ¶ CONJUG. IND. pres.: *soglio, suoli, suole, sogliamo, solete, sogliono.* ‖ SUBJ. pres.: *soglia, soglia, soglia, sogliamo, sogliate, sogliano.*

solerte [solèrte] *a.* solícito.

solerzia [solèrtsja] *f.* solicitud.

solfa [sɔ́lfa] *f.* solfeo *m.*

solfatara [solfatåra] *f.* azufrera.

solfato [solfåto] *m.* sulfato.

solfeggiare [solfeddʒåre] *t.* solfear.

solfeggio [solfèddʒo] *m.* solfeo.

solfidrico, -ca [solfidriko, -ka] *a.* sulfhídrico.

solforico, -ca [solfɔ́riko, -ka] *a.* sulfúrico.

solfuro [solfúro] *m.* sulfuro.

solidale [solidåle] *a.* solidario.

solidamente [solidaménte] *adv.* sólidamente.

solidarietà [solidarjetà*] *f.* solidaridad.

solidificare [solidifikåre] *t.* solidificar.

solidificazione [solidifikattsjóne] *f.* solidificación.

solidità [solidità*] *f.* solidez.

solido, -da [sɔ́lido, -da] *a.* sólido, firme. 2 *m.* sólido.

solitamente [solitaménte] *adv.* normalmente.

solitario, -ria [solitårjo, -rja] *a.-m.* solitario.

solito, -ta [sólito, -ta] *a.* acostumbrado. ‖ *di ~,* normalmente.

solitudine [solitúdine] *f.* soledad.

sollazzo [sollåttso] *m.* solaz.

sollecitamente [solletʃitaménte] *adv.* solícitamente.

sollecitare [solletʃitáre] *t.* solicitar. 2 incitar, empujar.

sollecitazione [solletʃitattsjóne] *f.* solicitación. 2 empuje *m.,* ánimo *m.*

sollecito, -ta [sollétʃito, -ta] *a.* solícito.

sollecitudine [solletʃitúdine] *f.* prontitud, rapidez.

solleone [solleóne] *m.* canícula *f.*

solleticare [solletikáre] *t.* hacer cosquillas. 2 fig. excitar.

solletico [sollétiko] *m.* cosquillas *f.-pl.*

sollevare [solleváre] *t.* levantar. 2 fig. amotinar, levantar. 3 fig. aliviar. 4 *pr.* rebelarse.

sollevazione [sollevattsjóne] *f.* levantamiento *m.*

sollievo [solljévo] *m.* alivio.

solo, -la [sólo, -la] *a.* solo. 2 *adv.* solo, sólo [cuando puede ser confundido con el adjetivo], solamente.

solstizio [solstíttsjo] *m.* solsticio.

soltanto [soltánto] *adv.* tan solo, solamente.

solubile [solúbile] *a.* soluble.

solubilità [solubilitá*] *f.* solubilidad.

soluzione [soluttsjóne] *f.* solución [de un problema]. 2 QUÍM. solución.

solvente [solvènte] *a.* solvente. ‖ *debitore ~,* deudor solvente. 2 QUÍM. disolvente. 3 disolvente.

solvibile [solvíbile] *a.* solvente.

solvibilità [solvibilitá*] *f.* solvencia.

soma [sóma] *f.* carga. ‖ *bestia da ~,* acémila.

somaro [somáro] *m.* asno, burro.

somigliante [somiʎʎánte] *a.* parecido.

somiglianza [somiʎʎántsa] *f.* semejanza.

somigliare [somiʎʎáre] *t.* semejar, parecerse. ¶ CONJUG. r. aux. *essere* y *avere.*

somma [sómma] *f.* suma.

sommamente [sommaménte] *adv.* sumamente.

sommare [sommáre] *f.* sumar.

sommariamente [sommarjaménte] *adv.* someramente.

sommario, -ria [sommárjo, -rja] *m.* sumario. 2 *a.* sumario, breve, somero, superficial.

sommergere [sommérdʒere] *t.* sumergir. ¶ CONJUG. como *emergere.*

smmergibile [sommerdʒíbile] *a.-s.* sumergible.

sommesso, -sa [sommésso, -sa] *a.* bajo, quedo. 2 sumiso.

somministrare [somministráre] *t.* suministrar. 2 administrar, dar [una medicina].

somministrazione [somministratsjóne] *f.* suministración, suministro *m.*

sommissione [sommissjóne] *f.* sumisión.

sommità [sommitá*] *f.* vértice *m.,* cima, cumbre.

sommo, -ma [sómmo, -ma] *a.* sumo, máximo. 2 *m.* cumbre *f.*

sommossa [sommóssa] *f.* sublevación.

sommozzatore [sommottsatóre] *m.* hombre rana.

sonagliera [sonaʎʎéra] *f.* cencerrillas *pl.*

sonaglio [sonáʎʎo] *m.* cascabel.

sonante [sonánte] *a.* sonante.

sonare [sonáre] *t.* tocar [un instrumento]. 2 llamar, tocar el timbre. 3 *i.* sonar, repicar. ¶ CONJUG. r. aux. *avere* [t.-i.].

sonata [sonáta] *f.* sonata.

sonato, -ta [sonáto, -ta] *a.* cumplido, pasado. 2 fig. majareta.

sonatore [sonatóre] *m.* músico.

soncino [sontʃino] *m.* dial, chirivía *f.*

sonda [sónda] *f.* sonda.

sondaggio [sondáddʒo] *m.* sondeo.

sondare [sondáre] *t.* sondar.

sonetto [sonétto] *m.* soneto.

sonnacchioso, -sa [sonnakkjózo, -za] *a.* soñoliento.

sonnambulismo [sonnambulizmo] *m.* sonambulismo.

sonnambulo, -la [sonnámbulo, -la] *s-a.* sonámbulo.

sonnecchiare [sonnekkjáre] *i.* dormitar. ¶ CONJUG. r. aux. *avere.*

sonnifero [sonnífero] *m.* somnífero.

sonno [sónno] *m.* sueño [ganas de dormir].

sonnolento, -ta [sonnolènto, -ta] *a.* soñoliento.

sonnolenza [sonnolèntsa] *f.* somnolencia.

sonoramente [sonoraménte] *adv.* sonoramente.

sonorità [sonoritá*] *f.* sonoridad.

sonorizzare [sonoriddzáre] *f.* sonorizar.

sonoro, -ra [sonóro, -ra] *a.* sonoro.

sontuosamente [sontuozaménte] *adv.* suntuosamente.

sontuosità [sontuozitá*] *f.* suntuosidad.

sontuoso, -sa [sontuózo, -za] *a.* suntuoso.

sopire [sopíre] *t.* calmar, adormecer. ‖ ~ *il dolore,* calmar el dolor.

sopore [sopóre] *m.* sopor.

soporifero, -ra [soporífero, -ra] *a.* soporífero.

sopperire [sopperíre] *i.* proveer. ¶ CONJUG. r. aux. *avere.*

soppesare [soppezáre] *t.* sopesar.

soppiantare [soppjantáre] *t.* suplantar.

soppiatto [soppjátto] en la loc. *di ~,* a escondidas.

sopportabile [sopportábile] *adv.* soportable.

sopportare [sopportáre] *t.* soportar, sostener.

sopportazione [sopportattsjóne] *f.* paciencia. 2 tolerancia.

soppressione [soppressjóne] *f.* supresión.

soppresso, -sa [sopprèsso, -sa] *a.* suprimido.

sopprimere [sopprímere] *t.* suprimir, abolir. ¶ CONJUG. como *comprimere.*

sopra [sópra] *prep.* sobre, encima. ‖ *al di ~ di,* por encima de. 2 por encima. 3 *adv.* sobre. 4 más arriba. ‖ *tre righe ~,* tres líneas más arriba.

soprabito [soprábito] *m.* abrigo.

sopracciglio [soprattʃíλλo] *m.* ceja *f.*

sopraccoperta [soprakkopèrta] *f.* cubrecama. 2 MAR. sobrecubierta.

sopraffare [sopraffáre] *t.* ganar, aplastar. 2 abrumar, agobiar. ‖ *sopraffatto dai debiti,* abrumado por las deudas. ¶ CONJUG. como *fare.*

sopraffazione [sopraffattsjóne] *f.* vejación, atropello *m.* 2 agobio *m.*

sopraffino [sopraffíno] *a.* superfino. 2 fig. refinado.

sopraggiungere [sopraddʒúndʒere] *i.* sobrevivir. ¶ CONJUG. como *giungere* (aux. *essere*).

sopralluogo [soprallwògo] *m.* inspección *f.,* reconocimiento.

soprammercato [soprammerkáto] en la loc. *per ~,* por añadidura.

soprammobile [soprammóbile] *m.* bibelot, chuchería *f.,* figurilla *f.*

soprannaturale [soprannaturále] *a.* sobrenatural.

soprannome [soprannóme] *a.* apodo.

soprannominare [soprannomináre] *t.* apodar.

soprannominato, -ta [soprannomináto, -ta] *a.* apodado.

soprannumero [soprannúmero] *m.* exceso. ‖ *in ~,* de sobra.

soprano [sopráno] *s.* soprano.

soprappensiero [soprappensjèro] *adv.* distraídamente. ‖ *essere ~,* estar distraído.

soprappeso [soprappèso] *m.* sobrecarga *f.*

soprapprezzo [sopraprèttso] *m.* sobreprecio.

soprascarpa [sopraskárpa] *f.* chanclo *m.*

soprassalto [soprassálto] *m.* sobresalto.

soprassedere [soprassedère] *i.* suspender, diferir, sobreseer. ¶ CONJUG. como *sedere* (aux. *avere*).

soprassoldo [soprassóldo] *m.* sobresueldo, plus.

soprattassa [soprattássa] *f.* recargo *m.*

soprattutto [soprattútto] *adv.* sobretodo.

sopravanzare [sopravantsáre] *i.* sobrar. ¶ CONJUG. r. aux. *essere.*

sopravvenire [sopravvenire] *i.* sobrevenir. ¶ CONJUG. como *venire* (aux. *essere*).

sopravvento [sopravvènto] *m.* barlovento. 2 fig. ventaja *f.* ‖ *avere il ~,* llevar las de ganar.

sopravvissuto, -ta [sopravvissúto, -ta] *a.-m.* sobreviviente, superviviente.

sopravvivenza [sopravvivèntsa] *f.* supervivencia.

sopravvivere [sopravvívere] *i.* sobrevivir. ¶ CONJUG. como *vivere* (aux. *essere*).

sopraelevare [sopraelevàre] *t.* sobreedificar.

soprintendente [soprintendènte] *a.-m.* director.

soprintendenza [soprintendèntsa] *f.* dirección.

soprintendere [soprintèndere] *i.* dirigir, supervisar. ¶ CONJUG. como *tendere* (aux. *avere*).

sopruso [soprúzo] *m.* abuso.

soqquadro [sokkwàdro] *m.* desconcierto, desbarajuste. ‖ *mettere a ~,* desbarajustar.

sorbetto [sorbétto] *m.* sorbete.

sorbire [sorbíre] *t.* sorber. 2 *pr.* fig. aguantar, soportar.

sorbo [sórbo] *m.* serbal.

sorcio [sórtʃo] *m.* ratón.

sordidezza [sordidèttsa] *f.* sordidez.

sordido, -da [sórdido, -da] *a.* sórdido.

sordità [sordità*] *f.* sordera.

sordo, -da [sórdo, -da] *s.-a.* sordo.

sordomuto, -ta [sordomúto, -ta] *a.-s.* sordomudo.

sorella [sorèlla] *f.* hermana.

sorellastra [sorellàstra] *f.* hermanastra.

sorgente [sordʒènte] *f.* fuente, manantial *m.* 2 fig. fuente, origen *m.*

sorgere [sórdʒere] *i.* levantarse [el sol]. 2 fig. acudir. ‖ *mi sorge un dubbio,* se me acude una duda. 3 fig. surgir, manifestarse. 3 *m.* orto, salida *f.* [de un astro]. ¶ CONJUG. como *porgere* (aux. *essere*).

sorgivo, -va [sordʒivo, -va] *a.* de manantial.

soriano, -na [sorjàno, -na] *a.-s.* atigrado. ‖ *gatto ~,* gato atigrado.

sormontare [sormontàre] *t.* sobrepasar, superar.

sornione, -na [sornjóne, -na] *a.-s.* socarrón.

sorpassare [sorpassàre] *t.* sobrepasar, superar.

sorprendente [sorprendènte] *a.* sorprendente.

sorprendentemente [sorprendenteménte] *adv.* sorprendentemente.

sorprendere [sorprèndere] *t.* sorprender. 2 *pr.* extrañarse. ¶ CONJUG. como *prendere.*

sorpresa [sorprèsa] *f.* sorpresa.

sorpreso, -sa [sorprèzo, -za] *a.* sorprendido.

sorreggere [sorrèddʒere] *t.-pr.* sostener. ¶ CONJUG. como *reggere.*

sorretto, -ta [sorrètto, -ta] *a.* sostenido.

sorridente [sorridènte] *a.* sonriente.

sorridere [sorridere] *i.* sonreír. ¶ CONJUG. como *ridere* (aux. *avere*).

sorriso [sorrizo] *m.* sonrisa *f.*

sorseggiare [sorzeddʒàre] *t.* beber a sorbos.

sorso [sórzo] *m.* sorbo.

sorta [sórta] *f.* clase, especie.

sorte [sórte] *f.* suerte, destino *m.*

sorteggiare [sorteddʒàre] *t.* sortear.

sorteggio [sortèddʒo] *m.* sorteo.

sortilegio [sortilèdʒo] *m.* sortilegio, hechizo.

sortire [sortire] *t.* producir. 2 conseguir.

sortita [sortita] *f.* salida. ‖ *ha di quelle sortite!,* ¡tiene cada salida!

sorvegliante [sorveʎʎànte] *a.-s.* vigilante.

sorveglianza [sorveʎʎàntsa] *f.* vigilancia.

sorvegliare [sorveʎʎàre] *t.* vigilar.

sosia [sòsja] *m.* sosia.

sospendere [sospèndere] *t.* colgar. 2 suspender, suprimir. ¶ CONJUG. como *appendere.*

sospensione [sospenzjóne] *f.* suspensión [de un coche, etc.]. 2 suspensión, cesación.

sospensivo, -va [sospenzivo, -va] *a.* suspensivo.

sospeso, -sa [sospèzo, -za] *a.* suspendido.

sospettabile [sospettàbile] *a.* sospechoso.

sospettare [sospettàre] *t.* sospechar.

sospetto [sospètto] *m.* sospecha *f.*

sospettosamente [sospettozamènte] *adv.* sospechosamente.

sospettoso, -sa [sospettózo, -za] *a.* sospechoso.

sospingere [sospindʒere] *t.* empujar. ¶ CONJUG. como *dipingere.*

sospinto, -ta [sospinto, -ta] *a.* empujado. ‖ *a ogni piè ~,* a cada paso, en cada momento.

sospirare [sospiràre] *i.* suspirar. 2 *t.* añorar. ‖ CONJUG. r. aux. *avere* [i.-t.].

sospirato, -ta [sospiràto, -ta] *a.* ansiado, deseado.

sospiro [sospiro] *m.* suspiro.

sospiroso, -sa [sospirózo, -za] *a.* lastimero.

sosta [sòsta] *f.* parada. 2 pausa, tregua.

sostantivo [sostantivo] *m.* sustantivo.

sostanza [sostàntsa] *f.* sustancia.

sostanziale [sostantsjàle] *a.* sustancial.

sostanzialmente [sostantsjalmènte] *adv.* sustancialmente.

sostanzioso, -sa [sostantsjózo, -za] *a.* sustancioso.

sostare [sostàre] *i.* estar parado, pararse. 2 permanecer. 3 aparcar. ¶ CONJUG. r. aux. *avere.*

sostegno [sostèɲɲo] *m.* sostén, apoyo.

sostenere [sostenère] *t.* sostener, mantener. 2 pretender, sostener. 3 interpretar un papel [teatro, cine]. 4 ~ *un esame,* examinarse. ¶ CONJUG. como *tenere.*

sostenibile [sostenibile] *a.* sostenible.

sostenimento [sosteniménto] *m.* sostenimiento, sustentamiento.

sostenitore [sostenitòre] *m.* sostenedor. 2 fig. defensor.

sostentamento [sostentamènto] *m.* sustentamiento.

sostentare [sostentàre] *t.* sustentar.

sostenutezza [sostenutèttsa] *f.* altivez, reserva.

sostenuto, -ta [sostenúto, -ta] *a.* sostenido. 2 fig. altivo, soberbio.

sostituibile [sostituíbile] *a.* sustituible.

sostituire [sostituíre] *t.* sustituir, reemplazar.

sostituto, -ta [sostitúto, -ta] *a.-m.* sustituto.

sostituzione [sostitutsjóne] *t.* sustitución.

sostrato [sostráto] *m.* sustrato.

sottana [sottána] *f.* falda.

sottecchi [sottékki] *adv.* a escondidas, de reojo.

sotterfugio [sotterfúdʒo] *m.* subterfugio.

sotterra [sottèrra] *adv.* bajo tierra.

sotterraneo, -nea [sotterráneo, -nea] *a.-m.* subterráneo.

sotterrare [sotterráre] *t.* enterrar. 2 soterrar.

sottigliezza [sottiʎʎéttsa] *f.* sutileza.

sottile [sottíle] *a.* sutil, delgado. 2 sutil, fino, delicado. 3 fig. penetrante.

sottilmente [sottilménte] *adv.* sutilmente.

sottilizzare [sottiliddʒáre] *i.* sutilizar. ¶ CONJUG. r. aux. *avere*.

sottintendere [sottintèndere] *t.* sobrentender. ¶ CONJUG. como *tendere*.

sottinteso, -sa [sottintèso, -za] *m.* segunda intención *f.* ‖ *parlare per sottintesi,* hablar por enigmas. 2 *a.* sobrentendido.

sotto [sótto] *m. prep.* debajo de. 2 bajo. ‖ ~ *falso nome,* bajo nombre falso. ‖ *venti gradi ~ zero,* veinte grados bajo cero. 3 hacia. ‖ ~ *Natale,* hacia Navidad. 4 en. ‖ *tonno sott'olio,* atún en aceite. 5 *adv.* debajo, abajo.

sottobanco [sottobánko] *adv.* a escondidas.

sottobosco [sottobósko] *m.* monte bajo, maleza *f.*

sottobraccio [sottobráttʃo] *adv.* del brazo.

sottocchio [sottókkjo] *adv.* a la vista. ‖ *tenere* ~ *qualcuno,* vigilar a alguien.

sottochiave [sottokjáve] *adv.* bajo llave.

sottocommissione [sottokommissjóne] *f.* subcomisión.

sottocoppa [sottokóppa] *f.* platillo *m.*

sottocutaneo, -nea [sottokutáneo, -nea] *a.* subcutáneo.

sottogamba [sottogámba] *adv.* con desenvoltura. ‖ *prendere qualcuno* ~, tomarle el pelo a alguien.

sottogonna [sottogónna] *f.* enagua.

sottolineare [sottolineáre] *t.* subrayar.

sottomano [sottománo] *a.* a mano. 2 a escondidas. ‖ *dare una mancia* ~, dar una propina a escondidas.

sottomarino, -na [sottomaríno, -na] *a.-m.* submarino.

sottomesso, -sa [sottomésso, -sa] *a.* sumiso.

sottomettere [sottométtere] *f.-pr.* someter. ¶ CONJUG. como *mettere*.

sottomissione [sottomissjóne] *f.* sumisión.

sottomultiplo, -pla [sottomúltiplo, -pla] *a.-m.* submúltiplo.

sottopassaggio [sottopassáddʒo] *m.* pasaje subterráneo.

sottoporre [sottopórre] *t.* someter. ‖ CONJUG. como *porre*.

sottoposto, -ta [sottopósto, -sta] *a.* sometido. 2 *m.* dependiente.

sottoprodotto [sottoprodótto] *m.* subproducto.

sottordine [sottórdine] *m.* suborden. 2 loc. *in* ~, bajo la dependencia, a las órdenes.

sottoscala [sottoskála] *a.* suscrito. 2 *m.* el que suscribe.

sottoscrivere [sottoskrivere] *t.-i.* firmar, suscribir. ¶ CONJUG. como *scrivere* (aux. *avere* [t.-i.]).

sottoscrizione [sottoskrittsjóne] *f.* suscripción.

sottosegretariato [sottosegretarjáto] *m.* subsecretaría *f.*

sottosegretario [sottosegretárjo] *m.* subsecretario.

sottosopra [sottosópra] *adv.* en desorden. ‖ *sono tutto* ~, estoy trastornado.

sottostante [sottostánte] *a.* inferior, de abajo.

sottostare [sottostáre] *i.* estar debajo. 2 fig. someterse. ¶ CONJUG. como *stare* (aux. *essere*).

sottosuolo [sottoswòlo] *m.* subsuelo.

sottotenente [sottotenènte] *m.* alférez.

sottoterra [sottotèrra] *adv.* bajo tierra.

sottovento [sottovénto] *m.* sotovento.

sottoveste [sottovéste] *f.* combinación, enagua.

sottovoce [sottovótʃe] *adv.* en voz baja.

sottrarre [sottrárre] *t.* sustraer, robar. 2 MAT. sustraer, restar. 3 *pr.* sustraerse.

sottrazione [sottrattsjóne] *f.* resta, sustracción. 2 hurto *m.,* robo *m.*

sottufficiale [sottuffitʃále] *m.* suboficial.

sovente [sovénte] *adv.* a menudo.

soverchiare [soverkjåre] *t.* superar, sobrepasar.

soverchio, -chia [sovèrkjo, -kja] *a.* excesivo.

soviet [sóvjet] *m.* soviet.

sovietico, -ca [sovjètiko, -ka] *a.-s.* soviético.

sovrabbondante [sovrabbondånte] *a.* sobrante, superabundante.

sovrabbondanza [sovrabbondåntsa] *f.* sobreabundancia.

sovrabbondare [sovrabbondåre] *i.* sobreabundar. ¶ CONJUG. r. aux. *essere* y *avere.*

sovraccaricare [sovrakkarikåre] *f.* sobrecargar.

sovraccarico, -ca [sovrakkåriko, -ka] *a.* sobrecargado. 2 *m.* sobrecarga *f.*

sovranamente [sovranamènte] *adv.* soberanamente.

sovranità [sovranità*] *f.* soberanía.

sovrano, -na [sovråno, -na] *a.-m.* soberano.

sovrapporre [sovrappórre] *t.* superponer, sobreponer. ¶ CONJUG. como *porre.*

sovrapposizione [sovrappozittsjóne] *f.* superposición.

sovrastare [sovraståre] *t.-i.* dominar. 2 fig. amenazar. 3 sobrepasar [ser superior].

sovrastruttura [sovrastruttúra] *f.* superestructura.

sovreccitabile [sovrettʃitåbile] *a.* fácilmente excitable.

sovreccitazione [sovrettʃitatsjóne] *f.* sobreexcitación.

sovrintendente [sovrintendènte] *a.-m.* encargado.

sovrintendere [sovrintèndere] *i.* dirigir, supervisar. ¶ CONJUG. como *tendere* (aux. *avere*).

sovrumano, -na [sovrumåno, -na] *a.* sobrehumano.

sovvenire [sovvenire] *i.* socorrer. 2 subvenir. ¶ CONJUG. como *venire* (aux. *avere*).

sovvenzionare [sovventsjonåre] *t.* subvencionar.

sovversione [sovversjóne] *f.* subversión.

sovversivo, -va [sovversivo, -va] *s.-a.* subversivo.

sovvertimento [sovvertimènto] *m.* subversión *f.*

sovvertire [sovvertire] *t.* subvertir.

sovvertitore, -trice [sovvertitóre, -tritʃe] *a.-s.* subversor.

sozzo, -za [sóttso, -tsa] *a.* sucio. 2 fig. inmoral.

sozzura [sottsúra] *f.* suciedad. 2 fig. inmoralidad.

spaccalegna [spakkalèɲɲa] *m.* leñador.

spaccapietre [spakkapjètre] *m.* cantero, picapedrero.

spaccare [spakkåre] *t.* romper, quebrar. ‖ ~ *il secondo,* ser extraordinariamente exacto.

spaccato, -ta [spakkåto, -ta] *a.* roto, quebrado. 2 fig. exacto. ‖ *è suo padre* ~, es clavado a su padre. 3 *m.* corte vertical, sección *f.*

spaccatura [spakkatúra] *f.* hendidura, grieta.

spacciare [spattʃåre] *t.* vender, despachar. 2 fig. difundir, propagar. 3 *pr.* hacerse pasar por. ‖ *spacciarsi per un uomo molto ricco,* hacerse pasar por un hombre muy rico.

spacciato, -ta [spattʃåto, -ta] *a.* perdido, acabado. ‖ *i medici lo danno per* ~, los médicos lo dan por perdido.

spacciatore [spattʃatóre] *m.* traficante.

spaccio [spåttʃo] *m.* venta *f.* 2 tienda *f.* 3 cantina *f.,* economato.

spacco [spåkko] *m.* hendidura *f.* 2 desgarrón [de un vestido].

spacconata [spakkonåta] *f.* fanfarronada.

spaccone [spakkóne] *m.* fanfarrón.

spada [spåda] *f.* espada.

spadaccino [spadattʃino] *m.* espadachín.

spadino [spadino] *m.* espadín.

spadroneggiare [spadroneddʒåre] *i.* mandar, hacer la ley. ¶ CONJUG. r. aux. *avere.*

spaesato, -ta [spaezåto, -ta] *a.* desorientado, despistado.

spaghetti [spagètti] *m.-pl.* espagueti.

spagliare [spaʎʎåre] *t.* despajar.

spagnoletta [spaɲɲolètta] *f.* bobina [de hilo]. 2 cacahuete *m.*

spagnolo, -la [spaɲɲólo, -la] *a.-s.* español.

spago [spågo] *m.* cordel. ‖ *dare* ~ *a qualcuno,* dar cuerda a alguien.

spaiare [spajåre] *t.* desparejar, desaparear.

spaiato, -ta [spajåto, -ta] *a.* desaparejado, desapareado.

spalancare [spalankåre] *t.* abrir de par en par. ‖ ~ *gli occhi,* abrir mucho, desmesuradamente los ojos.

spalancato, -ta [spalankåto, -ta] *a.* abierto de par en par.

spalare [spalåre] *t.* quitar con pala.

spalcatura [spalkatúra] *f.* desmoche *m.* [de árboles].

spalla [spálla] *f.* espalda. 2 hombro *m.*

spallata [spalláta] *f.* empujón *m.* 2 encogida de hombros.

spalleggiare [spalledd3áre] *t.* apoyar, respaldar.

spalletta [spallétta] *f.* pretil *m.*, parapeto *m.*

spalliera [spalljèra] *f.* respaldo *m.* 2 cabecera [de una cama].

spallina [spallína] *f.* tirante *m.* 2 MIL. charretera.

spalluccia [spallúttʃa] *f.* hombro *m.* ‖ *fare spallucce*, encogerse de hombros.

spalmare [spalmáre] *t.* untar.

spalto [spálto] *m.* MIL. glacis. 2 *pl.* graderío. ‖ *gli spalti di uno stadio*, el graderío de un estadio.

spampanare [spampanáre] *t.* despampanar [las vides].

spampanato, -ta [spampanáto, -ta] *a.* despampanado.

spanciata [spantʃáta] *f.* hartazgo *m.*

spandere [spándere] *t.* derramar. ‖ *spendere e ~*, tirar el dinero por la ventana. 2 extender, exparcir. 3 fig. difundir. ¶ CONJUG. PART.: *spanto* o *spanduto*.

spanna [spánna] *f.* pamo *m.*

spappolare [spappoláre] *t.* aplastar, chafar. 2 hacer papilla.

sparagella [sparadʒélla] *f.* espárrago *m.* silvestre

sparare [sparáre] *t.-i.* disparar, tirar. 2 fig. contar. ‖ *~ fandonie*, contar mentiras. 3 *pr.* pegarse un tiro. ¶ CONJUG. r. aux. *avere* [t.-i.].

sparatoria [sparatòrja] *f.* tiroteo *m.*

sparecchiare [sparekkjáre] *t.* quitar la mesa.

spareggio [sparèddzo] *m.* COM. déficit. 2 desempate.

spargere [spárdʒere] *t.* derramar. 2 desparramar, esparcir. 3 fig. divulgar. 4 fig. sembrar. ¶ CONJUG. IND. pret. ind.: *sparsi, spargesti, sparse, spargemmo, spargeste, sparsero.* ‖ PART.: *sparso.*

spargimento [spardʒiménto] *m.* derramamiento.

sparire [sparíre] *i.* desaparecer. ¶ CONJUG. r. aux. *essere.*

sparizione [sparittsjóne] *f.* desaparición.

sparlare [sparláre] *i.* murmurar, hablar mal. 2 hablar groseramente. ¶ CONJUG. r. aux. *avere.*

sparo [spáro] *m.* disparo, tiro. 2 detonación *f.*

sparpagliare [sparpaλλáre] *t.* esparcir, diseminar.

sparso, -sa [spárso, -sa] *a.* desparramado. 2 suelto.

spartano, -na [spartáno, -na] *a.* espartano.

spartiacque [spartiákkwe] *m.* vertiente *f.*

spartire [spartíre] *t.* repartir, compartir. 2 separar [a dos contrincantes].

spartito [spartíto] *m.* partitura *f.*

spartizione [spartittsjóne] *f.* repartición.

sparuto, -ta [sparúto, -ta] *a.* pálido. 2 fig. pequeño.

sparviero [sparvjèro] *m.* gavilán.

spasimante [spazimánte] *m.* pretendiente, enamorado.

spasimare [spazimáre] *i.* sufrir. 2 fig. ansiar. ¶ CONJUG. r. aux. *avere.*

spasimo [spázimo] *m.* espasmo. 2 ansia *f.*, congoja *f.*

spasmo [spázmo] *m.* espasmo.

spasmodico, -ca [spazmódiko, -ka] *a.* espasmódico.

spassare [spassáre] *t.* divertir. ‖ *spassarsela*, pasársela en grande.

spassionatamente [spassjonatamènte] *adv.* serenamente.

spassionato, -ta [spassjonáto, -ta] *a.* imparcial, sereno, desinteresado.

spasso [spásso] *m.* distracción *f.* 2 paseo.

spassosamente [spassozamènte] *adv.* divertidamente

spassoso, -sa [spassóso, -sa] *a.* divertido.

spatola [spátola] *f.* espátula.

spauracchio [spaurákkjo] *m.* espantajo.

spaurire [spauríre] *t.-pr.* espantar, asustar.

spavaldamente [spavaldamènte] *adv.* jactanciosamente.

spavalderia [spavaldería] *f.* jactancia. 2 fanfarronada.

spavaldo, -da [spaváldo, -da] *a.-s.* jactancioso.

spaventare [spaventáre] *t.-pr.* espantar, asustar.

spaventevole [spaventévole] *a.* espantoso, tremendo.

spavento [spavènto] *m.* susto.

spaventosamente [spaventozamènte] *adv.* espantosamente.

spaventoso, -sa [spaventózo, -za] *a.* espantoso.

spaziale [spattsjále] *a.* espacial.

spaziare [spattsjáre] *i.* moverse libremente. ¶ CONJUG. r. aux. *avere.*

spazientire [spattsjentire] *i.-pr.* perder la paciencia, impacientarse. ¶ CONJUG. r. aux. *essere*.

spazio [spáttsjo] *m.* espacio. 2 periodo. ‖ *fare tutto nello ~ di un giorno,* hacerlo todo en un día.

spaziosamente [spattsjozaménte] *adv.* espaciosamente.

spaziosità [spattsjozità*] *f.* amplitud.

spazioso, -sa [spattsjózo, -za] *a.* espacioso.

spazzacamino [spattsakamíno] *m.* deshollinador.

spazzaneve [spattsanève] *m.* quitanieves.

spazzare [spattsáre] *t.* barrer.

spazzatura [spattsatúra] *f.* basura. 2 barrido *m.*

spazzino [spattsíno] *m.* barrendero.

spazzola [spáttsola] *f.* cepillo *m.*

spazzolare [spattsoláre] *t.* cepillar.

spazzolata [spattsoláta] *f.* cepillado *m.*

spazzolino [spattsolíno] *m.* cepillo. ‖ *~ da denti,* cepillo de dientes.

specchiarsi [spekkjársi] *pr.* mirarse al espejo.

specchiera [spekkjèra] *f.* tocador *m.*

specchietto [spekkjétto] *m.* espejo. ‖ *~ retrovisore,* retrovisor. ‖ *~ per le allodole,* señuelo.

specchio [spékkjo] *m.* espejo.

speciale [spetʃále] *a.* especial.

specialmente [spetʃalménte] *adv.* especialmente.

specialista [spetʃalista] *a.-m.* especialista.

specialità [spetʃalità*] *f.* especialidad.

specializzare [spetʃaliddzáre] *t.-pr.* especializar.

specializzato, -ta [spetʃaliddzáto, -ta] *a.* especializado.

specializzazione [spettʃaliddzattsjóne] *f.* especialización.

specie [spétʃe] *f.* especie. ‖ *fare ~,* extrañar. ‖ *in ~,* en particular.

specificamente [spetʃifikaménte] *adv.* específicamente.

specificare [spetʃifikáre] *t.* especificar.

specificato, -ta [spetʃifikáto, -ta] *a.* especificado. 2 detallado.

specificazione [spetʃifikattsjóne] *f.* especificación. ‖ *complemento di ~,* complemento del nombre.

specifico, -ca [spetʃifiko, -ka] *a.* específico.

specimen [spètʃimen] *m.* especímen, muestra *f.*

speculare [spekuláre] *t.-i.* especular. ‖ *~ al rialzo,* especular a la alza. ¶ CONJUG. r. aux. *avere* [t.-i.].

speculativamente [spekulativaménte] *adv.* especulativamente.

speculativo, -va [spekulativo, -va] *a.* especulativo.

speculatore, -trice [spekulatòre, -tritʃe] *s.* especulador. 2 *a.* especulativo.

speculazione [spekulattsjóne] *f.* especulación.

spedire [spedíre] *t.* enviar, expedir. 2 despachar.

speditamente [speditaménte] *adv.* rápidamente, prontamente.

speditezza [speditéttza] *f.* rapidez. ‖ *parlare una lingua con ~,* hablar una lengua con facilidad.

spedito, -ta [spedíto, -ta] *a.* enviado, despachado. 2 pronto, rápido.

speditore, -trice [speditòre, -tritʃe] *a.* remitente.

spedizione [spedittsjóne] *f.* expedición, envío *m.* 2 expedición. ‖ *~ di soccorso,* expedición de socorro.

spedizioniere [spedittsjonjère] *m.* expedicionario.

spegnare [speɲɲáre] *t.* desempeñar [monte de piedad].

spegnere [spéɲɲere] *t.* apagar. 2 cerrar. ‖ *~ la radio,* cerrar la radio. 3 parar [un motor]. ¶ CONJUG. IND. pret. ind.: *spensi, spegnesti, spense, spegnemmo, spegneste, spensero.* ‖ PART.: *spento.*

spegnitoio [speɲɲitójo] *m.* apagador, apagavelas.

spelacchiare [spelakkjáre] *t.* pelar. 2 *pr.* perder el pelo.

spelacchiato, -ta [spelakkjáto, -ta] *a.* pelado.

spelare [speláre] *t.* pelar.

speleologia [speleolodʒía] *f.* espeleología.

speleologo [speleólogo] *m.* espeleólogo.

spellare [spelláre] *t.* desollar, despellejar.

spellatura [spellatúra] *f.* excoriación, rasguño *m.* 2 desolladura.

spelonca [spelónka] *f.* gruta, caverna. 2 fig. tugurio *m.*

spendaccione [spendattʃóne] *a.* malgastador, derrochador.

spendere [spéndere] *t.* gastar. 2 fig. emplear, pasar. ‖ *ha speso il suo tempo leggendo,* ha pasado el tiempo leyendo. ¶ CONJUG. como *appendere.*

spendereccio, -cia [spenderèttʃo, -tʃa] *a.* derrochador.

spennacchiare [spennakkjáre] *t.* desplumar.

spennare [spennáre] *t.* plumar.

spensieratezza [spensjeratèttsa] *f.* despreocupación.

spensierato, -ta [spensjeráto, -ta] *a.* despreocupado.

spento, -ta [spé(e)nto, -ta] *a.* apagado. 2 parado [motor].

spenzolare [spenzoláre] *t.* dejar colgado. 2 *pr.* inclinarse.

sperabile [sperábile] *a.* esperable, deseable.

speranza [sperántsa] *f.* esperanza.

sperare [speráre] *t.* esperar. 2 desear. || *speriamo!,* ¡ojalá! || *ci spero poco,* no cuento mucho con ello.

sperduto, -ta [sperdúto, -ta] *a.* perdido. 2 desorientado.

sperequazione [sperekwattsjóne] *f.* desigualdad.

spergiurare [sperdʒuráre] *t.-i.* perjurar, jurar en falso. ¶ CONJUG. r. aux. *avere* [t.-i.].

spergiuro, -ra [sperdʒúro, -ra] *a.-m.* perjuro.

spericolatamente [sperikolataménte] *adv.* temerariamente.

spericolato, -ta [sperikoláto, -ta] *a.* sin miedo, temerario. 2 *m.* atolondrado, temerario.

sperimentale [sperimentále] *a.* experimental.

sperimentalmente [sperimentalménte] *adv.* experimentalmente.

sperimentare [sperimentáre] *t.* experimentar. 2 fig. poner a prueba.

sperimentatore, -trice [sperimentatòre, -tritʃe] *a.-s.* experimentador.

sperma [spèrma] *m.* esperma *f.*

spermatozoo [spermatoddzòo] *m.* espermatozoide.

spermicida [spermitʃída] *a.-m.* espermicida.

speronare [speronáre] *t.* espolear.

sperone [speróne] *m.* espuela *f.* 2 espolón [nave].

sperperare [sperperáre] *t.* malgastar, despilfarrar.

sperpero [spèrpero] *m.* despilfarro.

sperticarsi [spertikársi] *pr.* en la loc. ~ *in elogi,* deshacerse en elogios.

sperticato, -ta [spertikáto, -ta] *a.* desmesurado. 2 fig. exagerado.

spesa [spèza] *f.* gasto *m.* 2 compra. || *fare la ~,* ir de compras.

spesare [spesáre] *t.* costear, pagar los gastos.

spesso, -sa [spèsso, -sa] *a.* espeso. 2 frondoso. 3 frecuente. || *spessissime volte,* muchísimas veces. 4 *adv.* frecuentemente, a menudo.

spessore [spessóre] *m.* espesor. 2 grosor.

spettabile [spettábile] *a.* respetable. || ~ *ditta,* distinguidos señores.

spettacolo [spettákolo] *m.* espectáculo. 2 función *f.,* sesión *f.*

spettacoloso, -sa [spettakolózo, -za] *a.* espectacular.

spettanza [spettántsa] *f.* competencia. || *non è di mia ~,* no es de mi competencia.

spettare [spettáre] *i.* pertenecer, tocar, concernir. || *adesso spetta a te continuare,* ahora toca a ti continuar. 2 competir. || *questa decisione spetta al re,* esta decisión compete al rey.

spettatore, -trice [spettatóre, -tritʃe] *s.* espectador.

spettegolare [spettegoláre] *i.* chismorrear, cotillear. ¶ CONJUG. r. aux. *avere.*

spettinare [spettináre] *t.* despeinar.

spettrale [spettrále] *a.* espectral.

spettro [spèttro] *m.* espectro.

spettroscopio [spettroskópio] *m.* espectroscopio.

spezie [spèttsje] *f.-pl.* especies.

spezzare [spettsáre] *t.* romper. 2 partir. 3 fig. dividir, cortar.

spezzatino [spettsatíno] *m.* estofado de carne.

spia [spia] *f.* espía *m.* 2 soplón *m.* || *fare la ~,* chivarse, soplonear. 3 TECN. indicador *m.* 4 mirilla [de una puerta].

spiaccicare [spattʃikáre] *t.* despachurrar.

spiacente [spatʃénte] *a.* afligido. || *essere ~,* lamentar.

spiacere [spjatʃére] *i.* sentir, lamentar. 2 desagradar. ¶ CONJUG. como *piacere* (aux. *essere*).

spiacevole [spjatʃévole] *a.* desagradable.

spiacevolmente [spjatʃevolménte] *adv.* desagradablemente.

spiaggia [spjàddʒa] *f.* playa.

spianare [spjanáre] *t.* allanar, nivelar. 2 arrasar. || ~ *una città,* arrasar una ciudad. 3 apuntar [el fusil]. 4 TEC. aplanar, allanar.

spianato, -ta [spjanáto, -ta] *a.* nivelado, llano, liso. 2 *f.* explanada.

spianatrice [spjanatritʃe] *f.* niveladora, máquina explanadora.

spiantare [spjantáre] *t.* arrancar, desplantar.

spiantato, -ta [spjantáto, -ta] *a.-m.* pobre, pelagatos.

spiare [spiáre] *t.* espiar. 2 vigilar, acechar. 3 esperar [una ocasión].

spiata [spiáta] *f.* soplo *m.*, delación.

spiattellare [spjattelláre] *t.* soltar sin ambages.

spiazzare [spjattsáre] *t.* DEP. driblar.

spiazzo [spjáttso] *m.* extensión *f.*, superficie *f.*

spiccare [spikkáre] *t.* cortar [una flor]. ‖ fig. ~ *le parole*, martillear las palabras. 2 hacer, empezar a hacer. ‖ ~ *un salto*, dar un salto. ‖ ~ *il volo*, emprender el vuelo. 3 *i.* resaltar [colores]. ¶ CONJUG. r. aux. *avere* [t.-i.].

spiccatamente [spikkatamènte] *adv.* claramente, típicamente.

spiccato, -ta [spikkáto, -ta] *a.* marcado, pronunciado. 2 claro, distinto. 3 que resalta, que contrasta [color].

spicchio [spikkjo] *m.* gajo.

spicciare [spittʃáre] *t.* despachar [un asunto]. 2 cambiar un billete en monedas. 3 *pr.* darse prisa.

spicciativo, -va [spittʃativo, -va] *a.* expeditivo.

spiccicare [spittʃikáre] *t.* despegar, separar. ‖ *non spiccica una parola*, no dice ni pío.

spiccio, -cia [spittʃo, -tʃa] *a.* expedito. ‖ *andar per le spicce*, ir rápido. 2 *m.* V. **spicciolo**.

spicciolata [spittʃoláta] *f.* en la loc. *alla* ~, separadamente, uno después de otro.

spicciolo, -la [spittʃolo, -la] *a.* pequeño. 2 fig. de poca monta, sin importancia. 3 *m.* calderilla *f.*

spicco [spikko] *m.* en la loc. *fare* ~, hacerse notar [persona], resaltar [color, etc.].

spidocchiare [spidokkjáre] *t.-pr.* despiojar.

spiedo [spjèdo] *m.* asador.

spiegabile [spjegábile] *a.* explicable.

spiegamento [spjegamènto] *m.* despliegue.

spiegare [spjegáre] *t.* desdoblar, desplegar. 2 explicar. 3 *i.* dar explicaciones, explicarse.

spiegato, -ta [spjegáto, -ta] *a.* desplegado.

spiegazione [spjegattsjòne] *f.* explicación.

spiegazzare [spjegattsáre] *t.* arrugar, ajar.

spietato, -ta [spjetáto, -ta] *a.* despiadado. 2 fig. encarnizado, obstinado.

spifferare [spifferáre] *t.* soplar, delatar. 2 *i.* infiltrarse, soplar [el viento]. ¶ CONJUG. r. aux. *avere* [t.-i.].

spiffero [spiffero] *m.* rendija *f.*, aire colado.

spiga [spiga] *f.* espiga.

spighetta [spigétta] *f.* espiguilla.

spigliatezza [spiʎʎatèttsa] *f.* facilidad, desenvoltura.

spigliato, -ta [spiʎʎáto, -ta] *a.* desenvuelto, vivo.

spigo [spigo] *m.* espliego.

spigolare [spigoláre] *t.* espigar.

spigolatura [spigolatúra] *f.* espigueo *m.*

spigolo [spigolo] *m.* canto, esquina *f.* 2 arista *f.*

spilla [spilla] *f.* broche *m.*

spillo [spillo] *m.* aguja *f.* ‖ ~ *da balia*, aguja imperdible. ‖ *valvola a* ~, aguja de válvula.

spilorceria [spilortʃèria] *f.* tacañería.

spilorcio, -cia [spilórtʃo, -tʃa] *a.-m.* avaro, tacaño.

spilungone [spilungóne] *m.* larguirucho.

spina [spina] *f.* espina. ‖ *stare sulle spine*, estar sobre ascuas. 2 canilla, espita. ‖ *birra alla* ~, caña. 3 EL. clavija. 4 TÉCN. pasador *m.* ‖ ~ *conica, cilindrica*, pasador cónico, cilíndrico.

spinacio [spinátʃo] *m.* espinaca *f.*

spinale [spinále] *a.* espinal.

spinato, -ta [spináto, -ta] *a.* arpado, provisto de dientes, de púas. ‖ *filo* ~, alambre espinoso.

spinetta [spinètta] *f.* MÚS. espineta.

spingere [spindʒere] *t.* empujar. 2 ~ *un pulsante*, pulsar. 3 *i.* avanzar. ¶ CONJUG. como *dipingere* (aux. *avere* [t.-i.]).

spino [spino] *m.* espina *f.* ‖ *pungersi con uno* ~, clavarse una espina. 2 espino. 3 BOT. endrino [ciruelo silvestre]. 4 BOT. ~ *bianco*, espino albar. ‖ ~ *cervino*, espino cerval. ‖ *uva spina*, grosella.

spinoso, -sa [spinózo, -za] *a.* espinoso. 2 fig. difícil.

spinta [spinta] *f.* empujón *m.* 2 impulso *m.* 3 ayuda, impulso *m.* 4 fam. enchufe *m.*

spinterogeno [spinteròdʒeno] *m.* distribuidor del encendido.

spintone [spintóne] *m.* empujón.

spionaggio [spjonáddʒo] *m.* espionaje.

spioncino [spjontʃino] *m.* mirilla *f.*

spione [spjóne] *m.* soplón.

spiovente [spjovènte] *a.* colgante. 2 *m.* vertiente *f.*

spiovere [spjóvere] *i.* escampar. 2 caer. ¶ CONJUG. como *piovere* (aux. *essere*, en el sentido 2, *essere* o *avere* en el 1).

spira [spíra] *f.* espira, rosca.

spiraglio [spiráʎʎo] *m.* rendija *f.*

spirale [spiràle] *a.-f.* espiral.

spirare [spiràre] *i.* soplar [viento]. 2 *t.* exhalar. ¶ CONJUG. r. aux. *avere* [i.-t.]

spirare [spiràre] *i.* expirar, morir. 2 fig. vencer, expirar [un plazo].

spiritato, -ta [spiritàto, -ta] *a.* endemoniado. 2 obseso.

spiritismo [spiritizmo] *m.* espiritismo.

spiritista [spiritista] *s.* espiritista.

spirito [spírito] *m.* espíritu. 2 agudeza *f.,* ingenio. ‖ *avere* ~, tener ingenio. ‖ *fare dello* ~, decir agudezas. 3 alcohol.

spiritosaggine [spiritozáddʒine] *f.* agudeza.

spiritosamente [spiritozamènte] *adv.* con gracia.

spiritoso, -sa [spiritózo, -za] *a.* salado, gracioso, chistoso.

spirituale [spirituàle] *a.* espiritual.

spiritualmente [spiritualmènte] *adv.* espiritualmente.

spiritualismo [spiritualizmo] *m.* espiritualismo.

spiritualista [spiritualista] *a.-s.* espiritualista.

spiritualità [spiritualità*] *f.* espiritualidad.

spiritualizzare [spiritualiddzàre] *t.* espiritualizar. 2 idealizar.

spiumare [spjumàre] *t.* desplumar.

spiumato, -ta [spjumàto, -ta] *a.* desplumado.

spizzico [spíttsiko] *m.* en las loc. *a* ~, *a spizzichi*, poco a poco.

splendente [splendènte] *a.* resplandeciente.

splendere [splèndere] *i.* resplandecer, brillar. ¶ CONJUG. r. aux. (*essere* o *avere*).

splendidamente [splendidamènte] *adv.* espléndidamente.

splendido, -da [splèndido, -da] *a.* espléndido.

splendore [splendóre] *m.* esplendor, brillo. 2 pompa *f.*

spodestare [spodestàre] *t.* destronar.

spodestato, -ta [spodestàto, -ta] *a.* destronado, desposeído.

spoetizzare [spoetiddzàre] *t.* despoetizar.

spoglia [spóʎʎa] *f.* despojo *m.*

spogliare [spoʎʎàre] *t.-pr.* desnudar, desvestir. 2 despojar.

spogliarello [spoʎʎarèllo] *m.* strip-tease.

spogliato, -ta [spoʎʎàto, -ta] *a.* desnudo. 2 despojado [de bienes].

spogliatoio [spoʎʎatójo] *m.* vestuario.

spoglio [spóʎʎo] *a.* desnudo. 2 despojado [de bienes]. 2 *m.* escrutinio.

spola [spóla] *f.* lanzadera. ‖ *fare la* ~, ir y venir.

spoletta [spolètta] *f.* espoleta.

spolmonarsi [spolmonàrsi] *pr.* desgañitarse.

spolpare [spolpàre] *t.* descarnar. 2 fig. explotar.

spolverare [spolveràre] *t.* quitar el polvo. 2 espolvorear.

spolverata [spolveràta] *f.* desempolvadura, limpieza por lo alto. 2 acción de espolvorear.

spompare [spompàre] *t.* fam. deshinchar. ‖ *essere spompato dalla fatica,* estar rendido de cansancio.

sponda [spónda] *f.* ribera, orilla. ‖ *sull'altra* ~, en la otra orilla.

sponsali [sponsáli] *m.-pl.* boda *f.*

sponsor [spónsor] *m.* patrocinador.

spontaneamente [spontaneamènte] *adv.* espontáneamente.

spontaneità [spontaneità*] *f.* espontaneidad.

spontaneo, -nea [spontáneo, -nea] *a.* espontáneo.

spopolare [spopolàre] *t.* despoblar. 2 *i.* tener gancho, éxito. ¶ CONJUG. r. aux. *avere* [t.-i.].

spora [spóra] *f.* espora.

sporadicamente [sporadikamènte] *adv.* esporádicamente.

sporadico, -ca [sporàdiko, -ka] *a.* esporádico.

sporcaccione, -na [sporkattʃóne, -na] *a.-s.* cochino, marrano.

sporcamente [sporkamènte] *adv.* suciamente.

sporcare [sporkàre] *t.* ensuciar.

sporcizia [sportʃittsia] *f.* suciedad.

sporco, -ca [spórko, -ka] *a.* sucio.

sporgenza [spordʒèntsa] *f.* saliente *m.*

sporgere [spórdʒere] *i.* sobresalir. 2 *t.* asomar. 3 presentar. ‖ ~ *denuncia contro qualcuno,* presentar una denuncia contra alguien. ¶ CONJUG. como *porgere* (aux. *avere* [t.], *essere* [i.]).

sport [spórt] *m.* deporte.

sporta [spórta] *f.* capazo *m.,* espuerta.

sportello [sportéllo] *m.* ventanilla *f.*

sportivo, -va [sportívo, -va] *a.* deportivo. 2 *s.* deportista.

sposa [spóza] *f.* esposa. ‖ *promessa ~,* novia.

sposalizio [spozalíttsjo] *m.* casamiento, boda *f.*

sposare [spozáre] *t.-pr.-rec.* casar.

sposato, -ta [spozáto, -ta] *a.* casado.

sposino, -na [spozíno, -na] *s.* recién casado.

sposo [spózo] *m.* esposo.

spossare [spossáre] *t.* extenuar, agotar.

spossatezza [spossatéttsa] *f.* agotamiento *m.,* extenuación.

spostamento [spostaménto] *m.* cambio. 2 desplazamiento.

spostare [spostáre] *t.* desplazar.

spostato, -ta [spostáto, -ta] *a.-s.* desplazado.

spranga [spránga] *f.* barra. 2 brazo *m.* [de una balanza].

sprangare [sprangáre] *t.* atrancar.

sprecare [sprekáre] *t.* derrochar, malgastar.

spreco [spréko] *m.* derroche. ‖ *a ~,* en abundancia, a porrillo.

sprecone [sprekóne] *m.* derrochador.

spregevole [spredʒévole] *a.* despreciable.

spregiare [spredʒáre] *t.* menospreciar.

spregio [sprédʒo] *m.* menosprecio.

spregiudicatezza [spredʒudikatéttsa] *f.* despreocupación.

spregiudicatamente [spredʒudikataménte] *adv.* despreocupadamente.

spregiudicato, -ta [spredʒudikáto, -ta] *a.* despreocupado, sin prejuicios.

spremere [sprémere] *t.* estrujar, exprimir.

spremuta [spremúta] *f.* zumo *m.* [de fruta].

spretarsi [spretársi] *pr.* colgar los hábitos.

sprezzante [sprettsánte] *a.* desdeñoso.

sprezzantemente [sprettsanteménte] *adv.* desdeñosamente.

sprezzare [sprettsáre] *t.* despreciar.

sprezzo [spréttso] *m.* desprecio.

sprigionare [spridʒonáre] *t.* desprender. ‖ *questa sostanza sprigiona un gas velenoso,* esta sustancia desprende un gas venenoso.

sprintare [sprintáre] *i.* esprintar.

sprizzare [sprittsáre] *i.* brotar. 2 irradiar, lanzar. ‖ *i suoi occhi sprizzavano lampi,* sus ojos lanzaban relámpagos. 3 rebosar. ‖ *~ salute,* rebosar salud. ¶ CONJUG. r. aux. *essere* [i.], *avere* [t.].

sprofondare [sprofondáre] *t.* hundir, precipitar. 2 *i.* hundirse. 3 *pr.* dejarse caer. 4 ensimismarse [en la lectura]. ¶ CONJUG. r. aux. *avere* [t.], *essere* [i.].

sproloquio [sprolókwjo] *m.* cháchara *f.,* palabrería *f.*

spronare [spronáre] *t.* espolear. 2 fig. incitar.

spronata [spronáta] *f.* espolazo *m.* 2 fig. estímulo *m.*

sprone [spróne] *m.* espuela *f.* 2 fig. estímulo. 3 canesú. 4 BOT., ZOOL. espolón.

sproporzionatamente [sproportsjonataménte] *adv.* desproporcionadamente.

sproporzionato, -ta [sproportsjonáto, -ta] *a.* desproporcionado.

sproporzione [sproportsjóne] *f.* desproporción.

spropositato, -ta [spropozitáto, -ta] *a.* desatinado.

sproposito [spropózito] *m.* desatino, disparate. 2 fig. gran cantidad *f.* 3. *a ~,* inoportunamente.

sprovveduto, -ta [sprovvedúto, -ta] *a.* desprovisto. 2 desprevenido. 3 mal preparado. ‖ *un lettore ~,* un lector mal preparado. 4 ingenuo.

sprovvisto, -sta [sprovvísto, -ta] *a.* desprovisto.

spruzzare [spruttsáre] *t.* rociar. 2 vaporizar. 3 salpicar.

spruzzata [spruttsáta] *f.* rociada.

spruzzatore [spruttsatóre] *m.* pulverizador, atomizador.

spruzzo [sprúttso] *m.* salpicadura *f.*

spudoratamente [spudorataménte] *a.* desvergonzadamente.

spudoratezza [spudoratéttsa] *f.* desvergüenza.

spudorato, -ta [spudoráto, -ta] *a.* desvergonzado.

spugna [spúɲɲa] *f.* esponja.

spugnoso, -sa [spuɲɲózo, -za] *a.* esponjoso.

spulciare [spultʃáre] *t.* espulgar. 2 fig. espulgar, examinar minuciosamente.

spuma [spúma] *f.* espuma.

spumante [spumánte] *a.-s.* espumoso. ‖ *vino ~,* vino espumoso.

spumare [spumáre] *i.* espumar. ¶ CONJUG. r. aux. *avere.*

spumoso, -sa [spumózo, -za] *a.* espumoso.

spuntare [spuntáre] *t.* despuntar. 2 embotar, desafilar. 3 fig. superar, vencer [una dificultad]. 4 fig. lograr un intento. 5 *i.* salir, levantarse [el sol, la luna]. 6 despuntar, brotar. 7 surgir. ¶ CONJUG. r. aux. *avere* [t.], *essere* [i.].

spuntato, -ta [spuntáto, -ta] *a.* despuntado. 2 picado [vino].

spuntino [spuntíno] *m.* refrigerio, bocadillo.

spunto [spúnto] *m.* principio, idea *f.* ‖ *prendere lo* ~, tomar motivo o inspiración.

spurio, -ria [spúrjo, -rja] *a.* espurio.

sputacchiare [sputakkjáre] *t.* escupir.

sputacchiera [sputakkjèra] *f.* escupidera.

sputare [sputáre] *t.* escupir.

sputasentenze [sputasentèntse] *s.* sabelotodo.

sputo [spúto] *m.* esputo, salivazo.

squadernare [skwadernáre] *t.* poner delante de los ojos.

squadra [skwádra] *f.* equipo *m.,* grupo *m.* 2 escuadra [de dibujo].

squadrare [skwadráre] *t.* cuadrar, escuadrar. 2 parcelar [un terreno]. 3 fig. mirar de arriba abajo, examinar.

squadratura [skwadratúra] *f.* escuadradura *m.*

squadriglia [skwadriʎʎa] *f.* escuadrilla.

squadrone [skwadróne] *m.* escuadrón.

squagliare [skwaʎʎáre] *t.* derretir, licuefacer, licuar. 2 *squagliarsela,* escabullirse.

squalifica [skwalifika] *f.* descalificación.

squalificare [skwalifikáre] *t.* descalificar.

squallido, -da [skwállido, -da] *a.* miserable. 2 sórdido.

squallore [skwallóre] *m.* aflicción *f.,* tristeza *f.* 2 sordidez *f.*

squalo [skwálo] *m.* tiburón, escualo.

squama [skwáma] *f.* escama.

squamare [skwamáre] *t.* escamar.

squamoso, -sa [skwamózo, -za] *a.* escamoso.

squarciagola [skwartʃagóla] en la loc. *a* ~, a voz en grito, a grito pelado.

squarciare [skwartʃáre] *t.* desgarrar, destrozar.

squarcio [skwàrtʃo] *m.* desgarro. 2 fig. trozo, fragmento.

squartare [skwartáre] *t.* descuartizar.

squassare [skwassáre] *t.* sacudir violentamente.

squattrinato, -ta [skwattrináto, -ta] *a.* pelado, sin un real.

squilibrato, -ta [skwilibráto, -ta] *a.-s.* desequilibrado.

squilibrio [skwikíbrjo] *m.* desequilibrio.

squillante [skwillánte] *a.* resonante. 2 agudo.

squillare [skwilláre] *i.* resonar. ¶ CONJUG. r. aux. *essere* o *avere.*

squillo [skwíllo] *m.* toque, sonido. 2 timbre [del teléfono, del despertador]. 3 *a. ragazza* ~, call-girl.

squinternare [skwinternáre] *t.* descomponer.

squinternato, -ta [skwinternáto, -ta] *a.-s.* chalado. 2 desencuadernado [libro].

squisitamente [skwizitaménte] *adv.* exquisitamente.

squisitezza [skwizitèttsa] *f.* exquisitez.

squisito, -ta [skwizíto, -ta] *a.* exquisito.

squittire [skwittíre] *i.* gritar, chillar. 2 silbar [lechuza]. 3 gañir [perro].

sradicamento [zradikaménto] *m.* desarraigado.

sradicare [zradikáre] *t.* desarraigar.

sragionare [zradzonáre] *i.* desatinar, disparar. ¶ CONJUG. r. aux. *avere.*

sregolatezza [zregolatèttsa] *f.* desarreglo *m.,* desorden *m.*

sregolato, -ta [zregoláto, -ta] *a.* desarreglado, descompuesto. 2 desarreglado, desordenado [vida, conducta].

stabile [stábile] *a.* estable, seguro. 2 estable [tiempo]. ‖ *in pianta* ~, definitivamente. 4 inmueble. ‖ *beni stabili,* bienes inmuebles. 5 TEAT. *compagnia* ~, compañía teatral.

stabilmente [stabilménte] *adv.* establemente.

stabilimento [stabiliménto] *m.* establecimiento. 2 factoría *f.,* ‖ ~ *carcerario,* penitenciario.

stabilire [stabilíre] *t.* establecer. 2 fijar, determinar. 3 decidir. 4 *pr.* establecerse, instalarse.

stabilità [stabilitá] *f.* estabilidad.

stabilizzare [stabiliddzáre] *t.* estabilizar.

stabilizzatore [stabiliddzatòre] *a.-s.* estabilizador. 2 *m.* AER. equilibrador. 3 EL. transformador.

stabilizzazione [stabiliddzattsjóne] *f.* estabilización.

staccare [stakkáre] *t.-pr.* despegar, separar. 2 *i.* destacar, resaltar. ¶ CONJUG. r. aux. *avere* [t.-i.].

staccio [stàttʃo] *m.* cedazo, tamiz.

staccionata [stattʃonáta] f. estacada.

stacco [stákko] m. separación f. 2 resalte, contraste. 3 intervalo.

stadera [stadèra] f. balanza romana. ‖ ~ *a ponte,* balanza de báscula.

stadio [stádjo] m. DEP. estadio. 2 estadio, fase f.

staffa [stàffa] f. estribo m. ‖ *essere con il piede nella* ~, tener un pie en el estribo. ‖ *perdere le staffe,* perder los estribos. 2 MEC. abrazadera.

staffetta [staffètta] f. estafeta. 2 DEP. relevo m. ‖ *corsa a* ~, carrera de relevos.

staffilare [staffilàre] t. azotar.

staffilata [staffilàta] f. azote m. latigazo m.

staffile [staffile] m. azote, látigo.

stagionalmete [stadʒonalmènte] adv. en cada temporada.

stagionale [stadʒonále] a. estacional. 2 de la temporada, temporal.

stagionare [stadʒonàre] t. hacer madurar. 2 hacer envejecer [el vino]. 3 hacer secar [la leña]. 4 i. madurar. 5 secar. ¶ CONJUG. r. aux. *avere* [t.], *essere* [i.].

stagionato, -ta [stadʒonáto, -ta] a. hecho [queso]. 2 viejo [vino]. 3 seco [leña].

stagionatura [stadʒonatúra] f. maduración, envejecimiento m.

stagione [stadʒòne] f. estación [del año]. 2 temporada. ‖ *abito da mezza* ~, vestido de entretiempo.

stagliare [staʎʎàre] t. recortar. 2 i. perfilarse, destacarse, resaltar.

stagnante [staɲɲànte] a. estancado.

stagnare [staɲɲàre] t. estañar. 2 restañar, cortar. 3 i. estancarse. ¶ CONJUG. r. aux. *avere* [t.-i.].

stagnatura [staɲɲatúra] f. estañadura.

stagnino [staɲɲino] m. fontanero, lampista.

stagno [stáɲɲo] m. estaño [metal].

stagno [stáɲɲo] m. estanque, charco.

stagno, -gna [stáɲɲo, -na] a. estanco. ‖ *compartimento* ~, compartimiento estanco. 2 dial. firme.

stagnola [staɲɲòla] f. papel m. de estaño.

stalagmite [stalagmite] f. estalagmita.

stalattite [stalattite] f. estalactita.

stalla [stálla] f. establo m. [vacas]. 2 cuadra [caballos].

stallone [stallóne] m. semental.

stamani [stamáni], **stamattina** [stamattina] adv. esta mañana.

stambecco [stambékko] m. íbice, cabra montés.

stamberga [stambérga] f. choza, tugurio m.

stambugio [stambúdʒo] m. cuchitril.

stame [stáme] m. estambre.

stampa [stámpa] f. prensa. ‖ *la* ~ *del giorno,* la prensa del día. 2 imprenta. ‖ *stampe,* impresos. ‖ *errore di* ~, errata de imprenta. 3 reproducción, grabado m. ‖ ~ *antica,* reproducción antigua.

stampare [stampáre] t. imprimir. 2 publicar. 3 TÉCN. troquelar.

stampatello [stampatéllo] m. letra f. de imprenta.

stampato, -ta [stampáto, -ta] a.-m. impreso.

stampatore, -trice [stampatóre, -tritʃe] a.-m. impresor.

stampella [stampélla] f. percha. 2 muleta.

stamperia [stamperia] f. imprenta.

stampiglia [stampiʎʎa] f. timbre m., sello m.

stampigliare [stampiʎʎáre] t. timbrar, sellar.

stampo [stámpo] m. molde. 2 huella f.

stanare [stanáre] t. desanidar.

stancare [stankáre] t.-pr. cansar. 2 molestar, irritar.

stanchezza [stankéttsa] f. fatiga, cansancio m. 2 fig. molestia.

stanco, -ca [stánko, -ka] a. cansado.

standard [stàndard] a. estándar, normalizado.

standardizzare [standardiddzáre] t. normalizar, estandarizar.

standardizzazione [standardiddzatsjòne] f. estandarización, normalización.

stanga [stánga] f. tranca, barra.

stangare [stangáre] t. atrancar. 2 fig. apalear.

stangata [stangàta] f. trancazo m., garrotazo m. 2 fig. paliza.

stanghetta [stangètta] f. pestillo m. 2 patilla [de las gafas].

stanotte [stanòtte] adv. esta noche.

stantio, -tia [stantio, -tia] a. rancio.

stantuffo [stantúffo] m. émbolo, pistón.

stanza [stántsa] f. habitación. ‖ *appartamento di quattro stanze,* piso de cuatro habitaciones. ‖ ~ *da letto,* dormitorio m. ‖ ~ *da pranzo,* comedor m.

stanziamento [stantsjamènto] m. asignación f.

stanziare [stantsjáre] t. asignar una cantidad.

stanzino [stantsino] m. trastera f.

stappare [stappåre] *t.* destapar. 2 abrir. ‖ ~ *una bottiglia di birra,* abrir una botella de cerveza.

stare [ståre] *i.* estar, permanecer. ‖ ~ *in piedi,* estar en pie. ‖ *staremo a vedere,* ya veremos. ‖ *fatto sta che...,* sucede que... 2 vivir, habitar. 3 consistir. 4 encontrarse. ‖ *non sta bene,* no se encuentra bien. 5 quedar, pasar. ‖ *cos'è stato?,* ¿qué ha pasado? 6 corresponder, tocar. ‖ *non sta a me decidere,* no me toca a mí decidir. ¶ CONJUG. (aux. *essere*) IND. pres.: *sto, stai, sta, stiamo, state, stanno.* ‖ pret. ind.: *stetti, stesti, stette, stemmo, steste, stettero.* ‖ SUBJ. pres.: *stia, stia, stia, stiamo, stiate, stiano.* | imp.: *stessi, stessi, stesse, stessimo, steste, stessero.* ‖ IMPER.: *sta, stia, stiamo, state, stiano.*

starnazzare [starnattsåre] *i.* aletear. 2 fig. gritar, chillar. ¶ CONJUG. r. aux. *avere.*

starnutire [starnutire] *i.* estornudar. ¶ CONJUG. r. aux. *avere.*

starnuto [starnúto] *m.* estornudo.

stasera [staséra] *adv.* esta noche, esta tarde.

stasi [ståzi] *adv.* esta noche, esta tarde.

statale [statåle] *a.* estatal. 2 *s.* funcionario.

statico, -ca [ståtiko, -ka] *a.* estático. 2 *f.* estática.

statista [statista] *s.* estadista.

statisticamente [statistikamènte] *adv.* estadísticamente.

statistico, -ca [statistiko, -ka] *a.* estadístico.

stato [ståto] *m.* estado. 2 situación *f.,* posición *f.* 3 fase *f.* ‖ *il lavoro è allo* ~ *iniziale,* el trabajo está en la fase inicial.

statua [ståtua] *f.* estatua.

statuario, -ria [statuårjo, -rja] *a.* estatuario. ‖ *bellezza statuaria,* belleza escultural. 2 *f.* estatuaria [arte].

statuire [statuire] *t.* establecer.

statura [statúra] *f.* estatura, talla.

statuto [statúto] *m.* estatuto.

stavolta [stavólta] *adv.* esta vez.

stazionare [stattsjonåre] *i.* parar, detenerse, aparcar. ¶ CONJUG. r. aux. *avere.*

stazionario, -ria [stattsjonårjo, -rja] *a.* estacionario.

stazione [stattsjóne] *f.* estación [trenes, autobuses, etc.]. 2 posición, postura. 3 estación [meteorológica, emisora]. ‖ ~ *di servizio,* estación de servicio. ‖ ~ *termale,* balneario *m.*

stazza [ståttsa] *f.* MAR. arqueo *m.* [de una embarcación].

stazzare [stattsåre] *t.* arquear [embarcación].

stazzatura [stattsatúra] *f.* arqueo *m.* [de una embarcación].

stearina [stearina] *f.* estearina.

steccata [stekkåta] *f.* empalizada, vallado *m.* 2 tacada, tacazo *m.* [en el billar].

steccato [stekkåto] *m.* empalizada *f.,* vallado.

stecchino [stekkino] *m.* mondadientes, palillo.

stecchito, -ta [stekkito, -ta] *a.* delgado, flaco. 2 asombrado, estupefacto, patitieso. 3 rígido, tieso.

stecco [stékko] *m.* ramito seco. ‖ *essere uno* ~, estar muy delgado.

stecconata [stekkonåta] V. **steccato.**

stele [stèle] *f.* estela.

stella [stélla] *f.* estrella. ‖ ~ *cadente,* estrella fugaz. ‖ ~ *mattutina,* lucero del alba. ‖ *dormire sotto le stelle,* dormir al raso. 2 ~ *filante,* serpentina. 2 BOT. ~ *alpina,* edelweis. 4 BOT. ~ *di Natale,* pastora roja, flor de pascuas, flor de fuego.

stellare [stellåre] *a.* estelar.

stellato, -ta [stellåto, -ta] *a.* estrellado.

stelletta [stellètta] *f.* estrella de cinco puntas, grado *m.,* militar. 2 estrella, asterisco *m.*

stelo [stèlo] *m.* tallo.

stemma [stèmma] *m.* blasón, armas *f.-pl.*

stemperare [stemperåre] *t.* desleír. 2 destemplar [un metal].

stemperarsi [stempjårsi] *pr.* empezar a tener entradas en las sienes.

stempiato, -ta [stempjåto, -ta] *a.* con entradas en las sienes.

stendardo [stendårdo] *m.* estandarte.

stendere [stèndere] *t.* desplegar, extender. 2 tender. ¶ CONJUG. como **appendere.**

stendibiancheria [stendibjankeria], **stenditoio** [stenditòjo] *m.* tendedero [de ropa].

stenodattilografia [stenodattilografia] *f.* taquimecanografía.

stenodattilografo, -fa [stenodattilògrafo, -fa] *s.* taquimecanógrafo.

stenografare [stenografåre] *t.* taquigrafiar.

stenografia [stenografia] *f.* taquigrafía.

stenografico, -ca [stenogråfico, -ca] *a.* taquigráfico.

stentare [stentåre] *i.* vivir en las estrecheces. ‖ ~ *a parlare,* hablar con dificultad.

stentato, -ta [stentáto, -ta] *a.* desmedrado.

stento [stènto] *m.* penuria *f.,* miseria *f.* ‖ *a ~,* a duras penas.

stentoreo, -rea [stentóreo, -rea] *a.* estentóreo.

steppa [stéppa] *f.* estepa.

sterco [stérko] *m.* estiércol.

stereofonico, -ca [[stereofóniko, -ka] *a.* estereofónico.

stereografia [stereografía] *f.* estereografía.

stereometria [stereometria] *f.* estereometría.

stereoscopico, -ca [stereoskópiko, -ka] *a.* estereoscópico.

stereoscopio [stereoskópjo] *m.* estereoscopio.

stereotipato, -ta [stereotipáto, -ta] *a.* estereotipado.

sterile [stérile] *a.* estéril.

sterilità [sterilitá*] *f.* esterilidad.

sterilizzare [steriliddzáre] *t.* esterilizar.

sterilizzatore, -trice [steriliddzatòre, -tritʃe] *a.-m.* esterilizador.

sterilizzazione [steriliddzattsjòne] *f.* esterilización.

sterlina [sterlina] *f.* esterlina.

sterminare [sterminàre] *t.* exterminar.

sterminato, -ta [sterminàto, -ta] *a.* exterminado.

sterminatore [sterminatòre] *m.* exterminador.

sterminio [sterminjo] *m.* exterminio.

sterno [stèrno] *m.* esternón.

sterpaglia [sterpáʎʎa] *f.* maleza.

sterpo [stèrpo] *m.* maleza *f.,* broza *f.*

sterrare [sterráre] *t.* excavar.

sterro [stèrro] *m.* excavación *f.*

sterzare [stertsáre] *i.* girar [un coche], dar un golpe de volante. ¶ CONJUG. r. aux. *avere.*

sterzata [stertsáta] *f.* golpe *m.* de volante.

sterzo [stèrtso] *m.* volante [coche]. 2 manillar [bicicleta].

stesso, -sa [stésso, -sa] *a.* mismo, igual. ‖ *è lo stesso,* da lo mismo.

stesura [stesúra] *f.* redacción. 2 redactado *m.,* texto *m.*

stetoscopio [stetoskópjo] *m.* estetoscopio.

stia [stia] *f.* jaula para pollos.

stigma [stigma] *f.* estigma.

stigmatismo [stigmatizmo] *m.* estigmatismo.

stigmatizzare [stimatiddzáre] *t.* estigmatizar.

stilare [stiláre] *t.* redactar.

stile [stile] *m.* estilo.

stilettata [stilettáta] *f.* puñalada.

stilisticamente [stilistikaménte] *adv.* estilísticamente.

stilistico, -ca [stilistiko, -ka] *a.* estilístico.

stilista [stilista] *s.* estilista.

stilizzare [stiliddzáre] *t.* estilizar.

stilizzato, -ta [stiliddzáto, -ta] *a.* estilizado.

stilla [stilla] *f.* LIT. gota. ‖ *~ a ~,* gota a gota.

stillare [stilláre] *t.* destilar. ‖ *~ il cervello,* devanarse los sesos. 2 chorrear.

stillicidio [stillitʃidjo] *m.* goteo. 2 repetición *f.* monótona.

stilo [stilo] *m.* BOT. estilo.

stilografica [stilográfika] *f.* estilográfica.

stima [stima] *f.* estima. 2 estimación, valoración.

stimare [stimáre] *t.* estimar, valorar. 2 apreciar, tener en buena consideración. 3 considerar, creer.

stimatore, -trice [stimatòre, -tritʃe] *a.-m.* estimador, apreciador.

stimolante [stimolánte] *a.* estimulante.

stimolare [stimoláre] *t.* estimular.

stimolo [stimolo] *m.* estímulo.

stinco [stinko] *m.* tibia *f.* ‖ *non è uno ~ di santo,* no tiene madera de santo.

stingere [stindʒere] *t.* desteñir. ¶ CONJUG. como *dipingere.*

stinto, -ta [stinto, -ta] *a.* desteñido.

stipare [stipáre] *t.* amontonar.

stipendiare [stipendjáre] *f.* asalariar.

stipendiato, -ta [stipendjáto, -ta] *a.-s.* asalariado.

stipendio [stipèndjo] *m.* salario, mensualidad *f.*

stipetto [stipètto] *m.* cofre.

stipite [stipite] *m.* estipe, estípite. 2 ARQ. larguero, montante.

stipo [stipo] *m.* bargueño.

stipulare [stipuláre] *t.* estipular.

stirare [stiráre] *t.* planchar. 2 estirar, alargar. 3 *pr.* estirarse, desperezarse.

stiratrice [stiratritʃe] *f.* planchadora.

stiratura [stiratúra] *f.* planchado *m.*

stireria [stireria] *f.* taller *m.* de planchado.

stiro [stiro] *m.* planchado. ‖ *ferro da ~,* plancha. ‖ *tavola da ~,* tabla de planchar.

stirpe [stirpe] *f.* estirpe.

stitichezza [stitikèttsa] *f.* estreñimiento *m.*

stitico, -ca [stìtiko, -ka] *a.* estreñido.

stiva [stìva] *f.* MAR. bodega, cala. 2 AGR. esteva, mancera.

stivale [stivàle] *m.* bota *f.*

stivare [stivàre] *t.* MAR. estibar.

stizza [stittsa] *f.* hosquedad, rabia, mal humor *m.*

stizzire [stittsire] *t.* fastidiar, amoscar. 2 *pr.* rabiar, enojarse.

stizzosamente [stittsozamènte] *adv.* rabiosamente.

stizzoso, -sa [stittsózo, -za] *a.* rabioso.

stoccafisso [stokkafisso] *m.* bacalao seco.

stoccata [stokkáta] *f.* estocada. 2 fig. sablazo *m.*

stoffa [stòffa] *f.* tela, tejido *m.* 2 fig. madera. ‖ *avere la ~ del campione,* tener madera de campeón.

stoicamente [stoikamènte] *adv.* estoicamente.

stoicismo [stoitʃizmo] *m.* estoicismo.

stoico, -ca [stòiko, -ka] *a.-s.* estoico.

stola [stòla] *f.* estola. ‖ *una ~ di visone,* una estola de visón. 2 ECL. estola.

stolidamente [stolidamènte] *adv.* estúpidamente.

stolido, -da [stòlido, -da] *a.* estúpido.

stoltamente [stoltamènte] *adv.* estúpidamente.

stoltezza [stoltèttsa] *f.* estupidez.

stolto, -ta [stòlto, -ta] *a.* estúpido.

stomacare [stomakáre] *t.* estomagar, empachar.

stomachevole [stomakèvole] *a.* repugnante, asqueroso.

stomaco [stòmako] *m.* estómago.

stomatite [stomatite] *f.* estomatitis.

stonare [stonàre] *i.-t.* desentonar [música]. 2 *i.* desentonar [colores, etc.]. 3 *t.* aturdir, confundir. ¶ CONJUG. r. aux. *avere* [i.-t.].

stonatura [stonatúra] *f.* desentonación.

stoppa [stóppa] *f.* estopa.

stoppia [stóppja] *f.* rastrojo *m.*

stoppino [stoppino] *m.* mecha *f.* 2 muñeca *f.* muñequilla *f.* [para frotar o impregnar].

stopposo, -sa [stoppózo, -za] *a.* estoposo.

storcere [stòrtʃere] *t.* torcer. 2 fig. deformar. ¶ CONJUG. como *torcere.*

stordimento [stordimènto] *m.* aturdimiento.

stordire [stordire] *t.* aturdir.

storia [stòrja] *f.* historia. 2 narración. 3 pretexto *m.* ‖ pretexto *m.* ‖ *poche storie!,* ¡menos cuento!

storicamente [storikamènte] *adv.* históricamente.

storico, -ca [stòriko, -ka] *m.* historiador. 2 *a.* histórico.

storiella [storjèlla] *f.* chiste *m.*

storiografo [storjògrafo] *m.* historiógrafo.

storione [storjóne] *m.* esturión.

stormo [stòrmo] *m.* bandada *f.* ‖ *uno ~ di passeri,* una bandada de gorriones. ‖ *suonare a ~,* tocar a rebato. 2 AER. escuadrilla *f.*

stornare [stornàre] *t.* desviar. 2 fig. disuadir. 3 COM. transferir [fondos].

stornello [stornèllo] *m.* estribillo. 2 ZOOL. estornino pinto.

storno [stòrno] *m.* ZOOL. estornino pinto. 2 COM. transferencia *f.*

storpiare [storpjàre] *t.* lisiar. 2 desfigurar, alterar [una palabra, etc.].

storpiatura [storpjatúra] *f.* desfiguración, alteración.

storpio, -pia [stòrpjo, -pja] *a.-s.* lisiado.

storta [stòrta] *t.* distorsión, torcedura. 2 QUÍM. retorta.

storto, -ta [stòrto, -ta] *a.* torcido, retorcido.

stortura [stortúra] *f.* deformación.

stoviglie [stovìʎʎe] *f.-pl.* vajilla *sing.*

strabico, -ca [stràbiko, -ka] *a.-s.* estrábico, bizco.

strabiliante [strabiljánte] *a.* maravilloso, extraordinario.

strabiliare [strabiljàre] *t.-i.* maravillar, asombrar. ¶ CONJUG. r. aux. *avere* [t.-i.].

strabiliato, -ta [strabiljàto, -ta] *a.* asombrado, maravillado.

strabismo [strabizmo] *f.* estrabismo.

stracarico, -ca [strakàriko, -ka] *a.* sobrecargado.

stracciare [strattʃàre] *t.* rasgar, desgarrar.

straccio [stràttʃo] *m.* trapo.

straccione, -na [strattʃóne, -na] *a.-s.* haraposo.

stracco, -ca [stràkko, -ka] *a.* reventado [de cansancio].

stracotto, -ta [strakòtto, -ta] *a.* demasiado cocido. 2 *m.* estofado de buey.

strada [stráda] *f.* calle [ciudad]. 2 carretera. 3 calzada. 4 camino *m.* ‖ *~ mulattiera,* camino de carros. ‖ *~ ferrata,* ferrocarril.

stradale [stradále] *a.* de carretera. ‖ *segnale ~,* señal de tráfico. ‖ *carta ~,* mapa de carreteras. || *incidente* ~, accidente de circulación.

strafare [strafáre] *i.* exagerar. ¶ CONJUG. como *fare* (aux. *avere*).

straforo [strafóro] en la loc. *di* ~, solapadamente.

strage [strádʒe] *f.* estrago *m.*, matanza.

stragrande [stragránde] *a.* enorme.

stralciare [straltʃáre] *t.* quitar, eliminar.

stralcio [strálʃo] *m.* trozo.

strale [stróle] *m.* flecha *f.*

stralunare [stralunáre] *t.* ~ *gli occhi,* poner los ojos en blanco.

stralunato, -ta [stralunáto, -ta] *a.* aturdido, espantado.

stramaledire [stramaledire] *t.* maldecir. ¶ CONJUG. como *maledire*.

stramazzare [stramattsáre] *i.* desplomarse, caerse. ¶ CONJUG. r. aux. *essere*.

strame [stráme] *m.* forje. 2 cama *f.* de establo, de cuadra.

stramonio [stramónjo] *m.* estramonio.

strampalatamente [strampalataménte] *adv.* estrafalariamente.

strampalato, -ta [strampaláto, -ta] *a.* descabellado, estrafalario.

stranamente [stranaménte] *adv.* extrañamente.

stranezza [stranéttsa] *f.* extravagancia.

strangolamento [strangolaménto] *m.* estrangulación *f.*

strangolare [strangoláre] *t.* estrangular.

strangolatore [strangolatóre] *m.* estrangulador.

straniero, -ra [stranjéro, -ra] *a.-s.* extranjero.

strano, -na [stráno, -na] *a.* extraño, raro.

straordinariamente [straordinarjaménte] *adv.* extraordinariamente.

straordinario, -ria [straordinárjo, -rja] *a.* extraordinario.

strapagare [strapagáre] *t.* pagar abundantemente.

straparlare [straparláre] *i.* disparatar, desvariar. ¶ CONJUG. r. aux. *avere*.

strapazzare [strapattsáre] *t.* maltratar. 2 ajar [un vestido]. 3 derrengar, deslomar [un caballo]. 4 *pr.* cansarse.

strapazzata [strapattsáta] *f.* reprimenda. 2 cansancio *m.* enorme.

strapazzato, -ta [strapattsáto, -ta] *a.* extenuante. 2 revuelto. || *uova strapazzate,* huevos revueltos.

strapazzo [strapáttso] *m.* cansancio, agotamiento. || *da* ~, de pacotilla.

strapieno, -na [strapjéno, -na] *a.* repleto.

strapiombare [strapjombáre] *i.* caer a plomo. ¶ CONJUG. r. aux. *essere* y *avere*.

strapiombo [strapjómbo] *m.* precipicio, acantilado. || *rocce a* ~ *sul mare,* rocas a pico sobre el mar.

strappacuore [strappakwóre] *a.* conmovedor.

strappare [strappáre] *t.* arrancar. 2 romper, rasgar.

strappato, -ta [strappáto, -ta] *a.* roto, rasgado.

strappo [stráppo] *m.* tirón, golpe seco. || *a strappi,* a golpes. 2 desgarro, desgarrón. 3 fig. excepción *f.* || *fare uno* ~ *alla regola,* hacer una excepción a la regla. 4 esprinto [ciclismo]. 5 *dare uno* ~ *a qualcuno,* acompañar a alguien en coche. 6 estiramiento [muscular].

strapuntino [strapuntíno] *m.* traspuntín, traspontín.

straripamento [straripaménto] *m.* desbordamiento [de un río].

straripare [straripáre] *i.* desbordar. ¶ CONJUG. r. aux. *essere* y *avere*.

strascicare [straʃʃikáre] *t.* arrastrar.

strascico [stráʃʃiko] *m.* cola *f.* [de un vestido]. 2 fig. consecuencia *f.*

stratagemma [stratadʒémma] *f.* estratagema.

stratega [stratéga] *m.* estratega.

strategia [stratedʒía] *f.* estrategia.

strategicamente [stratedʒikaménte] *adv.* estratégicamente.

strategico, -ca [stratédʒiko, -ka] *a.* estratégico.

stratificare [stratifikáre] *t.* estratificar.

stratificazione [stratifikattsjóne] *f.* estratificación *f.*

strato [stráto] *m.* estrato.

stratosfera [stratosféra] *f.* estratosfera.

stratosferico, -ca [stratosfériko, -ka] *a.* estratosférico.

strattone [strattóne] *m.* sacudida *f.*

stravagante [stravagánte] *a.* extravagante.

stravaganza [stravagántsa] *f.* extravagancia.

stravecchio, -chia [stravékkjo, -kja] *a.* añejo, muy añejo.

stravedere [stravedére] *i.* ver visiones, equivocarse. 2 fig. desvivirse. || ~ *per qualcuno,* desvivirse por alguien. ¶ CONJUG. como *vedere* (aux. *avere*).

stravincere [stravíntʃere] *i.* vencer con mucha ventaja, aplastar. ¶ CONJUG. como *vincere* (aux. *avere*).

straviziare [stravitsjàre] *i.* parrandear. ¶ CONJUG. r. aux. *avere*.

stravizio [stravíttsjo] *m.* exceso, desorden.

stravolgere [stravóldʒere] *t.* trastornar. ¶ CONJUG. como *volgere*.

stravolto, -ta [stravólto, -ta] *a.* trastornado.

straziante [strattsjànte] *a.* desgarrador, lastimoso.

straziare [strattsjàre] *t.* atormentar. 2 desgarrar.

strazio [stràttsjo] *m.* tormento. 2 pena *f.*

strega [strèga] *f.* bruja.

stregare [stregàre] *t.* hechizar, embrujar.

stregone [stregóne] *m.* brujo.

stregoneria [stregonería] *f.* brujería.

stregua [strègwa] *f.* medida, comparación. ‖ *alla stessa ~*, del mismo modo.

stremare [stremàre] *t.* extremar, extenuar.

stremato, -ta [stremàto, -ta] *a.* extremado.

stremo [strèmo] *m.* extremo.

strenna [strènna] *f.* aguinaldo *m.*, regalo *m.*

strenuamente [strenuamènte] *adv.* valientemente.

strenuo, -nua [strènuo, -nua] *a.* valiente.

strepitare [strepitàre] *i.* alborotar. ¶ CONJUG. r. aux. *avere*.

strepito [strèpito] *m.* estrépito.

strepitosamente [strepitozamènte] *adv.* estrepitosamente.

strepitoso, -sa [strepitózo, -za] *a.* estrepitoso.

streptomicina [streptomitʃína] *f.* estreptomicina.

stretta [strètta] *f.* apretón *m.* ‖ *~ di mano*, apretón de manos. 2 fig. angustia, congoja. 3 conclusión. ‖ *essere alla ~ finale*, estar en la recta final.

strettamente [strettamènte] *adv.* estrechamente.

strettezza [strettéttsa] *f.* estrechez.

stretto, -ta [strètto, -ta] *m.* GEOG. estrecho. 2 *a.* estrecho. 3 GRAM. cerrado. ‖ *vocale stretta*, vocal cerrada. 4 próximo. ‖ *parenti stretti*, parientes próximos.

strettoia [strettója] *f.* angostura. 2 fig. apuro *m.*

stria [stría] *f.* estría.

striare [striàre] *f.* estriar.

striatura [striatúra] *f.* estriado *m.*

stricnina [striknína] *f.* estricnina.

stridente [stridènte] *a.* estridente.

stridere [strídere] *i.* chirriar. 2 fig. chochar. ¶ CONJUG. r. aux. *avere*.

stridio [stridío] *m.* chirrido.

stridore [stridóre] *m.* recrinamiento, chirrido.

stridulo, -la [strídulo, -la] *a.* estridente.

striglia [stríʎʎa] *f.* almohaza.

strigliare [striʎʎàre] *t.* almohazar. 2 fig. reprender.

strigliata [striʎʎàta] *f.* restregón *m.* 2 fig. reprimenda.

strillare [strillàre] *i.* chillar. ¶ CONJUG. r. aux. *avere*.

strillo [strillo] *m.* grito.

strillone [strillóne] *m.* vocinglero, gritón.

striminzito, -ta [strimintsito, -ta] *a.* encogido.

strimpellare [strimpellàre] *t.* cencerrear.

strimpellata [strimpellàta] *f.* cencerrada.

strinare [strinàre] *t.* chamuscar.

strinato, -ta [strinàto, -ta] *a.* chamuscado.

stringa [stringa] *f.* cordón *m.* [de zapato].

stringatamente [stringatamènte] *adv.* concisamente.

stringatezza [stringatéttsa] *f.* concisión.

stringato, -ta [stringàto, -ta] *a.* conciso.

stringere [strindʒere] *t.* apretar. 2 estrechar. 3 fig. acelerar. ‖ *~ i tempi*, acelerar el ritmo. 4 fig. resumir. ¶ CONJUG. IND. pret. ind.: *strinsi, stringesti, strinse, stringemmo, stringeste, strinsero.* ‖ PART.: *stretto.*

striscia [stríʃʃa] *f.* tira, cinta. 2 reguero *m.* 3 franja.

strisciante [striʃʃánte] *a.* rastrero.

strisciare [striʃʃáre] *t.* rastrear. 2 *i.* arrastrarse. ¶ CONJUG. r. aux. *avere* [t.-i.].

striscio [stríʃʃo] *m.* arrastre. 2 *di ~*, al sesgo, oblicuamente.

striscione [striʃʃóne] *m.* tira *f.*

stritolamento [stritolamènto] *m.* trituración *f.*

stritolare [stritolàre] *f.* aplastar.

strizzare [strittsàre] *t.* estrujar. ‖ *~ l'occhio*, guiñar el ojo.

strizzata [strittsàta] *f.* estrujamiento *m.* ‖ *~ d'occhio*, guiño.

strofa [stròfa] *f.* estrofa.

strofinaccio [strofinàttʃo] *m.* estropajo.

strofinare [strofinàre] *t.* frotar.

strofinio [strofinío] *m.* frotación *f.*

strombazzare [strombattsàre] *t.* pregonar, proclamar.

strombazzata [strombattsáta] f. trompetazo m. 2 bocinazo m., golpe de claxon m. 3 fig. elogio m. excesivo.

strombettare [strombettáre] t. trompetear. 2 tocar el claxon.

stroncare [stronkáre] t. truncar. 2 reprimir [una revolución]. 3 hacer cesar, cortar.

stroncatura [stronkatúra] f. truncamiento m.

stronzio [stróntsjo] m. estroncio.

stronzo [stróntso] m. vulg. cagada f. 2 fig. imbécil.

stropicciare [stropittʃáre] f. restregar, frotar.

stropiccio [stropittʃío] m. frotación f.

strozza [stróttsa] f. gaznate m.

strozzare [strottsáre] t. estrangular.

strozzato, -ta [strottsáto, -ta] a. estrangulado.

strozzatura [strottsatúra] f. estrangulación. 2 gollete m. [botella].

strozzino [strottsíno, -na] m. usurero.

struggente [struddʒénte] a. atormentador.

struggere [strúddʒere] t.-pr. derretir. 2 fig. pr. consumirse, morirse. ¶ CONJUG. IND. pret. ind.: **strussi, struggesti, strusse, struggemmo, struggeste, strussero.** ‖ PART.: **strutto.**

struggimento [struddʒimènto] m. tormento. 2 derretimiento.

strumentale [strumentále] a. instrumental.

strumentare [strumentáre] t. instrumentar.

strumentazione [strumentatsjóne] f. instrumentación.

strumento [strumènto] m. instrumento.

strusciare [struʃʃáre] t. frotar.

strutto [strútto] m. manteca f.

strutturale [strutturále] a. estructural.

strutturare [strutturáre] t. estructurar.

strutturazione [strutturattsjóne] f. estructuración.

struzzo [strúttso] m. avestruz.

stuccare [stukkáre] t. estucar. 2 asquear, hastiar.

stuccatore [stukkatóre] m. estucador.

stuccatura [stukkatúra] f. estucado m.

stucchevole [stukkèvole] a. empalagoso.

stucco [stúkko] m. estuco. ‖ **restare di ~,** quedar pasmado.

studente [studènte] a.-s. estudiante.

studentesco, -sca [studentèsko, -ska] a. estudiantil.

studentessa [studentèssa] f. estudiante.

studiare [studjáre] t. estudiar. 2 examinar. 3 pr. procurar, hacer esfuerzos.

studiato, -a [studjáto, -ta] a. estudiado. 2 afectado, premeditado.

studio [stúdjo] m. estudio. 2 estudio, proyecto. 3 despacho. ‖ ~ **medico,** consultorio médico. 4 taller. ‖ ~ **di scultore,** taller de escultor. 5 estudio [televisión, cine].

studioso, -sa [studjózo, -za] a.-s. estudioso. 2 especialista. ‖ **é uno ~ di biologia,** es un especialista en biología.

stufa [stúfa] f. estufa.

stufare [stufáre] i. COC. estofar. 2 fig. fastidiar, aburrir. 3 i.-pr. estar harto, estar hasta la coronilla. ¶ CONJUG. r. aux. **avere** [t.], **essere** [i.].

stufato [stufáto] m. estofado.

stufo, -fa [stúfo, -fa] a. harto, hasta la coronilla.

stuoia [stwója] f. estera.

stuolo [stwólo] m. muchedumbre f., multitud f.

stupefacente [stupefatʃénte] m. estupefaciente. 2 a. sorprendente.

stupefare [stupefáre] t.-pr. sorprender, maravillar. ¶ CONJUG. como **fare.**

stupendo, -da [stupèndo, -da] a. estupendo.

stupidaggine [stupidáddʒine] f. estupidez.

stupidamente [stupidamènte] adv. estúpidamente.

stupidità [stupiditá*] f. estupidez.

stupido, -da [stúpido, -da] a.-s. estúpido.

stupire [stupíre] t. sorprender, maravillar. 2 i. extrañarse, asombrarse. ¶ CONJUG. r. aux. **avere** [t.], **essere** [i.].

stupito, -ta [stupíto, -ta] a. estupefacto.

stupore [stupóre] m. estupor.

stupro [stúpro] m. estupro, violación f.

sturare [sturáre] t. destapar, desobstruir.

stuzzicadenti [stuttsikadènti] m. palillo, mondadientes.

stuzzicante [stuttsikánte] a. excitante. 2 molesto.

stuzzicare [stuttsikáre] t. incordiar. 2 escarbar, hurgonear. 3 estimular [el apetito]. 4 picar [la curiosidad].

su [su] prep. sobre, en, a, hacia, según. ‖ **morire sul campo di battaglia,** morir en el campo de batalla. ‖ **vestito ~ misura,** vestido a medida. ‖ **sulla fine del settecento,** hacia finales del siglo XVIII. ‖ **costruito sul modello,** construído según el modelo. ‖ ~ *per giù,* poco más o menos. 2 *adv.* arriba, encima, sobre. 3 *inter.* ¡vamos!

suadente [suadènte] *a.* persuasivo.

subacqueo, -quea [subákkweo, -kwea] *a.* submarino. 2 *m.* submarinista, hombre rana.

subaffittare [subaffittàre] *t.* subarrendar.

subaffitto [subaffìtto] *m.* subarriendo.

subaffittuario [subaffittuàrjo] *m.* subarrendatario.

subalpino [subalpino] *a.* subalpino.

subalterno [subaltèrno, -na] *a.-s.* subalterno.

subappaltare [subappaltàre] *f.* subarrendar.

subbuglio [subbúʎʎo] *m.* agitación *f.,* confusión *f.* 2 desorden.

subcosciente [subkoʃʃènte] *m.* subconsciente.

subdolo, -la [súbdolo, -la] *a.* disimulado, solapado, engañoso.

subentrare [subentràre] *i.* subintrar. ¶ CONJUG. r. aux. *essere.*

subire [subìre] *t.* sufrir, experimentar. 2 soportar.

subissare [subissàre] *t.* sumergir, inundar.

subisso [subìsso] *m.* sinfín.

subitamente [subitamènte] *adv.* de repente.

subitancamento [subitaneamènte] *adv.* de repente.

subitaneo, -nea [subitáneo, -nea] *a.* súbito, improviso.

subito [súbito] *adv.* enseguida, inmediatamente. ‖ ~ *che;* ~ *come,* así que, tan pronto como.

subito, -ta [súbito, -ta] *a.* improvisto, súbito.

sublimare [sublimàre] *t.* sublimar.

sublimato, -ta [sublimàto, -ta] *a.-m.* sublimado.

sublime [sublime] *a.* sublime.

sublimità [sublimità*] *f.* sublimidad.

subodorare [subodoràre] *t.* presentir, olfatear.

subordinare [subordinàre] *t.* subordinar.

subordinatamente [subordinatamènte] *adv.* subordinadamente.

subordinato, -ta [subordinàto, -ta] *a.-s.* subordinado.

subordinazione [subordinattsjòne] *f.* subordinación.

subornare [subornàre] *t.* sobornar.

subornazione [subornattsjòne] *f.* soborno *m.*

subsonico, -ca [subsòniko, -ka] *a.* subsónico.

subtropicale [subtropikále] *a.* subtropical.

suburbio [subúrbjo] *m.* suburbio.

succedere [suttʃédere] *i.* suceder. ‖ *il principe è succeduto al re,* el príncipe ha sucedido al rey. 2 suceder, pasar, ocurrir. ‖ *succeda quel che succeda,* pase lo que pase. ¶ CONJUG. como *concedere* (aux. *essere*).

successione [suttʃessjòne] *f.* sucesión.

successivo, -va [suttʃessìvo, -va] *a.* sucesivo, siguiente.

successo [suttʃèsso] *m.* éxito.

successore [suttʃessòre] *m.* sucesor.

succhiare [sukkjáre] *f.* chupar.

succhiello [sukkjèllo] *m.* taladrador, berbiquí.

succhiotto [sukkjòtto] *m.* chupete.

succinto, -ta [suttʃìnto, -ta] *a.* sucinto, conciso.

succo [súkko] *m.* zumo, jugo.

succoso, -sa [sukkòzo, -za] *a.* jugoso.

succubo, -ba [súkkubo, -ba] *a.* súcubo.

succulento, -ta [sukkulènto, -ta] *a.* suculento.

succursale [sukkursále] *f.* sucursal.

sud [sud] *m.* sur.

sudare [sudàre] *t.-i.* sudar. ¶ CONJUG. r. aux. *avere* [t.-i.].

sudario [sudàrjo] *m.* sudario.

sudata [sudáta] *f.* baño *m.* de sudor. ‖ *fare una ~,* cansarse.

sudaticcio, -cia [sudatittʃo, -tʃa] *a.* sudoroso.

sudato, -ta [sudàto, -ta] *a.* sudado.

suddetto, -ta [suddètto, -ta] *a.* susodicho, sobredicho.

suddito [súddito] *m.* súbdito.

suddividere [suddivìdere] *t.* subdividir. ¶ CONJUG. como *dividere.*

suddivisione [suddivizjòne] *f.* subdivisión.

sudiciamente [suditʃamènte] *adv.* suciamente.

sudicio, -cia [súditʃo, -tʃa] *a.* sucio.

sudicione, -na [suditʃòne, -na] *a.-s.* sucio.

sudiciume [suditʃúme] *m.* suciedad *f.*

sudore [sudòre] *m.* sudor.

sudorifero, -ra [sudorìfero, -ra] *a.* sudorífero.

sudoriparo, -ra [sudorìparo, -ra] *a.* sudoríparo.

sufficiente [suffitʃènte] *a.* suficiente.

sufficientemente [suffitʃenteménte] *adv.* suficientemente.

sufficienza [suffitʃéntsa] *f.* suficiencia.

suffisso [suffisso] *m.* sufijo.

suffragare [suffragáre] *t.* sufragar.

suffragio [suffrádʒo] *m.* sufragio.

sufismo [sufizmo] *m.* sufismo.

suggellare [suddʒelláre] *t.* sigilar. 2 fig. ratificar.

suggello [suddʒéllo] *m.* sello. 2 fig. ratificación *f.*

suggerimento [suddʒeriménto] *m.* sugerencia *f.*

suggerire [suddʒerire] *t.* sugerir.

suggeritore [suddʒeritóre] *m.* apuntador.

suggestionabile [suddʒestjonábile] *a.* sugestionable.

suggestionare [suddʒestjonáre] *f.* sugestionar.

suggestione [suddʒestjóne] *f.* sugestión. 2 opinión, consejo *m.*

suggestivo, -va [suddʒestivo, -va] *a.* sugestivo.

sughero [súgero] *m.* corcho. ‖ *albero da* ~, alcornoque.

sugo [súgo] *m.* jugo. 2 salsa *f.*

sugoso, -sa [sugózo, -za] *a.* jugoso.

suicida [suitʃida] *s.* suicida.

suicidarsi [suitʃidársi] *pr.* suicidarse.

suicidio [suitʃidjo] *m.* suicidio.

suino, -na [suino, -na] *m.* cerdo. 2 *a.* de cerdo.

sulfamidico, -ca [sulfamidiko, -ka] *m.* sulfamida *f.* 2 *a.* sulfamídico.

sulfureo, -rea [sulfúreo, -rea] *a.* sulfúreo.

sultanato [sultanáto] *m.* sultanato.

suocera [swɔtʃera] *f.* suegra.

suo, -a [súo, -a] *a.* su. 2 *pron.* suyo. 3 de usted. 4 *m.-pl.* los suyos.

suocera [swɔtʃera] *f.* suegra.

suocero [swɔtʃero] *m.* suegro.

suola [swɔla] *f.* suela.

suolo [swɔlo] *m.* suelo, tierra *f.*

suonare [swonáre] *t.* tocar. ‖ ~ *il pianoforte,* tocar el piano. 2 *i.* sonar. ‖ *la sveglia ha suonato,* ha sonado el despertador. 3 llamar [a la puerta]. 4 dar. ‖ *suonano le tre,* dan las tres. ¶ CONJUG. r. aux. *avere* [t.-i.] excepto *essere* en el significado 4.

suono [swɔno] *m.* sonido.

suora [swɔra] *f.* monja, hermana.

superabile [superábile] *a.* superable.

superamento [superaménto] *m.* superación *f.*

superare [superáre] *t.* supera. 2 sobrepasar. 3 adelantar [coche].

superbamente [superbaménte] *adv.* soberbiamente.

superbia [supérbja] *f.* soberbia.

superbo, -ba [supérbo, -ba] *a.-s.* soberbio.

superficiale [superfitʃále] *a.* superficial.

superficialità [superfitʃalità] *f.* superficialidad.

superficialmente [superfitʃalménte] *adv.* superficialmente.

superficie [superfitʃe] *f.* superficie.

superfluo, -flua [supérfluo, -flua] *a.* superfluo.

superiora [superjóra] *f.* superiora [de un convento de religiosas].

superiore [superjóre] *a.-m.* superior.

superiorità [superiorità] *f.* superioridad.

superlativamente [superlativaménte] *adv.* superlativamente.

superlativo, -va [superlativo, -va] *a.* superlativo.

supermercato [supermerkáto] *m.* supermercado.

superno, -na [supérno, -na] *a.* LIT. eterno. ‖ *vita superna,* paraíso.

supersonico, -ca [supersóniko, -ka] *a.* supersónico.

superstite [supérstite] *a.-m.* sobreviviente. 2 *a.* restante.

superstizione [superstitsjóne] *f.* superstición.

superstiziosamente [superstitsjozaménte] *adv.* supersticiosamente.

superstizioso, -sa [superstitsjózo, -za] *a.* supersticioso.

superuomo [superwɔmo] *m.* superhombre.

supinamente [supinaménte] *adv.* supinamente.

supino, -na [supino, -na] *a.* supino. 2 fig. pasivo.

suppellettili [suppelléttili] *f.* utensilio *m.* 2 objeto *m.* 3 bibelot *m.*

suppergiù [supperdʒú*] *adv.* más o menos, aproximadamente.

supplementare [supplementáre] *a.* suplementario.

supplemento [suppleménto] *m.* suplemento.

supplente [supplénte] *a.-s.* suplente.

supplenza [suppléntsa] *f.* suplencia.

suppletivo, -va [suppletivo, -va] *a.* suplementario.

supplì [suppli*] *m.* croqueta de arroz.

supplica [súpplika] f. súplica.
supplicante [supplikánte] a.-s. suplicante.
supplicare [supplikáre] t. suplicar.
supplichevole [supplikévole] a. suplicante.
supplire [supplíre] t. suplir.
supplizio [supplíttsjo] m. suplicio.
supponibile [supponíbile] a. presumible.
supporre [suppórre] t. suponer. ¶ CONJUG. como **porre**.
supporto [suppórto] m. soporte.
supposizione [suppozittsjóne] f. suposición.
supposta [suppósta] f. supositorio m.
supposto, -ta [suppósto, -ta] a. supuesto. || ~ *che,* suponiendo que.
suppurare [suppuráre] i. supurar. ¶ CONJUG. r. aux. **essere** o **avere**.
suppurazione [suppurattsjóne] f. supuración.
supremamente [supremaménte] adv. supremamente.
supremazia [supremattsía] f. supremacía.
supremo, -ma [suprémo, -ma] a. supremo.
surgelare [surdʒeláre] t. congelar.
surrealismo [surrealízmo] m. surrealismo.
surrealista [surrealísta] a.-s. surrealista.
surrealistico, -ca [surrealístiko, -ka] a. surrealista.
surrenale [surrenále] a. suprarrenal.
surriscaldare [surriskaldáre] t. calentar demasiado.
surrogare [surrogáre] t. subrogar.
surrogato, -ta [surrogáto, -ta] m. sucedáneo. 2 a. subrogado.
suscettibile [suʃʃettíbile] a. susceptible.
suscettibilità [suʃʃettibilità*] f. susceptibilidad.
suscitare [suʃʃitáre] t. suscitar.
susina [suzína] f. ciruela.
susseguente [sussegwénte] a. subsiguiente.
susseguire [sussegwíre] t.-i. suceder. ¶ CONJUG. r. aux. **avere** [t.], **essere** [i.].
sussidiario, -ria [sussidjárjo, -rja] a. subsidiario. 2 m. texto de enseñanza primaria.
sussidio [sussídio] m. subsidio.
sussiego [sussjégo] m. suficiencia f., presunción f.
sussistente [sussistènte] a. subsistente.

sussistenza [sussistèntsa] f. existencia. 2 subsistencia. || **mezzi di** ~, medios de subsistencia.
sussistere [sussístere] i. subsistir. ¶ CONJUG. como **assistere** (aux. **essere**, raramente **avere**).
sussultare [sussultáre] i. sobresaltare. ¶ CONJUG. r. aux. **avere**.
sussulto [sussúlto] m. sobresalto.
sussurrare [sussurráre] t. susurrar.
sussurro [sussúrro] m. susurro.
sutura [sutúra] f. sutura.
suturare [suturáre] t. suturar.
svagare [zvagáre] t. divertir, distraer.
svagato, -ta [zvagáto, -ta] a. distraído.
svago [zvágo] m. distracción f., pasatiempo.
svaligiare [zvalidʒáre] t. desvalijar.
svaligiatore [zvalidʒatóre] m. ladrón, desvalijador.
svalutare [zvalutáre] t. desvalorizar. 2 i.-pr. devaluar.
svanire [zvaníre] i. desvanecerse, desaparecer. ¶ CONJUG. r. aux. **essere**.
svantaggio [zvantáddʒo] m. desventaja f.
svantaggiosamente [zvantaddʒosaménte] adv. desventajosamente.
svantaggioso, -sa [zvantaddʒózo, -za] a. desventajoso.
svaporare [zvaporáre] i. evaporarse. ¶ CONJUG. r. aux. **essere.**
svaporato, -ta [zvaporáto, -ta] a. evaporado. 2 fig. distraído.
svariato, -ta [zvarjáto, -ta] a. vario, variado.
svasare [zvazáre] t. sacar del tiesto [una planta].
svastica [zvástika] f. esvástica.
svecchiamento [zvekkjaménto] m. rejuvenecimiento.
svecchiare [zvekkjáre] t. modernizar, rejuvenecer.
svedese [zvedéze] a.-s. sueco.
sveglia [zvéʎʎa] f. despertador m.
svegliare [zveʎʎáre] t.-pr. despertar.
sveglio, -glia [zvéʎʎo, -ja] a. despierto.
svelare [zveláre] t. revelar.
svellere [zvèllere] t. arrancar, desarraigar. ¶ CONJUG. IND. pres.: **svello (svelgo), svello (svelgi), svelle (svelge), svelliamo, svellete, svellono (svelgono).** | pret. ind.: **svelsi, svellesti, svelse, svellemmo, svelleste, svelsero.** || SUBJ. pres.: **svelga, svelga, svelga, svelliamo, svelliate, svelgano.** || IMPER.: **svelli, svelga, svel-**

liamo, svellete, svelgano. ‖ PART.: **svelto**.

sveltamente [zveltaménte] *adv.* rápidamente.

sveltezza [zveltéttsa] *f.* agilidad, rapidez.

sveltire [zveltíre] *t.* agilizar.

svelto, -ta [zvélto, -ta] *a.* rápido, ágil. ‖ *alla svelta*, rápidamente. 2 esbelto. 3 liso.

svenare [zvenáre] *t.* cortar las venas. 2 *pr.* desangrarse.

svendere [zvéndere] *f.* malvender.

svenevole [zvenévole] *a.-s.* melindroso, dengoso.

svenevolezza [zvenevoléttsa] *f.* monería, melindre *m.*

svenimento [zveniménto] *m.* desmayo.

svenire [zveníre] *i.* desmayarse. ¶ CONJUG. como *venire* (aux. *essere*).

sventagliare [zventaʎʎáre] *t.* abanicar.

sventare [zventáre] *t.* desbaratar, frustrar, hacer fracasar [una intriga, un complot].

sventatamente [zventataménte] *adv.* alocadamente.

sventatezza [zventatéttsa] *f.* ligereza, descuido *m.*

sventato, -ta [zventáto, -ta] *a.* descuidado, alocado.

sventola [zvéntola] *f.* bofetada.

sventolare [zventoláre] *t.* agitar. 2 *i.* ondear [una bandera]. 3 *pr.* abanicarse. ¶ CONJUG. r. aux. *avere* [t.-i.].

sventolio [zventolío] *m.* ondeo, el flamear.

sventrare [zventráre] *t.* destripar.

sventura [zventúra] *f.* desdicha.

sventuratamente [zventurataménte] *adv.* desdichadamente.

sventurato, -ta [zventuráto, -ta] *a.* desdichado.

svergognare [zvergoɲɲáre] *t.* avergonzar. 2 desenmascarar.

svergognato, -ta [zvergoɲɲáto, -ta] *a.* desvergonzado.

svernare [zvernáre] *i.* invernar. ¶ CONJUG. r. aux. *avere*.

svestirsi [zvestírsi] *pr.* desnudarse.

svestito, -ta [zvestíto, -ta] *a.* desnudo.

svettare [zvettáre] *t.* desmochar. 2 *i.* descollar. ¶ CONJUG. r. aux. *avere* [t.-i.].

svezzamento [zvettsaménto] *m.* destete.

svezzare [zvettsáre] *t.* destetar.

sviamento [zviaménto] *m.* desvío. 2 fig. extravío.

sviare [zviáre] *t.* desviar. 2 *i.* torcer. 3 fig. extraviarse. ¶ CONJUG. r. aux. *avere* [t.-i.].

svignare [zviɲɲáre] *i.* en la loc. *svignarsela,* irse a la francesa.

svilire [zvilíre] *t.* desvalorizar, envilecer.

sviluppare [zviluppáre] *t.* desarrollar. 2 FOT. revelar. 3 *pr.* fig. producirse, estallar. ‖ *si è sviluppato un incendio,* se ha producido un incendio.

sviluppo [zvilúppo] *m.* desarrollo. 2 desenvolvimiento. 3 FOT. revelado.

svincolare [zvinkoláre] *t.* liberar, soltar. 2 COM. retirar.

svincolo [zvínkolo] *m.* retirada *f.* 2 COM. despacho. ‖ ~ *di merci in dogana,* despacho de mercancías en aduana. 3 carretera de enlace [autopistas].

sviscerare [zviʃʃeráre] *t.* desentrañar.

svisceratamente [zviʃʃerataménte] *adv.* apasionadamente.

sviscerato, -ta [zviʃʃeráto, -ta] *a.* entrañable, apasionado.

svista [zvísta] *f.* inadvertencia.

svitare [zvitáre] *t.* destornillar, desenroscar.

svitato, -ta [zvitáto, -ta] *a.* destornillado. 2 fig. chalado.

svizzero, -ra [zvíttsero, -ra] *a.-s.* suizo.

svogliataggine [zvoʎʎatáddʒine], **svogliatezza** [zvoʎʎatéttsa] *f.* pereza, desgana.

svogliatamente [zvoʎʎataménte] *adv.* sin ganas.

svogliato, -ta [zvoʎʎáto, -ta] *a.* perezoso, desganado.

svolazzare [zvolattsáre] *i.* revolotear. ¶ CONJUG. r. aux. *avere*.

svolazzo [zvoláttso] *m.* rúbrica *f.* 2 *m.-pl.* fig. ringorrangos.

svolgere [zvóldʒere] *t.* desenrollar [un ovillo, etc.]. 2 desarrollar [un tema]. 3 deshacer, abrir [un paquete]. 4 desempeñar [un papel]. 5 *pr.* liberarse. ¶ CONJUG. como *volgere.*

svolgimento [zvoldʒiménto] *m.* desarrollo.

svolta [zvólta] *f.* curva. 2 vuelta, esquina. 3 fig. momento crucial, viraje decisivo.

svoltare [zvoltáre] *t.* girar. 2 doblar la esquina.

svuotare [zvvotáre] *t.* vaciar.

T

t [ti] *f.* decimoctava letra del alfabeto italiano.

tabaccaio [tabakkájo] *m.* estanquero.

tabaccheria [tabakkería] *f.* estanco *m.*

tabacco [tabákko] *m.* tabaco.

tabella [tabélla] *f.* lista, tablón *m.*, cuadro *m.*

tabernacolo [tabernácolo] *m.* tabernáculo.

tabú [tabú*] *m.* tabú.

taccagno, -gna [takkáɲɲo, -na] *a.* tacaño.

tacchino [takkino] *m.* pavo.

tacciare [tattʃáre] *t.* tachar.

tacco [tákko] *m.* tacón.

taccuino [takkuíno] *m.* agenda *f.* libreta *f.* de apuntes.

tacere [tatʃére] *i.* callar. ¶ CONJUG. (aux. *avere*). IND. pres.: *taccio, taci, tace, tacciamo, tacete, tacciono.* ‖ pret. ind.: *tacqui, tacesti, tacque, tacemmo, taceste, tacquero.* ‖ SUBJ. pres.: *taccia, taccia, taccia, tacciamo, taciate, tacciano.* ‖ PART.: *taciuto.*

taciturno, -na [tatʃitúrno, -na] *a.* callado.

tafano [tafáno] *m.* tábano.

tafferuglio [tafferúʎʎo] *m.* refriega *f.*

taglia [táʎʎa] *f.* talla. 2 recompensa.

tagliacarte [taʎʎakárte] *m.* plegadera *f.* 2 cortapapeles.

taglialegna [taʎʎaléɲɲa] *m.* leñador.

tagliando [taʎʎándo] *m.* cupón. 2 talón.

tagliare [taʎʎáre] *t.* cortar. ‖ *~ fuori*, aislar. ‖ *~ la corda*, irse, escaparse.

tagliatella [taʎʎatélla] *f.* tallarín *m.*

tagliente [taʎʎénte] *a.* cortante. 2 fig. afilado, mordaz.

tagliere [taʎʎére] *m.* madera *f.* de picar.

taglio [táʎʎo] *m.* corte. ‖ *~ cesareo*, cesárea *f.*

tagliola [taʎʎóla] *f.* cepo *m.*

tagliuzzare [taʎʎuttsáre] *t.* desmenuzar.

talco [tálko] *m.* talco.

tale [tále] *a.-pron. m.* tal. ‖ *un ~*, un tipo.

talento [talénto] *m.* talento.

tallone [tallóne] *m* talón.

talmente [talménte] *adv.* talmente, de tal manera.

talora [talóra] V. **talvolta**.

talpa [tálpa] *f.* topo *m.*

talvolta [talvólta] *adv.* a veces.

tamarindo [tamarindo] *m.* tamarindo.

tamburello [tamburéllo] *m.* pandereta *f.*

tamburo [tambúro] *m.* tambor.

tamponamento [tamponaménto] *m.* choque trasero.

tamponare [tamponáre] *t.* embestir por detrás.

tampone [tampóne] *m.* tampón. 2 MED. tampón.

tana [tána] *f.* madriguera.

tanfo [tánfo] *m.* tufo.

tanga [tánga] *m.* tanga.

tangente [tandʒénte] *a.-f.* tangente. 2 COM. parte alícuota, cuota.

tangibile [tandʒíbile] *a.* tangible.

tangibilità [tandʒibilità*] *m.* tangibilidad.

tango [tángo] *m.* tango.

tanto [tánto] *a.* tanto, mucho. 2 *adv.* tan. ‖ *di ~ in ~*, de vez en cuando.

tapino, -na [tapíno, -na] *a.* pobrecito. 2 mezquino.

tapioca [tapjóka] *f.* tapioca.

tapiro [tapíro] *m.* tapir.

tappa [táppa] *t.* etapa.

tappare [tappáre] *t.* tapar.

tappeto [tappéto] *m.* alfombra *f.* ‖ *~ erboso*, césped. ‖ *bombardamento a ~*, bombardeo sistemático.

tappezzare [tappettsáre] *t.* tapizar.

tappezzeria [tappettsería] *f.* tapicería.

tappezziere [tappettsjére] *m.* tapicero.

tappo [táppo] *m.* corcho, tapón.

tara [tára] *f.* tara. .

tarantella [tarantélla] *f.* tarantela.

tarantola [tarántola] *f.* tarántula.

tarato, -ta [taráto, -ta] *a.* tarado.

tarchiato, -ta [tarkjáto, -ta] *a.* corpulento.

tardare [tardáre] *i.* tardar. ¶ CONJUG. r. aux. *avere* o *essere.*

tardi [tárdi] *adv.* tarde.

tardivamente [tardivaménte] *adv.* tardíamente.

tardivo, -va [tardivo, -va] *a.* tardío.

tardo, -da [tárdo, -da] *a.* torpe, lento.

targa [tárga] *f.* placa. 2 matrícula [coche].

targato, -ta [targáto, -ta] *a.* matriculado [coche].

tariffa [tariffa] *f.* tarifa. ‖ ~ *di dogana,* arancel.

tarlare [tarláre] *t.* carcomer.

tarlo [tárlo] *m.* carcoma *f.*

tarma [tárma] *f.* polilla.

tarmare [tarmáre] *t.-pr.* apolillar.

tarpare [tarpáre] *t.* despuntar las alas. 2 fig. desanimar.

tartagliare [tartaʎʎáre] *i.* tartamudear. ¶ CONJUG. r. aux. *avere.*

tartaro, -ra [tártaro, -ra] *a.-m.* tártaro.

tartaruga [tartarúga] *f.* tortuga.

tartassare [tartassáre] *t.* apretar, exprimir.

tartina [tartina] *f.* canapé *m.,* emparedado *m.*

tartufo [tartúfo] *m.* trufa *f.*

tasca [táska] *f.* bolsillo *m.*

tascabile [taskábile] *a.* de bolsillo.

tascapane [taskapáne] *m.* morral.

tassa [tássa] *f.* impuesto *m.*

tassametro [tassámetro] *m.* taxímetro.

tassare [tassáre] *t.* tasar. 2 imponer una contribución.

tassativamente [tassativaménte] *adv.* taxativamente, terminantemente.

tassativo, -va [tassativo, -va] *a.* terminante, taxativo.

tassello [tasséllo] *m.* cuña *f.,* taco.

tassì [tassi*] *m.* taxi.

tasso [tásso] *m.* COM. interés. 2 ZOOL. tejón. 3 BOT. tejo.

tastare [tastáre] *t.* palpar.

tastiera [tastjèra] *f.* teclado *m.*

tasto [tásto] *m.* tecla *f.* de piano. 2 traste de la guitarra. 3 fig. punto.

tattica [táttika] *f.* táctica.

tatticamente [tattikaménte] *adv.* tácticamente.

tattico, -ca [táttiko, -ka] *a.* táctico.

tattile [táttile] *f.* táctil.

tatto [tátto] *m.* tacto.

tatuaggio [tatuáddʒo] *m.* tatuaje.

tatuare [tatuáre] *t.* tatuar.

taverna [tavèrna] *f.* taberna.

tavola [távola] *f.* mesa. 2 tabla.

tavoliere [tavoljère] *m.* mesita *f.*

tavolino [tavolino] *m.* mesita *f.* ‖ ~ *da notte,* mesilla de noche.

tavolo [távolo] *m.* mesa *f.*

tavolozza [tavolóttsa] *f.* paleta.

tazza [táttsa] *f.* taza.

te [te] *pron. pers.* [segunda persona sing.]. te, ti. ‖ *stiamo parlando di ~,* estamos hablando de ti. ‖ *chiamano ~,* te llaman.

tè [tè*] *m.* té.

teatrale [teatrále] *a.* teatral.

teatralità [teatralitá*] *f.* teatralidad.

teatralmente [teatralménte] *adv.* teatralmente.

teatro [teátro] *m.* teatro.

tecnica [tèknika] *f.* técnica.

tecnicamente [teknikaménte] *adv.* técnicamente.

tecnico, -ca [tèkniko, -ka] *a.-m.* técnico.

tecnocrate [teknòkrate] *m.* tecnócrata.

tecnologia [teknolodʒia] *f.* tecnología.

tecnologico, -ca [teknolódʒiko, -ka] *a.* tecnológico.

tedesco, -sca [tedèsko, -ska] *a.-s.* alemán.

tegame [tegáme] *m.* cazuela *f.*

teglia [tèʎʎa] *f.* cazuela.

tegola [tègola] *f.* teja. 2 fig. desgracia.

teiera [tejèra] *f.* tetera.

tela [téla] *f.* tela. ‖ ~ *cerata,* hule *m.* 2 lienzo *m.* [pintura].

telaio [telájo] *m.* telar. 2 marco [de una ventana]. 3 MEC. chasis.

telecomandare [telekomandáre] *t.* teledirigir.

telecomandato, -ta [telekomandáto, -ta] *a.* teledirigido.

telecomando [telekomándo] *m.* telemando.

teleconferenza [telekonferèntsa] *f.* teleconferencia.

teledrin [teledrin] *m.* buscapersonas.

teleferica [telefèrika] *f.* teleférico *m.*

telefonare [telefonáre] *t.-i.* telefonear, llamar. ¶ CONJUG. r. aux. *avere* [t.-i.].

telefonata [telefonáta] *f.* llamada telefónica, telefonazo *m.*

telefonicamente [telefonikaménte] *adv.* telefónicamente.

telefonico, -ca [telefòniko, -ka] *a.* telefónico.

telefonista [telefonista] *s.* telefonista.

telefono [telèfono] *m.* teléfono.

telegrafare [telegrafáre] *t.* telegrafiar.

telegraficamente [telegrafikaménte] *adv.* telegráficamente.

telegrafico, -ca [telegráfiko, -ka] *a.* telegráfico.

telegrafista [telegrafista] *s.* telegrafista.

telegrafo [telĕgrafo] *m.* telégrafo.

telegramma [telegrámma] *m.* telegrama.

teleobiettivo [teleobjettivo] *m.* teleobjetivo.

telepatia [telepatia] *f.* telepatía.

telepatico, -ca [telepátiko, -ka] *a.* telepático.

telepilotaggio [telepilotáddȝo] *m.* telepilotaje.

teleria [teleria] *f.* lencería.

telescopio [tɛleskópjo] *m.* telescopio.

telescrivente [teleskrivĕnte] *f.* teletipo *m.*

teleselezione [teleselettsjóne] *f.* comunicación telefónica automática.

telespettatore [telespettatóre] *m.* telespectador.

televisione [televizjóne] *f.* televisión.

televisivo, -va [televizivo, -va] *a.* televisivo.

televisore [televizóre] *m.* televisor.

tellina [tellina] *f.* ICTIOL. tallarina.

tellurico, -ca [tellúriko, -ka] *a.* telúrico.

telo [tĕlo] *m.* paño. 2 ancho de la tela.

telone [telóne] *m.* telón.

tema [tĕma] *m.* tema. 2 composición *f.* [redacción].

temerario, -ria [temerárjo, -rja] *a.* temerario.

temere [temĕre] *t.* temer.

temibile [temibile] *a.* temible.

tempera [tĕmpera] *f.* temple *m.*

temperamento [temperamĕnto] *m.* temperamento.

temperare [temperáre] *t.* templar. 2 afilar, sacar punta (a un lápiz).

temperato, -ta [temperáto, -ta] *a.* templado.

temperatura [temperatúra] *f.* temperatura.

temperino [temperino] *m.* cortaplumas.

tempesta [tempĕsta] *f.* tempestad.

tempestare [tempestáre] *t.* agobiar, acosar. 2 *i.* tempestear. ¶ CONJUG. r. aux. *avere* [t.-i.].

tempestivamente [tempestivamĕnte] *adv.* tempestivamente.

tempestività [tempestivitá*] *f.* tempestividad, oportunidad.

tempestivo, -va [tempestivo, -va] *a.* tempestivo, oportuno.

tempestoso, -sa [tempestózo, -za] *a.* tempestuoso.

tempia [tĕmpja] *f.* sien.

tempio [tĕmpjo] *m.* templo.

tempo [tĕmpo] *m.* tiempo. ‖ *per* ~, temprano. ‖ *da* ~, desde hace tiempo. ‖ *in* ~, a tiempo. 2 MÚS. compás. ‖ *battere il* ~, marcar el compás. ‖ 3 CINEM. parte. ‖ *primo* ~, primera parte. 4 DEP. tiempo.

temporale [temporále] *a.-m.* temporal.

temporaneamente [temporaneamĕnte] *adv.* temporalmente.

temporaneo, -nea [temporáneo, -nea] *a.* provisional, temporal.

temporeggiare [temporeddȝáre] *i.* ganar tiempo. ¶ CONJUG. r. aux. *avere*.

tempra [tĕmpra] *f.* temple *m.* 2 fig. carácter *m.*

temprare [tempráre] *t.* templar.

tenace [tenátʃe] *a.* tenaz.

tenacemente [tenatʃemĕnte] *adv.* tenazmente.

tenacia [tenátʃa] *f.* tenacidad.

tenaglia [tenáʎʎa] *f.* tenaza.

tenda [tĕnda] *f.* cortina. 2 tienda de campaña.

tendaggio [tendáddȝo] *m.* cortina *f.*

tendenza [tendĕntsa] *f.* tendencia.

tendenzioso, -sa [tendentsjózo, -za] *a.* tendencioso.

tendere [tĕndere] *t.-i.* tender. ¶ CONJUG. (aux. *avere* [t.-i.]). IND. pret. ind.: *tesi, tendesti, tese, tendemmo, tendeste, tesero.* ‖ PART.: *teso.*

tendina [tendina] *f.* cortinilla, visillo *m.*

tendine [tĕndine] *m.* tendón.

tendone [tendóne] *m.* entoldado. 2 toldo.

tenebra [tĕnebra] *f.* tiniebla.

tenebroso, -sa [tenebrózo, za] *a.* tenebroso.

tenente [tenĕnte] *m.* teniente.

teneramente [teneramĕnte] *adv.* tiernamente.

tenere [tenĕre] *t.* tener. 2 llevar. ‖ ~ *i conti*, llevar las cuentas. 3 aguantar, sujetar. ‖ ~ *duro*, resistir, aguantar. ‖ ~ *fermo*, sujetar. 4 tomar. ‖ *tieni!* ¡toma! 5 *pr.* quedarse con. ‖ *tenersi i soldi*, quedarse con el dinero. 6 aguantarse. ¶ CONJUG. IND. pres.: *tengo, tieni, tiene, teniamo, tenete, tengono.* ‖ pret. ind.: *tenni, tenesti, tenne, tenemmo, teneste, tennero.* ‖ POT. pres.: *terrei, terresti, terrebbe, terremmo, terreste, terrebbero.* ‖ SUBJ. pres.: *tenga, tenga, tenga, teniamo, teniate, tengano.* ‖ PART. *tenuto.*

tenerezza [tenerĕttsa] *f.* ternura.

tenero, -ra [tĕnero, -ra] *a.* tierno. 2 *m.* fig. cariño.

tenia [tènia] *f.* tenía.

tennis [tènnis] *m.* tenis.

tennista [tennista] *s.* tenista.

tenore [tenóre] *m.* tenor.

tensione [tensjóne] *f.* tensión.

tentacolare [tentakolàre] *a.* tentacular.

tentacolo [tentàkolo] *m.* tentáculo.

tentare [tentàre] *t.* tentar, intentar. ‖ ~ **di**, intentar, tratar de.

tentativo [tentativo] *m.* tentativa *f.*

tentazione [tentattsjóne] *f.* tentación.

tentennare [tentennàre] *i.* titubear. 2 *t.* menear. ‖ ~ **il capo**, menear la cabeza. ¶ CONJUG. r. aux. **avere** [i.-t.].

tentoni [tentóni] *adv.* a tientas.

tenue [tènue] *a.* tenue. ‖ **intestino** ~, intestino delgado.

tenuta [tenùta] *f.* calidad, capacidad. 2 finca, hacienda. 3 uniforme *m.*

teocratico, -ca [teokràtiko, -ka] *a.* teocrático.

teologia [teolodʒia] *f.* teología.

teologico, -ca [telódʒiko, -ka] *a.* teológico.

teologo [teòlogo] *m.* teólogo.

teorema [teorèma] *m.* teorema.

teoretico, -ca [teorètiko, -ka] *a.* teorético.

teoria [teoria] *f.* teoría.

teoricamente [teorikamènte] *adv.* teóricamente.

teorico, -ca [teóriko, -ka] *a.* teórico.

teosofo [teòsofo] *m.* teósofo.

tepore [tepóre] *m.* tibieza *f.*

teppa [tèppa] *f.* hampa.

teppismo [teppizmo] *m.* vandalismo.

teppista [teppista] *s.* gamberro.

terapeutico, -ca [terapèutiko, -ka] *a.* terapéutico.

terapia [terapia] *f.* terapéutica.

tergicristallo [terdʒikristàllo] *m.* limpia-parabrisas.

tergiversare [terdʒiversàre] *i.* eludir, andarse por las ramas. ¶ CONJUG. r. aux. **avere**.

termale [termàle] *a.* termal.

terme [tèrme] *f.-pl.* termas. 2 balneario *m.*

termico, -ca [tèrmiko, -ka] *a.* térmico.

terminale [terminàle] *a.* terminal.

terminare [terminàre] *t.-i.* terminar. ¶ CONJUG. r. aux. **avere** [t.], **essere** [i.].

termine [tèrmine] *m.* término. 2 plazo. ‖ **contratto a** ~, contrato a plazo.

terminologia [terminolodʒia] *f.* terminología.

termite [tèrmite] *f.* termita.

termometro [termòmetro] *m.* termómetro.

termos [tèrmos] *m.* termo.

termosifone [termosifóne] *m.* radiador [calefacción].

termostato [termòstato] *m.* termostato.

terno [tèrno] *m.* terno.

terra [tèrra] *f.* tierra. ‖ **essere a** ~, estar por los suelos.

terracotta [terrakòtta] *f.* barro *m.* cocido.

terraferma [terrafèrma] *f.* tierra firme.

terraglia [terràʎʎa] *f.* alfarería.

terrapieno [terrapjèno] *m.* terraplén.

terrazza [terràttsa] *f.* terraza.

terrazzo [terràttso] *m.* terrado, azotea *f.*

terremoto [terremòto] *m.* terremoto.

terreno, -na [terrèno, -na] *a.* terreno, terrenal. 2 *m.* terreno, solar.

terreo, -rea [tèrreo, -rea] *a.* térreo.

terrestre [terrèstre] *a.* terrestre.

terribile [terribile] *a.* terrible.

terribilmente [terribilmènte] *adv.* terriblemente.

terrina [terrina] *f.* sopera o cazuela de barro cocido.

territoriale [territorjàle] *a.* territorial.

territorio [territòrjo] *m.* territorio.

terrore [terróre] *m.* terror.

terrorismo [terrorizmo] *m.* terrorismo.

terrorista [terrorizta] *a.-s.* terrorista.

terroristico, -ca [terrorìztiko, -ka] *a.* terrorista.

terrorizzare [terroriddzàre] *t.* aterrorizar.

terso, -sa [tèrso, -sa] *a.* limpio, límpido.

terziario, -ria [tertsjàrjo, -rja] *a.* terciario.

terzina [tertsina] *f.* terceto *m.*

terzino [tertsino] *m.* DEP. defensa.

terzo, -za [tèrtso, -tsa] *a.* tercero. 2 *m.* tercio. ‖ **per conto di terzi**, por cuenta ajena.

terzomondismo [tertsomondismo] *m.* tercermundismo.

tesa [tèza] *f.* ala del sombrero.

teschio [tèskjo] *m.* calavera *f.*

tesi [tèzi] *f.* tesis.

tesoreria [tezoreria] *f.* tesorería.

tesoriere [tezorjère] *m.* tesorero.

tesoro [tezòro] *m.* tesoro.

tessera [tèssera] *f.* carnet *m.* 2 tesela. ‖ ~ **di mosaico**, tesela de mosaico.

tesseramento [tesseramènto] *m.* inscripción *f.*

tesserare [tesseràre] *t.* inscribir [a un partido, club, etc.].

tessere [tèssere] *t.* tejer.

tessile [tèssile] *a.* textil.

tessitura [tessitùra] *f.* tejeduría. 2 textura.

tessuto [tessúto] *m.* tejido.
testa [tèsta] *f.* cabeza. ‖ *andare, camminare a ~ alta*, ir con la cabeza alta.
testamentario, -ria [testamentàrjo, -rja] *a.* testamentario.
testamento [testaménto] *m.* testamento.
testardaggine [testardáddʒine] *f.* testarudez.
testardamente [testardaménte] *adv.* tercamente.
testardo, -da [testárdo, -da] *a.* testarudo, terco.
testata [testáta] *f.* cabezada. 2 cabecera [de una cama, etc.].
teste [tèste] *m.* testigo.
testicolo [testikolo] *m.* testículo.
testimone [testimóne] *m.* testigo.
testimonianza [testimonjántsa] *f.* testimonio *m.*
testimoniare [testimonjáre] *t.* testimoniar, testificar. 2 dar testimonio.
testo [tèsto] *m.* texto.
testuale [testuále] *a.* textual.
testualmente [testualménte] *adv.* textualmente.
testuggine [testúddʒine] *f.* tortuga, galápago *m.*
tetano [tètano] *m.* tétanos, tétano.
tetro, -tra [tètro, -tra] *a.* tétrico.
tetta [tètta] *f.* teta.
tetto [tètto] *m.* tejado.
tettoia [tettòja] *f.* tinglado *m.*, cobertizo *m.*
tiara [tjára] *f.* tiara.
tibia [tibia] *f.* tibia.
tic [tik] *m.* tic.
ticchettio [tikkettio] *m.* repiqueteo.
ticchio [tikkjo] *m.* antojo. ‖ *saltare il ~*, antojarse.
tic-tac [tik-tak] *m.* tic-tac.
tiepidamente [tjepidaménte] *adv.* tibiamente.
tiepido, -da [tjèpido, -da] *a.* tibio.
tifo [tifo] *m.* tifus. 2 *fig.* afición *f.* deportiva.
tifone [tifóne] *m.* tifón.
tifoso, -sa [tifózo, -za] *a.* tífico. 2 *m. fig.* hincha [fútbol].
tiglio [tiʎʎo] *m.* tilo.
tigna [tiɲɲa] *f.* tiña.
tigre [tigre] *f.* tigre *m.*
tilde [tilde] *f.* tilde.
timbro [timbro] *m.* sello, timbre.
timidamente [timidaménte] *adv.* tímidamente.
timidezza [timidéttsa] *f.* timidez.
timido, -da [timido, -da] *a.* tímido.

timo [timo] *m.* tomillo.
timone [timóne] *m.* timón.
timoniere [timonjère] *m.* timonel.
timore [timóre] *m.* temor, miedo.
timorosamente [timorozaménte] *adv.* temerosamente.
timoroso, -sa [timorózo, -za] *a.* temeroso.
timpano [timpano] *m.* tímpano.
tinello [tinèllo] *m.* cocina-comedor *f.*
tingere [tindʒere] *f.* teñir. ¶ CONJUG. como *dipingere*.
tino [tino] *m.* lagar, cuba *f.*
tinozza [tinóttsa] *f.* tina.
tinta [tinta] *f.* tinte *m.* 2 color *m.*
tintinnare [tintinnáre] *i.* tintinear. ¶ CONJUG. r. aux. *essere* y *avere*.
tintore [tintóre] *m.* tintorero.
tintoria [tintoria] *f.* tintorería.
tintura [tintúra] *f.* tinte *m.* 2 FARM. tintura.
tipicamente [tipikaménte] *adv.* típicamente.
tipico, -ca [tipiko, -ka] *a.* típico.
tipo [tipo] *m.* tipo, modelo. 2 tipo [persona].
tipografia [tipografia] *f.* tipografía, imprenta.
tipografico, -ca [tipográfiko, -ka] *a.* tipográfico.
tipografo [tipógrafo] *m.* tipógrafo.
tiraggio [tiráddʒo] *m.* tiro.
tirannia [tirannia] *f.* tiranía.
tirannico, -ca [tiránniko, -ka] *a.* tiránico.
tirare [tiráre] *f.* tirar. ‖ *~ fuori*, sacar. 2 *i.* tirar. ‖ *~ sul prezzo*, regatear. ‖ *~ avanti*, ir tirando. ¶ CONJUG. r. aux. *avere* [t.-i.].
tirata [tiráta] *f.* tirada, tirón *m.* ‖ *in una ~*, de un tirón. ‖ *~ d'orecchi*, reprimenda.
tirato, -ta [tiráto, -ta] *a.* tenso. 2 forzado. ‖ *un sorriso ~*, una sonrisa forzada. 3 avaro.
tiratore [tiratóre] *m.* tirador.
tiratura [tiratúra] *f.* tirada [de libros, periódicos].
tirchieria [tirkjeria] *f.* tacañería.
tirchio, -chia [tirkjo, -kja] *a.* tacaño, avaro.
tiro [tiro] *m.* tiro [arma de fuego]. 2 tiro. ‖ *animali da ~*, animales de tiro. 3 tiro, atelaje. 4 *fig.* faena *f.*, jugada *f.*, pasada *f.* ‖ *un brutto ~*, una mala pasada.
tirocinio [tirotʃinjo] *m.* aprendizaje. 2 prácticas *f.-pl.*
tisana [tizána] *f.* tisana, infusión.
tisi [tizi] *f.* tisis.

tisico, -ca [tíziko, -ka] *a.* tísico.
tisiologo [tizjólogo] *m.* tisiólogo.
titolare [titoláre] *a.-s.* titular.
titolo [títolo] *m.* título.
titubare [titubáre] *i.* titubear. ¶ CONJUG. r. aux. *avere.*
tizio [títtsjo] *m.* fulano. ‖ ~ *e caio*, fulano y zutano.
tizzone [tittsóne] *m.* tizón.
toccare [tokkáre] *f.* tocar. 2 fig. conmover.
toccasana [tokkasána] *s.* panacea *f.*, curalotodo *m.*
toccato, -ta [tokkáto, -ta] *a.* tocado. 2 chalado.
tocco, -ca [tókko, -ka] *a.* pasado [fruta]. 2 chalado. 3 *m.* toque.
toga [tóga] *f.* toga.
togliere [tóʎʎere] *f.* quitar, sacar. ¶ CONJUG. como *cogliere.*
toilette [twalὲt] *f.* retrete *m.* 2 tocador *m.* [mueble]. ‖ *farsi la* ~, arreglarse.
tollerabile [tolleràbile] *a.* tolerable.
tollerante [tolleránte] *a.* tolerante.
tolleranza [tolleràntsa] *f.* tolerancia.
tollerare [tolleráre] *t.* tolerar.
tolto, -ta [tólto, -ta] *a.* excepto. 2 *m.* en la loc. *il mal* ~, los bienes mal adquiridos.
tomaia [tomája] *f.* empeine *m.* del zapato.
tomba [tómba] *f.* tumba.
tombale [tombále] *a.* sepulcral. ‖ *pietra* ~, losa *f.*
tombola [tómbola] *f.* bingo *m.* 2 caída. ‖ *far una* ~, romperse la crisma.
tomo [tómo] *m.* tomo. 2 fig. tipo.
tonaca [tónaka] *f.* hábito *m.*
tonalità [tonalitá] *f.* tonalidad, tono *m.*
tondo, -da [tóndo, -da] *a.* redondo.
tonfo [tónfo] *m.* zambullida *f.* 2 ruido sordo.
tonico, -ca [tóniko, -ka] *a.* acentuado, tónico. 2 MÚS. final. ‖ *nota tonica*, nota final. 3 *m.* tónico, reforzante.
tonificare [tonifikáre] *t.* tonificar.
tonnellaggio [tonnelláddʒo] *m.* tonelaje.
tonnellata [tonnelláta] *f.* tonelada.
tonno [tónno] *m.* atún.
tono [tɔ́no] *m.* tono.
tonsilla [tonsílla] *f.* amígdala.
tonsillite [tonsillíte] *f.* amigdalitis.
tonsura [tonsúra] *f.* tonsura.
tonto, -ta [tónto, -ta] *a.* tonto.
topaia [topája] *f.* tugurio *m.*
topazio [topáttsjo] *m.* topacio.
topico [tɔ́piko] *a.* tópico, trivial.
topo [tɔ́po] *m.* ratón.
topografia [topografía] *f.* topografía.

topografico, -ca [topográfiko, -ka] *a.* topográfico.
topografo [topɔ́grafo] *m.* topógrafo.
toponomastica [toponomástica] *f.* toponimia.
toppa [tɔ́ppa] *f.* remiendo *m.* 2 cerradura, ojo *m.* de la cerradura.
torace [torátʃe] *m.* tórax.
torbido, -da [tórbido, -da] *a.* turbio.
torcere [tɔ́rtʃere] *t.* torcer. ¶ CONJUG. IND. pret. ind.: *torsi, torcesti, torse, torcemmo, torceste, torsero.* ‖ PART.: *torto.*
torchiare [torkjáre] *t.* prensar.
torchiatura [torkjatúra] *f.* prensadura.
torchio [tɔ́rkjo] *m.* prensa *f.*
torcia [tɔ́rtʃa] *f.* antorcha.
torcicollo [tortʃikɔ́llo] *m.* tortícolis *f.*
tordo [tórdo] *m.* tordo.
torero [torέro] *m.* torero.
tormenta [tormέnta] *f.* tormenta.
tormentare [tormentáre] *t.* atormentar.
tormento [tormέnto] *m.* tormento.
tormentoso, -sa [tormentózo, -za] *a.* tormentoso.
tornaconto [tornakónto] *m.* interés, provecho.
tornare [tornáre] *i.* volver, regresar. 2 salir. ‖ *i conti tornano*, las cuentas salen. 3 resultar. ‖ *torna comodo*, resulta cómodo. ¶ CONJUG. r. aux. *essere.*
torneo [tornέo] *m.* torneo.
tornio [tórnjo] *m.* torno.
tornire [torníre] *t.* tornear.
tornitore [tornitóre] *m.* tornero.
toro [tɔ́ro] *m.* toro.
torpedone [torpedóne] *m.* autocar.
torpore [torpóre] *m.* entorpecimiento, torpor.
torre [tórre] *f.* torre.
torrefazione [torrefattsjóne] *f.* torrefacción.
torrente [torrέnte] *m.* torrente.
torrenziale [torrentsjále] *a.* torrencial.
torrido, -da [tórrido, -da] *a.* tórrido.
torrione [torrjóne] *m.* torreón.
torrone [torróne] *m.* turrón.
torsione [torsjóne] *f.* torsión. 2 torcedura.
torso [tórso] *m.* torso.
torsolo [tórsolo] *m.* tronco. 2 troncho.
torta [tórta] *f.* torta.
tortellino [tortellíno] *m.* «tortellino» [pasta al huevo rellena de carne en forma de anillo].
torto, -ta [tɔ́rto, -ta] *m.* culpa. ‖ *avere* ~, no tener razón. 2 injusticia *f.* ‖ *fare un*

~, perjudicar. ‖ *a* ~, injustamente. 3 *a.* torcido.

tortora [tòrtora] *f.* tórtola.

tortuosamente [tortuosaménte] *adv.* tortuosamente.

tortuoso, -sa [tortuóso, -sa] *a.* tortuoso.

tortura [tortúra] *t.* torturar.

torvo, -va [tòrvo, -va] *a.* torvo.

tosare [tozáre] *t.* esquilar.

toscano, -na [toskáno, -na] *a.-r.* toscano.

tosse [tòsse] *f.* tos.

tossico, -ca [tòssiko, -ka] *a.* tóxico.

tossina [tossína] *f.* toxina.

tossire [tossíre] *i.* toser. ¶ CONJUG. r. aux. *avere.*

tostare [tostáre] *t.* tostar.

tosto [tòsto] *adv.* enseguida.

tosto, -ta [tòsto, -sta] *a.* duro, compacto. ‖ *faccia* ~, cara dura. 2 *m.* bocadillo caliente de jamón y queso.

totale [totále] *a.-m.* total.

totalità [totalità*] *f.* totalidad.

totalitario, -ria [totalitàrjo, -rja] *a.* totalitario.

totalitarismo [totalitarizmo] *m.* totalitarismo.

totalizzare [totaliddzáre] *t.* totalizar.

totalizzatore [totaliddzatóre] *m.* totalizador.

totem [tòtem] *m.* totem.

totocalcio [totokáltʃo] *m.* quinielas *f -pl*

tovaglia [továʎʎa] *f.* mantel *m.*

tovagliolo [továʎʎólo] *m.* servilleta *f.*

tozzo, -za [tòttso, -tsa] *a.* rechoncho. 2 *m.* trozo. ‖ ~ *di pane*, mendrugo de pan.

tra [tra] *prep.* entre. 2 a través. 3 dentro de [tiempo].

traballare [traballáre] *i.* tambalear. ¶ CONJUG. r. aux. *avere.*

trabiccolo [trabìkkolo] *m.* trasto.

traboccare [trabokkáre] *i.* rebosar. ¶ CONJUG. r. aux. *essere* si el sujeto es el líquido, *avere* si el sujeto es el recipiente.

trabocchetto [trabokkétto] *m.* trampa *f.*

tracannare [trakannáre] *t.* beber de un trago.

traccia [tráttʃa] *f.* huella. 2 fig. indicio *m.*

tracciare [trattʃáre] *t.* trazar.

tracciato [trattʃáto] *m.* trazado.

trachea [trakèa] *f.* tráquea.

tracheite [trakeíte] *f.* traqueítis.

tracolla [trakòlla] *f.* bandolera. ‖ *a* ~, en bandolera.

tracollo [trakòllo] *m.* desastre. 2 fig. depresión *f.*

tradimento [tradimènto] *m.* traición *f.*

tradire [tradíre] *t.* traicionar. 2 manifestar. ‖ *il suo accento tradisce la sua origine*, su acento pone de manifiesto su origen.

traditore, -trice [traditóre, -tritʃe] *a.-s.* traidor.

tradizionale [tradittsjonále] *a.* tradicional.

tradizionalista [tradittsjonalista] *a.-s.* tradicionalista.

tradizione [tradittsjóne] *f.* tradición.

tradurre [tradúrre] *t.* traducir. ¶ CONJUG. como *addurre.*

traduttore, -trice [traduttóre, -tritʃe] *s.* traductor.

traduzione [traduttsjóne] *f.* traducción.

trafelato, -ta [trafeláto, -ta] *a.* jadeante.

trafficante [traffikánte] *s.* traficante.

trafficare [traffikáre] *t.-i.* traficar. ¶ CONJUG. r. aux. *avere* [t.-i.].

traffico [tráffiko] *m.* tráfico. 2 circulación *f.*

trafiggere [trafiddʒere] *t.* traspasar. ‖ CONJUG. como *affliggere.*

trafila [trafila] *f.* MEC. hilera. 2 fig. trámites *m.-pl.*

trafiletto [trafilétto] *m.* suelto [en el periódico].

traforato, -ta [traforáto, -ta] *a.* perforado.

traforo [trafòro] *m.* perforación *f.* 2 túnel.

trafugamento [trafugaménto] *m.* robo.

trafugare [trafugáre] *t.* robar.

tragedia [tradʒèdja] *f.* tragedia.

traghetto [tragétto] *m.* transbordador.

tragico, -ca [trádʒiko, -ka] *a.* trágico.

tragicomico, -ca [tradʒikòmiko, -ka] *a.* tragicómico.

tragitto [tradʒítto] *m.* trayecto.

traguardo [tragwárdo] *m.* meta *f.*

traiettoria [trajettòrja] *f.* trayectoria.

trainare [traináre] *t.* arrastrar. 2 remolcar. ‖ ~ *un'automobile*, remolcar un coche.

traino [tráino] *m.* trineo.

tralasciare [tralaʃʃáre] *t.* dejar.

tralcio [tráltʃo] *m.* sarmiento.

tram [tram] *m.* tranvía.

trama [tràma] *f.* trama [tejido]. 2 argumento *m.*

tramandare [tramandáre] *t.* transmitir.

tramare [tramáre] *t.* tramar.

trambusto [trambústo] *m.* trastorno.

tramestio [tramestío] *m.* ruido confuso.

tramezzino [trameddzíno] *m.* emparedado, bocadillo frío.

tramite [tràmite] *m.-prep.* trámite.

tramontana [tramontána] *f.* tramontana.

tramontare [tramontáre] *i.* ponerse [el sol]. 2 fig. decaer. ¶ CONJUG. r. aux. *essere.*

tramonto [tramónto] *m.* puesta *f.* de sol. 2 fig. decadencia *f.*

tramortire [tramortíre] *t.* golpear violentamente.

trampoli [trámpoli] *m.-pl.* zancos.

trampoliere [trampoljére] *m.* zancudo.

trampolino [trampolíno] *m.* trampolín.

trance [trans] *m.* trance. ‖ *cadere in ~,* caer en trance.

trancia [tránt∫a] *f.* tajada, lonja [de jamón], rodaja [salchichón, pescado]. 2 guillotina.

tranello [tranéllo] *m.* trampa *f.*

trangugiare [trangudʒáre] *t.* tragar.

tranne [tránne] *prep.* excepto, menos.

tranquillante [trankwillánte] *a.-m.* tranquilizante.

tranquillità [trankwillitá*] *f.* tranquilidad.

tranquillizzare [trankwilliddzáre] *i.-pr.* tranquilizar.

tranquillo, -la [trankwíllo, -la] *a.* tranquilo.

transatlantico, -ca [transatlántiko, -ka] *a.-m.* transatlántico.

transazione [transattsjóne] *f.* transacción.

transenna [transenna] *f.* colaña.

transetto [transétto] *m.* transepto.

transigere [transidʒere] *i.* transigir. ¶ CONJUG. como *esigere* (aux. *avere*).

transitabile [transitábile] *a.* transitable.

transitare [transitáre] *i.* transitar. ¶ CONJUG. r. aux. *avere.*

transitivo, -va [transitívo, -va] *a.* transitivo.

transito [tránsito] *m.* tránsito.

transitorio, -ria [transitórjo, -rja] *a.* transitorio.

transizione [transitsjóne] *f.* transición.

trantran [trantrán] *m.* rutina *f.*

tranviere [tranvjére] *m.* tranviario.

trapanare [trapanáre] *t.* barrenar. 2 MED. trepanar.

trapano [trápano] *m.* barrena *f.*, berbiquí. 2 MED. trápano.

trapassare [trapassáre] *t.* traspasar.

trapassato, -ta [trapassáto, -ta] *s.* finado, muerto. 2 *a.* GRAM. pretérito. ‖ *~ prossimo,* pluscuamperfecto. ‖ *~ remoto,* pretérito anterior.

trapasso [trapásso] *m.* traspaso. 2 fig. muerte *f.*

trapelare [trapeláre] *i.* filtrar, filtrarse. ¶ CONJUG. r. aux. *essere.*

trapezio [trapéttsjo] *m.* trapecio.

trapiantare [trapjantáre] *t.* trasplantar.

trapianto [trapjánto] *m.* trasplante.

trappista [trappísta] *m.* trapense.

trappola [tráppola] *f.* trampa.

trapunta [trapúnta] *f.* edredón *m.*

trapunto, -ta [trapúnto, -ta] *a.* bordado.

trarre [trárre] *t.* sacar. ‖ *le conseguenze,* sacar las consecuencias. ‖ *~ in inganno,* engañar. 2 traer, llevar. 3 COM. librar. ¶ CONJUG. IND. pres.: *traggo, trai, trae, traiamo, traete, traggono.* ‖ pret. imp.: *traevo, traevi, traeva, traevamo, traevate, traevano.* | pret. ind.: *trassi, traesti, trasse traemmo, traeste, trassero.* | fut. imp.: *trarrò, trarrai, trarrà, trarremo, trarrete, trarranno.* ‖ POT. pres.: *trarrei, trarresti, trarrebbe, trarremmo, trarreste, trarrebbero.* ‖ SUBJ. pret. imp.: *traessi, traessi, traesse, traessimo, traeste, traessero.* ‖ IMPER.: *trai, tragga, traiamo, traete, traggano.* ‖ PART.: *tratto.*

trasalire [trasalíre] *i.* sobresaltarse, estremecerse. ¶ CONJUG. r. aux. *essere* y *avere.*

trasandato, -ta [trazandáto, -ta] *a.* descuidado, desaliñado.

trasbordare [trazbordáre] *t.* transbordar.

trasbordo [trazbórdo] *m.* transbordo.

trascendentale [tra∫∫endentále] *a.* trascendental.

trascendente [tra∫∫endénte] *a.* trascendental.

trascendenza [tra∫∫endéntsa] *f.* trascendencia.

trascendere [tra∫∫éndere] *t.* sobrepasar, trascender. 2 *i.* exceder. ¶ CONJUG. como *scendere* (aux. *avere* [t.], *avere* y *essere* [i.]).

trascinare [tra∫∫ináre] *t.-pr.* arrastrar.

trascorrere [traskórrere] *t.* pasar, transcurrir. *i.* pasar [el tiempo]. ¶ CONJUG. como *correre* (aux. *avere* [t.], *essere* [i.]).

trascrivere [traskrivere] *t.* transcribir. ¶ CONJUG. como *scrivere.*

trascrizione [traskrittsjóne] *f.* transcripción.

trascurabile [traskurábile] *a.* desdeñable, despreciable.

trascurare [traskuráre] *t.* descuidar, desatender. ‖ *~ i propri doveri,* descuidar las propias obligaciones. 2 olvidar, omitir.

trascuratezza [traskuratèttsa] f. negligencia, descuido m.

trascurato, -ta [traskuráto, -ta] a. descuidado, abandonado.

trasecolare [trasekoláre] i. pasmarse. ¶ CONJUG. r. aux. *essere* y *avere.*

trasferimento [trasferimènto] m. traslado. 2 transferencia f.

trasferire [trasferire] t. transferir. pr. trasladarse.

trasferta [trasfèrta] f. traslado m. 2 viaje corto [de negocios, profesional]. || *indennità di* ~, dieta.

trasfigurare [trasfiguráre] t.-pr. transfigurar.

trasfigurazione [trasfigurattsjòne] f. transfiguración.

trasformabile [trasformábile] a. transformable.

trasformare [trasformáre] t. transformar. 2 MAT., QUÍM. convertir.

trasformatore [trasformatòre] m. transformador.

trasformazione [trasformattsjòne] f. transformación.

trasfusione [trasfuzjòne] f. transfusión.

trasgredire [trasgredire] t. transgredir.

trasgressione [trasgressjòne] f. transgresión.

trasgressore [trasgressòre] m. transgresor.

traslocare [trazlokáre] i. trasladarse, mudarse. 2 t. trasladar. ¶ CONJUG. r. aux. *avere* [i.-t.].

trasloco [trazlòko] m. mudanza f. 2 traslado.

trasmettere [trazmèttere] t. transmitir. ¶ CONJUG. como *mettere.*

trasmissione [trazmissjòne] f. transmisión.

trasmittente [trazmittènte] a. transmisor. 2 m. emisora f.

trasognato, -ta [trasoɲɲáto, -ta] a. absorto.

trasparente [trasparènte] a. transparente.

trasparenza [trasparèntsa] f. transparencia.

trasparire [trasparíre] i. transparentar. || *dai suoi occhi traspariva un grande dolore*, sus ojos dejaban entrever una gran pena. || CONJUG. como *apparire,* aux. *essere.*

traspirare [traspiráre] i. transpirar. ¶ CONJUG. r. aux. *essere.*

traspirazione [traspirattsjòne] f. transpiración, sudor m.

trasportare [trasportáre] t. transportar. 2 MÚS. transportar.

trasporto [traspórto] m. transporte. || *spese di* ~, porte. 2 fig. transporte, arrebato.

trasposizione [trazposittsjòne] f. transposición.

trasversale [trazversále] a. transversal.

tratta [trátta] f. COM. letra de cambio. 2 trata. || *la* ~ *degli schiavi,* la trata de esclavos. 3 período m. 4 recorrido m.

trattamento [trattamènto] m. trato. 2 MED., QUÍM., TÉCN. tratamiento.

trattare [trattáre] t. tratar. 2 discutir de, tratar, negociar. 3 tratar [someter a tratamiento]. 4 i. tratar. || *é una persona con cui non si può trattare,* es una persona con quien no se puede tratar. ¶ CONJUG. r. aux. *avere* [t.-i.].

trattativa [trattatíva] f. negociación.

trattato [trattáto] m. tratado.

tratteggiare [tratteddʒáre] t. esbozar, bosquejar.

trattenere [trattenère] t.-pr. retener, detener. 2 fig. contenerse. ¶ CONJUG. como *tenere.*

trattenimento [trattenimènto] m. entretenimiento.

trattenuta [trattenúta] f. retención, descuento m.

tratto, -ta [trátto, -ta] a. sacado. 2 inducido. || ~ *in inganno,* inducido a error, 3 m. trecho. 4 trozo, fragmento. 5 trato, tratamiento. 6 rasgo, arrebato.

trattore [trattòre] m. tractor. 2 dueño de un restaurante.

trattoria [trattoría] f. restaurante m., casa de comidas.

trauma [tráuma] m. trauma. 2 traumatismo.

traumatico, -ca [traumátiko, -ka] a. traumático.

travasare [travazáre] t. trasegar [el vino].

travaso [travázo] m. trasiego. 2 transvase.

trave [tráve] f. viga. || ~ *maestra,* solera.

traversa [travèrsa] f. travesía. 2 travesaño m. 3 traviesa [ferrocarril]. 4 atajo m.

traversare [traversáre] f. atravesar, cruzar.

traversata [traversáta] f. travesía.

traversia [traversía] f. MAR. travesía [viento].

traversina [traversína] f. travesaño m.

traverso, -sa [travèrso, -sa] a. oblicuo. || *guardare di* ~, mirar de reojo.

travertino [travertíno] m. travertino.

travestimento [travestimènto] *m*. disfraz.

travestire [travestire] *t.-pr.* disfrazar. 2 fig. desfigurar. 3 fig. simular.

traviare [traviáre] *t*. descaminar, descarriar.

travisare [travizáre] *t*. disfrazar. 2 fig. alterar, tergiversar [la verdad, palabras].

travolgente [travɔldʒènte] *a*. arrollador.

travolgere [travɔldʒere] *t*. revolver. 2 atropellar, arrollar. 3 fig. implicar, envolver. ¶ CONJUG. como *volgere*.

trazione [trattsjóne] *f*. tracción.

tre [tre] *a*. tres.

trebbiare [trebbjáre] *f*. trillar.

trebbiatrice [trebbjatritʃe] *f*. trilladora [máquina].

trebbiatura [trebbjatúra] *f*. trilla, trilladura.

treccia [trèttʃa] *f*. trenza.

trecento [tretʃènto] *a*. trescientos. 2 *m*. *il* ~, el siglo XIV.

tredicesimo, -ma [tredit ʃèzimo, -ma] *a*. tredécimo, decimotercero, decimotercio. 2 *f*. paga extraordinaria de Navidad.

tredici [trèditʃi] *a*. trece.

tredicimila [treditʃmila] *a*. trecemil.

tregua [trègwa] *f*. tregua.

tremante [tremánte] *a*. tembloroso.

tremare [tremáre] *i*. temblar. ¶ CONJUG. r. aux. *avere*.

tremendo, -da [tremèndo, -da] *a*. tremendo, terrible. 2 enorme.

trementina [trementina] *f*. trementina.

tremila [tremíla] *a*. tres mil.

tremito [trèmito] *m*. temblor. 2 estremecimiento.

tremolio [tremolio] *m*. temblequeo.

treno [trèno] *m*. tren [ferrocarril]. 2 tenor, tren. ‖ ~ *di vita*, tenor, tren de vida.

trenta [trènta] *a*. treinta. ‖ *chi fa* ~ *può fare trentuno*, quien hizo lo más, puede hacerlo todo.

trentamila [trentamila] *a*. treinta mil.

trentenne [trentènne] *a.-s*. de treinta años.

trentesimo, -ma [trentèzimo, -ma] *a*. trigésimo. 2 *m*. treintavo.

trentina [trentina] *f*. treintena. ‖ *c'era una* ~ *di persone*, había unas treinta personas.

trepidare [trepidáre] *i*. angustiarse, estar en pena. ¶ CONJUG. r. aux. *avere*.

trepidazione [trepidattsjóne] *f*. ansia, ansiedad.

treppiede [treppiède] *m*. trípode.

tresca [trèska] *f*. intriga, intriga amorosa.

trespolo [trèspolo] *m*. caballete. 2 percha *f*. [de papagayo].

triangolare [triangoláre] *a*. triangular.

triangolo [triàngolo] *m*. triángulo.

tribù [tribú*] *f*. tribu.

tribuna [tribúna] *f*. tribuna.

tribunale [tribunále] *m*. tribunal.

tributare [tributáre] *t*. tributar.

tributo [tribúto] *m*. tributo.

tricheco [trikèko] *m*. morsa *f*.

triciclo [tritʃíklo] *m*. triciclo.

tricolore [trikolóre] *a*. tricolor.

tridente [tridènte] *m*. tridente.

tridimensionale [tridimensjonále] *a*. tridimensional.

triennale [triennále] *a.-f*. trienal.

triennio [triènnjo] *m*. trienio.

trifoglio [trifɔʎ ʎo] *m*. trébol.

trigemino, -na [tridʒèmino, -na] *a*. trigémino.

triglia [triʎ ʎa] *f*. salmonete *m*.

trigonometria [trigonometría] *f*. trigonometría.

trillare [trilláre] *i*. trinar. ¶ CONJUG. r. aux. *avere*.

trillo [trillo] *m*. trino.

trilogia [trilodʒía] *f*. trilogía.

trimestrale [trimestrále] *a*. trimestral.

trimestre [trimèstre] *m*. trimestre.

trincea [trintʃèa] *f*. trinchera.

trincerare [trintʃeráre] *t.-pr.* atrincherar.

trinciare [trintʃáre] *t*. trinchar. 2 picar [carne].

trinciato [trintʃáto] *m*. hebra *f*. de tabaco.

trinità [trinitá*] *f*. trinidad.

trio [trío] *m*. trío.

trionfale [trionfále] *a*. triunfal.

trionfante [trionfánte] *a*. triunfante.

trionfare [trionfáre] *i*. triunfar. ¶ CONJUG. r. aux. *avere*.

trionfo [triónfo] *m*. triunfo.

triplo [triplo] *a.-m*. triple.

trippa [trippa] *f*. tripa. 2 COC. callos *m.-pl*. 2 fig. tripa, barriga.

tripudio [tripúdjo] *m*. jolgorio.

trisavolo [trisávolo] *m*. tatarabuelo.

triste [triste] *a*. triste.

tristezza [tristèttsa] *f*. tristeza.

tritacarne [tritakárne] *m*. trituradora *f*.

tritare [tritáre] *t*. triturar, picar.

trito, -ta [trito, -ta] *a*. picado, triturado. 2 fig. trillado.

tritolo [tritɔlo] *m*. trilita *f*.

trittico [trìttiko] *m*. tríptico.

triturare [trituráre] *t*. triturar.

trivella [trivélla] f. barreño m.

trivellare [trivellåre] t. barrenar.

triviale [trivjåle] a. trivial. 2 vulgar, grosero.

trivialità [trivjalità*] f. vulgaridad, grosería.

trofeo [troféo] m. trofeo.

troglodita [troglodíta] s. troglodita. 2 fig. primitivo.

tromba [trómba] f. trompa, cometa. 2 MEC. bocina. 3 ANAT. trompa. 4 hueco [de la escalera]. 5 ~ *d'aria*, manga.

trombettiere [trombettjère] m. MIL. trompeta [soldado].

trombone [trombóne] m. trombón.

trombosi [trombòzi] f. trombosis.

troncare [tronkåre] t. truncar, cortar.

tronco, -ca [trónko, -ka] a. truncado, incompleto. 2 m. tronco [humano, de árbol]. || ~ *ferroviario*, ramal. 3 tramo [de carretera, línea eléctrica, etc.].

troneggiare [troneddʒåre] i. sobresalir. ¶ CONJUG. r. aux. **avere.**

trono [tróno] m. trono.

tropicale [tropikåle] a. tropical.

tropico [trópiko] m. trópico.

troppo [tròppo] a. demasiado. || *essere in troppi*, ser demasiados. || *essere di troppo*, estar de más.

trota [tròta] f. trucha.

trottare [trottåre] i. trotar [caballos]. 2 andar de prisa. ¶ CONJUG. r. aux. **avere.**

trotto [tròtto] m. trote.

trottola [tròttola] f. trompo m., peonza.

trovare [trovåre] t. hallar, encontrar. 2 pr. encontrarse. || *si trova a Roma*, se encuentra en Roma.

trovata [trovåta] f. hallazgo m. 2 idea, ocurrencia.

trovatello [trovatéllo] m. expósito.

truccare [trukkåre] t. falsificar, engañar. 2 pr. maquillarse.

trucco [trúkko] m. truco, engaño. 2 maquillaje.

truce [trútʃe] a.-s. atroz, feroz.

trucidare [trutʃidåre] t. matar cruelmente.

truciolo [trútʃolo] m. viruta f.

truculento, -ta [trukulènto, -ta] a. truculento.

truffa [trúffa] f. estafa.

truffare [truffåre] t. estafar.

truffatore, -trice [truffatóre, -tritʃe] s. estafador.

truppa [trúppa] f. tropa. 2 muchedumbre.

tu [tu] pron. pers. tu.

tuba [túba] f. tuba. 2 chistera.

tubare [tubåre] i. arrullar. ¶ CONJUG. r. aux. **avere.**

tubatura [tubatúra] f. cañería.

tubercolosi [tuberkolózi] f. tuberculosis.

tubercoloso, -sa [tuberkolózo, -za] a. tuberculoso.

tubero [túbero] m. tubérculo.

tuberosa [tuberóza] f. nardo m.

tubo [túbo] m. tubo.

tubolare [tubolåre] a. tubular.

tuffare [tuffåre] t.-pr. zambullir, sumergir.

tuffata [tuffåta] f. zambullida.

tuffatore, -trice [tuffatóre, -tritʃe] a.-s. zambullidor.

tuffo [túffo] m. zambullida f.

tufo [túfo] m. toba f., tufo.

tugurio [tugúrjo] m. tugurio.

tulipano [tulipåno] m. tulipán.

tulle [túlle] m. tul.

tumefare [tumefåre] t.-pr. entumecer. ¶ CONJUG. como *fare*.

tumefatto, -ta [tumefåtto, -ta] a. tumefacto.

tumido, -da [túmido, -da] a. hinchado.

tumore [tumóre] m. tumor.

tumulare [tumulåre] t. sepultar, enterrar.

tumulo [túmulo] m. túmulo, tumba f.

tumulto [tumúlto] m. tumulto, alboroto.

tumultuoso, -sa [tumultuózo, -za] a. tumultuoso.

tundra [túndra] f. tundra.

tunica [túnika] f. túnica.

tunisino, -na [tunizíno, -na] a.-s. tunecino.

tuo, -a [túo, -a] a. tuyo.

tuono [twòno] m. trueno.

tuorlo [twòrlo] m. yema f. [de huevo].

turacciolo [turåttʃolo] m. tapón.

turare [turåre] t. tapar, taponar. || *turarsi in casa*, encerrarse en casa.

turba [túrba] f. muchedumbre. 2 MED. turbación.

turbamento [turbamènto] m. turbación f. 2 perturbación f., desorden.

turbante [turbánte] m. turbante.

turbare [turbåre] t. trastornar, perturbar. 2 enturbiar [un líquido]. 3 pr. turbarse, agitarse.

turbina [turbína] f. turbina.

turbinare [turbinåre] i. remolinear, revolotear. ¶ CONJUG. r. aux. **avere.**

turbine [túrbine] m. torbellino.

turboelica [turbòelika] f. turbohélice.

turbolento, -ta [turbolènto, -ta] a. turbulento.

turbolenza [turbolèntsa] f. turbulencia.

turchese [turkèze] *f.* turquesa.

turchino, -na [turkíno, -na] *a.-m.* azul oscuro.

turco, -ca [túrko, -ka] *a.-m.* turco.

turgido, -da [túrdʒido, -da] *a.* túrgido.

turibolo [turíbolo] *m.* incensario.

turismo [turízmo] *m.* turismo.

turista [turísta] *m.* turista.

turistico, -ca [turístiko, -ka] *a.* turístico.

turlupinare [turlupináre] *t.* embaucar, estafar.

turno [túrno] *m.* turno.

turpe [túrpe] *a.-s.* torpe, deshonesto.

turpiloquio [turpilòkwjo] *m.* habla soez.

tuta [túta] *f.* mono *m.* [vestido de trabajo]. 2 chandal [de gimnasia].

tutela [tutèla] *f.* tutela.

tutelare [tutelàre] *a.* protector. ‖ *angelo* ~, ángel custodio. 2 *t.* proteger.

tutore [tutòre] *m.* tutor.

tuttavia [tuttavía] *adv.* sin embargo, a pesar de.

tutto, -ta [tútto, -ta] *a.* todo. ‖ *a tutti i costi*, a toda costa. ‖ *era tutto commosso*, estaba muy conmovido. 2 *pron.* todo.

tuttochè [tuttokè*] *conj.* aunque.

tuttora [tuttòra] *adv.* todavía, siempre.

tzigano, -na [tsigáno, -na] *a.-s.* gitano.

U

u [u] *f.-m.* decimonona letra del alfabeto italiano.

ubbidiente [ubbidjɛ̀nte] *a:* obediente.

ubbidienza [ubbidjɛ̀ntsa] *f.* obediencia.

ubbidire [ubbidire] *i.-t.* obedecer. ¶ CONJUG. r. aux. *avere* [i.-t.].

ubertà [ubertà*] *f.* fertilidad, abundancia.

ubicare [ubikáre] *t.* situar, colocar.

ubicazione [ubikattsjóne] *f.* ubicación.

ubiquità [ubikwità*] *f.* ubicuidad.

ubriacare [ubriakáre] *t.-pr.* emborrachar, embriagar.

ubriacatura [ubriakatúra] *f.* borrachera.

ubriachezza [ubriakéttsa] *f.* embriaguez.

ubriaco, -ca [ubriáko, -ka] *a.-m.* borracho.

uccellaccio [uttʃelláttʃo] *m.* pajarraco.

uccellagione [uttʃelladʒóne] *f.* acción de pajarear. 2 cantidad de pájaros cazados.

uccelliera [uttʃelljɛ̀ra] *f* pajarera

uccello [uttʃéllo] *m.* pájaro. ‖ *essere uccel di bosco*, fugitivo.

uccidere [uttʃídere] *t.-pr.* matar. ¶ CONJUG. como *circoncidere*.

uccisione [uttʃizjóne] *f.* matanza, muerte.

ucciso, -sa [uttʃízo] *part. pas.* de *uccidere*. 2 *a.* muerto, asesinado. 3 *m.* víctima *f.*

uccisore, -ditrice [uttʃizóre, uttʃiditritʃe] *s.* asesino, matador.

ucraino, -na [ukráino, -na] *a.-s.* ucraniano.

udienza [udjɛ̀ntsa] *f.* audiencia.

udire [udire] *t.* oír. ¶ CONJUG. IND. pres.: *odo, odi, ode, udiamo, udite, odono.* | fut. imp.: *udrò (udirò), udrai (udirai), udrà (udirà), udremo (udiremo), udrete (udirete), udranno (udiranno).*

uditivo, -va [uditivo, -va] *a.* auditivo.

udito [udito] *m.* oído.

uditorio [uditòrjo] *m.* auditorio.

ufficiale [uffitʃále] *a.* oficial. 2 *s.* [*f. ufficialessa*] funcionario. 3 MIL. oficial.

ufficialità [uffitʃalità*] *f.* oficialidad.

ufficiare [uffitʃáre] *t.-i.* ECL. oficiar. ¶ CONJUG. r. aux. *avere* [t.-i.].

ufficiatura [uffitʃatúra] *f.* ECL. celebración, oficio *m.*

ufficio [uffitʃo] *m.* oficina *f.*, despacho. 2 oficio, función *f.*, cargo. 3 ECL. oficio.

ufficioso, -sa [uffitʃoso, -sa] *a.* oficioso, extraoficial.

uffizio [uffitsjo] *m.* V. **ufficio.**

ufo (a) [a úfo] *loc. adv.* de gorra.

uggioso, -sa [uddʒóso, -sa] *a.* molesto, aburrido.

uguaglianza [ugwaʎʎántsa] *f.* igualdad.

uguagliare [ugwaʎʎáre] *t.-pr.* igualar. 2 comparar.

uguale [ugwále] *a.-m.* igual.

ulcera [últʃera] *f.* úlcera.

uliva [uliva] *f.* V. **oliva.**

ulteriore [ulterjóre] *a.* ulterior.

ultimare [ultimáre] *t.* ultimar.

ultimatum [ultimátum] *m.* ultimátum.

ultimo, -ma [último, -ma] *a.-m.* último. 2 *adv.* por último. ‖ *fino all' ~*, hasta el último momento.

ultra- [últra] *pref.* ultra-.

ultraterreno, -na [ultraterrɛ̀no, -na] *a.* ultraterreno.

ultravioletto, -ta [ultraviolétto, -ta] *a.* ultravioleta.

ululare [ululáre] *i.* aullar. ¶ CONJUG. r. aux. *avere.*

ululato [ululáto] *m.* aullido, aúllo.

umanesimo [umanézimo] *m.* humanismo.

umanista [umanista] *s.* humanista.

umanistico, -ca [umanistiko, -ka] *a.* humanístico, humanista.

umanità [umanità*] *f.* humanidad.

umanitario, -ria [umanitárjo, -rja] *a.* humanitario.

umano, -na [umáno, -na] *a.* humano.

umidità [umidità*] *f.* humedad.

umido, -da [úmido, -da] *a.* húmedo. 2 *m.* humedad *f.* 3 COC. *in ~*, con salsa.

umile [úmile] *a.* humilde.

umiliante [umiljánte] *a.* humillante.
umiliare [umiljáre] *t.-pr.* humillar.
umiliazione [umiljattsjóne] *f.* humillación.
umiltà [umiltá*] *f.* humildad.
umore [umóre] *m.* humor.
umorismo [umorizmo] *m.* humorismo.
umorista [umorísta] *s.* humorista.
umoristico, -ca [umorístiko, -ka] *a.* humorístico.
un, una [un, úna] *art.* un. 2 *a.* [apócope de uno] un.
unanime [unánime] *a.* unánime.
unanimità [unanimitá*] *f.* unanimidad.
uncinetto [untʃinétto] *m.* ganchillo.
uncino [untʃíno] *m.* gancho.
undicesimo, -ma [unditʃézimo, -ma] *a.-s.* undécimo, onzavo.
undici [únditʃi] *a.-s.* once.
ungere [úndʒere] *t.* untar. 2 ECL. ungir. ¶ CONJUG. como **giungere.**
ungherese [ungeṛése] *a.-s.* húngaro.
unghia [úngja] *f.* uña. ‖ **essere carne e ~,** ser uña y carne.
unghiata [ungjáta] *f.* arañazo *m.*
unguento [ugwénto] *m.* ungüento.
unicità [unitʃitá*] *f.* unicidad.
unico, -ca [úniko, -ka] *a.* único.
unidirezionale [unidirettsjonále] *a.* TÉCN. unidireccional.
unificare [unifikáre] *t.-pr.* unificar.
unificazione [unifikattsjóne] *f.* unificación.
uniformare [uniformáre] *t.* uniformar.
uniforme [unifórme] *a. f.* uniforme.
uniformità [uniformitá*] *f.* uniformidad.
unilaterale [unilaterále] *a.* unilateral.
unione [unjóne] *f.* unión.
unipolare [unipoláre] *a.* TÉCN. unipolar.
unire [uníre] *t.-pr.* unir, juntar.
unisono, -na [unísono, -na] *a.* unísono.
unità [unitá*] *f.* unidad.
unitario, -ria [unitárjo, -rja] *a.* unitario.
unito, -ta [uníto, -ta] *a.* unido. 2 compacto. ‖ **tinta ~,** color uniforme. ‖ **nella lettera ~,** en la carta adjunta.
universale [universále] *a.* universal.
universalità [universalitá*] *f.* universalidad.
università [universitá*] *f.* universidad.
universo [univèrso] *m.* universo.
univocità [univotʃitá*] *f.* univocidad.
univoco, -ca [unívoko, -ka] *a.* unívoco.
uno, -a [úno, -a] *a. pron.* uno. 2 *pron.* cada uno.

unto, -ta [únto, -ta] *part. pas.* de **ungere.** 2 *m.* ungido. 3 unto, grasa *f.*
untuosità [untuositá*] *f.* untuosidad.
untuoso, -sa [untuóso, -sa] *a.* untuoso.
unzione [untsjóne] *f.* ECL. unción. ‖ **estrema ~,** extremaunción. 2 ungüento *m.,* pomada.
uomo [wòmo] *m.* hombre. ‖ **un pezzo d' ~,** hombretón. ‖ **un sant' ~,** un santo varón.
uovo [wòvo] *m.* [*pl. f.:* **uova**] huevo.
uperizzare [uperiddzáre] *t.* uperizar.
uragano [uragáno] *m.* huracán.
uranio [uránjo] *m.* uranio.
urbanistico, -ca [urbanístiko, -ka] *a.* urbanístico. 2 *f.* urbanismo *m.*
urbanizzazione [urbaniddzattsjóne] *f.* urbanización.
urbano, -na [urbáno, -na] *a.* urbano.
urgente [urdʒènte] *a.* urgente.
urgenza [urdʒèntsa] *f.* urgencia.
urgere [úrdʒere] *t.-i.* urgir. ¶ CONJUG. r. aux. **avere** [t.], **essere** [i.].
urinario, -ria [urinárjo, -rja] *a.* urinario.
urlare [urláre] *i.* gritar, dar alaridos. 2 aullar. ¶ CONJUG. r. aux. **avere.**
urlo [úrlo] *m.* grito, alarido.
urna [úrna] *f.* urna.
urologo, -ga [uròlogo, -ga] *s.* MED. urólogo.
urrà [urrá*] *inter.* ¡hurra!
urtare [urtáre] *t.* golpear. 2 fig. irritar, molestar. 3 *i.-pr.* chocar. ¶ CONJUG. aux. **avere** [t.-i.].
urto [úrto] *m.* empujón, golpe. 2 choque.
uruguaiano, -na [uruguajáno, -na] *a.-s.* uruguayo.
usanza [uzántsa] *f.* costumbre, uso *m.* ‖ **all' ~,** según la costumbre, según la manera. 2 moda.
usare [uzáre] *t.* usar, utilizar. 2 *i.* acostumbrar. ¶ CONJUG. r. aux. **avere** [t.-i.].
usciere [uʃʃère] *m.* ujier.
uscio [úʃʃo] *m.* puerta *f.,* umbral.
uscire [uʃʃíre] *i.* salir. 2 salir a la luz [un libro]. ¶ CONJUG. (aux. **essere**) IND. pres.: *esco, esci, esce, usciamo, uscite, escono.* ‖ SUBJ. pres.: *esca, esca, esca, usciamo, usciate, escano.* ‖ IMPER. pres.: *esci, esca, usciamo, uscite, escano.*
uscita [uʃʃíta] *f.* salida.
usignolo [uziɲɲòlo] *m.* ruiseñor.
usitato, -ta [uzitáto, -ta] *a.* acostumbrado.
uso [úzo] *m.* uso. ‖ **istruzioni per l' ~,** modo de empleo. ‖ **camera con ~ di cu-**

cina, habitación con derecho a cocina. 2 costumbre *f.*

ustionare [ustjonáre] *t.-pr.* quemar.

usuale [uzuále] *a.* usual, corriente, habitual. 2 ordinario, mediocre.

usufruire [uzufruíre] *i.* usufructuar. 2 hacer uso, servicio de. ¶ CONJUG. r. aux. *avere.*

usufrutto [uzufrútto] *m.* usufructo.

usufruttuario, -ria [uzufruttuárjo, -rja] *s.* usufructuario.

usura [uzúra] *f.* usura. 2 MEC. desgaste *m.*

usuraio, -ia [uzurájo, -ja] *s.* usurero.

usurpare [uzurpáre] *t.* usurpar.

usurpatore, -trice [uzurpatóre, -tritʃe] *a.-s.* usurpador.

usurpazione [uzurpattsjóne] *f.* usurpación.

utensile [utensíle] *m.* utensilio, instrumento. 2 *pl.* útiles, utensilios.

utente [utènte] *s.* usuario.

uterino, -na [uterino, -na] *a.* uterino.

utero [útero] *m.* útero.

utile [útile] *a.* útil, conveniente. 2 *m.* provecho, ganancia *f.*

utilità [utilitá*] *f.* utilidad.

utilitario, -ria [utilitárjo, -rja] *a.* utilitario.

utilitarismo [utilitarizmo] *m.* utilitarismo.

utilizzare [utiliddzáre] *t.* utilizar.

utilizzazione [utiliddzattsjóne] *f.* utilización.

utilizzo [utiliddzo] *m.* BUR. utilización *f.*

utopia [utopía] *f.* utopía.

utopico, -ca [utópiko, -ka] *a.* utópico.

utopista [utopísta] *s.* utopista.

utopistico, -ca [utopistiko, -ka] *a.* utópico.

uva [úva] *f.* uva. ‖ ~ *acerba*, agraz.

uxoricida [uksoritʃída] *a.-s.* uxoricida.

uxoricidio [uksoritʃídjo] *m.* uxoricidio.

V

v [vu] *s.* vigésima letra del alfabeto italiano.

vacante [vakánte] *a.* desocupado, libre. ‖ *posto* ~, plaza por cubrir.

vacanza [vakántsa] *f.* vacación. 2 empleo *m.* por ocupar.

vacca [vákka] *f.* vaca.

vaccinare [vattʃináre] *t.* vacunar.

vaccinazione [vattʃinattsjóne] *f.* vacuna, vacunación.

vaccino [vattʃino] *m.* vacuna *f.*

vacillare [vatʃilláre] *i.* vacilar. 2 dudar. ¶ CONJUG. r. aux. *avere*.

vacillazione [vatʃillattsjóne] *f.* vacilación.

vacuo, -cua [vákuo, -kua] *a.* vacuo.

vagabondaggio [vagabondáddʒo] *m.* vagabundeo.

vagabondare [vagabondáre] *i.* vagabundear. ¶ CONJUG. r. aux. *avere*.

vagabondo [vagabóndo] *a.-m.* vagabundo.

vagare [vagáre] *i.* errar, vagabundear. ¶ CONJUG. r. aux. *avere*.

vagheggiare [vageddʒáre] *t.* admirar. 2 anhelar.

vagina [vadʒina] *f.* vagina.

vagire [vadʒire] *i.* dar vahídos [los recién nacidos]. ¶ CONJUG. r. aux. *avere*.

vagito [vadʒito] *m.* vahído.

vaglia [váʎʎa] *m.* giro [postal, telegráfico].

vagliare [vaʎʎáre] *t.* cribar. 2 fig. analizar, discutir a fondo.

vaglio [váʎʎo] *m.* criba *f.* 2 examen, análisis.

vago, -ga [vágo, -ga] *a.* vago, impreciso. 2 fig. amable, bello. 3 *m.* vaguedad *f.*, imprecisión *f.*

vagone [vagóne] *m.* vagón [ferrocarril].

vaiolo [vajòlo] *m.* viruela *f.*

valanga [valánga] *f.* avalancha.

valente [valénte] *a.* valioso, con muchas cualidades. 2 hábil, capaz.

valenza [valéntsa] *f.* QUÍM. valencia.

valere [valère] *i.* servir, ser útil. ‖ *vale a dire*, es decir. 2 tener valor, ser válido.

3 *t.-i.* valer, costar [un determinado precio]. ¶ CONJUG. (aux. *essere* [i.], *avere* [t.]) IND. pres.: *valgo, vali, vale, valiamo, valete, valgono*. | pret. ind.: *valsi, valesti, valse, valemmo, valeste, valsero*. | fut. imp.: *varrò, varrai, varrà, varremo, varrete, varranno*. ‖ POT. pres.: *varrei, varresti, varrebbe, varremmo, varreste, varrebbero*. ‖ SUBJ. pres.: *valga, valga, valga, valiamo, valiate, valgano*. ‖ IMPER. pres.: *vali, valga, valiamo, valiate, valgano*. ‖ PART.: *valso*.

valeriana [valerjána] *f.* valeriana.

valevole [valévole] *a.* válido.

valicare [valikáre] *t.* atravesar, franquear.

valico [váliko] *m.* paso, puerto [de montaña].

validità [validità*] *f.* validez.

valido, -da [válido, -da] *a.* válido. 2 apto, idóneo. 3 robusto.

valigeria [validʒeria] *f.* marroquinería.

valigia [validʒa] *f.* maleta. ‖ ~ *diplomatica*, valija diplomática.

vallata [valláta] *f.* valle *m.*

valle [válle] *m.* valle.

valletto [vallétto] *m.* paje.

valligiano, -na [vallidʒáno, -na] *a.-s.* habitante o natural de un valle.

valore [valóre] *m.* valor.

valorizzare [valoriddʒáre] *t.* valorizar. 2 evaluar.

valorizzazione [valoriddʒattsjóne] *f.* valoración.

valoroso, -sa [valoróso, -sa] *a.* valioso. 2 valeroso.

valuta [valúta] *f.* COM. valor *m.* 2 divisa *f.* 3 fecha de la entrada en valor. ‖ ~ *a tre mesi data*, a tres meses vista.

valutare [valutáre] *t.* valorar. 2 estimar.

valutazione [valutattsjóne] *f.* valoración. 2 estima.

valva [válva] *f.* valva. 2 BOT. ventalla.

valvola [válvola] *f.* válvula.

vampa [vámpa] *f.* llama. 2 rubor *m.*

vampata [vampáta] *f.* llamarada. 2 fig. acceso *m.*, ataque *m.* ~ *di caldo*, bochorno *m.*

vampiro [vampíro] *m.* vampiro.

vanagloria [vanaglòrja] *f.* vanagloria.

vandalico, -ca [vandáliko, -ka] *a.* vandálico.

vandalismo [vandalízmo] *m.* vandalismo.

vandalo [vándalo] *m.* vándalo.

vaneggiare [vaneddʒáre] *i.* delirar. ¶ CONJUG. r. aux. *avere*.

vanga [vánga] *f.* azada, azadón *m.*

vangare [vangáre] *t.* cavar [la tierra].

vangelo [vandʒèlo] *m.* evangelio.

vaniglia [vaníʎʎa] *f.* vainilla.

vanità [vanitá*] *f.* vanidad.

vanitoso, -sa [vanitóso, -sa] *a.* vanidoso.

vano, -na [váno, -na] *a.* vacío. 2 hueco, vacío. 3 *m.* hueco. ‖ ~ *della finestra*, hueco de la ventana. 4 habitación *f.*

vantaggio [vantáddʒo] *m.* ventaja *f.*

vantaggioso, -sa [vantaddʒóso, -sa] *a.* ventajoso.

vantare [vantáre] *t.* alabar. 2 *pr.* jactarse.

vanto [vánto] *m.* jactancia *f.* ‖ *avere il ~ di...*, tener el honor de...

vapore [vapóre] *m.* vapor.

vaporetto [vaporètto] *m.* pequeño barco de vapor.

vaporizzare [vaporiddʒáre] *t.* pulverizar [líquidos]. 2 *i.* evaporarse. ¶ CONJUG. r. aux. *essere*.

vaporizzatore [vaporiddʒatòre] *m.* vaporizador.

vaporoso, -sa [vaporóso, -sa] *a.* vaporoso. 2 fig. tenue, ligero.

varare [varáre] *t.* MAR. botar. 2 fig. realizar. 3 publicar, establecer.

varcare [varkáre] *t.* pasar, cruzar.

varco [várko] *m.* paso, pasaje. ‖ *aspettare al ~*, estar al acecho.

variabile [varjábile] *a.* variable.

variante [varjánte] *a.* variante.

variare [varjáre] *f.* variar, cambiar.

variazione [varjattsjóne] *f.* variación.

varice [varitʃe] *f.* variz.

varicella [varitʃèlla] *f.* varicela.

varicoso, -sa [varikóso, -sa] *a.* varicoso.

variegato, -ta [varjegáto, -ta] *a.* abigarrado.

varietà [varjetá*] *f.* variedad.

vario, -ria [vàrjo, -rja] *a.* vario, diferente.

variopinto, -ta [varjopínto, -ta] *a.* multicolor.

vasca [váska] *m.* balde, tina *f.* ‖ ~ *da bagno*, bañera. 2 pileta [de una piscina].

vascolare [vaskoláre] *a.* vascular.

vasellame [vazelláme] *m.* vajilla *f.*

vaso [vázo] *m.* jarrón, florero. 2 tiesto, maceta *f.* 3 vaso [sanguíneo].

vasocostrizione [vasokostrittsjóne] *f.* vasoconstricción.

vasodilatazione [vasodilatattsjóne] *f.* vasodilatación.

vassoio [vassòjo] *m.* bandeja *f.*

vastità [vastitá*] *f.* extensión, superficie.

vasto, -ta [vàsto, -ta] *a.* vasto, amplio.

ve [ve] *pron. pers.* [complemento indirecto] os. ‖ ~ *lo dico*, os lo digo. 2 [con verbos *pr.*] os. ‖ *potete andarvene*, podéis iros. ‖ *ve ne pentite?*, os arrepentís de ello? 3 *adv.* allí. ‖ ~ *ne sono*, hay.

vecchiaia [vekkjája] *f.* vejez.

vecchio, -chia [vèkkjo, -kja] *a.-s.* viejo, anciano.

vece [vètʃe] en la loc. *in ~ di*, en lugar de, en vez de. 2 *f.-pl.* *fare le veci di*, hacer las veces de.

vedere [vedére] *f.* ver. 2 entrever, percibir. 3 intentar. ‖ *vedi di arrivare presto*, intenta llegar temprano. 4 loc. *vedersela*, arreglárselas, apañárselas. ‖ *se la veda lui con il direttore*, que se las arregle él con el director. ¶ CONJUG. IND. pret. ind.: *vidi, vedesti, vide, vedemmo, vedeste, videro*. | fut. imp.: *vedrò, vedrai, vedrà, vedremo, vedrete, vedranno*. ‖ POT. pres.: *vedrei, vedresti, vedrebbe, vedremmo, vedreste, vedrebbero*. ‖ PART.: *visto*.

vedetta [vedètta] *f.* centinela *m.* 2 vigía *m.-f.* 3 MAR. patrullero *m.*

vedovo, -va [vèdovo, -va] *s.* viudo.

veduta [vedúta] *f.* vista [panorama]. 2 opinión. ‖ *uno scambio di vedute*, un intercambio de opiniones. 3 idea. ‖ *di larghe vedute*, de mentalidad abierta.

veemenza [veemèntsa] *f.* vehemencia.

vegetale [vedʒetále] *a.-m.* vegetal.

vegetare [vedʒetáre] *i.* vegetar. ¶ CONJUG. r. aux. *avere*.

vegetariano, -na [vedʒetarjáno, -na] *a.-s.* vegetariano.

vegetativo, -va [vedʒetativo, -va] *a.* vegetativo.

vegetazione [vedʒetattsjóne] *f.* vegetación.

veglia [vèʎʎa] *f.* vela. ‖ *stare a ~*, velar, estar despierto.

vegliardo [veʎʎárdo] *m.* anciano.

vegliare [veʎʎáre] *i.* estar despierto, estar en vela. **2** cuidar de. **3** *t.* velar. ‖ ~ *un malato*, velar a un enfermo. ¶ CONJUG. r. aux. *avere* [t.-i.].

veglione [veʎʎóne] *m.* cena *f.* de Nochevieja.

veicolo [veíkolo] *m.* vehículo.

vela [véla] *f.* vela. ‖ *far* ~, zarpar. **2** *muro a* ~, tabique.

velare [veláre] *t.* velar [cubrir con un velo]. **2** fig. cubrir, ocultar. **3** *pr.* velarse, empañarse. ‖ *velarsi la voce*, empañarse la voz.

velato, -ta [veláto, -ta] *a.* velado. **2** fig. encubierto. **3** empañado.

veleno [veléno] *m.* veneno.

velenoso, -sa [velenóso, -sa] *a.* venenoso.

veliero [veljéro] *m.* velero.

velina [velína] en la loc. *carta* ~, papel de culebrilla, papel de seda.

velleità [velleitá*] *f.* veleidad.

vellutato, -ta [vellutáto, -ta] *a.* aterciopelado.

velluto [vellúto] *m.* terciopelo.

velo [vélo] *m.* velo.

veloce [velótʃe] *a.* veloz.

velocista [velotʃísta] *m.* velocista.

velocità [velotʃitá*] *f.* velocidad.

velodromo [velódromo] *m.* velódromo.

vena [véna] *f.* vena.

venale [venále] *a.* venal, mercenario.

venalità [venalitá*] *f.* venalidad.

venatura [venatúra] *f.* veteado *m.*

vendemmia [vendémmja] *f.* vendimia.

vendemmiare [vendemmjáre] *t.-i.* vendimiar. ¶ CONJUG. r. aux. *avere* [t.-i.].

vendere [véndere] *t.* vender. ‖ *avere ragione da* ~, tener razón de sobras. ‖ *vendesi*, en venta.

vendetta [vendétta] *f.* venganza.

vendicare [vendikáre] *t.-pr.* vengar.

vendicativo, -va [vendikatívo, -va] *a.* vengativo.

vendicatore, -trice [vendikatóre, -tritʃe] *a.-s.* vengador.

vendita [véndita] *f.* venta. ‖ ~ *all'ingrosso*, venta al por mayor. ‖ ~ *al minuto*, venta al detalle.

venditore, -trice [venditóre, -tritʃe] *a.-s.* vendedor.

venduto, -ta [vendúto, -ta] *a.* vendido.

venerabile [venerábile] *a.* venerable.

venerare [veneráre] *t.* venerar.

venerazione [venerattsjóne] *f.* veneración.

venerdi [venerdí*] *m.* viernes.

venereo, -rea [venéreo, -rea] *a.* venéreo.

venezuelano, -na [venettsueláno, -na] *a.* venezolano.

veniale [venjále] *a.* venial.

venire [veníre] *i.* venir. **2** llegar. ‖ *non sono ancora venuti*, aún no han llegado. ‖ ~ *a patti*, llegar a un acuerdo. ‖ ~ *alle mani*, llegar a las manos. ‖ ~ *a capo di qualcosa*, lograr algo. ‖ ~ *a sapere*, tener noticia. ¶ CONJUG. (aux. *essere*) IND. pres.: *vengo, vieni, viene, veniamo, venite, vengono*. | pret. ind.: *venni, venisti, venne, venimmo, veniste, vennero*. ‖ fut. imp.: *verrò, verrai, verrà, verremo, verrete, verranno*. ‖ POT. pres.: *verrei, verresti, verrebbe, verremmo, verreste, verrebbero*. ‖ SUBJ. pres.: *venga, venga, venga, veniamo, veniate, vengano*. ‖ IMPER. pres.: *vieni, venga, veniamo, venite, vengano*. ¶ PART.: *venuto*.

ventaglio [ventáʎʎo] *m.* abanico.

ventata [ventáta] *f.* ráfaga [de viento].

ventenne [venténne] *a.* de veinte años.

ventennio [venténnjo] *m.* veinte años.

ventesimo, -ma [ventézimo, -ma] *a.* vigésimo. **2** *m.* veintavo.

venti [vénti] *a.* veinte.

ventilare [ventiláre] *f.* ventilar.

ventilatore [ventilatóre] *m.* ventilador.

ventilazione [ventilattsjóne] *f.* ventilación.

ventina [ventína] *f.* veintena.

ventiquattro [ventikwáttro] *a.* veinticuatro.

ventisette [ventisétte] *a.* veintisiete.

ventitrè [ventitré*] *a.* veintitrés.

vento [vénto] *m.* viento.

ventosa [ventósa] *f.* ventosa.

ventoso, -sa [ventóso, -sa] *a.* ventoso.

ventre [véntre] *m.* vientre.

ventricolo [ventríkolo] *m.* ventrículo.

ventriloquo [ventrílokwo] *a.-m.* ventrílocuo.

ventunenne [ventunénne] *a.* de veintiún años.

ventuno [ventúno] *a.* veintiún.

ventura [ventúra] *f.* suerte. **2** azar *m.* ‖ *andare alla* ~, ir al azar.

venturo, -ra [ventúro, -ra] *a.* venidero.

venuta [venúta] *f.* venida.

veramente [veraménte] *adv.* verdaderamente.

veranda [veránda] *f.* galería.

verbale [verbále] *a.* verbal. **2** *m.* acta *f.* ‖ *fare il* ~, levantar acta.

verbalmente [verbalménte] *adv.* de palabra.
verbena [verbéna] *f.* verbena.
verbo [vèrbo] *m.* verbo.
verbosità [verbosità*] *f.* verbosidad.
verdastro, -tra [verdástro, -tra] *a.* verdoso.
verde [vèrde] *a.* verde. ‖ **essere al ~**, estar sin blanca.
verderame [verderáme] *m.* cardenillo.
verdetto [verdétto] *m.* veredicto.
verdura [verdúra] *f.* verdura.
verga [vèrga] *f.* bergajo *m.*, vara.
vergine [vèrdʒine] *f.* virgen.
verginità [verdʒinità*] *f.* virginidad.
vergogna [vergóɲɲa] *f.* vergüenza.
vergognarsi [vergoɲɲársi] *pr.* avergonzarse.
vergognoso, -sa [vergoɲɲózo, -za] *a.* vergonzoso.
veridicità [veriditʃità*] *f.* veracidad.
veridico, -ca [veridiko, -ka] *a.* verídico.
verifica [verifika] *f.* verificación.
verificare [verifikáre] *t.* verificar. 2 averiguar.
verismo [verízmo] *m.* verismo.
verità [verità*] *f.* verdad.
veritiero, -ra [veritjéro, -ra] *a.* verídico.
verme [vèrme] *m.* gusano.
vermiglio, -glia [vermiʎʎo, -ʎa] *a.-m.* bermejo.
vermut [vèrmut] *m.* vermut.
vernice [vernítʃe] *f.* barniz *m.*
verniciare [vernitʃáre] *t.* barnizar. 2 pintar.
verniciatore [vernitʃatóre] *m.* embarnizador. 2 pintor.
verniciatura [vernitʃatúra] *f.* barnizado *m.*
vero, -ra [vèro, -ra] *a.* verdadero. ‖ **non è ~?**, ¿no es cierto?
verosimiglianza [verosimiʎʎántsa] *f.* verosimilitud.
verosimile [verosimile] *a.* verosímil.
verruca [verrúca] *f.* verruga.
versamento [versaménto] *m.* imposición *f.*, pago.
versante [versánte] *m.* vertiente *f.*
versare [versáre] *t.* derramar. 2 poner, servir [vino, agua]. 3 COM. imponer, pagar, depositar.
versatile [versátile] *a.* versátil.
versetto [versétto] *m.* versículo.
versione [versjóne] *f.* versión. ‖ **la sua ~ dell'incidente non è esatta**, su versión

del accidente no es exacta. 2 traducción [de una lengua extranjera a la propia].
verso [vèrso] *m.* verso. 2 voz *f.*, grito. ‖ **fare il verso**, imitar. 3 sentido, dirección *f.* 4 modo, manera. *f.* ‖ **non c'è verso di convincerlo**, no hay modo de convencerlo.
verso [vèrso] *prep.* hacia.
vertebra [vèrtebra] *f.* vértebra.
vertebrale [vertebrále] *a.* vertebral.
vertebrato, -ta [vertebráto, -ta] *a.* vertebrado.
vertenza [vertèntsa] *f.* pleito *m.* 2 conflicto *m.*
vertere [vèrtere] *i.* versar. ¶ CONJUG. carece de tiempos compuestos.
verticale [vertikále] *a.-f.* vertical.
vertice [vèrtitʃe] *m.* vértice. 2 fig. cumbre *f.*
vertigine [vertidʒine] *f.* vértigo.
vertiginoso, -sa [vertidʒinózo, -za] *a.* vertiginoso.
verza [vèrdza] *f.* col, berza.
vescica [veʃʃika] *f.* vejiga. 2 ampolla.
vescovado [veskovádo] *m.* obispado.
vescovo [vèskovo] *m.* obispo.
vespa [vèspa] *f.* avispa.
vespaio [vespájo] *m.* avispero.
vespertino, -na [vespertino, -na] *a.* vespertino.
vespro [vèspro] *m.* crepúsculo. 2 ECL. vísperas *f.-pl.*
vessare [vessáre] *t.* vejar.
vessazione [vessattsjóne] *f.* vejación.
vessillo [vessillo] *m.* estandarte.
vestaglia [vestáʎʎa] *f.* bata.
veste [vèste] *f.* vestido *m.* 2 revestimiento *m.* 3 presentación. 4 apariencia, forma. ‖ **in ~ di**, en calidad de.
vestiario [vestjárjo] *m.* vestuario, guardarropa.
vestibolo [vestibolo] *m.* vestíbulo.
vestigio [vestídʒo] *m.* vestigio.
vestire [vestire] *t.-i.* vestir. ‖ **~ alla moda**, vestirse a la moda. ¶ CONJUG. r. aux. **avere** [t.-i.].
vestito, -ta [vestito, -ta] *a.* vestido. 2 *m.* vestido, traje.
veterano, -na [veteráno, -na] *a.-m.* veterano.
veterinaria [veterinárja] *f.* veterinaria.
veterinario [veterinárjo] *m.* veterinario.
veto [vèto] *m.* veto.
vetraio [vetrájo] *m.* vidriero.
vetrame [vetráme] *m.* vidriería *f.*

vetrato, -ta [vetráto, -ta] *a.* vidriado. ‖ *carta vetrata*, papel de lija. 2 *f.* vidriera.

vetrina [vetrina] *f.* escaparate *m.*

vetrinista [vetrinísta] *s.* escaparatista, decorador de escaparates.

vetriolo [vetriòlo] *m.* vitriolo.

vetro [vétro] *m.* vidrio. 2 cristal [de una ventana].

vetta [vètta] *f.* cumbre.

vettore [vettóre] *m.* vector. 2 COM. porteador.

vettovaglia [vettováʎʎa] *f.-pl.* vituallas.

vettura [vettúra] *f.* coche *m.* 2 vagón *m.* [del tren]. 3 carruaje *m.*

vetturino [vetturíno] *m.* cochero.

vezzeggiare [vettseddʒáre] *t.* mimar.

vezzeggiativo, -va [vettseddʒativo, -va] *s.* diminutivo cariñoso.

vezzo [vèttso] *m.* costumbre *f.* ‖ *avere il vezzo di...*, tener la costumbre de... 2 mimo. 3 collar. ‖ *un ~ di perle*, un collar de perlas.

vezzoso, -sa [vettsózo, -za] *a.* gracioso.

vi [vi] *pron. pers.* [segunda persona pl.] os. ‖ *~ vedrò domani*, os veré mañana. ‖ *~ farò un regalo*, os haré un regalo. 2 *adv.* allí, allá. ‖ *~ è, ~ sono*, hay.

via [via] *f.* calle. 2 camino *m.* ‖ *la ~ del ritorno*, el camino de regreso. 3 vía. ‖ *~ aerea*, vía aérea. 4 *adv.* en las loc.: *andare ~*, irse. ‖ *buttare ~*, desechar, tirar. ‖ *mandare ~*, echar. ‖ *portare ~*, llevarse. ‖ *...e così ~*, *...e ~ dicendo*, etcétera. 5 *interj.* ¡fuera!, ¡largo!

viabilità [viabilità*] *f.* vialidad.

viadotto [viadòtto] *m.* viaducto.

viaggiare [viaddʒáre] *i.* viajar. ¶ CONJUG. r. aux. *avere.*

viaggio [viáddʒo] *m.* viaje.

viale [viále] *m.* avenida *f.*

viandante [viandánte] *s.* transeúnte.

viatico [viàtiko] *m.* viático.

viavai [viavái] *m.* vaivén.

vibrare [vibráre] *i.* vibrar. 2 *t.* dar. ‖ *~ una coltellata*, dar una puñalada. ¶ CONJUG. r. aux. *avere* [i.-t.].

vibrato, -ta [vibráto, -ta] *part. pas.* de *vibrare.* 2 *a.* vibrante, enérgico. ‖ *vibrata protesta*, enérgica protesta.

vibratore [vibratóre] *m.* vibrador.

vibrazione [vibrattsjóne] *f.* vibración.

vice [vitʃe] *m.* adjunto, vice.

vicenda [vitʃènda] *f.* vicisitud. 2 acontecimiento *m.* 3 alternancia. ‖ *a ~*, recíprocamente.

vicendevole [vitʃendévole] *a.* recíproco.

viceversa [vitʃevèrsa] *a.* viceversa.

vicinanza [vitʃinántsa] *f.* proximidad. ‖ *nelle vicinanze di*, en las cercanías de.

vicinato [vitʃináto] *m.* vecindario.

vicino, -na [vitʃino, -na] *a.* cercano. 2 *adv.* cerca. 3 *prep.* cerca de. 4 *m.* vecino.

vicissitudine [vitʃissitúdine] *f.* vicisitud.

vicolo [víkolo] *m.* callejón. ‖ *~ cieco*, callejón sin salida.

videodisco [videodísko] *m.* videodisco.

videoregistratore [videoredʒistratòre] *m.* videorregistrador.

vidimare [vidimáre] *t.* visar.

vidimazione [vidimattsjóne] *f.* visto *m.*, visto *m.* bueno.

vietare [vjetáre] *t.* prohibir.

vietato, -ta [vjetáto, -ta] *a.* prohibido.

vigente [vidʒènte] *a.* vigente.

vigere [vidʒere] *i.* estar en vigor, regir. ¶ CONJUG. usado solamente en las terceras personas del IND. pres.: *vige; vigono.* ‖ imp.: *vigeva; vigevano.* ‖ SUBJ. pres.: *viga; vigano.* ‖ imp.: *vigesse; vigessero.* ‖ PART. pres.: *vigente.* ‖ GER. *vigendo.*

vigilante [vidʒilánte] *a.-m.* vigilante.

vigilanza [vidʒilántsa] *f.* vigilancia.

vigilare [vidʒiláre] *t.* vigilar.

vigile [vídʒile] *m.* guardia urbano. ‖ *~ notturno*, vigilante nocturno. ‖ *~ del fuoco*, bombero. 2 *a.* vigilante.

vigliaccheria [viʎʎakkeria] *f.* cobardía.

vigliacco, -ca [viʎʎákko, -ka] *a.* cobarde.

vigna [víɲɲa] *f.* viña.

vigneto [viɲɲéto] *m.* viñedo.

vignetta [viɲɲétta] *f.* viñeta.

vigore [vigóre] *m.* vigor.

vigoria [vigoria] *f.* vigor *m.*

vigoroso, -sa [vigorózo, -za] *a.* vigoroso.

vile [vile] *a.* vil, ruin.

vilipendere [vilipèndere] *f.* vilipendiar. ¶ CONJUG. como *appendere.*

vilipendio [vilipèndjo] *m.* vilipendio.

villa [villa] *f.* torre, villa.

villaggio [villáddʒo] *m.* pueblo.

villania [villania] *f.* villanía.

villano [villáno] *a.* villano.

villeggiante [villeddʒánte] *s.* veraneante.

villeggiare [villeddʒáre] *i.* veranear. ¶ CONJUG. r. aux. *avere.*

villeggiatura [villeddʒatúra] *f.* veraneo *m.*

villino [villino] *m.* chalet.

viltà [viltà*] *f.* cobardía.

vimine [vímine] *m.* mimbre.

vinaccia [vináttʃa] *f.* orujo *m.* casca.

vinaio [vinájo] *m.* vendedor de vino, vinatero.

vincente [vintʃénte] *a.* vencedor.
vincere [vintʃere] *t.* ganar, vencer. ¶ CON-JUG. IND.: pret. ind.: *vinsi, vincesti, vinse, vincemmo, vinceste, vinsero.* ‖ PART.: *vinto*.
vincita [vintʃita] *f.* ganancia.
vincitore, -trice [vintʃitóre, -tritʃe] *a.-s.* vencedor, ganador.
vincolare [vinkoláre] *f.* vincular.
vincolo [vínkolo] *m.* vínculo.
vinicolo, -la [vinikolo, -la] *a.* vinícola.
vino [víno] *m.* vino.
vinto, -ta [vínto, -ta] *a.* vencido.
viola [vjóla] *f.* violeta. ‖ ~ *del pensiero*, pensamiento *m.* 2 MÚS. viola.
violacciocca [violattʃókka] *f.* alhelí *m.*
violaceo, -cea [violátʃeo, -tʃea] *a.* violáceo.
violare [violáre] *t.* violar.
violazione [violattsjóne] *f.* violación.
violentare [violentáre] *t.* violentar.
violento, -ta [violénto, -ta] *a.* violento.
violenza [violéntsa] *f.* violencia.
violetta [violétta] *f.* violeta.
violetto, -ta [violétto, -ta] *a.-m.* violeta.
violinista [violinísta] *s.* violinista.
violino [violíno] *m.* violín.
violoncellista [violontʃellísta] *s.* violoncelista.
violoncello [violontʃéllo] *m.* violoncelo.
viuttolo [viúttolo] *m.* sendero.
vipera [vípera] *f.* víbora.
virale [virále] *a.* viral.
virare [viráre] *f.* virar.
virata [viráta] *f.* virada.
virgola [vírgola] *f.* coma.
virgoletta [virgolétta] *f.* comillas *f.-pl.*
virgulto [virgúlto] *m.* BOT. retoño. 2 fam. retoño, vástago.
virile [viríle] *a.* viril.
virologia [virolodʒía] *m.* virología.
virtù [virtú] *f.* virtud.
virtuale [virtuále] *a.* virtual.
virtuosismo [virtuozízmo] *m.* virtuosismo.
virtuoso, -sa [virtuózo, -za] *a.-s.* virtuoso.
virulento [virulénto] *a.* virulento.
virus [vírus] *m.* virus.
viscerale [viʃʃerále] *a.* visceral.
viscere [viʃʃere] *f.-pl.* vísceras.
vischio [vískjo] *m.* BOT. muérdago.
vischioso, -sa [viskjózo, -za] *a.* viscoso.
viscido, -da [viʃʃido, -da] *a.* viscoso.
visconte, -tessa [viskónte, -téssa] *s.* vizconde.

viscosità [viskozitá*] *f.* viscosidad.
viscoso, -sa [viskózo, -za] *a.* viscoso.
visibile [vizíbile] *a.* visible.
visibilità [vizibilitá*] *f.* visibilidad.
visiera [vizjéra] *f.* visera [de yelmo, de gorra].
visionare [vizjonáre] *f.* ver un film [por parte de personas especializadas].
visionario, -ria [vizjonárjo, -rja] *a.* visionario.
visione [vizjóne] *f.* visión.
visita [vízita] *f.* visita.
visitare [vizitáre] *f.* visitar.
visivo, -va [vizívo, -va] *a.* visivo.
viso [vízo] *m.* cara *f.* ‖ *far buon ~ a cattivo gioco*, a mal tiempo buena cara.
visone [vizóne] *m.* visón.
visore [vizóre] *m.* visor.
vispo, -pa [víspo, -pa] *a.* avispado, despierto.
vissuto, -ta [vissúto, -ta] *part. pas.* de *vivere*. 2 *a.* con experiencia.
vista [vísta] *f.* vista. 2 panorama *m.* 3 aspecto *m.*, apariencia.
vistare [vistáre] *f.* vistar.
visto, -ta [vísto, -ta] *part. pas.* de *vedere*. 2 *a.* visto. ‖ ~ *che*, dado que. 3 *m.* visto bueno, visado.
vistoso, -sa [vistózo, -za] *a.* vistoso.
visuale [vizuále] *a.* visual. 2 *f.* visual.
vita [víta] *f.* vida. 2 cintura.
vitale [vitále] *a.* vital.
vitalità [vitalitá*] *f.* vitalidad.
vitalizio, -zia [vitalittsjo, -tsja] *a.* vitalicio.
vitamina [vitamína] *f.* vitamina.
vite [víte] *f.* vid. 2 MEC. tornillo *m.*
vitello, -la [vitéllo, -la] *s.* ternero.
vitellone [vitellóne] *m.* ternera [de uno a dos años].
viticcio [vitíttʃo] *m.* BOT. zarcillo.
viticoltura [vitikoltúra] *f.* viticultura.
vitreo, -trea [vítreo, -trea] *a.* vítreo.
vittima [víttima] *f.* víctima.
vittimismo [vittimízmo] *m.* victimismo.
vitto [vítto] *m.* alimento. 2 sustento, manutención *f.*
vittoria [vittórja] *f.* victoria.
vittorioso, -sa [vittorjózo, -za] *a.* victorioso.
vituperare [vituperáre] *f.* vituperar.
vituperio [vitupèrjo] *m.* vituperio, insulto.
viva! [víva] *interj.* ¡viva!
vivacchiare [vivakkjàre] *i.* ir tirando. ¶ CONJUG. r. aux. *avere*.

vivace [vivátʃe] *a.* alegre, vivaracho. 2 vivo, fuerte [color]. 3 animado [discusión, etc.].

vivacità [vivatʃità*] *f.* vivacidad, animación.

vivaio [vivájo] *m.* vivero, semillero.

vivanda [vivánda] *f.* comida, manjar *m.*

vivandiere, -ra [vivandjère, -ra] *s.* vivandero.

vivere [vívere] *i.* vivir. ¶ CONJUG. (aux. *essere*, raramente *avere*) IND. pret. ind.: *vissi, vivesti, visse, vivemmo, viveste, vissero.* ‖ PART.: *vissuto.*

viveri [víveri] *m.-pl.* víveres.

vivezza [vivètssa] *f.* vivacidad.

vivido, -da [vívido, -da] *a.* vivo, vivaz.

viviparo, -ra [vivíparo, -ra] *a.-s.* vivíparo.

vivisezionare [vivisettsjonáre] *t.* viviseccionar.

vivo, -va [vívo, -va] *a.* vivo.

viziare [vitsjáre] *t.* viciar, mimar.

vizio [víttsjo] *m.* vicio. 2 mala costumbre *f.* 3 falta *f.*, error.

vizioso, -sa [vittsjózo, -za] *a.* vicioso.

vocabolario [vokabolárjo] *m.* diccionario. 2 vocabulario. ‖ *avere un ~ ricco*, tener un vocabulario rico.

vocabolo [vokábolo] *m.* vocablo, palabra *f.*

vocale [vokále] *a.-m.* vocal.

vocalizzare [vokalittsáre] *t.-i.* vocalizar. ¶ CONJUG. r. aux. *avere* [t.-i.].

vocativo [vokatívo] *m.* vocativo.

vocazione [vokattsjóne] *f.* vocación.

voce [vótʃe] *f.* voz. ‖ *a ~*, de viva voz. 2 palabra. 3 artículo *m.* [de un diccionario].

vociferare [votʃiferáre] *i.* rumorear. ‖ *si vocifera che...*, se rumorea que... ¶ CONJUG. r. aux. *avere.*

vocio [votʃío] *m.* algarabía *f.*

voga [vóga] *f.* boga, moda.

vogare [vogáre] *i.* bogar. ¶ CONJUG. r. aux. *avere.*

voglia [vóʎʎa] *f.* deseo *m.*, ganas *f.-pl.* 2 antojo *m.*

voi [vói] *pron. pers.* [segunda persona pl.] vosotros.

voialtri [vojáltri] *pron. pers.* [segunda persona pl.] vosotros.

volante [volánte] *m.* volante.

volantino [volantíno] *m.* octavilla *f.*

volare [voláre] *i.* volar. ¶ CONJUG. r. aux. *avere* si se habla de la acción en sí misma; *essere* si se considera el desarrollo de la acción.

volata [voláta] *f.* vuelo *m.* 2 carrera, escapada. ‖ *fare una ~ a casa*, hacer una escapada a casa. ‖ *di ~*, precipitadamente.

volatile [volátile] *a.* volátil. 2 *m.* ave *f.*

volatilizzare [volatiliddzáre] *f.* volatilizar.

volente [volénte] *a.* que quiere. ‖ *~ o nolente*, de buena o de mala gana.

volenteroso, -sa [volenterózo, -za] V. **volonteroso.**

volentieri [volentjéri] *adv.* de buena gana, a gusto.

volere [volère] *t.* querer. ‖ *~ bene*, amar. 2 desear, preguntar por. 3 *loc. volerne a qualcuno*, enfadarse, guardar rencor. ¶ CONJUG. IND. pres.: *voglio, vuoi, vuole, vogliamo, volete, vogliono.* | pret. ind.: *volli, volesti, volle, volemmo, voleste, vollero.* ‖ fut. imp.: *vorrò, vorrai, vorrà, vorremo, vorrete, vorranno.* ‖ POT. pres.: *vorrei, vorresti, vorrebbe, vorremmo, vorreste, vorrebbero.* ‖ SUBJ. pres.: *voglia, voglia, voglia, vogliamo, vogliate, vogliano.* ‖ IMPER. pres. *vogli, voglia, vogliamo, vogliate, vogliano.* ‖ PART.: *voluto.*

volere [volère] *m.* voluntad *f.*

volgare [volgáre] *a.* vulgar.

volgarità [volgaritá*] *f.* vulgaridad.

volgarizzare [volgariddzáre] *f.* vulgarización.

volgarmente [volgarmènte] *adv.* vulgarmente.

volgere [vóldʒere] *t.* dirigir. ‖ *~ gli occhi al cielo*, dirigir los ojos al cielo. 2 traducir. 3 girar, torcer. ‖ *la strada volge a sinistra*, la calle gira a la izquierda. 4 llegar. ‖ *il lavoro volgeva alla fine*, el trabajo llegaba a su fin. ¶ CONJUG. IND. pret. ind.: *volsi, volgesti, volse, volgemmo, volgeste, volsero.* ‖ PART.: *volto.*

volgo [vólgo] *m.* vulgo.

volitivo, -va [volitívo, -va] *a.* volitivo.

volo [vólo] *m.* vuelo.

volontà [volontá*] *f.* voluntad.

volontario, -ria [volontárjo, -rja] *a.-s.* voluntario.

volonteroso, -sa [volonterózo, -za] *a.* voluntarioso.

volpe [vólpe] *f.* zorro.

volpino, -na [volpíno, -na] *a.* zorruno.

volt [vɔlt] *m.* voltio.

volta [vɔlta] *f.* vez. 2 ARQ. bóveda.

voltafaccia [voltafáttʃa] *m.* cambio de camisa.

voltaggio [voltáddʒo] *m.* voltaje.

voltaico [voltáiko] *a.* voltaico.

voltametro [voltámetro] *m.* voltámetro.

voltare [voltáre] *t.* volver. 2 doblar. ‖ ~ *l'angolo*, doblar la esquina. 3 dar la vuelta [a una moneda, medalla]. 4 *i.* girar. ‖ ~ *a sinistra*, girar a la izquierda. 5 *pr.* volverse. ¶ CONJUG. r. aux. *avere* [t.-i.].

voltata [voltáta] *f.* curva.

volteggiare [volteddʒáre] *i.* girar. 2 hacer volteretas. ¶ CONJUG. r. aux. *avere.*

volt-elettrone [voltelettróne] *m.* electrón voltio.

voltmetro [vòltmetro] *m.* voltímetro.

volto [vòlto] *m.* rostro.

volubile [volúbile] *a.* voluble.

volume [volúme] *m.* volumen.

voluminoso, -sa [voluminózo, -za] *a.* voluminoso.

volutamente [volutaménte] *adv.* a sabiendas.

voluttà [voluttá*] *f.* voluptuosidad.

voluttario, -ria [voluttárjo, -rja] *a.* suntuario.

voluttuoso, -sa [voluttuózo, -za] *a.* voluptuoso.

vomitare [vomitáre] *t.* vomitar.

vomito [vòmito] *m.* vómito.

vongola [vóngola] *f.* almeja.

vorace [vorátʃe] *a.* voraz.

voracità [voratʃitá*] *f.* voracidad.

voragine [vorádʒine] *f.* abismo *m.*, sima. 2 vorágine, remolino *m.* 3 fig. abismo *m.*

vortice [vòrtitʃe] *m.* remolino, torbellino.

vorticosamente [vortikozaménte] *adv.* vertiginosamente.

vorticoso, -sa [vortikózo, -za] *a.* vertiginoso.

vostro, -tra [vòstro, -tra] *a.-pron.* vuestro.

votante [votánte] *a.–s.* votante.

votare [votáre] *t.* votar. 2 *pr.* consagrarse, dedicarse.

votazione [votattsjóne] *f.* votación.

votivo, -va [votívo, -va] *a.* votivo.

voto [vóto] *m.* voto.

vulcanico, -ca [vulkániko, -ka] *a.* volcánico.

vulcanismo [vulkanizmo] *m.* volcanismo.

vulcanizzare [vulkaniddʒáre] *t.* vulcanizar.

vulcano [vulkáno] *m.* volcán.

vulnerabile [vulnerábile] *a.* vulnerable.

vulnerare [vulneráre] *t.* dañar, damnificar.

vulva [vúlva] *f.* vulva.

vuotare [vwotáre] *t.* vaciar.

vuoto, -ta [vwòto, -ta] *a.-m.* vacío. ‖ *andare a* ~, fracasar. ‖ *assegno a* ~, talón sin fondos. 2 *m.* casco [botella vacía].

W

w [vu dóppjo] *f.* letra adoptada por el alfabeto italiano sólo para nombres extranjeros.

wafer [våfer] *m.* galleta con capas internas de crema o chocolate.

wagneriano [vagnerjåno] *a.* wagneriano.

walzer [vålzer] *m.* vals.

watt [vat] *m.* vatio.

X

x [iks] *f.* letra adoptada por el alfabeto italiano para nombres de origen especialmente griegos.

xenofilia [ksenofilia] *f.* xenofilia.

xenofilo, -la [ksenɔfilo, -la] *a.* xenófilo.

xenofobia [ksenofobia] *f.* xenofobia.

xenofobo, -ba [ksenɔfobo, -ba] *a.* xenófobo.

xerocopia [kserokɔpja] *f.* xerocopia.

xerografia [kserografia] *f.* xerografía.

xilofono [ksilófono] *m.* xilófono.

xilografia [ksilografia] *f.* V. **silografia**.

Y

y [ípsilon] *f.* letra griega adoptada por el alfabeto italiano sólo para nombres extranjeros.

yacht [jɔt] *m.* yate.
yankee [jánki] *s.* yanqui.
yard [jard] *f.* yarda.

Z

z [*dzèta] *f.-m.* vigesimoprimera y última letra del alfabeto italiano.

zabaione [*dzabajòne] *m.* crema líquida con yemas de huevo y licor.

zaffata [*tsaffàta] *f.* tufarada.

zafferano [*dzafferàno] *m.* azafrán.

zaffiro [*dzaffiro] *m.* zafiro.

zaino [*dzàino] *m.* mochila *f.*, macuto.

zampa [*tsàmpa] *f.* pata.

zampata [*tsampàta] *f.* patada.

zampillare [*tsampillàre] *i.* brotar. ¶ CONJUG. r. aux. *essere* y *avere.*

zampillo [*tsampillo] *m.* chorro, chorrito.

zampogna [*tsampòɲɲa] *f.* gaita.

zampognaro [*tsampoɲɲàro] *m.* gaitero.

zanna [*tsànna] *f.* colmillo.

zanzara [*dzandzàra] *f.* mosquito *m.*

zanzariera [*dzandzarjèra] *f.* mosquitera.

zappa [*tsàppa] *f.* azada, azadón *m.*

zappare [*tsappàre] *t.* cavar.

zar [*tsoar] *m.* zar.

zarina [*tsarìna] *f.* zarina.

zattera [*dzàttera] *f.* balsa, armadía.

zavorra [*dzavòrra] *f.* lastre *m.*

zazzera [*tsàttsera] *f.* melena.

zazzeruto, -ta [*tsattserúto, -ta] *a.* melenudo.

zebra [*dzèbra] *f.* cebra.

zecca [*tsèkka] *f.* ceca, casa de la moneda.

zecchino [*tsekkino] *m.* cequí, moneda de oro de ley.

zefiro [*dzèfiro] *m.* céfiro.

zelante [*dzelànte] *a.* celoso.

zelo [*dzèlo] *m.* celo.

zenit [*dzènit] *m.* cenit.

zeppa [*tsèppa] *f.* cuña.

zeppo, -pa [*tsèppo, -pa] *a.* atestado. ‖ *pieno ~,* lleno hasta los topes.

zerbino [*dzerbino] *m.* esterilla *f.*, limpiabarros.

zero [*dzèro] *m.* cero.

zeta [*dzèta] *f.-m.* nombre de la letra *z.*

zibaldone [*dzibaldóne] *m.* miscelánea *f.*, mescolanza *f.* 2 cuaderno de apuntes.

zigomo [*dzìgomo] *m.* pómulo.

zigzag [*dzigdzàg] *m.* zigzag.

zimbello [*dzimbèllo] *m.* cimbel. 2 fig. hazmerreír.

zinco [*dzinko] *m.* cinc.

zingaro, -ra [*dzìngaro, -ra] *s.* gitano.

zio, -a [*tsìo, -a] *s.* tío.

zitella [*dzitèlla] *f.* soltera, solterona.

zittire [*tsittire] *i.* sisear. 2 *t.* hacer callar. ¶ CONJUG. r. aux. *avere* [i.-t.].

zitto, -ta [*tsitto, -ta] *a.* callado. ‖ *~!,* ¡calla! ‖ *zitti!,* ¡silencio!

zizzania [*dziddzànja] *f.* cizaña.

zoccolo [*tsòkkolo] *m.* chancleta *f.* de madera, zueco. 2 ZOOL. pezuña *f.* 3 ARQ. zócalo.

zodiacale [*dzodiakàle] *a.* del zodíaco.

zodiaco [*dzodìako] *m.* zodíaco.

zolfanello [*tsolfanèllo] *m.* fósforo.

zolfo [*tsòlfo] *m.* azufre.

zolla [*tsòlla] *f.* terrón *m.*

zolletta [*tsollètta] *f* terrón *m.* (pequeño), terroncito *m.*

zona [*dzòna] *f.* zona.

zonzo [*dzóndzo] en la loc. *a ~,* sin rumbo.

zoo [*dzòo] *m.* zoo.

zoologia [*dzoolodʒìa] *f.* zoología.

zoologico, -ca [*dzooliòdʒiko, -ka] *a.* zoológico.

zootecnico, -ca [*dzootèkniko, -ka] *a.* zootécnico.

zoppicare [*tsoppikàre] *i.* cojear. ¶ CONJUG. r. aux. *avere.*

zoppicatura [*tsoppikatúra] *f.* cojera.

zoppiconi [*tsoppikóni] *alv.* cojeando.

zoppo, -pa [*tsòppo, -pa] *a.* cojo.

zotichezza [*dsotikèttsa] *f.* rusticidad, grosería.

zotico, -ca [*dzòtiko, -ka] *a.* zafio, rústico, tosco, grosero.

zucca [*tsùkka] *f.* calabaza.

zuccata [*tsukkàta] *f.* fam. cabezazo *m.*

zuccheriera [*tsukkerjèra] *f.* azucarera.

zuccherificio [*tsukkerifitʃo] *m.* azucarera *f.* [fábrica].

zuccherino [*tsukkerino] *m.* azucarillo.

zucchero [*tsúkkero] *m.* azúcar.

zucchino [*tszukkino] *m.* calabacín.

zuccone, -na [*tsukkóne, -na] *a.-s.* cabezudo. 2 fig. duro de cabeza.

zuffa [*tsúffa] *f.* pelea, riña, contienda.

zufolare [*tsufolåre] *i.-t.* silbar. ¶ CONJUG. r. aux. *avere*.

zuppa [*tsúppa] *f.* sopa.

zuppiera [*tsuppiéra] *f.* sopera.

zuppo, -pa [*tsúppo, -pa] *a.* empapado.

ESPAÑOL-ITALIANO

Osservazioni

1) Se una parola ha più accezioni esse vengono indicate con numerazione successiva. I significati propri precedono i significati figurati, estensivi, ecc.
2) Le locuzioni idiomatiche relative ad una data accezione, sono poste subito dopo di essa.
3) Le indicazioni entro parentesi forniscono i chiarimenti necessari per la scelta della traduzione giusta.
4) E' indicato il genere di quelle parole con genere diverso in italiano e in spagnolo.
5) E' indicata la coniugazione dei verbi irregolari modello. Per gli altri verbi irregolari, si rinvia al verbo modello corrispondente.

Abbreviazioni usate in questo dizionario

a.	aggettivo	FOT.	Fotografia
AER.	Aeronautica		
AGR.	Agricoltura	GEOGR.	Geografia
ANAT.	Anatomia	GEOM.	Geometria
apoc.	apocope	GER.	Gerundio
ARCH.	Architettura	GIUR.	Giuridico
ASTR.	Astronomia	GRAM.	Grammatica
aus. [verbo]	ausiliare		
avv.	avverbio	*i.* [verbo]	intransitivo
		imp.	imperfetto
BIOL.	Biologia	IMPER.	Imperativo
BOT.	Botanica	*impers.* [verbo]	impersonale
BUR.	Burocrazia	IND.	Indicativo
		INF.	Infinito
CHIM.	Chimica	*inter.*	interiezione
CINEM.	Cinematografia	*irr.*	irregolare
COMM.	Commercio	ITTIOL.	Ittiologia
COND.	Condizionale		
cong.	congiunzione	lett.	letterario
CONG. [modo]	Congiuntivo	loc.	locuzione
CONIUG.	Coniugazione	*loc. avv.*	locuzione avverbiale
dim.	diminutivo	*m.* [sostantivo]	maschile
		MAR.	Marina
ECCL.	Ecclesiastico	MAT.	Matematica
ECON.	Economia	MECC.	Meccanica
EL.	Elettronica	MED.	Medicina
ENTOM.	Entomologia	METAL.	Metallurgia
		MIL.	Militare
f. [sostantivo]	femminile	MIN.	Mineralogia
fam.	familiare	MIT.	Mitologia
fig. [senso]	figurato	MUS.	Musica
FIL.	Filosofia		
FILOL.	Filologia	onom.	onomatopea
FIS.	Fisica	ORNIT.	Ornitologia

p.	passivo	*r.* [verbo]	riflessivo
PART.	Participio		
PART. P.	Participio passato	*s.*	sostantivo [maschile e femminile]
PITT.	Pittura		
pl.	plurale	*sing.*	singolare
poet.	poetico	STOR.	Storia
POL.	Politica		
pop.	popolare	*t.* [verbo]	transitivo
p. p.	participio passato	TAUR.	Tauromachia
prep.	preposizione	TEAT.	Teatro
pron.	pronome	TECN.	Tecnicismo
		TIP.	Tipografia
REL.	Religione	TOP.	Topografia

Abbreviazioni usate in questo dizionario

Simboli fonetici dell'AFI che ricorrono nella trascrizione fonetica delle parole spagnole

Vocali

[i]	come in italiano nelle parole *pipa*, *abito*.
[e]	come in italiano nelle parole *estate*, *edera*.
[a]	come in italiano nelle parole *amore*, *capire*.
[o]	come in italiano nelle parole *orso*, *oggi*.
[u]	come in italiano nelle parole *luna*, *urtare*.

Semiconsonanti

[j]	come in italiano nelle parole *chiodo*, *biondo*.
[w]	come in italiano nelle parole *uomo*, *uovo*.

Consonanti

[p]	come in italiano in *padre*, *parlare*. Esplosiva sorda labiale.
[b]	come in italiano in *burro*, *borsa*. Esplosiva sonora labiale.
[t]	come in italiano in *tela*, *tenero*. Esplosiva sorda dentale.
[d]	come in italiano in *dado*, *adesso*. Esplosiva sonora dentale.
[k]	come in italiano in *cacao*, *chiostro*. Esplosiva sorda velare.
[g]	come in italiano in *gatto*, *ago*. Esplosiva sonora velare.
[β]	senza equivalente italiano. Fricativa sonora bilabiale. Si pronuncia con il solo intervento delle labbra senza chiuderle mai completamente, come in *débito* in portoghese.

[ð]   senza equivalente italiano. Fricativa sonora interdentale. Si pronuncia appoggiando leggermente la punta della lingua fra gli incisivi superiori e quelli inferiori, o contro il dorso dei soli superiori. Simile alla pronuncia inglese in *father*.

[ɣ]   senza equivalente italiano. Fricativa sonora velare. Al contrario della pronuncia della *g*, il dorso della lingua non arriva a toccare mai il dorso del palato. Come in *Lage* in tedesco.

[f]   come in italiano in *farina*, *fare*. Fricativa sorda labiale.

[θ]   senza equivalente italiano. Fricativa sorda interdentale. Quando la si pronuncia, la punta della lingua s'introduce fra gli incisivi superiori e quelli inferiori. Simile alla pronuncia inglese di *thin*, ma appoggiando fortemente la lingua contro i denti.

[s]   come in italiano in *sapere*, *sicuro*. Fricativa sorda dentale.

[z]   come in italiano in *viso*, *sposa*. Fricativa sonora alveolare.

[x]   senza equivalente in italiano. Fricativa sorda velare. Per pronunciarla, la parte posteriore del dorso della lingua si avvicina al velo del palato. Simile alla pronuncia toscana di *casa* o a quella del tedesco *machen*.

[m]   come in italiano in *mare*, *meno*. Nasale sonora labiale.

[n]   come in italiano in *nove*, *andare*. Nasale sonora alveolare.

[ŋ]   come in italiano in *ancora*, *angheria*. Nasale sonora velare. In italiano non costituisce un fonema ma esiste come variante del fonema [n].

[ɲ]   come in italiano in *montagna*, *pigna*, ma pronunciata come semplice e non come doppia. Nasale sonora palatale.

[ʎ]   come in italiano in *figlio*, *foglia*, ma pronunciata come semplice e non come doppia. Laterale sonora palatale.

[l]   come in italiano in *lama*, *Luigi*. Laterale sonora alveolare.

[r]   come in italiano in *Roma*, *argilla*. Vibrante semplice.

[rr]   come in italiano in *arrivare*, *arrabbiato*. Vibrante multipla.

[']   segna l'accento tonico.

RIASSUNTO DI
GRAMATICA SPAGNOLA

Riassunto di Grammatica Spagnola

Accenti

1. Se non è indicato l'accento ortografico, l'accento tonico si ricava in base alle seguenti regole:

a) Tutte le parole che terminano per consonante, eccetto **n** e **s**, hanno l'accento tonico sull'ultima sillaba: *natural, trabajar, señor*.

b) Tutte le parole che terminano per vocale, o per **n** e **s** hanno l'accento tonico sulla penultima sillaba: *casa, pasan, libros*.

c) Quando l'accento tonico cade su un dittongo occorre distinguere due casi:
   — Se il dittongo è formato da una vocale debole ed una forte, l'accento tonico cade sulla vocale forte: *cuota, bien, peine, pausa*.
   — Se il dittongo è formato da due vocali deboli, l'accento tonico cade sulla seconda vocale: *viuda, Suiza, triunfo*

2. E' indicato l'accento ortografico nei seguenti casi:

a) Parole che, pur terminando per vocale o per **n** e **s** hanno l'accento tonico sull'ultima sillaba: *café, talón, anís*.

b) Parole che, pur terminando per consonante diversa da **n** e **s**, hanno l'accento tonico sulla penultima sillaba: *árbol, útil, áspid*.

c) Tutte le parole hanno l'accento sulla terzultima sillaba se questa è tonica: *párvulo, máximo*.

Note:

I. Gli avverbi terminanti in **mente** conservano l'accento otografico proprio degli aggettivi da cui derivano: *cómodo-cómodamente; fácil, fácilmente*.

II. Si usa l'accento ortografico per distinguere:

él	pronome	da	el	articolo
tú	pronome	da	tu	aggettivo possessivo
mí	pronome	da	mi	aggettivo possessivo
			mi	nota musicale
sí	avverbio	da	si	congiunzione
sí	pronome		si	nota musicale

sé	del verbo essere	da	se	pronome riflessivo
sé	del verbo sapere			
más	avverbio	da	mas	congiunzione
dé	del verbo dare	da	de	preposizione
té	nome	da	te	pronome
éste			este	
ése	pronomi	da	ese	aggettivi
aquél			aquel	
sólo	avverbio	da	solo	aggettivo

III. Si usa inoltre l'accento ortografico con le seguenti parole:
   a) **Quién, cuál, cúyo, cuánto, cuándo, cómo, dónde**, in frasi interrogative ed esclamative.
   b) **Qué, cúyo, cuándo, cómo, por qué**, con valore di sostantivi: *sin qué ni para qué; el cómo y el cuándo.*
   c) **Quién, cuál, cuándo** in senso distributivo: *quién más, quién menos.*
   d) **Aún**, nel senso di *todavía: no ha llegado aún.*
   e) La **i** e la **u** toniche, non formanti dittongo con la vocale che le precede o le segue: *llovía, baúl.*
   f) La congiunzione **o** tra due numeri: *3 ó 4.*

L'articolo

Come in italiano vi sono due tipi di articolo: l'articolo determinativo e l'articolo indeterminativo (usato anche al plurale).

	Maschile		Femminile	
	singolare	plurale	singolare	plurale
determinativo	*el* il, lo	*los* i, gli	*la* la	*las* le
indeterminativo	*un* un, uno	*unos* dei, degli	*una* una	*unas* delle

In spagnolo non esiste l'apostrofo. Es.: *una hora* (un'ora).

Nota.

Per motivi di eufonia si usa l'articolo maschile con quei nomi femminili che cominciano con **a** o **ha** toniche: *el alma, un hacha.*

Esiste inoltre l'articolo neutro invariabile **lo** che si usa davanti ad aggettivi: *lo triste del caso* (ciò che vi è di triste in questo caso); a participi passati: *lo dicho, está dicho* (quel che è detto, è detto); a pronomi possessivi: *lo mío, es mío* (quel che è mio, è mio) e a pronomi relativi: *lo que más me interesa* (quel che più mi importa).

Preposizioni articolate

Le uniche esistenti sono quelle formate dall'articolo determinativo maschile **el** con le preposizioni **a**, **de**:

$$a + el = al \text{ (al, allo)}$$
$$de + el = del \text{ (del, dello)}$$

Il sostantivo

Genere e numero

I sostantivi spagnoli e quelli italiani coincidono quasi sempre di genere. L'esistenza però di alcune eccezioni (come: *la cuchara*, il cucchiaio; *la flor*, il fiore; *la leche*, il latte; *la sal*, il sale; *el bistec*, la bisteca; *el domingo*, la domenica; *el tenedor*, la forchetta; *el correo*, la posta; *el cigarrillo*, la sigaretta; *el bolsillo*, la tasca) e dato che l'unica regola che può essere data riguarda i sostantivi terminanti in «o», che sono sempre maschili, e quelli terminanti in «a», che sono sempre femminili, si consiglia di consultare in caso di dubbio direttamente il dizionario dove si indica il genere di tutti i sostantivi.

Il plurale si forma aggiungendo «-s» alle parole terminanti per vocale (es.: *el libro, los libros*) ed «-es» a quelle terminanti per consonante o dittongo (*el hotel, los hoteles; la ley, las leyes*).

	Singolare	Plurale
maschile	*el* periódico *el* hotel	*los* periódicos *los* hoteles
femminile	*la* maleta *la* canción	*las* maletas *las* canciones

Complemento oggetto e complemento di termine
(Complemento directo e indirecto)

Complemento oggetto

In spagnolo il complemento oggetto va introdotto con la preposizione **a** quando si tratta di una persona o di un animale o cosa personalizzati.

Esempi e particolarità:

Costruzione con **a**	Costruzione senza **a**
1. *César venció a Pompeyo* (nome proprio di persona)	*Plutarco os dará mil Alejandros* (nome proprio usato come comune)
2. *Ensilló a Rocinante* (nome proprio di un animale)	*Ensilló el caballo* (nome comune di animale)
3. *Conquistó a Sevilla* (con i nomi di città non c'è una regola fissa)	*Visitó La Coruña. Veremos El Escorial* (senza preposizione quando i nomi di città portano articolo)
4. *Busco al criado de mi casa* (nome comune di una persona specifica)	*Busco criados diligentes* (nome comune di una persona non specifica)
5. *Tienen por Dios al vientre* (nome di una cosa personificata)	*Partiremos esta leña* (nomi di cose in genere)
6. *No conozco a nadie. Yo busco a otros* (pronome indefinito riferito a una persona)	*No sabía nada* (pronome indefinito riferito a cose)

Complemento di termine

Il complemento di termine va sempre preceduto dalle preposizioni **a** o **para**: *Escribo una carta **a** mi madre. Compro un libro **para** mi hijo.*

Aggettivo qualificativo

Formazione del femminile

Il femminile degli aggettivi qualificativi si forma sostituendo la vocale «-a» alla «-o» finale del maschile oppure aggiungendola ad alcune forme maschili terminanti per consonante (es.: *bueno, buena; español, española*).
La maggior parte però degli aggettivi terminanti al maschile per consonante o anche per vocale diversa da «-o» resta invariata al femminile (es.: *dulce; ilustre; cortés; gentil*).

Forma comparativa

a) *Pedro es más (o menos) inteligente que Juan* (Pietro è più [o meno] intelligente di Giovanni).
   Pedro es más (o menos) inteligente que estudioso.
   (Pietro è più [o meno] intelligente che studioso).
b) *Mi casa es tan hermosa como la de Ud.* (La mia casa è così bella come la Sua).

Il superlativo assoluto

Si forma premettendo all'aggettivo la parola **muy** *(inteligente, muy inteligente)*, o servendosi del suffisso **isimo** *(útil, utilísimo)*.
Nell'usare tale suffisso, ricorderemo che:

a) Gli aggettivi che terminano per vocale, la perdono nell'aggiungere il suffisso **isimo**: *grande-grandísimo*.
b) Gli aggettivi che terminano per **co** o **go**, cambiano la **c** in **qu** e la **g** in **gu**: *poco, poquísimo; largo, larguísimo*.
c) Gli aggettivi che contengono un dittongo tonico **ie** o **ue**, cambiano **ie** in **e** ed **ue** in **o**: *valiente, valentísimo; fuerte, fortísimo*.
d) Gli aggettivi che terminano in **ble**, formeranno il superlativo in **bilísimo**: *amable, amabilísimo*.

Aggettivo possessivo

Il possessivo precede generalmente il sostantivo. E in questo caso assume le forme seguenti:

	Un possessore		Più possessori	
	singolare	plurale	singolare	plurale
1.ª persona	*mi*	*mis*	*nuestro(a)*	*nuestros(as)*
2.ª persona	*tu*	*tus*	*vuestro(a)*	*vuestros(as)*
3.ª persona	*su*	*sus*	*su*	*sus*

Se invece segue il sostantivo diremo:

mío(a), míos(as)	invece di *mi, mis*
tuyo(a), tuyos(as)	invece di *tu, tus*
suyo(a), suyos(as)	invece di *su, sus* (tanto per uno come per più possessori).

Numerali

	cardinali	ordinali
1	uno, una	primero
2	dos	segundo
3	tres	tercero
4	cuatro	cuarto
5	cinco	quinto
6	seis	sexto
7	siete	séptimo
8	ocho	octavo
9	nueve	noveno, nono
10	diez	décimo
11	once	undécimo, onceno
12	doce	duodécimo
13	trece	decimotercero
14	catorce	decimocuarto
15	quince	decimoquinto
16	dieciséis	decimosexto
17	diecisiete	decimoséptimo
18	dieciocho	decimoctavo
19	diecinueve	decimonono
20	veinte	vigésimo
21	veintiuno	vigésimo primero
22	veintidós	vigésimo segundo
30	treinta	trigésimo
40	cuarenta	cuadrigésimo
50	cincuenta	quincuagésimo
60	sesenta	sexagésimo
70	setenta	septuagésimo
80	ochenta	octogésimo
90	noventa	nonagésimo
100	ciento	centésimo
101	ciento uno	centésimo primero
200	doscientos	duocentésimo
300	trescientos	tricentésimo
400	cuatrocientos	quadrigentésimo
500	quinientos	quingentésimo
600	seiscientos	sexcentésimo
700	setecientos	septigentésimo
800	ochocientos	octongentésimo
900	novecientos	noningentésimo
1.000	mil	milésimo
1.000.000	un millón	millonésimo

Note

a) **Uno** si apocopa in **un** davanti a sostantivo maschile: *un libro*. **Ciento** si apocopa in **cien** davanti ad un sostantivo o ad un cardinale che lo moltiplica: *cien hombres, cien mil soldados*.
b) I cardinali da 20 a 30 prendono le forme **veintiuno**, **veintidós**, **veintitrés**, ecc.
c) Per i cardinali da 30 a 40, da 40 a 50, ecc. fino a 100, useremo la congiunzione **y**: *treinta y uno, ochenta y tres*.

d) I cardinali superiori a 100 si formano, come in italiano, tenendo conto delle regole precedenti per le decine e le unità.

e) I cardinali (eccetto **uno**) possono essere usati con valore di ordinali. Tuttavia dal 2 al 10 si dà la preferenza ai numeri ordinali accanto ai nomi di re, di papi, ai capitoli di libri, ecc.: *Felipe segundo; capítulo octavo*.

f) I cardinali precedono in genere il sostantivo, salvo quando sono usati come ordinali: *dos libros; capítulo quince*.

g) I cardinali **uno, doscientos, trescientos**, ecc., fino a **novecientos**, e tutti gli ordinali, si accordano con il sostantivo cui si riferiscono: *una casa, doscientas libras, cuatro personas*.

Pronomi personali

Soggetto		Complemento oggetto			
		atono		tonico	
it.	*sp.*	*it.*	*sp.*	*it.*	*sp.*
io	*yo*	mi	*me*	me	*a mí*
tu	*tú*	ti	*te*	te	*a ti*
egli	*él*	lo	*le* (pers.) *lo* (cose)	lui	*a él*
ella	*ella*	la	*la*	lei	*a ella*
noi	*nosotros*	ci	*nos*	noi	*a nosotros*
voi	*vosotros*	vi	*os*	voi	*a vosotros*
essi	*ellos*	li	*los*	loro	*a ellos*
esse	*ellas*	le	*las*	loro	*a ellas*

		Complemento di termine			
		atono		tonico	
it.	*sp.*	*it.*	*sp.*	*it.*	*sp.*
		mi	*me*	a me	*a mí*
		ti	*te*	a te	*a ti*
		gli	*le (se)*	a lui	*a él*
		le	*le (se)*	a lei	*a ella*
		ci	*nos*	a noi	*a nosotros*
		vi	*os*	a voi	*a vosotros*
		loro	*les (se)*	a loro (ad essi)	*a ellos*
		loro	*les (se)*	a loro (ad esse)	*a ellas*

1) «se» sostituisce «le» o «les» quando precedono immediatamente un altro pronome personale (c. oggetto). Per esempio diremo «se los doy» invece di «le los doy».

Forma di cortesia: «Usted» (pl. «Ustedes») che corrisponde all'italiano *Lei (Loro)*. Come in italiano la concordanza con il verbo è alla terza persona.

N.B. Le forme toniche del pronome personale si adoperano raramente e servono a dare più enfasi o a chiarire meglio il senso della frase. Si adoperano soprattutto quando il verbo è sottinteso (es.: *¿A quién le gusta esto?, a mí*).

Le forme atone precedono generalmente il verbo (es.: *¿Me das un vaso de vino, por favor?*). Ma con l'imperativo l'infinito e il gerundio seguono il verbo, unendosi ad esso (es.: *¡Dame un vaso de vino, por favor!*).

I verbi

Coniugazione dei verbi regolari

I verbi regolari spagnoli si dividono in tre gruppi a seconda che la loro desinenza all'infinito sia **-ar**, **-er** o **-ir**.

Prima coniugazione: AMAR

A. Forme non personali:

Semplici	*Composte*
Infinito *amar*	*haber amado*
Gerundio *amando*	*habiendo amado*
Participio *amado*	

B. Forme personali:

Indicativo

Presente	*Passato prossimo*
amo	he amado
amas	has amado
ama	ha amado
amamos	hemos amado
amáis	habéis amado
aman	han amado

Imperfetto	*Trapassato prossimo*
amaba	había amado
amabas	habías amado
amaba	había amado
amábamos	habíamos amado
amabais	habíais amado
amaban	habían amado

Passato remoto	*Trapassato remoto*
amé	hube amado
amaste	hubiste amado
amó	hubo amado
amamos	hubimos amado
amasteis	hubisteis amado
amaron	hubieron amado

Futuro semplice	*Futuro anteriore*
amaré	habré amado
amarás	habrás amado
amará	habrá amado
amaremos	habremos amado
amaréis	habréis amado
amarán	habrán amado

Condizionale

Presente	*Passato*
amaría	habría amado
amarías	habrías amado
amaría	habría amado
amaríamos	habríamos amado
amaríais	habríais amado
amarían	habrían amado

Congiuntivo

Presente	*Passato*
ame	haya amado
ames	hayas amado
ame	haya amado
amemos	hayamos amado
améis	hayáis amado
amen	hayan amado

Imperfetto *Trapassato*

hubiese o hubiera amado
hubieses o hubieras amado
hubiese o hubiera amado
hubiésemos o hubiéramos amado
hubieseis o hubierais amado
hubiesen o hubieran amado

Futuro	*Futuro perfetto*
amare	hubiere amado
amares	hubieres amado
amare	hubiere amado
amáremos	hubiéremos amado
amareis	hubiereis amado
amaren	hubieren amado

Imperativo

Presente

ama
amad

Seconda coniugazione: TEMER

A. Forme non personali:

Semplici	*Composte*
Infinito *temer*	*haber temido*
Gerundio *temiendo*	*habiendo temido*
Participio *temido*	

B. Forme personali:

Indicativo

Presente	*Passato prossimo*
temo	he temido
temes	has temido
teme	ha temido
tememos	hemos temido
teméis	habéis temido
temen	han temido

Imperfetto	*Trapassato prossimo*
temía	había temido
temías	habías temido
temía	había temido
temíamos	habíamos temido
temíais	habíais temido
temían	habían temido

Passato remoto	*Trapassato remoto*
temí	hube temido
temiste	hubiste temido
temió	hubo temido
temimos	hubimos temido
temisteis	hubisteis temido
temieron	hubieron temido

Futuro semplice	*Futuro anteriore*
temeré	habré temido
temerás	habrás temido
temerá	habrá temido
temeremos	habremos temido
temeréis	habréis temido
temerán	habrán temido

Condizionale

Presente	*Passato*
temería	habría temido
temerías	habrías temido
temería	habría temido
temeríamos	habríamos temido
temeríais	habríais temido
temerían	habrían temido

Congiuntivo

Presente	*Passato*
tema	haya temido
temas	hayas temido
tema	haya temido
temamos	hayamos temido
temáis	hayáis temido
teman	hayan temido

Imperfetto	*Trapassato*
temiese o temiera	hubiese o hubiera temido
temieses o temieras	hubieses o hubieras temido
temiese o temiera	hubiese o hubiera temido
temiésemos o temiéramos	hubiésemos o hubiéramos temido
temieseis o temierais	hubieseis o hubierais temido
temiesen o temieran	hubiesen o hubieran temido

Futuro	*Futuro perfetto*
temiere	hubiere temido
temieres	hubieres temido
temiere	hubiere temido
temiéramos	hubiéremos temido
temiereis	hubiereis temido
temieren	hubieren temido

Imperativo

Presente

teme
temed

Terza coniugazione: PARTIR

A. Forme non personali:

Semplici	*Composte*
Infinito *partir*	*haber partido*
Gerundio *partiendo*	*habiendo partido*
Participio *partido*	

B. Forme personali:

Indicativo

Presente	*Passato prossimo*
parto	he partido
partes	has partido
parte	ha partido
partimos	hemos partido
partís	habéis partido
parten	han partido

Imperfetto	*Trapassato prossimo*
partía	había partido
partías	habías partido
partía	había partido
partíamos	habíamos partido
partíais	habíais partido
partían	habían partido

Passato remoto	_Trapassato remoto_
partí	hube partido
partiste	hubiste partido
partió	hubo partido
partimos	hubimos partido
partisteis	hubisteis partido
partieron	hubieron partido

Futuro semplice	_Futuro anteriore_
partiré	habré partido
partirás	habrás partido
partirá	habrá partido
partiremos	habremos partido
partiréis	habréis partido
partirán	habrán partido

Condizionale

Presente	_Passato_
partiría	habría partido
partirías	habrías partido
partiría	habría partido
partiríamos	habríamos partido
partiríais	habríais partido
partirían	habrían partido

Congiuntivo

Presente	_Passato_
parta	haya partido
partas	hayas partido
parta	haya partido
partamos	hayamos partido
partáis	hayáis partido
partan	hayan partido

Imperfetto	_Trapassato_
partiese o partiera	hubiese o hubiera partido
partieses o partieras	hubieses o hubieras partido
partiese o partiera	hubiese o hubiera partido
partiésemos o partiéramos	hubiésemos o hubiéramos partido
partieseis o partierais	hubieseis o hubierais partido
partiesen o partieran	hubiesen o hubieran partido

Futuro	_Futuro perfetto_
partiere	hubiere partido
partieres	hubieres partido
partiere	hubiere partido
partiéremos	hubiéremos partido
partiereis	hubiereis partido
partieren	hubieren partido

Imperativo

Presente

parte
partid

Verbi ausiliari:

HABER

Indicativo

Pres. he, has, ha, hemos, habéis, han.
Imper. había, habías, había, habíamos, habíais, habían.
Pas. rem. hube, hubiste, hubo, hubimos, hubisteis, hubieron.
Fut. semplice. habré, habrás, habrá, habremos, habréis, habrán.
Cond. pres. habría, habrías, habría, habríamos, habríais, habrían.
Pas. pros. he habido, has habido, ha habido, ecc.
Trapas. pros. había habido, habías habido, había habido, ecc.
Trapas. rem. hube habido, hubiste habido, hubo habido, ecc.
Fut. ant. habré habido, habrás habido, habrá habido, ecc.
Cond. pas. habría habido, habrías habido, habría habido, ecc.

Congiuntivo

Pres. haya, hayas, haya, hayamos, hayáis, hayan.
Imper. hubiera o hubiese, hubieras o -ses, hubiera o -se, hubiéramos o -semos, hubierais o -seis, hubieran o -sen.
Fut. hubiere, hubieres, hubiere, hubiéremos, hubiereis, hubieren.
Pas. haya habido, hayas habido, haya habido, ecc.
Trapas. hubiera o hubiese habido, hubieras o -ses habido, ecc.
Fut. pf. hubiere habido, hubieres habido, hubiere habido, ecc.

Imperativo

Pres. habe (tú), habed (vosotros) (forme non usate).

Forme non personali

Inf. semplice. haber   *Ger. semplice.* habiendo   *Part.* habido
Inf. comp. haber habido   *Ger. comp.* habiendo habido

SER
(forme semplici)

Indicativo

Pres. soy, eres, es, somos, sois, son.
Imper. era, eras, era, éramos, erais, eran.
Pas. rem. fui, fuiste, fue, fuimos, fuisteis, fueron.
Fut. semplice. seré, serás, será, seremos, seréis, serán.
Cond. pres. sería, serías, sería, seríamos, seríais, serían.

Congiuntivo

Pres. sea, seas, sea, seamos, seáis, sean.

Imper. fuera o fuese, fueras o fueses, fuera o fuese, fuéramos o fuésemos, fuerais o fueseis, fueran o fuesen.

Fut. fuere, fueres, fuere, fuéremos, fuereis, fueren.

Imperativo

Pres. sé tú, sed vosotros.

Forme non personali

Inf. ser   *Ger.* siendo   *Part.* sido

Osservazioni sui verbi ausiliari

I verbi propriamente ausiliari sono soltanto **haber** e **ser**. Esistono, ciononostante, altri verbi che possono avere una funzione ausiliare: **tener, dejar, deber**...

Haber serve a formare tutti i tempi composti di tutti i verbi, siano essi transitivi, intransitivi o pronominali: *ellos han hablado* (essi hanno parlato); *ellos han venido* (essi sono venuti); *yo me he levantado* (io mi sono alzato).

Ser è usato soltanto per formare la forma passiva.

Ser o estar

Il verbo *essere* italiano può essere tradotto in spagnolo come **ser** e come **estar**. La traduzione dipende dal tipo di frase. In generale si può dire che lo spagnolo si serve di **estar** quando vuole esprimere uno stato transitorio o una determinazione di luogo; per esprimere il predicato nominale o una qualità si serve invece del verbo **ser**. Per esempio:

— *Estoy de vacaciones;* sono in vacanza.
  Barcelona está en Cataluña; Barcelona è in Catalogna.
— *Es una botella de vino;* è una bottiglia di vino.
  Yo soy italiano; io sono italiano.

Preposizioni

Osservazioni sull'uso delle principali preposizioni

a
1) Precede il complemento oggetto formato da nomi di persone o di cose personificate: *amar a sus padres, invocar a la fama*.
2) Precede gli infiniti dei verbi usati come complemento: *te invito a comer*.
3) Indica il luogo quando il verbo esprime un'idea di movimento: *voy a París*.
4) Sostituisce a volte la congiunzione *si*: *a no decirlo, nadie lo habría sabido*.

con
1) Ha spesso il senso di nonostante, malgrado: *con ser muy fácil, nadie ha resuelto el problema*. Può avere anche il senso di si: *con pagar, ya no tendría Ud. problemas*.

de
1) Può indicare il modo: *lee de corrido*.
2) Può rendere il senso partitivo: *dar de bofetadas*.
3) Indica il possessore: *este abrigo es de mi hermana*.
4) Introduce complementi formati con le preposizioni **entre**, **hacia**, **por** y **sobre**: *de entre los cascotes*.

desde Quando precede un nome che indica il tempo trascorso, si unisce al verbo **hacer**: *desde hace dos años.*

entre Può avere il senso di **fra sè**: *¿Cómo se las arregla?, dije entre mí.*

para Ha anche il senso di **en**: *para diciembre estaré de vuelta.*

por
1) Indica il fine o la causa: *no puedo hacer nada por ti.*
2) Serve a indicare una sostituzione: *cambiar un coche por una canoa.*
3) Indica un prezzo o un valore: *vale por mil pesetas.*
4) Introduce un rapporto di comparazione: *lo tomé por un policía.*
5) Indica un luogo: *viaje por mar.*
6) Indica un mezzo: *casamiento por poder.*
7) Precedendo un infinito può indicare il fine: *casa por alquilar.*

A

a [a] *f.* prima lettera dell'alfabeto spagnolo. 2 *prep.* a, in.

abad [aβáð] *m.* abate.

abadesa [aβaðésa] *f.* badessa.

abadía [aβaðía] *f.* abbazia, badia.

abajo [aβáxo] *avv.* sotto, giù, abbasso. ‖ *cuesta* ~, giù per il pendio.

abalanzar [aβalanθár] *t.* bilanciare, equilibrare. 2 *r.* avventarsi.

abanderado [aβanderáðo] *m.* alfiere.

abandonado, -da [aβandonáðo, -ða] *a.* abbandonato. 2 trascurato.

abandonar [aβandonár] *t.* abbandonare. 2 *r.* lasciarsi andare.

abandono [aβandóno] *m.* abbandono.

abanico [aβaníko] *m.* ventaglio.

abarcar [aβarkár] *t.* abbracciare, comprendere.

abastecedor, -ra [aβasteθeðór, -ra] *a.-s.* fornitore.

abastecer [aβasteθér] *t.* fornire.

abastecimiento [aβasteθimjènto] *m.* rifornimento, approvvigionamento.

abatido, -da [aβatíðo, -ða] *a.* abbattuto. 2 fig. affranto.

abatimiento [aβatimjènto] *m.* abbattimento, avvilimento, accasciamento.

abatir [aβatír] *t.-r.* abbattere. 2 avvilire. 3 *r.* accasciarsi.

abdicación [aβðikaθjón] *f.* abdicazione.

abdicar [aβðikár] *t.-i.* abdicare.

abdomen [aβðómen] *m.* addome.

abdominal [aβðominál] *a.* addominale.

abecé [aβeθé] *m.* abbiccì.

abecedario [aβeθeðárjo] *m.* abbecedario.

abedul [aβeðúl] *m.* betulla *f.*

abeja [aβéxa] *f.* ape.

abejorro [aβexórro] *m.* calabrone.

aberración [aβerraθjón] *f.* aberrazione.

aberrar [aβerrár] *i.* aberrare.

abertura [aβertúra] *f.* apertura.

abeto [aβéto] *m.* abete.

abierto, -ta [aβjérto, -ta] *a.* aperto.

abigarrado, -da [aβiɣarráðo, -ða] *a.* variopinto, screziato.

abismar [aβizmár] *t.* inabissare. 2 *r.* sprofondarsi, sommergersi, immergersi.

abismo [aβizmo] *m.* abisso, baratro.

abjuración [aβxuraθjón] *f.* abiura.

ablandamiento [aβlandamjènto] *m.* rammollimento.

ablandar [aβlandár] *t.-r.* ammorbidire, rammollire. 2 ammollare. 3 fig. addolcire.

ablativo [aβlatiβo] *m.* ablativo.

ablución [aβluθjón] *f.* abluzione.

abnegación [aβneɣaθjón] *f.* abnegazione, dedizione.

abnegadamente [aβneɣáðamente] *avv.* con abnegazione.

abnegado, -da [aβneɣáðo, -ða] *a.* sacrificato.

abocar [aβokár] *t.* abboccare.

abocetar [aβoθetár] *t.* abbozzare.

abochornado, -da [aβotʃornáðo, -ða] *a.* soffocato dal caldo. 2 fig. umiliato.

abochornar [aβotʃornár] *t.* soffocare per il caldo. 2 fig. far arrossire dalla vergogna.

abofetear [aβofeteár] *t.* schiaffeggiare.

abogacía [aβoɣaθía] *f.* avvocatura.

abogado [aβoɣáðo] *m.* avvocato.

abogar [aβoɣár] *t.* patrocinare.

abolengo [aβolèngo] *m.* lignaggio, casato.

abolición [aβoliθjón] *f.* abolizione.

abolir [aβolír] *t.* abolire. ¶ CONIUG. usate soltanto le persone la cui desinenza incomincia con *i*; es.: *abolimos, aboliera,* ecc.

abolladura [aβoʎaðúra] *f.* ammaccatura.

abollar [aβoʎár] *t.* ammaccare.

abombar [aβombár] *t.* dar forma convessa.

abominable [aβomináβle] *a.* abominevole.

abominación [aβominaθjón] *f.* abominio *m.*

abominar [aβominár] *t.* abominare, aborrire.

abonado, -da [aβonáðo, -ða] *a.* pagato. 2 *a.-s.* abbonato.

abonar [aβonár] *t.* accreditare. 2 COMM. pagare, abbonare. 3 AGR. concimare. 4 *r.* abbonarsi.

abono [aβóno] *m.* abbuono. 2 abbonamento. 3 AGR. concime.

abordable [aβorðáβle] *a.* abbordabile.

abordaje [aβorðáxe] *m.* abbordaggio, arrembaggio.

abordar [aβorðár] *t.-i.* abbordare.

abordo [aβórðo] *m.* abbordo.

aborigen [aβorixen] *a.* aborigeno.

aborrascarse [aβorraskárse] *r.* farsi burrascoso.

aborrecer [aβorreθèr] *t.* aborrire, detestare.

aborrecible [aβorreθíβle] *a.* detestabile.

aborrecimiento [aβorreθimjènto] *m.* odio, ripugnanza *f.*

abortar [aβortár] *t.-i.* abortire.

abortivo, -va [aβortíβo, -βa] *a.* abortivo.

aborto [aβórto] *m.* aborto.

abotonar [aβotonár] *t.* abbottonare.

abovedar [aβoβeðár] *t.* dar forma di volta, coprire con volta.

abrasador, -ra [aβrasaðór, -ra] *a.* bruciante, ardente, cocente.

abrasar [aβrasár] *t.* bruciare. 2 *i.* scottare. 3 *r.* bruciarsi.

abrasión [aβrasjón] *f.* abrasione.

abrazar [aβraθár] *t.* abbracciare.

abrazo [aβráθo] *m.* abbraccio, amplesso.

abrelatas [aβrelátas] *m.* apriscatole.

abrevadero [aβreβaðéro] *m.* abbeveratoio.

abrevar [aβreβár] *f.* abbeverare.

abreviación [aβreβjaθjón] *f.* abbreviazione, abbreviamento *m.*, accorciamento *m.*

abreviado, -da [aβreβjáðo, -ða] *a.* ridotto, succinto.

abreviar [aβreβjár] *t.* abbreviare, accorciare.

abreviatura [aβreβjatúra] *f.* abbreviatura.

abrigar [aβriɣár] *t.* coprire, proteggere. 2 *r.* ripararsi, coprirsi.

abrigo [aβriɣo] *m.* cappotto. 2 riparo, rifugio.

abril [aβril] *m.* aprile.

abrillantar [aβriʎantár] *t.* lucidare. 2 sfaccettare.

abrir [aβrir] *t.* aprire. ¶ CONIUG. PART. P.: *abierto.*

abrochar [aβrotʃár] *t.* abbottonare, allacciare.

abrogación [aβroɣaθjón] *f.* abrogazione.

abrogar [aβroɣár] *t.* abrogare.

abrojo [aβróxo] *m.* cardo.

abrumador, -ra [aβrumaðór, -ra] *a.* pesante, opprimente.

abrumar [aβrumár] *t.* sopraffare, opprimere. 2 annoiare. 3 *r.* annebbiarsi.

abrupto, -ta [aβrúpto, -ta] *a.* scosceso, dirupato.

absceso [aβsθéso] *m.* ascesso.

abscisa [aβsθisa] *f.* MAT. ascissa.

absentismo [aβsentizmo] *m.* assenteismo.

ábside [áβsiðe] *f.* abside.

absolución [aβsoluθjón] *f.* assoluzione.

absolutamente [aβsolútamente] *avv.* assolutamente.

absolutismo [aβsolutizmo] *m.* assolutismo.

absoluto, -ta [aβsolúto, -ta] *a.* assoluto. ‖ *en* ~ (*avv.*), affatto.

absolver [aβsolβèr] *t.* assolvere. ¶ CONIUG. come *mover.* ‖ PART. P.: *absuelto.*

absorbente [aβsorβènte] *a.* assorbente.

absorber [aβsorβèr] *t.* assorbire.

absorción [aβsorθjón] *f.* assorbimento *m.*

absorto, -ta [aβsórto, -ta] *a.* assorto.

abstemio, -mia [aβstèmjo, -mja] *a.-s.* astemio.

abstención [aβstenθjòn] *f.* astensione.

abstenerse [aβstenèrse] *r.* astenersi. ¶ CONIUG. come *tener.*

abstinencia [aβstinènθja] *f.* astinenza.

abstracción [aβstrakθjón] *f.* astrazione.

abstracto, -ta [aβstrákto, -ta] *a.* astratto.

abstraer [aβstraèr] *t.* astrarre. 2 *r.* astrarsi, distrarsi.

abstraído, -da [aβstraíðo, -ða] *a.* assorto. 2 ritirato, appartato.

absurdidad [aβsurðiðáð] *f.* assurdità.

absurdo, -da [aβsúrðo, -ða] *a.* assurdo. 2 *m.* assurdità *f.*

abuchear [aβutʃeár] *t.* disapprovare, fischiare.

abuelo, -la [aβwélo, -la] *s.* nonno.

abulia [aβúlia] *f.* abulia.

abúlico, -ca [aβúliko, -ka] *a.* abulico.

abultado, -da [aβultáðo, -ða] *a.* voluminoso.

abultamiento [aβultamjènto] *m.* ingrossamento. 2 cumulo.

abultar [aβultár] *t.* ingrossare. 2 *i.* ingombrare, occupare molto spazio.

abundancia [aβundánθja] *f.* abbondanza.

abundante [aβundánte] *a.* abbondante.

abundar [aβundár] *i.* abbondare.

aburguesar [aβurɣesár] *t.-r.* imborghesire.

aburrido, -da [aβurríðo, -ða] *a.* annoiato: *estar* ~, essere annoiato. 2 noioso: *ser* ~, essere noioso.

aburrimiento [aβurrimjénto] *m.* noia *f.*, seccatura *f.*

aburrir [aβurrír] *t.-r.* annoiare.

abusar [aβusár] *i.* abusare.

abusivo, -va [aβusíβo, -βa] *a.* abusivo.

abuso [aβúso] *m.* abuso, sopruso, angheria *f.*

abyecto, -ta [aβjékto, -ta] *a.* abietto.

acá [aká] *avv.* qua.

acabado, -da [akaβáðo, -ða] *a.* finito: *un hombre* ~, un uomo finito. 2 perfetto, compiuto. 3 *m.* rifinitura *f.*

acabar [akaβár] *t.-i.-r.* finire. ‖ ~ *de*, essere o avere appena... ‖ ~ *con*, distruggere, farla finita.

acacia [akáθja] *f.* acacia.

academia [akaðémja] *f.* accademia, scuola.

académico, -ca [akaðémiko, -ka] *a.-m.* accademico.

acaecer [akaeθér] *i.* accadere, succedere.

acaecimiento [akaeθimjénto] *m.* avvenimento.

acalorado, -da [akaloráðo, -ða] *a.* accalorato, eccitato.

acaloramiento [akaloramjénto] *m.* accaloramento. 2 fig. passione *f.*

acalorar [akalorár] *t.* accalorare. 2 *r.* accalorarsi, accaldarsi, eccitarsi.

acampada [akampáða] *f.* campeggio *m.*

acampador, -ra [akampaðór, -ra] *s.* campeggiatore.

acampamento [akampaménto] *m.* accampamento.

acampar [akampár] *t.-i.* accampare, attendarsi, campeggiare.

acanalado, -da [akanaláðo, -ða] *a.* scanálato.

acanalar [akanalár] *t.* scanalare. 2 incanalare.

acantilado, -da [akantiláðo, -ða] *a.* dirupato. 2 *m.* scogliera *f.*, scarpata *f.*

acanto [akánto] *m.* acanto.

acantonamiento [akantonamjénto] *m.* accantonamento. 2 MIL. acquartieramento.

acantonar [akantonár] *t.* accantonare.

acaparador, -ra [akaparaðór, -ra] *a.-s.* incettatore.

acaparamiento [akaparamjénto] *m.* incetta *f.*, accaparramento.

acaparar [akaparár] *t.* incettare, fare incetta.

acariciador, -ra [akariθjaðór, -ra] *a.* carezzevole.

acariciar [akariθjár] *t.* accarezzare, carezzare.

acarrear [akarreár] *t.* trasportare. 2 arrecare.

acaso [akáso] *m.* caso. 2 *avv.* forse, per caso: *por si* ~, nel caso che.

acatamiento [akatamjénto] *m.* rispetto, omaggio.

acatar [akatár] *t.* rispettare, render omaggio.

acaudalado, -da [akauðaláðo, -ða] *a.* ricco.

acaudalar [akauðalár] *t.* accumulare, capitalizzare.

acaudillar [akauðiʎár] *t.* comandare, guidare, capeggiare.

acceder [aɣθeðér] *i.* acconsentire, accondiscendere.

accesible [aɣθesíβle] *a.* accessibile.

accesión [aɣθesjón] *f.* accesso *m.*

acceso [aɣθéso] *m.* accesso, adito.

accesorio, -ria [aɣθesórjo, -rja] *a.-m.* accessorio.

accidentado, -da [aɣθiðentáðo, -ða] *a.* accidentato.

accidental [aɣθiðentál] *a.* casuale, contingente, accidentale.

accidente [aɣθiðénte] *m.* incidente. 2 caso, accidente. ‖ ~ *del trabajo*, infortunio sul lavoro.

acción [aɣθjón] *f.* azione.

accionar [aɣθjonár] *t.* azionare.

accionista [aɣθionista] *a.* azionista.

acebo [aθéβo] *m.* agrifoglio.

acecinar [aθeθinár] *t.* salare e seccare.

acechar [aθetʃár] *t.* spiare.

acecho [aθétʃo] *m.* agguato.

aceitar [aθeitár] *t.* ungere.

aceite [aθéite] *m.* olio.

aceitoso, -sa [aθeitóso, -sa] *a.* oleoso.

aceituna [aθeitúna] *f.* oliva.

aceituno [aθeitúno] *m.* olivo.

aceleración [aθeleraθjón] *f.* accelerazione, acceleramento *m.*

acelerado, -da [aθeleráðo, -ða] *a.* accelerato.

acelerador, -ra [aθeleraðór, -ra] *a.-m.* acceleratore.

acelerar [aθelerár] *t.* accelerare.

aceleramiento [aθeleramjénto] *m.* acceleramento.

acelga [aθélɣa] *f.* bietola.

acento [aθénto] *m.* accento.

acentuación [aθentuaθjón] *f.* accentuazione.

acentuar [aθentuár] *t.* accentare. 2 fig. accentuare.

acepción [aθeβθjón] *f.* accezione.

aceptable [aθeβtáβle] *a.* accettabile.

aceptación [aθeβtaθjón] *f.* accettazione.

aceptar [aθeβtár] *t.* accettare. ‖ ~ (con agrado), gradire.

acequia [aθékja] *f.* fossato *m.*, canale *m.* d'irrigazione, gora.

acera [aθéra] *f.* marciapiede *m.*

acerado, -da [aθeráðo, -ða] *a.* d'acciaio. 2 forte. 3 BOT. aghiforme.

acerar [aθerár] *t.* acciaiare.

acerbo, -ba [aθérβo, -βa] *a.* aspro, acerbo.

acerca de [aθérka ðe] *loc. prep.* circa, riguardo a, intorno a.

acercamiento [aθerkamjénto] *m.* avvicinamento, approccio, accostamento.

acercar [aθerkár] *t.-r.* avvicinare, accostare. 2 *r.* accedere.

acero [aθéro] *m.* acciaio.

acérrimo, -ma [aθérrimo, -ma] *a.* acerrimo.

acertado, -da [aθertáðo, -ða] *a.* indovinato, riuscito. 2 opportuno.

acertar [aθertár] *t.* indovinare, azzeccare. 2 centrare, imbroccare. 3 *i.* riuscire. ¶ CONIUG. IND. pres.: *acierto, aciertas, acierta; aciertan.* ‖ CONG. pres.: *acierte, aciertes, acierte, acierten.* ‖ IMPER.: *acierta, acierte; acierten.*

acertijo [aθertíxo] *m.* indovinello.

acervo [aθérβo] *m.* cumulo, mucchio.

acetamida [aθetamíða] *f.* acetamide.

acetileno [aθetiléno] *m.* acetilene.

acetona [aθetóna] *f.* acetone *m.*

acetoso, -sa [aθetóso, -sa] *a.* acetoso.

acicalado, -da [aθikaláðo, -ða] *a.* pulito. 2 fig. agghindato. 3 *m.* pulitura *f.*

acicalamiento [aθikalamjénto] *m.* pulitura *f.* 2 fig. attillatura *f.*

acicalar [aθikalár] *t.* pulire. 2 fig. agghindare. 3 *r.* agghindarsi.

acicate [aθikáte] *m.* sprone. 2 fig. incitamento.

acidez [aθiðéθ] *f.* acidità.

ácido, -da [áθiðo, -ða] *a.-m.* acido.

acierto [aθjérto] *m.* riuscita *f.* 2 buona idea *f.* 3 fig. destrezza *f.* 4 saggezza *f.*

ácimo [áθimo] *a.* azzimo.

aclamación [aklamaθjón] *f.* acclamazione.

aclamar [aklamár] *t.* acclamare.

aclaración [aklaraθjón] *f.* chiarimento *m.*, chiarificazione, delucidazione.

aclarar [aklarár] *t.* chiarire, delucidare. 2 risciacquare. 3 *r.* vederci chiaro. 4 *i.-r.* rischiararsi (il cielo).

aclaratorio, -ria [aklaratórjo, -rja] *a.* esplicativo.

aclimatación [aklimataθjón] *f.* acclimatazione.

aclimatar [aklimatár] *t.-r.* acclimatare.

acné [aknέ] *f.* MED. acne.

acobardado, -da [akoβarðáðo, -ða] *a.* impaurito, avvilito.

acobardar [akoβarðár] *t.-r.* scoraggiare, impaurire.

acodado, -da [akoðáðo, -ða] *a.* fatto a gomito.

acogedor, -ra [akoxeðór, -ra] *a.* accogliente.

acoger [akoxèr] *t.* accogliere. 2 *r.* rifugiarsi.

acogida [akoxiða] *f.* accoglienza, accoglimento *m.*

acogotar [akoγotár] *t.* accoppare. 2 prendere uno per il collo.

acolchar [akoltʃár] *t.* imbottire di lana o d'ovatta.

acólito [akólito] *m.* accolito.

acometedor, -ra [akometeðór, -ra] *s.* aggressore, assalitore.

acometer [akometèr] *t.* assalire, aggredire. 2 intraprendere.

acometida [akometiða] *f.* assalto *m.*

acomodable [akomoðáβle] *a.* adattabile.

acomodación [akomoðaθjón] *f.* accomodamento *m.*

acomodado, -da [akomoðáðo, -ða] *a.* conveniente. 2 agiato, abbiente, benestante.

acomodador, -ra [akomoðaðór, -ra] *m.* maschera *f.*

acomodar [akomoðár] *t.* accomodare, adattare. 2 convenire.

acompañamiento [akompaɲamjénto] *m.* accompagnamento.

acompañante [akompaɲánte] *a.-s.* accompagnatore.

acompañar [akompaɲár] *t.* accompagnare.

acompasado, -da [akompasáðo, -ða] *a.* compassato, cadenzato.

acompasar [akompasár] *t.* misurare.

acomunarse [akomunárse] *r.* accomunarsi.

acondicionar [akondiθjonár] *t.-r.* condizionare. 2 acconciare, preparare. ‖ *aire acondicionado*, aria condizionata.

acongojadamente [akoŋgoxaðaménte] *avv.* angosciosamente.

acongojado, -da [akoŋgoxáðo, -ða] *a.* angosciato, afflitto.

acongojar [akoŋgoxár] *t.* angosciare, affliggere, accorare.

aconsejable [akonsexáβle] *a.* consigliabile.

aconsejar [akonsexár] *t.* consigliare.

acontecer [akonteθér] *i.* succedere, accadere, capitare, avvenire.

acontecimiento [akonteθimjénto] *m.* avvenimento, evento.

acontentar [akontentár] *t.* accontentare.

acopiar [akopjár] *t.* ammassare, riunire.

acoplar [akoplár] *t.* accoppiare.

acoquinar [akokinár] *t.* intimidire.

acorazado [akoraθáðo] *m.* corazzata *f.*

acorazar [akoraθár] *t.* corazzare.

acordado, -da [akorðáðo, -ða] *a.* stabilito, concordato, inteso.

acorde [akórðe] *m.* accordo.

acordeón [akorðeón] *m.* fisarmonica *f.*

acordonar [akorðonár] *t.* allacciare. 2 fig. circondare.

acorralar [akorralár] *t.* accerchiare, braccare. 2 rinchiudere. 3 fig. mettere alle strette.

acortamiento [akortamjénto] *m.* accorciamento.

acortar [akortár] *t.* accorciare.

acosar [akosár] *t.* inseguire, perseguitare.

acostar [akostár] *t.* coricare. 2 *r.* coricarsi, mettersi a letto. ¶ CONIUG. come *contar*.

acostumbrado, -da [akostumβráðo, -ða] *a.* abituato, solito, avvezzo.

acostumbrar [akostumβrár] *t.-r.* abituare, assuefare, avvezzare. 2 *i.* essere solito.

acotación [akotaθjón] *f.* delimitazione, annotazione.

acotamiento [akotamjénto] *m.* delimitazione *f.*

acotar [akotár] *t.* delimitare. 2 postillare, annotare.

acre [ákre] *a.* acre, agro, aspro.

acrecentar [akreθentár] *t.* accrescere, aumentare. ¶ CONIUG. come *acertar*.

acreditado, -da [akreðitáðo, -ða] *a.* accreditato, stimato.

acreditar [akreðitár] *t.* accreditare. 2 *r.* acquistar credito.

acreedor, -ra [akreeðór, -ra] s. creditore.

acribillar [akriβiʎár] *t.* crivellare, bucherellare. 2 fig. assillare.

acrimonia [akrimónja] *f.* acrimonia, asprezza.

acrisolar [akrisolár] *t.* depurare (i metalli). ‖ *de honradez acrisolada*, di specchiata onestà.

acrobacia [akroβáθja] *f.* acrobazia.

acróbata [akróβata] *s.* acrobata.

acrobático, -ca [akroβátiko, -ka] *a.* acrobatico.

acrópolis [akrópolis] *f.* acropoli.

acróstico, -ca [akróstiko, -ka] *a.-m.* acrostico.

acta [ákta] *f.* relazione. 2 GIUR. atto *m.* 3 verbale *m.* ‖ *levantar* ~, stendere il verbale.

actitud [aktitúð] *f.* atteggiamento *m.*

activar [aktiβár] *t.* attivare.

actividad [aktiβiðáð] *f.* attività.

activista [aktiβísta] *s.* attivista.

activo, -va [aktiβo, -βa] *a.* attivo.

acto [ákto] *m.* atto, azione *f.* ‖ ~ *seguido*, subito dopo. ‖ *en el* ~, sul momento. 2 cerimonia *f.*, manifestazione *f.* 3 GIUR. contratto.

actor, -triz [aktór, -triθ] *s.* attore.

actuación [aktuaθjón] *f.* attuazione.

actual [aktuál] *a.* attuale.

actualmente [aktwálmente] *avv.* attualmente.

actualidad [aktwaliðáð] *f.* attualità. ‖ *en la* ~, attualmente.

actuar [aktuár] *t.* attuare. 2 *i.* agire. 3 CINEM. TEAT. recitare.

acuarela [akuaréla] *f.* acquerello *m.*

acuario [akwárjo] *m.* acquario.

acuartelamiento [akwartelamjénto] *m.* acquartieramento.

acuartelar [akwartelár] *t.* acquartierare, accampare.

acuático, -ca [akwátiko, -ka] *a.* acquatico.

acuciar [akuθjár] *t.* incitare, stimolare.

acuchillar [akutʃiʎár] *t.* accoltellare.

acudir [akuðir] *i.* accorrere. 2 GIUR. ricorrere.

acueducto [akweðúkto] *m.* acquedotto.

acuerdo [akwèrðo] *m.* accordo.

acumulación [akumulaθjón] *f.* accumulazione.

acumulador [akumulaðór] *m.* accumulatore.

acumular [akumulár] *t.* accumulare. 2 ammassare.

acuñación [akuɲaθjón] *f.* coniazione, conio *m.*

acuñar [akuɲár] *t.* coniare.

acuoso, -sa [akwóso, -sa] *a.* acquoso, acqueo.

acurrucarse [akurrukárse] *r.* rannicchiarsi, accovacciarsi, raggomitolarsi.

acusación [akusaθjón] *f.* accusa.

acusado, -da [akusáðo, -ða] *a.-s.* accusato.

acusador, -ra [akusaðór, -ra] *s.* accusatore.

acusar [akusár] *t.* accusare.

acusativo, -va [akusatiβo, -βa] *a.-m.* accusativo.

acusatorio, -ria [akusatórjo, -rja] *a.* accusatorio.

acuse [akúse] *m.* l'accusare ricevuta.

acústico, -ca [akústiko, -ka] *a.* acustico. 2 *f.* acustica.

achacar [atʃakár] *t.* attribuire, imputare, addossare.

achacoso, -sa [atʃakóso, -sa] *a.* malaticcio.

achaparrado, -da [atʃaparráðo, -ða] *a.* tozzo.

achaque [atʃáke] *m.* acciacco.

achatar [atʃatár] *t.* schiacciare.

achicoria [atʃikórja] *f.* cicoria.

achicharrarse [atʃitʃarrárse] *r.* morire di caldo.

achispado, -da [atʃispáðo, -ða] *a.* brillo.

achocharse [atʃotʃárse] *r.* rimbambire.

achuchar [atʃutʃár] *t.* schiacciare, spingere.

achuchón [atʃutʃón] *m.* spinta *f.*

adagio [aðáxjo] *m.* adagio.

adaptación [aðaptaθjón] *f.* adattamento *m.*

adaptar [adaptár] *t.-r.* adattare, adibire. 2 *r.* adeguarsi, conformarsi.

adecuación [aðekwaθjón] *f.* adeguamento *m.*

adecuado, -da [aðekwáðo, -ða] *a.* adeguato, proporzionato, conveniente, calzante.

adecuar [aðekwár] *t.* adeguare.

adelantado, -da [aðelantáðo, -ða] *a.* progredito, precoce. ‖ *por ~*, in anticipo.

adelantamiento [adelantamjénto] *m.* sorpasso. 2 anticipazione *f.* 3 avanzamento.

adelantar [adelantár] *t.* superare. 2 anticipare. 3 *i.* progredire, avanzare.

adelante [aðelánte] *avv.* avanti. ‖ *(de ahora) en ~*, d'ora in poi.

adelanto [aðelánto] *m.* anticipo. 2 avanzamento, progresso.

adelfa [aðelfa] *f.* BOT. oleandro *m.*

adelgazamiento [aðelɣaθamjénto] *m.* dimagrimento.

adelgazar [aðelɣaθár] *t.* assottigliare. 2 *i.* dimagrire.

ademán [aðemán] *m.* gesto, cenno. 2 *pl.* modi.

además [aðemás] *avv.* inoltre. ‖ *~ de*, oltre a.

adentellar [aðenteʎár] *t.* azzannare, addentare.

adentrarse [aðentrárse] *r.* addentrarsi.

adentro [aðéntro] *avv.* dentro.

adepto, -ta [aðépto, -ta] *a.-s.* adepto.

aderezar [aðereθár] *t.* acconciare, abbellire. 2 condire.

aderezo [aðerèθo] *m.* abbellimento. 2 condimento.

adeudar [aðeuðár] *t.* dovere, essere debitore di. 2 COMM. addebitare. *r.* indebitarsi.

adherencia [aðerénθja] *f.* aderenza.

adherente [aðerènte] *a.* aderente.

adherir [aðerir] *i.* aderire. 2 *r.* attaccarsi. ¶ CONIUG. come *sentir*.

adherido, -da [aðeriðo, -ða] *a.* attaccato.

adhesión [aðesjón] *f.* adesione.

adhesivo, -va [aðesiβo, -βa] *a.* adesivo.

adición [aðiθjón] *f.* addizione.

adicional [aðiθjonál] *a.* addizionale.

adicionar [aðiθjonár] *t.* addizionare, sommare.

adicto, -ta [aðícto, -ta] *a.* simpatizzante. 2 dedito.

adiestramiento [aðjestramjénto] *m.* addestramento.

adiestrar [aðjestrár] *t.* addestrare, agguerrire.

adinerado, -da [aðineráðo, -ða] *a.* danaroso, facoltoso.

¡adiós! [aðjós] *inter.* addio! 2 *m.* addio, commiato.

adiposidad [aðiposiðáð] *f.* adipe.

adiposo, -sa [aðipóso, -sa] *a.* adiposo.

adivinador, -ra [aðiβinaðór, -ra] *s.* indovino.

adivinanza [aðiβinánθa] *f.* indovinello *m.*

adivinar [aðiβinár] *t.* indovinare. 2 predire.

adivino [aðiβíno] *m.* indovino.

adjetivo, -va [aðxetiβo, -βa] *a.-m.* aggettivo.

adjudicación [aðxuðikaθjón] *f.* aggiudicazione.

adjudicar [aðxuðikár] *t.* aggiudicare.
adjuntar [aðxuntár] *t.* accudere, allegare.
adjunto, -ta [aðxúnto, -ta] *a.* aggiunto. 2 allegato. 3 assistente (professore).
administración [aðministraθjón] *f.* amministrazione. 2 azienda.
administrador, -ra [aðministraðór, -ra] *s.* amministratore, gestore.
administrar [aðministrár] *t.* amministrare, gestire. 2 somministrare.
administrativo, -va [aðministratiβo, -βa] *a.* amministrativo. 2 *m.* impiegato.
admirable [aðmiráβle] *a.* ammirevole, ammirabile.
admirablemente [aðmiráβlemente] *avv.* ammirevolmente.
admiración [aðmiraθjón] *f.* ammirazione.
admirado, -da [aðmiráðo, -ða] *a.* ammirato.
admirador, -ra [aðmiraðór, -ra] *m.* ammiratore. 2 adoratore.
admirar [aðmirár] *t.* ammirare. 2 *r.* meravigliarsi.
admirativo, -va [aðmiratiβo, -βa] *a.* ammirativo.
admisible [aðmisíβle] *a.* ammissibile.
admisión [aðmisjón] *f.* ammissione [esami, ecc.]. 2 assunzione [lavoro].
admitir [aðmitir] *t.* ammettere. 2 assumere.
admonición [aðmoniθjón] *f.* ammonizione.
adobar [aðoβár] *t.* addobbare, preparare. 2 condire. 3 conciare (le pelli).
adobo [aðóβo] *m.* addobbo. 2 salamoia *f.* 3 concia *f.*
adolecer [aðoleθér] *i.* soffrire, cader malato. 2 fig. peccare. 3 mancare. ¶ CONIUG. come *crecer.*
adolescencia [aðolesθénθja] *f.* adolescenza.
adolescente [aðolesθénte] *a.-s.* adolescente.
adonde [aðónde] *avv.* dove.
adondequiera [aðondekjéra] *avv.* dovunque.
adopción [aðoβθjón] *f.* adozione.
adoptar [aðoβtár] *t.* adottare.
adoptivo, -va [aðoβtiβo, -βa] *a.* adottivo.
adoquín [aðokín] *m.* selce *f.*
adoquinado [aðokináðo] *m.* selciato.
adoquinar [aðokinár] *t.* selciare.
adorable [aðoráβle] *a.* adorabile.
adoración [aðoraθjón] *f.* adorazione.

adorador, -ra [aðoraðór, -ra] *a.-s.* adoratore. 2 ammiratore.
adorar [aðorár] *t.* adorare.
adormecer [aðormeθér] *t.* addormentare. 2 fig. calmare. ¶ CONIUG. come *crecer.*
adormilarse [aðormilárse] *r.* appisolarsi.
adornar [aðornár] *t.* adornare, ornare, addobbare, guarnire.
adorno [aðórno] *m.* ornamento, addobbo.
adosar [aðosár] *t.* addossare.
adquirente [aðkirénte] *a.-s.* acquirente.
adquirir [aðkirir] *t.* acquistare, acquisire, ottenere. ¶ CONIUG. IND. pres.: *adquiero, adquieres, adquiere; adquieren.* ‖ CONG. pres.: *adquiera, adquieras, adquiera; adquieran.* ‖ IMPER.: *adquiere, adquiera; adquieran.*
adquirido, -da [aðkiríðo, -ða] *a.* acquistato. ‖ *dar por ~,* dare per scontato.
adquisición [aðkisiθjón] *f.* acquisto *m.,* acquisizione.
adquisidor, -ra [aðkisiðór, -ra] *a.-s.* acquirente.
adquisitivo, -va [aðkisitiβo, -βa] *a.* acquisitivo.
adrede [aðréðe] *avv.* apposta, appositamente.
adscribir [aðskriβir] *t.* ascrivere.
aduana [aðuána] *f.* dogana.
aduanero, -ra [aðwanéro, -ra] *a.* doganale. 2 *m.* doganiere.
aducir [aðuθir] *t.* addurre, allegare. ¶ CONIUG. come *conducir.*
adueñarse [aðweɲárse] *r.* impadronirsi.
adulación [aðulaθjón] *f.* adulazione.
adulador, -ra [aðulaðór, -ra] *s.* adulatore, cortigiano.
adular [aðulár] *t.* adulare.
adulteración [aðulteraθjón] *f.* adulterazione.
adulterar [aðulterár] *t.-i.* adulterare.
adulterino, -na [aðulterino, -na] *a.* adulterino. 2 falso.
adulterio [aðultérjo] *m.* adulterio.
adúltero, -ra [aðúltero, -ra] *a.-s.* adultero.
adulto, -ta [aðúlto, -ta] *a.-s.* adulto.
adunco, -ca [aðúŋko, -ka] *a.* adunco.
adusto, -ta [aðústo, -ta] *a.* adusto.
advenedizo, -za [aðβeneðiθo, -θa] *a.* avventizio. 2 straniero. 3 fig. arrivista.
advenimiento [aðβenimjénto] *m.* venuta *f.* 2 avvento.
adverbial [aðβerβjál] *a.* avverbiale.
adverbio [aðβérβjo] *m.* avverbio.

adversario, -ria [aðβersárjo, -rja] s. avversario.

adversativo, -va [aðβersatiβo, -βa] a. avversativo.

adversidad [aðβersiðáð] f. avversità.

adverso, -sa [aðβérso, -sa] a. avverso.

advertencia [aðβerténθja] f. avvertenza, avvertimento m. 2 ammonimento m.

advertir [aðβertír] t. avvertire, osservare, accorgersi. 2 ammonire. ¶ CONIUG. come **sentir.**

adviento [aðβjénto] m. avvento.

adyacente [aðjaθénte] a. adiacente.

aéreo, -rea [aéreo, -rea] a. aereo.

aerocinematografía [aeroθinematoyrafía] f. aerocinematografia.

aerodinámico, -ca [aeroðinámiko, -ka] a. aerodinamico.

aeródromo [aeróðromo] m. aerodromo.

aerofotografía [aerofotoyrafía] f. aerofotografia.

aerolito [aerolíto] m. aerolito.

aeronauta [aeronáuta] s. aeronauta.

aeronáutico, -ca [aeronáutiko, -ka] a. aeronautico. 2 f. aeronautica.

aeronave [aeronáβe] f. aeronave.

aeroplano [aeropláno] m. aeroplano.

aeropuerto [aeropwérto] m. aeroporto.

aerostático, -ca [aerostátiko, -ka] a. aerostatico. f. aerostatica.

aeróstato [aeróstato] m. aerostato, mongolfiera f.

afable [afáβle] a. affabile, bonario.

afamado, -da [afamáðo, -ða] a. famoso.

afán [afán] m. ansia f. ‖ **trabajar con afán,** lavorare diligentemente.

afanado, -da [afanáðo, -ða] a. affannato.

afanar [afanár] i.-r. affannare. 2 affaccendarsi, affaticarsi. 3 far di tutto per: **se afanó por conseguirlo,** fece di tutto per ottenerlo.

afanoso, -sa [afanóso, -sa] a. affannoso.

afear [afeár] t. imbruttire.

afeblecerse [afeβleθérse] r. indebolirsi. ¶ CONIUG. come **crecer.**

afección [afeγθjón] f. affezione. 2 affetto m.

afectable [afeγtáβle] a. impressionabile.

afectación [afeγtaθjón] f. affettazione.

afectado, -da [afeγtáðo, -ða] a. affettato, affetto. 2 addolorato.

afectar [afeγtár] t. affettare. 2 fingere. 3 colpire. 4 riguardare, toccare da vicino.

afectivo, -va [afeγtíβo, -βa] a. affettivo.

afecto [aféγto] m. affetto.

afectuosidad [afeγtuosiðáð] f. affettuosità.

afectuosamente [afeγtuosámente] avv. affettuosamente.

afectuoso, -sa [afeγtwóso, -sa] a. affettuoso.

afeitado [afeitáðo] m. rasatura f.

afeitar [afeitár] t. radere.

afelpado, -da [afelpáðo, -ða] a. felpato.

afeminado, -da [afemináðo, -ða] a. effeminato.

afeminamiento [afeminamjénto] m. effeminatezza f.

afeminar [afeminár] t.-r. effeminare.

aferrado, -da [aferráðo, -ða] a. ostinato.

aferrar [aferrár] t. afferrare, aggrappare, agguantare. 2 i. ostinarsi.

afianzamiento [afjanθamjénto] m. garanzia f. 2 consolidamento.

afianzar [afjanθár] t. garantire, avallare. 2 ARCH. puntellare, sostenere.

afición [afiθjón] f. affetto m., attaccamento m. 2 inclinazione, passione.

aficionado, -da [afiθjonáðo, -ða] a.-s. affezionato, attaccato. 2 dilettante. 3 SPORT. appassionato, tifoso.

aficionar [afiθjonár] t.-r. affezionare, appassionare.

afijo [afíxo] m. GRAM. affisso.

afilador [afilaðór] m. arrotino.

afiladura [afilaðúra] f. affilatura, arrotatura.

afilar [afilár] t. affilare, arrotare, assottigliare.

afiliación [afiljaθjón] f. affiliazione.

afiliar [afiljár] t.-r. affiliare, associare, iscrivere.

afín [afín] a. affine, simile. 2 s. affine.

afinador, -ra [afinaðór] s. accordatore.

afinar [afinár] t. affinare, dirozzare. 2 accordare (uno strumento musicale).

afinidad [afiniðáð] f. affinità.

afirmación [afirmaθjón] f. affermazione.

afirmar [afirmár] t.-r. affermare, asserire. 2 consolidare.

afirmativo, -va [afirmatíβo, -βa] a. affermativo. 2 f. affermazione.

aflicción [afliγθjón] f. afflizione, cordoglio m. crepacuore m.

afligido, -da [aflixiðo, -ða] a. afflitto, dolente.

afligir [aflixír] t.-r. affliggere, addolorare. 2 r. amareggiarsi, corrucciarsi.

aflojar [afloxár] t. allentare, affievolire. i.-r. afflosciare, ammollare. 3 cedere.

aflorar [aflorár] i. affiorare.

afluencia [afluènθja] f. affluenza, afflusso m. ‖ ~ **de gente**, affollamento m.

afluente [aflwènte] m. affluente, immissario.

afluir [afluir] i. affluire. 2 sfociare.

aflujo [aflúxo] m. afflusso.

afondar [afondár] t. affondare. 2 i. colare a picco.

afonía [afonía] f. afonia.

afónico, -ca [afóniko, -ka] a. afono.

aforismo [aforízmo] m. aforisma, aforismo.

afortunadamente [afortunáðamente] avv. fortunatamente.

afortunado, -da [afortunáðo, -ða] a. fortunato.

afrenta [afrènta] f. affronto m., oltraggio m.

afrentar [afrentár] t. offendere, oltraggiare.

afrentoso, -sa [afrentóso, -sa] a. oltraggioso.

africano, -na [afrikáno, -na] a.-s. africano.

afrodisíaco, -ca [afroðisíako, -ka] a.-m. afrodisiaco.

afrontar [afrontár] t. affrontare.

afta [áfta] f. afta.

afuera [afwèra] avv. fuori. 2 f. pl. i dintorni m. pl.

agacharse [aɣatʃárse] r. abbassarsi.

agalla [aɣáʎa] f. branchia. ‖ **tener agallas**, aver fegato.

agamuzado, -da [aɣamuθáðo, -ða] a. scamosciato.

agangrenarse [aɣaŋgrenárse] r. incancrenirsi.

agarraderas [aɣarraðéras] f. pl. appigli m. pl.

agarradero [aɣarraðèro] m. appiglio.

agarrado, -da [aɣarráðo, -ða] a. fig. tirchio.

agarrar [aɣarrár] t.-r. afferrare, aggrappare, agguantare. 2 r. appigliarsi.

agarrotar [aɣarrotár] t. irrigidire.

agasajar [aɣasaxár] t. ossequiare, festeggiare.

agasajo [aɣasáxo] m. ossequio, festeggiamento.

ágata [áɣata] f. agata.

agavillar [aɣaβiʎár] t. far covoni delle messi.

agazaparse [aɣaθapárse] r. accovacciarsi.

agencia [axènθja] f. agenzia.

agenda [axènda] f. agenda.

agente [axènte] s. agente.

agigantado, -da [axiɣantáðo, -ða] a. gigantesco.

agigantar [axiɣantár] t. ingigantire.

ágil [áxil] a. agile.

agilidad [axiliðáð] f. agilità.

agio [áxjo] m. comm. aggio.

agiotaje [axjotáxe] m. aggiotaggio.

agitación [axitaθjón] f. agitazione.

agitado, -da [axitáðo, -ða] a. agitato.

agitador, -ra [axitaðór, -ra] a.-s. agitatore.

agitar [axitár] t.-r. agitare, dimenare.

aglomeración [aɣlomeraθjón] f. agglomerazione.

aglomerado, -da [aɣlomeráðo, -ða] a.-m. agglomerato.

aglomerar [aɣlomerár] t. agglomerare.

aglutinación [aɣlutinaθjón] f. agglutinazione.

aglutinante [aɣlutinánte] a.-m. agglutinante.

aglutinar [aɣlutinár] t. agglutinare.

agnosticismo [aɣnostiθísmo] m. agnosticismo.

agnóstico, -ca [aɣnóstiko, -ka] a. agnostico.

agobiante [aɣoβjánte] a. spossante, opprimente.

agobiar [aɣoβjár] t. spossare, opprimere.

agobio [aɣóβjo] m. spossatezza f., oppressione f.

agolparse [aɣolpárse] r. affollarsi.

agonía [aɣonía] f. agonia.

agonizante [aɣoniθánte] a.-s. agonizzante.

agonizar [aɣoniθár] i. agonizzare.

agostar [aɣostár] t. inaridire. 2 i. pascolare [in terre secche].

agosto [aɣósto] m. agosto. ‖ **hacerse el ~**, fare un affare.

agotamiento [aɣotamjènto] m. esaurimento.

agotar [aɣotár] t. esaurire.

agraciado, -da [aɣraθjàðo, -ða] a. aggraziato.

agraciar [aɣraθjár] t. abbellire. 2 graziare.

agradable [aɣraðáβle] a. gradevole.

agradar [aɣraðár] t. piacere.

agradecer [aɣraðeθér] t. ringraziare. ¶ CONIUG. come **crecer**.

agradecido, -da [aɣraðeθíðo, -ða] a. grato, riconoscente.

agradecimiento [aɣraðeθimjènto] m. ringraziamento, riconoscenza f., gratitudine f.

agrado [aɣráðo] m. piacere, gradimento.

agrandamiento [aɣrandamjènto] *m.* ingrandimento.

agrandar [aɣranðár] *t.* ingrandire.

agrario, -ria [aɣrárjo, -rja] *a.* agrario.

agravamiento [aɣraβamjènto] *m.* aggravamento.

agravante [aɣraβánte] *a.-f.* aggravante.

agravar [aɣraβár] *t.* aggravare, acuire.

agraviar [aɣraβjár] *t.* offendere.

agravio [aɣráβjo] *m.* offesa *f.*, aggravio.

agraz [aɣráθ] *m.* agresto. 2 fig. amarezza *f.*

agredir [aɣreðir] *t.* aggredire.

agregación [aɣreɣaθjón] *f.* aggregazione.

agregado, -da [aɣreɣàðo, -ða] *a.-m.* aggregato. 2 *m.* addetto: ~ *cultural*, addetto culturale.

agregar [aɣreɣár] *t.* aggregare, aggiungere.

agresión [aɣresjón] *f.* aggressione.

agresivo, -va [aɣresiβo, -βa] *a.* aggressivo.

agresor, -ra [aɣresòr, -ra] *a.-s.* aggressore.

agreste [aɣrèste] *a.* agreste. 2 fig. rozzo.

agriar [aɣriár] *t.-r.* inacidire. 2 fig. inasprire.

agrícola [aɣrikola] *a.* agricolo. 2 *m.* agricoltore.

agricultor, -ra [aɣrikultòr, -ra] *s.* agricoltore.

agricultura [aɣrikultúra] *f.* agricoltura.

agridulce [aɣriðúlθe] *a.* agrodolce.

agrietar [aɣrjetár] *t.-r.* spaccare, screpolare.

agrio, -gria [áɣrjo, -ɣrja] *a.* acre, acido, agro. 2 *m. pl.* agrumi.

agronomía [aɣronomía] *f.* agronomia, agraria.

agrónomo [aɣrónomo] *m.* agronomo.

agrumarse [aɣrumárse] *r.* aggrumarsi.

agrupación [aɣrupaθjón] *f.* raggruppamento *m.* 2 gruppo *m.* 3 società.

agrupar [aɣrupár] *t.-r.* aggruppare.

agua [áɣwa] *f.* acqua. ‖ *vía de* ~, falla.

aguacero [aɣwaθèro] *m.* acquazzone.

aguado, -da [aɣwàðo, -ða] *a.* annacquato.

aguafiestas [aɣwafjèstas] *s.* guastafeste.

aguafuerte [aɣwafwèrte] *f.* acquaforte.

aguamarina [aɣwamarina] *f.* acquamarina.

aguanieve [aɣwanjève] *f.* nevischio *m.*

aguantar [aɣwantár] *t.* sopportare. 2 trattenere. 3 *r.* contenersi.

aguante [aɣwánte] *m.* sopportazione *f.*, pazienza *f.* 2 fig. fermezza *f.*

aguar [aɣwár] *t.* annacquare. 2 fig. guastare: ~ *una fiesta*, guastare la festa.

aguardar [aɣwarðár] *t.-i.* aspettare, attendere.

aguardiente [aɣwardjènte] *m.* acquavite *f.*, grappa *f.*

aguarrás [aɣwarrás] *m.* acquaragia *f.*

aguazal [aɣwaθál] *m.* acquitrino.

aguazar [aɣwaθár] *t.* impantanare.

agudeza [aɣuðéθa] *f.* acutezza, acume *m.*, arguzia.

agudizar [aɣuðiθár] *t.* acuire, aguzzare. 2 *r.* aggravarsi.

agudo, -da [aɣúðo, -ða] *a.* acuto, arguto.

agüero [aɣwèro] *m.* presagio, pronostico.

aguerrir [aɣerrir] *t.* agguerrire.

aguijón [aɣixón] *m.* pungiglione, aculeo. 2 stimolo.

aguijonear [aɣixoneár] *t.* pungere. 2 spronare.

águila [áɣila] *f.* aquila.

aguileño, -ña [aɣilèɲo, -ɲa] *a.* aquilino.

aguilucho [aɣilútʃo] *m.* aquilotto.

aguinaldo [aɣinálðo] *m.* gratifica *f.*, strenna *f.*

aguja [aɣúxa] *f.* ago *m.* 2 lancetta. 3 guglia [di cattedrale]. ‖ ~ *de hacer media*, ferro *m.*, da calza.

agujerear [aɣuxereár] *t.* bucare, bucherellare, forare.

agujero [aɣuxèro] *m.* buco, foro.

aguoso, -sa [aɣwóso, -sa] *a.* acquoso.

agusanado, -da [aɣusanáðo, -ða] *a.* bacato.

agustiniano, -na [aɣustinjáno, -na] *a.* agostiniano.

aguzar [aɣuθár] *t.* aguzzare, acuire, affilare.

ahebrado, -da [aeβráðo, -ða] *a.* fibroso.

ahí [ai] *avv.* lì, là. ‖ *por* ~, qui intorno.

ahijado, -da [aixàðo, -ða] *s.* figlioccio. 2 figlio adottivo.

ahijar [aixár] *t.* adottare. 2 far da padrino.

ahínco [aiŋko] *m.* impegno, accanimento.

ahíto [aito] *m.* indigestione *f.*

ahogado, -da [aoɣáðo, -ða] *a.* soffocato.

ahogar [aoɣár] *t.-r.* affogare, annegare. 2 fig. soffocare. 3 opprimere.

ahogo [aóɣo] *m.* soffocamento. 2 oppressione *f.*

ahondamiento [aondamjènto] *m.* affondamento. 2 approfondimento.

ahondar [aondár] *t.* affondare, affossare. 2 fig. approfondire.

ahora [aòra] *avv.* adesso, ora. ‖ ~ *bien*, orbene. ~ *mismo*, proprio adesso.

ahorcamiento [aorkamjénto] m. impiccagione f.

ahorcar [aorkár] t.-r. impiccare.

ahorrador, -ra [aorraðór, -ra] a.-s. risparmiatore.

ahorrar [aorrár] t. risparmiare.

ahorro [aórro] m. risparmio. 2 pl. gruzzolo sing., risparmi.

ahuecar [awekár] t. scavare. 2 r. fig. gonfiarsi, inorgoglirsi. ‖ ~ el ala, tagliare la corda.

ahumar [aumár] t. affumicare.

ahusado, -da [ausáðo, -ða] a. affusolato.

ahuyentar [aujentár] t. mettere in fuga, disperdere.

airado, -da [airáðo, -ða] a. adirato, iroso.

aire [áire] m. aria f. ‖ al ~ libre, all'aperto.

aireación [aireaθjón] f. aereazione.

airear [aireár] t. arieggiare, ventilare.

airosamente [airosaménte] avv. garbatamente. 2 trionfalmente.

airoso, -sa [airóso, -sa] a. airoso. 2 fig. garbato, grazioso. ‖ salir ~, riuscire vittorioso.

aislado, -da [aizláðo, -ða] a. isolato.

aislador, -ra [aizlaðór, -ra] a. isolante. 2 m. isolatore.

aislamiento [aizlamjénto] m. isolamento.

aislar [aizlár] t.-r. isolare.

ajar [axár] t.-r. sciupare, guastare.

ajedrez [axeðréθ] m. scacchi pl. ‖ tablero de ~, scacchiera.

ajenjo [axéŋxo] m. assenzio.

ajeno, -na [axéno, -na] a. altrui: los bienes ajenos, i beni altrui. 2 estraneo, contrario, alieno.

ajetrear [axetreár] t.-r. affaticare, agitare.

ajetreo [axetréo] m. agitazione f., trambusto.

ajo [áxo] m. aglio.

ajuar [axwár] m. corredo.

ajustado, -da [axustáðo, -ða] a. aggiustato, accomodato. 2 attillato, aderente.

ajustar [axustár] t. aggiustare, accomodare. 2 TIP. impaginare. 3 r. adattarsi.

ajuste [axúste] m. aggiustamento, assestamento. 2 accordo, accomodamento. 3 TIP. impaginazione f.

ajusticiar [axustiθjár] t. giustiziare.

al [al] prep. e art. al, allo.

ala [ála] f. ala. 2 tesa, falda [di cappello].

alabanza [alaβánθa] f. lode, elogio m.

alabar [alaβár] t. lodare. 2 r. vantarsi.

alabarda [alaβárða] f. alabarda.

alabardero [alaβarðéro] m. alabardiere.

alabastro [alaβástro] m. alabastro.

alacena [alaθéna] f. armadio m.

alacrán [alakrán] m. scorpione.

alacridad [alakriðáð] f. alacrità.

alado, -da [aláðo, -ða] a. alato.

alambicado, -da [alambikáðo, -ða] a. distillato. 2 fig. lambiccato, sottile.

alambicar [alambikár] t. distillare. 2 fig. sottilizzare, lambiccare.

alambique [alambíke] m. lambicco.

alambrada [alambráða] f. reticolato m., filo m. spinato.

alambre [alámbre] m. filo di ferro.

alameda [alaméða] f. pioppeto m., viale m. [con alberi].

álamo [álamo] m. pioppo.

alano, -na [aláno, -na] a.-s. alano.

alarde [alárðe] m. sfoggio, ostentazione f.

alardear [alarðeár] t. far sfoggio.

alargar [alaryár] t.-r. allungare, prolungare, dilungare.

alargamiento [alaryamjénto] m. allungamento, prolungamento.

alarido [alaríðo] m. grido, urlo.

alarma [alárma] f. allarme m.

alarmado, -da [alarmáðo, -ða] a. allarmato.

alarmante [alarmánte] a. allarmante.

alarmar [alarmár] t. allarmare.

alba [álβa] f. alba.

albacea [alβaθéa] s. esecutore testamentario.

albahaca [alβaáka] f. basilico m.

albanés, -sa [alβanés, -sa] a.-s. albanese.

albañil [alβaɲil] m. muratore.

albañilería [alβaɲileria] f. muratura.

albaricoque [alβarikóke] m. albicocca f.

albaricoquero [alβarikokéro] m. albicocco.

albayalde [alβajálðe] m. biacca f.

albedrío [alβeðrio] m. arbitrio.

albergar [alβeryár] t.-r. albergare. 2 r. alloggiarsi.

albergue [alβérye] m. ostello, locanda f. 2 rifugio.

albino, -na [alβíno, -na] a.-s. albino.

albóndiga [alβóndiya] f. polpetta.

alborada [alβoráða] f. poet. alba.

alborear [alβoreár] i. albeggiare.

albornoz [alβornóθ] m. accappatoio.

alborotado, -da [alβorotáðo, -ða] a. inquieto.

alborotador, -ra [alβorotaðór, -ra] a. turbolento.

alborotar [alβorotár] i. far baccano. 2 r. agitarsi.

alboroto [alβoróto] m. chiasso, baccano.

alborozar [alβoroθár] *t.-r.* rallegrare.

alborozo [alβoróθo] *m.* gioia *f.*, allegria *f.*

albricias [alβriθjas] *f. pl.* dono *m.* a chi porta una buona notizia. 2 *inter.* congratulazioni!

albufera [alβuféra] *f.* laguna d'acqua marina.

álbum [álβum] *m.* album, albo.

albúmina [alβúmina] *f.* albumina.

alcachofa [alkatʃófa] *f.* carciofo *m.*

alcahuete [alkawéte] *s.* ruffiano, mezzano.

alcalde [alkálðe] *m.* sindaco.

alcaldesa [alkalðésa] *f.* moglie del sindaco. 2 sindaco [donna].

alcaldía [alkalðía] *f.* ufficio *m.* del sindaco. 2 municipio *m.*, casa comunale.

alcalino, -na [alkalino, -na] *a.* alcalino.

alcaloide [alkalóide] *m.* alcaloide.

alcance [alkánθe] *m.* conseguimento. 2 portata *f.*: **al ∼ de la mano**, a portata di mano.

alcanfor [alkanfòr] *m.* canfora *f.*

alcantarilla [alkantariʎa] *f.* fogna, chiavica.

alcantarillado [alkantariʎáðo] *m.* fognatura *f.*

alcanzar [alkanθár] *t.* raggiungere, attingere. 2 *i.* riuscire: **no alcanzo a comprender**, non riesco a capire. 3 bastare.

alcaparra [alkapárra] *f.* cappero *m.*

alcatraz [alkatráθ] *m.* pellicano. 2 BOT. aro.

alcázar [alkáθar] *m.* fortezza *f.*

alce [álθe] *m.* BOT. alce. 2 alzata *f.* [nel giuoco delle carte].

alcoba [alkóβa] *f.* alcova.

alcohol [alkól] *m.* alcool.

alcohólico, -ca [alkóliko, -ka] *a.* alcolico.

alcoholimetría [alkolimetría] *f.* alcolimetria.

alcoholímetro [alkolimetro] *m.* alcolimetro.

alcoholismo [alkolizmo] *m.* alcolismo.

alcoholizado, -da [alkoliθáðo, -ða] *a.-s.* alcolizzato.

alcoholtest [alkoltést] *m.* alcoltest.

alcornoque [alkornóke] *m.* sughero [albero]. 2 fig. stupido.

alcurnia [alkúrnja] *f.* lignaggio *m.*

aldaba [alðáβa] *f.* battente *m.*

aldea [alðéa] *f.* borgo *m.*, borgata, paesetto *m.*

aldeano, -na [alðeáno, -na] *a.-s.* paesano.

aleación [aleaθjón] *f.* lega [dei metalli].

alear [aleár] *t.* legare [metalli].

aleatorio, -ria [aleatórjo, -rja] *a.* aleatorio.

alegar [aleɣár] *t.* allegare, addurre.

alegato [aleɣáto] *m.* allegato.

alegoría [aleɣoría] *f.* allegoria.

alegórico, -ca [aleɣóriko, -ka] *a.* allegorico.

alegrar [aleɣrár] *t.-r.* rallegrare, allietare. 2 *t.* fig. ravvivare. 3 *r.* gioire.

alegre [aléɣre] *a.* allegro, contento, gioioso, gaio.

alegremente [aléɣremente] *avv.* allegramente.

alegría [aleɣría] *f.* allegria, gioia, contentezza.

alegrón [aleɣrón] *m.* allegria *f.*

alejamiento [alexamjènto] *m.* allontanamento.

alejandrino, -na [alexandrino, -na] *a.-s.* alessandrino.

alejado, -da [alexáðo, -ða] *a.* lontano.

alejar [alexár] *t.-r.* allontanare, mettere al bando. 2 *r.* alienarsi.

alelar [alelár] *t.-r.* istupidire.

alemán, -na [alemán, -na] *a.-s.* tedesco.

alentador, -ra [alentaðòr, -ra] *a.* incoraggiante.

alentar [alentár] *i.* respirare. 2 *t.-r.* incoraggiare, animare. ¶ CONIUG. come **acertar.**

alergia [alérxja] *f.* allergia.

alero [aléro] *m.* grondaia *f.*

alerta [alérta] *avv.* all'erta.

alertar [alertár] *t.* mettere in guardia.

aleta [aléta] *f.* pinna. 2 aletta.

aletargamiento [aletarɣamjènto] *m.* letargo.

aletargar [aletarɣár] *t.* assopire. 2 *r.* assopirsi, cadere in letargo.

aletazo [aletáθo] *m.* colpo d'ala.

aletear [aleteár] *i.* muovere le ali.

aleteo [aletéo] *m.* movimento d'ali.

alevosía [aleβosía] *f.* slealtà, perfidia, tradimento *m.*

alevoso, -sa [aleβóso, -sa] *a.* saleale, perfido, traditore.

alfabético, -ca [alfaβètiko, -ka] *a.* alfabetico.

alfabeto [alfaβèto] *m.* alfabeto.

alfalfa [alfálfa] *f.* erba medica, erba spagna.

alfanje [alfánxe] *m.* scimitarra *f.*

alfarero [alfaréro] *m.* vasaio.

alféizar [alféiθar] *m.* davanzale.

alférez [alféreθ] *m.* sottotenente. 2 alfiere.

alfil [alfíl] *m.* alfiere [negli scacchi].

alfiler [alfilér] *m.* spillo.

alfilerazo [alfileráθo] *m.* puntura *f.* di spillo.

alfiletero [alfiletéro] *m.* portaspilli.

alfombra [alfómbra] *f.* tappeto *m.*

alfombrar [alfombrár] *t.* ricoprire di tappeti.

alforja [alfórxa] *f.* bisaccia.

alga [álγa] *f.* alga.

algarabía [alγaraβía] *f.* lingua araba. 2 lingua non comprensibile. 3 fig. schiamazzo *m.*

algarroba [alγarróβa] *f.* carruba.

algarrobo [alγarróβo] *m.* carrubo.

algazara [alγaθára] *f.* gazzarra.

álgebra [álxeβra] *f.* algebra.

algebraico, -ca [alxeβráiko, -ka] *a.* algebrico.

algo [álγo] *pron.* qualcosa. 2 *avv.* un poco, alquanto.

algodón [alγoðón] *m.* cotone. 2 bambagia *f.*, ovatta *f.*

algodonero, -ra [alγoðonéro, -ra] *a.-s.* cotoniero.

alguacil [alγwaθíl] *m.* ufficiale giudiziario. 2 usciere (del tribunale).

alguien [álγjen] *pron.* qualcuno, qualcheduno.

algún [alγún] *a.* apoc. di *alguno* [davanti a sostantivi maschili].

alguno, -na [alγúno, -na] *a.* alcuno, qualche. 2 *pron.* qualcuno. 3 *pl.* certuni.

alhaja [aláxa] *f.* gioiello *m.*, gióia.

alhelí [alelí] *m.* violacciocca *f.*

aliado, -da [aljáðo, -ða] *a.-s.* alleato.

alianza [aljánθa] *f.* alleanza. 2 fede [anello matrimoniale].

aliarse [aljárse] *r.* allearsi, collegarsi.

alicates [alikátes] *m. pl.* pinze *f. pl.*

aliciente [aliθjénte] *m.* incentivo, allettamento.

alícuota [alíkwota] *f.* aliquota.

alienación [aljenaθjón] *f.* alienazione.

alienar [aljenár] *t.-r.* alienare.

aliento [aljénto] *m.* respiro, fiato. 2 alito. 3 fig. coraggio. ‖ *tomar* ~, rifarsi, prendere coraggio.

aligeramiento [alixeramjénto] *m.* alleggerimento.

aligerar [alixerár] *t.* alleggerire. 2 fig. alleviare.

alimentación [alimentaθjón] *f.* alimentazione.

alimentar [alimentár] *t.-r.* alimentare, cibare.

alimenticio, -cia [alimentíθjo, -θja] *a.* alimentare.

alimento [aliménto] *m.* alimento, cibo, nutrimento.

alindar [alindár] *t.* delimitare. 2 *t.-r.* abbellire.

alineación [alineaθjón] *f.* allineamento *m.*

alinear [alineár] *t.-r.* allineare.

aliñar [aliɲár] *t.* ornare. 2 condire.

aliño [aliɲo] *m.* ornamento. 2 condimento.

alisar [alisár] *t.* lisciare, spianare.

alisios [alisjos] *m. pl.* alisei.

alistamiento [alistamjénto] *m.* arruolamento.

alistar [alistár] *t.-r.* arruolare.

aliviar [aliβjár] *t.-r.* alleviare, calmare. 2 alleggerire.

alivio [alíβjo] *m.* alleviamento, sollievo. 2 alleggerimento. 3 conforto.

aljibe [alxíβe] *m.* cisterna *f.*

alma [álma] *f.* anima.

almacén [almaθén] *m.* magazzino.

almacenar [almaθenár] *t.* immagazzinare.

almacenista [almaθenista] *m.* magazziniere.

almanaque [almanáke] *m.* almanacco.

almeja [alméxa] *f.* arsella, vongola.

almena [aIména] *f.* merlo *m.*

almendra [alméndra] *f.* mandorla.

almendrado, -da [almendráðo, -ða] *a.* mandorlato. 2 *m.* amaretto.

almendro [alméndro] *m.* mandorlo.

almíbar [almíβar] *m.* sciroppo. ‖ *melocotón en* ~, pesca sciroppata.

almidón [almiðón] *m.* amido.

almidonar [almiðonár] *t.* inamidare.

alminar [alminár] *m.* minareto.

almirantazgo [almirantáθγo] *m.* ammiragliato.

almirante [almiránte] *m.* ammiraglio.

almirez [almiréθ] *m.* mortaio.

almohada [almoáða] *f.* guanciale *m.*, cuscino *m.* ‖ *funda de* ~, federa.

almohadilla [almoaðíʎa] *f.* cuscinetto *m.*

almohadón [almoaðón] *m.* cuscino.

almorzar [almorθár] *t.* pranzare. ¶ CONIUG. come *contar*.

almuerzo [almwérθo] *m.* pranzo, colazione *f.*

alocado, -da [alokáðo, -ða] *a.* sventato, sconsiderato.

alocución [alokuθjón] *f.* allocuzione.

alogloto, -ta [aloglóto, -ta] *a.-s.* alloglotto.

alojamiento [aloxamjénto] *m.* alloggiamento, alloggio.

alojar [aloxár] *t.-r.* alloggiare, albergare.

alondra [alóndra] *f.* allodola.

alpaca [alpáka] *f.* alpacca.

alpargata [alparɣáta] *f.* calzatura di tela e corda.

alpinismo [alpinizmo] *m.* alpinismo.

alpinista [alpinísta] *s.* alpinista.

alpino, -na [alpíno, -na] *a.* alpino.

alpiste [alpíste] *m.* scagliola *f.*

alquilar [alkilár] *t.* affittare. 2 noleggiare.

alquiler [alkilér] *m.* affitto, fitto. 2 nolo.

alquimia [alkímja] *f.* alchimia.

alquimista [alkimísta] *s.* alchimista.

alquitrán [alkitrán] *m.* catrame.

alquitranar [alkitranár] *t.* incatramare.

alrededor [alreðeðór] *avv.* intorno, attorno. || ~ **de**, intorno a. 2 *m. pl.* dintorni, adiacenze *f. pl.*

alta [álta] *f.* entrata in servizio. || **dar de** ~, assumere [al lavoro]. 2 dimettere dall'ospedale.

altanería [altaneria] *f.* alterigia, superbia.

altanero, -ra [altanéro, -ra] *a.* altero, superbo.

altar [altár] *m.* altare.

altavoz [altaβóθ] *m.* altoparlante.

alteración [alteraθjón] *f.* alterazione. 2 turbamento *m.*

alterar [alterár] *t.-r.* alterare. 2 perturbare.

altercado [alterkáðo] *m.* alterco, diverbio, battibecco.

altercar [alterkar] *i.* altercare, litigare.

alternación [alternaθjón] *f.* avvicendamento *m.*

alternado, -da [alternáðo, -ða] *a.* alternato.

alternar [alternár] *t.-r.* alternare, avvicendare. 2 *i.* far vita di società.

alternativo, -va [alternatiβo, -βa] *a.* alternativo. 2 *f.* alternativa.

alterno, -na [altérno, -na] *a.* alterno.

alteza [altéθa] *f.* altezza.

altibajos [altiβáxos] *m. pl.* dislivelli di un terreno. 2 fig. alti e bassi [della vita], vicissitudini *f. pl.*

altilocuencia [altilokwénθja] *f.* magniloquenza.

altillo [altíʎo] *m.* ripostiglio, soppalco.

altiplanicie [altiplaníθje] *f.* altopiano *m.*

altisonante [altisonánte] *a.* altisonante.

altitud [altitúð] *f.* altitudine, altezza.

altivez [altiβéθ] *f.* alterigia, boria, fierezza.

altivo, -va [altíβo, -βa] *a.* altero, altezzoso, borioso.

alto, -ta [álto, -ta] *a.* alto, elevato. 2 fig. avanzato: *a altas horas*, a notte inoltrata. || *pasar por* ~, passar sopra. 3 *avv.* forte: *hablar* ~, parlare forte.

altozano [altoθáno] *m.* collinetta *f.* poggio.

altruismo [altruizmo] *m.* altruismo.

altruista [altruísta] *a.-s.* altruista.

altura [altúra] *f.* altezza, altitudine.

alubia [alúβja] *f.* fagiolo *m.*

alucinación [aluθinaθjón] *f.* allucinazione.

alucinado, -da [aluθináðo, -ða] *a.* allucinato.

alucinar [aluθinár] *t.* allucinare.

alud [alúð] *m.* valanga *f.*

aludido, -da [aluðíðo, -ða] *a.* alluso. || *darse por* ~, sentirsi chiamato in causa.

aludir [aluðír] *t.* alludere, accennare.

alumbrado, -da [alumbráðo, -ða] *a.* illuminato. 2 *m.* illuminazione *f.*

alumbrador, -ra [alumbraðór, -ra] *a.* illuminante.

alumbramiento [alumbramjénto] *m.* illuminazione *f.* 2 fig. parto.

alumbrar [alumbrár] *t.* illuminare, far luce. 2 *i.* fig. partorire.

alumbre [alúmbre] *m.* allume.

aluminio [alumínjo] *m.* alluminio.

alumno, -na [alúmno, -na] *m.* alunno, allievo.

alunizaje [aluniθáxe] *m.* allunaggio.

alunizar [aluniθár] *i.* allunare.

alusión [alusjón] *f.* allusione, accenno *m.*

aluvión [aluβjón] *m.* alluvione *f.*

álveo [álβeo] *m.* alveo.

alveolar [alβeolár] *a.* alveolare.

alvéolo [alβéolo] *m.* alveolo.

alza [álθa] *f.* rialzo *m.*

alzamiento [alθamjénto] *m.* alzamento, innalzamento. 2 MIL. sollevamento.

alzar [alθár] *t.-r.* alzare, sollevare. 2 *r.* MIL. sollevarsi, ribellarsi.

allá [aʎá] *avv.* là, colà. || *más* ~, più in là. || ~ *abajo*, laggiù. || ~ *arriba*, lassù.

allanamiento [aʎanamjénto] *m.* appianamento.

allanar [aʎanár] *t.* appianare, spianare.

allegado, -da [aʎeɣáðo, -ða] *a.* vicino. 2 *m.* parente.

allí [aʎí] *avv.* lì.

ama [áma] *f.* padrona di casa, massaia. || ~ *de llaves*, governante. || ~ *de leche*, balia, nutrice.

amabilidad [amaβiliðáð] *f.* amabilità, compiacenza, gentilezza.

amable [amáβle] *a.* gentile, amabile.

amado, -da [amáðo, -ða] *a.-s.* amato, diletto.

amaestramiento [amaestramjènto] *m.* ammaestramento.

amaestrar [amaestrár] *t.* ammaestrare.

amagar [amaɣár] *t.-i.* minacciare, lasciar intravedere.

amago [amáɣo] *m.* sintomo.

amainar [amainár] *t.* ammainare. 2 *i.* scemare, diminuire, calmarsi.

amalgama [amalɣáma] *f* amalgama.

amalgamar [amalɣamár] *t.* amalgamare.

amamantar [amamantár] *t.* allattare.

amancebamiento [amanθeβamjènto] *m.* concubinato.

amancebarse [amanθeβárse] *r.* unirsi in concubinato.

amanecer [amaneθèr] *i.* spuntare il giorno, albeggiare. 2 *m.* primo mattino, alba *f.* ‖ *al* ~, sul far del giorno. ¶ CONIUG. come *crecer.*

amanerado, -da [amaneráðo, -ða] *a.* manierato.

amaneramiento [amaneramjènto] *m.* affettazione *f.*

amansar [amansár] *t.-r.* domare, calmare, ammansire.

amante [amánte] *a.-s.* amante, amatore.

amañado, -da [amaɲáðo, -ða] *a.* acconciato, truccato.

amañar [amaɲár] *t.* acconciare abilmente. 2 *r.* industriarsi.

amapola [amapóla] *f.* papavero *m.*

amar [amár] *t.* amare, voler bene.

amargar [amarɣár] *t.* amareggiare. 2 *i.* essere amaro.

amargo, -ga [amárɣo, -ɣa] *a.* amaro.

amargor [amarɣór] *m.* amarezza *f.*

amargura [amarɣúra] *f.* amarezza.

amarilis [amarílis] *f.* BOT. amarilli.

amarillecer [amariʎeθèr] *i.* ingiallire. ¶ CONIUG. come *crecer.*

amarillento, -ta [amariʎènto, -ta] *a.* giallastro, giallognolo.

amarillez [amariʎèθ] *f.* giallore *m.*

amarillo, -lla [amaríʎo, -ʎa] *a.-m.* giallo.

amarra [amárra] *f.* gomena.

amarradero [amarraðèro] *m.* bitta *f.*, palo d'ormeggio.

amarrar [amarrár] *t.* legare. 2 ormeggiare.

amarre [amárre] *m.* l'ormeggiare.

amartillar [amartiʎár] *t.* martellare.

amasadera [amasaðèra] *f.* madia.

amasador, -ra [amasaðór, -ra] *a.-m.* impastatore.

amasar [amasár] *t.* impastare.

amasijo [amasixo] *m.* pasta *f.* 2 fig. miscuglio, confusione *f.*

amatista [amatista] *f.* ametista.

amazona [amaθóna] *f.* amazzone.

ambages [ambáxes] *m. pl.* ambagi *f. pl.*

ámbar [ámbar] *m.* ambra *f.*

ambición [ambiθjòn] *f.* ambizione.

ambicionar [ambiθjonár] *t.* ambire.

ambicioso, -sa [ambiθjóso, -sa] *a.* ambizioso.

ambientar [ambientár] *t.* ambientare.

ambiente [ambjènte] *m.* ambiente.

ambigüedad [ambiɣweðáð] *f.* ambiguità.

ambiguo, -gua [ambiɣwo, -ɣwa] *a.* ambiguo.

ámbito [ámbito] *m.* ambito.

ambivalente [ambiβalènte] *a.* ambivalente.

ambos [ámbos] *a.-pron. pl.* ambedue, entrambi, ambi.

ambulancia [ambulánθja] *f.* autoambulanza, ambulanza.

ambulante [ambulánte] *a.* ambulante.

ambulatorio [ambulatòrjo] *m.* ambulatorio.

amedrentar [ameðrentár] *t.-r.* spaventare, impaurire.

amén [amèn] *m.* amen. 2 *avv.* oltre.

amenaza [amenáθa] *f.* minaccia.

amenazado, -da [amenaθáðo, -ða] *a.* minacciato.

amenazador, -ra [amenaθaðór, -ra] *a.* minacciatore. 2 minaccioso.

amenazar [amenaθár] *t.* minacciare.

amenguar [ameŋgwár] *t.* diminuire. 2 fig. disonorare.

amenidad [ameniðáð] *f.* amenità.

amenizar [ameniθár] *t.* animare, rendere ameno.

ameno, -na [amèno, -na] *a.* ameno.

americano, -na [amerikáno, -na] *a.-s.* americano. 2 *f.* giacca.

amerizaje [ameriθáxe] *m.* ammaraggio.

amerizar [ameriθár] *i.* ammarare.

ametralladora [ametraʎaðòra] *f.* mitragliatrice.

ametrallar [ametraʎár] *t.* mitragliare.

amigablemente [amiɣáβlemente] *avv.* amichevolmente.

amígdala [amíɣðala] *f.* amigdala, tonsilla.

amigdalitis [amiɣðalitis] *f.* tonsillite.

amigo, -ga [amiɣo, -ɣa] *a.-s.* amico.

amistad [amistáð] *f.* amicizia. 2 *pl.* conoscenze.

amistoso, -sa [amistóso, -sa] *a.* amichevole.

amnesia [amnésja] *f.* amnesia.

amnistía [amnistía] *f.* amnistia.

amnistiar [amnistjár] *t.* amnistiare.

amo [ámo] *m.* signore, padrone.

amodorramiento [amoðorramjénto] *m.* assopimento, sonnolenza *f.*

amodorrarse [amoðorrárse] *r.* assopirsi.

amolar [amolár] *t.* arrotare, affilare. 2 fig. infastidire. ¶ CONIUG. come **contar.**

amoldar [amolðár] *t.-r.* modellare. 2 fig. adattare.

amonestación [amonestaθjón] *f.* ammonimento *m.*, ammonizione. 2 *pl.* ECCL. pubblicazioni di matrimonio.

amonestador, -ra [amonestaðór, -ra] *a.-s.* ammonitore.

amonestar [amonestár] *t.* ammonire. 2 ECCL. fare le pubblicazioni di matrimonio.

amoníaco [amoniako] *m.* ammoniaca *f.*

amontonamiento [amontonamjénto] *m.* ammucchiamento.

amontonar [amontonár] *t.* ammucchiare, accatastare, ammassare.

amor [amór] *m.* amore.

amoratado, -da [amoratáðo, -ða] *a.* livido, paonazzo.

amoratarse [amoratárse] *r.* illividire.

amordazar [amorðaθár] *t.* imbavagliare.

amorfo, -fa [amórfo, -fa] *a.* amorfo.

amorío [amorío] *m.* innamoramento.

amoroso, -sa [amoróso, -sa] *a.* amoroso, amorevole. 2 amatorio.

amortecer [amorteθér] *t.* attutire. 2 *r.* svenire.

amortecimiento [amorteθimjénto] *m.* tramortimento.

amortiguador [amortiɣwaðór] *m.* ammortizzatore.

amortiguamiento [amortiɣwamjénto] *m.* ammortimento, attenuazione *f.*

amortiguar [amortiɣwár] *t.-r.* attenuare, smorzare, attutire.

amortización [amortiθaθjón] *f.* ammortamento *m.*, ammortizzamento *m.*

amortizar [amortiθár] *t.* ammortizzare.

amoscarse [amoskárse] *r.* arrabbiarsi, imbronciarsi.

amotinamiento [amotinamjénto] *m.* ammutinamento.

amotinar [amotinár] *t.-r.* ammutinare.

amovible [amoβíβle] *a.* amovibile.

amovilidad [amoβiliðáð] *f.* amovibilità.

amparar [amparár] *t.* proteggere. 2 *r.* ripararsi, difendersi.

amparo [ampáro] *m.* protezione *f.*

amperio [ampérjo] *m.* ampère.

ampliación [ampljaθjón] *f.* ampliamento *m.* 2 FOT. ingrandimento *m.*

ampliar [ampljár] *t.* ampliare, allargare. 2 FOT. ingrandire.

amplificación [amplifikaθjón] *f.* amplificazione.

amplificador [amplifikaðór] *m.* amplificatore. ‖ ~ **de vídeo**, amplificatore video.

amplificar [amplifikár] *t.* amplificare.

amplio, -plia [ámpljo, -plja] *a.* ampio.

amplitud [amplitúð] *f.* ampiezza.

ampolla [ampóʎa] *f.* bolla, vescica. 2 ampolla, fiala.

ampulosidad [ampulosiðáð] *f.* ampollosità.

ampuloso, -sa [ampulóso, -sa] *a.* ampolloso.

amputación [amputaθjón] *f.* amputazione.

amputar [amputár] *t.* amputare.

amueblar [amweβlár] *t.* ammobiliare, arredare.

amuleto [amuléto] *m.* amuleto.

amurallar [amuraʎár] *t.* murare.

anabaptista [anaβaptista] *a.-s.* anabattista.

anacoreta [anakoréta] *s.* anacoreta.

anacrónico, -ca [anakróniko, -ka] *a.* anacronistico.

anacronismo [anakronizmo] *m.* anacronismo.

ánade [ánaðe] *s.* anatra *f.*

anadón [anaðón] *m.* anatroccolo.

anagrama [anaɣráma] *m.* anagramma.

anal [anál] *a.* anale.

anales [análes] *m. pl.* annali.

analfabetismo [analfaβetizmo] *m.* analfabetismo.

analfabeto, -ta [analfaβéto, -ta] *a.-s.* analfabeta.

analgésico, -ca [analxésiko, -ka] *a.-m.* analgesico.

análisis [análisis] *f.* analisi.

analista [analista] *s.* analista. ‖ ~ **de sistemas**, analista di sistemi.

analítico, -ca [analitiko, -ka] *a.* analitico.

analizador [analiθaðór] *m.* analizzatore.

analizar [analiθár] *t.* analizzare.

analogía [analoxía] *f.* analogia.

análogo, -ga [análoɣo, -ɣa] *a.* analogo.

anaquel [anakél] *m.* ripiano [di armadio].

anaranjado, -da [anaraŋxáðo, -ða] *a.* arancione.
anarquía [anarkía] *f.* anarchia.
anárquico, -ca [anárkiko, -ka] *a.* anarchico.
anarquista [anarkísta] *s.* anarchico.
anatematizar [anatematiθár] *t.* anatematizzare.
anatomía [anatomía] *f.* anatomia.
anatómico, -ca [anatómiko, -ka] *a.* anatomico.
anca [áŋka] *f.* anca.
ancianidad [anθjaniðáð] *f.* anzianità.
anciano, -na [anθjáno, -na] *a.-s.* anziano.
ancla [áŋkla] *f.* ancora.
anclaje [aŋkláxe] *m.* ancoraggio.
anclar [aŋklár] *i.* ancorare.
áncora [áŋkora] *f.* ancora.
ancho, -cha [ántʃo, -tʃa] *a.* largo, ampio. 2 *m.* larghezza *f.* ‖ *a sus anchas*, a suo agio.
anchoa [antʃóa] *f.* acciuga, alice.
anchura [antʃúra] *f.* larghezza.
anchuroso, -sa [antʃuróso, -sa] *a.* spazioso.
andadas [andáðas] *f. pl.* fig. *volver a las* ~, ricadere in un vizio.
andaderas [andaðéras] *f. pl.* girello *m. sing.* [per bambini].
andadura [andaðúra] *f.* andatura.
andaluz, -za [andalúθ, -θa] *a.-s.* andaluso.
andamiaje [andamjáxe] *m.* impalcatura *f.*
andamio [andámjo] *m.* impalcatura *f.*
andante [andánte] *a.* errante. 2 *m.* mus. andante.
andar [andár] *i.* camminare. ¶ coniug. ind. pass. rem: *anduve, anduviste, anduvo; anduvimos, anduvisteis, anduvieron.* ‖ cong. imp.: *anduviera, -se, anduvieras, -ses,* ecc. ‖ fut.: *anduviere, anduvieres,* ecc.
andariego, -ga [andarjéγo, -γa] *a.-s.* camminatore. 2 girandolone.
andarín, -na [andarín, -na] *a.-s.* camminatore.
andén [andén] *m.* marciapiede, banchina *f.*
andrajo [andráxo] *m.* straccio, cencio.
andrajoso, -sa [andraxóso, -sa] *a.* straccione, cencioso.
andurriales [andurrjáles] *m. pl.* periferia *f. sing.,* luoghi fuori mano.
aneblar [aneβlár] *t.-r.* annebbiare.
anécdota [anéγðota] *f.* aneddoto *m.,* fatterello *m.*

anecdótico, -ca [aneγðótiko, -ka] *a.* aneddotico.
anegamiento [aneγamjénto] *m.* allagamento.
anegar [aneγár] *t.-r.* annegare. 2 allagare.
anejo, -ja [anéxo, -xa] *a.* annesso.
anemia [anémja] *f.* anemia.
anémico, -ca [anémiko, -ka] *a.* anemico.
anemona [anemóna], **anemone** [anemóne] *f.* anemone *m.*
anestesia [anestésja] *f.* anestesia.
anestesiar [anestesjár] *t.* anestetizzare.
anestésico, -ca [anestésiko, -ka] *a.-m.* anestetico.
anestesista [anestesísta] *s.* anestesista, anestesiologo.
anestético, -ca [anestétiko, -ka] *a.* anestetico.
anexar [aneγsár] *t.* annettere.
anexión [aneγsjón] *f.* annessione.
anexionar [aneγsjonár] *t.* annettere.
anexo, -xa [anéγso, -γsa] *a.-m.* annesso.
anfetamina [amfetamína] *f.* amfetamina.
anfibio, -bia [amfíβjo, -βja] *a.-m.* anfibio.
anfiteatro [amfiteátro] *m.* anfiteatro.
anfitrión [amfitrjón] *m.* anfitrione.
ánfora [ámfora] *f.* anfora.
anfractuosidad [amfraγtwosiðáð] *f.* anfrattuosità.
ángel [áŋxel] *m.* angelo.
angelical [aŋxelikál] *a.* angelico.
angina [aŋxína] *f.* angina. ‖ *~ de pecho,* angina pectoris.
anglicismo [aŋgliθízmo] *m.* anglicismo.
anglosajón, -na [aŋglosaxón, -na] *a.-s.* anglosassone.
angosto, -ta [aŋgósto, -ta] *a.* angusto, stretto.
anguila [aŋgíla] *f.* anguilla.
angular [aŋgulár] *a.* angolare.
ángulo [áŋgulo] *m.* angolo.
anguloso, -sa [aŋgulóso, -sa] *a.* angoloso.
angustia [aŋgústja] *f.* angoscia, angustia.
angustiado, -da [aŋgustjáðo, -ða] *a.* angosciato.
angustiar [aŋgustjár] *t.-r.* angosciare.
angustioso, -sa [aŋgustjóso, -sa] *a.* angoscioso, angustioso.
anhelar [anelár] *t.* anelare, aspirare a, desiderare.
anhelo [anélo] *m.* aspirazione *f.*
anhídrido [aníðriðo] *m.* anidride *f.*
anidar [aniðár] *i.-r.* annidare, covare.
anilina [anilína] *f.* anilina.
anillo [aniʎo] *m.* anello.

ánima [ánima] *f.* anima.

animación [animaθjón] *f.* animazione.

animador, -ra [animaðór, -ra] *a.-s.* animatore.

animadversión [animaðβersjón] *f.* avversione.

animal [animál] *a.-m.* animale, bestia *f.* 2 *a.* animalesco.

animalada [animaláða] *f.* bestialità.

animar [animár] *t.* animare. 2 *r.* farsi coraggio.

ánimo [ánimo] *m.* animo. 2 coraggio. 3 spirito. 4 intenzione *f.*

animosidad [animosiðáð] *f.* animosità.

animoso, -sa [animóso, -sa] *a.* coraggioso.

aniquilación *f.*, **aniquilamiento** *m.* [anikilaθjón, anikilamjénto] annientamento *m.*, annichilamento *m.*

aniquilar [anikilár] *t.* annientare, annichilare.

anís [anís] *m.* anice. 2 anisetta *f.* [liquore].

aniversario [aniβersárjo] *m.* anniversario. 2 compleanno.

ano [áno] *m.* ano.

anoche [anótʃe] *avv.* ieri sera, ieri notte.

anochecer [anotʃeθér] *i.* annottare, imbrunire. 2 *m.* crepuscolo, imbrunire. ‖ *al ~*, sull'imbrunire. ¶ CONIUG. come *crecer.*

anodino, -na [anoðíno, -na] *a.* anodino.

ánodo [ánoðo] *m.* anodo.

anomalía [anomalía] *f.* anomalia.

anómalo, -la [anómalo, -la] *a.* anomalo.

anonadamiento [anonaðamjénto] *m.* annientamento.

anonadar [anonaðár] *t.-r.* annientare.

anónimo, -ma [anónimo, -ma] *a.-m.* anonimo.

anormal [anormál] *a.* anormale.

anormalidad [anormaliðáð] *f.* anormalità.

anotación [anotaθjón] *f.* annotazione, appunto *m.*

anotar [anotár] *t.* annotare.

anquilosado, -da [aŋkilosáðo, -ða] *a.* anchilosato.

ansia [ánsja] *f.* ansia. 2 angoscia.

ansiar [ansjár] *t.* bramare.

ansiedad [ansjeðáð] *f.* ansietà.

ansioso, -sa [ansjóso, -sa] *a.* ansioso.

anta [ánta] *f.* alce *m.*

antagónico, -ca [antaɣóniko, -ka] *a.* antagonistico.

antagonismo [antaɣonízmo] *m.* antagonismo.

antagonista [antaɣonísta] *s.* antagonista.

antaño [antáɲo] *avv.* anni fa.

antártico, -ca [antártiko, -ka] *a.* antartico.

ante [ánte] *prep.* davanti a, dinanzi a. ‖ *~ todo*, innanzi tutto. 2 *m.* alce.

anteanoche [anteanótʃe] *avv.* avantieri sera.

anteayer [anteajér] *avv.* ieri l'altro, avantieri.

antebrazo [anteβráθo] *m.* avambraccio.

antecámara [antekámara] *f.* anticamera.

antecedencia [anteθeðénθja] *f.* antecedenza.

antecedente [anteθeðénte] *a.-m.* antecedente, precedente. 2 *m.* antefatto.

anteceder [anteθeðér] *t.* precedere.

antecesor, -ra [anteθesór, -ra] *a.-s.* antecessore, predecessore.

antelación [antelaθjón] *f.* anticipo *m.*

antemano (de) [de antemáno] *loc. avv.* anticipatamente.

antena [anténa] *f.* antenna.

anteojo [anteóxo] *m.* cannocchiale. 2 *pl.* binocolo *sing.*

antepasado [antepasáðo] *m.* antenato. 2 *pl.* avi.

antepecho [antepétʃo] *m.* davanzale. 2 parapetto.

anteponer [anteponér] *t.* anteporre, preporre.

anterior [anterjór] *a.* anteriore, precedente.

anteriormente [anterjórmente] *avv.* precedentemente.

anterioridad [anterjoriðáð] *f.* anteriorità, precedenza.

antes [ántes] *avv.* prima. 2 già [un tempo]. 3 avanti. ‖ *~ de Cristo*, avanti Cristo. ‖ *~ de*, *~ que*, prima di. ‖ *~ de que*, prima che. 4 *cong.* *~ bien*, piuttosto. ‖ *~ que*, anzichè.

antesala [antesála] *f.* anticamera.

antiabortista [antiaβortísta] *a.-s.* antiabortista.

antiaéreo, -a [antiaéreo, -a] *a.* contraereo.

antiatómico, -ca [antiatómiko, -ka] *a.-s.* antiatomico.

antibiótico, -ca [antiβjótiko, -ka] *a.-m.* antibiotico.

anticarie [antikárje] *m.-a.* anticarie.

anticelulitis [antiθelulítis] *a.* anticellulite.

anticiclón [antiθiklón] *m.* anticiclone.

anticipación [antiθipaθjón] *f.* anticipazione. 2 anticipo *m.*

anticipar [antiθipár] *t.-r.* anticipare.
anticipo [antiθipo] *m.* anticipo.
anticonceptivo, -va [antikonθeβtiβo, -βa] *a.-m.* contraccettivo.
anticongelante [antikonxelánte] *m.-a.* anticongelante.
anticuado, -da [antikwáðo, -ða] *a.* antiquato.
anticuariado [antikwarjáðo] *m.* antiquariato.
anticuario [antikwárjo] *m.* antiquario.
antídoto [antíðoto] *m.* antidoto.
antiespasmódico, -ca [antiespazmóðiko, -ka] *a.-m.* antispasmodico.
antifaz [antifáθ] *m.* maschera *f.*
antífona [antifona] *f.* antifona.
antifonal [antifonál], **antifonario** [antifonárjo] *m.* antifonario.
antigás [antiɣás] *a.* antigas.
antigualla [antiɣwáʎa] *f.* anticaglia.
antigüedad [antiɣweðáð] *f.* antichità. 2 BUR. anzianità.
antiguo, -gua [antíɣwo, -ɣwa] *a.* antico, vecchio.
antílope [antílope] *m.* antilope *f.*
antinatural [antinaturál] *a.* innaturale.
antiparras [antipárras] *f. pl.* fam. occhiali *m. pl.*
antipatía [antipatía] *f.* antipatia.
antipático, -ca [antipátiko, -ka] *a.* antipatico.
antípoda [antipoða] *a.-m.* antipode.
antirrábico, -ca [antirráβiko, -ka] *a.* antirabbico.
antirrobo [antirróβo] *a.-m.* antifurto.
antisemita [antisemíta] *a.-s.* antisemita.
antiséptico, -ca [antiséβtiko, -ka] *a.-m.* antisettico.
antitanque [antitáŋke] *a.* MIL. anticarro.
antítesis [antitesis] *f.* antitesi.
antitético, -ca [antitétiko, -ka] *a.* antitetico.
antojadizo, -za [antoxaðíθo, -θa] *a.* capriccioso.
antojarse [antoxárse] *r.* saltar il ticchio, il grillo; venir voglia.
antojo [antóxo] *m.* capriccio, ghiribizzo, grillo. 2 voglia *f.* [nel senso di desiderio e di macchia della pelle].
antología [antoloxía] *f.* antologia.
antológico, -ca [antolóxiko, -ka] *a.* antologico.
antonomasia [antonomásja] *f.* antonomasia.
antorcha [antórtʃa] *t.* torcia, fiaccola.
antracita [antraθíta] *f.* antracite.

antro [ántro] *m.* antro.
antropófago, -ga [antropófaɣo, -ɣa] *a.-s.* antropofago.
antropología [antropoloxía] *f.* antropologia.
antropólogo [antropóloɣo] *m.* antropologo.
antropomorfismo [antropomorfízmo] *m.* antropomorfismo.
anual [anuál] *a.* annuale, annuo.
anualidad [anwaliðáð] *f.* annualità, annata.
anuario [anwárjo] *m.* annuario.
anublar [anuβlár] *t.-r.* annuvolare, annebbiare.
anudar [anuðár] *t.* annodare, allacciare.
anuencia [anwènθja] *f.* approvazione, assenso *m.*
anulación [anulaθjón] *f.* annullamento *m.*, cancellazione.
anular [anulár] *t.* annullare, disdire.
anular [anulár] *a.-m.* anulare.
anunciación [anunθjaθjón] *f.* annunciazione.
anunciar [anunθjár] *t.* annunciare.
anuncio [anúnθjo] *m.* annuncio, avviso.
anuo, -a [ánuo, -a] *a.* annuo, annuale.
anverso [ambèrso] *m.* dritto [di moneta o medaglia].
anzuelo [anθwèlo] *m.* amo.
añada [aɲáða] *f.* annata
añadido, -da [aɲaðíðo, -ða] *a.* posticcio. 2 *m.* aggiunta *f.*
añadidura [aɲaðiðúra] *f.* aggiunta.
añadir [aɲaðír] *t.* aggiungere.
añejo, -ja [aɲéxo, -xa] *a.* stagionato, invecchiato.
añicos [aɲíkos] *m. pl.* cocci, frantumi. ‖ *hacer ~*, rompere in mille pezzi, frantumare.
añil [aɲíl] *m.* indaco.
año [áɲo] *m.* anno, annata *f.* ‖ *día de ~ nuevo*, capodanno.
añoranza [aɲoránθa] *f.* nostalgia.
añorar [aɲorár] *t.* rimpiangere.
aorta [aòrta] *f.* aorta.
apabullar [apaβuʎár] *t.* schiacciare. 2 confondere [qualcuno].
apacentar [apaθentár] *t.* pascolare. ¶ CONIUG. come *acertar.*
apacible [apaθíβle] *a.* mite, affabile.
apaciguador, -ra [apaθiɣwaðór, -ra] *a.-s.* paciere.
apaciguamiento [apaθiɣwamjènto] *m.* pacificazione *f.*

apaciguar [apaθiɣwár] *t.-r.* pacificare, calmare, acquietare.

apadrinar [apaðrinár] *t.* far da padrino.

apagado, -da [apaɣáðo, -ða] *a.* spento. 2 tranquillo. 3 smorzato, attenuato.

apagamiento [apaɣamjénto] *m.* spegnimento.

apagar [apaɣár] *t.-r.* spegnere, estinguere, smorzare. 2 placare.

apaisado, -da [apaisáðo, -ða] *a.* oblungo.

apalabrar [apalaβrár] *t.* trattare verbalmente, accordarsi verbalmente.

apalear [apaleár] *t.* bastonare.

apañar [apapár] *t.* raccogliere. 2 impadronirsi. 3 accomodare.

apaño [apápo] *m.* arrangiamento.

aparador [aparaðór] *m.* vetrina *f.*, di negozio. 2 credenza *f.*

aparato [aparáto] *m.* apparato. 2 apparecchio, congegno.

aparatoso, -sa [aparatóso, -sa] *a.* pomposo, spettacolare.

aparear [apareár] *t.* appaiare, accoppiare.

aparecer [apareθér] *i.* apparire, comparire.

aparecido [apareθíðo] *m.* fantasma, spirito.

aparejado, -da [aparexáðo, -ða] *a.* accoppiato.

aparejador [aparexaðór] *m.* geometra.

aparejamiento [aparexamjénto] *m.* allestimento.

aparejar [aparexár] *t.* attrezzare, allestire.

aparejos [aparéxos] *m. pl.* attrezzatura *f. sing.*

aparentar [aparentár] *t.-i.* simulare. 2 dimostrare.

aparente [aparénte] *a.* apparente.

aparición [apariθjón] *f.* apparizione, comparsa.

apariencia [aparjénθja] *f.* apparenza.

apartado, -da [apartáðo, -ða] *a.* appartato. 2 *m.* casella *f.* postale. 3 GIUR. articolo.

apartamento [apartaménto] *m.* appartamento.

apartamiento [apartamjénto] *m.* separazione *f.*, allontanamento.

apartar [apartár] *t.* appartare, allontanare. 2 *r.* spostarsi, allontanarsi.

aparte [apárte] *avv.* a parte, in disparte. ‖ *punto y ~*, punto e a capo.

apasionado, -da [apasjonáðo, -ða] *a.* appassionato.

apasionamiento [apasjonamjénto] *m.* appassionamento.

apasionar [apasjonár] *t.-r.* appassionare.

apatía [apatía] *f.* apatia.

apático, -ca [apátiko, -ka] *a.* apatico.

apeadero [apeaðéro] *m.* stazione *f.* secondaria [di treno].

apear [apeár] *t.-r.* scendere.

apechugar [apetʃuɣár] *i.* accettare di malavoglia.

apedazar [apeðaθár] *t.* fare a pezzi.

apedrear [apeðreár] *t.* lapidare.

apegado, -da [apeɣáðo, -ða] *a.* attaccato.

apegarse [apeɣárse] *r.* attaccarsi, affezionarsi.

apego [apéɣo] *m.* attaccamento, affetto.

apelación [apelaθjón] *f.* appello *m.*

apelante [apelánte] *a.-s.* appellante.

apelar [apelár] *i.* ricorrere in appello. 2 *r.* appellarsi.

apellidar [apeʎiðár] *t.* chiamare, dare un soprannome. 2 *r.* chiamarsi.

apellido [apeʎíðo] *m.* cognome. 2 soprannome.

apenar [apenár] *t.* addolorare, affliggere.

apenas [apénas] *avv.* appena.

apéndice [apénðiθe] *m.* appendice *f.*

apendicitis [apenðiθítis] *f.* appendicite.

apercibir [aperθiβir] *t.-r.* avvertire, scorgere.

aperitivo [aperitíβo] *m.* aperitivo.

apero [apéro] *m.* attrezzo.

apertura [apertúra] *f.* apertura.

apesadumbrar [apesaðumbrár] *t.-r.* rattristare, accorare.

apestar [apestár] *t.* appestare. 2 *i.* puzzare.

apetecer [apeteθér] *t.* desiderare, aver voglia di. 2 *i.* gradire: *¿le apetece un dulce?*, gradisce un dolce? ¶ CONIUG. come *crecer.*

apetecible [apeteθíβle] *a.* appetibile.

apetencia [apeténθja] *f.* appetenza.

apetito [apetíto] *m.* appetito.

apetitoso, -sa [apetitóso, -sa] *a.* appetitoso, ghiotto.

apiadarse [apjaðárse] *r.* impietosirsi.

ápice [ápiθe] *m.* apice, culmine.

apicultor [apikultór] *m.* apicultore.

apicultura [apikultúra] *f.* apicultura.

apilar [apilár] *t.-r.* ammucchiare, accatastare.

apiñar [apipár] *t.* ammucchiare. 2 *r.* accalcarsi, addensarsi.

apio [ápjo] *m.* sedano.

apisonadora [apisonaðóra] *f.* compressore *m.* stradale.

apisonar [apisonár] *t.* spianare.

aplacar [aplakár] t.-r. placare.

aplanamiento [aplanamjènto] m. appianamento.

aplanar [aplanár] t. appianare.

aplastamiento [aplastamjènto] m. schiacciamento.

aplastar [aplastár] t. schiacciare.

aplaudir [aplawðir] t. applaudire, battere le mani.

aplauso [aplàwso] m. applauso, battimano.

aplazamiento [aplaθamjènto] m. proroga f., rinvio.

aplazar [aplaθár] t. prorogare, differire, rimandare, rinviare, procrastinare.

aplicación [aplikaθjón] f. applicazione.

aplicar [aplikár] t.-r. applicare.

aplique [aplike] m. applique f.

aplomo [aplòmo] m. serenità f., padronanza f. di sé.

apocado, -da [apokàðo, -ða] a. timido. 2 dappoco.

apocamiento [apokamjènto] m. timidezza f. 2 dappocaggine f.

apócope [apòkope] f. apocope.

apodar [apoðár] t. soprannominare.

apoderado [apoðeràðo] m. procuratore.

apoderar [apoðerár] t. conferire la procura. 2 r. impadronirsi, impossessarsi.

apodíctico, -ca [apoðiktiko, -ka] a. apodittico.

apodo [apòðo] m. soprannome.

apófisis [apófisis] f. apofisi.

apogeo [apoxèo] m. apogeo.

apolillar [apoliʎár] t.-r. tarmare. 2 r. bacare.

apologético, -ca [apoloxètiko, -ka] a. apologetico. 2 f. apologetica.

apología [apoloxia] f. apologia.

apoltronarse [apoltronárse] r. impoltronirsi.

apoplejía [apoplexia] f. apoplessia.

apoplético, -ca [apoplètiko, -ka] a. apoplettico.

aporrear [aporreár] t. bastonare. 2 r. affannarsi.

aportación [aportaθjón] f. apporto m.

aportar [aportár] t. apportare. 2 i. approdare.

aposentador, -ra [aposentaðór, -ra] s. locandiere.

aposentar [aposentár] t. alloggiare, ospitare. 2 r. installarsi.

aposento [aposènto] m. alloggio.

aposición [aposiθjón] f. apposizione.

apósito [apòsito] m. benda f. assorbente.

apostar [apostár] t. scommettere. 2 r. appostarsi. ¶ CONIUG. come contar.

apóstata [apòstata] s. apostata.

apostatar [apostatár] i. far apostasia, apostatare.

apóstol [apòstol] m. apostolo.

apostolado [apostolàðo] m. apostolato.

apostólico, -ca [apostòliko, -ka] a. apostolico.

apostrofar [apostrofár] t. apostrofare.

apóstrofo [apòstrofo] m. apostrofo.

apotema [apotèma] f. apotema.

apoteosis [apoteòsis] f. apoteosi.

apoyar [apojár] t.-r. appoggiare. 2 caldeggiare.

apoyo [apòjo] m. appoggio.

apreciable [apreθjáβle] a. apprezzabile.

apreciación [apreθjaθjón] f. apprezzamento m.

apreciado, -da [apreθjàðo, -ða] a. stimato, pregiato. 2 caro [nelle lettere].

apreciar [apreθjár] t. stimare, apprezzare.

aprecio [aprèθjo] m. stima f.

aprehender [apreendèr] t. afferrare.

aprehensión [apreensjón] f. cattura.

apremiar [apremjár] t. premere. 2 urgere.

apremio [aprèmjo] m. assillo.

aprender [aprendèr] t. imparare, apprendere.

aprendiz, -za [aprendiθ, -θa] s. apprendista.

aprendizaje [aprendiθáxe] m. tirocinio, apprendistato.

aprensar [aprensár] t. pressare.

aprensivo, -va [aprensiβo, -βa] a. apprensivo.

apresamiento [apresamjènto] m. cattura f.

apresar [apresár] t. catturare.

aprestar [aprestár] t.-r. preparare, allestire.

apresto [aprèsto] m. preparazione f., allestimento. 2 appretto.

apresurado, -da [apresuràðo, -ða] a. frettoloso.

apresuramiento [apresuramjènto] m. fretta f.

apresurar [apresurár] t.-r. affrettare.

apretado, -da [apretàðo, -ða] a. stretto, compresso.

apretar [apretár] t.-r. stringere. 2 schiacciare, premere, calcare. ‖ ~ el paso, affrettarsi. ‖ ~ a correr, mettersi a correre. 3 i. essere intenso: el frío aprieta, fa molto freddo.

apretón [apretòn] m. stretta f.

aprieto [aprjèto] *m.* strettezza *f.*, difficoltà *f.*, dissesto. ‖ *estar en un* ~, essere nei guai.

aprisa [aprísa] *avv.* presto, in fretta.

aprisionar [aprisjonár] *t.* imprigionare.

aprobación [aproβaθjón] *f.* approvazione.

aprobar [aproβár] *t.* approvare. 2 promuovere [qualcuno agli esami]. 3 passare [una materia agli esami].

aprobado, -da [aproβáδo, -δa] *a.* approvato. 2 promosso, ammesso. 3 *m.* promozione *f.*

apropiación [apropjaθjón] *f.* appropriazione.

apropiado, -da [apropjáδo, -δa] *a.* appropriato, adatto, calzante.

apropiar [apropjár] *t.-r.* attribuire. 2 *r.* impadronirsi.

aprovechable [aproβetʃáβle] *a.* utilizzabile.

aprovechado, -da [aproβetʃáδo, -δa] *a.-s.* ben utilizzato. 2 studioso. 3 profittatore.

aprovechamiento [aproβetʃamjènto] *m.* profitto. 2 utilizzazione *f.*, sfruttamento.

aprovechar [aproβetʃár] *t.-r.* approfittare di, utilizzare. 2 *i.* profittare.

aprovisionar [aproβisjonár] *t.* approvvigionare.

aproximación [apro(ɣ)simaθjón] *f.* approssimazione.

aproximadamente [apro(ɣ)simáδamente] *avv.* approssimativamente, circa.

aproximado, -da [apro(ɣ)simáδo, -δa] *a.* approssimativo.

aproximar [apro(ɣ)simár] *t.-r.* avvicinare.

aproximativo, -va [apro(ɣ)simatiβo, -βa] *a.* approssimativo.

aptitud [aβtitúδ] *f.* attitudine.

apto, -ta [áβto, -ta] *a.* atto, adatto.

apuesta [apwèsta] *f.* scommessa.

apuesto, -ta [apwèsto, -ta] *a.* di bell'aspetto.

apuntador [apuntaδòr] *m.* TEAT. suggeritore.

apuntalamiento [apuntalamjènto] *m.* puntellamento.

apuntalar [apuntalár] *t.* puntellare.

apuntar [apuntár] *t.* appuntare. 2 notare, annotare, segnare. 3 TEAT. suggerire. 4 *i.* appuntire.

apunte [apúnte] *m.* appunto, nota *f.*, annotazione *f.*

apuñalar [apuɲalár] *t.* pugnalare.

apurado, -da [apuráδo, -δa] *a.* inguaiato. 2 bisognoso. 3 esatto.

apurar [apurár] *t.* depurare. 2 vuotare. 3 *r.* preoccuparsi. 4 darsi fretta.

apuro [apúro] *m.* difficoltà *f.*, impaccio, impiccio. 2 ristrettezza *f.* ‖ *estar en un* ~, essere nei guai, negli impicci.

aquejar [akexár] *t.* affliggere, tormentare.

aquel, -lla [akèl, -ʎa] *a.* quello.

aquél, -lla [akèl, -ʎa] *pron.* quello, colui. ‖ ~ *que*, colui che.

aquello [akéʎo] *pron.* ciò, quello.

aquí [akí] *avv.* qui. ‖ ~ *está*, eccolo.

aquiescencia [akjesθénθja] *f.* acquiescenza.

aquiescente [akjesθénte] *a.* acquiescente.

aquietar [akjetár] *t.-r.* calmare.

ara [ára] *f.* ara, altare *m.*

árabe [áraβe] *a.-s.* arabo.

arabesco [araβésko] *m.* arabesco.

arado [aráδo] *m.* aratro.

arador, -ra [araδór, -ra] *a.-s.* aratore.

aradura [araδúra] *f.* aratura.

aragonés, -sa [araɣonès, -sa] *a.-s.* aragonese.

arancel [aranθèl] *m.* dazio.

araña [aráɲa] *f.* ragno *m.*

arañar [araɲár] *t.* graffiare.

arañazo [araɲáθo] *m.* graffio, graffiatura *f.*

arar [arár] *t.* arare.

arbitraje [arβitráxe] *m.* arbitraggio, arbitrato.

arbitrar [arβitrár] *t.* arbitrare.

arbitrariedad [arβitrarjeδáδ] *f.* arbitrarietà.

arbitrario, -ria [arβitrárjo, -rja] *a.* arbitrario.

arbitrio [arβitrjo] *m.* arbitrio.

árbitro [árβitro] *m.* arbitro.

árbol [árβol] *m.* albero.

arbolado, -da [arβoláδo, -δa] *a.* alberato.

arboleda [arβolèδa] *f.* albereto *m.*

arbusto [arβústo] *m.* arbusto, arboscello.

arca [árka] *f.* cassone *m.* 2 arca.

arcabuz [arkaβúθ] *m.* archibugio.

arcada [arkáδa] *f.* arcata.

arcaico, -ca [arkáiko, -ka] *a.* arcaico.

arcaísmo [arkaizmo] *m.* arcaismo.

arcángel [arkáɲxel] *m.* arcangelo.

arcano, -na [arkáno, -na] *a.-m.* arcano.

arcilla [arθíʎa] *f.* argilla, creta.

arcilloso, -sa [arθiʎóso, -sa] *a.* argilloso, cretaceo.

arcipreste [arθiprèste] *m.* arciprete.

arco [árko] *m.* arco. ‖ ~ *iris*, arcobaleno. 2 MUS. archetto.

archidiácono [artʃiðjákono] *m.* arcidiacono.

archidiócesis [artʃiðjóθesis] *f.* arcidiocesi.

archiduque, -sa [artʃiðúke, -sa] *s.* arciduca.

archimandrita [artʃimandrita] *m.* archimandrita.

archipiélago [artʃipjélaɣo] *m.* arcipelago.

archivar [artʃiβár] *t.* archiviare.

archivero, -ra [artʃiβéro, -ra] *m.* archivista.

archivo [artʃiβo] *m.* archivio.

arder [arðér] *i.* ardere.

ardid [arðíð] *m.* stratagemma.

ardiente [arðjénte] *a.* ardente, cocente. 2 ardente, fervido.

ardilla [arðíʎa] *f.* scoiattolo *m.*

ardor [arðór] *m.* ardore. 2 bruciore [di stomaco].

arduo, -dua [árdwo, -dwa] *a.* arduo.

área [área] *f.* area.

arena [aréna] *f.* arena, sabbia.

arenal [arenál] *m.* arenile.

arenga [aréŋga] *f.* arringa.

arengar [areŋgár] *t.* arringare.

arenisca [areniska] *f.* arenaria.

arenoso, -sa [arenóso, -sa] *a.* sabbioso, arenoso.

arenque [aréŋke] *m.* aringa *f.*

argamasa [arɣamása] *f.* calcina.

argelino, -na [arxelino, -na] *a.-s.* algerino.

argentar [arxentár] *t.* argentare.

argentino, -na [arxentino, -na] *a.-s.* argentino.

argolla [arɣóʎa] *f.* grosso anello *m.* di metallo.

argucia [arɣúθja] *f.* arguzia.

argüir [arɣwir] *t.-i.* arguire. ¶ CONIUG. come *huir.*

argumentación [arɣumentaθjón] *f.* argomentazione.

argumentar [arɣumentár] *t.* argomentare.

argumento [arɣuménto] *m.* argomento.

aria [árja] *f.* MUS. aria.

aridecer [ariðeθér] *t.-i.* inaridire. ¶ CONIUG. come *crecer.*

aridez [ariðéθ] *f.* aridità.

árido, -da [áriðo, -ða] *a.* arido.

aries [árjes] *m.* ASTR. ariete.

ariete [arjéte] *m.* MIL. ariete.

ario, -ria [árjo, -rja] *a.-s.* ario, ariano.

arisco, -ca [arisko, -ka] *a.* intrattabile, scorbutico. 2 scostante.

arista [arista] *f.* spigolo *m.*

aristocracia [aristokráθja] *f.* aristocrazia.

aristócrata [aristókrata] *s.* aristocratico.

aristocrático, -ca [aristokrátiko, -ka] *a.* aristocratico.

aritmético, -ca [ariðmétiko, -ka] *a.* aritmetico. 2 *f.* aritmetica.

arlequín [arlekin] *m.* arlecchino.

arma [árma] *f.* arma: ~ *blanca*, arma bianca. 2 arma: ~ *de infantería*, arma di fanteria.

armada [armáða] *f.* armata.

armador [armaðór] *m.* armatore.

armadura [armaðúra] *f.* armatura.

armamento [armaménto] *m.* armamento.

armar [armár] *t.-r.* armare.

armario [armárjo] *m.* armadio. ‖ ~ *empotrado*, armadio a muro.

armazón [armaθón] *m.* armatura *f.* 2 scheletro, carcassa *f.*

armenio, -nia [armènjo, -nja] *a.-s.* armeno.

armería [armería] *f.* armeria.

armero [armèro] *m.* armaiolo.

armiño [armiɲo] *m.* ermellino.

armisticio [armistiθjo] *m.* armistizio.

armonía [armonia] *f.* armonia.

armónico, -ca [armóniko, -ka] *a.* armonico. 2 *f.* armonica.

armonio [armónjo] *m.* armonio.

armonioso, -sa [armonjóso, -sa] *a.* armonioso.

armonizar [armoniθár] *t.-i.* armonizzare.

arnés [arnès] *m.* arnese.

árnica [árnika] *f.* arnica.

aro [áro] *m.* cerchio, anello.

aroma [aróma] *m.* aroma.

aromático, -ca [aromátiko, -ka] *a.* aromatico.

aromatizar [aromatiθár] *t.* aromatizzare.

arpa [árpa] *f.* arpa.

arpegio [arpèxjo] *m.* MUS. arpeggio.

arpía [arpia] *f.* arpia.

arpón [arpòn] *m.* fiocina *f.*, arpione.

arponear [arponeár] *t.* fiocinare, arpionare.

arquear [arkeár] *t.-r.* inarcare, incurvare, arcuare. 2 MAR. stazzare.

arqueo [arkèo] *m.* incurvatura *f.* ad arco. 2 MAR. stazzatura *f.*

arqueología [arkeoloxia] *f.* archeologia.

arqueológico, -ca [arkeolóxiko, -ka] *a.* archeologico.

arqueólogo [arkeóloyo] *m.* archeologo.
arquibanco [arkiβáŋko] *m.* cassapanca *f.*
arquitecto [arkitéyto] *m.* architetto.
arquitectónico, -ca [arkiteytóniko, -ka] *a.* architettonico.
arquitectura [arkiteytúra] *f.* architettura.
arquitrabe [arkitráβe] *m.* architrave.
arrabal [arraβál] *m.* sobborgo, frazione *f.*
arraigar [arraiyár] *i.-r.* radicare, attecchire.
arraigo [arráiyo] *m.* attecchimento.
arrancar [arraŋkár] *t.* strappare, sradicare, divellere. 2 *i.* mettersi in moto.
arranque [arráŋke] *m.* strappo. 2 MAR. abbrivo. ‖ ~ *del motor*, avviamento. 3 fig. slancio, energia *f.*
arras [árras] *f. pl.* arra, caparra. 2 donazione nuziale.
arrasar [arrasár] *t.* spianare. 2 radere al suolo. 3 riempire sino all'orlo. ‖ *ojos arrasados en lágrimas*, occhi pieni di lacrime.
arrastrado, -da [arrastráðo, -ða] *a.* fig. miserabile.
arrastrar [arrastrár] *t.* trascinare. 2 *i.-r.* strisciare.
arrastre [arrástre] *m.* trascinamento.
arrear [arreár] *t.* incitare il bestiame. ‖ *¡arre!*, arri! ‖ *¡arrea!*, spicciati! ‖ ~ *un bofetón*, dare uno schiaffo.
arrebatado, -da [arreβatáðo, -ða] *a.* precipitoso, impulsivo.
arrebatador, -ra [arreβataðór, -ra] *a.* affascinante, travolgente.
arrebatamiento [arreβatamjénto] *m.* rapimento. 2 fig. estasi *f.* 3 furore.
arrebatar [arreβatár] *t.* strappare. 2 fig. travolgere.
arrebato [arreβáto] *m.* furore. 2 impeto. 3 fig. estasi *f.*
arreciar [arreθjár] *i.* infuriare, imperversare.
arrecife [arreθífe] *m.* scogliera *f.*
arredrar [arreðrár] *t.-r.* far retrocedere. 2 fig. spaventare.
arreglado, -da [arreyláðo, -ða] *a.* ordinato, sistemato.
arreglar [arreylár] *t.-r.* sistemare, accomodare, aggiustare. 2 *r.* acconciarsi. ‖ ~ *con mal gusto*, conciarsi. ‖ *arreglárselas*, arrangiarsi.
arreglo [arréylo] *m.* sistemazione *f.*, aggiustamento, arrangiamento. 2 fig. accordo, accomodamento, compromesso. ‖ *con ~ a*, in base a.
arremangar [arremaŋgár] *t.-r.* rimboccare.

arremeter [arremetèr] *t.* assalire. 2 *i.* slanciarsi.
arremetida [arremetìða] *f.* assalto *m.* 2 slancio *m.*
arrendamiento [arrendamjènto] *m.* affitto, appalto.
arrendar [arrendár] *t.* affittare, appaltare.
arrendatario, -ria [arrendatárjo, -rja] *a.-s.* appaltatore, affittuario.
arreo [arrèo] *m.* ornamento. 2 *pl.* bardatura *f. sing.*
arrepentimiento [arrepentimjènto] *m.* pentimento.
arrepentirse [arrepentirse] *r.* pentirsi. ¶ CONIUG. come *sentir*.
arrestar [arrestár] *t.* arrestare.
arresto [arrèsto] *m.* arresto. 2 fig. audacia *f.*
arriar [arrjár] *t.* ammainare.
arriba [arríβa] *avv.* in alto, su, di sopra. 2 *inter.* viva!
arribar [arriβár] *i.* approdare.
arribista [arriβísta] *a.-s.* arrivista.
arribo [arríβo] *m.* approdo.
arriendo [arrjèndo] *m.* affitto, appalto.
arriero [arrièro] *m.* mulattiere.
arriesgado, -da [arrjezyáðo, -ða] *a.* rischioso, arrischiato.
arriesgar [arrjezyár] *t.* rischiare, azzardare. 2 *r.* arrischiarsi, azzardarsi.
arrimar [arrimár] *t.-r.* avvicinare, accostare.
arrinconamiento [arriŋkonamjènto] *m.* accantonamento.
arrinconar [arriŋkonár] *t.* accantonare. 2 mettere al bando.
arriscado, -da [arriskáðo, -ða] *a.* roccioso. 2 fig. intrepido, audace.
arrobar [arroβár] *t.-r.* estasiare, rapire.
arrodillarse [arroðiʎárse] *r.* inginocchiarsi, genuflettersi.
arrogancia [arroyánθja] *f.* arroganza.
arrogante [arroyánte] *a.* arrogante. 2 aitante.
arrogarse [arroyárse] *r.* arrogarsi.
arrojado, -da [arroxáðo, -ða] *a.* fig. intrepido.
arrojar [arroxár] *t.-r.* lanciare, gettare, buttare.
arrojo [arróxo] *m.* slancio, audacia *f.*
arrollador, -ra [arroʎaðór, -ra] *a.* travolgente, irresistibile.
arrollar [arroʎár] *t.* avvolgere. 2 travolgere. 3 fig. sopraffare.
arropar [arropár] *t.-r.* coprire [con panni].
arrope [arrópe] *m.* sciroppo.

arrostrar [arrostrár] *t.* affrontare.
arroyo [arrójo] *m.* ruscello.
arroz [arróθ] *m.* riso.
arrozal [arroθál] *m.* risaia *f.*
arruga [arrúya] *f.* ruga, piega, grinza.
arrugar [arruyár] *t.-r.* corrugare, raggrinzare. 2 sgualcire.
arruinar [arrwinár] *t.-r.* rovinare.
arrullar [arruʎár] *t.* tubare. 2 cullare, ninnare.
arrullo [arrúʎo] *m.* ninna nanna *f.* 2 il tubare dei colombi.
arsenal [arsenál] *m.* arsenale.
arsénico [arséniko] *m.* arsenico.
arte [árte] *s.* arte *f.*
arteria [artérja] *f.* arteria.
arteriografía [arterjografía] *f.* arteriografia.
arteriosclerosis [arterjosklerósis] *f.* arteriosclerosi.
artero, -ra [artéro, -ra] *a.* scaltro, furbo.
artesanía [artesanía] *f.* artigianato *m.*
artesano, -na [artesáno, -na] *s.* artigiano.
artesonado [artesonáðo] *m.* soffitto a cassettoni.
ártico, -ca [ártiko, -ka] *a.* artico.
articulación [artikulaθjón] *f.* articolazione.
articular [artikulár] *t.-a.* articolare.
artículo [artikulo] *m.* articolo.
artífice [artífiθe] *s.* artefice.
artificial [artifiθjál] *a.* artificiale. ‖ **fuegos artificiales**, fuochi d'artificio.
artificio [artifíθjo] *m.* artificio.
artificioso, -sa [artifiθjóso, -sa] *a.* artificioso.
artillería [artiʎería] *f.* artiglieria.
artillero [artiʎéro] *m.* artigliere.
artimaña [artimáɲa] *f.* astuzia, trucco *m.*
artista [artista] *a.-s.* artista.
artístico, -ca [artistiko, -ka] *a.* artistico.
artritis [artrítis] *f.* artrite.
arzobispado [arθoβispáðo] *m.* arcivescovato.
arzobispo [arθoβispo] *m.* arcivescovo.
as [as] *m.* asso, fuoriclasse.
asa [ása] *f.* manico *m.*, ansa.
asado, -da [asáðo, -ða] *a.-m.* arrosto.
asador [asaðór] *m.* spiedo, girarrosto.
asadura [asaðúra] *f.* frattaglie *pl.*
asalariar [asalarjár] *t.* dare un salario.
asaltar [asaltár] *t.* assalire, assaltare.
asalto [asálto] *m.* assalto.
asamblea [asambléa] *f.* assemblea, adunanza.
asar [asár] *t.-r.* arrostire.

asaz [asáθ] *avv.* abbastanza.
ascendencia [asθendénθja] *f.* ascendenza.
ascender [asθendér] *i.* ascendere, salire. 2 ammontare [un importo]. 3 *t.* promuovere. ¶ CONIUG. come *tender.*
ascendiente [asθendjénte] *s.* ascendente. 2 *m.* autorità *f.*, credito.
ascensión [asθensjón] *f.* ascensione.
ascenso [asθénso] *m.* salita *f.*, ascesa *f.*
ascensor [asθensór] *m.* ascensore.
asceta [asθéta] *s.* asceta.
ascético, -ca [asθétiko, -ka] *a.* ascetico. 2 *f.* ascetica.
asco [ásko] *m.* schifo.
ascua [áskwa] *f.* brace. ‖ **estar en ascuas**, essere sulle spine.
aseado, -da [aseáðo, -ða] *a.* pulito.
asear [aseár] *t.-r.* pulire.
asechanza [asetʃánθa] *f.* insidia, agguato *m.*
asechar [asetʃár] *t.* insidiare.
asediar [aseðjár] *t.* assediare.
asedio [aséðjo] *m.* assedio.
asegurador, -ra [aseyuraðór, -ra] *a.-s.* assicuratore.
asegurar [aseyurár] *t.-r.* assicurare.
asemejar [asemexár] *t.-r.* assomigliare.
asenso [asénso] *m.* assenso, consenso.
asentaderas [asentaðéras] *f. pl.* natiche.
asentado, -da [asentáðo, -ða] *a.* calmo, giudizioso.
asentar [asentár] *t.* mettere a sedere. 2 stabilire. ‖ ~ **la cabeza**, mettere la testa a posto. 3 *r.* fig. sistemarsi. ¶ CONIUG. come *acertar.*
asentimiento [asentimjénto] *m.* assenso, consenso.
asentir [asentir] *i.* assentire, annuire.
aseo [aséo] *m.* pulizia *f.*, toilette *f.*
aséptico, -ca [aséβtiko, -ka] *a.* asettico.
asequible [asekíβle] *a.* raggiungibile, ottenibile, accessibile.
aserción [aserθjón] *f.* asserzione, asserto *m.*
aserrar [aserrár] *t.* segare. ¶ CONIUG. come *acertar.*
aserrín [aserrin] *m.* segatura *f.*
asertivo, -va [asertíβo, -βa] *a.* affermativo.
aserto [asérto] *m.* asserzione *f.*, asserto.
asesinar [asesinár] *t.* assassinare.
asesinato [asesináto] *m.* assassinio.
asesino, -na [asesino, -na] *a.-s.* assassino.
asesor, -ra [asesór, -ra] *a.-s.* assessore.

asesorar [asesorár] *t.* consigliare.
asesoría [asesoría] *f.* assessorato *m.*
asestar [asestár] *t.* assestare.
aseveración [aseβeraθjón] *f.* assevera-
zione.
aseverar [aseβerár] *t.* asseverare, asserire.
asfaltado, -da [asfaltáðo, -ða] *a.-m.* suolo
di asfalto. 2 asfaltatura *f.*
asfaltar [asfaltár] *f.* asfaltare.
asfalto [asfálto] *m.* asfalto.
asfixia [asfi(y)sja] *f.* asfissia.
asfixiante [asfiy(s)jánte] *a.* asfissiante.
asfixiar [asfi(y)sjár] *t.-r.* asfissiare.
así [así] *avv.* così. ǁ ~ *que* [*cong.*], cosicché.
asiático, -ca [asjátiko, -ka] *a.-s.* asiatico.
asidero [asiðéro] *m.* manico.
asiduidad [asiðwiðáð] *f.* assiduità.
asiduo, -dua [asiðwo, -ðwa] *a.* assiduo.
asiento [asjénto] *m.* sedile, posto a sedere.
ǁ *tomar* ~, sedersi, prendere posto.
asignación [asiynaθjón] *f.* assegnazione,
assegnamento *m.* 2 appannaggio *m.*
asignar [asiynár] *t.* assegnare.
asignatura [asiynatúra] *f.* materia.
asilado, -da [asiláðo, -ða] *s.* ricoverato.
asilar [asilár] *t.* dar asilo. 2 ricoverare.
asilo [asílo] *m.* asilo.
asimétrico, -ca [asimétriko, -ka] *a.* asimmetrico.
asimilación [asimilaθjón] *f.* assimilazione.
asimilar [asimilár] *t.* assimilare. 2 *r.* as-
somigliarsi.
asimismo [asimizmo] *avv.* ugualmente,
anche, così pure.
asir [asír] *t.-r.* afferrare. ¶ CONIUG. IND.
pres.: *asgo.* ǁ CONG. pres.: *asga, asgas,*
ecc. ǁ IMPER.: *asga, asgamos, asgan.*
asistencia [asisténθja] *f.* assistenza.
asistente [asisténte] *a.-s.* aiutante, assistente. 2 astante. 3 MIL. attendente.
asistir [asistír] *t.-i.* assistere.
asma [ázma] *f.* asma.
asmático, -ca [azmátiko, -ka] *a.-s.* asmatico.
asnada [aznáða] *f.* branco *m.* d'asini.
asno [ázno] *m.* asino.
asociación [asoθjaθjón] *f.* associazione,
consorzio *m.*
asociado, -da [asoθjáðo, -ða] *a.-s.* associato. 2 *m.* socio.
asociar [asoθjár] *t.-r.* associare.
asolamiento [asolamjénto] *m.* devastazione *f.*
asolar [asolár] *t.* devastare. ¶ CONIUG.
come *contar.*

asoldar [asoldár] *t.* assoldare.
asolear [asoleár] *t.* soleggiare.
asomar [asomár] *t.* sporgere. 2 *i.* spuntare,
cominciare a comparire. 3 *r.* affacciarsi.
asombrar [asombrár] *t.-r.* stupire.
asombro [asómbro] *m.* stupore.
asombroso, -sa [asombróso, -sa] *a.* sorprendente, portentoso.
asomo [asómo] *m.* indizio, sospetto. ǁ *ni*
por ~, neppure per sogno.
asonancia [asonánθja] *f.* assonanza.
asonante [asonánte] *a.* assonante.
asordar [asorðár] *t.* assordare.
aspa [áspa] *f.* aspo *m.* 2 pala [del mulino a
vento].
aspaviento [aspaβjénto] *m.* sbigottimento.
aspecto [aspéyto] *m.* aspetto, cera *f.*
aspereza [asperéθa] *f.* asprezza, asperità.
asperjar [asperxár] *t.* aspergere.
áspero, -ra [áspero, -ra] *a.* aspro, acre.
aspersión [aspersjón] *f.* aspersione.
aspersorio [aspersórjo] *m.* ECCL. aspersorio.
áspid [áspið] *m.* aspide.
aspillera [aspiʎéra] *f.* feritoia.
aspiración [aspiraθjón] *f.* aspirazione.
aspiradora [aspiraðóra] *f.* aspirapolvere *m.*
aspirante [aspiránte] *a.-s.* aspirante.
aspirar [aspirár] *t.* aspirare, ambire.
asquear [askeár] *t.* far schifo. 2 *i.* avere
schifo.
asquerosidad [askerosiðáð] *f.* schifezza.
asqueroso, -sa [askeróso, -sa] *a.* schifoso.
asta [ásta] *f.* asta.
asterisco [asterísko] *m.* asterisco.
asteroide [asteróiðe] *m.* asteroide.
astigmatismo [astiymatizmo] *m.* astigmatismo.
astil [astíl] *m.* manico.
astilla [astíʎa] *f.* scheggia.
astillar [astiʎár] *t.* scheggiare.
astillero [astiʎéro] *m.* MAR. arsenale, cantiere (navale).
astracán [astrakán] *m.* astracan.
astral [astrál] *a.* astrale.
astringencia [astriŋxénθja] *f.* restringimento *m.*
astringente [astriŋxénte] *a.-m.* astringente.
astringir [astriŋxír] *t.* astringere. 2 fig. costringere.
astro [ástro] *m.* astro.
astrología [astroloxía] *f.* astrologia.

astrólogo [astróloyo] *m.* astrologo.
astronomía [astronomía] *f.* astronomia.
astrónomo [astrónomo] *m.* astronomo.
astucia [astúθja] *f.* astuzia, accortezza, furbizia.
astuto, -ta [astúto, -ta] *a.* astuto, furbo.
asueto [aswèto] *m.* breve vacanza *f.*
asumir [asumír] *t.* assumere, addossarsi.
asunto [asúnto] *m.* argomento. 2 faccenda *f.*, affare.
asustadizo, -za [asustaðiθo, -θa] *a.* pauroso.
asustar [asustár] *t.-r.* spaventare, impaurire.
atacar [atakár] *t.* attaccare.
atadero [ataðèro] *m.* legaccio.
atadijo [ataðíxo] *m.* fagottino.
atado [atàðo] *m.* fagotto.
atadura [ataðúra] *f.* legatura, legame *m.*
atajar [ataxár] *t.* sbarrare. 2 interrompere. 3 *i.* prendere una scorciatoia.
atajo [atàxo] *m.* scorciatoia *f.*
atalaya [atalája] *f.* vedetta.
atalayar [atalajár] *t.* scrutare dall'alto.
atañer [atapèr] *i.* concernere, riguardare.
ataque [atáke] *m.* attacco.
atar [atár] *t.* legare, allacciare, annodare.
atarazana [ataraθána] *f.* arsenale *m.*
atardecer [atarðeθèr] *i.* imbrunire. 2 *m.* sera *f.* ‖ **al ~**, sull'imbrunire. ¶ CONIUG. come *crecer.*
atarear [atareár] *t.* assegnar lavoro. 2 *r.* affaccendarsi.
atareado, -da [atareàðo, -ða] *a.* affaccendato.
atascadero [ataskaðèro] *m.* pantano. 2 fig. imbroglio.
atascar [ataskár] *t.* ostruire, intasare. 2 *r.* infangarsi. 3 fig. imbrogliarsi.
atasco [atásko] *m.* intasamento, ingorgo. 2 ostacolo.
ataúd [ataúð] *m.* bara *f.*
ataviar [ataβjár] *t.-r.* abbigliare, acconciare, agghindare.
atávico, -ca [atáβiko, -ka] *a.* atavico.
atavío [ataβío] *m.* abbigliamento, acconciatura *f.*
atavismo [ataβízmo] *m.* atavismo.
atemorizar [atemoriθár] *t.-r.* intimorire.
atenazar [atenaθár] *t.* attanagliare.
atención [atenθjón] *f.* attenzione. 2 cortesia, deferenza. ‖ **prestar ~**, dare ascolto. ‖ **llamar la atención**, richiamare l'attenzione.
atender [atendèr] *t.-i.* prestare attenzione. 2 occuparsi di, servire, accudire.

ateneo [atenèo] *m.* ateneo.
atenerse [atenèrse] *r.* attenersi. ‖ **saber a qué ~**, sapere come regolarsi.
atentado [atentàðo] *m.* attentato.
atentar [atentár] *t.* attentare. ¶ CONIUG. come *acertar.*
atentamente [atèntamente] *avv.* attentamente. ‖ **~ le saluda**, distinti saluti [nelle lettere].
atento, -ta [atènto, -ta] *a.* attento. 2 gentile.
atenuación [atenwaθjón] *f.* attenuazione.
atenuante [atenwànte] *a.-s.* attenuante.
atenuar [atenwár] *t.* attenuare.
ateo, -a [atèo, -a] *a.-s.* ateo.
aterciopelado, -da [aterθjopelàðo, -ða] *a.* vellutato.
aterirse [aterirse] *r.* intirizzirsi, assiderarsi.
aterrador, -ra [aterraðòr, -ra] *a.* terrificante.
aterrar [aterrár] *t.* atterrire. 2 atterrare, gettare a terra.
aterrizaje [aterriθáxe] *m.* atterraggio.
aterrizar [aterriθár] *i.* atterrare.
aterrorizar [aterroriθár] *t.* terrorizzare, atterrire.
atesorar [atesorár] *t.* tesaurizzare.
atestación [atestaθjón] *f.* attestazione.
atestado [atestàðo] *m.* attestato.
atestar [atestár] *t.* gremire. 2 GIUR. attestare. ¶ CONIUG. come *acertar.*
atestiguar [atestiywár] *t.* testimoniare, attestare.
atiborrar [atiβorrár] *t.-r.* colmare, rimpinzare.
ático, -ca [átiko, -ka] *a.-m.* attico.
atildado, -da [atildàðo, -ða] *a.* azzimato.
atinado, -da [atinàðo, -ða] *a.* azzeccato.
atinar [atinár] *t.* azzeccare.
atirantar [atirantár] *t.* tendere.
atisbar [atisβár] *t.* spiare.
atisbo [atisβo] *m.* spiata *f.* 2 indizio.
atizador [atiθaðòr] *m.* attizzatoio.
atizar [atiθár] *t.* attizzare. ‖ **¡atiza!**, caspita!
atlántico, -ca [atlántiko, -ka] *a.* atlantico.
atlas [àðlas] *m.* atlante.
atleta [aðlèta] *s.* atleta.
atlético, -ca [aðlètiko, -ka] *a.* atletico. 2 *f.* atletica.
atmósfera [aðmósfera] *f.* atmosfera.
atmosférico, -ca [aðmosfèriko, -ka] *a.* atmosferico.

atolondrado, -da [atolondráðo, -ða] *a.* stordito.

atolondrar [atolondrár] *t.* stordire.

atómico, -ca [atómiko, -ka] *a.* atomico.

atomizar [atomiθár] *t.* polverizzare.

átomo [átomo] *m.* atomo.

atonía [atonía] *f.* atonia.

atónito, -ta [atónito, -ta] *a.* attonito.

atontado, -da [atontáðo, -ða] *a.* istupidito.

atontamiento [atontamjénto] *m.* stordimento, istupidimento.

atontar [atontár] *t.* stordire, istupidire.

atormentar [atormentár] *t.-r.* tormentare, crucciare.

atornillar [atorniʎár] *t.* avvitare.

atosigamiento [atosiɣamjénto] *m.* avvelenamento.

atosigar [atosiɣár] *t.* attossicare, avvelenare. 2 assillare.

atracadero [atrakaðéro] *m.* approdo.

atracador [atrakaðór] *m.* aggressore, bandito.

atracar [atrakár] *i.* attraccare, approdare. 2 *t.* assalire. 3 *r₌* fam. riempirsi, mangiare molto.

atracción [atraɣθjón] *f.* attrazione.

atraco [atráko] *m.* rapina *f.*

atracón [atrakón] *m.* scorpacciata *f.*

atractivo, -va [atraɣtiβo, -βa] *a.* attraente, avvenente. 2 *m.* fascino, avvenenza *f.*

atraer [atraér] *t.* attrarre, attirare.

atragantarse [atraɣantárse] *r.* ingozzarsi. ‖ **tener atragantado**, stare sul gozzo [qualcosa a qualcuno].

atrancar [atraŋkár] *t.* sprangare. 2 *t.-r.* ostruire.

atrapar [atrapár] *t.* acciuffare, pigliare, acchiappare.

atrás [atrás] *avv.* indietro, addietro.

atrasado, -da [atrasáðo, -ða] *a.* arretrato. ‖ **estar ~**, essere indietro. 2 depresso [socialmente, economicamente].

atrasar [atrasár] *t.* ritardare. ‖ **~ el reloj**, mettere indietro l'orologio. 2 *i.* andare indietro. 3 *r.* rimanere indietro.

atraso [atráso] *m.* ritardo. 2 *pl.* arretrati.

atravesar [atraβesár] *t.* attraversare. 2 trapassare. ‖ **tener atravesado**, stare sul gozzo [qualcosa a qualcuno]. ¶ CONIUG. come **acertar**.

atrayente [atrajénte] *a.* attraente.

atreverse [atreβérse] *r.* osare, azzardarsi, ardire.

atrevido, -da [atreβiðo, -ða] *a.* audace, ardito. 2 sfacciato.

atrevimiento [atreβimjénto] *m.* audacia *f.*, baldanza *f.* 2 sfacciataggine *f.*

atribución [atriβuθjón] *f.* attribuzione.

atribuir [atriβwír] *t.-r.* attribuire. ¶ CONIUG. come **huir**.

atribular [atriβulár] *t.* tormentare, affliggere. 2 *i.* tribolare.

atributo [atriβúto] *m.* attributo.

atrición [atriθjón] *f.* attrizione.

atril [atril] *m.* leggio.

atrincheramiento [atrintʃeramjénto] *m.* trinceramento.

atrincherar [atrintʃerár] *t.-r.* trincerare, barricare. 2 *r.* asserragliarsi.

atrio [átrjo] *m.* atrio, ingresso.

atrocidad [atroθiðáð] *f.* atrocità.

atrofia [atrófja] *f.* atrofia.

atrofiarse [atrofjárse] *r.* atrofizzarsi.

atronador, -ra [atronaðór, -ra] *a.* assordante.

atronar [atronár] *t.* assordare.

atropellado, -da [atropeʎáðo, -ða] *a.* precipitoso.

atropellar [atropeʎár] *t.* investire. 2 oltraggiare. 3 *r.* precipitarsi.

atropello [atropéʎo] *m.* investimento. 2 offesa *f.*, sopruso. 3 precipitazione *f.*

atroz [atróθ] *a.* atroce.

atuendo [atwéndo] *m.* abbigliamento. 2 ostentazione *f.*

atún [atún] *m.* tonno.

aturdimiento [aturðimjénto] *m.* stordimento.

aturdir [aturdír] *t.* stordire. 2 assordare.

audacia [auðáθja] *f.* audacia.

audaz [auðáθ] *a.* audace, ardito.

audición [auðiθjón] *f.* audizione.

audiencia [auðjénθja] *f.* udienza.

auditivo, -va [auðitíβo, -βa] *a.* uditivo.

auditor, -ra [auðitór, -ra] *s.* uditore.

auditorio [auðitórjo] *m.* uditorio. 2 auditorio.

auge [áuxe] *m.* auge.

augurar [auɣurár] *t.* augurare. 2 predire.

augurio [auɣúrjo] *m.* augurio. 2 presagio.

augusto, -ta [auɣústo, -ta] *a.* augusto.

aula [áula] *f.* aula.

aullar [auʎár] *i.* ululare, guaire.

aullido [auʎíðo] *m.* ululato, guaito.

aumentar [aumentár] *t.-r.* aumentare, accrescere.

aumentativo, -va [aumentatíβo, -βa] *a.* accrescitivo.

aumento [auménto] *m.* aumento, accrescimento.

aun [aún] *avv.* anche. 2 *cong.* *ni* ~, neppure. 3 ~ *cuando*, anche se.

aún [aún] *avv.* ancora.

aunar [aunár] *t.-r.* adunare. 2 unificare.

aunque [aúŋke] *cong.* sebbene, benché, quantunque.

¡aúpa! [aúpa] *inter.* sù! ‖ *de* ~, magnifico, eccellente.

aupar [aupár] *t.* sollevare. 2 esaltare, ingrandire.

aura [áura] *f.* zeffiro *m.*

aureola [aureóla] *f.* aureola.

aurícula [aurikula] *f.* orecchietta.

auricular [aurikulár] *a.* auricolare. 2 *m.* ricevitore. 3 *pl.* cuffia *f. sing.*

aurífero, -ra [aurífero, -ra] *a.* aurifero.

auriga [auríɣa] *m.* auriga.

aurora [auróra] *f.* aurora.

auscultar [auskultár] *t.* auscultare.

ausencia [ausénθja] *f.* assenza.

ausentarse [ausentárse] *r.* allontanarsi, assentarsi.

ausente [ausénte] *a.* assente.

auspicio [auspíθjo] *m.* auspicio.

austeridad [austeriðáð] *f.* austerità.

austero, -ra [austéro, -ra] *a.* austero.

austral [austrál] *a.* australe.

austríaco, -ca [austríako, -ka] *a.-s.* austriaco.

autarquía [autarkía] *f.* autarchia.

autártico, -ca [autártiko, -ka] *a.* autarchico.

autenticación [autentikaθjón] *f.* autenticazione.

autenticar [autentikár] *t.* autenticare.

autenticidad [autentiθiðáð] *f.* autenticità, genuinità.

auténtico, -ca [auténtiko, -ka] *a.* autentico.

auto [áuto] *m.* auto *f.*, automobile *f.* 2 GIUR. decreto, ordinanza *f.* ‖ ~ *de fe*, autodafé. ‖ ~ *sacramental*, sacra rappresentazione.

autobiografía [autoβjoɣrafía] *f.* autobiografia.

autobiográfico, -ca [autoβjoɣráfiko, -ka] *a.* autobiografico.

autobús [autoβús] *m.* autobus.

autocar [autokár] *m.* pullman, corriera *f.*

autóctono, -na [autóɣtono, -na] *a.* autoctono.

autodidacto, -ta [autoðiðáɣto, -ta] *a.* autodidatta.

autoescuela [autoeskwéla] *f.* autoscuola.

autógrafo, -fa [autóɣrafo, -fa] *a.-m.* autografo.

autómata [autómata] *s.* automa.

automático, -ca [automátiko, -ka] *a.* automatico.

automatismo [automatizmo] *m.* automatismo.

automóvil [automóβil] *m.* automobile *f.*

automovilismo [automoβilizmo] *m.* automobilismo.

automovilista [automoβilísta] *s.* automobilista.

automovilístico, -ca [automoβilistiko, -ka] *a.* automobilistico.

autonomía [autonomía] *f.* autonomia.

autónomo, -ma [autónomo, -ma] *a.* autonomo.

autopista [autopísta] *f.* autostrada.

autopsia [autóβsja] *f.* autopsia.

autor, -ra [autór, -ra] *s.* autore.

autoridad [autoriðáð] *f.* autorità. 2 autorevolezza. ‖ *con* ~, autorevolmente.

autoritario, -ria [autoritárjo, -rja] *a.* autoritario.

autorización [autoriθaθjón] *f.* autorizzazione.

autorizado, -da [autoriθáðo, -ða] *a.* autorizzato. 2 autorevole. ‖ *fuente autorizada*, fonte attendibile.

autorizar [autoriθár] *t.* autorizzare. 2 confermare. 3 vidimare.

autorretrato [autorretráto] *m.* autoritratto.

autosugestión [autosuxestjón] *f.* autosuggestione.

auxiliar [au(ɣ)siljár] *a.* ausiliare, ausiliario. 2 *m.* assistente.

auxiliar [au(ɣ)siljár] *t.* aiutare, soccorrere.

auxilio [au(ɣ)siljo] *m.* aiuto, ausilio.

aval [aβál] *m.* avallo.

avalancha [aβalántʃa] *f.* valanga.

avalar [aβalár] *t.* avallare.

avalorar [aβalorár] *t.* valutare, apprezzare.

avaluar [aβalwár] *t.* valutare.

avance [aβánθe] *m.* avanzata *f.* 2 anticipo.

avanzado, -da [aβanθáðo, -ða] *a.* avanzato. 2 *f.* avanzata.

avanzar [aβanθár] *i.* avanzare. 2 *t.* superare.

avaricia [aβaríθja] *f.* avarizia.

avaricioso, -sa [aβariθjóso, -sa] *a.* avaro.

avaro, -ra [aβáro, -ra] *a.* avaro.

avasallador, -ra [aβasaʎaðór, -ra] *a.* dominatore.

avasallar [aβasaʎár] *t.* assoggettare.

ave [áβe] *f.* volatile *m.*, uccello *m.*

avecinar [aβeθinár] *t.-r.* avvicinare.

avellana

avellana [aβeʎána] f. nocciola.
avellaneda [aβeʎanèða] f. piantagione di noccioli.
avellano [aβeʎáno] m. nocciolo.
avena [aβéna] f. avena.
avenencia [aβenénθja] f. accordo m.
avenida [aβeníða] f. viale m., corso m.
avenir [aβenír] t. concordare. 2 r. affiatarsi. ‖ *bien avenido*, affiatato. ‖ *mal ~*, discorde.
aventajado, -da [aβentaxàðo, -ða] a. vantaggioso.
aventajar [aβentaxár] t.-r. avvantaggiare. 2 superare.
aventar [aβentár] t. ventilare. 2 fig. cacciar via. ¶ CONIUG. come *acertar*.
aventura [aβentúra] f. avventura.
aventurar [aβenturár] t.-r. avventurare, azzardare.
aventurero, -ra [aβenturéro, -ra] s. avventuriero.
avergonzar [aβeryonθár] t. svergognare. 2 r. vergognarsi. ¶ CONIUG. come *contar.*
avería [aβería] f. avaria, guasto m.
averiarse [aβerjárse] r. avariarsi, guastarsi.
averiguación [aβeriɣwaθjón] f. verifica, accertamento m.
averiguar [aβeriɣwár] t. verificare, accertare.
aversión [aβersjón] f. avversione.
avestruz [aβestrúθ] m. struzzo.
avezar [aβeθár] t.-r. avvezzare.
aviación [aβjaθjón] f. aviazione.
aviador, -ra [aβjaðór, -ra] a.-s. aviatore.
avicultor, -ra [aβikultór, -ra] s. avicoltore.
avicultura [aβikultúra] f. avicoltura.
avidez [aβiðéθ] f. avidità, cupidigia.
ávido, -da [áβiðo, -ða] a. avido.
avinagrado, -da [aβinaɣráðo, -ða] a. acetato, acetoso.
avinagrar [aβinaɣrár] t.-r. inacetire.
avión [aβjón] m. aeroplano.
avisado, -da [aβisáðo, -ða] a. accorto, avveduto.
avisar [aβisár] t. avvisare, avvertire.
aviso [aβíso] m. avviso.
avispa [aβíspa] f. vespa.
avispado, -da [aβispáðo, -ða] a. vispo, arzillo.
avispar [aβispár] t.-r. spronare. 2 fig. svegliare, scaltrire.
avispero [aβispéro] m. vespaio.
avistar [aβistár] t. avvistare.
avituallar [aβitwaʎár] t. vettovagliare.

avivar [aβiβár] t. ravvivare.
avizor [aβiθór] m. scrutatore. ‖ *ojo ~*, all'erta.
avocación [aβokaθjón] f. avocazione.
avocar [aβokár] t. avocare.
avutarda [aβutárða] f. otarda.
axila [a(ɣ)síla] f. ascella.
axioma [a(ɣ)sjóma] m. assioma.
axiomático, -ca [a(ɣ)sjomátiko, -ka] a. assiomatico.
axis [á(ɣ)sis] m. asse.
¡ay! [ái] inter. ahi!, guai! ‖ *¡~ de ti!*, guai a te!
ayer [ajèr] avv. ieri. ‖ *~ por la mañana*, ieri mattina. ‖ *~ por la noche*, ieri sera, ieri notte.
ayo, -ya [ájo, -ja] s. precettore.
ayuda [ajúða] f. aiuto m.
ayudante [ajuðante] m. aiutante, assistente.
ayudar [ajuðár] t.-r. aiutare, soccorrere.
ayunar [ajunár] i. digiunare.
ayunas (en) [en ajúnas] loc. avv. a digiuno.
ayuno, -na [ajúno, -na] a. digiuno. 2 fig. privo. 3 m. digiuno.
ayuntamiento [ajuntamjènto] m. comune, municipio.
azada [aθáða] f. zappa.
azadón [aθaðón] m. zappa f.
azafata [aθafáta] f. hostess.
azafrán [aθafrán] m. zafferano.
azahar [aθaár] m. fior d'arancio.
azalea [aθalèa] f. azalea.
azar [aθár] m. caso. 2 azzardo, rischio. ‖ *al ~*, a caso.
azararse [aθarárse] r. innervosirsi.
azaroso, -sa [aθaróso, -sa] a. avventuroso.
ázimo [áθimo] a. azzimo.
ázoe [áθoe] m. azoto.
azogue [aθóɣe] m. argento vivo.
azor [aθór] m. sparviero.
azoramiento [aθoramjènto] m. turbamento.
azorar [aθorár] t.-r. turbare, spaventare.
azotar [aθotár] t. picchiare. 2 frustare.
azote [aθóte] m. frusta f. 2 flagello.
azotea [aθotèa] f. terrazza.
azteca [aθtèka] a.-s. azteco.
azúcar [aθúkar] m. zucchero. ‖ *~ quemado*, zucchero caramellato.
azucarado, -da [aθukaráðo, -ða] a. zuccherato. 2 fig. mellifluo, zuccheroso.
azucarar [aθukarár] t. zuccherare.
azucarera [aθukaréra] f. zuccheriera.

azucarillo [aθukaríʎo] *m.* zuccherino.
azucena [aθuθèna] *f.* giglio *m.*
azufrado, -da [aθufràðo, -ða] *a.* solforoso.
azufrar [aθufrár] *t.* solforare.
azufre [aθúfre] *m.* zolfo.

azul [aθúl] *a.-m.* azzurro, blu. ‖ ~ *celeste*, celeste.
azulado, -da [aθuláðo, -ða] *a.* azzurrino.
azulejo [aθuléxo] *m.* piastrella *f.*
azuzar [aθuθár] *t.* aizzare.

B

b [be] *f.* seconda lettera dell'alfabeto spagnolo.
baba [báβa] *f.* bava. ‖ *caérsele a uno la ~*, andare in solluchero.
babear [baβeár] *i.* sbavare.
babel [baβèl] *s.* babele *f.*
babero [baβéro] *m.* bavaglino.
babia (estar en) [estár em báβja] *loc.* avere la testa tra le nuvole.
babilonio, -nia [baβilónjo, -nja] *a.-s.* babilonese.
babor [baβór] *m.* MAR. babordo.
babosear [baβoseár] *t.* sbavare.
baboso, -sa [baβóso, -sa] *a.* bavoso.
babucha [baβútʃa] *f.* babbuccia, pantofola.
bacalao [bakaláo] *m.* baccalà.
bacanal [bakanál] *f.* baccanale *m.*
bacante [bakánte] *f.* baccante.
bacía [baθía] *f.* bacino *m.*, bacinella.
bacilo [baθílo] *m.* bacillo.
bacín [baθín] *m.* vaso da notte. 2 vassoio per le elemosine.
bacteria [baytèrja] *f.* batterio *m.*
báculo [bákulo] *m.* bacolo, bastone.
bache [bátʃe] *m.* buca *f.*
bachillerato [batʃiʎeráto] *m.* scuola *f.* media superiore.
badajo [baðáxo] *m.* battaglio, batacchio.
bagaje [bayáxe] *m.* bagaglio. 2 corredo.
bagatela [bayatèla] *f.* bagattella, bazzecola.
¡bah! [ba] *inter.* bah!
bahía [baía] *f.* baia.
bailable [bailáβle] *a.-m.* ballabile.
bailar [bailár] *i.-t.* ballare.
bailarín, -na [bailarin, -na] *a.* danzante. 2 *s.* ballerino.
baile [báile] *m.* ballo.
bailotear [bailoteár] *i.* ballonzolare.
baja [báxa] *f.* ribasso *m.*, riduzione [del prezzo, del valore]. 2 MIL. perdita di un soldato. ‖ *dar de ~*, esonerare, dimettere. ‖ *darse de ~*, darsi ammalato. ‖ *estar de ~*, essere in congedo.

bajada [baxáða] *f.* discesa.
bajamar [baxamár] *f.* bassa marea.
bajar [baxár] *t.-i.* scendere. 2 *t.* abbassare, chinare. 3 ribassare [il prezzo].
bajel [baxèl] *m.* vascello, battello.
bajeza [baxèθa] *f.* bassezza.
bajío [baxio] *m.* bassofondo.
bajo, -ja [báxo, -xa] *a.* basso. 2 *m.* bassofondo. 3 MUS. basso. 4 *m. pl.* pianterreno *sing.* 5 *avv.* sotto. 6 sottovoce [parlare]. 7 *prep.* sotto.
bajorrelieve [baxorreljèβe] *m.* bassorilievo.
bala [bála] *f.* palla, pallottola. 2 balla.
balada [baláða] *f.* ballata.
baladí [baláðí] *a.* futile, dappoco.
balance [balánθe] *m.* bilancio, conguaglio.
balancear [balanθeár] *i.-r.* dondolare. 2 *r.* oscillare, bilanciarsi. 3 *t.* bilanciare.
balanceo [balanθéo] *m.* dondolio, oscillazione *f.*
balancín [balanθín] *m.* dondolo, sedia *f.* a dondolo.
balanza [balánθa] *f.* bilancia.
balar [balár] *i.* belare.
balaustrada [balaustráða] *f.* balaustrata.
balazo [baláθo] *m.* colpo o ferita *f.* d'arma da fuoco.
balbucear [balβuθeár] *i.* balbettare.
balbucencia [balβuθénθja] *f.* balbuzie.
balbuceo [balβuθéo] *m.* balbettio.
balbuciente [balβuθjènte] *a.* balbuziente.
balcánico, -ca [balkániko, -ka] *a.* balcanico.
balcón [balkòn] *m.* balcone.
balconaje [balkonáxe] *m.* balconata *f.*
baldaquín [baldakin] *m.* baldacchino.
balde [bálde] *m.* secchio. ‖ *de ~*, gratis. ‖ *en ~*, invano.
baldío, -a [baldío, -a] *a.* incolto (terreno). 2 vano, inutile.
baldón [baldòn] *m.* oltraggio.
baldosa [baldósa] *f.* mattonella.
balido [baliðo] *m.* belato.
balín [balin] *m.* pallino.

balístico, -ca [balistiko, -ka] *a.* balistico. 2 *f.* balistica.

balneario, -ria [balneàrjo, -rja] *a.* balneare. 2 *m.* stabilimento balneare.

balneoterapia [balneoteràpja] *f.* balneoterapia.

balón [balón] *m.* pallone.

baloncesto [balonθèsto] *m.* pallacanestro *f.*

balsa [bálsa] *f.* pozza. 2 MAR. zattera, chiatta.

balsámico, -ca [balsàmiko, -ka] *a.* balsamico.

bálsamo [bálsamo] *m.* balsamo.

báltico, -ca [báltiko, -ka] *a.* baltico.

baluarte [balwàrte] *m.* baluardo.

ballena [baʎèna] *f.* balena.

ballesta [baʎèsta] *f.* balestra.

ballet [baʎèt] *m.* balletto.

bambolear [bamboleàr] *i.* dondolare, barcollare, ciondolare.

bamboleo [bamboléo] *m.* dondolio, barcollamento.

bambú [bambú] *m.* bambù.

banca [báŋka] *f.* banca. 2 panca.

bancario, -ria [baŋkàrjo, -rja] *a.* bancario.

bancarrota [baŋkarròta] *f.* bancarotta.

banco [báŋko] *m.* 2 panchina *f.* banco, banca.

banda [bánda] *f.* banda ‖ *director de ~ musical*, capobanda.

bandada [bandàða] *f.* stormo *m.*, frotta.

bandeja [bandèxa] *f.* vassoio *m.*

bandera [bandèra] *f.* bandiera.

banderilla [banderiʎa] *f.* TAUR. banderilla.

banderillear [banderiʎeàr] *t.* piantare le banderillas.

banderillero [banderiʎèro] *m.* colui che pianta le banderillas.

banderín [banderín] *m.* drappello.

bandidaje [bandidàxe] *m.* banditismo, brigantaggio.

bandido, -da [bandiðo, -ða] *a.-m.* bandito, fuorilegge.

bando [bándo] *m.* bando. 2 fazione *f.*

bandolera [bandolèra] *f.* tracolla, bandoliera.

bandolerismo [bandolerizmo] *m.* banditismo, brigantaggio.

bandolero [bandolèro] *m.* bandito.

bandurria [bandúrrja] *f.* bandura.

banquero [baŋkèro] *m.* banchiere.

banqueta [baŋkèta] *f.* sgabello *m.*, panchetta.

banquete [baŋkète] *m.* banchetto.

banquetear [baŋketeàr] *t.* offrire banchetto. 2 *i.* banchettare.

banquillo [baŋkiʎo] *m.* banco degli accusati.

bañador [baɲaðòr] *m.* costume da bagno.

bañar [baɲàr] *t.* bagnare. 2 *r.* fare il bagno.

bañera [baɲèra] *f.* vasca da bagno.

bañista [baɲista] *s.* bagnante.

baño [báɲo] *m.* bagno. ‖ *~ de María*, bagnomaria.

baptisterio [baβtistèrjo] *m.* battistero.

bar [bár] *m.* bar.

barahúnda [baraúnda] *f.* baraonda.

baraja [baràxa] *f.* mazzo *m.* di carte.

barajar [baraxàr] *t.* mescolare le carte.

baranda [barànda] *f.* ringhiera.

baratija [baratixa] *f.* cianfrusaglia, gingillo *m.*

barandilla [barandiʎa] *f.* ringhiera. 2 parapetto *m.*

baratillo [baratiʎo] *m.* chincaglieria *f.*

barato, -ta [baráto, -ta] *a.* a buon mercato, economico.

barba [bárβa] *f.* barba. ‖ *~ cerrada*, barba molto folta. ‖ *por ~*, a testa. ‖ *en las barbas de alguien*, in faccia.

barbaridad [barβariðàð] *f.* enormità. ‖ *¡qué ~!*, roba da matti!

barbarie [barβàrje] *f.* barbarie.

barbarismo [barβarizmo] *m.* barbarismo.

bárbaro, -ra [bárβaro, -ra] *a.-s.* barbaro.

barbería [barβería] *f.* negozio *m.* del barbiere.

barbero [barβèro] *m.* barbiere.

barbilla [barβiʎa] *f.* mento *m.*

barbitúrico, -ca [barβitúriko, ka] *a.-m.* barbiturico.

barbotar [barβotàr] *t.* borbottare.

barbudo, -da [barβúðo, -ða] *a.* barbuto.

barbullar [barβuʎàr] *i.* farfugliare.

barca [bárka] *f.* barca.

barcarola [barkaròla] *f.* barcarola.

barcaza [barkàθa] *f.* chiatta.

barco [bárko] *m.* nave *f.*, battello.

bario [bárjo] *m.* CHIM. bario.

barítono [baritono] *m.* baritono.

barman [bárman] *m.* barista.

barniz [barniθ] *m.* vernice *f.*

barnizador [barniθaðòr] *m.* verniciatore.

barnizar [barniθàr] *t.* verniciare.

barómetro [baròmetro] *m.* barometro.

barón, -nesa [barón, -nèsa] *s.* barone.

barquero [barkèro] *m.* barcaiolo.

barquichuelo [barkitʃwèlo] *m.* barchetta *f.*

barquillo [barkiʎo] *m.* cialda *f.*

barra [bárra] *f.* sbarra. 2 barra. 3 banco *m.* [di un bar].

barrabás [barraβás] *m.* malandrino.

barrabasada [barrabasáða] *f.* canagliata.

barraca [barráka] *f.* baracca, catapecchia.

barranco [barráŋko] *m.* burrone, precipizio.

barredura [barreðúra] *f.* spazzatura. 2 *pl.* immondizie.

barrena [barréna] *f.* trapano *m.*, trivella.

barrenar [barrenár] *t.* trapanare.

barrendero [barrendéro] *m.* spazzino.

barreno [barréno] *m.* mina *f.*

barreño [barréno] *m.* catino.

barrer [barrér] *t.* spazzare, scopare.

barrera [barréra] *f.* barriera.

barriada [barrjáða] *f.* rione *m.*, sobborgo *m.*

barricada [barrikáða] *f.* barricata.

barriga [barriɣa] *f.* pancia.

barrigudo, -da [barriɣúðo, -ða] *a.* panciuto.

barril [barril] *m.* barile.

barrio [bárrjo] *m.* quartiere.

barro [bárro] *m.* fango. 2 terracotta *f.*

barroco, -ca [barróko, -ka] *a.-s.* barocco.

barruntar [barruntár] *t.* congetturare, prevedere.

barrunto [barrúnto] *m.* congettura *f.* 2 indizio, barlume.

bartola (a la) [a la βartóla] *loc. avv.* alla carlona.

bártulos [bártulos] *m. pl.* masserizie *f.* ‖ *liar los ~*, far fagotto.

barullo [barúʎo] *m.* confusione *f.* guazzabuglio.

basalto [basálto] *m.* basalto.

basamento [basaménto] *m.* basamento.

basar [basár] *t.-r.* fondare, basare, imperniare.

báscula [báskula] *f.* bilancia, bascula.

base [báse] *f.* base.

básico, -ca [básiko, -ka] *a.* basilare, fondamentale. 2 CHIM. basico.

basilar [basilár] *a.* basilare.

basílica [basílika] *f.* basilica.

bastante [bastánte] *a.* bastante, sufficiente. 2 *avv.* abbastanza, non poco, assai.

bastar [bastár] *i.* bastare. ‖ *¡basta!*, basta!

bastardear [bastardeár] *i.* degenerare.

bastardilla [bastardíʎa] *a.-f.* corsivo *m.*

bastardo, -da [bastárðo, -ða] *a.* bastardo.

bastidor [bastiðór] *m.* telaio.

bastión [bastjón] *m.* bastione.

basto, -ta [básto, -ta] *a.* rozzo, greggio. 2 *m. pl.* bastoni [nelle carte].

bastón [bastón] *m.* bastone.

bastonazo [bastonáθo] *m.* bastonata *f.*

bastonear [bastoneár] *t.* bastonare.

basura [basúra] *f.* spazzatura, immondezza, immondizia.

basurero [basuréro] *m.* mondezzaio.

bata [báta] *f.* vestaglia. 2 camice *m.*

batacazo [batakáθo] *m.* tonfo.

batalla [batáʎa] *f.* battaglia.

batallador, -ra [bataʎaðór, -ra] *a.-s.* battagliero, bellicoso, combattivo.

batallar [bataʎár] *i.* battagliare.

batallón [bataʎón] *m.* battaglione.

batigrafía [batiɣrafía] *f.* batigrafia.

batería [batería] *f.* batteria. 2 TEAT. luci *m. pl.* della ribalta.

batida [batíða] *f.* battuta di caccia.

batido, -da [batíðo, -ða] *a.* battuto, sbattuto. 2 frequentato. 3 *m.* frullato.

batidor, -ra [batiðór, -ra] *s.* frullino, frullatore. 2 *m.* MIL. battistrada.

batín [batín] *m.* vestaglia *f.*

batir [batír] *t.* battere. 2 sbattere, frullare. 3 *r.* battersi.

batiscafo [batiskáfo] *m.* batiscafo.

batista [batista] *f.* batista. ‖ *~ de algodón*, batista di cotone.

baturro, -rra [batúrro, -rra] *a.-s.* contadino aragonese.

batuta [batúta] *f.* bacchetta. ‖ *llevar la ~*, dirigere, comandare.

baúl [baúl] *m.* baule.

bautismal [bautizmál] *a.* battesimale.

bautismo [bautizmo] *m.* battesimo [sacramento].

bautizar [bautiθár] *t.* battezzare.

bautizo [bautíθo] *m.* battesimo [cerimonia].

baya [bája] *f.* bacca.

bayoneta [bajonéta] *f.* baionetta.

baza [báθa] *f.* bazza [nelle carte]. ‖ fig. *meter ~*, intervenire nella conversazione.

bazar [baθár] *m.* bazar.

bazo [báθo] *m.* milza *f.*

be [be] *f.* nome della lettera *b.*

beatería [beatería] *f.* bigotteria.

beatificación [beatifikaθjón] *f.* beatificazione.

beatificar [beatifikár] *t.* beatificare.

beatitud [beatitúð] *f.* beatitudine.

beato, -ta [beáto, -ta] *a.-s.* beato. 2 fig. bigotto. 3 *f.* beghina, bigotta.

bebedizo, -za [beβeðíθo, -θa] *a.* potabile. 2 *m.* pozione *f.*

bebedor, -ra [beβeðór, -ra] *a.-s.* bevitore. 2 beone.

beber [beβér] *t.* bere.

bebida [beβiða] *f.* bibita, bevanda.

bebido, -da [beβiðo, -ða] *a.* ubriaco.

beca [béka] *f.* borsa di studio.

becario, -ria [bekárjo, -rja] *s.* borsista.

becerrada [beθerráða] *f.* corrida con torelli.

becerro, -rra [beθérro, -rra] *m.* torello. 2 pelle *f.* di vitello. 3 *t.* vitella.

bedel [beðél] *m.* bidello.

beduino, -na [bedwino, -na] *a.-s.* beduino.

befa [béfa] *f.* beffa.

befar [befár] *t.* beffare.

beguina [beɣina] *f.* beghina.

begonia [beɣónja] *f.* begonia.

belén [belén] *m.* presepio. 2 mangiatoia *f.*

belga [bélɣa] *a.-s.* belga.

bélico, -ca [béliko, -ka] *a.* bellico.

belicoso, -sa [belikóso, -sa] *a.* bellicoso.

beligerante [belixeránte] *a.-s.* belligerante.

bellaco, -ca [beʎáko, -ka] *a.-s.* mascalzone.

belladona [beʎaðóna] *f.* belladonna.

bellaquería [beʎakería] *f.* mascalzonata.

belleza [beʎéθa] *f.* bellezza.

bello, -lla [béʎo, -ʎa] *a.* bello.

bellota [beʎóta] *f.* ghianda.

bemol [bemól] *m.* bemolle.

bencina [benθina] *f.* benzina

bendecir [bendeθir] *t.* benedire. ¶ CONIUG. come *decir*, tranne le seguenti forme: IND. fut.: **bendeciré, bendecirás,** ecc. ‖ COND.: **bendeciría, bendecirías,** ecc. ‖ IMPER.: **bendice.** ‖ PART. P.: *bendecido, bendito.*

bendición [bendiθjón] *f.* benedizione.

bendito, -ta [bendito, -ta] *a.* benedetto. 2 fig. ingenuo, sciocco.

benedictino, -na [beneðiɣtino, -na] *a.-s.* benedettino.

beneficiencia [benefiθénθja] *f.* beneficenza.

beneficiado, -da [benefiθjàðo, -ða] *a.* beneficiato. 2 *m.* ECCL. beneficiario.

beneficiar [benefiθjár] *t.* beneficiare. 2 sfruttare. 3 *r.* beneficiare di, trarre vantaggio.

beneficiario, -ria [benefiθjárjo, -rja] *a.-s.* beneficiario.

beneficio [benefiθjo] *m.* beneficio. 2 utile, profitto, giovamento.

benéfico, -ca [benéfiko, -ka] *a.* benefico.

benemérito, -ta [benemérito, -ta] *a.* benemerito

beneplácito [beneplàθito] *m.* beneplacito.

benevolencia [beneβolénθja] *f.* benevolenza.

benévolo, -la [benèβolo, -la] *a.* benevolo.

bengala [benɡála] *f.* bengala *m.*

bengalí [benɡali] *a.-s.* bengalese.

benignidad [beniɣniðàð] *f.* benignità.

benigno, -na [beniɣno, -na] *a.* benigno. 2 clemente, mite [clima].

benjamín [benxamin] *m.* beniamino.

beodo, -da [beòðo, -ða] *a.-s.* ubriacone.

berberecho [berβerétʃo] *m.* ITTIOL. cuore di mare.

berenjena [berenxéna] *f.* melanzana.

berenjenal [berenxenàl] *m.* campo di melanzane. 2 fig. imbroglio. ‖ *meterse en un ~,* mettersi in un ginepraio.

bergamoto [berɣamóto] *m.* bergamotto.

bergante [berɣánte] *m.* brigante, furfante.

berlina [berlina] *f.* berlina.

bermellón [bermeʎón] *m.* cinabro.

berrear [berreár] *i.* strillare. 2 muggire.

berrido [berriðo] *m.* muggito. 2 fig. strillo.

berza [bérθa] *f.* verza.

besamanos [besamános] *m.* baciamano.

besar [besár] *t.* baciare.

beso [béso] *m.* bacio.

bestia [béstja] *f.* bestia.

bestial [bestjál] *a.* bestiale, animalesco.

bestialidad [bestjaliðàð] *f.* bestialità.

besugo [besúɣo] *m.* ITTIOL. pagello. ‖ *diálogo de besugos,* dialogo tra sordi

besuquear [besukeár] *t.* sbaciucchiare.

besuqueo [besukéo] *m.* sbaciucchiamento.

betún [betún] *m.* bitume. 2 lucido da scarpe.

biberón [biβeròn] *m.* biberon.

biblia [biβlja] *f.* bibbia.

bíblico, -ca [biβliko, -ka] *a.* biblico.

bibliografía [biβljoɣrafia] *f.* bibliografia.

biblioteca [biβljotèka] *f.* biblioteca.

bibliotecario, -ria [biβljotekárjo, -rja] *s.* bibliotecario.

bicameralismo [bikameralizmo] *m.* bicameralismo.

bicarbonato [bikarβonàto] *m.* bicarbonato.

bíceps [biθeβs] *a.-s.* bicipite.

bicicleta [biθikléta] *f.* bicicletta.

bicoca [bikóka] *f.* bagattella, inezia.

bicolor [bikolór] *a.* bicolore.

bicho [bitʃo] *m.* animaletto, bestiola *f.*

bidé [biðé] *m.* bidè.

bidón [biðón] *m.* bidone.

biela [bjéla] *f.* biella.

bien [bjén] *m.* bene. 2 *avv.* bene. ‖ *más* ~, piuttosto. ‖ *pues (ahora)* ~, ebbene, dunque. ‖ *está* ~, va bene. ‖ *bastante, pasablemente* ~, benino, abbastanza bene.

bienal [bjenál] *a.* biennale.

bienaventurado, -da [bjenaβenturàðo, -ða] *a.* beato, fortunato. 2 *fig.* ingenuo.

bienaventuranza [bjenaβenturànθa] *f.* beatitudine, gloria.

bienestar [bjenestár] *m.* benessere, agiatezza *f.*

bienhadado, -da [bjenaðáðo, -ða] *a.* fortunato.

bienhechor, -ra [bjenetʃór, -ra] *a.-s.* benefattore.

bienio [bjénjo] *m.* biennio.

bienquerer [bjeŋkerèr] *t.* benvolere.

bienvenido, -da [bjembeniðo, -ða] *a.* benvenuto, bentornato. 2 *f.* benvenuto *m.*

bifurcación [bifurkaθjón] *f.* biforcazione, bivio *m.*

bifurcado, -da [bifurkáðo, -ða] *a.* biforcuto.

bifurcarse [bifurkárse] *r.* biforcarsi.

bigamia [biɣámja] *f.* bigamia.

bígamo, -ma [bíɣamo, -ma] *a.-s.* bigamo.

bigote [biɣóte] *m.* baffi *pl.*

bigotudo, -da [biɣotúðo, -ða] *a.* baffuto.

bilateral [bilaterál] *a.* bilaterale.

biliar [biljár] *a.* biliare. ‖ *vesícula* ~, cistifellea.

bilingüe [biliŋgwe] *a.* bilingue.

bilioso, -sa [biljóso, -sa] *a.* bilioso.

bilis [bilis] *f.* bile.

billar [biʎár] *m.* biliardo.

billete [biʎéte] *m.* biglietto. ‖ ~ *de banco*, banconota *f.*

bimestral [bimestrál] *a.* bimestrale.

bimestre [bimèstre] *m.* bimestre.

bimotor [bimotór] *a.-m.* bimotore.

binario, -ria [binárjo, -rja] *a.* binario.

bingo [biŋgo] *m.* tombola *f.*

binóculo [binókulo] *m.* binocolo.

bioelectricidad [bjoeleɣtriθiðáð] *f.* bioelettricità.

bioeléctrico, -ca [bjoelèktriko, -ka] *a.* bioelettrico.

biofísico, -ca [bjofísiko, -ka] *a.-s.* biofisico.

biografía [bjoɣrafía] *f.* biografia.

biográfico, -ca [bjoɣráfiko, -ka] *a.* biografico.

biógrafo [bjóɣrafo] *m.* biografo.

bioingeniería [bjoinxenjería] *f.* bioingegneria.

biología [bjoloxía] *f.* biologia.

biológico, -ca [bjolóxiko, -ka] *a.* biologico.

biólogo [bjóloɣo] *m.* biologo.

biomasa [bjomása] *f.* biomassa.

biombo [bjómbo] *m.* paravento.

bioquímica [bjokímika] *f.* biochimica.

biotina [bjotina] *f.* biotina.

bipartidismo [bipartidizmo] *f.* bipartitismo.

bipolarismo [bipolarizmo] *m.* bipolarismo.

bipolaridad [bipolariðáð] *f.* bipolarità.

bipolarización [bipolariθaθjón] *f.* bipolarizzazione.

birria [birrja] *f.* schifezza. 2 miseria, ridicolaggine.

bis [bis] *avv.* bis.

bisabuelo, -la [bisaβwèlo, -la] *s.* bisnonno.

bisagra [bisáɣra] *f.* cardine *m.*, cerniera.

bisbisar [bizβisár] *t.* fam. bisbigliare.

bisectriz [biseɣtriθ] *f.* bisettrice.

bisel [bisèl] *m.* smussatura *f.*

biselar [biselár] *t.* smussare.

bisiesto [bisjèsto] *a.* bisestile.

bisílabo, -ba [bisílaβo, -βa] *a.* bisillabo.

bisonte [bisónte] *m.* bisonte.

bistec [bistèy] *m.* bistecca *f.*

bisturí [bisturi] *m.* bisturi.

bisutería [bisutería] *f.* bigiotteria.

bizantino, -na [biθantino, -na] *a.-s.* bizantino.

bizarría [biθarría] *f.* gagliardia, coraggio *m.*

bizarro, -rra [biθárro, -rra] *a.* gagliardo, coraggioso.

bizco, -ca [biθko, -ka] *a.* strabico, guercio.

bizcocho [biθkótʃo] *m.* pane biscottato. 2 biscotto. 3 pan di Spagna.

biznieto, -ta [biθnjèto, -ta] *s.* pronipote.

blanca [bláŋka] *f.* mús. minima [nota].

blanco, -ca [bláŋko, -ka] *a.-s.* bianco. 2 *m.* bersaglio. 3 *fig.* scopo. ‖ *tiro al* ~, tiro a segno, tiro al bersaglio. ‖ *dar en el* ~, fare centro.

blancura [blaŋkúra] *f.* bianchezza.

blandicia [blandiθja] *f.* blandizia. 2 mollezza.

blandir [blandir] *t.* brandire.

blando, -da [blándo, -da] *a.* morbido, soffice. 2 blando.

bonificar

blandura [blandúra] *f.* morbidezza.

blanqueador [blaŋkeaðór] *m.* imbianchino.

blanquear [blaŋkeár] *t.* imbiancare. 2 candeggiare [i tessuti]. 3 *i.* biancheggiare.

blanquecino, -na [blaŋkeθino, -na] *a.* biancastro.

blanqueo [blaŋkèo] *m.* imbiancatura *f.* 2 candeggio [dei tessuti].

blasfemador, -ra [blasfemaðór, -ra] *a.-s.* bestemmiatore.

blasfemar [blasfemár] *t.* bestemmiare.

blasfemia [blasfémja] *f.* bestemmia.

blasfemo, -ma [blasfèmo, -ma] *a.-s.* blasfemo. 2 *s.* bestemmiatore.

blasón [blasón] *m.* blasone.

bledo [blèðo] *m.* bietola *f.* ‖ *no importar un* ~, non importare un fico secco.

blindado, -da [blindàðo, -ða] *a.* blindato. ‖ *coche* ~, autoblinda *f.*, autoblindata *f.*

bloc [bloɣ] *m.* blocco.

bloque [blóke] *m.* blocco.

bloquear [blokeár] *t.* assediare. 2 bloccare.

bloqueo [blokèo] *m.* blocco.

blusa [blúsa] *f.* blusa, camicetta.

boa [bòa] *f.* boa *m.*

boato [boáto] *m.* fasto, ostentazione *f.*

bobada [boβáða] *f.* sciocchezza.

bobalicón, -na [boβalikón, -na] *a.-s.* scioccone, credulone.

bobear [boβeár] *i.* fare lo sciocco.

bobina [boβina] *f.* bobina, rocchetto *m.*

bobo, -ba [bóβo, -βa] *a.* sciocco, babbeo, grullo.

boca [bóka] *f.* bocca. 2 imboccatura, imbocco *m.* ‖ ~ *arriba*, supino. ‖ ~ *abajo*, bocconi. ‖ *a* ~ *de jarro*, [bere] senza misura; fig. a bruciapelo. ‖ *a pedir de* ~, a proposito. ‖ *mal sabor de* ~, bocca amara.

bocacalle [bokakáλe] *f.* imbocco *m.* [di una strada].

bocadillo [bokaðiλo] *m.* panino [imbottito].

bocado [bokáðo] *m.* boccone.

bocal [bokál] *m.* boccale.

bocanada [bokanáða] *f.* sbuffo *m.* 2 sorsata.

boceto [boθèto] *m.* bozzetto.

bocina [boθina] *f.* clakson *m.* 2 buccina.

bocio [bóθjo] *m.* gozzo.

bochorno [botʃórno] *m.* afa *f.*

bochornoso, -sa [botʃornóso, -sa] *a.* afoso.

boda [bòða] *f.* matrimonio *m.*, nozze *pl.*

bodega [boðèɣa] *f.* cantina.

bodegón [boðeɣón] *m.* osteria *f.* 2 PITT. natura *f.* morta.

bofetada [bofetàða] *f.* sberla, schiaffo *m.*

bofetón [bofetón] *m.* schiaffo, ceffone.

boga [bóɣa] *f.* voga.

bogar [boɣár] *i.* vogare.

bohemio, -mia [boèmjo, -mja] *a.-s.* boemo. 2 fig. bohémien.

boicot [boikòt] *m.* boicottaggio.

boicotear [boikoteár] *t.* boicottare.

boina [bòina] *f.* basco *m.*

boj [bóx] *m.* bosso.

bol [bol] *m.* ciotola *f.*

bola [bòla] *f.* palla, boccia. 2 fig. frottola, balla. ‖ *queso de* ~, formaggio olandese.

bolera [bolèra] *f.* bowling *m.*

bolero [bolèro] *m.* bolero.

boletín [boletín] *m.* bollettino.

bólido [bóliðo] *m.* bolide.

bolígrafo [boliɣrafo] *m.* biro *f.*, penna *f.* a sfera.

bolo [bólo] *m.* birillo. 2 bolo [alimentare]. 3 *pl.* gioco dei birilli.

bolsa [bólsa] *f.* borsa. ‖ ~ *de viaje* [con vivande], cestino *m.* da viaggio.

bolsillo [bolsiλo] *m.* tasca *f.*

bolsista [bolsista] *s.* borsista.

bolso [bólso] *m.* borsa *f.*, borsetta *f.*

bollo [bóλo] *m.* panino dolce. 2 fig. pasticcio.

bomba [bómba] *f.* 2 pompa [macchina].

bombardear [bombarðeár] *t.* bombardare.

bombardeo [bombarðèo] *m.* bombardamento.

bombero [bombèro] *m.* pompiere, vigile del fuoco. ‖ *idea de* ~, trovata stupida.

bombilla [bombiλa] *f.* lampadina.

bombo [bómbo] *m.* grancassa *f.* 2 urna *f.* [della lotteria]. ‖ *dar* ~, far elogi sperticati. ‖ *darse* ~, gonfiarsi.

bombón [bombón] *m.* cioccolatino.

bombona [bombóna] *f.* bombola.

bombonera [bombonèra] *f.* bomboniera.

bonachón, -na [bonatʃón, -na] *a.* bonaccione.

bonanza [bonánθa] *f.* bonaccia.

bondad [bonðáð] *f.* bontà, bonarietà, bonomia.

bondadoso, -sa [bondaðóso, -sa] *a.* buono, bonario, benevolo.

bonificación [bonifikaθjón] *f.* miglioramento *m.* 2 sconto *m.*

bonificar [bonifikár] *t.* scontare.

bonito, -ta [boníto, -ta] *a.* bello, carino, grazioso. 2 *m.* ITTIOL. scombro.

bono [bóno] *m.* buono.

bonzo [bónθo] *m.* bonzo.

boñiga [boníya] *f.* sterco *m.* bovino.

boquear [bokeár] *i.* boccheggiare.

boquerón [bokerón] *m.* acciuga *f.*

boquete [bokéte] *m.* fessura *f.*, crepa *f.* 2 buco.

boquiabierto, -ta [bokjaβjérto, -ta] *a.* a bocca aperta.

boquilla [bokíʎa] *f.* bocchino *m.* 2 MUS. imboccatura.

borbollar [borβoʎár] *i.* gorgogliare.

borbotar [borβotár] *i.* gorgogliare.

borda [bórða] *f.* MAR. murata.

bordado [borðáðo] *m.* ricamo.

bordadora [borðaðóra] *f.* ricamatrice.

bordar [borðár] *t.* ricamare.

borde [bórðe] *m.* bordo, orlo.

bordear [borðeár] *i.* camminare sull'orlo, costeggiare.

bordillo [borðíʎo] *m.* margine del marciapiede.

bordo [bórðo] *m.* MAR. bordo.

bordón [borðón] *m.* bordone.

boreal [boreál] *a.* boreale.

bórico, -ca [bóriko, -ka] *a.* borico.

boro [bóro] *m.* boro.

borra [bórra] *f.* borra.

borrachera [borratʃéra] *f.* sbornia, cotta. 2 fig. esaltazione.

borracho, -cha [borrátʃo, -tʃa] *a.-s.* ubriaco, beone.

borrador [borraðór] *m.* brutta copia *f.*

borradura [borraðúra] *f.* cancellatura.

borrar [borrár] *t.* cancellare. 2 *r.* fig. sfumarsi.

borrasca [borráska] *f.* burrasca.

borrascoso, -sa [borraskóso, -sa] *a.* burrascoso.

borrego [borréyo] *m.* agnello. 2 fig. imbecille. 3 ignorante.

borrico [borríko] *m.* asino, somaro, ciuco.

borrón [borrón] *m.* macchia *f.* 2 sgorbio. 3 brutta copia *f.*

borroso, -sa [borróso, -sa] *a.* torbido. 2 confuso.

boscoso, -sa [boskóso, -sa] *a.* boschivo, boscoso.

bosque [bóske] *m.* bosco.

bosquejar [boskexár] *t.* schizzare, abbozzare. 2 tratteggiare.

bosquejo [boskéxo] *m.* schizzo, bozzetto.

bostezar [bosteθár] *i.* sbadigliare.

bostezo [bostéθo] *m.* sbadiglio.

bota [bóta] *f.* stivale *m.* 2 piccolo otre *m.* ‖ *ponerse las botas*, arricchirsi, far fortuna.

botánico, -ca [botániko, -ka] *a.-s.* botanico. 2 *f.* botanica.

botar [botár] *t.* lanciare. 2 MAR. varare. 3 *i.* rimbalzare.

bote [bóte] *m.* barattolo, vasetto. 2 MAR. canotto, lancia *f.*, scialuppa *f.* 3 balzo.

botella [botéʎa] *f.* bottiglia.

botica [botíka] *f.* farmacia.

boticario [botikárjo] *m.* farmacista.

botijo [botíxo] *m.* brocca *f.*

botillería [botiʎería] *f.* bottiglieria.

botín [botín] *m.* bottino.

botiquín [botikín] *m.* cassetta *f.* farmaceutica.

botón [botón] *m.* bottone. 2 bocciolo [dei fiori].

botonadura [botonaðúra] *f.* abbottonatura.

botones [botónes] *m.* fattorino.

bóveda [bóβeða] *f.* volta.

bovino, -na [boβíno, -na] *a.-s.* bovino.

boxeador [bokseaðór] *m.* pugile.

boxear [bokseár] *t.* fare a pugni.

boxeo [bokséo] *m.* pugilato.

boya [bója] *f.* boa, gavitello *m.*

bozal [boθál] *m.* museruola *f.*

bracear [braθeár] *i.* nuotare a bracciate. 2 fig. sbracciarsi.

bracero [braθéro] *m.* bracciante.

bragas [bráyas] *f. pl.* mutandine.

brahmán [bramán] *m.* bramano.

bramar [bramár] *i.* bramire, muggire, barrire [l'elefante]. 2 mugghiare.

bramido [bramíðo] *m.* bramito, muggito, barrito [dell'elefante]. 2 mugghio.

branquia [bráŋkja] *f.* branchia.

brasa [brása] *f.* brace.

brasero [braséro] *m.* braciere.

brasileño, -ña [brasiléɲo, -ɲa] *a.-s.* brasiliano.

bravata [braβáta] *f.* bravata.

braveza [braβéθa] *f.* valore *m.* 2 furore *m.*, furia: *la ~ del mar*, la furia del mare.

bravío, -a [braβío, -a] *a.* feroce. 2 fig. selvatico.

bravo, -va [bráβo, -βa] *a.* coraggioso, bravo. 2 fiero. 3 *inter.* bravo!

bravura [braβúra] *f.* valore *m.*, fierezza, bravura.

braza [bráθa] *f.* MAR. braccio *m.*

brazada [braθáða] *f.* bracciata.

brazal [braθál] *m.* bracciale.

brazalete [braθaléte] *m.* braccialetto.

brazo [bráθo] *m.* braccio. 2 bracciolo [di poltrona]. ‖ *a ~ partido*, senz'armi. ‖ *(no) dar su ~ a torcer*, (non) cedere. ‖ *del ~*, a braccetto.

brea [bréa] *f.* catrame *m.*

brebaje [breβáxe] *m.* beveraggio.

brecha [brétʃa] *f.* breccia, falla.

bregar [breyár] *i.* brigare.

bretón, -na [bretón, -na] *a.-s.* bretone.

breve [bréβe] *a.* breve, corto.

brevedad [breβeðáð] *f.* brevità.

brezal [breθál] *m.* brughiera *f.*

bribón, -na [briβón, -na] *a.-s.* birbone, briccone, farabutto, furfante.

bribonada [briβonáða] *f.* birbonata, bricconata.

bribonería [briβonería] *f.* bricconata.

bricolaje [brikoláxe] *m.* bricolage.

brida [bríða] *f.* briglia.

brigada [briyáða] *f.* brigata.

brillante [briʎánte] *a.-m.* brillante.

brillantez [briʎantéθ] *f.* splendore *m.*, fulgore *m.*

brillantina [briʎantína] *f.* brillantina.

brillar [briʎár] *i.* brillare.

brillo [bríʎo] *m.* splendore.

brincar [briŋkár] *i.* saltare, balzare. 2 fig. risentirsi.

brinco [bríŋko] *m.* salto, balzo.

brindar [brindár] *i.* brindare. 2 *t.-r.* offrire.

brindis [bríndis] *m.* brindisi.

brío [brío] *m.* brio. 2 coraggio.

brioso, -sa [brióso, -sa] *a.* brioso.

brisa [brísa] *f.* brezza.

británico, -ca [britániko, -ka] *a.-s.* britannico.

brizna [bríθna] *f.* filamento *m.*

broca [bróka] *f.* rocchetto *m.*

brocado [brokáðo] *m.* broccato.

brochazo [brotʃáθo] *m.* pennellata *f.*

broche [brótʃe] *m.* fermaglio, fibbia *f.* 2 spilla *f.*

broma [bróma] *f.* scherzo *m.*, celia. ‖ *en ~*, per scherzo, per celia.

bromear [bromeár] *i.* scherzare.

bromista [bromista] *a.-s.* burlone, scherzoso.

bromuro [bromúro] *m.* bromuro.

bronca [bróŋka] *f.* alterco *m.*, rissa. ‖ *echar una ~*, dare una lavata di capo.

bronce [brónθe] *m.* bronzo.

bronceado [bronθeáðo] *m.* abbronzatura *f.*

broncear [bronθeár] *t.-r.* abbronzare.

bronco, -ca [bróŋko, -ka] *a.* greggio, rozzo. 2 rauco.

bronconeumonía [broŋkoneumonía] *f.* broncopolmonite.

bronquial [broŋkjál] *a.* bronchiale.

bronquios [bróŋkjos] *m. pl.* bronchi.

bronquitis [broŋkítis] *f.* bronchite.

brotar [brotár] *i.* germogliare, spuntare. 2 sgorgare, scaturire.

brote [bróte] *m.* germoglio. 2 getto.

broza [bróθa] *f.* sterpaglia. 2 ciarpame *m.*

bruces (de) [de βrúθes] *loc. avv.* bocconi.

brujería [bruxería] *f.* stregoneria.

brujo, -ja [brúxo, -xa] *m.* stregone, mago. 2 *f.* strega.

brújula [brúxula] *f.* bussola.

bruma [brúma] *f.* bruma.

brumoso, -sa [brumóso, -sa] *a.* nebbioso.

bruno, -na [brúno, -na] *a.* bruno.

bruñido, -da [bruɲiðo, -ða] *a.* brunito. 2 *m.* brunitura *f.*

bruñir [bruɲir] *t.* brunire.

bruscamente [brúskamente] *avv.* bruscamente.

brusco, -ca [brúsko, -ka] *a.* brusco. 2 *m.* pungitopo.

brusquedad [bruskeðáð] *f.* asprezza.

brutal [brutál] *a.* brutale, bestiale.

brutalidad [brutaliðáð] *f.* brutalità.

bruto, -ta [brúto, -ta] *a.-s.* bruto, brutale, rozzo. 2 grezzo, bruto. ‖ *en ~*, non elaborato. ‖ *peso ~*, peso lordo. 3 *m.* bruto.

bucal [bukál] *a.* boccale.

bucear [buθeár] *i.* nuotare sott'acqua. 2 fig. esplorare.

buceo [buθéo] *m.* immersione *f.*

bucle [búkle] *m.* boccolo.

bucólico, -ca [bukóliko, -ka] *a.* bucolico.

buche [bútʃe] *m.* gozzo. 2 fam. pancia *f.*

budín [buðín] *m.* budino.

budismo [buðízmo] *m.* buddismo.

budista [buðísta] *a.-s.* buddista.

buenaventura [bwenaβentúra] *f.* fortuna. 2 sorte.

buen [bwen] *a.* apoc. di *bueno.*

bueno, -na [bwéno, -na] *a.* buono. 2 bello: *buen tiempo*, bel tempo. ‖ *lo ~ es que*, il bello è che. 3 bravo. 4 *avv.* bene. 5 *inter.* beh!, va bene!

buey [bwéi] *m.* bue.

búfalo [búfalo] *m.* bufalo.

bufanda [bufánda] *f.* sciarpa.

bufar [bufár] *i.* sbuffare.

bufete [bufète] *m.* scrivania *f.* 2 studio [di avvocato].

bufido [bufíðo] *m.* sbuffo. 2 fig. fremito.

bufo, -fa [búfo, -fa] *a.* buffo.

bufón, -na [bufón, -na] *a.-s.* buffone.
bufonada [bufonáða] *f.* buffonata.
buhardilla [buarðiʎa] *f.* soffitta, abbaino *m.*
búho [búo] *m.* gufo.
buitre [bwitre] *m.* avvoltoio.
bujía [buxia] *f.* candela.
bula [búla] *f.* ECCL. bolla [papale]. 2 sigillo *m.*
bulbo [búlβo] *m.* bulbo.
bulevar [buleβár] *m.* viale.
bulto [búlto] *m.* collo, pacco. 2 mole *f.*, corpo. ‖ *escurrir el* ~, sottrarsi all'impegno. ‖ *a* ~, all'incirca.
bulla [búʎa] *f.* schiamazzo *m.*, chiasso *m.* 2 ressa.
bullanga [buʎáŋga] *f.* tumulto *m.*
bullicio [buʎíθjo] *m.* chiasso, tumulto.
bullicioso, -sa [buʎiθjóso, -sa] *a.* turbolento, chiassoso.
bullir [buʎír] *i.* bollire. 2 agitarsi. 3 fig. brulicare.
buñuelo [buɲwélo] *m.* frittella *f.*
buque [búke] *m.* nave *f.*
burbuja [burβúxa] *f.* bolla, bollicina.
burbujear [burβuxeár] *i.* gorgogliare.
burdel [burðél] *m.* bordello.
burdo, -da [búrðo, -ða] *a.* grossolano, rozzo.
burgomaestre [buryomaèstre] *m.* borgomastro.

burgués, -sa [buryès, -sa] *a.-s.* borghese.
burguesía [buryesia] *f.* borghesia.
burla [búrla] *f.* burla, scherzo *m.*, canzonatura.
burlar [burlár] *i.-r.* scherzare, burlare, canzonare. 2 *t.* ingannare, burlare. ‖ *burla burlando*, senza accorgersi.
burlesco, -ca [burlèsko, -ka] *a.* burlesco.
burlón, -na [burlón, -na] *a.* burlone, canzonatorio.
burocracia [burokráθja] *f.* burocrazia.
burócrata [burókrata] *s.* burocrate.
burocrático, -ca [burokrátiko, -ka] *a.* burocratico.
burrada [burráða] *f.* mandria di asini. 2 scemenza, asinata.
burro, -rra [búrro, -rra] *s.* asino, somaro. 2 stupido, scemo.
busca [búska] *f.* ricerca. ‖ *en* ~ *de*, in cerca di.
buscapersonas [buskapersónas] *m.* teledrin.
buscar [buskár] *t.* cercare.
búsqueda [búskeða] *f.* ricerca.
busto [bústo] *m.* busto.
butaca [butáka] *f.* poltrona.
butifarra [butifárra] *f.* salsicciotto *m.*
buzo [búθo] *m.* palombaro.
buzón [buθón] *m.* buca *f.*, cassetta *f.* delle lettere. ‖ *echar en el* ~, imbucare, impostare.

C

c [θe] f. terza lettera dell'alfabeto spagnolo.
cabal [kaβál] a. giusto, esatto. 2 completo. 3 m. pl. **no estar en sus cabales**, essere pazzo.
cabalmente [kabálmente] avv. giustamente.
cabalgadura [kaβalyaðúra] f. cavalcatura.
cabalgar [kaβalyár] i.-t. cavalcare.
cabalgata [kaβalyáta] f. cavalcata.
caballar [kaβaʎár] a. cavallino.
caballeresco, -ca [kaβaʎerèsko, -ka] a. cavalleresco.
caballería [kaβaʎería] f. cavalleria.
caballeriza [kaβaʎeríθa] f. stalla, scuderia.
caballero [kaβaʎéro] m. cavaliere. 2 signore.
caballerosidad [kaβaʎerosiðáð] f. cavalleria. 2 nobiltà, cortesia.
caballeroso, -sa [kaβaʎeróso, -sa] a. cavalleresco. 2 gentile, generoso.
caballete [kaβaʎéte] m. cavalletto. 2 ARCH. comignolo.
caballitos [kaβaʎítos] m.-pl. giostra f.-sing.
caballo [kaβáʎo] m. cavallo.
cabaña [kaβáɲa] f. capanna.
cabecear [kaβeθeár] i. crollare la testa, tentennare. 2 MAR.-AER. beccheggiare.
cabeceo [kaβeθéo] m. tentennamento. 2 MAR.-AER. beccheggio.
cabecera [kaβeθéra] f. testata. 2 capezzale m. ∥ **médico de ~**, medico di famiglia.
cabecilla [kaβeθíʎa] s. caporione, capobanda.
cabellera [kaβeʎéra] f. chioma, capigliatura. 2 criniera.
cabello [kaβéʎo] m. capello.
cabelludo, -da [kaβeʎúðo, -ða] a. capelluto.
caber [kaβèr] i. starci, entrarci: **no cabe nadie**, non c'entra nessuno. 2 toccare, spettare: **me cabe el honor**, ho l'onore. ∥ **no cabe duda**, non c'è dubbio. ¶ CONIUG.

IND. pres.: **quepo**. ∥ pass. rem.: **cupe, cupiste, cupo**; **cupimos, cupisteis, cupieron**. ∥ fut.: **cabré, cabrás**, ecc. ∥ CONG. pres.: **quepa, quepas**, ecc. ∥ imp.: **cupiera, -se, cupieras, -ses**, ecc. ∥ fut.: **cupiere, cupieres**, ecc. ∥ IMPER.: **quepa**; **quepamos, quepan**.
cabestro [kaβéstro] m. capestro, cavezza f.
cabeza [kaβéθa] f. testa, capo m. **~ de clavo, alfiler, etc.**, capocchia. ∥ **~ de familia**, capofamiglia. ∥ **de ~**, a capofitto. ∥ **poner ~ abajo**, capovolgere.
cabezada [kaβeθáða] f. testata.
cabezal [kaβeθál] m. capezzale, guanciale.
cabezón, -na [kaβeθón, -na] a.-s. testone, zuccone.
cabezudo, -da [kaβeθúðo, -ða] a. testardo, caparbio. 2 m. nano dalla grossa testa.
cabida [kaβíða] f. capacità, capienza.
cabildo [kaβíldo] m. ECCL. capitolo [di cattedrale].
cabina [kaβína] f. cabina.
cabizbajo, -ja [kaβiθβáxo, -xa] a. a testa bassa.
cable [káβle] m. cavo. 2 MAR. gomena f.
cabo [káβo] m. capo, estremità f. 2 termine. ∥ **llevar a ~**, portare a termine, adempire. ∥ **de ~ a rabo**, da cima a fondo. ∥ **al fin y al ~**, in fin dei conti. ∥ **~ de la madeja**, bandolo della matassa. 3 MIL. caporale.
cabotaje [kaβotáxe] m. cabotaggio.
cabra [káβra] f. capra.
cabreriza [kaβreríθa] f. ovile m. [per capre].
cabrero [kaβrèro] m. capraio.
cabrío, -a [kaβrío, -a] a. caprino. ∥ **macho ~**, capro, caprone.
cabriola [kaβrjóla] f. capriola.
cabritilla [kaβritíʎa] f. capretto m. [pelle].
cabrito [kaβríto] m. capretto.
cabrón [kaβrón] m. caprone, becco. 2 fig. cornuto.

cacahuete [kakawéte] *m.* arachide *f.*

cacao [kakáo] *m.* cacao.

cacarear [kakareár] *i.* chiocciare. 2 *t.* fig. strombazzare.

cacareo [kakaréo] *m.* coccodè.

cacería [kaθería] *f.* partita di caccia. 2 cacciagione.

cacerola [kaθeróla] *f.* casseruola.

cacique [kaθíke] *m.* cacicco. 2 capoccia.

caco [káko] *m.* ladro. 2 fig. codardo.

cacofonía [kakofonía] *f.* cacofonia.

cacofónico, -ca [kakofóniko, -ka] *a.* cacofonico.

cacto [kákto], cactus [káktus] *m.* cactus.

cachalote [katʃalóte] *m.* capidoglio.

cacharro [katʃárro] *m.* vaso di terracotta. 2 aggeggio. 3 *pl.* stoviglie *f. pl.*

cachaza [katʃáθa] *f.* flemma.

cachazudo, -da [katʃaθúδo, -δa] *a.* flemmatico.

cachear [katʃeár] *t.* perquisire.

cachete [katʃéte] *m.* sberla *f.*

cachiporra [katʃipórra] *f.* clava.

cachivache [katʃiβátʃe] *m.* utensile. 2 rottame.

cacho [kátʃo] *m.* pezzo.

cachorro [katʃórro] *m.* cucciolo.

cada [káδa] *a.* ogni, ciascuno. ‖ ~ *cual,* ~ *uno,* ciascuno, ognuno.

cadalso [kaδálso] *m.* patibolo.

cadáver [kaδáβer] *m.* cadavere.

cadavérico, -ca [kaδaβériko, -ka] *a.* cadaverico.

cadena [kaδéna] *f.* catena. ‖ ~ *del reloj [de pulsera],* cinturino *m.*

cadencia [kaδénθja] *f.* cadenza.

candecioso, -sa [kaδenθjóso, -sa] *a.* cadenzato.

cadente [kaδénte] *a.* cadente.

cadera [kaδéra] *f.* fianco *m.,* anca.

cadete [kaδéte] *m.* cadetto.

caducar [kaδukár] *i.* scadere. 2 decadere. 3 deperire.

caducidad [kaδuθiδáδ] *f.* scadenza.

caduco, -ca [kaδúko, -ka] *a.* caduco.

caer [kaér] *i.-r.* cadere, crollare. ‖ ~ *de cabeza,* capitombolare. ¶ CONIUG. IND. pres.: *caigo.* ‖ CONG. pres.: *caiga, caigas,* ecc. ‖ IMPER.: *caiga, caigamos, caigan.* ‖ (cambio i → *y* tra vocali).

café [kafé] *m.* caffè. ‖ ~ *con leche,* caffelatte.

cafeína [kafeína] *f.* caffeina.

cafetera [kafetéra] *f.* caffettiera.

cafetería [kafetería] *f.* tavola calda, buffet *m.*

cafre [káfre] *a.-s.* cafro. 2 fig. barbaro.

caftán [kaftán] *m.* caffettano.

cagar [kayár] *i.* pop. cacare.

caída [kaíδa] *f.* caduta, cascata.

caído, -da [kaíδo, -δa] *a.* cascato. 2 deperito, abbattuto. 3 *a.-s.* caduto, morto in battaglia.

caimán [kaimán] *m.* caimano.

caja [káxa] *f.* cassa. 2 scatola, cassetta. ‖ ~ *de caudales,* ~ *fuerte,* cassaforte.

cajero, -ra [kaxéro, -ra] *s.* cassiere.

cajetilla [kaxetíʎa] *f.* pacchetto *m.* di sigarette.

cajón [kaxón] *m.* cassone. 2 cassetto.

cal [kál] *f.* calce.

cala [kála] *f.* cala, rada.

calabaza [kalaβáθa] *f.* zucca. 2 bocciatura. ‖ *dar* ~, bocciare.

calabozo [kalaβóθo] *m.* prigione *f.,* carcere.

calado [kaláδo] *m.* intarsio. 2 ricamo a giorno. 3 profondità *f.* d'immersione.

calafatear [kalafateár] *t.* calafatare.

calamar [kalamár] *m.* calamaro.

calambre [kalámbre] *m.* crampo.

calamidad [kalamiδáδ] *f.* calamità.

calamitoso, -sa [kalamitóso, -sa] *a.* calamitoso.

calandria [kalándrja] *f.* calandra.

calaña [kalána] *f.* indole.

calar [kalár] *t.* calare. 2 *r.* inzupparsi.

calavera [kalaβéra] *f.* teschio *m.* 2 *m.* fig. scapestrato, giovinastro.

calaverada [kalaβeráδa] *f.* fam. scapataggine.

calcar [kalkár] *t.* ricalcare, calcare.

calcáreo, -a [kalkáreo, -a] *a.* calcareo.

calceta [kalθéta] *f.* calza.

calcetín [kalθetín] *m.* calzino, calza *f.* da uomo.

calcificación [kalθifikaθjón] *f.* calcificazione.

calcificar [kalθifikár] *t.* calcificare.

calcinar [kalθinár] *t.* calcinare.

calcio [kálθjo] *m.* calcio.

calco [kálko] *m.* calco.

calcomanía [kalkomanía] *f.* calcomania, decalcomania.

calculador, -ra [kalkulaδór, -ra] *a.-s.* calcolatore. 2 *f.* calcolatrice [macchina].

calcular [kalkulár] *t.* calcolare.

cálculo [kálkulo] *m.* calcolo, conteggio.

caldas [káldas] *f. pl.* terme.

caldear [kaldeár] *t.* riscaldare.

caldera [kaldéra] *f.* caldaia.

calderero [kalderéro] *m.* calderaio.

calderilla [kalderíʎa] f. spiccioli m. pl.

caldero [kaldèro] m. paiuolo.

calderón [kalderón] m. MUS. corona f.

caldo [káldo] m. brodo.

calefacción [kalefayθjón] f. riscaldamento m. 2 FIS. calefazione.

calendario [kalendàrjo] m. calendario.

calentador [kalentaðór] m. scaldabagno.

calentamiento [kalentamjènto] m. riscaldamento.

calentar [kalentàr] t.-r. scaldare, riscaldare. ¶ CONIUG. come **acertar**.

calentura [kalentúra] f. febbre.

calenturiento, -ta [kalenturjènto, -ta] a. febbricitante.

calibrador [kaliβraðór] m. MECC. calibratoio.

calibrar [kaliβrár] t. calibrare.

calibre [kaliβre] m. calibro.

calicanto [kalikánto] m. muratura f.

calidad [kaliðáð] f. qualità.

cálido, -da [kálido, -ða] a. caldo.

calidoscopio [kaliðoskópjo] m. caleidoscopio.

caliente [kaljènte] a. caldo. 2 fig. focoso.

califa [kalifa] m. califfo.

califato [kalifáto] m. califfato.

calificación [kalifikaθjón] f. qualificazione, qualifica. 2 voto m. (negli esami).

calificar [kalifikàr] t. qualificare. 2 dare il voto [negli esami].

calificativo, -va [kalifikatiβo, -βa] a. qualificativo.

calígine [kalixine] f. caligine.

caligrafía [kaliɣrafia] f. calligrafia.

calina [kalina] f. foschia, caligine.

cáliz [káliθ] m. calice.

caliza [kaliθa] f. calcare m.

calizo, -za [kaliθo, -θa] a. calcico. 2 calcareo.

calma [kálma] f. calma.

calmante [kalmànte] a.-m. calmante.

calmar [kalmàr] t.-r. calmare.

calor [kalòr] m. calore. 2 caldo: ¡qué ~ hace!, che caldo fa!

caloría [kaloria] f. caloria.

calorífero, -ra [kalorifero, -ra] a. calorifico. 2 m. calorifero.

calumnia [kalúmnja] f. calunnia.

calumniador, -ra [kalumnjaðór, -ra] a.-s. calunniatore.

calumniar [kalumnjàr] t. calunniare.

calumnioso, -sa [kalumnjóso, -sa] a. calunnioso.

caluroso, -sa [kaluróso, -sa] a. caloroso, caldo.

calvario [kalβárjo] m. calvario.

calvicie [kalβíθje] f. calvizie.

calvinismo [kalβinizmo] m. calvinismo.

calvinista [kalβinista] a.-s. calvinista.

calvo, -va [kálβo, -βa] a. calvo.

calzada [kalθáða] f. carreggiata.

calzado [kalθáðo] m. calzatura f. ‖ **fábrica de** ~, calzaturificio.

calzador [kalθaðór] m. calzascarpe.

calzar [kalθár] t.-r. calzare.

calzonazos [kalθonáθos] m. fam. bietolone.

calzoncillos [kalθonθíʎos] m. pl. mutande f.

calzones [kalθónes] m. pl. calzoni corti.

callado, -da [kaʎáðo, -ða] a. taciturno, silenzioso: **ser** ~. 2 zitto: **estar** ~.

callar [kaʎár] t.-i. tacere.

calle [káʎe] f. via, strada.

callejear [kaʎexeàr] i. girellare, bighellonare, girandolare.

callejero, -ra [kaʎexéro, -ra] a. girandolone, bighellone.

callejón [kaʎexón] m. vicolo. ‖ ~ **sin salida**, vicolo cieco.

callicida [kaʎiθíða] a.-s. callifugo.

callista [kaʎista] s. callista.

callo [káʎo] m. callo. 2 pl. trippa f. sing.

callosidad [kaʎosiðáð] f. callosità.

calloso, -sa [kaʎóso, -sa] a. calloso.

cama [káma] f. letto m.

camaleón [kamaleón] m. camaleonte.

camándula [kamándula] f. fam. astuzia, raggiro m.

cámara [kámara] f. camera. 2 macchina fotografica.

camarada [kamaráða] s. compagno, camerata.

camarero, -ra [kamaréro, -ra] s. cameriere.

camarilla [kamaríʎa] f. camarilla.

camarín [kamarin] m. camerino.

camarote [kamaròte] m. cabina f.

camastro [kamástro] m. lettuccio.

cambiante [kambjànte] m. cangiante. 2 COMM. cambiavalute.

cambiar [kambjàr] t.-i.-r. cambiare. 2 scambiare, barattare.

cambio [kàmbjo] m. cambio, cambiamento. 2 baratto, scambio. ‖ **letra de** ~, cambiale. ‖ **en** ~, invece, per contro.

cambista [kambista] s. cambiavalute.

camelar [kamelàr] t. fam. corteggiare. 2 sedurre. 3 ingannare.

camelia [kamélja] f. camelia.

camelo

44

camelo [kamélo] *m.* fam. corteggiamento. 2 seduzione *f.* 3 inganno.
camello [kaméλo] *m.* cammello.
camilla [kamíλa] *f.* barella, lettiga. 2 tavolino *m.* con braciere.
caminante [kaminánte] *m.* viandante.
caminar [kaminár] *i.* camminare.
caminata [kamináta] *f.* camminata.
caminero, -ra [kaminéro, -ra] *a.* stradale. ‖ *peón* ~, cantoniere.
camino [kamíno] *m.* cammino. 2 strada *f.* ‖ *abrirse* ~, farsi strada. ‖ *de* ~, di passaggio.
camión [kamjón] *m.* camion, autocarro.
camionero [kamjonéro] *s.* camionista.
camioneta [kamjonéta] *f.* camioncino *m.* 2 camionetta.
camisa [kamísa] *f.* camicia. ‖ *meterse en* ~ *de once varas*, ingerirsi negli affari altrui.
camiseta [kamiséta] *f.* maglietta, canottiera.
camisón [kamisón] *m.* camicia *f.* da notte.
camorra [kamórra] *f.* briga. ‖ *armar, buscar* ~, attaccar briga.
camorrista [kamorrísta] *m.* attaccabrighe.
campamento [kampaménto] *m.* accampamento, campeggio.
campal [kampál] *a.* campale.
campana [kampána] *f.* campana. ‖ ~ *de la chimenea*, cappa del camino.
campanada [kampanáða] *f.* scampanata.
campanario [kampanárjo] *m.* campanile.
campanero [kampanéro] *m.* campanaro.
campanilla [kampaníλa] *f.* campanella.
campanilleo [kampaniλéo] *m.* scampanellio.
campante [kampánte] *a.* soddisfatto.
campaña [kampáɲa] *f.* campagna.
campar [kampár] *i.* spiccare, emergere. 2 accampare.
campeador, -ra [kampeaðór, -ra] *a.* prode.
campear [kampeár] *i.* pascolare. 2 verdeggiare (le messi).
campechano, -na [kampetʃáno, -na] *a.* aperto, gioviale.
campeón, -na [kampeón, -na] *s.* campione.
campeonato [kampeonáto] *m.* campionato.
campesino, -na [kampesíno, -na] *a.* campestre, campagnolo. 2 *s.* contadino, campagnolo.
campestre [kampéstre] *a.* campestre, campagnolo.

cámping [kámpiŋ] *m.* campeggio.
campiña [kampíɲa] *f.* campagna.
campista [kampísta] *s.* campeggiatore.
campo [kámpo] *m.* campagna *f.*, agro. 2 campo.
camposanto [kamposánto] *m.* camposanto.
camuflaje [kamufláxe] *m.* travestimento.
camuflar [kamuflár] *t.-r.* camuffare.
cana [kána] *f.* capello *m.* bianco. 2 *pl.* canizie. ‖ *echar una* ~ *al aire*, divertirsi.
canal [kanál] *m.* canale.
canalado, -da [kanaláðo, -ða] *a.* scanalato.
canalización [kanaliθaθjón] *f.* canalizzazione.
canalizar [kanaliθár] *t.* canalizzare. 2 incanalare.
canalón [kanalón] *m.* grondaia *f.*
canalla [kanáλa] *s.* canaglia, farabutto.
canallada [kanaλáða] *f.* canagliata.
canapé [kanapé] *m.* canapé.
canario, -ria [kanárjo, -rja] *a.* delle canarie. 2 ORNIT. canarino.
canasta [kanásta] *f.* canestra, cesta. 2 canasta [gioco di carte].
canastilla [kanastíλa] *f.* cestina. 2 corredino *m.* per neonato.
canasto [kanásto] *m.* canestro. ‖ *¡canastos!*, perbacco!
cancelación [kanθelaθjón] *f.* cancellazione.
cancelar [kanθelár] *t.* cancellare.
cáncer [kánθer] *m.* cancro.
canceroso, -sa [kanθeróso, -sa] *a.* canceroso.
canciller [kanθiλér] *m.* cancelliere.
cancillería [kanθiλería] *f.* cancelleria.
canción [kanθjón] *f.* canzone. 2 canzonetta.
cancionero [kanθjonéro] *m.* canzoniere.
candado [kandáðo] *m.* lucchetto.
candela [kandéla] *f.* candela.
candelabro [kandeláβro] *m.* candelabro.
candelaria [kandelárja] *f.* candelora.
candelero [kandeléro] *m.* candeliere.
candencia [kandénθja] *f.* incandescenza.
candente [kandénte] *a.* incandescente.
candi [kándi] *a.* *azúcar* ~, zucchero candito.
candidato, -ta [kandiðáto, -ta] *s.* candidato.
candidatura [kandiðatúra] *f.* candidatura.
candidez [kandiðéθ] *f.* candore *m.*
cándido, -da [kándiðo, -ða] *a.* candido.
candil [kandíl] *m.* lucerna *f.*

candilejas [kandiléxas] *f. pl.* TEAT. ribalta *sing.*

candor [kandòr] *m.* candore.

candoroso, -sa [kandoróso, -sa] *a.* candido, ingenuo.

canelo, -la [kanélo, -la] *a.* di color cannella. 2 *m.* cannella *f.* [pianta]. 3 *f.* cannella [scorza interna].

canelón [kanelón] *m.* cannellone.

cangrejo [kangrèxo] *m.* gambero.

canguro [kaŋgúro] *m.* canguro.

caníbal [kaniβal] *a.-s.* cannibale.

canibalismo [kaniβalizmo] *m.* cannibalismo.

canicie [kaniθje] *f.* canizie.

canícula [kaníkula] *f.* canicola.

canicular [kanikulàr] *a.* canicolare.

canilla [kaníʎa] *f.* ANAT. osso *m.* 2 rocchetto *m.*

canino, -na [kanino, -na] *a.* canino.

canje [kánxe] *m.* cambio. 2 scambio.

canjeable [kaɲxeáβle] *a.* cambiabile.

canjear [kaɲxeár] *t.* scambiare.

cano, -na [káno, -na] *a.* canuto.

canoa [kanóa] *f.* canoa, canotto *m.*

canon [kánon] *m.* canone.

canónico, -ca [kanóniko, -ka] *a.* canonico.

canónigo [kanóniɣo] *m.* canonico.

canonización [kanoniθaθjón] *f.* canonizzazione.

canonizar [kanoniθár] *t.* canonizzare.

canoro, -ra [kanóro, -ra] *a.* canoro.

canoso, -sa [kanóso, -sa] *a.* canuto.

cansado, -da [kansádo, -ða] *a.* stanco. 2 noioso.

cansancio [kansánθjo] *m.* stanchezza *f.*

cansar [kansár] *t.-r.* stancare, affaticare. 2 annoiare.

cantante [kantánte] *a.-s.* cantante.

cantar [kantár] *t.-i.* cantare.

cantar [kantár] *m.* cantare, cantico. || ~ *de los cantares*, cantico dei cantici.

cántaro [kántaro] *m.* anfora *f.*, brocca *f.*, giara *f.* || *llover a cántaros*, piovere a catinelle.

cante [kánte] *m.* canto popolare [spec. in Andalusia: ~ *flamenco*, ~ *jondo*].

cantera [kantèra] *f.* cava.

cántico [kántiko] *m.* cantico.

cantidad [kantiðáð] *f.* quantità.

cantimplora [kantimplóra] *f.* borraccia.

cantina [kantina] *f.* cantina. 2 buffet *m.* 3 mensa.

cantinela [kantinèla] *f.* cantilena.

canto [kánto] *m.* MUS. canto. 2 canzone *f.* 3 angolo.

cantón [kantón] *m.* cantone.

cantonal [kantonál] *a.* cantonale.

cantor, -ra [kantòr, -ra] *a.-s.* cantore.

canturrear [kanturreár] *i.* canterellare, canticchiare.

caña [káɲa] *f.* canna. 2 gambo *m.* 3 osso *m.* del braccio o gamba. 4 midollo *m.* 5 gambale *m.* 6 ARCH. fusto *m.* 7 bicchiere *m.* [spec. riferito a birra].

cañada [kaɲáða] *f.* gola [di monte].

cañamazo [kaɲamáθo] *m.* canovaccio.

cáñamo [káɲamo] *m.* canapa *f.*

cañaveral [kaɲaβerál] *m.* canneto.

cañería [kaɲeria] *f.* tubatura, condotto *m.*

cañizal [kaɲiθál] *m.* canneto.

cañizo [kaɲiθo] *m.* graticcio.

caño [káɲo] *m.* tubo. 2 zampillo.

cañón [kaɲón] *m.* cannone. 2 canna *f.* 3 gola *f.* [di monte].

cañonazo [kaɲonáθo] *m.* cannonata *f.*

cañonear [kaɲoneár] *t.* cannoneggiare.

cañonero, -ra [kaɲonéro, -ra] *s.* cannoniere.

caoba [kaóβa] *f.* mogano *m.*

caos [káos] *m.* caos.

caótico, -ca [kaótiko, -ka] *a.* caotico.

capa [kápa] *f.* cappa. 2 strato *m.*

capacidad [kapaθiðáð] *f.* capacità.

capacitar [kapaθitár] *t.* abilitare.

capar [kapár] *t.* castrare, evirare. 2 accapponare (un gallo).

caparazón [kaparaθón] *m.* copertura *f.* 2 guscio *m.* [dei crostacei].

capataz [kapatáθ] *m.* capo-operaio, capofabbrica, capomastro, caposquadra. 2 fattore di campagna.

caparra [kapárra] *f.* caparra.

capaz [kapáθ] *a.* capace, competente.

capazo [kapáθo] *m.* cesta *f.*, sporta *f.*

capcioso, -sa [kaβθjóso, -sa] *a.* capzioso.

capear [kapeár] *t.* aizzare il toro con la cappa. 2 fig. ingannare. 3 MAR. cappeggiare.

capelo [kapélo] *m.* ECCL. cappello cardinalizio. 2 dignità *f.* cardinalizia.

capellán [kapeʎán] *m.* cappellano.

caperuza [kaperúθa] *f.* cappuccio *m.*

capilar [kapilár] *a.* capillare.

capilaridad [kapilariðáð] *f.* capillarità.

capilla [kapíʎa] *f.* cappella. 2 cappuccio *m.*

capirote [kapiróte] *m.* cappuccio. || *ser tonto de* ~, essere scemo.

capital [kapitál] *a.-s.* capitale. ‖ *letra ~*, maiuscola. ‖ *~ de provincia o comarca*, capoluogo.

capitalista [capitalista] *a.* capitalistico. 2 *s.* capitalista.

capitalístico, -ca [kapitalístiko, -ka] *a.* capitalistico.

capitalización [kapitaliθaθjón] *f.* capitalizzazione.

capitalizar [kapitaliθár] *t.* capitalizzare.

capitán, -na [kapitán, -na] *s.* capitano.

capitanear [kapitaneár] *t.* comandare, capeggiare.

capitanía [kapitania] *f.* capitanato *m.* 2 MAR. capitaneria.

capitel [kapitél] *m.* capitello.

capitolio [kapitóljo] *m.* campidoglio.

capitulación [kapitulaθjón] *f.* capitolazione.

capitular [kapitulár] *i.* capitolare. 2 *a.* capitolare.

capítulo [kapitulo] *m.* capitolo.

capó [kapó] *m.* AUTOM. cofano.

capón [kapón] *m.* cappone.

capote [kapóte] *m.* cappotto. 2 cappa *f.* del torero.

capricornio [kaprikórnjo] *m.* capricorno.

capricho [kapritʃo] *m.* capriccio, ghiribizzo.

caprichoso, -sa [kapritʃóso, -sa] *a.* capriccioso.

cápsula [káβsula] *f.* caspula.

captación [kaβtaθjón] *f.* captazione.

captar [kaβtár] *t.-r.* cattivarsi, attrarre. 2 *t.* captare. 3 afferrare [un'idea, ecc.].

captura [kaβtúra] *f.* cattura.

capturar [kaβturár] *t.* catturare.

capucha [kapútʃa] *f.* cappuccio *m.*

capuchino, -na [kaputʃino, -na] *a.-s.* cappuccino.

capucho [kapútʃo] *m.* cappuccio.

capuchón [kaputʃón] *m.* mantello con cappuccio.

capullo [kapúʎo] *m.* ENTOM. bozzolo. 2 boccio, bocciolo [dei fiori].

caqui [káki] *a.-m.* cachi.

cara [kára] *f.* faccia, viso *m.* 2 aspetto *m.* ‖ *~ de pascuas*, faccia allegra. ‖ *~ de pocos amigos*, faccia torva. 3 diritto *m.* [di medaglia o moneta]: *~ o cruz*, testa o croce.

carabela [karaβéla] *f.* caravella.

carabinero [karaβinèro] *m.* guardia *f.* di finanza.

caracol [karakól] *m.* chiocciola *f.*, lumaca *f.* ‖ *escalera de ~*, scala a chiocciola. ‖ *¡caracoles!*, caspita!, diamine!

caracolear [karakoleár] *i.* caracollare.

carácter [karáyter] *m.* carattere.

característico, -ca [karayteristiko, -ka] *a.* caratteristico. 2 *f.* caratteristica.

caracterizar [karayteriθár] *t.* caratterizzare, distinguere. 2 *r.* truccarsi [gli attori].

caradura [karaðúra] *m.* faccia *f.* tosta.

¡caramba! [karámba] *inter.* accidenti!, caspita!

carámbano [karámbano] *m.* ghiacciolo.

carambola [karambóla] *f.* carambola. ‖ *por ~*, di rimbalzo.

caramelo [karamèlo] *m.* caramella *f.*

caravana [karaβána] *f.* carovana.

¡caray! [karái] *inter.* accipicchia!, accidenti!

carbón [karβón] *m.* carbone. ‖ *~ de piedra*, carbone fossile. ‖ *lápiz de ~*, carboncino.

carbonato [karβonáto] *m.* carbonato.

carbonería [karβoneria] *f.* bottega del carbonaio.

carbonero, -ra [karβonèro, -ra] *s.* carbonaio. 2 *f.* carbonaia.

carbónico, -ca [karβóniko, -ka] *a.* carbonico.

carbonilla [karβoniʎa] *f.* carbonella.

carbonización [karβoniθaθjón] *f.* carbonizzazione.

carbonizar [karβoniθár] *t.* carbonizzare.

carbono [karβóno] *m.* carbonio.

carburación [karβuraθjón] *f.* carburazione.

carburador [karβuraðòr] *m.* carburatore.

carburante [karβuránte] *a.-m.* carburante.

carburar [karβurár] *t.* carburare.

carburo [karβúro] *m.* carburo.

carcaj [karkáx] *m.* faretra *f.*, turcasso.

carcajada [karkaxáða] *f.* risata fragorosa, sghignazzata.

carcamal [karkamál] *a.-m.* vecchio acciaccoso.

cárcel [kárθel] *f.* carcere, prigione, galera.

carcelario, -ria [karθelárjo, -rja] *a.* carcerario.

carcelero, -ra [karθelèro, -ra] *a.* carcerario. 2 *m.* carceriere.

carcoma [karkóma] *f.* tarlo *m.*

carcomer [karkomèr] *t.* tarlare. 2 *t.-r.* fig. rodere.

carda [kárða] *f.* cardatura.

cardador, -ra [karðaðór, -ra] *s.* cardatore.

cardadura [karðaðúra] f. cardatura.

cardar [karðár] t. cardare.

cardenal [karðenál] m. ECCL. cardinale. 2 fam. livido.

cardenalicio, -cia [karðenaliθjo, -θja] a. cardinalizio.

cardíaco, -ca [karðiako, -ka] a. cardiaco.

cardinal [karðinál] a. cardinale.

cardiocirugía [kardjoθiruxia] f. cardiochirurgia.

cardiocirculatorio, -ria [kardjoθirkulatórjo, -rja] a. cardiocircolatorio.

cardiografía [karðjoɣrafía] f. cardiografia.

cardiograma [karðjoɣráma] m. cardiogramma.

cardiólogo [karðjóloɣo] m. cardiologo.

cardo [kárðo] m. cardo.

carear [kareár] t. mettere a confronto. 2 fig. confrontare. 3 i. esser di fronte.

carecer [kareθér] i. mancare, scarseggiare, difettare.

carena [karéna] f. carenaggio m.

carenar [karenár] t. carenare.

carencia [karénθja] f. carenza, mancanza, scarsezza.

careo [karéo] m. confronto.

carestía [karestía] f. carestia.

careta [karéta] f. maschera.

carga [kárɣa] f. carico m. 2 fig. peso m., responsabilità. 3 gravame m. 4 carica [di dinamite, di cavalleria, ecc.].

cargadero [karɣaðéro] m. scalo merci.

cargado, -da [karɣáðo, -ða] a. carico, gravido.

cargador [karɣaðór] m. caricatore.

cargamento [karɣaménto] m. carico.

cargante [karɣánte] a. noioso, pesante.

cargar [karɣár] t. caricare. 2 addebitare. 3 gravare. 4 fig. annoiare. 5 r. fig. fam. uccidere; demolire. || [i.] ~ *con*, addossarsi, accollarsi.

cargo [kárɣo] m. carico. 2 carica f., incarico. 3 imputazione f. || *hacerse* ~ *de*, incaricaricarsi di, fig. capire. || *a* ~ *de*, a cura di.

cari [kári] m. curry.

cariacontecido, -da [karjakonteciðo, -ða] a. dal viso afflitto, turbato.

cariar [karjár] t.-r. cariare.

cariátide [karjátiðe] f. cariatide.

caricatura [karikatúra] f. caricatura.

caricaturista [karikaturista] s. caricaturista.

caricaturizar [karikaturiθár] t. fare la caricatura.

caricia [karíθja] f. carezza.

caridad [kariðáð] f. carità.

caries [kárjes] f. carie.

cariño [kariɲo] m. affetto, amore.

cariñoso, -sa [kariɲóso, -sa] a. affettuoso, amorevole, amoroso.

carioca [karjóka] a.-s. abitante di Rio de Janeiro.

caritativo, -va [karitatiβo, -βa] a. caritatevole.

cariz [kariθ] m. aspetto. || *tomar buen (o mal)* ~, prendere una buona (o brutta) piega.

carlinga [karliŋga] f. carlinga.

carmelita [karmelita] a.-s. carmelitano.

carmesí [karmesí] m. cremisi.

carmín [karmín] m. carminio.

carnada [karnáða] f. esca.

carnal [karnál] a. carnale.

carnaval [karnaβál] m. carnevale.

carnavalada [karnaβaláða] f. carnevalata.

carnavalesco, -ca [karnaβalésko, -ka] a. carnevalesco.

carnaza [karnáθa] f. carniccio m.

carne [kárne] f. carne. || ~ *cocida*, bollito m.

carnero [karnéro] m. ZOOL. montone, ariete.

carnicería [karniθería] f. macelleria. 2 fig. macello m., carneficina, strage.

carnicero, -ra [karniθéro, -ra] s. macellaio.

carnívoro, -ra [karníβoro, -ra] a.-s. carnivoro.

carnosidad [karnosiðáð] f. carnosità.

carnoso, -sa [karnóso, -sa] a. carnoso.

caro, -ra [káro, -ra] a. caro.

carótida [karótiða] f. carotide.

carpa [kárpa] f. carpa.

carpeta [karpéta] f. cartella.

carpintería [karpinteria] f. falegnameria.

carpintero [karpintéro] m. falegname.

carpo [kárpo] m. ANAT. carpo.

carraca [karráka] f. MAR. caracca.

carraspera [karraspèra] f. raucedine.

carrera [karréra] f. corsa, gara. 2 corso m. 3 carriera. 4 smagliatura [delle calze].

carrete [karréte] m. rocchetto. 2 EL. bobina f. 3 FOT. rullino.

carretela [karretéla] f. carrozzella.

carretera [karretèra] f. strada.

carreta [karrèta] f. carretta, carretto m.

carretero, -ra [karretèro, -ra] m. carrettiere.

carretilla [karretiʎa] m. carriola, carrello m.

carretón [karretón] m. carretto, carrello.

carril [karríl] *m.* rotaia *f.* 2 corsia *f.*

carrito [karríto] *m.* carrello, carretto.

carro [kárro] *m.* carro. 2 carrello.

carrocería [karroθería] *f.* carrozzeria.

carroña [karróɲa] *f.* carogna.

carroza [karróθa] *f.* cocchio *m.*, carrozza.

carruaje [karrwáxe] *m.* vettura *f.*, carrozza *f.*

carrusel [karrusél] *m.* carosello.

carta [kárta] *f.* lettera. 2 carta [da gioco; lista di vivande]. ‖ **tomar cartas en**, intervenire.

cartapacio [kartapáθjo] *m.* scartafaccio. 2 cartella *f.*

cartearse [karteárse] *f.* corrispondere, scriversi.

cartel [kartél] *m.* cartellone, manifesto, cartello.

cartelera [kartelèra] *f.* quadro *m.* per annunci. 2 cartellone *m.* 3 elenco *m.* degli spettacoli (specie nei giornali).

cartelístico, -ca [kartelístiko, -ka] *a.* cartellistico.

carteo [kartèo] *m.* carteggio.

cartera [kartèra] *f.* portafoglio *m.* 2 cartella, borsa.

carterista [karterísta] *m.* borsaiolo.

cartero [kartéro] *m.* postino, portalettere.

cartesiano, -na [kartesjáno, -na] *a.* cartesiano.

cartílago [kartílago] *m.* cartilagine *f.*

cartilla [kartíʎa] *f.* sillabario *m.* 2 libretto *m.*

cartografía [kartoɣrafía] *f.* cartografia.

cartón [kartón] *m.* cartone. ‖ ~ *piedra*, cartapesta.

cartuchera [kartutʃèra] *f.* cartucciera, giberna.

cartucho [kartútʃo] *m.* cartuccia *f.* 2 cartoccio.

cartujo, -ja [kartúxo, -xa] *a.-s.* certosino. 2 *f.* certosa.

cartulina [kartulína] *f.* cartoncino *m.*

casa [kása] *f.* casa. 2 ditta. ‖ ~ *de huéspedes*, pensione.

casaca [kasáka] *f.* casacca, giubbotto *m.*

casación [kasaθjón] *f.* cassazione.

casadero, -ra [kasaðéro, -ra] *a.* *muchacha casadera*, ragazza da marito.

casado, -da [kasáðo, -ða] *a.-s.* sposato, coniugato. 2 *a.-m.* ammogliato.

casamiento [kasamjénto] *m.* matrimonio.

casar [kasár] *i.-r.* sposarsi, ammogliarsi [prender moglie], maritarsi [prendere marito]. 2 *t.* sposare, ammogliare [dar moglie]. 3 *fig.* unire, accordare, far corrispondere. 4 GIUR. cassare.

casca [káska] *f.* vinaccia.

cascabel [kaskaβèl] *m.* sonaglio.

cascada [kaskáða] *f.* cascata.

cascado, -da [kaskáðo, -ða] *a.* logorato. 2 *fig.* sciupato. ‖ *voz cascada*, voce stonata.

cascanueces [kaskanwéθes] *m.* schiaccianoci.

cascar [kaskár] *t.-r.* spaccare, frantumare. 2 *fam.* picchiare. 3 *fig.* rovinare la salute.

cáscara [káskara] *f.* gusto *m.* 2 buccia, scorza.

cascarón [kaskarón] *m.* guscio [d'uovo].

cascarrabias [kaskarráβjas] *s.* brontolone.

casco [kásko] *m.* elmo, casco. 2 coccio 3 ZOOL. zoccolo. 4 MAR. scafo. 5 carcassa *f.* [di nave]. 6 nucleo urbano. ‖ *pl.* fig. fam. testa *f.*, cervello.

caseína [kaseína] *f.* caseina.

caserío [kaserío] *m.* casale. 2 cascina *f.*

caserna [kasèrna] *f.* caserma.

casero, -ra [kasèro, -ra] *a.* casalingo, casereccio. 2 *s.* padrone. 3 inquilino.

caserón [kaserón] *m.* casolare. 2 casupola *f.*

caseta [kasèta] *f.* casetta. 2 cabina, capanno *m.*

casi [kási] *avv.* quasi, circa.

casilla [kasíʎa] *f.* sportello *m.* 2 casella. 3 scacco *m.* ‖ *salir de sus casillas*, uscire dai gangheri. ‖ *sacar de sus casillas*, far perdere la pazienza.

casino [kasíno] *m.* casino, circolo.

caso [káso] *m.* caso. ‖ *hacer* ~, dare ascolto, retta. ‖ *hacer* ~ *omiso*, prescindere.

caspa [káspa] *f.* forfora.

¡cáspita! [káspita] *inter.* caspita!

casquete [kaskéte] *m.* caschetto. 2 calotta *f.*

casquillo [kaskíʎo] *m.* ghiera *f.*

casta [kásta] *f.* casta. 2 fig. specie, qualità.

castaña [kastáɲa] *f.* castagna. ‖ ~ *asada*, caldarrosta. 2 damigiana. 3 crocchia. 4 fig. fam. schiaffo *m.*, colpo *m.*

castañeda [kastaɲèða] *f.* castagneto *m.*

castañetear [kastaɲeteár] *t.* suonare le nacchere. 2 *i.* battere i denti.

castaño, -ña [kastáɲo, -ɲa] *a.* castano. 2 *m.* castagno.

castañuela [kastaɲwèla] *f.* nacchera.

castellano, -na [kasteʎáno, -na] *a.-s.* castigliano. 2 *m.* castellano.

castidad [kastiðáð] *f.* castità.

castigar [kastiɣár] *t.* castigare, punire.

castigo [kastíɣo] *m.* castigo, punizione *f.*

castillo [kastíʎo] *m.* castello.

castizo, -za [kastíθo, -θa] *a.* puro, genuino.

casto, -ta [kásto, -ta] *a.* casto.

castor [kastór] *m.* castoro.

castración [kastraθjón] *f.* castrazione.

castrar [kastrár] *t.* castrare.

castrense [kastrénse] *a.* castrense.

casual [kaswál] *a.* casuale.

casualidad [kaswaliðáð] *f.* caso *m.*, casualità, combinazione. ‖ *por ~*, per caso. ‖ *¡qué ~!*, che combinazione!

casuística [kaswístika] *f.* casistica.

casulla [kasúʎa] *f.* pianeta.

cata [káta] *f.* assaggio *m.*

cataclismo [kataklízmo] *m.* cataclisma.

catacumba [katakúmba] *f.* catacomba.

catador [kataðór] *m.* assaggiatore, degustatore.

catadura [kataðúra] *f.* assaggio *m.*

catafalco [katafálko] *m.* catafalco.

catalán, -na [katalán, -na] *a.-s.* catalano.

catalejo [kataléxo] *m.* cannocchiale.

catalepsia [kataléβsja] *f.* catalessi.

catálisis [katálisis] *f.* catalisi.

catalítico, -ca [katalítiko, -ka] *a.* catalitico.

catalizador [kataliθaðór] *m.* catalizzatore.

catalogar [kataloɣár] *t.* catalogare.

catálogo [katáloɣo] *m.* catalogo.

cataplasma [kataplázma] *f.* cataplasma *m.*

catapulta [katapúlta] *f.* catapulta.

catar [katár] *t.* assaggiare, degustare. 2 saggiare, esaminare.

catarata [kataráta] *f.* cateratta.

catarro [katárro] *m.* catarro.

catarsis [katársis] *f.* catarsi.

catastro [katástro] *m.* catasto.

catástrofe [katástrofe] *f.* catastrofe.

catastrófico, -ca [katastrófiko, -ka] *a.* catastrofico.

catecismo [kateθízmo] *m.* catechismo.

cátedra [kátedra] *f.* cattedra.

catedral [katedrál] *f.* cattedrale, duomo *m.*

catedrático, -ca [katedrátiko, -ka] *s.* professore ordinario, titolare di cattedra.

categoría [kateɣoría] *f.* categoria.

categórico, -ca [kateɣóriko, -ka] *a.* categorico.

catequesis [katekésis] *f.* catechesi.

catequista [katekísta] *s.* catechista.

catequizar [katekiθár] *t.* catechizzare.

caterva [katérβa] *f.* caterva.

catéter [katéter] *m.* catetere.

cateto [katéto] *m.* GEOM. cateto. 2 fig. cafone, sempliciotto.

cátodo [kátodo] *m.* catodo.

catolicismo [katoliθízmo] *m.* cattolicesimo.

católico, -ca [katóliko, -ka] *a.-s.* cattolico.

catorce [katórθe] *a.* quattordici.

catorceno, -na [katorθéno, -na] *a.* quattordicesimo.

catorzavo, -va [katorθáβo, -βa] *a.-m.* quattordicesimo.

catre [kátre] *m.* branda *f.*

caucásico, -ca [kaukásiko, -ka] *a.-s.* caucasico.

cauce [káuθe] *m.* alveo, letto [di fiume].

caución [kauθjón] *f.* cauzione.

caucho [káutʃo] *m.* caucciù.

caudal [kauðál] *m.* quantità *f.* d'acqua, portata *f.* 2 capitale, fortuna *f.*, beni *pl.* ‖ *caja de caudales*, cassaforte. 3 fig. abbondanza *f.*

caudaloso, -sa [kauðalóso, -sa] *a.* ricco d'acqua. 2 ricco, copioso.

caudillo [kauðíʎo] *m.* capo.

causa [káusa] *f.* causa, cagione.

causal [kausál] *a.* causale.

causalidad [kausaliðáð] *f.* causalità.

causar [kausár] *t.* causare, cagionare.

cáustico, -ca [káustiko, -ka] *a.* caustico.

cautela [kautéla] *f.* cautela.

cautelar [kautelár] *t.-r.* cautelare, prevenire.

cauteloso, -sa [kautelóso, -sa] *a.* cauto, prudente.

cautivador, -ra [kautiβaðór, -ra] *a.* avvincente.

cautivar [kautiβár] *t.* far prigioniero. 2 fig. avvincere, affascinare.

cautividad [kautiβiðáð] *f.* cattività.

cautivo, -va [kautíβo, -βa] *a.-s.* prigioniero.

cautiverio [kautiβérjo] *m.* prigionia *f.*, cattività *f.*

cauto, -ta [káuto, -ta] *a.* cauto, guardingo.

cava [káβa] *f.* scavo *m.*, grotta sotterranea.

cavar [kaβár] *t.* scavare. 2 *i.* penetrare.

caverna [kaβérna] *f.* caverna.

cavernoso, -sa [kaβernóso, -sa] *a.* cavernoso.

caviar [kaβjár] *m.* caviale.

cavidad [kaβiðáð] *f.* cavità.

caza [káθa] *f.* caccia. 2 cacciagione, selvaggina.

cazador, -ra [kaθaðór, -ra] *a.-s.* cacciatore. 2 *f.* giubba.

cazar [kaθár] *t.* cacciare, dar la caccia.

cazatorpedero [kaθatorpedéro] *m.* cacciatorpediniere.

cazo [káθo] *m.* mestolo. 2 pentolino.

cazuela [kaθwéla] *f.* casseruola.

cazurro, -rra [kaθúrro, -rra] *a.* chiuso, taciturno.

ce [θe] *f.* nome della lettera **c**.

cebada [θeβáða] *f.* orzo *m.*

cebar [θeβár] *t.* cibare. 2 fig. alimentare. 3 *r.* fig. accanirsi.

cebo [θéβo] *m.* cibo. 2 becchime. 3 esca *f.* 4 fig. stimolo.

cebolla [θeβóʎa] *f.* cipolla.

cebra [θéβra] *f.* zebra.

ceca [θéka] *f.* zecca. ‖ *ir de la ~ a la Meca*, andare da una parte all'altra.

cecear [θeθeár] *i.* parlar bleso.

ceceoso, -sa [θeθeóso, -sa] *a.* bleso.

cecina [θeθína] *f.* carne salata o affumicata.

cedazo [θeðáθo] *m.* setaccio.

ceder [θeðér] *i.-t.* cedere.

cedro [θéðro] *m.* cedro.

cédula [θéðula] *f.* tessera. 2 cedola. 3 scheda.

cefalometría [θefalometría] *f.* cefalometria.

céfiro [θéfiro] *m.* zeffiro.

cegar [θeɣár] *i.* diventar cieco. 2 *t.* accecare. 3 fig. otturare. ¶ CONIUG. come *acertar*.

ceguera [θeɣéra] *f.* cecità.

ceja [θéxa] *f.* sopracciglio *m.*

cejar [θexár] *i.* retrocedere. 2 fig. cedere.

celada [θeláða] *f.* celata. 2 imboscata.

celador, -ra [θelaðór, -ra] *s.* guardiano, sorvegliante.

celar [θelár] *t.* curare. 2 vigilare. 3 celare.

celda [θélda] *f.* cella.

celebración [θeleβraθjón] *f.* celebrazione.

celebrar [θeleβrár] *t.* celebrare. 2 rallegrarsi: *lo celebro mucho*, me ne rallegro molto. 3 tenere: *~ una sesión*, tenere una seduta. 4 festeggiare.

célebre [θéleβre] *a.* celebre.

celebridad [θeleβriðáð] *f.* celebrità.

celeridad [θeleriðáð] *f.* celerità.

celeste [θeléste] *a.* celeste. ‖ *azul ~*, celeste.

celestial [θelestiál] *a.* celestiale.

celestina [θelestina] fam. *f.* ruffiana.

célibe [θéliβe] *a.-s.* celibe.

celo [θélo] *m.* zelo. 2 *pl.* gelosia *f. sing.* (marca nastro adesivo) scotch.

celofán [θelofán] *m.* cellofan.

celosía [θelosía] *f.* persiana, gelosia.

celoso, -sa [θelóso, -sa] *a.* zelante. 2 geloso. 3 sospettoso.

celta [θélta] *a.* celtico. 2 *s.* celta.

celtibérico, -ca [θeltiβériko, -ka], **celtíbero, -ra** [θeltíβero, -ra] *a.-s.* celtiberico.

célula [θélula] *f.* cellula.

celular [θelulár] *a.* cellulare.

celulitis [θelulitis] *f.* cellulite.

celuloide [θelulóiðe] *m.* celluloide *f.*

celulosa [θelulósa] *f.* cellulosa.

cementación [θementaθjón] *f.* METAL. cementazione.

cementar [θementár] *t.* METAL. cementare.

cementerio [θementérjo] *m.* cimitero.

cemento [θeménto] *m.* cemento.

cena [θéna] *f.* cena.

cenáculo [θenákulo] *m.* cenacolo.

cenagal [θenaɣál] *m.* pantano.

cenagoso, -sa [θenaɣóso, -sa] *a.* fangoso.

cenar [θenár] *i.* cenare.

cencerro [θenθérro] *m.* campanaccio.

cenefa [θenéfa] *f.* orlo *m.*, frangia.

cenicero [θeniθéro] *m.* portacenere.

cenicienta [θeniθjénta] *f.* cenerentola.

cenit [θenit] *m.* zenit.

ceniza [θeníθa] *f.* cenere.

cenobio [θenóβjo] *m.* cenobio.

cenobita [θenoβíta] *s.* cenobita.

censo [θénso] *m.* censimento. 2 censo.

censor [θensór] *m.* censore.

censura [θensúra] *f.* censura. 2 biasimo *m.*, rimprovero *m.*

censurar [θensurár] *t.* censurare. 2 criticare, biasimare.

centauro [θentáuro] *m.* centauro.

centavo, -va [θentáβo] *a.-m.* centesimo.

centella [θentéʎa] *f.* fulmine *m.* 2 scintilla.

centellear [θenteʎeár] *i.* scintillare, sfavillare.

centelleo [θenteʎéo] *m.* scintillio, sfavillio.

centena [θenténa] *f.* centinaio *m.*

centenar [θentenár] *m.* centinaio. ‖ *un ~ de años*, un centennio.

centenario, -ria [θentenárjo, -rja] *a.-m.* centenario. 2 *a.* centennale. 3 *s.* centenne.

centeno [θenténo] *m.* segale *f.*

centesimal [θentesimál] *a.* centesimale.

centésimo, -ma [θentésimo, -ma] *a.-s.* centesimo.

centígrado, -da [θentiɣraðo, -ða] *a.* centigrado.

centigramo [θentiɣrámo] *m.* centigrammo.

centímetro [θentímetro] *m.* centimetro.

céntimo [θéntimo] *m.* centesimo.

centinela [θentinéla] *m.* sentinella *f.*

centollo [θentóʎo] *m.* grancevola *f.*

centón [θentón] *m.* centone.

central [θentrál] *a.-f.* centrale.

centralismo [θentralizmo] *m.* centralismo.

centralita [θentralita] *f.* centralino *m.*

centralización [θentraliθaθjón] *f.* centralizzazione, accentramento *m.*

centralizador, -ra [θentraliθaðòr, -ra] *a.-s.* accentratore.

centralizar [θentraliθár] *t.* centralizzare, accentrare.

centrar [θentrár] *t.* centrare.

céntrico, -ca [θéntriko, -ka] *a.* centrale.

centrifugadora [θentrifuɣaðòra] *f.* centrifuga.

centrifugar [θentrifuɣár] *t.* centrifugare.

centrífugo, -ga [θentrífuɣo, -ɣa] centrifugo.

centrípeto, -ta [θentrípeto, -ta] *a.* centripeto.

centrista [θentrista] *a.-s.* centrista [in politica].

centro [θéntro] *m.* centro. ‖ ~ *de gravedad,* baricentro. ‖ *dar en el* ~, centrare. 2 circolo [associazione e locale]. 3 centrotavola.

centuplicar [θentuplikár] *t.* centuplicare.

céntuplo [θéntuplo] *m.* centuplo.

centuria [θentúrja] *f.* centuria.

centurión [θenturjón] *m.* centurione.

ceñido, -da [θeɲiðo, -ða] *a.* stringato. 2 attillato.

ceñir [θeɲir] *t.* cingere. 2 stringere. 3 fig. restringere, abbreviare. 4 *r.* fig. adattarsi, limitarsi. ¶ CONIUG. IND. pres.: *ciño, ciñes, ciñe; ciñen.* | pass. rem.: *ciñó; ciñeron.* ‖ CONG. pres.: *ciña, ciñas,* ecc. | imp.: *ciñera, -se, ciñeras, -ses,* ecc. | fut.: *ciñere, ciñeres,* ecc. ‖ IMPER.: *ciñe, ciña; ciñamos, ciñan.* ‖ GER.: *ciñendo.*

ceño [θéɲo] *m.* cipiglio, broncio, grinta *f.*

ceñudo, -da [θeɲúðo, -ða] *a.* accigliato, arcigno.

cepa [θépa] *f.* ceppa. 2 vite. 3 ceppo *m.* ‖ *de pura* ~, di pura razza.

cepillar [θepiʎár] *t.* spazzolare. 2 piallare.

cepillo [θepíʎo] *m.* spazzola *f.* 2 spazzolino. 3 pialla *f.* 4 ECCL. cassetta *f.* per le elemosine, ceppo.

cepo [θépo] *m.* ceppo. 2 trappola *f.*

cera [θèra] *f.* cera. ‖ *de* ~, cereo.

cerámica [θerámika] *f.* ceramica.

ceramista [θeramista] *s.* ceramista.

cerca [θèrka] *f.* steccato *m.*, recinto *m.* 2 avv. vicino, presso. ‖ ~ *de*, vicino a.

cercado [θerkàðo] *m.* recinto.

cercanía [θerkania] *f.* vicinanza. 2 *pl.* adiacenze, dintorni *m.*

cercano, -na [θerkáno, -na] *a.* vicino, prossimo.

cercar [θerkár] *t.* circondare, attorniare, accerchiare. 2 assediare.

cerciorar [θerθjorár] *t.-r.* accertare.

cerco [θèrko] *m.* cerchio. 2 alone. 3 assedio, accerchiamento.

cerda [θèrða] *f.* setola, crine *m.* 2 ZOOL. scrofa.

ceremonioso, -sa [θeremonjóso, -sa] *a.* cerimonioso, complimentoso.

cerdo [θèrðo] *m.* maiale, porco.

cereal [θereál] *a.-m.* cereale.

cerebral [θereβrál] *a.* cerebrale.

cerebro [θerèβro] *m.* cervello.

ceremonia [θeremònja] *f.* cerimonia.

ceremonial [θeremonjál] *a.-m.* cerimoniale.

cereza [θerèθa] *f.* ciliegia.

cerezo [θerèθo] *m.* ciliegio.

cerilla [θeríʎa] *f.* cerino.

cerner [θernèr] *t.* cernere, setacciare. 2 fig. depurare. 3 *i.* essere in fiore. 4 *r.* dondolarsi. 5 minacciare, avvicinarsi: *se cierne la tormenta,* la tormenta si avvicina. ¶ CONIUG. come *tender.*

cero [θèro] *m.* zero.

cerrado, -da [θerràðo, -ða] *a.* chiuso, serrato. 2 cupo. ‖ *pronunciación cerrada,* pronuncia stretta.

cerradura [θerraðúra] *f.* serratura, chiusura.

cerrajería [θerraxeria] *f.* bottega del fabbro.

cerrajero [θerraxèro] *m.* fabbro.

cerrar [θerrár] *t.-r.* chiudere, serrare. 2 concludere. 3 serrare [le file].

cerro [θèrro] *m.* colle. 2 collo d'animale. 3 dorso.

cerrojo [θerróxo] *m.* catenaccio, chiavistello.

certamen [θertámen] *m.* gara *f.*, competizione *f.*, concorso.

certeza [θertéθa] *f.* certezza, sicurezza.
certidumbre [θertiðúmbre] *f.* certezza, sicurezza.
certificado, -da [θertifikáðo, -ða] *a.* raccomandato: *carta certificada*, lettera raccomandata. ‖ *carta certificada con acuse de recibo*, lettera raccomandata con ricevuta di ritorno. 2 *m.* certificato.
certificar [θertifikár] *t.* certificare, attestare. 2 raccomandare [le lettere].
cerval [θerβál] *a.* cervino. ‖ *miedo* ~, timor panico.
cervecería [θerβeθería] *f.* birreria.
cerveza [θerβéθa] *f.* birra.
cervical [θerβikál] *a.* cervicale.
cerviz [θerβíθ] *f.* cervice.
cesación [θesaθjón] *f.* cessazione.
cesar [θesár] *i.* cessare. 2 sospendere il lavoro.
cesáreo, -a [θesáreo, -a] *a.* cesareo. 2 *f.* MED. taglio *m.* cesareo.
cese [θése] *m.* cessazione *f.* 2 sospensione *f.*
cesión [θesjón] *f.* cessione.
césped [θéspeð] *m.* tappeto erboso.
cesta [θésta] *f.* cesta, cesto *m.*
cesto [θésto] *m.* cesto, canestro, paniere.
cetáceo [θetáθeo] *m.* cetaceo.
cetro [θétro] *m.* scettro.
cianuro [θjanúro] *m.* cianuro.
ciático, -ca [θjátiko, -ka] *a.* sciatico. 2 *f.* sciatica.
cicatriz [θikatríθ] *f.* cicatrice.
cicatrización [θikatriθaθjón] *f.* cicatrizzazione.
cicatrizar [θikatriθár] *t.-r.* cicatrizzare.
ciclamino [θiklamíno] *m.* ciclamino.
cíclico, -ca [θíkliko, -ka] *a.* ciclico.
ciclismo [θiklízmo] *m.* ciclismo.
ciclista [θiklísta] *s.* ciclista.
ciclo [θíklo] *m.* ciclo.
ciclomotor [θiklomotór] *m.* ciclomotore.
ciclón [θiklón] *m.* ciclone.
cíclope [θíklope] *m.* ciclope.
ciclópeo, -a [θiklópeo, -a] *a.* ciclopico.
ciclostilo [θiklostílo] *m.* ciclostile.
cicuta [θikúta] *f.* cicuta.
ciego, -ga [θjéɣo, -ɣa] *a.-s.* cieco.
cielo [θjélo] *m.* cielo. ‖ *¡cielos!*, santo cielo!
ciempiés [θjempjés] *m.* millepiedi.
cien [θjén] *a.* cento. ‖ ~ *mil*, centomila.
ciencia [θjénθja] *f.* scienza. ‖ ~ *ficción*, fantascienza.
cieno [θjéno] *m.* fango.
científico, -ca [θjentífiko, -ka] *a.* scientifico.

ciento [θjénto] *a.* cento.
cierre [θjérre] *m.* chiusura *f.* 2 serrata *f.*
ciertamente [θjértamente] *avv.* certamente, certo.
cierto, -ta [θjérto, -ta] *a.* certo, sicuro. 2 un certo. 3 *avv.* certo.
ciervo, -va [θjérβo, -βa] *s.* cervo.
cierzo [θjérθo] *m.* tramontana *f.*
cifra [θífra] *f.* cifra.
cifrar [θifrár] *t.* cifrare. 2 fig. collocare. 3 *t.-r.* compendiare, limitare.
cigala [θiɣála] *f.* ITTIOL. scampo *m.*
cigarra [θiɣárra] *f.* cicala.
cigarrillo [θiɣarríʎo] *m.* sigaretta *f.*
cigarro [θiɣárro] *m.* sigaro.
cigüeña [θiɣwéɲa] *f.* cicogna.
cilicio [θilíθjo] *m.* cilicio.
cilindrada [θilindráða] *f.* cilindrata.
cilíndrico, -ca [θilíndriko, -ka] *a.* cilindrico.
cilindro [θilíndro] *m.* cilindro.
cima [θíma] *f.* cima, vetta.
cimborio [θimbórjo] *m.* cupola *f.*
cimentar [θimentár] *t.* gettare le fondamenta. 2 fondare. 3 cementare.
cimiento [θimjénto] *m.* fondamento. ‖ *echar los cimientos*, gettare le fondamenta.
cimitarra [θimitárra] *f.* scimitarra.
cinabrio [θináβrjo] *m.* cinabro.
cinc [θíŋk] *m.* zinco.
cincel [θinθél] *m.* scalpello.
cincelado, -da [θinθeláðo, -ða] *a.* cesellato. 2 *m.* cesellatura *f.*
cincelar [θinθelár] *t.* cesellare.
cinco [θíŋko] *a.-m.* cinque.
cincuenta [θiŋkwénta] *a.-m.* cinquanta.
cincuentenario, -ria [θiŋkwentenárjo, -rja] *a.-s.* cinquantenne. 2 *m.* cinquantenario.
cincuenteno, -na [θiŋkwenténo, -na] *a.* cinquantesimo, quinquagesimo. 2 *f.* cinquantina.
cincuentón, -na [θiŋkwentón, -na] *a.-s.* cinquantenne.
cine [θíne] *m.* cinema. ‖ ~ *de arte y ensayo*, cinema d'essai.
cineasta [θineásta] *s.* cineasta.
cinegético, -ca [θinexétiko, -ka] *a.* cinegetico. 2 *f.* cinegetica.
cinematografía [θinematoɣrafía] *f.* cinematografia.
cinematográfico, -ca [θinematoɣráfiko, -ka] *a.* cinematografico.
cinematógrafo [θinematóɣrafo] *m.* cinematografo.

cinético, -ca [θinètiko, -ka] *a.* cinetico. 2 *f.* cinetica.

cínico, -ca [θiniko, -ka] *a.* cinico.

cinismo [θinizmo] *m.* cinismo.

cinta [θinta] *f.* nastro *m.* ‖ ~ *magnética*, nastro magnetico.

cinto [θinto] *m.* cinto, cintura *f.*

cintura [θintúra] *f.* vita, cintola. 2 cinto *m.*

cinturón [θinturón] *m.* cintura *f.*, cinghia *f.*

ciprés [θiprès] *m.* cipresso.

circo [θírko] *m.* circo.

circuito [θirkwíto] *m.* circuito.

circulación [θirkulaθjón] *f.* circolazione. ‖ *poner en* ~, mettere in giro.

circular [θirkulár] *i.* circolare. 2 *a.-f.* circolare.

circulatorio, -ria [θirkulatòrjo, -rja] *a.* circolatorio.

círculo [θírkulo] *m.* circolo, cerchio. 2 cerchia *f.*

circuncidar [θirkunθiðár] *t.* circoncidere.

circuncisión [θirkunθisjón] *f.* circoncisione.

circundar [θirkundár] *t.* circondare.

circunferencia [θirkumferénθja] *f.* circonferenza.

circunflejo, -ja [θirkumflèxo, -xa] *a.* circonflesso.

circunlocución *f.*, **circunloquio** *m.* [θirkunlokuθjón, θirkunlókjo] circonlocuzione.

circunscribir [θirkunskriβir] *t* circoscrivere.

circunscripción [θirkunskriβθjón] *f.* circoscrizione.

circunspección [θirkunspeyθjón] *f.* circospezione.

circunspecto, -ta [θirkunspéyto, -ta] *a.* circospetto, guardingo.

circunstancia [θirkunstànθja] *f.* circostanza.

circunstanciadamente [θirkunstanθjáðamente] *avv.* dettagliatamente.

circunstanciado, -da [θirkunstanθjáðo, -ða] *a.* particolareggiato.

circunstante [θirkunstánte] *a.-s.* circostante.

circunvalación [θirkumbalaθjón] *f.* circonvallazione.

cirio [θírjo] *m.* cero.

cirro [θírro] *m.* cirro.

cirrosis [θirrósis] *f.* cirrosi.

ciruela [θirwèla] *f.* prugna, susina.

ciruelo [θirwèlo] *m.* prugno, susino.

cirugía [θiruxía] *f.* chirurgia. ‖ ~ *plástica*, chirurgia plastica.

cirujano [θiruxáno] *m.* chirurgo.

cisco [θísko] *m.* carbonella *f.* 2 *hacer ciscos*, fare a pezzi. 3 frastuono, rissa *f.*

cisma [θízma] *m.* scisma.

cismático, -ca [θizmátiko, -ka] *a.-s.* scismatico.

cisne [θízne] *m.* cigno.

cisterciense [θisterθjénse] *a.-s.* cistercense.

cisterna [θistèrna] *f.* cisterna. ‖ *camión* ~, autocisterna.

cistitis [θistítis] *f.* cistite.

cisura [θisúra] *f.* incisione.

cita [θíta] *f.* appuntamento *m.* 2 LETT. citazione.

citación [θitaθjón] *f.* GIUR. citazione.

citar [θitár] *t.* citare. 2 dare appuntamento.

cítara [θítara] *f.* cetra.

citerior [θiterjór] *a.* citeriore.

citrato [θitráto] *m.* citrato.

ciudad [θjuðáð] *f.* città.

ciudadanía [θjuðaðania] *f.* cittadinanza.

ciudadano, -na [θjuðaðáno, -na] *s.* cittadino.

ciudadela [θjuðaðèla] *f.* cittadella.

cívico, -ca [θíβiko, -ka] *a.* civico.

civil [θiβil] *a.* civile. 2 borghese.

civilización [θiβiliθaθjón] *f.* civiltà. 2 civilizzazione.

civilizado, -da [θiβiliθáðo, -ða] *a.* civile, civilizzato.

civilizador, -ra [θiβiliθaðór, -ra] *a.-s.* civilizzatore.

civilizar [θiβiliθár] *t.* civilizzare.

civismo [θiβízmo] *m.* civismo.

cizaña [θiθáɲa] *f.* zizzania.

clamar [klamár] *i.* gridare. 2 invocare. 3 fig. chiedere.

clamor [klamór] *m.* clamore.

clamoroso, -sa [klamoróso, -sa] *a.* clamoroso.

clandestinidad [klandestiniðáð] *f.* clandestinità.

clandestino, -na [klandestino, -na] *a.* clandestino.

claraboya [klaraβója] *f.* lucernaio *m.*, abbaino *m.*

clarete [klarète] *m.* chiaretto, rosato [vino].

claridad [klariðáð] *f.* chiarezza.

clarificación [klarifikaθjón] *f.* chiarificazione, chiarimento *m.*

clarificar [klarifikár] *t.* chiarire, chiarificare.

clarín [klarin] *m.* clarino.

clarinete [klarinéte] *m.* clarinetto.

clarisa [klarisa] *f.* clarissa.

clarividencia [klariβiðènθja] *f.* chiaroveggenza.

clarividente [klariβiðènte] *a.-s.* chiaroveggente.

claro, -ra [kláro, -ra] *a.-avv.* chiaro. 2 *m.* spazio. 3 radura *f.* 4 ARCH. luce *f.* 5 *f.* chiara [d'uovo], albume *m.* 6 *inter.* certo!, naturalmente!

claror [klarór] *m.* chiarore.

claroscuro [klaroskúro] *m.* chiaroscuro.

clase [kláse] *f.* classe, ceto *m.* 2 lezione. 3 tipo *m.*, sorta.

clasicismo [klasiθizmo] *m.* classicismo.

clásico, -ca [klásiko, -ka] *a.* classico.

clasificación [klasifikaθjón] *f.* classificazione, classifica [nei concorsi e nei campionati].

clasificador [klasifikaðòr] *m.* classificatore.

clasificar [klasifikár] *t.* classificare.

clasismo [klasízmo] *m.* classismo.

claudicar [klauðikár] *i.* claudicare, zoppicare. 2 fig. venir meno [alle promesse, ai principi].

claustro [kláustro] *m.* chiostro. || ~ **de profesores**, corpo docente, assemblea *f.* del corpo docente.

cláusula [kláusula] *f.* clausola.

clausura [klausúra] *f.* ECCL. clausura. 2 chiusura.

clausurar [klausurár] *t.* chiudere [una seduta, un locale, ecc.].

clavar [klaβár] *t.* inchiodare. 2 piantare, conficcare. 3 fig. fissare.

clave [kláβe] *f.* chiave. 2 codice *m.*

clavel [klaβèl] *m.* garofano.

clavicémbalo [klaβiθémbalo] *m.* clavicembalo, cembalo.

clavicordio [klaβikórðjo] *m.* clavicordo.

clavícula [klaβíkula] *f.* clavicola.

clavo [kláβo] *m.* chiodo.

clemencia [klemènθja] *f.* clemenza.

clemente [klemènte] *a.* clemente.

cleptomanía [kleβtomanía] *f.* cleptomania.

cleptómano, -na [kleβtómano, -na] *a.* cleptomane.

clerical [klerikál] *a.* clericale.

clericalismo [klerikalizmo] *m.* clericalismo.

clérigo [klériɣo] *m.* chierico.

clero [kléro] *m.* clero.

cliente [kljènte] *s.* cliente.

clientela [kljentèla] *f.* clientela.

clima [klíma] *m.* clima.

climaterio [klimatèrjo] *m.* climaterio.

climático, -ca [klimátiko, -ka] *a.* climatico.

climatizar [klimatiθár] *t.* climatizzare.

climatológico, -ca [klimatolóxiko, -ka] *a.* climatologico.

clínico, -ca [klíniko, -ka] *a.* clinico. 2 *f.* clinica.

clisé [klisé] *m.* negativo, clichè.

clister [klistèr] *m.* clistere.

cloaca [kloáka] *f.* cloaca, fogna.

cloquear [klokeár] *i.* chiocciare.

clorato [kloráto] *m.* clorato.

clorhídrico, -ca [klorìðriko, -ka] *a.* cloridrico.

cloro [klóro] *m.* cloro.

clorofila [klorofíla] *f.* clorofilla.

cloroformo [klorofórmo] *m.* cloroformio.

cloruro [klorúro] *m.* cloruro.

club [kluβ] *m.* circolo, club.

clueca [klwéka] *f.* chioccia.

coacción [koaɣθjón] *f.* coazione, costrizione.

coaccionar [koaɣθjonár] *t.* costringere.

coadjutor, -ra [koaðxutór, -ra] *s.* coadiutore.

coadyuvar [koaðjuβár] *t.* coadiuvare.

coagulación [koaɣulaθjón] *f.* coagulazione.

coagular [koaɣulár] *t.-r.* coagulare, cagliare.

coágulo [koáɣulo] *m.* coagulo, grumo.

coalición [koaliθjón] *f.* coalizione.

coartada [koartáða] *f.* alibi *m.*

coartar [koartár] *t.* coartare.

coba [kòβa] *f.* fam. adulazione. || **dar ~**, adulare.

cobarde [koβárðe] *a.* codardo.

cobardía [koβarðía] *f.* pusillanimità, viltà, vigliaccheria.

cobertizo [koβertíθo] *m.* tettoia *f.*, capannone.

cobertor [koβertór] *m.* coltre *f.*

cobertura [koβertúra] *f.* copertura.

cobijar [koβixár] *t.-r.* coprire, riparare. 2 ospitare.

cobra [kóβra] *f.* cobra *m.*

cobrador [koβraðòr] *m.* esattore. 2 bigliettaio.

cobrar [koβrár] *t.* riscuotere, incassare. 2 acquistare: ~ **fama**, acquistare fama. 3 prendere: ~ **ánimo**, prendere coraggio. 4 *r.* riaversi.

cobre [kóβre] *m.* rame.

cobro [kóβro] *m.* riscossione *f.*, incasso.

cocaína [kokaína] *f.* cocaina.

cocción [koγθjón] *f.* cottura.

cóccix [kóγθiɣs] *m.* coccige.

cocer [koθèr] *t.* cuocere. 2 *i.-t.* bollire. ¶ CONIUG. come *mover*.

cocido, -da [koθiðo, -ða] *a.* bollito. ‖ *carne cocida*, bollito. 2 *m.* piatto di carne e verdura.

cociente [koθjénte] *m.* quoziente.

cocimiento [koθimjènto] *m.* cottura *f.* 2 decotto.

cocina [koθina] *f.* cucina.

cocinar [koθinàr] *t.* cucinare.

cocinero, -ra [koθinèro, -ra] *s.* cuoco. ‖ ∼ *mayor*, capocuoco.

coco [kóko] *m.* BOT.-MED. cocco. 2 fam. babau, spauracchio. 3 smorfia *f.*

cocodrilo [kokoðrilo] *m.* coccodrillo.

cocotero [kokotèro] *m.* BOT. palma *f.* da cocco.

coche [kótʃe] *m.* carrozza *f.*, vettura *f.* 2 macchina *f.*, automobile *f.* ‖ ∼ *cama*, vagone letto. ‖ ∼ *de línea*, corriera.

cochecito [kotʃeθito] *m.* carrozzella *f.*, carrozzina *f.*

cochera [kotʃèra] *f.* rimessa.

cochero [kotʃèro] *m.* cocchiere, vetturino.

cochinilla [kotʃiniʎa] *f.* ENTOM. cocciniglia.

cochino, -na [kotʃino, -na] *a.* sporco. 2 *s.* porco, maiale.

codear [koðeár] *i.* dar gomitate. 2 *r.* fig. trattarsi da pari a pari.

códice [kóðiθe] *m.* codice.

codicia [koðiθja] *f.* cupidigia, bramosia.

codiciar [koðiθjàr] *t.* bramare.

codicioso, -sa [koðiθjóso, -sa] *a.* cupido, avido, bramoso.

codificación [koðifikaθjón] *f.* codificazione.

codificar [koðifikàr] *t.* codificare.

código [kóðiɣo] *m.* codice. ‖ ∼ *de barras*, codice a barre.

codo [kóðo] *m.* gomito. ‖ *hablar por los codos*, essere un chiacchierone. ‖ *empinar el* ∼, alzare il gomito.

codorniz [koðorniθ] *f.* ORNIT. quaglia.

coeditar [koeðitár] *t.* coeditare.

coeditor [koeðitòr] *s.* coeditore.

coeficiente [koefiθjènte] *m.* coefficiente.

coerción [koerθjòn] *f.* coercizione.

coercitivo, -va [koerθitiβo, -βa] *a.* coercitivo.

coetáneo, -nea [koetáneo, -nea] *a.* coetaneo.

coexistencia [koeɣsistènθja] *f.* coesistenza.

coexistir [koeɣsistir] *i.* coesistere.

cofa [kófa] *f.* coffa.

cofia [kófja] *f.* cuffia.

cofrade [kofràðe] *m.* confratello.

cofradía [kofraðìa] *f.* confraternita.

cofre [kófre] *m.* cofano, cassapanca *f.*

coger [koxèr] *t.* cogliere, pigliare, prendere. 2 acchiappare. 3 *i.* starci, entrarci: *aquí no cogen todos*, qui non c'entrano tutti. ¶ CONIUG. cambio *g* → *j* davanti *a*, *o*, *u*.

cogida [koxìða] *f.* raccolta.

cogollo [koɣóʎo] *m.* germoglio.

cogote [koɣòte] *m.* collottola *f.*, nuca *f.*

cohabitación [koaβitaθjón] *f.* coabitazione.

cohabitar [koaβitàr] *i.* coabitare.

coherencia [koerènθja] *f.* coerenza.

coherente [koerènte] *a.* coerente.

cohesión [koesjòn] *f.* coesione.

cohesivo, -va [koesìβo, -βa] *a.* coesivo.

cohete [koéte] *m.* razzo, missile.

cohibición [koiβiθjón] *f.* repressione.

cohibir [koiβir] *t.* reprimere, frenare.

coincidencia [koinθiðènθja] *f.* coincidenza.

coincidir [koinθiðir] *i.* coincidere, collimare.

cojear [koxeár] *i.* zoppicare, claudicare.

cojera [koxèra] *f.* zoppicatura.

cojín [koxin] *m.* cuscino.

cojinete [koxinète] *m.* cuscinetto.

cojo, -ja [kóxo, -xa] *a.-s.* zoppo.

col [kol] *f.* cavolo *m.*

cola [kóla] *f.* coda. 2 strascico *m.* 3 colla.

colaboración [kolaβoraθjón] *f.* collaborazione.

colaborador, -ra [kolaβoraðòr, -ra] *s.* collaboratore.

colaborar [kolaβorár] *i.* collaborare, concorrere.

colación [kolaθjón] *f.* conferimento *m.* [di beneficio o grado]. 2 collazione, confronto *m.* ‖ *sacar a* ∼, tirare in ballo.

colacionar [kolaθjonár] *t.* confrontare.

colada [kolàða] *f.* bucato *m.* 2 colata.

coladero [kolaðèro] **colador** [kolaðòr] *m.* colino, colabrodo.

colapso [koláβso] *m.* collasso.

colar [kolàr] *t.* colare. 2 imbiancare il bucato. 3 *r.* entrare di soppiatto. 4 *r.* fig. sbagliare.

colateral [kolaterál] *a.* collaterale.

colcha [kóltʃa] *f.* copriletto *m.*

colchón [koltʃón] *m.* materasso.
colchonero [koltʃonéro] *m.* materassaio.
colear [koleár] *i.* scodinzolare.
colección [koleɣθjón] *f.* collezione, raccolta. 2 collana.
coleccionar [koleɣθjonár] *t.* collezionare.
coleccionista [koleɣθjonísta] *s.* collezionista.
colecta [koléɣta] *f.* colletta.
colectar [koleɣtár] *t.* raccogliere.
colectividad [koleɣtiβiðáð] *f.* collettività.
colectivismo [koleɣtiβizmo] *m.* collettivismo.
colectivo, -va [koleɣtiβo, -βa] *a.* collettivo.
colector, -ra [koleɣtór, -ra] *a.-s.* collettore. 2 *m.* esattore.
colega [koléɣa] *s.* collega.
colegiado, -da [kolexjáðo, -ða] *a.-s.* membro di una corporazione.
colegial [kolexjál] *a.* collegiale. 2 *m.* alunno.
colegiala [kolexjála] *f.* alunna.
colegialidad [kolexjaliðáð] *f.* collegialità.
colegiarse [kolexjárse] *r.* riunirsi in corporazione.
colegio [koléxjo] *m.* collegio. 2 scuola *f.*
colegir [kolexir] *t.* dedurre.
coleóptero, -ra [koleóβtero, -ra] *a.-m.* coleottero.
cólera [kólera] *f.* collera. 2 *m.* colera.
colérico, -ca [kolériko, -ka] *a.* collerico, bizzoso. 2 colerico [malattia]. 3 *a.-s.* coleroso.
coleta [koléta] *f.* codino *m.* ‖ *cortarse la* ~, abbandonare la professione.
coletilla [koletíʎa] *f.* codino *m.* 2 poscritto *m.*
colgadizo, -za [kolɣaðíθo, -θa] *a.* pendente. 2 *m.* ARCH. tettoia *f.*
colgante [kolɣánte] *a.* penzolante, pensile. 2 *m.* pendente, ciondolo. 3 ARCH. festone.
colgar [kolɣár] *t.* appendere, attaccare. 2 impiccare. 3 *i.* pendere, penzolare. ¶ CONIUG. come *contar*.
colgado, -da [kolɣáðo, -ða] *a.* appeso. ‖ *dejar* ~, piantare in asso.
colibrí [koliβrí] *m.* colibrì.
cólico [kóliko] *m.* colica *f.*
coliflor [koliflór] *f.* cavolfiore *m.*
coligarse [koliɣárse] *r.* allearsi.
colilla [koliʎa] *f.* cicca, mozzicone *m.*
colina [kolína] *f.* collina.
colindante [kolindánte] *a.* confinante.
colirio [kolírjo] *m.* collirio.

coliseo [kolistéo] *m.* colosseo.
colisión [kolisjón] *f.* collisione.
colitis [kolítis] *f.* colite.
colmado, -da [kolmáðo, -ða] *a.* colmo, abbondante. 2 *m.* negozio di commestibili.
colmar [kolmár] *t.* colmare.
colmena [kolména] *f.* alveare *m.*, arnia.
colmillo [kolmíʎo] *m.* dente canino. 2 zanna *f.*
colmo, -ma [kólmo, -ma] *a.* colmo, traboccante. 2 *m.* colmo.
colocación [kolokaθjón] *f.* collocazione. 2 occupazione, impiego *m.* 3 collocamento *m.*
colocar [kolokár] *t.-r.* collocare. 2 impiegare: ~ *como secretario*, impiegare come segretario.
colonia [kolónja] *f.* colonia.
colonial [kolonjál] *a.* coloniale.
colonialismo [kolonjalizmo] *m.* colonialismo.
colonización [koloniθaθjón] *f.* colonizzazione.
colonizador, -ra [koloniθaðór, -ra] *a.-s.* colonizzatore.
colonizar [koloniθár] *t.* colonizzare.
colono [kolóno] *m.* colono, fattore.
coloquio [kolókjo] *m.* colloquio.
color [kolór] *m.* colore.
coloración [koloraθjón] *f.* colorazione.
colorado, -da [koloráðo, -ða] *a.* colorato. 2 rosso.
colorante [koloránte] *a.-m.* colorante.
colorear [koloreár] *t.* colorare.
colorete [koloréte] *m.* belletto.
colorido [koloríðo] *m.* colorito.
colorín [kolorin] *m.* ORNIT. cardellino. 2 colore vivo.
colosal [kolosál] *a.* colossale.
coloso [kolóso] *m.* colosso.
columna [kolúmna] *f.* colonna.
columnata [kolumnáta] *f.* colonnato *m.*
columpiar [kolumpjár] *t.-r.* dondolare.
columpio [kolúmpjo] *m.* altalena *f.*, dondolo.
collado [koʎáðo] *m.* GEOG. giogo.
collar [koʎár] *m.* collana *f.* 2 collare, guinzaglio.
coma [kóma] *f.* GRAM. virgola. 2 *m.* MED. coma.
comadre [komáðre] *f.* comare.
comadrear [komaðreár] *i.* pettegolare.
comadreja [komaðréxa] *f.* donnola.
comadreo [komaðréo] *m.* pettegolezzo.
comadrón [komaðrón] *m.* ostetrico.

comadrona [komaðróna] f. levatrice.

comandancia [komandánθja] f. comando m. 2 ufficio m. del comandante.

comandante [komanðánte] m. comandante.

comandar [komanðár] t. comandare.

comandita [komandita] f. accomandita.

comarca [komárka] f. regione [senso lato]. 2 circoscrizione territoriale minore della regione e diversa dalla provincia.

comatoso, -sa [komatóso, -sa] a. comatoso.

comba [kómba] f. curvatura. 2 corda [gioco]: *jugar a la ~*, giocare alla corda.

combar [kombár] t.-r. incurvare.

combate [kombáte] m. combattimento.

combatiente [kombatjénte] s. combattente.

combatir [kombatir] i.-t. combattere.

combatividad [kombatiβiðáð] f. combattività.

combativo, -va [kombatiβo, -βa] a. combattivo.

combinación [kombinaθjón] f. combinazione.

combinar [kombinár] t.-f. combinare.

combustible [kombustiβle] a.-m. combustibile.

combustión [kombustjón] f. combustione.

comedero, -ra [komeðéro, ra] a. com mestibile. 2 m. mangiatoia f.

comedia [koméðja] f. commedia.

comediante, -ta [komeðjánte, -ta] a.-s. commediante.

comedido, -da [komeðiðo, -ða] a. moderato. 2 cortese.

comediógrafo, -fa [komeðjóɣrafo, -fa] s. commediografo.

comedor, -ra [komeðór, -ra] a. mangione. 2 m. sala f. da pranzo.

comendador [komendaðór] m. commendatore.

comensal [komensál] s. commensale.

comentador, -ra [komentaðór, -ra] s. commentatore.

comentar [komentár] t. commentare.

comentario [komentárjo] m. commento, commentario.

comentarista [komentarista] s. commentatore.

comenzar [komenθár] t. cominciare, incominciare. ¶ CONIUG. come *acertar*.

comer [komér] t.-i. mangiare.

comercial [komerθjál] a. commerciale.

comercializar [komerθjaliθár] t. commercializzare.

comerciante [komerθjánte] a.-s. commerciante.

comerciar [komerθjár] i. commerciare.

comercio [komérθjo] m. commercio. 2 negozio.

comestible [komestiβle] a.-m. commestibile.

cometa [kométa] m. ASTR. cometa f. 2 f. cometa, aquilone m., cervo m. volante.

cometer [kometér] t. commettere. 2 affidare.

cometido, -da [kometiðo, -ða] a. commesso. 2 incarico.

comicidad [komiθiðáð] f. comicità.

comicio [komiθjo] m. comizio.

cómico, -ca [kómiko, -ka] a.-m. comico, buffo.

comida [komiða] f. cibo m. 2 pranzo m., colazione. 3 pasto m.

comidilla [komiðiʎa] f. pettegolezzo m.

comienzo [komjénθo] m. inizio.

comillas [komiʎas] f. pl. virgolette.

comino [komino] m. cumino. ‖ *un ~*, un fico secco.

comisaría [komisaria] f., comisariado [komisarjáðo] m. commissariato.

comisario, -ria [komisárjo, -rja] s. commissario.

comisión [komisjón] f. commissione. 2 COMM. provvigione.

comisionar [komisjonár] t. commissionare.

comisionista [komisjonista] s. commissionario.

comiso [komiso] m. GIUR. confisca f.

comité [komité] m. comitato.

comitiva [komitiβa] f. comitiva.

como [kómo] avv.-cong.-m. (se interrogativo o esclamativo, porta l'accento: *cómo*) come. ‖ *~ quiera que*, dato che. ‖ *~ quiera que sea*, comunque sia. ‖ se: *~ no vengas, no lo hago*, se non vieni non lo farò. ‖ *¿cómo no?*, eccome!

cómoda [kómoða] f. cassettone m., comò m.

comodidad [komoðiðáð] f. comodità, comodo m., agiatezza, agio m.

comodín [komoðin] m. matta f. [nel gioco delle carte].

cómodo, -da [kómoðo, -ða] a. comodo, agevole.

comodón, -na [komoðón, -na] a.-s. poltrone.

compacto, -ta [kompáɣto, -ta] a. compatto.

compadecer [kompaðeθér] *t.-r.* compatire, commiserare, compiangere. ¶ CONIUG. come *crecer*.

compadre [kompáðre] *m.* compare.

compaginación [kompaxinaθjón] *f.* TIP. impaginazione.

compaginar [kompaxinár] *t.* TIP. compaginare, impaginare. 2 *t.-r.* fig. compaginare, accordare, combaciare.

compañerismo [kompaɲerizmo] *m.* cameratismo.

compañero, -ra [kompaɲéro, -ra] *s.* compagno.

compañía [kompaɲía] *f.* compagnia.

comparable [komparáβle] *a.* comparabile.

comparación [komparaθjón] *f.* comparazione, paragone *m.*, confronto *m.*

comparar [komparár] *t.* paragonare, comparare.

comparativo, -va [komparatiβo, -βa] *a.-s.* comparativo.

comparecencia [kompareθénθja] *f.* GIUR. comparizione.

comparecer [kompareθér] *i.* comparire. ¶ CONIUG. come *crecer*.

comparición [kompariθjón] *f.* GIUR. comparizione.

comparsa [kompársa] *s.* TEAT. comparsa. 2 *f.* mascherata.

compartimiento [kompartimjénto] *m.* compartimento. 2 scompartimento.

compartir [kompartir] *t.* spartire. 2 condividere.

compás [kompás] *m.* compasso. 2 MUS. tempo: *marcar el ~,* battere il tempo. 3 battuta *f.: un ~ de espera,* una battuta d'arresto.

compasión [kompasjón] *f.* compassione.

compasivo, -va [kompasiβo, -βa] *a.* compassionevole, pietoso.

compatibilidad [kompatiβiliðáð] *f.* compatibilità.

compatible [kompatiβle] *a.* compatibile.

compatriota [kompatrjóta] *s.* compatriota.

compeler [kompelér] *t.* costringere.

compendiar [kompendjár] *t.* compendiare.

compendio [kompéndjo] *m.* compendio.

compenetración [kompenetraθjón] *f.* compenetrazione.

compenetrarse [kompenetrárse] *r.* compenetrarsi.

compensación [kompensaθjón] *f.* compensazione. 2 compenso *m.*, corrispettivo *m.*

compensar [kompensár] *t.* compensare, ricompensare.

competencia [kompeténθja] *f.* competenza. 2 COMM. concorrenza.

competente [kompeténte] *a.* competente, autorevole.

competer [kompetér] *i.* competere.

competición [kompetiθjón] *f.* competizione, gara. 2 concorrenza.

competidor, -ra [kompetiðór, -ra] *a.-s.* competitore, contendente. 2 COMM. concorrente.

competir [kompetir] *i.* competere, fare a gara, gareggiare. ¶ CONIUG. come *servir*.

compilación [kompilaθjón] *f.* compilazione.

compinche [kompintʃe] *m.* compagno, camerata.

complacencia [komplaθénθja] *f.* compiacenza, compiacimento *m.*

complacer [komplaθér] *t.-r.* compiacere. ¶ CONIUG. come *crecer*.

complaciente [komplaθjénte] *a.* compiacente.

complejidad [komplexiðáð] *f.* complessità.

complejo, -ja [kompléxo, -xa] *a.-m.* complesso.

complementar [komplementár] *t.* completare.

complementariedad [komplementarjeðáð] *f.* complementarietà.

complementario, -ria [komplementárjo, -rja] *a.* complementare.

complemento [komplemento] *m.* complemento.

completamente [komplétamente] *avv.* completamente.

completar [kompletár] *t.* completare.

completo, -ta [kompléto, -ta] *a.* completo.

complexión [kompleɣsjón] *f.* complessione, corporatura.

complexo, -xa [kompléɣso, -ɣsa] *a.* complesso.

complicación [komplikaθjón] *f.* complicazione.

complicado, -da [komplikáðo, -ða] *a.* complicato.

complicar [komplikár] *t.-r.* complicare.

complicidad [kompliθiðáð] *f.* complicità.

complot [komplót] *m.* complotto.

componenda [komponénda] *f.* transazione, accomodamento *m.*

componente [komponénte] *a.-s.* componente.

componer [komponér] *t.-r.* comporre. ‖ *componérselas*, arrangiarsi.

comportamiento [komportamjénto] *m.* comportamento, condotta *f.*

comportar [komportár] *t.-r.* comportare. 2 *r.* agire.

composición [komposiθjón] *f.* composizione, componimento *m.*

compositor, -ra [kompositór, -ra] *s.* compositore.

compostura [kompostúra] *f.* composizione. 2 rappezzatura. 3 acconciatura. 4 accordo *m.* 5 compostezza.

compota [kompóta] *f.* composta.

compra [kómpra] *f.* compera, acquisto *m.* ‖ *hacer las compras*, fare la spesa. ‖ *ir de compras*, fare spese.

comprador, -ra [kompraðór, -ra] *s.* compratore.

comprar [komprár] *t.* comperare, comprare, acquistare.

compraventa [kompraβénta] *f.* compravendita.

comprender [komprendér] *t.* comprendere. 2 capire, intendere.

comprensible [komprensíβle] *a.* comprensibile.

comprensión [komprensjón] *f.* comprensione.

comprensivo, -va [komprensíβo, -βa] *a.* comprensivo.

compresa [komprésa] *f.* compressa.

compresión [kompresjón] *f.* compressione.

compresor, -ra [kompresór, -ra] *a.-m.* compressore.

comprimido, -da [komprimíðo, -ða] *a.* compresso. 2 *f.* compressa, pastiglia.

comprimir [komprimír] *t.* comprimere. 2 reprimere.

comprobación [komproβaθjón] *f.* verifica, accertamento *m.*

comprobar [komproβár] *t.* comprovare, verificare, accertare. ¶ CONIUG. come *contar*.

comprometedor, -ra [komprometeðór, -ra] *a.* compromettente.

comprometer [komprometér] *t.-r.* compromettere, coinvolgere. 2 *r.* impegnarsi.

comprometido, -da [komprometíðo, -ða] *a.* impegnato.

compromiso [kompromíso] *m.* compromesso. 2 impegno. 3 imbarazzo.

compuerta [kompwérta] *f.* chiusa.

compuesto, -ta [kompwésto, -ta] *a.-m.* composto, composito.

compulsar [kompulsár] *t.* confrontare.

compungir [kompuɲxir] *t.* compungere. 2 *r.* affliggersi, pentirsi. ¶ CONIUG. cambio *g* → *j* davanti *a, o, u.*

computación [komputaθjón] *f.* computo *m.*

computacional [komputaθjonál] *a.* computazionale.

computador, -ra [komputaðór, -ra] *a.* calcolatore. 2 *f.* calcolatrice [macchina].

computar [komputár] *t.* computare.

computerizable [komputeriθáble] *a.* computerizzabile.

cómputo [kómputo] *m.* computo.

comulgante [komulɣánte] *a.-s.* comunicante, comunicando.

común [komún] *a.* comune. ‖ *por lo ~*, in genere.

comulgar [komulɣár] *t.* comunicare. 2 *i.* comunicarsi.

comunal [komunál] *a.* comune.

comunicabilidad [komunikaβiliðáð] *f.* comunicabilità.

comunicación [komunikaθjón] *f.* comunicazione. 2 relazione. ‖ *ponerse en ~* [telefonica, radiofonica, ecc.], collegarsi.

comunicado [komunikáðo] *m.* comunicato.

comunicante [komunikánte] *a.* comunicante.

comunicar [komunikár] *t.* comunicare. 2 notificare. ‖ *comunican*, è occupato [il telefono].

comunicativo, -va [komunikatíβo, -βa] *a.* comunicativo.

comunidad [komuniðáð] *f.* comunità.

comunión [komunjón] *f.* comunione.

comunismo [komunízmo] *m.* comunismo.

comunista [komunísta] *a.-s.* comunista.

comunitario, -ria [komunitárjo, -rja] *a.* comunitario.

con [kon] *prep.* con. 2 *junto ~*, assieme a, con. 3 *para ~*, verso. 4 *cong.* ~ *que*, ~ *tal que*, purchè.

conato [konáto] *m.* conato.

concadenar [koɲkaðenár] *t.* concatenare.

concatenación [koɲkatenaθjón] *f.* concatenamento *m.*, concatenazione.

concatenar [koɲkatenár] *t.-r.* concatenare.

concavidad [konkaβiðáð] f. concavità.

cóncavo, -va [kónkaβo, -βa] a. concavo. 2 m. concavità f.

concebir [konθeβir] t.-i. concepire. ¶ CONIUG. come *servir*.

conceder [konθeðér] t. concedere, conferire.

concejal [konθexál] m. consigliere comunale.

concejo [konθéxo] m. municipio. 2 consiglio comunale.

concentración [konθentraθjón] f. concentrazione. 2 concentramento m., assembramento m.

concentrar [konθentrár] t.-r. concentrare, accentrare.

concéntrico, -ca [konθéntriko, -ka] a. concentrico.

concepción [konθeβθjón] f. concezione, concepimento m.

concepto [konθéβto] m. concetto.

conceptualismo [konθeβtwalizmo] m. concettualismo.

conceptuar [konθeptuár] t. giudicare.

conceptuoso, -sa [konθeβtwóso, -sa] a. concettoso.

concernir [konθernir] i. concernere. ¶ CONIUG. come *cerner*.

concertar [konθertár] t. concertare, combinare. 2 r. accordarsi. ‖ *franqueo concertado*, abbonamento postale. ¶ CONIUG. come *acertar*.

concertista [konθertista] s. concertista.

concesión [konθesjón] f. concessione. 2 conferimento m.

concesionario, -ria [konθesjonárjo, -rja] a.-s. concessionario.

concesivo, -va [konθesiβo, -βa] a. concessivo.

conciencia [konθjénθja] f. coscienza, consapevolezza. ‖ *a ~*, a dovere.

concienzudo, -da [konθjenθúðo, -ða] a. coscienzoso.

concierto [konθjérto] m. concerto.

conciliable [konθiljáβle] a. conciliabile.

conciliábulo [konθiljáβulo] m. conciliabolo.

conciliación [konθiljaθjón] f. conciliazione.

conciliador, -ra [konθiljaðór, -ra] a. conciliante, conciliatore.

conciliar [konθiljár] t.-r. conciliare. 2 a. conciliare.

concilio [konθiljo] m. concilio.

concisión [konθisjón] f. concisione.

conciso, -sa [konθiso, -sa] a. conciso.

concitar [konθitár] t. concitare.

conciudadano, -na [konθjuðaðáno, -na] s. concittadino. 2 connazionale.

concluir [konkluir] t.-i.-r. concludere. ¶ CONIUG. come *huir*.

conclusión [konklusjón] f. conclusione, compimento m. 2 chiusa [di discorso, scritto, ecc.].

conclusivo, -va [konklusiβo, -βa] a. conclusivo.

concluyente [konklujénte] a. concludente.

concomitancia [konkomitánθja] f. concomitanza.

concomitante [konkomitánte] a. concomitante.

concordancia [konkorðánθja] f. concordanza.

concordar [konkorðár] t.-i. concordare, collimare. 2 i. accordarsi.

concordato [konkorðáto] m. concordato.

concorde [konkórðe] a. concorde, consenziente.

concordia [konkórðja] f. concordia.

concreción [konkreθjón] f. concrezione.

concretamente [konkrètamente] avv. concretamente. 2 in particolare.

concretar [konkretár] t. concretare. 2 r. ridursi, limitarsi.

concreto, -ta [konkrèto, -ta] a. concreto.

concubinato [konkuβináto] m. concubinato.

concubino, -na [konkuβino, -na] s. concubino.

conculcar [konkulkár] t. conculcare.

concupiscencia [konkupisθénθja] f. concupiscenza.

concurrencia [konkurrénθja] f. affluenza, folla. 2 concorso m.

concurrente [konkurrènte] a. concorrente. 2 s. intervenuto.

concurrido, -da [konkurriðo, -ða] a. frequentato.

concurrir [konkurrir] i. concorrere. 2 convenire.

concurso [konkúrso] m. concorso, gara f. 2 affluenza f.

concha [kóntʃa] f. conchiglia. 2 baia. 3 TEAT. cuffia del suggeritore.

condado [kondáðo] m. contea f.

condal [kondal] a. comitale.

conde [kónde] m. conte.

condecoración [kondekoraθjón] f. onorificenza.

condecorar [kondekorár] t. concedere una onorificenza.

condena [kondéna] *f.* condanna.
condenación [kondenaθjón] *f.* condanna. 2 dannazione.
condenado, -da [kondenáðo, -ða] *a.-s.* condannato. 2 dannato.
condenar [kondenár] *t.* condannare. 2 dannare. 3 *r.* condannarsi. 4 incolparsi.
condensación [kondensaθjón] *f.* condensazione, condensamento *m.*, addensamento *m.*
condensador [kondensaðór] *m.* condensatore.
condensar [kondensár] *t.* condensare, addensare.
condesa [kondesa] *f.* contessa.
condescendencia [kondesθendénθja] *f.* condiscendenza, degnazione.
condescender [kondesθendér] *i.* accondiscendere.
condescendiente [kondesθendjénte] *a.* accondiscendente.
condición [kondiθjón] *f.* condizione. 2 grado *m.* ∥ *estar en condiciones*, essere in grado.
condicional [kondiθjonál] *a.* condizionale.
condicionamiento [kondiθjonamjénto] *m.* condizionamento.
condicionar [kondiθjonár] *t.* condizionare.
condimentar [kondimentár] *t.* condire.
condimento [kondiménto] *m.* condimento.
condiscípulo, -la [kondisθipulo, -la] *s.* condiscepolo.
condolencia [kondolénθja] *f.* condoglianza.
condominio [kondominjo] *m.* condominio.
condonar [kondonár] *t.* condonare.
cóndor [kóndor] *m.* condor.
conducción [konduγθjón] *f.* conduzione. 2 conduttura.
conducir [konduθír] *t.* condurre, guidare, dirigere. ∥ ~ *un coche*, guidare una macchina. 2 *r.* comportarsi. ¶ CONIUG. IND. pres.: *conduzco.* | pass. rem.: *conduje, condujiste, condujo*; *condujimos, condujisteis, condujeron.* ∥ CONG. pres.: *conduzca, conduzcas*, ecc. | imp.: *condujera, -se, condujeras, -ses*, ecc. | fut.: *condujere, condujeres*, ecc. ∥ IMPER.: *conduzca; conduzcamos, conduzcan.*
conducta [kondúγta] *f.* condotta, comportamento *m.*, contegno *m.* 2 guida.

conductibilidad [konduγtiβiliðáð] *f.* conduttività.
conductible [konduγtiβle] *a.* conducibile.
conducto [kondúγto] *m.* condotto.
conductor, -ra [konduktór, -ra] *a.* conduttore. 2 *m.* guidatore, conducente, autista.
conectar [koneγtár] *t.* connettere, collegare.
conejo, -ja [konéxo, -xa] *s.* coniglio.
conexión [koneγsjón] *f.* connessione, allacciamento *m.*, collegamento *m.* ∥ *poner en* ~, collegare.
conexo, -xa [konéγso, -γsa] *a.* connesso.
confabulación [komfaβulaθjón] *f.* confabulazione. 2 congiura.
confabular [komfaβulár] *i.-r.* confabulare. 2 congiurare.
confección [komfeγθjón] *f.* confezione.
confeccionar [komfeγθjonár] *t.* confezionare.
confederación [komfeðeraθjón] *f.* confederazione.
confederado, -da [komfeðeráðo, -ða] *a.-s.* confederato.
conferencia [komferénθja] *f.* conferenza. 2 ~ *telefónica*, telefonata interurbana.
conferenciante [komferenθjánte] *s.* conferenziere.
conferenciar [komferenθjár] *i.* conferire.
conferir [komferír] *t.* conferire, dare. 2 confrontare. ¶ CONIUG. come *sentir*.
confesar [komfesár] *t.-r.* confessare. ¶ CONIUG. come *acertar*.
confesión [komfesjón] *f.* confessione.
confeso, -sa [komfèso, -sa] *a.* confesso.
confesor [komfesór] *m.* confessore.
confeti [komféti] *m. pl.* coriandoli.
confiado, -da [komfjáðo, -ða] *a.* fiducioso. 2 credulo.
confianza [komfjánza] *f.* fiducia. 2 confidenza. ∥ *de* ~, fidato.
confiar [komfjár] *t.-r.* affidare, confidare. 2 *i.* sperare, confidare.
confidencia [komfiðénθja] *f.* confidenza.
confidencial [komfiðenθjál] *a.* confidenziale.
confidente [komfiðénte] *s.* confidente.
configuración [komfiγuraθjón] *f.* configurazione.
configurar [komfiγurár] *t.-r.* configurare.
confín [komfín] *m.* confine.
confinamiento [komfinamjénto] *m.* confino.
confinar [komfinár] *t.-i.-r.* confinare.

confirmación [komfirmaθjón] *f.* conferma. 2 ECCL. cresima.

confirmar [komfirmár] *t.* confermare. 2 ECCL. cresimare.

confiscación [komfiskaθjón] *f.* confisca.

confiscar [komfiskár] *t.* confiscare.

confitar [komfitár] *t.* candire, confettare. 2 fig. addolcire.

confite [komfíte] *m.* confetto.

confitería [komfitería] *f.* pasticceria, confetteria.

confitura [komfitúra] *f.* confettura.

conflagración [komflayraθjón] *f.* conflagrazione.

conflicto [komflíyto] *m.* conflitto.

confluencia [komfluénθja] *f.* confluenza.

confluir [komflwír] *i.* confluire, convenire.

conformación [komformaθjón] *f.* conformazione.

conformar [komformár] *t.* conformare. 2 *i.-r.* concordare. 3 *r.* uniformarsi, adattarsi, adeguarsi. 4 rassegnarsi.

conforme [komfórme] *a.* conforme, confacente. 2 concorde, consenziente. 3 rassegnato. 4 *avv.* conforme, secondo, come. 5 d'accordo.

conformidad [komformiðáð] *f.* conformità. 2 rassegnazione.

conformista [komformísta] *a.* conformista. 2 benpensante.

confort [komfór] *m.* comfort.

confortable [komfortáβle] *a.* confortevole.

confortador, -ra [komfortaðór, -ra] *a.-s.* confortante. 2 confortevole.

confortante [komfortánte] *a.* confortante.

confortar [komfortár] *t.* confortare.

confraternidad [komfraterniðáð] *f.* fratellanza, fraternità.

confraternizar [komfraterniθár] *i.* fraternizzare.

confrontación [komfrontaθjón] *f.* confronto *m.*

confrontar [komfrontár] *t.* confrontare. 2 *i.* confinare. 3 *i.-r.* mettersi a confronto.

confucianismo [komfuθjanízmo] *m.* confucianesimo.

confundir [komfundír] *t.-r.* confondere.

confusión [komfusjón] *f.* confusione.

confuso, -sa [komfúso, -sa] *a.* confuso.

confutación [komfutaθjón] *f.* confutazione.

confutar [komfutár] *t.* confutare.

congelación [koŋxelaθjón] *f.* congelamento *m.*

congelador [koŋxelaðór] *m.* congelatore.

congelamiento [koŋxelamjénto] *m.* congelamento.

congelar [koŋxelár] *t.-r.* congelare. 2 ECON. bloccare.

congeniar [koŋxenjár] *i.* andar d'accordo.

congénito, -ta [koŋxénito, -ta] *a.* congenito.

congestión [koŋxestjón] *f.* congestione.

congestionar [koŋxestjonár] *t.-r.* congestionare.

conglomeración [koŋglomeraθjón] *f.* conglomerazione.

conglomerado [koŋglomeráðo] *m.* conglomerato.

conglomerar [koŋglomerár] *t.* conglomerare.

congoja [koŋgóxa] *f.* angoscia, accoramento *m.*, crepacuore *m.*

congojoso, -sa [koŋgoxóso, -sa] *a.* angosciante.

congratulación [koŋgratulaθjón] *f.* congratulazione.

congratular [koŋgratulár] *t.-r.* congratularsi.

congregación [koŋgreyaθjón] *f.* congregazione, congrega. 2 ECCL. (curia romana) dicastero *m.*, congregazione.

congregar [koŋgreyár] *t.-r.* congregare.

congresista [koŋgresísta] *s.* congressista.

congreso [koŋgréso] *m.* congresso, convegno.

congrio [kóŋgrjo] *m.* grongo.

congruencia [koŋgruénθja] *f.* congruenza.

congruente [koŋgrwénte] *a.* congruente.

congruo, -a [kóŋgrwo, -a] *a.* congruo. 2 *f.* congrua, prebenda.

cónico, -ca [kóniko, -ka] *a.* conico.

coníferas [koníferas] *f. pl.* BOT. conifere.

conjetura [koŋxetúra] *f.* congettura.

conjeturar [koŋxeturár] *t.* congetturare.

conjugación [koŋxuyaθjón] *f.* coniugazione.

conjugar [koŋxuyár] *t.* coniugare.

conjunción [koŋxunθjón] *f.* congiunzione.

conjuntamente [koŋxuntaménte] *avv.* unitamente.

conjuntivitis [koŋxuntiβítis] *f.* congiuntivite.

conjuntivo, -va [koŋxuntiβo, -βa] *a.* congiuntivo.

conjunto, -ta [koŋxúnto, -ta] a. congiunto, unito. 2 m. aggregato, compagine f. 3 insieme. 4 MUS. complesso. || en ~, complessivamente.

conjura [koŋxúra], conjuración [koŋxuraθjón] f. congiura.

conjurado, -da [koŋxuráðo, -ða] a.-s. congiurato.

conjurar [koŋxurár] i.-r. congiurare. 2 t. esorcizzare. 3 fig. scongiurare.

conjuro [koŋxúro] m. scongiuro.

conmemoración [kommemoraθjón] f. commemorazione.

conmemorar [kommemorár] t. commemorare.

conmemorativo, -va [kommemoratiβo, -βa] a. commemorativo.

conmensurable [kommensuráβle] commensurabile.

conmigo [kommíɣo] pron. (con la prep. con) con me.

conminar [komminár] t. comminare.

conmiseración [kommiseraθjón] f. commiserazione.

conmoción [kommoθjón] f. commozione.

conmovedor, -ra [kommoβeðór, -ra] a. commovente.

conmover [kommoβér] t.-r. commuovere.

conmutación [kommutaθjón] f. commutazione.

conmutador [kommutaðór] m. commutatore.

conmutar [kommutár] t. commutare.

conmutativo, -va [kommutatiβo, -βa] a. commutativo.

connacional [konnaθjonál] a.-s. connazionale.

connatural [konnaturál] a. connaturale.

connivencia [konniβénθja] f. connivenza.

connotar [konnotár] t. FILOS.-GRAM. connotare.

connubio [konnúβjo] m. connubio.

cono [kóno] m. cono.

conocedor, -ra [konoθeðór, -ra] a. conoscitore.

conocer [konoθér] t.-r. conoscere.

conocido, -da [konoθíðo, -ða] a. noto, conosciuto. 2 m. conoscente.

conocimiento [konoθimjénto] m. conoscenza f. 2 cognizione f. 3 pl. nozioni f.

conque [kóŋke] cong. quindi, dunque.

conquista [koŋkísta] f. conquista.

conquistador, -ra [koŋkistaðór, -ra] a.-s. conquistatore.

conquistar [koŋkistár] t.-r. conquistare.

consabido, -da [konsaβíðo, -ða] a. noto.

consagración [konsaɣraθjón] f. consacrazione.

consagrar [konsaɣrár] t.-r. consacrare.

consanguíneo, -nea [konsaŋɣíneo, -a] a.-s. consanguineo.

consciente [konsθjénte] a. cosciente, consapevole, conscio.

consecución [konsekuθjón] f. conseguimento m.

consecuencia [konsekwénθja] f. conseguenza.

consecuente [konsekwénte] a.-m. conseguente.

consecutivo, -va [konsekutiβo, -βa] a. consecutivo.

conseguir [konseɣír] t. conseguire, ottenere.

consejero, -ra [konsexéro, -ra] s. consigliere.

consejo [konséxo] m. consiglio.

consenso [konsénso] m. consenso.

consensual [konsenswál] a. consensuale.

consentido, -da [konsentíðo, -ða] a. consentito. 2 viziato.

consentimiento [konsentimjénto] m. consenso, assenso.

consentir [konsentír] i. consentire, acconsentire, annuire. 2 t. permettere, tollerare. 3 viziare. 4 r. sfasciarsi.

conserje [konsérxe] m. portiere.

conservar [konservár] t.-r. conservare.

conservación [konserβaθjón] f. conservazione.

conservador, -ra [konserβaðór, -ra] a.-s. conservatore.

conservatorio [konserβatórjo] m. conservatorio.

considerable [konsiðeráβle] a. considerevole.

consideración [konsiðeraθjón] f. considerazione.

considerado, -da [konsiðeráðo, -ða] a. stimato. 2 prudente.

considerar [konsiðerár] t. considerare.

consigna [konsíɣna] f. consegna. 2 deposito m. bagagli, bagagliaio m.

consignar [konsiɣnár] t. consegnare. 2 depositare.

consignatario [konsiɣnatárjo] m. consegnatario. 2 COMM. destinatario.

consigo [konsíɣo] pron. (con la prep. con) con sè.

consiguiente [konsiɣiènte] a. conseguente. 2 m. conseguenza f. ‖ *por* ~, di conseguenza.

consistencia [konsistènθja] f. consistenza.

consistente [konsistènte] a. consistente, solido.

consistir [konsistir] i. consistere.

consistorial [konsistorjál] a. concistoriale.

consistorio [konsistórjo] m. concistoro.

consocio [konsóθjo] m. consocio.

consola [konsóla] f. mensola.

consolación [konsolaθjón] f. consolazione.

consolador, -ra [konsolaðòr, -ra] a.-s. consolatore, consolante.

consolar [konsolár] t.-r. consolare.

consolidación [konsoliðaθjón] f. consolidamento m.

consolidar [konsoliðár] t. consolidare, rassodare. 2 r. fig. raffermarsi.

consomé [konsomè] m. consommè, brodo ristretto.

consonancia [konsonánθja] f. consonanza. 2 fig. accordo m.

consonante [konsonánte] a.-f. consonante.

cónsone [kónsone] a. consono.

consorcio [konsórθjo] m. consorzio.

consorte [konsórte] s. consorte.

conspicuo, -cua [konspíkwo, -kwa] a. cospicuo.

conspiración [konspiraθjón] f. cospirazione.

conspirador, -ra [konspiraðòr, -ra] s. cospiratore.

conspirar [konspirár] i. cospirare, complottare.

constancia [konstánθja] f. costanza.

constante [konstánte] a.-f. costante.

constantemente [konstántemente] avv. costantemente.

constar [konstár] i. constare.

constatación [konstataθjón] f. constatazione.

constatar [konstatár] t. constatare.

constelación [konstelaθjón] f. costellazione.

consternación [konsternaθjón] f. costernazione.

consternar [konsternár] t.-r. costernare.

constipación [konstipaθjón] f. raffreddore m. 2 MED. costipazione, stitichezza.

constipado [konstipáðo] m. raffreddore.

constipar [konstipár] t. costipare. 2 r. raffreddarsi.

constitución [konstituθjón] f. costituzione.

constitucional [konstituθjonál] a. costituzionale.

constituir [konstitwir] t.-r. costituire. ¶ CONIUG. come *huir*.

constitutivo, -va [konstitutiβo, -βa] a. costitutivo.

constituyente [konstitujènte] a.-f. costituente.

constreñimiento [konstreɲimjènto] m. costrizione f.

constreñir [konstreɲir] t. costringere. 2 MED. opprimere, stringere. ¶ CONIUG. come *reír*.

constricción [konstriɣθjón] f. costrizione.

construcción [konstruɣjón] f. costruzione.

constructivo, -va [konstruɣtiβo, -βa] a. costruttivo.

constructor, -ra [konstruɣtòr, -ra] a.-s. costruttore.

construir [konstrwir] t. costruire. ¶ CONIUG. come *huir*.

consubstancial [konsustanθjál] a. consustanziale.

consuelo [konswèlo] m. consolazione f., conforto.

consuetudinario, -ria [konswetuðinárjo, -rja] a. consuetudinario.

cónsul [kónsul] m. console.

consulado [konsuláðo] m. consolato.

consular [konsulár] a. consolare.

consulta [konsúlta] f. consultazione. 2 consulto m. 3 consulenza.

consultación [konsultaθjón] f. consultazione.

consultar [konsultár] t. consultare.

consultor, -ra [konsultór, -ra] a.-s. consulente. 2 consultore.

consultorio [konsultórjo] m. consultorio, ufficio di consulenza. 2 MED. ambulatorio.

consumación [konsumaθjón] f. consumazione.

consumar [konsumár] t. consumare. ‖ *hecho consumado*, fatto compiuto.

consumición [konsumiθjón] f. consumo m. 2 consumazione [al bar e simili].

consumido, -da [konsumiðo, -ða] a. consunto.

consumidor, -ra [konsumiðòr, -ra] a. logorante. 2 m. consumatore.

consumir [konsumír] *t.* consumare, lo-gorare. 2 consumare [vivande, bibite]. 3 *r.* consumarsi, struggersi.

consumo [konsúmo] *m.* consumo.

consunción [konsunθjón] *f.* consunzione.

consuno (de) [de konsúno] *loc.* di co-mune accordo.

contabilidad [kontaβiliðáð] *f.* contabilità. 2 computisteria.

contable [kontáβle] *m.* contabile.

contacto [kontáyto] *m.* contatto. ‖ *primeros contactos*, approcci.

contado, -da [kontáðo, -ða] *a.* contato. 2 raro, scarso. ‖ *al ~*, in contanti.

contador, -ra [kontaðór, -ra] *a.-m.* contatore.

contaduría [kontaðuría] *f.* contabilità. 2 computisteria. 3 amministrazione.

contagiar [kontaxjár] *t.-r.* contagiare, attaccare.

contagio [kontáxjo] *m.* contagio.

contagioso, -sa [kontaxjóso, -sa] *a.* contagioso.

contaminación [kontaminaθjón] *f.* contaminazione, inquinamento *m.*

contaminar [kontaminár] *t.-r.* contaminare.

contante [kontánte] *a.* contante.

contar [kontár] *t.* contare. 2 annoverare. 3 raccontare. ‖ *~ con*, contare su, fare affidamento su. ¶ CONIUG. IND. pres.: *cuento, cuentas, cuenta, cuentan.* ‖ CONG. pres.: *cuente, cuentes, cuente; cuenten.* ‖ IMPER.: *cuenta, cuente, cuenten.*

contemplación [kontemplaθjón] *f.* contemplazione.

contemplar [kontemplár] *t.* contemplare. 2 compiacere.

contemplativo, -va [kontemplatiβo, -βa] *a.* contemplativo.

contemporáneo, -a [kontemporáneo, -a] *a.-s.* contemporaneo.

contemporizar [kontemporiθár] *i.* adattarsi, condiscendere, barcamenarsi.

contención [kontenθjón] *f.* freno *m.*, sostegno *m.*: *muro de ~*, muro di sostegno. 2 gara, emulazione.

contencioso, -sa [kontenθjóso, -sa] *a.* contenzioso, litigioso.

contender [kontendér] *i.* lottare, battersi. 2 contendere. 3 fig. questionare.

contendiente [kontendiénte] *a.-s.* contendente.

contener [kontenér] *t.-r.* contenere. 2 trattenere. 3 arginare.

contenido, -da [konteniðo, -ða] *a.-m.* contenuto.

contentadizo, -za [kontentaðiθo, -θa] *a.* accontentabile.

contentar [kontentár] *t.-r.* accontentare, contentare.

contento, -ta [konténto, -ta] *a.* contento. 2 *m.* contentezza *f.*

contestación [kontestaθjón] *f.* risposta. 2 contestazione.

contestar [kontestár] *t.* rispondere. 2 contestare.

contestatario, -ria [kontestatárjo, -rja] *a.-s.* contestatore.

contexto [kontéysto] *m.* contesto.

contienda [kontjénda] *f.* contesa, lite.

contigo [kontiɣo] *pron.* (con la *prep. con*) con te.

contiguo, -gua [kontíɣwo, -ɣwa] *a.* contiguo, attiguo.

continencia [kontinénθja] *f.* continenza.

continental [kontinentál] *a.* continentale.

continente [kontinénte] *a.* continente. 2 *m.* contenitore. 3 GEOGR. continente. 4 contegno.

contingencia [kontiŋxénθja] *f.* contingenza.

contingente [kontiŋxénte] *a.-m.* contingente.

continuación [kontinwaθjón] *f.* continuazione, seguito *m.*

continuador, -ra [kontinwaðór, -ra] *a.-s.* continuatore.

continuar [kontinuár] *t.-i.* continuare. 2 *r.* prolungarsi.

continuidad [kontinwiðáð] *f.* continuità.

continuo, -nua [kontinwo, -nwa] *a.* continuo.

contonearse [kontoneárse] *r.* ancheggiare, dimenarsi.

contorcerse [kontorθérse] *r.* contorcersi.

contornear [kontorneár] *t.* contornare.

contorno [kontórno] *m.* contorno. 2 *pl.* dintorni.

contorsión [kontorsjón] *f.* contorsione.

contra [kóntra] *prep.* contro. 2 *m.* contro: *el pro y el ~*, il pro e il contro. 3 *f.* fam. difficoltà. ‖ *llevar la ~*, opporsi.

contra- [kóntra-] *f.* contra-, contro-.

contraalmirante [kontralmiránte] *m.* contrammiraglio.

contraataque [kontratáke] *m.* contrattacco.

contrabajo [kontraβáxo] *m.* contrabbasso.

contrabando [kontraβándo] *m.* contrabbando, frodo.

contracambio [kontrakámbjo] *m.* contraccambio.

contracción [kontrayθjón] *f.* contrazione.

contracorriente [kontrakorrjènte] *f.* controcorrente.

contracto, -ta [kontráyto, -ta] PART. P. irr. di **contraer**. ‖ *artículo* ~, preposizione articolata.

contractual [kontraytuál] *a.* contrattuale.

contracultura [kontrakultúra] *f.* controcultura.

contradecir [kontraðeθir] *t.-r.* contraddire.

contradicción [kontraðiyθjón] *f.* contraddizione.

contradictor, -ra [kontraðiytòr, -ra] *s.* contraddittore. 2 *a.* contraddittorio.

contradictorio, -ria [kontraðiytórjo, -rja] *a.* contraddittorio.

contraer [kontraèr] *t.-r.* contrarre. ¶ CONIUG. come **traer**. ‖ PART. P. reg.: **contraído**; irr.: **contracto**.

contrahacer [kontraθèr] *t.* contraffare.

contrahecho, -cha [kontraètʃo, -tʃa] *a.* contraffatto.

contraindicación [kontraindikaθjón] *f.* controindicazione.

contraindicar [kontraindikár] *t.* controindicare.

contraluz [kontralúθ] *m.* controluce *f.* ‖ *a* ~, controluce.

contramaestre [kontramaèstre] *m.* capooperaio. 2 MAR. nostromo.

contramarca [kontramárka] *f.* contrassegno *m.*

contramarcar [kontramarkár] *t.* contrassegnare.

contraofensiva [kontraofensiβa] *f.* controffensiva.

contraoferta [kontraofèrta] *f.* controfferta.

contraorden [kontraórden] *f.* contrordine *m.*

contrapartida [kontrapartiða] *f.* contropartita.

contrapelo (a) [a kontrapèlo] *loc. avv.* a contropelo.

contrapesar [kontrapesàr] *t.* contrappesare, controbilanciare.

contrapeso [kontrapéso] *m.* contrappeso.

contraponer [kontraponèr] *t.-r.* contrapporre.

contraposición [kontraposiθjón] *f.* contrapposizione.

contraproducente [kontraproðuθènte] *a.* controproducente.

contrapunto [kontrapúnto] *m.* contrappunto.

contrariar [kontrarjár] *t.* contrariare, avversare.

contrariedad [kontrarjeðáð] *f.* contrarietà. 2 disappunto *m.*

contrario, -ria [kontrárjo, -rja] *a.* contrario, opposto. 2 *m.* avversario. ‖ *por el* ~, *al* ~, al contrario, per contro, anzi. ‖ *de lo* ~, altrimenti. ‖ *llevar la contraria*, contraddire.

contrarreforma [kontrarrefòrma] *f.* controriforma.

contrarrestar [kontrarrestàr] *t.* contrastare.

contrarrevolución [kontrarreβoluθjón] *f.* controrivoluzione.

contrasentido [kontrasentiðo] *m.* controsenso.

contraseña [kontrasèɲa] *f.* contrassegno *m.*, contromarca. 2 parola d'ordine.

contrastar [kontrastár] *t.* contrastare. 2 *i.* contrastare, discordare.

contraste [kontráste] *m.* contrasto.

contrata [kontráta] *f.* contratto *m.*

contratación [kontrataθjón] *f.* contrattazione.

contratante [kontratánte] *s.* contraente.

contratar [kontratár] *t.* contrattare. 2 ingaggiare, assumere.

contratiempo [kontratjèmpo] *m.* contrattempo.

contrato [kontráto] *m.* contratto.

contravención [kontraβenθjón] *f.* contravvenzione.

contraveneno [kontraβenèno] *m.* contravveleno.

contravenir [kontraβenir] *t.* contravvenire.

contraventor, -ra [kontraβentòr, -ra] *a.-s.* contravventore.

contrayente [kontrajènte] *a.-s.* contraente.

contribución [kontriβuθjón] *f.* contribuzione. 2 contributo *m.*

contribuir [kontriβuir] *t.-i.* contribuire. ¶ CONIUG. come **huir**.

contribuyente [kontriβujènte] *a.-s.* contribuente.

contrición [kontriθjón] *f.* contrizione.

contrincante [kontriŋkánte] *s.* competitore.

contristar [kontristár] *t.-r.* contristare.
control [kontról] *m.* controllo.
controlar [kontrolár] *t.* controllare.
controversia [kontroβérsja] *f.* controversia.
controvertido, -da [kontroβertiðo, -ða] *a.* controverso.
controvertir [kontroβertir] *i.-t.* discutere. ¶ CONIUG. come *sentir*.
contumacia [kontumáθja] *f.* contumacia.
contumaz [kontumáθ] *a.* contumace.
contundente [kontundénte] *a.* contundente.
contundir [kontundir] *t.* contundere.
conturbar [konturβár] *t.-r.* turbare, conturbare.
contusión [kontusjón] *f.* contusione.
contuso, -sa [kontúso, -sa] PART. P. di *contundir*.
convalecencia [kombaleθénθja] *f.* convalescenza.
convalecer [kombaleθér] *i.* essere in convalescenza.
convaleciente [kombaleðjénte] *a.-s.* convalescente.
convalidación [kombaliðaθjón] *f.* convalida, convalidamento *m.*
convalidar [kombaliðár] *t.* convalidare.
convencer [kombenθér] *t.-r.* convincere, capacitare.
convencimiento [kombenθimjénto] *m.* convincimento.
convención [kombenθjón] *f.* convenzione.
convencional [kombenθjonál] *a.* convenzionale.
convencionalismo [kombenθjonalizmo] *m.* convenzionalismo.
conveniencia [kombenjénθja] *f.* convenienza.
conveniente [kombenjénte] *a.* conveniente.
convenio [kombénjo] *m.* accordo, patto.
convenir [kombenir] *i.* convenire, far comodo. 2 *r.* accordarsi.
convento [kombénto] *m.* convento.
convergencia [komberxénθja] *f.* convergenza.
convergente [komberxénte] *a.* convergente.
converger [komberxér], **convergir** [komberxir] *i.* convergere. ¶ CONIUG. cambio *g* → *j* davanti *a, o, u.*
conversación [kombersaθjón] *f.* conversazione.
conversar [kombersár] *i.* conversare.

conversión [kombersjón] *f.* conversione.
converso, -sa [kombérso, -sa] *a.-s.* converso, convertito.
convertible [kombertiβle] *a.* convertibile.
convertir [kombertir] *t.-r.* convertire. ¶ CONIUG. come *sentir*.
convexidad [kombeysiðáð] *f.* convessità.
convexo, -xa [kombéyso, -ɣsa] *a.* convesso.
convicción [kombiɣθjón] *f.* convinzione.
convicto, -ta [kombíɣto, -ta] *a.* (PART. P. irr. di *convencer*) convinto.
convidado, -da [kombiðáðo, -ða] *a.-s.* invitato.
convidar [kombiðár] *t.* invitare. 2 fig. incitare.
convincente [kombinθénte] *a.* convincente.
convite [kombíte] *m.* convito.
convivencia [kombiβénθja] *f.* convivenza.
convivir [kombiβir] *i.* convivere, coabitare.
convocación [kombokaθjón] *f.* convocazione.
convocar [kombokár] *t.* convocare.
convocatoria [kombokatórja] *f.* convocazione. 2 citazione.
convoy [kombói] *m.* convoglio.
convoyar [kombojár] *t.* convogliare.
convulsión [kombulsjón] *f.* convulsione.
convulsivo, -va [kombulsiβo, -βa] *a.* convulsivo.
convulso, -sa [kombúlso, -sa] *a.* convulso.
conyugal [konjuɣál] *a.* coniugale.
cónyuge [kónjuxe] *s.* coniuge.
coñac [koɲáɣ] *m.* cognac.
cooperación [koperaθjón] *f.* cooperazione.
cooperador, -ra [koperaðór, -ra] *a.-s.* cooperatore.
cooperar [koperár] *i.* cooperare.
cooperativo, -va [koperatiβo, -βa] *a.* cooperativo. 2 *f.* cooperativa.
coordenada [korðenáða] *f.* GEOM. coordinata.
coordinación [korðinaθjón] *f.* coordinazione.
coordinador, -ra [korðinaðór, -ra] *a.-s.* coordinatore.
coordinamiento [korðinamjénto] *m.* coordinamento.
coordinar [korðinár] *t.* coordinare. 2 connettere [le idee, ecc.].

copa [kópa] f. coppa, calice m., bicchiere m. 2 fronda, chioma.

copar [kopár] t. MIL. tagliare la ritirata. 2 conquistare tutti i posti [nelle elezioni].

copartícipe [kopartíθipe] s. compartecipe.

copete [kopéte] m. ciuffo. 2 cima f. [di montagna]. 3 fig. presunzione f., alterigia f. || **de alto** ~, di elevata condizione.

copia [kópja] f. copia.

copiar [kopjár] t. copiare.

copioso, -sa [kopjóso, -sa] a. copioso.

copista [kopísta] s. copista.

copla [kópla] f. strofa. 2 canzonetta. 3 pl. versi m.

coplero, -ra [kopléro, -ra] s. poetastro.

copo [kópo] m. fiocco. 2 grumo.

copropietario, -ria [kopropjetárjo, -rja] s. comproprietario.

cópula [kópula] f. copula.

copulativo, -va [kopulatíβo, -βa] a. copulativo.

coque [kóke] m. coke.

coqueta [kokéta] a.-f. civetta [donna].

coquetear [koketeár] i. civettare.

coquetería [koketería] f. civetteria.

coracero [koraθéro] m. corazziere.

coraje [koráxe] m. coraggio. 2 collera f.

coral [korál] a. corale. 2 m. corallo.

coralino, -na [koralíno, -na] a. corallino.

corán [korán] m. corano.

coraza [koráθa] f. corazza.

corazón [koraθón] m. cuore.

corazonada [koraθonáða] f. presentimento m. 2 impulso m.

corbata [korβáta] f. cravatta.

corbatín [korβatín] m. cravattino.

corcel [korθél] m. corsiero.

corchea [kortʃéa] f. MUS. croma.

corchete [kortʃéte] m. TIP. parentesi f. quadra.

corcho [kórtʃo] m. sughero.

cordaje [korðáxe] m. cordame.

cordal [korðál] a.-m. [dente] del giudizio. 2 m. MUS. cordiera f.

cordel [korðél] m. spago.

cordelero, -ra [korðeléro, -ra] s. cordaio.

cordero [korðéro] m. agnello, abbacchio.

cordial [korðjál] a.-m. cordiale.

cordialidad [korðjaliðáð] f. cordialità. 2 franchezza.

cordillera [korðiʎéra] f. catena di montagne, cordigliera, giogaia.

cordón [korðón] m. cordone.

cordonería [korðonería] f. passamaneria.

cordura [korðúra] f. saggezza.

coreano, -na [koreáno, -na] a.-s. coreano.

corear [koreár] t. far coro.

coreografía [koreoɣrafía] f. coreografia.

coreógrafo, -fa [koreóɣrafo, -fa] s. coreografo.

coriáceo, -a [korjáθeo, -a] a. coriaceo.

corintio, -tia [koríntjo, -tja] a. corinzio.

cornada [kornáða] f. cornata.

cornamenta [kornaménta] f. corna pl.

cornamusa [kornamúsa] f. cornamusa.

corneja [kornéxa] f. cornacchia.

córneo, -a [kórneo, -a] a. corneo. 2 f. cornea.

corneta [kornéta] f. cornetta. 2 m. cornetta m.-f. [soldato].

cornetín [kornetín] m. cornetta f. minore.

cornisa [kornísa] f. cornice, cornicione m.

cornudo, -da [kornúðo, -ða] a. cornuto.

coro [kóro] m. coro.

corola [koróla] f. corolla.

corolario [korolárjo] m. corollario.

corona [koróna] f. corona.

coronación [koronaθjón] f. incoronazione. 2 coronamento m.

coronamiento [koronamjénto] m. coronamento.

coronar [koronár] t. coronare, incoronare.

coronel [koronél] m. colonnello.

coronilla [koroníʎa] f. cocuzzolo m. || **hasta la** ~, fin sopra i capelli. 2 ECCL. chierica, tonsura.

corpiño [korpíɲo] m. corpetto.

corporación [korporaθjón] f. corporazione.

corporal [korporál] a. corporale, corporeo. 2 m. ECCL. corporale.

corporativo, -va [korporatíβo, -βa] a. corporativo.

corpóreo, -a [korpóreo, -a] a. corporeo.

corpulencia [korpulénθja] f. corpulenza.

corpulento, -ta [korpulénto, -ta] a. corpulento.

corpus [kórpus] m. ECCL. Corpus Domini.

corpúsculo [korpúskulo] m. corpuscolo.

corral [korrál] m. cortile.

corraliza [korralíθa] f. cortile m.

correa [korréa] f. cinghia, correggia. || **tener** ~, sopportare, resistere. || ~ **del reloj** [de pulsera], cinturino m.

corrección [korreɣθjón] f. correzione. 2 correttezza.

correccional [korreɣθjonál] a. correzionale. 2 m. carcere correzionale.

correctivo, -va [korreɣtíβo, -βa] a.-m. correttivo.

correcto, -ta [korréɣto, -ta] a. corretto, esatto, giusto.

corrector, -ra [korreɣtór, -ra] a.-m. correttore.

corredizo, -za [korreðiθo, -θa] a. scorrevole. 2 scorsoio.

corredor, -ra [korreðór, -ra] a. corridore. 2 m. COMM. sensale, piazzista. 3 corridoio.

correduría [korreðuría] f. mediazione, senseria.

corregidor, -ra [korrexiðór, -ra] a. correttore. 2 m. STOR. governatore.

corregir [korrexír] t.-r. correggere. ¶ CONIUG. come servir.

correlación [korrelaθjón] f. correlazione.

correlativo, -va [korrelatiβo, -βa] a. correlativo.

correligionario, -ria [korrelixjonárjo, -rja] a.-s. correligionario.

correo [korrèo] m. posta f. 2 corriere. 3 pl. poste f. 4 ufficio sing. postale.

correr [korrèr] i. correre. ‖ ~ con, assumere. ‖ esto corre de mi cuenta, questo è affare mio. 2 scorrere. 3 t. percorrere. 4 spostare, tirare: ~ la cortina, tirare la tenda; ~ el cerrojo, mettere il catenaccio. 5 t.-r. fig. confondere. 6 r. scansarsi.

correría [korrería] f. scorreria, scorribanda.

correspondencia [korrespondènθja] f. corrispondenza. ‖ ~ epistolar, carteggio m.

corresponder [korrespondér] i. corrispondere. 2 contraccambiare. 3 r. corrispondere, scriversi.

correspondiente [korrespondjènte] a.-s. corrispondente.

corresponsal [korresponsál] s. corrispondente.

corretear [korreteár] i. girovagare, scorrazzare.

correveidile [korreβeiðíle] s. pettegolo.

corrida [korríða] f. TAUR. corrida.

corrido, -da [korríðo] a. esperto. 2 fig. confuso, vergognoso.

corriente [korrjènte] a.-f. corrente. 2 a. andante.

corrillo [korríʎo] m. capannello, crocchio.

corrimiento [korrimjènto] m. scorrimento. 2 fig. vergogna f.

corro [kórro] m. crocchio, capannello, circolo. 2 girotondo.

corroboración [korroβoraθjòn] f. corroborazione.

corroborar [korroβorár] t. corroborare.

corromper [korrompér] t.-r. corrompere, guastare. ¶ CONIUG. come romper. | PART. P. reg.: corrompido; irr.: corrupto.

corroer [korroér] t. corrodere.

corrompido, -da [korrompiðo, -ða] a. (PART. P. reg. di corromper) corrotto.

corrosión [korrosjón] f. corrosione.

corrosivo, -va [korrosiβo, -βa] a. corrosivo.

corrupción [korruβθjón] f. corruzione.

corruptible [korruβtiβle] a. corruttibile.

corrupto, -ta [korrúβto, -ta] a. (PART. P. irr. di corromper) corrotto.

corruptor, -ra [korruβtór, -ra] a.-s. corruttore.

corsario, -ria [korsárjo, -rja] a.-m. corsaro.

corsé [korsè] m. busto, corsetto.

corsetería [korseteria] i. corsetteria.

corso, -sa [kórso, -sa] a.-s. corso.

cortado, -da [kortàðo, -ða] a. tagliato. 2 proporzionato. 3 café ~, caffè macchiato.

cortaplumas [kortaplúmas] m. temperino.

cortar [kortár] t. tagliare. 2 interrompere. 3 r. ferirsi. 4 turbarsi, perdere il filo del discorso. 5 cagliare, coagularsi.

corte [kòrte] m. taglio. 2 f. corte. 3 f. cortile m. 4 pl. parlamento m. sing.

cortedad [korteðàð] f. scarsezza, pochezza. 2 fig. cortezza, dappocaggine. 3 pusillanimità.

cortejador, -ra [kortexaðòr, -ra] a.-s. corteggiatore.

cortejar [kortexár] t. corteggiare.

cortejo [kortèxo] m. corteggiamento. 2 corteo.

cortés [kortès] a. cortese.

cortesano, -na [kortesáno, -na] a.-s. cortigiano.

cortesía [kortesia] f. cortesia.

corteza [kortèθa] f. corteccia, scorza. 2 crosta [del pane]. 3 buccia.

cortical [kortikál] a. corticale.

cortijo [kortíxo] m. fattoria f.

cortina [kortina] f. tenda, tendina, cortina.

cortinaje [kortináxe] m. tendaggio.

corto, -ta [kòrto, -ta] a. corto, breve. 2 fig. timido, dappoco.

cortometraje [kortometràxe] m. cortometraggio.

corvino, -na [korβino, -na] a. corvino.

corzo [kórθo] m. capriolo.

cosa [kòsa] f. cosa.

cosaco, -ca [kosáko, -ka] a.-s. cosacco.

coscorrón [koskorrón] *m.* scapaccione.
cosecha [kosétʃa] *f.* raccolta. 2 raccolto *m.*
cosechar [kosetʃár] *t.* raccogliere.
coseno [koséno] *m.* coseno.
coser [kosér] *t.* cucire.
cosido, -da [kosído, -ða] *a.* cucito. 2 *m.* cucitura *f.*, cucito.
cosmético, -ca [kozmétiko, -ka] *a.-m.* cosmetico. 2 *f.* cosmetica.
cósmico, -ca [kózmiko, -ka] *a.* cosmico.
cosmogonía [kozmoɣonía] *f.* cosmogonia.
cosmografía [kozmoɣrafía] *f.* cosmografia.
cosmología [kozmoloxía] *f.* cosmologia.
cosmonauta [kozmonáwta] *s.* cosmonauta.
cosmopolita [kozmopolíta] *a.-s.* cosmopolita.
cosmos [kózmos] *m.* cosmo.
coso [kóso] *m.* arena *f.* 2 corso.
cosquillas [koskíʎas] *f. pl.* solletico *m. sing.* ‖ *hacer* ~, fare il solletico.
cosquillear [koskiʎeár] *t.* solleticare.
cosquilleo [koskiʎéo] *m.* solletico.
costa [kósta] *f.* costa, costiera. 2 costo *m.* ‖ *a* ~ *de*, a costo di, a spese di. ‖ *a toda* ~, ad ogni costo.
costado [kostáðo] *m.* costato. 2 fianco.
costal [kostál] *a.* costale. 2 *m.* sacco.
costar [kostár] *i.* costare. ¶ CONIUG. come *contar*.
costarriqueño, -ña [kostarrikéɲo, -ɲa] *a.-s.* costarichense.
coste [kóste] *m.* costo. ‖ ~ *de la vida*, carovita.
costear [kosteár] *t.-r.* spesare, pagare le spese. 2 *t.* MAR. costeggiare.
costero, -ra [kostéro, -ra] *a.* costiero.
costilla [kostíʎa] *f.* costola, costa.
costoso, -sa [kostóso, -sa] *a.* costoso.
costra [kóstra] *f.* crosta.
costumbre [kostúmbre] *f.* abitudine, consuetudine. 2 uso *m.*, costume *m.* ‖ *como de* ~, come al solito, come di consueto.
costumbrista [kostumbrísta] *a.-s.* folclorista.
costura [kostúra] *f.* cucito *m.* cucitura.
costurera [kosturéra] *f.* cucitrice, sarta.
costurero [kosturéro] *m.* cestino da lavoro.
cota [kóta] *f.* quota.
cotejar [kotexár] *t.* confrontare.
cotejo [kotéxo] *m.* confronto, collazione *f.*
cotidiano, -na [kotiðjáno, -na] *a.* quotidiano.

cotilleo [kotiʎéo] *m.* pettegolezzo.
cotización [kotiθaθjón] *f.* quotazione.
cotizar [kotiθár] *t.* quotare.
coto [kóto] *m.* terreno delimitato. 2 termine.
cotorra [kotórra] *f.* pappagallino *m.* 2 gazza. 3 fig. chiacchierone *m.*
cotorrear [kotorreár] *t.* fig. chiacchierare.
coyuntura [kojuntúra] *f.* congiuntura. 2 ANAT. articolazione, giuntura.
coyote [kojóte] *m.* ZOOL. coyote.
coz [koθ] *f.* calcio *m.*
cráneo [kráneo] *m.* cranio.
crápula [krápula] *f.* crapula.
craso, -sa [kráso, -sa] *a.* crasso.
cráter [kráter] *m.* cratere.
creación [kreaθjón] *f.* creazione. 2 creato *m.*
creador, -ra [kreaðór, -ra] *a.-s.* creatore.
crear [kreár] *t.* creare.
creativo, -va [kreatíβo, -βa] *a.* creativo.
crecer [kreθér] *i.* crescere. 2 *r.* darsi importanza. ¶ CONIUG. IND. pres.: *crezco*. ‖ CONG. pres.: *crezca, crezcas*, ecc. ‖ IMPER.: *crezca; crezcamos, crezcan*.
creces [kréθes] *f. pl.* aumento *m.-sing.* ‖ *con* ~, abbondantemente.
crecida [kreθíða] *f.* piena, crescita.
creciente [kreθjénte] *a.* crescente. 2 *m.* alta marea *f.*
crecimiento [kreθimjénto] *m.* crescita *f.*, crescenza *f.* 2 aumento, accrescimento.
credencial [kreðenθjál] *a.-f.* credenziale.
credibilidad [kreðiβiliðáð] *f.* credibilità.
crediticio, -cia [kreðitíθjo, -θja] *a.* creditizio.
crédito [kréðito] *m.* credito.
credulidad [kreðuliðáð] *f.* credulità.
crédulo, -la [kréðulo, -la] *a.* credulo.
creencia [kreénθja] *f.* credenza, opinione.
creer [kreér] *t.* credere. ‖ ~ *que sí, que no*, credere di sì, di no. ¶ CONIUG. come *leer*.
creíble [kreíβle] *a.* credibile.
crema [kréma] *f.* crema. 2 fig. il fior fiore.
cremación [kremaθjón] *f.* cremazione.
cremallera [kremaʎéra] *f.* cremagliera. 2 chiusura lampo, cerniera lampo.
crematorio, -ria [krematórjo, -rja] *a.-s.* crematorio.
cremlinología [kremlinoloxía] *f.* cremlinologia.
cremoso, -sa [kremóso, -sa] *a.* cremoso.
crepitación [krepitaθjón] *f.* crepitio *m.*
crepitar [krepitár] *i.* crepitare.
crepuscular [krepuskulár] *a.* crepuscolare.

crepúsculo [krepúskulo] *m.* crepuscolo.

crespo, -pa [krèspo, -pa] *a.* crespo. 2 fig. irritato.

cresta [krèsta] *f.* cresta.

creta [krèta] *f.* creta.

cretáceo, -a [kretáθeo, -a] *a.* cretaceo.

cretense [kretènse] *a.-s.* cretese.

cretino, -na [kretino, -na] *a.* cretino.

cretona [kretóna] *f.* cotonina, cretonne *m.*

creyente [krejènte] *a.-s.* credente.

cría [kria] *f.* allevamento *m.*, coltura. 2 nidiata, figliata. 3 piccino *m.*, lattante *m.*

criadero [kriaðéro] *m.* vivaio.

criado, -da [kriàðo, -ða] *s.* domestico.

crianza [kriánθa] *f.* allevamento *m.* 2 allattamento *m.* 3 creanza.

criar [kriár] *t.* allevare, crescere. 2 allattare.

criatura [kriatúra] *f.* creatura. 2 bambino *m.*

criba [kriβa] *f.* vaglio *m.*, crivello *m.*

cribar [kriβár] *t.* vagliare, setacciare.

cric [krik] *m.* MECC. cricco, martinetto.

crimen [krimen] *m.* crimine.

criminal [kriminál] *a.-s.* criminale.

criminalidad [kriminaliðáð] *f.* criminalità.

criminalista [kriminalísta] *a.-m.* penalista.

criminoso, -sa [kriminóso, -sa] *a.* criminoso.

crin [krin] *f.* crine *m.* 2 *pl.* *[crines]* criniera *f.-sing.*

crío [krio] *m.* lattante, bambino.

criollo, -lla [krióʎo, -ʎa] *a.-s.* creolo.

cripta [kriβta] *f.* cripta.

criptógamo, -ma [kriβtóɣamo, -ma] *a.-s.* BOT. crittogamo.

crisálida [krisáliða] *f.* crisalide.

crisantema, crisantemo [krisantéma, krisantémo] *s.* crisantemo *m.*

crisis [krisis] *f.* crisi.

crisma [krizma] *s.* crisma *m.* ‖ *romperse la ~*, rompersi la testa.

crisol [krisól] *m.* crogiolo.

crispar [krispár] *t.* contrarre, raggrinzare.

cristal [kristál] *m.* cristallo, vetro.

cristalera [kristaléra] *f.* credenza a vetri.

cristalería [kristalería] *f.* cristalleria.

cristalino, -na [kristalino, -na] *a.* cristallino.

cristalización [kristaliθaθjòn] *f.* cristallizzazione.

cristalizar [kristaliθár] *t.-i.-r.* cristallizzare.

cristiandad [kristjanðáð] *f.* cristianità.

cristianismo [kristjanizmo] *m.* cristianesimo.

cristiano, -na [kristjàno, -na] *a.-s.* cristiano.

criterio [kritèrjo] *m.* criterio.

criticar [kritikár] *t.* criticare.

criticismo [kritiθizmo] *m.* criticismo.

crítico, -ca [kritiko, -ka] *a.-m.* critico. 2 *f.* critica.

criticón, -na [kritikòn, -na] *a.-s.* criticone.

croar [kroár] *i.* gracidare.

crocante [krokánte] *m.* croccante.

croissant [krosán] *m.* cornetto.

cromar [kromár] *t.* cromare.

cromático, -ca [kromátiko, -ka] *a.* cromatico.

cromatismo [kromatizmo] *m.* cromatismo.

cromo [kròmo] *m.* cromo. 2 figurina *f.*

cromosoma [kromosóma] *m.* cromosoma.

crónica [krònika] *f.* cronaca.

crónico, -ca [kròniko, -ka] *a.* cronico.

cronista [kronísta] *s.* cronista.

cronología [kronoloxia] *f.* cronologia.

cronológico, -ca [kronolóxico, -ca] *a.* cronologico.

cronometrar [kronometrár] *t.* cronometrare.

cronometrador, -ra [kronometraðòr, -ra] *a.-s.* cronometrista.

cronométrico, -ca [kronométriko, -ka] *a.* cronometrico.

cronómetro [kronómetro] *m.* cronometro.

croqueta [krokèta] *f.* crocchetta.

croquis [krókis] *m.* schizzo.

cruce [krúθe] *m.* incrocio.

crucero [kruθèro] *m.* incrocio. 2 ARCH. crociera *f.* 3 MAR. crociera *f.* 4 incrociatore.

crucial [kruθjál] *a.* cruciale.

crucificar [kruθifikár] *t.* crocifiggere.

crucifijo [kruθifiko] *m.* crocifisso.

crucifixión [kruθifiɣsjòn] *f.* crocifissione.

crucigrama [kruθiɣràma] *m.* parole *f.-pl.* incrociate, cruciverba.

crudeza [kruðéθa] *f.* crudezza.

crudo, -da [krúðo, -ða] *a.* crudo. 2 acerbo. 3 greggio.

cruel [krwél] *a.* crudele.

crueldad [krwelðáð] *f.* crudeltà.

cruento, -ta [kruénto, -ta] *a.* cruento.

crujido [kruxiðo] *m.* scricchiolio. 2 fruscio.

crujiente [kruxjènte] *a.* croccante.

crujir [kruxír] *i.* scricchiolare. 2 frusciare.

crustáceo, -a [krustáθeo, -a] *a.-m.* crostaceo.

cruz [kruθ] *f.* croce. 2 verso *m.*, rovescio *m.* [di medaglia o moneta]. ‖ *hacerse cruces*, meravigliarsi.

cruzada [kruθáða] *f.* crociata.

cruzado, -da [kruθáðo, -ða] *a.* incrociato, conserto. ‖ *brazos cruzados*, braccia conserte. ‖ *palabras cruzadas*, V. **crucigrama.** 2 *m.* crociato.

cruzar [kruθár] *t.-r.* incrociare. 2 attraversare.

cu [ku] *f.* nome della lettera *q*.

cuaderno [kwaðérno] *m.* quaderno.

cuadra [kwáðra] *f.* stalla, scuderia. 2 salone *m.* 3 camerata.

cuadrado, -da [kwaðráðo, -ða] *a.* quadrato, quadro. 2 *m.* quadrato.

cuadragésimo, -ma [kwaðraxésimo, -ma] *a.* quarantesimo, quadragesimo.

cuadrangular [kwaðrangulár] *a.* quadrangolare.

cuadrante [kwaðránte] *m.* quadrante.

cuadrar [kwaðrár] *t.* quadrare, squadrare. 2 *i.* quadrare. 3 *r.* fermarsi. 4 MIL. mettersi sull'attenti. 5 fig. resistere.

cuadratura [kwaðratúra] *f.* quadratura.

cuadrícula [kwaðríkula] *f.* quadrellatura.

cuadricular [kwaðrikulár] *t.* quadrettare.

cuadrienio [kwaðriénjo] *m.* quadriennio.

cuadriga [kwaðríɣa] *f.* quadriga.

cuadrilátero [kwaðrilátero] *m.* quadrilatero.

cuadrilla [kwaðríʎa] *f.* banda, gruppo *m.*, schiera.

cuadro, -dra [kwáðro, -ðra] *a.* quadro. 2 *m.* quadro. 3 visione *f.*, spettacolo, scena *f.*

cuadrúpedo, -da [kwaðrúpeðo, -ða] *a.-m.* quadrupede.

cuádruple [kwáðruple] *m.* quadruplo.

cuadruplicar [kwaðruplikár] *t.* quadruplicare.

cuádruplo, -pla [kwáðruplo, -pla] *a.-m.* quadruplo.

cuajada [kwaxáða] *f.* cagliata.

cuajar [kwaxár] *t.-r.* cagliare. 2 coagulare. 3 fig. riempire. 4 *i.* fig. riuscire. 5 piacere.

cuajo [kwáxo] *m.* caglio. ‖ *arrancar de ~*, sradicare.

cual [kwal] *a.-pron.* come, tale. ‖ *~ el padre, tal el hijo*, tale il padre, tale il figlio. 2 *pron. rel.* che, il quale, la quale. 3 *avv.* come.

cualesquiera [kwaleskjéra] *a.-pron. pl.* di **cualquiera.**

cualquier [kwalkiér] *a.* apoc. di *cualquiera.* ‖ *~ cosa*, checchè.

cualquiera [kwalkjéra] *a.* qualsiasi, qualunque. 2 *pron.* chiunque, chicchessia. ‖ *~ que*, chiunque.

cuan, cuán [kwàn] *avv.* (apoc. di *cuanto*; accompagna agg. e avv.) quanto, come: *¡~ desdichado soy!*, come sono sfortunato!

cuando, cuándo [kwánðo] *a.-cong.* quando. 2 *cong.* allorchè. ‖ *~ más*, tutt'al più.

cuantía [kwantía] *f.* quantità, importanza.

cuantioso, -sa [kwantjóso, -sa] *a.* abbondante.

cuantitativo, -va [kwantitatíβo, -βa] *a.* quantitativo.

cuanto, -ta; cuánto, -ta [kwánto, -ta] *a.-pron.-avv.* quanto. ‖ *en ~ a*, circa. ‖ *~ antes*, quanto prima, al più presto. ‖ *~ más*, quanto più. 2 *cong. en ~*, appena, allorchè.

cuarenta [kwarénta] *a.* quaranta.

cuarentena [kwarenténa] *f.* quarantina. 2 quarantena.

cuaresma [kwarézma] *f.* quaresima.

cuaresmal [kwarezmál] *a.* quaresimale.

cuartear [kwarteár] *t.* squartare. 2 *r.* fendersi, screpolarsi.

cuartel [kwartél] *m.* caserma *f.*, quartiere.

cuarteta [kwartéta] *f.* LETT. quartina.

cuarteto [kwartéto] *m.* LETT. quartina *f.* 2 MUS. quartetto.

cuartilla [kwartíʎa] *f.* foglio *m.* di carta [la quarta parte d'un foglio].

cuarto, -ta [kwárto, -ta] *a.* quarto. 2 *m.* quarto. 3 stanza *f.* 4 fam. quattrino, denaro.

cuarzo [kwárθo] *m.* quarzo.

cuaternario, -ria [kwaternárjo, -rja] *a.* quaternario.

cuatrero, -ra [kwatréro, -ra] *a.-s.* abigeo, ladro di bestiame.

cuatrimestral [kwatrimestrál] *a.* quadrimestrale.

cuatrimotor [kwatrimotór] *m.* quadrimotore.

cuatro [kwátro] *a.-m.* quattro.

cuatrocientos, -tas [kwatroθjéntos, -tas] *a.* quattrocento.

cuba [kúβa] *f.* botte, tino *m.* ‖ *borracho como una ~*, ubriaco fradicio.

cubano, -na [kuβáno, -na] *a.-s.* cubano.

cubeta [kuβéta] *f.* bacinella, vaschetta.

cubicación [kuβikaθjón] *f.* cubatura.

cubicar [kuβikár] *t.* fare la cubatura.

cúbico, -ca [kúβiko, -ka] *a.* cubico.

cubierta [kuβjérta] *f.* coperchio *m.*, copertura. 2 copertina. 3 MAR. coperta. 4 copertone *m.* [di pneumatico].

cubierto, -ta [kuβjérto, -ta] *a.* coperto. 2 *m.* posata *f.* || coperto. 4 pasto a prezzo fisso.

cubil [kuβil] *m.* covile, covo, cuccia *f.*

cubilete [kuβiléte] *m.* ciotola *f.* 2 bicchiere. 3 bussolotto.

cubismo [kuβizmo] *m.* cubismo.

cubital [kuβitál] *a.* cubitale.

cúbito [kúβito] *m.* cubito.

cubo [kúβo] *m.* secchio. 2 MAT.-GEOM. cubo.

cubrecama [kuβrekáma] *m.* copriletto.

cubrir [kuβrir] *t.-r.* coprire, ammantare. ¶ CONIUG. PART. P.: **cubierto**.

cucaña [kukáɲa] *f.* cuccagna.

cucaracha [kukarátʃa] *f.* scarafaggio *m.*, batta.

cuclillas (en) [eŋ kukliʎas] *loc. avv.* accoccolato.

cuclillo [kukliʎo] *m.* cucù.

cuco, -ca [kúko, -ka] *a.* fig. grazioso. 2 *a.-s.* furbo. 3 *m.* bruco, larva *f.*

cucú [kukú] *m.* cucù.

cucurucho [kukurútʃo] *m.* cartoccio.

cuchara [kutʃára] *f.* cucchiaio *m.*

cucharada [kutʃaráða] *f.* cucchiaiata.

cucharadita [kutʃaraðita] *f.* cucchiaino *m.*

cucharilla [kutʃariʎa] *f.* cucchiaino *m.*

cucharón [kutʃarón] *f.* cucchiaione *m.*

cuchichear [kutʃitʃeár] *i.* bisbigliare.

cuchicheo [kutʃitʃéo] *m.* bisbiglio.

cuchillada [kutʃiʎáða] *f.* coltellata. 2 *pl.* fig. rissa.

cuchillo [kutʃiʎo] *m.* coltello.

cuchipanda [kutʃipánda] *f.* gozzoviglia.

cuchitril [kutʃitril] *m.* porcile. 2 casupola *f.*, bugigattolo.

cuello [kwéʎo] *m.* collo. 2 bavero, colletto [dei vestiti].

cuenca [kwéŋka] *f.* conca, ciotola. 2 orbita [dell'occhio]. 3 conca, bacino *m.*

cuenco [kwéŋko] *m.* bacinella *f.*, catino, ciotola *f.*

cuenta [kwénta] *f.* conto *m.*, conteggio *m.* || **darse** ~, rendersi conto, avvedersi, accorgersi.

cuentacorrentista [kwentakorrentista] *s.* correntista.

cuentagotas [kwentaɣòtas] *m.* contagocce.

cuentakilómetros [kwentakilómetros] *m.* contachilometri.

cuentista [kwentista] *a.-s.* novelliere, autore di racconti. 2 fig. fam. fanfarone, pettegolo.

cuento [kwénto] *m.* racconto, novella *f.*, favola *f.* || 2 fig. frottola *f.* || **dejarse de cuentos**, venire al dunque. || **venir a** ~, venire al caso. 3 computo. || **sin** ~, innumerevoli.

cuerda [kwérða] *f.* corda, fune. 2 registro *m.* [del tenore, baritono, ecc.]. || **dar** ~ **al reloj**, caricare l'orologio.

cuerdo, -da [kwérðo, -ða] *a.* saggio, assennato.

cuerno [kwérno] *m.* corno.

cuero [kwéro] *m.* cuoio. || **en cueros**, nudo.

cuerpo [kwérpo] *m.* corpo.

cuervo [kwérβo] *m.* corvo.

cuesta [kwésta] *f.* costa, pendio *m.*, costiera. || ~ **arriba**, salita. || ~ **abajo**, discesa. || **a cuestas**, a spalle. || fig. **hacerse a uno** ~ **arriba una cosa**, fare qualcosa con difficoltà o ripugnanza.

cuestación [kwestaθjón] *f.* questua.

cuestión [kwestjón] *f.* questione.

cuestionario [kwestjonárjo] *m.* questionario.

cuestor [kwestór] *m.* questore. 2 questuante.

cueva [kwéβa] *f.* caverna, grotta.

cuidado [kwiðáðo] *m.* cura *f.* 2 cautela *f.* 3 preoccupazione *f.* 4 *inter.* attenzione! attento! || **de** ~, grave, pericoloso. || **tener** ~, badare.

cuidadoso, -sa [kwiðaðóso, -sa] *a.* accurato, diligente.

cuidar [kwiðár] *t.* curare. *t.-i.* assistere, governare. 3 *r.* curarsi, riguardarsi.

culata [kuláta] *f.* culatta, calcio *m.*

culebra [kuléβra] *f.* biscia.

culinario, -ria [kulinárjo, -rja] *a.* culinario.

culminación [kulminaθjón] *f.* culmine *m.*

culminante [kulminánte] *a.* culminante.

culminar [kulminár] *i.* culminare.

culo [kúlo] *m.* culo.

culpa [kúlpa] *f.* colpa.

culpabilidad [kulpaβiliðáð] *f.* colpevolezza.

culpable [kulpáβle] *a.* colpevole.

culpar [kulpár] *t.* incolpare.

cultivador, -ra [kultiβaðór, -ra] *a.-s.* coltivatore.

cultivar [kultiβár] *t.* coltivare.

cultivo [kultíβo] *m.* coltivazione *f.*, coltura *f.*

culto, -ta [kúlto, -ta] *a.* colto. 2 *m.* REL. culto.

cultura [kultúra] *f.* cultura. 2 AGR. coltura.

cultural [kulturál] *a.* culturale.

culturismo [kulturízmo] *m.* culturismo.

culturista [kulturísta] *s.* culturista.

cumbre [kúmbre] *f.* cima. 2 fig. culmine *m.*

cumbrera [kumbréra] *f.* ARCH. comignolo *m.*

cumpleaños [kumpleáɲos] *m.* compleanno, genetliaco.

cumplido, -da [kumplíðo, -ða] *a.* compiuto, perfetto. 2 compito. 3 *m.* complimento, cerimonia *f.* 4 *pl.* convenevoli, complimenti.

cumplidor, -ra [kumplidór, -ra] *a.-s.* esatto, puntuale. 2 compito.

cumplimentar [kumplimentár] *t.* complimentare.

cumplimiento [kumplimjénto] *m.* adempimento, compimento. 2 complimento.

cumplir [kumplír] *t.-i.* compiere, adempire. 2 scadere. 3 *r.* verificarsi, avverarsi.

cúmulo [kúmulo] *m.* cumulo.

cuna [kúna] *f.* culla.

cundir [kundír] *i.* estendersi, propagarsi. 2 rendere, aumentare.

cuneta [kunéta] *f.* cunetta.

cuña [kúɲa] *f.* bietta, zeppa. ‖ ~ *publicitaria*, inserto pubblicitario.

cuñado, -da [kuɲáðo, -ða] *s.* cognato.

cuño [kúɲo] *m.* conio.

cuota [kwóta] *f.* quota. 2 rata.

cupo [kúpo] *m.* quota *f.* 2 COMM. contingente.

cupón [kupón] *m.* buono, tagliando.

cúpula [kúpula] *f.* cupola.

cura [kúra] *f.* cura. 2 *m.* prete, curato.

curable [kuráβle] *a.* curabile, guaribile.

curación [kuraθjón] *f.* cura. 2 guarigione.

curandero, -ra [kuranðéro, -ra] *s.* guaritore.

curar [kurár] *t.* curare. 2 sanare, guarire. 3 conciare, addobbare. 4 *t.-i.-r.* guarire. 5 *i.* aver cura.

curasao [kurasáo] *m.* curaçao.

curato [kuráto] *m.* cura *f.* d'anime. 2 parrocchia *f.*

curdo, -da [kúrðo, -ða] *a.-s.* curdo. 2 *f.* fam. sbornia.

curiosear [kurjoseár] *i.* curiosare.

curiosidad [kurjosiðáð] *f.* curiosità.

curioso, -sa [kurjóso, -sa] *a.* curioso.

cursar [kursár] *t.* frequentare, seguire [dei corsi]. 2 dar corso.

cursi [kúrsi] *a.-s.* pacchiano.

cursilería [kursilería] *f.* pacchianeria.

cursillo [kursíʎo] *m.* breve corso di studi.

cursivo, -va [kursíβo, -βa] *a.-s.* corsivo. ‖ *escribir en cursiva*, scrivere in corsivo.

curso [kúrso] *m.* corso. 2 anno scolastico.

curtido, -da [kurtíðo, -ða] *a.* conciato. 2 fig. abbronzato. 3 avvezzo. 4 *m.* concia *f.*, conciatura *f.*

curtidor [kurtiðór] *m.* conciatore.

curtir [kurtír] *t.* conciare. 2 fig. abbronzare. 3 avvezzare alle fatiche.

curva [kúrβa] *f.* curva.

curvar [kurβár] *t.* curvare.

curvatura [kurβatúra] *f.* curvatura.

curvilíneo, -a [kurβilíneo, -a] *a.* curvilineo.

curvo, -va [kúrβo, -βa] *a.* curvo.

cúspide [kúspiðe] *f.* cuspide.

custodia [kustóðja] *f.* custodia. 2 ECCL. ostensorio *m.*

custodiar [kustoðjár] *t.* custodire.

custodio [kustóðjo] *m.* custode, guardiano.

cutáneo, -a [kutáneo, -a] *a.* cutaneo.

cutis [kútis] *m.* cute *f.*, pelle *f.*, epidermide *f.*

cuyo, -ya [kújo, -ja] *pron.* [il, la] cui.

CH

ch [tʃe] *f.* quarta lettera dell'alfabeto spagnolo.

chabacanada [tʃaβakanáða], **chabacanería** [tʃaβakanería] *f.* volgarità.

chabacano, -na [tʃaβakáno, -na] *a.* volgare, grossolano.

chabola [tʃaβóla] *f.* catapecchia.

chacal [tʃakál] *m.* sciacallo.

chacha [tʃátʃa] *f.* fam. bambinaia. 2 cameriera.

chafar [tʃafár] *t.* schiacciare. 2 gualcire. 3 fig. mortificare, far sfigurare.

chaflán [tʃaflán] *m.* smussatura *f.*, sghembo. 2 angolo.

chal [tʃal] *m.* scialle.

chalado, -da [tʃaláðo, -ða] *a.* fam. matto. 2 innamorato cotto.

chalar [tʃalár] *t.* far impazzire. 2 *r.* innamorarsi.

chaleco [tʃaléko] *m.* panciotto, gilè, corpetto.

chalet [tʃalèt] *m.* villino, villa *f.*

chalupa [tʃalúpa] *f.* scialuppa.

chambelán [tʃambelán] *m.* ciambellano.

chambón, -na [tʃambón, -na] fam. *a.-s.* schiappa *f.*

chamizo [tʃamiθo] *m.* tizzone. 2 tugurio.

champán [tʃampán] *m.* V. **champaña**.

champaña [tʃampáɲa] *m.* champagne.

chamuscar [tʃamuskár] *t.* bruciacchiare.

chamusquina [tʃamuskina] *f.* bruciacchiatura.

chancear [tʃanθeár] *i.-r.* scherzare, canzonare.

chancleta [tʃaŋkléta] *f.* pianella, ciabatta. 2 zoccolo [legno].

chanclo [tʃáŋklo] *m.* caloscia *f.*, soprascarpa *f.*

chanchullo [tʃantʃúʎo] *m.* fam. imbroglio.

chantaje [tʃantáxe] *m.* ricatto.

chantajista [tʃantaxista] *s.* ricattatore.

chanza [tʃánθa] *f.* scherzo *m.*, burla.

chapa [tʃápa] *f.* lastra, lamina.

chapado, -da [tʃapáðo, -ða] *a.* rivestito, placcato. ‖ ~ *a la antigua*, vecchio stile.

chapar [tʃapár] *t.* V. **chapear**. 2 fig. assestare.

chaparro [tʃapárro] *m.* cespuglio di rovere o quercia.

chaparrón [tʃaparrón] *m.* acquazzone.

chapear [tʃapeár] *t.* rivestire, placcare.

chapitel [tʃapitèl] *m.* cuspide *f.* 2 capitello.

chapotear [tʃapoteár] *t.* inumidire. 2 *i.* sguazzare.

chapucear [tʃapuθeár] *t.* abborracciare.

chapucería [tʃapuθería] *f.* abborracciamento *m.* 2 pasticcio *m.*

chapucero, -ra [tʃapuθéro, -ra] *a.* grossolano. 2 *a.-s.* pasticcione.

chapurrear [tʃapurreár] *t.* storpiare una lingua.

chapuz [tʃapúθ] *m.* tuffo. 2 V. **chapucería.**

chapuzar [tʃapuθár] *t.-r.* tuffare.

chapuzón [tʃapuθón] *m.* tuffo.

chaqué [tʃaké] *m.* giubba *f.*

chaqueta [tʃakéta] *f.* giacca, giubba, giubbotto *m.*

charada [tʃaráða] *f.* sciarada.

charanga [tʃaráŋga] *f.* banda, fanfara.

charca [tʃárka] *f.* stagno *m.*

charco [tʃárko] *m.* pozza *f.* 2 pozzanghera *f.* ‖ *pasar el* ~, traversare il mare.

charla [tʃárla] *f.* conversazione. 2 chiacchiera, ciancia.

charlar [tʃarlár] *i.* conversare, discorrere. 2 chiacchierare, cianciare.

charlatán, -na [tʃarlatán, -na] *a.-s.* chiacchierone. 2 ciarlatano.

charlatanería [tʃarlatanería] *f.* loquacità. 2 ciarlataneria.

charnela [tʃarnéla] *f.* cerniera.

charol [tʃaról] *m.* vernice *f.* 2 cuoio verniciato.

charolar [tʃarolár] *t.* verniciare, laccare.

charrán, -na [tʃarrán, -na] *a.-s.* briccone.

charretera [tʃarretéra] *f.* spallina.

charro, -rra [tʃárro, -rra] *a.-s.* contadino di Salamanca. 2 fig. rustico, rozzo.

chascar [tʃaskár] *t.* schioccare.

chasco [tʃásko] *m.* burla *f.* 2 delusione *f.*, fiasco.

chasis [tʃásis] *m.* telaio.

chasquear [tʃaskeár] *t.* burlare, beffare. 2 schioccare [la frusta]. 3 *r.* far fiasco.

chasquido [tʃaskiðo] *m.* schiocco. 2 scricchiolio.

chatarra [tʃatárra] *f.* scoria di ferro, rottami *m.-pl.*, ferraglia.

chatarrero [tʃatarrèro] *m.* rottamista.

chato, -ta [tʃáto, -ta] *a.-s.* camuso. 2 schiacciato. 3 fam. carino. 4 *m.* piccolo bicchiere.

chaval, -la [tʃaβál, -la] *s.* ragazzo.

chaveta [tʃaβéta] *f.* chiavarda. ‖ *perder la* ~, perdere il senno.

checo, -ca [tʃéko, -ka] *a.-s.* ceco.

checoeslovaco [tʃekoeasloβáko], **checoeslovaco, -ca** [tʃekoeasloβáko, -ka] *a.-s.* cecoslovacco.

chelín [tʃelín] *m.* scellino.

cheque [tʃéke] *m.* assegno.

chico, -ca [tʃiko, -ka] *a.* piccolo. 2 *s.* ragazzo.

chicoria [tʃikórja] *f.* V. **achicoria**.

chicharra [tʃitʃárra] *f.* cicala. 2 fig. fam. chiacchierone *m.*

chicharrón [tʃitʃarrón] *m.* cicciolo. 2 carne *f.* bruciacchiata. 3 fig. persona *f.* abbronzata.

chichón [tʃitʃòn] *m.* bernoccolo.

chifla [tʃifla] *f.* fischio *m.*

chiflado, -da [tʃifláðo, -ða] *a.* fissato, matto. 2 fig. innamorato cotto.

chifladura [tʃifladúra] *f.* mania, fissazione. 2 infatuazione, cotta.

chiflar [tʃiflár] *i.* fischiare. 2 *r.* infatuarsi. 3 innamorarsi pazzamente.

chifle [tʃifle] *m.* fischietto.

chiflido [tʃifliðo] *m.* fischio.

chillar [tʃiʎár] *i.* strillare. 2 cigolare. 3 stridere.

chillido [tʃiʎiðo] *m.* strillo. 2 cigolio. 3 stridio.

chillón, -na [tʃiʎón, -na] *a.* strillone. 2 fig. stridente. 3 vistoso, appariscente, chiassoso [di colore, ecc.].

chimenea [tʃimenèa] *f.* camino *m.*, caminetto *m.* 2 ciminiera, comignolo *m.*, fumaiolo *m.*

chimpancé [tʃimpanθé] *m.* scimpanzè.

china [tʃina] *f.* sassolino *m.* 2 porcellana.

chinche [tʃintʃe] *m.* cimice *f.* 2 puntina *f.* da disegno.

chinchilla [tʃintʃiʎa] *f.* cincilla.

chinela [tʃinèla] *f.* pianella.

chino, -na [tʃino, -na] *a.-s.* cinese. ‖ *tinta* ~, china.

chipirón [tʃipirón] *m.* ZOOL. calamaro.

chiquillada [tʃikiʎáða] *f.* bambinata.

chiquillería [tʃikiʎería] *f.* ragazzaglia.

chiquillo, -lla [tʃikiʎo, -ʎa] *a.-s.* bambino.

chiquitín, -na [tʃikitin, -na] *a.* (diminutivo di *chiquito*) piccolino.

chiquito, -ta [tʃikito, -ta] *a.* (diminutivo di *chico*) piccolino.

chirinola [tʃirinóla] *f.* specie di gioco di birilli. ‖ *estar de* ~, essere allegro.

chiripa [tʃiripa] fam. *f.* sorte, fortuna. ‖ *por* ~, per caso.

chirlo [tʃirlo] *m.* sfregio.

chirriar [tʃirrjár] *i.* stridere, cigolare. 2 fig. cantare stonando.

chirrido [tʃirriðo] *m.* stridio, cigolio.

¡chis! [tʃis] *inter.* zitto!

chisme [tʃizme] *m.* pettegolezzo, ciancia *f.*, ciarla *f.* 2 anticaglia *f.*

chismear [tʃizmeár] *t.* pettegolare, chiacchierare, ciarlare.

chismorrear [tʃizmorreár] *t.* V. **chismear**.

chismorreo [tʃizmorrèo] *m.* pettegolezzo, chiacchiera *f.*

chismoso, -sa [tʃizmóso, -sa] *a.-s.* pettegolo.

chispa [tʃispa] *f.* scintilla, favilla. 2 spruzzata. 3 un po': *una* ~ *de vino*, un po' di vino. 4 fig. vivacità.

chispazo [tʃispáθo] *m.* scintilla *f.*

chispeante [tʃispeánte] *a.* sfavillante. 2 fig. spiritoso.

chispear [tʃispeár] *i.* scintillare. 2 sfavillare. 3 piovigginare.

chistar [tʃistár] *i.* parlare. ‖ *sin* ~, senza aprir bocca.

chiste [tʃiste] *m.* barzelletta *f.*

chistera [tʃistèra] *f.* cesta. 2 cappello *m.* a cilindro.

chistoso, -sa [tʃistóso, -sa] *a.* spiritoso, arguto.

¡chito! [tʃito] **¡chitón!** [tʃitón] *inter.* zitto!

chivato [tʃiβáto] *m.* capretto. 2 fig. spione.

chivo [tʃiβo] *m.* capro.

chocante [tʃokánte] *a.* strano, curioso.

chocar [tʃokár] *i.* urtare, battere. 2 fig. litigare. 3 stupire, colpire.

chocarrería [tʃokarrería] *f.* volgarità.

chocolate [tʃokoláte] *m.* cioccolato. 2 cioccolata *f.*

chocolatín [tʃokolatín] *m.* cioccolatino.

chochear [tʃotʃeár] *i.* rimbambire.

chochera [tʃotʃéra], **chochez** [tʃotʃéθ] *f.* rimbambimento *m.*

chocho, -cha [tʃótʃo, -tʃa] *a.* rimbambito. 2 *m.* lupino. 3 *pl.* confetti.

chófer [tʃófer] *m.* autista.

chopo [tʃópo] *m.* pioppo.

choque [tʃóke] *m.* scontro, urto, collisione *f.*

chorizo [tʃoríθo] *m.* salame [con paprica]. 2 pop. ladruncolo.

chorlito [tʃorlito] *m.* ORNIT. piviere. ‖ *cabeza de ~*, testa vuota.

chorrear [tʃorreár] *i.* grondare.

chorro [tʃórro] *m.* getto. ‖ *a chorros*, copiosamente. ‖ *beber a ~*, bere a garganella.

choto, -ta [tʃóto, -ta] *s.* capretto. 2 vitello.

choza [tʃóθa] *f.* capanna, capanno *m.*

chubasco [tʃuβásko] *m.* acquazzone.

chuchear [tʃutʃeár] *i.* bisbigliare.

chuchería [tʃutʃería] *f.* gingillo *m.* 2 ghiottoneria.

chucho [tʃútʃo] fam. *m.* cane.

chufa [tʃúfa] *f.* dolcichino *m.*, babbagigi *m.*

chulería [tʃulería] *f.* facezia. 2 spacconata.

chuleta [tʃuléta] *f.* costoletta, braciola.

chulo, -la [tʃúlo, -la] *a.-s.* grazioso. 2 spavaldo, bullo.

chumbera [tʃumbéra] *f.* fico *m.* d'India [pianta].

chumbo, -ba [tʃúmbo, -ba] *a.* *higo ~*, fico d'India.

chunga [tʃúnga] *f.* scherzo *m.*, burla.

chunguearse [tʃuŋgeárse] *r.* burlarsi, scherzare.

chupada [tʃupáða] *f.* succhiata.

chupado, -da [tʃupáðo, -ða] *a.* secco, dimagrito, allampanato.

chupar [tʃupár] *t.* succhiare. 2 assorbire. ‖ *chuparse los dedos*, leccarsi i baffi. 3 fig. spillare. 4 *r.* sciuparsi, dimagrire.

chupatintas [tʃupatintas] *m.* scribacchino.

chupete [tʃupéte] *m.* succhiotto, ciuccio.

chupón, -na [tʃupón, -na] *a.-s.* scroccone. 2 *m.* stantuffo.

churro [tʃúrro] *m.* frittella *f.*

churumbel [tʃurumbél] *m.* bambino.

chuscada [tʃuskáða] *f.* facezia.

chusco, -ca [tʃúsko, -ka] *a.-s.* faceto, arguto. 2 *m.* panino.

chusma [tʃúzma] *f.* ciurmaglia. 2 ciurma.

chut [tʃut] *m.* calcio, tiro di palla nel gioco del calcio.

chutar [tʃutár] *t.* calciare, lanciare il pallone col piede.

chuzo [tʃúθo] *m.* picca *f.*

chuzón, -na [tʃuθón, -na] *a.-s.* scaltro, arguto.

D

d [de] *f.* quinta lettera dell'alfabeto spagnolo.

dactilar [daɣtilár] *a.* digitale.

dádiva [dàðiβa] *f.* regalo *m.*

dactilografía [daɣtiloɣrafia] *f.* dattilografia.

dadivoso, -sa [daðiβóso, -sa] *a.-s.* generoso, liberale.

dado, -da [dàðo, -ða] *a.* dato. 2 dedito. 3 *cong.* ~ *que*, dato che, siccome. 4 *m.* dado.

dalia [dàlja] *f.* dalia.

dálmata [dálmata] *a.-s.* dalmata.

daltoniano, -na [daltonjáno, -na] *a.* daltonico.

daltonismo [daltonizmo] *m.* daltonismo.

dama [dáma] *f.* dama. 2 *pl.* *(juego de) damas*, dama *sing.*

damajuana [damaxwána] *f.* damigiana.

damasceno, -na [damasθéno, -na] *a.-s.* damasceno.

damasco [damásko] *m.* damasco.

damasquinar [damaskinár] *t.* damaschinare.

damasquino [damaskino] *m.* damaschino.

damisela [damiséla] *f.* damigella.

damnificar [damnifikár] *t.* danneggiare.

danés, -sa [danès, -sa] *a.-s.* danese.

dantesco, -ca [dantèsko, -ka] *a.* dantesco.

danza [dánθa] *f.* danza.

danzar [danθár] *i.* danzare.

danzarín, -na [danθarin, -na] *s.* ballerino.

dañar [daɲár] *t.* danneggiare.

dañino, -na [daɲino, -na] *a.* dannoso, nocivo.

daño [dáɲo] *m.* danno. 2 male.

dañoso, -sa [daɲóso, -sa] *a.* dannoso.

dar [dar] *t.* dare. 2 fare: ~ *pena*, far pena; ~ *una vuelta*, fare un giro. 3 suonare [le ore]. 4 *i.* dare. 5 ~ *con*, incontrare. 6 *r.* cedere. 7 darsi. ¶ CONIUG. IND. pres.: *doy*. | pass. rem.: *di, diste, dio; dimos,*

disteis, dieron. ‖ CONG. pres.: *dé, des, dé,* ecc. | imp.: *diera, -se, dieras, -ses,* ecc. | fut.: *diere, dieres,* ecc. ‖ IMPER.: *da, dé,* ecc.

dardo [dárðo] *m.* dardo.

dársena [dársena] *f.* darsena.

darvinismo [darβinizmo] *m.* darvinismo.

datación [dataθjón] *f.* datazione.

datar [datár] *t.-i.* datare.

dátil [dátil] *m.* dattero.

dativo, -va [datiβo, -βa] *a.-m.* dativo.

dato [dáto] *m.* dato. ‖ *datos personales*, generalità *f.*

de [de] *f.* nome della lettera *d.* 2 *prep.* di, da. 3 a: ~ *viva voz*, a viva voce. 4 in: ~ *pie*, in piedi.

deán [deán] *m.* ECCL. decano.

debajo [deβáxo] *avv.* sotto, di sotto.

debate [deβáte] *m.* dibattito.

debatir [deβatir] *t.* dibattere.

debe [dèβe] *m.* COMM. dare.

deber [deβér] *t.* dovere. 2 ~ *de*, dovere. 3 *m.* dovere, compito.

debidamente [deβiðamènte] *avv.* debitamente.

debido, -da [deβiðo, -ða] *a.* dovuto. 2 doveroso, giusto, debito.

débil [déβil] *a.* debole, fioco, fievole, gracile. ‖ *sexo* ~, gentil sesso.

debilidad [deβiliðáð] *f.* debolezza, gracilità.

debilitación [deβilitaθjón] *f.* indebolimento *m.,* debilitazione.

debilitar [deβilitár] *t.-r.* debilitare, indebolire, affievolire, fiaccare.

debut [deβút] *m.* debutto.

debutar [deβutár] *i.* debuttare.

década [dékaða] *f.* decennio *m.*

decadencia [dekaðénθja] *f.* decadenza, deperimento *m.,* declino *m.*

decadente [dekaðénte] *a.* decadente, scadente.

decaer [dekaér] *i.* decadere, scadere, deperire.

decaimiento [dekaimjénto] *m.* decadimento, deperimento.

decálogo [dekáloγo] *m.* decalogo.

decano, -na [dekáno, -na] *s.* decano. 2 preside [di Facoltà].

decantar [dekantár] *t.* decantare.

decapitación [dekapitaθjón] *f.* decapitazione.

decapitar [dekapitár] *t.* decapitare.

decena [deθéna] *f.* diecina.

decenal [deθenál] *a.* decennale.

decencia [deθénθja] *f.* decenza.

decenio [deθénjo] *m.* decennio.

decente [deθénte] *a.* decente.

decepción [deθeβθjón] *f.* delusione, disappunto *m.*

decepcionar [deθeβθjonár] *t.* deludere.

decidido, -da [deθiδíδo, -δa] *a.* deciso.

decidir [deθiδír] *t.-r.* decidere.

decimal [deθimál] *a.* decimale.

decímetro [deθímetro] *m.* decimetro.

décimo, -ma [déθimo, -ma] *a.-m.* decimo. 2 *f.* decima.

decimoctavo, -va [deθimoγtáβo, -βa] *a.* diciottesimo.

decimocuarto, -ta [deθimokwárto, -ta] *a.* quattordicesimo.

decimonono, -na [deθimonóno, -na] *a.* diciannovesimo.

decimoquinto, -ta [deθimokínto, -ta] *a.* quindicesimo.

decimoséptimo, -ma [deθimoséβtimo, -ma] *a.* diciassettesimo.

decimosexto, -ta [deθimosésto, -ta] *a.* sedicesimo.

decimotercero, -ra [deθimoterθéro, -ra], **decimotercio, -cia** [deθimotérθio, -cia] *a.* tredicesimo.

decir [deθír] *t.* dire. ‖ *es* ~, cioè. ‖ ~ *que sí (no)*, dire di sì (no). ¶ CONIUG. IND. pres.: *digo, dices, dice; dicen.* | pass. rem.: *dije, dijiste, dijo; dijimos, dijisteis, dijeron.* | fut.: *diré, dirás*, ecc. ‖ COND.: *diría, dirías*, ecc. ‖ CONG. pres.: *diga, digas*, ecc. | imp.: *dijera, -se, dijeras, -ses*, ecc. | fut.: *dijere, dijeres*, ecc. ‖ IMPER.: *di, diga; digamos, digan.* ‖ PART. P.: *dicho.* ‖ GER.: *diciendo.*

decisión [deθisjón] *f.* decisione.

decisivo, -va [deθisíβo, -βa] *a.* decisivo.

declamación [deklamaθjón] *f.* declamazione.

declamar [deklamár] *t.* declamare.

declaración [deklaraθjón] *f.* dichiarazione.

declarar [deklarár] *t.* dichiarare.

declinar [deklinár] *i.-t.* declinare.

declive [deklíβe] *m.* declivio, pendio.

decocción [dekoγθjón] *f.* decozione, decotto *m.*

decolorar [dekolorár] *t.* decolorare.

decomisar [dekomisár] *t.* confiscare, sequestrare.

decoración [dekoraθjón] *f.* decorazione. 2 arredamento *m.* 3 TEAT. sceneggiatura.

decorado [dekoráðo] *m.* decorazione *f.* 2 arredamento. 3 TEAT. scena *f.*

decorador, -ra [dekoraðór, -ra] *s.* decoratore, arredatore.

decorar [dekorár] *t.* decorare, arredare.

decorativo, -va [dekoratíβo, -βa] *a.* decorativo.

decoro [dekóro] *m.* decoro.

decoroso, -sa [dekoróso, -sa] *a.* decoroso, dignitoso.

decrecer [dekreθér] *i.* decrescere, diminuire.

decreciente [dekreθénte] *a.* decrescente.

decrecimiento [dekreθimjénto] *m.* calo, diminuzione *f.*

decrépito, -ta [dekrépito, -ta] *a.* decrepito, cadente.

decrepitud [dekrepitúð] *f.* decrepitezza.

decretar [dekretár] *t.* decretare.

decreto [dekréto] *m.* decreto.

décuplo [dékuplo] *m.* decuplo.

decurso [dekúrso] *m.* decorso.

dedal [deðál] *m.* ditale.

dedicación [deðikaθjón] *f.* dedicazione, consacrazione. 2 dedizione.

dedicar [deðikár] *t.-r.* dedicare.

dedicatoria [deðikatórja] *f.* dedica.

dedillo (al) [al deðíλo] *loc. avv.* a menadito.

dedo [déðo] *m.* dito.

deducción [deðuγθjón] *f.* deduzione.

deducir [deðuθír] *t.* dedurre, desumere. ¶ CONIUG. come *conducir*.

deductivo, -va [deðuγtíβo, -βa] *a.* deduttivo.

defecación [defekaθjón] *f.* defecazione.

defecar [defekár] *i.* defecare.

defección [defeγθjón] *f.* defezione.

defectivo, -va [defeγtíβo, -βa] *a.* difettoso, difettivo (verbo).

defecto [deféγto] *m.* difetto.

defectuoso, -sa [defeγtuóso, -sa] *a.* difettoso.

defender [defendér] *t.-r.* difendere. ¶ CONIUG. come *tender*.

defensa [defénsa] *f.* difesa. 2 *m.* SPORT. terzino.

defensivo, -va [defensiβo, -βa] *a.* difensivo. 2 *f.* difensiva.

defensor, -ra [defensór, -ra] *a.-s.* difensore, assertore.

deferencia [deferénθja] *f.* deferenza.

deferente [deferénte] *a.* deferente.

deferir [deferir] *t.* deferire. 2 *i.* aderire.

deficiencia [defiθjénθja] *f.* deficienza, scarsità, scarsezza.

deficiente [defiθjénte] *a.* deficiente, scarso.

déficit [défiθit] *m.* deficit, disavanzo.

deficitario, -ria [defiθitárjo, -rja] *a.* deficitario.

definición [definiθjón] *f.* definizione.

definir [definir] *t.* definire.

definitivo, -va [definitiβo, -βa] *a.* definitivo.

deflación [deflaθjón] *f.* deflazione.

deflagración [deflaɣraθjón] *f.* deflagrazione.

deflagrar [deflaɣrár] *i.* deflagrare.

deflujo [deflúxo] *m.* deflusso.

deformación [deformaθjón] *f.* deformazione.

deformar [deformár] *t.* deformare.

deforme [defórme] *a.* deforme.

deformidad [deformiðáð] *f.* deformità.

defraudar [defrauðár] *t.* defraudare.

defunción [defunθjón] *f.* decesso *m.*

degeneración [dexeneraθjón] *f.* degenerazione.

degenerado, -da [dexeneráðo, -ða] *a.* degenere, degenerato.

degenerar [dexenerár] *i.* degenerare.

deglutir [deɣlutir] *t.* deglutire.

degollación [deɣoʎaθjón] *f.* sgozzatura.

degolladero [deɣoʎaðéro] *m.* macello, carneficina *f.*

degollar [deɣoʎár] *t.* sgozzare.

degollina [deɣoʎína] *f.* fam. macello *m.*, carneficina.

degradación [deɣraðaθjón] *f.* degradazione.

degradante [deɣraðánte] *a.* degradante.

degradar [deɣraðár] *t.* degradare.

degüello [deɣwéʎo] *m.* sgozzatura *f.*

degustación [deɣustaθjón] *f.* degustazione, assaggio *m.*

degustar [deɣustár] *t.* degustare.

dehesa [deésa] *f.* pascolo *m.*

deidad [deiðáð] *f.* deità.

deificar [deifikár] *t.* deificare.

dejación [dexaθjón] *f.* abbandono *m.* 3 cessione, rinunzia.

dejadez [dexaðéθ] *f.* trascuratezza.

dejado, -da [dexáðo, -ða] *a.* lasciato, abbandonato. 2 trascurato.

dejar [dexár] *t.-r.* lasciare. 2 prestare. 3 *i.-t.* cessare, smettere.

dejo [déxo] *m.* accento, inflessione *f.* 2 sapore. 3 trascuratezza *f.*

del [del] *prep. articolata* [*de* + *el*] del, dal.

delación [delaθjón] *f.* delazione.

delantal [delantál] *m.* grembiale.

delante [delánte] *avv.* davanti, dinanzi. ‖ ~ *de*, davanti a.

delantero, -ra [delantéro, -ra] *a.* anteriore. 2 *m.* SPORT. attaccante. ‖ ~ *centro*, centrattacco, centravanti. 3 *f.* parte anteriore. ‖ *tomar la* ~, passare avanti, sorpassare. 4 SPORT. attacco.

delatar [delatár] *t.* denunciare.

delator, -ra [delatór, -ra] *a.-s.* delatore.

deleble [deléβle] *a.* delebile.

delectación [deleɣtaθjón] *f.* diletto *m.*

delegación [deleɣaθjón] *f.* delegazione. 2 delega.

delegado, -da [deleɣáðo, -ða] *a.-s.* delegato.

delegar [deleɣár] *t.* delegare.

deleitar [deleitár] *t.-r.* dilettare, deliziare.

deleite [deléite] *m.* diletto, delizia *f.*, godimento.

deleitoso, -sa [deleitóso, -sa] *a.* dilettevole, delizioso.

deletéreo, -a [deletéreo, -a] *a.* deleterio.

deletrear [deletreár] *t.-i.* compitare, sillabare.

delfín [delfin] *m.* delfino.

deleznable [deleθnáβle] *a.* fragile. 2 sdrucciolevole. 3 fig. inconsistente.

delgadez [delɣaðéθ] *f.* magrezza.

delgado, -da [delɣáðo, -ða] *a.* magro.

deliberación [deliβeraθjón] *f.* deliberazione, delibera.

deliberado, -da [deliβeráðo, -ða] *a.* deliberato.

deliberar [deliβerár] *t.-i.* deliberare.

delicadeza [delikaðéθa] *f.* delicatezza.

delicado, -da [delikáðo, -ða] *a.* delicato.

delicia [deliθja] *f.* delizia, diletto *m.*

delicioso, -sa [deliθjóso, -sa] *a.* delizioso, dilettevole.

delictivo, -va [deliɣtiβo, -βa] *a.* delittuoso.

delicuescencia [delikwesθénθja] *f.* deliquescenza.

delimitación [delimitaθjón] *f.* delimitazione.

delimitar [delimitár] *t.* delimitare.

delincuencia [deliŋkwénθja] *f.* delinquenza.
delincuente [deliŋkwénte] *s.* delinquente.
delineante [delineánte] *s.* disegnatore.
delinear [delineár] *t.* disegnare.
delinquir [deliŋkír] *i.* delinquere.
delirante [deliránte] *a.* delirante.
delirar [delirár] *i.* delirare.
delirio [delirjo] *m.* delirio.
delito [delíto] *m.* delitto.
delta [délta] *m.* delta.
deltaplano [deltaplános] *m.* deltaplano.
deltaplanista [deltaplanísta] *s.* deltaplanista.
demacrado, -da [demakráðo, -ða] *a.* dimagrito.
demagogia [demayóxja] *f.* demagogia.
demagógico, -ca [demayóxiko, -ka] *a.*
demagogico.
demagogo, -ga [demayóγo, -γa] *s.* demagogo.
demanda [demánda] *f.* domanda. 2 richiesta.
demandar [demandár] *t.* domandare. 2
GIUR. citare, querelare.
demarcación [demarkaθjón] *f.* demarcazione.
demarcar [demarkár] *t.* demarcare.
demás [demás] *a.-pron.* **(la, los, las)** ~, altra, -tri, -tre; **lo** ~, il resto. ‖ **por** ~, di
troppo, inutile. ‖ **por lo** ~, del resto, per
altro.
demasía [demasia] *f.* eccesso *m.* ‖ **en** ~,
eccessivamente. 2 insolenza.
demasiado, -da [demasjáðo, -ða] *a.*
troppo, eccessivo. 2 *avv.* troppo.
demencia [deménθja] *f.* demenza.
demencial [demenθjál] *a.* demenziale.
demente [deménte] *a.-s.* demente.
demérito [demérito] *m.* demerito.
democracia [demokráθja] *f.* democrazia.
demócrata [demòkrata] *a.-s.* democratico.
democrático, -ca [demokrátiko, -ka] *a.*
democratico.
democratizar [demokratiθár] *t.* democratizzare.
demografía [demoγrafia] *f.* demografia.
demográfico, -ca [demoγráfiko, -ka] *a.*
demografico.
demoledor, -ra [demoleðór, -ra] *a.-s.* demolitore.
demolición [demoliθjón] *f.* demolizione,
abbattimento *m.*
demolir [demolír] *t.* demolire.

demoníaco, -ca [demoníako, -ka] *a.* demoniaco.
demonio [demónjo] *m.* demonio. 2 MITOL.
demone. 3 *pl. inter.* diamine!
demora [demóra] *f.* ritardo *m.*, dilazione.
demorar [demorár] *t.* ritardare, differire.
2 *i.* trattenersi.
demostración [demostraθjón] *f.* dimostrazione.
demostrar [demostrár] *t.* dimostrare.
demostrativo, -va [demostratiβo, -βa]
a. dimostrativo.
demótico, -ca [demótiko, -ka] *a.* demo-
tico.
denegación [deneγaθjón] *f.* diniego *m.*
denegar [deneγár] *t.* negare. 2 rifiutare, ricusare, denegare.
denigrar [deniγrár] *t.* denigrare.
denodado, -da [denoðáðo, -ða] *a.* coraggioso, intrepido.
denominación [denominaθjón] *f.* denominazione.
denominado, -da [denomináðo, -ða] *a.*
cosiddetto.
denominador [denominaðór] *m.* denominatore.
denominar [denominár] *t.* denominare.
denotar [denotár] *t.* denotare.
densidad [densiðáð] *f.* densità.
densificar [densifikár] *t.* addensare.
denso, -sa [dénso, -sá] *a.* denso, cupo,
fitto.
dentado, -da [dentáðo, -ða] *a.* dentato.
dentadura [dentaðúra] *f.* dentatura. ‖ ~
postiza, dentiera.
dental [dentál] *a.-f.* dentale.
dentellado, -da [denteʎáðo, -ða] *a.* dentellato. 2 *f.* morso *m.*
dentición [dentiθjón] *f.* dentizione.
dentífrico [dentífriko] *m.* dentifricio.
dentista [dentísta] *s.* dentista.
dentro [déntro] *avv.* dentro. 2 fra, entro.
denudar [denuðár] *t.-r.* denudare, spogliare.
denuncia [denúnθja] *f.* denunzia.
denunciar [denunθjár] *t.* denunziare.
deparar [deparár] *t.* fornire, procurare. 2
presentare.
departamento [departaménto] *m.* dipartimento. 2 scompartimento. 3 dicastero.
depauperación [depauperaθjón] *f.* depauperazione.
depauperar [depauperár] *t.-r.* depauperare.

dependencia [dependènθja] *f.* dipendenza. 2 dipendenti *m.-pl.*, commessi *m.-pl.* 3 stanza, sala.

depender [dependèr] *i.* dipendere.

dependiente [dependjènte] *a.* dipendente. 2 *s.* [-te, -ta] COMM. commesso.

depilación [depilaθjón] *f.* depilazione.

depilar [depilár] *t.-r.* depilare.

depilatorio, -ria [depilatórjo, -rja] *a.* depilatorio.

deplorable [deploráβle] *a.* deplorevole.

deplorar [deplorár] *t.* deplorare.

deponer [deponèr] *t.* deporre.

deportación [deportaθjón] *f.* deportazione.

deportar [deportár] *i.* deportare.

deporte [depórte] *m.* sport.

deportista [deportista] *s.* sportivo.

deportivo, -va [deportiβo, -βa] *a.* sportivo, agonistico.

deposición [deposiθjón] *f.* deposizione.

depositar [depositár] *t.* depositare. 2 fig. riporre: ~ *la confianza*, riporre la fiducia.

depositario, -ria [depositárjo, -rja] *s.* depositario.

depósito [depósito] *m.* deposito, consegna *f.*

depravación [depraβaθjón] *f.* depravazione.

depravado, -da [depraβáðo, -ða] *a.* depravato.

depravar [depraβár] *t.-r.* depravare.

deprecación [deprekaθjón] *f.* deprecazione.

deprecar [deprekár] *t.* deprecare.

depreciación [depreθjaθjón] *f.* deprezzamento *m.*

depreciar [depreθjár] *t.-r.* deprezzare, svalutare.

depredación [depreðaθjón] *f.* depredazione.

depredar [depreðár] *t.* depredare.

depresión [depresjón] *f.* depressione, abbassamento *m.*

depresivo, -va [depresiβo, -βa] *a.* depressivo.

deprimente [deprimènte] *a.* deprimente.

deprimir [deprimir] *t.* deprimere.

depuración [depuraθjón] *f.* depurazione.

depurar [depurár] *t.* depurare.

derechamente [deretʃamènte] *avv.* direttamente. 2 rettamente.

derecho, -cha [derètʃo, -tʃa] *a.-avv.* diritto, retto. 2 *a.* destro. 3 *m.* diritto. 4 *f.* destra.

deriva [deriβa] *f.* deriva.

derivación [deriβaθjón] *f.* derivazione.

derivado, -da [deriβáðo, -ða] *a.-m.* derivato.

derivar [deriβár] *i.-r.-t.* derivare.

dermatología [dermatoloxia] *f.* dermatologia.

derogación [deroɣaθjón] *f.* deroga.

derogar [deroɣár] *t.* derogare.

derramamiento [derramamjènto] *m.* spargimento.

derramar [derramár] *t.-r.* spargere, versare, cospargere.

derrame [derráme] *m.* spargimento. 2 perdita *f.* 3 MED. travaso.

derredor [derreðór] *m.* contorno. ‖ *en* ~, intorno.

derretimiento [derretimjènto] *m.* liquefazione *f.*, fusione *f.* 2 fig. struggimento.

derretir [derretir] *t.-r.* liquefare, sciogliere. 2 *r.* fig. struggersi. ¶ CONIUG. come *servir*.

derribar [derriβár] *t.* abbattere, demolire, buttar giù.

derribo [derriβo] *m.* demolizione *f.*, abbattimento. 2 *pl.* macerie *f.*

derrocar [derrokár] *t.* precipitare. 2 demolire. 3 fig. abbattere [dal potere], defenestrare.

derrochador, -ra [derrotʃaðór, -ra] *a.-s.* dissipatore, sciupone, scialacquatore.

derrochar [derrotʃár] *t.* dissipare, sperperare, sciupare, scialacquare.

derroche [derrótʃe] *m.* sperpero, dispendio, scialacquio.

derrota [derróta] *f.* sconfitta, disfatta. 2 MAR. rotta.

derrotar [derrotár] *t.* sconfiggere.

derrotero [derrotèro] *m.* MAR. rotta *f.* 2 fig. cammino, strada *f.*

derruir [derruir] *t.* demolire. 2 rovinare. ¶ CONIUG. come *huir*.

derrumbamiento [derrumbamjènto] *m.* crollo, frana *f.*, smottamento.

derrumbar [derrumbár] *t.* precipitare. 2 demolire. 3 *r.* crollare.

derviche [derβitʃe] *m.* derviscio.

des- [des-] prefisso che indica negazione o il contrario del vocabolo cui si unisce: dis-, de-, s-.

desaborido, -da [desaβoriðo, -ða] *a.* insipido.

desabotonar [desaβotonár] *t.* sbottonare.

desabrido, -da [desaβriðo, -ða] *a.* scipito. 2 sgradevole. 3 scortese.

desabrigado, -da [desaβriɣáðo, -ða] a. scoperto, mal coperto.

desabrigar [desaβriɣàr] t.-r. spogliare, scoprire.

desabrochar [desaβrotʃàr] t. sbottonare.

desacato [desakáto] m. irriverenza f., mancanza f. di rispetto.

desacertado, -da [desaθertáðo, -ða] a. sbagliato. 2 sconsiderato.

desacierto [desaθjèrto] m. sproposito, sbaglio.

desaconsejar [desakonsexàr] t. sconsigliare.

desacorde [desakórðe] a. discordante.

desacostumbrado, -da [desakostumbráðo, -ða] a. disabituato. 2 insolito, inusitato.

desacostumbrar [desakostumbràr] t.-r. disabituare, disavvezzare.

desacreditar [desakreditàr] t. screditare, discreditare.

desacuerdo [desakwèrðo] m. disaccordo, dissapore.

desafiar [desafjàr] t. sfidare.

desafinación [desafinaθjòn] f. stonatura.

desafinado, -da [desafináðo, -ða] a. stonato.

desafinar [desafinàr] t.-i. stonare.

desafío [desafío] m. sfida f.

desaforado, -da [desaforàðo, -ða] a. violento. 2 smisurato.

desafortunado, -da [desafortunáðo, -ða] a. sfortunato.

desafuero [desafwèro] m. ingiustizia f. 2 sproposito.

desagradable [desaɣradáβle] a. sgradevole.

desagradar [desaɣraðàr] t. dispiacere, disgustare.

desagradecer [desaɣraðeθèr] t. essere ingrato.

desagradecido, -da [desaɣraðeθíðo, -ða] a. ingrato.

desagrado [desaɣràðo] m. dispiacere.

desagraviar [desaɣraβjàr] t. riparare un'offesa.

desagravio [desaɣráβjo] m. riparazione f.

desagregar [desaɣreɣàr] t. disgregare.

desaguar [desaɣwàr] t. prosciugare. 2 i. sboccare.

desagüe [desáɣwe] m. scolo. 2 prosciugamento. 3 condotto, canale.

desaguisado [desaɣisáðo] m. pasticcio, guaio.

desahogado, -da [desaoɣáðo, -ða] a. agiato.

desahogar [desaoɣàr] t. alleviare. 2 t.-r. sfogare.

desahogo [desaóɣo] m. sollievo. 2 sfogo. 3 agiatezza f. 4 disinvoltura f.

desahuciar [desauθjàr] t. far perdere la speranza. 2 MED. spacciare. 3 sfrattare.

desahucio [desáuθjo] m. sfratto, disdetta f.

desairado, -da [desairáðo, -ða] a. sgarbato. 2 deluso.

desairar [desairàr] t. disprezzare. 2 disistimare.

desaire [desáire] m. sgarbo. 2 disprezzo.

desajustar [desaxustàr] t. scomporre.

desajuste [desaxúste] m. scompiglio. 2 disaccordo.

desalar [desalàr] t. dissalare.

desalentar [desalentàr] t.-r. scoraggiare, abbattere. 2 r. accasciarsi. ¶ CONIUG. come *acertar*.

desaliento [desaljènto] m. scoraggiamento, abbattimento, accasciamento.

desalinización [desaliniθaθjòn] f. desalinizzazione.

desalinizar [desaliniθàr] t. desalinizzare.

desaliñado, -da [desaliɲàðo, -ða] a. sciatto.

desaliñar [desaliɲàr] t. sciattare, guastare.

desalmado, -da [desalmáðo, -ða] a. malvagio.

desalojar [desaloxàr] t.-i. sloggiare.

desalojo [desalóxo] m. sgombero.

desalquilar [desalkilàr] t. sfittare.

desamarrar [desamarràr] t. abbrivare.

desamortización [desamortiθaθjòn] f. liberazione dei beni ammortizzati.

desamortizar [desamortiθàr] t. liberare i beni ammortizzati.

desamparado, -da [desamparáðo, -ða] a.-s. abbandonato. 2 derelitto.

desamparar [desamparàr] t. abbandonare.

desamparo [desampáro] m. abbandono.

desamueblar [desamweβlàr] t. smobiliare.

desandar [desandàr] i. retrocedere. || ~ *lo andado*, rifare la strada.

desangramiento [desaŋgramjènto] m. dissanguamento.

desangrar [desaŋgràr] t.-r. dissanguare.

desanimado, -da [desanimáðo, -ða] a. scoraggiato. 2 poco allegro, poco frequentato.

desanimar [desanimàr] t.-r. scoraggiare, demoralizzare.

desánimo [desánimo] *m.* scoraggiamento, sconforto.

desanudar [desanuðár] *t.* snodare.

desapacible [desapaθiβle] *a.* spiacevole. 2 cattivo [tempo].

desaparecer [desapareθér] *i.* scomparire, sparire, dileguarsi.

desaparición [desapariθjón] *f.* sparizione.

desapasionado, -da [desapasjonáðo, -ða] *a.* spassionato, imparziale.

desapegar [desapeɣár] *t.-r.* staccare.

desapego [desapéɣo] *m.* distacco, indifferenza *f.*

desapercibido, -da [desaperθiβiðo, -ða] *a.* sprovveduto, impreparato.

desaplicado, -da [desaplikáðo, -ða] *a.* negligente, svogliato.

desaprensión [desaprensjón] *f.* indifferenza.

desaprensivo, -va [desaprensiβo, -βa] *a.* indifferente.

desaprobación [desaproβaθjón] *f.* disapprovazione.

desaprobar [desaproβár] *t.* disapprovare.

desapropiar [desapropjár] *t.* espropriare.

desaprovechado, -da [desaproβetʃáðo, -ða] *a.* sprecato. 2 negligente. 3 improduttivo.

desaprovechamiento [desaproβetʃamjénto] *m.* spreco.

desaprovechar [desaproβetʃár] *t.* trascurare, sprecare.

desarmar [desarmár] *t.-r.* disarmare. 2 smontare. 3 fig. calmare, placare.

desarme [desárme] *m.* disarmo.

desarraigar [desarraiɣár] *t.* sradicare.

desarraigo [desarráiɣo] *m.* sradicamento.

desarrapado, -da [desarrapáðo, -ða] *a.* cencioso.

desarreglado, -da [desarreɣláðo, -ða] *a.* sregolato, disordinato. 2 trascurato. 3 guasto.

desarreglar [desarreɣlár] *t.* sregolare. 2 disordinare.

desarreglo [desarréɣlo] *m.* sregolatezza *f.* 2 disordine.

desarrollar [desarroʎár] *t.-r.* svolgere, sviluppare.

desarrollo [desarróʎo] *m.* sviluppo. 2 svolgimento, andamento, decorso.

desarrugar [desarruɣár] *t.* spianare [pieghe e rughe].

desarticular [desartikulár] *t.* disarticolare, smembrare. 2 MED. slogare.

desaseo [desaséo] *m.* trascuratezza *f.* 2 sudiciume.

desasimiento [desasimjénto] *m.* distacco.

desasir [desasir] *t.* sciogliere, staccare. 2 *r.* distaccarsi, lasciare.

desasosegado, -da [desasoseɣáðo, -ða] *a.* inquieto.

desasosegar [desasoseɣár] *t.-r.* inquietare.

desasosiego [desasosjéɣo] *m.* inquietudine *f.*

desastre [desástre] *m.* disastro.

desastroso, -sa [desastróso, -sa] *a.* disastroso.

desatar [desatár] *t.* slegare. 2 *r.* scatenarsi.

desatascar [desataskár] *t.* liberare da un ostacolo. 2 sturare, disintasare.

desatención [desatenθjón] *f.* disattenzione. 2 scortesia.

desatender [desatendér] *t.* negligere, trascurare.

desatento, -ta [desaténto, -ta] *a.* disattento. 2 scortese.

desatinado, -da [desatináðo, -ða] *a.* insensato, sventato.

desatinar [desatinár] *t.* turbare. 2 *i.* dire o fare spropositi.

desatino [desatino] *m.* sproposito. 2 sventatezza *f.*

desatollar [desatoʎár] *t.* V. **desatascar.**

desatracar [desatrakár] *t.* disormeggiare.

desatrancar [desatraŋkár] *t.* togliere la sbarra.

desautorización [desautoriθaθjón] *f.* revoca [dell'autorizzazione]. 2 discredito *m.*

desautorizar [desautoriθár] *t.* disautorizzare. 2 screditare.

desavenencia [desaβenénθja] *f.* discordia, dissapore *m.*

desavenido, -da [desaβeniðo, -ða] *a.* discorde.

desavenir [desaβenir] *t.-r.* inimicare.

desaventajado, -da [desaβentaxáðo, -ða] *a.* svantaggiato.

desayunar [desajunár] *i.* far colazione.

desayuno [desajúno] *m.* colazione *f.*

desazón [desaθón] *f.* insipidità. 2 fig. malessere *m.*

desazonar [desaθonár] *t.* rendere scipito. 2 fig. disgustare. 3 *r.* sentire malessere.

desbancar [dezβaŋkár] *t.* sbancare.

desbandada [dezβandáða] *f.* sbandata, sbandamento *m.* ‖ *ir a la* ~, correre alla disperata.

desbandarse [dezβandárse] *r.* sbandarsi.

desbarajustar [dezβaraxustár] *t.* scompigliare, scombussolare.

desbarajuste [dezβaraxúste] *m.* scompiglio, scombussolamento, finimondo.

desbaratar [dezβaratár] *t.* scombussolare. 2 rovinare.

desbarrar [dezβarrár] *i.* parlare o agire a vanvera.

desbastar [dezβastár] *t.* digrossare, dirozzare.

desbocar [dezβokár] *t.* sboccare. 2 *r.* imbizzarrire [il cavallo]. 3 fig. insolentire.

desbordamiento [dezβorðamjénto] *m.* straripamento, traboccamento.

desbordar [dezβorðár] *i.-r.* straripare, traboccare.

desbravar [dezβraβár] *t.* addomesticare. 2 *i.-r.* ammansirsi. 3 affievolirsi.

descabalgar [deskaβalyár] *i.* smontare [da cavallo].

descabellado, -da [deskaβeʎáðo, -ða] *a.* strampalato, strambo.

descabellar [deskaβeʎár] *t.* scarmigliare, arruffare. 2 TAUR. uccidere il toro colpendolo con la spada alla nuca.

descabello [deskaβéʎo] *m.* TAUR. azione di *descabellar*.

descabezar [deskaβeθár] *t.* mozzare il capo.

descalabrado, -da [deskalaβráðo, -ða] *a.* malconcio.

descalabrar [deskalaβrár] *t.* spaccare la testa. 2 malmenare. 3 fig. danneggiare.

descalabro [deskaláβro] *m.* contrattempo. 2 infortunio, malanno. 3 disfatta *f.*

descalificar [deskalifikár] *t.* squalificare.

descalzar [deskalθár] *t.-r.* scalzare.

descalzo, -za [deskálθo, -θa] *a.* scalzo.

descaminar [deskaminár] *t.-r.* deviare.

descamisado, -da [deskamisáðo, -ða] *a.* scamiciato. 2 fig. barbone.

descampado, -da [deskampáðo, -ða] *a.-m.* libero, aperto [terreno]. ‖ *al ~*, all'aperto.

descansado, -da [deskansáðo, -ða] *a.* riposato.

descansar [deskansár] *i.* riposare.

descansillo [deskansiʎo] *m.* pianerottolo.

descanso [deskánso] *m.* riposo.

descantillar [deskantiʎár] *t.* scantonare.

descapotable [deskapotáβle] *a.* decappottabile.

descapotar [deskapotár] *t.* decappottare.

descarado, -da [deskaráðo, -ða] *a.* sfacciato.

descararse [deskarárse] *r.* agire sfacciatamente.

descarga [deskárγa] *f.* scarico *m.* 2 scarica.

descargadero [deskarγaðéro] *m.* scalo.

descargador, -ra [deskarγaðór, -ra] *m.* scaricatore.

descargar [deskarγár] *t.* scaricare.

descargo [deskárγo] *m.* scarico. 2 risarcimento, scuse *f. pl.*

descarnado, -da [deskarnáðo, -ða] *a.* scarno.

descarnar [deskarnár] *t.* scarnificare.

descaro [deskáro] *m.* sfacciataggine *f.*

descarriar [deskarrjár] *t.* sviare, fuorviare. 2 *r.* traviarsi.

descarrilamiento [deskarrilamjénto] *m.* deragliamento.

descarrilar [deskarrilár] *i.* deragliare.

descarrío [deskarrío] *m.* sviamento.

descartar [deskartár] *t.* scartare. 2 *r.* esimersi.

descarte [deskárte] *m.* scarto.

descasar [deskasár] *t.* annullare un matrimonio. 2 spaiare. 3 *r.* divorziare.

descascarar [deskaskarár] *t.* sgusciare.

descastado, -da [deskastáðo, -ða] *a.-s.* ingrato.

descendencia [desθenðénθja] *f.* discendenza.

descender [desθenðér] *i.-t.* scendere. 2 *i.* discendere. ¶ CONIUG. come *tender*.

descendiente [desθenðjénte] *a.-s.* discendente.

descendimiento [desθenðimjénto] *m.* discesa *f.* 2 ECCL. deposizione *f.*

descenso [desθénso] *m.* discesa *f.* 2 abbassamento.

descentrado, -da [desθentráðo, -ða] *a.* decentrato.

descentralización [desθentraliθaθjón] *f.* decentramento *m.* ‖ *~ administrativa*, decentramento amministrativo.

descentralizar [desθentraliθár] *t.* decentrare.

descentrar [desθentrár] *t.* decentrare.

descerrajar [desθerraxár] *t.* scassinare. 2 fig. sparare.

descifrar [desθifrár] *t.* decifrare.

desclavar [desklaβár] *t.* schiodare.

descocado, -da [deskokáðo, -ða] *a.* fam. sfacciato.

descocar [deskokár] *t.* liberare gli alberi dagli insetti. 2 *r.* mostrarsi sfacciato.

descoco [deskóko] *m.* fam. sfacciataggine *f.*

descolgar [deskolyár] *t.* staccare, spiccare.
2 calare. 3 *r.* calarsi. 4 fig. uscire, venire:
~ *con una noticia,* uscire con una notizia.

descolonizar [deskoloniθár] *t.* decolonizzare.

descolorar [deskolorár] *t.-r.* scolorare.

descolorido, -da [deskoloríðo, -ða] *a.*
scolorito.

descolorir [deskolorir] *t.-r.* scolorire.

descollar [deskoʎár] *i.* spiccare, emergere.
¶ CONIUG. come *contar.*

descombrar [deskombrár] *t.* sgomberare.

descombro [deskómbro] *m.* sgombero.

descomedido, -da [deskomeðíðo, -ða]
a. smodato.

descompaginar [deskompaxinár] *t.*
scompaginare.

descompasado, -da [deskompasáðo,
-ða] *a.* smodato, sregolato.

descomponer [deskomponér] *t.* scomporre. 2 indisporre. 3 *r.* scomporsi. 4 de-
comporsi. 5 irritarsi.

descomposición [deskomposiθjón] *f.*
decomposizione, disfacimento *m.* 2
scomposizione.

descompostura [deskompostúra] *f.*
scompostezza. 2 sciatteria.

descompuesto, -ta [deskompwésto, -ta]
a. scomposto. 2 decomposto.

descomunal [deskomunál] *a.* enorme,
inaudito.

desconcertar [deskonθertár] *t.-r.* sconcertare. ¶ CONIUG. come *acertar.*

desconcierto [deskonθjérto] *m.* sconcerto.

desconectar [deskoneytár] *t.* sconnettere,
disinnestare.

desconfiado, -da [deskomfjáðo, -ða] *a.*
sfiduciato. 2 diffidente.

desconfianza [deskomfjánθa] *f.* sfiducia.
2 diffidenza.

desconfiar [deskomfjár] *i.* non aver fiducia. 2 diffidare.

descongestionar [deskoŋxestjonár] *t.*
decongestionare.

desconocedor, -ra [deskonoθeðór, -ra]
a. ignaro.

desconocer [deskonoθér] *t.* ignorare, disconoscere.

desconocido, -da [deskonoθíðo, -ða] *a.-*
s. sconosciuto, ignoto. 2 irriconoscibile:
estar muy ~, non essere riconoscibile.

desconocimiento [deskonoθimjénto] *m.*
ignoranza *f.*

desconsideración [deskonsiðeraθjón] *f.*
sconsideratezza.

desconsiderado, -da [deskonsiðeráðo,
-ða] *a.* sconsiderato.

desconsolado, -da [deskonsoláðo, -ða]
a. sconsolato.

desconsolador, -ra [deskonsoláðór, -ra]
a. sconsolante.

desconsolar [deskonsolár] *t.-r.* sconfortare. ¶ CONIUG. come *contar.*

desconsuelo [deskonswélo] *m.* sconforto.

descontar [deskontár] *t.* scontare, detrarre.

descontentadizo, -za [deskontentaðí-
θo, -θa] *a.* incontentabile.

descontento, -ta [deskonténto, -ta] *a.*
scontento.

descorazonamiento [deskoraθona-
mjénto] *m.* scoramento.

descorazonar [deskoraθonár] *t.-r.* scoraggiare, scorare.

descorchar [deskortʃár] *t.* sturare, stappare. 2 scortecciare.

descorrer [deskorrér] *t.* tirare, far scorrere.

descortés [deskortés] *a.* scortese.

descortesía [deskortesia] *f.* scortesia.

descortezar [deskorteθár] *t.* scortecciare.

descoser [deskosér] *t.* scucire.

descosido, -da [deskosíðo, -ða] *a.* scucito. 2 *m.* scucitura *f.*

descoyuntar [deskojuntár] *t.-r.* slogare.

descrédito [deskréðito] *m.* discredito.

descreído, -da [deskreíðo, -ða] *a.* miscredente.

describir [deskriβir] *t.* descrivere.

descripción [deskriβθjón] *f.* descrizione.

descriptivo, -va [deskriβtiβo, -βa] *a.*
descrittivo.

descuadernar [deskwaðernár] *t.* sciogliere, slegare [un libro]. 2 fig. scompigliare.

descuajar [deskwaxár] *t.* squagliare, sciogliere. 2 sradicare.

descuartizar [deskwartiθár] *t.* squartare.

descubierto, -ta [deskuβjérto, -ta] *a.-s.*
scoperto. ‖ *al* ~, all'aria aperta, allo scoperto. 2 *f.* MIL. avanscoperta.

descubridor, -ra [deskuβriðór, -ra] *s.*
scopritore.

descubrimiento [deskuβrimjénto] *m.*
scoperta *f.*

descubrir [deskuβrir] *t.-r.* scoprire.

descuento [deskwénto] *m.* sconto.

descuidado, -da [deskwiðáðo, -ða] *a.*
distratto, negligente, trascurato.

descuidar [deskwiðár] *t.* trascurare. 2 *t.-r.* distrarre. 3 dimenticare. || *descuide usted*, stia tranquillo.

descuido [deskwíðo] *m.* trascuratezza *f.*, distrazione *f.* 2 oblio, dimenticanza *f.*

desde [dézðe] *prep.* da, fin da. || ~ *luego*, naturalmente. || ~ *entonces*, d'allora. || ~ *ahora en adelante*, d'ora in poi. 2 ~ *que*, dacchè.

desdecir [dezðeθír] *i.* disdire. 2 non addirsi. 3 *r.* ritrattarsi. ¶ CONIUG. come *decir*, ma IND. fut. e COND. regolari.

desdén [dezðén] *m.* sdegno, disdegno.

desdentado, -da [dezðentáðo, -ða] *a.* sdentato.

desdeñar [dezðeɲár] *t.* sdegnare, disdegnare.

desdeñoso, -sa [dezðeɲóso, -sa] *a.* sdegnoso.

desdibujado, -da [dezðiβuxáðo, -ða] *a.* confuso, sbiadito. 2 torbido.

desdicha [dezðítʃa] *f.* sfortuna, disdetta.

desdichado, -da [dezðitʃáðo, -ða] *a.* sfortunato, disgraziato.

desdoblamiento [dezðoβlamjénto] *m.* spiegamento. 2 sdoppiamento.

desdoblar [dezðoβlár] *t.* spiegare, distendere.

desdorar [dezðorár] *t.* sdorare. 2 fig. infamare, diffamare.

desdoro [dezðóro] *m.* disdoro.

deseable [deseáβle] *a.* desiderabile.

desear [deseár] *t.* desiderare. 2 augurare.

desecar [desekár] *t.* essiccare, disseccare.

desechar [desetʃár] *t.* scacciare. 2 rifiutare.

desecho [desétʃo] *m.* rifiuto. 2 fig. disprezzo.

desembalar [desembalár] *t.* sballare.

desembarazado, -da [desembaraθáðo, -ða] *a.* libero, disinvolto. 2 sgombro.

desembarazar [desembaraθár] *t.-r.* liberare. 2 *t.* sgomberare.

desembarazo [desembaráθo] *m.* disinvoltura *f.*

desembarcadero [desembarkaðéro] *m.* approdo.

desembarcar [desembarkár] *i.-t.* sbarcare.

desembarco [desembárko] *m.* sbarco.

desembargar [desembaryár] *t.* rilasciare [il bene sequestrato].

desembarque [desembárke] *m.* sbarco.

desembarrancar [desembarraŋkár] *t.* disincagliare.

desembocadura [desembokaðúra] *f.* sbocco *m.* 2 foce.

desembocar [desembokár] *i.* sboccare, gettarsi [un fiume].

desembolsar [desembolsár] *t.* sborsare.

desembolso [desembólso] *m.* versamento.

desembotar [desembotár] *t.* acuire.

desembozar [desemboθár] *t.* togliere dal viso il bavero o la sciarpa.

desembragar [desembrayár] *t.* disinnestare.

desembrollar [desembroʎár] *t.* sbrogliare, dipanare.

desembuchar [desembutʃár] *t.* fig. vuotare il sacco.

desemejante [desemexánte] *a.* dissimile.

desemejanza [desemexánθa] *f.* dissomiglianza.

desempapelar [desempapelár] *t.* togliere la carta.

desempaquetar [desempaketár] *t.* aprire i pacchi, spacchettare.

desempatar [desempatár] *t.* fare lo spareggio.

desempate [desempáte] *m.* spareggio.

desempeñar [desempeɲár] *t.* disimpegnare. 2 compiere, esercitare.

desempeño [desempéɲo] *m.* disimpegno.

desempleo [desempléo] *m.* disoccupazione *f.*

desempolvar [desempolβár] *t.* spolverare.

desempotrar [desempotrár] *t.* disincastrare.

desencadenar [deseŋkaðenár] *t.-r.* scatenare.

desencajar [deseŋkaxár] *t.* disincastrare, scardinare. 2 *r.* alterarsi, impallidire.

desencallar [deseŋkaʎár] *t.* disincagliare.

desencaminar [deseŋkaminár] *t.* sviare, fuorviare.

desencantar [deseŋkantár] *t.-r.* disincantare.

desencanto [deseŋkánto] *m.* disincanto.

desencapotar [deseŋkapotár] *t.-r.* togliere il cappotto. 2 *r.* rasserenarsi [il cielo].

desencoger [deseŋkoxér] *t.* distendere, stirare. 2 *r.* sgranchirsi.

desencolar [deseŋkolár] *t.-r.* scollare.

desencuadernar [deseŋkwaðernár] *t.* squadernare.

desenchufar [desentʃufár] *t.* disinnestare.

desenfadado, -da [desemfaðáðo, -ða] a. spigliato.

desenfadar [desemfaðár] t.-r. calmare.

desenfado [desemfáðo] m. spigliatezza f., disinvoltura f.

desenfrenado, -da [desemfrenáðo, -ða] a. sfrenato.

desenfrenar [desemfrenár] t.-r. sfrenare.

desenfreno [desemfréno] m. sfrenatezza f.

desenganchar [deseŋgantʃár] t.-r. sganciare.

desengañar [deseŋgaɲár] t.-r. disingannare. ‖ *desengáñate*, non farti illusioni.

desengaño [deseŋgáɲo] m. disinganno.

desengrasar [deseŋgrasár] t. sgrassare.

desenlace [desenláθe] m. scioglimento. 2 soluzione f. 3 esito.

desenlazar [desenlaθár] t. slacciare, sciogliere.

desenmarañar [desemmaraɲár] t. sbrogliare.

desenmascarar [desemmaskarár] smascherare.

desenojar [desenoxár] t.-r. placare.

desenredar [desenrreðár] t. districare, dipanare.

desenredo [desenrréðo] m. scioglimento. 2 soluzione f.

desenrollar [desenrroʎár] t. svolgere.

desenroscar [desenrroskár] t. disattorcigliare. 2 svitare.

desentenderse [desentendérse] r. disinteressarsi. ‖ *hacerse el desentendido*, fare lo gnorri, fare orecchie da mercante. ¶ CONIUG. come *tender*.

desenterrar [desenterrár] t. dissotterrare, disseppellire.

desentonar [desentonár] i. stonare.

desentrañar [desentraɲár] t. sbudellare.

desentumecer [desentumeθér] t.-r. sgranchire.

desenvainar [desembainár] t. sguainare.

desenvoltura [desemboltúra] f. disinvoltura.

desenvolver [desembolβér] t. svolgere. 2 r. cavarsela, sbrogliarsi, barcamenarsi.

desenvuelto, -ta [desembwélto, -ta] a. disinvolto.

deseo [deséo] m. desiderio. 2 augurio.

deseoso, -sa [deseóso, -sa] a. desideroso.

desequilibrado, -da [desekiliβráðo, -ða] a. squilibrato.

desequilibrar [desekiliβrár] t. squilibrare.

desequilibrio [desekiliβrjo] m. squilibrio.

deserción [deserθjón] f. diserzione, defezione.

desertar [desertár] i.-t. disertare, defezionare.

desertor, -ra [desertór, -ra] s. disertore.

desesperación [desesperaθjón] f. disperazione.

desesperar [desesperár] i.-r. disperare. 2 t. far disperare, esasperare.

desestimar [desestimár] t. disistimare. 2 GIUR. respingere.

desfachatado, -da [desfatʃatáðo, -ða] a. sfacciato.

desfachatez [desfatʃatéθ] f. sfacciataggine.

desfalcar [desfalkár] t. defalcare.

desfalco [desfálko] m. defalco.

desfallecer [desfaʎeθér] i. venir meno, svenire.

desfallecimiento [desfaʎeθimjénto] m. deliquio, svenimento.

desfavorable [desfaβoráβle] a. sfavorevole.

desfavorecer [desfaβoreθér] t. sfavorire. 2 opporsi. 3 rendere meno bello.

desfiguración [desfiɣuraθjón] f. contraffazione. 2 deturpazione.

desfigurar [desfiɣurár] t. sfigurare, deturpare. 2 travisare, contraffare. 3 r. alterarsi.

desfiladero [desfilaðéro] m. gola f.

desfilar [desfilár] i. sfilare.

desfile [desfíle] m. sfilata f.

desfogar [desfoɣár] t.-r. sfogare.

desgaire [dezɣáire] m. sgarbo. 2 gesto di disprezzo. ‖ *al ~*, sgarbatamente.

desgajar [dezɣaxár] t. spezzare, strappare. 2 r. fig. separarsi.

desgana [dezɣána] f. inappetenza. 2 fig. svogliatezza, fiacca.

desganado, -da [dezɣanáðo, -ða] a. *estar ~*, non aver fame o voglia.

desgañitarse [dezɣaɲitárse] r. sgolarsi.

desgarbado, -da [dezɣarβáðo, -ða] a. sgarbato, goffo.

desgarrado, -da [dezɣarráðo, -ða] a.-s. straziato. 2 svergognato.

desgarrador, -ra [dezɣarraðór, -ra] a. lacerante, straziante.

desgarrar [dezɣarrár] a. lacerare, straziare.

desgarro [dezɣárro] m. strappo, lacerazione f. 2 fig. sfacciataggine f. 3 spacconata f.

desgarrón [dezɣarrón] m. strappo.

desgasificación [desɣasifikaθjón] f. degassificazione.

desgastar [dezɣastár] t. logorare.

desgaste [dezɣáste] m. logorio.

desgracia [dezɣráθja] f. disgrazia.

desgraciado, -da [dezɣraθjàðo, -ða] a.-s. disgraziato.

desgraciar [dezɣraθjár] t.-r. rovinare.

desgranar [dezɣranár] t. sgranare. 2 r. sfilarsi.

desgreñar [dezɣreɲár] t. scapigliare, scarmigliare.

deshabitado, -da [desaβitàðo, -ða] a. disabitato.

deshacer [desaθér] t.-r. disfare.

desharrapado, -da [desarrapàðo, -ða] a. cencioso.

deshelar [deselár] t.-r. sgelare, disgelare.

desheredar [desereðár] t. diseredare.

deshidratar [desiðratár] t. disidratare.

deshielo [desjélo] m. disgelo.

deshilachar [desilatʃár] t.-r. sfilacciare.

deshilar [desilár] t. sfilare, sfilacciare.

deshilvanado, -da [desilβanàðo, -ða] a. fig. sconclusionato.

deshilvanar [desilβanár] t. togliere l'imbastitura.

deshinchar [desintʃár] t.-r. sgonfiare.

deshojar [desoxár] t.-r. sfogliare.

deshollinador [desoʎinaðór] m. spazzacamino.

deshollinar [desoʎinár] t. spazzare il camino.

deshonestidad [desonestiðáð] f. disonestà.

deshonesto, -ta [desonésto, -ta] a. disonesto.

deshonor [desonór] m. disonore.

deshonrar [desonrár] t. disonorare.

deshonra [desónrra] f. disonore m.

deshonrar [desonrrár] t. disonorare.

deshonroso, -sa [desonrróso, -sa] a. disonorevole.

deshora [desóra] f. ora indebita. ‖ *a ~*, intempestivamente.

deshuesar [deswesár] t. V. **desosar.**

desidia [desíðja] f. negligenza, pigrizia.

desierto, -ta [desjérto, -ta] a.-m. deserto.

designación [desiɣnaθjón] f. designazione.

designar [desiɣnár] t. designare.

designio [desíɣnjo] m. disegno.

desigual [desiɣwál] a. disuguale. 2 accidentato [terreno]. 3 incostante, variabile.

desigualdad [desiɣwalðáð] f. disuguaglianza.

desilusión [desilusjón] f. delusione, disillusione.

desilusionar [desilusjonár] t.-r. deludere, disilludere.

desinfección [desimfeɣθjón] f. disinfezione.

desinfectante [desimfeɣtánte] a.-m. disinfettante.

desinfectar [desimfeɣtár] t. disinfettare.

desinflamar [desimflamár] t. disinfiammare.

desinflar [desimflár] t.-r. sgonfiare.

desintegración [desinteɣraθjón] f. disintegrazione.

desintegrar [desinteɣrár] t.-r. disintegrare.

desinterés [desinterés] m. disinteresse, distacco.

desinteresado, -da [desinteresàðo, -ða] a. disinteressato.

desintoxicar [desintoɣsikár] t. disintossicare.

desistir [desistir] i. desistere.

desjuiciado, -da [desxwiθjàðo, -ða] a. insensato.

desleal [dezleál] a. sleale.

deslealtad [dezlealtáð] f. slealtà.

desleír [dezleir] t. diluire. ¶ CONIUG. come *reír.*

deslenguado, -da [dezleŋgwàðo, -ða] a. sboccato.

desliar [dezljár] t. slegare.

desligar [dezliɣár] t. slegare, sciogliere. 2 districare.

deslindar [dezlindár] t. delimitare.

deslinde [dezlinde] m. delimitazione f.

desliz [dezliθ] m. scivolone. 2 fallo.

deslizamiento [dezliθamjénto] m. slittamento.

deslizar [dezliθár] i.-r. scivolare. 2 r. calarsi.

deslomar [dezlomár] t.-r. sfiancare.

deslucido, -da [dezluθíðo, -ða] a. scialbo.

deslucir [dezluθir] t.-r. appannare. 2 fig. screditare.

deslumbramiento [dezlumbramjénto] m. abbaglio.

deslumbrar [dezlumbrár] a.-r. abbagliare. 2 fig. affascinare.

desmán [dezmán] m. eccesso, abuso. 2 disgrazia f.

desmandado, -da [dezmandàðo, -ða] a. disobbediente, indocile.

desmandar [dezmandár] *t.* revocare un ordine. 2 *r.* comportarsi male. 3 uscire dai gangheri.

desmantelado, -da [dezmanteláðo, -ða] *a.* smantellato, diroccato.

desmantelar [dezmantelár] *t.* smantellare, smontare.

desmaña [dezmáɲa] *f.* goffaggine.

desmayar [dezmajár] *i.* scoraggiarsi. 2 *r.* svenire.

desmayo [dezmájo] *m.* svenimento. 2 scoraggiamento.

desmedido, -da [dezmeðíðo, -ða] *a.* smisurato.

desmejoramiento [dezmexoramjénto] *m.* deperimento.

desmejorar [dezmexorár] *t.* deteriorare. 2 *i.-r.* peggiorare, deperire.

desmelenar [dezmelenár] *t.* arruffare, scapigliare.

desmembración [dezmembraθjón] *f.* smembramento *m.*

desmembrar [dezmembrár] *t.* smembrare. ¶ CONIUG. come *acertar*.

desmemoriado, -da [dezmemorjáðo, -ða] *a.* smemorato.

desmentir [dezmentír] *t.* smentire.

desmenuzar [dezmenuθár] *t.* sminuzzare.

desmerecer [dezmereθér] *i.* demeritare.

desmesurado, -da [dezmesuráðo, -ða] *a.* smisurato.

desmesurar [dezmesurár] *t.* disordinare. 2 *r.* eccedere.

desmigajar [dezmiɣaxár] *t.* sbriciolare.

desmochar [dezmotʃár] *t.* mozzare.

desmontar [dezmontár] *t.-i.* smontare.

desmoralización [dezmoraliθaθjón] *f.* demoralizzazione, avvilimento *m.*, scoraggiamento *m.*

desmoralizar [dezmoraliθár] *t.-r.* demoralizzare, avvilire, scoraggiare. 2 *r.* perdersi d'animo.

desmoronamiento [dezmoronamjénto] *m.* sgretolamento. 2 frana *f.*

desmoronar [dezmoronár] *t.-r.* sgretolare. 2 *r.* franare. 3 fig. andare a catafascio.

desmotivar [dezmotiβár] *i.* demotivare.

desmovilizar [dezmoβiliθár] *t.* smobilizzare [le truppe].

desnatar [deznatár] *t.* scremare.

desnaturalizado, -da [deznaturaliθáðo, -ða] *a.* snaturato.

desnivel [dezniβél] *m.* dislivello.

desnuclearizar [desnukleariθár] *t.* denuclearizzare.

desnuclearización [desnukleariθaθjón] *f.* denuclearizzazione.

desnudar [deznuðár] *t.-r.* spogliare, denudare.

desnudez [deznuðéθ] *f.* nudità.

desnudo, -da [deznúðo, -ða] *a.* nudo. 2 fig. spoglio, disadorno.

desnutrición [deznutriθjón] *f.* denutrizione.

desnutrido, -da [deznutríðo, -ða] *a.* denutrito.

desobedecer [desoβeðeθér] *t.* disubbidire.

desobediencia [desoβeðjénθja] *f.* disubbidienza.

desobediente [desoβeðjénte] *a.* disubbidiente.

desocupación [desokupaθjón] *f.* disoccupazione.

desocupado, -da [desokupáðo, -ða] *a.-s.* disoccupato.

desocupar [desokupár] *t.* disoccupare, sgomberare. 2 sbarazzarsi.

desodorante [desoðoránte] *a.-s.* deodorante.

desoír [desoír] *t.* non dare ascolto.

desolación [desolaθjón] *f.* desolazione.

desolador, -ra [desolaðór, -ra] *a.* desolante.

desolar [desolár] *t.* desolare. 2 *r.* addolorarsi. ¶ CONIUG. come *contar*.

desollar [desoʎár] *t.* scorticare, scuoiare. ¶ CONIUG. come *contar*.

desorbitado, -da [desorβitáðo, -ða] *a.* esorbitante. 2 fig. esagerato.

desorden [desórðen] *m.* disordine, scompiglio.

desordenado, -da [desorðenáðo, -ða] *a.* disordinato, scompigliato.

desordenar [desorðenár] *t.* disordinare, scompigliare, arruffare.

desorganización [desorɣaniθaθjón] *f.* disorganizzazione.

desorganizado, -da [desorɣaniθáðo, -ða] *a.* disorganizzato.

desorientación [desorjentaθjón] *f.* disorientamento *m.*

desorientar [desorjentár] *t.-r.* disorientare.

desosar [desosár] *t.* disossare. ¶ CONIUG. come *contar*.

desovar [desoβár] *t.* deporre le uova.

despabilado, -da [despaβiláðo, -ða] *a.* sveglio.

despacio [despáθjo] *avv.* adagio, piano.

despachar [despatʃár] *t.* spacciare, vendere. 2 sbrigare. 3 licenziare. 4 fig. fam. uccidere. 5 *i.-r.* sbrigarsi.

despacho [despátʃo] *m.* ufficio. 2 studio. 3 dispaccio.

despampanante [despampanánte] *a.* stupefacente.

desparejar [desparexár] *t.* disaccoppiare, spaiare.

desparpajo [desparpáxo] *m.* spigliatezza *f.*

desparramar [desparramár] *t.* spargere.

despavorido, -da [despaβoríðo, -ða] *a.* spaurito.

despavorir [despaβorír] *t.-r.* spaurire.

despectivo, -va [despeytíβo, -βa] *a.* dispregiativo, sprezzante.

despechar [despetʃár] *t.-r.* indispettire.

despecho [despétʃo] *m.* dispetto.

despedazar [despeðaθár] *t.* spezzare, fare a pezzi, dilaniare.

despedida [despeðíða] *f.* congedo *m.*, commiato *m.*

despedir [despeðír] *t.* congedare, licenziare, dimettere. 2 diffondere: ~ *olor*, esalare odore. 3 *r.* congedarsi, accomiatarsi, prendere congedo. ¶ CONIUG. come *servir*.

despegado, -da [despeɣáðo, -ða] *a.* aspro.

despegar [despeɣár] *t.* staccare, scollare. 2 dischiudere: ~ *los labios*, dischiudere le labbra. 3 decollare. 4 *r.* staccarsi, allontanarsi.

despego [despéɣo] *m.* V. **desapego.**

despegue [despéɣe] *m.* decollo.

despeinar [despeinár] *t.-r.* spettinare.

despejado, -da [despexáðo, -ða] *a.* disinvolto, sveglio. 2 spazioso. 3 sereno (cielo).

despejar [despexár] *t.* sgomberare. 2 MAT. risolvere: ~ *la incógnita*, risolvere l'incognita. 3 SPORT. rinviare (la palla). 4 *r.* rasserenarsi (il cielo). 5 sfebbrare.

despeje [despéxe] *m.* SPORT. rinvio della palla.

despejo [despéxo] *m.* spigliatezza *f.*

despeluzar [despeluθár] *t.-r.* arruffare i capelli. 2 rizzarsi i capelli.

despeluznante [despeluθnánte] *a.* raccapricciante.

despellejar [despeʎexár] *t.* spellare, scorticare.

despender [despendér] *t.* sperperare.

despensa [despénsa] *f.* dispensa.

despeñadero [despeɲaðéro] *m.* burrone, precipizio, dirupo.

despeñar [despeɲár] *t.-r.* precipitare.

desperdiciar [desperðiθjár] *t.* sprecare.

desperdicio [desperðíθjo] *m.* spreco. 2 avanzo, scarto, cascame.

desperdigar [desperðiɣár] *t.-r.* disperdere, spargere.

desperezarse [despereθárse] *r.* stirarsi, sgranchirsi.

desperfecto [desperféyto] *m.* guasto.

despertador [despertaðór] *m.* sveglia *f.*

despertar [despertár] *t.* svegliare. 2 fig. suscitare, destare. 3 *i.-r.* svegliarsi. ¶ CONIUG. come *acertar*.

despiadado, -da [despjaðáðo, -ða] *a.* spietato.

despido [despíðo] *m.* congedo. 2 licenziamento.

despierto, -ta [despjérto, -ta] *a.* sveglio, desto.

despilfarrador, -ra [despilfarraðór, -ra] *a.* sciupone, scialacquatore.

despilfarrar [despilfarrár] *t.* scialacquare, sperperare.

despilfarro [despilfárro] *m.* spreco, sperpero.

despintar [despintár] *t.-r.* cancellare il dipinto.

despistado, -da [despistáðo, -ða] *a.* disorientato.

despistar [despistár] *t.-r.* sviare, disorientare.

desplanchar [desplantʃár] *t.* gualcire.

desplantar [desplantár] *t.* spiantare.

desplante [desplánte] *m.* arroganza *f.*, sfacciataggine *f.*

desplazamiento [desplaθamjénto] *m.* spostamento. 2 MAR. stazza *f.* 3 MIL. dislocamento.

desplazar [desplaθár] *t.-r.* spostare. 2 MAR. stazzare. 3 MIL. dislocare.

desplegar [despleɣár] *t.-r.* spiegare, distendere.

despliegue [despljéɣe] *m.* spiegamento.

desplomarse [desplomárse] *r.* piombare, crollare.

desplumar [desplumár] *t.* spennare.

despoblación [despoβlaθjón] *f.* spopolamento *m.*

despoblado, -da [despoβláðo, -ða] *a.* spopolato, disabitato. 2 *m.* luogo spopolato.

despoblar [despoβlár] *t.-r.* spopolare.

despojar [despoxár] *t.-r.* spogliare, derubare.

despojo

despojo [despóxo] *m.* spoglio. 2 bottino. 3 *pl.* frattaglie *f.* 4 *pl.* resti, avanzi.

desposorio [desposórjo] *m.* sposalizio.

déspota [déspota] *s.* despota.

despótico, -ca [despótiko, -ka] *a.* dispotico.

despotismo [despotízmo] *m.* dispotismo.

despotricar [despotrikár] *i.* parlare a vanvera.

despreciable [despreθjáβle] *a.* disprezzabile, spregevole.

despreciar [despreθjár] *t.* disprezzare.

despreciativo, -va [despreθjatiβo, -βa] *a.* dispregiativo, sprezzante.

desprecio [despréθjo] *m.* disprezzo.

desprender [desprendér] *t.-r.* staccare. 2 *r.* privarsi. 3 dedursi.

desprendido, -da [desprendíðo, -ða] *a.* disinteressato.

desprendimiento [desprendimjénto] *m.* frana *f.*, franamento. 2 disinteresse. 3 distacco.

despreocupación [despreocupaθjón] *f.* spensieratezza.

despreocuparse [despreokupárse] *r.* non curarsi. 2 non preoccuparsi.

desprestigiar [desprestixjár] *t.-r.* screditare.

desprestigio [desprestixjo] *m.* discredito.

desprevención [despreβenθjón] *f.* imprevidenza.

desprevenido, -da [despreβeníðo, -ða] *a.* sprovveduto, impreparato.

desproporción [desproporθjón] *f.* sproporzione.

desproporcionado, -da [desproporθjonáðo, -ða] *a.* sproporzionato.

despropósito [despropósito] *m.* sproposito.

desproveer [desproβeér] *t.* privare. ¶ CONIUG. come *leer*. ‖ PART. P. irr.: *desprovisto*.

desprovisto, -ta [desproβisto, -ta] *a.* (PART. P. irr. di *desproveer*). sprovvisto.

después [despwés] *avv.* dopo, poi. 2 *a.* seguente. 3 ~ *de*, dopo. ‖ ~ *de comer*, dopo aver mangiato.

despuntar [despuntár] *t.-i.* spuntare.

desquiciamiento [deskiθjamjénto] *m.* scardinamento.

desquiciar [deskiθjár] *t.* scardinare. 2 fig. sconquassare.

desquitar [deskitár] *t.-r.* rifarsi. 2 fig. vendicarsi.

desquite [deskíte] *m.* rivincita *f.*, vendetta *f.*

destacamento [destakaménto] *m.* distaccamento.

destacar [destakár] *t.* MIL. distaccare. 2 PITT. risaltare. 3 *r.* fig. emergere.

destajo [destáxo] *m.* cottimo.

destapar [destapár] *t.* stappare. 2 scoperchiare. 3 *t.-r.* scoprire.

destartalado, -da [destartaláðo, -ða] *a.* scomposto, disordinato.

desteneizado, -da [desteneiθáðo, -ða] *a.* deteinato.

destellar [desteʎár] *i.* scintillare.

destello [desteʎo] *m.* scintillio.

destemplado, -da [destempláðo, -ða] *a.* stonato. ‖ *con cajas destempladas*, con furia, con violenza.

destemplanza [destemplánθa] *f.* intemperanza. 2 disordine *m.* 3 MED. malessere *m.*

destemplar [destemplár] *t.* alterare, disordinare. 2 *t.-r.* scordare, stonare. 3 *r.* sentire malessere.

destemple [destémple] *m.* alterazione *f.* 2 malessere. 3 dissonanza *f.*

desteñir [destenír] *t.-r.* stingere.

desternillarse [desterniʎárse] *r.* ~ *de risa*, smascellarsi dalle risate.

desterrar [desterrár] *t.* esiliare, confinare, bandire. ¶ CONIUG. come *acertar*.

destetar [destetár] *t.* svezzare.

destete [destéte] *m.* svezzamento.

destiempo (a) [a destjémpo] *loc. avv.* fuori tempo.

destierro [destjèrro] *m.* esilio, bando, confino.

destilar [destilár] *t.* distillare.

destilería [destileria] *f.* distilleria.

destinación [destinaθjón] *f.* destinazione.

destinar [destinár] *t.* destinare. 2 adibire.

destinatario, -ria [destinatárjo, -rja] *s.* destinatario.

destino [destino] *m.* destino. 2 destinazione *f.*

destitución [destituθjón] *f.* destituzione.

destituir [destituír] *t.* destituire, dimettere, defenestrare. ¶ CONIUG. come *huir*.

destornillador [destorniʎaðór] *m.* cacciavite.

destornillar [destorniʎár] *t.* svitare.

destral [destrál] *m.* accetta *f.*

destreza [destréθa] *f.* destrezza, bravura.

destripar [destripár] *t.* sventare, sbudellare. 2 sconquassare.

destronamiento [destronamjènto] *m.* detronizzazione *f.*

destronar [destronár] *t.* detronizzare.

destrozar [destroθár] *t.* spezzare, distruggere. 2 consumare, rovinare. 3 MIL. sconfiggere.

destrozo [destróθo] *m.* danno, distruzione *f.*

destrucción [destruγθjón] *f.* distruzione.

destructivo, -va [destruγtiβo, -βa] *a.* distruttivo.

destructor, -ra [destruγtòr, -ra] *a.* distruttore. 2 *m.* cacciatorpediniere.

destruir [destrwir] *t.* distruggere. ¶ CONIUG. come *huir.*

desuello [deswéʎo] *m.* scorticamento. 2 fig. sfacciataggine *f.*

desunión [desunjón] *f.* disunione.

desunir [desunir] *t.* disunire, disgiungere.

desusado, -da [desusáðo, -ða] *a.* insolito, disusato.

desuso [desúso] *m.* disuso.

desvaído, -da [dezβaiðo, -ða] *a.* allampanato [persona]. 2 sbiadito [colore].

desvalido, -da [dezβaliðo, -ða] *a.* derelitto.

desvalijar [dezβalixár] *t.* svaligiare.

desván [dezβán] *m.* soffitta *f.*

desvanecer [dezβaneθér] *t.* dissipare. 2 *r.* svanire, sfumarsi. 3 svenire. ¶ CONIUG. come *crecer.*

desvanecimiento [dezβaneθimjènto] *m.* svenimento.

desvariar [dezβariár] *i.* delirare, farneticare.

desvarío [dezβario] *m.* sproposito. 2 delirio.

desvelado, -da [dezβeláðo, -ða] *a.* sveglio.

desvelar [dezβelár] *t.* tener sveglio. 2 *r.* farsi in quattro.

desvelo [desβélo] *m.* sollecitudine *f.*, premura *f.*

desvencijar [dezβenθixár] *t.-r.* sgangherare.

desventaja [dezβentáxa] *f.* svantaggio *m.*

desventajoso, -sa [dezβentaxóso, -sa] *a.* svantaggioso.

desventura [dezβentúra] *f.* sventura, disgrazia.

desventurado, -da [dezβenturáðo, -ða] *a.* sventurato.

desvergonzado, -da [dezβerγonθáðo, -ða] *s.* svergognato.

desvergonzarse [dezβerγonθárse] insolentire. ¶ CONIUG. come *contar.*

desvergüenza [dezβerγwènθa] *f.* insolenza, sfacciataggine.

desvestir [dezβestir] *t.-r.* svestire.

desviación [dezβjaθjón] *f.* deviazione.

desviar [dezβiár] *t.-r.* deviare, sviare, dirottare. ¶ CONIUG. IND. pres.: *desvío, desvías, desvía; desvían.* ‖ CONG. pres.: *desvíe, desvíes, desvíe; desvíen.* ‖ IMPER.: *desvía, desvíe; desvíen.*

desvío [dezβio] *m.* deviazione *f.*, bivio.

desvirtuar [dezβirtuár] *t.* svigorire, sciuparsi.

desvivirse [dezβiβirse] *r.* farsi in quattro, affannarsi.

detall (al) [al detáʎ] *loc. avv.* al dettaglio, al minuto.

detallar [detaʎár] *t.* dettagliare, specificare.

detalle [detáʎe] *m.* dettaglio, particolare.

detallista [detaʎista] *s.* negoziante al minuto.

detective [deteγtiβe] *m.* detective.

detector [deteγtòr] *m.* detettore, rivelatore.

detención [detenθjón] *f.* detenzione. 2 dilazione, indugio *m.* 3 cura, attenzione. 4 arresto *m.*

detener [detenèr] *t.* arrestare, fermare. 2 trattenere. 3 *r.* fermarsi. 4 trattenersi.

detenidamente [deteniðamente] *avv.* attentamente. 2 minutamente.

detenido, -da [deteniðo, -ða] *a.* irresoluto. 2 *m.* detenuto.

detenimiento [detenimjènto] *m.* dilazione *f.* 2 attenzione *f.*, cura *f.*

detentar [detentár] *t.* detenere.

detergente [deterxènte] *a.* detergente. 2 *m.* detersivo, detergente.

deteriorar [deteriorár] *t.* deteriorare.

deterioro [deterjóro] *m.* deterioramento.

determinación [determinaθjón] *f.* determinazione.

determinado, -da [determináðo, -ða] *a.* determinato. 2 risoluto. 3 GRAM. determinativo [articolo].

determinante [determinánte] *a.* determinante.

determinar [determinár] *t.* determinare.

detestable [detestáβle] *a.* detestabile.

detestar [detestár] *t.* detestare.

detonación [detonaθjón] *f.* detonazione.

detonador [detonaðòr] *m.* detonatore.

detonar [detonár] *i.* detonare.

detracción [detraγθjón] *f.* detrazione.

detractar [detraγtár] *t.* denigrare.

detractor, -ra [detraktór, -ra] *a.-s.* detrattore.

detraer [detraér] *t.* detrarre. 2 denigrare.

detrás [detrás] *avv.* dietro, di dietro. 2 dopo. ‖ *por* ~, alle spalle.

detrimento [detriménto] *m.* detrimento.

detrito [detríto] *m.* detrito.

deuda [déuða] *f.* debito *m.*

deudo, -da [déuðo, -ða] *s.* parente.

deudor, -ra [deuðór, -ra] *a.-s.* debitore.

devanar [deβanár] *t.* dipanare. ‖ *devanarse los sesos,* lambiccarsi il cervello.

devaneo [deβanèo] *m.* delirio. 2 capriccio. 3 amoretto.

devastación [deβastaθjón] *f.* devastazione.

devastar [deβastár] *t.* devastare.

devoción [deβoθjón] *f.* devozione.

devolución [deβoluθjón] *f.* restituzione.

devolver [deβolβèr] *t.* restituire. 2 rimandare. 3 *fam.* vomitare.

devorador, -ra [deβoraðór, -ra] *a.-s.* divoratore.

devorar [deβorár] *t.* divorare.

devoto, -ta [deβóto, -ta] *a.-s.* devoto.

día [día] *m.* giorno, giornata *f.* ‖ ~ *hábil o laborable,* giorno feriale. ‖ *buenos días,* buon giorno, buongiorno.

diabetes [djaβétes] *f.* diabete *m.*

diabético, -ca [djaβétiko, -ka] *a.-s.* diabetico.

diablo [djáβlo] *m.* diavolo.

diablura [djaβlúra] *f.* diavoleria.

diabólico, -ca [djaβóliko, -ka] *a.* diabolico.

diaconisa [djakonísa] *f.* diaconessa.

diácono [djákono] *m.* diacono.

diadema [djaðèma] *f.* diadema *m.*

diáfano [diáfano] *a.* diafano.

diafragma [djafráyma] *m.* diaframma.

diagnosticar [djaynostikár] *t.* diagnosticare.

diagnóstico [djaynóstiko] *m.* diagnosi *f.*

diagonal [djayonál] *a.-f.* diagonale.

diagrama [djayráma] *m.* diagramma.

dialectal [djaleytál] *a.* dialettale.

dialéctico, -ca [djaléytiko, -ka] *a.* dialettico. 2 *f.* dialettica.

dialecto [djaléyto] *m.* dialetto.

dialogar [djaloyár] *i.-t.* dialogare.

diálogo [djáloyo] *m.* dialogo.

diamante [djamánte] *m.* diamante.

diamantino, -na [djamantíno, -na] *a.* adamantino.

diametralmente [djametrálmente] *avv.* diametralmente.

diámetro [diámetro] *m.* diametro.

diana [djána] *f.* diana. 2 bersaglio *m.*: *hacer* ~, colpire il bersaglio, far centro.

diantre [djántre] *m.* diavolo. 2 *inter.* diamine!

diapasón [djapasón] *m.* diapason.

diapositiva [djaposítiβa] *f.* diapositiva.

diariamente [djárjamente] *avv.* quotidianamente.

diario, -ria [diárjo, -rja] *a.* giornaliero, quotidiano. 2 *m.* giornale, quotidiano. 3 diario. ‖ *a* ~, ogni giorno.

diarrea [djarrèa] *f.* diarrea.

diáspora [djáspora] *f.* diaspora.

diatónica [djatónika] *f.* MÚS. diatonica.

diatriba [djatríβa] *f.* diatriba.

dibujante [diβuxánte] *s.* disegnatore.

dibujar [diβuxár] *t.* disegnare.

dibujo [diβúxo] *m.* disegno.

dicción [diyθjón] *f.* dizione.

diccionario [diyθjonárjo] *m.* dizionario, vocabolario.

diciembre [diθjèmbre] *m.* dicembre.

dicotiledón [dikotileðón] *a.-m.* dicotiledone.

dictado [diytáðo] *m.* dettato. 2 dettatura *f.* ‖ *escribir al* ~, scrivere sotto dettatura. 3 *pl.* dettami.

dictador, -ra [diytaðór, -ra] *s.* dittatore.

dictadura [diytaðúra] *f.* dittatura.

dictamen [diytámen] *m.* opinione *f.*, parere, dettame.

dictaminar [diytaminár] *t.* dare un parere.

dictar [diytár] *t.* dettare.

dictatorial [diytatorjál] *a.* dittatoriale.

dicha [dítʃa] *f.* felicità, fortuna.

dicho, -cha [dítʃo, -tʃa] *a.* detto. 2 tale. ‖ ~ *y hecho,* detto fatto. ‖ *lo* ~, ~, quel che è detto, è detto. 3 *m.* detto, motto.

dichoso, -sa [ditʃóso, -sa] *a.* felice, beato, fortunato.

didáctico, -ca [diðáytiko, -ka] *a.* didattico. 2 *f.* didattica.

didascálico, -ca [diðaskáliko, -ka] *a.* didascalico.

diecinueve [djeθinwèβe] *a.* diciannove.

diecinueveavo, -va [djeθinweβeáβo, -βa] *a.* diciannovesimo.

dieciochavo, -va [djeθjotʃáβo, -βa] *a.* diciottesimo.

dieciocheno, -na [djeθjotʃéno, -na] *a.* diciottesimo.

dieciocho [djeθjótʃo] *a.* diciotto.

dieciséis [djeθiséis] *a.* sedici.

dieciseisavo, -va [djeθiseisáβo, -βa] *a.* sedicesimo.

dieciseiseno, -na [djeθiseiséno, -na] *a.* sedicesimo.

diecisiete [djeθisjète] *a.* diciassette.

diecisieteavo, -va [djeθisjeteáβo, -βa] *a.* diciassettesimo.

diente [djènte] *m.* dente.

diéresis [djèresis] *f.* dieresi.

diestro, -tra [djèstro, -tra] *a.* destro, abile. ‖ *a ~ y siniestro*, come vien viene. 2 *m.* TAUR. torero. 3 *f.* (mano) destra.

dieta [djèta] *f.* dieta.

dietario [djetárjo] *m.* agenda *f.* 2 registro delle entrate e delle uscite.

dietético, -ca [djetètiko, -ka] *a.* dietetico. 2 *f.* dietetica.

diez [djèθ] *a.* dieci.

diezmar [djeθmár] *t.* decimare.

diezmilésimo, -ma [djeθmilèsimo, -ma] *a.* diecimillesimo.

diezmo [djèθmo] *m.* decima *f.*

difamación [difamaθjòn] *f.* diffamazione.

difamador, -ra [difamaðór, -ra] *a.-s.* diffamatore.

difamar [difamár] *t.* diffamare.

difamatorio, -ria [difamatòrjo, -rja] *a.* diffamatorio.

diferencia [diferènθja] *f.* differenza, dissomiglianza.

diferenciación [diferenθjaθjòn] *f.* differenziazione.

diferencial [diferonθjál] *a.-m.* differenziale.

diferenciar [diferenθjàr] *t.-r.* differenziare, distinguere.

diferente [diferènte] *a.* differente, diverso.

diferir [diferir] *t.-i.* differire. ¶ CONIUG. come *sentir*.

difícil [difíθil] *a.* difficile.

difícilmente [difíθilmente] *avv.* difficilmente.

dificultad [difikultáð] *f.* difficoltà.

dificultar [difikultár] *t.* rendere difficile, ostacolare.

dificultoso, -sa [difikultóso, -sa] *a.* difficoltoso.

difluir [diflwir] *i.* defluire, spargersi.

difteria [diftèrja] *f.* difterite.

difuminar [difuminár] *t.* sfumare.

difundir [difundir] *t.-r.* diffondere.

difunto, -ta [difúnto, -ta] *a.-s.* defunto. ‖ *el ~ Luis*, il fu Luigi. ‖ *Miguel P. hijo del difunto José*, Michele P. figlio del fu Giuseppe.

difusión [difusjòn] *f.* diffusione.

digerible [dixeriβle] *a.* digeribile.

digerir [dixerir] *t.* digerire. ¶ CONIUG. come *sentir*.

digestivo, -va [dixestiβo, -βa] *a.* digestivo. 2 digerente [apparato]. 3 *m.* digestivo.

digital [dixitál] *a.* digitale.

dignarse [diɣnárse] *r.* degnarsi.

dignatario [diɣnatárjo] *m.* dignitario.

dignidad [diɣniðáð] *f.* dignità.

dignificar [diɣnifikár] *t.-r.* rendere degno.

digno, -na [diɣno, -na] *a.* degno. 2 dignitoso.

digresión [diɣresjòn] *f.* digressione.

dije [dixe] *m.* ciondolo.

dilación [dilaθjòn] *f.* dilazione.

dilapidación [dilapiðaθjòn] *f.* dilapidazione, sperpero *m.*

dilapidar [dilapiðár] *t.* dilapidare, sperperare.

dilatación [dilataθjòn] *f.* dilatazione.

dilatar [dilatár] *t.-r.* dilatare.

dilema [dilèma] *m.* dilemma.

diletante [diletànte] *a.-s.* dilettante.

diletantismo [diletantizmo] *m.* dilettantismo.

diligencia [dilixènθja] *f.* diligenza. 2 cura. 3 pratica, commissione.

diligente [dilixènte] *a.* diligente.

dilucidar [diluθiðár] *t.* delucidare.

diluir [dilwir] *t.* diluire. ¶ CONIUG. come *huir*.

diluvio [dilúβjo] *m.* diluvio.

dimanar [dimanár] *i.* scaturire. 2 fig. emanare, provenire.

dimensión [dimensjòn] *f.* dimensione.

dimes y diretes [dimes i dirètes] *loc.* alterchi *m. pl.*, bisticci *m. pl.*

diminutivo, -va [diminutiβo, -βa] *a.-m.* diminutivo.

diminuto, -ta [diminúto, -ta] *a.* minuto.

dimisión [dimisjòn] *f.* dimissione. ‖ *presentar la ~*, rassegnare le dimissioni.

dimisionario, -ria [dimisjonàrjo, -rja] *a.* dimissionario.

dimitir [dimitir] *t.* dimettersi.

dinámico, -ca [dinámiko, -ka] *a.* dinamico. 2 *f.* dinamica.

dinamismo [dinamízmo] *m.* dinamismo.

dinamita [dinamita] *f.* dinamite.

dinamo [dinámo] *f.* dinamo.

dinastía [dinastia] *f.* dinastia.

dinástico, -ca [dinástiko, -ka] *a.* dinastico.

dineral [dinerál] *m.* sacco di soldi.

dinero [dinèro] *m.* denaro, soldi *pl.*

dintel [dintèl] *m.* architrave.

diocesano, -na [djoθesáno, -na] *a.* diocesano.

diócesis [djóθesis] *f.* diocesi.

dioptría [djoptría] *f.* diottria.

diorama [djoráma] *m.* diorama.

dios [djós] *m.* Dio, Iddio. || ~ *mediante*, con l'aiuto di Dio. || *¡por ~!*, per Dio!, per carità!

diosa [djósa] *f.* dea.

diploma [diplóma] *m.* diploma.

diplomacia [diplomáθja] *f.* diplomazia.

diplomado, -da [diplomáðo, -ða] *a.* diplomato.

diplomático, -ca [diplomátiko, -ka] *a.- m.* diplomatico. 2 *f.* diplomatica.

diptongo [diptóngo] *m.* dittongo.

diputación [diputaθjón] *f.* deputazione. 2 ~ *provincial*, consiglio *m.* provinciale.

diputado, -da [diputáðo, -ða] *s.* deputato.

dique [díke] *m.* diga *f.*, chiusa *f.* 2 argine.

dirección [direɣθjón] *f.* direzione. 2 direttivo *m.*

directivo, -va [direɣtíβo, -βa] *a.* direttivo. 2 *m.* dirigente. 3 *f.* direttiva, norma. 4 giunta *f.* [comitato] direttivo.

directo, -ta [diréɣto, -ta] *a.* diretto.

director, -ra [direɣtór, -ra] *s.* direttore. 2 preside [di scuola media, liceo, ecc.].

directriz [direɣtríθ] *f.* norma, direttiva. 2 GEOM. direttrice.

dirigente [dirixénte] *a.-s.* dirigente.

dirigible [dirixíβle] *a.-m.* dirigibile.

dirigir [dirixír] *t.-r.* dirigere. 2 indirizzare. 3 *r.* rivolgersi.

dirimente [diriménte] *a.* dirimente.

dirimir [dirimír] *t.* dirimere.

discernimiento [disθernimjénto] *m.* discernimento.

discernir [disθernír] *t.* discernere, distinguere. ¶ CONIUG. IND. pres.: *discierno, disciernes, discierne; disciernen.* || CONG. pres.: *discierna, disciernas, discierna; disciernan.* || IMPER.: *discierne, discierna, disciernan.*

disciplina [disθiplína] *f.* disciplina.

disciplinado, -da [disθiplináðo, -ða] *a.* disciplinato.

disciplinar [disθiplinár] *t.-r.* disciplinare.

disciplinario, -ria [disθiplinárjo, -rja] *a.* disciplinare.

discípulo, -la [disθípulo, -la] *s.* discepolo.

disco [dísko] *m.* disco.

díscolo, -la [dískolo, -la] *a.* discolo.

disconforme [diskomfórme] *a.* discorde.

discontinuidad [diskontinwiðáð] *f.* discontinuità.

discontinuo, -nua [diskontínwo, -nwa] *a.* discontinuo.

discordancia [diskorðánθja] *f.* discordanza.

discordante [diskorðánte] *a.* discordante.

discordar [diskorðár] *i.* discordare.

discorde [diskórðe] *a.* discorde.

discordia [diskórðja] *f.* discordia.

discreción [diskreθjón] *f.* discrezione.

discrecional [diskreθjonál] *a.* discrezionale.

discrepancia [diskrepánθja] *f.* discrepanza.

discrepar [diskrepár] *i.* discordare, dissentire.

discreto, -ta [diskréto, -ta] *a.* discreto.

discriminación [diskriminaθjón] *f.* discriminazione.

discriminar [diskriminár] *t.* discriminare.

disculpa [diskúlpa] *f.* discolpa, scusa.

disculpar [diskulpár] *t.-r.* scusare, discolpare.

discurrir [diskurrír] *i.* camminare. 2 scorrere. 3 trascorrere [il tempo]. 4 pensare, meditare. 5 *t.* escogitare.

discursivo, -va [diskursíβo, -βa] *a.* discorsivo.

discurso [diskúrso] *m.* discorso.

discusión [diskusjón] *f.* discussione, disputa.

discutible [diskutíβle] *a.* discutibile.

discutido, -da [diskutíðo, -ða] *a.* discusso, controverso.

discutir [diskutír] *t.-i.* discutere.

disecar [disekár] *t.* disseccare. 2 sezionare.

disección [diseɣθjón] *f.* dissezione, autopsia.

diseminar [diseminár] *t.* disseminare.

disensión [disensjón] *f.* dissenso *m.*

disentería [dissentería] *f.* dissenteria.

disentimiento [disentimjénto] *m.* dissenso.

disentir [disentír] *i.* dissentire, discordare.

diseñador, -ra [disepaðór, -ra] *s.* disegnatore.

diseñar [disepár] *t.* disegnare.

diseño [disépo] *m.* disegno.

disertación [disertaθjón] *f.* dissertazione.

disertar [disertár] *i.* dissertare.

disfraz [disfráθ] *m.* travestimento, maschera *f.*

disfrazar [disfraθár] *t.-r.* travestire, mascherare.

disfrutar [disfrutár] *t.* fruire. 2 *i.* godere.

disfrute [disfrúte] *m.* godimento. 2 fruizione *f.*

disgregación [dizɣreɣaθjón] *f.* disgregazione, disgregamento *m.*

disgregar [dizɣreɣár] *t.-r.* disgregare.

disgustado, -da [dizɣustáðo, -ða] *a.* dispiaciuto.

disgustar [dizɣustár] *t.-r.* dispiacere, addolorare.

disgusto [dizɣústo] *m.* dispiacere, cruccio.

disidencia [disiðénθja] *f.* dissidio m., disaccordo *m.*

disidente [disiðénte] *a.-s.* dissidente.

disimuladamente [disimuláðamente] *avv.* dissimulatamente, di nascosto.

disimulado, -da [disimuláðo, -ða] *a.* nascosto. 2 dissimulatore.

disimular [disimulár] *t.* dissimulare.

disimulo [disimúlo] *m.* dissimulazione *f.*

disipar [disipár] *t.-r.* dissipare.

dislate [dizláte] *m.* sproposito.

dislocación [dizlokaθjón] *f.* slogatura.

dislocar [dizlokár] *t.-r.* slogare.

disloque [dizlóke] *m.* fam. colmo.

disminución [dizminuθjón] *f.* diminuzione. 2 abbassamento *m.*

disminuir [dizminuír] *t.-i.-r.* diminuire, rallentare. 2 abbassare, calare. 3 assottigliare. ¶ CONIUG. come *huir.*

disociación [disoθjaθjón] *f.* dissociazione.

disociar [disoθjár] *t.-r.* dissociare.

disoluble [disolúβle] *a.* solubile.

disolución [disoluθjòn] *f.* dissoluzione. 2 dissolutezza.

disoluto, -ta [disolúto, -ta] *a.* dissoluto.

disolvente [disolβénte] *a.-m.* solvente, dissolvente.

disolver [disolβér] *t.-r.* dissolvere, sciogliere. ¶ CONIUG. come *mover.* ‖ PART. P.: *disuelto.*

disonancia [disonánθja] *f.* dissonanza. 2 stonatura.

disonante [disonánte] *a.* dissonante. 2 stonato.

dispar [dispár] *a.* dissimile, disparato. 2 dispari.

disparador [disparaðór] *m.* scatto. 2 grilletto.

disparar [disparár] *t.* sparare. 2 *r.* fig. lanciarsi, scattare.

disparatado, -da [disparatáðo, -ða] *a.* insensato.

disparatar [disparatár] *t.* dire spropositi, farneticare.

disparate [disparáte] *m.* sproposito, corbelleria *f.*

disparidad [dispariðáð] *f.* disparità.

disparo [dispáro] *m.* sparo.

dispendio [dispéndjo] *m.* dispendio.

dispensa [dispénsa] *f.* dispensa.

dispensar [dispensár] *t.* dispensare. 2 scusare. 3 esimere.

dispensario [dispensárjo] *m.* ambulatorio.

dispersar [dispersár] *t.-r.* disperdere.

dispersión [dispersjòn] *f.* dispersione.

dispersivo, -va [dispersiβo, -βa] *a.* dispersivo.

disperso, -sa [dispérso, -sa] *a.* disperso.

displicencia [displiθénθja] *f.* indifferenza. 2 svogliatezza.

displicente [displiθénte] *a.* sgradevole. 2 svogliato, scontento.

disponer [disponér] *t.-r.* disporre, apparecchiare. 2 *r.* accingersi.

disponibilidad [disponibiliðáð] *f.* disponibilità.

disponible [disponíβle] *a.* disponibile.

disposición [disposiθjón] *f.* disposizione, assetto *m.*

dispositivo, -va [dispositíβo, -βa] *a.-m.* dispositivo.

dispuesto, -ta [dispwésto, -ta] *a.* disposto.

disputa [dispúta] *f.* disputa, discussione, bisticcio *m.*

disputar [disputár] *t.-i.* disputare, discutere. 2 *r.* contendersi, disputarsi.

disquisición [diskisiθjón] *f.* disquisizione.

distancia [distánθja] *f.* distanza.

distanciar [distanθjár] *t.* distanziare. 2 *r.* allontanarsi.

distante [distánte] *a.* distante.

distender [distendér] *t.-r.* distendere.

distensión [distensjón] *f.* distensione.

distinción [distinθjón] *f.* distinzione. 2 riguardo *m.*

distinguido, -da [distiŋgìðo, -ða] *a.* distinto. 2 egregio [nelle lettere].

distinguir [distiŋgír] *t.-r.* distinguere, contraddistinguere, differenziare.

distintamente [distintamente] *avv.* distintamente. 2 chiaramente.

distintivo, -va [distintíβo, -βa] *a.-m.* distintivo. 2 *m.* contrassegno.

distinto, -ta [distinto, -ta] *a.* diverso, differente. 2 distinto, chiaro.

distorsión [distorsjón] *f.* distorsione.

distracción [distrayθjón] f. distrazione, diversivo m.

distraer [distraér] t.-r. distrarre, distogliere.

distraído, -da [distraíðo, -ða] a.-s. distratto, disattento.

distribución [distriβuθjón] f. distribuzione.

distribuidor, -ra [distriβwiðór, -ra] a.-s. distributore.

distribuir [distriβwír] t. distribuire. ¶ CONIUG. come *huir*.

distributivo, -va [distriβutíβo, -βa] a. distributivo.

distrito [distríto] m. distretto, circondario, circoscrizione f.

disturbio [distúrβjo] m. disordine.

disuadir [diswaðír] t. dissuadere.

disuasión [diswasjón] f. dissuasione.

disuelto, -ta [diswélto, -ta] a. (PART. P. irr. di *disolver*) sciolto.

disyuntivo, -va [dizjuntíβo, -βa] a. disgiuntivo. 2 f. alternativa.

diurético, -ca [djurétiko, -ka] a. diuretico.

diurno, -na [djúrno, -na] a. diurno.

divagación [diβayaθjón] f. divagazione.

divagar [diβayár] i. divagare.

diván [diβán] m. divano.

divergencia [diβerxènθja] f. divergenza, divario m.

divergente [diβerxènte] a. divergente.

divergir [diβerxír] i. divergere. ¶ CONIUG. cambio *g → j* davanti *a, o, u*.

diversidad [diβersiðáð] f. diversità.

diversión [diβersjón] f. divertimento m., diversivo m.

diverso, -sa [diβérso, -sa] a. diverso, disparato.

divertido, -da [diβertíðo, -ða] a. divertente.

divertimiento [diβertimjénto] m. divertimento.

divertir [diβertír] t.-r. divertire. ¶ CONIUG. come *sentir*.

dividendo [diβiðéndo] m. dividendo.

dividir [diβiðír] t. dividere. ‖ ~ *por la mitad*, dimezzare.

divinidad [diβiniðáð] f. divinità.

divino, -na [diβíno, -na] a. divino.

divisa [diβísa] f. divisa.

divisar [diβisár] t. vedere, discernere.

división [diβisjón] f. divisione.

divisor, -ra [diβisór, -ra] a.-s. MAT. divisore.

divisorio, -ria [diβisórjo, -rja] a. divisorio.

divo, -va [díβo, -βa] s. divo.

divorciar [diβorθjár] t. disunire, separare. 2 r. divorziare.

divorcio [diβórθjo] m. divorzio.

divorcista [diβorθísta] s. divorzista.

divulgación [diβulyaθjón] f. divulgazione.

divulgar [diβulyár] t.-r. divulgare.

do [do] m. MUS. do. 2 avv. poet. dove.

dobladamente [doβláðamente] avv. doppiamente. 2 con doppiezza.

dobladillo [doβlaðíʎo] m. orlo.

doblado, -da [doβláðo, -ða] a. fig. doppio, finto.

doblaje [doβláxe] m. doppiaggio.

doblamiento [doβlamjénto] m. raddoppio. 2 piegatura f.

doblar [doβlár] t. raddoppiare. 2 piegare. 3 doppiare. 4 girare, voltare: ~ *la esquina*, voltare l'angolo [della strada]; ~ *(i.) a la derecha*, voltare a destra. 5 i. suonare [le campane] a morto. 6 r. fig. cedere, piegarsi.

doble [dóβle] a.-m.-avv. doppio, duplice. 2 m. controfigura f.

doblegar [doβleyár] t.-r. piegare. 2 abbassare. 3 r. cedere.

doblemente [dóβlemente] avv. doppiamente.

doblez [doβléθ] m. piega f. 2 s. fig. doppiezza f.

doce [dóθe] a.-m. dodici.

docena [doθéna] f. dozzina.

doceno, -na [doθéno, -na] a. dodicesimo.

docente [doθénte] a. docente.

dócil [dóθil] a. docile, arrendevole.

docilidad [doθiliðáð] f. docilità.

docto, -ta [dóyto, -ta] a. dotto.

doctor, -ra [doytór, -ra] s. dottore. 2 libero docente.

doctorado [doytoráðo] m. dottorato. 2 libera docenza f.

doctoral [doytorál] a. dottorale.

doctrina [doytrína] f. dottrina.

documentación [dokumentaθjón] f. documentazione. 2 documenti m.-pl. [personali].

documental [dokumentál] a. documentale. 2 a.-m. documentario.

documentar [dokumentár] t.-r. documentare.

documento [dokuménto] m. documento.

dodecaedro [doðekaéðro] *m.* dodecaedro.

dodecafónico, -ca [doðekafóniko, -ka] *a.* dodecafonico.

dodecágono, -na [doðekáɣono, -na] *a.-m.* dodecagono.

dogal [doɣál] *m.* capestro.

dogma [dóɣma] *m.* dogma.

dogmático, -ca [doɣmátiko, -ka] *a.* dogmatico.

dogmatismo [doɣmatízmo] *m.* dogmatismo.

dólar [dólar] *m.* dollaro.

dolencia [dolénθja] *f.* indisposizione, malattia.

doler [dolér] *i.* dolere, cagionar dolore. 2 *r.* rincrescere. 3 rammaricarsi. 4 addolorarsi. 5 pentirsi. ¶ CONIUG. come *mover*.

dolido, -da [dolíðo, -ða] *a.* dolente.

dolmen [dólmen] *m.* dolmen.

dolor [dolór] *m.* dolore. ‖ *dolores del parto*, doglie *f. pl.* 2 compianto.

dolorido, -da [doloríðo, -ða] *a.* indolenzito. 2 dolente. 3 addolorato.

doloroso, -sa [doloróso, -sa] *a.* doloroso.

doloso, -sa [dolóso, -sa] *a.* doloso.

doma [dóma] *f.* domatura.

domador, -ra [domaðór, -ra] *s.* domatore.

domar [domár] *t.* domare, addomesticare.

domeñar [domeɲár] *t.* domare. 2 sottomettere.

domesticar [domestikár] *t.* addomesticare.

doméstico, -ca [doméstiko, -ka] *a.-s.* domestico.

domiciliar [domiθiljár] *t.* fornire di domicilio. 2 *r.* domiciliarsi.

domiciliario, -ria [domiθiljárjo, -rja] *a.* domiciliare.

domicilio [domiθiljo] *m.* domicilio.

dominación [dominaθjón] *f.* dominazione.

dominador, -ra [dominaðór, -ra] *a.-s.* dominatore.

dominante [dominánte] *a.-f.* dominante.

dominar [dominár] *t.-r.* dominare. 2 *i.* campeggiare.

domingo [domíŋgo] *m.* domenica *f.*

dominguero, -ra [domiŋgéro, -ra] *a.* fam. domenicale, della domenica.

dominical [dominikál] *a.* domenicale.

dominico, -ca [domíniko, -ka] *a.-s.* domenicano.

dominio [domínjo] *m.* dominio.

dominó [dominó] *m.* domino.

don [don] *m.* dono. ‖ *~ de gentes*, innata capacità di capire la gente e rendersi simpatico. 2 don, signor [davanti al nome].

donación [donaθjón] *f.* donazione.

donador, -ra [donaðór, -ra] *s.* donatore.

donaire [donáire] *m.* grazia *f.*, garbo.

donante [donánte] *a.-s.* donante, donatore.

donar [donár] *t.* donare.

donativo [donatíβo] *m.* donativo.

doncel [donθél] *m.* paggio. 2 giovinetto.

doncella [donθéʎa] *f.* giovinetta, fanciulla. 2 ancella, cameriera.

donde [dónde] *avv.* dove.

dondequiera [dondekjéra] *avv.* dovunque, dappertutto.

doña [dóɲa] *f.* signora [davanti al nome].

doquier [dokjér], **doquiera** [dokjéra] *avv.* V. **dondequiera.**

dorado, -da [doráðo, -ða] *a.* dorato. 2 *m.* doratura *f.*

dorar [dorár] *t.* dorare, indorare.

dórico, -ca [dóriko, -ka] *a.* dorico.

dorio [dórjo] *a.-s.* dorico.

dormido, -da [dormíðo, -ða] PART. P. di *dormir.* 2 *a.* addormentato.

dormilón, -na [dormilón, -na] *a.-s.* dormiglione.

dormir [dormír] *i.* dormire. 2 *t.* addormentare. 3 *r.* addormentarsi. ¶ CONIUG. IND. pres.: *duermo, duermes, duerme; duermen.* | pass. rem.: *durmió; durmieron.* ‖ CONG. pres.: *duerma, duermas, duerma; durmamos, durmáis, duerman.* | imp.: *durmiera, -se, durmieras, -ses,* ecc. | fut.: *durmiere, durmieres,* ecc. ‖ IMPER.: *duerme, duerma; durmamos, duerman.* ‖ GER.: *durmiendo.*

dormitorio [dormitórjo] *m.* camera *f.* da letto. 2 dormitorio, camerata *f.*

dorso [dórso] *m.* dorso.

dos [dos] *a.-m.* due.

doscientos, -tas [dosθjéntos, -tas] *a. pl.* duecento.

dosificación [dosifikaθjón] *f.* dosaggio *m.*

dosificar [dosifikár] *t.* dosare.

dosis [dósis] *f.* dose.

dotación [dotaθjón] *f.* dotazione.

dotar [dotár] *t.* dotare.

dote [dóte] *f.* dote.

dozavo, -va [doθáβo, -βa] *a.-s.* dodicesimo.

dracma [dráɣma] *f.* dramma [moneta].

draga [dráɣa] *f.* draga.

dragado [draɣáðo] *m.* dragaggio.

dragar [drayár] *t.* dragare.

dragón [drayón] *m.* drago.

drama [dráma] *m.* dramma.

dramático, -ca [dramátiko, -ka] *a.* drammatico.

dramatizar [dramatiθár] *t.* drammatizzare.

dramaturgo [dramatúryo] *m.* drammaturgo.

drenaje [drenáxe] *m.* drenaggio.

drenar [drenár] *t.* drenare.

droga [dróya] *f.* droga.

drogar [droyár] *t.-r.* drogare.

droguería [droyería] *f.* drogheria.

droguero, -ra [droyéro, -ra] *s.* droghiere.

dromedario [dromeðárjo] *m.* dromedario.

dubitativo, -va [dubitatiβo, -βa] *a.* dubitativo.

ducado [dukáðo] *m.* ducato.

ducal [dukál] *a.* ducale.

dúctil [dúytil] *a.* duttile.

ductilidad [duytiliðáð] *f.* duttilità.

ducha [dútʃa] *f.* doccia.

ducharse [dutʃárse] *r.* fare la doccia.

ducho, -cha [dútʃo, -tʃa] *a.* abile.

duda [dúða] *f.* dubbio *m.* ‖ *sin* ~, senz'altro.

dudar [duðár] *i.* dubitare. 2 *t.* mettere in dubbio.

dudoso, -sa [duðóso, -sa] *a.* dubbioso, dubbio.

duelo [dwélo] *m.* duello. 2 dolore, cordoglio. 3 lutto. 4 corteo funebre.

duende [dwénde] *m.* gnomo, folletto.

dueño, -ña [dwéɲo, -ɲa] *s.* padrone, proprietario.

duermevela [dwermeβéla] *m.* dormiveglia.

dulce [dúlθe] *a.* dolce. 2 *m.* dolce, dolciume.

dulcedumbre [dulθeðúmbre] *f.* dolcezza.

dulcificar [dulθifikár] *t.* dolcificare. 2 fig. addolcire.

dulzarrón, -na [dulθarrón, -na] *a.* dolciastro.

dulzón, -na [dulθón, -na] *a.* dolciastro.

dulzura [dulθúra] *f.* dolcezza.

duna [dúna] *f.* duna.

dúo [dúo] *m.* duetto, duo.

duodécimo, -ma [dwoðéθimo, -ma] *a.* dodicesimo, duodecimo.

duodeno [duoðéno] *m.* duodeno.

duplicado, -da [duplikáðo, -ða] *a.-m.* duplicato. 2 *m.* doppione.

duplicar [duplikár] *t.* duplicare, raddoppiare.

duplicidad [dupliθiðáð] *f.* duplicità.

duplo, -pla [dúplo, -pla] *a.-m.* doppio.

duque [dúke] *m.* duca.

duquesa [dukésa] *f.* duchessa.

duración [duraθjón] *f.* durata.

duradero, -ra [duraðéro, -ra] *a.* durevole, duraturo.

durante [duránte] *avv.* durante.

durar [durár] *i.* durare.

durazno [duráθno] *m.* varietà di pesco e di pesca.

dureza [duréθa] *f.* durezza. 2 callosità.

durmiente [durmjénte] *s.* dormiente.

duro, -ra [dúro, -ra] *a.* duro. 2 *m.* moneta *f.* da 5 pesete.

E

e [e] *f.* sesta lettera dell'alfabeto spagnolo. 2 *cong.* e [davanti a *i* o *hi*].

¡ea! [éa] *inter.* suvvia!

ebanista [eβanísta] *m.* ebanista, falegname.

ebanistería [eβanistería] *f.* ebanisteria, falegnameria.

ébano [éβano] *m.* ebano.

ebonita [eβoníta] *f.* ebanite.

ebrio, -bria [éβrjo, -βrja] *a.-s.* ebbro.

ebullición [eβuʎiθjón] *f.* ebollizione.

eclecticismo [ekleɣtiθízmo] *m.* ecletticismo.

ecléctico, -ca [ekléɣtiko, -ka] *a.* eclettico.

eclesiástico, -ca [eklesjástiko, -ka] *a.-m.* ecclesiastico.

eclipsar [eklißsár] *t.-r.* eclissare.

eclipse [eklíßse] *m.* eclissi *f.*

eclíptica [eklíßtika] *f.* eclittica.

eco [éko] *m.* eco.

ecografía [ekoɣrafía] *f.* ecografia.

economato [ekonomáto] *m.* economato.

economía [ekonomía] *f.* economia.

económico, -ca [ekonómiko, -ka] *a.* economico.

economista [ekonomísta] *s.* economista.

economizar [ekonomiθár] *t.* economizzare.

ecónomo [ekónomo] *m.* economo.

ecuación [ekwaθjón] *f.* equazione.

ecuador [ekwaðór] *m.* equatore.

ecuánime [ekwánime] *a.* equanime.

ecuanimidad [ekwanimiðáð] *f.* equanimità.

ecuatorial [ekwatorjál] *a.* equatoriale.

ecuestre [ekwéstre] *a.* equestre.

ecuménico, -ca [ekuméniko, -ka] *a.* ecumenico.

eczema [eɣθéma] *m.* eczema.

echar [etʃár] *t.* gettare, lanciare, buttare. 2 cacciare. 3 licenziare. 4 versare. 5 spuntare, nascere. 6 dare, fare, prendere, ecc., a seconda del sostantivo che segue: ~ *las culpas*, incolpare. ǁ ~ *una película*, proiettare un film. ǁ ~ *un trago*, bere un sorso. ǁ ~ *un cigarrillo*, fumare una sigaretta. ǁ ~ *un discurso*, tenere un discorso. ǁ ~ *a perder*, rovinare. ǁ ~ *a correr, a llorar*, mettersi a correre, a piangere. ǁ ~ *de menos*, sentire la mancanza. 7 *i.* ~ *por*, prendere [un cammino, direzione]. 8 *r.* gettarsi, buttarsi. 9 sdraiarsi, distendersi.

edad [eðáð] *f.* età. ǁ *mayor de* ~, maggiorenne. ǁ *menor de* ~, minorenne.

edén [eðén] *m.* eden.

edición [ediθjón] *f.* edizione.

edicto [ediɣto] *m.* editto, bando.

edificación [eðifikaθjón] *f.* edificazione. 2 fabbricato *m.*

edificante [eðifikánte] *a.* edificante.

edificar [eðifikár] *t.* edificare.

edificio [eðifiθjo] *m.* edificio, fabbricato.

editado, -da [editáðo, -ða] *a.* (PART. P. di *editar*) edito, pubblicato.

editar [editár] *t.* pubblicare.

editor, -ra [editór, -ra] *a.-s.* editore.

editorial [editorjál] *a.* editoriale. 2 *m.* articolo di fondo. 3 *f.* casa editrice.

edredón [eðreðón] *m.* piumino, imbottita *f.*

educación [eðukaθjón] *f.* educazione, creanza.

educado, -da [eðukáðo, -ða] *a.* educato.

educador, -ra [eðukaðór, -ra] *a.-s.* educatore.

educar [eðukár] *t.* educare, allevare.

educativo, -va [eðukatiβo, -βa] *a.* educativo.

efe [éfe] *f.* nome della lettera *f.*

efebo [eféβo] *m.* efebo.

efectivamente [efeɣtiβaménte] *avv.* effettivamente, infatti.

efectivo, -va [efeɣtiβo, -βa] *a.-m.* effettivo.

efecto [eféɣto] *m.* effetto.

efectuación [efeɣtwaθjón] *f.* effettuazione, esecuzione, compimento *m.*

efectuar [efeɣtuár] *t.* effettuare. 2 *r.* avvenire, compiersi.

efemérides [efemériðes] *f. pl.* effemeridi.
efervescencia [eferβesθénθja] *f.* effervescenza.
efervescente [eferβesθénte] *a.* effervescente.
eficacia [efikáθja] *f.* efficacia.
eficaz [efikáθ] *a.* efficace.
eficiencia [efiθjénθja] *f.* efficienza.
eficiente [efiθjénte] *a.* efficiente.
efímero, -ra [efímero, -ra] *a.* effimero.
efluvio [eflúβjo] *m.* effluvio.
efusión [efusjón] *f.* effusione.
efusivo, -va [efusiβo, -βa] *a.* effusivo.
egipcio, -cia [exiββjo, -θja] *a.-s.* egiziano, egizio.
egiptología [exiβtoloxía] *f.* egittologia.
égira [éxira] *f.* egira.
égloga [éγloγa] *f.* egloga.
egoísmo [eγoízmo] *m.* egoismo.
egoísta [eγoísta] *s.* egoista.
egregio [eγréγjo] *a.* egregio, illustre.
¡eh! [e] *inter.* eh!, ehi!
eje [éxe] *m.* asse.
ejecución [exekuθjón] *f.* esecuzione.
ejecutante [exekutánte] *a.-s.* esecutore.
ejecutar [exekutár] *t.* eseguire. 2 giustiziare.
ejecutivo, -va [exekutiβo, -βa] *a.* esecutivo.
ejecutor, -ra [exekutór, -ra] *a.-s.* esecutore.
ejecutorio, -ria [exekutórjo, -rja] *a.* esecutorio. 2 *f.* GIUR. sentenza esecutoria. 3 titolo di nobiltà.
ejemplar [exemplár] *a.* esemplare. 2 *m.* esemplare, copia *f.*
ejemplaridad [exemplariðáð] *f.* esemplarità.
ejemplificación [exemplifikaθjón] *f.* esemplificazione.
ejemplificar [exemplifikár] *t.* esemplificare.
ejemplo [exémplo] *m.* esempio.
ejercer [exerθér] *t.* esercitare, praticare.
ejercicio [exerθíθjo] *m.* esercizio.
ejercitar [exerθitár] *t.-r.* esercitare.
ejército [exérθito] *m.* esercito.
el [el] *art. m. sing.* il, lo, l'.
él [el] *pron. m.* egli, lui, esso.
elaboración [elaβoraθjón] *f.* elaborazione.
elaborar [elaβorár] *t.* elaborare.
elasticidad [elastiθiðáð] *f.* elasticità.
elástico, -ca [elástiko, -ka] *a.-m.* elastico.
ele [éle] *f.* nome della lettera *l*.
elección [elekθjón] *f.* elezione.

electivo, -va [eleγtiβo, -βa] *a.* elettivo.
electo, -ta [eléγto, -ta] *a.-s.* eletto.
elector, -ra [eleγtór, -ra] *a.-s.* elettore.
electoral [eleγtorál] *a.* elettorale.
electricidad [eleγtriθiðáð] *f.* elettricità.
electricista [eleγtriθísta] *f.* elettricista.
eléctrico, -ca [eléγtriko, -ka] *a.* elettrico.
electrificar [eleγtrifikár] *t.* elettrificare.
electrizar [eleγtriθár] *t.-r.* elettrizzare. 2 fig. eccitare vivamente.
electro [eléγtro] *m.* elettro.
electrocutar [eleγtrokutár] *t.* fulminare. 2 giustiziare con la sedia elettrica.
electrodo [eleγtróðo] *m.* elettrodo.
electrógeno, -na [eleγtróxeno, -na] *a.-m.* elettrogeno.
electroimán [eleγtroimán] *m.* elettrocalamita *f.*
electrólito [eleγtrólito] *m.* elettrolito.
electrón [eleγtrón] *m.* elettrone.
electrónico, -ca [eleγtróniko, -ka] *a.* elettronico. 2 *f.* elettronica.
electrotecnia [eleγtrotéknja] *f.* elettrotecnica.
electrotécnico, -ca [eleγtrotékniko, -ka] *a.* elettrotecnico.
electroterapia [eleγtroterápja] *f.* elettroterapia.
elefante, -ta [elefánte, -ta] *s.* elefante.
elegancia [eleγánθja] *f.* eleganza.
elegante [eleγánte] *a.* elegante.
elegía [elexía] *f.* elegia.
elegido, -da [elexiðo, -ða] *a.-s.* eletto. 2 predestinato.
elegir [elexir] *t.* eleggere. ¶ CONIUG. come *servir* (cambio *g → j* davanti *a, o, u*).
elemental [elementál] *a.* elementare.
elemento [eleménto] *m.* elemento. 2 *pl.* mezzi, risorse *f.*
elevación [eleβaθjón] *f.* elevazione.
elevado, -da [eleβáðo, -ða] *a.* elevato, alto. ‖ *paso* ~, cavalcavia *f.*
elevar [eleβár] *t.-r.* elevare.
elidir [eliðir] *t.* elidere.
eliminación [eliminaθjón] *f.* eliminazione.
eliminar [eliminár] *t.* eliminare.
elipse [eliβse] *f.* GEOM. ellisse.
elipsis [eliβsis] *f.* GRAM. ellissi.
elíptico, -ca [eliβtiko, -ka] *a.* elittico.
elisión [elisjón] *f.* elisione.
elocución [elokuθjón] *f.* elocuzione.
elocuencia [elokwénθja] *f.* eloquenza.
elocuente [elokwénte] *a.* eloquente.
elogiar [eloxjár] *t.* elogiare.
elogio [elóxjo] *m.* elogio.

elucidar [eluθidár] *t.* delucidare.

elucubración [elukuβraθjón] *f.* elucubrazione.

eludir [eluðir] *t.* eludere.

ella, ellas [éʎa, éʎas] *pron. f.* ella, essa, lei. 2 *pl.* esse.

elle [éʎe] *f.* nome della lettera *ll.*

ello [éʎo] *pron. n.* ciò.

ellos [éʎos] *pron. m. pl.* essi, loro.

emanación [emanaθjón] *f.* emanazione.

emanar [emanár] *i.* emanare.

emancipación [emanθipaθjón] *f.* emancipazione.

emancipar [emanθipár] *t.-r.* emancipare.

embadurnar [embaðurnár] *t.* ungere, macchiare.

embajada [embaxáða] *f.* ambasciata.

embajador, -ra [embaxaðór, -ra] *s.* ambasciatore.

embalaje [embaláxe] *m.* imballaggio.

embalar [embalár] *t.* imballare.

embaldosado [embaldosáðo] *m.* pavimento a mattonelle.

embaldosar [embaldosár] *t.* pavimentare con mattonelle.

embalsamar [embalsamár] *t.* imbalsamare.

embalsar [embalsár] *t.* raccogliere le acque. 2 *r.* ristagnare.

embalse [embálse] *m.* ristagno. 2 stagno artificiale.

embarazado, -da [embaraθáðo, -ða] *a.* imbarazzato. 2 *a.-f.* incinta, gestante.

embarazar [embaraθár] *t.* imbarazzare. 2 disturbare, impacciare. 3 rendere incinta.

embarazo [embaráθo] *m.* imbarazzo. 2 gravidanza *f.*

embarazoso, -sa [embaraθóso, -sa] *a.* imbarazzante, ingombrante.

embarcación [embarkaθjón] *f.* imbarcazione. 2 imbarco *m.*

embarcadero [embarkaðéro] *m.* imbarcadero.

embarcar [embarkár] *t.-r.* imbarcare.

embarco [embárko] *m.* imbarco.

embargar [embaryár] *t.* GIUR. sequestrare. 2 fig. paralizzare: *embargado por el dolor,* paralizzato dal dolore.

embargo [embáryo] *m.* GIUR. sequestro. ‖ *sin* ~, tuttavia, ciononostante.

embarnizar [embarniθár] *t.* verniciare.

embarque [embárke] *m.* imbarco [delle merci].

embarrancar [embarraŋkár] *i.* incagliare. 2 *r.* impantanarsi.

embastar [embastár] *t.* imbastire.

embaste [embáste] *m.* imbastitura *f.*

embate [embáte] *m.* ondata *f.*, colpo di mare. 2 assalto.

embaucador, -ra [embaukaðór, -ra] *a.-s.* ciarlatano, imbroglione.

embaucar [embaukár] *t.* raggirare, abbindolare, imbrogliare.

embeber [embeβér] *t.* assorbire. 2 inzuppare, imbevere. 3 *r.* fig. imbeversi, impregnarsi. 4 estasiarsi.

embelesar [embelesár] *t.-r.* estasiare, rapire, affascinare.

embeleso [embeléso] *m.* fascino, rapimento.

embellecer [embeʎeθér] *t.-r.* abbellire, imbellire. ¶ CONIUG. come *crecer.*

embellecimiento [embeʎeθimjénto] *m.* abbellimento.

embestida [embestiða] *f.* investimento *m.*, urto *m.*

embestir [embestir] *t.* investire, urtare. 2 assalire. ¶ CONIUG. come *servir.*

emblanquecer [emblaŋkeθér] *t.* imbiancare.

emblema [embléma] *m.* emblema.

emblemático, -ca [emblemátiko, -ka] *a.* emblematico.

embobar [emboβár] *t.-r.* stupire, sbalordire.

embocadura [embokaðúra] *f.* imboccatura, imbocco *m.* 2 sapore *m.* [del vino]. 3 foce [d'un fiume]. 4 TEAT. boccascena.

embocar [embokár] *t.* imboccare. 2 intraprendere.

embolia [embólja] *f.* embolia.

émbolo [émbolo] *m.* embolo.

embolsar [embolsár] *t.* intascare, riscuotere.

emborrachar [emborratʃár] *t.-r.* ubriacare.

emborronar [emborronár] *t.* scarabocchiare.

emboscada [emboskáða] *f.* imboscata, agguato *m.*

emboscar [emboskár] *t.-r.* imboscare.

embotar [embotár] *t.* spuntare, smussare. 2 fig. snervare.

embotellar [emboteʎár] *t.* imbottigliare.

embotellamiento [emboteʎamjénto] *m.* imbottigliamento.

embotellar [emboteʎár] *t.* imbottigliare.

embozar [emboθár] *t.-r.* coprire la parte inferiore del viso. 2 mettere la museruola. 3 fig. mascherare, nascondere.

embragar [embrayár] *t.* innestare.

embrague [embráɣe] *m.* frizione *f.*

embravecer [embraβeθér] *t.-r.* infuriare.
¶ CONIUG. come *crecer*.

embrazar [embraθár] *t.* imbracciare.

embrear [embreár] *t.* incatramare, impeciare.

embriagador, -ra [embrjaɣadór, -ra] *a.* inebriante.

embriagar [embrjaɣár] *t.-r.* ubriacare, inebriare.

embriaguez [embrjaɣéθ] *f.* ubriachezza.

embridar [embriðár] *t.* imbrigliare.

embrión [embrjón] *m.* embrione.

embrollar [embroʎár] *t.-r.* imbrogliare.

embrollo [embróʎo] *m.* imbroglio.

embromar [embromár] *t.* fare burle. 2 ingannare.

embrujar [embruxár] *t.* incantare, affascinare, stregare, ammaliare.

embrujo [embrúxo] *m.* fascino, incanto.

embrutecer [embruteθér] *t.-r.* abbrutire.
¶ CONIUG. come *crecer*.

embrutecimiento [embruteθimjénto] *m.* abbrutimento.

embuchado [embutʃáðo] *m.* salsicciotto, carne *f.* insaccata.

embuchar [embutʃár] *t.* insaccare. 2 ingozzare.

embudo [embúðo] *m.* imbuto. 2 fig. imbroglio.

embuste [embúste] *m.* bugia *f.*

embustero, -ra [embustéro, -ra] *a.-s.* bugiardo.

embutido [embutiðo] *m.* carne *f.* insaccata. 2 salsiccia *f.*, salame. 3 intarsio.

embutir [embutir] *t.* imbottire. 2 insaccare. 3 intarsiare.

eme [éme] *f.* nome della lettera *m.*

emergencia [emerxénθja] *f.* emergenza.

emergente [emerxénte] *a.* emergente.

emerger [emerxér] *i.* emergere.

emérito, -ta [emérito, -ta] *a.* emerito.

emigración [emiɣraθjón] *f.* emigrazione.

emigrante [emiɣránte] *s.* emigrante.

emigrar [emiɣrár] *i.* emigrare. 2 migrare.

eminencia [eminénθja] *f.* eminenza.

eminente [eminénte] *a.* eminente.

emir [emir] *m.* emiro.

emisario, -ria [emisárjo, -rja] *s.* emissario.

emisión [emisjón] *f.* emissione.

emisor, -ra [emisór, -ra] *a.-s.* emittente, trasmittente.

emitir [emitir] *t.* emettere. 2 emanare.

emoción [emoθjón] *f.* emozione, commozione.

emocionar [emoθjonár] *t.-r.* emozionare, commuovere.

emotivo, -va [emotiβo, -βa] *a.* emotivo.

empachar [empatʃár] *t.-r.* impacciare. 2 imbarazzare. 3 rimpinzare, causare indigestione.

empacho [empátʃo] *m.* impaccio. 2 imbarazzo. 3 indigestione *f.*

empadronamiento [empaðronamjénto] *m.* censimento.

empadronar [empaðronár] *t.* censire.

empalagar [empalaɣár] *t.-r.* nauseare, stomacare. 2 fig. infastidire.

empalagoso, -sa [empalaɣóso, -sa] *a.* nauseante, stucchevole. 2 fig. noioso.

empalar [empalár] *t.* impalare.

empalizada [empaliθáða] *f.* palizzata.

empalmar [empalmár] *t.* congiungere, innestare. 2 raccordare.

empalme [empálme] *m.* innesto, allacciamento, collegamento, congiunzione *f.* 2 raccordo.

empanada [empanáða] *f.* pasticcio *m.*

empanadilla [empanaðíʎa] *f.* pasticcino *m.* salato.

empanar [empanár] *t.* impanare.

empantanar [empantanár] *t.-r.* allagare, impaludare, impantanare.

empañar [empaɲár] *t.-r.* fasciare. 2 appannare. 3 fig. macchiare.

empapar [empapár] *t.-r.* inzuppare, imbevere. 2 assorbire. 3 *r.* fig. permearsi.

empapelar [empapelár] *t.* incartare. 2 tappezzare [con carta da parati]. 3 fig. processare.

empaque [empáke] *m.* imballaggio.

empaquetar [empaketár] *t.* impacchettare, incartare, imballare.

emparedado, -da [empareðáðo, -ða] *a.* murato. 2 recluso. 3 *m.* tramezzino.

emparedar [empareðár] *t.* murare.

emparejamiento [emparexamjénto] *m.* accoppiamento.

emparejar [emparexár] *t.-r.* appaiare, accoppiare, abbinare. 2 socchiudere. 3 *i.* essere pari.

emparentar [emparentár] *i.* imparentarsi.
¶ CONIUG. come *acertar*.

emparrado [emparráðo] *m.* pergola *f.*, pergolato.

empastar [empastár] *t.* coprire di pasta. 2 rilegare. 3 impiombare, otturare [un dente]. 4 impastare [i colori].

empaste [empáste] *m.* impasto. 2 impiombatura *f.*

empatar [empatár] *t.* pareggiare.

empate [empáte] *m.* pareggio, patta *f.*

empavesado, -da [empaβesáðo, -ða] *a.* armato di pavese. 2 *m.* gran pavese. 3 *f.* impavesata.

empavesar [empaβesár] *t.* pavesare.

empedernido, -da [empederníðo, -ða] *a.* impietrito, insensibile. 2 caparbio, ostinato.

empedrado [empeðráðo] *m.* selciato, lastricato.

empedrar [empeðrár] *t.* selciare, lastricare. ¶ CONIUG. come *acertar*.

empeine [empéine] *m.* basso ventre. 2 collo del piede.

empellón [empeλón] *m.* spintone.

empeñado, -da [empeɲáðo, -ða] *a.* accanito.

empeñar [empeɲár] *t.* dare in pegno. 2 impegnare. 3 *r.* indebitarsi. 4 ostinarsi. 5 garantire.

empeño [empéɲo] *m.* impegno.

empeoramiento [empeoramjénto] *m.* peggioramento, aggravamento.

empeorar [empeorár] *t.-r.* peggiorare, aggravarsi.

empequeñecer [empekeɲeθér] *t.-r.* impicciolire. 2 diminuire. 3 screditare. ¶ CONIUG. come *crecer*.

emperador, -triz [emperaðór, -triθ] *s.* imperatore.

emperifollar [emperifoλár] *t.-r.* agghindare.

empero [empéro] *avv.* tuttavia, però.

emperrarse [emperrárse] *r.* ostinarsi.

empezar [empeθár] *t.* cominciare, incominciare. ¶ CONIUG. come *acertar*.

empinado, -da [empináðo, -ða] *a.* altissimo. 2 fig. eretto, superbo. 3 *f.* impennata.

empinar [empinár] *t.* drizzare. 2 alzare. ‖ ~ *el codo*, alzare il gomito. 3 *r.* impennarsi. 4 emergere.

empírico, -ca [empíriko, -ka] *a.* empirico.

empirismo [empirízmo] *m.* empirismo.

emplastar [emplastár] *t.* impiastrare. 2 *r.* impiastricciarsi.

emplasto [emplásto] *m.* impiastro.

emplazamiento [emplaθamjénto] *m.* citazione *f.*

emplazar [emplaθár] *t.* citare.

empleado, -da [empleáðo, -ða] *a.-s.* impiegato. 2 commesso.

emplear [empleár] *t.-r.* impiegare. 2 usare, adoperare.

empleo [empléo] *m.* impiego.

emplomar [emplomár] *t.* impiombare. 2 piombare.

empobrecer [empoβreθér] *t.-i.-r.* impoverire. ¶ CONIUG. come *crecer*.

empobrecimiento [empoβreθimjénto] *m.* impoverimento.

empolvar [empolβár] *t.-r.* impolverare. 2 incipriare.

empollar [empoλár] *t.* covare. 2 fig. sgobbare.

empollón, -na [empoλón, -na] sgobbone.

emporcar [emporkár] *t.-r.* sporcare.

emporio [empórjo] *m.* emporio.

empotrar [empotrár] *t.* incastrare.

emprendedor, -ra [emprendeðór, -ra] *a.* intraprendente, risoluto.

emprender [emprendér] *t.* intraprendere. ‖ *emprenderla con alguien*, prendersela con qualcuno.

empresa [emprésa] *f.* impresa. 2 COMM. ditta, azienda.

empresario [empresárjo] *m.* impresario. 2 imprenditore.

empréstito [empréstito] *m.* prestito.

empujar [empuxár] *t.* spingere. 2 fig. far pressione.

empuje [empúxe] *m.* spinta *f.* 2 fig. slancio, impulso.

empujón [empuxón] *m.* spintone, gomitata *f.*

empuñadura [empuɲaðúra] *f.* impugnatura.

empuñar [empuɲár] *t.* impugnare.

emulación [emulaθjón] *f.* emulazione.

emular [emulár] *t.* emulare.

emulsión [emulsjón] *f.* emulsione.

en [en] *prep.* in, a. 2 su. 3 tra. ‖ ~ *serio*, sul serio. ‖ ~ *broma*, per scherzo. ‖ ~ *seguida*, subito. ‖ (con il gerundio) appena, quando: ~ *llegando*, quando arrivai.

enaguas [enáɣwas] *f. pl.* sottoveste *sing.*

enajenación [enaxenaθjón] *f.* alienazione.

enajenar [enaxenár] *t.* alienare. 2 privare dell'uso della ragione.

enaltecer [enalteθér] *t.* esaltare. ¶ CONIUG. come *crecer*.

enaltecimiento [enalteθimjénto] *m.* esaltazione *f.*

enamoradizo, -za [enamoraðiθo, -θa] *a.* facile a innamorarsi.

enamorado, -da [enamoráðo, -ða] *a.* innamorato.

enamoramiento [enamoramjènto] *m.* innamoramento.

enamorar [enamorár] *t.-r.* innamorare.

enano, -na [enáno, -na] *a.* nano.

enarbolar [enarβolár] *t.* inalberare. 2 *r.* impennarsi. 3 fig. inalberarsi.

enardecer [enarðeθér] *t.-r.* avvivare, infervorare, eccitare. ¶ CONIUG. come *crecer*.

enardecimiento [enarðeθimjènto] *m.* eccitamento, infervoramento.

enarenar [enarenár] *t.* insabbiare. 2 *r.* incagliarsi.

encaballar [eŋkaβaʎár] *t.-r.* accavallare.

encabezamiento [eŋkaβeθamjènto] *m.* registrazione *f.* 2 intestazione *f.*

encabezar [eŋkaβeθár] *t.* registrare. 2 essere il primo di una serie. 3 intestare.

encabritarse [eŋkaβritárse] *r.* impennarsi, imbizzarrire.

encadenamiento [eŋkaðenamjènto] *m.* incatenamento. 2 fig. concatenazione *f.*

encadenar [eŋkaðenár] *t.* incatenare. 2 fig. concatenare.

encajar [eŋkaxár] *t.* incastrare, far combaciare. 2 fig. appioppare, affibbiare. 3 incassare [un colpo]. 4 *i.* fig. fare al caso. 5 *r.* infilarsi.

encaje [eŋkáxe] *m.* incastro. 2 pizzo, merletto. 3 intarsio.

encajonar [eŋkaxonár] *t.* incassare, imballare. 2 ficcare.

encalar [eŋkalár] *t.* imbiancare.

encallar [eŋkaʎár] *i.* incagliarsi, arenare.

encallecer [eŋkaʎeθér] *i.-r.* incallire. 2 fig. fare il callo. ¶ CONIUG. come *crecer*.

encaminar [eŋkaminár] *t.-r.* incamminare, avviare, instradare.

encandecer [eŋkandeθér] *t.* rendere incandescente, arroventare.

encandilar [eŋkandilár] *t.* abbagliare. 2 ravvivare il fuoco. 3 *r.* accendersi gli occhi.

encanecer [eŋkaneθér] *i.* incanutire. 2 fig. invecchiare. ¶ CONIUG. come *crecer*.

encantado, -da [eŋkantáðo, -ða] *a.* incantato. 3 felice. ‖ ¡~!, molto lieto!

encantador, -ra [eŋkantaðòr, -ra] *a.* incantevole, affascinante.

encantamiento [eŋkantamjènto] *m.* incantesimo.

encantar [eŋkantár] *t.* incantare, affascinare.

encanto [eŋkánto] *m.* incanto, avvenenza *f.*, bellezza *f.*, fascino.

encañar [eŋkaɲár] *t.* incanalare.

encañizada [eŋkaɲiθáða] *f.* graticciata.

encañonar [eŋkaɲonár] *t.* incanalare. 2 puntare.

encapotar [eŋkapotár] *t.* intabarrare. 2 *r.* rannuvolarsi. 3 fig. imbronciarsi.

encapricharse [eŋkapritʃárse] *r.* incapricciarsi, ostinarsi. 2 innamorarsi.

encapuchar [eŋkaputʃár] *t.-r.* incappucciare.

encaramar [eŋkaramár] *t.* innalzare. 2 fig. esaltare. 3 *r.* arrampicarsi, inerpicarsi.

encarar [eŋkarár] *i.-r.* mettersi di fronte. 2 *t.* puntare. 3 affrontare.

encarcelamiento [eŋkarθelamjènto] *m.* incarceramento.

encarcelar [eŋkarθelár] *t.* incarcerare, imprigionare.

encarecer [eŋkareθér] *i.-r.* rincarare. 2 *t.* fig. esaltare. 3 raccomandare. ¶ CONIUG. come *crecer*.

encarecidamente [eŋkareθiðamènte] *avv.* caldamente.

encarecimiento [eŋkareθimjènto] *m.* rincaro. 2 interessamento.

encargado, -da [eŋkaryáðo, -ða] *a.-s.* incaricato, addetto.

encargar [eŋkaryár] *t.* incaricare. 2 ordinare. 3 raccomandare.

encargo [eŋkáryo] *m.* incarico, commissione *f.*

encariñado, -da [eŋkariɲáðo, -ða] *a.* affezionato.

encariñarse [eŋkariɲárse] *f.* affezionarsi.

encarnación [eŋkarnaθjón] *f.* incarnazione.

encarnado, -da [eŋkarnáðo, -ða] *a.-m.* incarnato. 2 rosso.

encarnar [eŋkarnár] *t.-r.* incarnare.

encarnizado, -da [eŋkarniθáðo, -ða] *a.* accanito. 2 cruento.

encarnizamiento [eŋkarniθamjènto] *m.* accanimento. 2 crudeltà *f.*

encarnizar [eŋkarniθár] *t.* incrudelire. 2 *r.* accanirsi.

encarrilar [eŋkarrilár] *t.* incamminare, avviare. 2 rimettere sulle rotaie.

encartar [eŋkartár] *t.* implicare. 2 processare.

encasillado [eŋkasiʎáðo] *m.* casellario.

encasillar [eŋkasiʎár] *t.* incasellare, classificare.

encasquetar [eŋkasketár] *t.-r.* calare [il cappello]. 2 fig. mettere in testa.

encasquillarse [eŋkaskiʎárse] *r.* incepparsi.

encausar [eŋkausár] *t.* mettere sott'accusa, processare.

encauzamiento [eŋkauθamjénto] *m.* incanalamento. 2 fig. avviamento.

encauzar [eŋkauθár] *t.* incanalare, arginare. 2 fig. dirigere, avviare.

encefalitis [enθefalítis] *f.* encefalite.

encéfalo [enθéfalo] *m.* encefalo.

encelar [enθelár] *t.-r.* ingelosire.

encenagarse [enθenayárse] *r.* infangarsi.

encendedor [enθendeðòr] *m.* accendisigari, accendino.

encender [enθendér] *t.-r.* accendere. 2 incendiare. 3 eccitare. 4 *r.* arrossire. ¶ CONIUG. come **tender**.

encendido, -da [enθendíðo, -ða] *a.* acceso. 2 vivo. 3 rosso. 4 *m.* accensione *f.*

encendimiento [enθendimjénto] *m.* accensione *f.* 2 ardore.

encerado, -da [enθeráðo, -ða] *a.* incerato. 2 *m.* lavagna *f.*

encerar [enθerár] *t.* incerare.

encerrar [enθerrár] *t.-r.* rinchiudere, chiudere. 2 includere, accludere.

encerrona [enθerròna] *f.* ritiro *m.* volontario. 2 imboscata.

encestar [enθestár] *t.* mettere in cesta.

encía [enθía] *f.* gengiva.

encierro [enθjèrro] *m.* chiusura *f.* 2 reclusione *f.* 3 TAUR. il chiudere i tori nella stalla della arena. 4 prigione *f.* 5 clausura *f.*

encima [enθíma] *avv.* sopra, su. 2 addosso. ‖ *por* ~, superficialmente.

encina [enθína] *f.* quercia.

encinta [enθínta] *a.-f.* incinta, gestante.

enclaustrar [enklaustrár] *t.* chiudere in convento. 2 fig. occultare.

enclavado, -da [enklaβáðo, -ða] *a.* incassato, incastrato.

enclavar [enklaβár] *t.* inchiodare, conficcare. 2 fig. ingannare.

enclenque [enklèŋke] *a.* malaticcio.

enclocar [enklokár] *i.-r.* chiocciare.

encoger [enkoxèr] *t.* contrarre. 2 scoraggiare. 3 *i.* restringersi. 4 *r.* fig. intimidirsi. 5 avvilirsi.

encolerizar [enkoleriθár] *t.-r.* adirare. 2 *r.* montare in bestia.

encogimiento [enkoximjénto] *m.* restringimento. 2 timidezza *f.*

encolar [enkolár] *t.* incollare.

encomendar [enkomendár] *t.-r.* raccomandare. 2 affidare. ¶ CONIUG. come **acertar**.

encomiar [enkomjár] *t.* encomiare.

encomienda [enkomjénda] *f.* incarico *m.* 2 commenda. 3 raccomandazione.

encomio [enkómjo] *m.* encomio.

enconamiento [enkonamjénto] *m.* infiammazione *f.* 2 fig. inasprimento.

enconar [enkonàr] *t.-r.* infiammare. 2 fig. irritare, esasperare.

encono [enkóno] *m.* rancore, animosità *f.*

encontradizo, -za [enkontraðíθo, -θa] *a.* **hacerse el** ~, incontrarsi con qualcuno fingendo che ciò avvenga per caso.

encontrado, -da [enkontráðo, -ða] *a.* contrario, opposto.

encontrar [enkontrár] *t.-r.* trovare, incontrare. 2 *r.* scontrarsi. 3 trovarsi. 4 sentirsi. ¶ CONIUG. come **contar**.

encontronazo [enkontronáθo] *m.* scontro, urto, cozzo.

encopetado, -da [enkopetáðo, -ða] *a.* superbo, presuntuoso.

encorajar [enkoraxár] *t.* incoraggiare. 2 *r.* incollerirsi.

encordar [enkorðár] *t.* incordare. ¶ CONIUG. come **contar**.

encorvar [enkorβár] *t.* incurvare. 2 *r.* fig. inclinarsi, curvarsi.

encrespar [enkrespár] *t.-r.* arricciare, increspare. 2 irritare. 3 agitare. 4 *r.* complicarsi.

encrucijada [enkruθixáða] *f.* crocicchio *m.*, crocevia, Incrucio *m.* 2 imboscata.

encrudecer [enkruðeθèr] *t.-r.* incrudire. 2 fig. inasprire. ¶ CONIUG. come **crecer**.

encuadernación [enkwaðernaθjón] *f.* rilegatura. 2 legatoria

encuadernar [enkwaðernár] *t.* rilegare.

encuadrar [enkwaðrár] *t.* inquadrare, incorniciare. 2 incastrare. 2 fig. includere.

encubiertamente [enkuβjertamènte] *avv.* segretamente. 2 con dolo.

encubierto, -ta [enkuβjérto, -ta] *a.* nascosto, occulto.

encubridor, -ra [enkuβriðòr, -ra] *a.-s.* favoreggiatore.

encubrimiento [enkuβrimjénto] *m.* occultamento. 2 ricettazione *f.*, favoreggiamento.

encubrir [enkuβrɪr] *t.-r.* occultare, celare. 2 ricettare, favoreggiare.

encuentro [enkwèntro] *m.* incontro. 2 scontro, contrasto.

encuesta [enkwèsta] *f.* inchiesta.

encumbramiento [enkumβramjénto] *m.* innalzamento, esaltazione *f.* 2 elevazione *f.*

encumbrar [eŋkumβrár] *t.-r.* innalzare. 2 fig. esaltare.

encunar [eŋkunár] *t.* mettere in culla.

encurtir [eŋkurtir] *t.* conservare sotto aceto.

encharcar [entʃarkár] *t.* allagare. 2 *r.* abbrutirsi.

ende (por) [por énde] *loc.* quindi.

endeble [endéβle] *a.* debole.

endecasílabo, -ba [endekasilaβo, -βa] *a.-m.* endecasillabo.

endecha [endétʃa] *f.* canzone triste.

endemoniado, -da [endemonjáðo, -ða] *a.* indemoniato.

endentecer [endenteθér] *i.* mettere i denti. ¶ CONIUG. come *crecer*.

enderezamiento [endereθamjénto] *m.* raddrizzamento. 2 correzione *f.*

enderezar [endereθár] *t.* raddrizzare, drizzare. 2 correggere. 3 rivolgere. 4 *i.-r.* dirigersi. 5 disporsi.

endeudarse [endeuðárse] *r.* indebitarsi.

endiablado, -da [endjaβláðo, -ða] *a.* indiavolato.

endiablar [endjaβlár] *t.* indiavolare. 2 *r.* infuriarsi.

endibia [endiβia] *f.* indivia.

endilgar [endilγár] *t.* fam. indirizzare. 2 rivolgere, affibbiare.

endiosamiento [endjosamjénto] *m.* orgoglio. 2 rapimento, estasi *f.*

endiosar [endjosár] *t.* deificare. 2 *r.* fig. insuperbire. 3 estasiarsi.

endocrino, -na [endokrino, -na] *a.* endocrino.

endomingarse [endomiŋgárse] *r.* vestirsi con gli abiti della festa.

endosar [endosár] *t.* girare [una cambiale]. 2 fig. addossare, affibbiare.

endoso [endóso] *m.* girata *f.*

endulzar [endulθár] *t.* addolcire.

endurecer [endureθér] *t.-r.* indurire. 2 *r.* incrudelire. ¶ CONIUG. come *crecer*.

endurecimiento [endureθimjénto] *m.* indurimento, durezza *f.*

endurecidamente [endureθiðamente] *avv.* duramente. 2 ostinatamente.

ene [éne] *f.* nome della lettera *n.*

enebral [enebrál] *m.* ginepraio.

enebro [enébro] *m.* ginepro.

enema [enéma] *m.* MED. clistere.

enemigo, -ga [enemíγo, -γa] *a.-s.* nemico.

enemistad [enemistáð] *f.* inimicizia.

enemistar [enemistár] *t.-r.* inimicare. 2 *r.* alienarsi.

energía [enerxia] *f.* energia.

enérgico, -ca [enérxiko, -ka] *a.* energico.

energúmeno [eneryúmeno] *m.* energumeno.

enero [enéro] *m.* gennaio.

enfadado, -da [emfaðáðo, -ða] *a.* arrabbiato.

enfadar [emfaðár] *t.-r.* arrabbiare. 2 infastidire.

enfado [emfáðo] *m.* arrabbiatura *f.*, rabbia *f.* 2 sdegno.

enfadoso, -sa [emfaðóso, -sa] *a.* noioso, seccante.

enfangar [emfaŋgár] *t.-r.* infangare, impantanare.

énfasis [émfasis] *f.* enfasi.

enfático, -ca [emfátiko, -ka] *a.* enfatico.

enfermar [emfermár] *i.* ammalarsi. 2 *t.* far ammalare.

enfermedad [emfermeðáð] *f.* malattia, infermità.

enfermería [emfermeria] *f.* infermeria.

enfermero, -ra [emferméro, -ra] *s.* infermiere.

enfermizo, -za [emfermiθo, -θa] *a.* malaticcio, cagionevole.

enfermo, -ma [emfèrmo, -ma] *a.-s.* malato, ammalato, infermo.

enfilar [emfilár] *t.* infilare. 2 mettere in fila, allineare.

enflaquecer [enflakeθér] *t.-i.-r.* dimagrire. 2 affievolire. 3 snervare. ¶ CONIUG. come *crecer*.

enflaquecimiento [enflakeθimjénto] *m.* dimagrimento. 2 indebolimento.

enfocar [emfokár] *t.* mettere a fuoco. 2 impostare.

enfoque [emfóke] *m.* impostazione *f.* 2 FOT. messa *f.* a fuoco.

enfrascarse [emfraskárse] *r.* ingolfarsi.

enfrentar [emfrentár] *t.* mettere di fronte. 2 *r.* affrontarsi.

enfrente [emfrènte] *avv.* di fronte, dirimpetto.

enfriamiento [emfriamjénto] *m.* raffreddamento.

enfriar [emfriár] *t.-r.* raffreddare, rinfrescare. 2 fig. intiepidire.

enfurecer [emfureθér] *t.* esasperare. 2 *r.* infuriare, imbestialire.

enfurecimiento [emfureθimjénto] *m.* furore, furia *f.*

enfurruñarse [emfurruɲárse] *r.* ingrugnarsi.

engalanar [eŋgalanár] *t.-r.* adornare.

engallarse [eŋgaʎárse] *r.* insuperbire.

enganchar [eŋgantʃár] *t.-r.* agganciare. 2 arruolare. 3 fig. allettare. 4 TAUR. infilzare con le corna.

engañar [eŋgaɲár] *t.-r.* ingannare, abbindolare, illudere.

engañifa [eŋgaɲifa] *f.* tranello *m.*

engaño [eŋgáɲo] *m.* inganno.

engañoso, -sa [eŋgaɲóso, -sa] *a.* ingannevole.

engarbullar [eŋgarβuʎár] *t.* ingarbugliare.

engarce [eŋgárθe] *m.* incastonatura *f.*

engarzar [eŋgarθár] *t.* incastonare. 2 infilare, infilzare.

engastar [eŋgastár] *t.* incastonare.

engatusamiento [eŋgatusamjénto] *m.* raggiro, abbindolamento.

engatusar [eŋgatusár] *t.* raggirare, circuire, abbindolare.

engendramiento [eŋxendramjénto] *m.* generazione *f.*, procreazione *f.*

engendrar [eŋxendrár] *t.* generare, originare.

engendro [eŋxéndro] *m.* embrione. 2 fig. opera *f.* mal concepita.

englobar [eŋgloβár] *t.* includere.

engolfarse [eŋgolfárse] *r.* ingolfarsi.

engomar [eŋgomár] *t.* incollare.

engordar [eŋgordár] *t.-i.* ingrassare.

engorro [eŋgórro] *m.* imbarazzo, intoppo.

engorroso, sa [eŋgorróso, -sa] *a* imbarazzante.

engranaje [eŋgranáxe] *m.* ingranaggio.

engranar [eŋgranár] *t.* ingranare. 2 fig. collegare.

engrandecer [eŋgrandeθér] *t.-r.* ingrandire, aumentare. 2 innalzare, esaltare. ¶ CONIUG. come *crecer*.

engrandecimiento [eŋgrandeθimjénto] *m.* ingrandimento. 2 esaltazione *f.*

engrasar [eŋgrasár] *t.* ingrassare. 2 lubrificare, ungere.

engrase [eŋgráse] *m.* lubrificazione *f.*

engreimiento [eŋgreimjénto] *m.* orgoglio, vanità *f.*

engreír [eŋgreír] *t.-r.* inorgoglire, insuperbire. ¶ CONIUG. come *reír*.

engrescar [eŋgreskár] *t.* aizzare, eccitare.

engrosar [eŋgrosár] *t.-r.* ingrossare. 2 *i.* ingrassare. ¶ CONIUG. come *contar*.

engrudo [eŋgrúðo] *m.* colla *f.* di farina.

enguantar [eŋgwantár] *t.-r.* mettere i guanti.

enguijarrar [eŋgixarrár] *t.* acciottolare.

enguirnaldar [eŋgirnaldár] *t.* inghirlandare.

engullir [eŋguʎir] *t.* inghiottire, tranguggiare, deglutire.

enharinar [enarinár] *t.* infarinare.

enhebrar [eneβrár] *t.* infilare.

enhestar [enestár] *t.-r.* ergere, innalzare. ¶ CONIUG. come *acertar*. | PART. P.: *enhiesto*.

enhiesto, -ta [enjésto, -ta] *agg.* ritto, eretto.

enhorabuena [enoraβwéna] *f.* congratulazione. 2 *inter.* auguri! *m. pl.* ‖ *dar la* ∼, congratularsi.

enigma [eníɣma] *m.* enigma.

enigmático, -ca [eniɣmátiko, -ka] *a.* enigmatico.

enjabonadura [eŋxaβonaðúra] *f.* insaponata.

enjabonar [eŋxaβonár] *t.* insaponare.

enjambrar [eŋxambrár] *i.* sciamare.

enjambre [eŋxámbre] *m.* sciame.

enjaretar [eŋxaretár] *t.* inguainare. 2 dire o fare qualcosa in tutta fretta.

enjaular [eŋxaulár] *t.* ingabbiare.

enjoyar [eŋxojár] *t.* ingioiellare. 2 fig. abbellire.

enjuagar [eŋxwaɣár] *t.-r.* risciacquare.

enjuague [eŋxwáɣe] *m.* risciacquatura *f.*, sciacquata *f.* 2 fig. intrigo.

enjugar [eŋxuɣár] *t.* asciugare. 2 fig. estinguere. 2 *r.* dimagrire.

enjuiciamiento [eŋxwiθjamjénto] *m.* istruzione *f.* del processo.

enjuiciar [eŋxwiθjár] *t.* sottoporre a giudizio. 2 istruire un processo.

enjundia [eŋxúndja] *f.* grasso *m.*, sugna. 2 fig. sostanza. 3 vigore *m.*

enjundioso, -sa [eŋxundjóso, -sa] *a.* sugnoso. 2 succoso. 3 fig. sostanzioso.

enjuto, -ta [eŋxúto, -ta] *a.* asciutto, secco, allampanato.

enlace [enláθe] *m.* vincolo, allacciamento, collegamento, unione *f.* 2 coincidenza *f.*, corrispondenza *f.* 3 raccordo. 4 fig. matrimonio.

enladrillado [enlaðriʎáðo] *m.* ammattonato.

enladrillar [enlaðriʎár] *t.* pavimentare con mattonelle.

enlazar [enlaθár] *t.* allacciare. 2 prendere al laccio. 3 *t.-r.* collegare, congiungere. 4 *i.* avere coincidenza.

enloquecer [enlokeθér] *t.* far impazzire. 2 *i.* impazzire, ammattire. ¶ CONIUG. come *crecer*.

enloquecimiento [enlokeθimjénto] *m.* follia *f.*

enlosado [enlosáðo] *m.* lastricato.

enlosar [enlosár] *t.* lastricare.

enlucido [enluθíðo] *m.* intonaco.

enlucir [enluθír] *t.* intonacare. 2 lucidare.

enlutar [enlutár] *t.* mettere il lutto. 2 fig. oscurare. 3 rattristare.

enmaderar [emmaðerár] *t.* coprire di legno.

enmagrecer [emmaɣreθér] *t.-i.* dimagrire.

enmarañamiento [emmaraɲamjénto] *m.* groviglio, imbroglio.

enmarañar [emmaraɲár] *t.* aggrovigliare, imbrogliare, arruffare.

enmascarar [emmaskarár] *t.-r.* mascherare.

enmendar [emmendár] *t.-r.* emendare. 2 risarcire. ¶ CONIUG. come *acertar*.

enmienda [emmjénda] *f.* emenda, correzione. 2 risarcimento *m.*, ammenda.

enmohecer [emmoeθér] *t.-r.* ammuffire. 2 arrugginire. ¶ CONIUG. come *crecer*.

enmudecer [emmuðeθér] *t.* far tacere. 2 *i.* ammutolire. ¶ CONIUG. come *crecer*.

enmudecimiento [emmuðeθimjénto] *m.* l'ammutolire.

ennegrecer [enneɣreθér] *t.-r.* annerire. 2 fig. oscurare. ¶ CONIUG. come *crecer*.

ennegrecimiento [enneɣreθimjénto] *m.* annerimento.

ennoblecer [ennoβleθér] *t.-r.* nobilitare. ¶ CONIUG. come *crecer*.

ennoblecimiento [ennoβleθimjénto] *m.* nobilitazione *f.*

enojadizo, -za [enoxaðíθo, -θa] *a.* stizzoso.

enojado, -da [enoxáðo, -ða] *a.* arrabbiato, corrucciato.

enojar [enoxár] *t.-r.* irritare, stizzire. 2 *r.* arrabbiarsi, accapigliarsi. 3 fig. infuriarsi.

enojo [enóxo] *m.* stizza *f.*, rabbia *f.*, broncio.

enojoso, -sa [enoxóso, -sa] *a.* noioso, fastidioso.

enorgullecer [enorɣuʎeθér] *t.-r.* inorgoglire. ¶ CONIUG. come *crecer*.

enorme [enórme] *a.* enorme.

enormidad [enormiðáð] *f.* enormità.

enoteca [enotéka] *f.* enoteca.

enrabiar [enraβjár] *t.-r.* arrabbiare.

enraizar [enraiθár] *i.* attecchire.

enramada [enramáða] *f.* pergolato *m.*

enranciar [enranθjár] *t.-r.* irrancidire.

enrarecer [enrareθér] *t.-r.* rarefare. 2 *t.-i.-r.* scarseggiare. ¶ CONIUG. come *crecer*.

enrarecimiento [enrareθimjénto] *m.* rarefazione *f.* 2 lo scarseggiare.

enredadera [enrreðaðéra] *f.* convolvolo *m.*, campanella.

enredador, -ra [enrreðaðór, -ra] *a.-s.* imbroglione.

enredar [enrreðár] *t.* irretire. 2 imbrogliare, ingarbugliare. 3 intrecciare, aggrovigliare. 4 *r.* complicarsi.

enredo [enrrèðo] *m.* imbroglio, groviglio. 2 intreccio. 3 intrigo.

enredón, -na [enrreðón, -na] *a.-s.* imbroglione.

enredoso, -sa [enrreðóso, -sa] *a.* intricato, imbrogliato.

enrejado [enrrexáðo] *m.* inferriata *f.* 2 graticolato.

enrejar [enrrexár] *t.* mettere cancelli o inferriate.

enrevesado, -da [enrreβesáðo, -ða] *a.* complicato, difficile, intricato.

enriquecer [enrrikeθér] *t.-r.* arricchire. ¶ CONIUG. come *crecer*.

enriquecimiento [enrrikeθimjénto] *m.* arricchimento.

enristrar [enrristrár] *t.* mettere [la lancia] in resta.

enrocar [enrrokár] *t.* arroccare.

enrojecer [enrroxeθér] *t.* arrossare. 2 *i.* arrossire.

enrojecimiento [enrroxeθimjénto] *m.* arrossamento, arrossimento.

enrolar [enrrolár] *t.-r.* MAR. arruolare.

enrollar [enrroʎár] *t.* arrotolare, avvolgere.

enronquecer [enrroŋkeθér] *t.-r.* arrochire. ¶ CONIUG. come *crecer*.

enroque [enrróke] *m.* arroccamento.

enroscar [enrroskár] *t.-r.* attorcigliare. 2 *t.* avvitare.

ensacar [ensakár] *t.* insaccare.

ensaimada [ensaimáða] *f.* pasta sfoglia [tipica di Maiorca].

ensalada [ensaláða] *f.* insalata.

ensaladera [ensalaðéra] *f.* insalatiera.

ensalivar [ensaliβár] *t.* insalivare.

ensalmo [ensálmo] *m.* cura *f.* per mezzo d'incantesimo. ‖ *por* ~, per incanto.

ensalzamiento [ensalθamjénto] *m.* esaltazione *f.*, elogio.

ensalzar [ensalθár] *t.* esaltare, elogiare.

ensamblaje [ensambláxe] *m.* incastratura.

ensamblar [ensamblár] *i.* incastrare.

ensanchamiento [ensantʃamjénto] *m.* allargamento, ampliamento.

ensanchar [ensantʃár] *t.* allargare, ampliare. 2 *r.* fig. gonfiarsi.

ensanche [ensántʃe] *m.* ampliamento, allargamento.

ensangrentar [ensaŋgrentár] *t.-r.* insanguinare. ¶ CONIUG. come *acertar*.

ensañamiento [ensaɲamjénto] *m.* accanimento.

ensañar [ensaɲár] *t.* infuriare. 2 *r.* incrudelire, accanirsi.

ensartar [ensartár] *t.* infilare, infilzare. 2 fig. snocciolare.

ensayar [ensajár] *t.* saggiare, provare. 2 far le prove.

ensayista [ensajísta] *s.* saggista.

ensayo [ensájo] *m.* saggio. 2 prova *f.*

enseguida [enseyíða] *loc. avv. (en seguida)* subito, immediatamente.

ensenada [ensenáða] *f.* insenatura.

enseña [enséɲa] *f.* insegna.

enseñanza [enseɲánθa] *f.* insegnamento *m.*, istruzione, docenza.

enseñar [enseɲár] *t.* insegnare. 2 mostrare, far vedere.

enseñorearse [enseɲoreárse] *r.* impadronirsi.

enseres [enséres] *m. pl.* arnesi, utensili, attrezzi. 2 mobili.

ensillar [ensiʎár] *t.* sellare.

ensimismado, -da [ensimizmáðo, -ða] *u. assorto.*

ensimismarse [ensimizmárse] *r.* astrarsi.

ensoberbecer [ensoβerβeθér] *t.-r.* insuperbire. 2 fig. infuriare [il mare]. ¶ CONIUG. come *crecer*.

ensombrecer [ensombreθér] *t.* ombreggiare. 2 *r.* rattristarsi.

ensordecedor, -ra [ensorðeθeðór, -ra] *a.* assordante.

ensordecer [ensorðeθér] *t.* assordare. 2 *i.* insordire. ¶ CONIUG. come *crecer*.

ensordecimiento [ensorðeθimjénto] *m.* assordamento.

ensortijar [ensortixár] *t.-r.* arricciolare, attorcigliare.

ensuciar [ensuθjár] *t.-r.* sporcare, insudiciare, imbrattare.

ensueño [enswéɲo] *m.* sogno. 2 fantasticheria *f.*

entablar [entaβlár] *t.* intavolare.

entallar [entaʎár] *t.* intagliare, incidere. 2 attillare. 3 *i.* confarsi.

entallo [entáʎo] *m.* intaglio. ·

entarimado [entarimáðo] *m.* pavimento di legno. 2 tavolato.

entarimar [entarimár] *t.* pavimentare con legno.

ente [énte] *m.* ente.

entendederas [entendeðéras] *f. pl.* fam. comprendonio *m. sing.*

entendedor, -ra [entendeðór, -ra] *a.-s.* intenditore.

entender [entendér] *t.* capire, intendere. ‖ *bien entendido que*, beninteso che. ‖ *m. a mi ~*, a mio parere. ¶ CONIUG. come *tender*.

entendido, -da [entendiðo, -ða] *a.-s.* competente, esperto, conoscitore.

entendimiento [entendimjénto] *m.* intendimento, giudizio.

entenebrecer [enteneβreθér] *t.* oscurare. ¶ CONIUG. come *crecer*.

enterar [enterár] *t.* informare, mettere al corrente. 2 *r.* venire a sapere, accorgersi.

entereza [enteréθa] *f.* integrità. 2 rettitudine. 3 fermezza d'animo.

enteritis [enteritis] *f.* enterite.

enternecedor, -ra [enterneθeðór, -ra] *a.* commovente.

enternecer [enterneθér] *t.-r.* intenerire, commuovere. ¶ CONIUG. come *crecer*.

enternecimiento [enterneθimjénto] *m.* intenerimento.

entero, -ra [entéro, -ra] *a.-m.* intero. 2 fig. integro, retto.

enterrador [enterraðór] *m.* becchino.

enterrar [enterrár] *t.* seppellire, sotterrare. ¶ CONIUG. come *acertar*.

entestado, -da [entestáðo, -ða] *a.* testardo.

entibiar [entiβjár] *t.-r.* intiepidire.

entidad [entiðáð] *f.* entità, ente *m.*

entierro [entjérro] *m.* funerale. 2 corteo funebre.

entoldado [entoldáðo] *m.* tenda *f.*, padiglione.

entonación [entonaθjón] *f.* intonazione. 2 fig. presunzione.

entonar [entonár] *t.* intonare. 2 *r.* darsi delle arie.

entonces [entónθes] *avv.* allora. ‖ *en aquel ~*, a quei tempi, in quel momento.

entontecer [entonteθér] *t.-r.* intontire. ¶ CONIUG. come *crecer*.

entornar [entornár] *t.* socchiudere, accostare.

entorpecer [entorpeθér] *t.-r.* intorpidire. 2 fig. ritardare, ostacolare, impacciare. ¶ CONIUG. come *crecer*.

entorpecimiento [entorpeθimjénto] *m.* intorpidimento. 2 fig. ostacolo, rallentamento.

entrada [entráða] *f.* entrata, ingresso *m.* 2 biglietto *m.* [d'ingresso]. 3 acconto *m.*

entrambos, -bas [entrámbos, -bas] *a. pron. pl.* entrambi.

entrampar [entrampár] *t.* intrappolare. 2 *t.-r.* indebitare.

entrante [entránte] *a.-s.* entrante, prossimo.

entraña, entrañas [entráɲa, -ɲas] *f.* viscere *pl.*

entrañable [entraɲáβle] *t.* sviscerato. 2 intimo.

entrañablemente [entraɲáβlemente] *avv.* svisceratamente.

entrañar [entraɲár] *t.* nascondere. 2 contenere. 3 *r.* stringersi intimamente.

entrar [entrár] *i.* entrare, accedere.

entre [éntre] *prep.* tra, fra. ‖ ~ *dos*, in due.

entreabierto, -ta [entreaβjérto, -ta] *a.* socchiuso, accostato.

entreabrir [entreaβrir] *t.* socchiudere, accostare.

entreacto [entreáyto] *m.* intervallo.

entrecano, -na [entrekáno, -na] *a.* brizzolato.

entrecortado, -da [entrekortáðo, -ða] *a.* interrotto.

entrecortar [entrekortár] *t.* intersecare.

entrecruzar [entrekruθár] *t.-r.* incrociare.

entredicho [entreðitʃo] *m.* interdetto. ‖ *poner en* ~, mettere in dubbio.

entrega [entréɣa] *f.* consegna. 2 dedizione. 3 puntata. ‖ *por entregas*, a dispense.

entregado, -da [entreɣáðo, -ða] *a.* dedito.

entregar [entreɣár] *t.* consegnare. 2 *r.* arrendersi. 3 dedicarsi. 4 abbandonarsi.

entrelazar [entrelaθár] *t.* allacciare, intrecciare.

entremés [entremés] *m.* antipasto. 2 TEAT. farsa *f.* in un atto.

entremeter [entremetér] *t.* frapporre, intercalare. 2 *r.* intromettersi, impicciarsi.

entremetido, -da [entremetiðo, -ða] *a.-s.* intrigante.

entremezclar [entremeθklár] *t.* frammescolare, frammischiare.

entrenador, -ra [entrenaðór, -ra] *a.-s.* allenatore.

entrenamiento [entrenamjénto] *m.* allenamento.

entrenar [entrenár] *t.-r.* allenare.

entrenzar [entrenθár] *t.* intrecciare.

entreoír [entreoir] *t.* udire confusamente.

entresacar [entresakár] *t.* scegliere. 2 diradare [i capelli].

entresijo [entresixo] *m.* mesentere. 2 cosa *f.* nascosta.

entresuelo [entreswélo] *m.* mezzanino, ammezzato.

entretanto [entretánto] *adv.* frattanto.

entretela [entretéla] *f.* controfodera.

entretener [entretenér] *t.-r.* trattenere, intrattenere. 2 distrarre. 3 ritardare, differire.

entretenido, -da [entreteniðo, -ða] *a.* divertente.

entretenimiento [entretenimjénto] *m.* trattenimento. 2 divertimento. 3 conservazione *f.*

entretiempo [entretjémpo] *m.* mezza stagione *f.*

entrever [entreβér] *t.* intravedere.

entreverar [entreβerár] *t.* mescolare.

entrevista [entreβista] *f.* intervista, colloquio *m.*

entrevistar [entreβistár] *t.-r.* intervistare. 2 *r.* abboccarsi.

entristecer [entristeθér] *t.-r.* rattristare, attristare. 2 *r.* intristire. ¶ CONIUG. come *crecer.*

entrometer [entrometér] *t.* intromettere. 2 *r.* intromettersi, impicciarsi.

entrometido, -da [entrometiðo, -ða] *a.* ficcanaso, impiccione.

entroncar [entroŋkár] *i.* imparentarsi. 2 congiungersi.

entronizar [entroniθár] *t.* intronizzare.

entronque [entróŋke] *m.* parentela *f.* 2 collegamento.

entuerto [entwérto] *m.* torto.

entumecer [entumeθér] *t.-r.* intorpidire. 2 tumefare. 3 *r.* fig. gonfiarsi. ¶ CONIUG. come *crecer.*

entumecimiento [entumeθimjénto] *m.* tumefazione *f.*

enturbiar [enturβjár] *t.-r.* intorbidare. 2 fig. turbare.

entusiasmar [entusjasmár] *t.-r.* entusiasmare.

entusiasmo [entusjázmo] *m.* entusiasmo.

entusiasta [entusjásta] *a.* entusiastico. 2 *s.* entusiasta.

enumeración [enumeraθjón] *f.* enumerazione.

enumerar [enumerár] *t.* enumerare.

enunciación [enunθjaθjón] *f.* enunciazione.

enunciado [enunθjáðo] *m.* enunciato.

enunciar [enunθjár] t. enunciare.

envainar [embainár] t. inguainare.

envalentonar [embalentonár] t.-r. imbaldanzire.

envanecer [embaneθér] t.-r. insuperbire. ¶ CONIUG. come *crecer*.

envanecimiento [embaneθimjénto] m. inorgoglimento.

envasar [embasár] t. imbottigliare.

envase [embáse] m. travaso, imbottigliamento. 2 recipiente, vuoto.

envejecer [embexeθér] t.-i.-r. invecchiare. ¶ CONIUG. come *crecer*.

envejecimiento [embexeθimjénto] m. invecchiamento.

envenenamiento [embenenamjénto] m. avvelenamento.

envenenar [embenenár] t.-r. avvelenare.

envergadura [emberɣaðúra] f. MAR. larghezza delle vele o delle ali. 2 fig. importanza.

envés [embés] m. rovescio.

envestir [embestír] t. investire.

enviado, -da [embjáðo, -ða] a.-s. inviato.

enviar [embjár] t. inviare, spedire, mandare.

envidia [embiðja] f. invidia.

envidiar [embiðjár] t. invidiare.

envidioso, -sa [embiðjóso, -sa] a. invidioso.

envilecer [embileθér] t.-r. avvilire. ¶ CONIUG. come *crecer*.

envilecimiento [embileθimjénto] m. avvilimento.

envío [embío] m. invio, spedizione f.

envite [embíte] m. scommessa f. [nel gioco]. 2 offerta f.

enviudar [embjuðár] i. rimaner vedovo.

envoltorio [emboltórjo] m. involto.

envoltura [emboltúra] f. involucro m. 2 pl. fasce.

envolver [embolβér] t. avvolgere. 2 incartare. 3 fig. implicare.

enyesadura [enjesaðúra] f. ingessatura.

enyesar [enjesár] t. ingessare.

enzarzar [enθarθár] t. imprunare. 2 metter discordia. 3 r. fig. impigliarsi. 4 litigare.

eñe [éɲe] f. nome della lettera *ñ*.

eólico, -ca [eóliko, -ka] a. eolico.

eolio, -lia [eóljo, -lja] a.-s. eolio.

épico, -ca [épiko, -ka] a. epico. 2 f. epica.

epicúreo, -a [epikúreo, -a] a. epicureo.

epidemia [epiðémja] f. epidemia.

epidémico, -ca [epiðémiko, -ka] a. epidemico.

epidermis [epiðérmis] f. epidermide.

epifanía [epifanía] f. epifania. 2 befana.

epígrafe [epíɣrafe] m. epigrafe f.

epigrama [epiɣráma] m. epigramma.

epilepsia [epiléβsja] f. epilessia.

epiléptico, -ca [epiléβtiko, -ka] a. epilettico.

epilogar [epiloɣár] t. epilogare.

epílogo [epíloɣo] m. epilogo.

episcopado [episkopáðo] m. episcopato.

episcopal [episkopál] a. episcopale.

episódico, -ca [episóðiko, -ka] a. episodico.

episodio [episóðjo] m. episodio.

epístola [epístola] f. epistola.

epistolario [epistolárjo] m. epistolario.

epitafio [epitáfjo] m. epitaffio.

epíteto [epiteto] m. epiteto.

epítome [epítome] m. epitome f.

época [époka] f. epoca.

epopeya [epopéja] f. epopea.

equidad [ekiðáð] f. equità.

equidistar [ekiðistár] i. essere equidistante.

equilátero, -ra [ekilátero, -ra] a. equilatero.

equilibrar [ekiliβrár] t. equilibrare.

equilibrio [ekiliβrjo] m. equilibrio. 2 bilico.

equilibrista [ekiliβrista] s. equilibrista.

equimosis [ekimósis] f. ecchimosi.

equino, -na [ekino, -na] a. equino.

equinoccio [ekinóɣθjo] m. equinozio.

equipaje [ekipáxe] m. bagaglio. 2 MAR. equipaggio.

equipar [ekipár] t. equipaggiare, attrezzare, corredare.

equiparación [ekiparaθjón] f. equiparazione, comparazione.

equiparar [ekiparár] t. equiparare.

equipo [ekipo] m. equipaggiamento. 2 SPORT. squadra f. [di calcio, ecc.]. 3 gruppo: *un trabajo en* ~, un lavoro di gruppo.

equis [ékis] f. nome della lettera *x*.

equitación [ekitaθjón] f. equitazione.

equitativo, -va [ekitatiβo, -βa] a. equo.

equivalencia [ekiβalénθja] f. equivalenza.

equivaler [ekiβalér] i. equivalere.

equivocación [ekiβokaθjón] f. errore m., sbaglio m., fallo m. 2 equivoco m.

equivocadamente [ekiβokáðamente] avv. erroneamente.

equivocar [ekiβokár] t.-r. confondere. 2 sbagliare.

equívoco, -ca [ekiβoko, -ka] *a.-m.* equivoco.

era [éra] *f.* era. 2 aia.

erección [ereγθjón] *f.* erezione.

eremita [eremíta] *s.* eremita.

eremítico, -ca [eremítiko, -ka] *a.* eremitico.

erguido, -da [eryìðo, -ða] *a.* impettito.

erguir [eryír] *t.-r.* ergere. 2 *r.* fig. insuperbire. ¶ CONIUG. IND. pres.: *irgo* o *yergo, irgues* o *yergues, irgue* o *yergue; irguen* o *yerguen.* | pass. rem.: *irguió; irguieron.* | CONG. pres.: *irga* o *yerga, irgas* o *yergas, irga* o *yerga; irgamos* o *yergamos, irgáis* o *yergáis, irgan* o *yergan.* | imp.: *irguiera, -se, irguieras, -ses,* ecc. | fut.: *irguiere, irguieres,* ecc. || IMPER.: *irgue* o *yergue, irga* o *yerga; irgamos* o *yergamos, irgan* o *yergan.* || GER.: *irguiendo.*

erial [erjál] *a.* incolto. 2 *m.* brughiera *f.*

erigir [erixír] *t.* erigere.

erisipela [erisipéla] *f.* risipola.

erizado, -da [eriθáðo, -ða] *a.* irto. 2 spinoso.

erizar [eriθár] *t.-r.* rizzare.

erizo [eríθo] *m.* riccio.

ermita [ermíta] *f.* eremo *m.*

ermitaño, -ña [ermitáɲo, -ɲa] *s.* eremita.

erogación [eroγaθjón] *f.* erogazione.

erogar [eroγár] *t.* erogare.

erosión [erosjón] *f.* erosione.

erótico, -ca [erótiko, -ka] *a.* erotico.

erotismo [erotizmo] *m.* erotismo.

errabundo, -da [erraβúndo, -da] *a.* errabondo.

erradicar [erraðikár] *t.* sradicare.

errante [erránte] *a.* errante.

errar [errár] *t.* sbagliare. 2 *i.* errare. ¶ CONIUG. come *acertar,* cambiando, però, nelle forme irregolari l'*i* in *y, yerro, yerras,* ecc.

errata [erráta] *f.* errata. || *fe de erratas,* errata corrige.

errátil [errátil] *a.* errante, incerto.

erre [èrre] *f.* nome della lettera *r* o *rr* nel suo suono doppio.

erróneo, -a [erróneo, -a] *a.* erroneo.

error [errór] *m.* errore, sbaglio, fallo.

eructar [eruytár] *t.* eruttare, ruttare.

eructo [erúyto] *m.* rutto.

erudición [eruðiθjón] *f.* erudizione.

erudito, -ta [eruðíto, -ta] *a.-s.* erudito.

erupción [eruβθjón] *f.* eruzione.

eruptivo, -va [eruβtiβo, -βa] *a.* eruttivo.

esbeltez [ezβeltéθ] *f.* finezza, snellezza, agilità.

esbelto, -ta [ezβélto, -ta] *a.* snello, slanciato.

esbozar [ezβoθár] *t.* abbozzare.

esbozo [ezβóθo] *m.* abbozzo, canovaccio.

escabechar [eskaβetʃár] *t.* marinare. 2 fig. fam. trucidare. 3 bocciare [agli esami].

escabeche [eskaβétʃse] *m.* salsa *f.* per marinare. 2 pesce marinato. || *poner en ~,* marinare.

escabechina [eskaβetʃína] *f.* fam. strage.

escabrosidad [eskaβrosiðáð] *f.* scabrosità.

escabroso, -sa [eskaβròso, -sa] *a.* scabroso.

escabullirse [eskaβuʎírse] *r.* svignarsela, dileguarsi. ¶ CONIUG. come *mullir.*

escafandra [eskafándra] *f.* scafandro *m.*

escala [eskála] *f.* scala. 2 scalo *m.*

escalada [eskaláða] *f.* scalata.

escalador, -ra [eskaláðor, -ra] *a.-s.* scalatore.

escalafón [eskalafón] *m.* graduatoria *f.*

escalar [eskalár] *t.* scalare.

escaldar [eskaldár] *t.-r.* scaldare. 2 arroventare. 3 scottare.

escalera [eskaléra] *f.* scala. || *~ de caracol,* scala a chiocciola.

escalfar [eskalfár] *t.* *huevos escalfados,* uova in camicia.

escalinata [eskalináta] *f.* scalinata.

escalofrío [eskalofrío] *m.* brivido.

escalón [eskalón] *m.* scalino, gradino. 2 scaglione. 3 fig. grado.

escalonar [eskalonár] *t.* scaglionare.

escalpelo [eskalpélo] *m.* scalpello.

escama [eskáma] *f.* squama, scaglia. 2 fig. sospetto *m.*

escamar [eskamár] *t.* squamare. 2 *t.-r.* fig. insospettire, diffidare.

escamotear [eskamoteár] *t.* trafugare, carpire, sottrarre.

escamoteo [eskamotéo] *m.* sottrazione *f.*

escampado, -da [eskampáðo, -ða] *a.* libero, sgombro.

escampar [eskampár] *t.* sgombrare. 2 *i.* spiovere.

escanciar [eskanθjár] *t.* mescere.

escandalizar [eskandaliθár] *t.-r.* scandalizzare.

escándalo [eskándalo] *m.* scandalo.

escandaloso, -sa [eskandalóso, -sa] *a.* scandaloso.

escandallar [eskandaʎár] *t.* scandagliare.

escandinavo, -va [eskandináβo, -βa] *a.-s.* scandinavo.

escaño [eskáɲo] *m.* scanno. 2 seggio [nel Parlamento].

escapada [eskapáða] *f.* scappata, fuga. 2 capatina.

escapar [eskapár] *i.-r.* scappare, sfuggire.

escaparate [eskaparáte] *m.* vetrina *f.*

escapatoria [eskapatórja] *f.* scappatoia.

escape [eskápe] *m.* scappata *f.* 2 fuga *f.* [di gas, ecc.]. 3 scappamento.

escápula [eskápula] *f.* scapola.

escapulario [eskapulárjo] *m.* scapolare.

escaque [eskáke] *m.* scacco.

escarabajo [eskaraβáxo] *m.* scarabeo, scarafaggio. 2 *pl.* scarabocchi.

escaramuza [eskaramúθa] *f.* scaramuccia.

escarapela [eskarapéla] *f.* coccarda. 2 alterco *m.*, rissa.

escarbar [eskarβár] *t.* razzolare, raspare. 2 fig. indagare.

escarcha [eskártʃa] *f.* brina.

escarchar [eskartʃár] *impers.* brinare.

escarlata [eskarláta] *a.-f.* scarlatto.

escarlatina [eskarlatína] *f.* scarlattina.

escarmentar [eskarmentár] *t.* castigare, dare una lezione. 2 *i.-r.* imparare a proprie spese. ¶ CONIUG. come **acertar**.

escarmiento [eskarmjénto] *m.* castigo, lezione *f.*

escarnecer [eskarneθér] *t.* schernire, deridere, dileggiare. ¶ CONIUG. come **crecer**.

escarnio [eskárnjo] *m.* scherno, derisione *f.*, dileggio.

escarola [eskaróla] *f.* indivia.

escarpado, -da [eskarpáðo, -ða] *a.* scosceso, dirupato.

escasamente [eskásamente] *avv.* scarsamente. 2 appena.

escasear [eskaseár] *i.* scarseggiare. 2 *t.* ridurre.

escasez [eskaséθ] *f.* scarsità.

escaso, -sa [eskáso, -sa] *a.* scarso.

escatimar [eskatimár] *t.* lesinare.

escayola [eskaióla] *f.* gesso *m.*

escayolar [eskajolár] *t.* ingessare.

escena [esθéna] *f.* scena. 2 scenata.

escenario [esθenárjo] *m.* palcoscenico, scena *f.* 2 scenario.

escénico, -ca [esθéniko, -ka] *a.* scenico.

escenografía [esθenoɣrafía] *f.* scenografia.

escenógrafo, -fa [esθenóɣrafo, -fa] *s.* scenografo.

escepticismo [esθeβtiθizmo] *m.* scetticismo.

escéptico, -ca [esθéβtiko, -ka] *a.-s.* scettico.

escisión [esθisjón] *f.* scissione.

esclarecedor, -ra [esklareθeðór, -ra] *a.* chiarificatore.

esclarecer [esklareθér] *t.* rischiarare. 2 fig. chiarire, illustrare. 3 *i.* albeggiare. ¶ CONIUG. come **crecer**.

esclarecido, -da [esklareθiðo, -ða] *a.* illustre, nobile.

esclarecimiento [esklareθimjénto] *m.* schiarimento, chiarimento.

esclavitud [esklaβitúð] *f.* schiavitù.

esclavizar [esklaβiθár] *t.* ridurre in schiavitù.

esclavo, -va [eskláβo, -βa] *a.-s.* schiavo.

esclerosis [esklerósis] *f.* sclerosi.

esclusa [esklúsa] *f.* chiusa.

escoba [eskóβa] *f.* scopa, granata.

escobar [eskoβár] *t.* scopare, spazzare.

escobilla [eskoβíʎa] *f.* scopino *m.*

escocedura [eskoθeðúra] *f.* bruciore *m.*

escocer [eskoθér] *i.* bruciare, scottare.

escocés, -sa [eskoθés, -sa] *a.-s.* scozzese.

escoger [eskoxér] *t.* scegliere.

escogido, -da [eskoxiðo, -ða] *a.* scelto.

escolar [eskolár] *a.* scolastico. 2 *m.* scolaro.

escolástico, -ca [eskolástiko, -ka] *a.* scolastico. 2 *f.* scolastica.

escolta [eskólta] *f.* scorta.

escoltar [eskoltár] *t.* scortare.

escollera [eskoʎéra] *f.* scogliera.

escollo [eskóʎo] *m.* scoglio.

escombrar [eskombrár] *t.* sgombrare, sbarazzare.

escombro [eskómbro] *m.* maceria *f.*, rottame, detrito.

esconder [eskondér] *t.-r.* nascondere, celare. 2 *r.* appiattarsi.

escondidas (a) [a eskondíðas] *loc. avv.* di nascosto, alla chetichella.

escondite [eskondíte] *m.* nascondiglio. 2 rimpiattino [gioco].

escondrijo [eskondrixo] *m.* nascondiglio.

escopeta [eskopéta] *f.* schioppo *m.*, fucile *m.* ‖ ~ **de doble cañón**, doppietta.

escopetazo [eskopetáθo] *m.* schioppettata *f.*

escorbuto [eskorβúto] *m.* scorbuto.

escorchar [eskortʃár] *t.* scorticare.

escoria [eskórja] *f.* scoria. 3 fig. rifiuto *m.*

escorpión [eskorpjón] *m.* scorpione.

escotado, -da [eskotáðo, -ða] *a.* scollato.

escotar [eskotár] *t.* scollare.

escote [eskóte] *m.* scollo, scollatura *f.* 2 quota *f.*

escotilla [eskotiʎa] *f.* boccaporto *m.*, botola.

escotillón [eskotiʎón] *m.* botola *f.*

escozor [eskoθór] *m.* bruciore.

escribanía [eskriβania] *f.* scrivania. 2 ufficio *m.* notarile.

escribiente [eskriβjénte] *m.* scrivano.

escribir [eskriβir] *t.* scrivere. ¶ CONIUG. PART. P.: *escrito*.

escrito, -ta [eskríto, -ta] *a.-m.* scritto.

escritor, -ra [eskritór, -ra] *s.* scrittore.

escritorio [eskritórjo] *m.* scrittoio. 2 studio, ufficio.

escritura [eskritúra] *f.* scrittura. ‖ ~ *privada*, scrittura privata.

escrúpulo [eskrúpulo] *m.* scrupolo.

escrupulosidad [eskrupulosiðáð] *f.* scrupolosità.

escrupuloso, -sa [eskrupulóso, -sa] *a.* scrupoloso, coscienzioso.

escrutador, -ra [eskrutaðór, -ra] *a.-s.* scrutatore.

escrutar [eskrutár] *t.* scrutinare.

escrutinio [eskrutinjo] *m.* scrutinio. 2 verifica *f.*

escuadra [eskwáðra] *f.* squadra.

escuadrar [eskwaðrár] *t.* squadrare.

escuadrilla [eskwaðriʎa] *f.* squadriglia.

escuadrón [eskwaðrón] *m.* squadrone.

escuálido, -da [eskwáliðo, -ða] *a.* squallido.

escucha [eskútʃa] *f.* ascolto *m.* ‖ *estar a la (o en)* ~, stare in ascolto.

escuchar [eskutʃár] *t.* ascoltare. 2 dare ascolto.

escudar [eskuðár] *t.* fare scudo. 2 fig. proteggere. 3 *r.* fig. ripararsi.

escudero [eskuðéro] *m.* scudiero, gentiluomo. 2 cadetto.

escudilla [eskuðiʎa] *f.* scodella.

escudo [eskúðo] *m.* scudo.

escudriñar [eskuðriɲár] *t.* scrutare, investigare.

escuela [eskwéla] *s.* scuola.

escueto, -ta [eskwéto, -ta] *a.* schietto, spoglio, disadorno.

esculpir [eskulpir] *t.* scolpire.

escultor, -ra [eskultór, -ra] *s.* scultore.

escultórico, -ca [eskultóriko, -ka] *a.* scultorio.

escultura [eskultúra] *f.* scultura.

escultural [eskulturál] *a.* scultorio.

escupidera [eskupiðéra] *f.* sputacchiera.

escupir [eskupir] *t.* sputare.

escupitajo [eskupitáxo] *m.* sputo.

escurreplatos [eskurreplátos] *m.* scolapiatti.

escurribanda [eskurriβánda] *f.* scorribanda.

escurridizo, -za [eskurriðiθo, -θa] *a.* scorrevole, sdrucciolevole.

escurridor [eskurriðór] *m.* colabrodo.

escurrimiento [eskurrimjénto] *m.* scorrimento, scivolamento, guizzo. 2 sgocciolio.

escurrir [eskurrir] *t.* sgocciolare. 2 *i.-r.* gocciolare. 3 scivolare, guizzare. 4 sgattaiolare.

esdrújulo, -la [ezðrúxulo, -la] *a.* sdrucciolo.

ese [ése] *f.* nome della lettera **s**.

ese, esa [ése, ésa] *a.* codesto.

ése, ésa [ése, ésa] *pron.* codesto, costui. ‖ *ni por ésas*, in nessun modo.

esencia [esénθja] *f.* essenza.

esencial [esenθjál] *a.* essenziale.

esfera [esféra] *f.* sfera. 2 quadrante *m.* [d'orologio].

esférico, -ca [esfériko, -ka] *a.* sferico. 2 *m.* pallone.

esfinge [esfiŋxe] *f.* sfinge.

esforzado, -da [esforθáðo, -ða] *a.* valoroso, coraggioso.

esforzarse [esforθárse] *r.* sforzarsi, faticare. ¶ CONIUG. come *contar*.

esfuerzo [esfwérθo] *m.* sforzo. 2 valore.

esfumar [esfumár] *t.-r.* sfumare.

esgrima [esɣrima] *f.* scherma.

esgrimir [ezɣrimir] *t.* schermire.

esguince [ezɣinθe] *m.* balzo, guizzo. 2 distorsione *f.*, strappo.

eslabón [eslaβón] *m.* anello [di catena].

eslabonar [ezlaβonár] *t.-r.* concatenare, collegare.

eslavo, -va [ezláβo, -βa] *a.-s.* slavo.

eslovaco, -ca [ezloβáko, -ka] *a.-s.* slovacco.

esmaltar [ezmaltár] *t.* smaltare.

esmalte [ezmálte] *m.* smalto.

esmeralda [ezmerálða] *f.* smeraldo *m.*

esmerar [ezmerár] *t.* rifinire. 2 *r.* impegnarsi.

esmeril [ezmeril] *m.* smeriglio.

esmerilar [ezmerilár] *t.* smerigliare.

esmero [ezméro] *m.* cura *f.*, accuratezza *f.*, diligenza *f.*

esnob [eznóβ] *a.-s.* snob.

esnobismo [eznoβizmo] *m.* snobismo.

eso [éso] *pron.* ciò.

esófago [esófaγo] *m.* esofago.
ésos, ésas [ésos, ésas] *pron.* [*pl.* di *ése, ésa*] costoro.
esotérico, -ca [esotériko, -ka] *a.* esoterico.
espaciar [espaθjár] *t.* spaziare. 2 diradare. 3 *r.* fig. dilungarsi.
espacio [espáθjo] *m.* spazio.
espacioso, -sa [espaθjóso, -sa] *a.* spazioso. 2 lento.
espada [espáða] *f.* spada.
espadachín [espaðatʃín] *m.* spadaccino.
espadero [espaðéro] *m.* spadaio, spadaro.
espadín [espaðín] *m.* spadino.
espalda [espálða] *f.* schiena, spalla [spec. al plurale].
espantadizo, -za [espantaðíθo, -θa] *a.* timido, pauroso.
espantajo [espantáxo] *m.* spauracchio.
espantapájaros [espantapáxaros] *m.* spaventapasseri.
espantar [espantár] *t.-r.* spaventare, sgomentare, impaurire. 2 *t.* scacciare.
espanto [espánto] *m.* spavento, sgomento.
espantoso, -sa [espantóso, -sa] *a.* spaventoso.
español, -la [espaɲól, -la] *a.-s.* spagnolo.
esparadrapo [esparaðrápo] *m.* cerotto.
esparcimiento [esparθimjénto] *m.* spargimento. 2 svago.
esparcir [esparθír] *t.-r.* spargere, cospargere. 2 fig. divulgare, diramare. 3 *r.* divertirsi.
espárrago [espárraγo] *m.* asparago.
espartano, -na [espartáno, -na] *a.-s.* spartano.
esparto [espárto] *m.* sparto.
espasmo [espázmo] *m.* spasimo.
espasmódico, -ca [espazmóðiko, -ka] *a.* spasmodico.
espátula [espátula] *f.* spatola.
especia [espéθja] *f.* spezia.
especial [espeθjál] *a.* speciale.
especialidad [espeθjaliðáð] *f.* specialità, specializzazione.
especialista [espeθjalísta] *s.* specialista.
especialización [espeθjaliθaθjón] *f.* specializzazione.
especializar [espeθjaliθár] *t.-r.* specializzare.
especie [espéθje] *f.* specie. 2 genere *m.* 3 sorta.
especificación [espeθifikaθjón] *f.* specificazione.
especificar [espeθifikár] *t.* specificare.

específico, -ca [espeθífiko, -ka] *a.* specifico. 2 *m.* medicinale.
espécimen [espéθimen] *m.* campione, modello.
especioso, -sa [espeθjóso, -sa] *a.* specioso.
espectáculo [espeytákulo] *m.* spettacolo.
espectador, -ra [espeytaðór, -ra] *a.-s.* spettatore.
espectral [espeytrál] *a.* spettrale.
espectro [espéktro] *m.* spettro.
especulación [espekulaθjón] *f.* speculazione.
especulador, -ra [espekulaðór, -ra] *a.-s.* speculatore, affarista.
especular [espekulár] *t.-i.* speculare.
especulativo, -va [espekulatíβo, -βa] *a.* speculativo.
espejismo [espexízmo] *m.* miraggio.
espejo [espéxo] *m.* specchio.
espeluznante [espeluθnánte] *a.* raccapricciante.
espera [espéra] *f.* attesa. || *sala de ~*, sala d'aspetto.
esperanza [esperánθa] *f.* speranza.
esperanzar [esperanθár] *t.* dare speranza.
esperar [esperár] *t.* aspettare, attendere. 2 sperare, augurarsi.
esperma [espérma] *f.* sperma *m.*
espermatozoo [espermatoθóo] *m.* spermatozoo.
espermicida [espermiθíða] *a.-m.* spermicida.
esperpento [esperpénto] *m* fam. spauracchio. 2 sproposito.
espesar [espesár] *t.-r.* spessire, infittire, addensare.
espeso, -sa [espéso, -sa] *a.* spesso, fitto, folto, denso.
espesor [espesór] *m.* spessore.
espesura [espesúra] *f.* densità.
espetar [espetár] *t.* infilzare. 2 fig. spiattellare.
espía [espía] *s.* spia.
espiar [espjár] *t.* spiare.
espiga [espíγa] *f.* spiga.
espigar [espiγár] *t.* spigolare. 2 *i.* spigare.
espín [espín] *m. puerco ~*, porcospino.
espina [espína] *f.* spina. 2 lisca.
espinaca [espináka] *f.* spinacio *m.*
espinal [espinál] *a.* spinale.
espinazo [espináθo] *m.* spina *f.* dorsale.
espineta [espinéta] *f.* spinetta.
espingarda [espingárða] *f.* spingarda.
espino [espíno] *m.* spino. 2 *~ albar*, biancospino.

espinoso, -sa [espinóso, -sa] *a.* spinoso.

espionaje [espjonáxe] *m.* spionaggio.

espira [espíra] *f.* spira. 2 spirale.

espiración [espiraθjón] *f.* espirazione.

espiral [espirál] *a.-f.* spirale.

espirar [espirár] *t.* esalare. 2 *i.* respirare. 3 espirare.

espiritado, -da [espiritáðo, -ða] *a.* spiritato.

espiritismo [espiritizmo] *m.* spiritismo.

espiritista [espiritísta] *s.* spiritista.

espíritu [espíritu] *m.* spirito.

espiritual [espiritwál] *a.* spirituale.

espiritualidad [espiritwaliðáð] *f.* spiritualità.

esplendente [esplendénte] *a.* splendente.

esplender [esplendér] *i.* splendere.

esplendidez [esplendiðèθ] *f.* splendore *m.*, sfarzo *m.* 2 liberalità.

espléndido, -da [esplènðiðo, -ða] *a.* splendido.

esplendor [esplenðór] *m.* splendore.

esplendoroso, -sa [esplendoróso, -sa] *a.* splendente.

espliego [espljéɣo] *m.* spigo. 2 lavanda *f.*

espolear [espoleár] *t.* spronare.

espoleta [espoléta] *f.* spoletta.

espolvorear [espolβoreár] *t.* spolverare.

esponja [espóŋxa] *f.* spugna.

esponjar [espoŋxár] *t.* rendere spugnoso o soffice.

esponjoso, -sa [espoŋxóso, -sa] *a.* spugnoso, soffice.

espontaneidad [espontaneiðáð] *f.* spontaneità.

espontáneo, -a [espontáneo, -a] *a.* spontaneo.

espora [espóra] *f.* spora.

esporádico, -ca [esporáðiko, -ka] *a.* sporadico.

esportilla [esportíʎa] *f.* sporticina.

esposar [esposár] *t.* ammanettare.

esposas [espósas] *f. pl.* manette.

esposo, -sa [espóso, -sa] *s.* sposo.

esprintar [esprintár] *i.* sprintare.

espuela [espwéla] *f.* sprone *m.*, sperone *m.*

espuerta [espwèrta] *f.* sporta.

espuma [espúma] *f.* spuma, schiuma.

espumadera [espumaðèra] *f.* schiumarola.

espumajoso, -sa [espumaxóso, -sa] *a.* schiumoso.

espumar [espumár] *t.* schiumare. 2 *i.* spumeggiare.

espumoso, -sa [espumóso, -sa] *a.* spumoso, spumeggiante. ‖ *vino* ~, spumante.

esquela [eskéla] *f.* biglietto *m.*, avviso *m.*, notificazione.

esquelético, -ca [eskelétiko, -ka] *a.* scheletrico.

esqueleto [eskeléto] *m.* scheletro, carcassa *f.*

esquema [eskéma] *m.* schema.

esquemático, -ca [eskemátiko, -ka] *a.* schematico.

esquí [eski] *m.* sci.

esquiador, -ra [eskjaðór, -ra] *m.* sciatore.

esquiar [eskjár] *t.* sciare.

esquilar [eskilár] *t.* tosare.

esquimal [eskimál] *a.-s.* eschimese.

esquina [eskína] *f.* angolo *m.*, canto *m.*, cantone *m.*, cantonata. 2 spigolo *m.* ‖ SPORT. *saque de* ~, calcio d'angolo.

esquinado, -da [eskináðo, -ða] *a.* angoloso, scontroso.

esquinazo [eskiná θo] *m.* fam. cantonata *f.* ‖ *dar* ~, piantare in asso.

esquivar [eskiβár] *t.* schivare. 2 *r.* sottrarsi.

esquivez [eskiβèθ] *f.* ritrosia.

esquivo, -va [eskíβo, -βa] *a.* schivo, ritroso.

estabilidad [estaβiliðáð] *f.* stabilità.

estabilizar [estaβiliθár] *t.* consolidare, rendere stabile.

estable [estáβle] *a.* stabile.

establecer [estaβleθér] *t.-r.* stabilire. ¶ CONIUG. come *crecer*.

establecimiento [estaβleθimjénto] *m.* stabilimento.

establo [estáβlo] *m.* stalla *f.*

estaca [estáka] *f.* palo *m.*, stecca.

estacada [estakáða] *f.* staccionata, palizzata, steccato *m.* ‖ *dejar en la* ~, piantare in asso.

estacar [estakár] *t.* steccare.

estacazo [estaká θo] *m.* bastonata *f.*

estación [estaθjón] *f.* stazione [ferroviaria]. 2 stagione [dell'anno].

estacionamiento [estaθjonamjénto] *m.* fermata *f.*, sosta *f.*

estacionar [estaθjonár] *t.* collocare. 2 *r.* fermarsi, sostare.

estacionario, -ria [estaθjonárjo, -rja] *a.* stazionario.

estada [estáða] *f.* soggiorno *m.*, dimora.

estadio [estàðjo] *m.* stadio.

estadista [estaðísta] *s.* statista.

estadístico, -ca [estaðístiko, -ka] *a.* statistico. 2 *f.* statistica.

estado [estáðo] *m.* stato.

estadounidense [estaðouniðénse] *a.-s.* statunitense.

estafa [estáfa] *f.* truffa, imbroglio *m.*

estafador, -ra [estafaðór, -ra] *s.* truffatore, frodatore, imbroglione.

estafar [estafár] *t.* truffare, frodare, imbrogliare.

estafeta [estafèta] *f.* staffetta.

estalactita [estalaγtita] *f.* stalattite.

estalagmita [estalaγmita] *f.* stalagmite.

estallar [estaλár] *i.* scoppiare. 2 *fig.* deflagrare, divampare.

estallido [estaλíðo] *m.* scoppio.

estambre [estámbre] *m.* stame.

estameña [estaméɲa] *f.* stamigna.

estampa [estámpa] *f.* immagine, immaginetta. 2 illustrazione. 3 stampa.

estampado, -da [estampáðo, -ða] *a.* stampato.

estampador [estampaðór] *m.* stampatore.

estampar [estampár] *t.* stampare. 2 fig. fam. gettarc. 3 fig. imprimere nell' animo.

estampía (de) [de estampía] *loc. avv.* improvvisamente, ad un tratto.

estampido [estampíðo] *m.* scoppio.

estampilla [estampíλa] *f.* stampiglia. 2 timbro *m.*

estancamiento [estaŋkamjénto] *m.* ristagno.

estancar [estaŋkár] *t.-r.* ristagnare, fermare. 2 *t.* monopolizzare.

estancia [estánθja] *f.* permanenza, soggiorno *m.* 2 degenza. 3 stanza.

estanco, -ca [estáŋko, -ka] *a.* stagno. 2 *m.* monopolio. 3 tabaccheria *f.*

estandarte [estandárte] *m.* stendardo.

estanque [estáŋke] *m.* stagno.

estanquero, -ra [estaŋkèro, -ra] *s.* tabaccaio.

estante [estánte] *a.* stabile. 2 *m.* scaffale.

estantería [estantería] *f.* scansia, scaffalatura.

estañar [estaɲár] *t.* stagnare, saldare.

estaño [estáɲo] *m.* stagno.

estar [estár] *i.* stare. 2 essere. ¶ CONIUG. IND. pres.: *estoy, estás, está; están.* | pass. rem: *estuve, estuviste, estuvo; estuvimos, estuvisteis, estuvieron.* ‖ CONG. pres.: *esté, estés,* ecc. | imp.: *estuviera, -se, estuvieras, -ses,* ecc. | fut.:

estuviere, estuvieres, ecc. ‖ IMPER.: *está, esté; estén.*

estatal [estatál] *a.* statale.

estático, -ca [estátiko, -ka] *a.* statico.

estatua [estátwa] *f.* statua.

estatuario, -ria [estatuárjo, -rja] *a.* statuario. 2 *m.* scultore.

estatura [estatúra] *f.* statura.

estatuto [estatúto] *m.* statuto.

este [éste] *m.* est, levante.

éste, ésta [éste, ésta] *a.* [*pron.*: *éste, ésta*] questo.

estela [estéla] *f.* scia. 2 stele, cippo *m.*

estelar [estelár] *a.* stellare.

estepa [estépa] *f.* steppa.

estera [estèra] *f.* stuoia.

estercolar [esterkolár] *t.* concimare.

estercolero [esterkoléro] *m.* letamaio.

estereotipia [estereotipja] *f.* stereotipia.

estéril [estéril] *a.* sterile.

esterilidad [esteriliðáð] *f.* sterilità.

esterilización [esteriliθaθjón] *f.* sterilizzazione.

esterilizar [esteriliθár] *t.* sterilizzare.

esterilla [esteriλa] *f.* stoino *m.*

esterlina (libra) [esterlina (liβra)] *f.* lira sterlina.

esternón [esternón] *m.* sterno.

estertor [estertór] *m.* rantolo.

estético, -ca [estétiko, -ka] *a.* estetico. 2 *f.* estetica.

estiaje [estjáxe] *m.* magra *f.* estiva.

estibador [estiβaðór] *m.* stivatore.

estibar [estiβár] *t.* stivare.

estiércol [estjérkol] *m.* sterco.

estigma [estiγma] *m.* stigma. 2 stimma.

estigmatizar [estiγmatiθár] *t.* stigmatizzare. 2 fig. rimproverare.

estilarse [estilárse] *r.* essere in uso, di moda.

estilete [estilète] *m.* stiletto.

estilista [estilista] *m.* stilista.

estilística [estilistika] *f.* stilistica.

estilizar [estiliθár] *t.* stilizzare.

estilo [estilo] *m.* stile. 2 uso, costume. ‖ *algo por el* ~, qualcosa di simile.

estilográfica [estiloγráfika] *f.* stilografica.

estima [estima] *f.* stima.

estimable [estimáβle] *a.* stimabile.

estimación [estimaθjón] *f.* stima.

estimar [estimár] *t.* stimare.

estimulante [estimulánte] *a.-s.* stimolante.

estimular [estimulár] *t.* stimolare.

estímulo [estimulo] *m.* stimolo.

estío [estío] *m.* estate *f.*

estipendio [estipéndjo] *m.* stipendio.

estipulación [estipulaθjòn] *f.* stipulazione. 2 clausola.

estipular [estipulár] *t.* stipulare. 2 convenire.

estirado, -da [estiráðo, -ða] *a.* fig. agghindato. 2 borioso. 3 tirato, tirchio.

estirar [estirár] *t.* tirare, allungare. 2 stirare. 3 *r.* sgranchirsi.

estirón [estirón] *m.* tirata *f.*, strappo. ‖ *dar un ~,* crescere rapidamente.

estirpe [estirpe] *f.* stirpe.

estival [estiβál] *a.* estivo.

esto [ésto] *pron.* ciò, questo. ‖ *~ es,* cioè.

estocada [estokáða] *f.* stoccata.

estofa [estófa] *f.* stoffa. 2 qualità.

estofado [estofáðo] *m.* stufato.

estoicismo [estoiθizmo] *m.* stoicismo.

estoico, -ca [estóiko, -ka] *a.-s.* stoico.

estomacal [estomakál] *a.* stomacale.

estómago [estómaγo] *m.* stomaco.

estonio, -nia [estónjo, -nja] *a.-s.* estonio.

estopa [estópa] *f.* stoppa.

estoque [estóke] *m.* stocco.

estorbar [estorβár] *t.* ostacolare, impicciare. 2 dar noia, disturbare.

estorbo [estórβo] *m.* ostacolo, impiccio. 2 disturbo.

estornudar [estornuðár] *i.* starnutire.

estornudo [estornúðo] *m.* starnuto.

estrabismo [estraβizmo] *m.* strabismo.

estrado [estráðo] *m.* predella *f.*

estrafalario, -ria [estrafalárjo, -rja] *a.* stravagante, strampalato, balzano, cervellotico.

estragar [estraγár] *t.* viziare, corrompere. 2 fare strage.

estrago [estráγo] *m.* strage *f.*

estrambótico, -ca [estrambótiko, -ka] *a.* strambo, stravagante, cervellotico.

estrangulación [estraŋgulaθjòn] *f.* strangolamento *m.*

estrangulador, -ra [estraŋgulaðòr, -ra] *a.-s.* strangolatore.

estrangular [estraŋgulár] *t.* strangolare.

estratagema [estrataxéma] *f.* stratagemma *m.*

estratega [estratéγa] *s.* stratega.

estrategia [estratéxja] *f.* strategia.

estratégico, -ca [estratéxiko, -ka] *a.* strategico.

estratificación [estratifikaθjòn] *f.* stratificazione.

estratificar [estratifikár] *t.* stratificare.

estrato [estráto] *m.* strato.

estratosfera [estratosféra] *f.* stratosfera.

estraza [estráθa] *f.* straccio *m.* ‖ *papel de ~,* cartastraccia.

estrechamiento [estretʃamjènto] *m.* stringimento.

estrechar [estretʃár] *t.* restringere. 2 fig. stringere.

estrechez [estretʃéθ] *f.* ristrettezza, strettezza, angustia.

estrecho, -cha [estrètʃo, -tʃa] *a.* stretto, ristretto. 2 fig. avaro. 3 *m.* stretto.

estrechura [estretʃúra] *f.* strettezza.

estregar [estreγár] *t.* stropicciare, strofinare. ¶ CONIUG. come *acertar.*

estrella [estréʎa] *f.* stella, astro *m.*

estrellado, -da [estreʎáðo, -ða] *a.* stellato.

estrellar [estreʎár] *t.-r.* fracassare, infrangere.

estremecedor, -ra [estremeθeðòr, -ra] *a.* che commuove, fa tremare o rabbrividire.

estremecer [estremeθér] *t.* far tremare. 2 commuovere, agitare. 3 *r.* rabbrividire. ¶ CONIUG. come *crecer.*

estremecimiento [estremeθimjènto] *m.* brivido, tremito, fremito.

estrena [estréna] *f.* strenna.

estrenar [estrenár] *t.* rappresentare per la prima volta. 2 inaugurare. 3 *r.* esordire.

estreno [estréno] *m.* primo uso. 2 debutto, esordio. 3 prima rappresentazione *f.* 4 prima *f.*

estreñido, -da [estreɲiðo, -ða] *a.* stitico.

estreñimiento [estreɲimjènto] *m.* stitichezza *f.*

estreñir [estreɲir] *t.-r.* restringere. 2 rendere stitico.

estrépito [estrépito] *m.* strepito, fracasso.

estrepitoso, -sa [estrepitóso, -sa] *a.* strepitoso.

estría [estria] *f.* scannellatura, striatura.

estriar [estriár] *t.* striare, scannellare.

estribar [estriβár] *i.* appoggiarsi, basarsi.

estribillo [estriβíʎo] *m.* ritornello.

estribo [estriβo] *m.* staffa *f.* 2 predellino. 3 ARCH. contraforte. 4 fig. appoggio. ‖ *perder los estribos,* uscire dai gangheri.

estribor [estriβór] *m.* tribordo.

estricnina [estriɣnina] *f.* stricnina.

estricto, -ta [estriɣto, -ta] *a.* stretto. 2 rigoroso, esatto.

estridencia [estriðènθja] *f.* stridore *m.*, stridio *m.*

estridente [estriðènte] *a.* stridente.

estrofa [estrófa] *f.* strofa.

estropajo [estropáxo] *m.* strofinaccio.

estropajoso, -sa [estropaxóso, -sa] a. cencioso.

estropear [estropeár] t. sciupare, rovinare, guastare. 2 storpiare, deturpare.

estropicio [estropiθjo] m. fracasso.

estructura [estruɣtúra] f. struttura.

estructural [estruɣturál] a. strutturale.

estructurar [estruɣturár] t. strutturare.

estruendo [estrwéndo] m. fracasso, fragore, frastuono, boato.

estruendoso, -sa [estrwendóso, -sa] a. fragoroso.

estrujamiento [estruxamjénto] m. spremitura f., strizzamento.

estrujar [estruxár] t. spremere, strizzare. 2 premere, pigiare. 3 fig. esaurire.

estuario [estwárjo] m. estuario.

estucado [estukáðo] m. stuccatura f.

estucar [estukár] t. stuccare.

estuco [estúko] m. stucco.

estuche [estútʃe] m. astuccio, custodia f.

estudiante [estuðjánte] s. studente.

estudiantil [estuðjantil] a. studentesco.

estudiar [estuðjár] t. studiare.

estudio [stúðjo] m. studio.

estudioso, -sa [estuðjóso, -sa] a.-s. studioso.

estufa [estúfa] f. stufa.

estulticia [estultiθja] f. stoltezza.

estupefacción [estupefaɣθjón] f. stupefazione.

estupefaciente [estupefaθjénte] a.-m. stupefacente.

estupefacto, -ta [estupefáɣto, -ta] a. stupefatto.

estupendo, -da [estupéndo, -da] a. stupendo.

estupidez [estupiðéθ] f. stupidità. 2 stupidaggine, baggianata.

estúpido, -da [estúpiðo, -ða] a. stupido.

estupor [estupór] m. stupore.

estuque [estúke] m. stucco.

esturión [esturjón] m. storione.

etapa [etápa] f. tappa.

etcétera [etθétera] f. eccetera.

éter [éter] m. etere.

etéreo, -a [etéreo, -a] a. etereo.

eternidad [eterniðáð] f. eternità.

eternizar [eterniθár] t.-r. eternare.

eterno, -na [etérno, -na] a. eterno.

ético, -ca [étiko, -ka] a. etico. 2 f. etica.

etimología [etimoloxía] f. etimologia.

etimológico, -ca [etimolóxiko, -ka] a. etimologico.

etiqueta [etikéta] f. etichetta.

étnico, -ca [étniko, -ka] a. etnico.

etnografía [etnoɣrafía] f. etnografia.

etnología [etnoloxía] f. etnologia.

etrusco, -ca [etrúsko, -ka] a.-s. etrusco.

eucalipto [eukaliβto] m. eucalipto.

eucaristía [eukaristía] f. eucaristia.

eufemismo [eufemízmo] m. eufemismo.

eufonía [eufonía] f. eufonia.

euforia [eufórja] f. euforia.

eufórico, -ca [eufóriko, -ka] a. euforico.

euromercado [euromerkáðo] m. euromercato.

europeo, -a [európéo, -a] a.-s. europeo.

evacuación [eβakwaθjón] f. evacuazione.

evacuar [eβakwár] t. evacuare.

evadir [eβaðir] t. evitare. 2 r. evadere. 3 fig. eludere.

evaluación [eβalwaθjón] f. valutazione. 2 scrutinio, giudizio.

evaluar [eβalwár] t. valutare.

evangélico, -ca [eβaŋxéliko, -ka] a.-s. evangelico.

evangelio [eβaŋxéljo] m. vangelo.

evangelización [eβaŋxeliθaθjón] f. evangelizzazione.

evangelizar [eβaŋxeliθár] t. evangelizzare.

evaporación [eβaporaθjón] f. evaporazione.

evaporar [eβaporár] t. evaporare. 2 fig. dissipare. 3 r. evaporarsi, sparire.

evaporizar [eβaporiθár] t. vaporizzare.

evasión [eβasjón] f. evasione.

evasivo, -va [eβasiβo, -βa] a. evasivo. 2 elusivo. 3 f. scusa, scappatoia.

eventual [eβentwál] a. eventuale. 2 provvisorio.

eventualidad [eβentwaliðáð] f. eventualità.

evidencia [eβiðénθja] f. evidenza.

evidenciar [eβiðenθjár] t. provare, rendere evidente.

evidente [eβiðénte] a. evidente.

evitar [eβitár] t. evitare.

evocación [eβokaθjón] f. evocazione.

evocar [eβokár] t. evocare.

evolución [eβoluθjón] f. evoluzione.

evolucionar [eβoluθjonár] i. evolvere, trasformarsi.

evolucionismo [eβoluθjonízmo] m. evoluzionismo.

evolutivo, -va [eβolutiβo, -βa] a. evolutivo.

exacción [esaɣθjón] f. esazione.

exacerbar [esaθerβár] t.-r. esacerbare.

exactitud [esaktitúð] f. esattezza.

exacto, -ta [esáɣto, -ta] a. esatto.

exactor [esaytòr] f. esattore.

exageración [esaxeraθjón] f. esagerazione.

exagerado, -da [esaxeráðo, -ða] a. esagerato.

exagerar [esaxerár] t. esagerare.

exaltación [esaltaθjón] g. esaltazione.

exaltar [esaltár] t.-r. esaltare.

examen [esámen] m. esame.

examinador, -ra [esaminaðór, -ra] a.-s. esaminatore.

examinar [esaminár] t. esaminare.

exangüe [esángwe] a. esangue.

exánime [esánime] a. esanime.

exantema [esantèma] m. esantema.

exarcado [esarkáðo] m. esarcato.

exasperación [esasperaθjón] f. esasperazione.

exasperar [esasperár] t.-r. esasperare.

excarcelación [eskarθelaθjón] f. scarcerazione.

excarcelar [eskarθelár] t. scarcerare.

excavación [eskaβaθjón] f. escavazione, scavo m.

excavadora [eskaβaðòra] f. scavatrice.

excavar [eskaβár] t. scavare, affossare. 2 scalzare.

excedencia [esθeðénθja] f. eccedenza. 2 aspettativa.

excedente [esθeðénte] a.-m. eccedente. 2 in aspettativa.

exceder [esθeðèr] t. eccedere, superare. 2 t.-r. oltrepassare.

excelencia [esθelénθja] f. eccellenza.

excelente [esθelénte] a. eccellente.

excelso, -sa [esθèlso, -sa] a. eccelso.

excentricidad [esθentriθiðáð] f. eccentricità.

excéntrico, -ca [esθéntriko, -ka] a. eccentrico.

excepción [esθeβθjón] f. eccezione.

excepcional [esθeβθjonál] a. eccezionale, fuoriclasse.

excepto [esθéβto] avv. tranne, eccetto, fuorchè.

exceptuar [esθeβtwár] t. eccettuare, escludere.

excesivo, -va [esθesiβo, -βa] a. eccessivo.

exceso [esθéso] m. eccesso.

excitación [esθitaθjón] f. eccitazione.

excitante [esθitánte] a.-m. eccitante.

excitar [esθitár] t.-r. eccitare. 2 accalorare.

exclamación [esklamaθjón] f. esclamazione.

exclamar [esklamár] i. esclamare.

esclamativo, -va [esklamatiβo, -βa] a. esclamativo.

excluir [esklwir] t. escludere. ¶ CONIUG. come *huir*.

exclusión [esklusjón] t. esclusione.

exclusivamente [esklusiβamente] avv. esclusivamente.

exclusivo, -va [esklusiβo, -βa] a. esclusivo. 2 f. esclusiva.

excluso, -sa [esklúso, -sa] a. escluso.

excogitar [eskoxitár] t. escogitare.

excomulgar [eskomulγár] t. scomunicare.

excomunión [eskomunjón] f. scomunica.

excoriación [eskorjaθjón] f. escoriazione.

excoriar [eskorjár] t.-r. escoriare.

excrecencia [eskreθénθja] f. escrescenza.

excreción [eskreθjón] f. escrezione.

excrementar [eskrementár] t. defecare.

excremento [eskremènto] m. escremento.

exculpar [eskulpár] t. discolpare.

excursión [eskursjón] f. escursione, gita.

excursionismo [eskursjonizmo] m. escursionismo.

excursionista [eskursjonísta] s. escursionista, gitante.

excusa [eskúsa] f. scusa.

excusable [eskusáβle] a. scusabile.

excusado, -da [eskusáðo, -ða] a. scusato, esente. 2 superfluo. 3 m. cesso, ritirata f.

excusar [eskusár] t.-r. scusare. 2 ricusare. 3 t. esentare.

execrable [esekráβle] a. esecrabile.

execración [esekraθjón] f. esecrazione.

execrar [esekrár] t. esecrare.

exégesis [esèxesis] f. esegesi.

exención [esenθjón] f. esenzione.

exentar [esentár] t. esentare. 2 esimersi.

exento, -ta [esènto, -ta] a. esente.

exequias [esèkias] f. pl. esequie.

exhalación [esalaθjón] f. esalazione.

exhalar [esalár] t. esalare. 2 emettere.

exhaustivo, -va [esaustiβo, -βa] a. esauriente.

exhausto, -ta [esáusto, -ta] a. esausto, esaurito.

exhibición [esiβiθjón] f. esibizione.

exhibicionismo [esiβiθjonizmo] esibizionismo.

exhibicionista [esiβiθjonísta] a.-s. esibizionista.

exhibir [esiβir] t.-r. esibire.

exhortación [esortaθjón] f. esortazione.

exhortar [esortár] t. esortare.

exhumación [esumaθjón] f. esumazione.

exhumar [esumár] *t.* esumare.

exigencia [esixénθja] *f.* esigenza.

exigente [esixénte] *a.* esigente.

exigir [esixír] *t.* esigere.

exigüidad [esiɣwiðáð] *f.* esiguità.

exiguo, -gua [esíɣwo, -ɣwa] *a.* esiguo.

exiliado, -da [esiliáðo, -ða] *a.-s.* esiliato, esule, fuoriuscito.

eximio, -mia [esímjo, -mja] *a.* esimio.

eximir [esimír] *t.-r.* esimere, esentare.

existencia [esisténθja] *f.* esistenza.

existencialismo [esistenθjalizmo] *m.* esistenzialismo.

existimar [esistimár] *t.* giudicare.

existir [esistír] *i.* esistere.

éxito [ésito] *m.* esito. 2 successo.

éxodo [ésoðo] *m.* esodo.

exoneración [esoneraθjón] *f.* esonero *m.*

exonerar [esonerár] *t.-r.* esonerare.

exorbitante [esorβitánte] *a.* esorbitante.

exorcismo [esorθízmo] *m.* esorcismo.

exorcizar [esorθiθár] *t.* esorcizzare.

exordio [esórdjo] *m.* esordio.

exótico, -ca [esótiko, -ka] *a.* esotico.

expansión [espansjón] *f.* espansione.

expansionarse [espansjonárse] *r.* sfogarsi, confidarsi. 2 divertirsi.

expansivo, -va [espansíβo, -βa] *a.* espansivo.

expatriación [espatrjaθjón] *f.* espatrio *m.*

expatriar [espatrjár] *t.-r.* espatriare.

expectación [espektaθjón] *f.* aspettazione, aspettativa.

expectativa [espektatíβa] *f.* aspettativa.

expectorar [espeytorár] *t.* espettorare.

expedición [espeðiθjón] *f.* spedizione.

expedidor, -ra [espeðiðór, -ra] *s.* mittente. 2 comm. spedizioniere.

expediente [espeðjénte] *m.* incartamento. ‖ *formar* ~, istruire un processo. ‖ *dar* ~, evadere una pratica. 2 pretesto. ‖ *cubrir el* ~, salvare le apparenze.

expedir [espeðír] *t.* dar corso. 2 rilasciare [un documento]. 3 spedire. ¶ CONIUG. come *servir*.

expeditivo, -va [espeðitíβo, -βa] *a.* sbrigativo.

expedito, -ta [espeðito, -ta] *a.* spedito, pronto.

expeler [espelér] *t.* espellere.

expendedor, -ra [espendeðór, -ra] *s.* venditore, spacciatore.

expendeduría [espendeðuría] *f.* spaccio *m.*

expender [espendér] *t.* vendere, spacciare.

expensas (a) [a espénsas] *loc.* a spese.

experiencia [esperjénθja] *f.* esperienza.

experimentado, -da [esperimentáðo, -ða] *a.* esperto.

experimental [experimentál] *a.* sperimentale.

experimentar [esperimentár] *t.* sperimentare. 2 provare.

experimento [esperimento] *m.* esperimento.

experto, -ta [espérto, -ta] *a.-s.* esperto, bravo.

expiar [espiár] *t.* espiare.

expirar [espirár] *i.* spirare. 2 fig. scadere. 3 espirare.

explanación [esplanaθjón] *f.* spianamento *m.*

explanada [esplanáða] *f.* spianata, spiazzo *m.*

explanar [esplanár] *t.* spianare.

explayarse [esplajárse] *r.* dilungarsi [nel discorso]. 2 sfogarsi, confidarsi.

expletivo, -va [espletíβo, -βa] *a.* espletivo.

explicable [esplikáβle] *a.* spiegabile.

explicación [esplikaθjón] *f.* spiegazione.

explicar [esplikár] *t.-r.* spiegare.

explícito, -ta [esplíθito, -ta] *a.* esplicito.

exploración [esploraθjón] *f.* esplorazione.

explorador, -ra [esploraðór, -ra] *a.-s.* esploratore.

explorar [esplorár] *t.* esplorare.

explosión [esplosjón] *f.* esplosione.

explosivo, -va [esplosíβo, -βa] *a.-m.* esplosivo.

explotación [esplotaθjón] *f.* sfruttamento *m.* 2 utilizzazione. 3 impianto *m.*

explotar [esplotár] *t.* sfruttare. 2 scoppiare.

expoliación [espoljaθjón] *f.* usurpazione.

expoliar [espoljár] *t.* usuarpare.

exponente [exponénte] *a.-s.* esponente.

exponer [esponér] *t.-r.* esporre.

exportación [exportaθjón] *f.* esportazione.

exportador, -ra [esportaðór, -ra] *a.-s.* esportatore.

exportar [esportár] *t.* esportare.

exposición [esposiθjón] *f.* esposizione. 2 mostra.

expósito, -ta [espósito, -ta] *a.-s.* trovatello.

expositor, -ra [espositór, -ra] *a.-s.* espositore.

expresamente [espresaménte] *avv.* espressamente, appositamente, apposta.

expresar [espresár] *t.-r.* esprimere, manifestare.

expresión [espresjón] *f.* espressione.

expresivo, -va [espresíβo, -βa] *a.* espressivo.

expreso, -sa [espréso, -sa] *a.-s.* espresso.

exprimir [esprimír] *t.* spremere.

expropiación [espropjaθjón] *f.* espropriazione.

expropiar [espropjár] *t.* espropriare.

expugnación [espuynaθjón] *f.* espugnazione.

expugnar [espuynár] *t.* espugnare.

expulsar [espulsár] *t.* espellere, bandire.

expulsión [espulsjón] *f.* espulsione.

expurgar [espuryár] *t.* purgare, espurgare.

exquisitez [eskisitéθ] *f.* squisitezza.

exquisito, -ta [eskisíto, -ta] *a.* squisito.

extasiarse [estasjárse] *r.* estasiarsi, bearsi.

éxtasis [éstasis] *f.* estasi.

extender [estendér] *t.* estendere, allargare. 2 distendere. 3 *r.* dilungarsi. 4 fig. diffondersi.

extensión [estensjón] *f.* estensione, distesa. 2 durata.

extensivo, -va [estensíβo, -βa] *a.* estensivo.

extenso, -sa [esténso, -sa] *a.* esteso.

extenuación [estenwaθjón] *t.* estenuazione.

extenuar [estenwár] *t.-r.* estenuare.

exterior [esterjór] *a.-s.* esteriore, esterno. 2 estero. ‖ *Asuntos exteriores,* Affari esteri.

exteriorización [esterjoriθaθjón] *f.* manifestazione.

exteriorizar [esterjoriθár] *t.* manifestare, esternare.

exterminar [esterminár] *t.* sterminare.

exterminio [estermínjo] *m.* sterminio.

externo, -na [estérno, -na] *a.* esterno.

extinción [estinθjón] *f.* estinzione.

extinguir [estiŋgír] *t.-r.* estinguere.

extintor, -ra [estintór, -ra] *a.-m.* estintore.

extirpación [estirpaθjón] *f.* estirpazione, asportazione.

extirpar [estirpár] *t.* estirpare, asportare.

extorsión [estorsjón] *f.* estorsione, angheria.

extra [éstra] *a.* straordinario. 2 *prep.* oltre, a parte. 3 *m.* fam. paga speciale.

extracción [estrayθjón] *f.* estrazione.

extractar [estraytár] *t.* compendiare.

extracto [estráyto] *m.* estratto.

extradición [estraδiθjón] *f.* estradizione.

extraer [estraér] *t.* estrarre.

extralimitarse [estralimitárse] *r.* oltrepassare le proprie attribuzioni.

extranjero, -ra [estraŋxéro, -ra] *a.-s.* straniero. 2 estero.

extrañar [estraɲár] *t.* esiliare. 2 *t.-r.* stupire, sorprendere, meravigliare.

extrañeza [estraɲéθa] *f.* stranezza.

extraño, -ña [estráɲo, -ɲa] *a.* strano, curioso. 2 estraneo.

extraoficial [estraofiθjál] *a.* ufficioso.

extraordinario, -ria [estraorδinárjo, -rja] *a.-s.* straordinario.

extravagancia [estraβayánθja] *f.* stravaganza, bizzarria.

extravagante [estraβayánte] *a.* stravagante, balzano, bislacco, bizzarro.

extraviar [estraβjár] *t.* smarrire. 2 vagare. 3 sviare. 4 *r.* fig. traviarsi.

extravío [estraβío] *m.* smarrimento. 2 disguido. 3 fig. pervertimento.

extremadamente [estremáδamente] *avv.* estremamente.

extremado, -da [estremáδo, - δa] *a.* eccessivo.

extremar [estremár] *t.* esagerare, spingere agli estremi. 2 *r.* applicarsi con impegno.

extremaunción [estremaunθjón] *f.* estrema unzione.

extremeño, -ña [estreméɲo, -ɲa] *a.-s.* abitante della Estremadura.

extremidad [estremiδáδ] *f.* estremità. 2 *pl.* arti *m.*

extremismo [estremízmo] *m.* estremismo.

extremo, -ma [estrémo, -ma] *a.* estremo. 2 lontano. 3 *m.* estremo, estremità *f.*, capo. 4 eccesso. 5 SPORT. ala *f.*

extrínseco, -ca [estrínseko, -ka] *a.* estrinseco.

exuberancia [esuβeránθja] *f.* esuberanza.

exuberante [esuβeránte] *a.* esuberante.

exudar [esuδár] *i.-t.* trasudare.

exultación [esultaθjón] *f.* esultanza.

exultar [esultár] *i.* esultare.

eyacular [ejakulár] *t.* eiaculare.

F

f [éfe] *f.* settima lettera dell'alfabeto spagnolo.

fa [fa] *m.* MUS. fa.

fábrica [fáβrika] *f.* fabbrica.

fabricación [faβrikaθjón] *f.* fabbricazione.

fabricante [faβrikánte] *s.* fabbricante.

fabricar [faβrikár] *t.* fabbricare.

fabril [faβríl] *a.* industriale, manifatturiero.

fábula [fáβula] *f.* favola, fiaba.

fabuloso, -sa [faβulóso, -sa] *a.* favoloso. 2 fiabesco.

facción [faɣθjón] *f.* fazione. 2 *pl.* fattezze, lineamenti *m.*

faccioso, -sa [faɣθjóso, -sa] *a.* fazioso.

faceta [faθéta] *f.* faccetta. 2 fig. aspetto *m.*

fácil [fáθil] *a.* facile, agevole.

facilidad [faθiliðáð] *f.* facilità. 2 facilitazione, agevolazione.

facilitación [faθilitaθjón] *f.* agevolazione, facilitazione.

facilitar [faθilitár] *t.* facilitare, agevolare. 2 procurare.

facineroso, -sa [faθineróso, -sa] *a.-s.* facinoroso.

facsímil [faɣsímil] *m.* facsimile.

factible [faɣtíβle] *a.* fattibile.

facticio, -cia [faɣtíθjo, -θja] *a.* fattizio.

factor [faɣtór] *m.* fattore. 2 gestore [nelle ferrovie].

factoría [faɣtoría] *f.* fabbrica. 2 ufficio *m.* del fattore.

factura [faɣtúra] *f.* fattura.

facturar [faɣturár] *t.* fatturare. || ~ *el equipaje,* spedire il bagaglio.

facultad [fakultáð] *f.* facoltà.

facultar [fakultár] *t.* dar facoltà.

facultativo, -va [fakultatíβo, -βa] *a.* facoltativo. 2 *m.* medico.

facha [fátʃa] *f.* aspetto *m.,* aria.

fachada [fatʃáða] *t.* facciata.

fachenda [fatʃénda] *f.* vanità, millanteria.

fachendoso, -sa [fatʃentdóso, -sa] *a.-s.* vanitoso, millantatore.

faena [faéna] *f.* lavoro *m.,* daffare *m.* 2 *pl.* faccende [domestiche].

fagot [faɣót] *m.* MUS. fagotto.

faisán [faisán] *m.* fagiano.

faja [fáxa] *f.* fascia.

fajar [faxár] *t.* fasciare.

fajín [faxín] *m.* fusciacca *f.*

fajo [fáxo] *m.* fascio.

falaz [faláθ] *a.* fallace.

falbalá [falβalá] *m.* falbalà, falpalà.

falda [fálda] *f.* gonna. 2 falda.

faldero, -ra [faldéro, -ra] *a.* relativo alla gonna. || *perro ~,* cagnolino, cucciolo.

faldón [faldón] *m.* falda *f.,* lembo.

falible [falíβle] *a.* fallibile.

falsario, -ria [falsárjo, -rja] *a.-s.* menzognero, bugiardo.

falseador, -ra [falseaðór, -ra] *a.-s.* falsificatore, falsario.

falsear [falseár] *t.* falsificare, falsare.

falsedad [falseðáð] *f.* falsità.

falsete [falséte] *m.* falsetto.

falsificación [falsifikaθjón] *f.* falsificazione, contraffazione.

falsificar [falsifikár] *t.* falsificare, contraffare.

falso, -sa [fálso, -sa] *a.* falso, fasullo.

falta [fálta] *f.* mancanza. 2 errore *m.* 3 colpa. 4 SPORT fallo. || *hacer ~,* occorrere, bosognare, essere necessario. || *sin ~,* immancabilmente, senz'altro.

faltar [faltár] *i.* mancare. 2 peccare. 3 *t.* mancare di rispetto. || *¡no faltaba más!,* ci mancherebbe altro!

falto, -ta [fálto, -ta] *a.* privo, bisognoso.

falla [fáʎa] *f.* spaccatura. 2 difetto *m.*

fallar [faʎár] *i.* sbagliare. 2 fallire. 3 *t.* decidere.

fallecer [faʎeθèr] *i.* morire, decedere. ¶ CONIUG. come *crecer.*

fallecimiento [faʎeθimjénto] *m.* decesso.

fallido, -da [faʎíðo, -ða] *a.* fallito, frustrato.

fallo [fáʎo] *m.* sbaglio. 2 decisione *f.,* verdetto.

fama [fáma] *f.* fama.
famélico, -ca [famèliko, -ka] *a.* famelico.
familia [familja] *f.* famiglia.
familiar [familjár] *a.-s.* familiare.
familiaridad [familjariðáð] *f.* familiarità.
familiarizar [familjariθár] *t.* rendere familiare. 2 *r.* familiarizzare.
famoso, -sa [famóso, -sa] *a.* famoso. ‖ *tristemente ~,* famigerato.
fanal [fanál] *m.* fanale. 2 campana *f.* di cristallo.
fanático, -ca [fanátiko, -ka] *a.* fanatico.
fanatismo [fanatizmo] *m.* fanatismo.
fandango [fandángo] *m.* fandango. 2 *fig.* tumulto, chiasso.
fanfarrón, -na [famfarrón, -na] *a.-s.* fanfarone, spaccone.
fanfarronada [famfarronáða] *f.* fanfaronata, spacconata.
fanfarronear [famfarroneár] *i.* millantare, vanagloriarsi.
fango [fáŋgo] *m.* fango.
fangoso, -sa [faŋgóso, -sa] *a.* fangoso.
fantasear [fantaseár] *i.-t.* fantasticare.
fantasía [fantasía] *f.* fantasia. 2 fantasticheria.
fantasioso, -sa [fantasjóso, -sa] *a.* fantasioso.
fantasma [fantázma] *f.* fantasma.
fantasmagórico, -ca [fantazmaɣòriko, -ka] *a.* fantasmagorico.
fantasmal [fantazmál] *a.* fantastico, spettrale.
fantástico, -ca [fantástiko, -ka] *a.* fantastico.
fantoche [fantótʃe] *m.* fantoccio.
faquir [fakir] *m.* fachiro.
farándula [farándula] *f.* compagnia comica.
farandulero, -ra [farandulèro, -ra] *s.* commediante.
faraón [faraón] *m.* faraone.
fardo [fárðo] *m.* balla *f.,* collo, fagotto, fardello.
farfullar [farfuʎár] *t.* farfugliare.
farináceo, -a [farináθeo, -a] *a.* farinaceo.
faringe [fariŋxe] *f.* faringe.
faringitis [fariŋxitis] *f.* faringite.
farisaico, -ca [farisáiko, -ka] *a.* farisaico.
fariseo [farisèo] *m.* fariseo. 2 *fig.* ipocrita.
farmacéutico, -ca [farmaθéutiko, -ka] *a.* farmaceutico. 2 *s.* farmacista.
farmacia [farmáθja] *f.* farmacia.
faro [fáro] *m.* faro.
farol [faról] *m.* lampione, fanale.
farola [faróla] *f.* lampione *m.,* fanale *m.*

farolear [faroleár] *i.* vantarsi.
farolero, -ra [farolèro, -ra] *a.* lampionaio.
fárrago [fárrayo] *m.* farragine *f.*
farragoso, -sa [farrayóso, -sa] *a.* farraginoso.
farsa [fársa] *f.* farsa.
farsante [farsánte] *s.* commediante, comico.
fascículo [fasθikulo] *m.* fascicolo, dispensa *f.* ‖ *una obra en fascículos,* un'opera a dispense.
fascinación [fasθinaθjón] *f.* fascino *m.*
fascinante [fasθinánte] *a.* affascinante.
fascinar [fasθinár] *t.* affascinare.
fascismo [fasθizmo] *m.* fascismo.
fascista [fasθista] *a.-s.* fascista.
fase [fáse] *f.* fase.
fastidiar [fastidjár] *t.-r.* infastidire, seccare.
fastidio [fastiðjo] *m.* fastidio, briga *f.*
fastidioso, -sa [fastiðjóso, -sa] *a.* fastidioso.
fasto [fásto] *a.-m.* fasto. 2 *pl.* fasti.
fastuoso, -sa [fastwòso, -sa] *a.* fastoso.
fatal [fatál] *a.* fatale. 2 *fig.* tremendo.
fatalidad [fataliðáð] *f.* fatalità.
fatalismo [fatalizmo] *m.* fatalismo.
fatalista [fatalista] *s.* fatalista.
fatídico, -ca [fatiðiko, -ka] *a.* fatidico.
fatiga [fatiɣa] *f.* fatica, affanno *m.*
fatigado [fatiɣáðo, -ða] *a.* stanco.
fatigar [fatiɣár] *t.-r.* affaticare. 2 *r.* faticare.
fatigoso, -sa [fatiɣóso, -sa] *a.* faticoso, gravoso.
fatuo, -tua [fátwo, -twa] *a.* fatuo.
fauces [fáuθes] *f. pl.* fauci.
fauna [fáuna] *f.* fauna.
fausto, -ta [fáusto, -ta] *a.* fausto. 2 *m.* fasto.
fautor, -ra [fautór, -ra] *s.* fautore.
favor [faβór] *m.* favore, piacere, gentilezza *f.* ‖ *por ~,* per favore, per cortesia, per piacere.
favorable [faβoráβle] *a.* favorevole.
favorecer [faβoreθér] *t.* favorire. 2 giovare. 3 caldeggiare. ¶ CONIUG. come *crecer.*
favoritismo [faβoritizmo] *m.* favoritismo.
favorito, -ta [faβorito, -ta] *a.-s.* favorito.
faz [faθ] *f.* faccia.
fe [fe] *f.* fede. 2 certificato *m.* ‖ *dar ~,* dar fede, certificare. ‖ *~ de erratas,* errata corrige.
fealdad [fealdáð] *f.* bruttezza. 2 *fig.* indegnità.

febrero [feβrềro] *m.* febbraio.

febril [feβríl] *a.* febbrile.

fecal [fekál] *a.* fecale.

fécula [fékula] *f.* fecola.

fecundación [fekundaθjón] *f.* fecondazione.

fecundar [fekundár] *t.* fecondare.

fecundidad [fekundiðáð] *f.* fecondità.

fecundizar [fekundiθár] *t.* fertilizzare, fecondare.

fecundo, -da [fekúndo, -da] *a.* fecondo.

fecha [fétʃa] *f.* data. ‖ *hasta la ~,* fino ad
oggi.

fechar [fetʃár] *t.* datare.

fechoría [fetʃoría] *f.* malefatta.

federación [feðeraθjón] *f.* federazione.

federal [feðerál] *a.* federale.

federalismo [feðeralizmo] *m.* federalismo.

federativo, -va [feðeratiβo, -βa] *a.* federativo.

fehaciente [feaθjénte] *a.* fededegno.

felicidad [feliθiðáð] *f.* felicità, beatitudine.

felicitación [feliθitaθjón] *f.* congratulazione, felicitazione. 2 *pl.* auguri *m.*

felicitar [feliθitár] *t.* congratularsi. 2 fare
gli auguri.

feligrés, -sa [feliɣrés, -sa] *m.* parrocchiano.

feligresía [feliɣresía] *f.* parrocchia.

felino, -na [felino, -na] *a.-m.* felino.

feliz [feliθ] *a.* felice, beato.

felpa [félpa] *f.* felpa.

felpudo, -da [felpúðu, -ða] *a.* felpato.

femenino, -na [femenino, -na] *a.* femminile.

feminidad [feminiðáð] *f.* femminilità.

feminismo [feminizmo] *m.* femminismo.

fémur [fémur] *m.* femore.

fenecer [feneθér] *t.* finire. 2 *i.* morire.
¶ CONIUG. come *crecer.*

fenicio, -cia [feniθjo, -θja] *a.-s.* fenicio.

fénix [fèni(ɣ)s] *f.* fenice.

fenomenal [fenomenál] *a.* fenomenale.

fenómeno [fenòmeno] *m.* fenomeno.

feo, -a [fèo, -a] *a.* brutto. 2 *m.* sgarbo.

feracidad [feraθiðáð] *f.* feracità.

feraz [feráθ] *a.* ferace.

féretro [féretro] *m.* feretro.

feria [féria] *f.* feria.ʼ

feriado, -da [ferjáðo, -ða] *a.* festivo.

ferial [ferjál] *a.* feriale. 2 di fiera. 3 *m.* fiera
f., mercato.

feriar [ferjár] *t.* comprare o vendere [nella
fiera].

fermentación [fermentaθjón] *f.* fermentazione.

fermentar [fermentár] *i.* fermentare.

fermento [fermènto] *m.* fermento.

ferocidad [feroθiðáð] *f.* ferocia.

feroz [feróθ] *a.* feroce.

férreo, -a [férreo, -a] *a.* ferreo.

ferretería [ferretería] *f.* negozio *m.* di fer-
ramenta.

ferrocarril [ferrokarríl] *m.* ferrovia *f.*

ferroso, -sa [ferróso, -sa] *a.* ferrigno.

ferroviario, -ria [ferroβjárjo, -rja] *a.* ferroviario. 2 *m.* ferroviere.

ferruginoso, -sa [ferruxinóso, -sa] *a.* ferruginoso.

fértil [fértil] *a.* fertile.

fertilidad [fertiliðáð] *f.* fertilità.

fertilizante [fertiliθánte] *a.-m.* fertilizzante.

fertilizar [fertiliθár] *t.* fertilizzare.

ferviente [ferβjénte] *a.* fervente.

fervor [ferβór] *m.* fervore.

fervoroso, -sa [ferβoróso, -sa] *a.* fervido,
fervente.

festejar [festexár] *t.* festeggiare. 2 corteggiare. 3 *r.* divertirsi.

festejo [festèxo] *m.* festeggiamento. 2 corteggiamento.

festín [festín] *m.* festino.

festival [festiβál] *m.* festival.

festividad [festiβiðáð] *f.* festività.

festivo, -va [festiβo, -βa] *a.* festivo. 2 allegro, spiritoso.

fetiche [fetitʃe] *m.* feticcio.

fetichismo [fetitʃizmo] *m.* feticismo.

fetidez [fetiðéθ] *f.* fetore *m.*

fétido, -da [fétiðo, -ða] *a.* fetido.

feto [fèto] *m.* feto.

feudal [feuðál] *a.* feudale.

feudalismo [feuðalizmo] *m.* feudalesimo.

feudo [féuðo] *m.* feudo.

fez [feθ] *m.* fez.

fiado, -da [fiáðo, -ða] *a.* fidato. ‖ *al ~,* a
credito.

fiador, -ra [fiaðór, -ra] *s.* mallevadore, garante.

fiambre [fiámbre] *m.* salumi *pl.*

fiambrera [fiambréra] *f.* portavivande *m.*

fianza [fiánθa] *f.* garanzia, caparra. 2 cauzione.

fiar [fiár] *t.* garantire. 2 vendere a credito.
‖ *ser de ~,* essere di fiducia. 3 *r.* fidarsi.

fibra [fíβra] *f.* fibra.

fibroso, -sa [fiβróso, -sa] *a.* fibroso.

ficción [fiɣθjón] *f.* finzione. ‖ *ciencia ~,*
fantascienza.

ficticio, -cia [fiɣtiθjo, -θja] *a.* fittizio.

ficha [fitʃa] *f.* gettone *m.* 2 pedina. 3 scheda.

fichero [fitʃero] *m.* schedario, casellario.

fidedigno, -na [fiðeðiɣno, -na] *a.* fededegno, attendibile.

fidelidad [fiðeliðåð] *f.* fedeltà.

fideos [fiðeos] *m. pl.* vermicelli, spaghetti.

fiduciario, -ria [fiðuθjàrjo, -rja] *a.-s.* fiduciario.

fiebre [fjéβre] *f.* febbre.

fiel [fjèl] *a.* fedele. 2 *m.* indice [della bilancia].

fieltro [fjèltro] *m.* feltro.

fiera [fjéra] *f.* fiera, belva.

fiereza [fjeréθa] *f.* ferocia, crudeltà.

fiero, -ra [fjéro, -ra] *a.* crudele, terribile, selvaggio.

fiesta [fjésta] *f.* festa.

figura [fiɣúra] *f.* figura.

figuración [fiɣuraθjón] *f.* figurazione.

figurante [fiɣuránte] *s.* comparsa *f.*

figurado, -da [fiɣuràðo, -ða] *a.* figurato.

figurar [fiɣurár] *t.-i.* figurare. 2 far parte di. 3 *r.* figurarsi, immaginarsi. ‖ *¡figúrese usted!,* s'immagini!

figurativo, -va [fiɣuratiβo, -βa] *a.* figurativo.

figurilla [fiɣuriʎa] *f.* figurina.

fijación [fixaθjón] *f.* affissione.

fijador, -ra [fixaðòr, -ra] *a.-m.* fissatore.

fijar [fixàr] *t.* fissare, attaccare, affiggere. 2 conficcare. 3 *r.* fare attenzione, badare.

fijeza [fixéθa] *f.* fissità.

fijo, -ja [fixo, -xa] *a.* fisso. ‖ *idea fija,* fissazione.

fila [fila] *f.* fila.

filamento [filaménto] *m.* filamento.

filantropía [filantropia] *f.* filantropia.

filantrópico, -ca [filantrópiko, -ka] *a.* filantropico.

filántropo [filántropo] *m.* filantropo.

filarmónico, -ca [filarmóniko, -ka] *a.-s.* filarmonico. 2 *f.* filarmonica.

filatelia [filatélja] *f.* filatelia.

filatélico, -ca [filatéliko, -ka] *a.* filatelico.

filatelista [filatelista] *s.* filatelico.

filete [filéte] *m.* filetto.

filiación [filjaθjón] *f.* filiazione. 2 generalità [*pl.*].

filial [filjàl] *a.-f.* filiale.

filibustero [filiβustèro] *m.* filibustiere.

filigrana [filiɣrána] *f.* filigrana.

filípica [filipika] *f.* filippica.

film, filme [film, filme] *m.* film.

filmar [filmár] *t.* filmare, girare [un film].

filo [filo] *m.* filo.

filología [filoloxia] *f.* filologia.

filológico, -ca [filolóxiko, -ka] *a.* filologico.

filólogo, -ga [filóloɣo, -ɣa] *s.* filologo.

filón [filón] *m.* filone.

filosofía [filosofia] *f.* filosofia.

filosófico, -ca [filosófiko, -ka] *a.* filosofico.

filósofo, -fa [filósofo, -fa] *sa.* filosofo.

filoxera [filoysèra] *f.* fillossera.

filtración [filtraθjón] *f.* infiltrazione.

filtrar [filtràr] *t.-i.-r.* filtrare.

filtro [filtro] *m.* filtro.

fin [fin] *m.-f.* fine [termine e scopo]. ‖ *al ~ y al cabo,* alla fin fine. ‖ *a fines,* alla fine, agli ultimi. ‖ *por ~,* finalmente.

final [finál] *a.* finale. 2 *m.* termine, fine *f.,* finale.

finalidad [finaliðåð] *f.* fine *m.,* scopo *m.*

finalista [finalista] *a.-s.* finalista.

finalizar [finaliθàr] *t.* concludere, terminare.

finalmente [finálmente] *avv.* alla fine.

financiación [finanθjaθjón] *f.* finanziamento *m.*

financiar [finanθjàr] *t.* finanziare.

financiero, -ra [finanθjèro, -ra] *a.* finanziario. 2 *m.* finanziere, finanziatore.

finanza [finánθa] *f.* finanza.

finca [fiŋka] *f.* proprietà, tenuta.

fineza [finèθa] *f.* finezza.

fingir [fiŋxir] *t.* fingere.

fino, -na [fino, -na] *a.* fine, sottile, fino.

finura [finùra] *f.* finezza, delicatezza.

fiord [fjòrd] *m.* fiordo.

firma [firma] *f.* firma. 2 ditta.

firmamento [firmaménto] *m.* firmamento.

firmante [firmánte] *a.-s.* firmatario.

firmar [firmár] *t.* firmare.

firme [firme] *a.* fermo. ‖ *mantenerse ~,* tenere duro. ‖ MIL. *¡firmes!,* attenti!

firmeza [firméθa] *f.* fermezza.

fiscal [fiskál] *a.* fiscale. 2 *m.* pubblico ministero.

fiscalizar [fiskaliθár] *t.* controllare, ispezionare.

fisco [fisko] *m.* fisco.

fisgonear [fizɣoneàr] *t.* curiosare.

físico, -ca [físiko, -ka] *a.-s.* fisico. 2 *f.* fisica.

fisiología [fisjoloxia] *f.* fisiologia.

fisiológico, -ca [fisjolóxiko, -ka] *a.* fisiologico.

fisonomía [fisonomia] *f.* fisionomia.

fisonomista [fisonomísta] *a.-s.* fisonomista.

fisura [fisúra] *f.* fessura, frattura, spaccatura.

fístula [fístula] *f.* fistola.

flaco, -ca [fláko, -ka] *a.* magro. 2 *a.-m.* fiacco, debole.

flagelación [flaxelaθjón] *f.* flagellazione.

flagelar [flaxelár] *t.-r.* flagellare.

flagrante [flayránte] *a.* flagrante.

flamante [flamánte] *a.* fiammante, nuovo.

flamear [flameár] *i.* fiammeggiare.

flamenco, -ca [flaménko, -ka] *a.-s.* flamenco. 2 fiammingo. 3 *a.* [canto] gitano, andaluso. 4 *m.* ORNIT. fenicottero.

flan [flán] *m.* budino, sformato.

flanco [flánko] *m.* fianco.

franqueadora [fraŋkeaðóra] *f.* affrancatrice.

flanquear [flaŋkeár] *t.* fiancheggiare, affiancare.

flaquear [flakeár] *i.* cedere, affievolirsi.

flaqueza [flakéθa] *f.* fiacchezza, fiacca. 2 gracilità.

flato [fláto] *m.* flato.

flatulencia [flatulénθja] *f.* flatulenza.

flauta [fláuta] *f.* flauto *m.*

flautista [flautísta] *s.* flautista.

flebitis [fleβítis] *f.* flebite.

fleco [fléko] *m.* frangia *f.* 2 frangetta *f.*

flecha [flétʃa] *f.* freccia.

flechazo [fletʃáθo] *m.* frecciata *f.*

flema [fléma] *f.* flemma.

flemático, -ca [flemátiko, -ka] *a.* flemmatico.

flemón [flemón] *m.* flemmone.

flequillo [flekíʎo] *m.* frangetta *f.*

fletar [fletár] *t.* noleggiare.

flete [fléte] *m.* noleggio, nolo.

flexibilidad [fleysiβiliðáð] *f.* flessuoso.

flexible [fleysíβle] *a.* flessibile, flessuoso.

flexión [fleysjón] *f.* flessione.

flexuoso, -sa [fleysuóso, -sa] *a.* flessuoso.

flirtear [flirteár] *i.* flirtare, corteggiare.

flirteo [flirtéo] *m.* flirt, corteggiamento.

flojear [floxeár] *i.* infiacchirsi, indebolirsi.

flojedad [floxeðáð] *f.* fiacca. 2 fig. svogliatezza.

flojera [floxéra] *f.* V. **flojedad.**

flojo, -ja [flóxo, -xa] *a.* fiacco, debole, fioco, floscio.

flor [flòr] *f.* fiore *m.* ‖ *la ~ y la nata*, il fior fiore.

flora [flóra] *f.* flora.

floración [floraθjón] *f.* fioritura.

floral [florál] *a.* floreale.

florear [floreár] *t.* infiorare.

florecer [floreθèr] *i.* fiorire. 2 *r.* ammuffire. ¶ CONIUG. come *crecer.*

floreciente [florθjénte] *a.* fiorente.

florecimiento [floreθimjénto] *m.* fioritura *f.*

florentino, -na [florentíno, -na] *a.-s.* fiorentino.

florero [florèro] *m.* vaso di fiori.

florete [florète] *m.* fioretto.

floricultor [florikultòr] *m.* fioricultore.

floricultura [florikultúra] *f.* fioricultura.

florido, -da [floríðo, -ða] *a.* fiorito.

florilegio [florilèxjo] *m.* florilegio.

florista [florísta] *s.* fiorista.

florón [florón] *m.* rosone.

flota [flóta] *f.* flotta.

flotación [flotaθjón] *f.* galleggiamento *m.*

flotador, -ra [flotaðòr, -ra] *a.-m.* galleggiante.

flotar [flotár] *i.* galleggiare. 2 sventolare.

flote [flóte] *m.* galleggiamento. ‖ *a ~*, a galla.

fluctuación [fluytwaθjón] *f.* fluttuazione.

fluctuar [fluytuár] *i.* fluttuare.

fluidez [flwiðéθ] *f.* fluidità.

fluido, -da [fluíðo, -ða] *a.-m.* fluido.

fluir [flwir] *i.* fluire, scorrere. ¶ CONIUG. come *huir.*

flujo [flúxo] *m.* flusso.

flúor [flúor] *m.* fluoro.

fluorescencia [flwóresθénθja] *f.* fluorescenza.

fluorescente [flwóresθénte] *a.* fluorescente.

fluvial [fluβjál] *a.* fluviale.

fobia [fóβia] *f.* fobia.

foca [fóka] *f.* foca.

focal [fokál] *a.* focale.

foco [fóko] *m.* fuoco. 2 focolaio.

fofo, -fa [fófo, -fa] *a.* soffice, spugnoso.

fogata [foɣáta] *f.* falò *m.*

fogón [foɣòn] *m.* fornello, focolare.

fogonero [foɣonéro] *m.* fochista.

fogosidad [foɣosiðáð] *f.* foga, impeto *m.*

fogoso, -sa [foɣóso, -sa] *a.* focoso.

folclore [folklóre] *m.* folclore.

folclórico, -ca [folklóriko, -ka] *a.* folcloristico.

foliar [foljár] *t.* numerare [le pagine d'un libro].

folio [fóljo] *m.* foglio.

follaje [foʎáxe] *m.* fogliame.

folletín [foʎetín] *m.* letteratura *f.* d'appendice.

folleto [foʌéto] *m.* opuscolo.

follón, -na [foʌón, -na] *a.* pigro. 2 *m.* tumulto, confusione *f.*

fomentar [fomentár] *t.* fomentare, caldeggiare.

fomento [fomènto] *m.* fomento.

fonda [fónda] *f.* locanda.

fondear [fondeár] *t.* scandagliare. 2 fig. indagare. 3 *i.* ancorarsi.

fondo [fóndo] *m.* fondo. 2 sfondo [d'un quadro, ecc.].

fonético, -ca [fonètiko, -ka] *a.* fonetico. 2 *f.* fonetica.

fónico, -ca [fóniko, -ka] *a.* fonico.

fontanero [fontanéro] *m.* idraulico.

forajido, -da [foraxiðo, -ða] *a.-s.* facinoroso.

forastero, -ra [forastèro, -ra] *a.s-.* forestiero, straniero.

forcejear [forθexeár] *i.* forzare. 2 dibattersi, divincolarsi.

forcejeo [forθexèo] *m.* sforzo. 2 divincolamento.

fórceps [fórθeβs] *m.* forcipe.

forense [forènse] *a.-m.* forense.

forestal [forestál] *a.* forestale.

forja [fòrxa] *f.* fucina.

forjar [forxár] *t.* forgiare. 2 costruire, elaborare.

forma [fórma] *f.* forma, foggia. ‖ *de ~ que,* in modo che.

formación [formaθjón] *f.* formazione.

formal [formál] *a.* formale. 2 corretto. ‖ *tener novio ~,* essere fidanzata ufficialmente.

formalidad [formaliðáð] *f.* formalità, correttezza.

formalizar [formaliθár] *t.* dar forma legale. 2 concretare, precisare. 2 *r.* diventare serio.

formar [formár] *t.* formare. 2 MIL. schierarsi.

formativo, -va [formatiβo, -βa] *a.* formativo.

formato [formáto] *m.* formato.

fórmica [fòrmika] *f.* formica.

formidable [formiðáβle] *a.* formidabile.

fórmula [fórmula] *f.* formula.

formular [formulár] *t.* formulare.

formulario [formulárjo] *m.* formulario, ricettario.

fornicar [fornikár] *t.* fornicare.

fornido, -da [forniðo, -ða] *a.* robusto.

foro [fóro] *m.* foro.

forraje [forráxe] *m.* foraggio.

forrar [forrár] *t.* foderare. 2 ricoprire.

forro [fórro] *m.* fodera *nf.* 2 copertina *f.*

fortalecedor, -ra [fortaleθeðór, -ra] *a.* fortificatore.

fortalecer [fortaleθèr] *t.-r.* fortificare, rinfrancare, rinvigorire. ¶ CONIUG. come *crecer.*

fortaleza [fortaléθa] *f.* fortezza. 2 vigore *m.,* forza.

fortificación [fortifikaθjón] *f.* fortificazione.

fortificar [fortifikár] *t.* fortificare.

fortín [fortin] *m.* fortino.

fortuito, -ta [fortwito, -ta] *a.* fortuito.

fortuna [fortúna] *f.* fortuna.

forúnculo [forúŋkulo] *m.* foruncolo.

forzado, -da [forθáðo, -ða] *a.* forzato.

forzar [forθár] *t.* forzare, costringere.

forzoso, -sa [forθóso, -sa] *a.* forzoso, coatto.

forzudo, -da [forθúðo, -ða] *a.* forzuto.

fosa [fósa] *f.* fossa.

fosforescencia [fosforesθènθja] *f.* fosforescenza.

fosforescente [fosforesθènte] *a.* fosforescente.

fósforo [fósforo] *m.* fosforo. 2 fiammifero.

fósil [fósil] *a.-m.* fossile.

fosilizarse [fosiliθárse] *r.* fossilizzarsi.

foso [fóso] *m.* fosso.

foto [fóto] *f.* foto.

fotocopia [fotokópja] *f.* fotocopia.

fotoeléctrico, -ca [fotoelèγtriko, -ka] *a.* fotoelettrico.

fotogénico, -ca [fotoxèniko, -ka] *a.* fotogenico.

fotograbado [fotoγraβàðo] *m.* fotoincisione *f.*

fotografia [fotoγrafía] *f.* fotografia.

fotografiar [fotoγrafjàr] *t.* fotografare.

fotográfico, -ca [fotoγráfiko, -ka] *a.* fotografico.

fotógrafo [fotóγrafo] *m.* fotografo.

fotograma [fotoγràma] *m.* fotogramma.

fotómetro [fotómetro] *m.* fotometro.

fotomodelo [fotomoðèlo] *f.* fotomodella.

fotomontaje [fotomontáxe] *m.* fotomontaggio.

fotonovela [fotonoβéla] *f.* fotoromanzo *m.*

fotorreportero [fotorreportèro] *m.* fotoreporter.

fotovoltaico, -ca [fotoβoltáiko, -ka] *a.* fotovoltaico.

frac [fraγ] *m.* frac.

fracasado, -da [frakasáðo, -ða] *a.-s.* fallito.

fracasar [frakasár] *i.* fallire, far fiasco.

fracaso [frakáso] *m.* fallimento, insuccesso, fiasco.

fracción [frayβjón] *f.* frazione.

fraccionamiento [frayθjonamjénto] *m.* frazionamento.

fraccionar [frayθjonár] *t.* frazionare.

fraccionario, -ria [frayθjonárjo, -rja] *a.* frazionario.

fractura [fraytúra] *f.* frattura.

fracturar [frayturár] *t.* fratturare. 2 *r.* rompersi, farsi una frattura.

fragancia [frayánθja] *f.* fragranza.

fragante [frayánte] *a.* fragrante.

fragata [frayáta] *f.* fregata.

frágil [fráxil] *a.* fragile.

fragilidad [fraxiliðáð] *f.* fragilità.

fragmentación [fraymentaθjón] *f.* frammentazione.

fragmentar [fraymentár] *t.-r.* frammentare, ridurre in frammenti.

fragmentario, -ria [fraymentárjo, -rja] *a.* frammentario, incompleto.

fragmento [fraymḗnto] *m.* frammento. 2 brano [letterario o musicale].

fragor [frayór] *m.* fragore.

fragua [fráywa] *f.* fucina.

fraguar [fraywár] *t.* fucinare, foggiare. 2 fig. tramare.

fraile [fráile] *m.* frate.

frambuesa [frambwēsa] *f.* lampone *m.*

francachela [frankat͡sḗla] *f.* gozzoviglia, bisboccia.

francés, -sa [franθés, -sa] *a.-s.* francese.

franciscano, -na [franθiskáno, -na] *a.-s.* francescano.

francmasón, -na [frammasón, -na] *s.* frammassone.

francmasonería [frammasonería] *f.* frammassoneria.

franco, -ca [fránko, -ka] *a.-s.* franco.

franela [franéla] *f.* flanella.

franja [fránxa] *f.* fascia, striscia, balza.

franquear [frankeár] *t.* affrancare.

franqueo [frankéo] *m.* affrancatura *f.* ‖ ~ **concertado,** abbonamento postale.

franqueza [frankéθa] *f.* franchezza.

franquicia [frankíθja] *f.* franchigia.

frasco [frásko] *m.* flacone, fiasco, boccia *f.* ‖ ~ **pequeño,** boccetta *f.*

frase [fráse] *f.* frase.

frasear [fraseár] *t.* fraseggiare.

fraseo [fraséo] *m.* fraseggio.

fraseología [fraseoloxía] *f.* fraseologia, frasario *m.*

fraternal [fraternál] *a.* fraterno.

fraternidad [fraterniðáð] *f.* fraternità, fratellanza.

fraternizar [fraterniθár] *i.* fraternizzare.

fraterno, -na [fratérno, -na] *a.* fraterno. 2 *f.* paternale, rimprovero *m.* severo.

fratricida [fratriθíða] *a.-s.* fratricida.

fratricidio [fratriθíðjo] *m.* fratricidio.

fraude [fráuðe] *m.* frode *f.,* imbroglio.

fraudulento, -ta [frauðulénto, -ta] *a.* fraudolento, doloso.

fray [frái] *m.* fra, fratel [davanti al nome di un religioso].

frazada [fraθáða] *f.* coltre, coperta.

frequencia [frekwénθja] *f.* frequenza.

frecuentar [frekwentár] *t.* frequentare.

fregadero [freyaðéro] *m.* acquaio, lavello.

fregar [freyár] *t.* lavare, strofinare. ¶ CONIUG. come *acertar.*

fregona [freyóna] *f.* sguattera. 2 fig. arnese domestico per lavare il suolo senza bisogno di chinarsi.

freiduría [freiðuría] *f.* friggitoria.

freír [freir] *t.* friggere. 2 fig. fam. infastidire. ‖ *irse (mandar) a ~ espárragos,* andare (mandare) a farsi friggere. ¶ CONIUG. come *reír.* ‖ PART. P.: *freído, frito.*

frenar [frenár] *t.* frenare.

frenazo [frenáθo] *m.* frenata *f.*

frenesí [frenesí] *m.* frenesìa *f.*

frenético, -ca [frenétiko, -ka] *a.* frenetico.

frenillo [freníʎo] *m.* frenulo, filetto.

freno [fréno] *m.* freno.

frente [frénte] *f.* fronte. 2 *m.-f.* facciata, parte anteriore. 3 *m.* fronte. ‖ *¡de ~!,* dietro front! 4 *avv.* di fronte.

fresa [frésa] *f.* fragola. 2 MECC. fresa.

fresco, -ca [frésko, -ka] *a.* fresco. 2 fig. sfacciato. 2 *m.* fresco. 4 affresco. 5 *f.* fresco *m.,* aria fresca. ‖ *decir cuatro frescas,* dirne quattro.

frescor [freskór] *m.* freschezza *f.*

frescura [freskúra] *f.* frescura. 2 freschezza.

fresneda [freznéða] *f.* frassineto *m.*

fresno [fréθno] *m.* frassino.

fresón [fresón] *m.* fragolone *m.*

friable [friáβle] *a.* friabile.

frialdad [frjalðáð] *f.* freddezza.

fricción [friyθjón] *f.* frizione.

friccionar [friyθjonár] *t.* frizionare.

friega [frjéya] *f.* frizione, massaggio *m.*

frigidez [frixiðéθ] *f.* frigidità.

frígido, -da [fríxiðo, -ða] *a.* frigido.

frigio, -gia [fríxjo, -xja] *a.-s.* frigio.

frigorífico, -ca [friɣorífiko, -ka] *a.-m.* frigorifero.

frío, -a [frío, -a] *a.-m.* freddo.

friolero, -ra [frjolèro, -ra] *a.* freddoloso. 2 *f.* piccolezza, sciocchezza, bazzecola, bellezza. ‖ *la friolera de mil pesetas,* la bellezza di mille pesete.

frisar [frisár] *t.* increspare. 2 *i.* fig. avvicinarsi, toccare. ‖ ~ *en los cincuenta,* essere sulla ciquantina.

friso [fríso] *m.* fregio.

frisón, -na [frisòn, -na] *a.-s.* frigio.

fritada [fritáða] *f.* frittura.

frito, -ta [fríto, -ta] (p. p. irr. di *freír*) fritto.

fritura [fritúra] *f.* frittura.

frivolidad [friβoliðáð] *f.* frivolezza.

frívolo, -la [fríβolo, -la] *a.* frivolo.

fronda [frònda] *f.* froda.

frondosidad [frondosiðáð] *f.* frondosità.

frondoso, -sa [frondóso, -sa] *a.* frondoso.

frontal [frontál] *a.-m.* frontale.

frontera [frontèra] *f.* frontiera.

fronterizo, -za [fronteríθo, -θa] *a.* di frontiera.

frontispicio [frontispíθjo] *m.* frontespizio.

frontón [frontòn] *m.* frontone. 2 sferisterio.

frotación [frotaθjón] *f.* sfregamento *m.,* frizione.

frotar [frotár] *t.-r.* fregare, sfregare, stropicciare.

frote [fróte] *m.* sfregamento, frizione *f.*

fructífero, -ra [fruɣtífero, -ra] *a.* fruttifero, fruttuoso.

fructificar [fruɣtifikár] *i.* fruttare, fruttificare.

fructuoso, -sa [fruɣtuóso, -sa] *a.* fruttuoso.

frugal [fruɣál] *a.* frugale.

frugalidad [fruɣaliðáð] *f.* frugalità.

fruición [frwiθjón] *f.* godimento *m.,* fruizione.

fruncir [frunθir] *t.* corrugare. ‖ ~ *el ceño (o el cejo),* accigliarsi.

frustración [frustraθjón] *f.* frustrazione.

frustrar [frustrár] *t.* frustrare.

fruta [frúta] *f.* frutta.

frutal [frutál] *a.-s.* fruttifero [albero].

frutería [frutería] *f.* negozio *m.* di frutta.

frutero, -ra [frutèro, -ra] *s.* fruttivendolo. 2 *m.* fruttiera *f.*

fruto [frúto] *m.* frutto.

fuego [fwéɣo] *m.* fuoco.

fuelle [fwéʎe] *m.* mantice.

fuente [fwènte] *f.* fontana. 2 sorgente, fonte. 3 vassoio *m.*

fuer [fwèr] *loc.* **a ~ de,** in qualità di.

fuera [fwèra] *avv.* fuori. ‖ *por ~,* di fuori, dal di fuori. ‖ ~ *de,* fuori (di), al di fuori di.

fuero [fwèro] *m.* foro, giurisdizione *f.* corpo di leggi. 2 *pl.* privilegi.

fuerte [fwèrte] *a.-s.* forte. 2 *avv.* forte, fortemente.

fuerza [fwèrθa] *f.* forza. ‖ **a ~ de,** a furia di. 2 EL. corrente industriale.

fuga [fúɣa] *f.* fuga.

fugacidad [fuɣaθiðáð] *f.* fugacità.

fugarse [fuɣárse] *r.* fuggire.

fugaz [fuɣáθ] *a.* fugace.

fugitivo, -va [fuxitíβo, -βa] *a.-s.* fuggitivo, fuggiasco.

fulano, -na [fuláno, -na] *s.* tizio. 2 fam. amante. 3 *f.* prostituta.

fulcro [fúlkro] *m.* fulcro.

fulgor [fulɣòr] *m.* fulgore.

fulgurar [fulɣurár] *i.* sfolgorare, sfavillare.

fulminante [fulminánte] *a.* fulminante, folgorante.

fulminar [fulminár] *t.* fulminare.

fulmíneo, -a [fulmíneo, -a] *a.* fulmineo.

fumador, -ra [fumáðor, -ra] *a.-s.* fumatore.

fumar [fumár] *i.-t.* fumare.

funámbulo, -la [funámbulo, -la] *s.* funambolo.

función [funθjón] *f.* funzione. 2 rappresentazione. ‖ *en funciones,* in carica.

funcional [funθjonál] *a.* funzionale.

funcionamiento [funθjonamjènto] *m.* funzionamento.

funcionar [funθjonár] *i.* funzionare.

funcionario [funθjonárjo] *m.* funzionario.

funda [fúnda] *f.* fodera, fodero *m.,* guaina. 2 federa.

fundación [fundaθjòn] *f.* fondazione.

fundador, -ra [fundaðòr, -ra] *s.* fondatore. 2 capostipite.

fundamental [fundamentál] *a.* fondamentale.

fundamentar [fundamentár] *t.* fondare, basare. 2 gettare le fondamenta.

fundamento [fundamènto] *m.* fondamento, caposaldo, cardine. ‖ *sin ~,* campato in aria.

fundar [fundár] *t.* fondare.

fundición [fundiθjòn] *f.* fonderia. 2 ghisa.

fundir [fundìr] *t.-r.* fondere.

fúnebre [fúneβre] *a.* funebre, funereo.

funeral [funeràl] *m.* funerale.

funerario, -ria [funeràrjo, -rja] *a.* funerario. 2 *f.* impresa di pompe funebri.

funesto, -ta [funèsto, -ta] *a.* funesto.

funicular [funikulàr] *a.-m.* funicolare *f.* ‖ ~ **aéreo,** teleferica *f.,* funivia *f.*

furgón [furɣòn] *m.* furgone.

furia [fúrja] *f.* furia.

furibundo, -da [furiβúndo, -da] *a.* furibondo.

furioso, -sa [furjòso, -sa] *a.* furioso, furente.

furor [furòr] *m.* furore.

furriel [furrjèl] *m.* furiere.

furtivo, -va [furtìβo, -βa] *a.* furtivo.

furúnculo [furúŋkulo] *m.* foruncolo.

fusa [fúsa] *f.* MÚS. biscroma [nota].

fuselaje [fuseláxe] *m.* fusoliera *f.*

fusible [fusìβle] *a.-m.* fusibile.

fusil [fusìl] *m.* fucile.

fusilamiento [fusilamjènto] *m.* fucilazione *f.*

fusilar [fusilàr] *t.* fucilare.

fusión [fusiòn] *f.* fusione.

fusionar [fusjonàr] *t.* fondere insieme.

fusta [fústa] *f.* frusta.

fustán [fustàn] *m.* fustagno.

fuste [fúste] *m.* fusto.

fustigar [fustiɣár] *t.* fustigare.

fútbol [fútbol] *m.* calcio.

futbolista [futβolìsta] *m.* calciatore.

futbolístico, -ca [futβolìstiko, -ka] *a.* calcistico.

fútil [fútil] *a.* futile.

futilidad [futiliðàð] *a.-m.* futilità.

futuro, -ra [futúro, -ra] *a.-m.* futuro. 2 promesso sposo.

G

g [xe] f. ottava lettera dell'alfabeto spagnolo.

gabán [gaβán] m. soprabito, pastrano, cappotto, gabbano.

gabardina [gaβarðína] f. impermeabile m. 2 gabardine m. [stoffa].

gabinete [gaβinéte] m. gabinetto.

gacela [gaθéla] f. gazzella.

gaceta [gaθéta] f. gazzetta.

gacetilla [gaθetíʎa] f. gazzettino m.

gacho, -cha [gátʃo, -tʃa] a. chinato.

gaditano, -na [gaðitáno, -na] a.-s. abitante di Cadice.

gafa [gáfa] f. uncino m. 2 pl. occhiali m.

gaita [gáita] f. cornamusa, zampogna. 2 fig. scocciatura.

gaitero, -ra [gaitéro, -ra] s. zampognaro.

gaje [gáxe] m. stipendio, salario. ‖ los gajes del oficio, gli incerti del mestiere.

gajo [gáxo] m. spicchio.

gala [gála] f. gala.

galán [galán] a.-m. galante, elegante. 2 corteggiatore. 3 TEAT.-CINEM. amoroso.

galante [galánte] a. galante.

galantear [galanteár] t. fare il galante, corteggiare.

galantería [galantería] f. galanteria.

galanura [galanúra] f. grazia, eleganza.

galápago [galápaɣo] m. ZOOL. testuggine f.

galardón [galarðón] m. ricompensa f., premio.

galardonar [galarðonár] t. ricompensare, premiare.

galaxia [galáɣsja] f. galassia.

galena [galéna] f. galena.

galeno [galéno] m. fam. medico.

galeote [galeóte] m. galeotto.

galera [galéra] f. galea. 2 galera.

galería [galería] f. galleria. 2 veranda. 3 TEAT. galleria.

galgo [gálɣo] m. levriere.

galicismo [galiθízmo] m. francesismo, gallicismo.

galo, -la [gálo, -la] a.-s. gallo.

galón [galón] m. gallone.

galopada [galopáða] f. galoppata.

galopar [galopár] i. galoppare.

galope [galópe] m. galoppo.

galvanización [galβaniθaθjón] f. galvanizzazione.

galvanizar [galβaniθár] t. galvanizzare.

gallardete [gaʎarðéte] m. gagliardetto.

gallardía [gaʎarðía] f. gagliardia, coraggio m.

gallardo, -da [gaʎárðo, -ða] a. gagliardo, coraggioso, aitante. 2 fig. eccellente, forte.

galleta [gaʎéta] f. biscotto m., galletta.

gallina [gaʎína] f. gallina. 2 m. fig. codardo. ‖ ponérsele a uno la carne de gallina, accaponarsi [a qualcuno] la pelle, venire la pelle d'oca.

gallinero [gaʎinéro] m. pollaio. 2 pollaiolo. 3 TEAT. loggione.

gallo [gáʎo] m. gallo. 2 MUS. stecca f.

gama [gáma] f. gamma.

gamberrismo [gamberrízmo] m. teppismo.

gamberro, -rra [gambérro, -rra] a.-s. teppista.

gamella [gaméʎa] f. gavetta.

gamo [gámo] m. daino.

gamuza [gamúθa] f. camoscio m.

gana [gána] f. voglia. ‖ de buena ~, volentieri. ‖ de mala ~, malvolentieri. ‖ tener ganas (de), avere voglia (di).

ganadería [ganaðería] f. bestiame m. 2 allevamento m. di bestiame.

ganadero, -ra [ganaðéro, -ra] a. relativo al bestiame. 2 m. allevatore di bestiame.

ganado [ganáðo] m. bestiame.

ganador, -ra [ganaðór, -ra] a.-s. vincitore.

ganancia [ganánθja] f. guadagno m.

ganar [ganár] t. guadagnare. 2 vincere. 3 raggiungere. 4 r. attirarsi, cattivarsi.

ganchillo [gantʃíʎo] m. uncinetto.

gancho [gántʃo] m. gancio.

gandul, -la [gandúl, -la] a. fannullone, lazzarone.

gandulear [ganduleár] *i.* oziare, gingillarsi.

ganga [gáŋga] *f.* occasione.

ganglio [gáŋgljo] *m.* ganglio.

gangrena [gaŋgrèna] *f.* cancrena.

gangrenoso, -sa [gaŋgrenóso, -sa] *a.* cancrenoso.

ganso [gánso] *m.* oca *f.*

ganzúa [ganθúa] *f.* grimaldello *m.*

gañán [gaɲán] *m.* lavoratore dei campi. 2 uomo rude.

gañido [gaɲiðo] *m.* guaito.

gañir [gaɲir] *i.* guaire. ¶ CONIUG. come *tañer.*

garabatear [garaβateár] *i.* scarabocchiare.

garabato [garaβáto] *m.* scarabocchio, ghirigoro.

garaje [garáxe] *m.* garage, autorimessa *f.*

garante [garánte] *a.-s.* garante.

garantía [garantía] *f.* garanzia, assicurazione. 2 caparra. 3 *pl.* diritti *m.*

garantizar [garantiθár] *t.* garantire.

garapiñar [garapiɲár] *t.* candire. ‖ *almendras garapiñadas,* mandorle confettate.

garba [gárβa] *f.* covone *m.*

garbanzo [garβánθo] *m.* cece.

garbo [gárbo] *m.* garbo.

garboso, -sa [garβóso, -sa] *a.* garbato.

garbullo [garβúʎo] *m.* garbuglio.

gardenia [gardènja] *f.* gardenia.

garduña [garðúɲa] *f.* faina.

garfa [gárfa] *f.* artiglio *m.*

garfio [gárfjo] *m.* uncino, gancio.

gargajo [garɣáxo] *m.* scaracchio, sputacchio.

garganta [garɣánta] *f.* gola.

gárgara [gárɣara] *f.* gargarismo *m.*

gargarizar [garɣariθár] *i.* gargarizzare.

garita [garíta] *f.* garitta.

garito [garíto] *m.* bisca *f.*

garlar [garlár] *i.-m.* ciarlare.

garlito [garlíto] *m.* nassa *f.* 2 fig. trappola *f.*

garnacha [garnátʃa] *f.* vernaccia.

garra [gárra] *f.* artiglio *m.*

garrafa [garráfa] *f.* caraffa, damigiana.

garrafal [garrafál] *a.* madornale.

garrapata [garrapáta] *f.* zecca.

garrocha [garrótʃa] *f.* TAUR. picca.

garrotazo [garrotáθo] *m.* randellata *f.,* legnata *f.*

garrote [garróte] *m.* randello.

garrucha [garrútʃa] *f.* carrucola, puleggia.

garza [gárθa] *f.* airone *m.*

gas [gas] *m.* gas. ‖ *con* ~, gassato.

gasa [gása] *f.* garza.

gaseoso, -sa [gaseóso, -sa] *a.* gassoso. 2 *f.* gazzosa [bibita].

gasificar [gasifikár] *t.* gassificare.

gasoil [gasoil] *m.* nafta *f.,* gasolio.

gasolina [gasolina] *f.* benzina.

gasolinera [gasolinèra] *f.* distributore *m.* di benzina.

gasómetro [gasómetro] *m.* gassometro.

gastado, -da [gastáðo, -ða] *a.* logoro, consunto.

gastador, -ra [gastaðór, -ra] *a.-s.* spenditore. 2 sciupone. 3 *m.* MIL. guastatore.

gastar [gastár] *t.-r.* sciupare. 2 consumare. 3 spendere. 4 usare, logorare.

gasto [gásto] *m.* spesa *f.* 2 consumo.

gástrico, -ca [gástriko, -ka] *a.* gastrico.

gastritis [gastritis] *f.* gastrite.

gastronomía [gastronomía] *f.* gastronomia.

gastronómico, -ca [gastronómiko, -ka] *a.* gastronomico.

gastroscopia [gastroskópja] *f.* MED. gastroscopia.

gastroscopio [gastroskópjo] *m.* MED. gastroscopio.

gatas (a) [aɣátas] *loc. avv.* carponi, gattoni.

gatear [gateár] *i.* arrampicarsi. 2 andare gattoni, carponi.

gatera [gatèra] *f.* gattaiola.

gatillo [gatíʎo] *m.* grilletto, cane. 2 fig. ladruncolo.

gato, -ta [gáto, -ta] *s.* gatto. ‖ *hay* ~ *encerrado,* gatta ci cova. 2 MECC. cricco.

gatuno, -na [gatúno, -na] *a.* gattesco.

gaucho, -cha [gáutʃo, -tʃa] *a.-s.* gaucho, della pampa argentina e uruguaiana.

gavilán [gaβilán] *m.* sparviero.

gavilla [gaβíʎa] *f.* fascina, covone *m.*

gaviota [gaβjóta] *f.* gabbiano *m.*

gazapa [gaθápa] *f.* bugia.

gazapera [gaθapèra] *f.* conigliera. 2 fig. nascondiglio *m.* di malviventi.

gazapo [gaθápo] *m.* coniglietto. 2 fig. bugia *f.* 3 errore.

gaznápiro, -ra [gaθnápiro, -ra] *a.-s.* semplicione, stupido.

gaznate [gaθnáte] *m.* gola *f.*

gazpacho [gaθpátʃo] *m.* passato di verdura freddo.

gazuza [gaθúθa] *f.* fam. fame.

ge [xe] *f.* nome della lettera **g.**

gelatina [xelatína] *f.* gelatina.

gelatinoso, -sa [xelatinóso, -sa] *a.* gelatinoso.

gélido, -da [xèliðo, -ða] *a.* gelido.

gema [xèma] *f.* gemma.

gemebundo, -da [xemeβúndo, -da] *a.* gemebondo.

gemelo, -la [xemèlo, -la] *a.-s.* gemello. 2 *m.-pl.* gemelli [della camicia]. 3 binoccolo.

gemido [xemiðo] *m.* gemito.

geminar [xeminár] *t.* geminare.

géminis [xèminis] *m.* gemelli *pl.*

gemir [xemír] *i.* gemere. ¶ CONIUG. come *servir.*

gemología [xemoloxia] *f.* gemmologia.

genciana [xenθjána] *f.* genziana.

gendarme [xendárme] *m.* gendarme.

genealogía [xenealoxia] *f.* genealogia.

genealógico, -ca [xenealóxiko, -ka] *a.* genealogico.

generación [xeneraθjón] *f.* generazione.

generador, -ra [xeneraðòr, -ra] *a.-m.* generatore.

general [xenerál] *a.-m.* generale. ‖ *en* ~, in genere.

generalicio, -cia [xeneraliθjo, -θja] *a.* generalizio.

generalidad [xeneraliðáð] *f.* generalità.

generalización [xeneraliθaθjón] *f.* generalizzazione.

generalizar [xeneraliθár] *t.* generalizzare.

generar [xenerár] *t.* generare.

generativo, -va [xeneratiβo, -βa] *a.* generativo.

generatriz [xeneratriθ] *a.-f.* generatrice.

genérico, -ca [xenèriko, -ka] *a.* generico.

género [xènero] *m.* genere. 2 COMM. articolo.

generosidad [xenerosiðáð] *f.* generosità.

generoso, -sa [xeneróso, -sa] *a.* generoso.

génesis [xènesis] *s.* genesi *f.*

genético, -ca [xenètiko, -ka] *a.* genetico. 2 *f.* genetica.

genial [xenjál] *a.* geniale.

genialidad [xenjaliðáð] *f.* genialità.

genio [xènjo] *m.* genio. 2 carattere. ‖ *mal* ~, cattivo umore.

genital [xenitál] *a.* genitale. 2 *m.-pl.* genitali.

genitivo, -va [xenitiβo, -βa] *a.-m.* genitivo.

genocidio [xenoθidjo] *m.* genocidio.

gente [xènte] *f.* gente.

gentil [xentil] *a.-s.* gentile.

gentileza [xentilèθa] *f.* gentilezza.

gentilhombre [xentilómbre] *m.* gentiluomo.

gentilicio, -cia [xentiliθjo, -θja] *a.* gentilizio.

gentío [xentio] *m.* folla *f.,* affollamento, calca *f.*

gentuza [xentúθa] *f.* gentaglia.

genuflexión [xenufleγsjón] *f.* genuflessione.

genuino, -na [xenwino, -na] *a.* genuino.

geodesia [xeoðèsia] *f.* geodesia.

geografía [xeoγrafia] *f.* geografia.

geográfico, -ca [xeoγráfiko, -ka] *a.* geografico.

geógrafo [xeóγrafo] *m.* geografo.

geología [xeoloxia] *f.* geologia.

geológico, -ca [xeolóxiko, -ka] *a.* geologico.

geólogo [xeóloγo] *m.* geologo.

geómetra [xeòmetra] *s.* studioso *m.* di geometria.

geometría [xeometria] *f.* geometria.

geométrico, -ca [xeomètriko, -ka] *a.* geometrico.

geranio [xeránjo] *m.* geranio.

gerencia [xerènθja] *f.* gerenza.

gerente [xerènte] *s.* gerente.

germánico, -ca [xermániko, -ka] *a.* germanico, tedesco.

germano, -na [xermáno, -na] *a.-s.* germano.

germen [xèrmen] *m.* germe.

germinación [xerminaθjón] *f.* germinazione.

germinar [xerminár] *i.* germinare, germogliare.

gerundio [xerúndjo] *m.* gerundio.

gesta [xèsta] *f.* prodezza. 2 *pl.* gesta.

gestación [xestaθjón] *f.* gestazione.

gesticular [xestikulár] *i.* gesticolare, gestire, annaspare.

gestión [xestjón] *f.* gestione, gerenza. 2 *pl.* pratiche.

gestor, -ra [xestòr, -ra] *s.* gestore.

gesto [xèsto] *m.* gesto.

gestoría [xestoria] *f.* ufficio *m.* del gestore.

giba [xiβa] *f.* gobba, gibbo *m.*

giboso, -sa [xiβóso, -sa] *a.* gobbo, gibboso.

gigante [xiγánte] *a.-m.* gigante.

gigantesco, -ca [xiγantèsko, -ka] *a.* gigantesco.

gimnasia [ximnàsja] *f.* ginnastica.

gimnasio [ximnàsjo] *m.* palestra *f.*

gimnasta [ximnàsta] *s.* ginnasta.

gimnástico, -ca [ximnàstiko, -ka] *a.* ginnico, ginnastico.

gineceo [xineθèo] *m.* gineceo.

ginecología [xinekoloxia] *f.* ginecologia.

ginecólogo [xinekóloyo] *s.* ginecologo.

giralda [xirálda] *f.* banderuola. ‖ *la ~ de Sevilla,* campanile *m.* della cattedrale di Siviglia.

girar [xirár] *i.* girare. 2 *t.* COMM. spiccare, emettere.

girasol [xirasól] *m.* girasole.

giratorio, -ria [xiratòrjo, -rja] *a.* girevole. 2 giratorio.

giro [xiro] *m.* giro. 2 espressione *f.* 3 COMM. vaglia.

gitano, -na [xitáno, -na] *a.* gitano.

glacial [glaθjál] *a.* glaciale.

glaciar [glaθjár] *m.* ghiacciaio.

gladiador [glaðjaðór] *m.* gladiatore.

gladiolo [glaðjólo] *m.* gladiolo.

glándula [glándula] *f.* ghiandola.

glicerina [gliθerina] *f.* glicerina.

global [gloβál] *a.* globale, complessivo.

globo [glóβo] *m.* globo. 2 pallone.

glóbulo [glóβulo] *m.* globulo.

gloria [glórja] *f.* gloria.

gloriarse [glorjárse] *r.* gloriarsi, vantarsi.

glorieta [glorjéta] *f.* pergolato *m.,* capanno *m.*

glorificación [glorifikaθjón] *f.* glorificazione.

glorificar [glorifikár] *t.* glorificare. 2 *r.* gloriarsi.

glorioso, -sa [glorjóso, -sa] *a.* glorioso.

glosa [glósa] *f.* glossa, chiosa.

glosar [glosár] *t.* glossare, chiosare.

glosario [glosárjo] *m.* glossario.

glotodidáctica [glotoðiðáytika] *f.* glottodidattica.

glotología [glotoloxía] *f.* glottologia.

glotón, -na [glotón, -na] *a.* goloso, ghiottone, ghiotto.

glotonería [glotonería] *f.* ghiottoneria, golosità.

glucosa [glukósa] *f.* glucosio *m.*

gluten [glúten] *m.* glutine.

glúteo [glúteo] *m.* gluteo.

gnomo [nómo] *m.* gnomo.

gobernación [goβernaθjón] *f.* governo *m.*

gobernador, -ra [goβernaðór, -ra] *s.* governatore. ‖ *~ civil,* prefetto.

gobernalle [goβernáλe] *m.* timone.

gobernante [goβernánte] *a.-s.* governante.

gobernar [goβernár] *t.* governare.

gobierno [goβjérno] *m.* governo. 2 comando. ‖ *~ civil,* prefettura *f.*

goce [góθe] *m.* godimento.

godo, -da [góðo, -ða] *a.-s.* goto.

gol [gól] *m.* rete *f.,* goal.

gola [góla] *f.* gola. 2 imboccatura.

goleador, -ra [goleaðór, -ra] *a.* cannoniere.

goleta [goléta] *f.* goletta.

golf [gólf] *m.* golf.

golfo [gólfo] *m.* GEOGR. golfo. 2 fig. furfante, briccone, birbante.

golondrina [golondrina] *f.* rondine.

golosina [golosina] *f.* leccornia, dolciume *m.* 2 ghiottoneria.

goloso, -sa [golóso, -sa] *a.* goloso, ghiotto.

golpe [gólpe] *m.* colpo, batosta *f.,* battuta *f.,* botta *f.*

golpear [golpeár] *t.* colpire, battere, bussare.

goma [góma] *f.* gomma.

góndola [góndola] *f.* gondola.

gonfalón [gomfalón] *m.* gonfalone.

gordinflón, -na [gorðimflón, -na] *a.* paffuto.

gordo, -da [górðo, -ða] *a.* grasso, grosso. ‖ *pez ~,* pezzo grosso. 2 *m.* primo premio della lotteria.

gordura [gorðúra] *f.* grassezza.

gorgorito [goryorito] *m.* gorgheggio.

gorgoteo [goryotèo] *m.* gorgoglio.

gorila [gorila] *m.* gorilla.

gorja [górxa] *f.* gola.

gorjear [gorxeár] *i.* gorgheggiare, cinguettare.

gorjeo [gorxéo] *m.* gorgheggio, cinguettio.

gorra [górra] *f.* berretto *m.* ‖ *de ~,* a ufo, a sbafo.

gorrero [gorréro] *m.* berrettaio. 2 fig. scroccone.

gorro [górro] *m.* berretto.

gota [góta] *f.* goccia. 2 goccio *m.,* gocciolo *m.* 3 MED. gotta. ‖ *sudar la ~ gorda,* sudare sette camicie.

gotear [goteár] *i.* gocciolare, colare.

gotera [gotèra] *f.* gocciolatura. 2 grondaia.

gótico, -ca [gótiko, -ka] *a.-m.* gotico.

gozar [goθár] *t.-i.* godere, fruire, gioire. 2 *r.* compiacersi.

gozne [góθne] *m.* cardine.

gozo [góθo] *m.* piacere, gioia *f.*

gozoso, -sa [goθóso, -sa] *a.* gioioso, allegro.

grabado [graβáðo] *m.* incisione *f.*

grabador, -ra [graβaðór, -ra] *s.* incisore.

grabar [graβár] *t.* incidere. 2 fig. imprimere.

gracejo [graθéxo] *m.* garbo, grazia *f.*

gracia [gráθja] f. grazia. ‖ *dar las gracias,* ringraziare. ‖ *¡gracias!,* grazie! ‖ *¡muchas gracias!,* grazie tante! 2 garbo m.

grácil [gráθil] a. gracile.

gracioso, -sa [graθjóso, -sa] a. grazioso, carino. 2 spiritoso, arguto. 3 m. comico.

grada [gráða] f. gradino m. 2 pl. gradinata sing. 3 grata.

gradación [gradaθjón] f. gradazione.

graderío [graðerío] m. gradinata f.

grado [gráðo] m. grado.

graduación [graðwaθjón] f. graduazione.

graduado, -da [graðwáðo, -ða] a.-s. graduato. 2 s. laureato.

graduador [graðwaðór] m. rapportatore.

gradual [graðwál] a. graduale.

gradualmente [graðwalménte] avv. gradatamente.

graduar [graðwár] t. graduare. 2 promuovere. 3 r. laurearsi.

gráfico, -ca [gráfiko, -ka] a.-m. grafico.

grafito [grafíto] m. grafite.

grafología [grafoloxía] f. grafologia.

grafólogo [grafóloɣo] m. grafologo.

gragea [graxéa] f. MED. confetto m.

grajo [gráxo] m. cornacchia f.

grama [gráma] f. gramigna.

gramatical [gramatikál] a. grammaticale.

gramático, -ca [gramátiko, -ka] a.-s. grammatico. 2 f. grammatica.

gramináceo, -a [gramináθeo, -a] a. graminaceo. 2 f.-pl. graminacee.

gramo [grámo] m. grammo. ‖ *cien gramos,* un etto.

gramófono [gramófono] m. grammofono.

gran [gran] a. apoc. di *grande* [davanti ai sostantivi al singolare].

grana [grána] f. cocciniglia. 2 colore m. o panno m. scarlatto.

granada [granáða] f. BOT. melagrana. 2 granata.

granadilla [granaðíλa] f. passiflora.

granadino, -na [granaðíno, -na] a.-s. abitante di Granada.

granado, -da [granáðo, -ða] a. notevole. 2 maturo, esperto. 3 m. melograno.

granate [granáte] m. MIN. granata f.

grande [gránde] a. grande, grosso.

grandeza [grandéθa] f. grandezza.

grandilocuencia [grandilokwénθja] f. magniloquenza.

grandilocuente [grandilokwénte] a. magniloquente.

grandiosidad [grandjosiðáð] f. grandiosità.

grandioso, -sa [grandjóso, -sa] a. grandioso.

granel (a) [a ɣranél] loc. avv. alla rinfusa. 2 COMM. merce sciolta.

granero [granéro] m. granaio.

granítico, -ca [granítiko, -ka] a. granitico.

granito [graníto] m. granito. 2 granello.

granizada [graniθáða] f. grandinata.

granizado [graniθáðo] m. granita f.

granizar [graniθár] impers. grandinare.

granizo [graníθo] m. grandine f.c

granja [gránxa] f. fattoria, tenuta, cascina. 2 latteria.

granjear [granxeár] t. trafficare. 2 ottenere, conquistare. 3 r. guadagnarsi, cattivarsi.

granjero, -ra [granxéro, -ra] s. fattore.

grano [gráno] m. grano. 2 chicco, acino. ‖ *ir al ~,* venire al dunque.

granuja [granúxa] m. birba f. 2 mascalzone, cialtrone.

granular [granulár] a. granulare.

granuloso, -sa [granulóso, -sa] a. granuloso.

grapa [grápa] f. grappa.

grasa [grása] f. grasso m.

grasiento [grasjénto] a. grasso, unto.

graso, -sa [gráso, -sa] a. grasso.

gratificación [gratifikaθjón] f. gratifica.

gratificar [gratifikár] t. gratificare.

gratitud [gratitúð] f. gratitudine.

grato, -ta [gráto, -ta] a. gradevole, gradito.

gratuito, -ta [gratwíto, -ta] a. gratuito.

grava [gráβa] f. ghiaia.

gravamen [graβámen] m. gravame.

gravar [graβár] t. gravare. 2 aggravare.

grave [gráβe] a. grave.

gravedad [graβeðáð] f. gravità. ‖ *centro de ~,* baricentro.

gravidez [graβiðéθ] f. gravidanza.

grávido, -da [gráβiðo, -ða] a. gravido.

gravitación [graβitaθjón] f. gravitazione.

gravitar [graβitár] i. gravitare.

gravoso, -sa [graβóso, -sa] a. gravoso.

graznar [graθnár] i. gracchiare.

graznido [graθníðo] m. gracchiata f. 2 fig. canto stonato.

greda [gréða] f. creta.

gregario, -ria [greɣárjo, -rja] a. gregario.

gremial [gremjál] a. collegiale, corporativo. 2 membro di una corporazione.

gremio [grémjo] m. corporazione f., associazione f., albo.

greña [grέɲa] f. chioma scarmigliata. || *andar a la ~*, azzuffarsi, venire alle mani.
gres [gres] m. gres.
grey [grèi] f. gregge m.
griego, -ga [grjèyo, -ɣa] a.-s. greco.
grieta [grjèta] f. crepa, fenditura. 2 screpolatura.
grifo [grifo] m. rubinetto. 2 мтт. grifone.
grillete [griλète] m. anello della catena dei forzati.
grillo [griλo] m. grillo. 2 pl. ceppi.
gringo, -ga [griɲgo, -ga] a.-s. gringo, straniero.
gripe [gripe] f. influenza.
gris [gris] a.-m. grigio.
grisáceo, -a [grisàθeo, -a] a. grigiastro.
grisú [grisú] m. grisù.
gritar [gritàr] i. gridare, strillare.
griterío [griterio] m. vocio, clamore, chiasso, baccano.
grito [grito] m. grido. || *dar gritos,* gridare, strillare.
grosella [grosèλa] f. ribes m.
grosero, -ra [grosèro, -ra] a. grossolano.
grosor [grosòr] m. spessore, grossezza f.
grotesco, -ca [grotèsko, -ka] a. grottesco.
grúa [grúa] f. gru.
grueso, -sa [grwèso, -sa] a. grosso. 2 m. grossezza f. spessore.
grulla [grúλa] f. ORNIT. gru.
grumete [grumète] m. mozzo.
grumo [grùmo] m. grumo. 2 mucchio.
gruñido [gruɲìðo] m. grugnito.
gruñir [gruɲir] i. grugnire. 2 fig. brontolare.
gruñón, -na [gruɲòn, -na] a. brontolone.
grupa [grúpa] f. groppa.
grupo [grúpo] m. gruppo. 2 cerchia f. [di amici], circolo.
gruta [grúta] f. grotta.
guadaña [gwaðáɲa] f. falce.
guadañar [gwaðaɲár] t. falciare.
guajiro, -ra [gwaxiro, -ra] s. contadino bianco di Cuba. 2 f. canzone popolare di Cuba.
gualdo, -da [gwàlðo, -ða] a. giallo.
guano [gwàno] m. guano.
guantada [gwantáða] f., **guantazo** [gwantáθo] m. ceffone m.
guante [gwànte] m. guanto.
guapo, -pa [gwápo, -pa] a. bello.
guarda [gwàrða] m. guardiano, custode. || *ángel de la ~,* angelo custode. 2 f. custodia.
guardabarrera [gwàrðaβarrèra] s. guardabarriere.

guardabarros [gwarðaβàrros] m. parafango.
guardabosque [gwarðaβòske] m. guardaboschi, boscaiolo.
guardacostas [gwarðakòstas] m. guardacoste.
guardaespaldas [gwarðaespàlðas] m. gorilla.
guardagujas [gwarðaɣúxas] m. casellante.
guardameta [gwarðamèta] m. SPORT. portiere.
guardar [gwarðàr] t. custodire, conservare. 2 r. guardarsi.
guardarropa [gwarðarròpa] m. guardaroba.
guardarropía [gwardarropía] f. guardaroba m.
guardavía [gwarðaβía] m. cantoniere.
guardia [gwàrðja] f. guardia, difesa. 2 m. guardia f. || *~ municipal,* vigile urbano.
guardián, -na [gwarðján, -na] s. guardiano, custode.
guardilla [gwarðíλa] f. soffitta.
guarecer [gwareθèr] t.-r. accogliere, proteggere. 2 r. mettersi al riparo. ¶ CONIUG. come *crecer*.
guarida [gwaríða] f. tana, rifugio m., covo m.
guarnecer [gwarneθèr] t. guarnire, adornare. 2 intonacare. ¶ CONIUG. come *crecer*.
guarnición [gwarniθjòn] f. guarnimento m. 2 guarnizione. 3 contorno m. 4 castone m. 5 MIL. guarnigione. 6 pl. arnesi m.
guarro, -rra [gwàrro, -rra] a.-s. sporcaccione. 2 m. maiale.
guasa [gwása] f. canzonatura, burla.
guasón, -na [gwasòn, -na] a. burlone.
gubernamental [guβernamentàl] a. governativo.
gubernativo, -va [guβernatiβo, -βa] a. governativo.
guepardo [gepàrðo] m. gheppardo.
guerra [gèrra] f. guerra.
guerrear [gerreàr] i. guerreggiare.
guerrero, -ra [gerrèro, -ra] a.-s. guerriero.
guerrilla [gerriλa] f. guerriglia.
guerrillero, -ra [gerriλèro, -ra] s. guerrigliero.
gueto [gèto] m. ghetto.
guía [gia] s. guida f., cicerone m. 2 f. guida, avviamento m. 3 elenco m. [dei telefoni, delle ferrovie, ecc.].

guiar [giár] *t.-r.* guidare, dirigere. 2 capeggiare.

guijarral [gixarrál] *m.* greto.

guijarro [gixárro] *m.* ciottolo.

guijarroso, -sa [gixarróso, -sa] *a.* ciottoloso.

guillarse [giʎárse] *r.* svignarsela. 2 diventare matto.

guillotina [giʎotína] *f.* ghigliottina.

guillotinar [giʎotinár] *t.* ghigliottinare.

guinda [gínda] *f.* amarena.

guiñapo [giɲápo] *m.* straccio. 2 fig. straccione.

guiñar [giɲár] *t.* ammiccare, strizzare l'occhio.

guiño [gíɲo] *m.* ammicco, strizzata *f.* d'occhio.

guión [gión] *m.* trattino, lineetta *f.* 2 schema. 3 CINEM. soggetto, copione.

guirnalda [girnálda] *f.* ghirlanda.

guisa [gísa] *f.* guisa, maniera.

guisado [gisáðo] *m.* umido, stufato.

guisante [gisánte] *m.* pisello.

guisar [gisár] *t.* cucinare.

guiso [gíso] *m.* intingolo, stufato. 2 addobbo.

guitarra [gitárra] *f.* chitarra.

guitarrista [gitarrísta] *s.* chitarrista.

gula [gúla] *f.* gola.

gusano [gusáno] *m.* verme, baco. ‖ ~ *de seda,* baco da seta. ‖ ~ *de luz,* lucciola *f.*

gustación [gustaθjón] *f.* degustazione.

gustar [gustár] *t.* gustare, assaporare. 2 *i.* piacere.

gustillo [gustíʎo] *m.* saporino.

gusto [gústo] *m.* gusto, sapore. 2 piacere.

gustosamente [gustósamente] *avv.* con piacere, volentieri.

gustoso, -sa [gustóso, -sa] *a.* gustoso. 2 saporito.

gutural [guturál] *a.* gutturale.

H

h [àtʃe] f. nona lettera dell'alfabeto spagnolo.

haba [àβa] f. fava.

habanero, -ra [aβanèro, -ra] a.-s. dell'Avana. 2 f. avanera, danza cubana.

habano, -na [aβáno, -na] a. dell'Avana. 2 avana [colore]. 3 m. (sigaro) avana.

haber [aβèr] aus. avere, essere: ~ **comido**, avere mangiato; ~ **sido**, essere stato. 2 ~ **de**, ~ **que**, dovere, bisognare: **he de marchar**, devo partire; **hay que terminar**, bisogna finire. 3 impers. esserci: **hay mucha gente**, c'è molta gente. ‖ **habérselas con uno**, prendersela con qualcuno. ¶ CONIUG. IND. pres.: **he, has, ha** o **hay** (impers.); **hemos** o **habemos, habéis, han**. | pass. rem.: **hube, hubiste, hubo; hubimos, hubisteis, hubieron**. | fut.: **habré, habrás**, ecc. ‖ COND.: **habría, habrías**, ecc. ‖ CONG. pres.: **haya, hayas, haya; hayamos, hayáis, hayan**. | imp.: **hubiera, -se, hubieras, -ses**, ecc. | fut.: **hubiere, hubieres**, ecc. ‖ IMPER.: **he, haya; hayamos, hayan**.

habichuela [aβitʃwèla] f. fagiolo m.

hábil [àβil] a. abile, bravo, capace.

habilidad [aβiliðàð] f. abilità, bravura.

habilidoso, -sa [aβiliðóso, -sa] a. abile, ingegnoso.

habilitación [aβilitaθjón] f. abilitazione.

habilitado, -da [aβilitàðo, -ða] a. abilitato. 2 fiduciario, procuratore.

habilitar [aβilitàr] t. conferire procura. 2 abilitare.

habitación [aβitaθjón] f. stanza, camera, abitazione.

habitante [aβitànte] m. abitante.

habitar [aβitàr] t.-i. abitare.

hábito [àβito] m. abito. 2 abitudine f.

habituación [aβitwaθjón] f. assuefazione.

habitual [aβitwàl] a. abituale, consueto.

habituar [aβitwàr] t.-r. abituare.

habla [àβla] f. favella. 2 lingua, idioma m.

hablado, -da [aβlàðo, -ða] a.-s. parlato. ‖ **bien** ~, che parla in modo corretto. ‖ **mal** ~, che parla in modo sconcio.

hablador, -ra [aβlaðór, -ra] a.-s. chiacchierone.

habladuría [aβlaðuría] f. chiacchiera, diceria.

hablar [aβlàr] i.-t. parlare.

hacedor, -ra [aθeðór, -ra] s. fattore.

hacendado, -da [aθendàðo, -ða] a.-s. possidente, benestante.

hacendar [aθendàr] t. conferire un possesso.

hacendoso, -sa [aθendóso, -sa] a. attivo, laborioso.

hacer [aθèr] t. fare. 2 combinare. 3 contenere, misurare. 4 r. farsi. 5 diventare: ~ **rico**, diventare ricco. 6 abituarsi. 7 impers. fare. ¶ CONIUG. IND. pres.: **hago**. | pass. rem.: **hice, hiciste, hizo; hicimos, hicistois, hicieron**. | fut.: **haré, harás**, ecc. ‖ COND.: **haría, harías**, ecc. ‖ CONG. pres.: **haga, hagas**, ecc. | imp.: **hiciera, -se, hicieras, -ses**, ecc. | fut.: **hiciere, hicieres**, ecc. ‖ IMPER.: **haz, haga; hagamos, hagan**. ‖ PART. P.: **hecho**.

hacia [àθja] prep. verso.

hacienda [aθjènda] f. tenuta. 2 finanze pl. ‖ **Ministerio de** ~, Ministero delle Finanze.

hacinar [aθinàr] t. affastellare, ammucchiare.

hacha [àtʃa] f. ascia, scure, accetta. 2 torcia, fiaccola.

hachazo [atʃàθo] m. colpo d'ascia.

hache [àtʃe] f. nome della lettera **h**.

hada [àða] f. fata.

hado [àðo] m. fato.

¡hala! [àla] inter. avanti!

halagador [alaɣaðór] a. allettante. 2 lusinghiero.

halagar [alaɣàr] t. lusingare, adescare, allettare, blandire. 2 adulare.

halago [alàɣo] m. lusinga f., adescamento. 2 adulazione f.

halagüeño, -ña [alaɣwèɲo, -ɲa] *a.* lusinghiero. 2 allettante.

halcón [alkón] *m.* falcone, falco.

¡hale! [àle] *inter.* via!.

hálito [álito] *m.* alito. 2 soffio.

halo [álo] *m.* alone. 2 aureola *f.*

hallar [aʎár] *t.-r.* trovare.

hallazgo [aʎáθɣo] *m.* ritrovamento, scoperta *f.,* invenzione *f.*

hamaca [amáka] *f.* amaca.

hambre [ámbre] *f.* fame.

hambriento, -ta [ambrjènto, -ta] *a.-s.* affamato.

hamburguesa [amburɣèsa] *f.* hamburger.

hamster [ámster] *m.* hamster.

hangar [aŋgár] *m.* AER. rimessa *f.* per aeroplani, capannone, hangar.

haragán, -na [araɣán, -na] *a.-s.* fannullone.

harapiento, -ta [arapjènto, -ta] *a.-s.* straccione, cencioso.

harapo [arápo] *m.* brandello, cencio.

harem, harén [arèn, arèn] *m.* harem.

harina [arina] *f.* farina.

harinoso, -sa [arinóso, -sa] *a.* farinoso.

hartar [artár] *t.-r.* saziare. 2 fig. stancare, stufare. 3 *r.* fare abbondantemente ciò che indica il verbo dipendente: *hartarse de reír,* ridere a crepapelle.

harto, -ta [árto, -ta] *a.* sazio. 2 stufo. 3 *avv.* abbastanza, assai.

hartón [artón] *m.* scorpacciata *f.*

hartura [artúra] *f.* sazietà.

hasta [ásta] *prep.* fino a. ‖ ~ *luego,* ~ *la vista,* arrivederci. ‖ ~ *ahora,* finora. 2 *cong.* persino, addirittura. ‖ ~ *que,* finchè.

hastiar [astjár] *t.* fastidiare.

hastío [astio] *m.* ripugnanza *f.* 2 fastidio.

hato [áto] *m.* fagotto. 2 branco.

haya [ája] *f.* faggio *m.*

haz [áθ] *m.* fascio. 2 *f.* faccia. 3 fig. *el ~ de la tierra,* la faccia della terra.

hazaña [aθáɲa] *f.* impresa, prodezza. 2 *pl.* gesta.

hazmerreír [aθmerreír] *m.* zimbello.

he [e] [particella dimostrativa che si unisce ad avv. di luogo o a pron. personali] ecco. ‖ ~ *aquí,* ecco, ecco qua. ‖ *heme,* eccomi.

hebilla [eβíʎa] *f.* fibbia.

hebra [èβra] *f.* gugliata.

hebraico, -ca [eβráiko, -ka] *a.* ebraico.

hebreo, -a [eβrèo, -a] *a.-s.* ebreo, ebraico.

hecatombe [ekatómbe] *f.* ecatombe.

hectárea [eɣtárea] *f.* ettaro *m.*

hectogramo [eɣtoɣrámo] *m.* ettogrammo.

hectolitro [eɣtolítro] *m.* ettolitro.

hectómetro [eɣtómetro] *m.* ettometro.

hechicería [etʃiθería] *f.* incantesimo *m.* 2 stregoneria.

hechicero, -ra [etʃiθèro, -ra] *a.* affascinante, incantevole. 2 *m.* mago. 3 stregone.

hechizar [etʃiθár] *t.* affascinare, incantare, stregare, ammaliare.

hechizo [etʃiθo] *m.* incantesimo, fascino.

hecho, -cha [ètʃo, -tʃa] *a.* compiuto. 2 *m.* fatto.

hechura [etʃúra] *f.* fattura, confezione.

heder [eðèr] *i.* puzzare. ¶ CONIUG. come *tender.*

hediondez [eðjondèθ] *f.* puzza, fetore *m.*

hedonismo [eðonizmo] *m.* edonismo.

hedor [eðór] *m.* fetore, puzza *f.*

hegemonía [exemonía] *f.* egemonia.

hégira [èxira] *f.* egira.

heladería [elaðería] *f.* gelateria.

helado, -da [elàðo, -ða] *a.* gelato, gelido. 2 *m.* gelato. 3 *f.* gelata.

helar [elár] *t.-r.* gelare, agghiacciare. 2 *i.* ghiacciare, gelare. ¶ CONIUG. come *acertar.*

helecho [elètʃo] *m.* felce *f.*

helénico, -ca [elèniko, -ka] *a.* ellenico.

helenismo [elenizmo] *m.* ellenismo.

heleno, -na [elèno, -na] *a.-s.* elleno.

hélice [éliθe] *f.* elica.

helicóptero [elikóβtero] *m.* elicottero.

helio [èljo] *m.* elio.

heliograbado [eljoɣraβàðo] *m.* eligrafia *f.,* elioincisione *f.*

helvético, -ca [elβètiko, -ka] *a.-s.* elvetico.

hematosis [ematósis] *f.* ematosi.

hembra [èmbra] *f.* femmina.

hemiciclo [emiθíklo] *m.* emiciclo.

hemisferio [emisfèrjo] *m.* emisfero.

hemofilia [emofilja] *f.* emofilia.

hemorragia [emorráxja] *f.* emorragia.

hemorroide [emorróiðe] *f.* emorroide.

henchido, -da [entʃíðo, -ða] *a.* gonfio.

henchir [entʃír] *t.-r.* riempire. 2 gonfiare. ¶ CONIUG. come *servir.*

hender [endèr] *t.* fendere. 2 *r.* crepare, spaccarsi. ¶ CONIUG. come *tender.*

hendidura [endiðúra] *f.* fenditura, screpolatura, crepa.

henil [enil] *m.* fienile.

heno [èno] *m.* fieno.

hepático, -ca [epátiko, -ka] *a.* epatico.

hepatitis [epatítis] *f.* epatite.
heptágono [eptáyono] *a.-s.* ettagono.
heráldico, -ca [eráldiko, -ka] *a.* araldico. 2 *f.* araldica.
heraldo [eráldo] *m.* araldo.
herbáceo, -a [erβáθeo, -a] *a.* erbaceo.
herbaje [erβáxe] *m.* erbaggio.
herbario, -ria [erβárjo, -rja] *a.-s.* erbario.
herbívoro, -ra [erβíβoro, -ra] *a.-s.* erbivoro.
herbolario, -ria [erβolárjo, -rja] *s.* erbaiuolo.
hercúleo, -a [erkúleo, -a] *a.* erculeo.
heredad [ereðáð] *f.* podere *m.*
heredar [ereðár] *t.* ereditare.
heredero, -ra [ereðéro, -ra] *a.-s.* erede.
hereditario, -ria [ereðitárjo, -rja] *a.* ereditario.
hereje [eréxe] *m.* eretico.
herejía [erexía] *f.* eresia.
herencia [erénθja] *f.* eredità.
herético, -ca [erétiko, -ka] *a.-s.* eretico.
herida [eríða] *f.* ferita.
herido, -da [eríðo, -ða] *a.-s.* ferito.
herir [erír] *t.-r.* ferire. 2 battere. ¶ CONIUG. come *sentir.*
hermafrodita [ermafroðíta] *a.-m.* ermafrodito.
hermana [ermána] *f.* sorella. ‖ ~ *de hábito,* consorella.
hermanar [ermanár] *t.-r.* affratellare. 2 appaiare.
hermanastro, -tra [ermanástro, -tra] *m.* fratellastro. 2 *f.* sorellastra.
hermandad [ermandáð] *f.* fratellanza. 2 confraternita.
hermano [ermáno] *m.* fratello.
hermético, -ca [ermétiko, -ka] *a.* ermetico.
hermoso, -sa [ermóso, -sa] *a.* bello.
hermosura [ermosúra] *f.* bellezza.
hernia [érnja] *f.* ernia.
héroe [éroe] *m.* eroe.
heroicidad [eroiθiðáð] *f.* atto *m.* eroico.
heroico, -ca [erójko, -ka] *a.* eroico.
heroína [eroína] *f.* eroina.
heroísmo [eroízmo] *m.* eroismo.
herrador [erraðór] *m.* maniscalco.
herradura [erraðúra] *f.* ferro *m.* di cavallo.
herramienta [erramjénta] *f.* utensile *m.,* arnese *m.* 2 *pl.* attrezzi *m.*
herrar [errár] *t.* ferrare. ¶ CONIUG. come *acertar.*
herrería [errería] *f.* fucina, ferriera.
herrero [erréro] *m.* fabbro ferraio.
herrumbre [errúmbre] *f.* ruggine.

hervidero [erβiðéro] *m.* bollore. 2 fig. brulichio.
hervir [erβír] *i.* bollire. 2 fig. brulicare. ¶ CONIUG. come *sentir.*
hervor [erβór] *m.* bollore, bollitura *f.* 2 fig. fervore, ardore.
heterodoxo, -xa [eteroðóyso, -ysa] *a.-s.* eterodosso.
heterogéneo, -a [eteroxéneo, -a] *a.* eterogeneo.
hexágono [eysáyono] *m.* esagono.
hez [eθ] *f.* feccia. 2 *pl.* feci [escrementi].
hiato [játo] *m.* iato.
hibernación [iβernaθjón] *f.* ibernazione.
híbrido, -da [iβriðo, -ða] *a.* ibrido.
hidalgo [iðályo] *m.* nobile, gentiluomo. 2 fig. generoso, leale.
hidalguía [iðalyía] *f.* nobiltà. 2 generosità.
hidratación [iðrataθjón] *f.* idratazione.
hidratar [iðratár] *t.* idratare.
hidrato [iðráto] *m.* idrato.
hidráulico, -ca [iðráuliko, -ka] *a.-m.* idraulico. 2 *f.* idraulica.
hidro- [iðro-] *pref.* idro-.
hidroavión [iðroaβjón] *m.* idrovolante.
hidrocarburo [iðrokarbúro] *m.* idrocarburo.
hidroeléctrico, -ca [iðroeléytriko, -ka] *a.* idroelettrico.
hidrófilo, -la [iðrófilo, -la] *a.* idrofilo.
hidrófobo, -ba [iðrófoβo, -βa] *a.* idrofobo.
hidrógeno [iðróxeno] *m.* idrogeno.
hidrografía [iðroyrafía] *f.* idrografia.
hidrómetro [iðrómetro] *m.* idrometro.
hidropesía [iðropesía] *f.* idropisia.
hidrosoluble [iðrosolúβle] *a.* idrosolubile.
hidroterapia [iðroterápja] *f.* idroterapia.
hiedra [jéðra] *f.* edera.
hiel [jél] *f.* fiele *m.*
hielo [jélo] *m.* gelo. 2 ghiaccio.
hiena [jéna] *f.* iena.
hierático, -ca [jerátiko, -ka] *a.* ieratico.
hierba [jérβa] *f.* erba.
hierbabuena [jerβaβwéna] *f.* menta.
hierro [jérro] *m.* ferro. ‖ ~ *colado,* ghisa *f.*
hígado [íyaðo] *m.* fegato.
higiene [ixjéne] *f.* igiene.
higiénico, -ca [ixjéniko, -ka] *a.* igienico.
higo [íyo] *m.* fico. ‖ ~ *chumbo,* fico d'India.
higrómetro [iyrómetro] *m.* igrometro.
higuera [iyéra] *f.* fico *m.* [albero].
hijastro, -tra [ixástro, -tra] *s.* figliastro.
hijo, -ja [íxo, -xa] *s.* figlio, figliolo.

hilacha [ilátʃa] *f.* sfilacciatura.
hilado [iláðo] *m.* filato.
hilandería [ilanderìa] *f.* filanda, filatura.
hilar [ilár] *t.* filare.
hilaridad [ilariðáð] *f.* ilarità.
hilatura [ilatúra] *f.* filatura.
hilera [ilèra] *f.* fila.
hilo [ilo] *m.* filo. ‖ ~ *musical,* filodiffusione *f.*
hilvanar [ilβanár] *t.* imbastire.
himen [ìmen] *m.* imene.
himeneo [imenèo] *m.* imeneo.
himenóptero [imenóβtero] *m.* imenottero.
himno [ìmno] *m.* inno.
hincapié [iŋkapjé] *m.* appoggiarsi sul piede. ‖ *hacer* ~, insistere, incaponirsi.
hincar [iŋkár] *t.* conficcare, affondare, piantare. ‖ ~ *las rodillas, hincarse* (r.) *de rodillas,* inginocchiarsi.
hincha [intʃa] *f.* inimicizia, odio *m.* 2 *m.* tifoso.
hinchar [intʃár] *t.-r.* gonfiare.
hinchazón [intʃaθón] *f.* gonfiore *m.* 2 fig. ampollosità, boria.
hindú [indú] *a.-s.* indù.
hiniesta [injèsta] *f.* ginestra.
hinojo [inóxo] *m.* finocchio. 2 ginocchio. ‖ *de hinojos,* in ginocchio.
hipérbaton [ipérβaton] *m.* iperbato.
hipérbole [ipérβole] *f.* iperbole.
hipercalórico, -ca [iperkalóriko, -ka] *a.* ipercalorico.
hipermercado [ipermerkáðo] *m.* ipermercato.
hiperrealismo [iperrealizmo] *m.* iperrealismo.
hipersensible [ipersensíβle] *a.* ipersensibile.
hípico, -ca [ìpiko, -ka] *a.* ippico.
hipnosis [iβnòsis] *f.* ipnosi.
hipnótico, -ca [iβnòtiko, -ka] *a.* ipnotico.
hipnotismo [iβnotizmo] *m.* ipnotismo.
hipnotizador, -ra [iβnotiθaðór, -ra] *s.* ipnotizzatore.
hipnotizar [iβnotiθár] *t.* ipnotizzare.
hipo [ìpo] *m.* singhiozzo.
hipocresía [ipokresìa] *f.* ipocrisia.
hipócrita [ipókrita] *a.-s.* ipocrita.
hipódromo [ipóðromo] *m.* ippodromo.
hipófisis [ipófisis] *f.* ipofisi.
hipogeo [ipoxèo] *m.* ipogeo.
hipopótamo [ipopótamo] *m.* ippopotamo.
hipoteca [ipotéka] *f.* ipoteca.
hipotecar [ipotekár] *t.* ipotecare.

hipotenusa [ipotenúsa] *f.* ipotenusa.
hipótesis [ipòtesis] *f.* ipotesi.
hipotético, -ca [ipotètiko, -ka] *a.* ipotetico.
hirsuto, -ta [irsúto, -ta] *a.* irsuto, irto.
hirviente [irβjénte] *a.* bollente.
hispalense [ispalénse] *a.-s.* abitante di Siviglia.
hispánico, -ca [ispániko, -ka] *a.* ispanico.
hispanismo [ispanìzmo] *m.* ispanismo.
hispanista [ispanìsta] *s.* ispanista.
hispano, -na [ispáno, -na] *a.-s.* spagnolo.
hispanoamericano, -na [ispanoamerikáno, -na] *a.-s.* ispanoamericano.
histeria [istérja] *f.* isteria.
histérico, -ca [istériko, -ka] *a.-s.* isterico.
histerismo [isterìzmo] *m.* isterismo.
historia [istórja] *f.* storia.
historiador, -ra [istorjaðòr, -ra] *s.* storico, storiografo.
historial [istorjál] *a.* storico. 2 *m.* storia.
histórico, -ca [istóriko, -ka] *a.* storico.
historieta [istorjèta] *f.* storiella.
histrión [istrión] *m.* istrione.
hito, -ta [ìto, -ta] *a.* fisso. 2 *m.* pietra *f.* miliare o di confine. 3 fig. bersaglio. ‖ *mirar de* ~ *en* ~, guardare fissamente.
hocico [oθiko] *m.* muso, grugno.
hogar [oγár] *m.* focolare.
hogaza [oγáθa] *f.* focaccia.
hoguera [oγèra] *f.* falò *m.* 2 rogo *m.*
hoja [óxa] *f.* foglia [d'albero]. 2 foglio *m.* [di carta]. 3 lama [di coltello]. 4 imposta [di porta], battente *m.* ‖ ~ *de afeitar,* lametta.
hojalata [oxaláta] *f.* latta.
hojaldre [oxálðre] *m.* pasta *f.* sfoglia.
hojarasca [oxaráska] *f.* fogliame *m.* 2 fig. ciarpame *m.*
hojear [oxeár] *t.* sfogliare.
¡hola! [óla] *inter.* ciao! [come saluto, non come congedo]. 2 ehi là!
holgado, -da [olγáðo, -ða] *a.* ampio. 2 fig. agiato, benestante.
holganza [olγánθa] *f.* riposo *m.* 2 ozio *m.* 3 divertimento *m.*
holgar [olγár] *i.* riposare. 2 oziare. 3 essere superfluo. 4 *i.-r.* divertirsi. ¶ CONIUG. come *contar.*
holgazán, -na [olγaθán, -na] *a.-s.* fannullone.
holgazanear [olγaθaneár] *i.* oziare.
holgazanería [olγaθanerìa] *f.* poltroneria.
holgura [olγúra] *f.* ampiezza. 2 comodità.
holocausto [olokáusto] *m.* olocausto.

hollar [oʎár] *t.* calpestare. ¶ CONIUG. come *contar.*

hollín [oʎín] *m.* fuliggine *f.*

hombre [ómbre] *m.* uomo. 2 *inter.* perbacco!

hombrera [ombréra] *f.* spallina.

hombro [ómbro] *m.* spalla *f.* ‖ **encogerse de hombros,** alzare le spalle. ‖ **a hombros,** sulle spalle.

homenaje [omenáxe] *m.* omaggio.

homeopatía [omeopatia] *f.* omeopatia.

homicida [omiθíða] *a.-s.* omicida.

homicidio [omiθíðjo] *m.* omicidio.

homogéneo, -a [omoxéneo, -a] *a.* omogeneo.

homólogo, -ga [omóloɣo, -ɣa] *a.* omologo.

homónimo, -ma [omónimo, -ma] *a.* omonimo.

honda [ónda] *f.* fionda.

hondamente [ondaménte] *a.* profondamente.

hondo, -da [óndo, -da] *a.* profondo, fondo. ‖ **cante ~** [e anche **jondo**], sorta di canto andaluso.

hondonada [ondonáða] *f.* avvallamento *m.*

hondura [ondúra] *f.* profondità.

honestidad [onestiðáð] *f.* onestà.

honesto, -ta [onésto, -ta] *a.* onesto.

hongo [óŋgo] *m.* fungo. ‖ **[sombrero] ~,** bombetta *f.*

honor [onór] *m.* onore.

honorabilidad [onoraβiliðáð] *f.* onorabilità.

honorable [onoráβle] *a.* onorevole.

honorar [onorár] *t.* onorare.

honorario, -ria [onorárjo, -rja] *a.-m.* onorario.

honorífico, -ca [onorifiko, -ka] *a.* onorifico.

honra [ónrra] *f.* onore *m.* ‖ **honras fúnebres,** esequie.

honradez [onrraðéθ] *f.* onestà.

honrado, da [onrráðo, -ða] *a.* onesto, bravo, dabbene.

honrar [onrrár] *t.* onorare.

honroso, -sa [onrróso, -sa] *a.* onorifico. 2 dignitoso.

hora [óra] *f.* ora.

horadar [oraðár] *t.* perforare, forare.

horario, -ria [orárjo, -rja] *a.-m.* orario.

horca [órka] *f.* forca. 2 forcone *m.,* tridente *m.*

horcajadas (a) [a orkaxáðas] *loc. avv.* a cavalcioni.

horchata [ortʃáta] *f.* orzata.

horda [órða] *f.* orda.

horizontal [oriθontál] *a.* orizzontale.

horizonte [oriθónte] *m.* orizzonte.

horma [órma] *f.* forma, stampo *m.*

hormiga [ormiɣa] *f.* formica.

hormigón [ormiɣón] *m.* calcestruzzo. ‖ ~ **armado,** cemento armato.

hormiguear [ormiɣeár] *i.* formicolare. 2 fig. brulicare.

hormigueo [ormiɣéo] *m.* formicolio. 2 fig. brulichio.

hormiguero [ormiɣéro] *m.* formicaio.

hormona [ormóna] *f.* ormone *m.*

hornacina [ornaθína] *f.* nicchia.

hornada [ornáða] *f.* infornata.

hornero [ornéro] *m.* fornaio.

hornillo [orniʎo] *m.* fornello.

horno [órno] *m.* forno.

horóscopo [oróskopo] *m.* oroscopo.

horquilla [orkíʎa] *f.* forcina. 2 forcella.

horrendo, -da [orréndo, -da] *a.* orrendo.

horrible [orríβle] *a.* orribile.

horripilante [orripilánte] *a.* raccapricciante, orripilante.

horripilar [orripilár] *t.* raccapricciare.

horror [orrór] *m.* orrore.

horrorizar [orroriθár] *t.* atterrire. 2 *r.* inorridire, agghiacciarsi.

horroroso, -sa [orroróso, -sa] *a.* orrendo.

hortaliza [ortaliθa] *f.* ortaggio *m.*

hortelano, -na [orteláno, -na] *a.-s.* ortolano.

hortensia [orténsja] *f.* ortensia.

horticultura [ortikultúra] *f.* orticoltura.

hosco, -ca [ósko, -ka] *a.* scuro. 2 fig. intrattabile, scontroso.

hospedaje [ospeðáxe] *m.* ospitalità *f.,* alloggio.

hospedar [ospeðár] *t.* ospitare, alloggiare. 2 *r.* alloggiare, albergare.

hospedería [ospeðeria] *f.* foresteria.

hospicio [ospíθjo] *m.* ospizio.

hospital [ospitál] *m.* ospedale.

hospitalario, -ria [ospitalárjo, -rja] *a.* ospitale.

hospitalidad [ospitaliðáð] *f.* ospitalità.

hospitalizar [ospitaliθár] *t.* internare in un ospedale.

hostal [ostál] *m.* albergo.

hostelero, -ra [osteléro, -ra] *s.* oste.

hostería [osteria] *f.* osteria, locanda.

hostia [óstja] *f.* ostia.

hostigador, -ra [ostiɣaðór, -ra] *a.-s.* vessatore, persecutore.

hostigamiento [ostiɣamjènto] *m.* fustigazione *f.* 2 fig. persecuzione *f.*

hostigar [ostiɣár] *t.* fustigare, frustare. 2 fig. perseguitare.

hostil [ostíl] *a.* ostile.

hostilidad [ostiliðáð] *f.* ostilità.

hostilizar [ostiliθár] *t.* osteggiare.

hotel [otèl] *m.* albergo, hotel.

hotelero, -ra [oteléro, -ra] *a.* alberghiero. 2 *m.* albergatore.

hoy [ói] *avv.* oggi. ‖ ~ *por* ~, oggi come oggi. ‖ ~ *en día,* oggigiorno, al giorno d'oggi.

hoya [ója] *f.* fossa.

hoyo [ójo] *m.* fosso, foro, buca *f.*

hoyuelo [ojwèlo] *m.* fossetta *f.*

hoz [oθ] *f.* falce. GEOG. gola.

hozada [oθáða] *f.* falciata.

hucha [útʃa] *f.* salvadanaio *m.* 2 gruzzolo *m.*

huchear [utʃeár] *i.* vociare.

hueco, -ca [wéko, -ka] *a.* vuoto, cavo. 2 fig. vano, gonfio. 3 *m.* cavità, cavo.

huelga [wélɣa] *f.* sciopero *m.*

huelguista [welɣísta] *s.* scioperante.

huella [wéʎa] *f.* impronta, traccia, orma. ‖ *huellas dactilares,* impronte digitali.

huérfano, -na [wérfano, -na] *a.-s.* organo.

huerta [wèrta] *f.* orto *m.,* frutteto *m.* 2 terreno *m.* irrigato e fertilissimo.

huerto [wèrto] *m.* orto.

hueso [wéso] *m.* osso. 2 nocciolo.

huésped, -da [wéspeð, -ða] *s.* ospite.

hueste [wéste] *f.* truppa, esercito *m.*

huesudo, -da [wesúðo, -ða] *a.* ossuto.

huevera [weβéra] *f.* portauovo *m.*

huevo [wéβo] *m.* uovo.

¡huf! [uf] *inter.* uff!

huida [wíða] *f.* fuga.

huidizo, -za [wiðíθo, -θa] *a.* sfuggente.

huir [wir] *i.* fuggire. ¶ CONIUG. IND. pres.: *huyo, huyes, huye; huyen.* | pass. rem.: *huyó; huyeron.* ‖ CONG. pres.: *huya, huyas, huya; huyamos, huyáis, huyan.* | imp.: *huyera, -se, huyeras, -ses,* ecc. | fut.: *huyere, huyeres,* ecc. ‖ IMPER.: *huye, huya; huyamos, huyan.* ‖ GER.: *huyendo.*

hule [úle] *m.* tela *f.* cerata.

hulla [úʎa] *f.* carbon *m.* fossile.

humanidad [umaniðáð] *f.* umanità.

humanismo [umanízmo] *m.* umanesimo.

humanista [umanísta] *s.* umanista.

humanitario, -ria [umanitárjo, -rja] *a.* umanitario.

humanizar [umaniθár] *t.-r.* umanizzare, rendere umano.

humano, -na [umáno, -na] *a.* umano.

humareda [umaréða] *f.* fumata.

humear [umeár] *i.* fumare, fumigare.

humedad [umeðáð] *f.* umidità.

humedecer [umedeθèr] *t.-r.* inumidire. ¶ CONIUG. come *crecer.*

húmedo, -da [úmeðo, -ða] *a.* umido.

húmero [úmero] *m.* omero.

humildad [umildáð] *f.* umiltà.

humilde [umílde] *a.* umile.

humillación [umiʎaθjòn] *f.* umiliazione, avvilimento *m.*

humillante [umiʎánte] *a.* umiliante.

humillar [umiʎár] *t.-r.* umiliare, avvilire.

humo [úmo] *m.* fumo.

humor [umór] *m.* umore.

humorismo [umorízmo] *m.* umorismo.

humorista [umorísta] *s.* umorista.

humorístico, -ca [umorístiko, -ka] *a.* umoristico.

hundimiento [undimjènto] *m.* sprofondamento. 2 affondamento. 3 crollo, cedimento.

hundir [undir] *t.* sprofondare. 2 affondare, immergere. 3 fig. distruggere, confondere. 4 *r.* crollare. 5 affossarsi.

húngaro, -ra [úŋgaro, -ra] *a.-s.* ungherese.

huracán [urakán] *m.* uragano.

huracanado, -da [urakanáðo, -ða] *a.* violento, di uragano.

huraño, -ña [uráɲo, -ɲa] *a.* scontroso, burbero.

hurgar [urɣár] *t.* frugare, rimuovere. 2 fig. aizzare.

hurón [urón] *m.* furetto. 2 fig. ficcanaso.

¡hurra! [úrra] *inter.* urrà!

hurtadillas (a) [a urtaðíʎas] *loc. avv.* furtivamente, alla chetichella.

hurtar [urtár] *t.* rubare. 2 fig. spostare. 3 *r.* sottrarsi.

hurto [úrto] *m.* furto.

húsar [úsar] *m.* ussaro.

husma [úzma] *f.* fiuto.

husmear [uzmeár] *t.* fiutare, annusare.

husmeo [uzmèo] *m.* fiuto.

huso [úso] *m.* fuso.

I

i [i] *f.* decima lettera dell'alfabeto spagnolo.
ibérico, -ca [iβériko, -ka] *a.* iberico.
ibero, -ra [ibèro, -ra] *a. s.* iberico.
icono [ikòno] *m.* icona *f.*
iconoclasta [ikonoklásta] *a.-s.* iconoclasta.
iconografía [ikonoɣrafía] *f.* iconografia.
iconostasio [ikonostásjo] *m.* iconostasi *f.*
icosaedro [ikosaèðro] *m.* icosaedro.
ictericia [iɣteriθja] *f.* itterizia.
ictiol [iɣtjól] *m.* CHIM. ittiolo.
ictiología [iɣtjoloxía] *f.* ittiologia.
ida [iða] *f.* andata. ‖ ~ *y vuelta,* andata e ritorno.
idea [iðèa] *f.* idea. ‖ ~ *fija,* fissazione.
ideal [iðeál] *a.-m.* ideale.
idealismo [iðealízmo] *m.* idealismo.
idealista [iðealísta] *a.-s.* idealista.
idealizar [iðealiθár] *t.* idealizzare.
idear [iðeár] *t.* ideare.
idéntico, -ca [iðèntiko, -ka] *a.* identico.
identidad [iðentiðáð] *f.* identità. ‖ *documento de* ~, carta d'identità.
identificación [iðentifikaθjón] *f.* identificazione.
identificar [iðentifikár] *t.* identificare. 2 *r.* identificarsi, immedesimarsi.
ideología [iðeoloxía] *f.* ideologia.
ideológico, -ca [iðeolóxiko, -ka] *a.* ideologico.
idílico, -ca [iðíliko, -ka] *a.* idillico.
idilio [iðíljo] *m.* idillio.
idioma [iðjóma] *m.* idioma, lingua *f.*
idiomático, -ca [iðjomátiko, -ka] *a.* idiomatico.
idiosincrasia [iðjosiŋkrásja] *f.* idiosincrasia.
idiota [iðjóta] *a.-s.* idiota, deficiente.
idiotez [iðjotèθ] *f.* idiozia.
idiotismo [iðjotízmo] *m.* idiotismo.
idólatra [iðólatra] *s.* idolatra.
idolatrar [iðolatrár] *t.* idolatrare.
idolatría [iðolatría] *f.* idolatria.
ídolo [iðolo] *m.* idolo.
idoneidad [iðoneiðáð] *f.* idoneità.

idóneo, -a [iðòneo, -a] *a.* idoneo, adatto.
iglesia [iɣlèsja] *f.* chiesa.
ignominia [iɣnomínja] *f.* ignominia.
ignominioso, -sa [iɣnominjóso, -sa] *a.* ignominioso.
ignorancia [iɣnoránθja] *f.* ignoranza.
ignorante [iɣnoránte] *a.* ignorante, ignaro.
ignorar [iɣnorár] *t.* ignorare.
igual [iɣwál] *a.* uguale. ‖ *me es* ~, mi è indifferente.
igualación [iɣwalaθjón] *f.* uguagliamento *m.*
igualar [iɣwalár] *t.* uguagliare. 2 livellare, spianare. 3 *i.-r.* essere pari.
igualdad [iɣwalðáð] *f.* uguaglianza.
igualmente [iɣwalmènte] *avv.* ugualmente, altrettanto.
ilación [ilaθjón] *f.* illazione.
ilegal [ileɣál] *a.* illegale.
ilegalidad [ileɣaliðáð] *f.* illegalità.
ilegible [ilexiβle] *a.* illeggibile.
ilegítimo, -ma [ilexitimo, -ma] *a.* illegittimo.
ilerdense [ilerdènse] *a.-s.* abitante di Lérida (Lleida).
ileso, -sa [ilèso, -sa] *a.* illeso.
iletrado, -da [iletráðo, -ða] *a.* illetterato.
ilícito, -ta [iliθito, -ta] *a.* illecito.
ilimitado, -da [ilimitáðo, -ða] *a.* illimitato.
ilógico, -ca [ilóxiko, -ka] *a.* illogico.
iluminación [iluminaθjón] *f.* illuminazione.
iluminar [iluminár] *t.* illuminare. 2 colorare.
iluminotécnica [iluminotèɣnika] *f.* illuminotecnica.
ilusión [ilusjón] *f.* illusione. ‖ *me haría ilusión,* mi piacerebbe, desidererei. ‖ *hacerse ilusiones,* illudersi.
ilusionarse [ilusjonárse] *r.* illudersi.
ilusionista [ilusjonísta] *s.* illusionista, prestigiatore.
iluso, -sa [ilúso, -sa] *a.* illuso.

ilusorio, -ria [ilusórjo, -rja] *a.* illusorio.

ilustración [ilustraθjón] *f.* illustrazione. 2 LETT. illuminismo *m.*

ilustrado, -da [ilustráðo, -ða] *a.* colto. 2 *a.-m.* LETT. illuminista.

ilustrar [ilustrár] *t.* illustrare.

ilustre [ilústre] *a.* illustre.

imagen [imáxen] *f.* immagine.

imaginable [imaxináβle] *a.* immaginabile.

imaginación [imaxinaθjón] *f.* immaginazione.

imaginar [imaxinár] *t.-r.* immaginare.

imaginario, -ria [imaxinárjo, -rja] *a.* immaginario.

imaginativo, -va [imaxinatiβo, -βa] *a.* immaginativo. 2 *f.* immaginativa. 3 fantasia.

imaginería [imaxinería] *f.* l'arte di scolpire immagini [sacre].

imaginero [imaxinéro] *m.* scultore di immagini.

imán [imán] *m.* calamita *f.*

imanar [imanár], **imantar** [imantár] *t.* calamitare, magnetizzare.

imbécil [imbéθil] *a.* imbecille, deficiente.

imbecilidad [imbeθiliðáð] *f.* imbecillità.

imberbe [imbèrβe] *a.* imberbe.

imborrable [imborráβle] *a.* indelebile.

imbuir [imbwír] *t.* imbevere, infondere.

imitación [imitaθjón] *f.* imitazione.

imitador, -ra [imitaðór, -ra] *a.-s.* imitatore.

imitar [imitár] *t.* imitare.

impaciencia [impaθjénθja] *f.* impazienza.

impacientar [impaθjentár] *t.* far perdere la pazienza. 2 *r.* impazientire, spazientire.

impaciente [impaθjénte] *a.* impaziente.

impacto [impáyto] *m.* impatto.

impalpable [impalpáβle] *a.* impalpabile.

impar [impár] *a.* impari, dispari.

imparcial [imparθjál] *a.* imparziale.

imparcialidad [imparθjaliðáð] *f.* imparzialità.

impartir [impartir] *t.* impartire.

impasibilidad [impasiβiliðáð] *f.* impassibilità.

impasible [impasiβle] *a.* impassibile.

impavidez [impaβiðéθ] *f.* audacia.

impávido, -da [impáβiðo, -ða] *a.* impavido.

impecable [impekáβle] *a.* impeccabile.

impedancia [impeðánθja] *f.* impedenza.

impedido, -da [impeðiðo, -ða] *a.* minorato fisico.

impedimento [impeðiménto] *m.* impedimento.

impedir [impeðir] *t.* impedire. ¶ CONIUG. come *servir.*

impelente [impelénte] *a.* impellente, imperioso.

impeler [impelér] *t.* spingere.

impenetrable [impenetráβle] *a.* impenetrabile.

impenitencia [impeniténθja] *f.* impenitenza.

impensado, -da [impensáðo, -ða] *a.* impensato.

imperar [imperár] *t.* imperare, dominare.

imperativo, -va [imperatiβo, -βa] *a.* imperativo.

imperceptible [imperθeβtiβle] *a.* impercettibile.

imperdible [imperðiβle] *a.* imperdibile. 2 *m.* spilla *f.* da balia, di sicurezza.

imperdonable [imperðonáβle] *a.* imperdonabile.

imperecedero, -ra [impereθeðéro, -ra] *a.* imperituro.

imperfección [imperfeyθjón] *f.* imperfezione.

imperfecto, -ta [imperféyto, -ta] *a.* imperfetto.

imperial [imperjál] *a.* imperiale.

imperialismo [imperjalizmo] *m.* imperialismo.

impericia [imperiθja] *f.* imperizia.

imperio [impérjo] *m.* impero.

imperioso, -sa [imperjóso, -sa] *a.* imperioso.

impermeabilidad [impermeaβiliðáð] *f.* impermeabilità.

impermeable [impermeáβle] *a.-m.* impermeabile.

impersonal [impersonál] *a.* impersonale.

impertérrito, -ta [impertèrrito, -ta] *a.* imperterrito.

impertinencia [impertinénθja] *f.* impertinenza.

impertinente [impertinénte] *a.* impertinente. 2 *m.-pl.* occhialetto *sing.*

imperturbable [imperturβáβle] *a.* imperturbabile.

impetrar [impetrár] *t.* impetrare.

ímpetu [impetu] *m.* impeto.

impetuosidad [impetwosiðáð] *f.* impetuosità.

impetuoso, -sa [impetwóso, -sa] *a.* impetuoso.

impiedad [impjeðáð] f. empietà.
impío, -a [impío, -a] a.-s. empio. 2 spietato.
implacable [implakáβle] a. implacabile.
implantación [implantaθjón] f. instaurazione.
implantar [implantár] t. instaurare, istituire.
implicación [implikaθjón] f. implicazione.
implicar [implikár] t. implicare, coinvolgere.
implícito, -ta [impliθito, -ta] a. implicito.
implorar [implorár] t. implorare.
impoluto, -ta [impolúto, -ta] a. immacolato.
imponderable [imponderáβle] a.-m. imponderabile.
imponente [imponénte] a. imponente.
imponer [imponér] t. imporre. 2 infondere [rispetto, paura, ecc.]. 3 versare [denaro].
impopular [impopulár] a. impopolare.
impopularidad [impopulariðáð] f. impopolarità.
importación [importaθjón] f. importazione.
importador, -ra [importaðór, -ra] a.-s. importatore.
importancia [importánθja] f. importanza.
importante [importánte] a. importante.
importar [importár] t.-i. importare.
importe [impórte] m. importo, ammontare.
importunar [importunár] t. importunare, assillare.
importuno, -na [importúno, -na] a. importuno.
imposibilidad [imposiβiliðáð] f. impossibilità.
imposible [imposíβle] a. impossibile.
imposición [imposiθjón] f. imposizione. 2 versamento m. [denaro].
impostor, -ra [impostór, -ra] a.-s. impostore.
impostura [impostúra] f. impostura.
impotencia [impoténθja] f. impotenza.
impotente [impoténte] a. impotente.
impracticable [impraɣtikáβle] a. impraticabile.
imprecación [imprekaθjón] f. imprecazione.
imprecisión [impreθisjón] f. imprecisione.

impreciso, -sa [impreθiso, -sa] a. impreciso.
impregnar [impreɣnár] t. impregnare, imbevere.
imprenta [imprénta] f. stampa. 2 tipografia.
imprescindible [impresθindíβle] a. imprescindibile.
impresión [impresjón] f. impressione. ‖ causar ~, far colpo. 2 stampa.
impresionable [impresjonáβle] a. impressionabile.
impresionar [impresjonár] t.-r. impressionare, colpire, commuovere.
impresionismo [impresjonízmo] m. impressionismo.
impreso, -sa [impréso, -sa] a. (PART. P. irr. di imprimir] impresso. 2 stampato. 3 m. stampa f. 4 modulo.
impresor [impresór] m. tipografo.
imprevisible [impreβisíβle] a. imprevedibile.
imprevisor, -ra [impreβisór, -ra] a. imprevidente.
imprevisto, -ta [impreβisto, -ta] a.-m. imprevisto.
imprimir [imprimir] t. stampare. 2 fig. imprimere. ¶ CONIUG. PART. P.: impreso.
improbable [improβáβle] a. improbabile.
improcedente [improθeðénte] a. infondato. 2 inadeguato.
improperio [impropèrjo] m. improperio.
impropio, -pia [imprópjo, -pja] a. improprio.
improrrogable [improrroɣáβle] a. improrogabile.
improvisación [improβisaθjón] f. improvvisazione.
improvisamente [improβisamente] avv. improvvisamente.
improvisar [improβisár] t. improvvisare.
improviso, -sa [improβiso, -sa] a. improvviso. ‖ de, al ~, all'improvviso, di punto in bianco.
imprudencia [impruðénθja] f. imprudenza.
imprudente [impruðénte] a.-s. imprudente.
impúber [impúβer], impúbero, -ra [impúβero, -ra] a.-s. impube, impubere.
impudencia [impuðénθja] f. impudenza, cinismo m. 2 spudoratezza.
impudente [impuðénte] a. impudente, spudorato.
impúdico, -ca [impúðiko, -ka] a. impudico.

impudor [impuðòr] *m.* spudoratezza *f.* 2 impudicizia *f.*

impuesto [impwèsto] *m.* tassa *f.,* imposta *f.,* gravame, dazio.

impugnar [impuɣnàr] *t.* impugnare, contestare.

impulsar [impulsàr] *t.* spingere.

impulsivo, -va [impulsiβo, -βa] *a.* impulsivo.

impulso [impúlso] *m.* impulso, spinta *f.*

impune [impúne] *a.* impune.

impureza [impurèθa] *f.* impurità.

impuro, -ra [impúro, -ra] *a.* impuro.

imputación [imputaθjón] *f.* imputazione.

imputar [imputár] *t.* imputare, addebitare, addossare.

in- [in-] prefisso negativo: in- (im-, ir-), s-, dis-.

inacabable [inakaβáβle] *a.* interminabile.

inaccesible [inayθesiβle] *a.* inaccessibile.

inacción [inayθjón] *f.* inazione.

inaceptable [inaθeβtáβle] *a.* inaccettabile.

inactividad [inaytiβiðáð] *f.* inattività.

inactivo, -va [inaytiβo, -βa] *a.* inattivo.

inadaptado, -da [inaðaβtáðo, -ða] *a.* disadattato.

inadecuado, -da [inaðekwáðo, -ða] *a.* inadeguato, inadatto, disadatto.

inadmisible [inaðmisiβle] *a.* inammissibile.

inadvertencia [inaðβertènθja] *f.* inavvertenza, inavvedutezza.

inadvertido, -da [inaðβertiðo, -ða] *a.* inavvertito, inavveduto. 2 inosservato.

inagotable [inayotáβle] *a.* inesauribile.

inaguantable [inaɣwantáβle] *a.* insopportabile.

inalienable [inaljenáβle] *a.* inalienabile.

inalterable [inalteráβle] *a.* inalterabile.

inalterado, -da [inalteráðo, -ða] *a.* inalterato.

inamisible [inamisiβle] *a.* imperdibile.

inamovible [inamoβiβle] *a.* inamovibile.

inanición [inaniθjón] *f.* inanizione.

inanimado, -da [inanimáðo, -ða] *a.* inanimato.

inapelable [inapeláβle] *a.* inappellabile.

inapetencia [inapetènθja] *f.* inappetenza.

inaplazable [inaplaθáβle] *a.* improrogabile.

inapreciable [inapreθjáβle] *a.* inapprezzabile.

inarmónico, -ca [inarmóniko, -ka] *a.* disarmonico.

inasequible [inasekiβle] *a.* irraggiungibile.

inatacable [inatakáβle] *a.* inattaccabile.

inaudito, -ta [inawðito, -ta] *a.* inaudito.

inauguración [inawɣuraθjón] *f.* inaugurazione.

inaugural [inawɣurál] *a.* inagurale.

inaugurar [inawɣurár] *t.* inaugurare.

inca [ínka] *m.* inca.

incalculable [iŋkalkuláβle] *a.* incalcolabile.

incalificable [iŋkalifikáβle] *a.* inqualificabile.

incandescente [iŋkandesθènte] *a.* incandescente.

incansable [iŋkansáβle] *a.* instancabile.

incapacidad [iŋkapaθiðáð] *f.* incapacità.

incapacitar [iŋkapaθitár] *t.* inabilitare.

incapaz [iŋkapáθ] *a.* incapace.

incauto, -ta [iŋkáuto, -ta] *a.* incauto.

incendiar [inθendjár] *t.-r.* incendiare.

incendiario, -ria [inθendjárjo, -rja] *a.-s.* incendiario.

incendio [inθèndjo] *m.* incendio.

incensar [inθensár] *t.* incensare.

incensario [inθensárjo] *m.* incensiere, turibolo.

incentivo, -va [inθentíβo, -βa] *a.-m.* incentivo.

incertidumbre [inθertiðúmbre] *f.* incertezza.

incesante [inθesánte] *a.* incessante.

incesto [inθèsto] *m.* incesto.

incestuoso, -sa [inθestwòso, -sa] *a.* incestuoso.

incidencia [inθiðènθja] *f.* incidenza.

incidente [inθiðènte] *a.-m.* incidente.

incidir [inθiðir] *i.* cadere [in errore]. 3 MED. incidere.

incienso [inθjènso] *m.* incenso.

incierto, -ta [inθjèrto, -ta] *a.* incerto.

incineración [inθineraθjón] *f.* cremazione, incinerazione.

incinerar [inθinerár] *t.* cremare.

incipiente [inθipjènte] *a.* incipiente.

incisión [inθisjón] *f.* incisione.

incisivo, -va [inθisíβo, -βa] *a.-m.* incisivo.

inciso, -sa [inθíso, -sa] *a.-m.* inciso.

incitar [inθitár] *t.* incitare, aizzare.

incivil [inθiβíl] *a.* incivile.

inclasificable [iŋklasifikáβle] *a.* inclassificabile.

inclemencia [inklemènθja] *f.* inclemenza.

inclemente [iŋklemènte] *a.* inclemente.

inclinación [iŋklinaθjòn] *f.* inclinazione.
inclinar [iŋklinár] *t.* inchinare. 2 inclinare. 3 *r.* chinarsi. 4 propendere.
ínclito, -ta [íŋklito, -ta] *a.* inclito.
incluir [inklwír] *t.* includere, accludere. 2 comprendere. ¶ CONIUG. come *huir.*
inclusión [iŋklusjòn] *f.* inclusione.
inclusive [inklusíβe] *avv.* inclusivamente. 2 compreso, incluso.
incluso, -sa [iŋklúso, -sa] *a.* incluso. 2 *avv.* inclusivamente. 3 *prep.* perfino, anche.
incoar [iŋkoár] *t.* incoare.
incoercible [iŋkoerθíβle] *a.* incoercibile.
incógnito, -ta [iŋkóɣnito, -ta] *a.-s.* incognito.
incoherencia [iŋkoerénθja] *f.* incoerenza.
incoherente [iŋkoerénte] *a.* incoerente.
incoloro, -ra [iŋkolóro, -ra] *a.* incolore.
incólume [iŋkòlume] *a.* incolume.
incolumidad [iŋkolumiðàð] *f.* incolumità.
incomodar [iŋkomoðàr] *t.-r.* incomodare, scomodare.
incomodidad [iŋkomoðiðàð] *f.* scomodità, incomodità.
incómodo, -da [iŋkòmoðo, -ða] *a.* scomodo, incomodo, disagevole. ‖ *estar ~,* essere, trovarsi a disagio.
incomparable [iŋkomparáβle] *a.* incomparabile.
incompatibilidad [iŋkompatibiliðàð] *f.* incompatibilità.
incompatible [iŋkompatíβle] *a.* incompatibile.
incompetencia [iŋkompeténθja] *f.* incompetenza.
incompetente [iŋkompeténte] *a.* incompetente.
incompleto, -ta [iŋkomplèto, -ta] *a.* incompleto, incompiuto.
incomprensible [iŋkomprensíβle] *a.* incomprensibile.
incomunicable [iŋkomunikáβle] *a.* incomunicabile.
incomunicación [iŋkomunikaθjòn] *f.* isolamento *m.*
incomunicar [iŋkomunikàr] *t.* isolare, segregare.
inconcebible [iŋkonθeβíβle] *a.* inconcepibile.
inconciliable [iŋkonθiljáβle] *a.* inconciliabile.
inconcuso, -sa [iŋkoŋkúso, -sa] *a.* inconcusso.

incondicional [iŋkondiθjonál] *a.* incondizionato.
inconexo, -xa [iŋkonéɣso, -ɣsa] *a.* sconnesso.
inconfesable [iŋkomfesáβle] *a.* inconfessabile.
inconfeso, -sa [iŋkomféso, -sa] *a.* inconfesso.
inconfundible [iŋkomfundíβle] *a.* inconfondibile.
incongruencia [iŋkoŋgrwénθja] *f.* incongruenza.
incongruente [iŋkoŋgrwènte] *a.* incongruente.
inconmensurable [iŋkommensuráβle] *a.* incommensurabile.
inconmovible [iŋkommoβíβle] *a.* inalterabile, immutabile.
inconsciencia [iŋkonsθjènθja] *f.* incoscienza.
inconsciente [iŋkonsθjènte] *a.* incosciente.
inconsecuencia [iŋkonsekwénθja] *f.* incoerenza, inconseguenza.
inconsecuente [iŋkonsekwènte] *s.* incoerente, inconseguente.
inconsistencia [iŋkonsistènθja] *f.* inconsistenza.
inconsistente [iŋkonsistènte] *a.* inconsistente.
inconsolable [iŋkonsoláβle] *a.* inconsolabile.
inconstancia [iŋkonstánθja] *f.* incostanza.
inconstante [iŋkonstánte] *a.* incostante.
incontable [iŋkontáβle] *a.* innumerevole.
incontenible [iŋkonteníβle] *a.* incontenibile.
incontestable [iŋkontestáβle] *a.* incontestabile.
incontinencia [iŋkontinènθja] *f.* incontinenza.
incontinenti [iŋkontinènti] *avv.* immantinente, subito.
incontrastable [iŋkontrastáβle] *a.* incontrastabile.
incontrovertible [iŋkontroβertíβle] *a.* incontrovertibile.
inconveniencia [iŋkombenjènθja] *f.* sconvenienza.
inconveniente [iŋkombenjènte] *a.* sconveniente. 2 *m.* inconveniente.
incorpóreo, -a [iŋkorpóreo, -a] *a.* incorporeo.
incorporar [iŋkorporár] *t.-r.* incorporare.

incorrección [iŋkorreɣθjón] f. scorrettezza. 2 errore m.

incorrecto, -ta [iŋkorréɣto, -ta] a. scorretto.

incorregible [iŋkorrexíβle] a. incorreggibile.

incorruptible [iŋkorruβtíβle] a. incorruttibile.

incorrupto, -ta [iŋkorrúβto, -ta] a. incorrotto.

incredulidad [iŋkreðuliðáð] f. incredulità.

incrédulo, -la [iŋkrèðulo, -la] a.-s. incredulo.

increíble [iŋkreíβle] a. incredibile, stupefacente.

incrementar [iŋkrementár] t. incrementare.

incremento [iŋkreménto] m. incremento.

increpar [iŋkrepár] t. rimproverare.

incriminación [iŋkriminaθjón] f. incriminazione.

incriminar [iŋkriminár] t. incriminare.

incruento, -ta [iŋkrwènto, -ta] a. incruento.

incrustación [iŋkrustaθjón] f. incrostazione.

incrustar [iŋkrustár] t. incrostare.

incubación [iŋkuβaθjón] f. incubazione.

incubadora [iŋkuβaðóra] f. incubatrice.

incuestionable [iŋkwestjonáβle] a. indiscutibile.

inculcar [iŋkulkár] t. inculcare.

inculpación [iŋkulpaθjón] f. imputazione.

inculpar [iŋkulpár] t. incolpare.

inculto, -ta [iŋkúlto, -ta] a. incolto.

incultura [iŋkultùra] f. ignoranza.

incumbencia [iŋkumbénθja] f. incombenza.

incumbir [iŋkumbir] i. spettare, competere.

incurable [iŋkuráβle] a. incurabile, inguaribile.

incuria [iŋkúrja] f. incuria.

incurrir [iŋkurrir] i. incorrere.

incursión [iŋkursjón] f. incursione, scorreria.

indagación [indaɣaθjón] f. indagine.

indagar [indaɣár] t. indagare.

indebido, -da [indeβíðo, -ða] a. indebito.

indecencia [indeθénθja] f. indecenza.

indecente [indeθénte] a. indecente.

indecible [indeθíβle] a. indicibile.

indecisión [indeθisjón] f. indecisione.

indeciso, -sa [indeθíso, -sa] a. indeciso.

indecoroso, -sa [indekoróso, -sa] a. indecoroso.

indefectible [indefeɣtíβle] a. immancabile.

indefenso, -sa [indefénso, -sa] a. indifeso.

indefinido, -da [indefiníðo, -ða] a. indefinito.

indeleble [indeléβle] a. indelebile.

indemne [indèmne] a. indenne.

indemnización [indemniθaθjón] f. indennizzo m.

indemnizar [indemniθár] t. indennizzare.

independencia [independénθja] f. indipendenza.

independiente [independjénte] a. indipendente.

indescifrable [indesθifráβle] a. indecifrabile.

indescriptible [indeskriptíβle] a. indescrivibile.

indestructible [indestruɣtíβle] a. indistruttibile.

indeterminación [indeterminaθjón] f. indeterminazione, indeterminatezza.

indeterminado, -da [indetermináðo, -ða] a. indeterminato. 2 indeciso.

indicación [indikaθjón] f. indicazione.

indicador, -ra [indikaðór, -ra] a.-m. indicatore.

indicar [indikár] t. indicare, accennare.

indicativo, -va [indikatiβo, -βa] a.-m. indicativo.

índice [indiθe] m. indice.

indicio [indiθjo] m. indizio.

indiferencia [indiferénθja] f. indifferenza.

indiferente [indiferènte] a. indifferente.

indígena [indixena] a.-s. indigeno.

indigencia [indixènθja] f. indigenza.

indigente [indixènte] a. indigente.

indigestarse [indixestárse] r. fare indigestione.

indigestión [indixestjón] f. indigestione.

indigesto, -ta [indixèsto, -ta] a. indigesto.

indignación [indiɣnaθjón] f. indignazione.

indignar [indiɣnár] t.-r. indignare, sdegnare.

indigno, -na [indiɣno, -na] a. indegno.

indio, -dia [índjo, -dja] a.-s. indiano, indio.

indirecto, -ta [indirèɣto, -ta] a. indiretto. 2 f. allusione.

indisciplina [indisθiplína] f. indisciplina.

indisciplinado, -da [indisθiplináðo, -ða] a. indisciplinato.

indiscreción [indiskreθjón] f. indiscrezione.

indiscreto, -ta [indiskréto, -ta] a. indiscreto.

indiscutible [indiskutíβle] a. indiscutibile.

indisoluble [indisolúβle] a. indissolubile.

indispensable [indispensáβle] a. indispensabile.

indisponer [indisponèr] t. indisporre.

indisposición [indisposiθjón] f. indisposizione.

indispuesto, -ta [indispwésto, -ta] a. indisposto.

individual [indiβiðuál] a. individuale.

individualismo [indiβiðwalizmo] m. individualismo.

individualista [indiβiðwalísta] a. individualista.

individualizar [indiβiðwaliθár] t. individuare.

individuo, -dua [indiβiðwo, -dwa] a. individuale. 2 m. individuo.

indivisible [indiβisíβle] a. indivisibile.

indiviso, -sa [indiβíso, -sa] a. indiviso.

indocumentado, -da [indokumentáðo, -ða] a. privo di documenti.

indochino, -na [indotʃíno, -na] a.-s. indocinese.

indoeuropeo, -a [indoeuropéo, -a] a.-s. indoeuropeo.

índole [índole] f. indole.

indolencia [indolénθja] f. indolenza.

indolente [indolénte] a. indolente.

indomable [indomáβle] a. indomabile.

indómito, -ta [indómito, -ta] a. indomito.

inducción [induyθjón] f. induzione.

inducir [induθír] t. indurre. ¶ CONIUG. come **conducir.**

inductivo, -va [induytíβo, -βa] a. induttivo.

indudable [induðáβle] a. indubbio, indubitabile.

indulgencia [indulxénθja] f. indulgenza.

indulgente [indulxénte] a. indulgente.

indultar [indultár] t. dare l'indulto, graziare.

indulto [indúlto] m. indulto.

indumentaria [indumentárja] f. indumento m.

indumento [induménto] m. indumento, vestito.

industria [indústrja] f. industria.

industrial [industrjál] a.-m. industriale.

industrialización [industrjaliθaθjón] f. industrializzazione.

industrializar [industrjaliθár] t. industrializzare.

inédito, -ta [inéðito, -ta] a. inedito.

inefable [inefáβle] a. ineffabile.

ineficacia [inefikáθja] f. inefficacia.

ineficaz [inefikáθ] a. inefficace.

ineludible [ineluðíβle] a. inevitabile.

inenarrable [inenarráβle] a. inenarrabile.

inepcia [inéβθja] f. inezia.

ineptitud [ineβtitúð] f. inettitudine, dappocaggine.

inepto, -ta [inéβto, -ta] a. inetto, dappoco.

inequívoco, -ca [inekíβoko, -ka] a. inequivocabile.

inercia [inérθja] f. inerzia.

inerme [inérme] a. inerme.

inerte [inérte] a. inerte.

inescrutable [ineskrutáβle] a. imperscrutabile.

inesperado, -da [inesperáðo, -ða] a. insperato. 2 inaspettato.

inestabilidad [inestaβiliðáð] f. instabilità.

inestable [inestáβle] a. instabile.

inestimable [inestimáβle] a. inestimabile.

inevitable [ineβitáβle] a. inevitabile.

inexactitud [ineysaytitúð] f. inesattezza.

inexacto, -ta [ineysáyto, -ta] a. inesatto.

inexistente [ineysisténte] a. inesistente.

inexorable [ineysoráβle] a. inesorabile.

inexperiencia [inesperjénθja] f. inesperienza.

inexperto, -ta [inespérto, -ta] a. inesperto.

inexplicable [inesplikáβle] a. inspiegabile.

inexpugnable [inespuɣnáβle] a. inespugnabile.

inextinguible [inestiŋgíβle] a. inestinguibile.

inextricable [inestrikáβle] a. inestricabile.

infalibilidad [imfaliβiliðáð] f. infallibilità.

infalible [imfalíβle] a. infallibile.

infamar [imfamár] t. diffamare.

infame [imfáme] a.-s. infame.

infamia [imfámja] f. infamia.

infancia [imfánθja] f. infanzia.

infante, -ta [imfánte, -ta] s. infante. 2 m. MIL. fante.

infantería [imfantería] f. fanteria.

infanticida [imfantiθíða] s. infanticida.
infanticidio [imfantiθíðjo] m. infanticidio.
infantil [imfantíl] a. infantile.
infantilismo [imfantilízmo] m. infantilismo.
infarto [imfárto] m. infarto.
infatigable [imfatiyáβle] a. infaticabile.
infatuar [imfatuár] t. infatuare.
infausto, -ta [imfáusto, -ta] a. infausto.
infección [imfeɣθjón] f. infezione.
infeccioso, -sa [imfeɣθjóso, -sa] a. infettivo.
infectar [imfeɣtár] t.-r. infettare.
infecto, -ta [imfékto, -ta] a. infetto.
infecundo, -da [imfekúndo, -da] a. infecondo.
infelicidad [imfeliθiðáð] f. infelicità.
infeliz [imfeliθ] a. infelice.
inferior [imferjór] a. inferiore.
inferioridad [imferjoriðáð] f. inferiorità.
inferir [imferir] t. inferire. 2 produrre, causare [ferita, offesa, ecc.]. ¶ CONIUG. come *sentir*.
infernal [imfernál] a. infernale.
infestar [imfestár] t. infestare.
inficionar [imfiθjonár] t. contaminare, infettare. 2 fig. corrompere.
infidelidad [imfiðeliðáð] f. infedeltà.
infiel [imfjél] a. infedele.
infierno [imfjérno] m. inferno.
infiltración [imfiltraθjón] f. infiltrazione.
infiltrar [imfiltrár] t.-r. infiltrare.
ínfimo, -ma [imfimo, -ma] a. infimo.
infinidad [imfiniðáð] f. infinità.
infinitesimal [imfinitesimál] a. infinitesimale.
infinitivo, -va [imfinitiβo, -βa] a.-m. infinito.
infinito, -ta [imfinito, -ta] a.-m. infinito.
inflación [imflaθjón] f. inflazione. 2 gonfiore m.
inflamable [imflamáβle] a. infiammabile.
inflamación [imflamaθjón] f. infiammazione. 2 accensione.
inflamar [imflamár] t.-r. infiammare. 2 r. avvampare, divampare.
inflar [imflár] t.-r. gonfiare.
inflexible [imfleysíβle] a. inflessibile.
inflexión [imfleysjón] f. inflessione.
infligir [imflixir] t. infliggere.
influencia [imflwènθja] f. influenza.
influir [imflwir] i. influire. ¶ CONIUG. come *huir*.
influjo [imflúxo] m. influsso, influenza f.
influyente [imflujènte] a. influente.

información [imformaθjón] f. informazione.
informal [imformál] a. non serio, non puntuale.
informalidad [imformaliðáð] f. mancanza di serietà o di puntualità.
informar [imformár] t. informare.
informe [imfórme] a. informe. 2 m. relazione f., resoconto.
infortunio [imfortúnjo] m. infortunio.
infracción [imfraɣθjón] m. infrazione.
infractor, -ra [imfraɣtór, -ra] a.-s. trasgressore.
infranqueable [imfraŋkeáβle] a. insormontabile.
infrarrojo, -ja [imfrarróxo, -xa] a. infrarosso.
infrascrito, -ta [imfraskrito, -ta] a.-s. sottoscritto. 2 infrascritto.
infringir [imfriŋxir] t. infrangere.
infructuoso, -sa [imfruɣtuóso, -sa] a. infruttuoso.
infundado, -da [imfundáðo, -ða] a. infondato.
infundir [imfundir] t. infondere. 2 fig. incutere.
infusión [imfusjón] f. infusione, infuso m.
ingeniarse [iŋxenjárse] r. ingegnarsi, adoperarsi, destreggiarsi.
ingeniería [iŋxenjería] f. ingegneria.
ingeniero [iŋxenjèro] m. ingegnere.
ingenio [iŋxènjo] m. ingegno. 2 congegno, ordigno.
ingeniosidad [iŋxenjosiðáð] f. ingegnosità.
ingenioso, -sa [iŋxenjóso, -sa] a. ingegnoso.
ingente [iŋxènte] a. ingente.
ingenuidad [iŋxenwiðáð] f. ingenuità.
ingenuo, -nua [iŋxènwo, -nwa] a. ingenuo.
ingerencia [iŋxerènθja] f. V. injerencia.
ingerir [iŋxerir] t. ingerire. 2 introdurre. 3 r. ingerirsi. ¶ CONIUG. come *sentir*.
ingle [iŋgle] f. inguine m.
inglés, -sa [iŋglés, -sa] a.-s. inglese.
ingratitud [iŋgratitúð] f. ingratitudine.
ingrato, -ta [iŋgráto, -ta] a. ingrato. 2 sgradevole.
ingrediente [iŋgreðjènte] m. ingrediente.
ingresar [iŋgresár] t. depositare [in banca]. 2 i. entrare.
ingreso [iŋgrèso] m. ingresso. 2 ammissione f. 3 incasso. 4 pl. entrate f.
inhábil [ináβil] a. inabile. 2 BUR. *día* ~, giorno festivo.

inhabilitar [inaβilitár] *t.* inabilitare.
inhabitable [inaβitáβle] *a.* inabitabile.
inhalación [inalaθjón] *f.* inalazione.
inhalar [inalár] *t.* inalare.
inherente [inerénte] *a.* inerente.
inhibición [iniβiθjón] *f.* inibizione.
inhibir [iniβír] *t.-r.* inibire.
inhospitalario, -ria [inospitalárjo, -rja] *a.* inospitale, inospite.
inhóspito, -ta [inóspito, -ta] *a.* inospite, inospitale.
inhumación [inumaθjón] *f.* inumazione.
inhumano, -na [inumáno, -na] *a.* inumano, disumano.
inhumar [inumár] *t.* inumare.
iniciación [iniθjaθjón] *f.* iniziazione, avviamento *m.*
iniciador, -ra [iniθjaðór, -ra] *s.* iniziatore.
inicial [iniθjál] *a.-f.* iniziale.
iniciar [iniθjár] *t.* iniziare, cominciare.
iniciativa [iniθjatíβa] *f.* iniziativa.
inicuo, -cua [iníkwo, -kwa] *a.* iniquo.
inimaginable [inimaxináβle] *a.* inimmaginabile, impensabile.
inimitable [inimitáβle] *a.* inimitabile.
ininteligible [inintelixíβle] *a.* inintelligibile.
ininterrumpido, -da [ininterrumpíðo, -ða] *a.* ininterrotto.
iniquidad [inikiðáð] *f.* iniquità.
injerencia [iŋxerénθja] *f.* ingerenza.
injerir [iŋxerír] *t.-r.* V. **ingerir.**
injertar [iŋxertár] *t.* innestare.
injerto [iŋxérto] *m.* innesto.
injuria [iŋxúrja] *f.* ingiuria.
injuriar [iŋxurjár] *t.* ingiuriare.
injurioso, -sa [iŋxurjóso, -sa] *a.* ingiurioso.
injusticia [iŋxustíθja] *f.* ingiustizia.
injustificable [iŋxustifikáβle] *a.* ingiustificabile.
injustificado, -da [iŋxustifikáðo, -ða] *a.* ingiustificato.
injusto, -ta [iŋxústo, -ta] *a.* ingiusto.
inmaculado, -da [immakuláðo, -ða] *a.* immacolato.
inmadurez [immaðuréθ] *f.* immaturità.
inmanencia [immanénθja] *f.* immanenza.
inmanente [immanénte] *a.* immanente.
inmaterial [immaterjál] *a.* immateriale.
inmaduro, -ra [immaðúro, -ra] *a.* immaturo.
inmediciones [immeðjaθjónes] *f.-pl.* dintorni *m.*

inmediatez [immeðjatéθ] *f.* immediatezza.
inmediato, -ta [immeðjáto, -ta] *a.* immediato.
inmejorable [immexoráβle] *a.* eccellente, ottimo. 2 impareggiabile.
inmemorial [immemorjál] *a.* immemorabile.
inmensidad [immensiðáð] *f.* immensità.
inmenso, -sa [imménso, -sa] *a.* immenso.
inmerecido, -da [immereθíðo, -ða] *a.* immeritato.
inmersión [immersjón] *f.* immersione.
inmigración [immiɣraθjón] *f.* immigrazione.
inmigrante [immiɣránte] *a.-s.* immigrante.
inmigrar [immiɣrár] *i.* immigrare.
inminencia [imminénθja] *f.* imminenza.
inminente [imminénte] *a.* imminente.
inmiscuir [immiskwír] *t.* immischiare. 2 immischiarsi, impicciarsi. ¶ CONIUG. regolare, ma più comunemente come *huir.*
inmobiliario, -ria [immoβiljárjo, -rja] *a.* immobiliare, fondiario
inmoderación [immoðeraθjón] *f.* smoderatezza.
inmoderado, -da [immoðeráðo, -ða] *a.* smodato, smoderato.
inmodestia [immoðéstja] *f.* immodestia.
inmodesto, -ta [immoðésto, -ta] *a.* immodesto
inmolar [immolár] *t.-r.* immolare.
inmoral [immorál] *a.* immorale
inmoralidad [immoraliðáð] *f.* immoralità.
inmortal [immortál] *a.* immortale.
inmortalidad [immortaliðáð] *f.* immortalità.
inmortalizar [immortaliθár] *t.* immortalare.
inmóvil [immóβil] *a.* immobile.
inmovilidad [immoβiliðáð] *f.* immobilità.
inmovilizar [immoβiliθár] *t.* immobilizzare.
inmueble [immwéβle] *a.-m.* immobile.
inmundicia [immunðíθja] *f.* immondizia, immondezza.
inmune [immúne] *a.* immune. 2 esente.
inmunidad [immuniðáð] *f.* immunità. 2 esenzione.
inmunizar [immuniθár] *t.* immunizzare.
inmutable [immutáβle] *a.* immutabile.

inmutarse [immutárse] *r.* alterarsi, trasalire.

innato, -ta [innáto, -ta] *a.* innato.

innatural [innaturál] *a.* innaturale.

innegable [inneyáβle] *a.* innegabile.

innoble [innóβle] *a.* ignobile.

innocuo, -cua [innókwo, -kwa] *a.* innocuo.

innovación [innoβaθjón] *f.* innovazione.

innovador, -ra [innoθaðór, -ra] *a.-s.* innovatore.

innumerable [innumeráβle] *a.* innumerevole.

inobservancia [inoβserβánθja] *f.* inosservanza.

inocencia [inoθénθja] *f.* innocenza.

inocentada [inoθentáða] *f.* dabbenaggine. 2 pesce *m.* d'aprile.

inocente [inoθénte] *a.* innocente. 2 ingenuo.

inocular [inokulár] *t.* inoculare.

inodoro, -ra [inoðóro, -ra] *a.* inodoro.

inofensivo, -va [inofensíβo, -βa] *a.* inoffensivo.

inolvidable [inolβiðáβle] *a.* indimenticabile.

inopinado, -da [inopináðo, -ða] *a.* inopinato.

inoportuno, -na [inoportúno, -na] *a.* inopportuno.

inorgánico, -ca [inoryániko, -ka] *a.* inorganico.

inoxidable [inoysiðáβle] *a.* inossidabile.

inquebrantable [iŋkeβrantáβle] *a.* incrollabile.

inquietar [iŋkjetár] *t.-r.* inquietare.

inquieto, -ta [iŋkjéto, -ta] *a.* inquieto. 2 irrequieto.

inquietud [iŋkjetúd] *f.* inquietudine. 2 irrequietezza.

inquilino, -na [iŋkilino, -na] *s.* inquilino.

inquinar [iŋkinár] *t.* inquinare.

inquisición [iŋkisiθjón] *f.* inquisizione. 2 indagine.

inquisidor, -ra [iŋkisiðór, -ra] *a.* inquisitore. 2 *m.* guidice istruttore. 3 STOR. inquisitore.

insaciable [insaθjáβle] *a.* insaziabile.

insalivar [insaliβár] *t.* insalivare.

insalubre [insalúβre] *a.* insalubre.

insano, -na [insáno, -na] *a.* insano.

inscribir [inskriβír] *t.-r.* iscrivere. ¶ CONIUG. PART. P.: *inscrito*.

inscripción [inskriβθjón] *f.* iscrizione. 2 dicitura, didascalia.

insecticida [inseytiθíða] *a.-m.* insetticida.

insecto [inséyto] *m.* insetto.

inseguridad [inseyuriðáð] *f.* insicurezza.

inseguro, -ra [inseyúro, -ra] *a.* insicuro.

insensatez [insensatéθ] *f.* insensatezza.

insensato, -ta [insensáto, -ta] *a.* insensato.

insensibilidad [insensiβiliðáð] *f.* insensibilità.

insensibilizar [insensiβiliθár] *t.* rendere insensibile.

insensible [insensíβle] *a.* insensibile.

inseparable [inseparáβle] *a.* inseparabile.

inserción [inserθjón] *f.* inserzione.

inserir [inserir] *t.* inserire. ¶ CONIUG. come *hervir.* | PART. P.: reg.: *inserido;* irr.: *inserto*.

insertar [insertár] *t..* inserire. ¶ CONIUG. PART. P. reg.: *insertado;* irr.: *inserto*.

inservible [inserβíβle] *a.* inservibile.

insidia [insíðja] *f.* insidia.

insidiar [insiðjár] *t.* insidiare.

insidioso, -sa [insiðjóso, -sa] *a.* insidioso.

insigne [insíyne] *a.* insigne, famoso, illustre.

insignia [insíynja] *f.* insegna.

insignificancia [insiynifikánθja] *f.* piccolezza.

insignificante [insiynifikánte] *a.* insignificante.

insinuación [insinuaθjón] *f.* insinuazione.

insinuar [insinwár] *t.-r.* insinuare.

insípido, -da [insípiðo, -ða] *a.* insipido.

insistencia [insisténθja] *f.* insistenza.

insistente [insisténte] *a.* insistente.

insistir [insistir] *i.* insistere.

insociable [insoθjáβle] *a.* insocievole, insociabile.

insolación [insolaθjón] *f.* insolazione.

insolencia [insolénθja] *f.* insolenza.

insolentar [insolentár] *t.-r.* insolentire.

insolente [insolénte] *a.* insolente.

insólito, -ta [insólito, -ta] *a.* insolito.

insoluble [insolúβle] *a.* insolubile.

insolvente [insolβénte] *a.* insolvente.

insomnio [insómnjo] *m.* insonnia *f.*

insondable [insondáβle] *a.* inescrutabile, insondabile.

insoportable [insoportáβle] *a.* insopportabile.

insostenible [insosteníβle] *a.* insostenibile.

inspección [inspeyθjón] *f.* ispezione.

inspeccionar [inspeyθjonár] *t.* ispezionare.

inspector, -ra [ɪnspeɣtór, -ra] *a.-s.* ispettore.

inspiración [inspiraθjón] *f.* ispirazione.

inspirar [inspirár] *t.* inspirare. 2 fig. ispirare.

instalación [instalaθjón] *f.* installazione. 2 impianto *m.*

instalar [instalár] *t.-r.* installare, insediare, impiantare.

instancia [instánθja] *f.* istanza. 2 domanda.

instantáneo, -a [instantáneo, -a] *a.* istantaneo. 2 *f.* FOT. istantanea.

instante [instánte] *m.* istante, attimo.

instar [instár] *i.* instare.

instaurar [instaurár] *t.* instaurare.

instigar [instiɣár] *t.* istigare.

instintivo, -va [instintíβo, -βa] *a.* istintivo.

instinto [instínto] *m.* istinto.

institución [instituθjón] *f.* istituzione.

institucional [instituθjonál] *a.* istituzionale.

instituir [institwír] *t.* istituire, impiantare. ¶ CONIUG. come *huir.*

instituto [institúto] *m.* istituto.

institutriz [institutríθ] *f.* governante, istitutrice.

instrucción [instruɣθjón] *f.* istruzione.

instructivo, -va [instruɣtíβo, -βa] *a.* istruttivo.

instructor, -ra [instruɣtór, -ra] *a.-s* istruttore.

instruir [instrwír] *t.* istruire. ¶ CONIUG. come *huir.*

instrumental [instrumentál] *a.* strumentale.

instrumentalizar [instrumentaliθár] *t.* strumentalizzare.

instrumentar [instrumentár] *t.* strumentare.

instrumento [instruménto] *m.* strumento. 2 attrezzo.

insubordinación [insuβorðinaθjón] *f.* insubordinazione.

insubordinado, -da [insuβorðináðo, -ða] *a.-s.* insubordinato.

insubordinar [insuβorðinár] *t.-r.* sollevare, ammutinare.

insuficiencia [insufiθjènθja] *f.* insufficienza.

insuficiente [insufiθjénte] *a.* insufficiente.

insufrible [insufríβle] *a.* insopportabile.

insular [insulár] *a.* insulare.

insulina [insulína] *f.* insulina.

insulso, -sa [insúlso, -sa] *a.* insulso.

insultar [insultár] *t.* insultare.

insulto [insúlto] *m.* insulto.

insuperable [insuperáβle] *a.* insuperabile.

insurrección [insurreɣθjón] *f.* insurrezione.

insurrecto, -ta [insurrèɣto, -ta] *a.-s.* insorto.

insustituible [insustitwíβle] *a.* insostituibile.

intacto, -ta [intáɣto, -ta] *a.* intatto.

intachable [intatʃáβle] *a.* incensurabile.

intangible [intaŋxíβle] *a.* intangibile.

integración [inteɣraθjón] *f.* integrazione.

integral [inteɣrál] *a.-f.* integrale.

integrante [inteɣránte] *a.* integrante.

integrar [inteɣrár] *t.* integrare. 2 comporre, formare.

integridad [inteɣriðáð] *f.* integrità. 2 illibatezza.

íntegro, -ra [inteɣro, -ɣra] *a.* integro. 2 illibato.

intelecto [inteléɣto] *m.* intelletto.

intelectual [inteleɣtuál] *a.-s.* intellettuale.

inteligencia [intelixènθja] *f.* intelligenza.

inteligente [intelixénte] *a.* intelligente.

inteligible [intelixíβle] *a.* intelligibile.

intemperancia [intemperánθja] *f.* intemperanza.

intemperie [intempérje] *f.* intemperie.

intempestivo, -va [intempestíβo, -βa] *a.* intempestivo.

intención [intenθjón] *f.* intenzione. ‖ *segunda ~,* sottinteso *m.,* doppiezza.

intencionadamente [intenθjonáðamente] *avv.* apposta, intenzionalmente.

intencionado, -da [intenθjonáðo, -ða] *a.* intenzionato.

intendencia [intendénθja] *f.* intendenza.

intendente [intendénte] *m.* intendente.

intensificar [intensifikár] *t.* intensificare.

intensidad [intensiðáð] *f.* intensità.

intensivo, -va [intensíβo, -βa] *a.* intensivo.

intenso, -sa [inténso, -sa] *a.* intenso.

intentar [intentár] *t.* tentare. 2 intentare.

intento [intènto] *m.* intento. 2 tentativo. ‖ *de ~,* volutamente.

intentona [intentóna] *f.* tentativo *m.* temerario.

inter- [inter-] *pref.* inter-.

intercalar [interkalár] *t.* intercalare.

intercambio [interkámbjo] *m.* scambio.

interceder [interθeðèr] *i.* intercedere.

interceptar [interθeβtár] *t.* intercettare.

intercesión [interθesjón] *f.* intercessione.

intercesor, -ra [interθesór, -ra] *a.-s.* intercessore.

intercedir [interθeðir] *t.* interdire.

interdicción [interðiγθjón] *f.* interdizione.

interés [interés] *m.* interesse.

interesado, -da [interesáðo, -ða] *a.* interessato.

interesante [interesánte] *a.* interessante.

interesar [interesár] *t.-r.* interessare.

interferencia [interferénθja] *f.* interferenza.

interferir [interferir] *i.* interferire. ¶ CONIUG. come *sentir*.

ínterin [interin] *m.* interinato, provvisorietà *f.* 2 *avv.* interim.

interino, -na [interino, -na] *a.-s.* interino, provvisorio, supplente, avventizio.

interior [interjór] *a.* interiore, interno. 2 *m.* interno. 3 SPORT. mezz'ala *f.* 4 *pl.* interiora *f.*

interioridad [interjoriðáð] *f.* interiorità. 2 *pl.* intimità *sing.*

interjección [interxeγθjón] *f.* interiezione.

interlocutor, -ra [interlokutór, -ra] *s.* interlocutore.

intermediario, -ria [intermeðjárjo, -rja] *s.* intermediario.

intermedio, -dia [intermèðjo, -ðja] *a.* intermedio. 2 *m.* intervallo, intermezzo.

interminable [intermináβle] *a.* interminabile.

intermitencia [intermiténθja] *f.* intermittenza.

intermitente [intermiténte] *a.* intermittente. 2 *m.* luce *f.* di direzione.

internacional [internaθjonál] *a.* internazionale.

internado, -da [internáðo, -ða] *a.* internato. 2 *m.* collegio, convitto.

internar [internár] *t.* internare. 2 *r.* addentrarsi, penetrare.

interno, -na [intèrno, -na] *a.-s.* interno.

interpelación [interpelaθjón] *f.* interpellanza.

interpelar [interpelár] *t.* interpellare.

interplanetario, -ria [interplanetárjo, -rjja] *a.* interplanetario.

interpolación [interpolaθjón] *f.* interpolazione.

interponer [interponèr] *t.-r.* frapporre, frammettere.

interpretación [interpretaθjón] *f.* interpretazione.

interpretar [interpretár] *t.* interpretare.

intérprete [intèrprete] *s.* interprete.

interregno [interrèyno] *m.* interregno.

interrogación [interroyaθjón] *f.* interrogazione.

interrogante [interroyánte] *a.-s.* interrogativo.

interrogar [interroyár] *t.* interrogare.

interrogativo, -va [interroyatiβo, -βa] *a.* interrogativo.

interrogatorio, -ria [interroyatórjo, -rja] *a.-m.* interrogatorio.

interrumpir [interrumpir] *t.* interrompere.

interrupción [interruβθjón] *f.* interruzione.

interruptor [interruβtór] *m.* interruttore.

intervalo [interβálo] *m.* intervallo.

intervención [interβenθjón] *f.* intervento *m.*

intervenir [interβenir] *i.* intervenire. 2 *t.* controllare.

interventor [interβentór] *m.* controllore.

interviú [interβjú] *f.* intervista.

intestado, -da [intestáðo, -ða] *a.-s.* GIUR. intestato.

intestinal [intestinál] *a.* intestinale.

intestino, -na [intestino, -na] *a.-m.* intestino. 2 *m.* budello.

intimación [intimaθjón] *f.* intimazione, diffida.

intimar [intimár] *t.* intimare, diffidare. 2 *i.-r.* diventare intimo, fare amicizia.

intimidación [intimiðaθjón] *f.* intimidazione.

intimidad [intimiðáð] *f.* intimità.

íntimo, -ma [intimo, -ma] *a.* intimo.

intitular [intitulár] *t.* intitolare.

intolerable [intoleráβle] *a.* intollerabile.

intolerancia [intoleránθja] *f.* intolleranza.

intolerante [intoleránte] *a.* intollerante.

intoxicación [intoysikaθjón] *f.* intossicazione.

intoxicar [intoysikár] *t.-r.* intossicare.

intraducible [intraðuθiβle] *a.* intraducibile.

intramuscular [intramuskulár] *a.* intramuscolare.

intranquilizar [intraŋkiliθár] *t.-r.* impensierire, inquietare.

intranquilo, -la [intraŋkilo, -la] *a.* inquieto.

intransferible [intransferiβle] *a.* intrasferibile.

intransigencia [intransixénθja] *f.* intransigenza, intolleranza.

intransigente [intransixénte] *a.* intransigente, intollerante.

intransitable [intransitáβle] *a.* intransitabile.

intransitivo, -va [intransitiβo, -βa] *a.-m.* intransitivo.

intratable [intratáβle] *a.* intrattabile.

intrepidez [intrepiðéθ] *f.* audacia.

intrépido, -da [intrépiðo, -ða] *a.* intrepido.

intriga [intriγa] *f.* intrigo *m.*

intrigante [intriγánte] *a.-s.* intrigante.

intrigar [intriγár] *t.* intrigare.

intrincado, -da [intriŋkáðo, -ða] *a.* intricato, imbrogliato.

intríngulis [intriŋgulis] *m.* intenzione *f.* occulta. 2 imbroglio.

intrínseco, -ca [intrinseko, -ka] *a.* intrinseco.

introducción [introðuγθjón] *f.* introduzione, immissione. 2 introduzione, prologo *m.*, preludio *m.*

introducir [introðuθir] *t.-r.* introdurre, immettere. ¶ CONIUG. come **conducir**.

intromisión [intromisjón] *f.* intromissione.

introspección [introspeγθjón] *f.* introspezione.

intruso, -sa [intrúso, -sa] *a.-s.* intruso.

intuir [intwir] *t.* intuire. ¶ CONIUG. come **huir**.

intuición [intwiθjón] *f.* intuizione.

intuitivo, -va [intwitiβo, -βa] *a.* intuitivo.

inundación [inundaθjón] *f.* inondazione, alluvione, allagamento *m.*

inundar [inundár] *t.-r.* inondare, allagare.

inútil [inútil] *a.* inutile.

inutilidad [inutiliðáð] *f.* inutilità.

inutilizar [inutiliθár] *t.* inutilizzare.

invadir [imbaðir] *t.* invadere, compenetrare.

invalidación [imbaliðaθjón] *f.* invalidazione.

invalidar [imbaliðár] *t.* invalidare.

inválido, -da [imbáliðo, -ða] *a.-s.* invalido.

invariable [imbarjáβle] *a.* invariabile.

invasión [imbasjón] *f.* invasione.

invasor, -ra [imbasór, -ra] *a.-m.* invasore.

invectiva [imbeγtiβa] *f.* invettiva.

invencible [imbenθíβle] *a.* invincibile.

invención [imbenθjón] *f.* invenzione.

inventar [imbentár] *t.* inventare.

inventario [imbentárjo] *m.* inventario.

inventiva [imbentiβa] *f.* inventiva.

invento [imbénto] *m.* invenzione *f.*

inventor, -ra [imbentór, -ra] *a.-s.* inventore.

invernadero [imbernaðéro] *m.* serra *f.*

invernal [imbernál] *a.* invernale.

invernar [imbernár] *i.* svernare. ¶ CONIUG. come **acertar**.

inverosímil [imberosimil] *a.* inverosimile.

inversión [imbersjón] *f.* inversione. 2 investimento *m.*

inverso, -sa [imbérso, -sa] *a.* inverso. ‖ *a la inversa,* al contrario.

invertebrado, -da [imberteβráðo, -ða] *a.-m.* invertebrato.

invertir [imbertir] *t.* invertire. 2 investire [il denaro]. 3 impiegare [il tempo]. ¶ CONIUG. come **sentir**.

investidura [imbestiðúra] *f.* investitura.

investigación [imbestiγaθjón] *f.* investigazione. 2 ricerca.

investigar [imbestiγár] *t.* investigare. 2 ricercare.

investir [imbestir] *t.* investire [di una dignità o incarico].

inveterado, -da [imbeteráðo, -ða] *a.* inveterato.

invicto, -ta [imbíγto, -ta] *a.* invitto.

invierno [imbjérno] *m.* inverno.

inviolable [imbjoláβle] *a.* inviolabile.

invisible [imbisíβle] *a.* invisibile.

invitación [imbitaθjón] *f.* invito *m.*

invitado, -da [imbitáðo, -ða] *a.-s.* invitato.

invitar [imbitár] *t.* invitare.

invocación [imbokaθjón] *f.* invocazione.

invocar [imbokár] *t.* invocare.

involucrar [imbolukrár] *t.* inserire. 2 mischiare cose diverse. 3 imbrogliare.

involuntario, -ria [imboluntárjo, -rja] *a.* involontario.

invulnerable [imbulneráβle] *a.* invulnerabile.

inyección [injeγθjón] *f.* iniezione.

inyectar [injektár] *t.* iniettare.

ir [ir] *i.* andare. 2 venire: *voy a tu casa,* vengo a casa tua. ¶ CONIUG. IND. pres.: *voy, vas, va; vamos, vais, van.* | imp.: *iba, ibas,* ecc. | pass. rem.: *fui, fuiste, fue; fuimos, fuisteis, fueron.* ‖ CONG. pres.: *vaya, vayas,* ecc. | imp.: *fuera, -se, fueras, -ses,* ecc. | fut.: *fuere, fueres,* ecc. ‖ IMPER.: *ve, vaya; vayamos, id, vayan.* ‖ GER.: *yendo.*

ira [ira] *f.* ira.

iracundo, -da [irakúndo, -da] *a.* iracondo.

irascible [irasθíβle] *a.* irascibile, bisbetico.

iris [iris] *m.* iride *f.* ‖ *arco* ~, arcobaleno.

ironía [ironía] *f.* ironia.

irónico, -ca [iróniko, -ka] *a.* ironico.

irracional [irraθjonál] *a.* irrazionale.

irradiación [irraðjaθjón] *f.* irradiazione.

irradiar [irraðjár] *t.* irradiare.

irrazonable [irraθonáβle] *a.* irragionevole.

irreal [irreál] *a.* irreale.

irrealizable [irrealiθáβle] *a.* irrealizzabile.

irrebatible [irreβatíβle] *a.* irrefutabile.

irrecusable [irrekusáβle] *a.* irrecusabile.

irreducible [irreðuθíβle] *a.* irriducibile.

irreemplazable [irreemplaθáβle] *a.* insostituibile.

irreflexivo, -va [irrefleɣsíβo, -βa] *a.* irriflessivo, avventato.

irregular [irreɣulár] *a.* irregolare.

irregularidad [irreɣulariðáð] *f.* irregolarità.

irremediable [irremeðjáβle] *a.* irrimediabile.

irreparable [irreparáβle] *a.* irreparabile.

irreprochable [irreprotʃáβle] *a.* irreprensibile.

irresistible [irresistíβle] *a.* irresistibile.

irresoluto, -ta [irresolúto, -ta] *a.* irresoluto.

irrespetuoso, -sa [irrespetuóso, -sa] *a.* irrispettoso.

irrespirable [irrespiráβle] *a.* irrespirabile.

irresponsabilidad [irresponsaβiliðáð] *f.* irresponsabilità.

irresponsable [irresponsáβle] *a.* irresponsabile.

irreverencia [irreβerénθja] *f.* irriverenza.

irreverente [irreβerénte] *a.* irriverente.

irrevocable [irreβokáβle] *a.* irrevocabile.

irrigación [irriɣaθjón] *f.* irrigazione.

irrigar [irriɣár] *t.* irrigare.

irrisión [irrisjón] *f.* irrisione, derisione.

irrisorio, -ria [irrisórjo, -rja] *a.* irrisorio, derisorio.

irritable [irritáβle] *a.* irritabile.

irritación [irritaθjón] *f.* irritazione.

irritar [irritár] *t.-r.* irritare. 2 *r.* adirarsi.

irrogar [irroɣár] *t.* irrogare.

irrompible [irrompíβle] *a.* infrangibile.

irrumpir [irrumpír] *i.* irrompere.

irrupción [irruβθjón] *f.* irruzione.

isla [ízla] *f.* isola.

islámico, -ca [izlámiko, -ka] *a.* islamico.

islamismo [izlamízmo] *m.* islamismo.

isleño, -ña [izléɲo, -ɲa] *a.-s.* isolano.

islote [izlóte] *m.* isolotto.

isósceles [isósθeles] *a.* isoscele.

israelí [israelí], **israelita** [israelíta] *a.-s.* israelita.

istmo [ístmo] *m.* istmo.

italiano, -na [italjáno, -na] *a.-s.* italiano.

itinerario [itinerárjo] *m.* itinerario.

izar [iθár] *t.* issare.

izquierdo, -da [iθkjérðo, -ða] *a.* sinistro. 2 *f.* sinistra.

J

j [xòta] f. undicesima lettera dell'alfabeto spagnolo.

jabalí [xaβalí] m. cinghiale.

jabalina [xaβalina] f. giavellotto m.

jabón [xaβòn] m. sapone.

jabonadura [xaβonaðúra] f. saponata. 2 insaponata.

jabonera [xaβonèra] f. portasapone m., saponiera.

jaca [xàka] f. cavallino m.

jacinto [xaθinto] m. giacinto.

jactancia [xaɣtánθja] f. iattanza, boria.

jactancioso, -sa [xaɣtanθjóso, sa] a. borioso.

jactarse [xaɣtàrse] r. vantarsi.

jade [xàðe] m. giada f.

jadeante [xaðeánte] a. affannoso, boccheggiante.

jadear [xaðeár] i. ansare, ansimare, boccheggiare.

jadeo [xaðèo] m. ansia f., affanno.

jaez [xaèθ] m. bardatura f. 2 qualità f., indole f.

jaguar [xaɣwàr] m. giaguaro.

jalea [xalèa] f. gelatina [di frutta].

jalear [xaleár] t. aizzare, incitare.

jaleo [xalèo] m. confusione f., chiasso.

jamás [xamás] avv. mai, giammai. ‖ *nunca ~*, mai più.

jamón [xamòn] m. prosciutto.

jansenismo [xansenizmo] m. giansenismo.

japonés, -sa [xaponès, -sa] a.-s. giapponese.

jaque [xáke] m. scacco. ‖ *~ mate,* scacco matto.

jaqueca [xakèka] f. emicrania.

jarabe [xaráβe] m. sciroppo.

jarana [xaràna] f. gazzarra, chiasso m. 2 tumulto m., alterco m.

jaranear [xaraneár] i. far baldoria o gazzarra.

jardín [xardín] m. giardino.

jardinería [xardineria] f. giardinaggio m.

jardinero, -ra [xarðinèro, -ra] s. giardiniere. 2 f. giardiniera.

jarra [xàrra] f. brocca, giara. ‖ *en jarras,* con le mani sulle anche.

jarrete [xarrète] m. garretto.

jarretera [xarretèra] f. giarrettiera.

jarro [xàrro] m. brocca f., boccale.

jarrón [xarrón] m. vaso.

jaspe [xàspe] m. diaspro.

jaspeado, -da [xaspeàðo, -ða] a. screziato. 2 m. venatura f.

jaspear [xaspeár] t. screziare.

jauja [xáuxa] f. cuccagna.

jaula [xáula] f. gabbia.

jauría [xauria] f. muta di cani.

jazmín [xaθmín] m. gelsomino.

jefatura [xefatúra] f. direzione, comando m. ‖ *~ de policía,* questura.

jefe, -fa [xèfe, -fa] s. capo. ‖ *~ de grupo,* capogruppo. ‖ *~ de estación,* capostazione.

jengibre [xeŋxíβre] m. zenzero.

jeque [xèke] m. sceicco.

jerarca [xerárka] m. gerarca.

jerarquía [xerarkia] f. gerarchia.

jerárquico, -ca [xerárkiko, -ka] a. gerarchico.

jerezano, -na [xereθáno, -na] a.-s. di Jerez.

jerga [xèrɣa] f. tela grossolana. 2 gergo m.

jergón [xerɣòn] m. pagliericcio, giaciglio.

jerigonza [xeriɣónθa] f. gergo m.

jeringa [xeriŋga] f. siringa.

jeringazo [xeriŋgàθo] m. siringatura.

jeroglífico [xeroɣlifiko] m. geroglifico. 2 rebus.

jersey [xersèj] m. maglione, maglioncino, golf.

jeta [xèta] f. muso m., grugno m.

jibia [xíβja] f. seppia.

jícara [xíkara] f. chicchera.

jilguero [xilɣèro] m. cardellino.

jinete [xinète] m. cavaliere, fantino.

jira [xira] f. striscia di tela. 2 scampagnata.

jirafa [xiráfa] f. giraffa.

jirón [xirón] *m.* strappo, brandello. || *hecho jirones*, a brandelli.

jocoso, -sa [xokóso, -sa] *a.* giocoso.

jofaina [xofáina] *f.* catinella.

jolgorio [xolγórjo] *m.* baldoria *f.,* festa *f.*

jondo [xóndo] *a. cante* ~: V. *hondo.*

jornada [xornáða] *f.* giornata.

jornal [xornál] *m.* paga *f.* giornaliera, giornata *f.*

jornalero [xornaléro] *m.* giornaliero, bracciante.

joroba [xoróβa] *f.* gobba, gibbo *m.*

jorobado, -da [xoroβáðo, -ða] *a.-s.* gobbo, gibboso.

jota [xóta] *f.* nome della lettera *j.* || *no entender ni* ~, non capire un'acca. 2 danza aragonese o navarrese.

joven [xóβen] *a.-s.* giovane, giovanotto.

jovenzuelo [xoβenθwélo] *m.* giovanetto.

jovial [xoβjál] *a.* gioviale, gaio, giocondo.

jovialidad [xoβjaliðáð] *f.* giovialità.

joya [xója] *f.* gioiello *m.,* gioia.

joyería [xojería] *f.* gioielleria.

joyero, -ra [xojéro] *s.* gioielliere. 2 *m.* portagioielli.

jubilación [xuβilaθjón] *f.* pensione.

jubilar [xuβilár] *t.* collocare a riposo o in pensione. 2 *i.* giubilare, rallegrarsi. 3 *r.* andare in pensione.

jubilar [xuβilár] *a.* relativo al giubileo. || *año* ~, anno santo.

jubileo [xuβiléo] *m.* giubileo.

júbilo [xúβilo] *m.* giubilo.

jubiloso, -sa [xuβilóso, -sa] *a.* esultante.

jubón [xuβón] *m.* corpetto, giubba *f.*

judaísmo [xuðaizmo] *m.* giudaismo.

judería [xuðería] *f.* ghetto *m.*

judía [xuðía] *f.* fagiolo *m.*

judicial [xuðiθjál] *a.* giudiziario. 2 giudiziale.

judío, -a [xuðio, -a] *a.-s.* giudeo, ebreo.

juego [xwéγo] *m.* gioco. 2 servizio [da caffè, ecc.].

juerga [xwérγa] *f.* baldoria, bisboccia.

juerguista [xwerγísta] *s.* bisboccione.

jueves [xwèβes] *m.* giovedì.

juez [xwéθ] *m.* giudice. || SPORT ~ *de línea,* guardalinee.

jugada [xuγáða] *f.* giocata. || *mala* ~, brutto tiro *m.*

jugador, -ra [xuγaðòr, -ra] *a.-s.* giocatore.

jugar [xuγár] *i.-t.* giocare. ¶ CONIUG. IND. pres.: *juego, juegas, juega; juegan.* || CONG. pres.: *juegue, juegues, juegue;*

jueguen. || IMPER.: *juega, juegue; jueguen.*

jugarreta [xuγarréta] *f.* brutto tiro *m.*

juglar [xuγlár] *m.* giullare.

jugosidad [xuγosiðáð] *f.* sugosità.

jugoso, -sa [xuγóso, -sa] *a.* succoso, sugoso.

juguete [xuγéte] *m.* giocattolo, balocco.

juguetear [xuγeteár] *i.* giocherellare, baloccarsi.

juguetón, -na [xuγetón, -na] *a.* giocherellone.

juicio [xwiθjo] *m.* giudizio, senno. 2 GIUR. giudizio, processo.

juicioso, -sa [xwiθjóso, -sa] *a.* giudizioso, assennato.

julio [xúlio] *m.* luglio.

jumento [xuménto] *m.* asino, giumento.

junco [xúŋko] *m.* BOT. giunco. 2 MAR. giunca *f.*

junio [xùnjo] *m.* giugno.

junípero [xunípero] *m.* ginepro.

junta [xúnta] *f.* giunta. 2 comitato *m.*

juntamente [xúntamente] *avv.* insieme.

juntar [xuntár] *t.-r.* unire, giungere, congiungere, attaccare. 2 riunire, adunare.

junto, -ta [xúnto, -ta] *a.* unito, vicino. 2 *pl.* assieme, insieme. 3 *avv.* ~ *a,* presso, accanto, vicino.

juntura [xuntúra] *f.* giuntura, attaccatura.

jura [xúra] *f.* giuramento *m.*

jurado, -da [xuráðo, -ða] *a.-m.* giurato. 2 *m.* giuria *f.*

juramentar [xuramentár] *t.* prendere giuramento. 2 *r.* impegnarsi con giuramento.

juramento [xuraménto] *m.* giuramento.

jurar [xurár] *i.-t.* giurare, far giuramento. || ~ *en falso,* giurare il falso.

jurídico, -ca [xuríðiko, -ka] *a.* giuridico.

jurisconsulto [xuriskonsúlto] *m.* giureconsulto, giurista.

jurisdicción [xurisðiγθjón] *f.* giurisdizione.

jurisprudencia [xurispruðénθja] *f.* giurisprudenza.

jurista [xurísta] *s.* giurista.

justamente [xústamente] *avv.* giustamente. 2 proprio, precisamente.

justicia [xustiθja] *f.* giustizia.

justiciable [xustiθjáβle] *a.* punibile.

justiciero, -ra [xustiθjéro, -ra] *a.* giusto, severo.

justificación [xustifikaθjón] *f.* giustificazione.

justificar [xustifikár] *t.-r.* giustificare.

justificativo, -va [xustifikatiβo, -βa] *a.- m.* giustificativo.

justipreciar [xustipreθjàr] *t.* stimare, apprezzare, valutare.

justo, -ta [xústo, -ta] *a.* giusto.

juvenil [xuβenil] *a.* giovanile.

juventud [xuβentúð] *f.* gioventù, giovinezza.

juzgado [xuθγàðo] *m.* pretura *f.* 2 tribunale. ‖ ~ *de instrucción,* corte *f.* d'Assise.

juzgar [xuθγàr] *t.* giudicare. 2 ritenere.

K

k [ka] *f.* dodicesima lettera dell'alfabeto spagnolo.
kárate [kárate] *m.* karatè.
kilo [kílo] *m.* chilo [peso].
kilogramo [kiloɣrámo] *m.* chilogrammo.
kilometraje [kilometráxe] *m.* chilometraggio.

kilométrico, -ca [kilométriko, -ka] *a.* chilometrico.
kilómetro [kilómetro] *m.* chilometro.
kilovatio [kiloβátjo] *m.* chilowatt.
kimono [kimóno] *m.* kimono, chimono.
kiosco [kjósko] *m.* edicola *f.*

L

l [éle] *f.* tredicesima lettera dell'alfabeto spagnolo.

la [la] *art.-pron. f.* la. ‖ ~ *que,* quella che. 2 *m.* MUS. la.

laberinto [laβerínto] *m.* labirinto.

labio [láβjo] *m.* labbro.

labor [laβór] *f.* lavoro *m.* ‖ **sus labores** [riferito a professione di donna], casalinga.

laborable [laβoráβle] *a.* lavorativo, feriale.

laboratorio [laβoratórjo] *m.* laboratorio.

laboriosidad [laβorjosiðáð] *f.* laboriosità.

laborioso, -sa [laβorjóso, -sa] *a.* laborioso.

labrador [laβraðòr] *m.* aratore.

labranza [laβránθa] *f.* aratura.

labrar [laβrár] *t.* arare.

labriego [laβrjéγo] *m.* contadino.

laca [láka] *f.* lacca.

lacayo [lakájo] *m.* lacchè.

laceración [laθeraθjón] *f.* lacerazione.

lacerar [laθerár] *t.* lacerare.

lacio, -cia [láθjo, -θja] *a.* fiacco, cascante, appassito. 2 ritto [capello].

lacónico, -ca [lakóniko, -ka] *a.* laconico.

lacra [lákra] *f.* piaga.

lacrar [lakrár] *t.* mettere la ceralacca.

lacre [lákre] *m.* ceralacca *f.*

lacrimoso, -sa [lakrimóso, -sa] *a.* lacrimoso.

lactancia [laγtánθja] *f.* allattamento *m.*

lactante [laγtánte] *a.-s.* lattante.

lácteo, -a [láγteo, -a] *a.* latteo.

lacticinio [laγtiθínjo] *m.* latticinio.

lacustre [lakústre] *a.* lacustre.

ladear [laðeár] *t.-r.* inclinare. 2 *i.* deviare.

ladeo [laðéo] *m.* inclinazione *f.* 2 deviazione *f.*

ladera [laðéra] *f.* pendio *m.*

ladino, -na [laðíno, -na] *a.* furbo, scaltro.

lado [láðo] *m.* lato, fianco. 2 banda *f.,* canto, parte *f.* ‖ **por otro ~,** d'altra parte. ‖ **al ~ de,** accanto.

ladrar [laðrár] *i.* abbaiare, latrare.

ladrido [laðríðo] *m.* latrato.

ladrillo [laðríʎo] *m.* mattone.

ladrón [laðrón] *m.* ladro.

lagar [laγár] *m.* torchio.

lagartija [laγartíxa] *f.* lucertola.

lagarto [laγárto] *m.* lucertolone, ramarro.

lago [láγo] *m.* lago.

lágrima [láγrima] *f.* lacrima. ‖ **a ~ viva,** a calde lacrime.

lagrimal [laγrimál] *a.-s.* lacrimale.

laguna [laγúna] *f.* laguna. 2 lacuna.

laico, -ca [láiko, -ka] *a.-s.* laico.

lama [láma] *f.* limo *m.* 2 *m.* lama.

lamentable [lamentáβle] *a.* deplorevole.

lamentación [lamentaθjón] *f.* lamento *m.*

lamentar [lamentár] *t.-r.* lamentare, dolersi.

lamento [laménto] *m.* lamento.

lamer [lamèr] *t.* leccare, lambire.

lámina [lámina] *f.* lamina. 2 illustrazione.

laminado [lamináðo] *m.* laminatura.

laminar [laminár] *t.* laminare. 2 *a.* laminare.

laminero, -ra [laminéro, -ra] *a.* goloso.

lámpara [lámpara] *f.* lampada. 2 lampadario *m.*

lana [lána] *f.* lana.

lance [lánθe] *m.* lancio. 2 pericolo, situazione *f.* critica. 3 scontro. ‖ ~ **de honor,** duello.

lanceta [lanθéta] *f.* CHIR. lancetta.

lancha [lántʃa] *f.* barca, scialuppa.

langosta [langósta] *f.* aragosta. 2 cavalletta.

langostino [langostíno] *m.* scampo.

languidecer [langiðeθér] *i.* illanguidire.

languidez [langiðéθ] *f.* languore *m.,* languidezza.

lánguido, -da [lángiðo, -ða] *a.* languido.

lanza [lánθa] *f.* lancia.

lanzamiento [lanθamjénto] *m.* lancio, getto.

lanzamisiles [lanθamisíles] *m.-a.* lanciamissili.

lanzar [lanθár] *t.-r.* lanciare, gettare, avventare.

lapicero [lapiθéro] *m.* portamatite. 2 matita *f.*

lápida [lápiða] *f.* lapide.

lapidación [lapiðaθjón] *f.* lapidazione.

lapidar [lapiðár] *t.* lapidare.

lápiz [lápiθ] *m.* matita *f.*, lapis.

lapso [lápso] *m.* lasso.

largar [larɣár] *t.* sciogliere. 2 spiegare. 2 *r.* andarsene, filare.

largo, -ga [lárɣo, -ɣa] *a.* lungo. ‖ *a lo ~ de,* lungo. ‖ *a la larga,* alla lunga. 2 abbondante. 3 generoso. 4 furbo, astuto. 5 *m.* lunghezza *f.* 6 *avv.* lungamente, a lungo. 7 *inter.* ¡~!, via!

largueza [larɣéθa] *f.* larghezza. 2 lunghezza.

largura [larɣúra] *f.* lunghezza.

laringe [lariŋxe] *f.* laringe.

laringitis [lariŋxitis] *f.* laringite.

larva [lárβa] *f.* larva.

larvado, -da [larβáðo, -ða] *a.* larvato.

lascivia [lasθíβja] *f.* lascivia.

lascivo, -va [lasθíβo, -βa] *a.* lascivo.

láser [láser] *m.-a.* laser.

lasitud [lasitúð] *f.* fiacca, stanchezza.

lástima [lástima] *f.* pena, compassione. ‖ *dar ~,* far pena, compassione. ‖ *¡qué ~!,* che peccato!

lastimar [lastimár] *t.-r.* ferire, far male. 2 *t.* offendere.

lastimero, -ra [lastiméro, -ra] *a.* pietoso, commovente.

lastimoso, -sa [lastimóso, -sa] *a.* pietoso, commovente, compassionevole.

lastre [lástre] *m.* zavorra *f.*

lata [láta] *f.* latta. 2 scatola. 3 seccatura. ‖ *dar la ~,* seccare.

latente [laténte] *a.* latente.

lateral [laterál] *a.* laterale.

latido [latiðo] *m.* battito, palpito, pulsazione *f.*

latifundio [latifúndjo] *m.* latifondo.

latigazo [latiɣáθo] *m.* frustata *f.* 2 schiocco.

látigo [látiɣo] *m.* frusta *f.*

latín [latín] *m.* latino.

latinajo [latináxo] *m.* fam. latinaccio. ‖ *soltar latinajos,* slatinare.

latino, -na [latino, -na] *a.-s.* latino.

latir [latír] *i.* palpitare, battere.

latitud [latitúð] *f.* latitudine.

lato, -ta [láto, -ta] *a.* lato.

latón [latón] *m.* ottone.

latoso, -sa [latóso, -sa] *a.* scocciante, seccante.

latrocinio [latroθínjo] *m.* latrocinio.

laúd [laúð] *m.* liuto.

laurear [laureár] *t.* premiare, coronare di alloro.

laurel [laurél] *m.* alloro, lauro.

lava [láβa] *f.* lava. 2 lavaggio *m.*

lavable [laβáβle] *a.* lavabile.

lavabo [laβáβo] *m.* lavandino. 2 bagno, toeletta *f.*

lavadero [laβaðéro] *m.* lavatoio.

lavado [laβáðo] *m.* lavaggio.

lavamanos [laβamános] *m.* lavandino.

lavandero, -ra [laβandéro, -ra] *s.* lavandaio.

lavar [laβár] *t.-r.* lavare.

lavativa [laβatíβa] *f.* clistere *m.*

lavatorio [laβatórjo] *m.* lavanda *f.*

laxitud [laysitúð] *f.* rilassamento *m.*

laxante [laysánte] *a.-m.* lassativo.

laxar [laysár] *t.* purgare.

lazada [laθáða] *f.* nodo *m.* scorsoio.

lazareto [laθaréto] *m.* lazzaretto.

lazarillo [laθariλo] *m.* guida *f.* di cieco.

lazo [láθo] *m.* nastro. 2 nodo, cappio, fiocco. 3 fig. vincolo. 4 trappola *f.*

le [le] *pron. pers.* [accusativo, scambiabile per *lo*] lo. ‖ *busco a Juan pero no le (lo) veo,* cerco Giovanni ma non lo vedo. 2 [dativo] gli *m.,* le *f.* ‖ *veré a Juan y le daré el libro,* vedrò Giovanni e gli darò il libro. ‖ *veré a Juana y le daré el libro,* vedrò Giovanna e le darò il libro.

leal [leál] *a.* leale.

lealtad [lealtáð] *f.* lealtà.

lebrel [leβrél] *a.-m.* levriere.

lección [leyθjón] *f.* lezione.

lectivo, -va [leytíβo, -βa] *a.* [giorno] di scuola.

lector, -ra [leytór, -ra] *s.* lettore.

lectorado [leytoráðo] *m.* lettorato.

lectura [leytúra] *f.* lettura.

lechal [letʃál] *a.-s.* poppante, lattante. 2 *m.* abbacchio.

leche [létʃe] *f.* latte *m.*

lechería [letʃeria] *f.* latteria.

lechero, -ra [letʃéro, -ra] *a.* da latte. 2 *s.* lattaio. 3 *f.* lattiera.

lecho [létʃo] *m.* letto. 2 alveo.

lechón [letʃón] *m.* porchetta *f.*

lechuga [letʃúɣa] *f.* lattuga.

lechuguino [letʃuɣino] *m.* fig. damerino.

lechuza [letʃúθa] *f.* civetta.

leer [leér] *t.* leggere. ¶ CONIUG. IND. pass. rem.: *leyó; leyeron.* ‖ CONG. imp.: *leyera, -se, leyeras, -ses,* ecc. ‖ fut.: *leyere, leyeres,* ecc. (cambio *i→y* tra vocali.)

legado [leɣáðo] *m.* legato. 2 lascito.

legajo [leɣáxo] *m.* inserto, fascicolo.

legal [leɣál] *a.* legale.

legalidad [leɣaliðáð] *f.* legalità.

legalización [leɣaliθaθjón] *f.* legalizzazione, autenticazione.

legalizar [leɣaliθár] *t.* legalizzare, autenticare.

legaña [leɣáɲa] *f.* cispa.

legañoso, -sa [leɣaɲóso, -sa] *a.* cisposo.

legar [leɣár] *t.* delegare. 2 fare un legato.

legendario, -ria [lexendárjo, -rja] *a.* leggendario.

legible [lexíβle] *a.* leggibile.

legión [lexjón] *f.* legione.

legionario, -ria [lexjonárjo, -rja] *a.-s.* legionario.

legislación [lexizlaθjón] *f.* legislazione.

legislador, -ra [lexizlaðór, -ra] *a.-s.* legislatore.

legislativo, -va [lexizlatiβo, -βa] *a.* legislativo.

legislatura [lexizlatúra] *f.* legislatura.

legitimación [lexitimaθjón] *f.* legittimazione.

legitimar [lexitimár] *t.* legittimare.

legitimidad [lexitimiðáð] *f.* legittimità, genuinità.

legítimo, -ma [lexítimo, -ma] *a.* legittimo. 2 *f.* GIUR. legittima.

lego, -ga [léɣo, -ɣa] *a.-s.* laico. 2 fig. ignorante.

legua [léɣwa] *f.* lega.

legumbre [leɣúmbre] *f.* legume *m.*

leguminoso, -sa [leɣuminóso, -sa] *a.* leguminoso.

leído, -da [leíðo, -ða] *a.* colto.

lejanía [lexanía] *f.* lontananza.

lejano, -na [lexáno, -na] *a.* lontano.

lejía [lexía] *f.* varecchina, candeggina.

lejos [léxos] *avv.* lontano. ‖ *a lo ~,* in lontananza, da lontano.

lelo, -la [lélo, -la] *a.* sciocco.

lema [léma] *m.* motto, lemma.

lencería [lenθería] *f.* biancheria.

lengua [léŋgwa] *f.* lingua. ‖ *~ de tierra,* braccio *m.* di terra. ‖ *tirar de la ~,* far parlare. ‖ *hacerse lenguas de,* lodare.

lenguado [leŋgwáðo] *m.* sogliola *f.*

lenguaje [leŋgwáxe] *m.* linguaggio, idioma.

lenguaraz [leŋgwaráθ] *a.-s.* poliglotta. 2 linguacciuto.

lengüeta [leŋgwéta] *f.* linguetta. 2 MUS. ancia.

lenitivo, -va [lenitíβo, -βa] *a.-m.* lenitivo.

lente [lénte] *s.* lente *f.* 2 *m.-pl.* occhiali. ‖ *~ de contacto,* lente a contatto.

lenteja [lentéxa] *f.* lenticchia.

lentejuela [lentexwéla] *f.* lustrino *m.*

lentitud [lentitúð] *f.* lentezza.

lento, -ta [lénto, -ta] *a.* lento.

leña [léɲa] *f.* legna. 2 fig. legnate *pl.*

leñador [leɲaðór] *m.* taglialegna, tagliaboschi, boscaiolo.

leño [léɲo] *m.* legno, legname.

leñoso, -sa [leɲóso, -sa] *a.* legnoso.

león, -na [león, -na] *s.* leone.

leonera [leonéra] *f.* gabbia per leoni. 2 fig. ripostiglio *m.*

leonés, -sa [leonés, -sa] *a.-s.* di León.

leopardo [leopárðo] *m.* leopardo.

lepidóptero, -ra [lepiðóβtero] *a.-m.* lepidottero.

lepra [lépra] *f.* lebbra.

leproso, -sa [lepróso, -sa] *a.-s.* lebbroso.

leprosería [leprosería] *f.* lebbrosario *m.*

lerdo, -da [lérðo, -ða] *a.* lento, tardo.

leridano, -na [leriðáno, -na] *a.-s.* abitante di Lérida.

lesión [lesjón] *f.* lesione. 2 danno *m.*

lesionar [lesjonár] *t.* lesionare. 2 fig. ledere, offendere.

leso, -sa [léso, -sa] *a.* leso.

letal [letál] *a.* letale.

letanía [letanía] *f.* litania.

letárgico, -ca [letárxiko, -ka] *a.* letargico.

letargo [letárɣo] *m.* letargo.

letra [létra] *f.* lettera (dell'alfabeto). 2 calligrafia. 3 parole *pl.,* testo *m.* [d'una canzone]. 4 COMM. cambiale.

letrado, -da [letráðo, -ða] *a.* letterato, dotto. 2 *m.* avvocato.

letrero [letréro] *m.* cartello, insegna *f.,* iscrizione *f.*

letrina [letrína] *f.* latrina.

leucemia [leuθémja] *f.* leucemia.

leucocito [leukoθito] *m.* leucocito.

levadizo, -za [leβaðiθo, -θa] *a.* levatoio.

levadura [leβaðúra] *f.* lievito *m.*

levantamiento [leβantamjénto] *m.* alzata *f.,* sollevamento. 2 insurrezione *f.*

levantar [leβantár] *t.* alzare, sollevare. 2 levare, togliere. 3 erigere. 4 *r.* alzarsi. 5 sollevarsi, ribellarsi.

levante [leβánte] *m.* levante.

levantino, -na [leβantino, -na] *a.-s.* levantino.

levar [leβár] *t.* levare [l'àncora].

leve [léβe] *a.* lieve.

léxico [léɣsiko] *m.* lessico.

lexicografía [leɣsikoɣrafía] *f.* lessicografia.

ley [léi] *f.* legge. ‖ *oro de ~,* oro zecchino.

leyenda [lejénda] f. leggenda. 2 iscrizione, dicitura.

liar [liár] t. legare. 2 avvolgere. 3 fig. ingannare.

libación [liβaθjón] f. libazione.

libar [liβár] t.-i. libellula.

liberación [liβeraθjón] f. liberazione.

liberal [liβerál] a.-s. liberale.

liberalidad [liβeraliðáð] f. liberalità.

liberalismo [liβeralizmo] m. liberalismo.

liberar [liβerár] t.-r. liberare.

libertad [liβertáð] f. libertà.

libertador, -ra [libertaðór, -ra] a.-s. liberatore.

libertar [liβertár] t. liberare.

libertinaje [liβertináxe] m. libertinaggio, dissolutezza f.

libertino, -na [liβertino, -na] a.-s. libertino.

libídine [liβíðine] f. libidine.

libidinoso, -sa [liβiðinóso, -sa] a. libidinoso.

libra [liβra] f. libbra. ‖ ~ esterlina, sterlina. 2 ASTR. bilancia.

libramiento [liβramjénto] m. liberazione f. 2 ordine di pagamento, mandato.

librar [liβrár] t.-r. liberare. 2 esonerare. 3 confidare, affidare. 4 COMM. emettere, spedire.

libre [liβre] a. libero.

librea [liβréa] f. livrea.

librepensamiento [liβrepensamjénto] m. libero pensiero.

librería [liβrería] f. libreria.

librero [liβréro] m. libraio.

libreta [liβréta] f. quaderno m. ‖ ~ de ahorro, libretto di risparmio.

libreto [liβréto] m. libretto.

libro [liβro] m. libro.

licencia [liθénθja] f. licenza. 2 laurea.

licenciado, -da [liθenθjáðo, -ða] a. congedato. 2 s. laureato, dottore.

licenciamiento [liθenθjamjénto] m. licenziamento. 2 MIL. congedo.

licenciar [liθenθjár] t. licenziare. 2 MIL. congedare, concedere una licenza. 3 r. laurearsi.

licenciatura [liθenθjatúra] f. laurea.

licenciosidad [liθenθjosiðáð] f. dissolutezza.

licencioso, -sa [liθenθjóso, -sa] a. licenzioso.

lícito, -ta [liθito, -ta] a. lecito.

licor [likór] m. liquore.

licuación [likwaθjón] f. liquefazione.

licuar [likwár] t. liquefare.

lid [lid] f. lotta. 2 litigio m.

lidia [liðja] f. combattimento m. TAUR. **toro de** ~, toro da corrida.

lidiar [liðjár] i. combattere. 2 t. TAUR. combattere con il toro.

liebre [ljéβre] f. lepre.

lienzo [ljénθo] m. tela f.

liga [liγa] f. giarrettiera. 2 lega, associazione. 3 pania. 4 CHIM. lega. ‖ **hacer buena** ~, andare d'accordo. 5 SPORT campionato m. [spec. di calcio].

ligadura [liγadúra] f. legame m., legatura.

ligamento [liγaménto] m. legamento.

ligar [liγár] t.-r. legare.

ligazón [liγaθón] f. legame m.

ligereza [lixeréθa] f. leggerezza, avventatezza.

ligero, -ra [lixéro, -ra] a. leggero.

lija [lixa] f. squalo m. ‖ **papel de** ~, carta f. vetrata.

lila [lila] f. lilla.

liliputiense [liliputjénse] a.-s. lilipuziano, nano.

lima [lima] f. lima.

limadura [limaðúra] f. limatura.

limar [limár] t. limare.

limitación [limitaθjón] f. limitazione.

limitado, -da [limitáðo, -ða] a. limitato.

limitar [limitár] t.-r. limitare.

límite [limite] m. limite, confine.

limítrofe [limítrofe] a. limitrofo.

limo [limo] m. limo.

limón [limón] m. limone.

limonada [limonáða] f. limonata.

limonero [limonéro] m. limone [albero].

limosna [limózna] f. elemosina.

limosnero, -ra [limoznéro, -ra] a. caritatevole. 2 m. elemosiniere.

limpiabotas [limpjaβótas] m. lustrascarpe.

limpiachimeneas [limpjatʃimenéas] m. spazzacamino.

limpiadura [limpjaðúra] f. pulitura.

limpiar [limpjár] t. pulire.

limpidez [limpiðéθ] f. limpidezza, purezza.

límpido, -da [limpiðo, -ða] a. limpido.

limpieza [limpjéθa] f. pulizia. 2 fig. rettitudine.

limpio, -pia [limpjo, -pja] a. pulito.

linaje [lináxe] m. lignaggio, casato.

lince [linθe] m. lince f. 2 fig. persona f. sagace.

linchamiento [lintʃamjénto] m. linciaggio.

linchar [lintʃár] t. linciare.

lodo

lindante [lindánte] *a.* confinante, attiguo.
lindár [lindár] *i.* confinare.
linde [linde] *m.* limite, confine.
lindo, -da [lindo, -da] *a.* bello, carino. || *de lo ~,* molto.
línea [línea] *f.* linea. || *origen (y final) de ~,* capolinea *m.* 2 riga. || SPORT *juez de ~,* guardalinee *m.*
lineal [lineál] *a.* lineare.
linfa [límfa] *f.* linfa.
linfático, -ca [limfátiko, -ka] *a.* linfatico.
lingote [liŋgóte] *m* lingotto.
lingüista [liŋgwísta] *s.* linguista.
lingüístico, -ca [liŋgwístiko, -ka] *a.* linguistico. 2 *f.* linguistica.
linimento [liniménto] *m* linimento.
lino [lino] *m* lino.
linóleo [linóleo] *m* linoleum.
linotipia [linotípja] *f.* linotipia.
linterna [lintérna] *f.* lanterna, pila. 2 MAR. faro *m.*
lío [lío] *m.* fagotto, fardello. 2 fig. imbroglio, pasticcio. || *hacerse un lío,* confondersi [le idee].
lioso, -sa [lióso, -sa] *a.* imbroglione, pasticcione.
liquen [liken] *m.* lichene.
liquidación [likiðaθjón] *f.* liquidazione.
liquidar [likiðár] *t.* liquidare.
liquidez [likiðéθ] *f.* liquidità.
líquido, -da [likiðo, -ða] *a.-m.* liquido.
lira [líra] *f.* lira.
lírico, -ca [líriko, -ka] *a.* lirico. 2 *f.* lirica.
lirio [lírjo] *m.* giglio.
lirón [lirón] *m.* ghiro. || *dormir como un ~,* dormire come un ghiro.
lis [lis] *f.* giaggiolo *m.* || *flor de ~,* fiordaliso.
lisiado, -da [lisjáðo, -ða] *a.* invalido, storpio.
lisiar [lisjár] *t.* lesionare, storpiare.
liso, -sa [liso, -sa] *a.* liscio.
lisonja [lisónxa] *f.* lusinga, adescamento *m.*
lisonjear [lisoŋxeár] *t.* lusingare.
lisonjero, -ra [lisoŋxèro, -ra] *a.* lusinghiero.
lista [lista] *f.* lista, striscia. 2 elenco *m.* || *pasar ~,* fare l'appello. || *~ de correos,* fermo posta. || *~ de espera,* lista d'attesa.
listo, -ta [listo, -ta] *a.* sveglio, furbo. 2 pronto.
listón [listòn] *m.* listone.
litera [litèra] *f.* cuccetta. 2 STOR. portantina.

literal [literál] *a.* letterale.
literario, -ria [literárjo, -rja] *a.* letterario.
literato, -ta [literáto, -ta] *a.-s.* letterato.
literatura [literatúra] *f.* letteratura.
litigar [litiyár] *t.-i.* litigare.
litigio [litixjo] *m.* lite *f.,* litigio.
litografía [litoyrafía] *f.* litografia.
litoral [litorál] *a.-m.* litorale.
litro [litro] *m.* litro.
liturgia [litúrxja] *f.* liturgia.
litúrgico, -ca [litúrxiko, -ka] *a.* liturgico.
liviandad [liβjanðáð] *f.* leggerezza, superficialità.
liviano, -na [liβjáno, -na] *a.* leggero. 2 fig. volubile. 3 lascivo.
lívido, -da [líβiðo, -ða] *a.* livido.
livor [liβór] *m.* lividura *f.* 2 livore.
lo [lo] *art. neutro* ciò. || *lo mío,* ciò che è mio. 2 *pron. pers.* [accusativo *m.* e *neutro*] lo. || *~ veo (a él),* lo vedo. || *~ haré,* lo farò. || *hay que hacerlo,* bisogna farlo. 3 ci. || *no quiero pensarlo,* non voglio pensarci. 4 *loc. avv.* *a ~,* alla. || *a ~ loco,* alla impazzata.
loa [lóa] *f.* lode, elogio *m.*
loable [loáβle] *a.* lodevole.
loar [loár] *t.* lodare.
lobato [loβáto] *m.* lupetto.
lobo, -ba [lóβo, -βa] *s.* lupo.
lóbrego, -ga [lóβreyo, -ya] *a.* scuro, tenebroso, cupo, fosco.
lóbulo [lóβulo] *m.* lobo, lobulo.
local [lokál] *a.-m.* locale.
localidad [lokaliðáð] *f.* luogo *m.* 2 posto *m.*
localización [lokaliθaθjón] *f.* localizzazione.
localizar [lokaliθár] *t.* circoscrivere, determinare, localizzare.
loción [loθjón] *f.* lozione.
loco, -ca [lóko, -ka] *a.* folle, pazzesco. 2 *a.-s.* pazzo, matto, alienato, forsennato. || *a tontas y a locas,* a casaccio.
locomoción [lokomoθjón] *f.* locomozione.
locomotora [lokomotóra] *f.* locomotiva.
locuacidad [lokwaθiðáð] *f.* loquacità.
locuaz [lokwáθ] *a.* loquace.
locución [lokuθjón] *f.* locuzione.
locura [lokúra] *f.* pazzia, follia.
locutor, -ra [lokutór, -ra] *s.* annunciatore.
locutorio [lokutórjo] *m.* parlatorio. 2 cabina *f.* telefonica.
lodazal [loðaθál] *m.* pantano.
lodo [lóðo] *m.* fango, melma *f.,* fanghiglia *f.*

logaritmo [loɣarìðmo] *m.* logaritmo.

lógico, -ca [lòxiko, -ka] *a.* logico. 2 *f.* logica.

lograr [loɣrár] *t.* ottenere, raggiungere. 2 riuscire a. 3 *r.* perfezionarsi, maturare.

logro [lóɣro] *m.* conseguimiento, raggiungimento.

loma [lóma] *f.* collina.

lombriz [lombríθ] *m.* verme, lombrico.

lomo [lómo] *m.* lombo. 2 dorso [di animale, libro, ecc.], costa *f.* 3 lombata *f.,* lonza *f.*

lona [lóna] *f.* tela, copertone *m.*

loncha [lóntʃa] *f.* fetta.

londinense [londinénse] *a.-s.* londinese.

longanimidad [loŋganimiðáð] *f.* longanimità.

longaniza [loŋganiθa] *f.* salsiccia.

longevidad [loŋxeβiðáð] *f.* longevità.

longevo, -va [loŋxèβo, -βa] *a.* longevo.

longitud [loŋxitúd] *f.* lunghezza. 2 GEOGR. longitudine.

longitudinal [loŋxituðinál] *a.* longitudinale.

lonja [lóŋxa] *f.* fetta.

lontananza [lontanánθa] *f.* sfondo *m.* ‖ *en ~,* in lontananza.

loor [loòr] *m.* lode *f.,* elogio.

loro [lóro] *m.* pappagallo.

losa [lósa] *f.* lastra. 2 pietra tombale.

lote [lóte] *m.* lotto.

lotería [loteria] *f.* lotteria.

loto [lóto] *m.* loto.

loza [lóθa] *f.* maiolica, porcellana.

lozanía [loθanía] *f.* rigoglio *m.*

lozano, -na [loθáno, -na] *a.* fiorente, florido, rigoglioso.

lucerna [luθèrna] *f.* abbaino *m.*

lucero [luθèro] *m.* ASTR. venere *f.* 2 fig. stella *f.·*

lucidez [luθiðéθ] *f.* lucentezza. 2 lucidità.

lúcido, -da [lúθiðo, -ða] *a.* lucido. 2 brillante.

luciérnaga [luθjérnaɣa] *f.* lucciola.

lucimiento [luθimjènto] *m.* splendore. 2 risalto. 3 riuscita *f.*

lucir [luθir] *i.* brillare, risplendere. 2 *i.-r.* distinguersi, agire brillantemente. 3 *t.* sfoggiare. ¶ CONIUG. IND. pres.: *luzco.* ‖ CONG. pres.: *luzca, luzcas,* ecc. ‖ IMPER.: *luzca; luzcamos, luzcan.*

lucrar [lukrár] *t.* ottenere. 2 *r.* lucrare.

lucrativo, -va [lukratiβo, -βa] *a.* lucrativo.

lucro [lúkro] *m.* lucro.

luctuoso, -sa [luɣtuóso, -sa] *a.* luttuoso.

lucha [lútʃa] *f.* lotta.

luchador, -ra [lutʃaðòr, -ra] *s.* lottatore.

luchar [lutʃár] *i.* lottare, combattere, battersi.

luego [lwèɣo] *avv.* poi, in seguito, dopo. ‖ *¡hasta ~!,* a più tardi!. ‖ *desde ~,* certamente, certo, evidentemente. 2 *cong.* dunque.

luengo, -ga [lwèŋgo, -ga] *a.* lungo.

lugar [luɣár] *m.* luogo, posto. ‖ *en otro ~,* altrove.

lugareño, -ña [luɣarèɲo, -ɲa] *a.-s.* paesano.

lugarteniente [luɣartenjènte] *m.* luogotenente.

lúgubre [lúɣuβre] *a.* lugubre.

lujo [lúxo] *m.* lusso.

lujoso, -sa [luxóso, -sa] *a.* lussuoso.

lujuria [luxúrja] *f.* lussuria.

lujurioso, -sa [luxurjóso, -sa] *a.* lussurioso.

lumbago [lumbàɣo] *m.* lombaggine *f.*

lumbar [lumbár] *a.* lombare.

lumbre [lúmbre] *f.* fuoco *m.* 2 luce. 3 fig. splendore *m.*

lumbrera [lumbrèra] *f.* luminare *m.*

luminosidad [luminosiðáð] *f.* luminosità.

luminoso, -sa [luminóso, -sa] *a.* luminoso.

luna [lúna] *f.* luna. 2 vetro *m.* specchio *m.:* *armario de ~,* armadio a specchio.

lunar [lunár] *a.* lunare. 2 *m.* neo. 3 fig. macchia *f.*

lunático, -ca [lunàtiko, -ka] *a.* lunatico.

lunes [lúnes] *m.* lunedì.

lupa [lúpa] *f.* lente d'ingrandimento.

lupanar [lupanár] *m.* bordello.

lúpulo [lúpulo] *m.* luppolo.

lusitano, -na [lusitáno, -na] *a.-s.* lusitano, portoghese.

luso, -sa [lúso, -sa] *a.-s.* V. **lusitano.**

lustrar [lustrár] *t.* lustrare, lucidare.

lustre [lústre] *m.* lucentezza *f.* 2 fig. splendore, gloria *f.*

lustro [lústro] *m.* lustro.

lustroso, -sa [lustróso, -sa] *a.* lucido, brillante.

luterano, -na [luteráno, -na] *a.-s.* luterano.

luto [lúto] *m.* lutto.

luz [lúθ] *f.* luce. 2 lume *m.* ‖ *a todas luces,* in tutti i modi.

LL

ll [è/ʎe] *f.* quattordicesima lettera dell'alfabeto spagnolo.

llaga [ʎáɣa] *f.* piaga.

llagar [ʎaɣár] *t.* piagare.

llama [ʎáma] *f.* fiamma. 2 ZOOL. lama *m.*

llamada [ʎamáða] *f.* chiamata, appello *m.* 2 richiamo *m.* 3 telefonata.

llamado, -da [ʎamáðo, -ða] *a.* chiamato, detto.

llamador [ʎamaðór] *m.* campanello, battente.

llamamiento [ʎamamiénto] *m.* appello, chiamata *f.*

llamar [ʎamár] *t.* chiamare. 2 richiamare [l'attenzione]. 3 *i.* bussare, suonare, battere.

llamarada [ʎamaráða] *f.* fiammata.

llamativo, -va [ʎamatíβo, -βa] *a.* vistoso, appariscente.

llamear [ʎameár] *i.* fiammeggiare.

llaneza [ʎanéθa] *f.* semplicità. 2 fig. familiarità.

llano, -na [ʎáno, -na] *a.* piano, liscio. 2 fig. semplice, chiaro. 3 *m.* pianura *f.*, piana *f.*, spianata *f.*

llanta [ʎánta] *f.* cerchio *m.*

llanto [ʎánto] *m.* pianto.

llanura [ʎanúra] *f.* pianura.

llave [ʎáβe] *f.* chiave. 2 interruttore *m.* [della luce]. 3 rubinetto *m.* [dell'acqua], chiavetta [del gas].

llavero [ʎaβéro] *m.* portachiavi.

llegada [ʎeɣáða] *f.* arrivo *m.*

llegar [ʎeɣár] *i.* arrivare, giungere. 2 *r.* avvicinarsi, andare.

llenar [ʎenár] *t.* riempire, gremire. 2 fig. soddisfare. 3 adempire.

lleno, -na [ʎéno, -na] *a.* pieno. || *de ~,* interamente. 2 *m.* plenilunio. 3 pienone. 4 *f.* piena.

llevadero, -ra [ʎeβaðéro, -ra] *a.* sopportabile, tollerabile.

llevar [ʎeβár] *t.* portare. 2 riportare. 3 condurre. 4 [riferito al tempo trascorso]: da...: *lleva hablando una hora,* parla da un'ora. || *le lleva dos años,* ha due anni più di lui. 5 *r.* portare via, prendere. || *llevarse bien,* andare d'accordo.

llorar [ʎorár] *i.-t.* piangere. || *~ a lágrima viva,* piangere dirottamente. 2 *t.* compiangere.

lloriquear [ʎorikeár] *i.* piagnucolare, frignare.

lloriqueo [ʎorikéo] *m.* piagnucolio.

lloro [ʎóro] *m.* pianto.

llorón, -na [ʎorón, -na] *a.-s.* piagnucolone.

lloroso, -sa [ʎoróso, -sa] *a.* lacrimevole, lacrimoso.

llovedizo, -za [ʎoβeðíθo, -θa] *a.* gocciolante. || *agua llovediza,* acqua piovana.

llover [ʎoβèr] *impers.* piovere. || CONIUG. come *mover.*

llovizna [ʎoβízna] *f.* pioggerella.

lloviznar [ʎoβiθnár] *impers.* piovigginare.

lluvia [ʎúβja] *f.* pioggia. || *~ ácida,* pioggia acida.

lluvioso, -sa [ʎuβjóso, -sa] *a.* piovoso.

M

m [ème] *f.* quindicesima lettera dell'alfabeto spagnolo.

macabro, -bra [makáβro, -βra] *a.* macabro.

macaco [makáko] *m.* macaco.

macarrón [makarrón] *m.* maccherone.

macarrónico, -ca [makarróniko, -ka] *a.* maccheronico.

macedonio, -nia [maθeðónjo, -nja] *a.* macedone. 2 *f.* macedonia.

maceración [maθeraθjón] *f.* macerazione.

macerar [maθerár] *t.* frollare. 2 *t.-r.* macerare.

macero [maθéro] *m.* mazziere.

maceta [maθéta] *f.* vaso *m.* [per piante].

macizo, -za [maθíθo, -θa] *a.-m.* massiccio.

macroscópico, -ca [makroskópiko, -ka] *a.* macroscopico.

mácula [mákula] *f.* macchia.

macular [makulár] *t.* macchiare.

machacar [matʃakár] *t.* schiacciare. 2 *i.* fig. insistere.

machacón, -na [matʃakón, -na] *a.-s.* insistente. 2 seccatore.

machaconería [matʃakonería] *f.* insistenza. 2 seccatura.

machete [matʃéte] *m.* daga *f.*

macho [mátʃo] *a.-m.* maschio. ‖ ~ *cabrío,* capro, caprone.

madeja [maðéxa] *f.* matassa.

madero [maðéro] *m.* trave *f.*

madrastra [maðrástra] *f.* matrigna.

madre [máðre] *f.* madre. 2 matrice. 3 alveo *m.*

madreperla [maðrepérla] *f.* madreperla.

madreselva [maðresélva] *f.* madreselva, caprifoglio *m.*

madrigal [maðriɣál] *m.* madrigale.

madriguera [maðriɣèra] *f.* tana, covo *m.,* covile *m.*

madrileño, -ña [maðrilépo, -ɲa] *a.-s.* madrileno.

madrina [maðrína] *f.* madrina, comare.

madroño [maðrópo] *m.* corbezzolo. 2 corbezzola *f.* [frutto].

madrugada [maðruɣáða] *f.* alba, primo mattino *m.* ‖ *de ~,* di buon mattino.

madrugador, -ra [maðruɣaðór, -ra] *a.* mattiniero.

madrugar [maðruɣár] *i.* alzarsi all'alba.

madrugón, -na [maðruɣón, -na] *a.* mattiniero. 2 *m.* levataccia *f.*

maduración [maðuraθjón] *f.* maturazione.

madurar [maðurár] *t.-i.* maturare.

madurez [maðuréθ] *f.* maturità.

maduro, -ra [maðúro, -ra] *a.* maturo.

maestría [maestría] *f.* maestria.

maestro, -tra [maèstro, -tra] *a.-s.* maestro. ‖ *obra ~,* capolavoro *m.* ‖ ~ *de obras,* capomastro.

magia [máxja] *f.* magia.

mágico, -ca [máxiko, -ka] *a.* magico.

magín [maxin] *m.* immaginazione *f.*

magisterio [maxistérjo] *m.* magistero. 2 insegnamento.

magistrado [maxistráðo] *m.* magistrato.

magistral [maxistrál] *a.* magistrale.

magistratura [maxistratúra] *f.* magistratura.

magma [máɣma] *m.* magma.

magnanimidad [maɣnanimiðáð] *f.* magnanimità.

magnánimo, -ma [maɣnánimo, -ma] *a.* magnanimo.

magnate [maɣnáte] *m.* magnate.

magnesia [maɣnèsja] *f.* magnesia.

magnesio [maɣnèsjo] *m.* magnesio.

magnetismo [maɣnetizmo] *m.* magnetismo.

magnetizar [maɣnetiθár] *t.* magnetizzare, calamitare. 2 ipnotizzare.

magnificencia [maɣnifiθénθja] *f.* magnificenza.

magnífico, -ca [maɣnífiko, -ka] *a.* magnifico.

magno, -na [máɣno, -na] *a.* magno.

magnolia [maɣnólja] *f.* magnolia.

mago, -ga [máɣo, -ɣa] s. mago.

magro, -gra [máɣro, -ɣra] a. magro. 2 f. fetta di prosciutto.

magulladura [maɣuʎaðúra] f. ammaccatura.

magullar [maɣuʎár] t. ammaccare.

mahometano, -na [maometáno, -na] a.-s. maomettano.

mahonés, -sa [maonés, -sa] a.-s. abitante di Mahón (Baleari). 2 f. maionese [salsa].

maicena [maiθéna] f. farina di mais.

maitines [maitines] m.-pl. ECCL. mattutino sing.

maíz [maiθ] m. granoturno, granturco, mais.

majada [maxáða] f. stalla, ovile m.

majadería [maxaðería] f. sciocchezza, stupidaggine.

majadero, -ra [maxaðéro, -ra] a.-s. sciocco. 2 birichino, birbante.

majestad [maxestáð] f. maestà.

majestuosidad [maxestwosiðáð] f. maestosità.

majestuoso, -sa [maxestuóso, -sa] a. maestoso.

majo, -ja [máxo, -xa] a. bello.

mal [mal] a. [apoc. di *malo* davanti ai sostantivi] cattivo. 2 m.-avv. male.

malabar [malaβár] a.-s. malabarese. ‖ *juegos malabares*, giochi d'equilibrio.

malabarista [malaβarista] s. equilibrista, giocoliere.

malacostumbrado, -da [malakostumbráðo, -ða] a. maleducato.

malagueño, -ña [malaɣéɲo, -ɲa] a.-s. di Malaga. 2 f. aria popolare andalusa.

malandrín, -na [malandrin, -na] a.-s. malandrino.

malaventurado, -da [malaβenturáðo, -ða] a. sfortunato.

malbaratar [malβaratár] t. svendere. 2 dissipare, sciupare.

malcriado, -da [malkriáðo, -ða] a. maleducato.

malcriar [malkriár] t. allevare male.

maldad [maldáð] f. cattiveria, malvagità.

maldecir [maldeθir] t. maledire. 2 i. dir male. ¶ CONIUG. come *bendecir*.

maldiciente [maldiθjénte] a. maldiciente.

maldición [maldiθjón] f. maledizione.

maldito, -ta [maldito, -ta] a. maledetto.

maleable [maleáβle] a. malleabile.

maleante [maleánte] a.-s. perverso. 2 malvivente.

malecón [malekón] m. argine.

maledicencia [maleðiθénθja] f. maldicenza.

maleficio [malefiθjo] m. maleficio.

maléfico, -ca [maléfiko, -ka] a. malefico.

malestar [malestár] m. malessere.

maleta [maléta] f. valigia.

maletero [maletéro] m. facchino.

maletín [maletin] m. valigetta f.

malevolencia [maleβolénθja] f. malevolenza, malanimo m.

maleza [maléθa] f. sterpaglia.

malgastador, -ra [malɣastaðór, -ra] a.-s. dissipatore, scialacquatore.

malgastar [malɣastár] t. dissipare, sciupare, scialacquare.

malhablado, -da [malaβláðo, -ða] a. sboccato.

malhadado, -da [malaðáðo, -ða] a. sfortunato.

malhecho, -cha [malétʃo, -tʃa] a. malfatto. 2 m. malefatta f.

malhechor, -ra [maletʃór, -ra] a.-s. malfattore.

malherir [malerir] t. ferire gravemente.

malhumorado, -da [malumoráðo, -ða] a. scontroso, di malumore.

malhumor [malumór] m. malumore.

malicia [maliθja] f. malizia. 2 malignità.

malicioso, -sa [maliθjóso, -sa] a. malizioso. 2 furbo.

maligno, -na [maliɣno, -na] a. maligno.

malintencionado, -da [malintenθjonáðo, -ða] a. malintenzionato.

malmeter [malmetér] t. dissipare. 2 corrompere.

malo, -la [málo, -la] a. cattivo. 2 brutto.

malogrado, -da [maloɣráðo, -ða] a. fallito, non riuscito. 2 morto prematuramente.

malograr [maloɣrár] t. sciupare, lasciar sfuggire. 2 r. fallire. 3 rovinarsi.

maloliente [maloljénte] a. puzzolente.

malparado, -da [malparáðo, -ða] a. malconcio.

malsano, -na [malsáno, -na] a. malsano. 2 malaticcio.

malta [málta] f. malto m.

maltratar [maltratár] t. maltrattare.

maltrecho, -cha [maltrétʃo, -tʃa] a. malconcio, maltrattato, malridotto.

malva [málβa] f. malva.

malvado, -da [malβáðo, -ða] a.-s. malvagio.

malvasía [malβasia] f. malvasia.

malversación [malβersaθjón] f. peculato m.

malversar [malβersár] *t.* amministrare disonestamente.

malla [máʎa] *f.* maglia.

mallorquín, -na [maʎorkin, -na] *a.-s.* maiorchino.

mama [máma] *f.* mammella.

mamá [mamá] *f.* mamma.

mamada [mamáða] *f.* poppata.

mamar [mamár] *t.* poppare.

mamarracho [mamarrátʃo] *m.* sgorbio.

mamífero [mamifero] *m.* mammifero.

mamón, -na [mamón, -na] *a.* poppante.

mamotreto [mamotrèto] *m.* scartafaccio. 2 fig. libro o fascicolo molto voluminoso.

mampara [mampára] *f.* paravento *m.*

mampostería [mamposteria] *f.* muratura.

mamut [mamút] *m.* mammut.

maná [maná] *m.* manna *f.*

manada [manáða] *f.* gregge *m.*, branco *m.*, mandria. 2 manata.

manantial [manantjál] *m.* sorgente *f.*, fonte *f.*

manar [manár] *i.* sgorgare, scaturire. 2 *t.* grondare.

mancebo [manθéβo] *m.* giovanotto.

mancilla [manθiʎa] *f.* macchia.

mancillar [manθiʎár] *t.-r.* macchiare.

manco, -ca [máŋko, -ka] *a.-s.* monco.

mancomunar [maŋkomunár] *t.* accomunare.

mancha [mántʃa] *f.* macchia, chiazza.

manchar [mantʃár] *t.-r.* macchiare, sporcare.

manchego, -ga [mantʃéɣo, -ɣa] *a.* della Mancia.

mandamiento [mandamjènto] *m.* comandamento.

mandar [mandár] *t.* comandare, ordinare. 2 mandare.

mandarín [mandarin] *m.* mandarino.

mandarina [mandarina] *f.* BOT. mandarino *m.*

mandato [mandáto] *m.* comandamento. 2 mandato.

mandíbula [mandiβula] *f.* mandibola.

mandil [mandil] *m.* grembiule.

mando [mándo] *m.* comando.

mandolina [mandolina] *f.* mandolino *m.*

mandón, -na [mandón, -na] *a.-s.* autoritario.

mandrágora [mandráɣora] *f.* BOT. mandragola.

mandria [mándrja] *a.-s.* pusillanime.

mandril [mandril] *m.* mandrillo.

manecilla [maneθiʎa] *f.* lancetta.

manejable [manexáβle] *a.* maneggevole.

manejar [manexár] *t.* maneggiare. 2 comandare. 3 *r.* destreggiarsi.

manejo [manèxo] *m.* maneggio.

manera [manèra] *f.* maniera, modo *m.* ‖ *de ~*, in modo. ‖ *de ninguna ~*, niente affatto. ‖ *de otra ~*, altrimenti.

manga [máŋga] *f.* manica. 2 tubo *m.*

manganeso [maŋganèso] *m.* manganese.

mango [máŋgo] *m.* manico. 2 BOT. mango.

mangonear [maŋgoneár] *i.* essere invadente e autoritario.

manguera [maŋgèra] *f.* tubo *m.*

manía [manía] *f.* mania, fissazione. ‖ *tenerle ~ a alguien,* avercela con qualcuno.

maníaco, -ca [maniako, -ka] *a.-s.* maniaco.

maniatar [manjatár] *t.* ammanettare, legare le mani.

maniático, -ca [manjátiko, -ka] *a.* maniaco, fissato.

manicomio [manikòmjo] *m.* manicomio.

manicuro, -ra [manikúro, -ra] *s.* manicure. 2 *f.* manicure.

manifestación [manifestaθjón] *f.* manifestazione, dimostrazione.

manifestante [manifestánte] *s.* manifestante, dimostrante.

manifestar [manifestár] *t.-r.* manifestare, dimostrare. ¶ CONIUG. come *acertar*.

manifiesto, -ta [manifjèsto, -ta] *a.-m.* manifesto.

manilla [maniʎa] *f.* braccialetto *m.* 2 manetta.

manillar [maniʎár] *m.* manubrio.

maniobra [manjóβra] *f.* manovra.

maniobrar [manjoβrár] *t.* manovrare.

manipulación [manipulaθjón] *f.* manipolazione.

manipular [manipulár] *t.* manipolare.

maniqueo, -a [manikèo, -a] *a.-s.* manicheo.

maniquí [maniki] *m.* manichino. 2 *f.* modella.

manirroto, -ta [manirróto, -ta] *a.* ser un ~, avere le mani bucate.

manivela [maniβéla] *f.* manovella.

manjar [maŋxár] *m.* cibo.

mano [máno] *f.* mano. 2 fig. abilità. ‖ *venir a la ~*, capitare.

manojo [manòxo] *m.* mazzo.

manosear [manoseár] *t.* palpeggiare.

manotazo [manotáθo] *m.* manata *f.*

mansalva (a) [a mansálβa] *loc. avv.* a mansalva, senza pericoli.

mansedumbre [manseðúmbre] *f.* mansuetudine, mitezza.

mansión [mansjón] *f.* dimora.

manso, -sa [mánso, -sa] *a.* mansueto, mite.

mantear [manteár] *t.* sballottare.

manteca [mantéka] *f.* grasso *m.*, strutto *m.* 2 burro *m.*

mantel [mantél] *m.* tovaglia *f.*

mantelería [mantelería] *f.* biancheria da tavola.

manteleta [manteléta] *f.* mantellina.

mantener [mantenér] *t.-r.* mantenere, conservare.

mantenimiento [mantenimjénto] *m.* mantenimento.

mantequería [mantekería] *f.* stabilimento *m.* dove si fa o si vende il burro. 2 latteria.

mantequero, -ra [mantekéro, -ra] *a.* relativo al burro. 2 *s.* gestore di una *mantequería.* 3 *f.* recipiente *m.* per contenere il burro.

mantequilla [mantekíʎa] *f.* burro *m.*

mantilla [mantíʎa] *f.* mantiglia. 2 fasce *pl.* [da bambino]. ‖ *estar en mantillas,* essere agli inizi.

manto [mánto] *m.* manto, mantello. 2 MIN. strato.

mantón [mantón] *m.* scialle.

manual [manuál] *a.-m.* manuale.

manubrio [manúβrjo] *m.* manubrio, manovella *f.*

manufactura [manufaɣturá] *f.* manifattura.

manufacturar [manufaɣturár] *t.* fabbricare.

manuscrito, -ta [manuskríto, -ta] *a.-m.* manoscritto.

manutención [manutenθjón] *f.* manutenzione.

manzana [manθána] *f.* BOT. mela. 2 isolato *m.*

manzanilla [manθaníʎa] *f.* BOT. camomilla. 2 vino *m.* bianco secco elaborato in Andalusia.

manzano [manθáno] *m.* melo.

maña [mápa] *f.* abilità, destrezza, scaltrezza.

mañana [mapána] *f.* mattina, mattino *m.* 2 *avv.-m.* domani. ‖ *~ por la ~,* domattina, domani mattina. ‖ *pasado ~,* dopodomani.

mañanero, -ra [mapanéro, -ra] *a.* mattiniero.

mañoso, -sa [mapóso, -sa] *a.* abile, destro.

mapa [mápa] *m.* carta *f.* geografica, mappa *f.*

mapamundi [mapamúndi] *m.* mappamondo.

maqueta [makéta] *f.* ARCH.-TOP. plastico *m.*

maquillaje [makiʎáxe] *m.* trucco.

maquillar [makiʎár] *t.-r.* truccare.

máquina [mákina] *f.* macchina.

maquinación [makinaθjón] *f.* macchinazione.

maquinar [makinár] *t.* macchinare, congegnare.

maquinaria [makinárja] *f.* macchinario *m.*

maquinista [makinísta] *s.* macchinista.

mar [mar] *s.* mare *m.*

maraña [marápa] *f.* sterpaglia. 2 fig. imbroglio *m.* 3 groviglio *m.* ‖ *meter ~,* seminar zizzania.

maratón [maratón] *m.* maratona *f.*

maravilla [maraβíʎa] *f.* meraviglia, bellezza.

maravillar [maraβiʎár] *t.-r.* meravigliare.

maravilloso, -sa [maraβiʎóso, -sa] *a.* meraviglioso.

marca [márka] *f.* marca. 2 marchio *m.*

marcar [markár] *t.* segnare.

marcial [marθjál] *a.* marziale.

marciano, -na [marθjáno, -na] *a.-s.* marziano.

marco [márko] *m.* cornice *f.* 2 marco [moneta tedesca].

marcha [mártʃa] *f.* marcia. 2 partenza. 3 andamento *m.*, funzionamento *m.* ‖ *poner en ~,* avviare, mettere in moto.

marchamo [martʃámo] *m.* sigillo.

marchante [martʃánte] *m.* mercante.

marchar [martʃár] *i.* marciare. 2 *r.* andarsene, partire.

marchitar [martʃitár] *t.-r.* appassire, sfiorire. 2 *r.* avvizzire.

marchito, -ta [martʃíto, -ta] *a.* appassito, sfiorito.

marea [maréa] *f.* marea. ‖ *~ negra,* marea nera.

marear [mareár] *t.* nauseare, dar nausea. 2 fig. frastornare, dar noia. 3 *r.* aver nausea, soffrire il mal di mare.

marejada [marexáða] *f.* mareggiata.

mareo [maréo] *m.* mal di mare, nausea *f.*

marfil [marfíl] *m.* avorio.

margarina [marɣarina] f. margarina.
margarita [marɣarita] f. margherita.
margen [márxen] s. margine m.
marginal [marxinál] a. marginale.
marginar [marxinár] t. mettere da parte. 2 emarginare.
marica [marika] f. gazza. 2 m. fig. effeminato, invertito, pederasta.
maricón [marikón] m. invertito, pederasta. 2 fig. mascalzone.
maridaje [mariðáxe] m. unione f. degli sposi. 2 accordo [tra due cose].
marido [mariðo] m. marito.
marihuana [mariwána] f. marijuana.
marina [marina] f. marina.
marinero, -ra [marinéro, -ra] a. marinaro. 2 m. marinaio. 3 f. giacca alla marinara.
marino, -na [marino, -na] a. marino. 2 m. marinaio.
mariposa [maripósa] f. farfalla.
mariposear [mariposeár] i. sfarfallare.
mariquita [marikíta] f. coccinella.
mariscal [mariskál] m. MIL. maresciallo maggiore, gran maresciallo.
marisco [marisko] m. frutto di mare.
marisma [marizma] f. maremma.
marital [maritál] a. maritale.
marítimo, -ma [marítimo, -ma] a. marittimo.
mármol [mármol] m. marmo.
marmolería [marmolería] f. deposito m. o negozio m. di marmi.
marmolista [marmolísta] m. marmista.
marmóreo, -a [marmóreo, -a] a. marmoreo.
marmota [marmóta] f. marmotta.
maroma [maròma] f. corda.
marqués, -sa [markés, -sa] s. marchese.
marquetería [marketería] f. intarsio m. 2 ebanisteria.
marrano, -na [marráno, -na] a. sporco, sudicio. 2 m. maiale. 3 fig. sporcaccione.
marrar [marrár] t. mancare. 2 sbagliare, fallire.
marras (de) [de márras] loc. avv. del tempo passato. 2 noto.
marrón [marrón] a.-m. marrone.
marroquí [marroki] a.-s. marocchino.
marrullería [marruʎería] f. raggiro m.
marsellés, -sa [marseʎés, -sa] a.-s. marsigliese.
marsupial [marsupjál] a.-s. marsupiale.
martes [mártes] m. martedì.
martillar [martiʎár] t. martellare.

martillazo [martiʎáθo] m. martellata f.
martillo [martiʎo] m. martello.
martingala [martiŋgála] f. sotterfugio m., astuzia. 2 STOR. martingala.
mártir [mártir] s. martire.
martirio [martirjo] m. martirio.
martirizar [martiriθár] t. martirizzare, martoriare.
marzo [márθo] m. marzo.
marxismo [marsizmo] m. marxismo.
marxista [marsista] a.-s. marxista.
mas [mas] cong. ma.
más [mas] avv. più. 2 altro: *no hace ~ que,* non fa altro che. ∥ *~ bien,* piuttosto. ∥ *es ~,* anzi.
masa [mása] f. massa.
masaje [masáxe] m. massaggio.
masajista [masaxista] s. massaggiatore.
mascar [maskár] t. masticare.
máscara [máskara] f. maschera.
mascarada [maskaráða] f. mascherata.
mascarilla [maskaríʎa] f. maschera.
mascota [maskóta] f. portafortuna m.
masculinidad [maskuliniðáð] f. virilità, mascolinità.
masculino, -na [maskulino, -na] a. maschile, virile.
mascullar [maskuʎár] t. borbottare, biascicare.
masón, -na [masón, -na] s. massone.
masonería [masonería] f. massoneria.
masticación [mastikaθjón] f. masticazione.
masticar [mastikár] t. masticare, biascicare.
mástil [mástil] m. albero maestro.
mastín, -na [mastin, -na] a.-m. mastino.
mastodonte [mastoðónte] a.-m. mastodonte.
masturbación [masturβaθjón] f. masturbazione.
masturbarse [masturβárse] r. masturbarsi.
mata [máta] f. cespuglio m.
matadero [mataðéro] m. macello, mattatio.
matador [mataðór] m. torero che uccide il toro.
matanza [matánθa] f. uccisione. 2 carneficina, strage. 3 macellazione.
matar [matár] t.-r. uccidere, ammazzare, freddare. 2 attenuare [un colore, ecc.]. 3 superare una carta dell'avversario. ∥ *~ el tiempo,* passare il tempo. ∥ *matarlas callando,* ottenere con astuzia ciò che si vuole.

matasanos [matasános] *m.* medicastro, ciarlatano.

matasellos [mataséʎos] *m.* timbro postale.

mate [máte] *a.* opaco. 2 *m.* BOT. mate. || *jaque* ~, scacco matto.

matemático, -ca [matemátiko, -ka] *a.-s.* matematico. 2 *f.* matematica.

materia [matèrja] *f.* materia.

material [materjál] *a.-m.* materiale.

materialismo [materjalizmo] *m.* materialismo.

materialista [materjalísta] *s.* materialista.

materializar [materjaliθár] *t.* materializzare.

maternal [maternál] *a.* materno.

maternidad [materniðáð] *f.* maternità.

materno, -na [matérno, -na] *a.* materno.

matinal [matinál] *a.* mattutino.

matiz [matiθ] *m.* sfumatura *f.* 2 fig. tono.

matizar [matiθár] *t.* sfumare. 2 combinare i colori. 3 fig. graduare.

matorral [matorrál] *m.* sterpaia *f.* 2 macchia *f.*

matraca [matráka] *f.* crepitacolo *m.* || *dar* ~, dare la baia, importunare.

matriarcado [matrjarkáðo] *m.* matriarcato.

matriarcal [matrjarkál] *a.* matriarcale.

matricida [matriθíða] *s.* matricida.

matricidio [matriθíðjo] *m.* matricidio.

matrícula [matríkula] *f.* matricola. 2 iscrizione. 3 targa [d'automobile]. || ~ *de honor*, lode.

matricular [matrikulár] *t.-r.* iscrivere, immatricolare.

matrimonial [matrimonjál] *a.* matrimoniale.

matrimonio [matrimónjo] *m.* matrimonio.

matriz [matriθ] *f.* matrice. MECC. dado *m.*, controvite.

matrona [matróna] *f.* matrona. 2 levatrice.

matutino, -na [matutíno, -na] *a.* mattutino.

maullar [mauʎár] *i.* miagolare.

maullido [mauʎíðo] *m.* miagolio.

mausoleo [mausoléo] *m.* mausoleo.

máxime [máysime] *avv.* massimamente, specialmete.

máximo, -ma [máysimo, -ma] *a.* massimo. 2 *f.* massima, sentenza.

mayo [májo] *m.* maggio.

mayólica [majólika] *f.* maiolica.

mayonesa [majonésa] *f.* maionese.

mayor [majór] *a.* maggiore. 2 *m.* adulto, grande. 3 maggiore. || *al por* ~, all'ingrosso.

mayoral [majorál] *m.* caposquadra. 2 mandriano.

mayordomo [majordómo] *m.* maggiordomo.

mayoría [majoría] *f.* maggioranza.

mayorista [majorísta] *s.* grossista.

mayúsculo, -la [majúskulo, -la] *a.* maiuscolo.

maza [máθa] *f.* mazza. 2 clava.

mazapán [maθapán] *m.* marzapane.

mazmorra [maθmórra] *f.* carcere *m.* sotterraneo.

mazo [máθo] *m.* maglio. 2 mazzo.

mazorca [maθórka] *f.* pannocchia.

mazurca [maθúrka] *f.* mazurca.

meadero [meaðéro] *m.* orinatoio.

meandro [meándro] *m.* meandro.

mear [meár] *i.* orinare.

¡mecachis! [mekátʃis] *inter.* accidenti!

mecánico, -ca [mekániko, -ka] *a.-m.* meccanico. 2 *f.* meccanica.

mecanismo [mekanizmo] *m.* meccanismo, congegno.

mecanizar [mekaniθár] *t.-r.* meccanizzare.

mecanografiar [mekanoɣrafjár] *t.* dattilografare.

mecanógrafo, -fa [mekanóɣrafo, -fa] *s.* dattilografo.

mecedora [meθeðóra] *f.* sedia a dondolo.

mecenas [meθénas] *m.* mecenate.

mecer [meθèr] *t.* cullare. 2 *r.* dondolare.

mecha [mètʃa] *f.* miccia. 2 ciuffo *m.* [di capelli].

mechero [metʃéro] *m.* accendino, accendisigari.

mechón [metʃón] *m.* ciuffo, ciocca *f.*

medalla [meðáʎa] *f.* medaglia.

medallón [meðaʎón] *m.* medaglione.

media [mèðja] *f.* calza. 2 MAT. media.

mediación [meðjaθjón] *f.* mediazione.

mediado, -da [meðjáðo, -ða] *part. pass.* mediato. 2 *agg.* dimezzato. || *a mediados de mes*, verso la metà del mese.

mediador, -ra [meðjaðór, -ra] *a.-s.* mediatore, intermediario.

medianero, -ra [meðjanéro, -ra] *a.* mezzano, mediano. 2 *agg.-s.* mediatore, intercessore.

mediano, -na [meðjáno, -na] *a.* medio. 2 mediocre, discreto. || *un trabajo* ~, un lavoro mediocre.

medianoche [meðjanótʃe] f. mezza-notte.

mediante [meðjánte] a. intercessore: *Dios* ~, con l'aiuto di Dio. 2 prep. mediante, per mezzo di.

mediar [meðjár] i. intercedere, intervenire. 2 interporsi. 3 trascorrere [il tempo].

mediato, -ta [meðjáto, -ta] a. mediato, indiretto.

medicación [meðikaθjón] f. medicazione.

medicamento [medikaménto] m. medicamento.

medicina [meðiθína] f. medicina. 2 farmaco m.

medicinal [meðiθinál] a. medicinale.

médico, -ca [mèðiko, -ka] a.-m. medico.

medida [meðiða] f. misura. ‖ *a* ~, su misura. ‖ *a* ~ *que*, man mano che.

medieval [meðjeβál] a. medievale.

medio, -dia [mèðjo, -ðja] a. mezzo. 2 medio. 3 avv. mezzo, a metà. ‖ *a medias*, a metà. ‖ *de* ~ *a* ~, interamente. ‖ *en* ~ *de*, in mezzo a. 4 m. mezzo. 5 ambiente. 6 SPORT. mediano.

mediocre [meðjókre] a. mediocre.

mediocridad [meðjokriðáð] f. mediocrità.

mediodía [meðjoðía] m. mezzogiorno.

medir [meðír] t. misurare. ¶ CONIUG. come *servir*.

meditación [meðitaθjón] f. meditazione.

meditar [meðitár] t.-i. meditare.

mediterráneo, -a [meðiterráneo, -a] a.-m. mediterraneo.

médium [mèðjum] s. medium.

medrar [meðrár] i. aumentare, crescere. 2 fig. prosperare, migliorare la propria fortuna.

medroso, -sa [meðróso, -sa] a. pauroso.

médula [mèðula] f. midollo m.

medusa [meðúsa] f. medusa.

megáfono [meɣáfono] m. megafono.

megalomanía [meɣalomanía] f. megalomania.

megalómano, -na [meɣalómano, -na] a.-s. megalomane.

mejicano, -na [mexikáno, -na] a.-s. messicano.

mejilla [mexíʎa] f. guancia, gota.

mejillón [mexiʎón] m. cozza f.

mejor [mexòr] a. migliore. 2 avv. meglio. ‖ ~ *dicho*, anzi.

mejora [mexóra] f. miglioramento m.

mejorar [mexorár] t.-i. migliorare.

mejoría [mexoría] f. miglioramento m.

mejunje [mexúŋxe] m. intruglio.

melancolía [melaŋkolía] f. malinconia.

melancólico, -ca [melaŋkóliko, -ka] a. malinconico.

melena [meléna] f. chioma, capigliatura. 2 pl. capelli m. lunghi e sciolti. 3 criniera.

melenudo, -da [melenúðo, -ða] a. capellone.

melifluo, -a [melifluo, -a] a. mellifluo.

melindre [melindre] m. frittella f. dolce. 2 fig. moina f., smanceria f.

melindroso, sa [melindróso, -sa] a. fig. lezioso, smorfioso.

melocotón [melokotón] m. pesca f.

melocotonero [melokotonèro] m. pesco.

melodía [meloðía] f. melodia.

melódico, -ca [melóðiko, -ka] a. melodico.

melodioso, -sa [meloðjóso, -sa] a. melodioso.

melodrama [meloðráma] m. melodramma.

melodramático, -ca [meloðramàtiko, -ka] a. melodrammatico.

melón [melón] m. melone.

meloso, -sa [melóso, -sa] a. mieloso.

mella [mèʎa] f. intaccatura. ‖ *hacer* ~, far breccia.

mellar [meʎár] t. intaccare.

mellizo, -za [meʎíθo, -θa] a.-s. gemello [riferito a persone].

membrana [membrána] f. membrana.

membrete [membrète] m. intestazione f.

membrillo [membríʎo] m. cotogno. 2 cotogna f. 3 cotognata f. ‖ *carne de* ~, cotognata f.

memo, -ma [mèmo, -ma] a. sciocco, sempliciotto.

memorable [memoráβle] a. memorabile.

memoria [memórja] f. memoria. ‖ *de* ~, a memoria.

memorial [memorjál] m. memoriale.

mena [mèna] f. vena metallifera.

menaje [menáxe] m. arredamento della casa.

mención [menθjón] f. menzione.

mencionar [menθjonár] t. menzionare, citare.

mendaz [mendáθ] a.-s. mendace.

mendicante [mendikánte] a.-s. mendicante.

mendicidad [mendiθiðáð] f. mendicità, accattonaggio m.

mendigar [mendiɣár] t.-i. mendicare.

mendigo, -ga [mendiɣo, -ɣa] s. mendicante, accattone.

mendrugo [mendrúyo] *m.* tozzo di pane.

menear [meneár] *t.-r.* muovere, dimenare. 2 *r.* fig. sbrigarsi.

meneo [menéo] *m.* dimenio, movimento.

menester [menestér] *m.* bisogno. 2 impiego, occupazione *f.* ‖ *ser ~,* essere necessario, bisognare. 3 *pl.* bisogni corporali.

menesteroso, -sa [menesteróso, -sa] *a.-s.* bisognoso.

menestra [menéstra] *f.* piatto *m.* di verdure e pezzetti di carne. 2 *[sopa] ~,* minestrone *m.*

mengano, -na [meŋgáno] *pron.* un tale, caio [usato sempre dopo *fulano*]: *fulano y ~,* tizio e caio.

mengua [méŋgwa] *f.* diminuzione, calo *m.*

menguante [meŋgwánte] *a.* decrescente, calante [la luna].

menguar [meŋgwár] *i.-t.* calare, diminuire.

menina [menína] *f.* dama di corte.

meninge [meníŋxe] *f.* meninge.

meningitis [meniŋxítis] *f.* meningite.

menisco [menísko] *m.* menisco.

menopausia [menopáusja] *f.* menopausa.

menor [menór] *a.* minore. ‖ *~ de edad,* minorenne. ‖ *al por ~,* al minuto.

menos [mènos] *avv.* meno. ‖ *echar de ~,* sentire la mancanza. ‖ *por lo ~,* per lo meno. ‖ *al ~,* almeno. ‖ *nada ~,* niente meno. ‖ *venir a ~,* decadere. 2 tranne, fuorchè.

menoscabar [menoskaβár] *t.* disminuire, svalutare.

menoscabo [menoskáβo] *m.* scapito, discapito. ‖ *con ~ de,* a scapito di.

menospreciar [menospreθjár] *t.* sottovalutare. 2 disprezzare.

menosprecio [menosprèθjo] *m.* disistima *f.* 2 disprezzo.

mensaje [mensáxe] *m.* messaggio.

mensajero, -ra [mensaxéro, -ra] *a.* messaggero. ‖ *paloma mensajera,* piccione *m.* viaggiatore. 2 *s.* messo, messaggero.

menstruación [menstrwaθjón] *f.* mestruazione.

mensualidad [menswaliðáð] *f.* mensile *m.,* mensilità.

mensurable [mensuráβle] *a.* misurabile.

mensurar [mensurár] *t.* misurare.

menta [ménta] *f.* menta.

mental [mentál] *a.* mentale.

mentalidad [mentaliðáð] *f.* mentalità.

mentar [mentár] *t.* menzionare, nominare. ¶ CONIUG. come *acertar.*

mente [ménte] *f.* mente.

mentecato, -ta [mentekáto, -ta] *a.-s.* mentecatto.

mentir [mentir] *t.* mentire. ¶ CONIUG. come *sentir.*

mentira [mentíra] *f.* bugia, menzogna.

mentiroso, -sa [mentiróso, -sa] *a.* bugiardo, menzognero.

mentís [mentís] *m.* smentita *f.*

mentol [mentól] *m.* mentolo.

mentón [mentón] *m.* mento.

menú [menú] *m.* menú.

menudencia [menuðénθja] *f.* inezia, minuzia, piccolezza. 2 *pl.* frattaglie.

menudillos [menuðíλos] *m.-pl.* frattaglie *f.* rigaglie *f.*

menudo, -da [menúðo, -ða] *a.* minuto, spicciolo. ‖ *a ~,* spesso. 2 fig. che, che razza di: *¡~ tiempo!,* che razza di tempo!

meñique [meɲíke] *m.* mignolo.

meollo [meóλo] *m.* midollo. 2 fig. sostanza *f.*

mequetrefe [meketréfe] *m.* ficcanaso.

mercadear [merkaðeár] *i.* commerciare.

mercader [merkaðér] *m.* commerciante.

mercadería [merkaðería] *f.* merce, mercanzia.

mercado [merkáðo] *m.* mercato.

mercancía [merkanθía] *f.* merce, mercanzia, derrata.

mercante [merkánte] *a.* mercantile. 2 *m.* mercante.

mercantil [merkantíl] *a.* mercantile, commerciale.

merced [merθèð] *f.* mercede. 2 grazia. 3 mercè, balìa: *estar a la ~,* essere alla mercè, in balìa.

mercedario, -ria [merθeðárjo, -rja] *a.-s.* appartenente all'Ordine di Nostra Signora della Mercede.

mercenario, -ria [merθenárjo, -rja] *a.-m.* mercenario.

mercería [merθería] *f.* merceria.

mercurio [merkúrjo] *m.* mercurio.

merecedor, -ra [mereθeðór, -ra] *a.* meritevole.

merecer [mereθér] *t.-i.* meritare. ¶ CONIUG. come *crecer.*

merecido, -da [mereθíðo, -ða] *a.* meritato. 2 *m.* ciò che si merita.

merecimiento [mereθimjénto] *m.* benemerenza *f.*

merendar [merendár] *i.* far merenda.
¶ CONIUG. come *acertar*.

merengue [merèŋge] *m.* meringa *f.*

meretriz [meretriθ] *f.* meretrice.

meridiano, -na [meriðjáno, -na] *a.* meridiano. 2 fig. molto chiaro, luminoso. 3 *m.* meridiano.

meridional [meriðjonál] *a.-s.* meridionale.

merienda [merjénda] *f.* merenda.

mérito [mérito] *m.* merito.

meritorio, -ria [meritórjo, -rja] *a.* meritorio.

merluza [merlúθa] *f.* merluzzo *m.* 2 fig. sbornia.

merma [mérma] *f.* consumo *m.* 2 calo *m.*

mermar [mermár] *i.-r.* diminuire, calare. 2 *t.* ridurre.

mermelada [mermeláða] *f.* marmellata.

mero, -ra [mèro, -ra] *a.* mero. 2 *m.* ITTIOL. labro.

mes [mes] *m.* mese.

mesa [mèsa] *f.* tavola. 2 tavolo *m.* 3 mensa. ‖ *poner la* ~, apparecchiare [la tavola]. ‖ *quitar la* ~, sparecchiare. ‖ ~ *de noche,* comodino *m.*

meseta [meséta] *f.* altopiano *m.* 2 pianerottolo *m.*

mesías [mesías] *m.* messia.

mesilla [mesíʎa] *f.* tavolino *m.*

mesnada [mesnáða] *f.* masnada.

mesón [mesón] *m.* osteria.

mestizo, -za [mestiθo, -θa] *a.-s.* meticcio.

mesura [mesúra] *f.* misura, moderazione.

mesurado, -da [mesuráðo, -ða] *a.* moderato, misurato, compassato.

meta [mèta] *f.* meta, traguardo *m.* 2 fig. scopo *m.*

metabolismo [metaβolizmo] *m.* metabolismo.

metafísico, -ca [metafisiko, -ka] *a.-s.* metafisico. 2 *f.* metafisica.

metáfora [metáfora] *f.* metafora.

metafórico, -ca [metafòriko, -ka] *a.* metaforico.

metal [metàl] *m.* metallo.

metálico, -ca [metáliko, -ka] *a.* metallico. 2 *m.* contanti *pl.*

metalurgia [metalúrxja] *f.* metallurgia.

metalúrgico, -ca [metalúrxiko, -ka] *a.* metallurgico.

metamorfosis [metamorfósis] *f.* metamorfosi.

metano [metáno] *m.* metano.

meteorito [meteorito] *m.* meteorite *f.*

meteoro [meteòro] *m.* meteora *f.*

meteorología [meteoroloxía] *f.* meteorologia.

meteorológico, -ca [meteorolóxiko, -ka] *a.* meteorologico.

meter [metér] *t.* mettere. 2 mettere dentro, immettere, introdurre, ficcare. 3 causare, incutere. 4 *r.* cacciarsi. 5 immischiarsi, intromettersi. 6 farsi: *meterse fraile,* farsi frate. ‖ *meterse con [alguien],* molestare, importunare.

meticulosidad [metikulosiðàð] *f.* meticolosità.

meticuloso, -sa [metikulóso, -sa] *a.* meticoloso.

metódico, -ca [metóðiko, -ka] *a.* metodico.

método [mètoðo] *m.* metodo.

metodología [metoðoloxía] *f.* metodologia.

metodológico, -ca [metoðolóxiko, -ka] *a.* metodologico.

metraje [metráxe] *m.* metraggio.

metralleta [metraʎéta] *f.* mitragliatrice.

métrico, -ca [mètriko, -ka] *a.* metrico. 2 *f.* metrica.

metro [mètro] *m.* metro. 2 metropolitana *f.*

metrópoli [metrópoli] *f.* metropoli.

metropolitano, -na [metropolitáno, -na] *a.* metropolitano. 2 *m.* metropolitana *f.*

mezcla [mèθkla] *f.* miscuglio *m.,* mescolanza.

mezclador [meθklaðór] *a.-m.* mescolatore.

mezclar [meθklár] *t.-r.* mescolare, mischiare. 2 *r.* fig. immischiarsi.

mezcolanza [meθkolánθa] *f.* mescolanza.

mezquindad [meθkindàð] *f.* meschinità, bassezza, grettezza.

mezquino, -na [meθkino, -na] *a.* meschino, gretto. 2 angusto.

mezquita [meθkita] *f.* moschea.

mi [mi] [apoc. di *mío*: sempre davanti al nome] mio, mia. 2 *m.* MUS. mi.

mi [mi] *pron. pers.* [preceduto da preposizione] me.

miar [miár] *i.* miagolare.

miasma [miàzma] *m.* miasma.

miau [mjáu] onom. miao [voce imitativa del verso che fa il gatto]. 2 *m.* miagolio.

mico, -ca [miko, -ka] *s.* scimmia *f.*

microbio [mikróβjo] *m.* microbio, microbo.

microcirugía [mikroθiruxía] *f.* microchirurgia.

microcosmo [mikrokózmo] *m.* microcosmo.

micrófono [mikrófono] *m.* microfono.

micrómetro [mikrómetro] *m.* micrometro.

microscópico, -ca [mikroskópiko, -ka] *a.* microscopico.

microscopio [mikroskópjo] *m.* microscopio.

microsurco [mikrosúrko] *m.* microsolco.

miedo [mjèðo] *m.* paura *f.* ‖ ~ *cerval,* panico.

miedoso, -sa [mjeðóso, -sa] *a.* pauroso.

miel [mjèl] *f.* miele *m.*

miembro [mjèmbro] *m.* membro, arto.

mientes [mjèntes] *f.-pl.* **parar** o **poner** ~ *en,* considerare, riflettere.

mientras [mjèntras] *avv.* mentre. 2 finchè. ‖ ~ *tanto,* frattanto, nel frattempo. 3 *cong.* mentre, laddove.

miércoles [mjèrkoles] *m.* mercoledì.

mierda [mjèrða] *f.* merda.

mies [mjès] *f.* messe.

miga [míγa] *f.* briciola. 2 mollica.

migaja [miγáxa] *f.* briciola. 2 briciolo *m.*

migar [miγár] *t.* sbriciolare.

migración [miγraθjón] *f.* migrazione.

migraña [miγráɲa] *f.* V. **jaqueca.**

migratorio, -ria [miγratòrjo, -rja] *a.* migratorio.

mijo [míxo] *m.* miglio.

mil [mil] *a.* mille. ‖ *dos* ~, duemila, ecc

milagro [miláγro] *m.* miracolo.

milagroso, -sa [milaγróso, -sa] *a.* miracoloso.

milenario, -ria [milenárjo, -rja] *a.-m.* millenario.

milenio [milènjo] *m.* millennio.

milésimo, -ma [milèsimo, -ma] *a.-s.* millesimo.

miliar [miljár] *a.* miliare.

milicia [miliθja] *f.* milizia.

miliciano, -na [miliθjáno, -na] *s.* miliziano.

miligramo [miliγrámo] *m.* milligrammo.

milímetro [milímetro] *m.* millimetro.

militante [militánte] *a.-s.* militante.

militar [militár] *a.-s.* militare. 2 *i.* militare.

militarismo [militarizmo] *m.* militarismo.

milla [míʎa] *f.* miglio *m.*

millar [miʎár] *m.* migliaio.

millón [miʎón] *m.* milione.

millonario, -ria [miʎonárjo, -rja] *a.-s.* milionario.

mimar [mimár] *t.* viziare, vezzeggiare, coccolare.

mimbre [mímbre] *m.* vimine.

mimbrera [mimbrèra] *f.* vimine *m.*

mimetismo [mimetízmo] *m.* mimetismo.

mímico, -ca [mímiko, -ka] *a.* mimico. 2 *f.* mimica.

mimo [mímo] *m.* mimo. 2 carezza *f.* moina *f.*

mimoso, -sa [mimóso, -sa] *a.* vezzoso. 2 *f.* BOT. mimosa.

mina [mína] *f.* mina. 2 miniera.

minar [minár] *t.* minare. 2 fig. rovinare.

mineral [minerál] *a.-m.* minerale.

mineralogía [mineraloxía] *f.* mineralogia.

minero, -ra [minèro, -ra] *a.* minerario. 2 *m.* minatore.

miniatura [minjatúra] *f.* miniatura.

miniaturista [minjaturísta] *s.* miniaturista.

minimizar [minimiθár] *t.* ridurre a minime proporzioni. 2 fig. minimizzare.

mínimo, -ma [mínimo, -ma] *a.-m.* minimo.

minino, -na [minino, -na] *s.* fam. gatto, micio.

ministerio [ministèrjo] *m.* ministero, dicastero.

ministro [ministro] *m.* ministro.

minoría [minoría] *f.* minoranza. 2 minore età.

minuciosidad [minuθjosiðáð] *f.* minuziosità.

minucioso, -sa [minuθjóso, -ssa] *a.* minuzioso.

minué [minuè] *m.* minuetto.

minúsculo, -la [minúskulo, -la] *a.* minuscolo.

minuta [minúta] *f.* minuta, bozza. 2 lista, menú *m.* 3 onorario *m.*

minutero [minutèro] *m.* lancetta *f.* dei minuti.

minuto, -ta [minúto, -ta] *a.-m.* minuto.

mío, -a [mío, -a] *a.-pron.* mio.

miocardio [mjokárdjo] *m.* miocardio.

miope [mjópe] *a.-s.* miope.

miopía [mjopía] *f.* miopia.

miosotis [mjosòtis] *f.* miosotide.

mirada [miráða] *f.* sguardo *m.,* occhiata.

mirador [miraðòr] *m.* belvedere.

miramiento [miramjènto] *m.* riguardo, scrupolo.

mirar [mirár] *t.* guardare. 2 badare. 3 mirare.

miríada [mirlaða] f. miriade.

mirilla [miríʌa] f. spia, spioncino m. 2 mirino m.

miriñaque [miriɲáke] m. crinolina f.

mirlo [mírlo] m. merlo.

mirón, -na [mirón, -na] a.-s. curiosone.

mirra [mírra] f. mirra.

misa [mísa] f. messa.

misantropía [misantropia] f. misantropia.

misántropo [misántropo] m. misantropo.

miserable [miseráβle] a. miserabile, miserevole, misero.

miseria [misèrja] f. miseria.

misericordia [miserikórðja] f. misericordia.

misericordioso, -sa [miserikorðjóso, -sa] a. misericordioso.

mísero, -ra [misero, -ra] a. misero.

misión [misjón] f. missione.

misionero, -ra [misjonéro, -ra] s. missionario.

mismo, -ma [mízmo, -ma] a. stesso, medesimo.

mistela [mistèla] f. sorta di vino dolce.

misterio [mistèrjo] m. mistero.

misterioso, -sa [misterjóso, -sa] a. misterioso.

misticismo [mistiθízmo] m. misticismo.

místico, -ca [místiko, -ka] a.-s. mistico. 2 f. mistica.

mistificación [mistifikaθjón] f. mistificazione.

mistificar [mistifikár] t. mistificare.

mitad [mitáð] f. metà. ‖ *dividir por la ~,* dimezzare.

mítico, -ca [mítiko, -ka] a. mitico.

mitigar [mitiyár] t. mitigare.

mitin [mitin] m. comizio.

mito [mito] m. mito.

mitología [mitoloxía] f. mitologia.

mitra [mítra] f. ECCL. mitra.

mixto, -ta [misto, -ta] a. misto.

mixtura [mistúra] f. mistura.

mobiliario, -ria [moβiljárjo, -rja] a. mobile. 2 m. mobilia f.

mocedad [moθeðáð] f. gioventù, giovinezza.

moción [moθjón] f. mozione.

moco [móko] m. muco. 2 moccio.

mocoso, -sa [mokóso, -sa] a.-s. moccioso.

mochila [motʃíla] f. zaino m.

mochuelo [motʃwélo] m. barbagianni.

moda [móda] f. moda.

modal [moðál] a. modale. 2 m.-pl. maniere f., modi, creanza f. sing.

modalidad [moðaliðáð] f. modalità.

modelar [moðelár] t.-r. modellare.

modelo [moðélo] m. modello. 2 f. modella.

moderación [moðeraθjón] f. moderazione.

moderado, -da [moðeráðo, -ða] a. moderato. 2 benpensante.

moderador, -ra [moðeraðór, -ra] s. moderatore.

modernidad [moðerniðáð] f. modernità.

modernismo [moðernízmo] m. modernismo.

modernista [modernísta] a.-s. modernista.

modernización [moðerniθaθjón] f. rimodernamento m., rinnovamento m.

modernizar [moðerniθár] t.-r. rimodernare, ammodernare, modernizzare.

moderno, -na [moðèrno, -na] a. moderno.

modestia [moðèstja] f. modestia.

modesto, -ta [moðésto, -ta] a. modesto.

módico, -ca [móðiko, -ka] a. modico.

modificación [moðifikaθjón] f. modificazione.

modificar [moðifikár] t. modificare.

modismo [moðízmo] m. idiotismo.

modisto, -ta [moðísto, -ta] s. sarto [da donna].

modo [móðo] m. modo. ‖ *de todos modos,* comunque. ‖ *de ~ que,* cosicchè.

modorra [moðórra] f. sonnolenza, sopore m.

modoso, -sa [moðóso, -sa] a. di buone maniere, garbato.

modulación [moðulaθjón] f. modulazione.

modular [moðulár] t. modulare.

módulo [móðulo] m. modulo.

mofa [mófa] f. smorfia, sberleffo m. 2 beffa, burla.

mofarse [mofárse] r. farsi beffa, beffarsi, burlarsi, canzonare.

mofletudo, -da [mofletúðo, -ða] a. paffuto.

mohín [moin] m. gesto, smorfia f.

moho [móo] m. muffa f. 2 ruggine f.

mohoso, -sa [moóso, -sa] a. ammuffito. 2 rugginoso.

mojar [moxár] t.-r. bagnare.

mojigato, -ta [moxiyáto, -ta] a. ipocrita.

mojón [moxón] m. pietra f. miliare.

molar [molár] a.-m. molare.

molde [mòlde] *m.* stampo, forma *f.*

moldear [moldeàr] *t.* modellare.

moldura [moldùra] *f.* modanatura.

mole [móle] *f.* mole.

molécula [molékula] *f.* molecola.

moler [molèr] *t.* macinare. 2 fig. stancare. ‖ ~ *a palos*, bastonare forte. ¶ CONIUG. come *mover*.

molestar [molestàr] *t.* molestare, disturbare, importunare. 2 dar noia. 3 *r.* incomodarsi, prendersi il disturbo, disturbarsi.

molestia [molèstja] *f.* molestia, fastidio *m.*, disturbo *m.* 2 noia.

molesto, -ta [molèsto, -ta] *a.* molesto, incomodo. 2 noioso, dispettoso.

molinero, -ra [molinèro, -ra] *s.* mugnaio.

molinillo [moliniλo] *m.* macinino.

molino [molino] *m.* mulino.

molusco [molùsko] *m.* mollusco.

molleja [moλéxa] *f.* cervello *m.* 2 fig. comprendonio *m.*

momentáneo, -a [momentáneo, -a] *a.* momentaneo.

momento [momènto] *m.* momento, attimo.

momia [mómja] *f.* mummia.

momificar [momifikàr] *t.-r.* mummificare.

mona [mòna] *f.* scimmia [femmina]. 2 fig. sbornia. 3 nome di un gioco di carte.

monacal [monakál] *a.* monacale.

monada [monàða] *f.* moina, vezzo. 2 fig. cosa carina. ‖ *es una* ~, è un amore.

monaquismo [monakizmo] *m.* monachesimo.

monarca [monàrka] *m.* monarca.

monarquía [monarkía] *f.* monarchia.

monárquico, -ca [monàrkiko, -ka] *a.* monarchico.

monasterio [monastèrjo] *m.* monastero.

monástico, -ca [monástiko, -ka] *a.* monastico.

monda [mònda] *f.* sbucciatura. 2 buccia. ‖ *es la* ~, è il colmo.

mondadientes [mondaðjèntes] *m.* stuzzicadenti.

mondadura [mondaðúra] *f.* mondatura. 2 buccia.

mondar [mondàr] *t.* mondare. 2 sbucciare.

moneda [monèða] *f.* moneta.

monedero [moneðèro] *m.* portamonete, borsellino.

monetario, -ria [monetàrjo, -rja] *a.* monetario.

mongol, -la [moŋgól, -la] *a.-s.* mongolo.

mongólico, -ca [moŋgóliko, -ka] *a.* mongolico. 2 mongoloide.

monición [moniθjòn] *f.* ammonizione.

monigote [moniγòte] *m.* fantoccio.

monitor [monitòr] *m.* istruttore.

monja [mónxa] *f.* monaca, suora.

monje [mónxe] *m.* monaco.

mono, -na [móno, -na] *a.* carino. 2 *m.* scimmia *f.*

monóculo [monókulo] *m.* monocolo.

monogamia [monoγàmja] *f.* monogamia.

monógamo, -ma [monóγamo, -ma] *a.* monogamo.

monografía [monoγrafía] *f.* monografia.

monográfico, -ca [monoγráfiko, -ka] *a.* monografico.

monolito [monolito] *m.* monolito.

monólogo [monóloγo] *m.* monologo.

monopolio [monopóljo] *m.* monopolio.

monopolizar [monopoliθàr] *t.* monopolizzare, accaparrare.

monosílabo, -ba [monosilaβo, -βa] *a.-m.* monosillabo.

monoteísmo [monoteizmo] *m.* monoteismo.

monoteísta [monoteísta] *a.-s.* monoteista.

monotonía [monotonía] *f.* monotonia.

monótono, -na [monótono, -na] *a.* monotono.

monseñor [monseɲór] *m.* monsignore.

monstruo [mónstruo] *m.* mostro.

monstruosidad [monstrwosiðáð] *f.* mostruosità.

monstruoso, -sa [monstrwóso, -sa] *a.* mostruoso.

monta [mónta] *f.* montata. 2 ammontare *m.* 3 importanza, valore *m.* ‖ *asunto de poca* ~, questione senza importanza.

montacargas [montakárγas] *m.* montacarichi.

montaje [montáxe] *m.* montaggio.

montaña [montàɲa] *f.* montagna.

montañés, -sa [montaɲès, -sa] *a.-s.* montanaro.

montañoso, -sa [montaɲóso, -sa] *a.* montagnoso.

montar [montàr] *i.* montare. 2 cavalcare. 3 *t.* montare, congegnare.

montaraz [montaráθ] *a.* montanino, montanaro. 2 selvatico.

monte [mónte] *m.* monte.

montepío [montepío] *m.* monte di pietà.

montera [montéra] *f.* berretto *m.* del torero.

montés [montés] *a.* selvatico.

montículo [motikulo] *m.* monticello.

montón [montón] *m.* mucchio, ammasso,catasta *f.* || *a montones,* a bizzeffe.

montuoso, -sa [montwóso, -sa] *a.* montuoso.

montura [montúra] *f.* cavalcatura. 2 finimenti *m.-pl.*

monumental [monumentál] *a.* monumentale.

monumento [monuménto] *m.* monumento.

monzón [monθón] *m.* monsone.

moño [móɲo] *m.* crocchia *f.,* chignon.

mora [móra] *f.* mora.

morada [moráða] *f.* dimora.

morado, -da [moráðo, -ða] *a.* violetto, viola.

morador, -ra [moraðór, -ra] *a.-s.* abitante.

moral [morál] *a.-f.* morale. 2 *m.* BOT. moro.

moraleja [moraléxa] *f.* morale.

moralidad [moraliðáð] *f.* moralità.

moralista [moralísta] *s.* moralista.

moralizar [moraliθár] *t.-i.* moralizzare.

morar [morár] *i.* dimorare, abitare.

morbidez [morβiðéθ] *f.* morbidezza.

mórbido, -da [mórβiðo, -ða] *a.* morbido.

morbo [mórβo] *m.* morbo.

morboso, -sa [morβóso, -sa] *a.* morboso.

morcilla [morθíʎa] *f.* salume *m.* fatto con sangue di maiale.

mordacidad [morðaθiðáð] *f.* mordacità.

mordaz [morðáθ] *a.* mordace.

mordaza [morðáθa] *f.* bavaglio *m.*

mordedor, -ra [morðeðór, -ra] *a.-s.* morditore.

mordedura [morðeðúra] *f.* morso *m.,* morsicatura.

mordente [morðénte] *m.* mordente.

morder [morðér] *t.* mordere, addentare. ¶ CONIUG. come *mover.*

mordiente [morðjénte] *a.-s.* mordente.

mordiscar [morðiskár] *t.* morsicchiare.

mordisco [morðísko] *m.* morso. 2 boccone.

moreno, -na [moréno, -na] *a.* bruno, scuro, abbronzato.

morera [moréra] *f.* gelso *m.*

morfina [morfína] *f.* morfina.

morfología [morfoloxía] *f.* morfologia.

morfológico, -ca [morfolóxiko, -ka] *a.* morfologico.

moribundo, -da [moriβúndo, -da] *a.-s.* moribondo.

morir [morír] *i.* morire. ¶ CONIUG. come *dormir.* || PART. P.: *muerto.*

morisco, -ca [morísko, -ka] *a.* moresco. 2 *a.-s.* STOR. moro battezzato.

moro, -ra [móro, -ra] *a.-s.* moro.

morral [morrál] *m.* borsa *f.* di fieno [dei cavalli]. 2 carniera *f.* 3 zaino.

morriña [morríɲa] *f.* malinconia.

morro [mórro] *m.* muso. 2 labbra *f.-pl.* grosse. 3 estremità *f.-pl.* arrontondate. || *estar de morros,* fare, avere il broncio.

mortaja [mortáxa] *f.* sudario *m.*

mortal [mortál] *a.-s.* mortale.

mortalidad [mortaliðáð] *f.* mortalità.

mortandad [mortanðáð] *f.* strage, carneficina.

mortecino, -na [morteθíno, -na] *a.* smorto. 2 fioco.

mortero [mortéro] *m.* mortaio.

mortífero, -ra [mortífero, -ra] *a.* mortifero.

mortificación [mortifikaθjón] *f.* mortificazione.

mortificar [mortifikár] *t.-r.* mortificare.

mortuorio, -ria [mortwórjo, -rja] *a.* mortuario.

moruno, -na [morúno, -na] *a.* moresco.

mosaico [mosáiko] *m.* mosaico.

mosca [móska] *f.* mosca. || ~ *muerta,* gattamorta.

moscardón [moskarðón] *m.* moscone, calabrone.

moscatel [moskatél] *a.-m.* moscato, moscatello.

mosquear [moskeár] *t.* scacciare le mosche. 2 *r.* fig. risentirsi.

mosquete [moskéte] *m.* moschetto.

mosquetero [mosketéro] *m.* moschettiere.

mosquetón [mosketón] *m.* carabina *f.* 2 moschettone.

mosquitera [moskitéra] *f.* zanzariera.

mosquito [moskito] *m.* zanzara *f.*

mostacho [mostátʃo] *m.* mustacchi *pl.*

mostaza [mostáθa] *f.* mostarda, senape.

mosto [mósto] *m.* mosto.

mostrador [mostraðór] *m.* banco.

mostrar [mostrár] *t.-r.* mostrare. ¶ CONIUG. come *contar.*

mote [móte] *m.* soprannome.

motejar [motexár] *m.* motteggiare.

motín [motín] *m.* ammutinamento.

motivar [motiβár] t. motivare.

motivo [motíβo] m. motivo, cagione f..

moto [móto] f. moto.

motocicleta [motoθiklèta] f. motocicletta.

motociclista [motoθiklista] s. motociclista.

motor [motór] m. motore.

motorista [motorista] s. motociclista.

motorizar [motoriθár] t. motorizzare, meccanizzare.

motriz [motríθ] a.-f. motrice.

movedizo, -za [moβϵðíθo, -θa] a. mobile.

mover [moβér] t.-r. muovere. 2 fare: ~ alboroto, far chiasso. ¶ CONIUG. IND. pres.: muevo, mueves, mueve; mueven. ‖ CONG. pres.: mueva, muevas, mueva; muevan. ‖ IMPER.: mueve, mueva, muevan.

movible [moβíβle] a. mobile, movibile.

móvil [móβil] a. mobile. 2 m. movente.

movilidad [moβiliðáð] f. mobilità.

movilización [moβiliθaθjón] t. mobilitare.

movimiento [moβimjènto] m. movimento, moto.

mozalbete [moθalβète] m. giovanetto.

mozárabe [moθàraβe] a.-s. STOR. mozarabo.

mozo, -za [móθo, -θa] a. giovane, giovanotto. 2 m. ragazzo. 3 facchino, fattorino. 4 f. ragazza. 5 domestica.

mucosa [mukósa] f. mucosa.

mucosidad [mukosiðáð] f. mucosità, muco m.

muchacho, -cha [mutʃátʃo, -tʃa] s. ragazzo.

muchedumbre [mutʃeðúmbre] f. folla, moltitudine, calca.

mucho, -cha [mútʃo, -tʃa] a.-pron. molto. 3 avv. molto. ‖ por ~ que, per quanto. ‖ ni ~ menos, in nessun modo. ‖ ~ será que, sarebbe strano che.

muda [múða] f. muta.

mudable [muðáβle] a. mutevole.

mudanza [muðànθa] f. mutamente m. 2 trasloco m.

mudar [muðár] t.-r. mutare. 2 traslocare.

mudéjar [muðèxar] a.-s. STOR. moro sottomesso ai cristiani.

mudo, -da [múðo, -ða] a. muto.

mueblaje [mweβláxe] V. moblaje.

mueble [mwéβle] m. mobile.

mueca [mwéka] f. smorfia, sberleffo m., boccaccia.

muela [mwéla] f. ANAT. molare m. ‖ ~ del juicio, dente m. del giudizio. 2 mola, macina.

muelle [mwéʎe] a. molle. 2 m. molla f. 3 molo, banchina f.

muérdago [mwèrðayo] m. vischio.

muerte [mwèrte] f. morte.

muerto, -ta [mwèrto, -ta] a.-s. morto. 2 a. spento, smorto.

muestra [mwèstra] f. campione m. 2 modello m. 3 fig. indizio m., segno m., prova. ‖ dar muestras de, dare prova di. ‖ feria de muestras, fiera campionaria.

muestrario [mwestrárjo] m. campionario.

mugido [muxìðo] m. muggito.

mugir [muxir] i. muggire.

mugre [múyre] f. untume m., sporcizia.

mugriento, -ta [muyrjènto, -ta] a. grasso, sporco.

mujer [muxèr] f. donna. 2 moglie.

mujeriego [muxerjèyo] a.-m. donnaiolo.

mujeril [muxeril] a. muliebre, femminile, donnesco.

mujerzuela [muxerθwèla] f. donnina. 2 donnicciola. 3 donnaccia.

mulato, -ta [muláto, -ta] a.-s. mulatto.

muleta [mulèta] f. stampella, gruccia. 2 drappo m. rosso del torero.

muletilla [muletíʎa] f. intercalare m.

mulo, -la [múlo, -la] s. mulo.

multa [múlta] f. multa.

multar [multár] t. multare.

multicolor [multikolór] a. multicolore.

multiforme [multifórme] a. multiforme.

multimillonario, -ria [multimiʎonárjo, -rja] a.-s. miliardario.

múltiple [múltiple] a. molteplice, multiplo.

multiplicación [multiplikaθjón] f. moltiplicazione.

multiplicador, -ra [multiplikaðór, -ra] a.-s. moltiplicatore.

multiplicar [multiplikár] t.-r. moltiplicare.

multiplicidad [multipliθiðáð] t.-r. molteplicità.

múltiplo, -pla [múltiplo, -pla] a.-s. multiplo.

multitud [multitúð] f. moltitudine, fiumana.

mullido, -da [muʎíðo, -ða] a. morbido, molleggiato. 2 m. imbottitura f.

mullir [muʎir] t. ammorbidire, ammollire. 2 AGR. sarchiare. ¶ CONIUG. IND. pass. rem.: mulló; mulleron. ‖ CONG. imp.:

mullera, -se, mulleras, -ses, ecc. | fut.: *mullere, mulleres,* ecc. || GER.: *mullendo.*

mundanal [mundanál] *a.* mondano.

mundial [mundjál] *a.* mondiale.

mundo [múndo] *m.* mondo. || *todo el ~,* tutti.

munición [muniθjón] *f.* monizione.

municipal [muniθipál] *a.* comunale, municipale. 2 *m.* guardia *f.*

municipalidad [muniθipaliðáð] *f.* municipio *m.,* municipalità.

municipio [muniθipjo] *m.* municipio, comune.

munificencia [munifiθénθja] *f.* munificenza.

munífico, -ca [munifiko, -ka] *a.* munifico.

muñeca [muɲéka] *m.* pupazzo, bambolotto, burattino.

muñón [muɲón] *m.* moncone, moncherino.

mural [murál] *a.* murale.

muralla [muráʎa] *f.* muraglia.

murciélago [murθjélaɣo] *m.* pipistrello.

murga [múrɣa] *f.* compagnia di suonatori ambulanti. || *dar la ~,* importunare, scocciare.

murmullar [murmuʎár] *i.* mormorare.

murmullo [murmúʎo] *m.* mormorio, bisbiglio, fruscio.

murmuración [murmuraθjón] *f.* mormorazione.

murmurar [murmurár] *i.* mormorare, sussurrare. 2 fig. borbottare, brontolare.

muro [múro] *m.* muro. || *~ de contención,* argine.

murria [múrrja] *f.* tristezza, malinconia.

musa [músa] *f.* musa.

musaraña [musaráɲa] *f.* musaragno *m.,* toporagno *m.* || *pensar en las musarañas,* essere distratto.

musculatura [muskulatúra] *f.* muscolatura.

músculo [múskulo] *m.* muscolo.

musculoso, -sa [muskulóso, -sa] *a.* muscoloso.

muselina [muselina] *f.* mussolina.

museo [muséo] *m.* museo.

musgo [músɣo] *m.* muschio.

música [músika] *f.* musica.

musical [musikál] *a.* musicale.

músico, -ca [músiko, -ka] *a.* musicale. 2 *s.* misicista.

musitar [musitár] *i.* sussurrare.

muslo [múzlo] *m.* coscia *f.*

mustio, -tia [mústjo, -tja] *a.* appassito. 2 fig. malinconico.

musulmán, -na [musulmán, -na] *a.-s.* musulmano.

mutabilidad [mutaβiliðáð] *f.* mutabilità.

mutación [mutaθjón] *f.* mutamento *m.*

mutilación [mutilaθjón] *f.* mutilazione.

mutilar [mutilár] *t.* mutilare.

mutis [mútis] *m.* TEAT. uscita *f.* dalla scena. || *hacer ~,* tacere.

mutismo [mutizmo] *m.* mutismo.

mutualidad [mutwaliðáð] *f.* mutualità.

mutuo, -tua [mútwo, -twa] *a.* mutuo.

muy [múi] *avv.* [anteposto ad un aggettivo o avverbio per farne il superlativo] molto.

N

n [éne] f. sedicesima lettera dell'alfabeto spagnolo.

naba [náβa] f. rapa.

nácar [nákar] m. madreperla f.

nacarado, -da [nakaráðo, -ða], **nacarino, -na** [nakarino, -na] a. madreperlaceo.

nacer [naθèr] i. nascere. ¶ CONIUG. come *crecer*. ‖ PART. P. irr. (oltre il reg.): *nato.*

naciente [naθjènte] a. nascente. 2 recentissimo.

nacimiento [naθimjènto] m. nascita f. 2 sorgente f. 3 presepio.

nación [naθjón] f. nazione.

nacional [naθjonál] a. nazionale.

nacionalismo [naθjonalizmo] m. nazionalismo.

nacionalista [naθjonalista] a.-s. nazionalista.

nacionalización [naθjonaliθaθjón] f. nazionalizzazione.

nacionalizar [naθjonaliθár] t.-r. nazionalizzare.

nada [náða] f. nulla. 2 pron.-avv. niente, nulla.

nadadera [naðaðèra] f. salvagente m.

nadador, -ra [naðaðòr, -ra] s. nuotatore.

nadar [naðár] i. nuotare.

nadería [naðeria] f. nonnulla m.

nadie [náðje] pron. nessuno.

nado (a) [a náðo] loc. avv. a nuoto.

nafta [náfta] f. nafta.

naftalina [naftalina] f. naftalina.

naipe [náipe] m. carta f. da gioco.

nalga [nálya] f. natica.

nana [nána] f. nanna, ninna-nanna.

nao [náo] f. nave.

napoleónico, -ca [napoleóniko, -ka] a. napoleonico.

naranja [naráŋxa] f. arancia.

naranjada [naraŋxáða] f. aranciata.

naranjal [naraŋxál] m. aranceto.

naranjo [naráŋxo] m. arancio.

narciso [narθiso] m. narciso.

narcótico, -ca [narkótiko, -ka] a.-m. narcotico.

narcotizar [narkotiθár] t. narcotizzare.

nardo [nárðo] m. nardo, tuberosa f.

narigudo, -da [nariyúðo, -ða] a. nasone.

nariz [nariθ] f. naso m.

narración [narraθjón] f. narrazione.

narrador, -ra [narraðór, -ra] a.-s. narratore.

narrar [narrár] t. narrare.

narrativo, -va [narratiβo, -βa] a. narrativo. 2 f. narrativa.

nasa [nása] f. nassa.

nasal [nasál] a. nasale.

nata [náta] f. panna, crema, fior m. di latte.

natación [nataθjón] f. nuoto m.

natal [natál] a. natale, nativo. 2 m. nascita f.

natalicio, -cia [nataliðjo, -θja] a. natalizio. 2 m. compleanno.

natalidad [nataliðáð] f. natalità.

natatorio, -ria [natatórjo, -rja] a. natatorio.

nativo, -va [natiβo, -βa] a. nativo. 2 naturale.

natura [natúra] f. natura.

natural [naturál] a. naturale, genuino. 2 a.-s. nativo. 3 m. temperamento, carattere.

naturaleza [naturaléθa] f. natura.

naturalidad [naturaliðáð] f. naturalezza, schiettezza.

naturalismo [naturalizmo] m. naturalismo.

naturalización [naturaliθaθjón] f. naturalizzazione.

naturalizar [naturaliθár] t.-r. naturalizzare.

naufragar [naufrayár] i. naufragare.

naufragio [naufráxjo] m. naufragio.

náufrago, -ga [náufrayo, -ya] a.-s. naufrago.

náusea [náusea] f. nausea, ripugnanza.

nauseabundo, -da [nauseaβúndo, -da] a. nauseabondo.

náutico, -ca [náutiko, -ka] *a.* nautico. 2 *f.* nautica.

navaja [naβáxa] *f.* rasoio *m.* 2 coltello *m.* a serramanico.

navajazo [naβaxáθo] *m.* coltellata *f.*, rasoiata *f.*

naval [naβál] *a.* navale.

navarro, -rra [naβárro, -rra] *a.-s.* navarrese.

nave [náβe] *f.* nave. 2 ARCH. navata. 3 capannone *m.* [di fabbrica o magazzino].

navegable [naβeɣáβle] *a.* navigabile.

navegación [naβeɣaθjón] *f.* navigazione.

navegador, -ra [naβeɣaðór, -ra] *a.-s.* navigatore.

navegante [naβeɣánte] *a.-s.* navigante.

navegar [naβeɣár] *i.* navigare.

navidad [naβiðáð] *f.* natale *m.*, natività.

navideño, -ña [naβiðéɲo, -ɲa] *a.* natalizio.

naviero, -ra [naβjéro, -ra] *a.* marittimo. 2 *m.* armatore.

navío [naβío] *m.* bastimento, nave *f.*

neblina [neβlina] *f.* nebbia.

neblinoso, -sa [neβlinóso, -sa] *a.* nebbioso.

nebuloso, -sa [neβulóso, -sa] *a.* nebbioso. 2 *f.* nebulosa.

necedad [neθeðáð] *f.* stupidità, sciocchezza.

necesario, -ria [neθesárjo, -rja] *a.* necessario.

neceser [neθesér] *m.* necessaire.

necesidad [neθesiðáð] *f.* bisogno *m.*, necessità.

necesitado, -da [neθesitáðo, -ða] *a.-s.* bisognoso.

necesitar [neθesitár] *t.* aver bisogno, abbisognare. 2 occorrere [in forma impersonale]: *se necesitan dos meses,* occorrono due mesi.

necio, -cia [néθjo, -θja] *a.* sciocco, stupido.

necrología [nekroloxia] *f.* necrologia.

necrópolis [nekrópolis] *f.* necropoli.

néctar [néɣtar] *m.* nettare.

nefando, -da [nefándo, -da] *a.* nefando.

nefasto, -ta [nefásto, -ta] *a.* nefasto.

nefrítico, -ca [nefritiko, -ka] *a.* nefritico.

nefritis [nefritis] *f.* nefrite.

negación [neɣaθjón] *f.* negazione, diniego *m.*

negado, -da [neɣáðo, -ða] *a.* negato, inetto, incapace.

negar [neɣár] *t.-r.* negare. ¶ CONIUG. come *acertar.*

negativo [neɣatiβo, -βa] *a.* negativo. 2 *m.* FOT. negativo *f.* 3 *f.* rifiuto *m.*

negligencia [neɣlixénθja] *f.* negligenza.

negligente [neɣlixénte] *a.* negligente.

negociable [neɣoθjáβle] *a.* commerciabile. 2 negoziabile.

negociación [neɣoθjaβjón] *f.* negoziazione. 2 *pl.* negoziati *m.*

negociado [neɣoθjàðo] *m.* ufficio, sezione *f.*

negociante [neɣoθjánte] *a.-s.* commerciante.

negociar [neɣoθjàr] *i.-t.* negoziare. 2 commerciare.

negocio [neɣóθjo] *m.* affare. ‖ ~ *redondo,* affarone.

negrero [neɣréro] *m.* negriero, aguzzino.

negra [néɣra] *f.* MÚS. seminimina [nota].

negro, -gra [néɣro, -ɣra] *a.* nero. 2 scuro, buio. 3 cupo, infausto. 4 malinconico. 5 *m.* negro.

negruzco, -ca [neɣrúθko, -ka] *a.* nerastro.

nene, -na [néne, -na] *s.* fam. bambino, bimbo.

nenúfar [nenúfar] *m.* ninfea *f.*

neófito, -ta [neófito, -ta] *s.* neofita.

neolatino, -na [neolatino, -na] *a.* neolatino.

neolítico, -ca [neolítiko, -ka] *a.* neolitico.

nepotismo [nepotizmo] *m.* nepotismo.

nereida [nereiðá] *f.* MIT. nereide.

nervadura [nerβaðúra] *f.* nervatura.

nervio [nèrβjo] *m.* nervo. 2 ARCH.-BOT. nervatura *f.* 3 fig. nerbo.

nerviosidad [nerβjosiðáð] *f.* nervosità.

nerviosismo [nerβjosizmo] *m.* nervosismo.

nervioso, -sa [nerβjóso, -sa] *a.* nervoso.

nervudo, -da [nerβúðo, -ða] *a.* nerboruto.

neto, -ta [nèto, -ta] *a.* netto, puro.

neumático [neumátiko] *a.* pneumatico. 2 *m.* camera *f.* d'aria.

neumonía [neumonía] *f.* polmonite.

neumotórax [neumotòraɣs] *m.* pneumotorace.

neuralgia [neurálxja] *f.* nevralgia.

neurastenia [neurasténja] *f.* nevrastenia.

neurasténico, -ca [neurasténiko, -ka] *a.* nevrastenico.

neuritis [neuritis] *f.* nevrite.

neurólogo, -ga [neuróloɣo, -ɣa] *s.* neurologo.

neurona [neuróna] *f.* neurone *m.*

neurosis [neurósis] *f.* nevrosi.

neurótico, -ca [neurótiko, -ka] a. nevrotico.
neutral [neutrál] a. neutrale.
neutralidad [neutraliðáð] f. neutralità.
neutralizar [neutraliθár] t. neutralizzare.
neutro, -tra [néutro, -tra] a. neutro.
neutrón [neutrón] m. neutrone.
nevado, -da [neβáðo, -ða] a. coperto di neve. 2 f. nevicata.
nevar [neβár] impers. nevicare. ¶ CONIUG. come **acertar**.
nevasca [neβáska] f. nevicata, tormenta.
nevera [neβéra] f. frigorifero m., ghiacciaia.
nevisca [neβíska] f. nevischio m.
neviscar [neβiskár] i. cader nevischio.
nevoso, -sa [neβóso, -sa] a. nevoso.
nexo [néɣso] m. nesso.
ni [ni] cong. nè. 2 nemmeno, neppure, neanche.
nicotina [nikotína] f. nicotina.
nicho [nítʃo] m. loculo. 2 nicchia f.
nidada [niðáða] f. nidiata, covata.
nido [níðo] m. nido.
niebla [njéβla] f. nebbia, foschia, caligine.
nieto, -ta [njéto, -ta] s. nipote.
nieve [njéβe] f. neve.
nigromancia [niɣrománθja] f. negromanzia.
nigromante [niɣrománte] s. negromante.
nimbo [nímbo] m. nimbo. 2 nembo.
nimiedad [nimjeðáð] f. prolissità. 2 pochezza.
nimio, -mia [nímjo, -mja] a. prolisso. 2 tirchio, meschino.
ninfa [nímfa] f. ninfa. 2 ENTOM. crisalide.
ningún [niŋgún] a. nessuno [anteposto a sostantivi maschili].
ninguno, -na [niŋgúno, -na] a.-pron. nessuno.
niñera [niɲéra] f. bambinaia.
niñería [niɲería] f. bambinata.
niñez [niɲéθ] f. infanzia, fanciullezza.
niño, -ña [níɲo, -ɲa] s. bambino, bimbo, fanciullo.
niquel [níkel] m. nichel.
niquelado [nikeláðo] m. nichelatura f.
niquelar [nikelár] t. nichelare.
nirvana [nirβána] m. nirvana.
níspero [níspero] m. nespolo.
nitidez [nitiðéθ] f. nitidezza.
nítido, -da [nítiðo, -ða] a. nitido.
nitrato [nitráto] m. nitrato.
nitro [nítro] m. salnitro.
nitrógeno [nitróɣeno] m. nitrogeno.

nitroglicerina [nitroɣliθerína] f. nitroglicerina.
nivel [niβél] m. livella f. [strumento]. 2 livello.
nivelación [niβelaθjón] f. livellazione, livellamento m.
nivelar [niβelár] t. livellare.
no [no] avv. no. ‖ ¿quieres venir? No, vuoi venire? No. 2 non. ‖ no quiere venir, non vuole venire. ‖ ~ obstante, nonostante, malgrado.
nobiliario [noβiljárjo] a. nobiliare.
noble [nóβle] a.-s. nobile.
nobleza [noβléθa] f. nobiltà.
noción [noθjón] f. nozione.
nocivo, -va [noθíβo, -βa] a. nocivo.
noctambulismo [noɣtambulízmo] m. nottambulismo.
noctámbulo [noɣtámbulo, -la] a.-s. nottambulo.
nocturno, -na [noɣtúrno, -na] a.-m. notturno.
noche [nótʃe] f. notte.
nochebuena [notʃeβwéna] f. Notte di Natale.
nochevieja [notʃeβjéxa] f. Notte di San Silvestro.
nodo [nóðo] m. ASTR.-FIS. nodo.
nodriza [noðríθa] f. nutrice, balia.
nogal [noɣál] m. noce [albero].
nómada [nómaða] a.-s. nomade.
nomadismo [nomaðízmo] m. nomadismo.
nombrado, -da [nombráðo, -ða] a. famoso, rinomato.
nombramiento [nombramjénto] m. nomina f.
nombrar [nombrár] t. nominare.
nombre [nómbre] m. nome. ‖ ~ de pila, nome di battesimo. ‖ en nombre de, a nome di.
nomenclatura [nomeŋklatúra] f. nomenclatura.
nomeolvides [nomeolβíðes] m. nontiscordardimè, miosotide f.
nómina [nómina] f. lista, elenco m. [di nomi].
nominación [nominaθjón] f. nomina.
nominal [nominál] a. nominale.
nominar [nominár] t. nominare.
nominativo, -va [nominatíβo, -βa] a.-m. nominativo.
nonada [nonáða] f. inezia.
nonagenario, -ria [nonaxenárjo, -rja] a.-s. nonagenario.

nonagésimo, -ma [nonaxésimo, -ma] *a.-s.* novantesimo.

nones [nónes] *m.-pl.* dispari. ‖ *decir ~,* dire di no.

nono, -na [nóno, -na] *a.* nono.

nopal [nopál] *m.* fico d'India.

nordeste [norðéste] *m.* nord-est.

nórdico, -ca [nórðiko, -ka] *a.-s.* nordico.

noria [nórja] *f.* noria.

norma [nórma] *f.* norma.

normal [normál] *a.* normale.

normalidad [normaliðáð] *f.* normalità.

normalización [normaliθaθjón] *f.* normalizzazione.

normalizar [normaliθár] *t.-r.* normalizzare.

normando, -da [normándo, -da] *a.-s.* normanno.

noroeste [noroéste] *m.* nord-ovest.

norte [nórte] *m.* nord. 2 settentrione.

norteamericano, -na [norteamerikáno, -na] *a.-s.* nordamericano.

norteño, -ña [nortéɲo, -ɲa] *a.* nordico, settentrionale.

noruego, -ga [norwéɣo, -ɣa] *a.-s.* norvegese.

nos [nos] *pron.* [dativo e accusativo, senza preposizione] ci, ce.

nosotros, -tras [nosótros, -tras] *pron. pl.* noi.

nostalgia [nostálxja] *f.* nostalgia.

nostálgico, -ca [nostálxiko, -ka] *a.* nostalgico.

nota [nóta] *f.* nota. 2 annotazione. 3 voto *m.* [agli esami].

notable [notáβle] *a.* notevole. 2 *m.* notabile.

notación [notaθjón] *f.* annotazione.

notar [notár] *t.* notare. 2 segnare. 3 accorgersi, avvertire. 4 censurare. 5 screditare.

notaría [notaría] *f.* notariato *m.* 2 studio *m.* notarile.

notariado, -da [notarjáðo, -ða] *a.* stipulato. 2 *m.* notariato.

notarial [notarjál] *a.* notarile.

notario [notárjo] *m.* notaio.

noticia [notíθja] *f.* notizia.

noticiar [notiθjár] *t.* dar notizia.

noticiario [notiθjárjo] *m.* bollettino, notiziario.

noticiero, -ra [notiθjéro, -ra] *s.* informatore.

notificación [notifikaθjón] *f.* notificazione, comunicazione.

notificar [notifikár] *t.* notificare, comunicare.

noto, -ta [nóto, -ta] *a.* noto.

notoriedad [notorjeðáð] *f.* notorietà.

notorio, -ria [notórjo, -rja] *a.* notorio.

novato, -ta [noβáto, -ta] *a.-s.* novellino, principiante.

novecientos, -tas [noβeθjéntos, -tas] *a.* novecento.

novedad [noβeðáð] *f.* novità.

novel [noβél] *a.* [solo *m.*] novellino.

novela [noβéla] *f.* romanzo *m.* novella. ‖ *~ policíaca,* giallo *m.*

novelesco, -ca [noβelésko, -ka] *a.* romanzesco.

novelista [noβelista] *s.* romanziere, novelliere.

noveno, -na [noβéno, -na] *a.-m.* nono. 2 *f.* novena.

noventa [noβénta] *a.* novanta.

noventavo, -va [noβentáβo, -βa] *a.-s.* novantesimo.

noviazgo [noβjáθɣo] *m.* fidanzamento.

novicio, -cia [noβíθjo, -θja] *a.-s.* novizio.

noviembre [noβjémbre] *m.* novembre.

novilunio [noβilúnjo] *m.* novilunio.

novillada [noβiʎáða] *f.* branco *m.* di vitelli o torelli. 2 corsa di torelli.

novillo [noβíʎo] *m.* vitello, torello. ‖ *hacer novillos,* marinare [la scuola].

novio, -via [nóβjo, -βja] *s.* fidanzato. 2 sposo. ‖ *viaje de novios,* viaggio di nozze.

nubarrón [nuβarrón] *m.* nuvolone.

nube [núβe] *f.* nuvola, nube.

núbil [núβil] *a.* nubile.

nublado, -da [nuβláðo, -ða] *a.* annuvolato, nuvoloso. 2 *m.* nube *f.* temporalesca.

nublar [nuβlár] *t.-r.* annuvolare, annebbiare.

nubloso [nuβlóso, -sa] *a.* nuvoloso.

nuca [núka] *f.* nuca.

nuclear [nukleár] *a.* nucleare.

núcleo [núkleo] *m.* nucleo.

nudillo [nuðíʎo] *m.* nocca *f.*

nudista [nuðista] *a.-s.* nudista.

nudo [núðo] *m.* nodo. 2 *tener un ~ en la garganta,* avere un nodo in gola.

nudoso, -sa [nuðóso, -sa] *a.* nodoso.

nuera [nwéra] *f.* nuora.

nuestro, -tra [nwéstro, -tra] *a.-pron.* nostro.

nuevamente [nweβaménte] *avv.* nuovamente, di nuovo.

nueve [nwéβe] *a.* nove.

nuevo, -va [nwéβo, -βa] *a.* nuovo. 2 *f.*
nuova, notizia.

nuez [nwèz] *f.* BOT. noce. 2 ANAT. pomo
m. d'Adamo.

nulidad [nuliðáð] *f.* nullità.

nulo, -la [núlo, -la] *a.* nullo. 2 incapace.

numerable [numeráβle] *a.* numera-
bile.

numeración [numeraθjón] *f.* numerazione.

numerador, -ra [numeraðór, -ra] *s.* numeratore.

numeral [numerál] *a.* numerale.

numerar [numerár] *t.* numerare.

numerario, -ria [numerárjo, -rja] *a.-s.*
numerario. 2 ordinario [professore].

numérico, -ca [numériko, -ka] *a.* numerico.

número [número] *m.* numero.

numeroso, -sa [numeróso, -sa] *a.* numeroso.

numismático, -ca [numizmátiko, -ka]
a.-m. numismatico. 2 *f.* numismatica.

nunca [núŋka] *avv.* mai. ‖ ~ *jamás,* mai
più.

nuncio [núnθjo] *m.* nunzio.

nupcial [nuβθjál] *a.* nuziale.

nupcias [núβθjas] *f. pl.* nozze.

nutria [nútrja] *f.* lontra.

nutricio, -cia [nutriθjo, -θja] *a.* nutritivo.

nutrición [nutriθjón] *f.* nutrizione.

nutrido, -da [nutriðo, -ða] *a.* nutrito. 2
pieno, abbondante.

nutrimento [nutrimènto], **nutrimiento**
[nutrimjènto] *m.* nutrimento.

nutrir [nutrir] *t.-r.* nutrire, alimentare, cibare.

nutritivo, -va [nutritiβo, -βa] *a.* nutritivo.
2 nutriente.

Ñ

ñ [éɲe] *f.* diciassettesima lettera dell'alfabeto spagnolo.

ñoñería [noɲería] *f.* balordaggine, sciocchezza.

ñoño, -ña [nóɲo, -ɲa] *a.* balordo, sciocco.

O

o [o] *f.* diciottesima lettera dell'alfabeto spagnolo. 2 *cong.* o. ‖ ~ *bien,* oppure.

oasis [oásis] *m.* oasi *f.*

obcecación [oβθekaθjón] *f.* accecamento *m.,* offuscamento *m.*

obcecar [oβθekár] *t.-r.* ubbidire, obbedire.

obediencia [oβeðjénθja] *f.* ubbidienza, obbedienza.

obediente [oβeðjénte] *a.* ubbidiente, obbediente.

obertura [oβertúra] *f.* MUS. preludio *m.*

obesidad [oβesiðáð] *f.* obesità.

obeso, -sa [oβéso, -sa] *a.* obeso.

óbice [óβiθe] *m.* impedimento, ostacolo.

obispo [oβíspo] *m.* vescovo.

óbito [óβito] *m.* decesso.

objeción [oβxeθjón] *f.* obiezione.

objetar [oβxetár] *t.* obiettare.

objetivo, -va [oβxetíβo, -βa] *a.-m.* obiettivo.

objeto [oβxéto] *m.* oggetto. 2 scopo.

oblación [oβlaθjón] *f.* oblazione.

oblicuidad [oβlikwiðáð] *f.* obliquità.

oblicuo, -cua [oβlíkwo, -kwa] *a.* obliquo.

obligación [oβliɣaθjón] *f.* obbligo *m,* 2 GIUR.-ECON. obbligazione.

obligado, -da [oβliɣáðo, -ða] *a.* d'obbligo. 2 costretto. 3 doveroso.

obligar [oβliɣár] *t.* obbligare, costringere. 2 *r.* impegnarsi.

obligatorio, -ria [oβliɣatórjo, -rja] *a.* obbligatorio.

obliterar [oβliterár] *i.* occludere, ostruire.

oblongo, -ga [oβlóŋgo, -ga] *a.* oblungo.

oboe [oβóe] *m.* oboe.

óbolo [óβolo] *m.* obolo.

obra [óβra] *f.* opera, lavoro *m.* ‖ ~ *maestra,* capolavoro *m.*

obrador, -ra [oβraðòr, -ra] *a.-s.* operatore. 2 *m.* opificio.

obrar [oβrár] *i.* agire. 2 trovarsi, avere: *los documentos que obran en mi poder,* i documenti che possego. 3 *t.* operare, fare.

obrero, -ra [oβréro, -ra] *a.-s.* operaio.

obscenidad [oβsθeniðáð] *f.* oscenità.

obsceno, -na [oβsθéno, -na] *a.* osceno.

obscurantismo [oskurantizmo] *m.* oscurantismo.

obscurecer [oskureθér] *t.-r.* oscurare. 2 *fig.* offuscare. 3 *i.* imbrunire, annottare. ¶ CONIUG. come *crecer.*

obscurecimiento [oskureθimjénto] *m.* oscuramento.

obscuridad [oskuriðáð] *f.* oscurità, buio *m.*

obscuro, -ra [oskúro, -ra] *a.* oscuro, scuro, buio. ‖ *a obscuras,* al buio. 2 *m.* ombra *f.*

obsequiar [oβsekjár] *t.* ossequiare.

obsequio [oβsékjo] *m.* ossequio, regalo.

obsequioso, -sa [oβsekjóso, -sa] *a.* ossequioso, complimentoso.

observación [oβserβaθjón] *f.* osservazione. 2 osservanza.

observador, -ra [uβserβaðòr, -ra] *a.-s.* osservatore.

observancia [oβserβánθja] *f.* osservanza.

observar [oβserβár] *t.* osservare.

observatorio [oβserβatórjo] *m.* osservatorio.

obsesión [oβsesjón] *f.* ossessione.

obsesionar [oβsesjonár] *t.* ossessionare.

obsesivo, -va [oβsesíβo, -βa] *a.* ossessivo.

obseso, -sa [oβséso, -sa] *a.* ossesso.

obsoleto, -ta [oβsoléto, -ta] *a.* obsoleto.

obstaculizar [oβstakuliðár] *t.* ostacolare.

obstáculo [oβstákulo] *m.* ostacolo, intralcio.

obstante (no) [no oβstánte] *loc. avv.* nonostante.

obstar [oβstár] *i.* ostare.

obstetricia [oβstetríθja] *f.* ostetricia.

obstinación [oβstinaθjón] *f.* ostinazione.

obstinarse [oβstinárse] *r.* ostinarsi.

obstrucción [oβstruɣθjón] *f.* ostruzione.

obstruccionismo [oβstrukθjonizmo] *m.* ostruzionismo.

obstruir [oβstrwir] *t.* ostruire, occludere. ¶ CONIUG. come *huir*.

obtención [oβtenθjón] *f.* conseguimento *m.*

obtener [oβtenér] *t.* ottenere.

obturación [oβturaθjón] *f.* otturazione.

obturador, -ra [oβturaðór, -ra] *a.-m.* otturatore.

obturar [oβturár] *t.* otturare.

obtuso, -sa [oβtúso, -sa] *a.* ottuso.

obús [oβús] *m.* obice.

obviar [oββjár] *t.* ovviare. 2 impedire.

obvio, -via [óββjo, -βja] *a.* ovvio.

oca [óka] *f.* oca.

ocarina [okarina] *f.* MUS. ocarina.

ocasión [okasjón] *f.* occasione.

ocasional [okasjonál] *t.* causare, cagionare.

ocaso [okáso] *m.* occaso. 2 tramonto, declino.

occidental [oγθiðentál] *a.* occidentale.

occidente [oγθiðénte] *m.* occidente.

occipital [oγθipitál] *a.* occipitale.

occipucio [oγθipúθjo] *m.* occipite.

oceánico, -ca [oθeániko, -ka] *a.* oceanico.

océano [oθéano] *m.* oceano.

oceanografía [oθeanoγrafía] *f.* oceanografia.

ocio [óθjo] *m.* ozio.

ociosidad [oθjosiðáð] *f.* oziosità.

ocioso, -sa [oθjóso, -sa] *a.* ozioso.

ocluir [okluir] *t.-r.* MED. occludere.

oclusión [oklusjón] *f.* MED. occlusione.

ocre [ókre] *a.-m.* ocra *f.*

octagonal [oγtaγonál] *a.* ottagonale.

octágono, -na [oγtáγono, -na] *a.-m.* ottagono.

octavilla [oγtaβí⅄a] *f.* foglietto *m.,* pezzo *m..* di carta [l'ottava parte di un foglio]. 2 volantino *m.* 3 strofa di otto versi ottonari.

octavo, -va [oγtáβo, -βa] *a.-s.* ottavo.

octingentésimo, -ma [oγtiɳxentésimo, -ma] *a.-m.* ottocentesimo.

octogenario, -ria [oγtoxenárjo, -rja] *a.-s.* ottuagenario, ottantenne.

octogésimo, -ma [oγtoxésimo, -ma] *a.-m.* ottantesimo.

octosílabo, -ba [oγtosílaβo, -βa] *a.-m.* ottonario.

octubre [oγtúβre] *m.* ottobre.

ocular [okulár] *a.* oculare.

oculista [okulista] *s.* oculista.

ocultar [okultár] *t.-r.* occultare, nascondere, celare.

ocultismo [okultizmo] *m.* occultismo.

oculto, -ta [okúlto, -ta] *a.* occulto.

ocupación [okupaθjón] *f.* occupazione.

ocupar [okupár] *t.-r.* occupare.

ocurrencia [okurrénθja] *f.* occorrenza, occasione. 2 trovata, idea.

ocurrir [okurrir] *i.* accadere. 2 venire in mente.

ochavo [otʃáβo] *m.* quattrino. ‖ *sin un ~,* squattrinato, al verde.

ochenta [otʃénta] *a.* ottanta.

ochentón, -na [otʃentón, -na] *a.-s.* ottantenne.

ocho [ótʃo] *a.* otto.

ochocientos, -tas [otʃoθjéntos, -tas] *a.* ottocento.

oda [óða] *f.* ode.

odalisca [oðaliska] *f.* odalisca.

odiar [oðjár] *t.* odiare.

odio [óðjo] *m.* odio, astio.

odioso, -sa [oðjóso, -sa] *a.* odioso.

odisea [oðiséa] *f.* odissea.

odontología [oðontoloxía] *f.* odontologia, odontoiatria.

odontólogo, -ga [oðontóloɣo, -ɣa] *m.-f.* odontologo, odontoiatra.

odre [óðre] *m.* otre.

oeste [oéste] *m.* ovest.

ofender [ofender] *t.* offendere. 2 nuocere. 3 *r.* offendersi, risentirsi.

ofensa [ofénsa] *f.* offesa.

ofensivo, -va [ofensiβo, -βa] *a.* offensivo. 2 *f.* offensiva.

ofensor, -ra [ofensór, -ra] *a.-s.* offensore.

oferente [oferénte] *a.-s.* offerente.

oferta [ofèrta] *f.* offerta.

oficial [ofiθjál] *a.* ufficiale. 2 *m.* MIL. ufficiale. 3 operaio, impiegato.

oficialidad [ofiθjaliðáð] *f.* ufficialità.

oficiar [ofiθjár] *t.* ufficiare, celebrare.

oficina [ofiθína] *f.* ufficio *m.*

oficinista [ofiθinista] *s.* impiegato.

oficio [ofiθjo] *m.* ufficio, professione *f.,* mestiere. 2 ECCL. uffizio.

oficioso, -sa [ofiθjóso, -sa] *a.* laborioso, servizievole. 2 ufficioso.

ofrecer [ofreθér] *t.-r.* offrire.

ofrecimiento [ofreθimjénto] *m.* offerta *f.* oblazione *f.*

oftalmología [oftalmoloxía] *f.* oftalmologia.

ofuscación [ofuskaθjón] *f.,* ofuscamiento [ofuskamjénto] *m.* offuscamento *m.*

ofuscar [ofuskár] *i.-r.* offuscare, annebbiare.

ogro [óɣro] *m.* orco.

¡oh! [o] *inter.* oh!

oídas (de) [de oídas] *loc. avv.* per sentito dire.

oído [oíðo] *m.* udito, orecchio. 2 fig. [attitudine per la musica] orecchio.

oír [oir] *t.* udire, sentire. 2 ascoltare. ¶ CONIUG. IND. pres.: *oigo, oyes, oye; oyen.* ‖ CONG. pres.: *oiga, oigas,* ecc. ‖ IMPER.: *oye, oiga; oigamos, oigan.*

ojal [oxál] *m.* occhiello, asola *f.*

¡ojalá! [oxalá] *inter.* magari!

ojeada [oxeáða] *f.* occhiata.

ojear [oxeár] *t.* guardare, dare un'occhiata. 2 scovare la selvaggina.

ojera [oxéra] *f.* occhiaia.

ojeriza [oxeríθa] *f.* astio *m.*

ojeroso, -sa [oxeróso, -sa] *a.* che ha occhiaie.

ojete [oxéte] *m.* occhiello.

ojiva [oxíβa] *f.* ogiva.

ojival [oxíβál] *a.* ogivale.

ojo [óxo] *m.* occhio. ‖ *en un abrir y cerrar de ojos,* in un batter d'occhio. 2 foro, buco. 3 cruna *f.* [dell'ago].

ola [óla] *f.* onda. 2 ondata.

¡olé! [olé] *inter.* bravo!

oleada [oleáða] *f.* ondata.

oleaje [oleáxe] *m.* ondeggiamento. 2 onde *f.-pl.*

óleo [óleo] *m.* olio.

oleoducto [oleoðúɣto] *m.* oleodotto.

oleoso, -sa [oleóso, -sa] *a.* oleoso.

oler [olér] *t.* odorare, annusare. 2 fig. fiutare. 3 *i.* odorare, sapere di ¶ CONIUG. come *mover;* si aggiunge una *h* davanti al gruppo *ue: huelo, hueles,* ecc.

olfatear [olfateár] *t.* fiutare, annusare.

olfato [olfáto] *m.* olfatto. 2 fig. fiuto.

oliera [oljéra] *f.* oliera.

oligarquía [oliyarkía] *f.* oligarchia.

olimpíada [olimpiáða] *f.* olimpiade.

olímpico, -ca [olímpiko, -ka] *a.* olimpico.

oliva [olíβa] *f.* oliva.

olivar [olíβár] *m.* oliveto.

olivo [olíβo] *m.* olivo, ulivo.

olmeda [olméða] *f.* olmeto *m.*

olmo [ólmo] *m.* olmo.

olor [olór] *m.* odore.

oloroso, -sa [oloróso, -sa] *a.* odoroso.

olvidadizo, -za [olβiðaðíθo, -θa] *a.* smemorato.

olvidar [olβiðár] *t.-r.* dimenticare, scordare.

olvido [olβíðo] *m.* dimenticanza *f.* oblio.

olla [óʎa] *f.* pentola. 2 piatto *m.* di carne e verdura.

ombligo [ombliɣo] *m.* ombelico.

omega [omèɣa] *f.* omega.

omisión [omisjón] *f.* omissione.

omiso, -sa [omiso, -sa] *a.* omesso, trascurato. ‖ *hacer caso ~,* non tener conto.

omitir [omitir] *t.* omettere. ¶ CONIUG. PART. P. reg.: *omitido;* irr.: *omiso.*

ómnibus [òmniβus] *m.* omnibus.

omnipotencia [omnipoténθja] *f.* onnipotenza.

omnipotente [omnipoténte] *a.* onnipotente.

omnipresencia [omnipresénθja] *f.* onnipresenza.

omnipresente [omnipresénte] *a.* onnipresente.

omnisciencia [omnisθjénθja] *f.* onniscienza.

omnisciente [omnisθjénte] *a.* onnisciente.

omnívoro, -ra [omniβoro, -ra] *a.* onnivoro.

omóplato [omóplato] *m.* omoplata *f.*

once [ónθe] *a.* undici.

onceno, -na [onθéno, -na] *a.* undicesimo.

onda [ónda] *f.* onda.

ondear [ondeár] *i.* ondeggiare. 2 sventolare.

ondulación [ondulaθjón] *f.* ondulazione.

ondular [ondulár] *i.* ondeggiare. 2 *t.* ondulare.

ondulatorio, -ria [ondulatórjo, -rja] *a.* ondulatorio.

oneroso, -sa [oneróso, -sa] *a.* oneroso.

ónice [óniθe] *m.* onice.

onomástico, -ca [onomàstiko, -ka] *a.-m.* onomastico.

onomatopeya [onomatopèja] *f.* onomatopea.

onomatopéyico, -ca [onomatopéjiko, -ka] *a.* onomatopeico.

ontología [ontología] *f.* ontologia.

onza [ónθa] *f.* oncia.

onzavo, -va [onθáβo, -βa] *a.-m.* undicesimo.

opacidad [opaθiðáð] *f.* opacità.

opaco, -ca [opáko, -ka] *a.* opaco, scuro.

ópalo [ópalo] *m.* opale.

opción [opθjón] *f.* opzione.

ópera [ópera] *f.* MUS. opera.

operación [operaθjón] *f.* operazione.

operador, -ra [operaðór, -ra] *a.-s.* operatore. 2 *m.* chirurgo.

operar [operár] *t.* operare.

operario, -ria [operárjo, -rja] *s.* operaio.
opereta [operéta] *f.* operetta.
opinar [opinár] *i.* opinare.
opinión [opinjón] *f.* opinione, avviso *m.*
opio [ópjo] *m.* oppio.
opíparo, -ra [opíparo, -ra] *a.* luculliano, lauto.
oponer [oponér] *t.-r.* opporre, contrapporre. 2 *r.* avversare.
oportunidad [oportuniðáð] *f.* opportunità, occasione.
oportunismo [oportunizmo] *m.* opportunismo.
oportunista [oportunista] *a.-s.* opportunista.
oportuno, -na [oportúno, -na] *a.* opportuno.
oposición [oposiθjón] *f.* opposizione. 2 [spec. *pl.*] concorso *m.* [per ottenere una cattedra, ecc.].
opositor, -ra [opositor, -ra] *s.* oppositore. 2 candidato.
opresión [opresjón] *f.* oppressione.
opresivo, -va [opresiβo, -βa] *a.* oppressivo.
opresor, -ra [opresór, -ra] *a.-s.* oppressore.
oprimir [oprimír] *t.* opprimere.
oprobio [opróβjo] *m.* obbrobrio.
oprobioso, -sa [oproβjóso, -sa] *a.* obbrobrioso.
optar [oβtár] *i.* optare.
optativo, -va [oβtatiβo, -βa] *a.* ottativo.
óptico, -ca [óβtiko, -ka] *a.-m.* ottico. 2 *f.* ottica.
optimismo [oβtimizmo] *m.* ottimismo.
optimista [oβtimista] *a.-s.* ottimista.
óptimo, -ma [óβtimo, -ma] *a.* ottimo.
opuesto, -ta [opwésto, -ta] *a.* [*part. p.* irr. di *oponer*] opposto.
opugnar [opuynár] *t.* oppugnare.
opulencia [opulénθja] *f.* opulenza.
opulento, -ta [opulénto, -ta] *a.* opulento.
opúsculo [opúskulo] *m.* opuscolo.
ora [óra] *cong.* ora.
oración [oraθjón] *f.* discorso *m.* 2 GRAMM. proposizione. 3 REL. orazione, preghiera.
oráculo [orákulo] *m.* oracolo.
orador, -ra [oraðór, -ra] *s.* oratore.
oral [orál] *a.* orale.
orangután [oraŋgután] *m.* orangutano.
oratorio, -ria [oratórjo, -rja] *a.-m.* oratorio. 2 *f.* oratoria.
orbe [órβe] *m.* orbe.
órbita [órβita] *f.* orbita.

orden [órðen] *s.* ordine *m.* 2 *f.* comando *m.* ‖ **dar órdenes,** comandare.
ordenación [orðenaθjón] *f.* ordinazione, disposizione. 2 mandato *m.*
ordenado, -da [orðenáðo, -ða] *a.* ordinato. 2 *f.* MAT. ordinata.
ordenador, -ra [orðenaðór, -ra] *a.-s.* ordinatore, computer.
ordenamiento [orðenamjénto] *m.* ordinamento. 2 ordinanza *f.*
ordenanza [orðenánθa] *f.* ordinanza. 2 *m.* usciere. 3 MIL. attendente.
ordenar [orðenár] *t.* ordinare, mettere in ordine. 2 comandare.
ordeñar [orðeɲár] *t.* mungere.
ordeño [orðéɲo] *m.* mungitura *f.*
ordinal [orðinál] *a.* ordinale.
ordinariez [ordinarjéθ] *f.* volgarità, rozzezza.
ordinario, -ria [orðinárjo, -rja] *a.* ordinario, comune. ‖ *de* ~, di solito. 2 ordinario, grossolano, rozzo. 3 *m.* corriere.
orégano [oréyano] *m.* origano.
oreja [oréxa] *f.* orecchio *m.,* orecchia.
orejón [orexón] *m.* fetta *f.* di pesca secca. 2 tirata *f.* d'orecchi.
orejudo, -da [orexúðo, -ða] *a.* orecchiuto.
orfanato [orfanáto] *m.* orfanotrofio.
orfandad [orfandáð] *f.* orfanezza.
orfebre [orféβre] *m.* orefice.
orfebrería [orfeβrería] *f.* oreficeria.
orfeón [orfeón] *m.* coro. 2 società *f.* corale.
orgánico, -ca [oryániko, -ka] *a.* organico.
organillo [oryaníʎo] *m.* organino.
organismo [oryanizmo] *m.* organismo.
organista [oryanista] *s.* organista.
organización [oryaniθaθjón] *f.* organizzazione.
organizador, -ra [oryaniθaðór, -ra] *a.-s.* organizzatore.
organizar [oryaniθár] *t.-r.* organizzare.
órgano [óryano] *m.* organo.
orgía [orxía] *f.* orgia.
orgullo [oryúʎo] *m.* orgoglio, fierezza *f.*
orgulloso, -sa [oryuʎóso, -sa] *a.* orgoglioso, fiero.
orientación [orjentaθjón] *f.* orientamento *m.*
oriental [orjentál] *a.-s.* orientale.
orientar [orjentár] *t.* orientare. 2 *r.* orientarsi, raccapezzarsi, ritrovarsi.
oriente [orjénte] *m.* oriente, levante.
orificio [orifíθjo] *m.* orifizio.
origen [orixen] *m.* origine *f.*

original [orixinál] a.-m. originale.

originalidad [orixinaliðáð] f. originalità.

originar [orixinár] t. originare, causare. 2 r. originarsi, nascere, derivare.

originario, -ria [orixinárjo, -rja] a. originario, oriundo.

orilla [oriʎa] f. riva, sponda. 2 bordo m., orlo m.

orillar [oriʎár] t. orlare, listare. 2 fig. sbrigare, finire qualcosa.

orillo [oriʎo] m. cimosa f.

orín [orin] m. ruggine f. 2 pl. orina f. sing.

orina [orina] f. orina.

orinal [orinál] m. orinale, pitale, vaso da notte.

orinar [orinár] t. orinare.

oriundo, -da [orjúndo, -da] a. oriundo.

orla [órla] f. orlo m. lembo m., balza. 2 cornice, contorno m.

orlar [orlár] t. orlare, filettare.

ornamentación [ornamentaθjón] f. abbellimento m.

ornamental [ornamentál] a. ornamentale.

ornamento [ornaménto] m. ornamento. 2 pl. paramenti. 3 fig. doti f.

ornar [ornár] t.-r. ornare, adornare.

ornato [ornáto] m. ornato, fregio.

ornitología [ornitoloxia] f. ornitologia.

ornitólogo [ornitóloyo] m. ornitologo.

oro [óro] m. oro. ‖ ~ de ley, oro zecchino.

orografía [oroyrafia] f. orografia.

oropel [oropél] m. orpello.

orquesta [orkésta] f. orchestra.

orquestación [orkestaθjón] f. orchestrazione.

orquestar [orkestár] t. orchestrare.

orquídea [orkiðea] f. orchidea.

ortiga [ortiya] f. ortica.

ortodoxia [ortoðóysja] f. ortodossia.

ortodoxo, -xa [ortoðóyso, -ysa] a. ortodosso.

ortografía [ortoyrafia] f. ortografia.

ortográfico, -ca [ortoyráfiko, -ka] a. ortografico.

ortopedia [ortopéðja] f. ortopedia.

ortopédico, -ca [ortopéðiko, -ka] a.-m. ortopedico.

oruga [orúya] f. BOT. ruchetta. 2 ENTOM. bruco m., baco m.

orzuelo [orθwélo] m. orzaiolo.

os [os] pron. pl. [dativo e accusativo] vi, ve, a voi.

osadía [osaðia] f. audacia, ardimento m.

osado, -da [osáðo, -ða] a. ardito, temerario.

osamenta [osaménta] f. ossatura.

osar [osár] i. osare, ardire.

oscilación [osθilaθjón] f. oscillazione.

oscilar [osθilár] i. oscillare.

oscilatorio, -ria [osθilatórjo, -rja] a. oscillatorio.

ósculo [óskulo] m. bacio.

óseo, -a [óseo, -sa] a. osseo.

osificación [osifikaθjón] f. ossificazione.

osificarse [osifikárse] r. ossificarsi.

ósmosis [ózmosis] f. osmosi.

oso [óso] m. orso.

ostensible [ostensiβle] a. ostensibile.

ostentación [ostentaθjón] f. ostentazione.

ostentar [ostentár] t. ostentare.

ostentoso, -sa [ostentóso, -sa] a. sontuoso, pomposo.

osteología [osteoloxia] f. osteologia.

ostra [óstra] f. ostrica.

ostracismo [ostraθizmo] m. ostracismo.

otear [oteár] t. esplorare dall'alto. 2 scrutare.

otitis [otitis] f. otite.

otomano, -na [otománo, -na] a.-s. ottomano.

otoñal [otoɲal] a. autunnale.

otoño [otóɲo] m. autunno.

otorgar [otoryár] t. concedere, conferire, accordare, assegnare. ‖ quien calla otorga, chi tace acconsente.

otorgamiento [otoryamjénto] m. conferimento.

otro, -tra [ótro, -tra] a.-pron. altro. 2 pron. altri.

ovación [oβaθjón] f. ovazione.

oval [oβál] a. ovale.

ovalado, -da [oβaláðo, -ða] a. ovale.

óvalo [óβalo] m. ovale.

ovar [oβár] i. deporre le uova.

ovario [oβárjo] m. ovario. 2 ANAT. ovaia f.

oveja [oβéxa] f. pecora.

ovejero, -ra [oβexéro, -ra] a.-s. pecoraio. ‖ perro ~, cane pastore.

ovejuno, -na [oβexúno, -na] a. pecorino, ovino.

ovil [oβil] m. ovile.

ovillo [oβiʎo] m. gomitolo. 2 fig. groviglio.

ovino, -na [oβino, -na] a. ovino.

ovíparo, -ra [oβiparo, -ra] a. oviparo.

ovulación [oβulaθjón] f. ovulazione.

óvulo [óβulo] m. ovulo.

oxidable [oysiðáβle] a. ossidabile.

oxidación [oysiðaθjón] f. ossidazione.

oxidar [oysiðár] t. ossidare. 2 r. arrugginirsi, ossidarsi.

óxido [óɣsiðo] *m.* ossido.
oxigenación [oɣsixenaθjón] *f.* ossigenazione.
oxigenar [oɣsixenár] *t.* ossigenare. 2 *r.* prender aria.

oxígeno [oɣsixeno] *m.* ossigeno.
oyente [ojénte] *a.-s.* uditore, ascoltatore.
ozono [oθóno] *m.* ozono.

P

p [pe] *f.* diciannovesima lettera dell'alfabeto spagnolo.

pabellón [paβeʎón] *m.* padiglione. 2 bandiera *f.*

pábulo [páβulo] *m.* pascolo, alimento.

pacato, -ta [pakáto, -ta] *a.* pacato, calmo.

pacer [paθèr] *i.* pascolare. 2 *t.* pascere. ¶ CONIUG. come *crecer.*

paciencia [paθjénθja] *f.* pazienza.

paciente [paθjènte] *a.* paziente.

pacienzudo, -da [paθjenθúðo, -ða] *a.* paziente.

pacificación [paθifikaθjòn] *f.* pacificazione.

pacificador, -ra [paθifikàðòr, -ra] *a.-s.* pacificatore, paciere.

pacífico, -ca [paθifiko, -ka] *a.* pacifico.

pacifismo [paθifizmo] *m.* pacifismo.

pacifista [paθifista] *a.-s.* pacifista.

pacotilla [pakotíʎa] *f.* paccottiglia.

pactar [paɣtár] *t.-i.* pattuire, patteggiare.

pacto [páɣto] *m.* patto.

pachorra [patʃórra] *f.* fam. flemma.

padecer [paðeθèr] *t.* patire, soffrire. ¶ CONIUG. come *crecer.*

padecimiento [paðeθimjènto] *m* patimento.

padrastro [paðràstro] *m.* patrigno.

padre [páðre] *m.* padre, babbo. 2 *pl.* genitori.

padrenuestro [paðrenwèstro] *m.* padre nostro.

padrino [paðrino] *m.* padrino.

padrón [paðròn] *m.* anagrafe *f.,* censimento.

paella [paèʎa] *f.* risotto *m.* alla valenzana.

paga [páɣa] *f.* paga.

pagadero, -ra [paɣaðèro, -ra] *a.* pagabile.

pagador, -ra [paɣaðòr, -ra] *a.-s.* pagatore.

paganismo [paɣanizmo] *m.* paganesimo.

pagano, -na [paɣáno, -na] *a.-s.* pagano.

pagar [paɣár] *t.* pagare.

pagaré [paɣarè] *m.* COMM. pagherò.

página [páxina] *f.* pagina.

pago [páɣo] *m.* pagamento. ‖ *en* ~, in compenso. 2 lett. territorio.

pagoda [paɣóða] *f.* pagoda.

país [pais] *m.* paese, nazione *f.*

paisaje [paisáxe] *m.* paesaggio.

paisano, -na [paisáno, -na] *a.-s.* paesano, compaesano. 2 contadino. 3 *m.* civile, borghese. ‖ *de* ~, in borghese.

paja [páxa] *f.* paglia. 2 cannuccia.

pajar [paxár] *m.* pagliaio, fienile.

pajarera [paxaréra] *f.* uccelliera.

pájaro [páxaro] *m.* uccello.

paje [páxe] *m.* paggio.

pajizo, -za [paxíθo, -θa] *a.* di paglia, paglierino.

pala [pála] *f.* pala, badile *m.* 2 racchetta.

palabra [paláβra] *f.* parola. ‖ *de* ~, a voce. ‖ ~ *clave,* parola chiave.

palabrería [palaβreria] *f.* chiacchierio *m.*

palabrota [palaβròta] *f.* parolaccia.

palaciego, -ga [palaθjèɣo, -ɣa] *a.* di palazzo. 2 *a.-s.* cortigiano.

palacio [paláθjo] *m.* palazzo.

palada [paláða] *f.* palata.

paladar [palaðár] *m.* palato.

paladear [palaðeàr] *t.* assaporare.

paladín [palaðin] *m.* paladino.

paladino, -na [palaðino, -na] *a.* palese.

palafrenero [palafrenèro] *m.* palafreniere, staffiere.

palanca [palánka] *f.* leva. 2 fig. appoggio *m.*

palatal [palatàl] *a.* palatale.

palco [pálko] *m.* palco.

paleta [palèta] *f.* paletta. 2 tavolozza [di pittore]. 3 cazzuola [di muratore].

paletilla [paletíʎa] *f.* scapola.

paleto [palèto] *m.* zotico, cafone, burino, buzzurro.

paliar [paljár] *t.* palliare.

paliativo, -va [paljatiβo, -βa] *a.-m.* palliativo.

palidecer [palideθèr] *i.* impallidire. ¶ CONIUG. come *crecer.*

palidez [paliðèθ] *f.* pallore *m.*

pálido, -da [páliðo, -ða] *a.* pallido, cereo.
paliducho, -cha [paliðútʃo, -tʃa] *a.* pallidiccio.
palillo [palíʎo] *m.* stuzzicadenti. 2 bacchetta *f.* [di tamburo].
palio [páljo] *m.* pallio. 2 baldacchino.
palique [palíke] *m.* fam. chiacchiera *f.*
palisandro [palisándro] *m.* palissandro.
paliza [palíθa] *f.* bastonatura, battuta. ‖ *recibir una ~,* buscarle (fam.).
palma [pálma] *f.* palmo *m.* 2 ʙoᴛ. palma.
palmada [palmáða] *f.* manata. 2 *pl.* battimani *m.*
palmario, -ria [palmárjo, -rja] *a.* evidente, palese.
palmera [palméra] *f.* palma.
palmípedo, -da [palmípeðo, -ða] *a.-m.* palmipede.
palmo [pálmo] *m.* palmo.
palmotear [palmoteár] *i.* battere le mani.
palmoteo [palmotéo] *m.* battimani.
palo [pálo] *m.* palo. 2 bastone. 3 albero di nave. 4 bastonata *f.* 5 seme, colore [nel giuoco di carte].
paloma [palóma] *f.* colomba, piccione *m.*
palomar [palomár] *m.* colombaia *f.* piccionaia *f.*
palomino [palomíno] *m.* piccioncino.
palomo [palómo] *m.* colombo, piccione.
palpable [palpáβle] *a.* palpabile. 2 fig. evidente.
palpar [palpár] *t.* palpare.
palpitación [palpitaθjón] *f.* palpitazione, palpito *m.*
palpitar [palpitár] *i.* palpitare.
paludismo [paluðízmo] *m.* malaria *f.*
palurdo, -da [palúrðo, -ða] *a.* rozzo, rustico.
pampa [pámpa] *f.* pampa.
pamplina [pamplína] *f.* ciclamino *m.* 2 inezia, bazzecola. 3 sciocchezza.
pan [pan] *m.* pane. ‖ *bastoncito de ~,* grissino.
panacea [panaθéa] *f.* panacea.
panadería [panaðería] *f.* panetteria, forno *m.*
panadero, -ra [panaðéro, -ra] *s.* panettiere, fornaio.
panameño, -ña [panaméɲo, -ɲa] *a.-s.* panamegno.
páncreas [páŋkreas] *m.* pancreas.
pandereta [panderéta] *f.* tamburello *m.,* cembalo *m.*
pandero [pandéro] *m.* tamburello, cembalo.

pandilla [pandíʎa] *f.* gruppo *m.,* brigata. 2 cricca, combriccola.
panecillo [paneθíʎo] *m.* panino.
panegírico [panexíriko] *m.* panegirico.
panel [panél] *m.* pannello.
pánfilo, -la [pámfilo, -la] *a.* tardo, lento. 2 bonario.
pánico, -ca [pániko, -ka] *a.-m.* panico.
panocha [panótʃa] *f.* pannocchia.
panoplia [panóplja] *f.* panoplia.
panorama [panoráma] *m.* panorama.
panorámico, -ca [panorámiko, -ka] *a.* panoramico.
pantalón [pantalón] *m.* pantaloni *pl.,* calzoni *pl.*
pantalla [pantáʎa] *f.* paralume *m.* 2 schermo *m.*
pantano [pantáno] *m.* pantano, stagno, palude *f.*
pantanoso, -sa [pantanóso, -sa] *a.* pantanoso, paludoso, acquitrinoso.
panteísmo [panteízmo] *m.* panteismo.
panteón [panteón] *m.* panteon.
pantera [pantéra] *f.* pantera.
pantomima [pantomíma] *f.* pantomima.
pantorrilla [pantorríʎa] *f.* polpaccio *m.*
pantufla [pantúfla] *f.* pantofola.
panza [pánθa] *f.* pancia. 2 rumine *m.*
pañal [paɲál] *m.* pannolino. 2 *pl.* fasce *f.*
paño [páɲo] *m.* panno, strofinaccio. 2 stoffa *f.* 3 drappo. ‖ *paños calientes,* palliativi. ‖ *paños menores,* mutande *f.*
pañuelo [paɲwélo] *m.* fazzoletto. 2 foulard.
papa [pápa] *m.* papa.
papá [papá] *m.* papà, babbo.
papada [papáða] *f.* pappagorgia.
papagayo [papagájo] *m.* pappagallo.
papal [papál] *a.* papale.
papanatas [papanátas] *m.* sempliciotto, gonzo, babbeo.
papel [papél] *m.* carta *f.* 2 parte *f.* [nel teatro, cinema, ecc.]. 3 fig. figura *f.*: *hacer un mal ~,* fare una brutta figura, fare una figuraccia.
papelera [papeléra] *f.* cestino *m.* 2 cartiera.
papelería [papelería] *f.* cartoleria.
papelera [papeléra] *f.* scheda. 2 cedola. 3 biglietto *m.*
papelillo [papelíʎo] *m.* ᴍᴇᴅ. cartina *f.*
papilla [papíʎa] *f.* pappa.
papiro [papiro] *m.* papiro.
paquebote [pakeβóte] *m.* nave *f.* postale.

paquete [pakéte] *m.* pacco, pacchetto.
paquidermo [pakiðérmo] *m.* pachiderma.
par [par] *a.* pari. 2 *m.* paio.
para [pára] *prep.* per. 2 a: *no sirve ~ nada,* non serve a niente. 3 *cong.* ~ *que,* affinchè.
parabién [paraβjén] *m.* congratulazione *f.* ‖ *dar el ~,* fare gli auguri, congratularsi.
parábola [paráβola] *f.* parabola.
parabrisas [paraβrisas] *m.* parabrezza.
paracaídas [parakaíðas] *m.* paracadute.
paracaidista [parakaiðísta] *s.* paracadutista.
parachoques [paratʃókes] *m.* paraurti.
parada [paráða] *f.* fermata. 2 MIL. parata.
paradero [paraðéro] *m.* posto [cose]. 2 recapito, domicilio [persone]. 3 fig. esito.
paradisíaco, -ca [paraðisiako, -ka] *a.* paradisiaco.
parado, -da [paráðo, -ða] *a.* fermo. 2 disoccupato. 3 impacciato.
paradoja [paraðóxa] *f.* paradosso *m.*
paradójico, -ca [paraðóxiko, -ka] *a.* paradossale.
parador [paraðór] *m.* albergo fuori città.
parafina [parafina] *f.* paraffina.
parafrasear [parafraseár] *t.* parafrasare.
paráfrasis [paráfrasis] *f.* parafrasi.
paraguas [paráγwas] *m.* ombrello.
paragüero [paraγwéro] *m.* portaombrelli.
paraíso [paraíso] *m.* paradiso.
paraje [paráxe] *m.* paraggio, zona *f.*
paralelepípedo [paralelepípeðo] *m.* parallelepipedo.
paralelo [paralélo] *m.* parallelo.
parálisis [parálisis] *f.* paralisi.
paralítico, -ca [paralitiko, -ka] *a.-s.* paralitico.
paralizar [paraliθár] *t.* paralizzare.
parangón [paraŋgón] *m.* paragone, confronto.
parangonar [paraŋgonár] *t.* paragonare.
paraninfo [paranimfo] *m.* aula *f.* magna.
paranoico, -ca [paranóiko, -ka] *a.-s.* paranoico.
parapeto [parapéto] *m.* parapetto, riparo.
parar [parár] *i-r.* fermarsi, arrestarsi. 2 cessare. 3 finire: *ir a ~,* andare a finire. 4 *t.* fermare, arrestare. 5 parare. ‖ *sin ~,* senza sosta.
pararrayos [pararrájos] *m.* parafulmine.
parásito, -ta [parásito, -ta] *a.-m.* parassita.
parasol [parasól] *m.* parasole.

parcela [parθéla] *f.* lotto *m.,* appezzamento *m.*
parcial [parθjál] *a.* parziale.
parcialidad [parθjaliðáð] *f.* parzialità.
parco, -ca [párko, -ka] *a.* parco. 2 *f.* parca.
parche [pártʃe] *m.* toppa *f.,* rattoppo.
¡pardiez! [parðjéθ] *inter.* perbacco!
pardo, -da [párðo, -ða] *a.* bigio.
parear [pareár] *t.* appaiare. 2 confrontare.
parecer [pareθér] *i.* parere, sembrare. 2 *r.* assomigliare a, rassomigliarsi. ¶ CONIUG. come *crecer.*
parecer [pareθér] *m.* parcre. 2 aspetto.
parecido, -da [pareθíðo, -ða] *a.* simile. ‖ *bien ~,* bello. 2 *m.* somiglianza *f.*
pared [paréð] *f.* parete, muro *m.*
pareja [paréxa] *f.* coppia.
parentela [parentéla] *f.* parentela.
parentesco [parentésko] *m.* parentela *f.*
paréntesis [paréntesis] *m.* parentesi *f.*
paria [párja] *s.* paria.
pariente [parjénte] *a.-s.* parente. 2 *m.* congiunto.
parir [parir] *t.* partorire, dare alla luce.
parlamentar [parlamentár] *i.* parlamentare.
parlamentario, -ria [parlamentárjo, -rja] *a.* parlamentare.
parlamento [parlaménto] *m.* parlamento.
parlanchín, -na [parlantʃin, -na] *a.-s.* chiacchierone.
parlotear [parloteár] *i.* chiacchierare.
paro [páro] *m.* sospensione *f.* del lavoro, chiusura *f.* ‖ *~ forzoso,* disoccupazione *f.*
parodia [paróðja] *f.* parodia.
parodiar [paroðjár] *t.* parodiare.
paroxismo [paroγsizmo] *m.* parossimo.
parpadear [parpaðeár] *i.* sbattere le palpebre.
párpado [párpaðo] *m.* palpebra *f.*
parque [párke] *m.* parco.
parquedad [parkeðáð] *f.* parsimonia.
parra [párra] *f.* vite rampicante. 2 pergola.
párrafo [párrafo] *m.* paragrafo.
parral [parrál] *m.* pergolato.
parranda [parránda] *f.* baldoria.
parricida [parriθíða] *s.* parricida.
parricidio [parriθíðjo] *m.* parricidio.
parrilla [parriʎa] *f.* griglia, ferri *m.-pl.* graticola.
parrillada [parriʎáða] *f.* pesce *m.* o carne alla griglia.
párroco [párroko] *m.* parroco, curato.
parroquia [parrókja] *f.* ECCL. parrocchia. 2 clientela.

parroquial [parrokjál] *a.* parrocchiale. || *casa* ~, canonica.

parsimonia [parsimònja] *f.* parsimonia.

parte [párte] *f.* parte, banda, canto *m.* || *por otra* ~, d'altronde. 2 *m.* rapporto, comunicato. 3 bollettino.

parterre [partérre] *m.* aiuola *f.*

partición [partiθjón] *f.* ripartizione, spartizione.

participación [partiθipaθjón] *f.* partecipazione.

participante [partiθipánte] *a.-s.* partecipante, concorrente.

participar [partiθipár] *i.-t.* partecipare, concorrere.

partícipe [partíθipe] *a.* partecipe.

participio [partiθipjo] *m.* participio.

partícula [partikula] *f.* particella.

particular [partikulár] *a.* particolare. 2 privato. 3 *m.* particolare. 4 punto, questione *f.*

particularidad [partikulariðáð] *f.* particolarità.

partida [partiða] *f.* partenza. 2 partita. 3 certificato *m.*, atto *m.*

partidario, -ria [partiðárjo, -rja] *a.-s.* fautore, seguace. 2 *m.* partigiano.

partido [partiðo] *m.* partito. 2 SPORT partita *f.* 3 profitto. 4 distretto. || *cabeza de* ~, capoluogo.

partir [partir] *t.* dividere, spartire. 2 *i.* partire.

partitivo, -va [partitiβo, -βa] *a.* partitivo.

partitura [partitúra] *f.* partitura.

parto [párto] *m.* parto. || *dolores del* ~, doglie.

parturienta [parturjènta] *a.-f.* partoriente.

parvedad [parβeðáð] *f.* piccolezza, pochezza.

parvulario [parβulárjo] *m.* asilo infantile.

párvulo, -la [párβulo, -la] *a.-s.* bambino. 2 piccolo.

pasa [pása] *f.* uva passa.

pasadero, -ra [pasaðéro, -ra] *a.* discreto.

pasadizo [pasaðiθo] *m.* passaggio stretto, corridoio.

pasado, -da [pasáðo, -ða] *a.* passato. 2 marcio. 3 sciupato. 4 *m.* passato.

pasador [pasaðór] *m.* chiavistello.

pasaje [pasáxe] *m.* passaggio. 2 passo. 3 pedaggio.

pasajero, -ra [pasaxèro, -ra] *a.-s.* passeggero.

pasamanería [pasamanería] *f.* passamaneria.

pasamano [pasamáno] *m.* passamano. 2 corrimano.

pasante [pasánte] *m.* praticante.

pasaporte [pasapórte] *m.* passaporto.

pasar [pasár] *i.* passare. || *¡pase usted!,* venga avanti! 2 succedere, accadere, avvenire. 3 *t.* passare. 4 *r.* dimenticare. 5 *r.* pop. esagerare.

pasarela [pasaréla] *f.* passerella.

pasatiempo [pasatjémpo] *m.* passatempo.

pascua [páskwa] *f.* pasqua. 2 *pl.* Feste di Natale. || *cara de pascuas,* viso allegro.

pascual [paskwál] *a.* pasquale.

pase [páse] *m.* lasciapassare.

pasear [paseár] *i.* passeggiare. 2 *t.* portare a spasso.

paseo [paséo] *m.* passeggiata *f.* giro. 2 passeggio. 3 corso, viale.

pasillo [pasíʎo] *m.* corridoio, corsia *f.*

pasión [pasjón] *f.* passione.

pasividad [pasiβiðáð] *f.* passività.

pasivo, -va [pasiβo, -βa] *a.* passivo.

pasmar [pazmár] *t.* sbalordire.

pasmo [pázmo] *m.* stupefazione *f.*, sbalordimento.

pasmoso, -sa [pazmóso, -sa] *a.* sorprendente, stupefacente.

paso [páso] *m.* passo. 2 passaggio, accesso, adito. || *salir al* ~, andare incontro. || ~ *elevado,* cavalcavia.

pasta [pásta] *f.* pasta. 2 soldi *m.-pl.*

pastaflora [pastaflóra] *f.* pasta frolla.

pastel [pastél] *m.* pasta *f.,* pasticcino, torta *f.,* dolce. 2 PITT. pastello. 3 fig. pasticcio.

pastelería [pastelería] *f.* pasticceria.

pastelero, -ra [pastelèro, -ra] *s.* pasticciere.

pastilla [pastíʎa] *f.* pasticca, pastiglia.

pastizal [pastiθál] *m.* pascolo.

pasto [pásto] *m.* pascolo, foraggio. 2 pasto.

pastor, -ra [pastór, -ra] *s.* pastore.

pastoral [pastorál] *a.-f.* pastorale.

pastorear [pastoreár] *t.* pascolare.

pastoreo [pastoréo] *m.* pastorizia *f.*

pastoril [pastoríl] *a.* pastorale.

pastosidad [pastosiðáð] *f.* pastosità.

pastoso, -sa [pastóso, -sa] *a.* pastoso.

pata [páta] *f.* zampa. 2 piede *m.* [di un tavolo, ecc.]. || *meter la* ~, commettere una gaffe. || *¡qué mala* ~*l,* che peccato!, che disdetta!

patada [patáða] *f.* calcio *m.* 2 pedata.

patata [patáta] *f.* patata.

patatús [patatús] *m.* fam. malore, colpo, accidente.

patear [pateár] *i.* scalciare, battere i piedi.

patentar [patentár] *t.* brevettare.

patente [paténte] *a.* palese. 2 *f.* brevetto *m.*

paternal [paternál] *a.* paterno.

paternalismo [paternalizmo] *m.* paternalismo.

paternidad [paterniðáð] *f.* paternità.

paterno, -na [patérno, -na] *a.* paterno.

patético, -ca [patétiko, -ka] *a.* patetico.

patíbulo [patíβulo] *m.* patibolo.

patilla [patíʎa] *f.* basetta.

patín [patín] *m.* pattino.

pátina [pátina] *f.* patina.

patinar [patinár] *i.* pattinare. 2 slittare.

patinazo [patináθo] *m.* scivolone, slittamento. 2 fig. gaffe *f.*

patio [pátjo] *m.* cortile, patio. 2 platea *f.*

patitieso, -sa [patitjéso, -sa] *a.* fig. sorpreso, stupito.

pato [páto] *m.* anatra *f.*

patológico, -ca [patolóxiko, -ka] *a.* patologico.

patraña [patráɲa] *f.* fandonia.

patriarca [patrjárka] *m.* patriarca.

patriarcal [patrjarkál] *a.* patriarcale.

patricio, -cia [patríθjo, -θja] *a.-s.* patrizio.

patrimonio [patrimónjo] *m.* patrimonio.

patrio, -tria [pátrjo, trja] *a.* patrio. 2 *f.* patria.

patriótico, -ca [patrjótiko, -ka] *a.* patriottico.

patriotismo [patrjotizmo] *m.* patriottismo.

patrocinador [patroθinaðór] *m.* sponsor.

patrocinar [patroθinár] *t.* patrocinare.

patrocinio [patroθínjo] *m.* patrocinio.

patrón, -na [patrón, -na] *s.* padrone. 2 patrono. 3 *m.* modello.

patronal [patronál] *a.* padronale. 2 patronale.

patronato [patronáto] *m.* patronato.

patrono, -na [patróno, -na] *s.* patrono. 2 *m.* datore di lavoro.

patrulla [patrúʎa] *f.* pattuglia.

patrullar [patruʎár] *i.* pattugliare.

paulatinamente [paulatinamente] *avv.* a poco a poco.

paulatino, -na [paulatino, -na] *a.* lento.

pausa [páusa] *f.* pausa.

pausado, -da [pausáðo, -ða] *a.* lento.

pauta [páuta] *f.* riga. 2 norma. ‖ *marcar la* ~, dare il tono, marcare il ritmo.

pautar [pautár] *t.* rigare.

pavés [paβés] *m.* pavese.

pavimentación [paβimentaθjón] *f.* pavimentazione.

pavimentar [paβimentár] *t.* pavimentare.

pavimento [paβiménto] *m.* pavimento. 2 selciato.

pavo, -va [páβo, -βa] *s.* tacchino. ‖ ~ *real,* pavone.

pavonearse [paβoneárse] *r.* pavoneggiarsi.

pavor [paβór] *m.* spavento.

pavoroso, -sa [paβoróso, -sa] *a.* spaventoso, pauroso.

payasada [pajasáða] *f.* pagliacciata.

payaso [pajáso] *m.* pagliaccio, buffone.

paz [paθ] *f.* pace.

pe [pe] *f.* nome della lettera *p.* ‖ *de* ~ *a pa,* dall'a alla zeta.

peaje [peáxe] *m.* pedaggio.

peana [peána], **peaña** [peáɲa] *f.* piedistallo *m.* 2 pedana.

peatón [peatón] *m.* pedone.

peca [péka] *f.* lentiggine.

pecado [pekáðo] *m.* peccato.

pecador, -ra [pekaðór, -ra] *a.-s.* peccatore.

pecaminoso, -sa [pekaminóso, -sa] *a.* peccaminoso.

pecar [pekár] *i.* peccare.

pecera [peθéra] *f.* vasca o vaso *m.* per pesci.

pecoso, -sa [pekóso, -sa] *a.* lentigginoso.

pectoral [peɣtorál] *a.-m.* pettorale.

pecuario, -ria [pekwárjo, -rja] *a.* del bestiame.

peculiar [pekuljár] *a.* peculiare.

peculiaridad [pekuljariðáð] *f.* peculiarità.

peculio [pekúljo] *m.* peculio.

pecuniario, -ria [pekunjárjo, -rja] *a.* pecuniario.

pecho [pétʃo] *m.* petto. 2 seno.

pechuga [petʃúɣa] *f.* petto *m.* [di pollo].

pedagogía [peðaɣoxía] *f.* pedagogia.

pedagógico, -ca [peðaɣóxiko, -ka] *a.* pedagogico.

pedagogo [peðaɣóɣo] *m.* pedagogo.

pedal [peðál] *m.* pedale.

pedalear [peðaleár] *i.* pedalare.

pedante [peðánte] *a.* pedante.

pedantería [peðantería] *f.* pedanteria.

pedazo [peðáθo] *m.* pezzo.

pedernal [peðernál] *m.* pietra *f.* focaia.

pedestal [peðestál] *m.* piedistallo.

pedestre [peðéstre] *a.* pedestre.

pedicuro, -ra [peðikúro, -ra] s. pedicure. 2 f. pedicure.

pedido [peðíðo] m. richiesta f. 2 COMM. ordinazione f., commissione f.

pedir [peðír] t. chiedere. ‖ CONIUG. come *servir*.

pedo [péðo] m. peto.

pedrada [peðráða] f. sassata.

pedregal [peðreɣál] m. terreno sassoso.

pedregoso, -sa [peðreɣóso, -sa] a. sassoso.

pedrería [peðrería] f. gemme pl., pietre pl. preziose.

pega [péɣa] f. colla. 2 incollatura. 3 difetto m., inconveniente m., guaio m.

pegadizo, -za [peɣaðíθo, -θa] a. appiccicaticcio, attaccaticcio. 2 contagioso.

pegajoso, -sa [peɣaxóso, -sa] a. attaccaticcio, appiccicaticcio. 2 fig. stucchevole.

pegar [peɣár] t.-r. incollare, attaccare, appiccicare. ‖ ~ *[carteles]*, affiggere. 2 contagiare. 3 t. picchiare, colpire, battere, dare [uno schiaffo, ecc.]. 4 i. urtare. 5 fam. venire al caso, accordarsi, addirsi.

pegote [peɣóte] m. impiastro. 2 toppa f. 3 fig. scroccone.

peinado [peináðo] m. pettinatura f. acconciatura f.

peinador [peinaðór] m. mantellina f. per i capelli.

peinar [peinár] t. pettinare, acconciare.

peine [péine] m. pettine.

peineta [peinéta] f. pettinino m.

peladilla [pelaðíʎa] f. confetto m.

pelado, -da [peláðo, -ða] a. pelato, spelato. 2 fig. brullo, spoglio.

peladura [pelaðúra] f. sbucciatura.

pelagatos [pelaɣátos] m. povero diavolo.

pelaje [peláxe] m. pelame. 2 fig. aspetto.

pelar [pelár] t. pelare. 2 spennare. 3 sbucciare.

peldaño [pelðáɲo] m. gradino, scalino.

pelea [peléa] f. lite, rissa, collutazione. 2 combattimento m.

pelear [peleár] i. litigare, bisticciare. 2 r. litigare, azzuffarsi, beccarsi.

pelele [peléle] m. fantoccio.

peletería [peletería] f. pellicceria.

peletero [peletéro] m. pellicciaio.

peliagudo, -da [peljaɣúðo, -ða] a. difficile, imbrogliato.

pelicano [pelikáno] m. pellicano.

película [pelíkula] f. film m., pellicola.

peligrar [peliɣrár] i. essere in pericolo.

peligro [pelíɣro] m. pericolo.

peligroso, -sa [peliɣróso, -sa] a. pericoloso.

pelma [pélma], **pelmazo** [pelmáθo] m. seccatore, rompiscatole.

pelo [pélo] m. pelo. 2 capelli pl. ‖ *tomar el* ~, prendere in giro, canzonare. ‖ *tirarse de los pelos*, accapigliarsi, acciuffarsi. ‖ *al* ~, a proposito.

pelota [pelóta] f. palla, pallone m. ‖ *en* ~, nudo.

pelotazo [pelotáθo] m. colpo di pallone.

pelotón [pelotón] m. drappello. 2 MIL. plotone.

peluca [pelúka] f. parrucca.

peludo, -da [pelúðo, -ða] a. peloso.

peluquería [pelukería] f. negozio m. del parrucchiere.

peluquero, -ra [pelukéro, -ra] s. parrucchiere. 2 barbiere.

pelusa [pelúsa] f. peluria, lanugine.

pelvis [pélβis] f. pelvi, bacino m.

pellejo [peʎéxo] m. pelle f., pellame. 2 otre.

pellizcar [peʎiθkár] t. pizzicare.

pellizco [peʎíθko] m. pizzicotto. 2 pizzico.

pena [péna] f. pena. ‖ *dar* ~, par pena. ‖ *a duras penas*, a mala pena.

penacho [penátʃo] m. pennacchio. 2 ciuffo.

penado, -da [penáðo, -ða] a. afflitto. 2 s. condannato.

penal [penál] a. penale. 2 m. carcere, penitenziario.

penalty [penálti] m. SPORT calcio di rigore.

penar [penár] t. punire, condannare. 2 i. soffrire, patire.

pendencia [pendénθja] f. pendenza.

pendenciero, -ra [pendenθjéro, -ra] a. attaccabrighe.

pender [pendér] i. pendere.

pendiente [pendjénte] a. pendente. 2 m. orecchino. 2 f. pendio m. china.

pendón [pendón] m. stendardo, bandiera f. 2 fig. persona f. spregevole.

péndulo [péndulo] m. pendolo.

penetración [penetraθjón] f. penetrazione, immissione.

penetrante [penetránte] a. penetrante.

penetrar [penetrár] t.-i. penetrare, addentrarsi, compenetrare.

penicilina [peniθilína] f. penicillina.

península [península] f. penisola.

peninsular [peninsulár] a. peninsulare.

penitencia [peniténθja] f. penitenza.

penitencial [penitenθjál] a. penitenziale.

penitenciario [peniten θjárjo] *a.-m.* penitenziario.

penitente [peniténte] *a.-s.* penitente.

penoso, -sa [penóso, -sa] *a.* penoso. 2 afflitto, addolorato.

pensado, -da [pensáðo, -ða] *a.* pensato. || *mal* ~, diffidente.

pensador, -ra [pensaðór, -ra] *s.* pensatore.

pensamiento [pensamjénto] *m.* pensiero. 2 BOT. viola *f.* del pensiero.

pensar [pensár] *i.-t.* pensare. ¶ CONIUG. come *acertar.*

pensativo, -va [pensatiβo, -βa] *a.* pensieroso, pensoso.

pensión [pensjón] *f.* pensione.

pensionado, -da [pensjonáðo, -ða] *a.-s.* pensionato.

pentágono [pentáγono] *a.-m.* pentagono.

pentecostés [pentekostés] *m.* pentecoste *f.*

penúltimo, -ma [penúltimo, -ma] *a.* penultimo.

penumbra [penúmbra] *f.* penombra.

penuria [penúrja] *f.* penuria.

peña [péɲa] *f.* roccia, rupe. 2 circolo *m.* [di amici].

peñasco [peɲásko] *m.* rupe *f.,* dirupo.

peñascoso, -sa [peɲaskóso, -sa] *a.* roccioso, dirupato.

peñón [peɲón] *m.* roccia *f.*

peón [peón] *m.* manovale, bracciante. || *caminero,* cantoniere. 2 pedina *f.* [di scacchi].

peonza [peónθa] *f.* trottola.

peor [peór] *a.* peggiore. 2 *avv.* peggio.

pepino [pepíno] *m.* cetriolo.

pepita [pepíta] *f.* seme *m.* 2 pepita (d'oro).

pequeñez [pekeɲéθ] *f.* piccolezza.

pequeño, -ña [pekéɲo, -ɲa] *a.* piccolo.

pera [péra] *f.* pera.

peral [perál] *m.* pero.

percal [perkál] *m.* percalle.

percance [perkánθe] *m.* contrattempo, incidente, accidente.

percatarse [perkatárse] *r.* accorgersi, rendersi conto, avvedersi.

percepción [perθepθjón] *f.* percezione.

perceptible [perθeptiβle] *a.* percettibile.

percibir [perθiβír] *t.* percepire.

percusión [perkusjón] *f.* percussione.

percusor [perkusór] *m.* percussore.

percutir [perkutír] *t.* percuotere.

percha [pértʃa] *f.* attaccapanni *m.,* stampella.

perchero [pertʃéro] *m.* attaccapanni.

perdedor, -ra [perðeðór, -ra] *a.-s.* perdente.

perder [perðér] *t.-i.-r.* perdere. || *echar a* ~, sprecare, guastare. ¶ CONIUG. come *tender.*

perdición [perðiθjón] *f.* perdizione.

pérdida [pérðiða] *f.* perdita.

perdigón [perðiɣón] *m.* pallino.

perdiz [perðíθ] *f.* pernice.

perdón [perðón] *m.* perdono.

perdonar [perðonár] *t.* perdonare, condonare.

perdurable [perðuráβle] *a.* durevole, duraturo.

perdurar [perðurár] *i.* durare.

perecedero, -ra [pereθeðéro, -ra] *a.* perituro, caduco.

perecer [pereθér] *i.* perire. ¶ CONIUG. come *crecer.*

peregrinación [pereɣrinaθjón] *f.* peregrinazione. 2 REL. pellegrinaggio *m.*

peregrinaje [pereɣrináxe] *m.* pellegrinaggio.

peregrino, -na [pereɣrino, -na] *a.* peregrino. 2 *s.* pellegrino.

perejil [perexil] *m.* prezzemolo.

perenne [perénne] *a* perenne.

perentorio, -ria [perentórjo, -rja] *a.* perentorio.

pereza [peréθa] *f.* pigrizia, accidia.

perezoso, -sa [pereθóso, -sa] *a.* pigro, accidioso. || *ni corto ni perezoso,* senza pensarci due volte.

perfección [perfeθjón] *f.* perfezione.

perfeccionamiento [perfeɣθjonamjénto] *m.* perfezionamento.

perfeccionar [perfeɣθjonár] *t.-r.* perfezionare.

perfecto, -ta [perféɣto, -ta] *a.* perfetto.

perfidia [perfiðja] *f.* perfidia.

pérfido, -da [pérfiðo, -ða] *a.* perfido.

perfil [perfil] *m.* profilo, contorno.

perfilar [perfilár] *t.* rifinire, ritoccare. 2 *r.* intravvedersi.

perforación [perforaθjón] *f.* perforazione.

perforador, -ra [perforaðór, -ra] *a.* perforatore. 2 *f.* perforatrice.

perforar [perforár] *t.* perforare.

perfumar [perfumár] *t.* profumare.

perfume [perfúme] *m.* profumo.

perfumería [perfumería] *f.* profumeria.

pergamino [perɣamino] *m.* pergamena *f.*

pérgola [pérɣola] *f.* pergola, pergolato *m.*

pericia [periθja] *f.* perizia.

periferia [periférja] *f.* periferia.

periférico, -ca [perifériko, -ka] *a.* periférico.

perífrasis [perifrasis] *f.* perifrasi.

perilla [periʎa] *f.* barbetta, pizzo *m.* ‖ *de* ~, a pennello.

perímetro [perimetro] *m.* perimetro.

periódico, -ca [perjóðiko, -ka] *a.* periodico. 2 *m.* giornale.

periodismo [perjoðizmo] *m.* giornalismo.

periodista [perjoðista] *s.* giornalista.

periodístico, -ca [perjoðistiko, -ka] *a.* giornalistico.

período [perioðo] *m.* periodo.

peripecia [peripéθja] *f.* peripezia.

periplo [periplo] *m.* periplo.

periquete [perikéte] *m.* attimo.

periscopio [periskópjo] *m.* periscopio.

peristilo [peristilo] *m.* peristilio.

perito, -ta [perito, -ta] *a.-s.* perito.

peritonitis [peritonitis] *f.* peritonite.

perjudicar [perxuðikár] *t.* danneggiare, pregiudicare.

perjudicial [perxuðiθjál] *a.* dannoso, nocivo.

perjuicio [perxwiθjo] *m.* danno.

perjurar [perxurár] *i.* spergiurare.

perjurio [perxúrjo] *m.* spergiuro.

perjuro, -ra [perxúro, -ra] *a.-s.* spergiuro.

perla [pérla] *f.* perla.

permanecer [permaneθér] *i.* rimanere, permanere. ¶ CONIUG. come *crecer.*

permanencia [permanénθja] *f.* permanenza.

permanente [permanénte] *a.-f.* permanente.

permeabilidad [permeaβiliðáð] *f.* permeabilità.

permeable [permeáβle] *a.* permeabile.

permiso [permiso] *m.* permesso. 2 BUR. congedo.

permitir [permitir] *t.-r.* permettere.

permuta [permúta] *f.* permuta, scambio *m.*

permutar [permutár] *t.* scambiare.

pernera [pernéra] *f.* gamba dei pantaloni.

pernicioso, -sa [perniθjóso, -sa] *a.* pernicioso.

pernio [pérnjo] *m.* cardine.

perno [pérno] *m.* perno.

pernoctar [pernoɣtár] *i.* pernottare.

pero [péro] *cong.* ma, però.

perogrullada [peroɣruʎáða] *f.* verità lapalissiana.

peroración [peroraθjón] *f.* perorazione.

perorar [perorár] *t.* perorare. 2 *fig.* parlare con enfasi.

perorata [peroráta] *f.* arringa. 2 filastrocca.

perpendicular [perpendikulár] *a.-f.* perpendicolare.

perpetrar [perpetrár] *t.* perpetrare.

perpetuar [perpetwár] *t.-r.* perpetuare.

perpetuidad [perpetwiðáð] *f.* perpetuità.

perpetuo, -tua [perpétwo, -twa] *a.* perpetuo.

perplejidad [perplexiðáð] *f.* perplessità.

perplejo, -ja [perplèxo, -xa] *a.* perplesso.

perrera [perréra] *f.* canile *m.*, cuccia.

perrito, -ta [perrito, -ta] *s.* cagnolino, cucciolo.

perro, -rra [pérro, -rra] *a.* brutto, cattivo. ‖ *vida perra,* vita da cani, vitaccia. 2 *m.* cane. 3 *f.* cagna. 4 soldo. ‖ ~ *chica,* cinque centesimi. ‖ ~ *gorda,* dieci centesimi.

perruno, -na [perrúno, -na] *a.* canino.

persa [pérsa] *a.-s.* persiano.

persecución [persekuθjón] *f.* persecuzione. 2 inseguimento *m.*

perseguidor, -ra [perseɣiðór, -ra] *a.-s.* persecutore. 2 inseguitore.

perseguir [perseɣir] *t.* perseguitare. 2 inseguire.

perseverancia [perseβeránθja] *f.* perseveranza.

perseverar [perseβerár] *i.* perseverare.

persiana [persjána] *f.* persiana.

pérsico, -ca [pérsiko, -ka] *a.* persico.

persignar [persiɣnár] *t.-r.* segnare, fare il segno della croce.

persistir [persistir] *i.* persistere.

persona [persóna] *f.* persona.

personaje [personáxe] *m.* personaggio.

personal [personál] *a.-m.* personale.

personalidad [personaliðáð] *f.* pesonalità.

personarse [personárse] *r.* presentarsi.

personificar [personifikár] *t.* personificare. 2 impersonare.

perspectiva [perspeɣtiβa] *f.* prospettiva.

perspicacia [perspikáθja] *f.* perspicacia, avvedutezza, acutezza.

perspicaz [perspikáθ] *a.* perspicace, avveduto, acuto.

persuadir [perswaðir] *t.-r.* persuadere, capacitare.

persuasión [perswasjón] *f.* persuasione.

persuasivo, -va [perswasiβo, -βa] *a.* persuasivo.

pertenecer [perteneθér] *i.* appartenere. ¶ CONIUG. come *crecer.*

perteneciente [perteneθjénte] a. appartenente.

pertenencia [pertenénθja] f. appartenenza.

pértiga [pértiɣa] f. pertica.

pertinaz [pertináθ] a. pertinace, caparbio.

pertinente [pertinénte] a. pertinente.

pertrechar [pertretʃár] t.-r. rifornire, attrezzare.

pertrechos [pertrétʃos] m.-pl. attrezzi.

perturbación [perturβaθjón] f. perturbazione. 2 perturbamento m., turbamento m.

perturbar [perturβár] t.-r. perturbare, turbare, sconvolgere.

perversidad [perβersiðáð] f. perversità.

perversión [perβersjón] f. perversione.

perverso, -sa [perβérso, -sa] a. perverso.

pervertir [perβertir] t. pervertire. ¶ CONIUG. come *sentir*.

pesa [pésa] f. peso m.

pesadez [pesaðéθ] f. pesantezza.

pesadilla [pesaðíʎa] f. incubo m.

pesado, -da [pesáðo, -ða] a. pesante. 2 fig. pesante, noioso, faticoso, gravoso.

pesadumbre [pesaðúmbre] f. tristezza, dolore m. malessere m.

pésame [pésame] m. condoglianze f. pl., cordoglio. ‖ **dar el ~,** fare le condoglianze.

pesar [pesár] t. pesare. 2 i. pesare, gravare 3 fig. contare. 4 dispiacere, rincrescere. ‖ **pese a,** malgrado.

pesar [pesár] m. rincrescimento, dispiacere, cruccio. 2 accoramento, compianto, cordoglio. ‖ **a ~ de,** nonostante. ‖ **a ~ suyo,** suo malgrado.

pesaroso, -sa [pesaróso, -sa] a. dolente, afflitto.

pesca [péska] f. pesca.

pescadería [peskaðería] f. pescheria.

pescadero, -ra [peskaðéro, -ra] s. pescivendolo.

pescado [peskáðo] m. pesce.

pescador, -ra [peskaðór, -ra] s. pescatore.

pescar [peskár] t. pescare.

pescuezo [peskwéθo] m. nuca f. collottola f. 2 collo.

pesebre [peséβre] m. mangiatoia f., greppia f. 2 presepio.

peseta [peséta] f. peseta.

pesimismo [pesimízmo] m. pessimismo.

pesimista [pesimísta] a.-s. pessimista.

pésimo, -ma [pésimo, -ma] a. pessimo.

peso [péso] m. peso. 2 fig. importanza f., autorità f.

pesquero, -ra [peskéro, -ra] a. peschereccio.

pesquisa [peskísa] f. perquisizione. 2 ricerca, investigazione.

pestaña [pestáɲa] f. ciglio m. 2 fig. orlo m.

pestañear [pestaɲeár] i. battere le ciglia. ‖ **sin ~,** senza batter ciglio.

peste [péste] f. peste. ‖ **echar pestes,** imprecare.

pestífero, -ra [pestífero, -ra] a. pestifero.

pestilencia [pestilénθja] f. pestilenza.

pestillo [pestíʎo] m. paletto, chiavistello.

pétalo [pétalo] m. petalo.

petaca [petáka] f. tabacchiera, portasigarette m.

petardo [petárðo] m. petardo.

petición [petiθjón] f. petizione, richiesta, damerino.

petimetre [petimétre] m. bellimbusto, damerino.

petirrojo [petirróxo] m. pettirosso.

pétreo, -a [pétreo, -a] a. pietroso.

petrificar [petrifikár] t.-r. pietrificare.

petróleo [petróleo] m. petrolio.

petrolero, -ra [petroléro, -ra] a. petroliero. 2 m. petroliera.

petulancia [petulánθja] f. petulanza.

petulante [petulánte] a. petulante.

peyorativo, -va [pejoratiβo, βa] a. peggiorativo.

pez [peθ] m. ZOOL. pesce. 2 pece f.

pezón [peθón] m. capezzolo. 2 BOT. picciolo.

pezuña [peθúɲa] f. zoccolo m.

piadoso, -sa [pjaðóso, -sa] a. pietoso. 2 devoto.

pianista [pjanísta] s. pianista.

piano [pjáno] m. piano, pianoforte.

piar [pjár] i. pigolare.

piara [pjára] f. branco m., mandria [spec. di maiali].

picacho [pikátʃo] m. picco [di montagna].

picadero [pikaðéro] m. maneggio, galoppatoio.

picadillo [pikaðíʎo] m. ammorsellato. 2 fricassea f. 3 carne f. tritata.

picado [pikáðo] m. AER. picchiata f.

picador [pikaðór] m. TAUR. picador, cavaliere armato di picca.

picadura [pikaðúra] f. puntura. 2 tabacco m. trinciato.

picante [pikánte] a. piccante. 2 fig. mordace.

picapedrero [pikapeðréro] *m.* tagliapietre, scalpellino.

picaporte [pikapórte] *m.* battente.

picar [pikár] *t.* pungere. 2 beccare. 3 abboccare [l'amo]. 4 piluccare. 5 tritare. 6 TAUR. piccare. 7 *i.* prudere. 8 pizzicare. 9 bruciare [il sole, una salsa]. 10 *r.* irritarsi, prendersela. 11 piccarsi.

picaresco, -ca [pikarèsko, -ka] *a.* picaresco. 2 *f.* mondo *m.* picaresco.

pícaro, -ra [píkaro, -ra] *a.-s.* briccone, furfante.

picazón [pikaθón] *m.* prurito.

pico [píko] *m.* becco. 2 piccone. 3 picco.

picor [pikór] *m.* bruciore, pizzicore.

picotazo [pikotáθo] *m.* beccata *f.*

picotear [pikoteár] *t.* beccare.

pictórico, -ca [piɣtóriko, -ka] *a.* pittorico.

pichón [pitʃón] *m.* piccione.

pie [pie] *m.* piede. ‖ ~ *de imprenta,* [negli stampati] indicazione della tipografia. ‖ *al ~ de la página,* in calce. ‖ *al ~ de la letra,* alla lettera. ‖ *dar ~,* dare motivo. ‖ *a ~ juntillas,* fermamente, tenacemente. ‖ *en ~ de guerra,* in assetto di guerra. ‖ *de pies a cabeza,* da capo a piedi. ‖ *no tener ni pies ni cabeza,* non avere nè capo nè coda. ‖ *poner pies en polvorosa,* svignarsela, scappare. 2 BOT. ~ *de gallina,* fumaria *f.*

piedad [pjeðáð] *f.* pietà.

piedra [pjéðra] *f.* pietra, sasso *m.* 2 MED. calcolo *m.*

piel [pjèl] *f.* pelle. 2 pelliccia. 3 buccia.

pienso [pjènso] *m.* biada *f.,* foraggio.

pierna [pjèrna] *f.* gamba.

pieza [pjéθa] *f.* pezzo *m.* 2 capo *m.* ~ *de lencería,* capo di biancheria. 3 camera, stanza.

pifia [pifia] *f.* errore *m..* 2 fallo *m.*

pifiar [pifjár] *t.* fam. sbagliare.

pigmentación [piɣmentaθjón] *f.* pigmentazione.

pigmento [piɣmènto] *m.* pigmento.

pigmeo, -a [piɣméo, -a] *a.-s.* pigmeo.

pijama [pixáma] *m.* pigiama.

pila [píla] *f.* pila. 2 vasca. 3 fonte battesimale.

pilar [pilár] *m.* pilone.

pilastra [pilástra] *f.* pilastro *m.*

píldora [pílðora] *f.* pillola.

pilón [pilón] *m.* pilone. 2 vasca *f.*

pilotaje [pilotáxe] *m.* pilotaggio.

pilotar [pilotár] *t.* pilotare.

piloto [pilóto] *m.* pilota.

pillaje [piʎáxe] *m.* rapina *f.,* saccheggio.

pillar [piʎár] *t.* pigliare, depredare, saccheggiare. 2 acciuffare.

pillastre [piʎástre] *m.* birbone, monello.

pillería [piʎería] *f.* birbonata, monelleria.

pillo, -lla [píʎo, -ʎa] *a.-s.* furbo. 2 briccone. 3 birbone, birbante, monello.

pimentón [pimentón] *m.* paprica *f.*

pimienta [pimjènta] *f.* pepe *m.*

pimiento [pimjènto] *m.* peperone.

pimpollo [pimpóʎo] *m.* germoglio. 2 fig. bel ragazzino.

pinacoteca [pinakotéka] *f.* pinacoteca.

pináculo [pinákulo] *m.* pinnacolo.

pinar [pinár] *m.* pineta *f.*

pincel [pinθél] *m.* pennello.

pincelada [pinθeláða] *f.* pennellata.

pinchar [pintʃár] *t.* pungere. 2 fig. punzecchiare. 3 forare, bucare.

pinchazo [pintʃáθo] *m.* puntura *f.* 2 foratura *f.,* bucatura *f.*

pinche [pintʃe] *m.* sguattero.

pincho [pintʃo] *m.* pungiglione. 2 pungolo.

pineda [pinèða] *f.* pineta.

pingajo [piŋgáxo] *m.* brandello.

pingüe [piŋgwe] *a.* pingue.

pingüino [piŋgwino] *m.* pinguino.

pino [píno] *m.* pino.

pinta [pínta] *f.* macchia. 2 fig. aspetto *m.*

pintar [pintár] *t.* dipingere, pitturare. 2 *r.* truccarsi. 3 *i.* valere, significare, contare.

pintor, -ra [pintòr, -ra] *s.* pittore.

pintoresco, -ca [pintorèsko, -ka] *a.* pittoresco.

pintura [pintúra] *f.* pittura. 2 dipinto *m.,* quadro *m.* 3 colore *m.*

pinzas [pínθas] *f.-pl.* pinze. 2 pinzette.

pinzón [pinθón] *m.* ORNIT. fringuello.

piña [píɲa] *f.* pigna. 2 ananas *m.*

piñón [piɲón] *m.* pinolo. 2 MEC. pignone.

pío, -a [pío, -a] *a.* pio. 2 *m.* pigolio.

piojo [pióxo] *m.* pidocchio.

piojoso, -sa [pioxóso, -sa] *a.* pidocchioso.

piorrea [pjorréa] *f.* piorrea.

pipa [pípa] *f.* pipa.

pipi [pipi] *m.* pipì *f.*

pique [píke] *m.* risentimento. 2 puntiglio. 3 picco: *ir a ~,* andare a picco.

piqueta [pikéta] *f.* piccozza.

piquete [pikéte] *m.* buchetto. 2 MIL. picchetto.

piragua [piráɣwa] *f.* piroga.

piramidal [piramiðál] *a.* piramidale.

pirámide [pirámide] *f.* piramide.

pirata [piráta] *m.* pirata.
piratería [piratería] *f.* pirateria. ‖ ~ *aérea*, pirateria aerea.
pirenaico, -ca [pirenáiko, -ka] *a.* pirenaico.
pirita [pirita] *f.* pirite.
pirograbado [piroɣraβáðo] *m.* pirografia *f.*
piropear [piropeár] *i.* fare complimenti.
piropo [pirópo] *m.* complimento, galanteria *f.*
pirotecnia [pirotéɣnia] *f.* pirotecnia.
pirotécnico, -ca [pirotéɣniko, -ka] *a.-s.* pirotecnico.
pirueta [pirwéta] *f.* piroetta, giravolta.
pisada [pisáða] *f.* pedata, orma.
pisapapeles [pisapapéles] *m.* fermacarte.
pisar [pisár] *t.* pestare, calpestare.
piscicultura [pisθikultúra] *f.* piscicoltura.
piscina [pisθina] *f.* piscina.
piso [piso] *m.* piano. 2 suolo, pavimento. 3 appartamento.
pisotear [pisoteár] *t.* calpestare, calcare.
pisoteo [pisotéo] *m.* calpestio.
pisotón [pisotón] *m.* pestata *f.*
pista [pista] *f.* pista.
pisto (darse) [dárse pisto] *loc.* darsi arie.
pistola [pistóla] *f.* pistola.
pistolera [pistoléra] *f.* fondina, custodia della pistola.
pistolero [pistoléro] *m.* bandito.
pistoletazo [pistoletáθo] *m.* pistolettata *f.*
pistón [pistón] *m.* stantuffo. 2 MUS. pistone.
pita [pita] *f.* agave.
pitada [pitáða] *f.* fischio *m.*, fischiata.
pitar [pitár] *i.* fischiare.
pitillo [pitíʎo] *m.* sigaretta *f.*
pitillera [pitiʎéra] *f.* portasigarette *m.*
pítima [pitima] *f.* sbronza, sbornia.
pito [pito] *m.* fischietto.
pitonisa [pitonisa] *f.* pitonessa.
pitorrearse [pitorreárse] *r.* burlarsi, prendere in giro.
pitorreo [pitorréo] *m.* burla *f.*, presa *f.* in giro.
pitorro [pitórro] *m.* becco di vaso.
pizarra [piθárra] *f.* ardesia. 2 lavagna.
pizca [piθka] *f.* pizzico *m.*, briciolo *m.*
pizpireta [piθpiréta] *a.* [donna] vispa, spiritosa.
placa [pláka] *f.* placca, piastra. 2 FOT. lastra.
placenta [plaθénta] *f.* placenta.
placentero, -ra [plaθentéro, -ra] *a.* piacevole.

placer [plaθér] *m.* piacere, godimento. 2 piacere. ‖ CONIUG. IND. pres.: *plazco, places, place,* ecc. ‖ pass. rem.: *plací, placiste, plació* o *plugo; placimos, placisteis, placieron* o *pluguieron.* ‖ CONG. pres.: *plazca, plazcas, plazca* o *plegue* o *plega; plazcamos, plazcáis, plazcan.* ‖ imp.: *placiera, -se, placieras, -ses, placiera, -se* o *pluguiera; placiéramos, -semos, placierais, -seis, placieran, -sen.* ‖ fut.: *placiere, placieres, placiere* o *pluguiere; placiéremos,* ecc. ‖ IMPER.: *plazca; plazcamos, plazcan.* ‖ GER.: *placiendo.*
placidez [plaθiðéθ] *f.* placidità.
plácido, -da [pláθiðo, -ða] *a.* placido.
plaga [pláɣa] *f.* piaga.
plagiar [plaxiár] *t.* plagiare.
plagio [pláxjo] *m.* plagio.
plan [plán] *m.* piano, progetto. 2 TOP. pianta *f.*
plancha [plántʃa] *f.* lamina, lastra. 2 ferro *m.* da stiro. 3 fig. gaffe.
planchado [plantʃáðo] *m.* stiratura *f.*
planchadora [plantʃaðóra] *f.* stiratrice.
planchar [plantʃár] *t.* stirare.
planeador [planeaðór] *m.* aliante.
planear [planeár] *t.* progettare. 2 *i.* AER. planare.
planeta [planéta] *m.* pianeta.
planetario, -ria [planetárjo, -rja] *a.-m.* planetario.
planicie [planíθje] *f.* pianura.
planificación [planifikaθjón] *f.* pianificazione.
planificar [planifikár] *t.* pianificare.
plano, -na [pláno, -na] *a.* piano, piatto. 2 *m.* piano. 3 TOP. pianta *f.* ‖ *de* ~, interamente, con chiarezza.
planta [plánta] *f.* pianta. 2 piano *m.* ‖ ~ *baja*, pianterreno. ‖ *de* ~, interamente, tutto nuovo, dalle fondamenta. ‖ *buena* ~, buon aspetto.
plantación [plantaθjón] *f.* piantagione.
plantar [plantár] *t.* piantare, impiantare.
planteamiento [planteamjénto] *m.* impostazione *f.*
plantear [planteár] *t.* impostare.
plantel [plantél] *m.* vivaio.
plantificar [plantifikár] *t.-r.* fam. piantare, mettere.
plantilla [plantíʎa] *f.* soletta. 2 organico *m.*
plantío [plantío] *m.* piantagione *f.*
plantón [plantón] *m.* piantone. ‖ *dar un* ~, farsi aspettare a lungo, o invano.

plañido [plaɲiðo] *m.* lamento, gemito.

plasmar [plázmar] *m.* plasma.

plasticidad [plastiθiðáð] *f.* plasticità.

plástico, -ca [plástiko, -ka] *a.* plastico. 2 *m.-f.* plastica.

plata [pláta] *f.* argento *m.*

plataforma [platafórma] *f.* piattaforma.

plátano [plátano] *m.* banano. 2 banana *f.* 3 platano.

platea [platèa] *f.* platea.

platear [plateár] *t.* argentare.

platería [plateria] *f.* argenteria.

plática [plátika] *f.* conversazione.

platicar [platikár] *i.* conversare.

platillo [platíʎo] *m.* piattino. 2 MUS. *pl.* piatti. ‖ ~ **volador,** disco volante.

platino [platino] *m.* platino.

plato [pláto] *m.* piatto.

platónico, -ca [platóniko, -ka] *a.* platonico.

plausible [plausíβle] *a.* plausibile.

playa [plája] *f.* spiaggia.

playero, -ra [plajéro, -ra] *a.* da spiaggia.

plaza [pláθa] *f.* piazza. 2 posto *m.*

plazo [pláθo] *m.* termine, scandenza *f.* 2 rata *f.*

pleamar [pleamár] *f.* alta marea.

plebe [plèβe] *f.* plebe.

plebeyo, -ya [pleβéjo, -ja] *a.-s.* plebeo.

plebiscito [pleβisθíto] *m.* plebiscito.

plegable [pleɣáβle] *a.* pieghevole.

plegar [pleɣár] *t.-r.* piegare, flettere. ¶ CONIUG. come **acertar.**

plegaria [pleɣárja] *f.* preghiera.

pleitear [pleiteár] *i.* far causa.

pleito [pléito] *m.* causa *f.,* lite *f.*

plenario, -ria [plenárjo, -rja] *a.* plenario.

plenilunio [plenilúnjo] *m.* plenilunio.

plenipotenciario, -ria [plenipotenθjárjo, -rja] *a.-m.* plenipotenziario.

plenitud [plenitúð] *f.* pienezza.

pleno, -na [plèno, -na] *a.* pieno. 2 *m.* riunione *f.* plenaria.

pleura [pleúra] *f.* pleura.

pleuritis [pleuritis] *f.* pleurite.

pliego [pljéɣo] *m.* foglio. 2 plico. ‖ ~ **de preguntas,** questionario. ‖ ~ **de condiciones,** condizioni.

pliegue [pljéɣe] *m.* piega *f.,* grinza *f.*

plomada [plomáða] *f.* piombino *m.*

plomizo, -za [plomíθo, -θa] *a.* plumbeo.

plomo [plómo] *m.* piombo.

pluma [plúma] *f.* penna. 2 piuma.

plumada [plumáða] *f.* tratto *m.* di penna.

plumaje [plumáxe] *m.* piumaggio.

plumero [plumèro] *m.* piumino.

plural [plurál] *a.-m.* plurale.

pluralidad [pluraliðáð] *f.* pluralità.

plus [plús] *m.* gratificazione *f.,* paga *f.* extra.

pluscuamperfecto [pluskwamperfèyto] *a.-s.* GRAM. trapassato prossimo.

pluvioso, -sa [pluβjóso, -sa] *a.* piovoso.

población [poβlaθjón] *f.* popolazione. 2 città, abitato *m.* 3 cittadinanza.

poblado, -da [poβláðo, -ða] *a.* popolato, abitato. 2 *m.* abitato, paese, villaggio.

poblar [poβlár] *t.* popolare. ¶ CONIUG. come **contar.**

pobre [póβre] *a.-s.* povero.

pobretón, -na [poβretón, -na] *a.* poveraccio.

pobreza [poβrèθa] *f.* povertà.

pocilga [poθilɣa] *f.* porcile *m.*

pócima [póθima] *f.* decotto *m.*

poción [poθjón] *f.* pozione.

poco, -ca [póko, -ka] *a.-avv.* poco. ‖ *un ~,* alquanto.

podadera [poðaðéra] *f.* roncola.

podar [poðár] *t.* potare.

poder [poðér] *t.* potere. *impers.* essere possibile. ‖ *a más no ~,* a più non posso. ‖ *puede (ser) que,* può darsi che. ¶ CONIUG. IND. pres.: *puedo, puedes, puede; pueden.* | pass. rem.: *pude, pudiste, pudo; pudimos, pudisteis, pudieron.* | fut.: *podré, podrás,* ecc. ‖ COND.: *podría, podrías,* ecc. ‖ CONG. pres.: *pueda, puedas, pueda; puedan.* | imp.: *pudiera, -se, pudieras, -ses,* ecc. | fut.: *pudiere, pudieres,* ecc. ‖ IMPER.: *puede, pueda; puedas.* ‖ GER.: *pudiendo.*

poder [poðér] *m.* potere. 2 forza *f.,* potenza *f.* 3 dominio. 4 beni *pl.,* ricchezza *f.*

poderío [poðerío] *m.* potere. 2 forza *f.,* potenza *f.* 3 dominio. 4 beni *pl.,* ricchezza *f.*

poderoso, -sa [poðeróso, -sa] *a.-m.* poderoso, potente, possente.

podio [póðjo] *m.* podio.

podredumbre [poðreðúmbre] *f.* putridume *m.*

podrido, -da [poðríðo, -ða] *a.* putrido, fradicio, marcio, guasto.

podrir [poðrir] V. **pudrir.**

poema [poèma] *m.* poema.

poesía [poesía] *f.* poesia.

poeta [poéta] *m.* poeta.

poético, -ca [poétiko, -ka] *a.* poetico.

poetisa [poetisa] *f.* poetessa.

poetizar [poetiθár] *t.* poetizzare, idealizzare.

polaina [poláina] *f.* gambale *m.*

polar [polár] *a.* polare.

polarización [polariθaθjón] *f.* polarizzazione.

polarizar [polariθár] *t.* polarizzare.

polca [pólka] *f.* polca.

polea [poléa] *f.* puleggia, carrucola.

polémico, -ca [polèmiko, -ka] *a.* polemico. 2 *f.* polemica.

polen [pólen] *m.* polline.

policía [poliθía] *m.* piliziotto. 2 *f.* polizia.

policíaco, -ca [poliθíako, -ka] *a.* poliziesco. || *novela* ~, giallo.

policromo, -ma [polikrómo, -ma] *a.* policromo.

polichinela [politʃinéla] *m.* pulcinella.

poliédrico, -ca [poliéðriko, -ka] *a.* poliedrico.

poliedro [poliéðro] *m.* piliedro.

polifonía [polifonía] *f.* polifonia.

polifónico, -ca [polifóniko, -ka] *a.* polifonico.

poligamia [poliɣámja] *f.* poligamia.

polígamo, -ma [políɣamo, -ma] *a.-s.* poligamo.

políglota, -ta [políɣloto, -ta] *a.* poliglotta. 2 *m.* poliglotta.

polígono [políɣono] *m.* poligono.

polígrafo [políɣrafo] *m.* poligrafo.

polilla [políʎa] *f.* tarma.

polinomio [polinómjo] *m.* polinomio.

pólipo [pólipo] *m.* polipo.

polisílabo, -ba [polisilaβo, -βa] *a.-s.* polisillabo.

politécnico, -ca [politéɣniko, -ka] *a.* politecnico.

politeísmo [politeízmo] *m.* politeismo.

politeísta [politeísta] *a.-s.* politeista.

político, -ca [politiko, -ka] *a.-s.* politico. || *padre* ~, suocero. || *hijo* ~, genero. || *hermano* ~, cognato. 2 politica.

polivalente [poliβalènte] *a.* polivalente.

póliza [póliθa] *f.* polizza. 2 marca da bollo.

polizón [poliθón] *m.* clandestino [spec. nelle navi e negli aerei].

polo [pólo] *m.* polo. 2 ghiacciolo.

polución [poluθjón] *f.* polluzione.

polvareda [polβaréða] *f.* polverone *m.*

polvera [polβéra] *f.* portacipria *m.*

polvo [pólβo] *m.* polvere *f.* 2 cipria *f.*

pólvora [pólβora] *f.* polvere [da sparo].

polvorear [polβoreár] *t.* spolverizzare.

polvoriento, -ta [polβorjènto, -ta] *a.* polveroso.

polvorín [polβorin] *m.* polveriera *f.*

pollada [poʎáða] *f.* covata.

pollería [poʎería] *f.* polleria.

pollero, -ra [poʎéro, -ra] *s.* pollaiolo.

pollino [poʎino] *m.* asino, ciuco.

pollo, -lla [póʎo, -ʎa] *m.* pollo. 2 fig. ragazzo. 3 *f.* pollastra. 4 fig. ragazza.

polluelo [poʎwèlo] *m.* pulcino.

pomada [pomáða] *f.* pomata.

pómez [pómeθ] *f.* pomice.

pomo [pómo] *m.* pomo. 2 vasetto per profumi.

pompa [pómpa] *f.* pompa.

pomposidad [pomposiðáð] *f.* pomposità.

pomposo, -sa [pompóso, -sa] *a.* pomposo.

pómulo [pómulo] *m.* zigomo, pomello.

ponche [póntʃe] *m.* ponce, punch.

poncho [póntʃo] *m.* poncio.

ponderación [ponderaθjón] *f.* ponderazione.

ponderar [ponderár] *t.* ponderare.

ponencia [ponènθja] *f.* relazione.

ponente [ponènte] *a.-s.* relatore.

poner [ponèr] *t.* mettere, porre. 2 rendere [nervoso, triste, ecc.]. 3 preparare, apparecchiare. 4 aprire, inaugurare [un negozio, ecc.]. 5 apporre. 6 *r.* mettersi. 7 calzare. 8 diventare. 9 tramontare [gli astri]. ¶ CONIUG. IND. pres.: *pongo.* | pass. rem.: *puse, pusiste, puso; pusimos, pusisteis, pusieron.* | fut.: *pondré, pondrás,* ecc. | CONG. pres.: *ponga, pongas,* ecc. | imp.: *pusiera, -se, pusieras, -ses,* ecc. | fut.: *pusiere, pusieres,* ecc. || IMPER.: *pon, ponga; pongamos, pongas.* || PART. P.: *puesto.*

poniente [ponjènte] *m.* ponente.

pontificar [pontifikár] *i.* pontificare.

pontífice [pontifiθe] *m.* pontefice.

ponzoña [ponθóɲa] *f.* tossico, *m.*, veleno *m.*

ponzoñoso, -sa [ponθoɲóso, -sa] *a.* velenoso, tossico.

popa [pópa] *f.* poppa.

pope [pópe] *m.* pope.

populacho [populátʃo] *m.* popolino.

popular [populár] *a.* popolare.

popularidad [populariðáð] *f.* popolarità.

popularizar [populariθár] *t.-r.* rendere popolare, divulgare.

por [por] *prep.* per. 2 da [complemento d'agente nella passiva]. 3 di: ~ *las mañanas*, di mattina. 4 a: ~ *Navidad*, a Natale. || *¿* ~ *qué?*, perchè?

porcelana [porθelána] *f.* porcellana.

porcentaje [porθentáxe] *m.* percentuale *f.*

porción [porθjón] f. porzione.

porcuno, -na [porkúno, -na] a. porcino.

porche [pórtʃe] m. portico.

pordiosear [porðjoseár] i.-t. mendicare.

pordiosero, -ra [porðjoséro, -ra] s. mendicante, accattone.

porfiado, -da [porfjáðo, -ða] a. ostinato, insistente.

porfiar [porfjár] i. ostinarsi, insistere.

pórfido [pórfiðo] m. porfido.

pormenor [pormenór] m. particolare, dettaglio. ‖ *venta al ~,* vendita al minuto.

pormenorizar [pormenoriθár] t. dettagliare.

pornografía [pornoɣrafia] f. pornografia.

pornográfico, -ca [pornoɣráfiko, -ka] a. pornografico.

poro [póro] m. poro.

porosidad [porosiðáð] f. porosità.

poroso, -sa [poróso, -sa] a. poroso.

porque [porké] cong. perchè.

porqué [porké] m. [il] perchè, motivo, ragione f.

porquería [porkería] f. porcheria, bruttura, immondezza.

porra [pórra] f. manganello m. ‖ *mandar a la ~,* mandare a farsi friggere.

porrazo [porráθo] m. colpo, mazzata f.

porrón [porrón] m. boccale.

portaaviones [portaβiónes] m. portaerei f.

portada [portáða] f. portale m. 2 frontespizio m.

portador, -ra [portaðór, -ra] s. portatore. 2 latore.

portaequipajes [portaekipáxes] m. bagagliaio.

portahelicópteros [portaelikóβteros] m. portaelicotteri.

portal [portál] m. atrio, portale.

portamisiles [portamisiles] m. portamissili.

portamonedas [portamonéðas] m. portamonete.

portaplumas [portaplúmas] m. portapenne.

portarse [portárse] r. comportarsi.

portátil [portátil] a. portatile.

portavoz [portaβóθ] m. portavoce.

portazo [portáθo] m. colpo di porta.

porte [pórte] m. COMM. porto. 2 portamento.

portento [porténto] m. portento, prodigio.

portentoso, -sa [portentóso, -sa] a. portentoso.

portería [portería] f. portineria.

portero, -ra [portéro, -ra] s. portiere, portinaio. 2 SPORT portiere. ‖ *~ automático,* citofono.

portezuela [porteθwéla] f. sportello m.

pórtico [pórtiko] m. portico. 2 portale.

portillo [portíʎo] m. sportello. 2 passo montano.

portón [portón] m. portone.

portorriqueño, -ña [portorrikéɲo, -ɲa] a.-s. portoricano.

portuario, -ria [portwárjo, -rja] a. portuario, portuale.

portugués, -sa [portuɣés, -sa] a.-s. portoghese.

porvenir [porβenír] m. avvenire, futuro.

pos (en) [en pos] loc. dietro.

posada [posáða] f. locanda.

posaderas [posaðéras] f.-pl. natiche.

posadero, -ra [posaðéro, -ra] s. locandiere.

posar [posár] i.-r. posare.

posdata [posðáta] f. poscritto m.

pose [póse] f. posa.

poseedor, -ra [poseeðór, -ra] a.-s. possessore.

poseer [poseér] t. possedere.

posesión [posesjón] f. possedimento m., proprietà. 2 possesso m.

posesivo, -va [posesíβo, -βa] a. possessivo.

poseso, -sa [poséso, -sa] a.-s. posseduto, possesso.

posguerra [posɣérra] f. dopoguerra m.

posibilidad [posiβiliðáð] f. possibilità.

posible [posíβle] a.-s. possibile. ‖ *hacer todo lo ~,* fare del proprio meglio.

posiblemente [posíβlemente] avv. probabilmente, forse.

posición [posiθjón] f. posizione.

positivo, -va [positíβo, -βa] a. positivo. 2 m. FOT. positivo.

poso [póso] m. sedimento.

posponer [posponér] t. posporre.

postal [postál] a. postale. 2 f. cartolina.

postergar [posterɣár] t. accantonare, mettere da parte.

posteridad [posteriðáð] f. posterità, posteri m.-pl.

posterior [posterjór] a. posteriore.

postguerra [posɣérra] V. **posguerra.**

postigo [postiɣo] m. sportello. 2 imposta f.

postín [postin] *m.* presunzione *f.,* arie *f.-pl.*

postizo, -za [postiθo, -θa] *a.* posticcio, falso, finto.

postor [postòr] *m.* offerente.

postración [postraθjón] *f.* prostrazione.

postrar [postrár] *t.-r.* prostrare, avvilire.

postre [pòstre] *m.* dessert, frutta *f.* || *a la ~,* alla fine.

postrero, -ra [postréro, -ra] *a.* ultimo.

postrimerías [postrimerías] *f.-pl.* ultimi tempi *m.* [del mondo e di qualsiasi periodo storico].

postular [postulár] *t.* postulare, richiedere. 2 chiedere, questuare.

póstumo, -ma [póstumo, -ma] *a.* postumo.

postura [postúra] *f.* posizione. 2 atteggiamento *m.*

potable [potáβle] *a.* potabile.

potaje [potáxe] *m.* minestra *f.* di legumi. 2 fig. intruglio.

potasio [potásjo] *m.* potassio.

pote [póte] *m.* pentolino. 2 barattolo. 3 vaso.

potencia [potènθja] *f.* potenza.

potencial [potenθjál] *a.-m.* potenziale. 2 GRAMM. condizionale.

potente [potènte] *a.* potente.

potestad [potestáð] *f.* potestà.

potentado [potentàðo] *m.* potentato.

potestativo, -va [potestatiβo, -βa] *a.* facoltativo.

potro [pòtro] *m.* puledro. 2 cavallina *f.*

poyo [pòjo] *m.* panchina *f.*

poza [póθa] *f.* pozza, pozzanghera.

pozal [poθál] *m.* secchio.

pozo [póθo] *m.* pozzo.

práctica [práγtika] *f.* pratica.

practicante [praγtikánte] *a.-s.* praticante. 2 *m.* assistente medico.

practicar [praγtikár] *t.* praticare. 2 *i.-r.* far pratica.

práctico, -ca [práγtiko, -ka] *a.* pratico.

pradera [praðèra] *f.* prato *m.* 2 prateria.

prado [práðo] *m.* prato.

pragmático, -ca [praγmátiko, -ka] *a.* prammatico.

pragmatismo [praγmatizmo] *m.* pragmatismo.

pragmatista [praγmatista] *s.* pragmatista.

preámbulo [preámbulo] *m.* preambolo.

preboste [preβóste] *m.* prevosto, preposto.

precario, -ria [prekárjo, -rja] *a.* precario.

precaución [prekauθjón] *f.* precauzione.

precaver [prekaβèr] *t.* prevenire. 2 evitare. 3 *r.* premunirsi, preservarsi.

precavido, -da [prekaβiðo, -ða] *a.* prudente, previdente.

precedencia [preθeðènθja] *f.* precedenza.

precedente [preθeðènte] *a.-m.* precedente, antecedente.

preceder [preθeðèr] *t.* precedere.

preceptivo, -va [preθeβtiβo, -βa] *a.* precettivo.

precepto [preθèβto] *m.* precetto.

preceptor, -ra [preθeβtór, -ra] *s.* precettore.

preceptuar [preθeβtuár] *t.* precettare.

preciar [preθjàr] *t.* apprezzare. 2 *r.* vantarsi.

precintar [preθintár] *t.* sigillare.

precinto [preθinto] *m.* sigillo.

precio [prèθjo] *m.* prezzo. || *~ oficial,* calmiere.

preciosidad [preθjosiðáð] *f.* meraviglia.

precioso, -sa [preθjóso, -sa] *a.* prezioso. 2 bellissimo.

precipicio [preθipiθjo] *m.* precipizio.

precipitación [preθipitaθjón] *f.* precipitazione, avventatezza.

precipitado, -da [preθipitáðo, -ða] *a.* precipitoso, avventato. 2 precipitato.

precipitar [preθipitár] *t.-r.* precipitare.

precisamente [preθisamente] *avv.* precisamente. 2 appunto.

precisar [preθisár] *t.* precisare, determinare. 2 obbligare. 3 *i.* bisognare, dovere.

precisión [preθisjón] *f.* precisione.

preciso, -sa [preθiso, -sa] *a.* preciso. 2 necessario. || *ser ~,* bisognare.

precocidad [prekoθiðáð] *f.* precocità.

preconizar [prekoniθár] *t.* preconizzare.

precoz [prekóθ] *a.* precoce.

precursor, -ra [prekursòr, -ra] *a.-s.* precursore, antesignano.

predecesor, -ra [preðeθesòr, -ra] *a.-s.* predecessore.

predecir [preðeθir] *t.* predire.

predestinación [preðestinaθjón] *f.* predestinazione.

predestinar [preðestinár] *t.* predestinare.

prédica [prèðika] *f.* predica.

predicado [preðikàðo] *m.* predicato.

predicador, -ra [preðikaðór, -ra] *a.-m.* predicatore.

predicar [preðikár] *t.* predicare.

predicción [preðiγθjón] *f.* predizione.

predilección [preðileγθjón] *f.* predilezione.

predilecto, -ta [preðiléyto, -ta] *a.* prediletto.

predisponer [preðisponér] *t.* predisporre.

predisposición [preðisposiθjón] *f.* predisposizione.

predominar [preðominár] *i.* predominare.

predominio [preðomínjo] *m.* predominio.

preeminencia [preminénθja] *f.* preminenza.

preestreno [preestréno] *m.* anteprima *f.*

preexistencia [preeysisténθja] *f.* preesistenza.

preexistente [preeysisténte] *a.* preesistente.

prefabricado, -da [prefaβrikáðo, -ða] *a.* prefabbricato.

preferencia [preferénθja] *f.* preferenza.

preferente [preferénte] *a.* preferente.

preferible [preferíβle] *a.* preferibile.

preferir [preferír] *t.* preferire. ¶ CONIUG. come *sentir.*

prefiguración [prefiyuraθjón] *f.* prefigurazione.

prefijar [prefixár] *t.* prefissare.

prefijo [prefíxo] *m.* prefisso.

pregón [preyón] *m.* bando, grida *f.* 2 discorso inaugurale.

pregonar [preyonár] *t.* bandire. 2 fig. dire ai quattro venti.

pregonero [preyonéro] *m.* banditore.

pregunta [preyúnta] *f.* domanda.

preguntar [preyuntár] *t.* domandare, chiedere. ‖ ~ *por alguien,* chiedere di qualcuno.

pregustar [preyustár] *t.* pregustare.

prehistoria [preistórja] *f.* preistoria.

prehistórico, -ca [preistóriko, -ka] *a.* preistorico.

prejuicio [prexwíθjo] *m.* pregiudizio, preconcetto.

prejuzgar [prexuθyár] *t.* giudicare pima del tempo.

prelado [preláðo] *m.* prelato.

preliminar [preliminár] *a.-m.* preliminare.

preludiar [preluðjár] *i.* MUS. preludiare. 2 *t.* preludere.

prematuro, -ra [prematúro, -ra] *a.* prematuro.

premeditación [premeðitaθjón] *f.* premeditazione.

premiar [premjár] *t.* premiare.

premio [prémjo] *m.* premio.

premisa [premísa] *f.* premessa.

premura [premúra] *f.* premura.

prenda [prénda] *f.* pegno *m.* 2 capo *m.* di vestiario, indumento *m.* 3 persona o cosa cara. 4 *pl.* qualità personali.

prendarse [prendárse] *r.* invaghirsi, innamorarsi.

prender [prendér] *t.* acciuffare, prendere. 2 *i.* attecchire, divampare [il fuoco]. ‖ ~ *fuego,* appicare il fuoco.

prensa [prénsa] *f.* stampa. ‖ *rueda de ~,* conferenza stampa. 2 MECC. pressa, torchio *m.*

prensar [prensár] *t.* pressare.

preñado, -da [preɲáðo, -ða] *a.* pregno, gravido, pieno. 2 *a.-f.* [donna] incinta.

preñar [preɲár] *t.* rendere gravida. 2 riempire.

preñez [preɲéθ] *f.* gravidanza.

preocupación [preokupaθjón] *f.* preoccupazone, assillo *m.,* grattacapo *m.*

preocupar [preokupár] *t.-r.* preoccupare, impensierire.

preparación [preparaθjón] *f.* preparazione, allestimento *m.*

preparar [preparár] *t.-r.* preparare, allestire, apparecchiare. 2 accingersi.

preparativo, -va [preparatíβo, -βa] *a.-m. pl.* preparativo.

preparatorio, -ria [preparatórjo, -rja] *a.* preparatorio.

preponderancia [preponderánθja] *f.* preponderanza.

preposición [preposiθjón] *f.* preposizione.

prerrogativa [prerroyatíβa] *f.* prerogativa.

presa [présa] *f.* presa. 2 preda. 3 diga, chiusa.

presagiar [presaxjár] *t.* presagire.

presagio [presáxjo] *m.* presagio.

presbicia [prezβíθja] *f.* presbitismo *m.*

presbítero [prezβítero] *m.* presbitero.

prescribir [preskriβír] *t.-i.* prescrivere.

prescripción [preskriβθjón] *f.* prescrizione.

presencia [presénθja] *f.* presenza, cospetto *m.* ‖ ~ *de ánimo,* forza d'animo.

presenciar [presenθjár] *t.* presenziare, intervenire.

presentación [presentaθjón] *f.* presentazione.

presentador, -ra [presentaðór, -ra] *s.* presentatore.

presentar [presentár] *t.-r.* presentare. 2 avanzare. 3 *r.* capitare: ~ *la oportunidad,* capitare l'occasione.

presente [presénte] *a.-m.* presente. 2 *s.* astante.

presentimiento [presentimjènto] *m.* presentimento.

presentir [presentir] *t.* presentire.

preservación [preserβaθjón] *f.* preservamento *m.,* preservazione.

preservativo, -va [preserβatiβo, -βa] *a.-m.* preservativo.

presidencia [presiðénθja] *f.* presidenza.

presidencial [presiðenθjál] *a.* presidenziale.

presidente [presiðénte] *m.* presidente.

presidiar [presiðjár] *t.* presidiare.

presidiario [presidjárjo] *m.* carcerato, detenuto.

presidio [presiðjo] *m.* MIL. presidio. 2 penitenziario, galera *f.*

presidir [presiðir] *t.* presiedere.

presión [presjón] *f.* pressione.

preso [prèso] *m.* prigioniero, detenuto, carcerato.

prestación [prestaθjón] *f.* prestazione.

préstamo [prèstamo] *m.* prestito.

prestancia [prestánθja] *f.* prestanza.

prestar [prestár] *t.* prestare.

prestidigitación [prestiðixitaθjón] *f.* giochi *m.-pl.* di prestigio.

prestidigitador, -ra [prestiðixitaðór, -ra] *s.* prestigiatore.

prestigio [prestixjo] *m.* prestigio.

prestigioso, -sa [prestixjóso, -sa] *a.* prestigioso.

presumido, -da [presumiðo, -ða] *a.* presuntuoso, vanitoso.

presumir [presumir] *t.-i.* presumere.

presunción [presunθjón] *f.* presunzione.

presunto, -ta [presúnto, -ta] *a.* presunto.

presuntuosidad [presuntwosiðáð] *f.* presunzione.

presuntuoso, -sa [presuntwóso, -sa] *a.* presuntuoso.

presuponer [presuponèr] *t.* presupporre.

presupuesto [presupwèsto] *m.* presupposto. 2 presupposizione. 3 preventivo.

presuroso, -sa [presuróso, -sa] *a.* frettoloso.

pretender [pretendér] *t.* pretendere.

pretendiente [pretendjénte] *a.-s.* pretendente.

pretensión [pretensjón] *f.* pretesa.

preterición [preteriθjón] *f.* preterizione.

preterir [preterir] *t.* preterire. ¶ CONIUG. come **sentir**.

pretérito, -ta [pretérito, -ta] *a.-m.* passato.

pretextar [preteystár] *t.* addurre a pretesto.

pretexto [pretèysto] *a.* pretesto, appiglio.

prevalecer [preβaleθèr] *i.* prevalere. ¶ CONIUG. come **crecer**.

prevaricación [preβarikaθjón] *f.* prevaricazione.

prevaricador, -ra [preβarikaðór, -ra] *a.-s.* prevaricatore.

prevaricar [preβarikár] *i.* prevaricare.

prevención [preβenθjón] *f.* prevenzione, preconcetto *m.* 2 guardina. 3 MIL. corpo *m.* di guardia.

prevenido, -da [preβeniðo, -ða] *a.* previdente, preparato. 2 prevenuto.

prevenir [preβenir] *t.* avvisare, avvertire. 2 prevedere, prevenire. 3 *r.* prepararsi, premunirsi.

preventivo, -va [preβentiβo, -βa] *a.* preventivo.

prever [preβèr] *t.* prevedere.

previo, -via [prèβjo, -βja] *a.* previo.

previsión [preβisjón] *f.* previsione.

previsor, -ra [preβisór, -ra] *a.* previdente.

prima [prima] *f.* cugina. 2 premio *m.*

primacía [primaθia] *f.* primato *m.*

primado [primáðo] *m.* primato. 2 primate.

primario, -ria [primárjo, -rja] *a.* primario.

primavera [primaβéra] *f.* primavera.

primaveral [primaβerál] *a.* primaverile.

primer [primèr] *a.* apoc. di **primero** [davanti ai nomi maschili]

primero, -ra [primèro, -ra] *a.* primo. 2 *avv.* prima, dapprima.

primicia [primiθja] *f.* primizia.

primitivo, -va [primitiβo, -βa] *a.* primitivo.

primo, -ma [primo, -ma] *a.* primo. 2 *s.* cugino. 3 gonzo.

primogénito, -ta [primoxénito, -ta] *a.-s.* primogenito.

primor [primór] *m.* accuratezza *f.,* squisitezza *f.,* abilità *f.* 2 bellezza *f.,* gioiello.

primordial [primorðjál] *a.* primordiale.

primoroso, -sa [primoróso, -sa] *a.* squisito, eccellente, grazioso. 2 abile, destro.

princesa [prinθésa] *f.* principessa.

principado [prinθipáðo] *m.* principato.

principal [prinθipál] *a.-m.* principale.

príncipe [prinθipe] *m.* principe.

principesco, -ca [prinθipésko, -ka] *a.* principesco.

principiante [prinθipjánte] *a.-s.* principiante.

principiar [prinθipjár] *t.* principiare, co- minciare.
principio [prinθípjo] *m.* principio.
pringar [priŋgár] *t.-r.* macchiare, sporcare.
pringoso, -sa [priŋgóso, -sa] *a.* unto, ap- piccicaticcio.
pringue [príŋge] *m.* grasso, lardo. 2 sudi- ciume.
prior, -ra [priór, -ra] *s.* priore.
prioridad [prioriðáð] *f.* priorità.
prisa [prisa] *f.* fretta. || *de ~,* in fretta, di corsa. || *de ~ y corriendo,* in fretta e fu- ria. || *correr ~,* urgere.
prisión [prisjón] *f.* prigione.
prisionero, -ra [prisjonéro, -ra] *a.* prigio- niero.
prisma [prízma] *m.* prisma.
prismático, -ca [prizmátiko, -ka] *a.* pri- smatico. 2 *m.-pl.* binocolo *sing.*
privación [priβaθjón] *f.* privazione.
privar [priβár] *t.-r.* privare. 2 *i.* predomi- nare.
privativo, -va [priβatíβo, -βa] *a.* privati- vo. 2 proprio, esclusivo.
privilegiado, -da [priβilexiáðo, -ða] *a.* privilegiato.
privilegio [priβiléxjo] *m.* privilegio.
pro [pro] *m.* pro, profitto, favore.
proa [próa] *f.* prua, prora.
probabilidad [proβaβiliðáð] *f.* probabi- lità.
probable [proβáβle] *a.* probabile.
probador [proβaðór] *m.* spogliatoio.
probar [proβár] *t.* provare. 2 assaggiare. 3 collaudare. 4 *i.* tentare, cercare. 5 gio- vare. 6 *r.* provarsi. ¶ CONIUG. come *con- tar.*
probatorio, -ria [proβatórjo, -rja] *a.* pro- batorio, probante, provante.
probeta [proβéta] *f.* provetta.
probidad [proβiðáð] *f.* probità.
problema [proβléma] *m.* problema.
problemático, -ca [proβlemátiko, -ka] *a.* problematico.
probo, -ba [próβo, -βa] *a.* probo.
procaz [prokáθ] *a.* procace.
procedencia [proθeðénθja] *f.* prove- nienza.
procedente [proθeðénte] *a.* proveniente, procedente. 2 ragionevole.
proceder [proθeðér] *i.* procedere. 2 pro- venire. 3 derivare.
proceder [proθeðér] *m.* condotta *f.*, con- tegno.
procedimiento [proθeðimjénto] *m.* pro- cedimento.

prócer [próθer] *a.* eminente, elevato. 2 *m.* magnate.
procesar [proθesár] *t.* processare.
procesión [proθesjón] *f.* processione.
proceso [proθéso] *m.* processo, decorso. 2 GIUR. processo.
proclama [proklála] *f.* proclama *m.*
proclamación [proklamaθjón] *f.* procla- mazione.
proclamar [proklamár] *t.* proclamare.
procreación [prokreaθjón] *f.* procrea- zione.
procrear [prokreár] *t.* procreare.
procura [prokúra] *f.*, **procuración** [pro- kuraθjón] *f.* procura.
procurador [prokuraðór] *m.* procuratore. 2 amministratore.
procuraduría [prokuraðuría] *f.* procura.
procurar [prokurár] *t.* procurare, cercare di. 2 provvedere, arrecare. 3 *r.* procurar- si, acquistare.
prodigalidad [proðiɣaliðáð] *f.* prodiga- lità.
prodigar [proðiɣár] *t.* prodigare.
prodigioso, -sa [proðixjóso, -sa] *a.* pro- digioso.
pródigo, -ga [próðiɣo, -ɣa] *a.* prodigo.
producción [proðuɣθjón] *f.* produzione.
producir [proðuθír] *t.* produrre. ¶ CONIUG. come *conducir.*
productivo, -va [proðuɣtíβo, -βa] *a.* pro- duttivo.
producto [proðúɣto] *m.* prodotto.
productor, -ra [produɣtór, -ra] *a.-s.* pro- duttore.
proemio [proémjo] *m.* proemio.
proeza [proéθa] *f.* prodezza.
profanación [profanaθjón] *f.* profana- zione.
profanar [profanár] *t.* profanare, dissa- crare.
profano, -na [profáno, -na] *a.* profano.
profecía [profeθía] *f.* profezia.
proferir [proferir] *t.* proferire. ¶ CONIUG. come *sentir.*
profesar [profesár] *t.-i.* professare.
profesión [profesjón] *f.* professione.
profesional [profesjonál] *a.* professiona- le. 2 *s.* professionista.
profesor, -ra [profesór, -ra] *s.* professore, docente.
profesorado [profesoráðo] *m.* professo- rato. 2 corpo insegnante.
profeta [proféta] *m.* profeta.
profético, -ca [profétiko, -ka] *a.* profe- tico.

profetisa [profetisa] *f.* profetessa.
profetizar [profetiθár] *t.* profetizzare.
profiláctico, -ca [profiláytiko, -ka] *a.* profilattico.
profilaxis [profiláysis] *f.* profilassi.
prófugo, -ga [prófuγo, -γa] *a.-s.* profugo. 2 *m.* MIL. renitente.
profundidad [profundiðáð] *f.* profondità.
profundizar [profundiθár] *t.* approfondire. 2 scavare.
profundo, -da [profúndo, -da] *a.* profondo.
profusión [profusjón] *f.* profusione.
profuso, -sa [profúso, -sa] *a.* profuso.
progenie [proxénje] *f.* progenie.
progenitor [proxenitór] *m.* genitore.
programa [proγráma] *m.* programma.
progresar [proγresár] *i.* progredire.
progresión [proγresjón] *f.* progressione.
progresivo, -va [proγresiβo, -βa] *a.* progressivo.
progreso [proγréso] *m.* progresso.
prohibición [proiβiθjón] *f.* proibizione, divieto *m.*
prohibir [proiβir] *t.* proibire, vietare.
prójimo [próximo] *m.* prossimo.
prole [próle] *f.* prole.
proletariado [proletarjáðo] *m.* proletariato.
proletario, -ria [proletárjo, -rja] *a.-s.* proletario.
prolífico, -ca [prolífiko, -ka] *a.* prolifico.
prolijo, -ja [prolíxo, -xa] *a.* prolisso.
prólogo [próloγo] *m.* prologo.
prolongación [proloŋgaθjón] *f.* prolungamento *m.*
prolongar [proloŋgár] *t.-r.* prolungare, allungare.
promedio [proméðjo] *m.* media *f.*
promesa [promésa] *f.* promessa.
prometedor, -ra [prometeðór, -ra] *a.-s.* promettente.
prometer [prometér] *t.* promettere. 2 *r.* fidanzarsi. 3 ripromettersi.
prometido, -da [prometiðo, -ða] *s.* fidanzato, promesso sposo.
prominencia [prominénθja] *f.* prominenza.
prominente [prominénte] *a.* prominente.
promiscuidad [promiskwiðáð] *f.* promiscuità.
promiscuo, -cua [promiskwo, -kwa] *a.* promiscuo.
promisión [promisjón] *f.* promessa.
promoción [promoθjón] *f.* promozione.

promontorio [promontórjo] *m.* promontorio.
promotor, -ra [promotór, -ra] *a.-s.* promotore.
promover [promoβér] *t.* promuovere.
promulgación [promulγaθjón] *f.* promulgazione.
promulgar [promulγár] *t.* promulgare.
pronombre [pronómbre] *m.* pronome.
pronominal [pronominál] *a.* pronominale.
pronóstico [pronóstiko] *m.* pronostico.
pronosticar [pronostikár] *t.* pronosticare.
prontitud [prontitúð] *f.* prontezza.
pronto, -ta [prónto, -ta] *a.* rapido. 2 pronto, alacre. 3 *m.* fam. scatto. 4 *avv.* presto. ‖ *de ~,* a un tratto. ‖ *por lo ~, por de ~,* intanto.
prontuario [prontwárjo] *m.* prontuario.
pronunciación [pronunθjaθjón] *f.* pronuncia.
pronunciamiento [pronunθjamjénto] *m.* colpo di Stato.
pronunciar [pronunθjár] *t.* pronunciare. 2 *r.* dichiararsi. 3 sollevarsi.
propagación [propaγaθjón] *f.* propagazione.
propaganda [propaγánda] *f.* propaganda, pubblicità.
propagar [propaγár] *t.-r.* propagare, diramare. 2 *r.* dilagare.
propalar [propalár] *t.* divulgare, propalare.
propasarse [propasárse] *r.* oltrepassare i limiti.
propender [propendér] *i.* propendere.
propensión [propensjón] *f.* propensione.
propenso, -sa [propénso, -sa] *a.* propenso.
propicio, -cia [propíθjo, -θja] *a.* propizio.
propiedad [propjeðáð] *f.* proprietà.
propietario, -ria [propjetárjo, -rja] *a.-s.* proprietario.
propina [propína] *f.* mancia.
propinar [propinár] *t.* dare, somministrare [spec. cose sgradevoli]: ~ *una paliza,* dare una legnata.
propio, -pia [própjo, -pja] *a.* proprio. 2 stesso. ‖ *al ~ tiempo,* allo stesso tempo.
proponer [proponér] *t.-r.* proporre.
proporción [proporθjón] *f.* proporzione.
proporcionado, -da [proporθjonáðo, -ða] *a.* proporzionato, adeguato.
proporcional [proporθjonál] *a.* proporzionale.

proporcionar [proporθjonár] *t.* fornire, dare. 2 proporzionare.

proposición [proposiθjón] *f.* proposta.

propósito [propósito] *m.* proposito. ‖ *de* ~, apposta, di proposito.

propuesta [propwèsta] *f.* proposta.

propugnar [propuynár] *t.* propugnare.

propulsar [propulsár] *t.* propulsare.

propulsión [propulsjón] *f.* propulsione.

propulsor, -ra [propulsór, -ra] *a.-s.* propulsore.

prórroga [prórroya] *f.* proroga.

prorrogable [prorroyáβle] *a.* prorogabile.

prorrogar [prorroyár] *t.* prorogare.

prorrumpir [prorrumpir] *i.* prorompere.

prosa [prósa] *f.* prosa.

prosaico, -ca [prosáiko, -ka] *a.* prosaico.

proscripción [proskriβθjón] *f.* proscrizione. 2 bando *m.*

prosecución [prosekuθjón] *f.* prosecuzione.

proseguir [proseyír] *t.* proseguire.

proselitismo [proselitizmo] *m.* proselitismo.

prosopopeya [prosopopèja] *f.* prosopopea.

prospecto [prospèyto] *m.* prospetto. 2 dépliant.

prosperar [prosperár] *i.* prosperare.

prosperidad [prosperiðáð] *f.* prosperità.

próspero, -ra [próspero, -ra] *a.* prospero, florido.

próstata [próstata] *f.* prostata.

prosternarse [prosternárse] *r.* prosternarsi.

prostíbulo [prostíβulo] *m.* postribolo.

prostitución [prostituθjón] *f.* prostituzione.

prostituir [prostituír] *t.-r.* prostituire. ¶ CONIUG. come *huir.* ‖ PART. P. reg.: *prostituido*; irr.: *prostituto*.

prostituta [prostitúta] *f.* prostituta.

protagonista [protayonísta] *s.* protagonista.

protección [proteyθjón] *f.* protezione.

proteccionismo [proteyθjonízmo] *m.* protezionismo.

protector, -ra [proteytór, -ra] *a.-s.* protettore.

protectorado [proteytoráðo] *m.* protettorato.

proteger [protexèr] *t.-r.* proteggere. 2 GIUR. cautelare.

proteína [proteína] *f.* proteina.

protesta [protèsta] *f.* protesta.

protestante [protestánte] *a.-s.* protestante.

protestar [protestár] *t.* protestare.

protocolo [protokólo] *m.* protocollo.

protón [protón] *m.* protone.

protoplasma [protoplázma] *m.* protoplasma.

prototipo [prototipo] *m.* prototipo.

protuberancia [protuβeránθja] *f.* protuberanza.

provecto, -ta [proβéyto, -ta] *a.* provetto.

provecho [proβétʃo] *m.* profitto, giovamento.

provechoso, -sa [proβetʃóso, -sa] *a.* proficuo.

proveedor, -ra [proβeeðór, -ra] *s.* fornitore.

proveer [proβeèr] *t.-r.-i.* fornire, provvedere, corredare. ¶ CONIUG. come *leer.* ‖ PART. P. irr.: *provisto*.

provenir [proβenir] *i.* provenire.

proverbial [proβèrβjál] *a.* proverbiale.

proverbio [proβèrβjo] *m.* proverbio.

providencia [proβiðénθja] *f.* provvidenza. 2 provvedimento *m.*

provincia [proβínθja] *f.* provincia.

provisión [proβisjón] *f.* provvista.

provisional [proβisjonál] *a.* provvisorio.

provocación [proβokaθjón] *f.* provocazione.

provocador, -ra [proβokaðór, -ra] *a.-s.* provocatore.

provocar [proβokár] *t.* provocare.

provocativo, -va [proβokatiβo, -βa] *a.* provocativo.

proximidad [proysimiðáð] *f.* prossimità.

próximo, -ma [próysimo, -ma] *a.* prossimo.

proyección [projekθjón] *f.* proiezione.

proyectar [projektár] *t.* proiettare. 2 progettare, ideare, disegnare.

proyectil [projektil] *m.* proiettile.

proyectista [projektísta] *s.* progettista.

proyecto [projèyto] *m.* progetto, disegno. ‖ ~ *de ley,* disegno di legge.

proyector [projeytór] *m.* proiettore.

prudencia [pruðénθja] *f.* prudenza.

prudente [pruðénte] *a.* prudente.

prueba [prwéβa] *f.* prova. 2 collaudo *m.* 3 TIP. bozza.

prurito [pruríto] *m.* prurito.

psicoanálisis [sikoanálisis] *f.* psicanalisi.

psicofármaco [sikofármako] *m.* psicofarmaco.

psicología [sikoloxía] *f.* psicologia.

psicológico, -ca [sikolóxiko, -ka] *a.* psicologico.
psicosis [sikósis] *f.* psicosi.
psiquiatría [sikjatría] *f.* psichiatria.
psíquico, -ca [sikiko, -ka] *a.* psichico.
púa [púa] *f.* punta, aculeo *m.* 2 spina. 3 dente *m.* [di pettine].
púber, -ra [púβer, -ra] *a.-s.* pubere.
pubertad [puβertàð] *f.* pubertà.
pubis [púβis] *m.* pube.
publicación [puβlikaθjón] *f.* pubblicazione.
publicar [puβlikár] *t.* pubblicare.
publicidad [puβliθiðàð] *f.* pubblicità.
publicista [puβliθísta] *s.* pubblicista.
público, -ca [púβliko, -ka] *a.-m.* pubblico.
puchero [putʃéro] *m.* pentola *f.* 2 minestrone.
púdico, -ca [púðiko, -ka] *a.* pudico.
pudiente [puðjénte] *a.-m.* agiato, abbiente.
pudor [puðór] *m.* pudore.
pudoroso, -sa [puðoróso, -sa] *a.* pudibondo.
pudrir [puðrir] *t.* rendere putrido, corrompere. 2 *r.* imputridire. 3 fig. *t.-r.* irritare, infastidire. 4 *i.* essere morto, putrefare. ¶ CONIUG. INF.: *pudrir* o *podrir*. ‖ PART. P.: *podrido*.
pueblo [pwèβlo] *m.* popolo. 2 paese, villaggio.
puente [pwénte] *m.* ponte.
puerco, -ca [pwérko, -ka] *a.* sporco. 2 *m.* porco, maiale.
puericultura [pwerikultúra] *f.* puericultura.
pueril [pweril] *a.* puerile.
puerilidad [pweriliðàð] *f.* puerilità.
puerro [pwèrro] *m.* porro.
puerta [pwérta] *f.* porta, uscio *m.*
puerto [pwérto] *m.* porto. 2 passo, valico [di montagna].
pues [pwès] *cong.* perchè, poichè. 2 quindi, dunque. 2 allora.
puesta [pwèsta] *f.* tramonto *m.* 2 posta [nel gioco]. ‖ ~ *en marcha,* messa in moto.
puesto, -ta [pwèsto, -ta] *a.* messo. 2 *m.* posto. 3 bancarella *f.* [per la vendita di frutta, ecc.]. 4 MIL. postazione *f.* 5 *cong.* ~ *que,* poichè, dato che.
púgil [púxil] *m.* pugile.
pugna [púγna] *f.* lotta, battaglia.
pugnar [puγnár] *i.* lottare, combattere. 2 dibattersi.

pujante [puxánte] *a.* robusto, vigoroso. 2 esuberante.
pujanza [puxánθa] *f.* forza, vigore *m.* potenza. 2 esuberanza, rigoglio *m.*
pulcritud [pulkritùð] *f.* accuratezza.
pulcro, -cra [púlkro, -kra] *a.* accurato. 2 pulito.
pulga [púlγa] *f.* pulce.
pulgada [pulγáða] *f.* pollice *m.* [misura].
pulgar [pulγár] *m.* pollice.
pulido, -da [puliðo, -ða] *a.* lucido. 2 grazioso, bello. 3 accurato.
pulidora [puliðóra] *f.* lucidatrice.
pulimentar [pulimentár] *t.* lucidare.
pulimento [pulimènto] *m.* lucidatura *f.*
pulir [pulir] *t.* lucidare, lustrare. 2 fig. dirozzare.
pulmón [pulmón] *m.* polmone.
pulmonía [pulmonía] *f.* polmonite.
pulpa [púlpa] *f.* polpa.
púlpito [púlpito] *m.* pulpito.
pulpo [púlpo] *m.* polpo.
pulsación [pulsaθjón] *f.* pulsazione, battito *m.*
pulsar [pulsár] *t.* pulsare, battere. 2 tastare il polso. 3 *i.* battere, palpitare.
pulso [púlso] *m.* polso. ‖ *a* ~, di peso.
pulular [pululár] *i.* pullulare.
pulverizador, -ra [pulβeriθaðór, -ra] *a.-m.* polverizzatore.
pulverizar [pulβeriθár] *t.* polverizzare.
pundonor [pundonór] *m.* punto d'onore. 2 suscettibilità *f.* 3 puntiglio.
punta [púnta] *f.* punta.
puntada [puntáða] *f.* punto *m.* [nel cucito].
puntal [puntál] *m.* puntello.
puntapié [puntapjé] *m.* calcio, pedata *f.*
puntear [punteár] *t.* punteggiare. 2 MUS. pizzicare.
puntería [puntería] *f.* mira.
puntero [puntéro] *m.* bacchetta *f.*
puntiagudo, -da [puntjaγùðo, -ða] *a.* appuntito, acuminato, aguzzo.
puntilla [puntíʎa] *f.* pizzo *m.,* merletto *m.,* gala. 2 colpo *m.* di grazia. ‖ *de puntillas,* in punta di piedi.
puntillo [puntíʎo] *m.* puntiglio.
puntilloso, -sa [puntiʎóso, -sa] *a.* puntiglioso.
punto [púnto] *m.* punto. 2 maglia *f.* ‖ ~ *y aparte,* punto e a capo. ‖ *la hora en* ~, l'ora precisa. ‖ *estar a* ~ *de,* stare per, essere sul punto di. 3 ARCH. sesto: *arco de medio* ~, arco a tutto sesto.

puntuación [puntwaθjón] *f.* punteggiatura. 2 GIOC.-SPORT punteggio *m.*

puntual [puntwál] *a.* puntuale.

puntualidad [puntwaliðáð] *f.* puntualità.

puntualizar [puntwaliθár] *t.* riferire dettagliatamente. 2 precisare. 3 completare, dar l'ultima mano.

puntuar [puntwár] *t.* punteggiare.

punzada [punθáða] *f.* puntura. 2 fitta.

punzante [punθánte] *a.* pungente, acuto.

punzar [punθár] *t.* punzecchiare.

punzón [punθón] *m.* punzone.

puñado [puɲáðo] *m.* pugno, manciata *f.*

puñal [puɲál] *m.* pugnale.

puñalada [puɲaláða] *f.* pugnalata.

puñetazo [puɲetáθo] *m.* pugno.

puño [púɲo] *m.* pugno. 2 polsino [delle camicie]. || *de su (propio)* ~ *(y letra),* di sua propria mano.

pupila [pupíla] *f.* pupilla.

pupitre [pupítre] *m.* banco [nelle scuole].

puré [puré] *m.* purè.

pureza [puréθa] *f.* purezza. 2 illibatezza.

purga [púrɣa] *f.* purga.

purgar [purɣár] *t.-r.* purgare.

purgatorio [purɣatórjo] *m.* purgatorio.

purificación [purifikaθjón] *f.* purificazione.

purificar [purifikár] *t.* purificare.

purista [puríata] *a.-s.* purista.

puritano, -na [puritáno, -na] *a.-s.* puritano.

puro, -ra [púro, -ra] *a.* puro. 2 illibato. 3 *m.* sigaro.

púrpura [púrpura] *f.* porpora.

purpúreo, -a [purpúreo, -a] *a.* purpureo.

purpurina [purpurina] *f.* porporina.

purulento, -ta [purulénto, -ta] *a.* purulento.

pus [pus] *m.* pus.

pusilánime [pusilánime] *a.* pusillanime.

pústula [pústula] *f.* pustola.

puta [púta] *f.* puttana.

putrefacción [putrefaɣθjón] *f.* putrefazione.

putrefacto, -ta [putrefáyto, -ta] *a.* putrefatto.

pútrido, -da [pútriðo, -ða] *a.* putrido.

Q

q *f.* ventesima lettera dell'alfabeto spagnolo.

que [ke] *pron. rel.* che. ‖ *a, de ~*, a, di cui. 2 *cong.* che. 3 di: *dijo ~ no*, disse di no. ‖ *es más alto ~ yo*, è più alto di me.

qué [ke] *pron. interr.-esclam.* che, che cosa, cosa. 2 quale. ‖ *¡~ bien se está!*, come si sta bene! ‖ *¡~ de cosas me traes!*, quanta roba mi porti! ‖ *¿por ~?*, perchè?

quebradero [keβraðèro] *m.* *~ de cabeza*, grattacapo.

quebradizo, -za [keβraðiθo, -θa] *a.* fragile.

quebrado, -da [keβráðo, -ða] *a.* ECON. fallito. 2 rotto, indebolito. 3 accidentato [terreno]. 4 *a.-m.* MAT. frazione *f.* 5 *f.* GEOGR. gola.

quebradura [keβraðùra] *f.* rottura, frattura, fenditura. 2 ernia.

quebrantamiento [keβrantamjènto] *m.* rottura *f.*, frattura *f.*

quebrantar [keβrantàr] *t.-r.* rompere, spaccare. 2 *t.* schiacciare. 3 fig. infrangere. 4 rompere, commuovere. 5 molestare, stancare.

quebranto [keβrànto] *m.* rottura *f.* 2 fig. abbattimento. 3 strazio. 4 rovina *f.*

quebrar [keβràr] *t.-r.* rompere, fendere. 2 piegare. 3 affievolire. 4 *i.* ECON. fallire. 5 *r.* prodursi un'ernia.

quedamente [kèðamente] *avv.* piano, sottovoce.

quedar [keðàr] *i.-r.* restare, rimanere. 2 trattenersi. 3 *r.* tenersi, prendere.

quedo, -da [kèðo, -ða] *a.* quieto, calmo. 2 zitto. 3 *f.* coprifuoco *m.* 4 *avv.* piano, sottovoce.

quehacer [keaθèr] *m.* occupazione *f.*, daffare, faccenda *f.*

queja [kèxa] *f.* lamento *f.* 2 lagnanza. 3 querela.

quejarse [kexàrse] *r.* lamentarsi. 2 lagnarsi.

quejido [kexìðo] *m.* lamento, gemito.

quejoso, -sa [kexòso, -sa] *a.* malcontento, scontento.

quejumbroso, -sa [kexumbróso, -sa] *a.* lamentoso.

quema [kèma] *f.* bruciatura. 2 incendio *m.*

quemadura [kemaðùra] *f.* bruciatura, scottatura.

quemar [kemàr] *t.-i.-r.* bruciare. 2 scottare. 3 *i.* ardere.

quemarropa (a) [a kemarrópa] *loc.* a bruciapelo.

quemazón [kemaθón] *f.* bruciatura, ustione. 2 arsura.

querella [keréʎa] *f.* discordia. 2 GIUR. querela: *presentar una ~*, sporgere querela.

querellante [kereʎánte] *a.-s.* querelante.

querellarse [kereʎárse] *r.* lagnarsi. 2 GIUR. sporgere querela.

querencia [kerènθja] *f.* amore *m.* affetto *m.*

querer [kerèr] *t.* volere. 2 voler bene a, amare. ‖ *[loc.* con la 3.ª pers. sing.]: *donde quiera*, dovunque; *como quiera*, comunque. ¶ CONIUG. IND. pres.: *quiero, quieres, quiere, quieren.* | pass. rem.: *quise, quisiste, quiso, quisimos, quisisteis, quisieron.* | fut.: *querré, querrás*, ecc. ‖ COND.: *querría, querrías*, ecc. ‖ CONG. pres.: *quiera, quieras, quiera, quieran.* | imp.: *quisiera, -se, quisieras, -ses*, ecc. | fut.: *quisiere, quisieres*, ecc. ‖ IMPER.: *quiere, quieras; quieran.* ‖ GER.: *queriendo.*

querer [kerèr] *m.* amore, affetto.

querido, -da [kerìðo, -ða] *a.* amato, caro. 2 *s.* amante.

querubín [keruβin] *m.* cherubino.

quesera [kesèra] *f.* caseificio *m.* 2 formaggera.

queso [kèso] *m.* formaggio, cacio.

quicio [kiθjo] *m.* ganghero, cardine. ‖ *sacar (o salir) de ~*, (far) uscire dai gangheri.

quid [kið] *m.* nocciolo [di una questione].

quiebra [kjèβra] *f.* spaccatura, fenditura. 2 ECON. fallimento *m.*

quien [kjèn] *pron.* [interr.: *quién*] chi. ‖ *quién sabe,* chissà.

quienquiera [kjeŋkjèra] *pron.* chiunque. ‖ ~ *que sea,* chicchessia.

quieto, -ta [kjèto, -ta] *a.* quieto, fermo. 2 fig. calmo.

quietud [kjetúd] *f.* quiete.

quijada [kixàða] *f.* mascella.

quijotesco, -ca [kixotèsko, -ka] *a.* (don)chisciottesco.

quilate [kilàte] *m.* carato.

quilo [kílo] *m.* chilo [peso]. 2 chilo [succo intestinale]. ‖ *sudar el* ~, affaticarsi molto.

quilogramo [kiloɣràmo] *m.* chilogrammo.

quilometraje [kilometráxe] *m.* chilometraggio.

quilométrico, -ca [kilomètriko, -ka] *a.* chilometrico.

quilómetro [kilòmetro] *m.* chilometro.

quilla [kíʎa] *f.* chiglia.

quimera [kimèra] *f.* chimera. 2 rissa, lite. ‖ *buscar* ~, attaccare briga.

químico, -ca [kímiko, -ka] *a.-s.* chimico. 2 *f.* chimica.

quimono [kimóno] *m.* chimono.

quina [kína] *f.* china.

quincalla [kiŋkáʎa] *f.* chincaglieria.

quincallería [kiŋkaʎería] *f.* chincaglieria.

quince [kínθe] *a.-m.* quindici.

quincenal [kinθenál] *a.* quindicinale.

quinceno, -na [kinθèno, -na] *a.-m.* quindicesimo, decimoquinto. 2 *f.* quindicina.

quincuagenario, -ria [kiŋkwaxenárjo, -rja] *a.-s.* cinquantenne, quinquagenario.

quincuagésimo, -ma [kiŋkwaxèsimo, -ma] *a.-m.* cinquantesimo, quinquagesimo.

quingentésimo, -ma [kiŋxentèsimo, -ma] *a.* cinquantesimo.

quiniela [kinjèla] *f.* totocalcio *m.,* schedina del totocalcio.

quinientos, -tas [kinjèntos, -tas] *a.* cinquecento.

quinina [kinína] *f.* chinina.

quinqué [kiŋkè] *m.* lampada *f.* a petrolio.

quinquenal [kiŋkenál] *a.* quinquennale.

quinquenio [kiŋkènjo] *m.* quinquennio.

quinta [kínta] *f.* villa. 2 MIL. leva.

quintaesencia [kintaesénθja] *f.* quintessenza.

quintal [kintál] *m.* quintale.

quintar [kintár] *t.* sorteggiare [per la leva militare].

quinto, -ta [kínto, -ta] *a.-s.* quinto. 2 *m.* MIL. coscritto, recluta *f.*

quintuplicar [kintuplikár] *t.* quintuplicare.

quíntuplo, -pla [kíntuplo, -pla] *a.-m.* quintuplo.

quinzavo, -va [kinθáβo, -βa] *a.-m.* quindicesimo.

quiosco [kjósko] *m.* chiosco. 2 edicola *f.*

quirófano [kiròfano] *m.* sala *f.* operatoria.

quiromancia [kiromànθja] *f.* chiromanzia.

quirúrgico, -ca [kirúrxiko, -ka] *a.* chirurgico.

quisque (cada) [kàða kíske] *loc.* fam. ognuno.

quisquilla [kiskíʎa] *f.* inezia. 2 ZOOL. gamberetto *m.*

quisquilloso, -sa [kiskiʎóso, -sa] *a.* meticoloso. 2 puntiglioso.

quiste [kíste] *m.* cisti *f.*

quitamanchas [kitamàntʃas] *m.* smacchiatore.

quitanieves [kitanjèβes] *m.* spazzaneve.

quitar [kitár] *t.-r.* togliere, levare, cavare.

quizá [kiθà], **quizás** [kiθàs] *avv.* forse, chissà.

R

r [èrre] *f.* ventunesima lettera dell'alfabeto spagnolo.

rábano [rráβano] *m.* ravanello. ‖ *importar un ~,* importare un fico secco.

rabia [rráβja] *f.* rabbia. ‖ *tener ~ a alguien,* odiare qualcuno.

rabiar [rraβjár] *i.* arrabbiare. 2 fig. arrabbiarsi, andare in collera. 3 bramare, struggersi.

rabieta [rraβjèta] *f.* stizza, bizza.

rabillo [rraβíʎo] *m.* codino. 2 ВОТ. peduncolo, picciolo. ‖ *~ del ojo,* coda dell'occhio.

rabino [rraβino] *m.* rabbino.

rabión [rraβjón] *m.* rapida *f.*

rabioso, -sa [rraβjóso, -sa] *a.* rabbioso. 2 fig. violento, impetuoso.

rabo [rráβo] *m.* coda *f.* ‖ *de cabo a ~,* da cima a fondo.

racial [rraθjál] *a.* razziale.

racimo [rraθimo] *m.* grappolo.

raciocinio [rraθjoθinjo] *m.* raziocinio. 2 ragionamento.

ración [rraθjón] *f.* razione, porzione.

racional [rraθjonál] *a.* razionale.

racionalismo [rraθjonalizmo] *m.* razionalismo.

racionalista [rraθjonalista] *a.-s.* razionalista.

racionamiento [rraθjonamjènto] *m.* razionamento.

racionar [rraθjonár] *t.* razionare.

racha [rrátʃa] *f.* raffica. 2 fig. colpo *m.* di fortuna.

rada [rráða] *f.* rada.

radar [rraðár] *m.* radar.

radiación [rraðjaθjón] *f.* radiazione.

radiactividad [rraðjaɣtiβiðáð] *f.* radioattività.

radiactivo, -va [rraðjaɣtiβo, -βa] *a.* radioattivo.

radiador [rraðjaðòr] *m.* termosifone, radiatore.

radial [rraðjál] *a.* radiale.

radiante [rraðjánte] *a.* radiante. 2 fig. raggiante, radioso.

radiar [rraðjár] *t.* radiare. 2 trasmettere [per mezzo della radio].

radical [rraðikál] *a.-s.* radicale.

radicalismo [rraðikalizmo] *m.* radicalismo.

radicar [rraðikár] *i.* radicare, attecchire. 2 trovarsi. 3 *r.* stabilirsi.

radio [rráðjo] *m.* GEOM. raggio. 2 ANAT. radio. 3 *f.* EL. radio.

radiodifusión [rraðjoðifusjón] *f.* radiodiffusione.

radioescucha [rraðjoeskútʃa] *s.* V. **radioyente.**

radiofónico, -ca [rraðjofóniko, -ka] *a.* radiofonico.

radiografía [rraðjoɣrafia] *f.* radiografia.

radiología [rraðjoloxia] *f.* radiologia.

radioscopia [rraðjoskópja] *f.* radioscopia.

radiotelevisión [rraðjoteleβisjón] *f.* radiotelevisione.

radioterapia [rraðjoterápja] *f.* radioterapia.

radioyente [rraðjojènte] *s.* radioascoltatore.

raer [raèr] *t.* radere. ¶ CONIUG. come *caer.*

ráfaga [ráfaɣa] *f.* raffica. 2 folata. ‖ *~ de luz,* lampo *m.,* baleno *m.*

rafia [rráfja] *f.* rafia.

raído, -da [rraiðo, -ða] *a.* logoro. 2 fig. sfacciato, svergognato.

raigambre [rraiɣámbre] *f.* complesso *m.* di radici [anche fig.].

raíl [rrail] *m.* rotaia *f.*

raíz [rraiθ] *f.* radice. ‖ *arrancar de ~,* sradicare. ‖ *echar raíces,* attecchire. ‖ *a ~ de,* subito dopo, a partire da, in occasione di.

raja [rráxa] *f.* scheggia. 2 fenditura, crepa. 3 fetta.

rajá [rraxá] *m.* ragià.

rajar [rraxàr] *t.-r.* spaccare, screpolare. 2 *i.* fig. millantare. 3 *r.* farsi indietro.

rajatabla (a) [a rraxatáβla] *loc. avv.* chiaro e tondo, senza reticenze.

rallador [raʎaðór] *m.* grattugia *f.*

ralladura [rraʎaðúra] *f.* raschiatura. 2 cosa grattugiata.

rallar [rraʎár] *t.* grattugiare. 2 fig. seccare, importunare.

rama [rráma] *f.* ramo *m.*, branca, fronda.

ramadán [rramaðán] *m.* ramadan.

ramal [rramál] *m.* ramo, branca *f.* 2 diramazione *f.*

rambla [rrámbla] *f.* viale *m.*

ramera [rraméra] *f.* meretrice.

ramificación [rramifikaθjón] *f.* ramificazione, diramazione.

ramificarse [rramifikárse] *r.* ramificarsi, diramarsi.

ramillete [rramiʎéte] *m.* mazzolino, mazzo.

ramo [rrámo] *m.* ramo. 2 mazzo.

rampa [rrámpa] *f.* rampa. 2 crampo *m.*

ramplón, -na [rramplón, -na] *a.* grossolano, rozzo, grezzo. 2 *m.* rampone.

rana [rrána] *f.* rana.

ranciedad [rranθjeðáð] *f.* rancidezza, rancidità.

rancio, -cia [rránθjo, -θja] *a.* rancido. 2 fig. antico.

ranchero, -ra [rrantʃéro, -ra] *s.* proprietario di un ranch.

rancho [rrántʃo] *m.* fattoria *f.* ranch. 2 MIL. rancio.

rango [rráŋgo] *m.* rango, ceto.

ranúnculo [rranúŋkulo] *m.* ranuncolo.

ranura [rranúra] *f.* scanalatura, fessura.

rapacidad [rrapaθiðáð] *f.* rapacità.

rapapolvo [rrapapólβo] *m.* fam. ramanzina *f.*, rabbuffo.

rapar [rrapár] *t.* rapare, radere. 2 fig. rapinare.

rapaz [rrapáθ] *a.* rapace.

rapaz, -za [rrapáθ, -θa], **rapazuelo, -la** [rrapaθwélo, -la] *s.* ragazzetto.

rape [rrápe] *m.* rapata *f.* 2 sbarbata *f.* ‖ *al* ~, alla radice. 3 ITTIOL. coda di rospo.

rapé [rrapé] *m.* rapè.

rapidez [rrapiðéθ] *f.* rapidità, celerità.

rápido, -da [rrápiðo, -ða] *a.-m.* rapido, celere. 2 *m.* rapida *f.* [del fiume].

rapiña [rrapiɲa] *f.* rapina.

rapiñar [rrapiɲár] *t.* rapinare.

raposo, -sa [rrapóso, -sa] *s.* volpe.

rapsodia [rraβsóðja] *f.* rapsodia.

raptar [rraβtár] *t.* rapire.

rapto [rráβto] *m.* rapimento, ratto, estasi *f.* 2 impulso, impeto.

raptor, -ra [rraβtór, -ra] *a.-s.* rapitore.

raqueta [rrakéta] *f.* racchetta.

raquítico, -ca [rrakitiko, -ka] *a.* rachitico.

raquitismo [rrakitizmo] *m.* rachitismo.

raramente [rráramente] *avv.* di rado. 2 con stravaganza.

rarefacción [rrarefaɣθjón] *f.* rarefazione.

rareza [rraréθa] *f.* rarità. 2 fig. stravaganza, bizzarria.

rarificar [rrarifikár] *t.-r.* rarefare.

raro, -ra [rráro, -ra] *a.* rarefatto, rado. 2 raro. ‖ *raras veces*, di rado. 3 strano, stravagante, bislacco, bizzarro.

rasante [rrasánte] *a.* radente. 2 *m.* inclinazione *f.* [di strada].

rasar [rrasár] *t.* livellare. 2 sfiorare, rasentare.

rascacielos [rraskaθjélos] *m.* grattacielo.

rascador [rraskaðór] *m.* raspa *f.*

rascar [rraskár] *t.-r.* grattare. 2 raschiare.

rasero [rrasérro] *m.* rasiera *f.* ‖ *con el mismo* ~, alla stessa stregua.

rasgado, -da [rrazyáðo, -ða] *a.* lacerato.

rasgadura [rrazyaðúra] *f.* lacerazione, strappo *m.*

rasgar [rrazyár] *t.* stracciare, squarciare, strappare.

rasgo [rrázyo] *m.* tratto di penna. 2 fig. gesto. 3 peculiarità *f.* 4 *pl.* lineamenti [del viso]. 5 connotati.

rasguear [rrazyeár] *t.* fare accordi con la chitarra, arpeggiare. 2 tratteggiare.

rasguño [rrazyúɲo] *m.* graffio, graffiatura *f.* 2 abbozzo.

raso, -sa [ráso, -sa] *a.-m.* raso. ‖ *al* ~, all'aria aperta, all'addiaccio.

raspa [rráspa] *f.* arista. 2 lisca, spina.

raspado [rraspáðo] *m.* raschiatura *f.*, raspatura *f.*

raspadura [rraspaðúra] *f.* raschiatura, raspatura.

raspar [rraspár] *t.* raschiare, raspare, grattare.

rasposo, -sa [rraspóso, -sa] *a.* aspro, ruvido.

rastrear [rrastreár] *t.* seguire le tracce. 2 trascinare. 3 rastrellare. 4 fig. indagare. 5 *i.* strisciare.

rastrero, -ra [rrastréro, -ra] *a.* strisciante. 2 fig. basso, spregevole.

rastrillaje [rrastriʎáxe] *m.* rastrellamento.

rastrillar [rrastriʎár] *t.* rastrellare.

rastrillo [rrastriʎo] *m.* pettine per cardare. 2 rastrello.

rastro [rrástro] *m.* traccia *f.*, vestigio. 2 rastrello. 3 mattatoio.

rasurar [rrasurár] *t.-r.* radere.

rata [rráta] *f.* topo *m.* 2 *m.* fig. ladruncolo.

ratear [rrateár] *t.* borseggiare.

ratería [rratería] *f.* borseggio *m.*

ratero [rratéro] *m.* ladruncolo, borsaiolo.

ratificar [rratifikár] *t.* ratificare.

rato [rráto] *m.* momento. ‖ *hace un ~,* poco fa, or ora. ‖ *pasar el ~,* ammazzare il tempo. ‖ *a ratos,* a intervalli.

ratón [rratón] *m.* topo.

ratonera [rratonéra] *f.* trappola.

raudal [rrauðál] *m.* fiumana *f.*, torrente. 2 fig. afflusso, abbondanza *f.*

raudo, -da [rráuðo, -ða] *a.* lett. veloce.

rata [rrája] *f.* riga. 2 limite *m.* 3 scriminatura. 4 ITTIOL. razza.

rayado, -da [rrajáðo, -ða] *a.* rigato. 2 *m.* rigatura *f.*

rayano, -na [rrajáno, -na] *a.* limitrofo. 2 vicino, prossimo.

rayar [rrajár] *t.* rigare. 2 *i.* confinare. 3 spuntare [il giorno, ecc.]. 4 emergere.

rayo [rrájo] *m.* raggio. 2 fulmine.

raza [rráθa] *f.* razza.

razón [rraθón] *f.* ragione. ‖ *dar ~,* rendere conto, spiegare. ‖ *~ social,* ditta, società. 2 recapito *m.*

razonable [rraθonáβle] *a.* ragionevole.

razonamiento [rraθonamjénto] *m.* ragionamento.

razonar [rraθonár] *i.* ragionare. 2 motivare.

re [rre] *m.* MUS. re.

reacción [rreayθjón] *f.* reazione.

reaccionar [rreayθjonár] *i.* reagire.

reaccionario, -ria [rreayθjonárjo, -rja] *a.-s.* reazionario.

reacio, -cia [rreáθjo, -θja] *a.* restio, ostinato.

reactivo, -va [rreaytíβo, -βa] *a.-m.* reattivo, reagente.

readmitir [rreaðmitír] *t.* riammettere.

real [rreál] *a.* reale. 2 *m.* MIL. accampamento. 3 moneta *f.* da 25 centesimi.

realce [rreálθe] *m.* rilievo. 2 fig. lustro, splendore.

realeza [rrealéθa] *f.* regalità, maestà.

realidad [rrealiðáð] *f.* realtà.

realismo [rrealizmo] *m.* realismo. 2 regalità *f.*

realista [rrealísta] *a.-s.* realista.

realizable [rrealiθáβle] *a.* realizzabile.

realización [rrealiθaθjón] *f.* realizzazione, attuazione.

realizar [rrealiθár] *t.* realizzare, attuare. 2 *r.* realizzarsi, verificarsi, avverarsi, adempirsi.

realquilar [rrealkilár] *t.* subaffittare.

realzar [rrealθár] *t.* rialzare. 2 rilevare. 3 fig. esaltare.

reanimar [rreanimár] *t.-r.* rianimare. 2 fig. incoraggiare.

reanudar [rreanuðár] *t.* riprendere, riannodare, riallacciare.

reaparecer [rreapareθér] *i.* riapparire.

reaparición [rreapariθjón] *f.* riapparizione.

reapertura [rreapertúra] *f.* riapertura.

reasumir [rreasumír] *t.* riassumere.

reavivar [rreaβiβár] *t.* ravvivare.

rebaja [rreβáxa] *f.* ribasso *m.*, sconto *m.*

rebajar [rreβaxár] *t.* ribassare. 2 temperare, smorzare [i colori]. 3 *t.-r.* fig. umiliare.

rebalsar [rreβalsár] *t.-r.* ristagnare.

rebalse [rreβálse] *m.* ristagno.

rebanada [rreβanáða] *f.* fetta.

rebanar [rreβanár] *t.* affettare.

rebaño [rreβáño] *m.* gregge.

rebasar [rreβasár] *t.* oltrepassare, superare.

rebatir [rreβatír] *t.* ribattere, ribadire. 2 respingere. 3 controbattere.

rebato [rreβáto] *m.* assalto improvviso. 2 *tocar a ~,* suonare a stormo. ‖ *de ~,* repentinamente. 3 fig. allarme.

rebelarse [rreβelárse] *r.* ribellarsi.

rebelde [rreβélðe] *a.-s.* ribelle. 2 GIUR. contumace.

rebeldía [rreβelðía] *f.* ribellione. 2 GIUR. contumacia.

rebelión [rreβeljón] *f.* ribellione.

reblandecer [rreβlandeθér] *t.* rammollire. ¶ CONIUG. come *crecer.*

rebombar [rreβombár] *i.* rimbombare.

reborde [rreβórðe] *m.* bordo.

rebosar [rreβosár] *i.-r.* traboccare [anche fig.]. 2 straripare. 3 *i.-t.* fig. sovrabbondare.

rebotar [rreβotár] *i.* rimbalzare. 2 *t.* ribattere, ribadire.

rebote [rreβóte] *m.* rimbalzo, contraccolpo.

rebozar [rreβoθár] *t.-r.* imbaccuare, coprire il viso. 2 *t.* infarinare.

rebullicio [rreβuʎíθjo] *m.* trambusto, chiasso.

rebullir [rreβuʎír] *i.-r.* agitarsi, ribollire. ¶ CONIUG. come *mullir.*

rebuscamiento [rreβuskamjènto] *m*. ricercatezza *f.*

rebuscar [rreβuskár] *t*. ricercare.

rebuznar [rreβuθnár] *i*. ragliare.

rebuzno [rreβúθno] *m*. raglio.

recabar [rrekaβár] *t*. ottenere.

recadero, -ra [rrekaðéro, -ra] *s*. fattorino. 2 messaggero.

recado [rrekáðo] *m*. messaggio, ambasciata *f.* 2 commissione *f.* 3 regalo.

recaer [rrekaér] *i*. ricadere.

recaída [rrekaíða] *f.* ricaduta.

recalcar [rrekalkár] *t*. ricalcare, pigiare.

recalcitrante [rrekalθitránte] *a*. ricalcitrante.

recalcitrar [rrekalθitrár] *i*. ricalcitrare.

recalentar [rrekalentár] *t.-r*. riscaldare.

recalzar [rrekalθár] *t*. rincalzare, rinforzare.

recambio [rrekámbjo] *m*. ricambio.

recapacitar [rrekapaθitár] *t*. meditare, riflettere.

recapitulación [rrekapitulaθjón] *f.* ricapitolazione.

recapitular [rrekapitulár] *t*. ricapitolare.

recargar [rrekaryár] *t*. ricaricare. 2 sovraccaricare.

recargo [rrekáryo] *m*. sovraccarico. 2 soprattassa *f.*

recatado, -da [rrekatáðo, -ða] *a*. riservato. 2 cauto, prudente. 3 pudico.

recato [rrekáto] *m*. riserbo. 2 pudore.

recaudación [rrekauðaθjón] *f.* riscossione.

recaudador [rrekauðaðòr] *m*. esattore.

recaudar [rrekauðár] *t*. riscuotere.

recaudo [rrekáuðo] *m*. riscossione *f.* 2 precauzione *f.* 3 GIUR. cauzione *f.* ‖ *a buen* ~, al sicuro.

recelar [rreθelár] *t*. sospettare, temere.

recelo [rreθélo] *m*. sospetto, timore, diffidenza *f.*

receloso, -sa [rreθelóso, -sa] *a*. sospettoso, diffidente.

recepción [rreθeβθjón] *f.* ricevimento *m.* 2 ricezione.

receptáculo [rreθeβtákulo] *m*. ricettacolo.

receptar [rreθeβtár] *t*. occultare. 2 ricettare.

receptividad [rreθeβtiβiðàð] *f.* ricettività.

receptivo, -va [rreθeβtíβo, -βa] *a*. ricettivo.

receptor, -ra [rreθeβtór, -ra] *a.-m*. ricevitore. 2 ricevente. 3 GIUR. ricettore.

receta [rreθéta] *f.* ricetta.

recetar [rreθetár] *t*. prescrivere.

recetario [rreθetárjo] *m*. ricettario.

recibí [rreθiβí] *m*. quietanza *f.*

recibidor, -ra [rreθiβiðòr, -ra] *a*. ricevitore. 2 *m*. anticamera *f.*, ingresso, vestibolo.

recibimiento [rreθiβimjènto] *m*. ricevimento, accoglienza *f.*

recibir [rreθiβír] *t*. ricevere. 2 accogliere. 3 incassare.

recibo [rreθíβo] *m*. ricevuta *f.*, quietanza *f.*, bolletta *f.*

reciedumbre [rreθjeðúmbre] *f.* forza, vigore *m.*

recién [rreθjèn] *avv*. recentemente, appena. ‖ ~ *nacido*, neonato.

reciente [rreθjènte] *a*. recente.

recinto [rreθínto] *m*. recinto.

recio, -cia [rréθjo, -θja] *a*. forte, robusto. 2 grosso, voluminoso. 3 rude, scontroso. 4 duro, rigido.

recipiente [rreθipjènte] *m*. recipiente.

reciprocidad [rreθiproθiðàð] *f.* reciprocità.

recíproco, -ca [rreθíproko, -ka] *a*. reciproco.

recitación [rreθitaθjón] *f.* recitazione.

recital [rreθitál] *m*. recital.

recitar [rreθitár] *t*. recitare.

recitativo, -va [rreθitatíβo, -βa] *a.-m*. recitativo.

reclamación [rreklamaθjón] *f.* reclamo *m.* 2 ricorso *m.*

reclamar [rreklamár] *i.-t*. reclamare. 2 *i*. ricorrere, far ricorso. 3 *t*. richiamare.

reclamo [rreklámo] *m*. richiamo. 2 GIUR. reclamo. 3 COMM. pubblicità *f.*

reclinar [rreklinár] *t*. reclinare, chinare.

recluir [rrekluir] *t*. rinchiudere. ¶ CONIUG. come *huir*. ‖ PART. P. reg.: *recluido*; irr.: *recluso*.

reclusión [rreklusjón] *f.* reclusione.

recluso, -sa [rreklúso, -sa] *a.-m*. recluso, rinchiuso.

recluta [rreklúta] *m*. recluta *f.*, coscritto.

reclutamiento [rreklutamjènto] *m*. reclutamento, arruolamento.

reclutar [rreklutár] *t*. reclutare, arruolare.

recobrar [rrekoβrár] *t*. ricuperare. 2 *r*. rifarsi. 3 rinvenire, riaversi.

recodo [rrekóðo] *m*. svolta *f.*, gomito [fig.], ansa *f.*

recogedor, -ra [rrekoxeðòr, -ra] *a.-m*. raccoglitore. 2 *m*. rastrello.

recoger [rrekoxèr] *t*. raccogliere. 2 accogliere. 3 ricoverare. 4 *r*. ritirarsi, rincasare. 5 raccogliersi.

recogido, -da [rrekoxìðo, -ða] *a.* raccolto. 2 ritirato. 3 *f.* raccolta. 4 levata [delle lettere].

recogimiento [rrekoximjènto] *m.* raccoglimento. 2 ritiro.

recolección [rrekoleɣθjón] *f.* raccolta. 2 riscossione. 3 REL. raccoglimento *m.*

recolectar [rrekoleɣtár] *t.* raccogliere.

recoleto, -ta [rrekolèto, -ta] *a.* raccolto. 2 *m.* eremita.

recomendable [rrekomendáβle] *a.* raccomandabile.

recomendación [rrekomendaθjón] *f.* raccomandazione.

recomendar [rrekomendár] *t.-r.* raccomandare. ¶ CONIUG. come *acertar*.

recompensa [rrekompènsa] *f.* ricompensa, compenso *m.*

recompensar [rrekompensár] *t.* compensare, ricompensare.

recomponer [rrekomponèr] *t.* ricomporre, riaggiustare.

reconciliación [rrekonθiljaθjón] *f.* riconciliazione.

reconciliar [rrekonθiljár] *t.-r.* riconciliare.

recóndito, -ta [rrekóndito, -ta] *a.* recondito.

reconfortar [rrekomfortár] *t.* riconfortare.

reconocer [rrekonoθèr] *t.* riconoscere. 2 ispezionare, visitare. 3 MIL. far ricognizioni.

reconocimiento [rrekonoθimjènto] *m.* riconoscimento. 2 riconoscenza *f.* 3 ispezione *f.* 4 MIL. ricognizione *f.* 5 ~ *médico*, visita medica.

reconquista [rrekoɲkìsta] *f.* riconquista.

reconquistar [rrekoɲkistár] *t.* riconquistare.

reconstituyente [rrekonstitujènte] *a.m.* ricostituente.

reconstrucción [rrekonstruɣθjón] *f.* ricostruzione.

reconstruir [rrekonstruír] *t.* ricostruire.

recopilación [rrekopilaθjón] *f.* collezione. 2 compendio *m.*

récord [rékord] *m.* primato, record.

recordar [rrekorðár] *t.* ricordare. ¶ CONIUG. come *contar*.

recorrer [rrekorrèr] *t.* percorrere, correre. 2 esaminare, ripassare.

recorrido [rrekorrìðo] *m.* percorso.

recortado, -da [rrekortàðo, -ða] *a.* frastagliato, ritagliato.

recortar [rrekortár] *t.* ritagliare. 2 PITT. profilare.

recorte [rrekórte] *m.* ritaglio.

recoser [rrekosèr] *t.* ricucire.

recostar [rrekostár] *t.* reclinare. 2 coricare. 3 *r.* sdraiarsi, coricarsi. ¶ CONIUG. come *contar*.

recoveco [rrekoβéko] *m.* giravolta *f.* 2 fig. raggiro.

recreación [rrekreaθjón] *f.* ricreazione, svago *m.*

recrear [rrekreár] *t.-r.* ricreare, svagare.

recreativo, -va [rrekreatiβo, -βa] *a.* ricreativo.

recreo [rrekrèo] *m.* ricreazione *f.*

recriminación [rrekriminaθjón] *f.* recriminazione.

recriminar [rrekriminár] *t.* recriminare.

recrudecer [rrekruðeθèr] *i.-r.* rincrudire. ¶ CONIUG. come *crecer*.

recrudecimiento [rrekruðeθimjènto] *m.* recrudescenza *f.*

rectangular [rreytaŋgulár] *a.* rettangolare.

rectángulo [rreytáŋgulo] *m.* rettangolo.

rectificación [rreytifikaθjón] *f.* rettifica, rettificazione.

rectificar [rreytifikár] *t.* rettificare, correggere.

rectilíneo, -a [rreytilineo, -a] *a.* rettilineo.

rectitud [rreytitúð] *f.* rettitudine, dirittura.

recto, -ta [rrèyto, -ta] *a.* retto, diritto, dritto. 2 proprio [senso]. 3 *m.* ANAT. retto.

rector, -ra [rreytór, -ra] *a.-s.* rettore.

rectorado [rreytoràðo] *m.* rettorato.

rectoral [rreytorál] *a.* rettorale. ‖ ECCL. *casa* ~, canonica.

rectoría [rreytoría] *f.* rettoria.

recuadro [rrekwàðro] *m.* riquadro.

recular [rrekulár] *i.* rinculare.

recuento [rrekwènto] *m.* inventario, conteggio.

recuerdo [rrekwèrðo] *m.* ricordo.

recular [rrekulár] *i.* rinculare, indietreggiare. 2 fig. cedere.

recuperación [rrekuperaθjón] *f.* ricupero *m.*

recuperar [rrekuperár] *t.* ricuperare. 2 *r.* riaversi.

recurrir [rrekurrìr] *i.* ricorrere.

recurso [rrekúrso] *m.* GIUR. ricorso. 2 espediente, mezzo. 3 *pl.* mezzi, risorse *f.*

recusar [rrekusár] *t.* ricusare, rifiutare.

rechazar [rretʃaθár] *t.* respingere, bocciare. 2 rifiutare.

rechazo [rretʃáθo] *m.* rifiuto. 2 rimbalzo. ‖ *de* ~, di rimbalzo.

rechinamiento [rretʃinamjénto] *m.* stridio, cigolio. 2 digrignamento.

rechinar [rretʃinàr] *i.* cigolare, stridere. 2 digrignare [i denti].

rechoncho, -cha [rretʃóntʃo, -tʃa] *a.* tozzo.

rechupete (de) [de rretʃupéte] *loc.* squisito.

red [rreð] *f.* rete.

redacción [rreðayθjón] *f.* redazione. 2 stesura.

redactar [rreðaytàr] *t.* redigere.

redactor, -ra [rreðaktòr, -ra] *s.* redattore.

redada [rreðàða] *f.* retata.

redargüir [rreðarywir] *t.* redarguire.

redecilla [rreðeθiʎa] *f.* reticella. 2 ZOOL. reticolo *m.*

redención [rreðenθjón] *f.* redenzione.

redentor, -ra [rreðentòr, -ra] *a.-s.* redentore.

redil [rreðil] *m.* addiaccio.

redimir [rreðimir] *t.-r.* redimere, riscattare.

rédito [rrèðito] *m.* reddito.

redivivo, -va [rreðiβiβo, -βa] *a.* redivivo.

redoblamiento [rreðoβlamjénto] *m.* raddoppiamento.

redoblar [rreðoβlàr] *t.* raddoppiare. 2 ribadire. 3 *i.* rullare.

redoble [rreðóβle] *m.* raddoppiamento. 2 rullo di tamburo.

redondilla [rreðondiʎa] *f.* quartina. 2 TIP. carattere *m.* arrotondato.

redondear [rreðondeàr] *t.* arrotondare.

redondel [rreðondèl] *m.* cerchio, circolo. 2 arena *f.*

redondez [rreðondèθ] *f.* rotondità.

redondo, -da [rreðóndo, -da] *a.* rotondo. 2 tondo. 3 fig. schietto. 4 *m.* cerchio, sfera *f.* 5 *f.* regione. ‖ *a la redonda*, intorno. 6 MUS. semibreve.

reducción [rreðuyθjón] *f.* riduzione.

reducir [rreðuθir] *t.* ridurre. 2 *r.* ridursi. 3 restringersi. ¶ CONIUG. come *conducir*.

reductible [rreðuytiβle] *a.* riducibile.

reducto [rreðúyto] *m.* ridotta *f.*

reductor, -ra [rreðuktòr, -ra] *a.-m.* riduttore.

redundancia [rreðundánθja] *f.* ridondanza.

redundar [rreðundàr] *i.* ridondare.

reduplicar [rreðuplikàr] *t.* raddoppiare.

reedición [rreeðiθjón] *f.* riedizione.

reedificación [rreeðifikaθjón] *f.* riedificazione.

reedificar [rreeðifikàr] *t.* riedificare.

reeditar [rreeðitàr] *t.* ripubblicare.

reeducación [rreeðukaθjón] *f.* rieducazione.

reelección [rreeleyθjón] *f.* rielezione.

reelegir [rreelexir] *t.* rieleggere.

reembarcar [rreembarkàr] *t.-r.* rimbarcare.

reembarque [rreembàrke] *m.* rimbarco.

reembolsar [rreembolsàr] *t.-r.* rimborsare.

reembolso [rreembólso] *m.* rimborso. ‖ *contra* ~, contro assegno.

reemplazar [rreemplaθàr] *t.* sostituire.

reemplazo [rreemplàθo] *m.* sostituzione *f.* 2 MIL. leva *f.* militare.

reencarnación [rreeŋkarnaθjón] *f.* reincarnazione.

reencarnar [rreeŋkarnàr] *i.-r.* reincarnare.

reenviar [rreembjàr] *t.* rispedire.

reestreno [rreestrèno] *m.* ripresa *f.* [di una rappresentazione]. 2 seconda visione *f.*

reexaminar [rreeysaminàr] *t.* riesaminare.

reexpedir [rreekspeðir] *t.* rispedire, rinviare.

referencia [rreferénθja] *f.* riferimento *m.* 2 relazione. 3 referenza, informazione.

referéndum [rreferéndun] *m.* referendum.

referente [rreferènte] *a.* relativo, riguardante, concernente.

referir [rreferir] *t.-r.* riferire. ¶ CONIUG. come *sentir*.

refilón (de) [de rrefilón] *loc. avv.* di sbieco, obliquamente.

refinado, -da [rrefinàðo, -ða] *a.* raffinato.

refinamiento [rrefinamjénto] *m.* raffinatezza *f.* 2 accanimento.

refinar [rrefinàr] *t.* raffinare. 2 fig. perfezionare.

refinería [rrefinerìa] *f.* raffineria.

reflector [rrefleytòr] *m.* riflettore.

reflejar [rreflexàr] *t.-r.* riflettere. 2 rispecchiare.

reflejo, -ja [rreflèxo, -xa] *a.-m.* riflesso.

reflexión [rrefleksjón] *f.* riflessione.

reflexionar [rrefleysjonàr] *t.* riflettere.

reflexivo, -va [rrefleysiβo, -βa] *a.* riflessivo.

reflorecer [rrefloreθèr] *i.* rifiorire.

refluir [rrefluir] *i.* rifluire.

reflujo [rreflúxo] *m.* riflusso.

refocilar [rrefoθilàr] *t.-r.* rifocillare.

reforma [rrefórma] *f.* riforma.

reformar [rreformàr] *t.* riformare.

reformatorio [rreformatòrjo] *m.* riformatorio.

reformista [rreformìsta] *a.-s.* riformista.

reforzar [rreforθár] *t.-r.* rinforzare. 2 fortificare. ¶ CONIUG. come *contar*.

refracción [rrefrayθjòn] *f.* rifrazione.

refractar [rrefraytár] *t.-r.* rifrangere.

refractario, -ria [rrefraytárjo, -rja] *a.* refrattario.

refrán [rrefrán] *m.* proverbio.

refranero [rrefranèro] *m.* raccolta *f.* di proverbi.

refregar [rrefreγár] *t.* strofinare, sfregare.

refrenar [rrefrenár] *t.* raffrenare. 2 frenare.

refrendar [rrefrendár] *t.* autenticare, legalizzare, controfirmare.

refrendo [rrefrèndo] *m.* legalizzazione *f.*, vidimazione *f.*, controfirma *f.*

refrescante [rrefreskánte] *a.* rinfrescante.

refrescar [rrefreskár] *t.-i.-r.* rinfrescare.

refresco [rrefrèsko] *m.* rinfresco.

refriega [rrefrjèγa] *f.* mischia, tafferuglio *m.*

refrigeración [rrefrixeraθjòn] *f.* refrigerazione.

refrigerante [rrefrixeránte] *a.* refrigerante. 2 *m.* refrigeratore.

refrigerar [rrefrixerár] *t.* refrigerare.

refrigerio [rrefrixèrjo] *m.* refrigerio, ristoro.

refuerzo [rrefwèrθo] *m.* rinforzo.

refugiarse [rrefuxjárse] *r.* rifugiarsi.

refugio [rrefúxjo] *m.* rifugio, asilo.

refulgir [rrefulxír] *i.* rifulgere.

refundición [rrefundiθjòn] *f.* rifusione *f.* 2 rifacimento.

refundir [rrefundír] *t.* rifondere. 2 fig. rifare.

refunfuñar [rrefumfuɲár] *i.* brontolare, borbottare.

refunfuño [rrefumfúɲo] *m.* borbottio.

refutación [rrefutaθjòn] *f.* confutazione.

refutar [rrefutár] *t.* confutare.

regadera [rreγaðèra] *f.* innaffiatoio *m.*, annaffiatoio *m.*

regadío, -día [rreγaðío, -ðía] *a.-m.* [terreno] irrigabile.

regalar [rreγalár] *t.* regalare, donare. 2 lusingare, dilettare. 3 *r.* deliziarsi, ricrearsi.

regaliz [rreγalíθ] *f.* liquirizia.

regalo [rreγálo] *m.* regalo, dono.

regañadientes (a) [a rreγaɲaðjèntes] *loc. avv.* di malavoglia, a malincuore.

regañar [rreγaɲár] *i.* ringhiare. 2 brontolare. 3 litigare. 4 *t.* sgridare.

regar [rreγár] *t.* irrigare, innaffiare, annaffiare. 2 fig. spargere.

regata [rreγáta] *f.* regata.

regazo [rreγáθo] *m.* grembo.

regencia [rrexènθja] *f.* reggenza.

regeneración [rrexeneraθjòn] *f.* rigenerazione.

regenerador, -ra [rrexeneraðòr, -ra] *a.-m.* rigeneratore.

regenerar [rrexenerár] *t.-r.* rigenerare.

regentar [rrexentár] *t.* reggere [un posto]. 2 dirigere.

regente [rrexènte] *s.* reggente. 2 sostituto.

regicida [rrexiθíða] *a.-s.* regicida.

regicidio [rrexiθíðjo] *m.* regicidio.

regidor, -ra [rrexiðòr, -ra] *a.* reggente. 2 *m.* consigliere comunale.

régimen [rréximen] *m.* regime.

regimiento [rreximjènto] *m.* reggimento.

regio, -gia [rrèxjo, -xja] *a.* regio. 2 sontuoso.

región [rrexjòn] *f.* regione.

regional [rrexjonál] *a.* regionale.

regir [rrexír] *t.* reggere, dirigere. 2 *i.* vigere. ¶ CONIUG. come *servir* (cambio di **g** in **j** davanti **a**, **o**, **u**).

registrador, -ra [rrexistraðòr, -ra] *a.-m.* registratore. 2 *m.* ufficiale del Registro.

registrar [rrexistrár] *t.* esaminare, verificare. 2 perquisire. 3 registrare. 4 *r.* iscriversi.

registro [rrexistro] *m.* registrazione *f.* 2 registro, albo. 3 *de la población*, anagrafe *f.* 4 perquisizione *f.*

regla [rrèγla] *f.* regola. 2 regolo *m.* riga. 3 regolo *m.* [calcolatore]. 4 periodo *m.*

reglamentación [rreγlamentaθjòn] *f.* regolamento *m.*

reglamentar [rreγlamentár] *t.* regolare.

reglamentario, -ria [rreγlamentárjo, -rja] *a.* regolamentare.

reglamento [rreγlamènto] *m.* regolamento.

reglar [rreγlár] *t.* rigare.

regocijar [rreγoθixár] *t.* rallegrare. 2 *r.* gioire, giubilare, gongolare.

regocijo [rreγoθíxo] *m.* gioia *f.*, allegria *f.*, piacere.

regodearse [rreγoðeárse] *r.* deliziarsi.

regodeo [rreγoðèo] *m.* godimento, solluchero.

regordete, -ta [rreγorðète, -ta] *a.* grassottello.

regresar [rreγresár] *i.* ritornare. 2 rincasare.

regresión [rreɣresjón] *f.* regressione. 2 regresso *m.*

regreso [rreɣréso] *m.* ritorno.

reguero [rreɣéro] *m.* rigagnolo. 2 striscia *f.*, traccia *f.* 3 canaletto.

regulador, -ra [rreɣulaðór, -ra] *a.-m.* regolatore.

regular [rreɣulár] *t.* regolare.

regular [rreɣulár] *a.* regolare. 2 regolato, misurato. 3 discreto. 4 *avv.* discretamente.

regularidad [rreɣulariðáð] *f.* regolarità.

regularizar [rreɣulariθár] *t.* regolare, regolarizzare.

regurgitar [rreɣurxitár] *i.* rigurgitare.

rehabilitación [rreaβilitaθjón] *f.* riabilitazione.

rehabilitar [rreaβilitár] *t.* riabilitare.

rehacer [rreaθér] *t.* rifare. 2 *r.* fig. rasserenarsi.

rehacimiento [rreaθimjénto] *m.* rifacimento.

rehén [rreén] *m.* ostaggio. 2 pegno.

rehogar [rreoɣár] *t.* stufare.

rehuir [rrewír] *t.* rifuggire, schivare.

rehusar [rreusár] *t.* ricusare, rifiutare.

reimpresión [rreimpresjón] *f.* ristampa.

reimprimir [rreimprimír] *t.* ristampare.

reina [rréina] *f.* regina.

reinado [rreináðo] *m.* regno.

reinar [rreinár] *i.* regnare.

reincidencia [rreinθiðénθja] *f.* recidiva.

reincidente [rreinθiðénte] *a.-s.* recidivo.

reincidir [rreinθiðír] *i.* ricadere, essere recidivo.

reincorporar [rreiŋkorporár] *t.-r.* rincorporare.

reino [rréino] *m.* regno.

reintegrar [rreinteɣrár] *t.* reintegrare. 2 *r.* ricuperare.

reintegro [rreintéɣro] *m.* reintegrazione *f.* 2 comm. pagamento, rimborso.

reír [rreír] *i.* ridere. 2 *r.* burlarsi. ¶ coniug. ind. pres.: *río, ríes, ríe; ríen.* | pass. rem.: *reí, reíste, rió; reímos, reísteis, rieron.* ‖ cong. pres.: *ría, rías, ría; riamos, riais, rían.* | imp.: *riera, -se, rieras, -ses,* ecc. | fut.: *riere, rieres,* ecc. ‖ imper.: *ríe, ría; riamos, rían.* ‖ ger.: *riendo.*

reiteración [rreiteraθjón] *f.* reiterazione.

reiterar [rreiterár] *t.* reiterare.

reivindicación [rreiβindikaθjón] *f.* rivendicazione.

reivindicar [rreiβindikár] *t.* rivendicare.

reja [rréxa] *f.* vomere *m.* 2 inferriata, cancellata, griglia.

rejilla [rrexíʎa] *f.* grata.

rejoneador [rrexoneaðór] *m.* torero a cavallo.

rejuvenecer [rrexuβeneθér] *i.-r.* ringiovanire. ¶ coniug. come *crecer.*

relación [rrelaθjón] *f.* relazione, riferimento. 2 rapporto *m.* 3 *pl.* conoscenze.

relacionar [rrelaθjonár] *t.* mettere in relazione, collegare. 2 *r.* essere in relazione, in rapporto.

relajación [rrelaxaθjón] *f.* rilassamento *m.*

relajar [rrelaxár] *t.-r.* rilassare. 2 *r.* distendersi.

relamido, -da [rrelamíðo, -ða] *a.* azzimato, affettato.

relámpago [rrelámpaɣo] *m.* lampo, baleno.

relampaguear [rrelampaɣeár] *i.* lampeggiare, balenare.

relampagueo [rrelampaɣéo] *m.* lampeggiamento.

relance [rrelánθe] *m.* rilancio.

relanzar [rrelanθár] *t.* rilanciare.

relatar [rrelatár] *t.* riferire, far rapporto.

relatividad [rrelatiβiðáð] *f.* relatività.

relativismo [rrelatiβízmo] *m.* relativismo.

relativo, -va [rrelatíβo, -βa] *a.* relativo, riguardante, attinente, concernente.

relato [rreláto] *m.* relazione *f.* rapporto. 2 narrazione *f.*

relator, -ra [rrelatór, -ra] *a.-s.* relatore.

releer [rreleér] *t.* rileggere.

relegar [rreleɣár] *t.* relegare, confinare.

relevación [rreleβaθjón] *f.* rilevamento *m.* 2 giur. esenzione.

relevante [rreleβánte] *a.* rilevante.

relevar [rreleβár] *t.* rilevare. 2 esonerare. 3 sostituire, cambiare.

relevo [rreléβo] *m.* cambio della guardia, ecc. 2 sport staffetta *f.*

relicario [rrelikárjo] *m.* reliquiario.

relieve [rreljéβe] *m.* rilievo, risalto.

religión [rrelixjón] *f.* religione.

religiosidad [rrelixjosiðáð] *f.* religiosità.

religioso, -sa [rrelixjóso, -sa] *a.-s.* religioso.

relinchar [rrelintʃár] *i.* nitrire.

relincho [rrelíntʃo] *m.* nitrito.

reliquia [rrelíkja] *f.* reliquia, cimelio *m.*

reloj [rrelóx] *m.* orologio.

relojería [rreloxería] *f.* orologeria.

relojero [rreloxéro] *m.* orologiaio.

relucir [rreluθír] *i.* splendere, rilucere.

rellanar [rreʎanár] *t.* spianare.

rellano [rreʎáno] *m.* ripiano. 2 pianerottolo.

rellenar [rreʎenár] *t.* riempire. 2 farcire, imbottire. 3 fig. rimpinzare.

relleno, -na [rreʎéno, -na] *a.* ripieno. 2 farcito, imbottito. 3 rimpinzato. 4 *m.* ripieno, imbottitura *f.*

remachar [rrematʃár] *t.* ribattere, ribadire.

remache [rremátʃe] *m.* ribaditura *f.* 2 bullone.

remador, -ra [rremaðór, -ra] *s.* rematore.

remangar [rremaŋgár] *t.-r.* rimboccare.

remanso [rremánso] *m.* ristagno. 2 fig. flemma *f.*

remar [rremár] *i.* remare.

remarcar [rremarkár] *t.* rimarcare.

rematado, -da [rrematáðo, -ða] *a.* finito. 2 spacciato, inguaribile.

rematar [rrematár] *t.-i.* finire, terminare. 2 *t.* aggiudicare [all'asta].

remate [rremáte] *m.* fine, estremità *f.* 2 compimento. 3 aggiudicazione *f.* [all'asta]. ‖ *de ~,* assolutamente, senza rimedio. ‖ *loco de ~,* matto da legare.

remedar [rremeðár] *t.* imitare, contraffare.

remediar [rremeðjár] *t.* rimediare. 2 evitare: *no lo puedo ~,* non posso farci niente.

remedio [rreméðjo] *m.* rimedio. 2 farmaco.

rememorar [rrememorár] *t.* rammentare.

remendar [rremendár] *t.* rammendare. 2 ricucire. 3 correggere. ¶ CONIUG. come *acertar.*

remendón, -na [rremendón, -na] *a.-s.* rammendatore. 2 ciabattino.

remero, -ra [rreméro, -ra] *s.* rematore.

remesa [rremésa] *f.* invio *m.*, spedizione. 2 rinvio *m.*

remiendo [rremjéndo] *m.* rammendo, rattoppo. 2 pezza *f.* 3 fig. emendamento.

reminiscencia [rreminisθénθja] *f.* reminiscenza.

remisión [rremisjón] *f.* remissione. 2 spedizione. 3 rinvio *m.*

remitente [rremiténte] *a.-s.* mittente.

remitir [rremitír] *t.* spedire. 2 rinviare. 3 rimettere, perdonare. 4 rimandare. 5 *t.-r.* rimettere [qualcosa] o rimettersi al giudizio altrui.

remo [rrémo] *m.* remo. 2 SPORT canottaggio.

remojar [rremoxár] *t.* inzuppare. 2 bagnare, ammollare.

remojo [rremóxo] *m.* bagno. 2 ammollo.

remolacha [rremolátʃa] *f.* barbabietola.

remolcador [rremolkaðór] *m.* rimorchiatore.

remolcar [rremolkár] *t.* rimorchiare.

remolino [rremolíno] *m.* vortice, mulinello. 2 fig. tumulto.

remolón, -na [rremolón, -na] *a.* fannullone, pigro.

remolque [rremólke] *m.* rimorchio.

rémora [rrémora] *f.* remora.

remordimiento [rremorðimjénto] *m.* rimorso.

remoto, -ta [rremóto, -ta] *a.* remoto. 2 fig. improbabile. 3 vago.

remover [rremoβér] *t.* rimuovere. 2 fig. commuovere.

remozar [rremoθár] *t.* ringiovanire.

remuneración [rremuneraθjón] *f.* rimunerazione.

remunerar [rremunerár] *t.* rimunerare, gratificare.

renacentista [rrenaθentista] *a.* rinascimentale.

renacer [rrenaθér] *i.* rinascere.

renacimiento [rrenaθimjénto] *m.* rinascimento, rinascita *f.*

renacuajo [rrenakwáxo] *m.* girino.

renal [rrenál] *a.* renale.

rencilla [rrenθíʎa] *f.* risentimento *m.*

rencor [rreŋkór] *m.* rancore, astio.

rencoroso, -sa [rreŋkoróso, -sa] *a.* astioso, che serba rancore.

rendición [rrendiθjón] *f.* resa.

rendido, -da [rrendíðo, -ða] *a.* arreso. 2 ossequiente, rispettoso. 3 stanco morto.

rendija [rrendíxa] *f.* fessura, crepa.

rendimiento [rrendimjénto] *m.* resa *f.* 2 sottomissione *f.* 3 rendimento.

rendir [rrendír] *t.* vincere, far arrendere. 2 sottomettere. 3 rendere. 4 stancare. 5 *r.* arrendersi. ¶ CONIUG. come *servir.*

renegado, -da [rreneɣáðo, -ða] *a.-s.* rinnegato.

renegar [rreneɣár] *t.* rinnegare. 2 *i.* bestemmiare. 3 fig. dire parolacce.

renglón [rreŋglón] *m.* riga *f.* ‖ *a ~ seguido,* di seguito, subito dopo.

reniego [rrenjéɣo] *m.* bestemmia *f.* 2 parolaccia *f.*

reno [rréno] *m.* renna *f.*

renombrado, -da [rrenombráðo, -ða] *a.* rinomato.

renombre [rrenómbre] *m.* rinomanza *f.*, fama *f.*

renovación [rrenoβaθjón] *f.* rinnovamento.

renovador, -ra [rrenoβaðór, -ra] *a.-s.* rinnovatore.

renovar [rrenoβår] *t.* rinnovare. 2 ricominciare. 3 ripetere.

renta [rrénta] *f.* rendita.

rentable [rrentáβle] *a.* redditizio.

rentar [rrentár] *t.* rendere, fruttare.

rentista [rrentísta] *s.* possidente.

renuencia [rrenwénθja] *f.* renitenza, ritrosia.

renuevo [rrenwéβo] *m.* germoglio. 2 rinnovo.

renuncia [rrenúnθja] *f.* rinunzia.

renunciamiento [rrenunθjamjénto] *m.* rinunzia *f.*

renunciar [rrenunθjár] *t.* rinunziare.

renunciatario [rrenunθjatário] *m.* rinunciatario.

reñidamente [rreɲiðaménte] *avv.* accanitamente.

reñir [rreɲír] *i.* contendere, discutere. 2 litigare, bisticciare, azzuffarsi, beccarsi. 3 *t.* sgridare. ¶ CONIUG. come *ceñir*.

reo [rréo] *a.-s.* reo.

reojo (de) [de rreóxo] *loc. avv.* con la coda dell'occhio. 2 in cagnesco.

reorganizar [rreoryaniθár] *t.* riorganizzare.

reparación [rreparaθjón] *f.* riparazione.

reparar [rreparár] *t.* riparare, aggiustare. 2 *t.-i.* osservare, badare, riflettere. 3 *i.-r.* riparare.

reparo [rrepáro] *m.* riparazione *f.* 2 restauro. 3 riserva *f.*, inconveniente. 4 osservazione *f.*, avvertenza *f.* 5 riparo.

repartición [rrepartiθjón] *f.* ripartizione.

repartidor, -ra [rrepartiðór, -ra] *a.-s.* distributore.

repartir [rrepartír] *t.* distribuire, spartire.

reparto [rrepárto] *m.* distribuzione *f.*

repasar [rrepasár] *t.* ripassare. 2 rivedere, correggere. 3 raccomodare.

repaso [rrepáso] *m.* ripasso, ripassata *f.*

repatriar [rrepatrjár] *t.-r.* rimpatriare.

repelente [rrepelénte] *a.* repellente, ripulsivo.

repeler [rrepelér] *t.* repellere, respingere.

repente [rrepénte] *m.* scatto. ‖ *de* ~, di repente, all'improvviso, di punto in bianco.

repentino, -na [rrepentino, -na] *a.* repentino.

repercusión [rreperkusjón] *f.* ripercussione, contraccolpo *m.*

repercutir [rreperkutír] *i.* ripercuotere. 2 *r.* riverberare.

repertorio [rrepertórjo] *m.* repertorio.

repetición [rrepetiθjón] *f.* ripetizione, bis *m.*

repetidamente [rrepetiðaménte] *avv.* ripetutamente.

repetidor, -ra [rrepetiðór, -ra] *a.-s.* ripetitore.

repetir [rrepetír] *t.* ripetere. ¶ CONIUG. come *servir*.

repicar [rrepikár] *t.* tritare. 2 rintoccare, suonare.

repique [rrepíke] *m.* rintocco, scampanio.

repiqueteo [rrepiketéo] *m.* suono ripetuto [per es., di nacchere]. 2 scampanio.

repisa [rrepísa] *f.* mensola.

replegar [rrepleyár] *t.* pieghettare. 2 *t.-r.* ripiegare. ¶ CONIUG. come *acertar*.

repleto, -ta [rrepléto, -ta] *a.* strapieno, colmo. 2 sazio.

réplica [rréplika] *f.* replica.

replicar [rreplikár] *t.-i.* replicare.

repliegue [rrepljéye] *m.* ripiegatura *f.* 2 MIL. ripiegamento.

repoblación [rrepoβlaθjón] *f.* ripopolamento *m.* ‖ ~ *forestal*, rimboschimento *m.*

repoblar [rrepoβlár] *t.* ripopolare. 2 rimboschire.

repollo [rrepóʎo] *m.* grumolo. 2 cavolo cappuccio.

reponer [rreponér] *t.* rimettere. 2 replicare. 3 *r.* rimettersi, rifarsi.

reportaje [rreportáxe] *m.* rapporto, cronaca *f.*

reportar [rreportár] *t.-r.* moderare. 2 ottenere. 3 riportare, rapportare.

reportero [rreportéro] *m.* cronista, reporter.

reposado, -da [rreposáðo, -ða] *a.* riposato, tranquillo, calmo.

reposar [rreposár] *i.* riposare.

reposición [rreposiθjón] *f.* riposizione. 2 ripresa. 3 replica.

reposo [rrepóso] *m.* riposo.

repostería [rrepostería] *f.* pasticceria.

reprender [rreprendér] *t.* riprendere, rimproverare, ammonire.

reprensión [rreprensjón] *f.* correzione, ammonizione.

represalia [rrepresálja] *f.* rappresaglia.

representación [rrepresentaθjón] *f.* rappresentazione. 2 rappresentanza.

representante [rrepresentánte] *s.* rappresentante.

representar [rrepresentár] *t.-r.* rappresentare.

representativo, -va [rrepresentatiβo, -βa] *a.* rappresentativo.

represión [rrepresjón] *f.* repressione.

reprimenda [rreprimènda] *f.* rimprovero *m.*

reprimir [rreprimír] *t.-r.* reprimere.

reprobable [rreproβáβle] *a.* riprovevole.

reprobación [rreproβaθjón] *f.* riprovazione.

reprobar [rreproβár] *t.* riprovare.

réprobo, -ba [rrèproβo, -βa] *a.-s.* reprobo.

reprochable [rreprotʃáβle] *a.* riprovevole, biasimevole.

reprochar [rreprotʃár] *t.* rimproverare, rinfacciare, biasimare.

reproche [rreprótʃe] *m.* rimprovero, biasimo.

reproducción [rreproduɣθjón] *f.* riproduzione.

reproducir [rreproðuθír] *t.-r.* riprodurre. ¶ CONIUG. come **conducir**.

reproductor, -ra [rreproduytòr, -ra] *a.-s.* riproduttore.

reptar [rreβtár] *i.* strisciare.

reptil [rrèβtil] *m.* rettile.

república [rrepúβlika] *f.* repubblica.

republicano, -na [rrepuβlikáno, -na] *a.-s.* repubblicano.

repudiar [rrepuðjár] *t.* ripudiare.

repudio [rrepúðjo] *m.* ripudio.

repuesto, -ta [rrepwèsto, -ta] *a.* riposto, nascosto. 2 rimesso. 3 *m.* scorta *f.* ‖ *de* ~, di ricambio.

repugnancia [rrepuynánθja] *f.* ripugnanza.

repugnante [rrepuynánte] *a.* ripugnante.

repugnar [rrepuynár] *t.-i.* ripugnare.

repujado [rrepuxàðo] *m.* sbalzo.

repujar [rrepuxár] *t.* sbalzare.

repulgo [rrepúlyo] *m.* orlo, rimbocco.

repulir [rrepulir] *t.* ripulire. 2 *t.-r.* agghindare.

repulsa [rrepúlsa] *f.* ripulsa, rifiuto *m.* 2 rimprovero *m.*

repulsión [rrepulsjón] *f.* repulsione.

repulsivo, -va [rrepulsiβo, -βa] *a.* ripulsivo.

reputación [rreputaθjón] *f.* reputazione.

reputar [rreputár] *t.* reputare.

requemar [rrekemár] *t.* bruciare, tostare. 2 risecchire. 3 *r.* fig. crucciarsi.

requerimiento [rrekerimjènto] *m.* intimazione *f.*, diffida *f.*

requerir [rrekerír] *t.* intimare. 2 richiedere. ¶ CONIUG. come **sentir**.

requesón [rrekesón] *m.* ricotta *f.*

requiebro [rrekjèβro] *m.* galanteria *f.*, corteggiamento.

requisa [rrekisa] *f.* requisizione.

requisar [rrekisár] *t.* requisire.

requisición [rrekisiθjón] *f.* requisizione.

requisito [rrekisíto] *m.* requisito.

res [res] *f.* capo *m.* di bestiame.

resabido, -da [rresaβiðo, -ða] *a.* risaputo.

resabio [rresáβjo] *m.* sapore sgradevole che rimane di una cosa. 2 vizio, cattiva abitudine *f.*

resaca [rresáka] *f.* risacca. 2 COMM. rivalsa.

resalir [rresalir] *i.* sporgere.

resaltar [rresaltár] *i.* rimbalzare. 2 risaltare.

resalto [rresálto] *m.* risalto.

resarcimiento [rresarθimjènto] *m.* risarcimento.

resarcir [rresarθír] *t.-r.* risarcire.

resbaladizo, -za [rrezβalaðiθo, -θa] *a.* sdrucciolevole.

resbalar [rrezβalár] *i.* scivolare, sdrucciolare.

resbalón [rrezβalón] *m.* scivolata *f.*

rescatar [rreskatár] *t.* riscattare.

rescate [rreskáte] *m.* riscatto.

rescindir [rresθindir] *t.* rescindere, annullare, disdire.

resecar [rresekár] *t.* disseccare.

reseco, -ca [reséko, -ka] *a.* secchissimo, arido.

resentimiento [rresentimjènto] *m.* risentimento.

resentirse [rresentirse] *r.* risentirsi. ¶ CONIUG. come **sentir**.

reseña [rresèɲa] *f.* rassegna.

reseñar [rresejɲár] *t.* passare in rassegna. 2 recensire.

reserva [rresèrβa] *f.* riserva. 2 riservatezza, discrezione.

reservado, -da [rreserβáðo, -ða] *a.* riservato.

reservar [rreserβár] *t.* riservare, serbare. 2 *r.* serbarsi.

resfriado [rresfriàðo] *m.* raffreddore.

resfriamiento [rresfriamjènto] *m.* raffreddamento.

resfriar [rresfriàr] *t.-r.* raffreddare.

resguardar [rrezywarðár] *t.-r.* riparare, difendere. 2 *r.* riguardarsi.

resguardo [rrezywárdo] *m.* riparo, difesa *f.* 2 ricevuta *f.*, bolletta *f.*, scontrino.

residencia [rresiðènθja] *f.* residenza.

residencial [rresiðenθjál] *a.* residenziale.

residir [rresiðir] *i.* risiedere.

residuo [rresiðwo] *m.* residuo, resto. 2 relitto.

resignación [rresiɣnaθjón] *f.* rassegnazione.

resignar [rresiɣnár] *t.* rassegnare. 2 *r.* rassegnarsi.

resina [rresina] *f.* resina.

resistencia [rresisténθja] *f.* resistenza.

resistente [rresisténte] *a.* resistente.

resistir [rresistir] *t.* sopportare. 2 *i.* resistere, opporsi. 3 *r.* rifiutarsi, dibattersi.

resma [rrèzma] *f.* risma.

resolución [rresoluθjón] *f.* risoluzione. 2 risolutezza.

resoluto, -ta [rresolúto, -ta] *a.* risoluto.

resolver [rresolβèr] *t.-r.* risolvere. ¶ CONIUG. come *mover*. ‖ PART. P.: *resuelto*.

resollar [rresoʎár] *i.* respirare, sbuffare. ¶ CONIUG. come *contar*.

resonancia [rresonánθja] *f.* risonanza.

resonar [rresonár] *i.* risuonare. ¶ CONIUG. come *contar*.

resoplar [rresoplár] *i.* sbuffare.

resoplido [rresopliðo] *m.* sbuffo.

resorber [rresorβèr] *t.* riassorbire.

resorción [rresorθjón] *f.* riassorbimento *m.*

resorte [rresórte] *m.* molla *f.* 2 fig. mezzo.

respaldar [rrespaldár] *t.* annotare a tergo. 2 spalleggiare, difendere. 3 appoggiarsi.

respaldo [rrespáldo] *m.* spalliera *f.* 2 tergo. 3 fig. appoggio.

respectar [rrespeɣtár] *i.* riguardare, concernere.

respectivo, -va [rrespeɣtiβo, -βa] *a.* rispettivo, corrispettivo.

respecto [rrespèɣto] *m.* rapporto. ‖ ~ *a*, ~ *de*, *con* ~ *a*, rispetto a, riguardo a, circa.

respetable [rrespetáβle] *a.* rispettabile.

respetar [rrespetár] *t.-r.* rispettare.

respeto [rrespéto] *m.* rispetto.

respetuoso, -sa [rrespetwóso, -sa] *a.* rispettoso.

respingar [rrespiŋgár] *i.* recalcitrare. 2 impuntarsi.

respiración [rrespiraθjón] *f.* respirazione.

respiradero [rrespiraðéro] *m.* spiraglio, feritoia *f.* 2 fig. respiro.

respirar [rrespirár] *i.-t.* respirare.

respiratorio, -ria [rrespiratórjo, -rja] *a.* respiratorio.

respiro [rrespiro] *m.* respiro.

resplandecer [rresplandeθèr] *i.* risplendere. ¶ CONIUG. come *crecer*.

resplandeciente [rresplandeθjénte] *a.* risplendente, splendente.

resplandor [rresplandór] *m.* splendore, bagliore, chiarore.

responder [rrespondèr] *t.-i.* rispondere.

responsabilidad [rresponsaβiliðáð] *f.* responsabilità, consapevolezza.

responsable [rresponsáβle] *a.* responsabile, consapevole.

respuesta [rrespwèsta] *f.* risposta. 2 replica, confutazione.

resquebradura [rreskeβraðúra] *f.* crepa, fenditura.

resquebrajar [rreskeβraxár] *t.-r.* fendere, screpolare.

resquemar [rreskemár] *t.* bruciare.

restablecer [rrestaβleθèr] *t.-r.* ristabilire. ¶ CONIUG. come *crecer*.

restablecimiento [rrestaβleθimjénto] *m.* ristabilimento.

restallar [rrestaʎár] *i.* crocchiare, schioccare.

restante [rrestánte] *a.* rimanente. 2 *m.* resto, rimanente.

restañar [rrestaɲár] *t.-i.-r.* ristagnare. 2 *i.* schioccare.

restaño [rrestáɲo] *m.* ristagno.

restar [rrestár] *t.* MAT. sottrarre. 2 togliere, diminuire. 3 *i.* restare, rimanere.

restauración [rrestauraθjón] *f.* restaurazione. 2 restauro *m.*

restaurador, -ra [rrestauraðór, -ra] *a.-s.* restauratore.

restaurante [rrestauránte] *a.* ristorante. 2 *m.* ristorante.

restaurar [rrestaurár] *t.* restaurare. 2 ripristinare. 3 ristorare.

restitución [rrestituθjón] *f.* restituzione.

restituir [rrestitwir] *t.* restituire. ¶ CONIUG. come *huir*.

resto [rrèsto] *m.* resto, residuo, avanzo. 2 relitto.

restregar [rrestreɣár] *t.-r.* strofinare, stropicciare, sfregare.

restricción [rrestriɣθjón] *f.* restrizione.

restrictivo, -va [rrestriɣtiβo, -βa] *a.* restrittivo.

restricto, -ta [rrestriɣto, -ta] *a.* ristretto.

restringir [rrestriŋxir] *t.* restringere.

restriñimiento [rrestriɲimjénto] *m.* restringimento. 2 costipazione.

restriñir [rrestriɲir] *t.* restringere.

resucitar [rresuθitár] *t.-i.* risuscitare.

resuelto, -ta [rreswèlto, -ta] *a.* risoluto.

resuello [rreswèʎo] *m.* sbuffo.
resultado [rresultáðo] *m.* risultato.
resultar [rresultár] *i.* risultare. 2 riuscire.
resumen [rresúmen] *m.* riassunto. ‖ *en* ~, riassumendo.
resumir [rresumír] *t.* riassumere.
resurgimiento [rresurximjènto] *m.* risorgimento.
resurgir [rresurxir] *i.* risorgere.
resurrección [rresurreyθjón] *f.* risurrezione.
retablo [rretáβlo] *m.* pala *f.* d'altare, retroaltare.
retaguardia [retaɣwárðja] *f.* retroguardia.
retahíla [rretaila] *f.* filza.
retal [rretál] *m.* scampolo, ritaglio.
retama [rretáma] *f.* ginestra.
retar [rretár] *t.* sfidare.
retardar [rretarðár] *t.* ritardare, rallentare.
retardo [rretárðo] *m.* ritardo.
retazo [rretáθo] *m.* scampolo, ritaglio. 2 frammento, brano.
retención [rretenθjón] *f.* trattenuta. 2 MED. ritenzione.
retener [rretenér] *t.* trattenere, ritenere. 2 arrestare. 3 *r.* ritenersi, contenersi.
reticencia [rretiθénθja] *f.* reticenza.
retículo [rretikulo] *m.* reticolo, reticolato.
retina [rretina] *f.* retina.
retintín [rretintín] *m.* tintinnio.
retirado, -da [rretiráðo, -ða] *a.* ritirato, appartato. 2 pensionato. 3 *f.* ritirata.
retirar [rretirár] *t.-r.* ritirare. 2 *i.* rassomigliare.
retiro [rretiro] *m.* ritiro. 2 pensione *f.*
reto [rréto] *m.* sfida *f.*
retocar [rretokár] *t.* ritoccare.
retoñar [rretoɲár] *i.* germogliare.
retoño [rretoɲo] *m.* germoglio.
retoque [rretóke] *m.* ritocco. 2 fig. sintomo.
retorcer [rretorθér] *t.-r.* ritorcere, contorcere.
retórico, -ca [rretóriko, -ka] *a.* retorico. 2 *m.* retore. 3 *f.* retorica.
retornar [rretornár] *i.* ritornare.
retorno [rretórno] *m.* ritorno. 2 contraccambio.
retorsión [rretorsjón] *f.* ritorsione. 2 ritorcimento *m.*
retorta [rretórta] *f.* storta.
retortijar [rretortixár] *t.* attorcigliare, ritorcere.
retortijón [rretortixòn] *m.* attorcigliamento.
retozar [rretoθár] *i.* ruzzare.

retractación [rretraytaθjón] *f.* ritrattazione.
retractar [rretraytár] *t.-r.* ritrattare.
retráctil [rretráytil] *a.* retrattile.
retraer [rretraèr] *t.* ritrarre. 2 dissuadere. 3 *r.* ritrarsi, ritirarsi, retrocedere.
retraído, -da [rretraíðo, -ða] *a.* ritirato. 2 fig. timido, solitario.
retraimiento [rretraimjènto] *m.* ritiro. 2 timidezza *f.*
retrasar [rretrasár] *t.* ritardare. 2 rimandare. 3 *i.-r.* ritardare, rimanere indietro.
retraso [rretráso] *m.* ritardo.
retratar [rretratár] *t.* ritrarre. 2 fotografare.
retratista [rretratista] *s.* ritrattista.
retrato [rretráto] *m.* ritratto.
retreta [rretrèta] *f.* MIL. ritirata.
retrete [rretrète] *m.* ritirata *f.*, gabinetto.
retribuir [rretriβwír] *t.* retribuire. ¶ CONIUG. come *huir*.
retribución [rretriβuθjón] *f.* retribuzione, compenso *m.*, corrispettivo *m.*
retroactivo, -va [rretroaɣtiβo, -βa] *a.* retroattivo.
retroceder [rretroθeðèr] *i.* retrocedere.
retrocesión [rretroθesjón] *f.* retrocessione.
retroceso [rretroθèso] *m.* retrocessione *f.*, regressione *f.*
retrógrado, -da [rretròɣraðo, -ða] *a.* retrogrado.
retronar [rretronár] *i.* rintronare. ¶ CONIUG. come *contar*.
retrospectivo, -va [rretrospeɣtiβo, -βa] *a.* retrospettivo.
retrotraer [rretrotraèr] *t.* retrodatare.
retroversión [rretroβersjòn] *f.* retroversione.
retrovisor [rretroβisór] *m.* specchietto retrovisivo.
retruécano [rretrwèkano] *m.* gioco di parole.
retruque [rretrúke] *m.* rimbalzo.
retumbar [rretumbár] *i.* rimbombare.
reuma [rrèuma] *m.* reuma.
reumático [rreumátiko] *a.* reumatico.
reumatismo [rreumatizmo] *m.* reumatismo.
reunión [rreunjón] *f.* riunione, adunanza, seduta. 2 assembramento *m.*
reunir [rreunír] *t.-r.* riunire, raccogliere, adunare.
reválida [rreβáliða] *f.* ratifica, convalida.
revalidar [rreβaliðár] *t.* ratificare, convalidare.

revancha [rreβánt∫a] f. rivincita.
revelación [rreβelaθjón] f. rivelazione.
revelado [rreβeláðo] m. FOT. sviluppo.
revelador, -ra [rreβelaðór, -ra] rivelatore.
revelar [rreβelár] t. rivelare. 2 FOT. sviluppare.
revender [rreβendér] t. rivendere.
reventar [rreβentár] i. scoppiare, crepare. ‖ **hasta** ~, a crepapelle. 2 rompersi. 3 screpolarsi. 4 t. rompere, spaccare. 5 fig. fam. rovinare. 6 seccare. 7 t.-r. estenuare. ¶ CONIUG. come **acertar**.
reventón [rreβentón] m. scoppio, esplosione f. 2 fig. strapazzo, faticaccia f.
reverberación [rreβerβeraθjón] f. riverbero m.
reverberar [rreβerβerár] i. riverberare.
reverbero [rreβerβéro] m. riverbero.
reverdecer [rreβerðeθér] i. rinverdire. ¶ CONIUG. come **crecer**.
reverencia [rreβerénθja] f. riverenza.
reverenciar [rreβerenθjár] t. riverire.
reverendo, -da [rreβeréndo, -da] a.-s. reverendo.
reversible [rreβersíβle] a. reversibile.
reversión [rreβersjón] f. reversione.
reverso, -sa [rreβérso, -sa] a.-m. rovescio.
revés [rreβés] m. rovescio. 2 manrovescio. 3 infortunio, disgrazia f., batosta f. ‖ **al** ~, a rovescio, alla rovescia.
revestimiento [rreβestimjénto] m. rivestimento.
revestir [rreβestír] t. rivestire, ricoprire. 2 fig. dissimulare. 3 r. rivestirsi.
revisar [rreβisár] t. rivedere, controllare.
revisión [rreβisjón] f. revisione, controllo m.
revisor [rreβisór] m. controllore, ispettore.
revista [rreβísta] f. rivista. 2 ispezione. 3 rassegna.
revistar [rreβistár] t. passare in rivista.
revivir [rreβiβír] i. rivivere.
revocación [rreβokaθjón] f. revoca.
revocar [rreβokár] t. revocare. 2 intonacare.
revolcar [rreβolkár] t. rovesciare. 2 r. arrotolarsi, rivoltarsi. 3 fig. intestardirsi.
revolotear [rreβoloteár] i. svolazzare.
revoloteo [rreβolotèo] m. svolazzo.
revoltijo [rreβoltíxo] m. miscuglio. 2 fig. disordine, confusione f.
revoltoso, -sa [rreβoltóso, -sa] a. rivoltoso, turbolento.
revolución [rreβoluθjón] f. rivoluzione.

revolucionar [rreβoluθjonár] t. rivoluzionare.
revolucionario, -ria [rreβoluθjonárjo, -rja] a.-s. rivoluzionario.
revólver [rreβólβer] m. rivoltella f., revolver.
revolver [rreβolβér] t. rimescolare, agitare. 2 sconvolgere, mettere in disordine, capovolgere. 3 rimuginare [le idee]. 4 r. muoversi. 5 rivoltarsi.
revoque [rreβóke] m. intonaco.
revuelo [rreβwélo] m. svolazzo. 2 fig. subbuglio, agitazione f.
revuelto, -ta [rreβwélto, -ta] a. rivoltoso, tumultuoso, irrequieto. 2 arruffato [il pelo, i capelli]. 3 f. rivolta, sommossa. 4 svolta.
revulsivo, -va [rreβulsíβo, -βa] a. revulsivo.
rey [rréi] m. re. ‖ **Día de Reyes**, Epifania.
reyerta [rejérta] f. zuffa, rissa.
rezagar [rreθaɣár] t. lasciare indietro. 2 ritardare. 3 r. rimanere indietro.
rezar [rreθár] t. pregare. ‖ ~ **con**, riguardare.
rezo [rrèθo] m. preghiera f.
rezongar [rreθoŋɡár] i. brontolare.
rezumar [rreθumár] i.-r. stillare, trasudare.
ría [rría] f. estuario m.
riachuelo [rrjat∫wélo] m. ruscello.
riada [rríaða] f. piena, inondazione, fiumana.
ribera [rriβéra] f. riva, sponda.
ribereño, -ña [rriβeréɲo, -ɲa] a. rivierasco.
ribete [rriβéte] m. filettatura f. 2 orlo. 3 pl. fig. spunti, indizi.
ribetear [rriβeteár] t. filettare, orlare. 2 adornare.
ricachón, -na [rrikat∫ón, -na] s. riccone.
ricino [rriθíno] m. ricino.
rico, -ca [rríko, -ka] a. ricco. 2 saporito. 3 bello.
ridiculez [rriðikuléθ] f. ridicolaggine.
ridiculizar [rriðikuliθár] t. mettere in ridicolo.
ridículo, -la [rriðíkulo, -la] a. ridicolo. ‖ **quedar en** ~, fare brutta figura, fare una figuraccia.
riego [rrjèɣo] m. irrigazione f., annaffiamento, annaffiatura f., annaffiata f.
riel [rrjèl] m. rotaia f.
rienda [rrjénda] f. redine, briglia. ‖ **a** ~ **suelta**, a briglia sciolta.
riesgo [rrjèsɣo] m. rischio.

rifa [rrífa] f. riffa, lotteria.

rifar [rrifár] t. sorteggiare.

rifle [rrífle] m. carabina f., fucile.

rigidez [rrixiðéθ] f. rigidità.

rígido, -da [rríxiðo, -ða] a. rigido.

rigor [rriγór] m. rigore.

rigurosidad [rriγurosiðáð] f. rigorosità, rigore m.

riguroso, -sa [rriγuróso, -sa] a. rigoroso.

rima [rríma] f. rima.

rimar [rrimár] i. rimare.

rimbombante [rrimbombánte] a. rimbombante.

rimbombar [rrimbombár] i. rimbombare.

rímel [rrímel] m. rimmel.

rincón [rriŋkón] m. angolo, canto.

ringlera [rriŋglêra] f. fila.

rinoceronte [rrinoθerónte] m. rinoceronte.

riña [rríɲa] f. lite, rissa, bisticcio m.

riñón [rriɲón] m. ANAT. rene. 2 rognone.

río [rrío] m. fiume.

riqueza [rrikéθa] f. ricchezza.

risa [rrísa] f. riso m., risata.

risco [rrísko] m. rupe f.

risotada [rrisotáθa] f. risata.

ristre [rrístre] m. resta f. [per la lancia]. || *lanza en* ~, lancia in resta.

risueño, -ña [rriswéɲo, -ɲa] a. ridente, raggiante, allegro.

rítmico, -ca [rríðmiko, -ka] a. ritmico.

ritmo [rríðmo] m. ritmo.

rito [rríto] m. rito.

ritual [rritwál] a.-m. rituale.

rival [rriβál] s. rivale.

rivalidad [rriβaliðáð] f. rivalità.

rivalizar [rriβaliθár] i. rivaleggiare, fare a gara, gareggiare.

rivera [rriβéra] f. ruscello m.

rizado [rriθáðo] m. arricciatura f.

rizar [rriθár] t.-r. arricciare.

rizo, -za [rríθo, -θa] a. riccio, ricciuto. 2 m. riccio, ricciolo.

robar [rroβár] t. rubare, rapire. 2 borseggiare. 3 derubare.

roble [rróβle] m. rovere.

roblón [rroβlón] m. bullone.

robo [rróβo] m. furto, rapina f. 2 refurtiva f.

robot [rroβóð] m. robot.

robótico, -ca [rroβótiko, -ka] a. robotico 2 f. robotica.

robotizar [rroβotiθár] t. robotizzare.

robustecer [rroβusteθér] t. irrobustire. ¶ CONIUG. come *crecer*.

robustez [rroβustéθ] f. robustezza.

robusto, -ta [rroβústo, -ta] a. robusto, aitante, gagliardo.

roca [rróka] f. roccia, rocca.

roce [rróθe] m. attrito, sfregamento. 2 fig. relazione f.

rociada [rroθjáða] f. spruzzatura, spruzzamento m., annaffiata.

rociar [rroθjár] t. spruzzare, innaffiare, aspergere. 2 impers. cadere la rugiada.

rocío [rroθío] m. rugiada f.

rocoso, -sa [rrokóso, -sa] a. roccioso.

rodado, -da [rroðáðo, -ða] a. che ha ruote. || *tránsito* ~, circolazione delle macchine. || *canto* ~, ciottolo.

rodaja [rroðáxa] f. rotella. 2 fetta.

rodaje [rroðáxe] m. insieme di ruote. 2 MECC. rodaggio.

rodar [rroðár] i. ruotare, rotolare, girare. 2 t. CIN. girare. ¶ CONIUG. come *contar*.

rodear [rroðeár] i. girare intorno a, aggirarsi. 2 t. circondare, attorniare, accerchiare.

rodeo [rroðéo] m. giro. 2 fig. sotterfugio. 2 raggiro. || *sin rodeos*, chiaro e tondo.

rodilla [rroðíʎa] f. ginocchio m. || *de rodillas*, in ginocchio, ginocchioni.

rodillera [rroðiʎéra] f. ginocchiera.

rodillo [rroðíʎo] m. rullo. 2 matterello.

roedor, -ra [rroeðór, -ra] a.-m. roditore.

roer [rroér] t. rodere, rosicchiare. 2 r. fig. rodersi. ¶ CONIUG. IND. pres.: [1.ª pers. sing.] *roo, roigo* o *royo*. || CONG. pres.: *roa, roiga* o *roya, roas, roigas* o *royas, roe* || IMPER. [ɔ.ª pers.]: *roa, roiga* o *roya; roan, roigan* o *royan*.

rogar [rroγár] t. pregare. ¶ CONIUG. come *contar*.

rogativa [rroγatíβa] f. rogazione.

rojizo, -za [rroxíθo, -θa] a. rossiccio.

rojo, -ja [rróxo, -xa] a.-s. rosso. || ~ *vivo*, arroventato. || *poner al* ~ *vivo*, arroventare.

rol [rról] m. ruolo.

rollizo, -za [rroʎíθo, -θa] a. rubizzo, grassoccio.

rollo [rróʎo] m. cilindro, rullo. 2 rotolo. 3 fig. mattone, discorso o scritto noioso.

romance [rrománθe] a. romanzo, romanico, neolatino [detto delle lingue]. 2 m. composizione f. metrica spagnola.

romancero [rrománθéro] m. romanzero, raccolta f. di *romances*.

románico, -ca [rromániko, -ka] a. romanico. 2 romanzo.

romanticismo [rromantiθizmo] m. romanticismo.

romántico, -ca [rromántiko, -ka] *a.* romantico.

rombo [rrómbo] *m.* rombo.

romería [rromería] *f.* pellegrinaggio *m.* 2 festa popolare presso un santuario.

romero, -ra [rroméro, -ra] *a.-s.* pellegrino. 2 *m.* BOT. rosmarino.

rompecabezas [rrompekaβéθas] *m.* puzzle.

rompehielos [rrompejélos] *m.* rompighiaccio.

rompeolas [rrompeólas] *m.* diga *f.*

romper [rrompér] *t.-r.* rompere, spezzare. 2 *i.* rompere, prorompere. 3 frangersi. 4 germogliare [i fiori]. 5 spuntare [il giorno]. ¶ CONIUG. PART. P.: *roto.*

rompiente [rrompjénte] *m.* scogliera *f.*, frangente.

ron [rron] *m.* rum.

roncar [rroŋkár] *i.* russare. 2 mugghiare.

ronco, -ca [rróŋko, -ka] *a.* roco, rauco.

ronda [rrónda] *f.* ronda. 2 bicchierata. 3 cammino *m.* attorno a un villaggio. 4 circonvallazione. ‖ *cinturón de ~*, raccordo anulare.

rondar [rrondár] *i.* far la ronda. 2 girellare. 3 ronzare intorno. 4 *t.* girare intorno a.

rondó [rrondó] *m.* rondò.

ronquera [rroŋkéra] *f.* raucedine.

ronquido [rroŋkiðo] *m.* russata *f.* 2 fig. suono rauco.

ronronear [rronroneár] *i.* far le fusa.

ronzal [rronθál] *m.* cavezza *f.*

roña [rróɲa] *f.* rogna, scabbia. 2 ruggine. 3 fig. tirchieria.

roñoso, -sa [rroɲóso, -sa] *a.* rognoso. 2 rugginoso. 3 fig. tirchio.

ropa [rrópa] *f.* roba, stoffa. ‖ *~ blanca*, biancheria. ‖ *a quema ~*, a bruciapelo.

ropaje [rropáxe] *m.* vestiario. 2 veste *f.* solenne.

ropero [rropéro] *m.* guardaroba.

roque [rróke] *m.* torre *f.* [nel gioco degli scacchi].

rosa [rrósa] *f.* rosa. 2 MED. rosolia. ‖ *diamante ~*, rosetta.

rosáceo, -a [rrosáθeo, -a] *a.* rosaceo.

rosado, -da [rrosáðo, -ða] *a.* rosato.

rosal [rrosál] *m.* rosaio.

rosaleda [rrosaléða] *f.* roseto *m.*

rosario [rrosárjo] *m.* rosario.

rosca [rróska] *f.* MECC. vite. 2 spirale. ‖ *pasarse de ~*, passare i limiti.

róseo, -a [rróseo, -a] *a.* roseo.

rosetón [rrosetón] *m.* ARCH. rosone.

rostro [rróstro] *m.* volto, viso. 2 rostro, becco.

rotación [rrotaθjón] *f.* rotazione.

rotativo, -va [rrotatiβo, -βa] *a.* rotativo. 2 *m.* giornale.

rotatorio, -ria [rrotatórjo, -rja] *a.* rotatorio.

roto, -ta [rróto, -ta] *a.* rotto.

rótulo [rrótulo] *m.* insegna *f.* 2 cartello, etichetta *f.*

rotundamente [rrotúndamente] *avv.* categoricamente, chiaramente.

rotundo, -da [rrotúndo, -da] *a.* rotondo. 2 fig. sonoro [linguaggio]. 3 categorico.

roturar [rroturár] *t.* dissodare.

rozadura [rroθaðúra] *f.* sfregatura. 2 escoriazione.

rozamiento [rroθamjénto] *m.* sfioramento. 2 attrito. 3 fig. dissenso, scontro.

rozar [rroθár] *t.* sfiorare. 2 AGR. sarchiare. 3 *r.* sfregarsi.

rubí [rruβí] *m.* rubino.

rubio, -bia [rrúβjo, -βja] *a.* biondo.

rublo [rrúβlo] *m.* rublo.

rubor [rruβór] *m.* rossore.

ruborizarse [rruβoriθárse] *r.* arrossire.

rúbrica [rrúβrika] *f.* svolazzo *m.* della firma. 2 rubrica. 3 intestazione, titolo *m.*

rubricar [rruβrikár] *t.* firmare, siglare.

ruda [rrúða] *f.* BOT. ruta.

rudeza [rruðéθa] *f.* rudezza.

rudimentario, -ria [rruðimentárjo, -rja] *a.* rudimentale.

rudimento [rruðimènto] *m.* rudimento.

rudo, -da [rrúðo, -ða] *a.* rude. 2 violento, duro.

rueca [rrwéka] *f.* rocca.

rueda [rrwéða] *f.* ruota. 2 circolo *m.*, pannello *m.* ‖ *~ de prensa*, conferenza stampa.

ruedo [rrwéðo] *m.* giro. 2 contorno. 3 circonferenza *f.* 4 TAUR. arena *f.*

ruego [rrwéγo] *m.* preghiera *f.*, supplica *f.*, domanda *f.*

rufián [rrufján] *m.* ruffiano.

rugido [rruxiðo] *m.* ruggito.

rugir [rruxír] *i.* ruggire.

rugosidad [rruγosiðáð] *f.* rugosità.

rugoso, -sa [rruγóso, -sa] *a.* rugoso, grinzoso.

ruido [rrwíðo] *m.* rumore, chiasso. 2 scalpore.

ruidoso, -sa [rrwiðóso, -sa] *a.* rumoroso, chiassoso, clamoroso.

ruin [rrwin] *a.* vile, meschino, malvagio.

ruina [rrwina] *f.* rovina.

ruindad [rrwindáð] *f.* viltà, meschinità, malvagità.

ruinoso, -sa [rrwinóso, -sa] *a.* rovinoso, pericolante.

ruiseñor [rrwiseɲór] *m.* usignolo.

ruleta [rruléta] *f.* roulette.

rulo [rrúlo] *m.* rullo. 2 bigodino.

rumbo [rrúmbo] *m.* rotta *f.* 2 direzione *f.* ‖ *cambiar* ~, dirottare. 3 fig. pompa *f.* 4 generosità *f.*

rumboso, -sa [rrumbóso, -sa] *a.* pomposo, fastoso. 2 generoso.

rumiante [rrumjánte] *m.* ruminante.

rumiar [rrumjár] *t.* ruminare.

rumor [rrumór] *m.* rumore, brusio. 2 voce *f.*

rumorear [rrumoreár] *i.* rumoreggiare. 2 *r.* correr voce.

rumoroso, -sa [rrumoróso, -sa] *a.* rumoroso.

rupestre [rrupéstre] *a.* rupestre.

ruptura [rruβtúra] *f.* rottura.

rural [rrurál] *a.* rurale. 2 rustico.

ruso, -sa [rrúso, -sa] *a.-s.* russo.

rústico, -ca [rrústiko, -ka] *a.* rustico. 2 rusticano. 3 *m.* contadino.

ruta [rrúta] *f.* itinerario *m.* 2 MAR. rotta.

rutilante [rrutilánte] *a.* rutilante.

rutina [rrutína] *f.* routine.

rutinario, -ria [rrutinárjo, -rja] *a.* abitudinario.

S

s [ése] *f.* ventiduesima lettera dell'alfabeto spagnolo.

sábado [sáβaðo] *m.* sabato.

sábana [sáβana] *f.* lenzuolo *m.*

sabañón [saβaɲón] *m.* gelone.

sabelotodo [saβelotóðo] *s.* fam. saccente.

saber [saβèr] *t.-i.* sapere. ‖ *a* ~, cioè. ¶ CONIUG. IND. pres.: *sé*. ǀ pass. rem.: *supe, supiste, supo; supimos, supisteis, supieron*. ǀ fut.: *sabré, sabrás*, ecc. ‖ COND.: *sabría, sabrías*, ecc. ‖ CONG. pres.: *sepa, sepas*, ecc. ǀ imp.: *supiera, -se, supieras, -ses*, ecc. ǀ fut.: *supiere, supieres*, ecc. ‖ IMPER.: *sepa; sepamos, sepan*.

saber [saβèr] *m.* sapere, sapienza *f.*

sabidillo, -lla [saβiðíʎo, -ʎa] *a.-s.* saccente.

sabiduría [saβiðuría] *f.* sapienza, scienza.

sabiendas (a) [a saβjèndas] *loc. avv.* scientemente.

sabio, -bia [sáβjo, -βja] *a.-s.* sapiente. 2 saggio.

sablazo [saβláθo] *m.* sciabolata *f.*

sable [sáβle] *m.* sciabola *f.*

sabor [saβòr] *m.* sapore, gusto.

saborear [saβoreár] *t.* insaporire. 2 assaporare, gustare, degustare.

sabotaje [saβotáxe] *m.* sabotaggio.

sabroso, -sa [saβróso, -sa] *a.* saporito, gustoso.

sabueso, -sa [saβwéso, -sa] *a.* segugio [cane]. 2 *s.* indagatore.

sacacorchos [sakakórtʃos] *m.* cavatappi.

sacamuelas [sakamwélas] *s.* cavadenti. 2 fig. ciarlatano.

sacar [sakár] *t.* cavare, estrarre, levare, tirar fuori. 2 attingere [acqua]. 3 far uscire. 4 vincere [un premio]. ‖ ~ *adelante*, mandare avanti. ‖ ~ *a flote*, rimettere a galla.

sacerdote [saθerðóte] *m.* sacerdote.

sacerdotisa [saθerðotísa] *f.* sacerdotessa.

saciar [saθjár] *t.-r.* saziare.

saciedad [saθjeðàð] *f.* sazietà.

saco [sáko] *m.* sacco.

sacramental [sakramentál] *a.* sacramentale.

sacramentar [sakramentár] *t.* sacramentare.

sacramento [sakramènto] *m.* sacramento.

sacrificar [sakrifikár] *t.-r.* sacrificare.

sacrificio [sakrifíθjo] *m.* sacrificio.

sacrilegio [sakrilèxjo] *m.* sacrilegio.

sacrílego, -ga [sakrileɣo, -ɣa] *a.-s.* sacrilego.

sacristán [sakristàn] *m.* sagrestano.

sacristía [sakristía] *f.* sagrestia.

sacro, -cra [sákro, -kra] *a.* sacro.

sacrosanto, -ta [sakrosánto, -ta] *a.* sacrosanto.

sacudida [sakuðíða] *f.* scossa.

sacudimiento [sakuðimjènto] *m.* scotimento.

sacudir [sakuðir] *t.* scuotere, scrollare. 2 sbattere. 3 *r.* respingere, liberarsi di.

saeta [saéta] *f.* saetta. 2 lancetta. 3 ago *m.*, della bussola. 4 canto *m.* religioso andaluso.

saetazo [saetáθo] *m.* frecciata *f.*, saettata *f.*

saga [sáɣa] *f.* saga.

sagacidad [saɣaθiðàð] *f.* sagacità, avvedutezza, accortezza.

sagaz [saɣàθ] *a.* sagace, accorto.

sagitario [saxitárjo] *m.* sagittario.

sagrado, -da [saɣráðo, -ða] *a.* sacro, consacrato. 2 *m.* rifugio, riparo.

sagrario [saɣrárjo] *m.* sacrario. 2 tabernacolo.

sahumar [saumár] *t.* profumare, aromatizzare.

saín [saín] *m.* sugna *f.*

sainete [sainéte] *m.* salsa *f.* 2 fig. bocconcino. 3 ornamento. 4 TEAT. farsa *f.*

sajar [saxár] *t.* sacrificare.

sajón, -na [saxón, -na] *a.-s.* sassone.

sal [sal] *f.* sale *m.* 2 fig. grazia, garbo *m.*, spirito *m.*

sala [sála] *f.* sala.

salacidad [salaθiðáð] *f.* salacità.

salado, -da [saláðo, -ða] *a.* salato. 2 salmastro. 3 fig. spiritoso.

saladura [salaðúra] *f.* salatura.

salamandra [salamándra] *f.* salamandra.

salar [salár] *t.* salare.

salario [salárjo] *m.* salario, stipendio.

salaz [saláθ] *a.* salace.

salazón [salaθón] *f.* salatura. 2 industria salsamentaria.

salchicha [saltʃitʃa] *f.* salsiccia.

salchichón [saltʃitʃón] *m.* salame.

saldar [saldár] *t.* saldare [un debito]. 2 liquidare, svendere.

saldo [sáldo] *m.* saldo.

salero [saléro] *m.* saliera *f.* 2 fig. spirito, garbo.

saleroso, -sa [saleróso, -sa] *a.* fig. spiritoso, arguto.

salida [saliða] *f.* uscita. 2 partenza. 3 smercio *m.* 4 fig. scappatoia, via d'uscita.

saliente [saljènte] *a.* sporgente. 2 *m.* sporgenza *f.* 3 levante.

salino, -na [salino, -na] *a.* salino. 2 *f.* salina.

salir [salir] *i.* uscire. 2 partire. 3 spuntare. 4 riuscire, risultare. 5 sporgere, emergere. 6 costare. 7 rassomigliare: *salió a su padre*, rassomiglia a suo padre. 8 *r.* traboccare, straripare. ‖ *salirse de un accidente, de una dificultad*, ecc., cavarsela. ¶ CONIUG. IND. pres.: *salgo*. | fut.: *saldré, saldrás*, ecc. ‖ COND.: *saldría, saldrías*, ecc. ‖ CONG. pres.: *salga, salgas*, ecc. ‖ IMPER.: *sal, salga; salgamos, salgan*.

salitre [salitre] *m.* salnitro.

saliva [saliβa] *f.* saliva.

salivación [saliβaθjón] *f.* salivazione.

salivar [saliβár] *i.* salivare.

salivazo [saliβáθo] *m.* sputo.

salmantino, -na [salmantino, -na] *a.-s.* salmantino, di Salamanca.

salmo [sálmo] *m.* salmo.

salmón [salmón] *m.* salmone.

salmonete [salmonéte] *m.* triglia *f.*

salmuera [salmwèra] *f.* salamoia.

salobre [salóβre] *a.* salmastro.

salomónico, -ca [salomóniko, -ka] *a.* salomonico.

salón [salón] *m.* salone, salotto.

saloncillo [salonθiʎo] *m.* salotto. 2 ridotto.

salpicadura [salpikaðúra] *f.* spruzzata. 2 schizzo *m.*

salpicar [salpikár] *t.* spruzzare, schizzare. 2 inzaccherare. 3 fig. disseminare, spargere.

salpicón [salpikón] *m.* schizzo. 2 carne *f.* fredda piccante.

salpimentar [salpimentár] *t.* condire con sale e pepe. 2 fig. rendere ameno. ¶ CONIUG. come *acertar*.

salpimienta [salpimjènta] *f.* sale e pepe *m.*

salsa [sálsa] *f.* salsa.

salsera [salsèra] *f.* salsiera.

saltador, -ra [saltaðòr, -ra] *a.-s.* saltatore. 2 *m.* corda *f.* per saltare.

saltamontes [saltamóntes] *m.* cavalletta *f.*

saltar [saltár] *i.* saltare, balzare. 2 sussultare. 3 saltare via. 4 *t.* saltare.

saltarín, -na [saltarin, -na] *a.-s.* ballerino.

salteador [salteaðór] *m.* brigante.

saltimbanqui [saltimbáŋki] *m.* saltimbanco.

salto [sálto] *m.* salto, balzo. 2 sussulto. ‖ *~ de cama*, vestaglia *f.*

salubre [salúβre] *a.* salubre.

salubridad [saluβriðáð] *f.* salubrità.

salud [salúð] *f.* salute.

saludable [saluðáβle] *a.* salubre, salutare.

saludar [saluðár] *t.* salutare.

saludo [salúðo] *m.* saluto.

salutación [salutaθjón] *f.* saluto *m.*

salva [sálβa] *f.* salva.

salvación [salβaθjón] *f.* salvazione. 2 salvezza.

salvado [salβáðo] *m.* crusca *f.*

salvador, -ra [salβaðòr, -ra] *a.-s.* salvatore.

salvaguardar [salβaɣwarðár] *t.* proteggere, tutelare.

salvaguardia [salβaɣwàrðja] *f.* salvaguardia.

salvajada [salβaxáða] *f.* barbarie.

salvaje [salβáxe] *a.-s.* selvaggio.

salvajina [salβaxina] *f.* selvaggina.

salvajismo [salβaxizmo] *m.* barbarie *f.*

salvamento [salβamènto] *m.* salvamento, salvataggio.

salvar [salβár] *t.-r.* salvare. 2 *t.* eccettuare. 3 evitare, saltare, superare.

salvavidas [salβaβiðas] *m.* salvagente.

salvedad [salβeðáð] *f.* eccezione, riserva.

salvia [sálβja] *f.* salvia.

salvo, -va [sálβo, -βa] *a.* salvo. 2 *avv.* salvo, fuorchè, tranne.

salvoconducto [salβokondúkto] *m.* salvacondotto.

samaritano, -na [samaritáno, -na] *a.-s.* samaritano.

sambenito [sambeníto] *m.* marchio d'infamia.

san [san] *a.* (apoc. di *santo*) san, sant', santo [precede sempre i nomi maschili, eccetto i nomi incomincianti con To- o Do-].

sanar [sanár] *t.-i.* guarire, risanare.

sanatorio [sanatórjo] *m.* sanatorio.

sanción [sanθjón] *f.* sanzione.

sancionar [sanθjonár] *t.* sancire. 2 sanzionare.

sandalia [sandálja] *f.* sandalo *m.*

sándalo [sándalo] *m.* sandalo.

sandez [sandèθ] *f.* stupidità, sproposito *m.*

sandía [sandía] *f.* cocomero *m.*, anguria.

saneamiento [saneamjènto] *m.* risanamento. 2 bonifica *f.*

sanear [saneár] *t.* risanare. 2 bonificare. 3 GIUR. indennizzare, risarcire.

sangrar [saŋgrár] *t.* salassare. 2 *i.* sanguinare.

sangre [sáŋgre] *f.* sangue *m.*

sangriento, -ta [saŋgrjènto, -ta] *a.* sanguinante, insanguinato. 2 sanguinoso.

sanguijuela [saŋgixwèla] *f.* sanguisuga.

sanguinario, -ria [saŋginárjo, -rja] *a.* sanguinario.

sanguíneo, -a [saŋgíneo, -a] *a.* sanguigno.

sanidad [saniðáð] *f.* sanità.

sanitario, -ria [sanitárjo, -rja] sanitario.

sano, -na [sáno, -na] *a.* sano.

sánscrito, -ta [sánskrito, -ta] *a.-m.* sanscrito.

santiamén (en un) [en un santjamèn] *loc. avv.* in un batter d'occhio.

santidad [santiðáð] *f.* santità.

santificación [santifikaθjón] *f.* santificazione.

santificar [santifikár] *t.-r.* santificare.

santiguar [santiɣwár] *t.-r.* fare il segno della croce. 2 *r.* segnarsi.

santo, -ta [sánto, -ta] *a.-s.* santo. 2 *m.* onomastico.

santón [santón] *m.* santone.

santoral [santorál] *m.* ECCL. santorale.

santuario [santwárjo] *m.* santuario.

saña [sáɲa] *f.* rabbia, furore *m.* 2 accanimento *m.*

sapiencia [sapjénβja] *f.* sapienza.

sapo [sápo] *m.* rospo.

saque [sáke] *f.* SPORT. calcio *m.*, lancio *m.*, della palla. ‖ ~ *de esquina*, calcio d'angolo.

saqueador, -ra [sakeaðór, -ra] *a.-s.* saccheggiatore.

saquear [sakeár] *t.* saccheggiare.

saqueo [sakèo] *m.* saccheggio, sacco.

sarampión [sarampjón] *m.* morbillo.

sarao [saráo] *m.* festa *f.*, baldoria *f.*

sarcasmo [sarkázmo] *m.* sarcasmo.

sarcástico, -ca [sarkástiko, -ka] *a.* sarcastico, beffardo.

sarcófago [sarkófaɣo] *m.* sarcofago.

sarcoma [sarkóma] *m.* sarcoma.

sardina [sarðína] *f.* sardina.

sardo, -da [sárðo, -ða] *a.-s.* sardo.

sardónico, -ca [sarðóniko, -ka] *a.* sardonico.

sargento [sarxènto] *m.* sergente.

sarmiento [sarmjènto] *m.* sarmento.

sarna [sárna] *f.* scabbia, rogna.

sarnoso, -sa [sarnóso, -sa] *a.* rognoso.

sarraceno, -na [sarraθèno, -na] *a.-s.* saraceno.

sarro [sárro] *m.* tartaro.

sarta [sárta] *f.* collana. 2 fila, filza.

sartén [sartèn] *f.* padella.

sastre [sástre] *m.* sarto.

sastrería [sastrería] *f.* sartoria.

satánico, -ca [satániko, -ka] *a.* satanico.

satélite [satélite] *m.* satellite.

satén [satèn] *m.* satin.

satinar [satinár] *t.* satinare.

sátira [sátira] *f.* satira.

satírico, -ca [satíriko, -ka] *a.* satirico.

satirizar [satiriθár] *i.* far satire. 2 *t.* motteggiare.

sátiro [sátiro] *m.* satiro.

satisfacción [satisfaɣθjón] *f.* soddisfazione, compiacimento *m.*, appagamento *m.*

satisfacer [satisfaθèr] *t.* soddisfare, appagare, adempire. ¶ CONIUG. come *hacer*. ‖ IMPER.: [2.ª pers. sing.] *satisfaz* o *satisface*.

satisfactorio, -ria [satisfaytórjo, -rja] *a.* soddisfacente.

satisfecho, -cha [satisfètʃo, -tʃa] *a.* soddisfatto, contento.

sátrapa [sátrapa] *m.* satrapo.

saturación [saturaθjón] *f.* saturazione.

saturar [saturár] *t.-r.* saturare.

sauce [sáuθe] *m.* salice.

saúco [saúko] *m.* sambuco.

savia [sáβja] *f.* linfa. 2 fig. energia.

saxofón [saysofón] *m.* sassofono.

saya [sája] *f.* gonna.

sayo [sájo] *m.* saio, tunica *f.*

sazón [saθón] *f.* maturazione, maturità. 2 occasione. || *a la* ~, allora. 3 gusto *m.*, sapore *m.*

sazonar [saθonár] *t.* condire. 2 acconciare. 3 *t.-r.* stagionare, maturare.

se [se] *pron.* si.

sebo [séβo] *m.* sego, grasso.

seboso, -sa [seβóso, -sa] *a.* segoso, untuoso.

secadero [sekaðéro] *m.* essiccatoio.

secano [sekáno] *m.* terreno non irrigabile.

secante [sekánte] *a.* asciugante, essicante. || *papel* ~, carta assorbente. 2 *a.-f.* GEOM. secante.

secar [sekár] *t.-r.* seccare, asciugare, essiccare. 2 *r.* fig. dimagrire.

sección [seyθjón] *f.* sezione.

seccionar [sekθjonár] *t.* sezionare, frazionare.

secesión [seθesjón] *f.* secessione.

secesionista [seθesjonísta] *a.-s.* secessionista.

seco, -ca [séko, -ka] *a.* secco, asciutto. 2 fig. brusco. 3 magro, allampanato. || *en* ~, di colpo, di repente. || *a secas*, senz'altro, senza aggiunte.

secreción [sekreθjón] *f.* secrezione.

secretaría [sekretaría] *f.* segreteria. 2 segretariato *m.*

secretario, -ria [sekretárjo, -rja] *s.* segretario.

secreto, -ta [sekréto, -ta] *a.-m.* segreto.

secta [séyta] *f.* setta.

sectario, -ria [sektárjo, -rja] *a.-s.* settario.

sector [seytór] *m.* settore.

secuaz [sekwáθ] *a.-s.* seguace.

secuela [sekwéla] *f.* sequela.

secuencia [sekwénθja] *f.* sequenza.

secuestrador, -ra [sekwestraðór, -ra] *a.-s.* sequestratore.

secuestrar [sekwestrár] *t.* sequestrare.

secuestro [sekwéstro] *m.* sequestro.

secular [sekulár] *a.-s.* secolare.

secularización [sekulariθaθjón] *f.* secolarizzazione.

secularizar [sekulariθár] *t.-r.* secolarizzare.

secundar [sekundár] *t.* assecondare, favorire.

secundario, -ria [sekundárjo, -rja] *a.* secondario.

sed [séð] *f.* sete. || ~ *ardiente*, arsura.

seda [séða] *f.* seta. 2 setola.

sedante [seðánte] *a.* sedativo.

sede [séðe] *f.* sede.

sedentario, -ria [seðentárjo, -rja] *a.* sedentario.

sedición [seðiθjón] *f.* sedizione.

sedicioso, -sa [seðiθjóso, -sa] *a.* sedizioso.

sediento, -ta [seðjénto, -ta] *a.* assetato.

sedimentación [seðimentaθjón] *f.* sedimentazione.

sedimentar [seðimentár] *t.* depositare.

sedimento [seðiménto] *m.* sedimento.

sedoso, -sa [seðóso, -sa] *a.* serico.

seducción [seðuyθjón] *f.* seduzione.

seductor, -ra [seðuytór, -ra] *a.* seducente. 2 *s.* seduttore.

seducir [seðuθír] *t.* sedurre, allettare, adescare, ammaliare. ¶ CONIUG. come *conducir*.

sefardí [sefarðí] *s.* sefardita.

segador, -ra [seɣaðór, -ra] *s.* mietitore, falciatore. 2 *f.* mietitrice [macchina].

segar [seɣár] *t.* mietere. 2 falciare. 3 tagliare. ¶ CONIUG. come *acertar*.

seglar [seɣlár] *a.-s.* secolare.

segmento [seɣménto] *m.* segmento.

segregación [seɣreɣaθjón] *f.* segregazione.

segregar [seɣreɣár] *t.* segregare. 2 secernere.

seguida (en) [en seɣíða] *loc. avv.* subito.

seguidamente [seɣíðaménte] *avv.* di seguito, a continuazione, ora.

seguido, -da [seɣíðo, -ða] *a.* continuo. 2 diritto. 3 *avv.* di seguito. 4 *m.* punto ca lato.

seguidor, -ra [seɣiðór, -ra] *a.-s.* seguace. 2 inseguitore.

seguimiento [seɣimjénto] *m.* inseguimento.

seguir [seɣír] *t.* seguire. 2 continuare, seguitare. || ~ *haciendo algo*, continuare a fare qualcosa. 3 inseguire. 4 *r.* derivare, dedursi, conseguire. ¶ CONIUG. come *servir*.

según [seɣún] *prep.* secondo. 2 come.

segundo, -da [seɣúndo, -da] *a.-m.* secondo.

seguramente [seɣúramente] *avv.* probabilmente. 2 sicuramente.

seguridad [seɣuriðáð] *f.* sicurezza.

seguro, -ra [seɣúro, -ra] *a.* sicuro. 2 *m.* assicurazione *f.*

seis [séis] *a.-m.* sei.

seisavo, -va [seisáβo, -βa] *a.-m.* sesto.

seiscientos, -tas [seisθjéntos, -tas] *a.-m.* seicento.

selección [seleyθjón] *f.* selezione.

seleccionar [seleɣθjonár] t. selezionare.

selectivo, -va [seleɣtiβo, -βa] a. selettivo.

selecto, -ta [seléɣto, -ta] a. scelto.

selva [sélβa] f. selva, foresta.

selvático, -ca [selβátiko, -ka] a. selvatico.

sellar [seʎár] t. sigillare. 2 bollare, timbrare. ‖ *papel sellado*, carta da bollo. 3 fig. chiudere.

sello [séʎo] m. sigillo. 2 timbro, bollo. 3 francobollo. 4 marchio. 5 carattere. 6 FARM. capsula f.

semáforo [semáforo] m. semaforo.

semana [semána] f. settimana.

semanal [semanál] a. settimanale.

semanario, -ria [semanárjo, -rja] a.-m. settimanale.

semblante [semblánte] m. sembiante, aspetto. 2 fig. apparenza f.

semblanza [semblánθa] f. biografia.

sembradío, -a [sembraðio, -a] a. seminativo.

sembrado [sembráðo] m. seminato.

sembrador, -ra [sembraðór, -ra] a.-s. seminatore.

sembradura [sembraðúra] f. semina.

sembrar [sembrár] t. seminare. ¶ CONIUG. come *acertar*.

semejante [semexánte] a. somigliante, simile. 2 m. somiglianza f. 3 simile.

semejanza [semexánθa] f. somiglianza.

semejar [semexár] i.-r. assomigliare.

semen [sémen] m. seme.

semental [sementál] m. 2 stallone.

sementera [sementéra] f. seminagione, semina. 2 seminato m.

semestral [semestrál] a. semestrale.

semestre [seméstre] m. semestre.

semibreve [semiβréβe] f. MUS. semibreve.

semicircular [semiθirkulár] a. semicircolare.

semicírculo [semiθírkulo] m. semicerchio.

semicorchea [semikortʃéa] f. MUS. semicroma.

semifusa [semifúsa] f. MUS. semibiscroma.

semilla [semíʎa] f. seme m., semente m., semenza.

semillero [semiʎéro] m. semenzaio, vivaio.

seminal [seminál] a. seminale.

seminario [seminárjo] m. seminario.

semita [semita] a. semitico. 2 s. semita.

semítico, -ca [semítiko, -ka] a. semitico.

semitono [semitóno] m. semitono.

sémola [sémola] f. semolino m.

sempiterno, -na [sempitérno, -na] a. sempiterno. 2 f. BOT. semprevivа.

senado [senáðo] m. senato.

senador, -ra [senaðór, -ra] s. senatore.

senatorial [senatorjál] a. senatoriale.

sencillez [senθiʎéθ] f. semplicità.

sencillo, -lla [senθíʎo, -ʎa] a. semplice.

senda [sénda] f. sentiero m., viottolo m.

sendero [sendéro] m. sentiero, viottolo.

sendos, -das [séndos, -das] a. pl. uno per ciascuno, ognuno con il suo.

senectud [seneɣtúð] f. vecchiaia, senilità.

senil [senil] a. senile.

seno [séno] m. seno. 2 insenatura f.

sensación [sensaθjón] f. sensazione.

sensacional [sensaθjonál] a. sensazionale.

sensacionalismo [sensaθjonalizmo] m. sensazionalismo.

sensatez [sensatéθ] f. sensatezza, assennatezza.

sensato, -ta [sensáto, -ta] a. sensato, assennato.

sensibilidad [sensiβiliðáð] f. sensibilità.

sensibilizar [sensiβiliθár] t. sensibilizzare.

sensible [sensíβle] a. sensibile. 2 penoso.

sensiblería [sensiβleria] f. sentimentalismo m.

sensitivo, -va [sensitiβo, -βa] a. sensitivo.

sensor [sensór] m. sensore.

sensorial [sensorjál] a. sensorio.

sensual [senswál] a. sensuale.

sensualidad [senswaliðáð] f. sensualità.

sensualismo [senswalizmo] m. sensualismo.

sentado, -da [sentáðo, -ða] a. tranquillo, giudizioso, posato.

sentar [sentár] t. far sedere. 2 stabilire. 3 i. giovare. 4 stare [bene o male]. 5 r. sedersi, assidersi. ‖ *siéntese*, s'accomodi. ¶ CONIUG. come *acertar*.

sentencia [senténθja] f. sentenza.

sentenciar [sentenθjár] t. sentenziare. 2 condannare.

sentencioso, -sa [sentenθjóso, -sa] a. sentenzioso.

sentido, -da [sentíðo, -ða] a. sentito. 2 m. senso.

sentimental [sentimentál] a. sentimentale.

sentimentalismo [sentimentalizmo] m. sentimentalismo.

sentimiento [sentimjénto] m. sentimento. 2 rammarico, dolore, compianto.

sentir [sentír] *t.* sentire. 2 presentire. 3 dispiacere, dolersi. ‖ *lo siento*, mi dispiace. 4 *r.* sentirsi. ¶ CONIUG. IND. pres.: *siento, sientes, siente; sienten.* | pass. rem.: *sintió; sintieron.* ‖ CONG. pres.: *sienta, sientas, sienta; sintamos, sintáis, sientan.* | imp.: *sintiera, -se, sintieras, -ses,* ecc. | fut.: *sintiere, sintieres,* ecc. ‖ IMPER.: *siente, sienta; sintamos, sientan.* ‖ GER.: *sintiendo.*

sentir [sentír] *m.* sentimento. 2 opinione *f.*

seña [séɲa] *f.* segno *m.*, indizio *m.* 2 *pl.* indirizzo *m.* 3 *pl.* connotati *m.* ‖ MIL. *santo y ~,* parola d'ordine.

señal [seɲál] *f.* segnale *m.*, segno *m.* 2 marca, contrassegno *m.* 3 traccia. 4 *paga y ~,* caparra.

señalar [seɲalár] *t.* segnalare, marcare, contrassegnare, contraddistinguere. 2 indicare, additare, accennare. 3 assegnare. 4 *r.* segnalarsi.

señor, -ra [seɲór, -ra] *a.-s.* signore.

señorear [seɲoreár] *t.* signoreggiare, padroneggiare.

señorial [seɲorjál] *a.* signorile.

señorío [seɲorio] *m.* dominio, signoria *f.* 2 fig. signorilità *f.*

señorito, -ta [seɲorito, -ta] *s.* signorino.

seo [sèo] *f.* duomo *m.*, cattedrale.

separación [separaθjón] *f.* separazione, distacco *m.*

separado, da [separáðo, -ða] *a.* separato. ‖ *por ~,* a parte.

separar [separár] *t.-r.* separare, staccare, disgiungere.

separata [separáta] *f.* estratto *m.*

separatismo [separatizmo] *m.* separatismo.

separatista [separatísta] *s.* separatista.

sepelio [sepéljo] *m.* seppellimento, sepoltura *f.*, funerale.

sepia [sépja] *f.* seppia.

septenario, -ria [seβtenárjo, -rja] *a.-s.* settenario.

septentrión [seβtentrjón] *m.* settentrione.

septentrional [seβtentrjonál] *a.* settentrionale.

septicemia [seβtiθémja] *f.* setticemia.

séptimo, -ma [séβtimo, -ma] *a.-m.* settimo.

septuagenario, -ria [seβtwaxenárjo, -rja] *a.-s.* settuagenario, settantenne.

septuagésimo, -ma [seβtwaxésimo, -ma] *a.-m.* settantesimo. 2 *f.* ECCL. settuagesima.

séptuplo, -pla [séβtuplo, -pla] *a.-m.* settuplo.

sepulcral [sepulkrál] *a.* sepolcrale.

sepulcro [sepúlkro] *m.* sepolcro.

sepultar [sepultár] *t.* seppellire, sotterrare. 2 *r.* immergersi.

sepultura [sepultúra] *f.* sepoltura.

sepulturero [sepulturéro] *m.* becchino.

sequedad [sekeðáð] *f.* secchezza, siccità, arsura. 2 magrezza. 3 fig. asprezza.

sequía [sekía] *f.* siccità.

séquito [sékito] *m.* seguito, codazzo.

ser [ser] *i.* essere. 2 succedere. 3 servire, convenire: *no soy para eso,* non servo a questa cosa. ‖ *o sea,* cioè. ‖ *sea como fuere,* comunque. ¶ CONIUG. IND. pres.: *soy, eres, es; somos, sois, son.* | imp.: *era, eras, era; éramos, erais, eran.* | pass. rem.: *fui, fuiste, fue; fuimos, fuisteis, fueron.* ‖ CONG. pres.: *sea, seas, sea; seamos, seáis, sean.* | imp.: *fuera, -se, fueras, -ses,* ecc. | fut.: *fuere, fueres,* ecc. ‖ IMPER.: *sé, sea; seamos, sed, sean.* ‖ GER.: *siendo.*

ser [ser] *m.* essere, essenza *f.* 2 ente.

seráfico, -ca [seráfiko, -ka] *a.* serafico.

serafín [serafín] *m.* serafino.

serenar [serenár] *t.-r.* rasserenare, calmare.

serenata [serenáta] *f.* serenata.

serenidad [sereniðáð] *f.* serenità.

sereno, -na [seréno, -na] *a.* sereno. 2 *m.* guardiano notturno. 3 umidità *f.* notturna.

sericultura [serikultúra] *f.* sericoltura, bachicoltura.

serie [sérje] *f.* serie.

seriedad [serjeðáð] *f.* serietà.

serio, -ria [sérjo, -rja] *a.* serio. ‖ *en ~,* sul serio.

sermón [sermón] *m.* sermone.

sermonear [sermoneár] *i.* sermoneggiare. 2 *t.* ammonire, riprendere.

serpentear [serpenteár] *i.* serpeggiare.

serpenteo [serpentèo] *m.* serpeggiamento.

serpentino, -na [serpentíno, -na] *a.* serpentino. 2 *f.* MIN. serpentino *m.* 3 acciarino *m.* 4 stella filante.

serpiente [serpjènte] *f.* serpente *m.*

serrado, -da [serráðo, -ða] *a.* dentato.

serranía [serranía] *f.* luogo *m.*, montuoso.

serrano, -na [serráno, -na] *a.* montanaro.

serrar [serrár] *t.* segare. ¶ CONIUG. come *acertar.*

serrín [serrín] *m.* segatura *f.*

servicial [serβiθjál] *a.* servizievole.

servicio [serβíθjo] *m.* servizio.

servidor, -ra [serβiðór, -ra] *s.* servitore.

servidumbre [serβiðúmbre] *f.* servitù.

servir [serβír] *t.-i.-r.* servire, giovare. ‖ *de nada sirven los llantos,* i pianti non servono a nulla. 2 *r.* degnarsi, fare il piacere. ‖ *sírvase,* favorisca. ¶ CONIUG. IND. pres.: *sirvo, sirves, sirve; sirven.* ‖ pass. rem.: *sirvió; sirvieron.* ‖ CONG. pres.: *sirva, sirvas,* ecc. ‖ imp.: *sirviera, -se, sirvieras, -ses,* ecc. ‖ fut.: *sirviere, sirvieres,* ecc. ‖ IMPER.: *sirve, sirva; sirvamos, sirváis, sirvan.* ‖ GER.: *sirviendo.*

sésamo [sésamo] *m.* sesamo.

sesear [seseár] *i.* pronunciare la *s* come la *c* e la *z.*

sesenta [sesénta] *a.-m.* sessanta.

sesentavo, -va [sesentáβo, -βa] *a.-m.* sessantesimo.

sesentón, -na [sesentón, -na] *a.-s.* sessantenne.

sesgar [sezγár] *t.* tagliare di sbieco.

sesgo, -ga [sézγo, -γa] *a.-m.* obliquo, storto. 2 sbieco.

sesión [sesjón] *f.* sessione. 2 seduta.

seso [séso] *m.* cervello. 2 senno. ‖ *devanarse los sesos,* lambiccarsi il cervello.

sesudo, -da [sesúðo, -ða] *a.* assennato.

seta [séta] *f.* fungo *m.*

setecientos, -tas [seteθjéntos, -tas] *a.-m.* settecento.

setenta [seténta] *a.-m.* settanta.

setentavo, -va [setentáβo, -βa] *a.-m.* settantesimo.

setentón, -na [setentón, -na] *a.-s.* settantenne.

seto [séto] *m.* siepe *f.,* steccato.

seudónimo [seuðónimo] *m.* pseudonimo.

severidad [seβeriðáð] *f.* severità.

severo, -ra [seβéro, -ra] *a.* severo.

sevicia [seβíθja] *f.* sevizia.

sexagenario, -ria [seγsaxenárjo, -rja] *a.-s.* sessantenne, sessagenario.

sexagésimo, -ma [seγsaxésimo, -ma] *a.-m.* sessantesimo. 2 *f.* ECCL. sessagesima.

sexo [séγso] *m.* sesso.

sextante [seγstánte] *m.* sestante.

sexteto [seγstéto] *m.* sestetto.

sexto, -ta [séγsto, -ta] *a.-m.* sesto. 2 *f.* sesta.

séxtuplo, -pla [séγstuplo, -pla] *a.-m.* sestuplo.

sexual [seγswál] *a.* sessuale.

sexualidad [seγswaliðáð] *f.* sessualità.

si [si] *m.* MUS. si. 2 *cong.* se.

sí [si] *avv.* si. 2 *pron.* sè. ‖ *por ~,* da sè.

siamés, -sa [sjamés, -sa] *a.-s.* siamese.

sibarita [siβaríta] *a.-s.* sibarita.

sibila [siβíla] *f.* sibilla.

sibilante [siβilánte] *a.* sibilante.

sibilino, -na [siβilíno, -na] *a.* sibillino.

sicario [sikárjo] *m.* sicario.

sicología [sikoloxía] *f.* psicologia.

sicológico [sikolóxiko] *a.* psicologico.

sicólogo [sikóloγo] *m.* psicologo.

sicómoro [sikómoro] *m.* sicomoro.

sideral [siðerál] *a.* siderale.

siderurgia [siðerúrxja] *f.* siderurgia.

siderúrgico, -ca [siðerúrxiko, -ka] *a.* siderurgico.

sidra [síðra] *f.* sidro *m.*

siega [sjéγa] *f.* mietitura, falciatura.

siembra [sjémbra] *f.* semina, seminagione.

siempre [sjémpre] *avv.* sempre. ‖ *~ que,* ogni volta che.

siempreviva [sjempreβíβa] *f.* sempreviva.

sien [sjén] *f.* tempia.

sierra [sjérra] *f.* sega. 2 catena di monti, giogaia.

siervo, -va [sjérβo, -βa] *s.* servo.

siesta [sjésta] *f.* siesta.

siete [sjéte] *a.-m.* sette.

sietemesino, -na [sietemesíno, -na] *a.* settimino.

sífilis [sífilis] *f.* sifilide.

sifilítico, -ca [sifilítiko, -ka] *a.* sifilitico.

sifón [sifón] *m.* sifone. 2 [sifone di] acqua di Seltz.

sigilar [sixilár] *t.* sigillare.

sigilo [sixílo] *m.* sigillo. 2 segreto.

sigla [síγla] *f.* sigla.

siglo [síγlo] *m.* secolo.

signar [siγnár] *t.* segnare. 2 firmare. 3 *r.* segnarsi.

signatario, -ria [siγnatárjo, -rja] *a.-s.* firmatario.

significación [siγnifikaθjón] *f.* significato *m.*

significado [siγnifikáðo] *m.* significato, senso.

significar [siγnifikár] *t.* significare. 2 *i.* aver importanza.

significativo, -va [siγnifikatiβo, -βa] *a.* significativo.

signo [síɣno] *m.* segno. 2 indizio.
siguiente [siɣjénte] *a.* seguente.
sílaba [siláβa] *f.* sillaba.
silabario [silaβárjo] *m.* sillabario, abbecedario.
silabear [silaβeár] *i.* sillabare.
silábico, -ca [siláβiko, -ka] *a.* sillabico.
silbar [silβár] *i.-t.* fischiare, fischiettare.
silbato [silβáto] *m.* fischietto.
silbido [silβíðo] *m.* fischio, fischiata *f.*, sibilo.
silenciar [silenθjár] *t.* passar sotto silenzio.
silencio [silénθjo] *m.* silenzio.
silencioso, -sa [silenθjóso, -sa] *a.* silenzioso.
sílex [sileɣs] *m.* selce *f.*
sílfide [silfiðe] *f.* silfide.
silicato [silikáto] *m.* silicato.
sílice [siliθe] *f.* silice.
silicio [siliθjo] *m.* silicio.
sllo [silo] *m.* silo. 2 *fig.* sotterraneo.
silogismo [siloxizmo] *m.* sillogismo.
silueta [silwéta] *f.* sagoma, profilo *m.*, forma, silhouette.
silvestre [silβéstre] *a.* silvestre.
silla [siʎa] *f.* sedia, seggiola. ‖ ~ *de ruedas*, sedia a rotelle. 2 sella [del cavallo].
sillín [siʎín] *m.* sellino.
sillón [siʎón] *m.* poltrona *f.* 2 seggiolone.
sima [sima] *f.* caverna. 2 precipizio *m.*
simbiosis [simbjósis] *f.* simbiosi.
simbólico, -ca [simbóliko, -ka] *a.* simbolico.
simbolismo [simbolizmo] *m.* simbolismo.
simbolizar [simboliθár] *t.* simboleggiare.
símbolo [simbolo] *m.* simbolo.
simetría [simetria] *f.* simmetria.
simétrico, -ca [simétriko, -ka] *a.* simmetrico.
simiente [simjénte] *f.* semente, seme *m.*
símil [simil] *a.* simile. 2 *m.* comparazione *f.*, somiglianza *f.*
similar [similár] *a.* simile.
similitud [similitúð] *f.* somiglianza.
simio [simjo] *m.* scimmia *f.*
simonía [simonia] *f.* simonia.
simpatía [simpatia] *f.* simpatia.
simpático, -ca [simpátiko, -ka] *a.* simpatico.
simpatizar [simpatiθár] *i.* simpatizzare. 2 avere simpatia per qualcuno. 3 riuscire simpatico.
simple [simple] *a.* semplice.

simpleza [simpléθa] *f.* sciocchezza, scempiaggine.
simplicidad [simpliθiðáð] *f.* semplicità.
simplificación [simplifikaθjón] *f.* semplificazione.
simplificar [simplifikár] *t.* semplificare.
simplón, -na [simplón, -na] *a.* semplicione, sempliciotto.
simulación [simulaθjón] *f.* simulazione.
simulacro [simulákro] *m.* simulacro.
simular [simulár] *t.* simulare.
simultanear [simultaneár] *t.* fare simultaneamente due o più cose.
simultaneidad [simultaneiðáð] *f.* simultaneità.
simultáneo, -a [simultáneo, -a] *a.* simultaneo.
sin [sin] *prep.* senza.
sinagoga [sinaɣóɣa] *f.* sinagoga.
sincerar [sinθerár] *t.-r.* sincerare.
sinceridad [sinθeriðáð] *f.* sincerità.
sincero, -ra [sinθéro, -ra] *a.* sincero.
síncopa [siŋkopa] *f.* GRAMM., MUS. sincope.
sincopado, -da [siŋkopáðo, -ða] *a.* sincopato.
sincopar [siŋkopár] *t.* sincopare.
síncope [siŋkope] *m.* MED. sincope *f.*
sincrónico, -ca [siŋkróniko, -ka] *a.* sincrono.
sincronismo [siŋkronizmo] *m.* sincronismo.
sincronizar [siŋkroniθár] *t.* sincronizzare.
sindical [sindikál] *a.* sindacale.
sindicalismo [sindikalizmo] *m.* sindacalismo.
sindicalista [sindikalista] *a.-s.* sindacalista.
sindicar [sindikár] *t.* sindacare. 2 *r.* entrare, iscriversi in un sindacato.
sindicato [sindikáto] *m.* sindacato.
síndrome [sindrome] *m.* sindrome *f.*
sinfín [simfin] *m.* infinità *f.*
sinfonía [simfonia] *f.* sinfonia.
sinfónico, -ca [simfóniko, -ka] *a.* sinfonico.
singlar [siŋglár] *i.* far rotta, navigare.
singular [siŋgulár] *a.-m.* singolare.
singularidad [siŋgulariðáð] *f.* singolarità.
singularizarse [siŋgulariθárse] *r.* distinguersi.
siniestro, -tra [sinjéstro, -tra] *a.* sinistro, torvo. 2 *f.* [mano] sinistra.
sinnúmero [sinnúmero] *m.* gran quantità *f.*, infinità *f.*

sino [sino] *cong.* ma, bensì. 2 eccetto, tranne, fuorchè.

sino [sino] *m.* destino.

sínodo [sínoðo] *m.* sinodo.

sinólogo [sinóloɣo] *m.* sinologo.

sinónimo, -ma [sinónimo, -ma] *a.-m.* sinonimo.

sinopsis [sinóβsis] *f.* sinopsi.

sinóptico, -ca [sinóβtiko, -ka] *a.* sinottico.

sinrazón [sinrraθón] *f.* torto *m.*, ingiustizia.

sinsabor [sinsaβór] *m.* dispiacere.

sintáctico, -ca [sintáktiko, -ka] *a.* sintattico.

sintaxis [sintáɣsis] *f.* sintassi.

síntesis [síntesis] *f.* sintesi.

sintético, -ca [sintétiko, -ka] *a.* sintetico.

sintetizar [sintetiθár] *t.* sintetizzare.

síntoma [síntoma] *m.* sintomo.

sintomático, -ca [sintomátiko, -ka] *a.* sintomatico.

sintonía [sintonía] *f.* sintonia.

sintonización [sintoniθaθjón] *f.* sintonizzazione.

sintonizar [sintoniθár] *t.* sintonizzare.

sinuosidad [sinwosiðáð] *f.* sinuosità.

sinuoso, -sa [sinwóso, -sa] *a.* sinuoso.

sinusitis [sinusítis] *f.* sinusite.

sinvergüenza [simberɣwènθa] *a.-s.* svergognato, sfacciato, sfrontato.

siquiera [sikjèra] *avv.* almeno. ‖ *ni* ~, neppure, nemmeno. 2 *cong.* benchè.

sirena [sirèna] *f.* sirena.

siroco [siróko] *m.* scirocco.

sirviente [sirβjènte] *a.* servente. 2 *m.* inserviente, servitore, domestico. 3 *f.* domestica.

sisar [sisár] *t.* fare la cresta.

sisear [siseár] *t.* zittire.

siseo [sisèo] *m.* zittio.

sísmico, -ca [sísmiko, -ka] *a.* sismico.

sismógrafo [sismóɣrafo] *m.* sismografo.

sistema [sistèma] *m.* sistema.

sistemático, -ca [sistemátiko, -ka] *a.* sistematico.

sistematizar [sistematiθár] *t.* sistematizzare.

sístole [sístole] *f.* sistole.

sitial [sitjál] *m.* seggio.

sitiar [sitjár] *t.* assediare.

sitio [sitjo] *m.* posto. 2 MIL. assedio.

sito, -ta [síto, -ta] *a.* situato, sito.

situación [sitwaθjón] *f.* situazione.

situar [sitwár] *t.* situare. 2 COMM. stanziare.

so [so] *prep.* sotto [con i sostantivi *capa, color, pena*]: ~ *capa*, con il pretesto. ‖ ~ *color*, sotto apparenza. ‖ ~ *pena*, sotto pena.

soasar [soasár] *t.* rosolare.

soba [sóβa] *f.* manipolazione.

sobaco [soβáko] *m.* ascella *f.*

sobar [soβár] *t.* manipolare, palpare., 2 fig. picchiare. 3 seccare.

soberanía [soβeranía] *f.* sovranità.

soberano, -na [soβeráno, -na] *a.* sovrano.

soberbia [soβèrβja] *f.* superbia.

soberbio, -bia [soβèrβjo, -βja] *a.* superbo. 2 magnifico, sfarzoso, bellissimo. ‖ *una soberbia paliza*, una buona dose di legnate.

sobornar [soβornár] *t.* subornare, corrompere.

soborno [soβórno] *m.* subornazione *f.*, corruzione *f.*

sobra [sóβra] *f.* eccesso *m.*, eccedenza. 2 resto *m.*, avanzo *m.* ‖ *de* ~, soverchiamente, di avanzo.

sobrado, -da [soβráðo, -ða] *a.* soverchio. 2 sovrabbonadante. 3 *avv.* troppo.

sobrante [soβrànte] *a.* che avanza. 2 *m.* avanzo, resto.

sobrar [soβrár] *i.* sovrabbondare. 2 essere in più, essere di troppo. 3 avanzare. 4 *t.* eccedere.

sobre [sóβre] *prep.* sopra, su. 2 verso. 3 *m.* busta *f.*

sobreabundancia [soβreaβundánθja] *f.* sovrabbondanza.

sobreabundar [soβreaβundár] *i.* sovrabbondare.

sobrealimentación [soβrealimentaθjón] *f.* supernutrizione.

sobrealzar [soβrealθár] *t.* sopraelevare.

sobreasar [soβreasár] *t.* abbrustolire.

sobrecama [soβrekáma] *f.* copriletto *m.*

sobrecarga [soβrekárɣa] *f.* sopraccarico *m.*

sobrecargar [soβrekarɣár] *t.* sovraccaricare.

sobrecejo [soβreθèxo] *m.* cipiglio.

sobrecoger [soβrekoxèr] *t.* sorprendere. 2 *r.* intimorirsi.

sobrecubierta [soβrekuβjèrta] *f.* sopraccoperta.

sobredicho, -cha [soβreðitʃo, -tʃa] *a.* suddetto.

sobreexcitación [soβreɣsθitaθjón] *f.* sovreccitazione.

sobreexcitar [soβreɣsθitár] *t.-r.* sovreccitare.

sobrehumano, -na [soβreumáno, -na] *a.* sovrumano.

sobrellevar [soβreʎeβár] *t.* sopportare.

sobremanera [soβremanèra] *avv.* oltremodo.

sobremesa [soβremèsa] *f.* tappeto *m.* da tavola. 2 conversazione a tavola dopo il pranzo.

sobrenatural [soβrenaturàl] *a.* soprannaturale.

sobrenombre [soβrenómbre] *m.* soprannome.

sobrentender [soβrentendér] *t.* sottintendere.

sobrepasar [soβrepasár] *t.* sorpassare, oltrepassare, superare.

sobreponer [soβreponér] *t.* sovrapporre. 2 *r.* moderarsi, dominarsi.

sobrepujar [soβrepuxár] *t.* eccedere, sorpassare, superare.

sobresalir [soβresalir] *i.* sporgere. 2 spiccare, eccellere, campeggiare.

sobresaltar [soβresaltár] *t.* assaltare. 2 sbalordire. 3 *r.* sussultare.

sobresalto [soβresálto] *m.* sussulto, soprassalto.

sobreseer [soβreseér] *i.-t.* soprassedere.

sobreseimiento [soβreseimjènto] *m.* rinvio, differimento.

sobresueldo [soβreswèlðo] *m.* soprassoldo.

sobretodo [soβretóðo] *m.* cappotto, soprabito.

sobrevenir [soβreβenir] *i.* sopravvenire.

sobrevivir [soβreβiβir] *i.* sopravvivere.

sobrexcitación [soβreɣsθitaθjón] *f.* sovreccitazione.

sobrexcitar [soβreɣsθitár] *t.-r.* sovreccitare.

sobriedad [soβrjeðáð] *f.* sobrietà.

sobrino, -na [soβrino, -na] *s.* nipote.

sobrio, -bria [sóβrjo, -βrja] *a.* sobrio.

socarrón, -na [sokarrón, -na] *a.* scaltro, furbo. 2 mattacchione.

socarronería [sokarronería] *f.* scaltrezza.

socavar [sokaβár] *t.* scavare.

socavón [sokaβón] *m.* buca *f.*

sociabilidad [soθjaβiliðáð] *f.* sociabilità, socievolezza.

sociable [soθjáβle] *a.* socievole.

social [soθjál] *a.* sociale.

socialismo [soθjalizmo] *m.* socialismo.

socialista [soθjalista] *a.-s.* socialista.

socialización [soθjaliθaθjón] *f.* socializzazione.

socializar [soθjaliθár] *t.* socializzare.

sociedad [soθjeðáð] *f.* società.

socio [sóθjo] *m.* socio.

sociocultural [soθjokultural] *a.* socioculturale.

sociología [soθjoloxía] *f.* sociologia.

sociológico, -ca [soθjolóxiko, -ka] *a.* sociologico.

sociólogo [soθjóloɣo] *m.* sociologo.

socorrer [sokorrér] *t.* soccorrere.

socorro [sokórro] *m.* soccorso, aiuto. 2 *inter.* aiuto!

soda [sóða] *f.* soda.

sodio [sóðjo] *m.* sodio.

sodomía [soðomía] *f.* sodomia.

sodomita [soðomíta] *a.-s.* sodomita.

soez [soéθ] *a.* grossolano, volgare.

sofá [sofá] *m.* sofà, divano.

sofisma [sofízma] *m.* sofisma.

sofisticación [sofistikaθjón] *f.* sofisticazione.

sofisticar [sofistikár] *t.* sofisticare.

sofocación [sofokaθjón] *f.* soffocazione, soffocamento *m.*

sofocar [sofokár] *t.* soffocare. 2 far arrossire [dalla vergogna]. 3 *r.* arrossire [dalla vergogna].

sofoco [sofóko] *m.* soffocamento, soffocazione *f.*

sofreír [sofreir] *t.* soffriggere.

sofrenar [sofrenár] *t.* frenare. 2 fig. raffrenare.

sofrito [sofríto] *m.* soffritto.

soga [sóɣa] *f.* fune, corda, capestro *m.*

soja [sóxa] *f.* soia.

sojuzgar [soxuθɣár] *t.* soggiogare, assoggettare.

sol [sol] *m.* sole. 2 mus. sol.

solamente [sólamente] *avv.* solamente, soltanto.

solano [soláno] *m.* vento di levante.

solapa [solápa] *f.* bavero *m.* 2 fig. finzione.

solapado, -da [solapáðo, -ða] *a.* sornione, ipocrita.

solapar [solapár] *t.* mettere il bavero. 2 fig. dissimulare.

solar [solár] *t.* pavimentare, lastricare.

solar [solár] *a.* solare. 2 *m.* suolo. 3 terreno fabbricabile. 4 casata *f.*, lignaggio.

solariego, -ga [solarjèɣo, -ɣa] *a.* avito, nobile.

solaz [soláθ] *m.* sollazzo, svago.

solazar [solaθár] *t.-r.* sollazzare, ricreare.

soldada [soldáða] *f.* salario *m.*

soldadesco, -ca [soldaðésko, -ka] *a*. soldatesco. 2 *f*. soldatesca.
soldado [soldáðo] *m*. soldato.
soldador [soldaðór] *m*. saldatore.
soldadura [soldaðúra] *f*. saldatura. 2 fig. rimedio *m*., correzione.
soldar [soldár] *t*. saldare. 2 fig. rimediare. ¶ CONIUG. come *contar*.
solear [soleár] *t.-r*. soleggiare.
soledad [soleðáð] *f*. solitudine.
solemne [solémne] *a*. solenne.
solemnidad [solemniðáð] *f*. solennità.
solemnizar [solemniθár] *t*. solennizzare.
soler [solér] *i*. solere, essere solito. ¶ CONIUG. come *mover*.
solera [soléra] *f*. trave. 2 macina. 3 fig. antichità, nobiltà, eccellenza. ‖ *vino de* ~, vino vecchio e generoso.
solfa [sólfa] *f*. solfa. 2 fig. musica. 3 fam. bastonatura. ‖ *poner en* ~, mettere in ridicolo.
solfear [solfeár] *t*. solfeggiare. 2 fig. fam. bastonare.
solfeo [solféo] *m*. solfeggio.
solicitación [soliθitaθjón] *f*. sollecitazione. 2 istanza, domanda.
solicitar [soliθitár] *t*. sollecitare. 2 chiedere, richiedere.
solícito, -ta [solíθito, -ta] *a*. sollecito, premuroso, alacre.
solicitud [soliθitúð] *f*. sollecitudine, premura. 2 richiesta, istanza, domanda.
solidaridad [soliðariðáð] *f*. solidarietà.
solidario, -ria [soliðárjo, -rja] *a*. solidale.
solidez [soliðéθ] *f*. solidità.
solidificación [soliðifikaθjón] *f*. solidificazione.
solidificar [soliðifikár] *t.-r*. solidificare.
sólido, -da [sóliðo, -ða] *a.-m*. solido.
solio [sóljo] *m*. soglio.
solista [solísta] *s*. solista.
solitario, -ria [solitárjo, -rja] *a.-s*. solitario. 2 *f*. tenia.
solo, -la [sólo, -la] *a*. solo. 2 *m*. MUS. solo, a solo.
sólo [sólo] *avv*. solo, solamente, soltanto.
solomillo [solomíʎo] *m*. filetto.
solsticio [solstíθjo] *m*. solstizio.
soltar [soltár] *t*. sciogliere, lasciar andare. 2 liberare. 3 scoppiare in [riso, pianto, ecc.]. 4 fam. dire. 5 *r*. scattare, sciogliersi. ¶ CONIUG. come *contar*.
soltería [soltería] *f*. celibato *m*.
soltero, -ra [soltéro, -ra] *a.-m*. celibe, scapolo. 2 *a. f*. nubile, zitella.

solterón, -na [solterón, -na] *a.-m*. scapolone. 2 *a.-f*. zitellona.
soltura [soltúra] *f*. scioltezza, disinvoltura, spigliatezza.
soluble [solúβle] *a*. solubile.
solución [soluθjón] *f*. soluzione. 2 scioglimento *m*.
solucionar [soluθjonár] *t*. risolvere.
solvencia [solβénθja] *f*. solvenza.
solventar [solβentár] *t*. pagare, regolare. 2 risolvere.
solvente [solβénte] *a*. solvente.
sollo [sóʎo] *m*. storione.
sollozar [soʎoθár] *i*. singhiozzare.
sollozo [soʎóθo] *m*. singhiozzo.
somático, -ca [somátiko, -ka] *a*. somatico.
sombra [sómbra] *f*. ombra. 2 fig. macchia.
sombrear [sombreár] *t*. ombreggiare, adombrare.
sombrerazo [sombreráθo] *m*. scappellata *f*.
sombrero [sombréro] *m*. cappello, copricapo. ‖ ~ *de señora*, cappellino.
sombrilla [sombríʎa] *f*. ombrellino *m*. 2 ombrellone *m*.
sombrío, -a [sombrío, -a] *a*. ombroso. 2 scuro, cupo, fosco. 3 fig. malinconico, tetro.
somero, -ra [soméro, -ra] *a*. sommario, superficiale.
someter [sometér] *t.-r*. sottomettere, asservire, assoggettare.
sometimiento [sometimjénto] *m*. sottomissione *f*.
somnífero, -ra [somnífero, -ra] *a.-m*. sonnifero.
somnolencia [somnolénθja] *f*. sonnolenza.
son [son] *m*. suono. 2 fig. modo, tenore. 3 motivo: *¿a* ~ *de qué?*, con quale motivo?; *sin* ~, senza ragione.
sonado, -da [sonáðo, -ða] *a*. famoso, decantato.
sonambulismo [sonambulizmo] *m*. sonnambulismo.
sonámbulo, -la [sonámbulo, -la] *a.-s*. sonnambulo.
sonar [sonár] *i*. suonare. 2 venire in mente. 3 *t*. suonare. 4 *t.-r*. soffiare. 5 *r*. correre la voce. ¶ CONIUG. come *contar*.
sonata [sonáta] *f*. sonata.
sonda [sónda] *f*. sondaggio *m*. 2 sonda. 3 MAR. scandaglio *m*.
sondar, sondear [sondár, sondeár] *t*. sondare. 2 MAR. scandagliare.

sondeo [sondèo] *m.* sondaggio.
soneto [sonéto] *m.* sonetto.
sonido [soniðo] *m.* suono.
sonorizar [sonoriθár] *t.* sonorizzare.
sonoro, -ra [sonóro, -ra] *a.* sonoro.
sonreír [sonreir] *i.* sorridere.
sonriente [sonrjènte] *a.* sorridente.
sonrisa [sonrisa] *f.* sorriso *m.*
sonrojar [sonroxár] *t.* far arrossire. 2 *r.* arrossire.
sonrojo [sonróxo] *m.* rossore, vergogna *f.*
sonrosar [sonrosàr] 2 *r.* arrossire leggermente.
sonsacar [sonsakár] *t.* sottrarre. 2 fig. cavar di bocca.
sonsonete [sonsonète] *m.* rumore sgradito. 2 tamburellamento. 3 fig. tono canzonatorio.
soñador, -ra [soɲaðòr, -ra] *a.-s.* sognatore.
soñar [soɲár] *t.-i.* sognare. ¶ CONIUG. come **contar**.
soñoliento, -ta [soɲoljènto, -ta] *a.* sonnolento, assonnato.
sopa [sópa] *f.* minestra.
sopera [sopèra] *f.* zuppiera.
sopesar [sopesár] *t.* soppesare.
sopetón (de) [de sopetón] *loc. avv.* all'improvviso.
soplar [soplár] *i.-t.* soffiare. 2 *t.* fig. suggerire. 3 *r.* fig. tracannare. ‖ *¡sopla! [inter.],* caspita!
soplo [sóplo] *m.* soffio, alito.
soplón, -na [soplón, -na] *s.* delatore.
sopor [sopór] *m.* sopore.
soporífero, -ra [soporifero, -ra] *a.-m.* soporifero.
soportable [soportáβle] *a.* sopportabile.
soportar [soportár] *t.* sopportare.
soporte [sopórte] *m.* sostegno, appoggio.
soprano [sopráno] *s.* soprano.
sor [sor] *f.* suor [davanti a nome proprio].
sorber [sorβér] *t.* sorbire.
sorbete [sorβéte] *m.* sorbetto.
sorbo [sórβo] *m.* sorso.
sordera [sorðèra] *f.* sordità.
sordidez [sorðiðéθ] *f.* sordidezza.
sórdido, -da [sórðiðo, -ða] *a.* sordido.
sordina [sorðina] *f.* sordina.
sordo, -da [sórðo, -ða] *a.-s.* sordo.
sordomudo, -da [sorðomúðo, -ða] *a.-s.* sordomuto.
sorna [sórna] *f.* fiacca, lentezza. 2 aria sorniona.
sorprendente [sorprendènte] *a.* sorprendente.

sorprender [sorprendèr] *t.* sorprendere. 2 *r.* sorprendersi, meravigliarsi.
sorpresa [sorprèsa] *f.* sorpresa.
sortear [sorteàr] *t.* sorteggiare. 2 fig. evitare.
sorteo [sortèo] *m.* sorteggio.
sortija [sortixa] *f.* anello *m.*
sortilegio [sortilèxjo] *m.* sortilegio.
sosa [sósa] *f.* soda.
sosegar [soseyár] *t.-r.* calmare, tranquillizzare, rasserenare. 2 *t.-r.* riposare. ¶ CONIUG. come **acertar**.
sosiego [sosjèyo] *m.* calma *f.*, tranquillità *f.*, serenità *f.*
soslayo, -ya [soslàjo, -ja] *a.* obliquo, sghembo. ‖ *de ~,* di sbieco, a sghimbescio.
soso, -sa [sóso, -sa] *a.* insipido, scipito, sciapo. 2 fig. insulso, sciocco.
sospecha [sospètʃa] *f.* sospetto *m.*
sospechar [sospetʃár] *t.* sospettare.
sospechoso, -sa [sospetʃóso, -sa] *a.-m.* sospetto. 2 *a.* sospettoso.
sostén [sostèn] *m.* sostegno. 2 reggiseno.
sostenedor, -ra [sosteneðòr, -ra] *s.* sostenitore, assertore.
sostener [sostenèr] *t.-r.* sostenere.
sostenimiento [sostenimjènto] *m.* sostegno. 2 sostenimento, mantenimento.
sota [sóta] *f.* fante *m.* [nel giuoco delle carte].
sotana [sotàna] *f.* veste talare, tonaca, sottana.
sótano [sótano] *m.* cantina *f.*, scantinato.
soviético, -ca [soβjètiko, -ka] *a.-s.* sovietico.
su [su] *a.* [sempre davanti ai nomi] suo, sua. ‖ *él y ~ perro,* egli e il suo cane. 2 loro. ‖ *ellos y ~ perro,* essi e il loro cane.
suasorio, -ria [swasórjo, -rja] *a.* suadente, persuasivo.
suave [swáβe] *a.* soave. 2 morbido.
suavidad [swaβiðáð] *f.* soavità. 2 morbidezza.
suavizar [swaβiθár] *t.* ammorbidire, addolcire. 2 mitigare, blandire.
subalterno, -na [subaltèrno, -na] *a.-s.* subalterno.
subarrendar [suβarrendàr] *t.* subaffittare.
subarriendo [suβarrjèndo] *m.* subaffitto.
subarrendatario, -ria [suβarrendatàrjo, -rja] *s.* subinquilino.
subasta [suβásta] *f.* asta.
subastar [suβastár] *t.* mettere all'asta.
subcomisión [suβkomisjòn] *f.* sottocommissione.

subconsciente [suβkonsθjénte] *a.-m.* subcosciente.

subcutáneo, -a [suβkutáneo, -a] *a.* sottocutaneo.

subdirector, -ra [suβðireytór, -ra] *s.* vicedirettore.

súbdito, -ta [súβðito, -ta] *a.-s.* suddito.

subdividir [suβðiβiðír] *t.-r.* suddividere.

subdivisión [suβðiβisjón] *f.* suddivisione.

subida [suβiða] *f.* salita, ascesa. 2 rialzo *m.* [dei prezzi]. 3 crescita [delle acque].

subido, -da [suβiðo, -ða] *a.* forte [colore, odore, ecc.]. 2 alto, elevato. 3 acuto.

subir [suβir] *i.* salire. 2 *t.* salire. 3 portar su. 4 alzare. 5 *r.* salire, montare.

súbito, -ta [súβito, -ta] *a.* improvviso. 2 *avv.* improvvisamente.

subjetividad [suβxetiβiðáð] *f.* soggettività.

subjetivo, -va [suβxetiβo, -βa] *a.* soggettivo.

subjuntivo, -va [suβxuntiβo, -βa] *a.-m.* congiuntivo.

sublevación [suβleβaθjón] *f.* tumulto *m.*, sommossa.

sublevar [suβleβár] *t.-r.* sollevare. 2 fig. indignare, irritare.

sublimación [suβlimaθjón] *f.* sublimazione.

sublimar [suβlimár] *t.* sublimare.

sublime [suβlime] *a.* sublime.

submarino, -na [suβmarino, -na] *a.* sottomarino. 2 *m.* sommergibile.

suboficial [suβofiθjál] *m.* sottufficiale.

subordinación [suβorðinaθjón] *f.* subordinazione.

subordinado, -da [suβorðináðo, -ða] *a.-s.* subordinato.

subordinar [suβorðinár] *t.* subordinare.

subprefecto [suβprefékto] *m.* viceprefetto.

subrayar [suβrajár] *t.* sottolineare.

subrogar [suβroyár] *t.-r.* surrogare, sostituire.

subsanar [suβsanár] *t.* compensare, risarcire, indennizzare. 2 riparare, correggere.

subscribir [suskriβir] *t.* sottoscrivere. 2 *r.* abbonarsi.

subscripción [suskriβθjón] *f.* sottoscrizione. 2 abbonamento *m.*

subsecretario, -ria [suβsekretárjo, -rja] *s.* sottosegretario.

subseguir [suβseyir] *i.-r.* susseguire.

subsidiario, -ria [suβsiðjário, -ria] *a.* sussidiario.

subsidio [suβsiðjo] *m.* sussidio.

subsiguiente [suβsiyjénte] *a.* susseguente.

subsistencia [suβsistènθja] *f.* sussistenza.

subsistir [suβsistir] *i.* sussistere.

substancia [sustánθja] *f.* sostanza.

substancial [sustanθjál] *a.* sostanziale.

substanciar [sustanθjár] *t.* compendiare. 2 GIUR. istruire una causa.

substancioso, -sa [sustanθjóso, -sa] *a.* sostanzioso.

substantivo, -va [sustantiβo, -βa] *a.-m.* sostantivo.

substitución [sustituθjón] *f.* sostituzione.

substituir [sustitwír] *t.* sostituire. ¶ CONIUG. come *huir*.

substituto, -ta [sustitúto, -ta] *s.* sostituto.

substracción [sustrayθjón] *f.* sottrazione.

substraendo [sustraèndo] *m.* sottraendo.

substraer [sustraèr] *t.-r.* sottrarre.

substrato [sustráto] *m.* sostrato.

subsuelo [suβswélo] *m.* sottosuolo.

subterfugio [suβterfúxjo] *m.* sotterfugio.

subterráneo, -a [suβterráneo, -a] *a.-m.* sotterraneo. ‖ *pasaje* ~, sottopassaggio.

subtítulo [suβtitulo] *m.* sottotitolo.

suburbano, -na [suβurβáno, -na] *a.* suburbano.

suburbio [suβúrβjo] *m.* suburbio, sobborgo.

subvención [suββenθjón] *f.* sovvenzione.

subvencionar [suββenθjonár] *t.* sovvenzionare.

subvenir [suββenir] *t.* sovvenire.

subversión [suββersjón] *f.* sovversione.

subversivo, -va [suββersiβo, -βa] *a.* sovversivo.

subvertir [suββertir] *t.* sovvertire. ¶ CONIUG. come *sentir*.

subyugación [suβjuyaθjón] *f.* soggiogamento.

subyugar [suβjuyár] *t.* soggiogare.

sucedáneo, -a [suθeðáneo, -a] *a.-m.* succedaneo. 2 *m.* surrogato.

suceder [suθeðér] *i.-r.* succedere, avvenire, accadere, capitare. 2 *r.* avvicendarsi.

sucesión [suθesjón] *f.* successione.

sucesivo, -va [suθesiβo, -βa] *a.* successivo. ‖ *en lo* ~, d'ora innanzi.

suceso [suθéso] *m.* avvenimento, evento, fatto. 2 *pl.* fatti di cronaca.

sucesor, -ra [suθesor, -ra] *a.-s.* successore.

suciedad [suθjeðáð] *f.* sporcizia, sudiciume *m.*

sucinto, -ta [suθinto, -ta] *a.* succinto.

superior

sucio, -cia [súθjo, -θja] *a.* sporco, sudicio.
suculento, -ta [sukulénto, -ta] *a.* succulento.
sucumbir [sukumbír] *i.* soccombere.
sucursal [sukursál] *a.-f.* succursale, filiale.
sudar [suðár] *i.-t.* sudare. ‖ ~ *la gota gorda,* sudare sette camicie.
sudario [suðárjo] *m.* sudario.
sudeste [suðéste] *m.* sud-est.
sudoeste [suðoéste] *m.* sud-ovest.
sudor [suðór] *m.* sudore.
sudoroso, -sa [suðoróso, -sa] *a.* sudato.
sueco, -ca [swéko, -ka] *a.-s.* svedese. ‖ *hacerse el* ~, far l'indiano, fare lo gnorri.
suegro, -gra [swéɣro, -ɣra] *s.* suocero.
suela [swéla] *f.* suola.
sueldo [swéldo] *m.* stipendio, salario.
suelo [swélo] *m.* suolo, terra *f.* 2 pavimento.
suelto, -ta [swélto, -ta] *a.* sciolto. 2 spaiato. 3 *a.-m.* spiccioli *pl.* 4 *m.* trafiletto.
sueño [swéɲo] *m.* sonno. 2 sogno.
suero [swéro] *m.* siero.
suerte [swérte] *f.* sorte, destino *m.* 2 fortuna. 3 sorta, genere *m.*
suficiencia [sufiθjénθja] *f.* sufficienza.
suficiente [sufiθjénte] *a.* sufficiente.
sufijo, -ja [sufíxo, -xa] *a.-m.* suffisso.
sufragar [sufraɣár] *t.* suffragare. 2 pagare.
sufragio [sufráxjo] *m.* suffragio.
sufrimiento [sufrimjénto] *m.* sofferenza *f.*
sufrir [sufrír] *t.-i.* soffrire, patire. 2 *t.* sopportare. 3 subire.
sugerencia [suxerénθja] *f.* suggerimento *m.*
sugerir [suxerír] *t.* suggerire. ¶ CONIUG. come *sentir.*
sugestión [suxestjón] *f.* suggestione. 2 suggerimento *m.*
sugestionar [suxestjonár] *t.* suggestionare.
sugestivo, -va [suxestíβo, -βa] *a.* suggestivo.
suicida [swiθíða] *a.-s.* suicida.
suicidarse [swiθiðárse] *r.* suicidarsi.
suicidio [swiθíðjo] *m.* suicidio.
suizo, -za [swíθo, -θa] *a.-s.* svizzero. 2 cioccolata con la panna.
sujeción [suxeθjón] *f.* soggezione.
sujetador, -ra [suxetaðór, -ra] *a.* assoggettatore. 2 *m.* reggiseno.
sujetar [suxetár] *t.* sottomettere, assoggettare. 2 trattenere, sostenere.
sujeto, -ta [suxéto, -ta] *a.-m.* soggetto.
sulfatar [sulfatár] *t.* solfocare.

sulfato [sulfáto] *m.* solfato.
sulfurar [sulfurár] *t.* solforare. 2 *t.-r.* fig. irritare.
sulfúreo, -a [sulfúreo, -a] *a.* sulfureo.
sulfúrico, -ca [sulfúriko, -ka] *a.* solforico.
sultán, -na [sultán, -na] *s.* sultano.
sulfuro [sulfúro] *m.* solfuro.
suma [súma] *f.* somma, addizione. ‖ *en* ~, insomma.
sumadora [sumaðóra] *f.* addizionatrice.
sumar [sumár] *t.* sommare, addizionare. 2 *i.* ammontare. 3 *r.* aderire.
sumario, -ria [sumárjo, -rja] *a.* sommario. 2 *m.* sommario, compendio. 3 GIUR. inchiesta *f.*, istruttoria *f.*
sumergible [sumerxíβle] *a.-m.* sommergibile.
sumergir [sumerxír] *t.-r.* sommergere, immergere. 2 fig. sprofondare.
sumersión [sumersjón] *f.* sommersione, immersione.
sumidero [sumiðéro] *m.* fogna *f.*
suministrador, -ra [suministraðór, -ra] *a.-s.* fornitore.
suministrar [suministrár] *t.* fornire, rifornire.
suministro [suministro] *m.* rifornimento, fornitura *f.* 2 MIL. vettovagliamento, fornitura *f.* 3 vettovagliamento.
sumir [sumír] *t.-r.* sommergere, affondare. 2 *t.* ECCL. consumare [nella messa].
sumisión [sumisjón] *f.* sottomissione.
sumiso, -sa [sumíso, -sa] *a.* sommesso. 2 sottomesso.
sumo, -ma [súmo, -ma] *a.* sommo.
suntuosidad [suntwosiðáð] *f.* sontuosità.
suntuoso, -sa [suntwóso, -sa] *a.* sontuoso.
supeditar [supeðitár] *t.* assoggettare. 2 subordinare.
superabundancia [superaβundánθja] *f.* sovrabbondanza.
superar [superár] *t.-r.* superare.
superchería [supertʃería] *f.* inganno *m.*, frode *f.* 2 soperchieria.
superficial [superfiθjál] *a.* superficiale.
superficialidad [superfiθjaliðáð] *f.* superficialità.
superficie [superfíθje] *f.* superficie.
superfluo, -flua [supérflwo, -flwa] *a.* superfluo.
superhombre [superómbre] *m.* superuomo.
superior [superjór] *a.* superiore.
superior, -ra [superjór, -ra] *s.* superiore.

superioridad [superjoriðáð] *f.* superiorità.

superlativo, -va [superlatiβo, -βa] *a.* superlativo.

superponer [superponèr] *t.* sovrapporre.

superposición [superposiθjón] *f.* sovrapposizione.

supersónico, -ca [supersóniko, -ka] *a.* supersonico.

superstición [superstiθjón] *f.* superstizione.

supersticioso, -sa [superstiθjóso, -sa] *a.* superstizioso.

superviviente [superβiβjènte] *a.-s.* superstite, sopravvissuto, sopravvivente.

supino, -na [supino, -na] *a.* supino.

suplantar [suplantár] *t.* soppiantare.

suplementario, -ria [suplementárjo, -rja] *a.* accessorio. 2 supplementare.

suplemento [suplemènto] *m.* supplemento.

suplente [suplènte] *a.-s.* supplente.

supletorio, -ria [supletórjo, -rja] *a.* suppletorio.

súplica [súplika] *f.* supplica. 2 GIUR. istanza, domanda.

suplicante [suplikánte] *a.* supplichevole. 2 *a.-s.* supplicante, supplice.

suplicar [suplikár] *t.* supplicare.

suplicio [supliθjo] *m.* supplizio.

suplir [suplir] *t.* supplire.

suponer [suponèr] *t.* supporre. ‖ *suponiendo que*, ammesso che. 2 comportare.

suposición [suposiθjón] *f.* supposizione.

supositorio [supositórjo] *m.* supposta *f.*

suprarrenal [suprarrenál] *a.* surrenale.

supremacía [supremaθía] *f.* supremazia.

supremo, -ma [suprèmo, -ma] *a.* supremo.

supresión [supresjòn] *f.* soppressione.

suprimir [suprimir] *t.* sopprimere.

supuesto, -ta [supwèsto, -ta] *a.* supposto, presupposto. ‖ *por ~*, naturalmente, beninteso. 2 *m.* supposizione *f.*

supuración [supuraθjón] *f.* supurazione.

supurar [supurár] *i.* suppurare.

sur [súr] *m.* sud.

surcar [surkár] *t.* solcare.

surco [súrko] *m.* solco. 2 ruga *f.*

surgir [surxir] *i.* sorgere. 2 scaturire, sgorgare.

surrealismo [surrealizmo] *m.* surrealismo.

surrealista [surrealista] *a.-s.* surrealista.

surtido, -da [surtiðo, -ða] *a.* assortito. 2 provvisto. 3 *m.* assortimento. 4 provvista *f.*

surtidor, -ra [surtiðór, -ra] *a.-s.* fornitore. 2 *m.* zampillo.

surtir [surtir] *t.* fornire, rifornire. 2 produrre. 3 *i.* zampillare.

susceptibilidad [susθeptiβiliðáð] *f.* suscettibilità.

susceptible [susθeptiβle] *a.* suscettibile.

suscitar [susθitár] *t.* suscitare, destare.

suscribir [suskriβir] *t.* sottoscrivere. 2 *r.* abbonarsi.

suscripción [suskriβθjón] *f.* sottoscrizione. 2 abbonamento *m.*

suscriptor, -ra [suskriβtór, -ra] *a.* sottoscrittore. 2 abbonato.

suspender [suspendèr] *t.* sospendere, cessare. 2 bocciare [agli esami].

suspensión [suspensjòn] *f.* sospensione.

suspensivo, -va [suspensiβo, -βa] *a.* sospensivo. ‖ *puntos suspensivos*, puntini.

suspenso, -sa [suspènso, -sa] *a.* sospeso. 2 fig. meravigliato. 3 *m.* bocciatura *f.*

suspicacia [suspikáθja] *f.* diffidenza.

suspicaz [suspikáθ] *a.* diffidente.

suspirar [suspirár] *i.* sospirare.

suspiro [suspiro] *m.* sospiro.

sustancia [sustánθja] *f.* sostanza.

sustancial [sustanθjál] *a.* sostanziale.

sustantivo [sustantiβo] *m.* sostantivo.

sustentación [sustentaθjón] *f.* sostentamento.

sustentar [sustentár] *t.-r.* sostentare, mantenere. 2 sostenere.

sustento [sustènto] *m.* mantenimento.

sustitución [sustituθjón] *f.* sostituzione.

sustituir [sustituir] *t.* sostituire.

sustituto, -ta [sustitúto, -ta] *s.* sostituto.

susto [sústo] *m.* spavento, paura *f.*, batticuore.

sustraer [sustraèr] *t.* sottrarre.

susurrar [susurrár] *i.* sussurrare, bisbigliare.

susurro [susúrro] *m.* sussurro, bisbiglio, mormorio.

sutil [sutil] *a.* sottile. 2 acuto.

sutileza [sutiléθa] *f.* sottigliezza, arguzia.

sutilizar [sutiliθár] *t.* assottigliare. 2 fig. sottilizzare.

sutura [sutúra] *f.* sutura.

suyo, -ya [sújo, -ja] *pron.* suo. 2 loro. ‖ *salirse con la suya*, spuntarla.

T

t [te] *f.* ventitreesima lettera dell'alfabeto spagnolo.

tábano [táβano] *m.* tafano.

tabaquería [taβakería] *f.* tabaccheria.

tabarra [taβárra] *f.* seccatura. ‖ *dar la ~,* scocciare.

taberna [taβérna] *f.* taverna, bettola.

tabernáculo [taβernákulo] *m.* tabernacolo.

tabique [taβike] *m.* tramezzo, parete *f.*

tabla [táβla] *f.* asse *m.,* tavola. 2 tabella. 3 elenco *m.,* indice *m.* 4 PITT. tavola. 5 *pl.* palcoscenico *m.*

tablado [taβláðo] *m.* tavolato, palco. 2 palcoscenico.

tablero [taβléro] *m.* asse. 2 scacchiera *f.* 3 banco [di un negozio].

tableta [taβléta] *f.* tavoletta. 2 pastiglia.

tablilla [taβlíλa] *f.* tavoletta, tabella.

taburete [taβuréte] *m.* sgabello.

tacañería [takaɲería] *f.* taccagneria, tirchieria, grettezza.

tacaño, -ña [takáɲo, -ɲa] *a.* taccagno, tirchio, gretto.

tácito, -ta [táθito, -ta] *a.* tacito.

taciturno, -na [taθitúrno, -na] *a.* taciturno, cupo.

taco [táko] *m.* tassello. 2 stecca *f.* [da biliardo]. 3 fig. imbroglio. 4 fam. parolaccia *f.*

tacón [takón] *m.* tacco.

táctico, -ca [táytiko, -ka] *a.* tattico. 2 *f.* tattica.

táctil [táytil] *a.* tattile.

tacto [táyto] *m.* tatto.

tacha [tátʃa] *f.* difetto *m.* 2 macchia. 3 puntina da disegno.

tachadura [tatʃaðúra] *f.* cancellatura.

tachar [tatʃár] *f.* tacciare. 2 cancellare.

tachuela [tatʃwéla] *f.* puntina da disegno. 2 borchia.

tafetán [tafetán] *m.* taffettà.

taimado, -da [taimáðo, -ða] *a.* astuto, furbo, scaltro. 2 furfante, birbone.

tajada [taxáða] *f.* fetta.

tajante [taxánte] *a.* tagliente, affilato. 2 radicale, assoluto.

tal [tal] [tale. 2 certo. ‖ *vino un ~ Pérez,* venne un certo Pérez. 3 *avv.* così.

tala [tála] *f.* diboscamento *m.*

taladrar [talaðrár] *t.* trapanare, perforare, forare.

taladro [talaðro] *m.* trivella *f.* trapano. 2 foro, traforo.

talante [talánte] *m.* aspetto, portamento. ‖ *de buen ~,* volentieri. ‖ *de mal ~,* malvolentieri.

talar [talár] *t.* tagliare o abbattere alberi, diboscare. 2 *a.* talare.

talco [tálko] *m.* talco.

talento [talénto] *m.* talento.

talión [taljón] *m.* taglione.

talismán [talizmán] *m.* talismano.

talón [talón] *m.* ANAT. tallone, calcagno. 2 tagliando, ricevuta *f.* cedola *f.* 3 assegno.

talonario [talonárjo] *m.* libretto [degli assegni].

talla [táλa] *f.* intaglio *m.* 2 taglia.

tallar [taλár] *t.* intagliare. 2 tagliare. 3 misurare la statura.

tallarina [taλarína] *f.* ITTIOL. tellina.

talle [táλe] *m.* corporatura *f.,* costituzione *f.* 2 vita *f.*

taller [taλér] *m.* officina *f.*

tallo [táλo] *m.* stelo, fusto, gambo.

tamaño, -ña [tamáɲo, -ɲa] *a.* enorme. 2 *m.* formato, grandezza *f.,* dimensione *f.,* grossezza *f.*

tambalear [tambaleár] *i.-r.* traballare, barcollare, ciondolare.

también [también] *avv.* anche, pure.

tambor [tambór] *m.* tamburo.

tamboril [tamboril] *m.* tamburello.

tamiz [tamiθ] *m.* setaccio.

tamizar [tamiθár] *t.* setacciare.

tampoco [tampóko] *avv.* nemmeno, neanche, neppure.

tan [tan] *avv.* tanto, così.

tanda [tánda] *f.* turno *m.*

tanga [táŋga] *m.* tanga.

tangencia [taŋxènθja] *f.* tangenza.

tangente [taŋxènte] *a.-f.* tangente.

tangible [taŋxìβle] *a.* tangibile.

tango [táŋgo] *m.* tango.

tanque [táŋke] *m.* carro armato, autoblinda *f.* 2 cisterna *f.*

tantear [tanteár] *t.* saggiare, provare.

tanteo [tantèo] *m.* prova *f.,* saggio. 2 SPORT punteggio.

tanto, -ta [tánto, -ta] *a.-pron.-avv.* tanto. ‖ *un, algún ~,* un poco. ‖ *otro ~,* altrettanto. ‖ *por lo ~,* dunque, quindi. ‖ *estar al ~,* essere al corrente. 2 *m.* punto, merito.

tañedor, -ra [taɲeðòr, -ra] *s.* suonatore.

tañer [taɲér] *t.* suonare. 2 *i.* suonare, rintoccare. ¶ CONIUG. IND. pass. rem.: *tañó; tañeron.* ‖ CONG. imp.: *tañera, -se, tañeras, -ses,* ecc. | fut.: *tañere, tañeres,* ecc. ‖ GER.: *tañendo.*

tañido [taɲìðo] *m.* suono.

tapa [tápa] *f.* coperchio *m.* 2 copertina. 3 *pl.* ciò che si mangia con l'aperitivo.

tapabocas [tapaβókas] *m.* sciarpa *f.*

tapadera [tapaðèra] *f.* coperchio *m.*

tapar [tapár] *t.* coprire, tappare.

tapete [tapète] *m.* tappeto.

tapia [tápja] *f.* muro *m.* di cinta.

tapiar [tapjár] *t.* recintare con un muro. 2 murare.

tapiz [tapiθ] *m.* arazzo.

tapizar [tapiðár] *t.* tappezzare.

tapón [tapón] *m.* tappo. 2 MED. tampone.

taponar [taponár] *t.* tamponare.

tapujarse [tapuxárse] *r.* imbacuccarsi.

tapujo [tapúxo] *m.* bacucco.

taquicardia [takikárðja] *f.* tachicardia.

taquigrafía [takiɣrafìa] *f.* stenografia.

taquigrafiar [takiɣrafiár] *t.* stenografare.

taquígrafo, -fa [takìɣrafo, -fa] *s.* stenografo.

taquilla [takìʎa] *f.* sportello *m.,* biglietteria, botteghino *m.*

taquillero, -ra [takiʎéro, -ra] *s.* bigliettaio.

taquimecanógrafo, -fa [takimekanòɣrafo, -fa] *s.* stenodattilografo.

tara [tára] *f.* tara.

tarambana [tarambána] *s.* squinternato, pazzerellone.

tarántula [tarántula] *f.* tarantola.

tararear [tarareár] *t.* canticchiare, canterellare.

tardanza [tarðánθa] *f.* ritardo *m.*

tardar [tarðár] *i.* tardare. 2 essere in ritardo. 3 *i.* impiegare, metterci.

tarde [tárðe] *f.* pomeriggio *m.* sera. ‖ *por la ~,* di pomeriggio, di sera. ‖ *buenas tardes,* buona sera. 2 *avv.* tardi. ‖ *de ~ en ~,* di tanto in tanto.

tardío, -a [tarðìo, -a] *a.* tardivo.

tardo, -da [tárðo, -ða] *a.* tardo, lento.

tarea [taréa] *f.* compito *m.*

tarifa [tarìfa] *f.* tariffa.

tarima [tarìma] *f.* pedana.

tarjeta [tarxèta] *f.* biglietto *m.,* da visita. ‖ *~ postal,* cartolina.

tarro [tárro] *m.* barattolo.

tarta [tárta] *f.* torta.

tartamudear [tartamuðeár] *i.* balbettare.

tartamudez [tartamuðèθ] *f.* balbuzie.

tartamudo, -da [tartamúðo, -ða] *a.-s.* balbuziente.

tartana [tartána] *f.* baroccio *m.*

tartera [tartèra] *f.* tortiera, teglia.

tarumba (volver) [bolβèr tarúmba] *loc. fam. t.-r.* stordire.

tasa [tása] *f.* tassa.

tasación [tasaθjón] *f.* tassazione.

tasar [tasár] *t.* tassare. 2 valutare. 3 misurare. 4 razionare.

tasca [táska] *f.* taverna, bettola.

tatuaje [tatuáxe] *m.* tatuaggio.

tatuar [tatuár] *t.* tatuare.

taumaturgo, -ga [taumatúrɣo, -ɣa] *s.* taumaturgo.

taurino, -na [taurino, -na] *a.* taurino.

tauromaquia [tauromákja] *f.* tauromachia.

taxativo, -va [taɣsatìβo, -βa] *a.* tassativo.

taxi [táɣsi] *m.* tassì.

taxímetro [taɣsìmetro] *m.* tassametro.

taza [táθa] *f.* tazza.

te [te] *pron.* ti, te. 2 *f.* nome della lettera *t.*

té [te] *m.* tè.

tea [tèa] *f.* torcia, fiaccola.

teatral [teatrál] *a.* teatrale.

teatro [teátro] *m.* teatro.

tebeo [teβèo] *m.* giornalino (giornaletto) a fumetti.

tecla [tékla] *f.* tasto *m.*

teclado [teklàðo] *m.* tastiera *f.*

teclear [tekleár] *i.* toccare i tasti.

técnico, -ca [tèɣniko, -ka] *a.-m.* tecnico. 2 *f.* tecnica.

tecnócrata [teɣnòkrata] *s.* tecnocrate.

tecnología [teɣnoloxìa] *f.* tecnologia.

tecnológico, -ca [teɣnolòxiko, -ka] *a.* tecnologico.

techo [tètʃo] *m.* soffitto. 2 tetto.

techumbre [tetʃúmbre] *f.* tetto *m.* tettoia.

tedio [tèðjo] *m.* tedio.

tedioso, -sa [teðjóso, -sa] *a.* tedioso, noioso.

teja [téxa] *f.* tegola.

tejado [texáðo] *m.* tetto.

tejedor, -ra [texeðór, -ra] *a.-s.* tessitore.

tejer [texér] *t.* tessere, intessere.

tejido [texíðo] *m.* tessuto.

tela [téla] *f.* stoffa, panno *m.* 2 tela. 3 fig. materia. || *poner en ~ de juicio,* sottoporre a giudizio, dubitare.

telaraña [telarána] *f.* ragnatela.

telecomunicación [telecomunikaθjón] *f.* telecomunicazione.

teleconferencia [telekonferénθja] *f.* teleconferenza.

telediario [teleðjárjo] *m.* telegiornale.

teledirigido, -da [teleðirixíðo, -ða] *a.* telecomandato.

teleférico [telefériko] *m.* teleferica *f.*

telefonazo [telefonáθo] *m.* telefonata *f.*

telefonear [telefoneár] *t.* telefonare.

telefónico, -ca [telefóniko, -ka] *a.* telefonico.

telefonista [telefonísta] *s.* telefonista.

teléfono [teléfono] *m.* telefono.

telegrafiar [teleɣrafjár] *t.* telegrafare.

telegráfico, -ca [teleɣráfiko, -ka] *a.* telegrafico.

telegrafista [teleɣrafísta] *s.* telegrafista.

telégrafo [teléɣrafo] *m.* telegrafo.

telegrama [teleɣráma] *m.* telegramma.

telémetro [telémetro] *m.* telemetro.

teleobjetivo [teleoβxetíβo] *m.* teleobiettivo.

telepatía [telepatía] *f.* telepatia.

telepilotaje [telepilotáxe] *m.* telepilotaggio.

telescopio [teleskópjo] *m.* telescopio.

telespectador, -ra [telespeɣtaðór, -ra] *s.* telespettatore.

teletipo [teletípo] *m.* telescrivente *f.*

televisión [teleβisjón] *f.* televisione.

televisor [teleβisór] *m.* televisore.

telón [telón] *m.* telone. 2 TEAT. sipario.

telúrico, -ca [telúriko, -ka] *a.* tellurico.

tema [téma] *m.* tema.

temblar [temblár] *i.* tremare. ¶ CONIUG. come *acertar.*

temblor [temblór] *m.* tremore, tremolio, fremito.

tembloroso, -sa [tembloróso, -sa] *a.* tremante, tremolante.

temer [temér] *t.* temere.

temerario, -ria [temerárjo, -rja] *a.* temerario.

temeridad [temeriðáð] *f.* temerarietà.

temeroso, -sa [temeróso, -sa] *a.* timoroso.

temible [temíβle] *a.* temibile.

temor [temór] *m.* timore.

temperamento [temperaménto] *m.* temperamento.

temperar [temperár] *t.* temperare.

temperatura [temperatúra] *f.* temperatura.

tempestad [tempestáð] *f.* tempesta.

tempestuoso, -sa [tempestwóso, -sa] *a.* tempestoso.

templado, -da [templáðo, -ða] *a.* temperato. 2 mite, tiepido. 3 temprato.

templanza [templánθa] *f.* temperanza.

templar [templár] *t.* temperare. 2 temprare.

temple [témple] *m.* tempera *f.* 2 tempra *f.* 3 fig. carattere.

templo [témplo] *m.* tempio.

temporada [temporáða] *f.* periodo *m.* 2 stagione.

temporal [temporál] *a.-m.* temporale.

temporáneo, -a [temporáneo, -a] *a.* temporaneo.

tempranero, -ra [tempranéro, -ra] *a.* precoce. 2 primaticcio.

temprano, -na [tempráno, -na] *a.* precoce. 2 primaticcio. 3 *avv.* presto, di buon'ora.

tenacidad [tenaθiðáð] *f.* tenacia.

tenaz [tenáθ] *a.* tenace.

tenazas [tenáθas] *f.-pl.* tenaglie.

tendedero [tendeðéro] *m.* stenditoio.

tendencia [tendénθja] *f.* tendenza.

tendencioso, -sa [tendenθjóso, -sa] *a.* tendenzioso.

tender [tendér] *t.* stendere. 2 *i.* tendere. 3 *r.* stendersi, distendersi, coricarsi. ¶ CONIUG. IND. pres.: *tiendo, tiendes, tiende; tienden.* || CONG. pres.: *tienda, tiendas, tienda; tiendan.* || IMPER.: *tiende, tienda; tiendan.*

tenderete [tenderéte] *m.* bancarella *f.*

tendero, -ra [tendéro, -ra] *m.* bottegaio.

tendido, -da [tendíðo, -ða] *a.* disteso. || *galope ~,* gran galoppo. 2 *m.* TAUR. gradinata *f.*

tendón [tendón] *m.* tendine.

tenebroso, -sa [teneβróso, -sa] *a.* tenebroso.

tenedor [teneðór] *m.* forchetta *f.*

teneduría [teneðuría] *f.* contabilità, ragioneria.

tener [tenér] *i.* avere. 2 tenere. || *~ que,* dovere. || *~ a bien,* degnarsi. || *t.-r. ~ por,* considerare, ritenere. ¶ CONIUG. IND. pres.: **tengo, tienes, tiene; tienen.** | pass. rem.: **tuve, tuviste, tuvo; tuvimos, tuvisteis, tuvieron.** | fut.: **tendré, tendrás,** ecc. ‖ COND.: **tendría, tendrías,** ecc. ‖ CONG. pres.: **tenga, tengas,** ecc. | imp.: **tuviera, -se, tuvieras, -ses,** ecc. | fut.: **tuviere, tuvieres,** ecc. ‖ IMPER.: **ten, tenga; tengamos, tengan.**

tenia [ténja] *f.* tenia.
teniente [tenjénte] *m.* tenente. ‖ ~ **de alcalde,** vicesindaco.
tenis [ténis] *m.* tennis.
tenista [tenísta] *s.* tennista.
tenor [tenór] *m.* tenore.
tenorio [tenórjo] *m.* dongiovanni.
tensión [tensjón] *f.* tensione.
tenso, -sa [ténso, -sa] *a.* teso.
tentación [tentaθjón] *f.* tentazione.
tentáculo [tentákulo] *m.* tentacolo.
tentador, -ra [tentaðór, -ra] *a.-s.* tentatore. 2 attraente, seduttore.
tentar [tentár] *t.* tentare. ¶ CONIUG. come **acertar.**
tentativa [tentatíβa] *f.* tentativo *m.*
tenue [ténwe] *a.* tenue.
teñir [teɲír] *t.-r.* tingere. ¶ CONIUG. come **ceñir.**
teología [teoloxía] *f.* teologia.
teológico, -ca [teolóxiko, -ka] *a.* teologico.
teorema [teoréma] *m.* teorema.
teoría [teoría] *f.* teoria.
teórico, -ca [teóriko, -ka] *a.* teorico.
terapéutico, -ca [terapéutiko, -ka] *a.* terapeutico. 2 *f.* terapeutica.
tercermundismo [terθermundizmo] *m.* terzomondismo.
tercero, -ra [terθéro, -ra] *a.-s.* terzo. 2 *f.* MUS. terza.
terceto [terθéto] *m.* terzina *f.* 2 MUS. terzetto.
terciar [terθjár] *i.* intervenire, intercedere.
terciario, -ria [terθjárjo, -rja] *a.* terziario.
tercio, -cia [térθjo] *a.-m.* terzo. 2 *m.* MIL. antico corpo di fanteria; corpo di volontari [legionari, carlisti, ecc.]. 3 *f.* ECCL. terza.
terciopelo [terθjopélo] *m.* velluto.
terco, -ca [térko, -ka] *a.* ostinato, caparbio, cocciuto.
tergiversar [terxiβersár] *t.* travisare.
termal [termál] *a.* termale.
termas [térmas] *f.-pl.* terme.
térmico, -ca [térmiko, -ka] *a.* termico.

terminación [terminaθjón] *f.* conclusione. 2 termine *m.*
terminal [terminál] *a.* terminale. 2 *m.* AER. terminal.
terminar [terminár] *t.-i.* terminare, finire, compiere.
término [término] *m.* termine, limite. ‖ **llevar a ~,** concludere. 2 luogo.
termite [termíte] *m.* termite *f.*
termómetro [termómetro] *m.* termometro.
termo [térmo] *m.* termos.
termosifón [termosifón] *m.* termosifone.
termostato [termostáto] *m.* termostato.
terna [térna] *f.* terna.
ternario, -ria [ternárjo, -rja] *a.* ternario.
ternero, -ra [ternéro, -ra] *m.* vitello. 2 *f.* vitella. 3 carne di vitello.
terneza [ternéθa] *f.* tenerezza. 2 galanteria.
ternura [ternúra] *f.* tenerezza.
terquedad [terkeðáð] *f.* ostinazione, caparbietà, cocciutaggine.
terracota [terrakóta] *f.* terracotta.
terrado [terráðo] *m.* terrazza *f.*
terraplén [terraplén] *m.* terrapieno.
terrateniente [terratenjénte] *m.* possidente.
terraza [terráθa] *f.* terrazza.
terremoto [terremóto] *m.* terremoto.
terrenal [terrenál] *a.* terreno.
terreno, -na [terréno, -na] *a.-m.* terreno.
terrestre [terréstre] *a.* terrestre.
terrible [terríβle] *a.* terribile.
terrícola [terríkola] *s.* terrestre.
territorial [territorjál] *a.* territoriale.
territorio [territórjo] *m.* territorio.
terrón [terrón] *m.* zolla *f.* 2 zolleta *f.*
terror [terrór] *m.* terrore.
terrorífico, -ca [terrorífiko, -ka] *a.* terrificante, orrendo, agghiacciante.
terrorismo [terrorízmo] *m.* terrorismo.
terrorista [terrorísta] *s.* terrorista.
terruño [terrúɲo] *m.* gleba *f.* 2 terreno. 3 paese natio.
terso, -sa [térso, -sa] *a.* terso.
tertulia [tertúlja] *f.* riunione, circolo *m.*
tesis [tésis] *f.* tesi.
tesitura [tesitúra] *f.* tessitura.
tesón [tesón] *m.* tenacia *f.*, impegno.
tesorería [tesorería] *f.* tesoreria.
tesorero, -ra [tesoréro, -ra] *s.* tesoriere.
tesoro [tesóro] *m.* tesoro.
testa [tésta] *f.* testa.
testador, -ra [testaðór, -ra] *s.* testante.
testaferro [testaférro] *m.* uomo di paglia.

testamentario, -ria [testamentárjo, -rja] *a.* testamentario.
testamento [testaménto] *m.* testamento.
testar [testár] *i.* testare.
testarudez [testaruðéθ] *f.* testardaggine, caparbietà, cocciutaggine.
testarudo, -da [testarúðo, -ða] *a.* testardo, caparbio, cocciuto.
testículo [testikulo] *m.* testicolo.
testificar [testifikár] *i.* testimoniare.
testigo [testiyo] *s.* testimonio, testimone.
testimoniar [testimonjár] *t.* testimoniare.
testimonio [testimónjo] *m.* testimonianza *f.* 2 attestato.
teta [téta] *f.* mammella, poppa, tetta.
tétano [tétano] *m.* tetano.
tetera [tetéra] *f.* teiera.
tétrico, -ca [tétriko, -ka] *a.* tetro.
textil [teystil] *a.* tessile.
texto [téysto] *m.* testo. ‖ ~ *mecanografiado,* dattiloscritto.
textual [teystwál] *m.* testuale.
textura [tekstúra] *f.* tessitura. 2 fig. struttura.
tez [teθ] *f.* pelle, carnagione.
ti [ti] *pron.* te.
tiara [tjára] *f.* tiara.
tibia [tíβja] *f.* tibia.
tibieza [tiβjéθa] *f.* tiepidezza.
tibio, -bia [tíβjo, -βja] *a.* tiepido.
tiburón [tiβurón] *m.* squalo, pescecane.
tío [tío] *m.* tic.
tiempo [tjémpo] *m.* tempo.
tienda [tjénda] *f.* negozio *m.,* bottega.
tierno, -na [tjérno, -na] *a.* tenero.
tierra [tjérra] *f.* terra.
tieso, -sa [tjéso, -sa] *a.* teso, rigido, impettito.
tiesto [tjésto] *m.* vaso da fiori.
tiesura [tjesúra] *f.* rigidità.
tifón [tifón] *m.* tifone.
tifus [tífus] *m.* tifo.
tigre [tíyre] *m.* tigre *f.*
tijeras [tixéras] *f.-pl.* forbici. ‖ ~ *grandes* [per potare, ecc.], cesoie.
tijeretazo [tixeretáθo] *m.* forbiciata *f.*
tila [tíla] *f.* tiglio *m.* [fiore e tisana].
tildar [tildár] *t.* tacciare.
tilde [tílðe] *f.* tilde. 2 fig. taccia.
tilo [tílo] *m.* tiglio.
timar [timár] *t.* truffare.
timbrar [timbrár] *t.* bollare.
timbrazo [timbráθo] *m.* scampanellata *f.*
timbre [timbre] *m.* campanello. 2 bollo. ‖ ~ *de gloria,* vanto.
timidez [timidéθ] *f.* timidezza.

tímido, -da [tímiðo, -ða] *a.* timido.
timo [tímo] *m.* truffa *f.*
timón [timón] *m.* timone.
timonel [timonél] *m.* timoniere.
timorato, -ta [timoráto, -ta] *a.* timorato.
tímpano [tímpano] *m.* timpano.
tina [tína] *f.* tinozza. 2 tino *m.*
tinaja [tináxa] *f.* giara, orcio *m.*
tinglado [tingláðo] *m.* tettoia *f.* 2 impalcatura *f.* 3 fig. apparato. 4 pasticcio, imbroglio.
tiniebla [tinjéβla] *f.* [spec. *pl.*] tenebra.
tino [tíno] *m.* abilità *f.,* destrezza *f.* 2 senno.
tinta [tínta] *f.* inchiostro *m.* 2 tinta.
tinte [tínte] *m.* tintura *f.*
tintero [tintéro] *m.* calamaio.
tintineo [tintinéo] *m.* tintinnio.
tinto, -ta [tínto, -ta] *a.* tinto. 2 rosso [vino].
tintorería [tintorería] *f.* tintoria.
tintorero, -ra [tintoréro, -ra] *s.* tintore.
tiña [tíɲa] *f.* tigna.
tiñoso, -sa [tiɲóso, -sa] *a.* tignoso.
tío, -a [tío, -a] *s.* zio. 2 fam. tizio. 3 *m.* uomo bravo. ‖ *no hay tu tía,* non c'è nulla da fare.
tiovivo [tioβíβo] *m.* giostra *f.*
típico, -ca [típiko, -ka] *a.* tipico.
tiple [típle] *s.* soprano.
tipo [típo] *m.* tipo. 2 figura *f.,* corpo.
tipografía [tipoyrafía] *f.* tipografia.
tipógrafo [tipóyrafo] *m.* tipografo.
tira [tíra] *f.* striscia.
tirabuzón [tiraβuθón] *m.* boccolo.
tirada [tiráða] *f.* tirata. 2 TIP. tiratura.
tirado, -da [tiráðo, -ða] *a.* a buon mercato. 2 facile.
tirador, -ra [tiraðór, -ra] *s.* tiratore.
tiralíneas [tiralíneas] *m.* tiralinee.
tiranía [tiranía] *f.* tirannia. 2 tirannide.
tiránico, -ca [tirániko, -ka] *a.* tirannico.
tiranizar [tiraniθár] *t.* tiranneggiare.
tirano, -na [tiráno, -na] *a.* tirannico. 2 *m.* tiranno.
tirante [tiránte] *a.* teso. 2 *m.* tirante. 3 *pl.* bretelle *f.*
tirantez [tirantéθ] *f.* tensione.
tirar [tirár] *t.* gettare, buttar via. 2 sparare. 2 SPORT calciare. 4 tirare. 5 TIP. stampare. 6 *i.* tirare. 7 tendere. 8 voltare. 9 assomigliare. ‖ *ir tirando,* tirare avanti. 10 *r.* gettarsi, buttarsi.
tiritar [tiritár] *i.* rabbrividire.
tiro [tíro] *m.* tiro. 2 sparo, colpo. 3 tiraggio.
tiroides [tiróiðes] *m.* tiroide *f.*

tirón [tirón] *m.* strappo, strattone. 2 scippo.

tiroteo [tirotèo] *m.* sparatoria *f.*

tirria [tirrja] *f.* avversione.

tisana [tisána] *f.* tisana.

tísico, -ca [tísiko, -ka] *a.* tisico.

tisis [tisis] *f.* tisi.

titán [titán] *m.* titano.

titánico, -ca [titániko, -ka] *a.* titanico.

títere [títere] *m.* burattino, marionetta *f.*

titiritar [titiritár] *i.* rabbrividire, tremare.

titiritero [titiritèro] *m.* burattinaio.

titubear [tituβeár] *i.* titubare, esitare.

titubeo [tituβèo] *m.* titubanza *f.*

titulado, -da [tituláðo, -ða] *a.* diplomato.

titular [titulár] *t.* intitolare. 2 *a.-m.* titolare.

título [titulo] *m.* titolo.

tiza [tíθa] *f.* gesso *m.*

tiznar [tiθnár] *t.* macchiare, annerire.

tizne [tíθne] *m.* fuliggine *f.*

tizón [tiθón] *m.* tizzone.

toalla [toáʎa] *f.* asciugamano *m.* ‖ ~ **de baño,** accappatoio *m.*

tobillo [toβíʎo] *m.* caviglia *f.* malleolo.

toca [tóka] *f.* cuffia.

tocadiscos [tokaðiskos] *m.* giradischi.

tocado, -da [tokáðo, -ða] *a.* fig. tocco, suonato. 2 *m.* acconciatura.

tocador [tokaðór] *m.* toletta *f.,* specchiera *f.* 2 spogliatoio.

tocante a [tokánte a] *loc.* riguardo a.

tocar [tokár] *t.-i.* toccare. 2 *t.* suonare. 3 *t.-r.* acconciare i capelli. 4 *r.* coprirsi la testa.

tocayo, -ya [tokájo, -ja] *s.* omonimo.

tocinería [toθinería] *f.* salumeria.

tocinero [toθinèro] *m.* salumiere.

tocino [toθino] *m.* lardo.

tocólogo [tokóloɣo] *m.* ostetrico.

tocón [tokón] *m.* ceppo.

todavía [toðaβía] *avv.* ancora. 2 tuttavia.

todo, -da [tóðo, -ða] *a.-pron.* tutto. 2 ogni. ‖ ~ **el mundo,** tutti. 2 *m.* tutto.

todopoderoso, -sa [toðopoðeróso, -sa] *a.-m.* onnipotente.

toga [tóɣa] *f.* toga.

toldo [tóldo] *m.* tenda *f.,* tettoia *f.*

tolerable [toleráβle] *a.* tollerabile.

tolerancia [toleránθja] *f.* tolleranza.

tolerante [toleránte] *a.* tollerante.

tolerar [tolerár] *t.* tollerare.

toma [tóma] *f.* presa.

tomar [tomár] *t.* prendere. ‖ ~ **a pecho,** prendere a cuore.

tomadura [tomaðúra] *f.* presa. ‖ ~ **de pelo,** presa in giro.

tomate [tomáte] *m.* pomodoro.

tómbola [tómbola] *f.* riffa, lotteria.

tomillo [tomíʎo] *m.* вот. timo.

tomo [tómo] *m.* tomo.

ton [ton] *m.* **sin ~ ni son,** a vanvera.

tonada [tonáða] *f.* canzone, aria.

tonadilla [tonaðíʎa] *f.* canzonetta.

tonalidad [tonaliðáð] *f.* tonalità.

tonel [tonél] *m.* botte *f.*

tonelada [toneláða] *f.* tonnellata.

tonelaje [toneláxe] *m.* tonnellaggio, stazza *f.*

tónico, -ca [tóniko, -ka] *a.-s.* tonico.

tonificar [tonifikár] *t.* tonificare.

tono [tóno] *m.* tono.

tontada [tontáða] *f.* sciocchezza.

tontería [tontería] *f.* sciocchezza, stupidaggine.

topacio [topáθjo] *m.* topazio.

tonto, -ta [tónto, -ta] *a.* sciocco, tonto. ‖ **a tontas y a locas,** a casaccio.

topar [topár] *t.-i.* intoppare, incontrare. 2 urtare, inciampare.

tope [tópe] *m.* punta *f.* estremità *f.* 2 respingente, repulsore [nelle vetture ferroviarie]. 3 fig. intoppo. ‖ **hasta el ~,** interamente. ‖ **hasta los topes,** strapieno.

topetada [topetáða] *f.* cozzo *m.,* zuccata, urto *m.*

topetar [topetár] *t.-i.* cozzare, urtare.

topetazo [topetáθo] *m.* V. **topetada.**

tópico, -ca [tópiko, -ka] *a.* topico. 2 *m.* luogo comune.

topo [tópo] *m.* talpa *f.*

topografía [topoɣrafía] *f.* topografia.

topográfico, -ca [topoɣráfiko, -ka] *a.* topografico.

toque [tóke] *m.* tocco. 2 fig. chiamata *f.* ‖ **piedra de ~,** pietra di paragone.

tórax [tóraɣs] *m.* torace.

torbellino [torβeʎíno] *m.* turbine, vortice.

torcer [torθèr] *t.-r.* torcere, contorcere, attorcigliare. 2 storcere. 3 *i.* voltare. ¶ CONIUG. come **mover.**

torcido, -da [torθíðo, -ða] *a.* storto.

tordo [tórðo] *m.* tordo.

torear [toreár] *i.* combattere con il toro. 2 fig. tenere a bada.

toreo [torèo] *m.* toreo, combattimento col toro.

torero [torèro] *m.* torero.

tormenta [torménta] *f.* tempesta, burrasca, tormenta, bufera.

tormento [tormènto] *m.* tormento.

tormentoso, -sa [tormentóso, -sa] *a.* tempestoso.

tornadizo, -za [tornaðíθo, -θa] *a.* mutevole.

tornado [tornáðo] *m.* uragano, turbine.

tornasol [tornasól] *m.* tornasole.

tornasolado, -da [tornasoláðo, -ða] *a.* cangiante.

tornear [torneár] *t.* tornire. 2 *i.* torneare.

torneo [tornéo] *m.* torneo.

tornero [tornéro] *m.* tornitore.

tornillo [torníʎo] *m.* vite *f.,* bullone. ‖ fam. **faltar un ~,** mancare un venerdì.

torno [tórno] *m.* tornio. ‖ **en ~,** attorno, intorno.

toro [tóro] *m.* toro.

torpe [tórpe] *a.* pesante. 2 goffo, maldestro. 2 lento. 3 turpe.

torpedear [torpeðeár] *t.* silurare.

torpedo [torpéðo] *m.* siluro. 2 ZOOL. torpedine *f.*

torpeza [torpéθa] *f.* goffaggine. 2 lentezza. 3 turpitudine.

torpor [torpór] *m.* torpore.

torrar [torrár] *t.* tostare, abbrustolire.

torre [tórre] *f.* torre. 2 villa. 3 campanile *m.*

torrefacción [torrefayθjón] *f.* torrefazione.

torrencial [torrenθjál] *a.* torrenziale.

torrente [torrénte] *m.* torrente.

torreón [torreón] *m.* torrione.

tórrido, -da [tórriðo, -ða] *a.* torrido.

torsión [torsjón] *f.* torsione.

torso [tórso] *m.* torso.

torta [tórta] *f.* torta. 2 fig. schiaffo *m.*

tortazo [tortáθo] *m.* ceffone.

tortícolis [tortíkolis] *f.* torcicollo.

tortilla [tortíʎa] *f.* frittata.

tórtola [tórtola] *f.* tortora.

tortuga [tortúya] *f.* tartaruga.

tortuoso, -sa [tortwóso, -sa] *a.* tortuoso.

tortura [tortúra] *f.* tortura.

torturar [torturár] *t.-r.* torturare.

torvo, -va [tórβo, -βa] *a.* torvo, bieco.

tos [tos] *f.* tosse. ‖ **~ ferina,** tosse convulsa.

tosco, -ca [tósko, -ka] *a.* grezzo, rozzo.

toser [tosér] *i.* tossire.

tosquedad [toskeðáð] *f.* rozzezza.

tostado, -da [tostáðo, -ða] *a.* tostato. 2 abbronzato. 3 *m.* tostatura *f.* 4 *f.* fetta di pane tostato.

tostador [tostaðór] *m.* tostino. 2 tostapane.

tostar [tostár] *t.-r.* tostare, abbrustolire. 2 abbronzare. ¶ CONIUG. come ***contar.***

tostón [tostón] *m.* pane tostato. 2 fig. seccatura *f.*

total [totál] *a.* totale, complessivo. ‖ ***precio ~,*** prezzo complessivo. ‖ **en ~,** complessivamente. 2 *m.* totale. 3 *avv.* totalità.

totalidad [totaliðáð] *f.* totalità.

tóxico, -ca [tóysiko, -ka] *a.-m.* tossico.

tozudo, -da [toθúðo, -ða] *a.* testardo, cocciuto.

traba [tráβa] *f.* legame *m.* 2 intoppo *m.*

trabajador, -ra [traβaxaðór, -ra] *a.-s.* lavoratore.

trabajar [traβaxár] *i.-t.* lavorare.

trabajo [traβáxo] *m.* lavoro. ‖ **~ negro,** lavoro nero.

trabajoso, -sa [traβaxóso, -sa] *a.* faticoso, laborioso.

trabalenguas [traβaléŋgwas] *m.* scioglilingua.

trabar [traβár] *t.* legare, annodare. 2 ingaggiare.

trabazón [traβaθón] *f.* collegamento *m.,* connessione.

trabucar [traβukár] *t.* rovesciare, scompigliare. 2 confondere.

tracción [trayθjón] *f.* trazione.

tractor [traytór] *m.* trattore.

tradición [traðiθjón] *f.* tradizione.

tradicional [traðiθjonál] *a.* tradizionale.

traducción [traðuyθjón] *f.* traduzione.

traducir [traðuθír] *t.* tradurre. ¶ CONIUG. come ***conducir.***

traductor, -ra [traðuytór, -ra] *s.* traduttore. ‖ **~ simultáneo,** interprete simultaneo.

traer [traér] *t.* portare. 2 recare. ‖ **~ a la memoria,** richiamare alla memoria. ¶ CONIUG. IND. pres.: ***traigo.*** | pass. rem.: ***traje, trajiste, trajo; trajimos, trajisteis, trajeron.*** ‖ CONG.: ***traiga, traigas,*** ecc. | imp.: ***trajera, -se, trajeras, -ses,*** ecc. | fut.: ***trajere, trajeres,*** ecc. ‖ IMPER.: ***traiga; traigamos, traigan.*** ‖ GER.: ***trayendo.***

traficante [trafikánte] *a.-s.* trafficante.

traficar [trafikár] *i.* trafficare.

tráfico [tráfiko] *m.* traffico.

tragaderas [trayaðéras] *f.-pl.* gola. ‖ **tener buenas ~,** essere credulone.

tragaluz [trayalúθ] *m.* abbaino, lucernario.

tragar [trayár] *t.* inghiottire, trangugiare. 2 fig. mandar giù.

tragedia [traxéðja] *f.* tragedia.

trágico, -ca [tráxiko, -ka] *a.-m.* tragico.

tragicomedia [traxikomèðja] f. tragicommedia.

trago [tráγo] m. sorso, bevuta f.

tragón, -na [traγòn, -na] a.-s. fam. mangione, ghiottone.

traición [traiθjòn] f. tradimento m.

traicionar [traiθjonár] t. tradire.

traicionero, -ra [traiθjonèro, -ra] a. traditore.

traidor, -ra [traiðòr, -ra] a.-s. traditore.

traje [tráxe] m. vestito, abito. 2 costume [tipico d'epoca].

trajín [traxin] m. traffico, movimento.

trajinar [traxinár] i. trafficare, affaccendarsi.

tralla [tráʎa] f. frusta.

trallazo [traʎáθo] m. frustata f.

trama [tráma] f. trama, canovaccio m.

tramar [tramár] t. tramare. 2 fig. ordire, combinare.

tramitación [tramitaθjòn] f. inoltro m. [d'una pratica].

tramitar [tramitár] t. inoltrare, dar corso.

trámite [trámite] m. pratica f.

tramo [trámo] m. tratto. 2 ramo. 3 rampa f. [di scale].

tramontana [tramontána] f. tramontana.

tramoya [tramója] f. macchina teatrale. 2 fig. tranello m.

tramoyista [tramojísta] s. TEAT. macchinista, attrezzista.

trampa [trámpa] f. trappola, tranello m.

trampear [trampeár] i. vivere di espedienti. 2 vivacchiare. 3 barare [nel giuoco delle carte].

trampolín [trampolín] m. trampolino.

tramposo, -sa [trampóso, -sa] a. baro. 2 imbroglione.

tranca [tráŋka] f. spranga, sbarra.

trancar [traŋkár] t. sprangare, sbarrare.

trance [tránθe] m. momento critico. || *a todo ~*, ad ogni costo.

tranquilidad [traŋkiliðàð] f. tranquillità.

tranquilizar [traŋkiliθár] t. tranquillizzare. 2 r. calmarsi.

tranquilo, -la [traŋkilo, -la] a. tranquillo, calmo.

transacción [transaγθjòn] f. transazione.

transatlántico, -ca [transatlántiko, -ka] a.-m. transatlantico.

transbordar [tranzβordár] i. trasbordare.

transcribir [traskriβir] t. trascrivere. ¶ CONIUG. PART. P.: *transcrito.*

transcurrir [traskurrir] i. trascorrere, decorrere.

transcurso [traskúrso] m. corso.

transeúnte [transeúnte] a. passeggero. 2 s. passante.

transferencia [trasferènθja] f. trasferimento m.

transferir [trasferir] t. trasferire. 2 differire [un pagamento]. ¶ CONIUG. come *sentir.*

transformación [trasformaθjòn] f. trasformazione.

transformador, -ra [trasformaðòr, -ra] a.-m. trasformatore.

transformar [trasformár] t. trasformare.

tránsfuga [tránsfuγa] s. transfuga.

transfusión [trasfusjòn] f. trasfusione.

transgredir [tranzγreðir] i. trasgredire.

transgresión [tranzγresjòn] f. trasgressione.

transgresor, -ra [tranzγresór, -ra] a.-s. trasgressore.

transición [transiθjòn] f. transizione.

transido, -da [transiðo, -ða] a. affranto, angosciato.

transigencia [transixènθja] f. indulgenza, tolleranza.

transigir [transixir] i. transigere.

transitable [transitáβle] a. transitabile.

transitar [transitár] i. transitare, passare.

transitivo, -va [transitiβo, -βa] a. transitivo.

tránsito [tránsito] m. transito.

transitorio, -ria [transitórjo, -rja] a. transitorio.

translación [trazlaθjòn] f. traslazione.

translaticio, -cia [trazlatiθjo, -θja] a. metaforico.

translúcido, -da [trazlúθiðo, -ða] a. traslucido.

transmigrar [tranzmiγrár] i. trasmigrare.

transmisión [tranzmisjòn] f. trasmissione.

transmisor, -ra [tranzmisòr, -ra] a.-m. trasmittente, trasmissore.

transmitir [tranzmitir] t. trasmettere.

transmutar [tranzmutár] t.-r. trasmutare.

transparencia [trasparènθja] f. trasparenza.

transparentarse [trasparentárse] r. trasparire.

transparente [trasparènte] a. trasparente.

transpiración [transpiraθjòn] f. traspirazione.

transpirar [transpirár] i. traspirare.

transponer [trasponèr] t. trasporre, trasferire. 2 r. tramontare.

transportador [transportaðòr] m. trasportatore. 2 rapportatore.

transportar [transportár] *t.* trasportare. 2 *r.* fig. estasiarsi.

transporte [transpórte] *m.* trasporto.

transposición [trasposiθjón] *f.* trasposizione.

transvasar [trazβasár] *t.* travasare.

transversal [tranzβersál] *a.* trasversale.

tranvía [tramvía] *m.* tram, tranvai.

tranviario, -ria [trambiárjo, -rja] *a.* tranviario. 2 *m.* tranviere.

trapacear [trapaθeár] *t.* ingannare, imbrogliare.

trapacería [trapaθería] *f.* truffa.

trapacero, -ra [trapaθéro, -ra] *a.-s.* truffatore, imbroglione.

trapecio [trapéθjo] *m.* trapezio.

trapense [trapénse] *a.-s.* trappista.

trapo [trápo] *m.* straccio, strofinaccio, canovaccio. 2 TAUR. cappa *f.* rossa del torero.

tráquea [trákea] *f.* trachea.

tras [tras] *prep.* dietro. 2 dopo. 3 oltre a.

trascendencia [trasθendénθja] *f.* trascendenza. 2 importanza.

trascendental [trasθendentál] *a.* trascendentale.

trascender [trasθendér] *i.* trascendere. ¶ CONIUG. come **tender.**

trasegar [traseɣár] *t.* rimuovere, spostare. 2 travasare.

trasero, -ra [traséro, -ra] *a.* posteriore. 2 *m.* deretano.

trasiego [trasjéɣo] *m.* travaso, travasamento. 2 traffico, movimento.

trasladar [trazlaðár] *t.* traslocare, trasferire.

traslado [trazláðo] *m.* trasloco, trasferimento.

traslucirse [trazluθírse] *r.* trasparire.

trasluz [trazkúθ] *m.* trasparenza *f.*

trasnochador, -ra [traznotʃaðór, -ra] *a.-s.* nottambulo.

trasnochar [traznotʃár] *i.* fare le ore piccole. 2 pernottare.

traspasar [traspasár] *t.* trapassare, varcare, oltrepassare. 2 trafiggere. 3 cedere. 4 trasgredire.

traspaso [traspáso] *m.* trapasso, cessione *f.*

traspié [traspjé] *m.* scivolone.

trasplantar [trasplantár] *t.* trapiantare.

trasplante [trasplánte] *m.* trapianto.

traspuntín [traspuntín] *m.* strapuntino.

trasquilar [traskilár] *t.* tosare.

trastada [trastáða] *f.* monelleria. 2 birbonata.

trastazo [trastáθo] *m.* colpo, botta *f.*

traste [tráste] *m.* MUS. tasto [di strumenti a corda]. ‖ *dar al ~ con,* distruggere, rovinare.

trastear [trasteár] *i.* tramestare.

trastienda [trastjénda] *f.* retrobottega *m.* 2 fig. astuzia, cautela.

trasto [trásto] *m.* aggeggio, affare. 2 fig. trabiccolo, cianfrusaglia *f.* 3 persona *f.* inutile. 4 *pl.* ciarpame *sing.*

trastocar [trastokár] *t.* sconvolgere. 2 *t.-r.* impazzire.

trastornar [trastornár] *t.* scompigliare, scombussolare. 2 *t.-r.* sconvolgere. 3 impazzire.

trastorno [trastórno] *m.* trambusto, scompiglio. 2 fig. turbamento. 3 disturbo.

trasudar [trasuðár] *i.* trasudare.

trasudor [trasuðór] *m.* trasudamento.

trasunto [trasúnto] *m.* copia *f.* 2 immagine *f.* fedele.

trata [tráta] *f.* tratta.

tratado [tratáðo] *m.* trattato.

tratamiento [tratamjénto] *m.* trattamento. 2 titolo di cortesia. MED. cura *f.*

tratar [tratár] *t.-r.* trattare. 2 frequentare. 3 *i.* commerciare. 4 cercare, tentare.

trato [tráto] *m.* relazione *f.* 2 accordo. 3 modi *pl.*

trauma [tráuma] *m.* trauma.

través [traβés] *m.* rovescio. ‖ *a - de,* attraverso. ‖ *al ~, de ~,* di traverso.

travesaño [traβesáɲo] *m.* traversa, spranga *f.*

travesía [traβesía] *f.* traversa. 2 traversata.

travesura [traβesúra] *f.* monelleria, birichinata.

travieso, -sa [traβjéso, -sa] *a.* traverso. 2 birichino, monello. 3 irrequieto. 4 *f.* FERR. traversina. ‖ *a campo traviesa,* attraverso i campi.

trayecto [trajéyto] *m.* tragitto.

trayectoria [trajektórja] *f.* traiettoria.

traza [tráθa] *f.* abbozzo *m.,* disegno *m.* 2 piano *m.* 3 aspetto *m.* apparenza. 4 abilità.

trazado, -da [traθáðo, -ða] *a.-m.* tracciato.

trazar [traθár] *t.* tracciare.

trazo [tráθo] *m.* disegno, tracciato. 2 tratto.

trébol [tréβol] *m.* trifoglio.

trece [tréθe] *a.-m.* tredici. ‖ *mantenerse en sus ~,* impuntarsi.

treceno, -na [treθéno, -na] *a.* tredicesimo.

trecho [trétʃo] *m.* tratto.

tregua [tréɣwa] *f.* tregua.

treinta [tréinta] *a.-m.* trenta.

treintavo, -va [treintáβo, -βa] *a.-m.* trentesimo.

treinteno, -na [treinténo, -na] *a.* trentesimo. 2 *f.* trentina.

tremebundo, -da [tremeβúndo, -da] *a.* tremendo, spaventoso.

tremendo, -da [treméndo, -da] *a.* tremendo. 2 formidabile.

trémulo, -la [trémulo, -la] *a.* tremulo.

tren [tren] *m.* treno. ‖ ~ **de vida,** tenore di vita.

trencilla [trenθíʎa] *f.* nastrino *m.*, gala.

trenza [trénθa] *f.* treccia.

trenzar [trenθár] *t.* intrecciare.

trepador, -ra [trepaðór, -ra] *a.* BOT. rampicante. 2 *a.-f.* ORNIT. rampicante.

trepanación [trepanaθjón] *f.* trapanazione.

trepanar [trepanár] *t.* trapanare.

trépano [trépano] *m.* trapano.

trepar [trepár] *i.* arrampicarsi. 2 *t.* trapanare.

trepidación [trepiðaθjón] *f.* trepidazione.

trepidar [trepiðár] *i.* trepidare.

tres [tres] *a.-m.* tre.

trescientos, -tas [tresθjéntos, -tas] *a.-m.* trecento.

tresillo [tresíʎo] *m.* tressette. 2 divano più due poltrone. 3 MUS. terzina *f.*

treta [tréta] *f.* artifizio *m.* stratagemma *m.*

trezavo, -va [treθáβo, -βa] *a.-m.* tredicesimo.

tríada [triáða] *f.* triade.

triangular [trjaŋgulár] *a.* triangolare.

triángulo [triáŋgulo] *m.* triangolo.

triar [triár] *t.* scegliere.

tribu [tríβu] *f.* tribù.

tribulación [triβulaθjón] *f.* tribolazione.

tribuna [triβúna] *f.* tribuna.

tribunal [triβunál] *m.* tribunale. 2 giuria *f.* 3 commissione *f.* esaminatrice.

tributar [triβutár] *t.* tributare.

tributario, -ria [triβutárjo, -rja] *a.-s.* tributario.

tributo [triβúto] *m.* tributo.

triciclo [triθíklo] *m.* triciclo.

tricolor [trikolór] *a.* tricolore.

tridente [triðénte] *m.* tridente.

tridimensional [triðimensjonál] *a.* tridimensionale.

triedro [triéðro] *a.* triedro.

trienal [trienál] *a.* triennale.

trienio [triénjo] *m.* triennio.

trifásico, -ca [trifásiko, -ka] *a.* trifasico.

trifulca [trifúlka] *f.* contesa, rissa.

trigal [triɣál] *m.* campo di grano.

trigésimo, -ma [trixésimo, -ma] *a.-s.* trentesimo. 2 trigesimo.

trigo [tríɣo] *m.* grano, frumento.

trigonometría [triɣonometria] *f.* trigonometria.

trigueño, -ña [triɣéɲo, -ɲa] *a.* colore del grano.

trilogía [triloxía] *f.* trilogia.

trilla [tríʎa] *f.* trebbia. 2 trebbiatura, battitura.

trillado, -da [triʎáðo, -ða] *a.* battuto. 2 fig. trito.

trilladora [triʎaðóra] *f.* trebbiatrice.

trillar [triʎár] *t.* trebbiare. 2 fig. battere.

trillo [tríʎo] *m.* trebbia *f.*

trimestre [triméstre] *m.* trimestre.

trinar [trinár] *i.* trillare, gorgheggiare. 2 fig. impazientirsi, arrabbiarsi.

trincar [triŋkár] *t.* trincare.

trinchar [trintʃár] *t.* trinciare.

trinchera [trintʃéra] *f.* trincea.

trineo [trinéo] *m.* slitta *f.*

trinidad [triniðáð] *f.* trinità.

trino, -na [tríno, -na] *a.* trino. 2 *m.* gorgheggio, cinguettio.

trinomio [trinómjo] *m.* trinomio.

trío [trio] *m.* trio, terzetto.

trinquete [triŋkéte] *m.* MAR. trinchetto. 2 sferisterio. 3 MECC. nottolino.

tripa [trípa] *f.* trippa, budello *m.* 2 pancia. ‖ *hacer de tripas corazón,* farsi coraggio.

triple [triple] *a.* triplo, triplice. 2 *m.* triplo.

triplicar [triplikár] *t.* triplicare.

trípode [trípode] *m.* tripode, treppiede.

tríptico [tríβtiko] *m.* trittico.

tripulación [tripulaθjón] *f.* equipaggio *m.*

tripulante [tripulánte] *m.* marinaio.

tripular [tripulár] *t.* equipaggiare.

triquinosis [trikinósis] *f.* trichinosi.

triquiñuela [trikiɲwéla] *f.* raggiro *m.*, sotterfugio *m.*

tris [tris] *m.* minimo, pelo. ‖ *estuvo en un* ~, ci mancò un pelo.

trisílabo, -ba [trisílaβo, -βa] *a.* trisillabico. 2 *a.-m.* trisillabo.

triste [triste] *a.* triste.

tristeza [tristéθa] *f.* tristezza.

tritón [tritón] *m.* MIT. tritone.

triturador, -ra [trituraðór, -ra] *a.-s.* tritatutto.

triturar [triturár] *t.* tritare, triturare, frantumare.

triunfador, -ra [trjumfaðòr, -ra] *a.-s.* trionfatore.

triunfal [trjumfál] *a.* trionfale.

triunfante [trjumfánte] *a.* trionfante.

triunfar [trjumfár] *i.* trionfare.

triunfo [trjúmfo] *m.* trionfo.

triunvirato [trjumbiráto] *m.* triunvirato.

trivial [triβkjál] *a.* triviale.

trivialidad [triβjaliðáð] *f.* trivialità.

triza [triθa] *f.* pezzettino *m.,* briciolo *m.*

trocar [trokár] *t.* barattare, scambiare. ¶ CONIUG. come *contar.*

trocear [troθeár] *t.* fare a pezzi.

trochemoche (a), troche y moche (a) [a trotʃemótʃe, a trotʃe i mótʃe] *loc. avv.* sconsideratamente.

trofeo [troféo] *m.* trofeo.

troglodita [troɣloðíta] *a.-s.* troglodita.

trola [tróla] *f.* fandonia, panzana, frottola, balla.

trolebús [troleβús] *m.* filobus.

trolero, -ra [trolèro, -ra] *a.* bugiardo.

tromba [trómba] *f.* tromba marina.

trombón [trombón] *m.* trombone.

trompa [trómpa] *f.* tromba. 2 ZOOL. proboscide. 3 fig. sbronza, sbornia. 4 *a.* fig. sbronzo.

trompazo [trompáθo] *m.* botta *f.,* urto, colpo.

trompeta [trompèta] *f.* trombetta, cornetta. 2 *m.* trombettiere.

tronar [tuonár] *impers.* tuonare. ¶ CONIUG. IND. pres.: *truena.*

troncar [troŋkár] *t.* troncare.

tronco [tróŋko] *m.* tronco, ceppo, fusto.

tronchar [trontʃár] *t.* tagliare, mozzare. 2 *r.* fig. morir dal ridere.

troncho [tróntʃo] *m.* torsolo.

tronera [tronèra] *f.* feritoia. 2 fig. persona avventata.

trono [tróno] *m.* trono.

tropa [trópa] *f.* truppa.

tropel [tropél] *m.* tumulto, confusione *f.* 2 accozzaglia *f.*

tropezar [tropeθár] *i.* inciampare. 2 imbattersi.

tropezón [tropeθón] *m.* inciampata *f.* ‖ *dar un ~,* incespicare.

tropical [tropikál] *m.* tropicale.

trópico [trópiko] *m.* tropico.

tropiezo [tropjéθo] *m.* inciampo. 2 ostacolo, difficoltà *f.* 3 fig. errore.

troquel [trokél] *m.* conio [per le monete, ecc.].

trotamundos [trotamúndos] *s.* giramondo.

trotar [trotár] *i.* trottare.

trote [tróte] *m.* trotto.

trozo [tróθo] *m.* pezzo. 2 brano.

truco [trúko] *m.* trucco.

truculento, -ta [trukulénto, -ta] *a.* truculento.

trucha [trútʃa] *f.* trota.

trueno [trwéno] *m.* tuono.

trueque [trwéke] *m.* baratto, scambio.

trufa [trúfa] *f.* tartufo *m.* 2 fig. truffa.

trufar [trufár] *t.* tartufare. 2 fig. truffare.

truhán, -na [trwán, -na] *a.-s.* farabutto, mascalzone, truffatore.

truncamiento [truŋkamjénto] *m.* troncamento.

truncar [truŋkár] *t.* troncare.

trunco, -ca [trúŋko, -ka] *a.* tronco.

tu [tu] *a.* (davanti ai nomi) tuo, tua.

tú [tu] *pron.* tu. ‖ *tratarse de ~,* darsi del tu.

tubérculo [tuβérkulo] *m.* BOT. tubero. 2 MED. tubercolo.

tuberculosis [tuβerkulósis] *f.* tubercolosi.

tuberculoso, -sa [tuβerkulóso, -sa] *a.* tubercoloso. 2 tubercolare.

tubería [tuβeria] *f.* tubatura.

tubo [túβo] *m.* tubo, canna *f.*

tubular [tuβulár] *a.* tubolare.

tuerca [twérka] *f.* madrevite, vite femmina, dado *m.*

tuerto, -ta [twèrto, -ta] *a.-s.* guercio. 2 *m.* torto.

tueste [twéste] *m.* tostatura *f.*

tuétano [twétano] *m.* midollo.

tufo [túfo] *m.* tanfo, puzzo.

tugurio [tuɣúrjo] *m.* tugurio.

tul [túl] *m.* tulle.

tulipán [tulipán] *m.* tulipano.

tullido, -da [tuʎído, -ða] *a.-s.* paralitico.

tumba [túmba] *f.* tomba.

tumbar [tumbár] *t.* abbattere. 2 *r.* buttarsi, coricarsi.

tumbo [túmbo] *m.* capitombolo.

tumefacto, -ta [tumefáɣto, -ta] *a.* tumefatto.

tumor [tumór] *m.* tumore.

túmulo [túmulo] *m.* tumulo.

tumulto [tumúlto] *m.* tumulto.

tumultuoso, -sa [tumultuóso, -sa] *a.* tumultuoso.

tuna [túna] *f.* vita scioperata. 2 gruppo *m.* musicale universitario.

tunante [tunánte] *a.-s.* mascalzone.

túnel [túnel] *m.* galleria *f.,* tunnel.

túnica [túnika] *f.* tunica.

tuno, -na [túno, -na] *a.* birbante, mascalzone. 2 *m.* membro della «tuna».

tuntún (al, al buen) [al tuntún, al bwèn tuntún] *loc. avv.* alla carlona, senza riflettere.

tupido, -da [tupíðo, -ða] *a.* fitto.

turba [túrβa] *f.* turba.

turbación [turβaθjón] *f.* turbamento.

turbante [turβánte] *m.* turbante.

turbar [turβár] *t.-r.* turbare.

turbina [turβina] *f.* turbina.

turbio, -bia [túrβjo, -βja] *a.* torbido.

turbohélice [turβoéliθe] *f.* turboelica.

turbulencia [turβulènθja] *f.* turbolenza.

turbulento, -ta [turβulènto, -ta] *a.* turbolento.

turco, -ca [túrko, -ka] *a.-s.* turco. 2 *f.* fam. sbornia.

turgente [turxènte] *a.* turgido.

turismo [turízmo] *m.* turismo.

turista [turísta] *a.-s.* turista.

turístico, -ca [turístiko, -ka] *a.* turistico.

turnar [turnár] *i.-r.* alternarsi, fare a turno.

turno [túrno] *m.* turno, avvicendamento.

turquesa [turkèsa] *f.* turchese.

turrón [turrón] *m.* torrone.

turulato, -ta [turuláto, -ta] *a.* fam. istupidito, stordito.

tutear [tuteár] *t.* dare del tu.

tutela [tutéla] *f.* tutela.

tutor, -ra [tutór, -ra] *s.* tutore.

tuyo, -ya [tújo, -ja] *a.-pron.* tuo.

U

u [u] f. ventiquattresima lettera dell'alfabeto spagnolo. 2 *cong.* o [si antepone alle parole che incominciano per *o* ovvero *ho*].

ubérrimo, -ma [uβèrrimo, -ma] a. uberrimo, fertilissimo.

ubicación [uβikaθjón] f. ubicazione.

ubicar [uβikár] *i.-r.* essere situato, trovarsi.

ubicuidad [uβikwiðáð] f. ubiquità.

ubre [úβre] f. mammella.

ufanarse [ufanárse] r. vantarsi.

ufanía [ufania] f. vanagloria, presunzione. 2 allegria.

ufano, -na [ufáno, -na] a. orgoglioso, vanitoso. 2 allegro.

ujier [uxjér] m. usciere.

úlcera [úlθera] f. ulcera.

ulterior [ulterjór] a. ulteriore.

ultimar [ultimár] t. ultimare.

ultimátum [ultimátum] m. ultimatum.

último, -ma [último, -ma] a. ultimo, estremo. ‖ *por ~,* infine.

ultra [últra] *prep.* oltre.

ultrajar [ultraxár] t. oltraggiare.

ultraje [ultráxe] m. oltraggio.

ultramar [ultramár] m. oltremare.

ultramarino, -na [ultramarino, -na] a. d'oltremare. 2 m. pl. coloniali.

ultranza (a) [a ultránθa] *loc.* a oltranza.

ultratumba [ultratúmba] avv. oltretomba.

ultravioleta [ultraβjolèta] a. ultravioletto.

ulular [ululár] i. ululare.

umbilical [umbilikál] a. ombelicale.

umbral [umbrál] m. soglia f.

umbrío, -a [umbrío, -a] a. ombroso, ombreggiato.

un, una [un, úna] *art.* un, uno, una.

unánime [unánime] a. unanime.

unanimidad [unanimiðáð] f. unanimità.

unción [unθjón] f. unzione.

uncir [unθir] t. aggiogare.

undécimo, -ma [undéθimo, -ma] a. undicesimo.

ungir [uŋxir] t. ungere.

ungüento [ungwénto] m. unguento.

único, -ca [úniko, -ka] a. unico.

unicornio [unikórnjo] m. unicorno.

unidad [uniðáð] f. unità.

unificación [unifikaθjón] f. unificazione.

unificar [unifikár] t. unificare.

uniformar [uniformár] t. uniformare.

uniforme [unifórme] a. uniforme. 2 m. uniforme f., divisa f.

uniformidad [uniformiðáð] f. uniformità.

unilateral [unilaterál] a. unilaterale.

unión [unjón] f. unione, congiunzione.

unir [unir] t.-r. unire, attaccare, congiungere.

unísono, -na [unisono, -na] a. unisono.

unitario, -ria [unitárjo, -rja] a. unitario.

universal [uniβersál] a. universale.

universalizar [uniβersaliθár] t. universalizzare, generalizzare.

universidad [uniβersiðáð] f. università.

universitario, -ria [uniβersitárjo, -rja] a.-s. universitario.

universo [uniβèrso] m. universo.

uno, una [úno, úna] a.-m. uno. 2 pl. alcuni, dei. 3 circa: *unos trescientos,* circa trecento. 4 pron. uno. 5 f. *la una,* l'una [l'ora].

untar [untár] t. ungere.

unto [únto] m. unto.

untuoso, -sa [untuóso, -sa] a. untuoso.

uña [úɲa] f. unghia.

uperizar [uperiθár] t. uperizzare.

uranio [uránjo] m. uranio.

urbanidad [urβaniðáð] f. urbanità, correttezza.

urbanismo [urβanizmo] m. urbanismo.

urbanístico, -ca [urβanistiko, -ka] a. urbanistico. 2 f. urbanistica.

urbanización [urβaniθaθjón] f. urbanizzazione.

urbano, -na [urbáno, -na] a. urbano. 2 m. vigile [urbano].

urbe [úrβe] f. urbe.

urdidura [urðiðúra] f. orditura.

urdimbre [urðimbre] f. ordito m.

urdir [urðir] *t.* ordire.
uremia [urèmja] *f.* uremia.
uréter [urèter] *m.* uretere.
uretra [urètra] *f.* uretra.
urgencia [urxènθja] *f.* urgenza.
urgente [urxènte] *a.* urgente. ‖ *carta* ~, espresso.
urgir [urxir] *i.* urgere.
urinario, -ria [urinàrjo, -rja] *a.* urinario. 2 *m.* vespasiano, orinatoio.
urna [úrna] *f.* urna.
urología [uroloxía] *f.* urologia.
urraca [urráka] *f.* gazza.
urticaria [urtikárja] *f.* orticaria.
usado, -da [usàðo, -ða] *a.* usato. 2 usitato.
usanza [usánθa] *f.* usanza.
usar [usàr] *t.* usare, adoperare. 2 *i.* usare, essere solito.
usía [usìa] *s.* Vostra Signoria.
uso [úso] *m.* uso.
usted [ustèð] *(sing.)*, **ustedes** [ustèðes] *(pl.) pron.* lei; loro. ‖ *tratar de* ~, dare del lei.
usual [usuàl] *a.* usuale.
usuario, -ria [usuárjo, -rja] *a.-s.* utente.
usufructo [usufrúyto] *m.* usufrutto.
usufructuar [usufruytuár] *t.* avere in usufrutto. 2 *i.* usufruire.

usufructuario, -ria [usufruytuárjo, -rja] *a.-s.* usufruttuario.
usura [usúra] *f.* usura.
usurario, -ria [usurárjo, -rja] *a.* usurario.
usurero, -ra [usurèro, -ra] *s.* usuraio, strozzino.
usurpador, -ra [usurpaðòr, -ra] *a.-s.* usurpatore.
usurpar [usurpár] *t.* usurpare.
utensilio [utensiljo] *m.* utensile, arnese, attrezzo.
uterino, -na [uterino, -na] *a.* uterino.
útero [útero] *m.* utero.
útil [útil] *a.* utile. ‖ *ser* ~, far comodo, giovare. *m.-pl.* arnesi, attrezzi.
utilidad [utiliðàð] *f.* utilità.
utilitario, -ria [utilitárjo, -rja] *a.* utilitario. 2 *m.* utilitaria *f.*
utilización [utiliθaθjòn] *f.* utlizzazione.
utilizar [utiliθár] *t.* utilizzare, adoperare.
utopía [utopía] *f.* utopia.
utópico, -ca [utópiko, -ka] *a.* utopistico.
utopista [utopísta] *a.* utopistico. 2 *s.* utopista.
uva [úβa] *f.* uva.
uve [úβe] *f.* nome della lettera *v.* ‖ ~ *doble,* nome della lettera *w.*
uxoricida [uysoriθíða] *a.-m.* uxoricida.

V

v [úβe] *f.* venticinquesima lettera dell'alfabeto spagnolo.

vaca [báka] *f.* vacca, mucca.

vacación [bakaθjón] *f.* vacanza. 2 *pl.* vacanze, ferie.

vacante [bakánte] *a.* vacante. 2 *f.* posto vacante.

vacar [bakár] *i.* essere vacante.

vaciado [baθjáðo] *m.* getto, fusione *f.* [dei metalli]. 2 ARCH. scavo.

vaciar [baθjár] *t.* vuotare.

vacilación [baθilaθjón] *f.* vacillazione, vacillamento *m.* 2 esitazione. 3 perplessità.

vacilar [baθilár] *i.* vacillare. 2 esitare.

vacío, -cía [baθío, -θía] *a.-m.* vuoto. 2 *m.* fig. mancanza *f.*

vacuna [bakúna] *f.* vaccino *m.* 2 vaccinazione.

vacunación [bakunaθjón] *f.* vaccinazione.

vacunar [bakunár] *t.* vaccinare.

vacuno, -na [bakúno, -na] *a.* bovino.

vacuo, -cua [bákwo, -kwa] *a.* vacuo, vuoto, vano.

vadear [baðeár] *t.* guadare. 2 fig. superare.

vado [báðo] *m.* guado. 2 fig. espediente, via *f.* d'uscita.

vagabundear [baɣaβundeár] *i.* vagabondare, girandolare.

vagabundeo [baɣaβundéo] *m.* vagabondaggio.

vagabundo, -da [baɣaβúndo, -da] *a.-s.* vagabondo, girovago.

vagancia [baɣánθja] *f.* oziosità, fannullaggine. 2 vagabondaggine.

vagar [baɣár] *i.* vagare, vagabondare.

vagido [baxíðo] *m.* vagito.

vagina [baxína] *f.* vagina.

vago, -ga [báɣo, -ɣa] *a.-s.* vago. 2 fannullone, cialtrone. 3 vagabondo.

vagón [baɣón] *m.* vagone, carrozza *f.*, vettura.

vagoneta [baɣonéta] *f.* vagoncino, *m.*, carrello *m.*

vaguedad [baɣeðáð] *f.* indeterminatezza, imprecisione.

vahído [baíðo] *m.* vertigine *f.*, capogiro.

vaho [báo] *m.* vapore, esalazione *f.* 2 alito.

vaina [báina] *f.* guaina, fodero *m.* 2 BOT. guscio *m.*, baccello *m.*

vainilla [bainíʎa] *f.* vaniglia.

vaivén [baiβén] *m.* oscillazione *f.* 2 altalena *f.* 3 viavai [della gente], andirivieni.

vajilla [baxíʎa] *f.* stoviglie *pl.* || ~ *de plata*, argenteria.

vale [bále] *m.* buono. 2 *inter.* bene!, d'accordo!

valedero, -ra [baleðéro, -ra] *a.* valevole.

valentía [balentía] *f.* coraggio *m.*

valentón, -na [balentón, -na] *a.* spaccone, smargiasso.

valentonada [balentonáða] *f.* spacconata, bravata.

valer [balér] *i.-r.* valere. || *más vale*, [è] meglio. ¶ CONIUG. IND. pres.: *valgo*. | fut.: *valdré, valdrás*, ecc. || COND.: *valdría, valdrías*, ecc. || CONG. pres.: *valga, valgas*, ecc. || IMPER.: *val* o *vale, valga; valgamos, valgan.*

valeroso, -sa [baleróso, -sa] *a.* valoroso, coraggioso.

valía [balía] *f.* valore *m.*, pregio *m.*, merito *m.*

validez [baliðéθ] *f.* validità.

valiente [baljénte] *a.* coraggioso, bravo *m.*

valija [balixa] *f.* valigia. 2 sacco postale.

valioso, -sa [baljóso, -sa] *a.* prezioso, pregiato.

valor [balór] *m.* valore. 2 coraggio. || *perder el* ~, perdersi d'animo. || *infundir* ~, incoraggiare. 3 fam. *tener* ~, avere fegato. 4 *pl.* valori.

valoración [baloraθjón] *f.* valutazione.

valorar [balorár] *t.* valutare.

valorización [baloriθaθjón] *f.* valorizzazione.

valorizar [boloriθár] *t.* valorizzare.

vals [bals] *m.* valzer.

valuación [balwaθjón] *f.* valutazione.

valuar [balwár] *t.* valutare.
valva [bálβa] *f.* valva.
válvula [bálβula] *f.* valvola.
valla [báʎa] *f.* steccato *m.*, recinto *m.*, palizzata. 2 fig. ostacolo *m.*
vallar [baʎár] *t.* recintare.
valle [báʎe] *m.* valle *f.*
vampiro [bampíro] *m.* vampiro.
vanagloria [banaɣlórja] *f.* vanagloria.
vanagloriarse [banaɣlorjárse] *r.* vanagloriarsi.
vandálico, -ca [bandáliko, -ka] *a.* vandalico.
vandalismo [bandalizmo] *m.* vandalismo.
vándalo, -la [bándalo, -la] *a.-s.* vandalo.
vanguardia [baŋgwárδja] *f.* avanguardia.
vanidad [baniδáδ] *f.* vanità.
vanidoso, -sa [baniδóso, -sa] *a.* vanitoso.
vano, -na [báno, -na] *a.* vano. ‖ *en ~,* invano.
vapor [bapór] *m.* vapore. 2 piroscafo.
vaporización [baporiθaθjón] *f.* evaporazione.
vaporizar [baporiθár] *t.-r.* evaporare.
vaporoso, -sa [baporóso, -sa] *a.* vaporoso.
vara [bára] *f.* verga. 2 bacchetta, bastone. 3 TAUR. picca. 4 misura di lunghezza (0,86 m.).
varar [barár] *i.* arenare, incagliare. 2 *t.* tirare a secco.
variable [barjáβle] *a.* variabile, mutevole.
variación [barjaθjón] *f.* variazione.
variado, -da [barjáδo, -δa] *a.* svariato, vario.
variante [barjánte] *f.* variante.
variar [barjár] *t.-i.* variare.
varicela [bariθéla] *f.* varicella.
varicoso, -sa [barikóso, -sa] *a.* varicoso.
variedad [barjeδáδ] *f.* varietà.
varilla [baríʎa] *f.* bacchetta, bastoncino *m.*
vario, -ria [bárjo, -rja] *a.* vario.
varita [baríta] *f.* bacchetta.
variz [bariθ] *f.* varice.
varón [barón] *m.* maschio. 2 uomo. ‖ *un santo ~,* un brav'uomo.
varonil [baronil] *a.* virile.
vasallaje [basaʎáxe] *m.* vassallaggio.
vasallo, -lla [basáʎo, -ʎa] *s.* vassallo.
vasco [básko] *a.-s.* basco.
vascuence [baskwénθe] *m.* lingua *f.* basca.
vascular [baskulár] *a.* vascolare.
vaselina [baselína] *f.* vasellina.

vasija [basíxa] *f.* vaso *m.*, recipiente *m.*
vaso [báso] *m.* bicchiere. 2 vaso.
vástago [bástaɣo] *m.* germoglio, getto. 2 fig. rampollo. 3 MECC. biella *f.*
vasto, -ta [básto, -ta] *a.* vasto.
vaticinar [batiθinár] *t.* vaticinare.
vaticinio [batiθinjo] *m.* vaticinio.
vatio [bátjo] *m.* watt.
ve [be] *f.* nome della lettera *v.* ‖ *~ doble,* nome della lettera *w.*
vecindad [beθindáδ] *f.* vicinanza. 2 vicinato *m.* 3 vicinanze *pl.*
vecindario [beθindárjo] *m.* vicinato. 2 popolazione *f.*
vecino, -na [beθino, -na] *a.-s.* vicino. 2 *s.* abitante.
vector [beɣtór] *a.-m.* vettore.
veda [béɣa] *f.* divieto *m.* di caccia o di pesca.
vedado [beδáδo] *m.* riserva *f.*
vedar [beδár] *t.* vietare.
vega [béɣa] *f.* vallata fertile.
vegetación [bexetaθjón] *f.* vegetazione.
vegetal [bexetál] *a.-m.* vegetale.
vegetar [bexetár] *i.* vegetare.
vegetariano, -na [bexetarjáno, -na] *a.-s.* vegetariano.
vegetativo, -va [bexetatiβo, -βa] *a.* vegetativo.
vehemencia [beeménθja] *f.* veemenza.
vehemente [beeménte] *a.* veemente.
vehículo [beikulo] *m.* veicolo. 2 automezzo [a motore].
veintavo, -va [beintáβo, -βa] *a.-m.* ventesimo.
veinte [béinte] *a.-m.* venti.
veinteno, -na [beintèno, -na] *a.-s.* ventesimo. 2 *f.* ventina.
veinticinco [beintiθiŋko] *a.-m.* venticinque.
veinticuatreno, -na [beintikwatréno, -na] *a.* ventiquattresimo.
veinticuatro [beintikwátro] *a.-m.* ventiquattro.
veintidós [beintiδós] *a.-m.* ventidue.
veintidoseno, -na [beintiδoséno, -na] *a.* ventiduesimo.
veintinueve [beintinwéβe] *a.-m.* ventinove.
veintiocheno, -na [beintiotʃéno, -na] *a.* ventottesimo.
veintiocho [beintiótʃo] *a.-m.* ventotto.
veintiséis [beintiséis] *a.-m.* ventisei.
veintiseiseno, -na [beintiseiséno, -na] *a.* ventiseiesimo.
veintisiete [beintisjéte] *a.-m.* ventisette.

veintitrés [beintitrés] *a.-m.* ventitrè.

veintiún [beintiún], **veintiuno, -na** [beintiúno, -na] *a.-m.* ventuno.

vejación [bexaθjón] *f.* vessazione.

vejar [bexár] *t.* vessare.

vejestorio [bexestórjo] *m.* vecchiaccio.

vejete [bexéte] *m.* vecchierello.

vejez [bexéθ] *f.* vecchiaia.

vejiga [bexiɣa] *f.* vescica.

vela [béla] *f.* veglia. 2 candela. 3 MAR. vela.

velada [beláða] *f.* serata, festa notturna.

velador, -ra [belaðór, -ra] *a.-s.* vegliatore. 2 tavolino [d'un solo piede].

velar [belár] *i.-t.* vegliare. 2 *t.-r.* velare.

velar [belár] *a.* FILOL. velare.

veleidad [beleiðáð] *f.* velleità. 2 incostanza.

veleidoso, -sa [beleiðóso, -sa] *a.* volubile, incostante.

velero [beléro] *m.* veliero.

veleta [beléta] *f.* banderuola.

velo [bélo] *m.* velo.

velocidad [beloθiðáð] *f.* velocità.

velódromo [belóðromo] *m.* velodromo.

veloz [belóθ] *a.* veloce, celere.

vello [béʎo] *m.* peluria *f.*

velloso, -sa [beʎóso, -sa] *a.* villoso.

vena [béna] *f.* vena.

venablo [benáβlo] *m.* giavellotto.

venado [benáðo] *m.* cervo.

venal [benál] *a.* venale.

vencedor, -ra [benθeðór, -ra] *a.* vincente. 2 *a.-s.* vincitore.

vencer [benθér] *t.-r.* vincere. 2 *i.* scadere.

vencimiento [benθimjénto] *m.* scadenza.

venda [bénda] *f.* benda.

vendaje [bendáxe] *m.* bendaggio, bendatura *f.*, fasciatura *f.*

vendar [bendár] *t.* bendare.

vendaval [bendaβál] *m.* vento forte.

vendedor, -ra [bendeðór, -ra] *s.* venditore.

vender [bendér] *t.-r.* vendere.

vendimia [bendimja] *f.* vendemmia.

vendimiador, -ra [bendimjaðór, -ra] *s.* vendemmiatore.

vendimiar [bendimjár] *t.* vendemmiare.

veneno [benéno] *m.* veleno.

venenoso, -sa [benenóso, -sa] *a.* velenoso.

venerable [beneráβle] *a.* venerabile.

veneración [beneraθjón] *f.* venerazione.

venerar [benerár] *t.* venerare.

venéreo, -a [benéreo, -a] *a.* venereo.

venero [benéro] *m.* sorgente *f.* 2 filone.

vengador, -ra [benɡaðór, -ra] *a.-s.* vendicatore.

venganza [benɡánθa] *f.* vendetta.

vengativo, -va [benɡatiβo, -βa] *a.* vendicativo.

venia [bénja] *f.* perdono *m.* 2 licenza, permesso *m.*

venial [benjál] *a.* veniale.

venida [beniða] *f.* venuta, avvento *m.*

venidero, -ra [beniðéro, -ra] *a.* venturo. ‖ **en lo ~,** nel futuro.

venir [benír] *i.* venire. ‖ **~ a menos,** decadere. ‖ **~ en conocimiento,** venire a conoscenza. ‖ **~ al caso,** fare al caso. ¶ CONIUG. IND. pres.: *vengo, vienes, viene; vienen.* | pass. rem.: *vine, viniste, vino; vinimos, vinisteis, vinieron.* | fut.: *vendré, vendrás,* ecc. ‖ CONG. pres.: *venga, vengas,* ecc. | imp.: *viniera, -se, vinieras, -ses,* ecc. | fut.: *viniere, vinieres,* ecc. ‖ IMPER.: *ven, venga; vengamos, vengan.* ‖ GER.: *viniendo.*

venta [bénta] *f.* vendita. ‖ **~ al por mayor,** vendita all'ingrosso. ‖ **~ al por menor,** vendita al minuto. 2 osteria.

ventaja [bentáxa] *f.* vantaggio *m.*

ventajoso, -sa [bentaxóso, -sa] *a.* vantaggioso.

ventana [bentána] *f.* finestra.

ventanal [bentanál] *m.* grande finestra *f.*

ventanilla [bentaniʎa] *f.* sportello *m.* 2 finestrino *m.*

ventear [benteár] *impers.* soffiare il vento. 2 *t.* sventolare, ventilare.

ventilación [bentilaθjón] *f.* ventilazione, aerazione.

ventilador [bentilaðór] *m.* ventilatore.

ventilar [bentilár] *t.* ventilare, arieggiare.

ventisca [bentiska] *f.* bufera.

ventisquero [bentiskéro] *m.* bufera. 2 ghiacciaio *m.*

ventolera [bentoléra] *f.* vento *m.*

ventosa [bentósa] *f.* ventosa.

ventosidad [bentosiðáð] *f.* ventosità.

ventrículo [bentrikulo] *m.* ventricolo.

ventrílocuo, -cua [bentrilokwo, -kwa] *a.-s.* ventriloquo.

ventura [bentúra] *f.* ventura, fortuna. ‖ **¿por ~...?,** per caso...?.

venturoso, -sa [benturóso, -sa] *a.* venturoso.

ver [ber] *t.-r.* vedere. ‖ **no tener nada que ~,** non aver niente a che fare. ‖ **vérselas y deseárselas,** vedersela brutta. ¶ CONIUG. IND. pres.: *veo.* | imp.: *veía, veías,* ecc. | pass. rem.: *vi, viste,* ecc. ‖ CONG.

pres.: *vea, veas,* ecc. | imp.: *viera, -se, vieras, -ses,* ecc. | fut.: *viere, viere,* ecc. || IMPER.: *ve, vea; veamos, ved, vean.*

ver [ber] *m.* il vedere. 2 aspetto. || *a mi ~,* a mio parere.

veraneante [beraneánte] *a.-s.* villeggiante.

veranear [beranéar] *i.* villeggiare, passar l'estate.

veraneo [beranèo] *m.* villeggiatura *f.*

veraniego, -ga [beranjèyo, -ya] *a.* estivo.

verano [beráno] *m.* estate *f.*

veras (de) [de βèras] *loc. avv.* davvero.

veraz [beráθ] *a.* verace, veridico.

verbal [berβál] *a.* verbale.

verbena [berβéna] *f.* BOT. verbena. 2 festa popolare notturna alla vigilia di certe ricorrenze.

verbigracia [berβiɣráθja] *loc.* per esempio, verbigrazia.

verbo [bèrβo] *m.* verbo.

verborrea [berβorrèa] *f.* fam. verbosità, loquacità.

verbosidad [berβosiδàδ] *f.* verbosità.

verdad [berδàδ] *f.* verità. 2 vero *m.*: *de ~,* davvero, sul serio. || *¿no es ~?,* non è vero? || *¿ ~?,* vero?

verdadero, -ra [berδaδèro, -ra] *a.* vero. 2 veritiero, veridico. 3 sincero.

verde [bèrδe] *a.* verde. 2 acerbo. 3 fig. spinto, osceno. || *poner ~,* ingiuriare, screditare. 4 *m.* verde.

verdear [berδeár] *i.* verdeggiare.

verdecer [berδeθér] *i.* verdeggiare, rinverdire. ¶ CONIUG. come *crecer.*

verdín [berδín] *m.* muffa *f.*

verdor [berδór] *m.* verde.

verdoso, -sa [berδóso, -sa] *a.* verdastro, verdognolo.

verdugo [berδúɣo] *m.* boia, carnefice, giustiziere. 2 fig. aguzzino.

verdulero, -ra [berδulèro, -ra] *s.* erbivendolo. 2 *f.* fig. donna sguaiata.

verdulería [berδulería] *f.* negozio *m.* dell'erbivendolo.

verdura [berδúra] *f.* verdura.

vereda [berèδa] *f.* sentiero *m.,* viottolo *m.*

veredicto [bereδíyto] *m.* verdetto.

verga [bérɣa] *f.* mar. pennone *m.* 2 membro *m.* genitale dei mammiferi.

vergel [berxél] *m.* frutteto.

vergonzoso, -sa [berɣonθóso, -sa] *a.* vergognoso.

vergüenza [berɣwènθa] *f.* vergogna.

verídico, -ca [beríδiko, -ka] *a.* veridico, veritiero.

verificación [berifikaθjón] *f.* verifica, accertamento *m.*

verificar [berifikár] *t.* verificare. 2 accertarsi di. 3 effettuare. 4 *r.* accadere. 5 avverarsi.

verja [bérxa] *f.* inferriata, cancello *m.,* cancellata.

vernáculo, -la [bernákulo, -la] *a.* vernacolo.

verosímil [berosimil] *a.* verosimile.

verosimilitud [berosimilitúδ] *f.* verosimiglianza.

verruga [berrúɣa] *f.* verruca.

versado, -da [bersáδo, -δa] *a.* versato.

versar [bersár] *i.* trattare, vertere. 2 *r.* istruirsi, impratichirsi.

versátil [bersátil] *a.* versatile, volubile.

versatilidad [bersatiliδàδ] *f.* volubilità.

versículo [bersíkulo] *m.* versetto.

versificar [bersifikár] *t.* mettere in versi, versificare.

versión [bersjón] *f.* versione.

verso [bérso] *m.* verso.

vértebra [bèrteβra] *f.* vertebra.

vertebrado, -da [berteβràδo, -δa] *a.-m.* vertebrato.

vertebral [berteβrál] *a.* vertebrale.

vertedero [berteδèro] *m.* mondezzaio. 2 fogna *f.*

verter [bertèr] *t.* versare, spandere. 2 mescere. ¶ CONIUG. come *tender.*

vertical [bertikál] *a.-f.* verticale.

vértice [bèrtiθe] *m.* vertice, culmine.

vertiente [bertjènte] *f.* versante. 2 spiovente.

vertiginoso, -sa [bertixinóso, -sa] *a.* vertiginoso.

vértigo [bèrtiɣo] *m.* vertigine *f.,* capogiro.

vesícula [besikula] *f.* vescicola. || *~ biliar,* cistifellea.

vespertino, -na [bespertíno, -na] *a.* vespertino.

vestal [bestál] *a.-f.* vestale.

vestíbulo [bestíβulo] *m.* vestibolo.

vestido [bestíδo] *m.* vestito, abito.

vestidura [bestiδúra] *f.* veste. 2 *pl.* ECCL. paramenti *m.*

vestigio [bestíxjo] *m.* vestigio.

vestimenta [bestiménta] *f.* veste. 2 vestimento *m.*

vestir [bestír] *t.-r.-i.* vestire, abbigliare. ¶ CONIUG. come *servir.*

vestuario [bestuárjo] *m.* vestiario. 2 spogliatoio.

veta [bèta] *f.* striscia. 2 filone *m.*

veterano, -na [beteráno, -na] *a.-s.* veterano.

veterinario, -ria [beterinárjo, -rja] *s.* veterinario.

veto [béto] *m.* veto.

vetusto, -ta [betústo, -ta] *a.* vetusto.

vez [beθ] *f.* volta. 2 vece. ‖ *a la* ~, insieme, allo stesso tempo. ‖ *tal* ~, forse. ‖ *de una* ~, una buona volta. ‖ *de* ~ *en cuando*, di tanto in tanto. ‖ *por una* ~, una volta tanto. ‖ *hacer las veces de*, fungere da.

vía [bia] *f.* via. 2 FERR. binario *m.*, rotaia. ‖ ~ *estrecha*, binario a scartamento ridotto.

viabilidad [bjaβiliðáð] *f.* viabilità.

viable [bjáβle] *a.* attuabile, fattibile.

viaducto [bjaðúyto] *m.* viadotto.

viajante [bjaxánte] *m.* commesso viaggiatore.

viajar [bjaxár] *i.* viaggiare.

viaje [bjáxe] *m.* viaggio.

viajero, -ra [bjaxèro, -ra] *a.* viaggiatore. 2 *a.-s.* passeggero.

vianda [biánda] *f.* vivanda.

viandante [bjandánte] *s.* viandante.

viático [biátiko] *m.* viatico.

víbora [biβora] *f.* vipera.

vibración [biβraθjón] *f.* vibrazione.

vibrador [biβraðór] *m.* vibratore.

vibrar [biβrár] *i.-t.* vibrare.

vibratorio, -ria [biβratórjo, -rja] *a.* vibratorio.

vicaría [bikaría] *f.* vicariato *m.*

vicario [bikárjo] *m.* vicario.

viceversa [biθeβérsa] *avv.* viceversa.

viciar [biθjár] *t.-r.* viziare.

vicio [biθjo] *m.* vizio.

vicioso, -sa [biθjóso, -sa] *a.-s.* vizioso.

vicisitud [biθisitúð] *f.* vicissitudine.

víctima [bíytima] *f.* vittima.

victoria [biytórja] *f.* vittoria.

victorioso, -sa [biytorjóso, -sa] *a.* vittorioso.

vid [bið] *f.* vite.

vida [bíða] *f.* vita.

vidente [biðénte] *a.-s.* veggente.

videodisco [biðeoðisko] *m.* videodisco.

videorregistrador [biðeorrexistraðór] *m.* videoregistratore.

vidriera [biðrjéra] *f.* vetrata.

vidrio [biðrjo] *m.* vetro.

vidrioso, -sa [biðrjóso, -sa] *a.* vetroso. 2 fig. permaloso.

viejecito, -ta [bjexeθíto, -ta] *a.-s.* vecchietto.

viejo, -ja [bjèxo, -xa] *a.-s.* vecchio.

vientecillo [bjenteθíʎo] *m.* venticello.

viento [bjénto] *m.* vento.

vientre [bjéntre] *m.* ventre.

viernes [bjérnes] *m.* venerdì.

viga [bíɣa] *f.* trave. 2 sbarra.

vigente [bixénte] *a.* vigente.

vigésimo, -ma [bixèsimo, -ma] *a.-m.* ventesimo, vigesimo.

vigía [bixía] *s.* vedetta, sentinella, scorta.

vigilancia [bixilánθja] *f.* vigilanza.

vigilante [bixilánte] *a.* vigilante. 2 *m.* vigile, sorvegliante.

vigilar [bixilár] *t.* sorvegliare, vigilare, badare, tenere a bada.

vigilia [bixilja] *f.* veglia. 2 vigilia.

vigor [biɣór] *m.* vigore.

vigorizar [biɣoriθár] *t.* irrobustire, rinvigorire.

vigoroso, -sa [biɣoróso, -sa] *a.* vigoroso, benportante.

vil [bil] *a.* vile.

vileza [bilèθa] *f.* viltà, bassezza.

vilipendiar [bilipendjár] *t.* vilipendere.

vilipendio [bilipéndjo] *m.* vilipendio.

vilo(en) [embilo] *loc. avv.* in aria, sospeso. 2 fig. in bilico.

villa [bíʎa] *f.* villa. 2 città o paese con certi privilegi.

villadiego [biʎaðjéɣo] *n. pr.* *tomar las de* ~, scappare via, svignarsela.

villancico [biʎanθíko] *m.* canzone *f.*

villanía [biʎanía] *f.* villania. 2 viltà.

villano, na [biʎáno, -na] *a.-s.* villano. 2 *a.* vile.

villorrio [biʎórrjo] *m.* paesucolo.

vinagre [bináɣre] *m.* aceto.

vinagrera [binaɣréra] *f.* ampollina dell'aceto.

vinajeras [binaxéras] *f.-pl.* ampolline.

vinculación [biŋkulaθjón] *f.* vincolo *m.*

vincular [biŋkulár] *t.-r.* vincolare.

vínculo [biŋkulo] *m.* vincolo.

vindicación [bindikaθjón] *f.* vendetta. 2 rivendicazione.

vindicar [bindikár] *t.* vendicare. 2 rivendicare.

vindicativo, -va [bindikatiβo, -βa] *a.* vendicativo. 2 *a.-s.* vendicatore.

vinícola [biníkola] *a.* vinicolo.

vinillo [biníʎo] *m.* vinello.

vino [bino] *m.* vino. ‖ *(tienda de) vinos y licores*, bottiglieria.

viña [bíɲa] *f.* vigna.

viñedo [biɲéðo] *m.* vigneto.

viñeta [biɲéta] *f.* vignetta.

viola [bjóla] *f.* viola. 2 BOT. viola, violetta.

violáceo, -a [bjoláθeo, -a] *a.* violaceo.
violación [biolaθjón] *f.* violazione.
violar [bjolár] *t.* violare.
violencia [bjolénθja] *f.* violenza.
violentar [bjolentár] *t.-r.* violentare.
violento, -ta [bjolénto, -ta] *a.* violento. 2 dirotto. ‖ *estar* ~, sentirsi in imbarazzo.
violeta [bjoléta] *f.* violetta mammola. 2 violetto *m.* [colore].
violín [bjolín] *m.* violino.
violinista [biolinísta] *s.* violinista.
violoncelo [bjolonθélo] *m.* violoncello.
viraje [biráxe] *m.* sterzata *f.*
virar [birár] *i.* sterzare. 2 MAR. virare.
virgen [bírxen] *a.-f.* vergine.
virginidad [birxiniðáð] *f.* verginità, illibatezza.
viril [biríl] *a.* virile.
virilidad [biriliðáð] *f.* virilità.
virreina [birréina] *f.* viceregina.
virrey [birréi] *m.* viceré.
virtual [birtwál] *a.* virtuale.
virtud [birtúð] *f.* virtù.
virtuosismo [birtwosízmo] *m.* virtuosismo.
virtuoso, -sa [birtwóso, -sa] *a.-m.* virtuoso.
viruela [birwéla] *f.* vaiolo *m.*
virulencia [birulénθja] *f.* virulenza.
virulento, -ta [birulénto, -ta] *a.* virulento.
virus [bírus] *m.* virus.
viruta [birúta] *f.* trucciolo *m.*
visado [bisáðo] *m.* visto.
visar [bisár] *t.* vistare.
víscera [bísθera] *f.* viscera.
viscosidad [biskosiðáð] *f.* viscosità, vischiosità.
viscoso, -sa [biskóso, -sa] *a.* viscoso, vischioso.
visera [bisèra] *f.* visiera.
visibilidad [bisiβiliðáð] *f.* visibilità.
visible [bisíβle] *a.* visibile. 2 evidente.
visigodo, -da [bisiγóðo, -ða] *a.-s.* visigoto.
visigótico, -ca [bisiγótiko, -ka] *a.* visigotico.
visillo [bisíʎo] *m.* tendina *f.*
visión [bisjón] *f.* visione.
visionario, -ria [bisjonárjo, -rja] *a.-s.* visionario.
visita [bisíta] *f.* visita.
visitante [bisitánte] *a.-s.* visitatore.
visitar [bisitár] *t.* visitare.
vislumbrar [bizlumbrár] *t.* scorgere, intravvedere.

vislumbre [bizlúmbre] *f.* barlume *m.* 2 fig. indizio *m.*
viso [bíso] *m.* riflesso. 2 fig. apparenza *f.*
visón [bisón] *m.* visone.
víspera [bíspera] *f.* vigilia. 2 fig. e spec. *pl.* vigilia, prossimità. 3 *pl.* ECCL. vespro *m.-sing.*
vista [bísta] *f.* vista. 2 occhiata, sguardo *m.* ‖ *hacer la* ~ *gorda,* far finta di non vedere. ‖ *a simple* ~, a vista d'occhio. ‖ *a* ~ *de pájaro,* dall'alto, a volo d'uccello. ‖ *¡hasta la* ~*!,* arrivederci! 3 aspetto *m.* 4 GIUR. processo *m.* 5 *m.* finanziere, doganiere *m.*
vistazo [bistáθo] *m.* occhiata, *f.,* sguardo.
visto, -ta [bísto, -ta] *part. p.* visto. ‖ ~ *bueno* [V.° B.°], visto, nulla osta, benestare. ‖ *por lo* ~, a quanto pare.
vistoso, -sa [bistóso, -sa] *a.* vistoso, appariscente.
visual [biswál] *a.* visivo. 2 *f.* visuale.
vital [bitál] *a.* vitale.
vitalicio, -cia [bitalíθjo, -θja] *a.-m.* vitalizio.
vitalidad [bitaliðáð] *f.* vitalità.
vitamina [bitamína] *f.* vitamina.
viticultura [bitikultúra] *f.* viticoltura, viticultura.
vitorear [bitoreár] *t.* acclamare.
vítores [bítores] *m.-pl.* acclamazioni *f.*
vítreo, -a [bítreo, -a] *a.* vitreo, di vetro.
vitrina [bitrína] *f.* vetrina, bacheca.
vitriolo [bitrjólo] *m.* vetriolo.
vituallas [bitwáʎas] *f.-pl.* vettovaglie.
vituperar [bituperár] *t.* vituperare, infamare, biasimare.
vituperio [bitupérjo] *m.* vituperio, biasimo.
viudedad [bjuðeðáð] *f.* pensione di vedovanza.
viudez [bjuðéθ] *f.* vedovanza.
viudo, -da [bjúðo, -ða] *a.-s.* vedovo.
¡viva! [bíβa] *inter.* viva!, evviva!
vivac [biβáɣ] *m.* bivacco.
vivacidad [biβaθiðáð] *f.* vivacità.
vivaquear [biβakeár] *i.* bivaccare.
vivaracho, -cha [biβarátʃo, -tʃa] *a.* vivace.
vivaz [biβáθ] *a.* vivace, arzillo.
víveres [bíβeres] *m.-pl.* viveri.
vivero [biβéro] *m.* vivaio.
viveza [biβéθa] *f.* vivacità.
vívido, -da [bíβiðo, -ða] *a.* pieno di vita, vivace, vivido.
vividor, -ra [biβiðór, -ra] *s.* vitaiolo, gaudente.

vivienda [biβjénda] *f.* casa, abitazione. 2 alloggio *m.*

viviente [biβjénte] *a.-s.* vivente.

vivificar [biβifikár] *t.* vivificare, animare.

vivir [biβír] *i.* vivere. 2 abitare. ‖ MIL. ¿quién vive?, chi va là?

vivir [biβír] *m.* vita *f.* ‖ *gente de mal ~,* gente della malavita.

vivo, -va [biβo, -βa] *a.* vivo. 2 svelto, attivo. 3 vivace, espressivo. 4 furbo.

vizconde, -sa [biθkónde, -sa] *s.* visconte.

vocabulario [bokaβulárjo] *m.* vocabolario.

vocación [bokaθjón] *f.* vocazione.

vocal [bokál] *a.-f.* vocale. 2 *m.* consigliere, assessore.

vocalización [bokaliθaθjón] *f.* vocalizzo, vocalizzazione.

vocear [boθeár] *i.* gridare, vociare. 2 *t.* proclamare. 3 fig. raccontare ai quattro venti.

vocería [boθería], **vocerío** [boθerío] *f.-m.* schiamazzo, baccano.

vociferar [boθiferár] *i.* vociferare.

volador, -ra [bolaðór, -ra] *a.* volatore, volante.

voladura [bolaðúra] *f.* esplosione, distruzione.

volante [bolánte] *a.-m.* volante.

volar [bolár] *i.* volare. 2 fig. scomparire. 3 scoppiare, saltare in aria. 4 *t.* mandare in aria, far scoppiare. ¶ CONIUG. come *contar.*

volátil [bolátil] *a.* volatile.

volatilizar [bolatiliθár] *t.* volatilizzare.

volcán [bolkán] *m.* vulcano.

volcánico, -ca [bolkániko, -ka] *a.* vulcanico.

volcar [bolkár] *t.-i.* rovesciare, ribaltare, capovolgere. ¶ CONIUG. come *contar.*

voltaico, -ca [boltáiko, -ka] *a.* voltaico.

voltaje [boltáxe] *m.* voltaggio.

voltear [bolteár] *t.* far girare. 2 capovolgere. 3 *i.* volteggiare.

voltereta [bolteréta] *f.* capriola. ‖ *dar volteretas,* fare capriole.

voltio [bóltjo] *m.* volt.

voluble [bolúβle] *a.* volubile.

volumen [bolúmen] *m.* volume.

voluminoso, -sa [boluminóso, -sa] *a.* voluminoso.

voluntad [boluntáð] *f.* volontà.

voluntario, -ria [boluntárjo, -rja] *a.-s.* volontario.

voluntarioso, -sa [boluntarjóso, -sa] *a.* volenteroso.

voluptuosidad [boluβtwosiðáð] *f.* voluttà.

voluptuoso, -sa [boluβtuóso, -sa] *a.* voluttuoso.

voluta [bolúta] *f.* ARCH. voluta.

volver [bolβér] *t.* voltare, volgere. 2 rendere. 3 *i.-r.* tornare. 4 voltare. 5 diventare. ¶ CONIUG. come *mover.* ‖ PART. P.: *vuelto.*

vomitar [bomitár] *t.* vomitare.

vómito [bómito] *m.* vomito.

voracidad [boraθiðáð] *f.* voracità.

vorágine [boráɣine] *f.* voragine.

voraz [boráθ] *a.* vorace, ingordo.

vórtice [bórtiθe] *m.* vortice.

vos [bos] *pron. pl.* voi.

vosotros, -tras [bosótros, -tras] *pron. pl.* voi, voi altri.

votación [botaθjón] *f.* votazione. ‖ *segunda ~,* ballottaggio *m.*

votante [botánte] *a.-s.* votante.

votar [botár] *i.-t.* votare.

voto [bóto] *m.* voto.

voz [boθ] *f.* voce. ‖ *a ~ en cuello, a ~ en grito,* a squarciagola. 2 fig. diritto *m.* di parola. 3 GRAM. voce. 4 termine *m.,* locuzione.

vuelco [bwélko] *m.* capitombolo. ‖ *tener un ~,* ribaltarsi. 2 fig. sussulto. ‖ *dar un ~ el corazón,* sussultare, avere un presentimento.

vuelo [bwélo] *m.* volo. ‖ *coger al ~,* capire al volo. ‖ *al ~,* a distesa. 2 ampiezza *f.*

vuelta [bwélta] *f.* volta. 2 giro *m.* ‖ *dar una ~,* far due passi. ‖ *no tiene ~ de hoja, no hay que darle vueltas,* è indiscutibile. 3 giravolta. 4 ritorno *m.* ‖ *a ~ de correo,* a giro di posta.

vuestro, -tra [bwéstro, -tra] *a.-pron.* vostro.

vulcanizar [bulkaniθár] *t.* vulcanizzare.

vulgar [bulɣár] *a.* volgare.

vulgaridad [bulɣariðáð] *f.* volgarità.

vulgarizar [bulɣariθár] *t.* divulgare. 2 volgarizzare.

vulgo [búlɣo] *m.* volgo.

vulnerable [bulneráβle] *a.* vulnerabile.

vulnerar [bulnerár] *t.* ledere, ferire.

vulva [búlβa] *f.* vulva.

W

w [úβe ðóβle] *f.* lettera non appartenente all'alfabeto spagnolo e usata soltanto in voci straniere e nei loro derivati spagnoli.

wagneriano, -na [baɣnerjáno, -na] *a.* wagneriano, relativo a Wagner.

wat [bat] *m.* EL. watt.

water (-closet) [báter (-klóset)] *m.* gabinetto, ritirata *f.*

water-polo [báter-pólo] *m.* pallanuoto *f.*

week-end [wikenð] *m.* week-end.

whisky [wíski] *m.* whisky.

X

x [èkis] *f.* ventiseiesima lettera dell'alfabeto spagnolo.

xenofobia [γsenofóβja] *f.* xenofobia.

xilófono [γsilófono] *m.* xilofono.

xilografía [γsiloγrafia] *f.* xilografia, silografia.

Y

y [i] *f.* ventisettesima lettera dell'alfabeto spagnolo. 2 *cong.* e, ed.

ya [ja] *avv.* già. 2 alle volte non si traduce: ~ *voy,* vengo; ~ *entiendo,* capisco; ~ *está,* ecco [fatto]. 3 ormai, più (con la negazione). 4 *cong.* (ripetuta), ora... ora. ‖ ~ *que,* giacchè.

yacente [jaθénte] *a.* giacente.

yacer [jaθér] *i.* giacere. ¶ CONIUG. IND. pres.: *yazco, yazgo* o *yago.* ‖ CONG. pres.: *yazca, yazga* o *yaga; yazcas, yazgas* o *yagas,* ecc. ‖ IMPER.: *yace* o *yaz; yazca, yazga* o *yaga; yazcamos, yazgamos* o *yagamos; yazca, yazgan* o *yagan.*

yacimiento [jaθimjénto] *m.* giacimento.

yámbico, -ca [jámbiko, -ka] *a.* giambico.

yambo [jámbo] *m.* giambo.

yanqui [jáŋki] *a.-s.* yankee.

yarda [járða] *f.* yard.

yate [játe] *m.* panfilo, yacht.

yedra [jéðra] *f.* edera.

yegua [jéɣwa] *f.* cavalla.

yelmo [jélmo] *m.* elmo.

yema [jéma] *f.* BOT. gemma. 2 tuorlo *m.* [dell'uovo]. 3 polpastrello *m.* [del dito].

yerba [jérβa] *f.* erba.

yermo, -ma [jérmo, -ma] *a.* brullo. 2 *m.* eremo.

yerno [jérno] *m.* genero.

yerro [jérro] *m.* errore.

yerto, -ta [jérto, -ta] *a.* rigido, stecchito.

yesca [jéska] *f.* esca.

yeso [jéso] *m.* gesso.

yo [jo] *pron.* io.

yodo [jóðo] *m.* iodio.

yugo [júɣo] *m.* giogo.

yugoeslavo, -va [juɣoezláβo, -βa], **yugoslavo, -va** [juɣozláβo, -βa] *a.-s.* iugoslavo.

yunque [júŋke] *m.* incudine *f.*

yunta [júnta] *f.* coppia di buoi.

yuxtaponer [justaponér] *t.* giustapporre.

yuxtaposición [justaposiθjón] *f.* giustapposizione.

Z

z [θéta] f. ventottesima lettera dell'alfabeto spagnolo.

zafar [θafár] t. MAR. sgomberare. 2 r. sfuggire, scampare.

zafarrancho [θafarránt∫o] m. MAR. sgombero. 2 fig. rissa f., zuffa f.

zafio, -fia [θáfjo, -fja] a. zotico.

zafiro [θafiro] m. zaffiro.

zaga [θáɣa] f. parte posteriore. ‖ a la ~, dietro, indietro. 2 SPORT linea dei terzini.

zagal [θaɣál] s. ragazzo.

zaguero, -ra [θaɣéro, -ra] a. ritardatario. 2 m. SPORT terzino.

zaherir [θaerír] t. mortificare, punzecchiare.

zalamería [θalamería] f. salamelecco m., smanceria.

zalamero, -ra [θalaméro, -ra] a. smanceroso.

zamarra [θamárra] f. giaccone m. di pelle di agnello.

zambullida [θambuʎíða] f. tuffo m., immersione.

zambullir [θambuʎír] t.-r. tuffare.

zampar [θampár] t. divorare.

zanahoria [θanaórja] f. carota.

zanca [θaŋka] f. zampa.

zancadilla [θaŋkaðíʎa] f. sgambetto m.

zanco [θáŋko] m. trampolo.

zancudo, -da [θaŋkúðo, -ða] a.-m. trampoliere.

zángano [θáŋgano] m. fuco. 2 fig. fannullone.

zanja [θáɲxa] f. fossa, fosso .

zanjar [θaɲxár] t. scavare. 2 fig. risolvere, liquidare.

zapateado [θapateáðo] m. danza andalusa.

zapatería [θapatería] f. calzoleria [negozio]. 2 calzaturificio m.

zapatero [θapatéro] m. calzolaio. ‖ ~ remendón, ciabattino.

zapatilla [θapatíʎa] f. ciabatta, pantofola.

zapato [θapáto] m. scarpa f.

zar [θar] m. zar.

zarandear [θarandeár] t. vagliare. 2 fig. scuotere. 3 r. agitarsi.

zarpa [θárpa] f. artiglio m.

zarpar [θarpár] i. salpare.

zarpazo [θarpáθo] m. graffiata f.

zarza [θárθa] f. pruno m., rovo m.

zarzal [θarθál] m. roveto.

zarzuela [θarθwéla] f. MUS. operetta spagnola. 2 fig. piatto m. di pesce in umido.

¡zas! [θas] inter. (per indicare un colpo secco).

zepelín [θepelín] m. zeppelin.

zigzag [θiɣθáɣ] m. zigzag.

zigzaguear [θiɣθaɣeár] i. andare a zigzag.

zinc [θin] m. zinco.

zipizape [θipiθápe] m. putiferio.

zócalo [θókalo] m. zoccolo.

zodíaco [θoðíako] m. zodiaco.

zona [θóna] f. zona.

zoología [θooloxía] f. zoologia.

zoológico, -ca [θoolóxiko, -ka] a. zoologico.

zopenco, -ca [θopéŋko, -ka] a.-s. scemo, baggiano.

zoquete [θokéte] m. pezzo [di legno, di pane]. 2 fig. uomo tozzo e piccolo. 3 balordo.

zorro, -rra [θórro, -rra] s. volpe f.

zozobra [θoθóβra] f. MAR. naufragio m. 2 fig. angoscia, ansietà.

zozobrar [θoθoβrár] i. naufragare, andare a picco. 2 essere in pericolo. 3 fig. affliggersi, perdersi d'animo. 4 t. far capovolgere.

zueco [θwéko] m. zoccolo.

zumbar [θumbár] i. ronzare. 2 fischiare. 3 fig. dare [uno schiaffo, ecc.].

zumbido [θumbíðo] m. ronzio.

zumo [θúmo] m. succo.

zurcido [θurθíðo] m. rammendo.

zurcir [θurθír] t. rammendare.

zurdo, -da [θúrðo, -ða] a.-s. mancino.

zurra [θúrra] *f.* pestata, menata.
zurrar [θurrár] *t.* pestare, conciare per le feste.

zurrón [θurrón] *m.* zaino.
zutano, -na [θutáno, -na] *s.* un tale. ‖ *fulano y ~,* Tizio e Caio.

Diccionarios

VOX

- Lengua Española
- Lengua Catalana
- Lengua Gallega
- Lengua Vasca
- Lengua Inglesa
- Lengua Francesa
- Lengua Alemana
- Lengua Italiana
- Lengua Portuguesa
- Lengua Latina
- Lengua Griega
- Diccionarios Enciclopédicos
- Diccionarios Temáticos
- Obras filológicas

Si desea obtener más información sobre la gama de diccionarios Vox o para cualquier consulta o sugerencia, no dude en ponerse en contacto con nosotros:

Biblograf, S.A.
Dpto. de Marketing
Calabria, 108
08015 Barcelona

Tel. (93) 423 51 77
de lunes a viernes,
de 08.00 a 13.30 h

o bien en Internet: **http://www.vox.es**
e-mail: vox@vox.es

Guida alla consultazione di questo dizionario

Lemma | **campagna** [kampáɲɲa] *f.* campo *m.*, campiña. 2 campaña. | Entrada

Qualifica grammaticale | **cannocchiale** [kannokkjåle] *m.* anteojo, catalejo. | Categoría gramatical

Doppio lemma | **annichilare** [annikilåre], **annichilire** [annikilíre] *t.* aniquilar. | Entradas dobles

Limite d'uso | **carcassa** [karkåssa] *f.* esqueleto *m.* 2 armazón. 3 casco *m.* [de un buque]. 4 fig. trasto *m.*, cacharro *m.* | Nivel de lengua

Indicazione d'uso specialistico | **comignolo** [komiɲɲolo] *m.* ARQ. cumbrera *f.*, caballete. 2 chimenea. | Indicación de especialidad

Chiarimenti necessari per la corretta traduzione | **carica** [kårika] *f.* cargo *m.* ‖ *in ~,* en funciones. 2 carga [eléctrica, etc.; militar, etc.]. 3 cuerda [del reloj]. | Contexto de la traducción

Esempi d'uso | **gettare** [dʒettåre] *t.-pr.* echar, arrojar, tirar. 2 *pr.* desembocar. ‖ *l'Arno si getta nel Tirreno,* el Arno desemboca en el Tirreno. | Ejemplos de uso

Rinvio ad altro lemma | **annunciare** [annuntʃåre] *t.* V. **annunziare.** | Envío a otra entrada